Ethnies, Nations
et développement en Afrique : quelle gouvernance ?

Collection **Études africaines**

dirigée par Denis Pryen et son équipe

Forte de plus de mille titres publiés à ce jour, la collection « Études africaines » fait peau neuve. Elle présentera toujours les essais généraux qui ont fait son succès, mais se déclinera désormais également par séries thématiques : droit, économie, politique, sociologie, etc.

Dernières parutions

SEMANA (Tharcisse), *Aux origines de la morale rwandaise. Us et coutumes : du legs aux funérailles*, 2015.
BANGUI (Thierry), *La mal gouvernance en Afrique centrale*, 2015.
GOHY (Gilles Expédit), *Éducation et gouvernance politiques au Bénin. Du danxômè à l'ère démocratique*, 2015.
BADO (Arsène Brice) (dir.), *Dynamiques des guerres civiles en Afrique*, 2015.
MOUANDJO B. LEWIS (Pierre), *Le marketing de rue en Afrique*, 2015.
TCHUIKOUA (Louis Bernard), *Gestion des déchets solides ménagers à Douala. Acteurs, pratiques urbaines et risques environnemento-sanitaires*, 2015.
MAÏKOUBOU (Dingamtoudji), *Les Ngambayes. Une société de la Savane arborée du Tchad*, 2015.
TOLNO (Charles-Pascal), *Transition militaire et élection présidentielle 2010 en Guinée*, 2015.
YAYA (Sanni), *Santé publique, anthropologie de la santé et développement en Afrique*, 2015.
FAYE (Malick), *Le droit douanier sénégalais*, 2015.

Ces dix derniers titres de la collection sont classés
par ordre chronologique en commençant par le plus récent.
La liste complète des parutions, avec une courte présentation
du contenu des ouvrages, peut être consultée
sur le site www.harmattan.fr

Sous la direction de
Hugues Mouckaga,
Scholastique Dianzinga,
Jean-François Owaye

Ethnies, Nations et développement en Afrique : quelle gouvernance ?

Actes du colloque de Brazzaville (Congo), du 26 au 28 mai 2014

TOTAL E&P CONGO

L'Harmattan

Sous le co-parrainage de Messieurs les Recteurs de
l'Université Marien Ngouabi (UMNG)
Pr Armand Moyikoua
et de
l'Université Omar Bongo (UOB)
Pr Marc-Louis Ropivia

Avec la contribution des Doyens de
La Faculté des Lettres et Sciences Humaines
de l'Université Omar Bongo
Monique Mavoungou Bouyou
et de
La Faculté des Lettres et des Sciences Humaines
de l'Université Marien Ngouabi
Dieu-Donné Tsokini

Avec la collaboration du
Centre de Recherches et d'Études en Histoire et Archéologie (CRÉHA-UOB)
et du
Laboratoire d'Anthropologie et d'Histoire (UMNG)

COMITÉ D'ORGANISATION

Comité d'Honneur

Pr Armand **Moyikoua**
Recteur de l'Université Marien Ngouabi (UMNG), Brazzaville
Pr Marc-Louis **Ropivia**,
Recteur de l'Université Omar Bongo (UOB), Libreville

Vice-Présidents
Dieu-Donné **Tsokini**
Doyen de la FLSH (UMNG)
Monique **Mavoungou Bouyou**
Doyen de la FLSH (UOB)

Comité Actif

Président : Scholastique **Dianzinga** (UMNG)
1er Vice-Président : Pr Hugues **Mouckaga** (UOB)
2e Vice-Président : Yvon-Norbert **Gambeg** (UMNG)
Rapporteur Général : Jean-François **Owaye** (UOB)
Rapporteur Général Adjoint : Michel-Alain **Mombo** (UMNG)

Comité Scientifique

Président : Pr Théophile **Obenga** (UMNG)

Vice-Présidents
1er Vice-Président : Pr Daniel **Abwa** (UYAO1)
2ème Vice-Président : Pr Théodore Nicoué Lodjou **Gayibor** (UL)
3èmeVice-Président : Pr Hugues **Mouckaga** (UOB)
4ème Vice-Président : Alexis **Mengue M'Oye** (UOB)
5ème Vice-Président : Pr Abraham-Constant **Ndinga-Mbo** (UMNG)

Membres
Pr Kodjona **Kadanga** (UL)
Pr Dominique **Ngoïe Ngalla** (UMNG)
Wilson-André **Ndombet** (UOB)
Yvon-Norbert **Gambeg** (UMNG)
Rufin **Didzambou** (ENS-Gabon)

Secrétariat

Coordonnateur Général
Pr Abraham-Constant **Ndinga Mbo** (UMNG)
1er Coordonnateur Général Adjoint
Gilchrist-Anicet **Nzengue Iguemba** (UOB)
2e Coordonnateur Général Adjoint
Joachim-Emmanuel **Goma-Thethet** (UMNG)

3e Coordonnateur Adjoint
Noël-Christian Bernard **Obiang Nang** (UOB)
4ème coordonnateur Adjoint
Virginie **Wanyaka Bonguen Oyongmen** (UYAO1)

Membres
Sylvain **Makosso Makosso (UMNG)**
David **Mokam** (Université de Ngaoundéré)
Marcel **Ipari** (UMNG)
Andy-Félix **Makindey Ze-Nguema** (UOB)
Abraham-Zephyrin **Nyama** (UOB)
Etanislas **Ngodi** (UMNG)

Réalisation des Actes du Colloque

Coordonnateurs
Pr Abraham-Constant **Ndinga-Mbo** (UMNG)
Wilson-**André Ndombet** (UOB)

Membres
Pr Hugues **Mouckaga** (UOB)
Scholastique **Dianzinga** (UMNG)
Jean-François **Owaye** (UOB)
Michel-Alain **Mombo** (UMNG)
Joachim-Emmanuel **Goma-Thethet** (UMNG)
Virginie **Wanyaka Bonguen Oyongmen** (UYAO1)

5-7, rue de l'École-Polytechnique, 75005 Paris

http://www.harmattan.fr
diffusion.harmattan@wanadoo.fr
harmattan1@wanadoo.fr

ISBN : 978-2-343-05785-9
EAN : 9782343057859

SOMMAIRE

DEUXIÈME PARTIE
ETHNIES-NATIONS – ÉTATS-NATIONS

TROISIÈME PARTIE
ESPACE - RENCONTRE DES PEUPLES - DÉVELOPPEMENT

SÉANCE D'OUVERTURE

- Allocutions
- Leçon inaugurale

ALLOCUTIONS

- Scholastique **Dianzinga,** Président du Comité d'organisation ;
- Pr Armand **Moyikoua,** Recteur de l'Université Marien Ngouabi (UMNG) ;
- Pr Georges **Moyen**, Ancien Recteur de l'UMNG, ancien Ministre de la Santé, Ministre de l'Enseignement Supérieur.

SCHOLASTIQUE DIANZINGA

Maître de Conférences en Histoire Africaine à l'Université Marien Ngouabi ;
Directrice de la Coopération et des Relations internationales ;
Président du Comité d'Organisation

- **Monsieur le Ministre de l'Enseignement Supérieur ;**
- **Madame la Représentante de l'UNESCO au Congo ;**
- **Monsieur le Conseiller du Président de la République à l'Éducation et la Recherche Scientifique ;**
- **Monsieur le Recteur de l'Université Marien Ngouabi ;**
- **Monsieur le Premier Conseiller de l'Ambassade de la République Gabonaise au Congo ;**
- **Madame et Messieurs les Conseillers du Ministre de l'Enseignement Supérieur ;**
- **Messieurs les Directeurs Généraux du Ministère de l'Enseignement Supérieur ;**
- **Madame et Messieurs les Chefs d'Établissement ;**
- **Distingués invités, en vos rangs, grades et qualités,**
- **Mesdames, Messieurs,**

C'est pour moi un grand honneur et un privilège de vous souhaiter, au moment où s'ouvre le colloque international sur « Ethnies, Nations et Développement en Afrique », co-organisé par les Universités Marien Ngouabi et Omar Bongo, la cordiale bienvenue à Brazzaville.

Ce colloque a réussi à regrouper, à la satisfaction du comité d'organisation, plus d'une quarantaine d'enseignants -chercheurs en provenance d'une quinzaine d'institutions universitaires d'Afrique centrale, occidentale et d'Europe, outre ceux de l'Université Marien Ngouabi. Une telle participation, en dépit du calendrier académique suffisamment chargé en cette période de l'année, traduit tout l'intérêt que chacun de nous porte à la thématique choisie.

Nous allons, durant trois jours, partager nos expériences, confronter les résultats de nos recherches et faire le point sur la masse de connaissances accumulées dans nos différentes Universités sur les problématiques aussi diverses que la Nation, l'État, l'Ethnicité, la Stéréotypie, le Développement, l'Unité africaine, etc.

Distingués invités, chers collègues,

La présence à ces Assises de Monsieur le Ministre de l'Enseignement Supérieur, des Recteurs de l'Université Marien Ngouabi et de l'Université Omar Bongo, des Doyens des Facultés des Lettres et Sciences Humaines de ces deux Universités, des représentants des partenaires de l'Université Marien Ngouabi, nous honorent au plus haut point ; elle témoigne du prix permanent qu'ils attachent à la recherche scientifique et à l'histoire africaine.

Indéniablement, ce grand intérêt n'est pas sans lien avec l'attente que notre colloque a suscitée auprès des hautes autorités politiques et académiques de la République du Congo, qui n'ont ménagé aucun effort pour rendre possible cet évènement scientifique.

C'est ici l'occasion d'exprimer particulièrement notre profonde gratitude à la Présidence de la République du Congo et à la société Nationale des Pétroles du Congo, pour leur appui important, à la tenue de ce Colloque.

Dans ce même registre, le comité d'organisation, par ma voie, décerne une mention spéciale aux Recteurs des Universités organisatrices, cheville ouvrière de nos Assises.

Je ne saurais terminer ce mot sans adresser mes remerciements aux membres du comité pour le travail abattu.

À toutes et à tous, je souhaite un colloque des plus fructueux.

Pr ARMAND MOYIKOUA

Professeur Titulaire en Médecine ;
Recteur de l'UMNG.

- **Monsieur le Ministre de l'Enseignement Supérieur ;**
- **Madame la Représentante de l'UNESCO au Congo ;**
- **Monsieur le Recteur de l'Université Omar Bongo ;**
- **Monsieur le Conseiller de l'Ambassadeur du Gabon ;**
- **Madame et Messieurs les Conseillers du Ministre de l'Enseignement Supérieur ;**
- **Messieurs les Chefs d'Établissements de l'Université Marien Ngouabi ;**
- **Messieurs les Directeurs Généraux de l'Enseignement Supérieur ;**
- **Madame le Doyen de la Faculté des Lettres et Sciences Humaines de l'Université Omar Bongo ;**
- **Messieurs les Vice-Doyens et Directeurs Adjoints de l'Université Marien Ngouabi ;**
- **Mesdames et Messsieurs les Directeurs Centraux de l'Université Marien Ngouabi ;**
- **Chers collègues enseignants ;**
- **Chers étudiants et chères étudiantes ;**
- **Distingués invités ;**
- **Mesdames et Messieurs,**

Je voudrais en cette circonstance solennelle, exprimer en premier lieu ma profonde reconnaissance à Monsieur le Ministre de l'Enseignement Supérieur qui a bien voulu être parmi nous ce matin, en dépit de ses multiples charges. Votre présence, Monsieur le Ministre, traduit tout l'intérêt que vous ne cessez de porter à la promotion des activités scientifiques dans notre *alma mater*.

Distingués invités ;
Mesdames et Messieurs,

Permettez-moi, ensuite, de saluer et de souhaiter une cordiale bienvenue à Monsieur le Recteur de l'Université Omar Bongo dont l'engagement personnel et la contribution financière auront été déterminants pour la réussite de cette rencontre. Ces salutations s'adressent également aux éminents enseignants-chercheurs venus de Belgique, de Côte d'Ivoire, du Benin, du Togo, du Gabon, de la RDC, du Burkina-Faso, et du Cameroun, pour partager avec les Universitaires congolais leur expertise, leurs réflexions sur les problèmes communs de l'Afrique. Mes chers collègues, vous êtes chez vous à Brazzaville.

Le présent Colloque international, organisé conjointement par l'Université Omar Bongo de Libreville et l'Université Marien Ngouabi du Congo, sur le thème « Ethnies, Nations et développement en Afrique » témoigne manifestement de la volonté d'intensifier la coopération interuniversitaire entre nos deux pays. En effet, après le Colloque international consacré à Pierre Savorgnan de Brazza, tenu à Franceville en 2006, à l'initiative de leurs Excellences, les Présidents Omar Bongo Ondimba et Denis Sassou Nguesso, c'est pour la deuxième fois que nos deux institutions réalisent ensemble une activité scientifique de cette nature.

C'est ici l'occasion de féliciter les membres du comité d'organisation, notamment le Centre de Recherche et d'Études en Histoire et Archéologie de la Faculté des Lettres et Sciences Humaines de Libreville et le Laboratoire d'Anthropologie et d'Histoire de la Faculté des Lettres et des Sciences Humaines de Brazzaville, pour cette heureuse initiative. Celle-ci va concourir, à n'en point douter, à la mise en place des programmes de recherche interdisciplinaire conjoints entre Enseignants-Chercheurs de nos deux pays, voire de toute l'Afrique. Dans un monde globalisé, il est plus que nécessaire que nos Universités développent davantage des réseaux de recherche en tant que facteurs déterminants de l'élargissement de la communauté académique en Afrique.

Monsieur le Ministre de l'Enseignement Supérieur ;
Distingués invités, Mesdames et Messieurs,

Les concepts « Ethnies », et « Nation » et « Développement », ont marqué l'histoire africaine au XIXe siècle. S'ils constituent l'ossature du thème de ce Colloque, c'est parce qu'ils sont toujours au cœur des problèmes africains et des réflexions des chercheurs africains. Il serait fastidieux, dans ce propos, de retracer les débats liés à ces trois concepts qui ont secoué les milieux universitaires africains et non africains depuis la décennie 1960. Des théories diverses et parfois contradictoires ont été élaborées pour expliquer la situation complexe vécue par le continent. L'abondance des travaux montre à suffisance que les chercheurs africains ont voulu, depuis des décennies, non seulement élargir les frontières de la connaissance, mais surtout appréhender celles-ci de l'intérieur et les mettre au service du développement du continent.

L'objectif que le comité d'organisation a assigné à ce colloque est de revisiter ces trois concepts, à la lumière des enjeux et des défis des Africains, en ce début du XXIe siècle. Il invite à repenser l'État en Afrique, qui doit dépasser sa situation de crise et produire un modèle de développement susceptible de prendre en compte les entités autonomes régionales, locales ou ethniques.

Distingués invités ;
Mesdames et Messieurs,

Pareille entreprise exige certes de la conviction. L'essentiel, cependant, sera d'avoir essayé de mutualiser les efforts pour sortir tant soit peu la réflexion scientifique de son isolement constitutionnel au sein des Laboratoires. L'université Marien Ngouabi qui s'est déjà livrée à cet exercice en 1992 au cours d'une journée scientifique sur le thème « Le tribalisme en question », thème proche de celui du présent Colloque, entend donc s'investir totalement pour que les échanges autour des communications soient une contribution hautement intellectuelle.

Distingués invités, chers collègues,

Je ne peux pas terminer ce propos sans remercier le Secrétaire Général du Gouvernement, pour avoir facilité le transport local de nos invités.

J'en profite également pour féliciter d'ores et déjà le Comité d'organisation pour nous avoir permis de nous retrouver dans cette belle salle de la SNPC et je sollicite en leur nom votre indulgence pour tous les manquements et insuffisances que vous pourriez constater durant votre séjour.

J'espère vivement que l'hospitalité légendaire de Brazzaville, ville historique, au bord du majestueux fleuve Congo, sera à la hauteur de l'attente des uns et des autres, et souhaite plein succès à vos travaux.

Je vous remercie

Pr GEORGES MOYEN

Professeur Titulaire en Médecine ;
Ancien Recteur de l'UMNG ;
Ancien Ministre de la Santé ;
Ministre de l'Enseignement Supérieur.

- **Excellence Monsieur l'Ambassadeur de la République Gabonaise au Congo ;**
- **Madame la Représentante de l'UNESCO au Congo ;**
- **Monsieur le Recteur de l'Université Marien Ngouabi ;**
- **Monsieur le Recteur de l'Université Omar Bongo ;**
- **Mesdames et Messieurs les Doyens, Directeurs des Instituts et UFR ;**
- **Messieurs les Vice-Doyens et Directeurs Adjoints de l'Université Marien Ngouabi ;**
- **Mesdames et Messieurs les Directeurs Centraux de l'Université Marien Ngouabi ;**
- **Chers Collègues enseignants ;**
- **Chères étudiantes et chers étudiants ;**
- **Distingués invités ;**
- **Mesdames et Messieurs,**

J'éprouve un réel plaisir à prendre la parole en ces lieux, en présence des Enseignants-Chercheurs venus des Universités d'Afrique et d'Europe, à l'occasion de la cérémonie d'ouverture du Colloque international consacré au thème « Ethnies, Nations et développement en Afrique ».

Aussi, permettez-moi de vous souhaiter, à tous, une chaleureuse bienvenue et un agréable séjour à Brazzaville, terre séculaire d'hospitalité.

Je voudrais saluer particulièrement la présence, dans cette salle, de Monsieur le Recteur de l'Université Omar Bongo et de Madame le Doyen de la Faculté des Lettres et Sciences Humaines de l'Université Omar Bongo, qui ont bien voulu faire le déplacement de Brazzaville pour cette importante rencontre.

Je voudrais aussi saluer Madame la Représentante de l'UNESCO en République du Congo, ainsi que les hauts responsables présents ici, en leurs signes et distinctions qui, par les prérogatives de leurs charges partagent avec nous la problématique générale du développement optimal de la recherche universitaire.

Distingués conférenciers,
Mesdames et Messieurs,

Ce grand rendez-vous du donner et du recevoir qui se déroule à la veille de la tenue, à Brazzaville, du Colloque de l'Association Internationale des Sociologues de langue Française, est organisé conjointement par le Laboratoire d'Anthropologie et d'Histoire de la Faculté des Lettres et des Sciences Humaines de l'Université Marien Ngouabi et le Centre de Recherches et d'Études en Histoire et Archéologie de la Faculté des Lettres et Sciences Humaines de l'Université Omar Bongo.

Comme vous le constatez, cette initiative participe au renforcement des capacités des Universitaires par le partage et la mutualisation de leurs expériences. L'histoire et l'avenir de l'Afrique nous condamnent de manière positive à ce type de commerce. La modernité, que toutes les nations africaines appellent de leurs vœux, exige l'accompagnement réciproque et la mise en commun critique des intelligences sur ce qui fonde notre vie aujourd'hui et sur ce qui la prépare demain.

Cette intense activité à l'Université Marien Ngouabi, répond donc aux besoins fondamentaux d'une histoire commune, celle d'une élucidation constante de nos réalités par l'expertise africaine, mais aussi, aux contraintes d'un futur commun qui est celui du développement de l'Afrique.

C'est ainsi que je voudrai, à ce stade liminaire de mon propos, saluer l'heureuse effervescence qui caractérise, depuis au moins une décennie, les différents établissements de l'Université Marien Ngouabi dans la formation et la recherche, et en même temps, me féliciter du dynamisme constaté dans la coopération entre les Universités africaines en général, et entre celles d'Afrique centrale en particulier.

Mesdames et Messieurs les enseignants-chercheurs,

Le Gouvernement congolais est attentif à la positive évolution du secteur de l'enseignement supérieur et du rôle fécondant qu'il est appelé à jouer dans les processus qui mènent à l'émergence de notre pays parmi les nations développées.

Mesdames et Messieurs, Distingués conférenciers,

Au regard des considérations que je viens d'épingler, les présentes Assises arrivent à point nommé : les réflexions croisées, porteuses de pluridisciplinarité, puisqu'émanant des chercheurs venus d'horizons scientifiques différents sont soulevées à un moment où l'Afrique entière est en proie à des crises sociopolitiques graves et où les problématiques identitaires diverses s'invitent ou ressurgissent dans la vie des nations.

L'actualité de ce Colloque est donc indéniable. Ainsi, j'adresse mes chaleureuses félicitations à l'Université Marien Ngouabi et à l'Université Omar Bongo qui ont conjointement conçu et organisé cette exaltante rencontre. Dans cette perspective, j'ai bon espoir que de vos échanges féconds jailliront des connaissances nouvelles, ou tout au moins des pistes de recherche et des approches novatrices : il va de soi que repenser le développement en Afrique, implique de soutenir le savoir qui déconstruit les erreurs épistémologiques aux relents d'ambition de domination ayant servi à caricaturer les réalités africaines.

En formulant le vœu que d'autres rencontres similaires se multiplient, je déclare ouvert le Colloque international sur : « Ethnies, Nations et développement en Afrique ».

Je vous remercie.

LEÇON INAUGURALE

Pr Marc-Louis Ropivia
Professeur Titulaire en Géosciences et Géographie politique ;
Ancien Ministre de l'Education Nationale, de l'Enseignement Supérieur et de la Recherche Scientifique du Gabon ;
Ancien Secrétaire Général du Gouvernement du Gabon ;
Directeur du CERGEP ;
Recteur de l'UOB

ETHNIES, NATIONS ET DÉVELOPPEMENT EN AFRIQUE CENTRALE : QUEL LIEN POUR FÉCONDER LE PROGRÈS AFRICAIN ?

EN GUISE DE PRÉAMBULE

Dans le cadre de la tâche qui m'a été confiée, à savoir, orienter par une leçon inaugurale, les réflexions du présent Colloque vers une problématique relationnelle entre l'identité sociale ou culturelle et le développement, j'ai choisi de rester dans la thématique générale et d'illustrer mon propos par un exposé intitulé : "*Ethnies, Nations et Développement en Afrique centrale* : *quel lien pour féconder le progrès africain*" ?

Son plan s'articule autour des trois (3) axes suivants :

- **Nation et Développement : une relation consubstantielle ;**
- **États modernes d'Afrique Centrale : quel paradigme de développement pour le 21ème siècle ?;**
- **Sociétés traditionnelles et patrimoines ancestraux d'Afrique Centrale : comment impulser le développement des États modernes ?**

INTRODUCTION

De prime abord, on peut observer que ces deux (2) groupes de variables, Ethnie et Nation d'une part et développement d'autre part présentent un rapport très étroit d'interaction que l'on peut appréhender à travers trois questionnements :

1) Comment les Nations, c'est-à-dire les peuples, conçoivent et façonnent-elles leur développement ?

2) Comment le Développement en tant que phénomène de progrès social change-t-il le cours de l'évolution des Nations ou des sociétés ?

3) Si le développement a un rapport à l'Ethnie ou à la Nation, en d'autres termes, si le progrès est sous-tendu par l'affirmation de l'identité nationale ou sociale, existe-t-il des modes, des modèles ou des formes de développement spécifiquement produites par ou singulièrement identifiées à des Ethnies ou à des Nations ?

Tels sont les questionnements centraux d'une problématique dont le but est de montrer que l'Afrique, contrairement à d'autres continents où l'on a parlé de valeurs judéo-chrétiennes, gréco-latines, ou asiatiques, est aujourd'hui la seule partie du monde qui n'a pas encore puisé suffisamment dans son immense patrimoine immatériel les ressources et les valeurs indispensables à la fécondation de son développement endogène.

Afin de mieux explorer et de mieux enrichir la thématique de ce colloque, il me paraît utile de trouver au préalable un lien significatif entre Ethnie, Nation et Développement. Puis, d'examiner en second lieu les stratégies de développement mises en œuvre par les États modernes de l'Afrique Centrale, afin de tenter d'identifier quel paradigme de développement privilégient-ils pour le 21ème siècle. Enfin, il y a lieu d'analyser les sociétés traditionnelles et les patrimoines ancestraux d'Afrique Centrale, afin d'indiquer de quelle manière ils peuvent impulser le développement des États modernes.

Abordons maintenant la première articulation.

I. NATION ET DÉVELOPPEMENT : UNE RELATION CONSUBSTANTIELLE

C'est d'abord le maître-ouvrage du fondateur du libéralisme économique Adam Smith, *Recherche sur la nature et les causes de la richesse des nations* qui établit d'emblée l'effectivité du lien entre Nation et Développement. Dans l'esprit du grand penseur du libéralisme, les grandes causes de l'enrichissement des Nations sont : la division du travail (aujourd'hui la diversification de l'économie), l'accumulation du capital (les ressources financières de l'État, des entreprises et des particuliers) et la taille du marché. Pour produire et accroître cette richesse, l'État doit devenir « *le gardien de l'intérêt général et non de l'intérêt du prince* ».

Par ailleurs, la corrélation entre Nation et Développement peut également s'analyser à partir d'un double contexte.

Le premier contexte relève de la spécificité identitaire et se décline en axiome premier. La conception du Développement qui en découle, celle que je privilégie depuis environ une décennie, est sans doute la plus pertinente pour exprimer cette relation consubstantielle avec l'Ethnie. Elle s'énonce ainsi : **le développement n'est pas l'occidentalisation, mais l'accession de chaque société à sa propre modernité ; autrement dit, la modernisation par chaque société de sa propre ancestralité, en enrichissant et en puisant dans la modernité universelle. Cela signifie encore, la modernisation de tous les domaines du patrimoine immatériel et matériel sur lesquels les peuples africains, depuis des temps immémoriaux, ont exercé leur génie inventif**.

Le deuxième contexte est du domaine de la spécificité environnementale ou mésologique (de milieu). Elle s'énonce dans l'axiome second tel qu'il suit : **le Développement est un phénomène de progrès social que chaque peuple, autrement dit chaque Nation, peut façonner ou adapter en fonction des conditions spécifiques de son environnement biophysique, en d'autres termes de son milieu naturel**.

D'où l'émergence d'une conception zonale du Développement à laquelle participent et s'identifient pleinement aujourd'hui des pays comme le Brésil, l'Indonésie, l'Inde et la Malaisie ; pays d'une zone tropicale ou intertropicale naguère couverte de préjugés et de déterminismes sur son impossibilité de développement.

Au regard de ces expériences avant-gardistes, qui démontrent que le développement n'est pas l'apanage des seuls pays de la zone tempérée, il ne reste plus aux nations africaines qu'à répondre à une question essentielle : la zone intertropicale africaine peut-elle être porteuse d'une forme originale de développement ? Si oui, comment mobiliser les ressources cognitives et environnementales spécifiques pour atteindre cet objectif ?

C'est ce que nous allons tenter d'éclairer à travers la deuxième articulation de l'exposé.

II. ÉTATS MODERNES D'AFRIQUE CENTRALE : QUEL PARADIGME DE DÉVELOPPEMENT POUR LE 21^E SIÈCLE ?

Les proclamations de « scandale géologique » sont courantes en Afrique d'une manière générale. En Afrique Centrale singulièrement, des États comme la RD Congo, l'Angola, le Gabon et, depuis peu, le Cameroun sont considérés comme appartenant à cette catégorie.

Exploitées par les anciennes puissances coloniales européennes durant les 19e et 20e siècles, les ressources minières du continent passent aujourd'hui sous le contrôle des entreprises transnationales des nouveaux pays émergents comme la Chine, le Brésil, l'Inde ou l'Australie.

Mais quelles Nations africaines prennent aujourd'hui conscience du fait que ces ressources non renouvelables s'épuisent inexorablement, au point de compromettre le développement industriel du continent pour les siècles à venir !

Parallèlement, les Nations africaines, singulièrement celles d'Afrique Centrale situées en zone tropicale humide, ont-elles pris conscience que la biodiversité représente désormais un potentiel de développement durable plus sûr pour l'avenir ?

Nul doute aujourd'hui que c'est dans les régions tropicales que la biodiversité abonde réellement ; c'est là également qu'elle se conjugue avec une très riche agriculture tropicale et qu'elle peut être utilisée dans plusieurs domaines d'industrialisation et de diversification de l'économie tels que : les biotechnologies, l'industrie pharmaceutique, les biocarburants, l'industrie du bois, l'industrie textile, et l'éco-tourisme.

En optant résolument pour un modèle de bio-développement, les États-Nations d'Afrique Centrale s'engagent dans un modèle alternatif, susceptible de les conduire vers une forme d'éco-développement, encore appelée développement mésologique ou topique (en fonction du milieu ou du lieu) et dont le paradigme dominant et original devient la **tropicalité**.

Dans cette perspective, comment cette tropicalité peut-elle être porteuse d'un modèle de développement alternatif ?

C'est l'objet de la troisième et dernière articulation de notre argumentaire.

III. SOCIÉTÉS TRADITIONNELLES ET PATRIMOINES ANCESTRAUX D'AFRIQUE CENTRALE : COMMENT IMPULSER LE DÉVELOPPEMENT DES ÉTATS MODERNES ?

La question n'est plus de savoir s'il existe ou non un lien entre Nation et Développement en Afrique centrale mais plutôt de savoir comment le fructifier, à partir du phénomène civilisationnel, pour construire durablement le développement ?

Le phénomène de civilisation en Afrique Centrale nous conduit à la mise en exergue d'un second paradigme devant fortement impacter sur le développement des États-Nations. Ce paradigme est la **bantuité**. Cependant, il convient de rappeler un fait historiquement reconnu, c'est celui de l'antériorité en milieu forestier équatorial des populations pygmées. Et, dès lors, le questionnement subséquent en est le suivant : **comment la conjonction de la *bantuité-pygméité* et de la tropicalité peut-elle féconder un modèle de développement original, opéré par les peuples des États à écosystème de forêt tropicale dense du bassin du Congo-Ogooué ?**

Cette interrogation revêt un objectif majeur, à savoir : forger une identité nationale et une idéologie culturelle transnationale porteuses de valeurs de civilisation spécifiquement bantu et devant sous-tendre le bio-développement et la bio-industrialisation des États.

La première réponse revient à mettre l'accent sur le fait que les peuples de l'aire culturelle bantu possèdent un immense patrimoine de connaissances immatérielles (langues, rites et croyances, pharmacopées, épopées, contes et proverbes, chants et musiques, danses, tabous), élaborées à partir d'un processus d'anthropisation de la forêt dense et dont ont surgi des processus cognitifs transmis par oralité. Et ce sont ces connaissances immatérielles qui méritent aujourd'hui d'être intégrées dans tous les niveaux et compartiments de notre système d'enseignement et de notre activité de recherche.

La deuxième réponse consiste à affirmer ou réaffirmer l'existence d'un patrimoine matériel ancestral considérable de savoirs-faire, de pratiques et de techniques, forgés à partir de la sélection d'une grande panoplie de plantes utiles, aux propriétés alimentaires, médicinales, aromatiques, textiles, oléagineuses, tinctoriales, et résineuses, qui permettraient d'impulser le bio-développement et la transformation des États bantu du Bassin du Congo-Ogooué en véritables puissances biotechnologiques au cours du 21ème siècle.

De nombreuses manipulations génétiques pourraient être effectuées sur cette grande panoplie de plantes utiles, afin d'en améliorer les tailles, performances, propriétés et principes actifs. Tout cela, en vue de donner une signification particulière au processus de développement conçu à partir de l'articulation de la bantuité-pygméité et de la tropicalité.

Malheureusement, force est de constater que les chercheurs et enseignants africains n'ont pas encore intégré dans les programmes d'enseignement et de recherche des Facultés des Lettres et Sciences Humaines, de Sciences Fondamentales, de Médecine et Pharmacie, et dans les Écoles d'ingénieurs, les disciplines ou matières endogènes qui permettraient d'impulser le modèle de développement en adéquation avec l'environnement biophysique tropical et culturel bantu.

Nulle part, nous n'observons d'activités d'enseignement et de recherche de grande ampleur particulièrement axées sur ***l'Histoire des Sciences et techniques du monde tropical ou des civilisations bantu*** ; ***sur les pharmacopées et médecines traditionnelles des peuples bantu ; sur la reconstitution des systèmes cognitifs, de la rationalité et de la philosophie bantu ;*** pas plus que ***les mathématiques, la physique, la chimie, la biologie, et les sciences de l'ingénieur,*** n'ont porté un regard heuristique sur le patrimoine scientifique et technique endogène des civilisations de l'Afrique tropicale et de l'ère culturelle bantu.

CONCLUSION

Nous venons de mettre en évidence le fait que la relation entre Ethnie, Nation et Développement en Afrique Centrale passe nécessairement, d'abord par une déconstruction, ensuite par une reconstruction en termes d'invention et de changement paradigmatiques.

En s'affranchissant du modèle de développement dominant actuel basé sur l'industrialisme surproductif, ses inégalités spatiales et sa fracture sociale à l'échelle planétaire, son gaspillage effréné des ressources renouvelables et non renouvelables, les pays de civilisation bantu du Bassin Congo-Ogooué pourraient donner une nouvelle impulsion à leur processus de développement, qui serait cette fois, autocentré, en le faisant reposer sur les valeurs fondamentales de bantuité-pygméité et de tropicalité.

PREMIÈRE PARTIE

CONCEPTS-STÉRÉOTYPES

IDENTITÉ ET ETHNICITÉ : UNE TERMINOLOGIE FORGÉE PAR LES GRECS DANS L'ANTIQUITÉ

Noël-Christian Bernard Obiang Nnang
Université Omar Bongo/Gabon

RÉSUMÉ

Les termes ethnies et identités sont apparus dans le jargon scientifique des sciences humaines pour mieux comprendre l'usage politique et sociologique qu'ils revêtent dans les conflits intra communautaire aussi bien en Afrique que dans le reste du monde. Les génocides Rwandais, Arméniens et les conflits issus des contestations territoriales nous donnent l'opportunité de montrer que les manipulations ou même le fait de vouloir expliquer ces termes peuvent nous permettre d'éviter de nombreuses erreurs des hommes politiques d'aujourd'hui.

Certaines recherches récentes ont essayé d'étendre l'identité à l'*ethnos*, organisation concurrente de la cité : l'ethnicité caractériserait ainsi certains peuples antiques et passerait par des critères qui n'auraient rien de politique. Mais l'ethnicité est-elle possible hors d'un cadre politique ? A travers des exemples précis, nous essayerons de montrer que les Grecs ont pensé les caractéristiques ethniques des peuples comme s'il s'agissait de cités. Ces dernières se sont appuyées sur les structures ethniques pour consolider leur pouvoir politique à travers un jeu des alliances. L'identité serait alors mal définie et même confondue à l'*ethno*s.

MOTS CLÉS

Polis, *Ethnos*, Ethnicité, Cité, Politique.

INTRODUCTION

Au XIXe siècle, le mot "ethnie" réapparaît dans le langage scientifique. Concept nouveau, pas tout à fait, il est déjà utilisé par les auteurs anciens, mais difficilement saisissable, il ne se révèle bien souvent dans l'histoire qu'en termes d'opposition, d'exclusion, de conflit, dans les relations que les hommes entretiennent avec leurs semblables.

« Ethnie » est un terme apparu en 1896 dans la langue française. Il dérive de l'un des quatre termes qui, en grec ancien, servaient à désigner les groupes humains : γένος / genos signifiant « famille, clan, tribu », λάος / laos signifiant « peuple assemblé, foule », δμος / *demos* signifiant « peuple ».

Les Grecs désignaient alors par *ethnos* un peuple qui n'était pas organisé en cité, qui n'avait pas de système politique semblable au leur. Un *ethnicus* en latin était pour les Romains un païen, une terminologie reprise ensuite par l'Église catholique. Lorsque le mot est réutilisé au XIXe siècle, la notion de race est beaucoup plus présente dans la définition de l'ethnie ; elle représente une population qui conserve le même fonds racial malgré des différences géographiques, linguistiques[1]. De cette notion dérive la hiérarchisation des peuples en société dite civilisée ou dite primitive, et la détermination des caractères biologiques, deux principes valables jusqu'à la moitié du XXe siècle.

Quant à l'identité, on note dans les textes que les cités dans la Grèce antique ont développé des phénomènes identitaires bien connus liés à l'ascendance, à un ancêtre commun. Mais le terme d'identité suscite aujourd'hui des réactions de refus de l'Autre. Le monde est, en effet, gangréné par des luttes inter et même intra ethniques qui déstabilisent de nombreux États dont les frontières sont issues d'un découpage pour répondre aux besoins des colonisateurs. Ces derniers ont en même temps obligé de nombreux peuples à une cohabitation forcée.

L'ethnicité et l'identité caractériseraient ainsi l'état de certains peuples antiques et passeraient par des critères qui n'auraient rien de politique. Que renferment ces deux notions dans l'Antiquité ? Définissent-elles des réalités actuelles ?

I. HISTORIOGRAPHIE DE L'ETHNIE ET DE L'ETHNICITÉ

A. Des théories ethniques en vogue

Le terme même d'ethnicité n'étant apparu que depuis quelques années dans le champ de la recherche scientifique, il faut d'abord nous concentrer sur ce que furent les théories envisageant les sociétés anciennes sur des fondements ethniques. Ces théories naissent au XIXème siècle dans un monde germanique, marqué par l'essor du nationalisme et l'influence de l'idéalisme allemand, notamment du philosophe Herder et de sa conception de la culture[2].

Comme l'écrit Jean-Marc Luce, la tendance dominant alors la pensée historique, au moins allemande, du XIXème siècle et du début du XXème siècle, considère que « les peuples et les races ont une essence, dont les diverses réalisations ne sont que les manifestations d'une réalité fixe, immobile »[3]. C'est

[1] G. Vacher de Lapouge, *Les sélections sociales,* 1896.

[2] E.Will, dans son livre, *Doriens et Ioniens. Essai sur la valeur du critère ethnique appliqué à l'étude de l'histoire et de la civilisation grecque* expliquent clairement ces théories.

[3] J.-M.Luce, « Les Humanités pour quoi faire : enjeux et propositions », in *Colloque international organisé par le laboratoire Patrimoine, Littérature, Histoire* (PLH) en

aussi à cette époque qu'apparaît le terme d'ethnie qu'utilise l'anthropologue français Georges Vacher de Lapouge, pour dissocier certaines formes de groupements de races, des nations. Ce terme, comme ceux de race et de peuple se retrouve rapidement associé à des « traits objectifs » tels que le territoire par exemple pour qualifier des groupes humains stables.

Ce type d'association se retrouve déjà chez Thucydide[4]. En effet, pour lui il y a adéquation entre peuple, race ou ethnie et culture. Si les travaux de ce dernier, dans une perspective pangermaniste ont nourri la pensée des idéologues du nazisme (théorie du *lebensraum* : espace vital), ils ont également eu une grande influence sur toute l'archéologie dans la première moitié du XXème siècle. Cependant, d'autres conceptions de l'ethnie commencent à voir le jour ; et avec la Seconde Guerre Mondiale, c'est tout le système de pensée liant ethnie figée et territoire qui se trouve disqualifié.

Pascal Ruby[5] pense que les ethnies sont apparues parce qu'il existe des liens primordiaux que l'individu acquiert à la naissance, ou parce qu'elles trouvent leur origine dans une donnée primordiale, la communauté génétique. Nous pensons que l'ethnicité, c'est -à-dire que le groupe ethnique se forme à partir de traits communs.

B. De l'ethnie à l'ethnicité

Le contexte historique des années 1990 comme le développement de la Sociologie, de l'Anthropologie, explique, selon certains, le regain d'intérêt des sciences historiques pour les problématiques ethniques. C'est véritablement du dialogue entre ces deux sciences que naissent ces apports, comme on peut le constater avec la notion de « groupe ethnique ».

En effet, il n'est pas rare qu'aujourd'hui dans de nombreux pays, les populations conçoivent l'ethnicité comme un instrument qu'utilisent divers groupes sociaux dans un but politique ou économique bien précis.

En se référant à la définition du célèbre dictionnaire Larousse, « ethnie » désigne un groupement humain qui possède une structure familiale, économique et sociale homogène, et dont l'unité repose sur une communauté de langue, de culture et de conscience de groupe. Cette définition serait-elle dans l'esprit de la plupart des gens ? Pourquoi confondons-nous tribu et ethnie ?

Dans l'Antiquité, les aristocrates comme les paysans appartiennent à un système de tribus. La ségrégation est un trait dominant de la société grecque : ségrégation des sexes, ségrégation entre Grecs et Barbares, ségrégation entre citoyens, métèques et esclaves, ségrégation entre riches et pauvres.

---

collaboration avec le laboratoire Lettres, Langages et Arts (LLA). Université Toulouse II-Le Mirail, IUFM Midi-Pyrénées, 27-29 mai 2010.

[4] E.Oudot, « Athènes repeinte en cité grecque ? Quelques remarques sur l'idéologie du *Panathénaïque* d'Aelius Aristide », dans *Et si les Romains avaient inventé la Grèce ?* 2005, pp. 319-335.

[5] P.Ruby, « Peuples, fictions ? Ethnicité, identité ethnique et sociétés anciennes », in *REA* 108 [206], pp. 25-60.

Dans le monde grec, cette distinction riche/pauvre correspond plus à une opposition qualitative que quantitative.

Est pauvre celui qui est sans vertu, sans éducation, mauvais, méchant, en proie à l'*hybris*, qui doit travailler, qui adopte tout comportement qui conduit à une dégénérescence morale et intellectuelle. Est riche celui qui n'a pas besoin de travailler pour vivre et qui passe sa vie à s'enrichir moralement et intellectuellement.

C. Vers une définition de l'ethnicité opératoire

Que signifie au juste « ethnie » ? Comme l'explique l'Anthropologue italienne Anna Maria Riveira[6] dans son ouvrage, « ethnie » est un dérivé du grec ancien *ethnos* qui signifie peuple. Cet *ethnos* désigne soit les populations aux us et coutumes « primitifs », par opposition à la « *polis* », soit la cité grecque.

À l'époque de la Grèce antique, étaient qualifiés d'« *ethnê* » les Grecs qui n'étaient pas des citoyens athéniens, c'est-à-dire les « métèques » et les « barbares », ceux qui ne parlaient pas le grec. D'emblée, la définition du mot « ethnie » comporte une sorte de vision manichéenne entre ce qui est supposé être « bien » - la norme - et ce qui ne l'est pas. Son origine contemporaine remonterait à la fin du XVIIIe siècle. Son sens était clair, net et précis puisqu'il désignait les peuples non chrétiens, c'est-à-dire les païens. Moins d'un siècle plus tard, au moment de la conquête coloniale vers 1880, « ethnie » figure désormais dans le jargon des Ethnologues. Le but de ces derniers est d'étudier les sociétés dites « primitives », non plus d'un point de vue uniquement religieux, mais en regroupant les aspects physiques, linguistiques, culturels et moraux.

Dans l'Antiquité grecque, l'ascendance commune est toujours conçue comme un critère nécessaire de l'ethnicité, mais c'est son expression via les généalogies mythiques qui est remise en cause. Dans le cas siceliote, les généalogies mythiques se fondent sur la présence de récits relatifs aux oikistes, fondateurs légendaires des cités, qui ancrent les communautés et leurs identités dans un paysage mythique. Ajoutons à cela également les mythes concernant la Sicile précoloniale, des mésaventures de Minos aux pérégrinations d'Héraclès, qui permirent aux Grecs d'intégrer les populations indigènes à leur univers mental. Les récits mythiques ne sont peut être pas utilisés, alors, pour fonder une origine commune à tous les Siceliotes mais ils peuvent établir, néanmoins, une proximité et une parenté entre eux.

L'appropriation des terres dans le phénomène colonial joue un rôle plus important dans la définition du groupe ethnique. Cet aspect est bien présent dans la conception de J. M. Hall[7] qui relie la croyance en l'ascendance commune à un territoire spécifique, mais n'en demeure pas moins souvent passé sous silence.

---

[6] *L'imbroglio ethnique.*

[7] Ainsi, on a récemment adopté le terme d'« hellénicité » (« hellenicity »), par référence à celui d'« ethnicité », pour décrire le mélange d'éléments ethniques et culturels dans la perception que les Grecs ont de leur propre identité.

On peut dire que le groupe ethnique est une création discursive fondée sur une ascendance commune, ou tout du moins une parenté, en association avec un territoire spécifique et une histoire partagée.

D. Vers des définitions du groupe ethnique

Il n'est pas question d'aborder ici toutes les conceptions relatives à l'ethnicité. Les théories sont nombreuses, souvent complexes et nous ne pouvons, dans le cadre de notre réflexion, qu'en donner un aperçu schématique. De plus, nous n'avons sciemment sélectionné qu'une partie des définitions sur l'ethnicité, celles qui sont opératoires pour les sociétés anciennes. Et c'est précisément afin de distinguer le groupe ethnique des autres groupes sociaux que nous avons jugé utile de donner une liste de six éléments fondant, selon nous, tout groupe ethnique : le nom qu'une communauté se donne à elle -même, un mythe de descendance commune, une histoire que les membres ont en partage, une culture commune, l'association avec un territoire spécifique et un sens de la solidarité.

Cette typologie se veut monothétique, c'est-à-dire que ces éléments constituent le groupe ethnique que s'ils sont retrouvés ensemble, ce qui en limite singulièrement l'application. Certains Historiens comme M. Nash résument le groupe ethnique à la formule soit « le lit, le sang, le culte » soit « la filiation endogamique, l'ascendance commune et la religion ».

Les critères de l'appartenance ethnique sont en principe définitionnels et les indices informationnels. Cela dit, ces deux catégories sont intimement liées l'une à l'autre, les premiers conditionnant les seconds et il est difficile, à plus forte raison lorsque l'on étudie des sociétés anciennes, de les différencier. C'est donc un aspect important auquel il nous faut être attentif même s'il n'est pas sûr que nos sources nous permettent de l'envisager pleinement.

Pour aller plus loin dans cette étude définitionnelle, nous pouvons ajouter que l'ethnicité, lorsqu'elle a la fonction d'un statut, domine la plupart des autres identités, étant impérative au même titre que le sexe et le rang, l'ethnicité peut alors être conçue comme une identité parmi d'autres, pouvant être mise en avant ou non. Cette mise en relief signifie que l'individu se réfère à l'identité la plus appropriée en fonction du contexte et de la situation, l'ethnicité ne renvoyant pas « à une essence qu'on possède, mais à un ensemble de ressources disponibles pour l'action sociale ».

Pour nous, cela implique que l'identité ethnique n'est pas constamment un facteur pertinent, l'interaction pouvant souvent se faire sur d'autres bases comme la classe, la religion ou le sexe. Il faut donc relativiser la place de l'identité ethnique par rapport aux autres identités collectives, mais aussi la place d'une identité ethnique par rapport à toutes celles dont dispose un individu.

Le critère essentiel qui détermine l'appartenance à un groupe ethnique, et qui distingue ce groupe ethnique des autres entités sociales, est la croyance supposée au mythe d'une ascendance commune et d'une parenté, une association avec un territoire spécifique et une histoire partagée. De nombreuses cités ont pour fondateur des héros de la mythologie. L'identité athénienne est basée sur la croyance et la protection de la déesse Athéna.

C'est une définition forgée pour envisager les sociétés anciennes. Néanmoins, nous sommes limité à n'envisager, dans les limites de sa définition, que les identités intra-helléniques se rapportant à des généalogies mythiques.

II. L'IDENTITÉ EN QUESTION

A. Identité : problèmes de définition

Si le terme même d'identité est d'origine latine, il faut rappeler que le mot « *identitas* » est une création tardive, du IVe siècle de notre ère, utilisée en particulier par les Théologiens chrétiens pour définir la Trinité. En effet, dans le monde romain, il importe d'abord de pouvoir identifier un individu, en lui assignant un nom et un statut social qui le rattachent à un groupe. Cela invite à se méfier d'un lien qu'on pourrait établir trop rapidement entre identité et individu, identité et personnalité ou intériorité. Rappelons aussi que le mot latin *persona* désigne d'abord le masque porté par les acteurs, avant de désigner la personne grammaticale ou la personne juridique.

Les propos que tient J.-P. Vernant dans l'introduction de son ouvrage *L'individu, l'amour, la mort*[8], dont le sous-titre est « Soi-même et l'autre en Grèce ancienne », sont révélateurs des difficultés que l'on peut éprouver à définir une identité grecque et offrent un point de départ utile.

Se demandant « en quoi consiste, pour un Grec de l'Antiquité, l'identité de chacun ? »[9], J.-P. Vernant, Historien Français, indique en ces termes le cadre général dans lequel doit, selon lui, s'inscrire tout essai de réponse à cette question : il s'agit, écrit-il, de « cerner le problème de soi face à l'autre, d'en élucider les implications, d'en mesurer aussi les enjeux pour qui cherche à comprendre la façon dont procède chaque culture pour doter l'individualité humaine d'un statut plus ou moins cohérent, socialement établi, avec un contenu, des frontières, des valeurs qui diffèrent suivant les temps et les lieux »[10]. Cela implique de prendre en compte la spécificité de la société grecque :

« Dans une société de face à face, une culture de la honte et de l'honneur où la compétition pour la gloire laisse peu de place au sens du devoir et ignore celui du péché, l'existence de chacun est sans cesse placée sous le regard d'autrui. C'est dans l'œil de son vis-à-vis, dans le miroir qu'il vous présente que se construit l'image de soi. Il n'est pas de conscience de son identité sans cet autre qui vous reflète et s'oppose à vous, en vous faisant front. Soi-même et l'autre, identité et altérité vont de pair, se construisent réciproquement ». Et parmi les « formes diverses que l'autre a revêtues aux yeux des Grecs »[11], les

[8] J.-P.Vernant, *L'individu, l'amour, la mort. Soi-même et l'autre en Grèce ancienne*, Paris, Gallimard, 19891, rééd. dans la collection « Folio/Histoire », 1996.
[9] *Id.*
[10] *Id.*
[11] *Ibid.*

bêtes, les esclaves, les Barbares, les enfants, les femmes, J.-P. Vernant choisit d'en étudier trois : la figure des dieux, la face de la mort, le visage de l'être aimé.

De fait, l'un des premiers signes du fait que *l'Autre* soit inévitablement le terme par rapport auquel une « identité grecque » puisse être définie est peut-être qu'il n'existe pas en grec, à proprement parler, de terme pour dire « identité », au sens où nous l'entendons aujourd'hui. Les textes dans lesquels la notion même d'identité apparaîtrait n'existent pas et il faut donc tout simplement se poser cette double question : qu'est-ce qu'être Grec, pour les Grecs et pour nous ?

En effet, la conscience qu'il existe non seulement une histoire des termes par lesquels les Grecs se désignent eux-mêmes, de la signification qu'ils donnent à ceux-ci et de leurs emplois, mais aussi une histoire de ce que nous entendons nous-mêmes par « Grecs » ou par « hellénisme », est au cœur des interrogations de ces dernières années. Les Grecs sont aussi des autres pour nous. Saïd insiste ainsi, dans l'introduction aux Actes du Colloque *Hellenismos. Quelques jalons pour une histoire de l'identité grecque*[12], sur l'historicité des diverses définitions de l'identité grecque et sur la nécessité de les contextualiser. Elle rappelle que, si le concept d'hellénisme fut dans un premier temps envisagé uniquement par rapport à celui de « barbarie », auquel on s'est longtemps intéressé de façon quasi exclusive — on définissait ainsi le Grec par le non-Grec —, les recherches se sont ensuite davantage orientées vers les phénomènes de refus ou d'acceptation de l'hellénisme, puis ont tendu, dans un mouvement de rectification et de synthèse, à mettre davantage en évidence les notions d'interaction ou de juxtaposition. Cependant ces différentes études n'ont, selon elle, donné à voir des Grecs qu'un « reflet » (dans le cas des travaux sur les Barbares) ou n'ont induit (dans les recherches sur l'hellénisation) qu'une définition objective et contemporaine de l'hellénisme, valable avant tout pour un Historien contemporain. D'où la nécessité de se placer « sur un plan subjectif », comme le confirme Michel Casevitz[13] dans l'article qu'il consacre au terme même d'*hellenismos*[14] ; ce mot grec, rappelle-t-il, était inconnu des Grecs de l'époque classique, n'est apparu qu'à la Renaissance et est avant tout ce qu'il nomme un « concept rétrospectif » : « C'est l'image que les maîtres de la Grèce, les Romains, ont su créer et imposer ». Il est donc impératif de s'interroger à la fois sur les termes, leurs sens et leurs emplois et sur ce qui permet à un Grec de se définir comme tel, c'est-à-dire sur les critères et les concepts qui servent à définir le fait d'être Grec.

---

[12] E. Lévy, « Apparition des notions de Grèce et de Grecs », dans *Hellenismos,* 1991, pp. 49-70.

[13] M. Casevitz, « *Hellenismos*. Formation et fonction des verbes en *–izô* et de leurs dérivés », dans *Hellenismos* 1991, p. 16.

[14] Cf. l'article de F. Desbordes dans *Hellenismos,* in « *Latinitas :* constitution et évolution d'un modèle de l'identité linguistique », 1991, pp. 33-48.

B. Recherches récentes : de l'identité aux identités

Le terme *Graïkos*[15] est très peu employé et seulement à partir d'Aristote (donc à la toute fin de l'époque classique) pour désigner « les Grecs », au lieu du terme « Hellènes », et parfois dans un sens péjoratif par les Romains, comme en témoigne Plutarque[16].

Le terme le plus répandu est *Hellen* (pluriel : *Hellènes*) ainsi que ses dérivés (*hellenizô*, parler grec, helléniser ; *hellenikos*, grec, hellénique ; *hellenismos*, qui désigne, chez les auteurs tardifs, soit l'emploi correct d'un terme ou d'une tournure syntaxique, soit le caractère grec d'une attitude, de faits culturels ou religieux, etc.).

C. Orientations de la recherche

Les recherches récentes des Historiens de l'Antiquité sur la question de l'identité ont emprunté à d'autres disciplines, la Sociologie, dans les années 70, puis l'Ethnologie et l'Anthropologie. Grâce aux apports de ces deux dernières disciplines, les chercheurs privilégient l'étude des identités communautaires, des interactions culturelles, en s'intéressant notamment à la langue (parlée, écrite) et à la « culture matérielle » : les monnaies, les œuvres d'art, les monuments, les fêtes, les rites, le corps, le vêtement, etc. Cette recherche sur les identités antiques a trois orientations principales :

- l'identité politique des collectivités civiques, en relation avec un pouvoir « supra civique », en particulier l'Empire romain ;
- l'identité culturelle propre à certaines communautés ;
- l'identité individuelle en relation avec la conscience ou l'image de soi.

Cependant, cette Anthropologie rétrospective, privée d'informateurs directs, est consciente de ne pouvoir saisir le plus souvent que les pratiques identitaires d'une élite, sans pouvoir approcher ce que seraient des identités individuelles dans leur multiplicité.

D. Pour des identités mixtes et contextuelles

Un des apports de l'Anthropologie est le concept d'activité en acte, d'identité comme processus dynamique, d'identité construite, et donc susceptible d'être déconstruite et reconstruite, par opposition à une identité qui serait immuable.

Ainsi, il n'existe pas d'identité « grecque » pure, qui existerait indépendamment d'« influences » ou avant des importations de mœurs et de styles dues, par exemple, à la conquête territoriale et politique. Pour les hommes comme pour les objets ou les monuments, l'identité peut être multiple, mixte, hybride, sans qu'il y ait pour autant de conflits entre les différents aspects de cette identité. Selon le contexte, c'est une identité qui est exprimée plutôt qu'une autre, par le

---

[15] Voir M. Dubuisson, « *Graecus, graeculus, graecari* : l'emploi péjoratif du nom des Grecs en latin », in *Hellenismos* 1991, pp. 315-335.

[16] Cf. par exemple Plutarque, *Caton l'Ancien*, 9 ; *Cicéron*, 5.

nom par exemple, ou le vêtement. Il importe en effet de toujours considérer le « caractère interactif, négocié et contextuel de l'identité ».

C'est dans cette perspective qu'il faut, nous semble-t-il, aborder la question des « identités » grecques et romaines.

E. À la recherche d'une identité grecque

Qu'est-ce que « la Grèce » et « les Grecs » ?

Lorsqu'on essaie de délimiter d'un point de vue géographique, politique ou linguistique les notions de « Grèce » ou de « Grecs »[17], on s'aperçoit que ce ne sont pas des données objectives, mais des objets constitués par les discours de tous ceux qui, de l'Antiquité jusqu'à nos jours, ont réfléchi à ces questions.

Tout d'abord, la terminologie paraît, à l'époque archaïque, fluctuante : chez Homère, on voit apparaître le terme « Hellade » pour désigner la Grèce – toujours, semble-t-il, la Grèce centrale – et l'on trouve « Hellènes » dans l'*Iliade*, mais pas dans l'*Odyssée*. Un peu plus tard (à partir du VIe siècle av. J.-C.), le terme « Hellade » désigne parfois aussi la Grèce centrale et les îles. S'y ajoute le terme de « Panhellènes », qui désigne l'ensemble des Grecs. Thucydide souligne, dans le livre I de son *Histoire*[18], l'absence d'un terme commun pour désigner tous les Grecs.

Apparaissent ensuite des distinctions tout d'abord linguistiques, puis politiques, en particulier lorsqu'il s'agit des guerres médiques, présentées par les écrivains de l'époque classique comme une guerre contre « le Barbare ». Hérodote (début Ve siècle), dans un texte célèbre (VIII, 144), définit l'entité hellénique, non pas la Grèce mais le fait d'être Grec (en grec : *to hellenikon*) plus exactement, comme le fait d'avoir « même sang, même langue, sanctuaires et sacrifices communs, semblables mœurs et coutumes » : c'est l'identité grecque.

On s'oriente donc vers une définition culturelle du fait d'« être grec » qui prévaudra à l'époque classique[19]. Mais cette définition reste malgré tout complexe et problématique et elle est souvent remise en question par les Grecs eux-mêmes. On voit ainsi Platon souligner, dans le *Cratyle*, que « les Grecs ont reçu des Barbares un grand nombre de mots »[20] ou certains auteurs (Sophocle, Antiphon, Démocrite) insister sur l'unicité du genre humain.

Plus tard, Plutarque expliquera en quoi Alexandre fut bien l'héritier de cette conception classique, de ce que l'on peut malgré tout appeler, avec les réserves que nous avons évoquées plus haut, l'hellénisme, fondé sur une communauté de

---

[17] E. Lévy, « Apparition des notions de Grèce et de Grecs », dans *Hellenismos,* 1991, pp. 49-70.

[18] *Hist.*, Livre I,

[19] Isocrate, *Panégyrique d'Athènes*, § 50.

[20] Pour les définitions de l'hellénisme à l'époque classique, voir l'article de M. Trédé, « Quelques définitions de l'hellénisme au IVè siècle avant J.-C. et leurs implications politiques » dans *Hellenismos* 1991, pp. 71-80.

race, de langue et de culture, mais montrera qu'il a aussi dépassé, par la spécificité de sa politique d'hellénisation, l'antithèse Grecs / Barbares.

Enfin, sous l'Empire romain, « Grec » sert à caractériser moins une simple origine géographique ou l'appartenance à une ethnie qu'un ensemble de faits et de pratiques culturels (connaître et pratiquer la langue et la culture grecques). L'héritage culturel grec est en effet non seulement préservé, mais aussi revivifié et actualisé à la fois par des Grecs qui peuvent être, à l'instar du sophiste Aelius Aristide[21], citoyens romains, mais font le choix d'écrire en grec et par les Romains.

Cet héritage peut être alors parfois mis au service de revendications politiques et religieuses étroitement imbriquées. Ainsi, l'adjectif « *hellenikos* », dérivé du terme « *Hellenes* » qui avait déjà été utilisé au IIIe siècle av. J.-C. par les traducteurs de la Bible en grec (la Septante) pour désigner les « païens » ou les Gentils, est employé par les Pères de l'Église du IVe siècle ap. J.-C. pour caractériser la « culture païenne » dans son ensemble, par opposition à l'Ancien et au Nouveau Testament. Inversement, l'Empereur Julien (IVe siècle), farouche partisan de l'hellénisme, utilisera le terme et le concept auxquels il renvoie (la culture grecque, c'est-à-dire tout à la fois la langue, la littérature et la religion) pour s'opposer, dans ses écrits comme dans ses actes politiques, au christianisme qui est en passe de s'imposer définitivement, partout et sous de multiples formes, dans le monde romain.

Ce qui définit aussi les Grecs, originellement, à l'époque archaïque et à l'époque classique, c'est l'appartenance à une cité. « Être Grec », c'est être citoyen de telle ou telle cité de la Grèce (au sens restreint de Grèce continentale ou au sens large : Grèce continentale, Grèce des îles, des colonies essaimées un peu partout dans le bassin méditerranéen). Chaque cité s'invente en effet une identité qui lui est propre : on aura ainsi une multiplicité d'identités, l'identité athénienne, spartiate ou thébaine, ce qui contribue à rendre encore plus complexe et problématique la définition d'une identité grecque. On peut prendre l'exemple d'Athènes. L'identité athénienne repose, en effet, en partie, sur un mythe fondateur[22], le mythe d'autochtonie ; cette identité spécifique, qui implique des droits mais aussi des devoirs, s'articule à une identité impersonnelle, l'État ou la cité, et se manifeste dans des contextes institutionnels (l'ekklèsia, la boulè, l'Heliée, etc.).

Il faut cependant noter que ces distinctions, qui valent pour l'époque classique mais n'ont plus de sens à l'époque romaine, par exemple, ne sont pas aussi simples qu'il y paraît et qu'elles ont été remises en question, ou au moins nuancées dans les recherches récentes, qui tendent à mettre en évidence des différences de statut ou de situation parmi les citoyens athéniens eux-mêmes. La tendance actuelle est de considérer que l'idée d'une identité politiquement et culturellement homogène est très discutable.

---

[21] À propos d'Aelius Aristide, voir l'article de E. Oudot, « Athènes repeinte en cité grecque ? Quelques remarques sur l'idéologie du *Panathénaïque* d'Aelius Aristide », dans *Et si les Romains avaient inventé la Grèce ?*2005, pp. 319-335.

[22] N. Loraux, *Né de la terre : mythe et politique à Athènes*, Paris, Seuil, 1996.

CONCLUSION

Au terme de cette réflexion, nous sommes arrivé à comprendre que ces notions trouvent quelques fondements explicatifs dans l'antiquité grecque, mais qu'elles ont évolué et se sont adaptées à de nouvelles réalités. Nous avons aussi pu comprendre que l'ethnie a toujours été, surtout pour les sociétés grecques, un modèle d'identification par rapport aux autres peuples voisins de la Grèce antique.

Il convient dès lors de dresser le bilan de cette réflexion. Bien entendu, cette étude demeure relativement limitée et, de par la nature même de l'exercice, il est normal que de nombreuses questions restent encore sans réponse. Néanmoins, nous avons pu poser les jalons d'une étude sur l'ethnicité à partir des Sicéliotes et en tirer quelques enseignements.

L'identité peut effectivement être envisagée comme une identité ethnique. Elle se fonde bien sur la revendication d'une ascendance commune, d'une parenté, en lien avec la revendication d'un territoire partagé, la Sicile. Du fait du contexte colonial et insulaire, l'aspect territorial revêt une importance beaucoup plus grande que dans le cas des identités intra-helléniques classiques. Pour autant, l'ascendance commune n'est pas négligée même si l'on ne retrouve pas de généalogies comparables à celles des Ioniens et des Doriens. En effet, la figure légendaire des oikistes mais aussi celle du héros Héraclès, ascendant des Doriens et paradigme du colon dans lequel tous les Sicéliotes peuvent se reconnaitre, suffisent à établir une parenté unissant l'ensemble des Grecs de Sicile.

Au terme de ce cheminement, « l'identité » grecque ou romaine apparaît donc comme un objet complexe, une réalité non figée, mais mouvante et plurielle. L'identité d'un peuple comme celle d'un individu peut être multiple sans pour autant être conflictuelle. C'est pourquoi il faut toujours être attentif à définir précisément les contextes dans lesquels apparaissent des affirmations identitaires (lorsqu'une identité exclusivement grecque ou proprement romaine se trouve exprimée) et des pratiques culturellement connotées (par exemple celle du banquet à Rome). C'est que l'identité ne se construit pas seulement contre l'Autre, mais avec lui et en l'intégrant.

Dans une époque où les questions d'identité (« européenne », « nationale », « africaine », etc.) se posent de façon parfois aiguë ou font l'objet de polémiques, il peut être utile et instructif de s'apercevoir qu'en ce qui concerne l'Antiquité, les réponses ne sont ni simples ni univoques, ni pour les Grecs, les Romains, ou même pour nous, et qu'elles ont une histoire : il n'y a pas d'identité grecque ou romaine « en soi ». Cela nous invite aussi à la plus grande prudence : nous devons être conscients de la distance qui nous sépare des hommes de l'Antiquité et donc nous interdire toute annexion, à des fins partisanes, de « leur » identité.

SOURCES ET BIBLIOGRAPHIE

SOURCES

Homère, *Iliade*, Traduction de R. Flacelière pour la Bibliothèque de la Pléiade (éd. Gallimard) en 1955.

Isocrate, *Panégyrique d'Athènes*, Tome 1, G. Mathieu et E. Brémond, Paris, C.U.F. 1955

Thucydide, *Histoire de la Guerre du Péloponnèse,* texte établi et traduit par J. de Romilly, Paris, C.U.F., 1953

Plutarque, *Vies des Hommes illustres*, tome VI, Relu et corrigé, D. Ricard, Paris, au bureau des Éditeurs de la bibliothèque des amis des Lettres, n° 137, 1829.

BIBLIOGRAPHIE

J. M. Hall, *Ethnic Identity in Greek Antiquity*, Cambridge, 1997.

F. Dupont dans *Façons de parler grec à Rom,e* 2005, pp. 255-277.

F. Desbordes dans *Hellenismos* 1991, in « *Latinitas :* constitution et évolution d'un modèle de l'identité linguistique », pp. 33-48.

E. Valette-Cagnac, « Introduction : *Vtraque lingua.* Critique de la notion de bilinguisme », dans *Façons de parler grec à Rome* 2005, pp. 7-35.

S. Saïd, *Hellenismos. Quelques jalons pour une histoire de l'identité grecque. Actes du colloque de Strasbourg,* 25-27 octobre 1989, (éd.), Leyde, 1991. *Identités et cultures dans le monde méditerranéen antique*, Ch. Müller et F. Prost (éd.), Paris, Publications de la Sorbonne, 2002.

J.-P. Vernant, *L'individu, l'amour, la mort. Soi-même et l'autre en Grèce ancienne*, Paris, Gallimard, 1991, rééd. dans la collection « Folio/Histoire », 1996.

« ETHNIE » ET « NATION » : DEUX FRÈRES ENNEMIS ? ETHNICITÉS, IMAGINAIRES NATIONAUX ET TERRITOIRES AU BURKINA-FASO

Benoit Beucher
Université Libre de Bruxelles/ Belgique

RÉSUMÉ

Ce papier vise à apporter un éclairage empirique autour de la formation et de la construction identitaire chez les Mossi de l'actuel Burkina Faso. Tout en privilégiant la longue durée (du milieu du XVIIIe siècle aux années 1980), nous interrogeons l'hypothèse soutenue par Anthony D. Smith selon laquelle l' « ethnie » et la « nation », dont il convient de dégager le caractère situationnel, entretiennent un rapport complexe qui ne peut se résumer à une antinomie radicale.

MOTS CLÉS

Mossi, Burkina–Faso, Ethnie, Nation.

INTRODUCTION

Notre papier porte sur les processus de formation et de construction identitaire chez les Mossi[1] de l'actuel Burkina-Faso prise sur la longue durée, c'est-à-dire entre le milieu du XVIIIe siècle, date de la consolidation des États dynastiques mossi, jusqu'à la Révolution sankariste des années 1980. Elle s'inscrit dans des débats théoriques majeurs traversant l'Histoire, l'Anthropologie et la Sociologie politiques et vise à y apporter un éclairage empirique issu d'une série de recherches engagées entre 2000 et 2014 dans ce pays. L'ambition de notre contribution est d'apporter des réponses à trois questions essentielles :

---

[1] Ou *Moaaga* au sing. et *Moose* au pl. Nous utilisons cet ethnonyme francisé par commodité.

1° Les études portant sur les modes d'identification construits autour des paradigmes de l'ethnicité et de l'identité nationale peuvent-ils faire l'économie d'une approche historique prise sur la longue durée comme le postulent les thèses modernistes ?

2° Suivant l'hypothèse avancée par Anthony D. Smith[2], est-il possible de déceler un *continuum* entre l' « ethnie » et la « nation », ou, au contraire, les politiques identitaires contemporaines, s'appuyant sur les institutions de l'État, ont-elles balayé les anciennes formes d'auto-compréhension liées à l'identité ?[3]

La problématique qui sous-tend ces questions est celle, *in fine*, des modes d'articulation, complexes et non linéaires, entre des formes d'identification anciennes et celles portées par les courants nationalistes à partir des années 1950-1960. Nous formulons l'hypothèse selon laquelle les formes de continuité culturelle, trouvant leur origine dans un passé bien antérieur à l'indépendance, voire à la conquête coloniale, et qui sont constitutives de la formation des identités dans cette partie de l'Afrique de l'Ouest, ne sont pas seulement une vue de l'esprit des élites politiques qui se sont faites des entrepreneurs identitaires à partir des années 1950-1960.

Nous montrerons tout d'abord que, bien avant la conquête du pays mossi par les Français à la fin du XIXe siècle, les Mossi ont formé une société politique soutenue par un imaginaire du pouvoir et une vision morale forts. Puis, nous questionnerons les différentes politiques identitaires mises en œuvre sous la domination coloniale en accordant une attention particulière aux acteurs africains de cette histoire et à la mobilisation des ressources de leur *agency*. Enfin, nous examinerons la question du legs colonial en matière d'auto-identification ainsi que ses conséquences politiques jusqu'aux années 1980.

I. LE MOOGO PRÉCOLONIAL : UNE IDENTITÉ CULTURELLE ET POLITIQUE FORTE

A. La construction d'un espace politique commun

À partir de la fin du XVe siècle, la société mossi a pris corps et s'est peu à peu organisée sous la forme d'un ensemble de commandements dont les structures gouvernementales ont été dupliquées au fur et à mesure de son expansion à partir de quelques formations-souches (notamment le royaume de Tenkodogo et le Wubritenga)[4].

---

[2] A. D. Smith, *The Ethnic Origins of Nations*, Oxford, Blackwell, 1986.

[3] Fr. Cooper, *Le Colonialisme en question. Théorie, connaissance, histoire*, Paris, Payot, 2010, p. 82 ; R. Brubaker, Fr. Junqua, « Au-delà de l'identité », *Actes de la recherche en sciences sociales*, vol. 139, sept. 2001, pp. 66-85.

[4] M. Izard, *Introduction à l'histoire des royaumes mossi*, Paris/Ouagadougou, CNRS/CVRS, Recherches voltaïques, n°s 12 et 13, 1970 ; *Moogo, l'émergence d'un espace étatique ouest-africain au XVIe siècle*, Paris, Karthala, 2003, et J. Kawada, *Genèse et dynamique de la royauté : les Mosi méridionaux (Burkina Faso)*, Paris, l'Harmattan, 2002.

Né à la suite d'une lente et progressive infiltration de cavaliers issus du Nord du Ghana actuel, l'espace politique mossi s'est stabilisé, probablement autour du XVIe siècle, à la suite d'un arrêt de son expansion dont la cause nous est inconnue. Tandis que ses frontières[5] se sont cristallisées, une philosophie politique porteuse de l'idée d'État s'est affermie. Les Mossi lui donnent le nom de *naam* qui correspond à un pouvoir de commander les hommes de droit divin dont, à des degrés divers, tous les Mossi sont ou ont été les détenteurs dans la mesure où ils se reconnaissent tous comme les descendants d'un roi primordial, Naaba Wedraogo[6]. Cette philosophie du pouvoir a soutenu l'émergence d'une noblesse et d'un système de dévolution du pouvoir qui a peu à peu perdu son caractère segmentaire.

Vraisemblablement au cours du XVIIIe siècle, les royaumes se sont centralisés. L'État dynastique de Waogodgo (Ouagadougou) a connu le processus de centralisation le plus poussé, et s'est imposé comme la principale force politique dans un espace politique mossi multipolaire, organisé autour de cinq grands royaumes indépendants mais à la culture politique commune, autour desquels gravitaient des formations politiques plus modestes constituant des zones-tampons entre eux.

Cet espace politique couvrant environ 65.000 km^2 au moment de la conquête, appelé *Moogo* ou « Monde », marqué, selon les Mossi, par l'emprunte d'hommes civilisés, s'oppose dès lors à un espace nommé « *Weoogo* », (litt. la « brousse ») marquant ainsi une limite sociale et mentale vis-à-vis de leurs voisins jugés moins organisés et donc moins civilisés.

B. Une société englobante

Au cours des quatre siècles marquant la gestation du Moogo, la société mossi s'est révélée être englobante, formant des chaînes de sociétés[7] toujours plus denses, vastes, et stabilisées par les appareils de pouvoir étatiques. Le mot même de « *Moaaga* » (ou « Mossi ») le révélerait dans la mesure où, selon Antoine Dim Delobsom, auteur de riches monographies au cours de l'entre-deux-guerres, il signifierait « homme non circoncis » (et donc non socialisé) ou

---

[5] Les Mossi n'ignoraient pas les frontières territoriales. Certains cours d'eau, ou le maintien à l'état inculte de bandes de terres marquant la limite de fronts pionniers mouvants pouvaient en faire office. *Cf.* P.-C. Hien, *Le Jeu des frontières en Afrique occidentale : cent ans de situations conflictuelles au Burkina-Faso actuel (1886-1986)*, Thèse de Doctorat, Université de Paris I, 1996.

[6] « Wedraogo » signifie en mooré, la langue des Mossi, « étalon ». Ce dernier renvoie aux mythes des origines mossi dont la version dominante fait de la princesse Yennega et du chasseur d'éléphants Riaré, un couple primordial dont seraient issus tous les Mossi. Montée sur un cheval, la princesse lui dut sa rencontre avec Riaré. Le premier fils qui est issu de ce couple porte le nom de Naaba (ou « roi », « chef ») Wedraogo. Il est considéré comme le premier souverain du Moogo et l'ancêtre dont se réclament tous les Mossi.

[7] J.-L. Amselle, *Logiques métisses. Anthropologie de l'identité en Afrique et ailleurs*, Paris, Payot, 1990.

« *produit impur* »[8]. Il est donc probable que ce qui s'imposera comme un ethnonyme dont la généalogie sera peu explorée au cours de la période coloniale, est un nom qui a été attribué par les sociétés établies sur le Bassin de la Nakambe (Volta Blanche) au moment de l'infiltration des guerriers dont nous avons parlé et que l'anthropologue Michel Izard nomme les « *nakoamse* »[9]. L'idée sous-tendue par l'expression de « produit impur » serait celle d'un métissage entre des populations au départ culturellement et historiquement dissemblables, mais qui ont fini par occuper le même espace géographique et partager des caractéristiques culturelles (langue, *ethos*, habitudes vestimentaires, scarifications, etc.) communes.

Les Mossi se présentent eux-mêmes comme formant une société englobante au sein de laquelle de prétendus « autochtones » auraient cohabité et auraient été unis par un lien de complémentarité avec d'aussi hypothétiques *« conquérants »*[10]. Cette complémentarité est fréquemment évoquée par les Mossi qui rappellent la dualité de la société ainsi formée et organisée autour de deux composantes sociales : d'une part, les « gens de la terre » (ou *tengbiisi*), descendants des « autochtones », qui auraient demandé aux nouveaux venus qu'ils les protègent militairement, et, d'autre part, les « gens du pouvoir » (*nakoamse*), issus des « conquérants », qui se voient attribués un pouvoir politique légitimé par des rites telluriques demeurés le propre des « autochtones »[11].

Ce sont ces *nakoamse* qui peuvent prétendre au *naam*. Après saturation de l'espace mossi de commandements suite à l'arrêt de son expansion, les principes de dévolution du *naam* se sont faits plus sélectifs et ont entraîné à leur tour un clivage interne entre les roturiers (*talse*) et les nobles qui, dès lors, portent seuls le titre de *nakaomse*. Parmi eux, seule une élite obtient le titre de *naaba* qui désigne métaphoriquement ceux qui ont mangé le *naam* et que les administrateurs français appelleront les « chefs ».

Une société pour l'État s'est ainsi constituée et a nourri un imaginaire fondé sur un couple mythique primordial ainsi qu'un *ethos* aristocratique conditionnant les attitudes et les schèmes de perception vis-à-vis des « autres » qui sont à la fois les routiers et les non-Mossi.

C. Les taxinomies coloniales : des stéréotypes identitaires co-produits

Entre 1895 et 1897, les troupes coloniales françaises ont fait la conquête de l'essentiel du Moogo. Malgré ce que l'on a pu souvent écrire, cette pénétration

---

[8] A. D. Delobsom, *L'Empire du Mogho-Naba. Coutumes des Mossi de la Haute-Volta*, Paris, Domat-Montchrestien, 1932, p. 10.

[9] M. Izard, *Moogo...*, *op. cit.*, p. 76.

[10] On retrouve là une caractéristique commune à de nombreuses sociétés africaines de la frontière. *Cf.* I. Kopytoff (éd.), *The African Frontier : the reproduction of traditional african societies*, Indiana University Press, Bloomington, 1987, p. 28.

[11] M. Izard, *Gens de pouvoir, gens de la terre. Les institutions politiques de l'ancien royaume du Yatenga (Bassin de la Volta Blanche)*, Cambridge, Cambridge University Press/ Paris, Éds. de la Maison des sciences de l'homme, 1985.

coloniale, certes brutale, n'a pas toujours constitué une rupture totale avec les trajectoires historiques anciennes de formation et d'affirmation des États et des identités africains, loin s'en faut. Sur le plan militaire, les Français avaient la supériorité liée à la qualité de leur armement. Ils ont également pu bénéficier des dissensions entre les royaumes mossi qui n'ont pu organiser une résistance commune[12]. Mais les troupes coloniales étaient très peu nombreuses (près de 250 hommes pour la conquête d'un espace de plusieurs dizaines de milliers de kilomètres carrés entre 1896 et 1897). Mieux, sur le plan du savoir, les relations étaient marquées par une forte asymétrie qui était susceptible de bénéficier aux Mossi[13].

En effet, la conquête militaire du Moogo n'était qu'une étape dans l'histoire de son annexion. Restait à conquérir les esprits et à mettre en place une administration régulière avec des moyens dérisoires[14]. Pour ce faire, les officiers français, ceux chargés de la conquête, puis les premiers administrateurs, ont dû solliciter le savoir détenu par la noblesse mossi sur sa propre histoire et son organisation sociale[15]. Ceci se lit avec netteté lors de l'élaboration du traité de protectorat « sur le Mossi » rédigé par les officiers Voulet et Chanoine en janvier 1897. La « mission de renseignement » qu'ils mettent en œuvre afin d'évaluer l'autorité du roi de Ouagadougou et de justifier la portée politique et géographique du traité aux yeux des Britanniques s'est soldée par l'adoption, à leur corps défendant, de la vision du Moogo qui prévalait à Ouagadougou avant la conquête. Les velléités hégémoniques des Mossi centraux (ceux de Ouagadougou) y trouvaient leur traduction juridique à la suite d'une réinterprétation de leur histoire. « Le Mossi » y est alors présenté comme un espace homogène, peuplé par une société partageant un cadre territorial ainsi qu'une langue communs, et par des sociétés « apparentées » unies par de très vagues « droits historiques ». Le caractère multipolaire du Moogo est ignoré. Rien n'est dit sur les groupes interstitiels ou mobiles qui ne se revendiquaient pas comme formant une société commune avec les Mossi (les Yarse ou les Peul par exemple).

Au cours de la Première Guerre mondiale, ces stéréotypes identitaires coloniaux ont acquis une dimension morale très forte épousant largement les

[12] S. P. Salo, *Recherche sur l'originalité de la résistance des Mossi aux agressions extérieures, 1884-1904*, Université de Ouagadougou, Thèse de Doctorat en Histoire, 1975, et J.-M. Kambou-Ferrand, *Peuples voltaïques et conquête coloniale. 1885-1914, Burkina Faso*, Paris, ACCT/L'Harmattan, 1993.

[13] B. Beucher, « Le pays des Mossi en carte, vade-mecum pour une histoire de la rencontre coloniale en terre voltaïque (actuel Burkina Faso) à la fin du XIXe siècle », in *Cartes et Géomatique. Revue du comité français de cartographie*, n° 210, 2011, pp. 175-184.

[14] À titre d'exemple, l'administration militaire, jusqu'en 1907, dispose au mieux d'une quinzaine de fonctionnaires français pour près d'un million de Mossi.

[15] B. Beucher, « Lendemain de conquête à Ouagadougou. Les officiers de la République française, bâtisseurs d'une royauté africaine (septembre 1896-septembre 1898) », *in* M. Battesti, J. Fremeaux (dir.), *Sortir de la guerre*, Paris, Presses de l'Université Paris-Sorbonne, 2014.

conceptions que les Mossi avaient à l'égard de leurs voisins bobo, dioula, lobi ou gurunse. Ces derniers, établis dans la Boucle du Mouhoun (Ouest-Volta), se sont soulevés en 1915. Tandis que les troupes françaises ont tenté de réduire par la force ce que Mahir Saul et Patrick Royer qualifient de « guerre anticoloniale »[16], les rapports produits dans la période ont reproduit la frontière mentale qui prévalait avant la conquête dans l'esprit des Mossi. Sur le papier, ils ont fait de ces derniers une population formant une sorte de pôle de loyauté et de civilisation par contraste avec les sociétés de l'Ouest jugées « anarchiques » et « arriérées » ou « barbares ». Cette vision morale, mossi-centrée d'une certaine façon, devait trouver son prolongement politique et géographique avec la création, en 1919, de la colonie de Haute-Volta, dont le chef-lieu a été établi non sans raisons à Ouagadougou après bien des débats au sein du pouvoir colonial.

II. LA COLONIE DE LA HAUTE-VOLTA : LA « CHOSE DES MOSSI » ?

A. Toutes les frontières coloniales ne sont pas purement arbitraires

Les durs soulèvements de l'Ouest-Volta, finalement contenus à la suite d'une impressionnante mobilisation militaire, ont eu pour conséquence une redéfinition de la carte de l'AOF. La colonie du Haut-Sénégal-Niger, regroupant notamment les populations de la Boucle du Mouhoun et celles du Bassin du Nakambe, a été scindée. Son centre, Bamako, était en effet considéré comme trop lointain pour permettre un contrôle efficace de sociétés rangées sous le nom de « famille voltaïque »[17]. L'idée est donc de rapprocher le centre d'impulsion colonial d'un ensemble de régions très densément peuplées mais mal contrôlées. Au cours de la Grande Guerre, les Mossi ont fait la preuve de leur loyauté en ne rejoignant pas le mouvement anticolonial de 1915 tout en se mobilisant pour apporter leur part à l'effort de guerre[18]. Leurs solides institutions royales ont été considérées par les plus hautes autorités coloniales comme le gage d'une administration efficace dans cette partie de l'AOF. Malgré les discours, il n'est donc pas question de « faire » à ce moment de l'administration directe. Il s'agit da-

[16] M. Saul, P. Royer, *West African Challenge to Empire : culture and history in the Volta-Bani anticolonial war*, Ohio University Press/James Currey, Athens/Oxford, 2001.

[17] M. Delafosse, *Haut-Sénégal-Niger*, Paris, Larose, 1912, vol. 1, p. 113 ; B. Hazard, « La construction de l'aire socioculturelle voltaïque dans l'œuvre de Maurice Delafosse », J.-L. Amselle, E. Sibeud, (dir.), *Maurice Delafosse. Entre orientalisme et ethnographie : l'itinéraire d'un africaniste (1870-1926)*, Paris, Maisonneuve et Larose, 1999, pp. 254-271.

[18] Cependant, ce risque était bien réel, et la partie occidentale du Moogo, proche du pays gurunse, s'est avérée particulièrement instable. La plupart des grandes cours royales mossi ont tenté de circonscrire ce mouvement anticolonial et de multiplier les signes de loyauté à l'égard de la Métropole.

vantage de mettre à profit les chaînes du pouvoir mossi, et d'y accoler des populations qualifiée de « frustres » dans l'espoir qu'au contact du « pôle de loyauté » mossi, elles finissent par se conformer à l'ordre colonial.

Après bien des discussions, c'est ainsi qu'est née la colonie de la Haute-Volta. Ses limites ont été soigneusement étudiées. Elles sont loin d'avoir toutes été tracées au cordeau. Le Moogo a été préservé dans ce nouvel ensemble, ce qui ne relève pas du hasard. L'intention de s'appuyer sur les Mossi afin d'administrer la colonie est évidente. Le chef-lieu a été fixé à Ouagadougou, bien que de nombreux colons et fonctionnaires français aient exprimé un avis contraire, allant davantage dans le sens de Bobo-Dioulasso (l'ancienne Sya), à la croisée d'une importante route commerciale entre la forêt ivoirienne et la zone soudanaise, et dont le climat était réputé plus doux. Nous avons apporté la preuve que la noblesse mossi a largement contribué à la préservation de ses frontières en tant que groupe au cours de cette période. Mais elle n'en est pas restée là. Dans les années 1920-1930, elle a donné corps et consistance émotionnelle à territoire voltaïque qui, au cours de cette période, ne pouvait plus être considéré comme une froide et sèche entité administrative.

B. La Haute-Volta à la croisée des impérialismes français et mossi

Au cours de la période précoloniale, les Mossi ont nourri un « fantasme d'unicité »[19] doublé de velléités expansionnistes qui, pour la première, n'a jamais connu de réalisation pleine et entière et, pour les secondes, ont été interrompues bien avant la conquête. Malgré la défaite militaire face aux troupes françaises et l'imposition – relative – d'un ordre colonial le plus souvent autoritaire, il n'en demeure pas moins que la noblesse mossi a pu bénéficier de la centralisation administrative en Haute-Volta. À partir de 1920, Ouagadougou voit se superposer deux centres du pouvoir. L'un, ancien, est matérialisé par le palais du roi (le Moogo Naaba), l'autre, colonial, par celui du gouverneur[20]. Dans le cadre d'une administration indirecte de fait, cette centralisation permet à la Cour royale d'étendre son influence, non seulement sur l'ensemble du Moogo, fait sans précédent, mais aussi sur un espace voltaïque de plus de 270.000 km².

Tout au long des années 1920, la noblesse mossi devient la principale interlocutrice après des autorités coloniales en Haute-Volta. Elle est également fortement représentée au sein du Conseil d'administration de la colonie qui peut porter les revendications particulières de ce territoire à Dakar, siège du Gouvernement général de l'AOF. Le soutien apporté par les princes mossi aux projets de développement économique et social impulsés par le pouvoir colonial conforte aux yeux de ces derniers l'image d'un peuple mossi « civilisé », bien gouverné, et ouvert au progrès, du moins plus que leurs voisins bobo, diula ou

---

[19] M. Izard, *Moogo…*, *op. cit.*, p. 87.

[20] L. Fourchard, *De la ville coloniale à la cour africaine, espaces, pouvoirs et sociétés à Ouagadougou et à Bobo-Dioulasso (Haute-Volta), fin XIXe s-1960*, Paris, L'Harmattan, 2001.

lobi. Ceci se fait au prix du soutien apporté par les *naaba*, volontairement ou non, au recrutement des travailleurs forcés pour la colonie et les voisines (en particulier la Côte-d'Ivoire).

Par ailleurs, comme l'a souligné à juste titre Charles Tilly, la formation d'un État centralisé, en l'occurrence, un État colonial hybride[21], joue un rôle crucial dans l'unification du marché culturel et, par contrecoup, de l'émergence d'une identité commune[22]. Au cours de l'entre-deux-guerres, la vision portée par les Mossi centraux sur l'histoire du Moogo est celle qui a fini par s'imposer, conférant une apparente homogénéité à l'ensemble de la société mossi. Ceci se traduit par une politique « indigène » largement tournée vers cette population perçue comme historiquement et politiquement organisée autour du royaume central de Ouagadougou[23]. Au tout début des années 1930, s'il n'est pas encore possible de parler d'une identité « nationale » voltaïque, du moins les Mossi centraux perçoivent-ils leur concours à la « mise en valeur » de la colonie comme une façon de servir leurs intérêts de groupe tout en voyant la culture mossi, et particulièrement sa langue, le mooré, s'imposer comme une « haute culture »[24] et le creuset de modes d'identification plus larges. C'est également au nom de cet intérêt de groupe que la Cour tente de convaincre ses sujets de l'intérêt de leur sacrifice dans la cadre du travail forcé. L'idée étant que les efforts consentis aussi bien en Haute-Volta qu'en Côte-d'Ivoire seront un jour payants pour le royaume[25]. Ceci explique en grande partie la raison pour laquelle la cour royale de Ouagadougou va mener un combat sans fléchir afin d'éviter la dislocation du territoire, annoncée en 1932 sur fond de profonde morosité économique[26].

---

[21] Nous parlons d'hybridité dans le sens où l'État, en Haute-Volta, n'est pas la simple importation de techniques de gouvernement européennes. En s'appuyant sur les institutions royales mossi, la puissance coloniale incorpore également des techniques gouvernementales africaines dans le cadre d'une administration indirecte de fait.

[22] Ch. Tilly, *The Formation of National States in Western Europe*, Princeton, Princeton University Press, 1975.

[23] B. Beucher, « Naaba Saaga II et Kougri, rois de Ouagadougou : un père et son fils dans la tourmente coloniale puis postcoloniale (1942-1982) », *Outre-Mers, Revue d'Histoire*, n°370-371, 2011, pp. 99-109.

[24] Nous utilisons cette expression de Gellner bien que ce dernier, à tort selon nous, dénie toute capacité des sociétés africaines précoloniales à former une telle culture en raison de l'absence d'écriture ou d'institutions scolaires comparables à celles qui ont été fondées dans les pays occidentaux notamment. *Cf.* E. Gellner, *Nations et nationalismes*, Paris, Payot, 1999, pp. 121 et 135.

[25] Ceci n'a pas empêché une relative perte de contrôle de la cour sur ces travailleurs dont une partie non négligeable a préféré gagner la Gold Coast voisine plutôt que de travailler pour le compte de l'Administration coloniale française. *Cf.* D. D. Cordell, J. W. Gregory, V. Piché, *Hoe and Wage. A Social History of a Circular Migration System in West Africa*, Boulder-Oxford, Westview Press, 1996 ; I. Mandé, *Les migrations de travail en Haute-Volta (actuel Burkina Faso) : mise en perspective historique (1919-1960)*, Thèse de Doctorat en Histoire, 1997.

[26] M. W. Bantenga, P. C. Hien *et al.* (dir.), *La Reconstitution de la Haute-Volta*, Ouagadougou, L'Harmattan, 2010.

C. La dislocation de la Haute-Volta : l'existence dans l'absence

La décision de supprimer le territoire voltaïque a été prise par les autorités coloniales sans qu'elles ne puissent imaginer à quel point elle allait heurter une partie de ses ressortissants, à commencer par la Cour royale de Ouagadougou. Comme en témoignent les rapports des missions d'inspection de 1931-1932[27], ce territoire est alors jugé purement artificiel. Dans cette logique, la remise en question de son maintien ne doit répondre qu'à des considérations techniques et économiques : diminuer le personnel encadrant, mettre à la disposition des plantations ivoiriennes ou de l'Office du Niger[28] l'importante main-d'œuvre voltaïque.

Mais la tournure des évènements révèle que les Mossi centraux ont une claire conscience d'appartenance à leur territoire colonial. Dès 1931, la cour s'emploie à mobiliser ses sujets en vue d'éviter la dislocation. L'année suivante, placée devant le fait accompli[29], elle s'engage dans un véritable combat épistolaire, envoyant lettres et pétitions aux plus hautes autorités métropolitaines visant à la reconstitution de la Haute-Volta[30]. L'évolution de la teneur de ces courriers montre qu'à l'articulation des années 1930-1940, la Cour n'engage plus seulement un combat au nom des seuls Mossi, mais de tous les ex-Voltaïques. Clairement, elle repousse ainsi ses frontières mentales bien au-delà d'un Moogo sur lequel elle n'exerçait avant la conquête qu'une influence partielle.

À partir de 1945 et de la tenue des premières élections[31], la question de la restauration de la Haute-Volta s'impose dans le débat politique. La Cour crée son propre parti, l'UDIHV, devenu l'UV en 1946[32], qui affronte le RDA, soli-

---

[27] Ces missions visent à déterminer la nécessité – ou non – de supprimer la Haute-Volta à la suite d'un vaste *audit* financier et d'une importante analyse politique remettant en cause le principe de l'administration indirecte tel qu'il a été notamment appliqué par le gouverneur Hesling (1919-1927).

[28] L'Office du Niger est un vaste périmètre de cultures irriguées inauguré en 1932 au Soudan.

[29] La Haute-Volta est disloquée à compter du 1er janvier 1933 et son territoire réparti entre les colonies du Soudan français (actuel Mali), du Niger et de la Côte-d'Ivoire. Cette dernière se voit rattacher les 2/3 du territoire voltaïque dont la quasi-totalité des cercles mossi à l'exception de celui de Ouahigouya (Yatenga), incorporé dans le Soudan. De fait, le Moogo est séparé pour la première fois depuis la conquête par une frontière territoriale coloniale.

[30] A. S. Balima, *Genèse de la Haute-Volta*, Ouagadougou, Presses africaines, 1969, pp. 149-153 ; S. Salo, « Le plaidoyer " Pro domo" de Koom II et Saaga II pour la reconstitution de la Haute-Volta », *in* M.W. Bantenga, P.C. Hien *et al.* (dir), *La Reconstitution de la Haute-Volta…*, *op. cit.*, pp. 374-378.

[31] Ces élections visent notamment à élire les députés à l'Assemblée constituante métropolitaine.

[32] Il s'agit de l'Union de Défense des Intérêts de la Haute-Volta, parti présidé par le roi Saaga II et formé par l'élite lettrée proche de la Cour et de la Mission catholique. Ce parti est rebaptisé du nom d'Union voltaïque un an plus tard afin de signifier qu'il ne défend pas la cause des seuls Mossi comme des membres du RDA l'en accusent.

dement implanté dans la région de Bobo et dont les militants sont majoritairement hostiles au rétablissement de la colonie. Parce que les Africains sont toujours plus nombreux à être appelés aux urnes, le sort de l'ancien territoire finit par être débattu bien au-delà des hautes sphères coloniales ou royales. Que les électeurs se prononcent pour ou contre sa restauration, tous se positionnent autour de cette question faisant ainsi vivre un territoire pourtant virtuel, et lui conférant une sorte de « pouvoir émotionnel » au sens de Benedict Anderson[33], ce à quoi très peu de fonctionnaires coloniaux ont songé...

III. LA HAUTE-VOLTA SUR LA VOIE DE L'AUTONOMIE PUIS DE L'INDÉPENDANCE : ENTRE UN RESSORT DE SOUVERAINETÉ À DOMINANTE MOSSI ET UN ESPACE NATIONAL MULTI-ETHNIQUE

A. Élections et citoyenneté : la guerre inter-ethnique n'aura pas lieu

Au cours des années 1940, la politisation du débat au sujet de la reconstitution de la Haute-Volta conduit les partis politiques, l'UV et le RDA, à instrumentaliser des lignes de fractures mentales marquant la séparation entre « Nous » et « Eux ». Du côté de l'UV, il s'agit d'encourager parmi l'électorat un sentiment de rejet à l'égard de la Basse-Côte-d'Ivoire. Comme doit d'ailleurs l'admettre le gouverneur de la Côte-d'Ivoire, la région de la Basse-Côte est très différente des cercles mossi, à la fois sur le plan linguistique, culturel, religieux ou encore démographique. Les cadres de l'UV dénoncent l'exploitation de la « famille voltaïque » au profit d'un territoire « étranger » qui bénéficie de sa main-d'œuvre et de son sacrifice.

Le RDA en revanche joue sur les réticences d'une partie de l'électorat des régions de l'ancienne Ouest-Volta à être à nouveau placée sous la coupe hégémonique des Mossi centraux dans l'hypothèse d'une reconstitution de la Haute-Volta. La noblesse mossi est en outre jugée trop compromise dans l'édification et le maintien du régime du travail forcé. Pour faire simple, elle est jugée comme complice de l'établissement d'un ordre colonial coercitif. De fait, le RDA tente de convaincre son électorat de rejeter dans une certaine mesure ses voisins de l'Est, et donc de refuser la recréation de la colonie supprimée en 1932.

Au cours de l'année 1946, l'UV, qui souhaite éviter de passer pour un parti régionaliste ou « ethnique », entend prouver qu'il existe une sorte de communauté de destin que partageraient tous les ex-Voltaïques. Ce point est fondamental dans la mesure où, comme le souligne Anne-Marie Thiesse, « *la véritable naissance d'une nation, c'est le moment où une poignée d'individus*

[33] B. Anderson, *L'imaginaire national. Réflexions sur l'origine et l'essor du nationalisme*, Paris, La Découverte Poche, 2002, p. 63.

déclare qu'elle existe et entreprend de le prouver »[34]. L'idée est de ne pas se laisser piéger par les tentatives d'instrumentalisation de l'ethnicité mossi par l'administration coloniale[35]. Celle-ci, décidée à combattre frontalement le RDA à partir de 1947[36], entend, selon les mots du gouverneur de la Côte-d'Ivoire Durand, à ressusciter « *l'esprit particulariste mossi* » si bien que, poursuit-il, il serait « *possible désormais de parler de la "nation mossi"* »[37]. La tactique consiste à endiguer la progression du RDA en consolidant le « bloc mossi » jugé conservateur et loyal. La cour a su profiter de cette situation et, avec le concours d'autres souverains mossi dont le Yatenga Naaba, elle finit par obtenir en 1947 la reconstitution de la Haute-Volta dans ses limites de 1932. Ouagadougou retrouve ainsi à nouveau sa centralité au sein du territoire. Mais les plaies des joutes électorales de l'immédiat après-guerre restent à panser, et un *modus vivendi* doit être recherché à l'heure où nul ne pense sérieusement qu'un éclatement de la Haute-Volta soit encore possible.

En effet, au début des années 1950, le député Nazi Boni, originaire de l'Ouest-Volta et auteur d'une scission à l'intérieur de l'UV, a bien demandé la création d'un neuvième territoire en AOF qui serait propre aux ressortissants de la région de Bobo. Mais son projet n'a pas été suivi par l'élite politique de l'Ouest, pas plus que par le RDA qui a fini par établir un parcours d'accommodation avec les princes mossi par l'entremise du député Ouezzin Coulibaly. À la fin des années 1950, tandis que les compétences du conseil de gouvernement voltaïque s'étoffent et que l'indépendance se profile, la perspective d'un éclatement de la Haute-Volta est balayée. Mais la question de la construction d'une identité voltaïque commune n'est pas pour autant réglée. Comme en témoigne la tentative de coup d'État du roi de Ouagadougou Kougri Ier en 1958, vécu par de nombreux Voltaïques comme une résurgence de l'impérialisme mossi[38].

Cette lourde tâche, non pas de « faire » la Haute-Volta, mais des Voltaïques conscients de former une même nation finit par être dévolue à des élites poli-

---

[34] A.-M. Thiesse, *La Création des identités nationales. Europe XVIIIe-XIXe siècle*, Paris, Seuil, 1999, p. 11.

[35] B. Beucher, « La reconstitution de la Haute-Volta... », *art. cit.*

[36] L'année 1947 est marquée par le départ des Ministres communistes du Gouvernement Ramadier. Le RDA était apparenté au Parti communiste français et fut dont suspecté d'être « anti-colonial » et « anti-français » par les plus hautes autorités coloniales de l'époque.

[37] Lettre classée « confidentiel » du Gouverneur de la Côte-d'Ivoire à l'Inspecteur Général des Colonies Bargues, chef de la mission d'inspection, Abidjan, 15 juin 1947, Archives nationales du Sénégal (ANS) 10G 6/17.

[38] Ce souverain, accompagné de ses guerriers, a tenté de cerner le Conseil de Gouvernement sentant que le pouvoir lui échappait et vraisemblablement mal conseillé par le colonel Chevreau, commandant des troupes françaises à Ouagadougou. Ses troupes ont fini par être dispersées, et la plupart des élites politiques, y compris mossi, ont condamné cette initiative catastrophique pour l'image de la royauté.

tiques qui ont, dans une perspective de *nation building*, tenue dans un première temps à « fabriquer » la nation « par le haut ».

B. L'indépendance : une construction nationale à la croisée de multiples trajectoires historiques

Entre autres défis, l'État voltaïque qui a accédé à l'indépendance en août 1960 doit rendre la nation émotionnellement viable, ce qui suppose de donner consistance à un univers symbolique donnant à son tour corps à une communauté nationale soudée et loyale à l'égard de ses gouvernants[39]. Mais le premier président, Maurice Yaméogo (1960-1966) va commettre deux erreurs :

1° La première tient au fait qu'il entend, comme l'essentiel de la classe politique de sa génération, bâtir la nation « par le haut », l'État étant vu, pour reprendre les mots de Pierre Bourdieu, comme *la* « banque centrale de capital symbolique »[40]. Cette classe politique, composée d'individus nés autour des années 1920-1930 et formés au sein du système éducatif colonial, nourrit en effet une vision paternaliste, voire condescendante, à l'égard de ce qu'elle nomme les « masses paysannes », fréquemment tenues pour « attardées » ou « arriérées » dans les rapports politiques par exemple. De fait, la majorité des citoyens n'est pas sollicitée afin de définir la grammaire nationale.

2° Yaméogo, qui n'a pas oublié la tentative de coup d'État du roi Kougri, entend annihiler tous les régimes d'historicité antérieurs à l'indépendance, toutes les « ethno-histoires » considérées comme un frein au processus d'intégration nationale. Les symboles mêmes de la Nation ne renvoient à aucun passé « endogène » : le nom du pays demeure celui de l'ancienne colonie, le drapeau reprend le nom – français – des trois fleuves le traversant (la Volta Noire, Rouge, Blanche), etc. Le nationalisme « banal »[41] qu'entend construire Yaméogo, et tous ses successeurs jusqu'à l'avènement de la Révolution du capitaine Sankara en 1983, fait clairement l'impasse sur les « mythomoteurs »[42] ou mythes politiques sources de légitimation s'inscrivant dans la longue durée. Si, en 1960, Yaméogo fait l'apologie de l' « Homme voltaïque » qui aurait révélé sa valeur morale depuis « mille ans »[43], personne ne peut faire dériver ce propos à partir de son histoire propre, pas plus les Mossi que n'importe quel autre seg-

---

[39] B. Beucher, « La naissance de la communauté nationale burkinabè ou comment le Voltaïque devint un "Homme intègre" », *Politique africaine*, n°118, juin 2010, pp. 165-186 ; pour la version longue, URL : http://www.fasopo.org/reasopo/n13/n13_article.pdf

[40] P. Bourdieu, *Sur l'État. Cours au Collège de France 1989-1992*, Paris, Raisons d'agir/Seuil, 2012, p. 196.

[41] M. Billig, *Banal Nationalism*, SAGE Publications, 1995.

[42] J. Armstrong, *Nations before Nationalism*, Chapel Hill, University of North Carolina Press, 1982.

[43] Extrait du discours prononcé par Yaméogo le 5 août 1960, *in* « Causerie donnée le 10-10-62 à la Maison des Jeunes et de la Culture par J.-M. Sawadogo "La contribution de la jeunesse dans la construction nationale" », Centre national des Archives du Burkina (CNA) 1V 203.

ment de la population. Précisons d'ailleurs que Yaméogo a engagé une violente politique « anti-fodéale » visant à l'anéantissement des royautés mossi (pour ne citer qu'elles) en tant qu'actrices sur la scène politique nationale tout en abolissant les marqueurs physiques de cette identité mossi et nobiliaire (interdiction des pagnes royaux, coupes de cheveux spécifiques, bracelets et chevillières en cuivre ou en bronze, etc.).

À partir du renversement de Yaméogo en 1966 et du commencement d'un interminable cycle de militarisme en Haute-Volta, l'imagination de la communauté nationale a continué de s'effectuer par le haut, sans guère de dialogue avec les citoyens « d'en bas », mais elle s'articule dès lors autour de deux paradigmes :

1° « familial » dans la mesure où le général Lamizana (1966-1980), par exemple, prend figure très classiquement de « père de la Nation » et, tout en employant une terminologie éminemment religieuse, invite les « sœurs et frères » de Haute-Volta à unir leurs forces afin d'assurer la stabilité politique du pays et son développement économique et social ;

2° « martial », la plupart des discours officiels rappelant les citoyens à leurs obligations morales à l'égard de l'État, à savoir l'honneur, la discipline et le sens du devoir que partage tout bon soldat.

Lors de l'avènement de la Révolution démocratique et populaire (RDP) du Capitaine Thomas Sankara, le 4 août 1983, la teneur du discours officiel sur la Nation change sensiblement. Certes, le paradigme martial demeure. Mais les quatre Capitaines placés à la tête de l'Exécutif[44], le Conseil National de la Révolution (CNR), entendent clairement associer étroitement la communauté citoyenne à l'élaboration d'un nouvel imaginaire national que tous, y compris les « masses rurales », peuvent s'approprier. L'idée est très clairement de susciter une fierté populaire à la fois source de patriotisme et de dévouement à la cause révolutionnaire. Ceci explique largement le choix qui a consisté à rebaptiser le pays du nom de Burkina Faso, ou « Pays des Hommes intègres » le 4 août 1984. Tandis que le Burkina se dote d'un nouveau drapeau et d'une nouvelle devise censés tirer un trait définitif sur le passé colonial, le régime entend créer une « année zéro » dans l'histoire du pays et bâtir une société nouvelle de toutes pièces. De même que sous Yaméogo, ceci se traduit sur le plan politique par une « lutte anti-féodale » sans merci qui vise à affaiblir les chefs et princes, ce sur fond d'autonomisation du pouvoir révolutionnaire à l'égard de toute autre source potentiellement concurrente de légitimité.

Tandis que le CNR, soutenu par des Comités de Défense de la Révolution (CDR), se charge d'opérer un tri mémoriel faisant la part entre ce que la mémoire nationale peut présenter de subversif ou non pour la cause révolutionnaire, les Tribunaux populaires de la Révolution (TPR) sont quant à

[44] Il s'agit de Thomas Sankara, Blaise Compaoré, Henri Zongo et Jean-Baptiste Lingani. *Cf.* B. Jaffré, *Burkina Faso. Les années Sankara : de la Révolution à la Rectification*, Paris, L'Harmattan, 1989 ; P. Englebert, *La Révolution burkinabè*, Paris, L'Harmattan, 1986 ; V. D. Somé, *Thomas Sankara. L'espoir assassiné*, Paris, L'Harmattan, 1990.

eux censés traquer ceux dont le comportement est non seulement contre-révolutionnaire, mais aussi moralement déviant, et donc non conforme avec l'éthique nationale supposée inhérente aux Burkinabè. Parallèlement à d'importantes campagnes d'alphabétisation, les « masses rurales » doivent à leur tour prendre conscience de leur force et de la situation d'exploitation dans laquelle elles sont censées se trouver. En somme, elles doivent devenir les actrices du processus de construction nationale au même titre que les femmes, elles aussi mises à l'honneur sous la Révolution.

Mais le caractère contraint de cette édification des symboles et des pratiques nationales a eu des effets contre-productifs. L'obligation imposée à tous de « consommer burkinabè », y compris lorsque les produits locaux se sont avérés être plus coûteux que ceux importés de l'étranger, ou de porter les habits en cotonnade locale (le « Faso dan fani »), ont fini par exaspérer une partie de la population qui n'a pas davantage accepté de voir ses autorités « coutumières » régulièrement humiliées par le pouvoir révolutionnaire.

Les dissensions internes au CNR, et la volonté de Blaise Compaoré, l'ancien bras-droit de Sankara, de s'emparer du pouvoir n'expliquent pas seules la chute de Sankara le 15 octobre 1987. Le pouvoir révolutionnaire s'est fait cosmocrate[45] et a voulu bâtir « son propre monde »[46]. Ce faisant, il n'a pu inscrire les symboles de la Révolution – assimilée à la Nation – aux « structures mythiques » anciennes notamment portées par l'ethno-histoire des Mossi, et plus particulièrement par les cours royales. Pour autant, l'imaginaire national de la Révolution, idéalisé par une jeunesse qui n'a pas véritablement connu cette époque, demeure vive chez les moins de 40 ans, particulièrement chez ceux qui participent aujourd'hui à une contestation populaire du régime de Blaise Compaoré toujours plus vigoureuse depuis 2011 et les émeutes multiformes qui ont touché cette année-là les principaux centres urbains du pays[47].

---

[45] R. Banégas, *Insoumissions populaires et révolution au Burkina Faso*, Bordeaux, CEA, Université de Bordeaux I, 1993, p. 95.

[46] Entretien avec SM le Boussouma Naaba Sonré, 26 juillet 2007, Ouagadougou, siège de l'Assemblée nationale.

[47] Ces contestations se sont cristallisées autour de la question de la modification de l'article 37 de la Constitution qui permettrait au président Compaoré de faire sauter le verrou de la limitation des mandats et ainsi se représenter en 2015, soit 28 ans après son avènement à la tête de l'État. La plupart des collectifs entretenant la mobilisation contre le régime, à commencer par le « Balai citoyen », entretiennent la mémoire de Thomas Sankara et son projet d'édification d'une société nationale moralement pure. Pour une analyse des évènements de 2011, voir notamment M. Hilgers, A. Loada, « Tensions et protestations dans un régime semi-autoritaire : croissance des révoltes populaires et maintien du pouvoir au Burkina Faso », *Politique africaine*, Paris, vol. 3, n° 131, 2013, pp. 187-208.

CONCLUSION

Il apparaît que l'identité collective mossi, bien qu'elle ait été sujette à des lectures contradictoires, voire rivales avant la colonisation et encore bien au-delà, a suivi une logique assez similaire aux identités nationales qui ont éclos en Europe au cours du XIXe siècle. En même temps que la société mossi a englobé des sociétés d'horizons divers tout en forgeant une sorte d'idéologie de la complémentarité au sein d'une société composite, elle a été porteuse d'un processus d'exclusion et de différentiation sociale marquant une frontière sociale, politique et historique à l'égard des « étrangers » vivant aux marges du Moogo. Cette frontière, au sens de Frederik Barth[48], a été homogénéisée sous une domination coloniale marquée à la fois par une « politique des races » conduisant à la réification des identités, ainsi que par son corollaire, à savoir une administration indirecte de fait.

Malgré des relations très complexes et soumises aux aléas de l'histoire, la plupart des administrateurs coloniaux et des membres de la cour royale de Ouagadougou ont trouvé les termes d'une forme d'accommodation autour de la « politique de la différence »[49] qui a consisté à opposer de façon binaire un pôle de civilisation et de loyauté à un espace non-mossi jugé à tort « anarchique ». Ceci a trouvé sa traduction avec la création de la colonie de Haute-Volta ainsi que la centralisation administrative à Ouagadougou. Ces stéréotypes identitaires partagés ne répondent pas moins à des malentendus entre la noblesse mossi et les autorités coloniales qui se sont révélés avec force au moment de la dislocation du territoire.

Ce malentendu qui a pris la forme d'un combat d'une grande partie de la noblesse mossi en vue de la restauration de la Haute-Volta, a révélé la façon dont celle-ci, en partie suivie par ses sujets, a été en capacité de repousser ses frontières mentales pour donner corps à une identification au territoire voltaïque qui, dès lors, a trouvé une consistance émotionnelle bien avant l'indépendance. Ce caractère émotionnel s'est donné à voir lors des élections organisées à partir de 1945 qui ont été largement polarisées autour du désir ou non des anciens Voltaïques de se voir regroupés au sein d'un même ensemble territorial. De fait, la royauté mossi, particulièrement celle de Ouagadougou, a opéré une jonction entre son ethno-histoire ainsi que l'imaginaire qui l'entoure et l'émergence d'un sentiment d'appartenance voltaïque.

Cette articulation entre ces deux processus a constitué un fait social puissant et structurant qui a vraisemblablement été sous-estimé par les divers chefs de l'État indépendant. Pour ces derniers, les constructions identitaires soutenues par la noblesse mossi et les élites lettrées qui en ont été proches, a constitué une menace ou une force concurrente vis-à-vis de leur propre politique identitaire qui a eu pour but la création d'une communauté nationale épurée de ses mé-

---

[48] Fr. Barth, *Ethnic Groups and Boudaries : The Social Organization of Culture Difference*, Bergen/Oslo, Universitetsforlaget, Londres, George Allen et Unwin, 1969.

[49] J. Burbank, Fr. Cooper, *Empires in World History : Power and the Politics of Difference*, Princeton, Princeton University Press, 2010, pp. 11-13.

moires anciennes et particularistes. Mais la tentative de l'État de monopoliser la définition de la grammaire nationale s'est avérée être un échec partiel, de Yaméogo à Sankara. L'actuel président du Burkina, Blaise Compaoré, l'a compris. Tout en bâtissant un pouvoir autoritaire bien que paré des oripeaux de la démocratie[50], le président a assoupli les relations entre l'État et des royautés qu'il propose, depuis quelques mois et la survenue de vagues d'opposition sans précédent, de reconnaître dans la Constitution. De même, l'imaginaire porté par les institutions royales mossi, elles-mêmes productrices d'une identité mossi puissamment imaginée, a été en partie capté, sur le plan des symboles, par l'État qui, par exemple, a remis à l'honneur le mythe fondateur mossi avec l'insertion dans les armoiries du pays des étalons symbolisant le premier roi mossi qui remplacent les kalachnikovs de l'époque sankariste. De même, le prix décerné au cours du grand festival international du cinéma de Ouagadougou (le Fespaco) n'est-il pas l'étalon de Yennenga, la « mère » symbolique de tous les Mossi ?

Ainsi, de même qu'Anthony D. Smith, nous ne pensons pas qu' « ethnie » et « nation » doivent être renvoyées dos-à-dos comme si l'une était le pendant anti-moderne de l'autre[51]. Aux chercheurs de préciser les lignes de force qui permettent de rendre compte de l'existence d'une sorte de *continuum* entre ces productions identitaires sans tomber dans le piège d'une vision déterministe et évolutionniste de l'identité en Afrique.

BIBLIOGRAPHIE

J.-L. Amselle, *Logiques métisses. Anthropologie de l'identité en Afrique et ailleurs*, Paris, Payot, 1990.

J.-L. Amselle, E. Sibeud (dir.), *Maurice Delafosse. Entre orientalisme et ethnographie : l'itinéraire d'un africaniste (1870-1926)*, Paris, Maisonneuve et Larose, 1999.

B. Anderson, *L'imaginaire national. Réflexions sur l'origine et l'essor du nationalisme*, Paris, La Découverte Poche, 2002.

J. Armstrong, *Nations before Nationalism*, Chapel Hill, University of North Carolina Press, 1982.

A. S. Balima, *Genèse de la Haute-Volta*, Ouagadougou, Presses africaines, 1969.

R. Banégas, *Insoumissions populaires et révolution au Burkina Faso*, Bordeaux, CEA, Université de Bordeaux I, 1993.

---

[50] M. Hilgers, J. Mazzochetti (dir.), *Révoltes et oppositions dans un régime semi-autoritaire. Le cas du Burkina Faso*, Paris, Karthala, 2010, et M. Hilgers, « Contester en contextes semi-autoritaires : espaces publics en Afrique », *Alternatives Sud*, 17, 2010, pp. 205-219.

[51] R. Otayek, *Identité et démocratie dans un monde global*, Paris, Presses de Sciences Po, 2000, p. 15.

M. W. Bantenga, P. C. Hien *et al.* (dir.), *La Reconstitution de la Haute-Volta*, Ouagadougou, lHarmattan, 2010.

F. Barth, *Ethnic Groups and Boudaries : The Social Organization of Culture Difference*, Bergen/Oslo, Universitetsforlaget, Londres, George Allen et Unwin, 1969.

B. Beucher, « La naissance de la communauté nationale burkinabè ou comment le Voltaïque devint un "Homme intègre" », *Politique africaine*, n°118, juin 2010, pp. 165-186 ; pour la version longue, URL : http://www.fasopo.org/reasopo/n13/n13_article.pdf

B. Beucher, « Le pays des Mossi en carte, vade-mecum pour une histoire de la rencontre coloniale en terre voltaïque (actuel Burkina Faso) à la fin du XIXe siècle », in *Cartes et Géomatique. Revue du comité français de cartographie*, n° 210, 2011, pp. 175-184.

B. Beucher, « Naaba Saaga II et Kougri, rois de Ouagadougou : un père et son fils dans la tourmente coloniale puis postcoloniale (1942-1982) », in *Outre-Mers, Revue d'Histoire*, n°370-371, 2011, pp. 99-109.

B. Beucher, « Lendemain de conquête à Ouagadougou. Les officiers de la République française, bâtisseurs d'une royauté africaine (septembre 1896-septembre 1898) », *in* M. Battesti, J. Frémeaux (dir.), *Sortir de la guerre*, Paris, Presses de l'Université Paris-Sorbonne, 2014.

M. Billig, *Banal Nationalism*, SAGE Publications, 1995.

P. Bourdieu, *Sur l'État. Cours au Collège de France 1989-1992*, Paris, Raisons d'agir/Seuil, 2012.

R. Brubaker, Fr. Junqua, « Au-delà de l'identité », in *Actes de la recherche en sciences sociales*, vol. 139, sept. 2001, pp. 66-85.

J. Burbank, F. Cooper, *Empires in World History : Power and the Politics of Difference*, Princeton, Princeton University Press, 2010.

F. Cooper, *Le Colonialisme en question. Théorie, connaissance, histoire*, Paris, Payot, 2010.

D. D. Cordell, J. W. Gregory, V. Piché, *Hoe and Wage. A Social History of a Circular Migration System in West Africa*, Boulder-Oxford, Westview Press, 1996.

M. Delafosse, *Haut-Sénégal-Niger*, Paris, Larose, 1912, vol. 1.

A. D. Delobsom, *L'Empire du Mogho-Naba. Coutumes des Mossi de la Haute-Volta*, Paris, Domat-Montchrestien, 1932.

P. Englebert, *La Révolution burkinabè*, Paris, L'Harmattan, 1986.

D. V. Somé, *Thomas Sankara. L'espoir assassiné*, Paris, L'Harmattan, 1990.

L. Fourchard, *De la ville coloniale à la Cour africaine, espaces, pouvoirs et sociétés à Ouagadougou et à Bobo-Dioulasso (Haute-Volta), fin XIXe s-1960*, Paris, L'Harmattan, 2001.

E. Gellner, *Nations et nationalismes*, Paris, Payot, 1999.

P.-C. Hien, *Le Jeu des frontières en Afrique occidentale : cent ans de situations conflictuelles au Burkina Faso actuel (1886-1986)*, thèse de doctorat, Université de Paris I, 1996.

M. Hilgers, J. Mazzocchetti (dir.), *Révoltes et oppositions dans un régime semi-autoritaire. Le cas du Burkina Faso*, Paris, Karthala, 2010.

M. Hilgers, « Contester en contextes semi-autoritaires : espaces publics en Afrique », *Alternatives Sud*, 17, 2010, pp. 205-219.

M. Izard, *Introduction à l'histoire des royaumes mossi*, Paris/Ouagadougou, CNRS/CVRS, Recherches voltaïques, n°s 12 et 13, 1970.

M. Izard, *Gens de pouvoir, gens de la terre. Les institutions politiques de l'ancien royaume du Yatenga (Bassin de la Volta Blanche)*, Cambridge, Cambridge University Press/ Paris, Éds. de la Maison des sciences de l'homme, 1985.

M. Izard, *Moogo, l'émergence d'un espace étatique ouest-africain au XVIe siècle*, Paris, Karthala, 2003.

B. Jaffré, *Burkina-Faso. Les années Sankara : de la Révolution à la Rectification*, Paris, l'Harmattan, 1989.

J.-M. Kambou-Ferrand, *Peuples voltaïques et conquête coloniale. 1885-1914, Burkina-Faso*, Paris, ACCT/L'Harmattan, 1993.

J. Kawada, *Genèse et dynamique de la royauté : les Mosi méridionaux (Burkina-Faso)*, Paris, l'Harmattan, 2002.

I. Kopytoff (éd.), *The African Frontier : the reproduction of traditional african societies*, Indiana University Press, Bloomington, 1987.

I. Mandé, *Les migrations de travail en Haute-Volta (actuel Burkina-Faso) : mise en perspective historique (1919-1960)*, Thèse de Doctorat en Histoire, 1997.

R. Otayek, *Identité et démocratie dans un monde global*, Paris, Presses de Sciences Po, 2000.

S. P. Salo, *Recherche sur l'originalité de la résistance des Mossi aux agressions extérieures, 1884-1904*, Université de Ouagadougou, Thèse de Doctorat en Histoire, 1975.

M. Saul, P. Royer, *West African Challenge to Empire : culture and history in the Volta-Bani anticolonial war*, Ohio University Press/James Currey, Athens/Oxford, 2001.

A. D. Smith, *The Ethnic Origins of Nations*, Oxford, Blackwell, 1986.

A.-M. Thiesse, *La Création des identités nationales. Europe XVIIIe-XIXe siècle*, Paris, Seuil, 1999.

Ch. Tilly, *The Formation of National States in Western Europe*, Princeton, Princeton University Press, 1975.

LE SUBSTRAT AFFECTIF DE LA CONSCIENCE ETHNIQUE

Dominique Ngoïe-Ngalla
Université Marien Ngouabi/ Congo

RÉSUMÉ

Individuel ou collectif, l'ensemble social appelé ethnie, a une façon d'être au monde qui est la traduction des logiques de l'ensemble de ses représentations.

Cette communication s'attache à montrer les éléments constitutifs du comportement ethnique. De toute évidence, le substrat est affectif. Révélateur du phénomène, l'épreuve de la reontre ave l'Autre différent : xénophobie, rejet de tout ce qui est étranger ; comportement que contredisent le désir et le besoin de l'Autre, logés au fond de la conscience de l'Autre.

MOTS CLÉS

Substrat, Conscience, Ethnie, Rejet, Xénophobie, Etranger.

INTRODUCTION

Moins la dimension juridique, politique et dans certains cas volontariste et contractuelle de la Nation, en vérité, quoi qu'on en dise, l'ethnie c'est déjà la Nation. Comme la Nation, en effet, elle est un groupe social déterminé par certaines conditions objectives naturelles et spirituelles plus ou moins impératives : unité de langue, possession d'un territoire, communauté historique de souvenirs, de traditions, de culture, etc. Le problème des États africains multi-ethniques, c'est comment faire pour amener à se fondre en un tout cohérent ses composantes sociales que leur diversité culturelle met en rapport antagonistique, la formation de la Nation et le développement étant difficilement réalisables en dehors de la fusion de toutes les composantes socioculturelles de l'État postcolonial. Or, se définissant par le rejet de la différence, l'ethnie est de soi hostile à la fusion avec d'autres ethnies.

L'ethnie, c'est l'univers clos pris dans une parfaite cohésion de ses composantes constitutives. C'est du moins la perception que ses membres s'en font. Bloc homogène, l'ethnie redoute la différence toujours polluante, mauvaise et préjudiciable à son intégrité.

Parce que l'autre est toujours un porteur potentiel de tous les dangers, par prudence, il faut éviter de l'approcher. L'ethnie est xénophobe. Cet univers clos de l'ethnie n'est cependant pas synonyme de précarité et de sous-développement. Monde plein, l'ethnie a parfois présenté de réelles dispositions au développement, a parfois atteint un certain niveau de développement quoique avec des tendances autarciques.

Notre plan assez simple compte deux mouvements. Le premier est une description sommaire de l'idéologie réfractaire de l'ethnie à la différence. Le deuxième mouvement cherche à savoir si, au fond, ensemble social à côté d'autres au sein de l'État, la mauvaise volonté de l'ethnie à construire avec les autres ethnies un ensemble d'échanges et de relations de partage constitutifs du bien commun appelé République, n'est pas la réponse au refus de l'État de faire droit aux aspirations et aux attentes des ethnies qui peuvent devenir si on les met en confiance, si elles obtiennent satisfaction de leurs désirs légitimes, des éléments actifs de la construction de la Nation, et des agents dynamiques au service du développement. Le triptyque ethnie, nation, développement qui de l'opinion générale, s'inscrit dans un rapport d'opposition, entre au contraire, dans un rapport de complémentarité, dès lors que sont pris en compte la demande de reconnaissance de l'ethnie par l'État et ses attentes, ses aspirations. Parce qu'au fond, nous y revenons, c'est par prudence que l'ethnie se cloisonne. Mais elle est tout à fait capable d'ouverture si on lui donne l'assurance que c'est pour son plus grand bien.

I. L'ETHNIE UN UNIVERS CLOISONNÉ

Une ethnie, c'est un territoire, une langue, une culture, le tout formant un ensemble cohérent caractérisé par des particularismes qui sont des manifestations, des représentations d'une vision du monde. L'ethnie y est fortement attachée. Aveuglément cela explique que, dans des contextes donnés, face à des situations existentielles données, les réactions et les comportements de la conscience ethnique sont si contraires à nos attentes citoyennes, et même simplement à des attentes de bon sens, qu'il est presque utopique pour l'État postindépendance de travailler à fondre dans une seule et même âme collective la diversité des groupes ethniques qui le composent. Mais comment l'État pourrait-il aller au développement si, du fait de leurs rapports antagonistes, il ne parvient pas à former avec ses composantes culturelles, un tout organique ? Repliées chacune sur la logique de leurs systèmes de représentations et de pratiques où l'imagination, la folle du logis de Pascal, a le beau rôle, l'ethnie reste sourde au discours que lui tient l'État sur les avantages socio économiques et socio politiques que représente la fusion en un seul corps social des ethnies qui le composent.

Le problème du mal développement de l'Afrique postindépendance, ce n'est donc pas, du moins d'abord, l'ignorance des lois économiques dont le respect, c'est vrai, toujours conduit au développement, le réalise, ou du moins, apporte des chances de sa réalisation. Toute une génération d'économistes africains aussi brillants les uns que les autres avait mis, au lendemain des indépendances, tout leur génie au service de la cause. En vain. L'Afrique n'a toujours pas, jusqu'ici, réussi à redresser la tendance inquiétante à se sous-développer toujours plus, chaque décennie qui passe.

II. LES CONDITIONS DE CLOISONNEMENT ETHNIQUE

Il nous faut donc, historiens, remonter la chaîne causale des malheurs de l'Afrique indépendante. L'ayant fait, j'ai cru l'identifier dans le repli identitaire de l'ethnie. Dans le contexte de l'État multiethnique, ce repli est justifié, non pas par ce réflexe xénophobe par quoi se caractérise le comportement ethnique, mais par l'attitude et le comportement du pouvoir envers les ethnies. Le devoir du pouvoir est en principe de conduire les ethnies, les grandes composantes socioculturelles de l'État, à construire ensemble des relations et des échanges de manière à construire ensemble ce bien commun depuis les Romains de l'Antiquité appelé République, fruit du labeur de tous, et que pour cette raison, tous doivent respecter. Or, à la place de ce devoir citoyen, l'État africain post-indépendance s'ethnise ; c'est-à-dire que le pouvoir devient un moyen de domination au service de l'ethnie de celui qui l'exerce.

La cohabitation pacifique et harmonieuse des ethnies comme processus conduisant à la formation de la Nation, synonyme de fusion à terme de toutes les ethnies, implique l'invention de mécanismes de régulation des particularismes par quoi chaque ethnie se singularise. Mais l'invention de tels mécanismes et leur mise en œuvre sont impossibles si, membre d'une ethnie à laquelle il est fortement attaché, le détenteur du pouvoir n'est pas armé d'un certain nombre de vertus, la première étant la vertu de courage qui l'aide à affronter l'opinion de son groupe d'appartenance, pour s'affranchir de son emprise, et ainsi libéré, se mettre au service de tous.

Le défaut, chez le détenteur du pouvoir, d'une telle disponibilité héroïque, il faut le dire, a pour conséquence inévitable, le raidissement des ethnies qui ne sont pas au pouvoir et le réflexe du repli identitaire, la fronde sourde contre le pouvoir ethnicité.

Dans une telle atmosphère morose de désenchantement qui brise l'élan des individus à se mettre au service de la communauté, comment le développement serait-il possible ? Comment parler de construction du bien commun dans lequel, pourtant, chacun trouverait son compte ? Comment susciter chez les ethnies écartées de la jouissance de ce que le pays commun produit le désir et la volonté de servir loyalement un État partial et injuste ? Un tel État injuste constitue lui-même un frein à son propre développement et allonge les délais de formation de la nation. Et le développement qui résulte nécessairement du rassemblement des dynamiques que chaque ethnie développe isolément, est, de ce fait, sans cesse retardé. À la limite du monde plein pour la plupart d'entre elles, les ethnies sont des espaces sociaux qui étaient déjà parvenus à un certain niveau de développement économique et social avant la colonisation.

Si donc aujourd'hui elles connaissent la précarité et la misère, les responsables tout désignés, ce sont la colonisation et l'État post indépendance. En détournant les ethnies de leurs objectifs économiques prioritaires, en décourageant leur esprit d'initiative, de créativité et d'innovation désormais orienté à produire selon le désir de la métropole et à son seul profit, le colonisateur et l'État post indépendance qui lui emboîte le pas sont à l'origine du sous-développement de l'Afrique.

CONCLUSION

Les ethnies sont des entités sociales vivantes, dynamiques, soucieuses de rendement lorsqu'elles se mettent au labeur. Sur le registre de l'économie, le concept Kongo de *bussina*, richesse, abondance, n'est pas une importation. Seulement, par prudence autant que par égocentrisme tissant avec elle-même une relation de type narcissique, peu lui chaut de fusionner avec d'autres ethnies, pour former avec elles, la grande ethnie appelée Nation. La réticence des ethnies de l'État pluriethnique à construire ensemble une nouvelle sociabilité, en terme économique plus rentable que celle que chacune d'elles établit en son sein, est entretenue autant par la peur-réflexe du mélange qui caractérise toute ethnie, que par la tendance du pouvoir de l'État post indépendance à s'ethniciser. Il revient alors aux hommes de pouvoir le devoir de se revêtir de la vertu de courage et de prendre de la hauteur pour se dégager de l'emprise groupale qui rend difficile chez celui qui en est prisonnier, un comportement citoyen.

Sans la justice, l'évolution désirée et souhaitée de l'État pluriethnique en État-Nation restera longtemps problématique. L'égoïsme et la peur, voilà la gangrène de l'État pluriethnique post indépendance. Ils sont aussi une des causes majeures de son sous-développement.

L'INDICE DE ROBUSTICITÉ DANS LE RECRUTEMENT DES TIRAILLEURS SÉNÉGALAIS À LA VEILLE DE LA SECONDE GUERRE MONDIALE (1938)

Jean-François Owaye
Université Omar Bongo/ Gabon

RÉSUMÉ

L'indice de robusticité, adopté à la veille de la Seconde Guerre mondiale par l'administration métropolitaine comme un instrument d'orientation, a été appliqué pour la première fois dans l'armée coloniale en Afrique Equatoriale Française (A.E.F.) lors du recrutement exceptionnel des Troupes Coloniales à la faveur de l'Arrêté n° 4139 du 17 novembre 1938 et à la suite des travaux réalisés par les médecins militaires des Troupes coloniales. Sur la base des études menées par leurs collègues à partir des rapports de recrutements opérés lors de la Première Guerre mondiale, ces médecins avaient proposé à la hiérarchie militaire coloniale, des canevas de typologie des « races » en vue d'établir les possibilités de recrutement qu'ils paraissaient offrir pour la défense future de l'empire. Cette réflexion montre que cet instrument, en raison des stéréotypes raciaux qu'il subodorait, notamment la variabilité entre les populations, a constitué une amorce de la construction artificielle du mythe de la conscience ethnique en Afrique.

MOTS CLÉS

Recrutement, *Robusticité*, Tirailleurs sénégalais, Stéréotype racial, Tribalisme, Afrique Equatoriale Française.

INTRODUCTION

Si l'on convient aisément que la tendance classificatoire des populations que l'on donne pour être l'une des amorces à la conscience ethnique en Afrique est très ancienne[1], il importe de préciser que c'est sous l'ère des explorateurs qu'a été pro-

[1] En « *1350 avant notre ère, les Égyptiens attribuaient aux populations des différences physiques tranchées, sous forme de quatre couleurs* ». *Ibid.*

posé un premier modèle anthropologique de classification des populations africaines comme en témoignent les travaux incontournables de Johan Friedrich Blumenbach et de Linné sur les variétés humaines. Cette démarche a été facilitée par l'anthropologie physique qui s'était inscrite, en effet, « *dans une pensée typologique qui* [tendait] *naturellement à accentuer la variabilité entre les populations tout en minimisant la variabilité intrapopulationnelle* »[2]. Cela se déroulait dans un contexte où la science de l'homme « *avait* [...] *vraiment pris corps, l'étude des caractères physiques de l'homme en général, de leurs variations ; celle des races humaines avait pris un développement considérable, l'anthropométrie et la craniométrie avaient apporté une base précise, mathématique, aux observations qui étaient restées jusque-là dans le domaine de la description* »[3]. On a pu ainsi distinguer, en Afrique équatoriale, les Noirs de la forêt, les Arabes de la Savane et du désert[4]. Maria Cancerotto rend compte d'une étude menée par Pichot dans laquelle cet auteur note que les « *peuplades* » de la forêt montraient « *une attitude d'absolue passivité, comme ces femmes de Likouala, sur les rives du Congo, que Rondet-Saint voit avec leurs jambes ''couverts de répugnantes ulcères''*[5] *promenant des enfants étiques ou ces ''ruines ratatinées et asexuées'', que Jean Pichot voit dans les villages Batéké près de Brazzaville, que ''déchéance, gale, trypanosomiase, lèpre parfois'' font ensemble un ''musée pathologique* »[6]. Les appréciations connotées des explorateurs, au sujet de ces populations rencontrées, faisaient allusion à la laideur, aux tares physiques, de celles-ci. Les travaux anthropologiques d'un Birkner ou d'un Montandon permirent d'isoler des sous-races, notamment celle dite paléotropicale :

> Le Nègre paléotropical est caractérisé par une stature sous-moyenne, la mésocéphalie, l'hypereurhinie, le faciès grossier du visage et du corps. C'est le Nègre tout court, le Nègre somatiquement le plus primitif. Il s'est formé sur place à côté des Pygmées. De toutes parts, il est pénétré, dominé, assimilé par le Nègre campestre qui a pris la haute main dans leur lutte inconsciente, et qui prédomine aussi dans la forêt. Les débris du Nègre paléotropical ne s'arrêtent pas à la lisière même du bois ; ils la dépassent vers le Nord, vers l'Est aussi[7].

En 1934, von Eickstedt décrivait le « paléonégride » comme un Noir de stature moyenne, prognathe et platyrhinien, ayant une structure inharmonique. Sur les mêmes bases, le Pr Vallois proposa pour les habitants de la forêt camerou-

---

[2] J. Deligne, E. Rebato et Ch. Susanne, « Races et racisme », in *Journal des anthropologues*, 84 | 2001, p. 2, mis en ligne le 07 mai 2009, consulté le 15 août 2013. URL : http://jda.revues.org/2619

[3] *Histoire de la Science,* 1957, p. 1365.

[4] « *Il y a, d'un côté, les habitants de la forêt, avec toutes leurs tares et leurs attitudes dégénérés, très voisines de l'animalité, de l'autre, les populations évoluées de la savane et du désert, avec toutes leurs qualités, dont certaines sont absolument magnifiques* », in Maria Cancerotto, *op. cit.*, p. 117.

[5] Rondet-Saint, p. 142.

[6] Cité par Pichot, p. 34.

[7] Cité par Chabeuf.

naise le terme de « *type sylvestre occidental* ». L'anthropologie militaire y joua un rôle central qui mérite d'être mieux connu :

> Les premières théorisations ''scientifiques'' sur les populations africaines furent souvent liées aux explorations et aux conquêtes militaires. Les officiers coloniaux ne sont donc pas étrangers au développement de ''sciences'' pour lesquelles les ''races'', leur degré d'évolution et leurs caractéristiques supposées constituaient le seul facteur explicatif des sociétés africaines[8].

Il faut préciser d'emblée que les données anthropométriques compulsées n'ont pas seulement permis d'asseoir, chez des chercheurs comme Joseph Arthur de Gobineau et ses acolytes, la thèse de l'infériorité de la variété mélanienne, placée au bas de l'échelle des « *races* »[9] humaines, elles ont été aussi à l'origine de la construction du mythe africain autour de la conscience ethnique. C'est ce que nous donne à comprendre l'examen des études conduites par les médecins des Troupes coloniales dans l'entre-deux-guerres. Ces études sont d'un intérêt historique particulier au regard de certaines de leurs conclusions. Retenons particulièrement la proposition d'une série de canevas de la hiérarchisation des groupes ethniques africains en vue d'établir les possibilités de recrutement qu'ils paraissaient offrir pour la défense de l'empire.

Ces études ont produit tout leur néfaste potentiel à travers l'utilisation dans l'armée, lors du recrutement exceptionnel des Troupes coloniales effectué en 1938[10], d'un nouvel instrument anthropométrique spécifique : l'indice de robusticité, de corpulence ou de poids. Celui-ci, pour mémoire, avait déjà permis un sommaire affinement du recrutement de la main- d'œuvre par « race » ou « groupe ethnique » au moment du lancement de la politique des grands travaux en A.E.F.

Nous nous proposons, dans cette réflexion, en nous fondant sur quelques rapports rédigés par des médecins militaires des Troupes coloniales, de revenir sur l'efficience de cet indice comme instrument d'orientation de la politique française de recrutement des Troupes coloniales ; il s'agit d'énoncer les prémices historiques de ce que d'aucuns nomment : « *l'homme tribal* » africain.

Pour mieux éclairer cette occurrence, il convient d'évoquer, au préalable, l'arrière-plan de l'effort de guerre avant d'aborder la mise en lumière de l'intérêt militaire de l'indice de robusticité à travers les travaux des médecins militaires des Troupes coloniales, puis la classification issue des opérations de recrutement effectuées en 1938 à l'aune de cet indice.

---

[8] R. Granvaud, *De l'armée coloniale à l'armée néocoloniale, 1830-1990*, p. 18.

[9] Le Comte de Gobineau dans son essai sur *L'inégalité des races humaines*, 1854, utilise indifféremment les termes « ethnie », « race », « nation » et « civilisation » dans une optique hiérarchisante des populations (cité par X. B. Kitsimbou, p. 12). La distinction entre « race » et « ethnie » a été proposée par Regnault qui tenta de distinguer les notions de « race » et d'« ethnie » qui désignent des communautés linguistiques (lire R. Breton, *Les ethnies*, Paris, PUF, coll. « Que sais-je ? », n° 1924, 1981, p. 20).

[10] *J.O. A.E.F.* du 1er mai 1938, p. 1466.

I. L'INDICE DE ROBUSTICITÉ : UN MARQUEUR DE LA CLASSIFICATION DES PEUPLES AU SERVICE DE L'EFFORT DE GUERRE

La tendance taxinomiste des êtres humains est très ancienne. On sait, à titre d'exemple, qu'en « *1350 avant notre ère, les Égyptiens attribuaient* [déjà] *aux populations des différences physiques tranchées, sous forme de quatre couleurs* »[11]. Toutefois, c'est sous l'ère des explorations européennes que l'on a commencé à véritablement parler de modélisation classificatoire des populations africaines grâce au développement de l'anthropologie physique inscrite « *dans une pensée typologique qui* [tendait] *naturellement à accentuer la variabilité entre les populations tout en minimisant la variabilité intra-populationnelle* »[12]. *L'Histoire des sciences* enseigne qu'au XIXe siècle,

> l'étude des caractères physiques de l'homme en général, de leurs variations ; celle des races humaines, avaient pris un développement considérable, l'anthropométrie et la craniométrie avaient apporté une base précise, mathématique, aux observations qui étaient restées jusque-là dans le domaine de la description [13].

L'armée coloniale française, pour organiser l'effort de guerre de l'empire, trouva à la veille de la Seconde Guerre mondiale, en la classification physique des populations africaines, un instrument d'orientation en vue du recrutement de ses troupes en Afrique équatoriale. En effet, dès 1937, l'éventualité de l'utilisation, comme lors de la Grande guerre, des Tirailleurs Sénégalais sur le front métropolitain en cas de guerre avec l'Allemagne nazie devint un enjeu de la politique militaire extra marine de la France. Cette puissance disait préparer la guerre dans son empire. Elle avait, en conséquence, fait des projections en termes de soldats à mobiliser dès le début de la guerre : « *devant le risque d'une guerre avec l'Allemagne qui s'annonce dès 1938, la République* [française] *relance les slogans de 1914 : ceux d'une France impériale de 12 300 000 km², peuplée de 110 millions d'habitants. Les contingents indigènes sont essentiels au futur effort de guerre* »[14]. Pour autant, il fallut allier besoin en soldats en nombre et exigence de l'efficacité des recrues car la Première Guerre mondiale avait suffisamment déconstruit le mythe de l'endurance des Tirailleurs sénégalais, façonné par le général Mangin, l'initiateur de la « *Force noire* ». Au Chemin des Dames, le général Mangin n'avait-il pas acquis la réputation de « *boucher* » et de « *broyeur de Noirs* » » ? Blaise Diagne à qui la France avait

---

[11] *J.O. A.E.F.* du 1er mai 1938, p. 1466..

[12] J. Deligne, E. Rebato et Ch. Susanne, « Races et racisme », in *Journal des anthropologues*, 84 | 2001, p. 2, mis en ligne le 07 mai 2009, consulté le 15 août 2013. URL : http://jda.revues.org/2619

[13] *Histoire de la Science,* 1957, p. 1365.

[14] « Race et ethnicité dans le contexte africain », traduction anglaise de Th. Labica, http://www.cairn.info/-in *Actuel*-marx-2005-2-p.65.htm

[14] E. D. A. Champeaux, *La Force noire. Gloire et infortunes d'une légende coloniale,* Paris, Talladier. 2006, p. 159.

confié la tâche de facilitateur pour le recrutement des soldats noirs, fut très sévère dans sa critique à la Chambre des Députés : il dénonça de manière véhémente, les conditions faites, au front ou dans les camps d'hivernage, aux Tirailleurs sénégalais, engagés « *un peu comme du bétail* ». En fait, les états-majors avaient compris que la qualité des soldats tenait particulièrement à leur état physique. Les anciennes modalités de sélection des soldats africains issues du croisement d'une part, de la « *géographie médicale coloniale* » et, d'autre part, de la « *géographie d'acculturation* » qui donnaient les zones et la typologie des peuples africains plus propices au service militaire, ayant montré leurs limites, il fut fait recours à un nouvel instrument d'orientation : l'indice de robusticité dont l'intérêt était de mettre en évidence non plus seulement les particularismes physiques, mais aussi les différences « tribales » à partir d'un contenu physique, anthropométrique.

Parmi les travaux publiés sur le sujet, nous avons parcouru ceux de Maurice-Charles-Joseph Pignet[15], du Médecin colonel Pierre Millous[16], du Médecin-Général Cazanove[17] et de Gustave Cyrille Pierre Lefrou[18]. Ces auteurs qui ont réfléchi sur les valeurs numériques de l'homme (la toise, le cœfficient de robusticité, etc.), soulignent que l'anthropométrie a servi d'appui à l'administration coloniale pour maximiser le rendement des indigènes de l'empire, que cela soit dans le domaine de l'exploitation économique (main-d'œuvre, cas de la construction du chemin de fer Congo-Océan) ou dans ceux de l'armée coloniale (soldats) et de la milice[19].

L'importance de l'indice de corpulence entre la fin du XIXe et la première moitié du XXe siècle, est soulignée en 1933 dans le *Journal de la Société des Africanistes* par le Médecin-colonel des Troupes coloniales, Pierre Millous :

> Depuis très longtemps on a essayé d'exprimer la valeur physique d'un conscrit par un nombre. La loi de Daily qui durant longtemps a servi au recrutement de l'armée française était un essai de l'expression numérique de cette valeur. Le périmètre thoracique doit être de 2 cm. supérieur à la demi-taille. Mais c'est à Pignet que l'on doit

---

[15] Pignet, « Valeur numérique de l'Homme », *Archives médicales d'Angers*, 1900. n°s 8, 9, 10, *Bulletin médical*, 27 avril 1898.

[16] « Le coefficient de robustesse ou indice Pignet chez les Noirs de la côte occidentale d'Afrique », in *Journal de la Société des Africanistes*, 1933, tome 3 fascicule 1. pp. 57-72 ; « Mesures anthropométriques des enfants des écoles de Mytho. » in *Bull. Société Médico-chirurgicale de V Indochine.* 192G ; « Utilité de la toise pour aider à juger de l'aptitude physique des Annamites », in *Arch. de Méd. et Pharm. coloniales*, 1925.

[17] Cazanove (Méd.-G^al^), Le recrutement indigène en Afrique Équatoriale Française pendant l'année 1938, Rapport.

[18] « Un nouvel indice de robusticité chez les Noirs », in *Bul. Société Pathologie exotique,* n° 1. 1931 ; « L'importance de la taille assise comme base d'un indice de robusticité », in *Archives de Méd. et de Pharm. Coloniales*, 1932.

[19] Voir Chaigneau (Application dans un bataillon de Sénégalais du nouvel indice de robusticité pour Noirs, 1931), Charbonneau (Recrutement des troupes indigènes en A.O.F., 1930), etc.

d'avoir établi un indice qui est véritablement, autant qu'en anthropologie il peut y avoir de précision, une valeur numérique de l'homme à 21 ans[20].

À l'époque, l'indice de robusticité est reconnu comme « *la seule et unique technique à la fois portable, universellement applicable, bon marché et non invasive, qui* [permet] *d'évaluer la corpulence, les proportions et la composition du corps humain. Les mesures anthropométriques sont le reflet de l'état nutritionnel et de santé, mais peuvent aussi être utilisées pour prévoir les aptitudes, l'état de santé et la survie* »[21]. Cet indice fonda donc une partie considérable de la taxinomie et de la hiérarchisation des peuples africains coloniaux. Les études antérieures permettent d'avancer que ces classifications ont enrichi la « *boîte à outils* » de la stéréotypie des peuples africains.

II. LA MISE EN LUMIÈRE DE L'INTERÊT MILITAIRE DE L'INDICE DE ROBUSTICITÉ À TRAVERS LES TRAVAUX DES MÉDECINS MILITAIRES DES TROUPES COLONIALES

Pour montrer l'intérêt de l'indice de robusticité pour la défense métropolitaine, les médecins militaires des Troupes coloniales entreprirent de réexaminer les recrutements des Tirailleurs sénégalais en leur appliquant les données anthropométriques, surtout de corpulence (robusticité). Ce qui leur permit d'aboutir à un essai de classification des populations africaines sur la base de leurs valeurs physiques.

La première étude que nous avons parcourue est celle du Médecin-Général Cazanove, Directeur du Service de Santé des Troupes de l'Afrique Equatoriale Française qui s'était inspiré des travaux du Médecin Inspecteur Huot, notamment son étude sur *Le recrutement indigène en Afrique Equatoriale Française pendant l'année 1938*[22].

Le premier indice que ce médecin teste est l'indice Lefrou qui prend en compte trois paramètres : le poids, le périmètre thoracique et la taille assise. Cet indice de calcul de la robustesse physique donne cinq types d'individus : l'individu très fort (de 70 à 80), l'individu fort bon (de 60 à 70), l'individu bon moyen, l'individu assez bon (de 50 à 60), l'individu faible (de 40 à 50) et l'individu très faible (de 30 à 40). Selon Pierre Millous l'indice Pignet ou coefficient de robustesse se calcule en soustrayant du chiffre de la taille, mesurée en centimètres, le total du poids calculé en kilogrammes et du périmètre thoracique calculé en centimètres. Le chiffre qui est le résultat de ces opérations est le coefficient de robustesse. Pour des Français moyens, de taille ordinaire et de l'âge

[20] « Le coefficient de robustesse ou indice Pignet chez les Noirs de la côte occidentale d'Afrique », in *Journal de la Société des Africanistes*, 1933, tome 3 fascicule 1. p. 57.

[21] « L'anthropologie », http://www.who.int/childgrowth/publications/physical_status/fr/, consulté le 30 août 2013.

[22] Huot (Médecin Inspecteur), *Le recrutement indigène en Afrique Équatoriale Française pendant l'année 1938*

de 20 à 21 ans, cet indice inférieur à 10 indique une constitution forte, de 11 à 20 une bonne constitution, de 21 à 23 une constitution moyenne, de 26 à 35 une constitution faible, au-dessus de 35 une constitution mauvaise[23].

R. Perrot[24] schématise cette explication de la manière suivante :

Indice de corpulence (Pignet) = Taille (cm) - Poids (kg) + périmètre thoracique (cm) :

Corpulence :

----------forte----------16-----------normale-----------26-------------faible---------

Dans son étude, le Médecin Inspecteur Huot utilise, après accumulation de données biométriques des Africains à recruter dans les Troupes coloniales, un deuxième indice : Lefrou. L'idée de départ qui justifie le choix de ces indices n'est autre que celle que nous donne à comprendre Roland Breton. Cet auteur rappelle qu'au XIXe siècle et un peu plus tard, les ''races'' sont considérées comme étant « *physiquement homogènes, c'est-à-dire dont les membres présentent, dans l'ensemble, des caractères très voisins* »[25]. Cette idée, que l'on a facilement récusée, se fondait sur le principe d'après lequel les « *races* » avaient gardé une pureté originelle.

Considérée de cette façon, cette technique anthropologique ne pouvait échapper à l'amalgame : de la valeur physique d'un groupe d'individus à enrôler, on en est venu, par extrapolation, aux groupes ethniques pour lesquels on établit une échelle d'aptitude pour telle ou telle activité sociale. Par une simple opération de calcul statistique, la valeur physique des individus est devenue génétique, voire tribale. On a de la sorte, suivant l'indice de Pignet, les indigènes ou groupes d'individus forts (de 0 à 15), bons (de 15 à 20), moyens (de 20 à 25), faibles (plus ou égal à 25)[26] ; les membres des groupes jugés « forts », sont affublés de qualités physiques que l'on donnait pour naturelles et irrécusables.

Calculés pour chaque recrue, les indices de Pignet et de Lefrou ont donné, pour reprendre les travaux réalisés par Chabeuf, les valeurs suivantes, rapportées à 100 par groupe ethnique du Moyen-Congo et du Gabon :

---

[23] P. Millous (Méd.-Col.), « Le coefficient de robustesse ou indice Pignet chez les Noirs de la côte occidentale d'Afrique », in *Journal de la Société des Africanistes*, 1933, tome 3 fascicule 1, p. 57.

[24] « Principes et Méthodes de l'anthropologie du vivant », http://anthropologie-et-paleopathologie.univ-lyon1.fr/HTML/HTML/Principes%20et%20methodes%20de%20l%20anthropologie%20du%20vivant.pdf, consulté le 12 décembre 2013.

[25] R. Breton, *op. cit.*, p. 18.

[26] Cazanove

Tableau n° 1 : Valeur de robustesse à partir des indices Pignet et Lefrou

		Indice Lefrou	Indice Pignet
Populations	**Nombre**	**inf. ou égal à 30**	**Sup. ou égal à 50**
Yombé	48	63,2	**80**
Lumbu	43	58	46
Bembé	48	67,4	65,1
Punu	49	74	67,4
Lari	46	80	66
Sundi	45	60	46
Téké	56	50	47,7
Kugni	43	61,1	53,7
Aduma	57	51,1	51,1

Source : Données puisées dans M. Chabeuf, « Anthropologie physique du Moyen-Congo et du Gabon méridional », op. cit.

Ce tableau donne la proportion centésimale des « individus » satisfaisants au point de vue physique : pour l'indice Lefrou (un indice inférieur ou égal à 30 est jugé bon) ; pour l'indice de Pignet (un indice supérieur ou égal à 50 est apprécié au plus haut point).

Chabeuf constate que la proportion des individus satisfaisant aux critères indiciaires varie fortement suivant les groupes (de 46 à 80%). Il fait remarquer également que les résultats sont différents suivant l'indice employé, à l'exception des Kougni[27], et que d'après l'indice de Pignet, les Punu sont les plus robustes, les Sundi les moins robustes. D'après lui, pour l'indice de Lefrou, le meilleur chiffre appartient aux Vili, le plus mauvais aux Yombé et aux Lari. En additionnant les deux pourcentages, il parvient à établir l'inférence suivante : les meilleurs soldats au point de vue physique, au Moyen-Congo, sont les Vili et les Bembé, les moins bons, les Sundi, les Kugni et les Yombé[28].

Pour le Gabon, quand on aborde 1938, il était estimé, sur la base de l'indice Lefrou, que le recrutement devait s'appuyer pour l'essentiel sur les Fang (qui apparaissent dans le type « très fort »). Paul Belloni du Chaillu parle d'ailleurs des Fangs comme de gens « *énergiques, ardents, belliqueux, doués à la fois de courage et d'habileté* »[29]. Les autres populations - Kota, Kuélé, Mahongwè, Shaké, Aduma, Ndzabi-, furent jugées de valeur militaire peu intéressante (type « bon moyen » et « faible »).

L'exemple du Moyen-Congo montre que chacun de ces indices donne des résultats pas forcément confortés par l'autre. En 1938, 350 indigènes furent incorporés au détachement du Bataillon de Tirailleurs sénégalais de Brazzaville selon la distribution suivante : Département du Pool dont les subdivisions de Brazzaville (60) et de Mayama (35), Département de la Likouala-Mossaka dont

[27] Nous utilisons pour les noms des peuples la graphie coloniale telle que donnée dans les documents consultés.

[28] M. Chabeuf, *op. cit.*

[29] P. B. du Chaillu, *Voyages et aventures ...*, p. 175.

les Subdivisions d'Ewo (75), de Fort-Rousset (75) et de Makoua (75), département de la Sangha, notamment la subdivision d'Ouesso (30). 30 groupes (« races ») furent concernés par cette étude. À partir des données collectées, Cazanove fit une analyse sur la base des indices Pignet et Lefrou. Le tableau suivant résume les grandes tendances observées :

Tableau n° 2 : Comparaison des indices Pignet et Lefrou (appliqués au recrutement de 1938)

Indice Pignet		**Indice Lefrou**	
Types	**Populations**[30]	**Types**	**Populations**
Fort (0 à 15)	Néant	Très fort (70)	Néant
Bon (15 à 20)	Bassoundi (18) M'Bochi (18)	Fort – bon (60 à 65)	Kouyou (64), Djikini (60)
Moyen (20 à 25)	Djikini (20), Makoua (20), Balali (21), M'Beti (21), Makoua-Opa (24)	Bon – moyen (55 à 60)	Balali (59), Bassoundi (58), M'Bochi (56), Makoua (56), M'Beti (55)
Faible (supérieur ou égal à 25)	Kouyou (26), Batéké (33)	Bon – moyen (55 à 60)	
-	-	Assez bon (Inférieur ou égal à 55)	Makoua-Opa (54)

Source : données extraites de l'Inspecteur Cazanove.

En se fondant sur l'indice Pignet, le classement de la robusticité donne : 1er Bassoundi (Sundi) et M'Bochi, 2e Djikini, Makoua, Balali (Lali), M'Beti, Makoua-Opa, 3e Kouyou (Kuyu), Batéké (Teke). Si l'on se réfère à l'autre indice (Lefrou), ce sont les Kouyou et les Djikini qui avaient un préjugé spartiate favorable bien plus que les Balali, les Bassoundi, les M'Bochi, les Makoua, les M'Beti et, loin devant, les Makoua-Opa.

Tableau n° 4 : Classement des groupes ethniques des Départements du Pool, Likouala-Mossaka, Sangha suivant les mensurations des individus présentés (en 1938).

Groupes	**Taille (mètre)**[31]	**Groupes**	**Poids (kg)**
M'Béti	1,68	M'Bochi	62
Balali	1,67	Kouyou	59
M'Bochi, Djikini	1,66	Bassoundi, Balali, M'Béti, Makoua	58
Bassoundi	1,65	Djinini, Makoua-Opa	57
Batéké	1,64	Batéké	51
Makoua	1,63		
Makoua-Opa	1,62		

Source : Cazanove (Méd.-G^al^) Le recrutement indigène en Afrique Equatoriale Française pendant l'année 1938, Rapport.

[30] La graphie des noms des peuples est celles des textes d'étude.
[31] L'échantillon d'étude a déjà fait l'objet de nombreuses présélections. L'armée n'a retenu que les meilleurs éléments de chaque groupe.

L'indice des mensurations classifie, certes, les populations, mais montre que dans l'ensemble, le recrutement était satisfaisant, à l'exception des Batéké qui font dégringoler les indices sans pour autant présenter, précise Cazanove, une tare organique, dans les trois départements du Pool, Likouala-Mossaka et Sangha.

S'agissant du territoire de l'Oubangui-Chari, il est apparu, selon les critères anthropométriques, que les Mandjias (M'Baka, Baya, Bani...) étaient peu appréciés ; leur recrutement, avait-on estimé, ne pouvait s'opérer qu'après une sévère sélection. Il n'était même pas envisageable d'engager des recrues issus des Bandas (Togho, Yacpa, Bongou, Langha, Patri, Gahou, N'Dris, Dacpas, Baudigri...), jugés de valeur physique insuffisante. Les Sara donnaient un recrutement excellent ; ils étaient talonnés par les Nyam-Nyams qui exigeaient néanmoins une sélection attentive. L'ordre de préférence interne donnait : 1er les Yakomas, 2e les Sanghos et Bourakas, 3e les Banziris, 4e les N'Sakaras et 5e les N'Zandés.

Tableau n° 5 : Récapitulatif des mesures anthropométriques des groupes ethniques de l'Oubangui-Chari (1938)

Départements	**Groupes**				
	Mandias	**Banda**	**Zandé**	**Sara**	**M'Boum**
Bas-M'Bomou		52	46,7		
Basse-Kotto	2,7	85,3	4	4	
Ouaka	4	92	1,3	1,3	
Ouham	56	13,3		29,3	
Ouham-Pendé	22,5	1		17,4	57,1
Kémo-Gribingui	49,3	45,3		2,7	
Ombella	65,6	26	26	4,7	
Lobaye	100				
Haute-Sangha	85,3	1,3		10,7	

Source : Cazanove (Méd.-Gal) Le recrutement indigène en Afrique Equatoriale Française pendant l'année 1938, Rapport.

Tableau n° 6 : Indice de robusticité calculé pour 100 indigènes de chaque groupe[32] (Oubangui-Chari)

Groupes	**Indice de robustesse**					
	TF%	**F%**	**B%**	**BM%**	**AB%**	**Fa%**
Mandjia	16,9	26,9	29,4	18,6	8	1
Banda	18,8	19,6	**33,7**	**18,8**	**8,1**	1
Zandé	28	30	24	10	6	**2**
Sara	**35,7**	**31,4**	15,7	11,4	2,8	
Mboum	15,5	30,5	32,1	17,8	7,1	

Source : Cazanove (Méd.-Gal) Le recrutement indigène en Afrique Equatoriale Française pendant l'année 1938, Rapport.

[32] **Légende** : TF : Très forte ; B : Bon ; BM : Bon moyen ; Forte ; AB : Assez bon ; Fa : Faible.

Les conclusions tirées du tableau ci-dessus ont permis une classification des indigènes en termes de valeur physique : en premier lieu, nous avons les Sara (recrutement excellent) ; en second lieu, les Zandé et Mboum (recrutement très bon) et en troisième lieu, les Banda et les Mandjia (recrutement bon).

Au Tchad, l'administration jeta son dévolu sur les Sara. Mais ces populations exigeaient un traitement particulier : un entraînement et une alimentation à base de mil conçus avec ménagement. Le classement des autres groupes donnait : bon recrutement (Baguirmiens, Ouaddaiens, Kouembous, Toubbous, Ouled-Sliman) ; recrutement passable (Bananas, Kirdis, Boulalas) ; recrutement exécrable (Arabes et Kirdis du Salamat, Kotokos du Bas Chari, Yadumas du Tchad).

Une conclusion partielle peut être inférée de ces considérations des peuples africains sur le plan de leur plastique : sur la base des données collectées par les explorateurs, les colons se montrèrent « *fascinés par le jeu des muscles* [...], *par le superbe développement des parties mâles du corps, le torse, les épaules, le cou et les bras, ils éprouv[èr]ent tous que les Noirs [étaient] comme l'accomplissement de l'obscur idéal physique qu'ils port[ai]ent en eux* »[33]. Il en découla un tableau des appréciations qualitatives des peuples africains dont voici quelques traits proéminents tirés de certains travaux d'auteurs coloniaux :

- les Adouma : « *L'équipage de canots est composé de seize à vingt hommes, splendide échantillon humain au faciès intelligent et au buste de lutteur, qui manoeuvrent tous avec un ensemble magnifique, digne des meilleurs champions* »[34] ;
- les Sara-Massa : « *Les hommes sont d'une admirable stature ; on comprend qu'ils aient été rudes guerriers et si, comme le prétendaient Stendhal, la pudeur n'est pas qu'une question de beauté, on conçoit que les Sara n'aient pas encore découvert la nécessité de cacher leurs formes sculpturales* »[35] ;
- les Bazoum. « *De beaux guerriers adolescents superbes dans leur nudité, armés de sagaies, de boucliers en paille tressée, d'arcs et de flèches exécutent devant nous, dans des attitudes de parfaite eurythmie des mouvements d'attaque et de défense, rampant avec une souplesse féline à la recherche d'un ennemi imaginaire* »[36].

Pour autant, mise au service de l'œuvre coloniale, elle ne tint aucun compte des récusations faites au début du XXe siècle par nombre d'auteurs, à l'instar de Maurice Delafosse qui réfutait « *l'idée selon laquelle la définition des différents groupes humains d'Afrique serait liée à leurs caractéristiques somatiques* » [37]. Pour cet initiateur de la *négrologie* :

[33] M. Cancerotto, *op. cit.*, p. 117.

[34] Delaporte, pp. 137-138, cité par M. Cancerotto, *op. cit.*, p. 117.

[35] L. Audouin-Dubreuil – G.M. Haardt, p. 89, cité par M. Cancerotto, *op. cit.*, p. 117.

[36] J. Thomas, p. 49, cité par M. Cancerotto, *op. cit.*, p. 118.

[37] « Maurice Delafosse : un africaniste ambigu », dans J. L. Amselle- E. Sibeud (dir.), *Maurice Delafosse. Entre orientalisme et ethnographie : l'itinéraire d'un africaniste (1870-1936),* Paris, Maisonneuve et Larose, 1998, p. 122.

La méthode anthropologique reposant sur l'étude comparative des caractères physiques des individus et sur les mensurations des vivants ou des squelettes, est malaisément applicable dans les pays qui nous occupent ; en admettant qu'on puisse un jour réunir un nombre suffisant d'observations et de mensurations pour avoir des moyennes statistiques – et ce jour n'est pas encore en vue – la classification ainsi obtenue serait purement artificielle, chacun des groupements étant composé d'éléments forts divers quant à leur origine, en raison des migrations, des conquêtes, des unions entre individus de peuples divers, du grand nombre d'esclaves importés de pays lointains, etc.[38]

III. LES RECRUTEMENTS EXCEPTIONNELS DE 1938 À L'AUNE DE L'INDICE DE ROBUSTICITÉ ET DE LA TERRITORIALITÉ

Les recrutements effectués en 1938 en A.E.F. sur la base anthropométrique peuvent être brièvement énoncés sur la base territoriale. Nous avons travaillé sur les données provenant des colonies du Gabon et du Moyen-Congo.

A. Dans la colonie du Gabon

Dans la colonie du Gabon[39], cinq départements furent concernés par le recrutement de 1938 : l'Estuaire, la N'Gounié, la Nyanga, l'Ogooué-Maritime et le Woleu-Ntem. Pour toutes ces localités, 348 hommes furent incorporés à la suite de plusieurs opérations de recrutement.

En ce qui concerne le Woleu-Ntem (67812 habitants), pour le premier recrutement, sur 60 présentés, 38 furent jugés aptes ; pour le second, sur les 347 présentés, 148 le furent. En fin de compte, 190 furent effectivement incorporés à la portion centrale du Bataillon de Tirailleurs Sénégalais de l'Afrique Equatoriale Française.

Le nombre de rejet est important. En effet, quelques 370 hommes furent éliminés pour diverses insuffisances liées à l'âge, à la taille, que cicatrices vicieuses d'ulcères, aux ostéites, à la malformation des membres inférieurs, aux hernies, aux affections telles que la polyadénopathie et tachycardie, à la lèpre, à l'éléphantiasis, à la tuberculose…

Le département de l'Ogooué-Maritime (53 038 habitants), s'avéra un espace propice au recrutement. Il était le siège de nombreuses exploitations forestières, avec un centre fluvial (Lambaréné) et un centre maritime (Port-Gentil). Le recrutement avait été estimé satisfaisant par l'administration militaire car les recrues provenaient des exploitations forestières ; ils avaient été soumis à un tri médical avant leur envoi sur les chantiers, traités lorsqu'ils tombaient malades.

Les départements de la N'Gounié et de la Nyanga avaient un préjugé défavorable. Le Médecin Inspecteur Huot avait écrit ce qui suit au sujet de leurs

---

[38] M. Delafosse, *Haut-Sénégal-Niger (Soudan français)*, I. *Le pays, les peuples, les langues* ; II. *L'histoire* ; III. *Les civilisations*, Paris, Larose, 1ere série, 1912, p. 109, cité par J. L. Amselle, « Maurice Delafosse : un africaniste ambigu », dans J. L. Amselle – E. Sibeud (dir.), *Maurice Delafosse. Entre orientalisme et ethnographie : l'itinéraire d'un africaniste (1870-1936),* Paris, Maisonneuve et Larose, 1998, p. 123.

[39] Cf. Archives Nationales du Congo. Carton GG 499.

habitants : « *recrutement médiocre... elles* [il parlait des races] *ne paraissaient pas devoir entrer en ligne de compte pour un recrutement ultérieur...* »[40].

En ce qui concerne le Département de la N'Gounié (87 774 habitants), le Médecin recruteur avait fait un classement racial pour un meilleur recrutement en mettant en exergue les Eshira jugés plus évolués, les Punu qui avaient beaucoup plus de vitalité, les Voungou qui étaient robustes et particulièrement recherchés par les exploitants de la Côte, les peuples de forêt tels que les Tsogo et les Nzébi qui étaient appréciés en raison de leur état de santé. Les Apindji, alors consommés par la trypanosomiase, ne pouvaient donner, avait-on conclu, de bonnes recrues.

Tableau n° 1 : Répartition ethnique du recrutement à Mouila (1938)

Ethnies	Présentés	Aptes	Ajournés	Exemptés
Punu	58	24	26	8
Tsogo	22	6	13	3
Akélé	3	2	1	-
Voungou	23	18	2	-
Nzébi	3	3	-	-
Apindji	15	1	5	9

Source : Médecin-Général Cazanove, Directeur du Service de Santé des Troupes de l'Afrique Equatoriale Française, « Le recrutement indigène en Afrique Equatoriale Française pendant l'année 1938 », Archives Nationales du Congo, GG 499.

Ces chiffres portent un démenti formel aux thèses développées par Huot selon lesquelles la valeur physique des populations de l'intérieur du territoire était inférieure à celle des populations de la côte ; ce qui les apprêtait, avait-il conclu, moins au service militaire. Si la taille des individus provenant de l'intérieur est apparue au-dessous de la moyenne, la plupart des recrues étaient robustes. Cela démontre que les conditions d'existence avaient évolué dans l'arrière pays. Mais, ils furent décrétés derechef inaptes à servir en Métropole ou en Afrique du Nord. Une meilleure prise en charge alimentaire, médicale et physique, pouvait en faire d'excellents tirailleurs, estimait le Médecin Cazanove, Directeur du Service de Santé des Troupes de l'Afrique Equatoriale Française[41].

Le premier contingent de 60 recrues gabonaises dirigées par camion sur Pointe-Noire partit en deux vagues, les 21 et 24 juin 1938. Le 27, un second détachement de 20 recrues porta à 80 l'effectif fourni par la N'Gounié selon la distribution suivante par subdivision : 36 provenaient de Mouila, 40 de Fougamou, 4 de Mimongo. Yves Nicol dit dans son rapport que ces « bons appelés » ne furent pas tous des recrues « joyeuses ». En effet, explique-t-il,

[40] Cité par le Médecin Général Cazanove, Directeur du Service de Santé des Troupes de l'Afrique Équatoriale Française, « Le recrutement indigène en Afrique Équatoriale Française pendant l'année 1938, Brazzaville, novembre 1938, ANB, GG 499.

[41] « Le recrutement indigène en Afrique Équatoriale Française pendant l'année 1938 », Brazzaville, novembre 1938. Archives Nationales du Congo. Carton, GG 499.

À l'exception d'une vingtaine qui parurent satisfaits, le reste ne se montra que résigné, et huit même manifestèrent par des pleurs et des cris le peu d'enthousiasme qu'ils éprouvaient. Les quatre hommes de Mimongo furent de ce petit nombre de mécontents. A l'occasion du départ des convois quelques femmes[42] qui avaient accompagné les jeunes gens jusqu'à Mouila manifestèrent aussi, comme elles l'avaient fait à Mouila, Fougamou et Mimongo, un désespoir bruyant mais qui cessa dès que les camions furent hors de vue.

L'Administration coloniale mit cela au compte de la « charte comportementale » qu'elle avait cru cerner chez les nègres : « *L'extériorisation des sentiments est une règle du savoir vivre indigène* »[43] écrit Yves Nicol. Et pourtant, cet administrateur prend exemple sur la France pour signaler la récurrence de cette attitude réservée des populations face à la conscription surtout en ces débuts : « *on se rappelle les scènes du ''départ du conscrit'' que l'on voit encore sur les chromos sur les murs de nombreuses fermes de France, où seule la silhouette de deux gendarmes réussit à dénouer l'étreinte du conscrit, de sa mère et de sa fiancée pendant que père, frères et sœurs se lamentaient* »[44].

Les raisons de cette inquiétude chez certaines populations n'ont pas été correctement cernées par l'Administration coloniale qui mettait en exergue la rumeur selon laquelle les tirailleurs recrutés devaient être envoyés en Europe faire la guerre.

Dans l'ensemble, les rapports coloniaux soulignent que « *les opérations de recrutement, malgré quelques à coups, se sont déroulées* [suivant les instructions du gouverneur du territoire] *sans heurts, sans troubles, sans violences, parmi les populations de Mouila, Fougamou, Mimongo : on peut espérer que, préparées avec plus de loisir, elles eussent été mieux comprises et partout plus facilement acceptées encore par les indigènes* »[45].

Tableau n° 13 : Recrutement en A.E.F., 1938

Territoires	A incorporer	Incorporés	2e portion	Ajournés	Exemptés	Dispensés	Absents	Total
Gabon	350	348	322	205	400	16	2	1293
Tchad	1500	1504[46]	343	928	23	-	-	5129
Oubangui Chari	-	773	824	272	179	-	13	2061

Source : Chiffres tirés de Médecin Général Cazanove, *op. cit.*

Les conclusions auxquelles sont parvenus les administrateurs chargés des commissions de recrutement ont aidé à classer les individus par « races » à

[42] Selon l'instruction officielle (cf. Note du Chef de Département de la N'Gounié, A. Auclair, du 25 mai 1938), « *aucune femme ne doit accompagner les recrues* ».
[43] *Ib., id.*
[44] *Ib., id.*
[45] *Id.*
[46] Le nombre de personnes à incorporer n'avait pas été indiqué pour Salamat. Il fournit finalement 4 recrues.

compétence militaire. Ainsi, pour le Gabon, le recrutement effectué est qualifié de « bon » pour les Pahuoins (Fangs). Ce groupe est considéré comme « *susceptible de fournir de robustes tirailleurs* » écrit Cazanove[47]. Le recrutement était jugé médiocre pour les autres groupes de l'intérieur du pays : Bakota (Kota), Bakono, Mahongwé, Achaké (Skaké), Ngolléz, Adomés (Nduma), Bandjabi (Nzebi). Ces groupes étaient à exclure pour les recrutements ultérieurs conseilla Cazavone. Les uns en tirèrent un sentiment de supériorité, les autres se morfondirent dans une anxiété de leur position d'infériorité martiale.

B. Dans la colonie du Moyen-Congo

En ce qui concerne le Moyen-Congo, l'administration coloniale était parvenue à la conclusion selon laquelle les Bakongos et les Balalis donnaient de médiocres recrues. Il ne fallait recruter parmi eux, avaient conclu les études anthropologiques, que de manière circonspecte car les recrues qu'ils fournissaient demandaient de particuliers ménagements. Les Batéké étaient d'un cran meilleurs que les premiers, sans toutefois donner satisfaction ; ils exigeaient, comme cela était le cas des M'Bochi et des Bankagoulou, une sélection sévère. Les Bakougnis, physiquement un peu supérieurs aux Batchangui, ainsi d'ailleurs que les Bakambas, étaient de taille moyenne, robustes, dotés d'une musculature assez développée ; ils étaient donc d'un recrutement satisfaisant. Les Mbétis et Kouyou étaient bien meilleurs que tous. A eux on associait les Bokébos et les Bakotas. Sur les rives de l'Ibenga-Motaba et la Likouala, les meilleurs éléments provenaient des M'Bouakas, des Batchis, des Bangalas et des Boumtabas. Au bas de l'échelle, on avait les Djinini, d'ailleurs très peu nombreux.

Ces conclusions auxquelles avaient abouti des études antérieures sont confirmées par le recrutement exceptionnel de 1938. Le cas d'étude le plus intéressant est le recrutement effectué à Brazzaville. 319 indigènes issus de 44 groupes distincts furent présentés au recrutement. Pour les groupes qualifiés d'autochtones, on a eu : 31 Batéké, 99 Balali, 15 Bacongo, 19 Bassoundis. A Mayama, les chiffres étaient les suivants : 18 Batéké, 31 Balali, 52 Bassoundji.

Tableau n° 14 : Récapitulatif (1938)

Groupes	Présentés	Aptes	Inaptes
Batéké	59	22	27
Balali	130	58	72
Bakongo	15	8	7
Bassoundji	71	27	44

Source : Synthèse des données tirées du carton GG 499, Archives nationales du Congo (Brazzaville).

[47] Cazanove (Méd.-G[al]) Le recrutement indigène en Afrique Équatoriale Française pendant l'année 1938, Rapport.

Parmi les indigènes reconnus aptes au service militaire dans les départements du Pool, de la Likouala-Mossaka et de la Sangha, 350 ont été incorporés au détachement du Bataillon de Tirailleurs Sénégalais de Brazzaville.

CONCLUSION

Cette brève étude vient de nous rappeler un fait bien connu des anthropologues et historiens africains : la « *plupart des identités particulières, parfois qualifiées de manière trompeuse de primordiales* [...] *se sont en fait cristallisées lors du moment colonial* »[48]. Maurice Delafosse a réfuté, écrit Jean-Loup Amselle, « *l'idée selon laquelle la définition des différents groupes humains d'Afrique serait liée à leurs caractéristiques somatiques* »[49] :

> La méthode anthropologique, reposant sur l'étude comparative des caractères physiques des individus et sur les mensurations des vivants ou des squelettes, est malaisément applicable dans les pays qui nous occupent ; en admettant qu'on puisse un jour réunir un nombre suffisant d'observations et de mensurations pour avoir des moyennes statistiques – et ce jour n'est pas encore en vue – la classification ainsi obtenue serait purement artificielle, chacun des groupements étant composé d'éléments fort divers quant à leur origine, en raison des migrations, des conquêtes, des unions entre individus de peuples divers, du grand nombre d'esclaves importés de pays lointains, etc[50].

Le tableau appréciatif que nous venons de dessiner à partir des études fournies par l'anthropologie militaire à la veille de la Seconde Guerre mondiale, appuie la manipulation de l'altérité ethnique par la hiérarchie militaire coloniale qui perçoit l'importance des peuples à partir de leur robustesse mesurée par des indices anthropométriques (la stature, la dimension transversale du tronc, le poids, la forme et la dimension de la tête, la forme et la dimension de la face). Comme toutes les autres sciences coloniales de circonstance, l'anthropologie militaire n'a été que le « *fruit d'une combinatoire de science, d'idéologie et d'exotisme* »[51]. On peut en déduire que les indices anthropométriques et leur scénographie martiale ont piégé l'Africain « *dans les idées et les stéréotypes* »[52],

---

[48] AFD Document de travail - Legs colonial et gouvernance contemporaine mars 2006/13, Notes de synthèse de J.-F. Bayart, R. Bertrand, Th. Gordadze, B. Hibou, F. Mengin, p. 6.

[49] « Maurice Delafosse : un africaniste ambigu », dans J. L. Amselle- E. Sibeud (dir.), *Maurice Delafosse. Entre orientalisme et ethnographie : l'itinéraire d'un africaniste (1870-1936),* Paris, Maisonneuve et Larose, 1998, p. 122.

[50] M. Delafosse, *Haut-Sénégal-Niger (Soudan français), I. Le pays, les peuples, les langues ; II. L'histoire ; III. Les civilisations*, Paris, Larose, 1ere série, 1912, p. 109, cité par J. L. Amselle, « Maurice Delafosse : un africaniste ambigu », dans J. L. Amselle – E. Sibeud (dir.), *Maurice Delafosse. Entre orientalisme et ethnographie : l'itinéraire d'un africaniste (1870-1936),* Paris, Maisonneuve et Larose, 1998, p. 123.

[51] M. Cancerotto, *op. cit.*, p. 118.

[52] *Ibid.*

ce d'autant plus que le discours ethnographique, lui-même, mettait en « *scène de l'altérité stéréotypée* »[53]. En effet, si l'on examine les différentes composantes historiques de la population, éléments plus ou moins originels, et apports ultérieurs, qui ont été à la base de l'ethnogenèse et de l'ethnolyse en Afrique[54], l'on peut dire que ces bases furent faussement scientifiques. L'ethnogenèse et les imaginaires identitaires nées de la typologie coloniale ne sont *in fine* qu'un jeu de miroir. Suivons à cet égard Roland Breton :

> Que les ethnies soient racialement homogènes (monomorphes), ou que règnent entre elles un polymorphisme général de types voisins, ou qu'elles soient multiraciales ou biraciales, leur composition anthropologique est sujette à des variations dues à l'évolution de leurs mœurs (barrières de comportement et isolement éthologique) comme aux accidents géo-historiques (barrières naturelles et isolement géographique). Un double processus d'ouverture ou de fermeture, interne (entre groupes sociaux) et externe (vis-à-vis des étrangers), modèle au cours des siècles la physionomie des ethnies ; tantôt vers l'homogénéisation interne, et la constitution de types ethniques propres (ouverture interne et fermeture externe), tantôt vers la diversification et le polymorphisme (ouverture externe et interne), tantôt vers le cloisonnement interracial (fermeture interne)[55].

SOURCES ET BIBLIOGRAPHIE

SOURCES

Archives Nationales du Congo. Carton GG 499.

Arrêté n° 4139 du 17 novembre 1938 (*J.O. A.E.F.*, du 1er décembre 1938, p. 1466) relatif au recrutement des Troupes indigènes et l'Administration des réserves en A.E.F.

Note du Chef de Département de la N'Gounié, A. Auclair, du 25 mai 1938.

Note n° 52 de l'Inspecteur des Affaires Administratives du Territoire du Gabon, Yves Nicol, au Gouverneur, Chef du Territoire du Gabon, Mouila, le 29 juin 1938.

Télégramme n°1688 A/S recrutement Tirailleurs Tchibanga, du Gouverneur-Chef du Territoire du Gabon au Gouverneur Général de l'A.E.F. (Cabinet militaire) à Brazzaville, Libreville, le 19 juillet 1938.

« L'importance de la taille assis comme base d'unde robusticité » in *Archives de Méd. Et de Pharm. Coloniales*, 1932.

Cazanove (Méd.-Gal) Le recrutement indigène en Afrique Equatoriale Française pendant l'année 1938, Rapport.

---

[53] *Id.*, p. 134.

[54] J. Deligne, E. Rebato et Ch. Susanne, *op. cit.*

[55] R. Breton, *op. cit.*, p. 21.

BIBLIOGRAPHIE

« Race et ethnicité dans le contexte africain », traduction anglaise de Thierry Labica, http://www.cairn.info/revue-actuel-marx-2005-2-page-65.htm, consulté le 14 août 2013.

« L'importance de la taille assis comme base d'un indice de robusticité », in *Archives de Méd. et de Pharm. Coloniales*, 1932.

« Le coefficient de robustesse ou indice Pignet chez les Noirs de la côte occidentale d'Afrique », in *Journal de la Société des Africanistes*, 1933, tome 3 fascicule 1. pp. 57-72 ;

« Un nouvel indice de robusticité chez les Noirs », in *Bul. Société Pathologie exotique,* n° 1. 1931.

J.L. Amselle et E. M'Bokolo, *Ethnie, tribalisme et État en Afrique*, Paris, La découverte, 1984.

R. Breton., *Les ethnies*, Paris, PUF, coll. « Que sais-je ? », n° 1924, 1981.

M. Cancerotto, *Voyageurs français en Afrique équatoriale française*, Africa, French-speaking equatorial, 2009.

Cazanove (Méd. G^al^), « Le recrutement indigène en Afrique Equatoriale Française pendant l'année 1938 » in *Archives Nationales du Congo*, GG 499.

M. Chabeuf, « Anthropologie physique du Moyen-Congo et du Gabon méridional », *Bulletins et Mémoires de la Société d'anthropologie de Paris*, X° Série, tome 10 fascicule 2, 1959. pp. 97-185.
URL : http://www.persee.fr/web/revues/home/prescript/article/bmsap_0037-8984_1959_num_10_2_2735, consulté le 15 août 2013.

Chaigneau, « Application dans un bataillon de Sénégalais du nouvel indice de robusticité pour Noirs », in *Archives de Méd. et de Pharm. coloniales*, 1931.

Charbonneau, « Recrutement des troupes indigènes en A.O.F. », in *Revue des troupes coloniales*. 1930, n°S 197 et 198.

J. Deligne, E. Rebato et S. Charles, « Races et racisme », in *Journal des anthropologues*, n° 84, 2001, p. 10, mis en ligne le 07 mai 2009, consulté le 15 août 2013. URL : http://jda.revues.org/2619

J. Deniker, *Les races et les peuples de la Terre*, 2e éd., 1 vol., Paris, Masson, 1926.

R. Granvaud, *De l'armée coloniale à l'armée néocoloniale (1930-1990),* Paris, Survie, octobre 2009.

X.B. Kitsimbou, *La démocratie et les réalités ethniques au Congo*, Thèse de Sciences Politiques, Sous la direction de Monsieur F. Borella, Professeur émérite, Université de Nancy II, Nancy, 2001.

Lefrou, « L'importance de la taille assis comme base d'un indice de robusticité », in *Archives de Méd. et de Pharm. Coloniales*, 1932.

G.C. P. Lefrou, « Un nouvel indice de robusticité chez les Noirs », in *Bul. Société Pathologie exotique,* n° 1. 1931.

P. Lester, « Les races de l'Afrique », in *Journal de la Société des Africanistes*, Année 1935, Volume 5, Numéro 2, pp. 257 – 267.

M. Mahmood, « Race et ethnicité dans le contexte africain », traduit de l'anglais par Thierry Labica, http://www.cairn.info/revue-actuel-marx-2005-2-page-65.htm

M. Mboninpa, *Ethnicité et démocratie en Afrique, l'homme tribal contre l'homme citoyen,* Paris, L'Harmattan, 1996.

P. Millous, « Le coefficient de robustesse ou indice Pignet chez les Noirs de la côte occidentale d'Afrique », in *Journal de la Société des Africanistes*, 1933, tome 3 fascicule 1. pp. 57-72.

C.H. Perrot, « *Ngalla, Dominique, Congo-Brazzaville. Le retour des ethnies. La violence identitaire.* Abidjan, Imprimerie Multiprint, 1999, 125 p. », *Cahiers d'études africaines* [En ligne], 161 | 2001, mis en ligne le 30 avril 2003, consulté le 15 novembre 2013.
URL : http://etudesafricaines.revues.org/79

M.C.J. Pignet, « Valeur numérique de l'Homme », in *Archives médicales d'Angers*, 1900. n°s 8, 9, 10, *Bulletin médical*, 27 avril 1898.

J.-L. Amselle et E. M'Bokolo (dir.), *Au coeur de l'ethnie. Ethnie, tribalisme et État en Afrique*, Paris, La Découverte, coll. « Poche / Sciences humaines et sociales », [1985] 1999.

X.B. Kitsimbou, *La démocratie et les réalités ethniques au Congo*, Thèse de Doctorat, science politique, sous la direction de F. Borella, Université de Nancy II, octobre 2001.

R. Granvaud, *De l'armée coloniale à l'armée néocoloniale, 1830-1990*, Paris, Survie, 2009.

CONSIDÉRATIONS ETHNIQUES ET RÉGIONALES DANS LE JEU ÉLECTORAL CAMEROUNAIS DE 1992 À 2013

David Mokam
Université de Ngaoundéré/Cameroun

RÉSUMÉ

Dans la pratique du multipartisme au Cameroun, de nombreuses élections ont été organisées sur la base de textes législatifs et règlementaires accordant une bonne place aux considérations ethniques et régionales. Les explications officielles ont justifié l'intégration de ces considérations ethniques et régionales par le souci d'assurer une unité nationale et d'éviter des exclusions. En réalité cette intégration a un enjeu prinicipal : la volonté de perpétuer la domination politique de l'ancien parti unique.

MOTS CLÉS

Multipartisme, Elections, Composantes sociologiques, Conflit interethnique, Parti politique.

INTRODUCTION

Le Cameroun, tout comme de nombreux pays de l'Afrique subsaharienne, a abordé une autre phase de son histoire politique au début des années 1990, lorsque le « vent de l'Est » a soufflé sur le continent. Il s'est engagé dans la voie de la démocratisation, un processus comportant plusieurs aspects dont les élections. Les premières élections multipartistes de cette nouvelle ère furent inaugurées en 1992. Depuis lors et jusqu'en 2013, le Cameroun a organisé quatorze élections : quatre élections présidentielles, cinq élections législatives, quatre élections municipales et une élection sénatoriale. Les élections camerounaises ont intéressé quelques auteurs. Il s'agit, en l'occurrence, d'Hélène-Laure Menthong et de Mario Azevedo[1].

---

[1] H.-L. Menthong, « Vote et communautarisme au Cameroun : « un vote de cœur, de sang et de raison », *Politique africaine*, N° 69, 1998, pp. 40-52 ; M. Azevedo, « Ethnici-

Le dernier auteur a analysé l'influence du fait ethnique et du fait régional sur les élections camerounaises pour conclure, à la lumière de l'élection présidentielle de 1992, que le fait régional a eu plus d'influence que le fait ethnique. Sur la base d'une seule élection, il est impossible de tirer une conclusion sur les élections dans le processus de démocratisation camerounaise, comme il l'a fait. Pour sa part, Hélène–Laure Menthong s'est appuyée sur l'élection présidentielle de 1992, les élections législatives de 1992 et 1997 et les élections municipales de 1996 pour indiquer la part du communautarisme dans le vote camerounais. Son travail, bien que ne s'appuyant que sur quelques élections, a le mérite d'avoir ciblé une zone bien particulière, la région d'origine du chef de l'État au pouvoir depuis 1982, Paul Biya. Elle a mis en exergue l'expression « vote de cœur, de sang et de raison » que nous empruntons pour mieux faire notre analyse.

La considération des quatorze élections est une bonne approche qui a l'avantage de permettre une vue globale de la réalité électorale camerounaise, notamment en relations avec les considérations ethniques et régionales qui ont, d'une façon ou d'une autre, marqué ces élections et qui ont été justifiées par les autorités politiques et administratives camerounaises. Ces justifications ne semblent pas tenir la route. C'est la raison pour laquelle, cette communication s'interroge encore. Quels sont les enjeux réels des considérations ethniques et régionales dans les pratiques électorales au Cameroun ?

L'analyse des résultats des différentes élections organisées au Cameroun, et le comportement des électeurs sont interprétés à travers l'approche psycho-sociologique du comportement électoral, notamment le paradigme de Michigan. Il faut d'abord s'attarder sur les acteurs et les règles du jeu électoral camerounais avant de s'appesantir sur les considérations ethniques et régionales électorales pour terminer avec l'impact qu'ils ont sur les élections. C'est tout cela qui peut permettre de mieux dégager les vrais enjeux de ces considérations dans le jeu électoral camerounais depuis 1992.

I. LE JEU ÉLECTORAL CAMEROUNAIS : ACTEURS ET RÈGLES

L'élection est considérée comme un rite institutionnel à travers lequel les citoyens misent politiquement pour avoir une légitimité, une reconnaissance. Elle a des acteurs et des règles. C'est pourquoi nous parlons de jeu électoral.

A. Les acteurs

Les acteurs du jeu électoral camerounais depuis 1992 sont nombreux. Ils ont été créés par la législation camerounaise pour la plupart, les autres s'invitant au travers d'un nouvel ordre mondial des choses électorales. Pour des besoins de commodité d'analyse, nous les regroupons dans les catégories suivantes : les acteurs institutionnels, les acteurs associatifs et les citoyens.

---

ty and Democratization : Cameroon and Gabon », in N. Okwudiba (ed.), *Government and Politics in Africa : a Reader*, Harare, AAPS Books, 2000, pp. 355-391.

1. Les acteurs institutionnels

Ce sont les acteurs naturels prévus par les lois et l'administration. Leur nombre et leurs responsabilités ont évolué avec le temps. De 1992 à 2000, l'administration a été au cœur de toutes les élections organisées au Cameroun. Elle l'a été surtout avec le Ministère en charge de l'administration territoriale, à travers son administration centrale chargée de centraliser tous les résultats et à travers les différents démembrements de sa préfectorale. Par les mêmes biais, elle est régulièrement intervenue dans la désignation des membres des différentes commissions électorales.

La commission locale de vote est la première de ces institutions. Elle a la charge réelle des opérations de vote dans chaque bureau. Il lui appartient de faire voter les électeurs, de faire le dépouillement des urnes, et de proclamer le résultat dans le bureau de vote.

La commission communale de supervision des élections s'occupe essentiellement des élections municipales. Selon la loi qui l'a créée, « elle a la charge de veiller à la régularité, à l'impartialité et à l'objectivité des élections[2] ». À ce titre, la commission communale de supervision contrôle les opérations d'établissement, de conservation et de révision des listes électorales. Elle contrôle la distribution des cartes électorales. Elle vérifie les opérations de décompte effectuées par les commissions locales de vote et connaît des contentieux et des contestations. C'est elle qui proclame les résultats au niveau de la circonscription électorale de l'élection municipale, le territoire d'une commune. Le préfet désigne son président et ses cinq représentants de l'administration qui viennent s'ajouter aux cinq représentants des partis politiques en course dans la circonscription.

C'est le préfet qui constate aussi, par arrêté préfectoral, la composition de la commission de révision des listes électorales. Cette commission est constituée du représentant de l'administration, du maire ou de son représentant, d'un membre de chaque parti politique légalisé et présent dans la circonscription administrative qui peut être une commune, un arrondissement ou un district[3]. Comme son nom l'indique si bien, cette commission a la charge de la révision de la liste électorale.

De 1992 à 2006, il a existé, au niveau de chaque arrondissement, une commission chargée du contrôle de l'établissement et de la distribution des cartes électorales dont la composition est identique à celle de la commission précédemment étudiée.

La commission mixte départementale de supervision est chargée de veiller au bon déroulement des préliminaires des opérations électorales et des opérations proprement dites. Elle « *contrôle les opérations d'établissement, de conservation et de révision des listes électorales ; connaît...toutes les réclamations ou contestations concernant les listes et les cartes électorales ; assure le*

[2] Loi N° 92-002 du 14 Août 1992, fixant les conditions d'élection des conseillers municipaux.

[3] Loi n° 91/20 du 16 Décembre 1991 fixant les conditions d'élections des députés à l'Assemblée Nationale.

contrôle de la distribution des cartes électorales ; ordonne toutes rectifications rendues nécessaires à la suite de l'examen, par elle, des réclamations ou contestations dirigées contre les actes de l'autorité administrative concernant les listes et les cartes électorales ; centralise et vérifie les opérations de décompte des suffrages effectuées par les commissions locales de vote[4] ». Dans le code électoral datant de 2012, cette commission a pris le simple nom de commission départementale de supervision.

La Commission nationale de recensement général des votes vérifie les opérations électorales au vu des procès-verbaux et des pièces annexes transmis par les commissions départementales de supervision. Cette commission fonctionne uniquement dans le cadre des élections présidentielles et législatives. Elle est composée d'un président désigné par la cour suprême, de deux magistrats de l'ordre judiciaire désignés par le président de la cour suprême ; de dix représentants de l'Administration désignés par le Ministre chargé de l'administration territoriale ; de dix représentants des candidats désignés par les partis politiques ayant pris part au scrutin.

Par la Loi n° 2000/016 du 19 Décembre 2000, l'Observatoire national des élections fut créé au Cameroun. C'était une autre institution chargée de la supervision et du contrôle du processus électoral[5]. Celle-ci, vivement et régulièrement critiquée par les partis politiques de l'opposition, fut remplacée, en 2006, par *Elections Cameroon* (ELECAM)[6]. Cette dernière institution a la charge de l'organisation et de la supervision de toutes les élections organisées au Cameroun.

Au rang des acteurs institutionnels figurent également les cours de justice qui sont chargées essentiellement des contentieux. Pour les élections municipales, c'est le tribunal de grande instance qui en a la charge. Pour les autres élections, c'est la cour suprême qui est compétente pour les contentieux y relatifs.

La cour suprême, siégeant en lieu et place de la cour constitutionnelle qui n'existe pas encore, a, en plus des autres tâches, celle de proclamer les résultats des élections législatives, sénatoriales et présidentielles.

Le plus grand des acteurs institutionnels se trouve être le Président de la République qui est le maître d'œuvre de tout le processus électoral, car c'est lui qui promulgue les lois électorales, et convoque le corps électoral pour les différentes élections. Il va sans dire qu'il le fait en se servant de son administration et du parlement qui vote les lois définissant d'autres acteurs du jeu électoral comme les partis politiques.

---

[4] *Ibid.* La lecture des attributions de cette commission montre qu'elle fait le travail réservé à d'autres commissions déjà étudiées. Cela est le résultat d'un cafouillage créé par le législateur qui a voulu avoir une loi pour chaque type d'élection, se refusant longtemps à élaborer un code électoral qui devait avoir l'avantage d'éviter ces doublements de tâches

[5] Loi n° 2000/016 du 19 Décembre 2000 portant création d'un observatoire national des élections.

[6] Loi n° 2006/011 du 29 décembre 2006 portant création, organisation et fonction d' « Elections Cameroon » (ELECAM)

2. Les acteurs associatifs

Dans ce groupe, nous mettons les partis politiques et autres associations qui participent au jeu électoral. Les partis politiques sont les structures de premier plan pour les élections camerounaises. En effet, ils sont les seuls habilités à proposer des candidats aux différentes élections camerounaises, à l'exception de l'élection présidentielle qui admet, sous certaines conditions, que l'on peut difficilement réunir, des candidatures indépendantes.

Les autres associations sont constituées par les groupements de la société civile, que sont les ONG et les associations des droits de l'homme. Elles sont accréditées pour l'observation des élections au Cameroun. Ces élections sont les occasions qui permettent aux électeurs, en principe, de sanctionner ou de récompenser les candidats.

2.1. Citoyens

La masse des citoyens est constituée des électeurs et des candidats. Tous les citoyens majeurs sont d'abord des électeurs, car, pour faire acte de candidature à une élection au Cameroun, l'une des conditions à remplir est d'être inscrit sur la liste électorale. La majorité électorale au Cameroun fut longtemps de 21 ans. Une lutte âpre, menée par les partis de l'opposition, a fait en sorte que cette majorité électorale soit ramenée à 20 ans au lieu des 18 réclamée par la plupart de ces partis politiques de l'opposition.

Les électeurs doivent choisir leurs élus parmi les multiples candidats présentés par les partis politiques. Il n'y a jamais eu de candidature indépendante à une élection présidentielle au Cameroun. Tout cela découle des règles du jeu électoral camerounais.

B. Les règles du jeu électoral camerounais

Ces règles sont nombreuses. Elles ont été définies par plusieurs textes allant de la constitution, aux arrêtés, en passant par des lois et des décrets.

La constitution, en matière d'élection, a dans son évolution, toujours gardé un aspect lié aux élections. Il s'agit de l'expression de la souveraineté du peuple à travers le vote. Il est indiqué que ce vote est secret et égal et concerne tous les citoyens ayant atteint la majorité. Depuis 1991, des lois votées par les députés de l'assemblée nationale ont réglementé les différentes élections au Cameroun. Nous pouvons citer quelques-unes d'entre elles :

- Loi n° 91-20 du 16 décembre 1991 fixant les conditions d'élections des députés à l'Assemblée nationale ;
- Loi n° 92-02 du 14 août 1992 fixant les conditions d'élection des députés ;
- Loi n° 92 du 17 sept. 1992 fixant les conditions d'élection et de suppléance à la Présidence de la République ;
- Loi n° 97/006 du 10 janvier 1997 fixant la révision et la refonte des listes électorales ;

- Loi n° 2000/015 du 19 décembre 2000 relative au financement public des partis politiques et des campagnes électorales ;

- Loi n° 2012/001 du 19 avril 2012 portant code électoral.

Des décrets présidentiels ont été signés, ayant partiellement ou totalement trait aux élections. À titre d'illustration, nous avons le décret n° 92/030 du 13 février 1992 sur l'accès des partis politiques aux médias audiovisuels du service public. Ce décret règlemente cet accès en temps normal et durant les périodes de campagne électorale. Ce sont aussi des décrets présidentiels qui ferment les frontières à l'occasion des élections au Cameroun

Le décret n° 92/030 du 13 février 1992 sur l'accès des partis politiques aux médias audiovisuels du service public stipule que le Ministre en charge de la communication doit, en fonction du nombre de partis politiques présentant des candidats aux élections, déterminer l'ordre de passage et les temps d'antenne. C'est dans cette logique que des décisions du Ministre de la communication sont signées à l'occasion de chaque campagne électorale au Cameroun. Il en est de même des arrêtés du ministre en charge de l'administration territoriale qui fixent l'organisation des bureaux de vote. Tous actes législatifs et réglementaires fixent les règles du jeu électoral dans sa globalité. Ils définissent les conditions d'éligibilité, la procédure à suivre pour faire acte de candidature, le déroulement du scrutin, le déroulement de la campagne électorale, les dispositions pénales, pour ne citer que ces aspects des règles. Nous allons présenter les aspects touchant aux considérations ethniques et régionales.

II. CONSIDÉRATIONS ETHNIQUES ET RÉGIONALES ÉLECTORALES

La législation, dans un pays, repose généralement sur un fondement lié à la vision globale des autorités du pays en question. Cela se vérifie bien quant au Cameroun. Depuis l'indépendance, le souci premier des autorités a été de consolider l'unité nationale. Dans les années 1990, il a fallu jouer à l'équilibrisme législatif et règlementaire. Cela a produit des résultats qui ressemblent à une contradiction par rapport aux préoccupations de départ.

A. L'unité nationale, fondement de la législation et de la réglementation politique au Cameroun

Le Cameroun, comme la plupart des pays africains, est une création coloniale, opérée au travers de la mise en synergie des ethnies qui occupaient les territoires mis ensemble. Le Cameroun était caractérisé par une grande diversité ethnique et culturelle, un des éléments qui l'ont fait appeler « Afrique en miniature ».

Au lendemain de leur accession à l'indépendance, comme l'indique Ibrahim Mouiche[7], les nouveaux responsables des Étas africains avaient estimé que la diversité culturelle et ethnique était un facteur de division qui constituait une entrave pour la construction d'un État-nation, objectif vers lequel ils étaient presque tous tournés. Le défi consistait donc à « *fondre des groupes ethniques disparates dans un État-nation auquel les individus s'identifieraient*[8]. » La solution trouvée et appliquée par la plupart des États africains fut l'équilibre régional. Il s'agit, comme l'a affirmé Guy Landry Hazoumé[9], d'une sorte d' « *ethnocratie* » qui se fonde sur le postulat d'après lequel l'unique modèle pouvant assurer la participation universelle des citoyens aux tâches administratives de l'État est la représentation de toutes les ethnies ou régions du pays aux postes de direction de l'État. D'après Roger-Gabriel Nlep[10], le principe de l'équilibre régional consiste « *à assurer une répartition plus ou moins équilibrée du produit étatique entre les différentes régions et les groupes humains.* »

Ahmadou Ahidjo, le premier président du Cameroun indépendant, dans le souci de préserver l'unité nationale, adopta aussi la politique de l'équilibre régional qu'il appliqua à travers une série de mesures. La première consista à accroître grandement le nombre de fonctionnaires afin d'ouvrir des opportunités aux Camerounais éduqués. Comme leur niveau d'éducation n'était pas le même, il appliqua la seconde mesure qui consista à adopter des quotas à l'entrée dans les écoles de formation débouchant sur le recrutement dans la fonction publique[11].

Lorsque Paul Biya prit le pouvoir en 1982, il emprunta le même chemin que son prédécesseur en soutenant bien la politique de l'équilibre régional dont le rôle, selon lui, était de construire l'unité nationale du Cameroun. C'est dans ce sens qu'il déclara : « *...j'ai réaffirmé mon attachement inébranlable et constant à l'unité nationale, si chèrement acquise, si jalousement préservée, notamment par l'arithmétique de l'équilibre et de la représentation ...* »[12] La quête de l'unité nationale s'est aussi faite au Cameroun à travers la législation concernant

---

[7] I. Mouiche, *Démocratisation et intégration sociopolitique des minorités ethniques au Cameroun entre dogmatisme du principe majoritaire et centralités des partis politiques*, Dakar, Codesria, 2012, p. 1.

[8] S. Samia, *Reconnaître l'existence des minorités en Afrique*, Londres, Minority Rights Group International, p. 1.

[9] G. L. Hazoume, *Idéologies tribalistes et nation en Afrique (le cas dahoméen)*, Paris, Présence Africaine, p. 26.

[10] R.-G. Nlep, *L'administration publique camerounaise : contribution à l'étude des systèmes africains d'administration publique*, Paris, L.G.D.J., p. 159.

[11] Y. Monga, « « Au village » Space, Culture and Politics in Cameroon. (« Au village » : la production locale dans la politique camerounaise », *Cahiers d'études africaines*, Vol. 4 n°. 160, p 725 ; Décret n° 82/407 du 7 septembre 1982 qui institue les quotas par régions dans les concours et recrutement à la fonction publique et dans les grandes écoles.

[12] P. Biya, *Pour le libéralisme communautaire*, Lausanne, Edition Marcel Favre/ABC, 1987, p. 6.

les associations. La loi de 1967 sur les associations prohibait toute association fondée sur des considérations ethniques et constituant une menace à l'unité de la nation. Le parti unique a été un outil au service de l'unité nationale. Au Cameroun, comme dans beaucoup de pays d'Afrique, on pensait qu'à travers le système de parti unique on devait éviter les querelles devant entraîner la division. Les citoyens, se trouvant dans le même moule, ne pouvaient pas se déchirer et perdre les énergies nécessaires à la construction de l'État[13]. À partir de 1990, lorsque les uns et les autres furent obligés de prendre le train de l'ouverture démocratique, la donne changea et la règlementation s'adapta à travers de nouvelles mesures.

L'existence de multiples partis politiques et les élections concurrentielles, qui accompagnent le processus de démocratisation, ont imposé des mesures pertinentes à la nouvelle passe. En outre, la liberté d'expression a donné l'occasion aux uns et aux autres de faire entendre leurs griefs qu'ils gardaient dans le silence dans le système de parti unique.

La première mesure avait consisté à éviter que les partis politiques ne deviennent des partis ethniques. C'est ainsi que la loi stipule que la demande de création d'un parti politique doit être refusée par les autorités si ce parti porte atteinte à l'unité nationale ou à l'intégration nationale. L'article 9 de la loi n° 90-56 du 19 décembre 1990 relative aux partis politiques est bien clair : *« Ne peut être autorisé tout parti politique qui : - porte atteinte à l'intégrité territoriale, à l'unité nationale, à la forme républicaine de l'État, à la souveraineté nationale et à l'intégration nationale, notamment par toute sorte de discriminations basées sur les tribus, les provinces, les groupes linguistiques ou les confessions religieuses...* [14]»

La deuxième mesure avait consisté à protéger les minorités. Cette dernière mesure avait grandement été suscitée par les débats ayant précédé la réforme constitutionnelle de 1996. En effet, de nombreux groupes ethniques, à l'instar des Pygmées, des Mbororos et des Sawa, estimaient que, de par leur petite démographie, si rien n'était fait aucune considération ne devait leur être accordée dans ce système dominé par la loi de la majorité. Ces doléances furent prises en compte dans la loi du 18 janvier 1996 portant sur la nouvelle constitution du Cameroun. La constitution du 18 janvier 1996, dans son préambule, déclare que *« l'État assure la protection des minorités et préserve les droits des populations autochtones conformément à la loi*[15] ». Cette protection des minorités a eu une matérialisation dans la définition des règles du jeu électoral camerounais.

---

[13] L. Sindjoun, « Ce que s'opposer veut dire : l'économie des échanges politiques », in L. Sindjoun(éd.), *Comment peut-on être opposant au Cameroun ?: politique parlement et politique autoritaire*, Dakar, Codesria, p. 15.

[14] Loi n° 90-56 du 19 décembre 1990 relative aux partis politiques.

[15] Constitution camerounaise du 18 janvier 1996.

B. Considérations ethniques et régionales dans les lois et règlements électoraux

Ces considérations concernent toutes les élections dont l'objet est de désigner les représentants du peuple. En toile de fond subsiste le souci d'assurer un équilibre régional.

La première réglementation relative aux élections après 1990 concernait les élections législatives. L'article 5, alinéa 4 de la loi N° 91/020 du 16 décembre stipule clairement que la circonscription pour les élections législatives est le département que, par décret, le Président de la République doit fixer le nombre de sièges par circonscription en fonction du chiffre de la population et de la répartition sur le territoire national[16]. L'article 5 de la même loi exige le respect des différentes composantes sociologiques dans les circonscriptions électorales. Les mêmes dispositions ont été reprises à l'article 3, alinéa 2 de la loi n° 92/002 du 14 août 1992 relative aux élections municipales[17] et à l'article 218, alinéa 3 du code électoral, qui concerne les élections sénatoriales[18]. C'est à travers l'application de ces dispositifs que l'on peut comprendre ce que le législateur camerounais entend par composantes sociologiques.

L'illustration nous a été donnée dans l'étude de certains aspects des élections sénatoriales de 2013 au Cameroun. Le 14 avril 2013, le Cameroun avait organisé ses premières élections sénatoriales qui avaient connu le rejet de certaines listes dans les circonscriptions. La liste du Rassemblement Démocratique du Peuple Camerounais (RDPC) avait été rejetée dans la région de l'Ouest par ELECAM. Ce rejet avait été confirmé par la Cour suprême après le recours de ce parti[19]. Malgré l'acceptation de ce verdict, le RDPC pensait qu'il y avait eu une certaine discrimination au profit d'une liste concurrente, celle de l'Union Démocratique du Cameroun (UDC). Cette opinion se justifie par l'attitude du RDPC qui, lors de la campagne électorale, avait appelé ses électeurs à voter en faveur de la liste du Social Democratic Front (SDF). Selon le RDPC, le SDF méritait son soutien, car il défendait les valeurs de justice sociale et d'équilibre, contrairement à l'UDC qui avait présenté une liste à connotation ethnique, en ce qu'elle comprenait cinq candidats sur sept appartenant à un seul département sur les huit que comptait la région de l'Ouest. Selon le RDPC, la liste de l'UDC était sociologiquement déséquilibrée[20]. Il est clair, comme le note si bien Ibrahim Mouiche, que cette notion de « composantes sociologiques » se ramène aux composantes ethniques de la circonscription[21]. Le Ministère de l'administration

---

[16] Loi n° 91/20 du 16 décembre 1991 fixant les conditions d'élections des députés à l'Assemblée Nationale.

[17] Loi n° 92-002 du 14 Août 1992, fixant les conditions d'élection des conseillers municipaux.

[18] Loi n° 2012/001 du 19 avril 2012 portant code électoral.

[19] Cogodem (Coalition pour la gouvernance démocratique au Cameroun), *Elections sénatoriales du 14 avril 2013 : rapport d'observation*, 2013, pp. 20-22.

[20] Cogodem, *Elections sénatoriales du 14 avril 2013*, p. 26.

[21] I. Mouiche, *Démocratisation et intégration sociopolitique des minorités ethniques au Cameroun...*, p. 7.

territoriale, qui avait la charge de valider les listes de candidature, notamment aux élections législatives, avait rejeté beaucoup de ces listes, au motif de non respect des composantes sociologiques de la circonscription. Les préfets en avaient fait de même pour les élections municipales.

Avant 1991, un seul texte de loi fixant les règles du jeu électoral, adressait la question régionale. Il s'agit de la loi relative aux conditions d'élection et de vacance à la Présidence de la République promulguée à la suite de la réforme constitutionnelle de 1983, qui ouvrait l'élection présidentielle à une multiplicité de candidatures. D'après ce texte, un candidat indépendant pouvait se présenter à l'élection présidentielle, à condition de rassembler 500 signatures de personnalités à raison de 10 par province. Cette condition fut assouplie en 2012 et ramenée à 300 signatures à raison de 30 personnalités par région[22]. Malgré cette règlementation, la réalité du terrain a été autre, prêtant même à une contradiction.

C. L'application concrète des dispositions légales et règlementaires relatives aux considérations ethniques et régionales dans les élections camerounaises

Les réalités du terrain électoral camerounais, telles qu'elles se sont présentées au fil des différentes élections organisées dans le pays depuis 1992, montrent un ancrage électoral ethnique et régional, visible dans les campagnes électorales et les résultats des élections.

Si la loi interdit la création des partis ethniques, elle ne prohibe pas des actions à connotation ethnique de leur part. Ces partis politiques s'y sont donnés amplement. Dans leur existence, des partis politiques sont devenus pratiquement des partis ethniques. L'adhésion à ces partis est fonction de l'origine ethnique de son leader, chaque groupe ethnique devant soutenir le parti politique qui est supposé défendre ou préserver les intérêts du groupe ethnique en question.[23]

Au cours des campagnes électorales, l'appartenance régionale ou ethnique est utilisée, selon le cas, pour demander le vote en faveur du candidat appartenant à cette région, pour déconseiller tout vote en faveur du candidat n'appartenant pas à la région. L'illustration est servie par l'élection présidentielle de 1992 et celle de 1997, avec la campagne menée par les tenants des partis dont les candidats étaient arrivés en première et deuxième positions. Il s'agit de Paul Biya du RDPC et de Ni John Fru Ndi du SDF. On a ainsi entendu Ni John Fru Ndi s'adresser aux foules dans la province du Nord-Ouest en leur disant que *« Biya hait l'homme de Bamenda, il hait les anglophones*[24] ». La

---

[22] Article 121 alinéa 2 du code électoral.

[23] M. Wilabele, *Regard sur le conflit gbaya-foulbe de Meiganga au Cameroun*, Yaoundé, CIPAD, p. 40.

[24] P. Nchoji Nkwi and A. Socpa, « Ethnicity and Party Politics in Cameroon: the Politics of divide and Rule », in P. Nchoji Nkwi and F. B. Nyamnjoh (eds), *Regional Balance*

traduction est simple. « *Si Paul Biya ne vous aime pas, pourquoi devez-vous voter pour lui* ? ». Dans un registre presque pareil, à l'élection présidentielle de 1997, un partisan du RPDC, en campagne électorale dans la province du Sud dont est originaire le candidat Paul Biya, demanda aux populations de faire « un vote de cœur, de sang et de raison ». L'analyse de l'ordre d'arrivée des trois compléments du nom vote indique un appel à la passion, au lien ethnique et régional et à l'objectivité. L'objectivité, qui est censée en principe commander un acte important que celui de choisir, vient en dernière position. C'est dire : les arguments les plus importants relèvent de ce qui est affectif. On panache avec le rationnel pour dire que, après tout, ce candidat a tout ce qu'il faut pour mériter le vote de l'électorat de la province du Sud. Ce partisan était aussi originaire du Sud. Il y avait été envoyé par application de la politique du village électoral. Cette politique, inaugurée par le RDPC, puis copiée par les partis de l'opposition, consiste, pendant la campagne électorale, à envoyer chaque cadre et élite du parti faire campagne dans son village où il est supposé être capable de gagner un soutien pour le parti politique et ses candidats[25]. On pense généralement que la région est acquise au candidat. C'est pour cette raison que, dans la campagne électorale, la tendance au Cameroun a consisté, pour les candidats ou les leaders de partis politique, à commencer ailleurs pour terminer dans leurs propres régions respectives. La conviction est même plus grande si l'on prend l'exemple du candidat Albert Dzongang, Président du parti populaire pour le développement. Candidat à l'élection présidentielle de 1997 et originaire du village Bahouang, Albert Dzongang y arriva pour sa campagne et déclara qu'il n'avait pas besoin d'y faire campagne. Il voulait par là dire qu'il avait la certitude que le vote des habitants de Bahouang lui était déjà acquis. C'est dans cette logique que l'on peut comprendre l'existence des fiefs de partis politiques qui ne correspondent pas à la localité qui est le siège du parti, encore moins au lieu de résidence de son leader, mais plutôt à sa région d'origine. Cette loyauté ethnique et régionale se reflète dans les résultats des élections[26]. Les tableaux suivants, conçus par Paul Nchoji Nkwi et Antoine Socpa, nous donnent une belle illustration, se fondant sur l'élection présidentielle de 1992.

---

and National Integration in Cameroon. Lessons Learned and the Uncertain Future, Leiden/Yaoundé, ASL/ICASSRT, p. 145.

[25] Y. Monga, « Au village » in *Space, Culture and Politics*..., p. 738.

[26] M. Azevedo, « Ethnicity and Democratization: Cameroon and Gabon », p.377 ; P. Nchoji Nkwi and A. Socpa, « Ethnicity and Party Politics in Cameroon: the Politics of divide and Rule », p.145 ; "The Kenyan Section of the International Commission of Jurists", in *Ethnicity, Human Rights and Constitutionalism in Africa*, Nairobi, The Kenyan Section of the International Commission of Jurists, 2008, p. 142.

Tableau 1 : Expression ethno-régionale des suffrages présidentiels d'octobre 1992
Candidat Biya originaire de la province du Sud

Région électorale	Pourcentage des suffrages
Province du Sud	94,82%
Province du Centre	71,63%
Province de l'Est	68,78%
Province de l'Extrême Nord	47,65%
Département du Dja et Lobo	99,98%

Source : Nkwi et Socpa, p. 145

Tableau 2 : Expression ethno-régionale des suffrages présidentiels d'octobre 1992
Candidat Ni John Fru Ndi originaire de la province du Nord-Ouest

Région électorales	Pourcentage des suffrages
Province du Nord-Ouest	86,30%
Province du Sud-Ouest	51,78%
Province de l'Ouest	67,78%
Province du Littoral	67,60%

Source : Nkwi et Socpa, p. 145

Paul Biya et Ni John Fru Ndi sont les candidats qui étaient arrivés en première et deuxième positions, respectivement, à l'élection présidentielle de 1992. Les résultats obtenus par chacun d'eux montrent qu'ils avaient récolté les meilleurs scores dans leurs régions d'origine et de bons scores dans leurs aires ethniques. Paul Biya avait ainsi obtenu 99,98% de suffrages exprimés dans son département d'origine, le Dja et Lobo, score plus élevé que celui de l'ensemble de sa province d'origine, le Sud, qui se trouve dans l'aire ethnique fang-béti à laquelle appartient le candidat.

Pour ce qui est de Ni John Fru Ndi, il avait obtenu 86,30% de suffrages exprimés dans sa province d'origine, le Nord-Ouest, qui fait partie de la grande aire *grassfields* aux différentes langues et coutumes similaires. Cela permet de comprendre que, dans la province de l'Ouest, il ait enregistré son second meilleur score.

Ces observations peuvent s'étendre aux élections législatives et municipales. Pour les législatives, l'UDC, depuis sa première participation à ce genre de scrutin en 1997, n'a obtenu de députés que dans le département d'origine de son leader, le Noun. Il en est de même du Mouvement Démocratique pour la défense de la République (MDR) qui n'a eu de députés que dans les départements du Mayo Kani et du Mayo Danai, aire de l'ethnie *toupouri*, ethnie de son président, Dakolé Daissala. Aux élections municipales de 1996, ce parti n'avait gagné de communes que dans l'aire à dominance *toupouri* avec les communes de Guidiguis, Moulvoudaye, Touloum Dziguilao, Kalfou, Dtachéka, Tchatibali et Kar-Hay[27]. Ces résultats ne peuvent se comprendre qu'au prisme de

[27] I. Mouiche, « Ethnicité et multipartisme au Nord-Cameroun », *African Journal of Political Science*, Vol. 5, n° 1, 2000, p. 66.

l'approche psycho-sociologique du comportement électoral lié au paradigme de Michigan, notamment à travers le concept d'identifications partisanes. Les comportements politiques sont liés aux processus de socialisation[28]. Le milieu familial permet de transmettre, de façon précoce, les attitudes politiques qui contribuent à la cristallisation des identités pour que l'on arrive à l'homogénéité politique des groupes ethniques. On peut alors bien comprendre pourquoi, comme le note si bien Martin Onguéné Essono, les populations béti oublient les misères qui sont les leurs presque au quotidien pour accorder leurs suffrages à leur fils et frère, Paul Biya[29]. L'implication des considérations ethniques et politiques dans les élections camerounaises, a eu des conséquences réelles sur les comportements politiques et la réglementation du jeu électoral.

III. IMPACT ET ENJEUX RÉELS DES CONSIDÉRATIONS ETHNIQUES ET RÉGIONALES ÉLECTORALES

Les considérations ethniques et régionales ont eu des effets réels sur le jeu électoral camerounais au cours de la période étudiée. L'analyse de certains de ces effets permet de comprendre les enjeux réels de ces considérations.

A. Impact des considérations électorales à caractère régional et ethnique

Cet impact s'est décliné sous plusieurs formes : politique et sociale. Sur le plan politique, les pouvoirs publics ont exploité le vote ethnique et régional pour mieux organiser les élections en faveur du parti au pouvoir. Cela a été fait à travers le *gerrymandering*. Aux élections législatives de 1997, le RDPC, qui avait remporté les vingt sièges de la province du Nord-Ouest à cause du boycott du SDF, n'avait obtenu aucun siège dans cette province. Le SDF avait raflé tous les vingt sièges. Dans l'analyse des résultats détaillés, il était apparu une enclave favorable au parti au pouvoir, l'arrondissement de Balikumbat. L'occasion fut donc donnée d'y créer une circonscription spéciale pour les élections législatives de 2002, avec un seul siège remporté par le RDPC[30]. La même technique fut utilisée en 2007 pour toucher plusieurs partis politiques dans leurs bastions de vote ethnique et régional, notamment le SDF, l'UDC et le MDR. Cela permit au parti au pouvoir d'avoir des députés dans les fiefs de ces partis.

Les inscriptions sélectives sur les listes d'électeurs participent de la même discrimination en faveur du parti au pouvoir. En effet, dans les zones reconnues comme favorables au RDPC, les agents en charge des inscriptions, ont souvent opéré dans le secret, n'inscrivant que ceux dont les votes en faveur du parti au pouvoir étaient plus ou moins assurés. Dans les zones favorables à l'opposition,

---

[28] *Id.*, p. 59.

[29] L. M. Onguene Essono, « Démocratie en chansons : les bikut-si du Cameroun », *Politique Africaine*, n° 64, 1996, p. 60.

[30] D. Mokam, « Les pratiques électorales au Cameroun depuis 1990 : historiques et perspectives », in *Intel'Actuel* n° 09, 2010, pp. 72-73.

aucune information n'était donnée sur le calendrier de passage de la commission. C'est sur le tard que les citoyens acquis à l'opposition se rendaient compte qu'ils ne s'étaient pas inscrits sur les listes électorales. Sympathisants ou partisans de l'opposition, ils ne pouvaient pas lui être utiles pour les élections.

Les considérations ethniques ont aussi donné naissance à des tensions sociales au Cameroun. C'est dans ce registre qu'il faut mettre les événements suivants. Suite à l'élection présidentielle de 1992, il y avait eu une chasse aux allogènes, des Camerounais considérés comme envahisseurs dans leur propre pays, dans les faubourgs de Yaoundé et dans beaucoup de localités du Centre et du Sud[31].

En 1996, après les élections municipales et la désignation des exécutifs communaux, les Douala, minoritaires dans leur terroir, avaient organisé de nombreuses marches de protestation pour s'insurger contre ce qu'ils appelaient « *domination* » par les allogènes.

Ces considérations ethniques électorales ont fait naître un nouveau type de militant pour les partis politiques, surtout ceux de l'opposition. Il s'agit du « militant minoritaire ». Dans les bastions des partis politiques, qui sont souvent des bastions régionaux et ethniques, les ressortissants des autres régions ou ethnies sont peu nombreux. Ils sont pourtant sollicités dans les listes des candidats afin de respecter les composantes sociologiques de la circonscription. Une cour assidue est alors aite à ces rares perles qui se font soudoyer pour adhérer à ces partis politiques. Le cautionnement nécessaire pour faire acte de candidature aux élections est payé par le parti. Ces « militants minoritaires » sont souvent des taupes du parti au pouvoir qui les manipule. C'est ainsi que, parfois à la veille des élections, ceux-ci démissionnent pour ainsi rendre invalide la liste déjà déposée. L'occasion est ainsi donnée de percevoir les enjeux réels des considérations ethniques et régionales dans le jeu électoral camerounais.

B. Les enjeux réels des considérations électorales à caractère ethnique et régional

L'apparence est bien trompeuse lorsqu'on considère les bonnes intentions qui se dessinent en filigrane dans les considérations électorales à caractère ethnique et régional au Cameroun. Le souci de promouvoir l'unité nationale et l'intégration nationale ne sont plus les vraies préoccupations. Il se cache, derrière tout cela, un enjeu majeur qui se décline en plusieurs composantes. Il s'agit de la volonté d'asseoir la domination de l'ancien parti unique.

Le Cameroun n'était pas volontairement allé à la démocratisation. Il avait subi la pression interne et externe à laquelle le régime en place avait résisté. Il suffit, pour s'en convaincre, de se souvenir des marches organisées par le régime du parti unique pour dire « non » au multipartisme. La réalité des choses l'avait poussé à se rendre à l'évidence qu'il était impossible de ramer à contre

[31] P. Nchoji Nkwi and A. Socpa, « Ethnicity and Party Politics in Cameroon: the Politics of divide and Rule », p.141.

courant du « vent de l'Est ». Il fallait plutôt accepter la démocratisation, mais, en être le maître. Pour ce faire, il fallait imaginer des voies de canalisation du jeu électoral.

Pour permettre à l'ancien parti unique de continuer à dominer la scène politique camerounaise, il fallait limiter la concurrence. C'est dans ce sens que, dans les lois électorales et dans le code électoral, on avait introduit la notion du respect des composantes sociologiques dans la constitution des listes de candidats dans les circonscriptions électorales. L'ancien parti unique avait, pratiquement seul, la possibilité de remplir cette condition dans toutes les circonscriptions. C'était une assurance qu'il pouvait présenter ses listes partout. Dans les circonscriptions où l'opposition ne pouvait pas remplir ces conditions, il se retrouvait seul. Cette disposition a permis au Ministère de l'administration territoriale, qui avait la charge, en 1996, de valider les listes de candidatures, de rejeter 143 listes du SDF sur les 243 listes introduites pour les élections municipales[32]. Ce principal parti de l'opposition ne pouvait plus concourir que dans une centaine de municipalités sur les 334 qu'il fallait pourvoir en conseillers municipaux.

Par ailleurs, sur la base des mêmes considérations, les autochtones ont été instrumentalisés, afin de jouer un sale tour aux partis d'opposition. Certains d'entre eux, faute de moyens financiers suffisants pour investir les candidats autochtones, ont dû jeter l'éponge dans des circonscriptions. D'autres ont été trahis à la dernière minute par les autochtones et les « militants minoritaires » instrumentalisés. Cette instrumentalisation est d'autant plus nuisible qu'il a été démontré qu'elle ne profitait pas toujours à ceux qui étaient ainsi manipulés. Analysant le cas des minorités dans la région de l'Ouest en matière électorale, Ibrahim Mouiche a démontré que, dans le cadre multipartisan, la clause de la considération des minorités ne jouait pas toujours en faveur de celles-ci. Il l'a exemplifié dans la commune de Magba, avec les Tikar et les Pouakam qui ont été politiquement affaiblis du fait de l'application des dispositions[33]. Dans l'instrumentalisation, des candidats *tikar* de la liste UDC furent contraints, par les élites *tikar* du RDPC, de démissionner de ce parti et, par conséquent, de renoncer à l'investiture de l'UDC pour les élections municipales de 2007.

L'enjeu réel qui apparaît est celui du clientélisme et du népotisme des élites qui veulent exploiter la rente ethnique pour le pouvoir. Ils versent dans ce que John Lonsdale a appelé le « *tribalisme ethnique*[34] ». On fait croire aux uns et aux autres que l'ethnie est la chose la plus importante et qu'on doit la défendre par tous les moyens. En réalité, c'est l'État qui développe un rapport clientéliste

---

[32] P. Nchoji Nkwi and A. Socpa, « Ethnicity and Party Politics in Cameroon: the Politics of divide and Rule », pp. 144 et 202.

[33] I. Mouiche, *Démocratisation et intégration sociopolitique des minorités ethniques au Cameroun...*, p. 196.

[34] J. Lonsdale,."Moral Ethnicity and Political Tribalism" in P., Kaarsholm and J. Hultin (eds.) *Inventions and Boundaries: Historical and Anthropological Approaches to the Study of Ethnicity and Nationalism*. Occasional Paper n°. 11, International Development Studies, University of Roskilde, 1994, p.131.

et patrimonial avec ces élites individualistes qui, dans ces rapports, instrumentalisent à leur tour les problèmes ethniques à des fins politiques personnelles. Les demandes ethniques, bien gérées, constituent un chemin privilégié pour la réorganisation étatique qui est indispensable. Ceci permet de soutenir la position d'Irving Markovitz, citée par Chétima Melchisedek[35] selon laquelle, la démocratie et l'ethnicité ne sont pas dysfonctionnelles. En effet, les demandes ethniques des populations sont loin de poser des problèmes dans le contexte démocratique, dans la mesure où ces populations demandent seulement une égalité d'accès aux ressources de l'État.

CONCLUSION

En somme, cette étude avait pour objet de déterminer les enjeux réels qui se cachaient derrière les considérations ethniques et régionales dans les élections camerounaises. De 1992 à 2013, toutes les élections organisées au Cameroun, étaient fondées sur des textes fixant les règles du jeu électoral. Ces textes sont l'œuvre des législateurs et des autorités administratives. Au premier regard, on a eu l'impression selon laquelle, dans la réglementation se trouvait un souci permanent de consolider l'unité nationale dans un Cameroun né de l'assemblage ethnique réalisé par les Allemands et qui, à l'indépendance a connu de sérieux problèmes de cohésion nationale. Sous l'ère du parti unique, on a pu contenir toutes les vélléités ethniques avec un pouvoir central fort. L'avènement de la démocratisation s'est fait dans un contexte nouveau. Les autorités administratives ont pensé que le pluralisme devait porter un coup sérieux à l'unité nationale à laquelle elles semblaient toujours tenir. La règlementation relative aux élections a eu pour souci apparent de contenir tout ce qui pouvait donner lieu à division. La réalité a démenti ce postulat et a exposé la contradiction entre les intentions exprimées des gouvernants et les pratiques du terrain. Elle a montré que l'enjeu principal des considérations ethniques et régionales dans le jeu électoral était de perpétuer la domination politique de l'ancien parti unique. Il faut ajouter à cela les enjeux inclusifs que sont l'instrumentalisation des problèmes ethniques à des fins politiques personnelles et la volonté de sauvegarde des intérêts égoïstes des élites locales dans le cadre des relations clientélistes et patrimoniales existant entre elles et l'État. C'est dans cette perspective qu'ils ont pu faire croire à un dysfonctionnement entre l'ethnicité et la démocratie. C'est loin d'être le cas. Au contraire, comme le pense Orvis[36], les demandes ethniques doivent être exprimées afin qu'elles soient bien considérées pour arrêter des décisions et mener des politiques qui prennent en compte toutes les

---

[35] M. Chetima, « Démocratisation et explosion ethno-régionale au Cameroun : des relations complexes entre démocratie et ethnicité », in M. Vatz Laaroussi, É.-H. Riard, Cl. Gelinas et E. Jovelin (eds.), *Les défis de la diversité : Enjeux épistémologiques, méthodologiques et pratiques,* Paris L'Harmattan, 2013, p. 86.

[36] S. Orvis, « Civil Society in Africa or African Civil Society », in *Journal of Asian and African Studies*, vol.36, n° 1, 2001, p. 17-38.

populations pour un développement harmonieux que recherchent les pays africains. L'ethnicité morale, qui s'oppose au tribalisme politique, pourra pleinement servir la cause du développement des États africains.

SOURCES ET BIBLIOGRAPHIE

SOURCES

Loi n° 90-56 du 19 décembre 1990 relative aux partis politiques ;

Loi n° 91-20 du 16 décembre 1991 fixant les conditions d'élections des députés à l'Assemblée nationale ;

Loi n° 92-002 du 14 Août 1992, fixant les conditions d'élection des conseillers municipaux ;

Loi n° 92 du 17 septembre 1992 fixant les conditions d'élection et de suppléance à la Présidence de la République ;

Loi n° 97/006 du 10 janvier 1997 fixant de révision et de refonte des listes électorales ;

Loi n° 2000/015 du 19 décembre 2000 relative au financement public des partis politiques et des campagnes électorales ;

Loi n° 2000/016 du 19 Décembre 2000 portant création d'un observatoire national des élections ;

Loi n° 2006/011 du 29 décembre 2006 portant création, organisation et fonction d' « Elections Cameroon » (ELECAM) ;

Loi n° 2012/001 du 19 avril 2012 portant code électoral.

BIBLIOGRAPHIE

A. Mario, « Ethnicity and Democratization: Cameroon and Gabon », in Okwudiba Nnoli (ed.), *Government and Politics in Africa: a Reader*, Harare, AAPS Books, 2000, pp. 355-391.

P. Biya, *Pour le libéralisme communautaire*, Lausanne, Edition Marcel Favre/ABC, 1987, 158 p.

M. chetima, « Démocratisation et explosion ethno-régionale au Cameroun : des relations complexes entre démocratie et ethnicité », in M. Vaaz. Laaroussi, E. H. Riard, C. Gelinas et E. Jovelin, *Les défis de la diversité : Enjeux épistémologiques, méthodologiques et pratiques*, Paris L'Harmattan, 2013, pp. 81-90.

Cogodem, *Elections sénatoriales du 14 avril 2013 : rapport d'observation*, 2013, 71 p.

G.L. Hazoume, *Idéologies tribalistes et nation en Afrique (le cas dahoméen)*, Paris, Présence Africaine, 1972, 230 p.

J. Lonsdale, John, "Moral Ethnicity and Political Tribalism", in P. Kaarsholm, and J. Hultin, *Inventions and Boundaries: Historical and Anthropological Approaches to the Study of Ethnicity and Nationalism*. Occasional Paper n°. 11, International Development Studies, University of Roskilde, 1994, pp. 131-150

H-.L.Menthong, « Vote et communautarisme au Cameroun : « un vote de cœur, de sang et de raison », *Politique africaine*, N° 69, 1998, pp. 40-52.

D. Mokam, « Les pratiques électorales au Cameroun depuis 1990 : historiques et perspectives », *Intel'Actuel* n° 09, 2010, pp. 53-84

Y. Monga, « « Au village » Space, Culture and Politics in Cameroon. « Au village » : la production locale dans la politique camerounaise », *Cahiers d'études africaines*, Vol. 4 n° 160, pp 723-749.

I. Mouiche, « Ethnicité et multipartisme au Nord-Cameroun », *African Journal of Political Science*, Vol. 5, n° 1, 2000, pp. 46-91.

I.Mouiche, *Démocratisation et intégration sociopolitique des minorités ethniques au Cameroun entre dogmatisme du principe majoritaire et centralités des partis politiques*, Dakar, Codesria, 2012,220 p.

Nchoji Nkwi, and A. Socpa, « Ethnicity and Party Politics in Cameroon: the Politics of divide and Rule », in P. Nchoji Nkwi, and F.B. Nyamnjoh, *Regional Balance and National Integration in Cameroon. Lessons Learned and the Uncertain Future*, Leiden/Yaoundé, ASL/ICASSRT, 1997, pp.138-149.

R.G. Nlep, *L'administration publique camerounaise : contribution à l'étude des systèmes africains d'administration publique*, Paris, L.G.D.J., 1986, 406 p.

L.M. Onguene Essono, « Démocratie en chansons: les bikut-si du Cameroun », *Politique Africaine*, no 64, 1996, pp. 52-61.

S. orvis, « Civil society in Africa or African civil society *», Journal of Asian and African Studies*, vol.36, n° 1, 2001, pp. 17-38.

S. Samia, *Reconnaître l'existence des minorités en Afrique*, Londres, Minority Rights Group International, 07 p.

L. Sindjoun, « Ce que s'opposer veut dire : l'économie des échanges politiques », in, L. Sindjoun, Luc (éd.), *Comment peut-on être opposant au Cameroun ? politique parlement et politique autoritaire*, Dakar, Codesria, pp. 15-43.

The Kenyan Section of the International Commission of Jurists, in *Ethnicity, Human Rights and Constitutionalism in Africa*, Nairobi, The Kenyan Section of the International Commission of Jurists, 2008, 243 p.

K. Wilabele, *Regard sur le conflit gbaya-foulbé de Meiganga au Cameroun*, Yaoundé, CIPAD, 2005, 74 p.

LA QUESTION ETHNIQUE DANS LES DÉBATS À L'ASSEMBLÉE NATIONALE DU CAMEROUN ENTRE 1992 ET 1996

Edith-Mireille Tegna
Université de Ngaoundéré /Cameroun

RÉSUMÉ

La question d'ethnie a toujours suscité des débats au Cameroun. Elle s'est invitée à l'assemblée parlementaire à plusieurs reprises, notamment lors de l'élaboration des constitutions. Celle de 1996 n'y a pas échappé. Bien plus, le caractère multipartite de l'Assemblée à partir de 1992, n'a contribué qu'à exacerber ces débats. Il faut dire que cette pluralité politique ouvrait la porte à une liberté d'expression identitaire. Le Cameroun étant constitué d'une mosaïque d'ethnies, il était question dans la constitution d'élaborer un cadre légal qui tienne compte de toutes les composantes ethniques du Cameroun. D'où les questions, entre autres, des lois sur les minorités, d'équilibre régional, d'identité nationale, d'intégration nationale, d'ethnie majoritaire, de lois de non exclusion et de tous leurs corollaires. Ces termes qui ont donné lieu à des débats houleux entre ceux qui les défendent et ceux qui les considèrent comme des portes ouvertes aux dérives de toutes sortes, témoignent des efforts que fournit l'Assemblée pour tenir compte, dans ces textes fondateurs, de toutes les composantes ethniques du Cameroun sans chercher à léser encore moins à phagocyter les uns et les autres.

L'étude de la question d'ethnie à l'Assemblée camerounaise est opportune dans la mesure où elle permet de connaître et d'apprécier les grandes orientations et de savoir quelle considération l'instance législative la plus autorisée porte à la question d'ethnie, les bénéfices qu'elle tire de la diversité ethnique du pays et bien entendu des solutions qu'elle propose pour prévenir voire résoudre les problèmes liés à cette multiplicité ethnique. Ceci afin de garder la cohésion et de ce fait favoriser le développement du Cameroun.

MOTS CLÉS

Ethnie, Lois, Minorités, Intégration nationale, Identité nationale, Equilibre régional.

INTRODUCTION

La question de l'ethnie s'est inscrite dans l'agenda politique des élus camerounais à l'Assemblée nationale. Ceci à la faveur de l'élaboration de la constitution de janvier 1996. En effet, le terme ethnie vient du mot grec ancien *ethnos* qui veut dire « gens de même origine ». Max Weber définit l'ethnie comme "un groupe de personnes ayant une ascendance, une langue, les coutumes, les traits physiques communs et partageant la même histoire".[1] Le concept d'ethnie a connu une évolution. Les sociologues et les politologues lui ont attribué un sens subjectif. Le terme n'est plus seulement une réalité objective ; il est aussi un "construit social".[2] En d'autres termes, l'ethnicité peut se bâtir au sein d'un groupe à la base d'un certain nombre d'éléments et d'interactions. Cette approche subjective de l'ethnie ouvre la porte à son instrumentalisation car, utilisé négativement, ce terme peut dériver vers le racisme, le tribalisme, l'ethnicisme, le repli identitaire, le nazisme et la division. De même, exploité positivement, il devient le fondement, la base de la construction d'une identité voire d'une identité nationale, pour les États qui comme le Cameroun sont constitués d'une multitude d'ethnies. En effet, il existe au Cameroun plus de 200 ethnies différentes. Cette multitude génère moult incompréhensions et crises. Les autorités, pour résoudre ces problèmes et autres crises, ont préféré l'option d'un État unitaire dans lequel chaque ethnie sera prise en compte quelle que soit la taille de sa population. Ceci afin qu'aucune communauté ne se sente lésée ou phagocytée. Pour ce faire, il fallait déjà inscrire cette option dans le texte fondateur de l'État, qui est la constitution. C'est la raison pour laquelle, en 1995, des débats houleux ont eu lieu sur la question à l'Assemblée nationale.

Notre travail de réflexion va porter sur l'analyse de ces débats qui ont eu cours à l'Assemblée nationale sur la question de l'ethnie. Pour ce faire, nous avons au plan méthodologique utilisé l'approche analytico-déductive c'est-à-dire que nous avons récolté des informations sur le terrain à travers des ouvrages, des journaux, des documents, des interviews et autres enquêtes auprès des élus et autres informateurs concernés par la question. L'analyse de ces informations nous permet d'aboutir à des conclusions dignes d'intérêt. Pour analyser ces débats à l'Assemblée, nous avons organisé ce travail en trois parties : la complexité du paysage ethnique camerounais, ses atouts et ses travers, les débats relatifs aux questions de minorité et d'autochtonie, et enfin, l'analyse des textes de la constitution camerounaise sur l'ethnie.

---

[1] http://www.toupie.org/Dictionnaire/Ethnie.htm

[2] E.Winter, *Max Weber et les relations ethniques : du refus du biologisme racial à l'État multinational*, Saint – Nicolas, Presses de l'Université de Laval, 2005.

I. LA COMPLEXITE DU PAYSAGE ETHNIQUE CAMEROUNAIS : ATOUTS ET TRAVERS

Les 200 ethnies et plus qui composent le Cameroun, n'ont pas les mêmes volumes démographiques. Il existe des ethnies majoritaires et des ethnies qui constituent des minorités. Il s'est développé au sein de ces ethnies une ethnicité qui dérive parfois vers des travers développant des rivalités entre certaines de ces ethnies. Pour comprendre le développement de ces travers, il convient au préalable d'en examiner le paysage ethnique.

A. Le paysage ethnique camerounais

Le paysage ethnique camerounais se compose de plusieurs ethnies qui ont été regroupés dans quatre ensembles :

- La région du lac Tchad à l'Adamaoua, c'est-à-dire le Septentrion, qui regroupes les ethnies et groupes d'ethnies suivants : Kotoko, Kanuri, Kapsiki, Podoko, Banda, Cuvok, Dourou, Gbaya, Gemiek, Gude, Guidar, Hdi, Kéra, Lagwan, Mada, Mandara, Mbukou, Mofu, Ouldémé, Vame, Zulgo, Massa, Mfumte, Mouktélé, Mousgoum, Nso, Nsungli, Toupouri, Mafa, Guiziga, Komas, Mboum, Faliet Sara, Haoussa. À ce groupe s'ajoutent les Arabes Choas ;[3]
- La région du grand ouest composée des groupes suivants : Babanki, Babungo, Bamiléké, Bamoun, Tikar, Vere ;
- La région du Littoral, comprenant les Bakokos, les Bakweri, les Bankon, les Bassas, les Batanga, les Doualas, les Malimba, les Mbo, les Ndonga, les Pongo, les Yassa, les Abo, les Yabassi, les Ewodi, les Bonkeng, les Balong, les Bandem, les Banen ;
- La région du sud forestier composée des Mbam, Bafia, Banen, Yambassa, Nyonkon, Sanaga, Bétis ou Fangs ou Boulous, Maka, Baka, Soo, Vute, auxquels on peut ajouter les différentes ethnies pygmées. [4]

Ces regroupements reposent sur des espaces géographiques. Ils ont l'avantage de contenir plusieurs ethnies. Cependant ce sont des ensembles aux contenus hétéroclites dont les dissemblances sont plus nombreuses que les ressemblances. Ces ethnies se traduisent sur une carte de la manière suivante :

[3] http://fr.wikipedia.org/wiki/Groupes_ethniques_du_Cameroun

[4] *Ibid.*

Source : http://fr.wikipedia.org/wiki/Groupes_ethniques_du_Cameroun

La multitude d'ethnies que compte le Cameroun est un atout qui a été exploité dans différents domaines. Sur le plan économique, elle a, entre autres, permis la diversité des activités génératrices de revenus, chaque ethnie pratiquant initialement celle héritée de ses ancêtres : élevage, agriculture, pêche, artisanat … Ceci avant d'ajouter celles apprises au contact des autres. Elle a également permis le rayonnement du Cameroun sur le plan touristique avec le slogan d'"Afrique en miniature".[5] Car cette diversité reflète approximativement une quantité considérable de cultures du continent africain.

[5] Ce slogan qui a une origine camerounaise est relayé par le Ministère du Tourisme et les média.

Sur le plan politique, elle donne au Cameroun son équilibre et lui procure une certaine cohésion sociale. Sur le plan culturel, elle constitue une force, un élément d'originalité et l'expression de fierté nationale. De plus, cette pluralité pourrait générer plus d'avantages au Cameroun, dans la mesure où cette multitude d'ethnies entraîne une diversité culturelle et une vision plurielle sur toutes les questions. Cette vision plurielle est enrichissante et permet la stabilité, la multitude d'ethnies évitant les conflits et autres rivalités qui peuvent exister dans un État composé de deux ethnies seulement. Elle est l'expression de la grandeur d'un État. Cette riche diversité culturelle favorise le développement et constitue le creuset dans lequel peut se construire une identité nationale riche de sa pluralité. La fierté d'appartenir à un groupe ethnique constitue un élément galvanisant. Cette ethnicité est susceptible de stimuler chez les populations l'ardeur au travail, le progrès. Cependant l'ethnicité peut également générer des travers et miner la société. Au Cameroun, nous l'observons dans la montée des rivalités ethniques qui caractérise la société.

B. Les travers de la complexité ethnique au Cameroun

La complexité ethnique au Cameroun a généré de nombreux travers qui se traduisent par de conflits ethniques qui, la plupart du temps, sont très vite maîtrisés par les forces de l'ordre à différentes régions, mais se soldent cependant par des morts. Nous pouvons citer, entre autres :

- Le conflit entre les Banyangui et les Bororos en septembre 2006 qui aurait fait 13 morts ;[6]
- Le conflit Nyokon / Bamileké le 17 octobre 2006 qui aurait causé la mort de six personnes ;[7]
- Le conflit en 2005 entre les Gbaya et les Foulbé à Meiganga qui aurait causé 20 décès ;[8]
- Celui entre Bagam et Bameyan à l'ouest en mai 2006 avec au bout 13 morts ;[9]
- Celui dans la localité de Kye Ossi opposant les autochtones aux allochtones le 7 mai 2006 faisant 2 morts ;[10]
- Le conflit Banfaw et Bororo à Mamfé le 9 octobre 2006 qui aurait fait 3 morts.[11]

Ces conflits ne sauraient être une simple opposition entre différentes ethnies. Ceci dans la mesure où ces ethnies ont cohabité depuis des temps immémoriaux

[6] S. Tetchiada, "La montée des conflits interethniques inquiète de plus en plus" in *IPS International* www.ipsinternational.org/fr/_note.asp?idnews=3322, fin 2006.
[7] *Ibid.*
[8] S. Tetchiada, "La montée des conflits interethniques inquiète de plus en plus" in *IPS International* www.ipsinternational.org/fr/_note.asp?idnews=3322, fin 2006.
[9] S. Tetchiada, "La montée des conflits interethniques inquiète de plus en plus" in *IPS International* www.ipsinternational.org/fr/_note.asp?idnews=3322, fin 2006 .
[10] *Ibid.*
[11] *Ibid.*

et ont tissé des alliances d'amitié et matrimoniales au point qu' aujourd'hui il existe une population importante née des mariages entre ces différentes ethnies. Subitement, depuis les années 90, il se développe des animosités et des conflits entre ces différentes ethnies ; d'où l'impérative nécessité d'en rechercher les causes au-delà d'un simple antagonisme entre les ethnies. Charly Gabriel Mbock déclare à ce sujet que : *« La plupart des conflits dits ethniques sont les conséquences de problèmes sociaux mal étudiés, mal résolus. Les conflits avant d'être baptisés ethniques sont d'abord et restent essentiellement sociaux ».*[12]

L'une des raisons qui expliquerait les conflits entre ethnies au Cameroun serait le mal être social. En effet, les crises économiques ont poussé les unes à chercher dans les autres ethnies la cause de leurs difficultés. C'est ainsi qu'il va surgir des conflits autochtones / "allochtones", les premiers encore appelés au Cameroun francophone "fils du terroir" et le Cameroun anglophone "son of the soil" revendiquent certains privilèges. Tout ceci pour montrer à l'allochtone qu'il est envahisseur et n'est pas chez lui. Cette hostilité débouche la plupart de temps sur les litiges fonciers, et la confiscation des biens. En plus de ces problèmes liés à la crise économique et à la pauvreté, nous avons des antagonismes liés aux clivages religieux qui sont cependant moins prononcés.[13]

L'ouverture démocratique que le Cameroun connaît en 1990 a libéré des espaces d'expression et de liberté dans lesquels se sont engouffrées et de façon irraisonnée les populations. On a assisté à l'émergence et au renforcement des regroupements à vocation ethnique : Laakam, Essingan, Sawa... Ces regroupements qui pouvaient assurer un rôle de levier pour la restauration des valeurs, le développement culturel ; bref pour le développement tout simplement, se sont avérés être l'expression des replis identitaires et des bastions de lutte contre les autres ethnies. Cette situation a également perverti la démocratie. Ceci dans la mesure où certains hommes politique ont exploité les clivages ethniques à des fins égoïstes. Cela se traduit par l'émergence des partis politiques à coloration ethnique, la tendance à conserver au sein de son ethnie le contrôle d'un secteur d'activité ou d'exercice du pouvoir ; d'où l'expression *ethnocratie* très usitée au Cameroun, qui renvoie au pouvoir d'une ethnie sur les autres ethnies, celui non moins récurrent *d'ethnocentrie* qui est la tendance à prendre pour seule référence l'ethnie à laquelle on appartient et à la revaloriser systématiquement.[14] *L'ethnocratie, l'ethnocentrie* ainsi que les autres clivages ethniques compromettent considérablement la démocratie au Cameroun qui, au lieu de décliner la fameuse définition de la démocratie du président Lincoln à savoir "le pouvoir du peuple par le peuple et pour le peuple"[15] devient plutôt le pouvoir d'une ou plusieurs ethnies sur les autres ethnies. Ainsi, comme le démontre Paul Abouna,

---

[12] Le Professeur C. G. Mbock est Anthropologue et enseignant à l'Université de Yaoundé I.

[13] P. Abouna, *Le pouvoir de l'ethnie : Introduction à l'ethnocratie*, Paris, L'Harmattan, 2011.

[14] Dictionnaire.reverso.net/français-définition.

[15] C. No Degler (sd*), Histoire des États-Unis la pratique de la démocratie*, Stanford University Press, 1979.

l'ethnie influence considérablement la conduite humaine au Cameroun aussi bien dans l'occupation de l'espace, les croyances religieuses, le choix des presses, l'appartenance politique, que dans les choix des noms des organes, les débats politiques, le choix des représentants des peuples.[16] Cette quasi présence de l'ethnie au sein de la société ne saurait être évacuée, tout au contraire elle mérite une attention particulière afin de prévenir des dérives plus graves ; d'où l'impérieuse nécessité que ressent l'État dans sa quête d'une paix durable, d'un équilibre national et surtout d'une identité nationale (qui constitue l'ensemble des particularités communes fondant la cohésion et la solidarité d'un peuple dans lesquelles chacun se retrouve), de cadrer en élaborant et en instaurant des lois sur les minorités et sur l'équilibre régional. C'est pour s'entendre sur les contours de ces lois que les discussions ont eu cours à l'Assemblée nationale.

II. LES DÉBATS RELATIFS AUX QUESTIONS DE MAJORITÉ ET DE MINORITÉ ETHNIQUES À L'ASSEMBLÉE NATIONALE

Les débats relatifs aux questions d'ethnie ont animé l'Assemblée nationale. Ils ont soulevé des grandes controverses relevant des clivages ethniques qui couvaient dans la société camerounaise et confortaient l'État dans son intention de ménager les unes et les autres ethnies. Ces débats houleux avaient pour but de doter le Cameroun des lois qui tiennent compte des minorités et des majorités ethniques. Il importe d'examiner le contenu de ces débats.

A. La commission des lois constitutionnelles, de la justice, de la législation et du règlement, de l'administration et des forces armées de 1995

Les débats sur la révision de la constitution de juin 1972 ont eu lieu au cours de la session de novembre – décembre 1995. Ces débats étaient l'apanage de la commission des lois constitutionnelles, de la justice, de la législation et du règlement, de l'administration et des forces armées. Il était question de réviser les textes de la constitution de juin 1972 relatives aux questions ethniques en l'améliorant et en l'adaptant aux nouvelles exigences de la société camerounaise.

Cette commission, comme toutes les autres, se composait de 30 élus. Selon leurs partis politiques, ces élus étaient repartis tels qu'il suit : 17 du Rassemblement Démocratique du Peuple Camerounais (RDPC), 09 de l'Union Nationale pour la Démocratie et le Progrès (UNDP), 3 de l'Union des Populations du Cameroun (UPC) et 01 du Mouvement Démocratique Républicain (MDR). La domination du RDPC qui est le parti au pouvoir n'est pas contestable ; toutefois il faut dire que le principe de la proportionnalité tel qu'inscrit dans le règlement de l'Assemblée nationale avait été respecté. Ce principe stipule que "les groupes disposent dans chaque commission, d'un nombre de sièges proportionnels à leur importance numérique qui est manifestée par la liste

[16] P. Abouna, *Le pouvoir de l'ethnie : Introduction à l'ethnocratie*, Paris, LHarmattan, 2011

électorale."[17] Le RDPC ayant une majorité écrasante, il était logique qu'il ait un nombre considérable d'élus au sein de la commission. Ce qui présuppose d'emblée un certain diktat au niveau du vote des lois. Cette répartition se traduit dans un graphique[18] de la manière suivante :

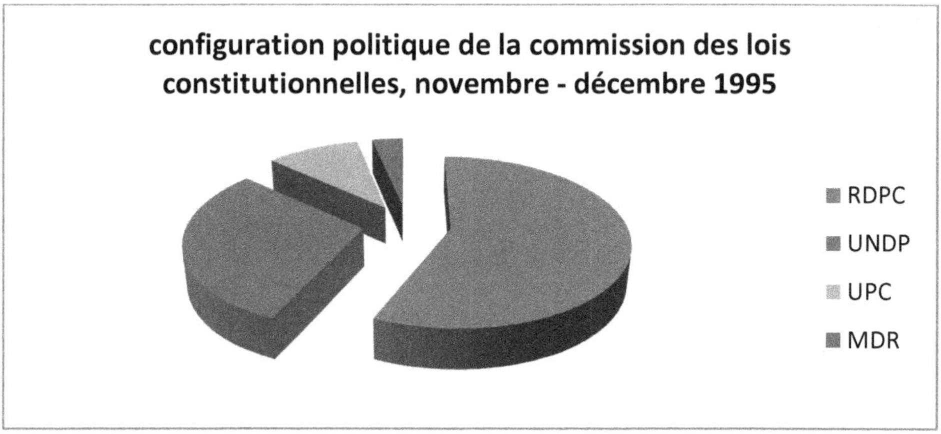

Sources : Les données proviennent du *Livre d'or de l'Assemblée Nationale, deux mandatures 1992 – 1997 et 1997 - 2002.*

Il convient de relever qu'au sein de cette commission, très peu d'élus avaient des connaissances en droit. On y trouvait des enseignants des hommes d'affaires, et une couturière. C'est dire qu'il s'agissait d'un ensemble hétéroclite, parfois sans aucune connaissance sur la question. C'est cette commission qui devait statuer sur les propositions et les amendements à apporter aux lois, entre autres, celles relatives aux questions ethniques.

B. Des grandes controverses aux perceptions plurielles et positives

Les débats sur les questions ethniques ont été assez vifs car les opinions étaient controversées. Ces débats se déroulaient au sein de la commission des lois constitutionnelles. Cependant plusieurs élus ne faisant pas partie de la commission avaient émis leurs avis. C'est la raison pour laquelle ils ont été convoqués aux séances de cette commission pour expliquer et développer leurs différentes propositions d'amendements.

En dehors du MDR qui a présenté une proposition d'amendement commune à tous ses élus pour le reste des partis, chaque élu bien que gardant une certaine fidélité à son parti, y allait de sa sensibilité et de ses opinions. D'une manière générale, les propositions et les positions étaient controversées au sein de chaque groupe parlementaire : l'honorable Ze Bembe Samuel estime que le texte du gouvernement tel qu'énoncé, à savoir : "l'État assure la protection des

[17] Règlement de l'Assemblée Nationale (loi n°73/1 du 8 juin 1973).

[18] Graphique réalisé à partir des données qui proviennent du *Livre d'or de l'Assemblée Nationale, deux mandatures 1992 – 1997 et 1997- 2002.*

minorités", ne prend pas en compte tous les groupes de populations nécessitant une protection ou une attention particulière de la part du gouvernement. Cet avis est partagé par les Honorables Voundi Jean et Amougou Noma Nicolas. L'honorable Ze Bembe propose d'adjoindre aux termes "minorité", "les catégories sociales défavorisées."[19]

L'honorable Tchuente Madeleine insiste sur la définition du terme *minorités* et sur son contenu. L'imprécision caractérisant ce texte a été décriée par moult élus parmi lesquels les plus virulents étaient les élus UPC de la commission. Thomas Melone, Zogning François et le médecin Sende Pierre estimaient que ce flou était volontaire et qu'il s'agissait d'une stratégie politique pour laisser au gouvernement une marge de manœuvre politique. Selon l'honorable Tchuente le texte doit être plus clair : « Qui considère t- on comme minorité au Cameroun ? » Pour éviter tout amalgame et toute exploitation négative de ces propos il faudrait étayer davantage. Son intervention alarmait la commission sur les éventuelles récupérations que l'on pourrait en faire si ce terme reste imprécis.[20]

L'honorable Etong Hilarion insiste sur le fait que le texte doit aller au-delà des minorités démographiques pour envisager des minorités linguistiques ou religieuses. Cette extension permettra selon lui d'éviter les conflits, facteurs de division, et de se concentrer sur le développement du pays. Ces idées sont reprises par Forsac Fonge Augustine, qui estime que ce texte doit être étendu à d'autres minorités. L'honorable Etong Hilarion déclare à cet effet ceci :

> *The Government stated that, as provided for in the bill under consideration, the minorities in our context were ethnic minorities and not linguistic or religious minorities. The state shall recognize and protect them within the ambit of the different institutional and relational arrangements provided for by the law. This shall consist in a permanent search for social peace as a contribution of all to the conduct of political affairs and the development of the whole nation.*[21]

Il faut dire que sa réclamation s'appuie sur les revendications de certaines populations anglophones issues de la région de l'ancien Cameroun britannique qui estiment qu'étant peu nombreuses face aux populations francophones, elles devraient être considérées comme des minorités.[22]

L'Honorable Kengne Nguiffo prend à contre-pied les propositions des uns et des autres et demande une suppression de ce texte. Il soutient qu'on ne saurait protéger les Camerounais les uns contre les autres. Il s'interroge sur ces minorités et le contenu de la protection et demande s'il existe deux catégories de Camerounais. Il propose de remplacer le texte par "l'État assure la protection de

---

[19] Proposition d'amendements de l'honorable Ze Bembe Samuel n°645/PJL/AN, Décembre 1995.
[20] Proposition d'amendements de l'honorable Tchuente Madeleine n°581/PJL/AN, Décembre 1995.
[21] Proposition d'amendements de l'honorable Etong, n°590/PJL/AN, Décembre 1995.
[22] "all anglophones conférences report.

tous les citoyens camerounais contre tous les risques et toutes les menaces."[23] Ces idées sont soutenues par Keutcha Moïse qui voit dans les lois sur la protection des minorités une porte ouverte aux abus de tous genres. L'honorable Obouh Fegue propose d'inscrire plutôt : le Cameroun assure "l'égalité devant la loi de tous les citoyens". Il faut dire que ces dernières propositions occultent la question d'ethnie qui pourtant existe et ne saurait être masquée. Le fait de se comporter comme si elle n'existe pas pourrait générer d'autres injustices et d'autres divisions. Il vaut mieux faire face et chercher des solutions idoines.

Aux termes de ces débats, a été voté le texte définitif dont une analyse ne serait pas superflue.

III. ANALYSE DES TEXTES RELATIFS AUX QUESTIONS ETHNIQUES

Dans la deuxième considération du préambule de la constitution, il est inscrit que "l'État assure la protection des minorites et préserve les droits des autochtones conformément a la loi".[24] Ceci nous amène à nous interroger sur les notions de minorité et d'autochtonie et sur le contenu et les contours de cette protection.

A. Opportunités, avantages et limites des différentes lois sur les questions ethniques

La constitution camerounaise ne spécifie pas les contours des termes minorité et autochtone. Nous avons, à la lumière de nos lectures, défini ces termes ainsi qu'il suit :

La minorité dans une population au sein d'un pays peut se définir comme étant une ethnie qui se singularise par rapport aux autres. Selon M. Nnanga, la minorité peut être démographique, économique, politique, intellectuelle, sociale, culturelle confessionnelle, linguistique.[25] Cette définition de la minorité au Cameroun s'étend également sur des personnes handicapées, ou ayant une quelconque infirmité. Elles sont parfois regroupées sous l'appellation de "populations marginales".[26] Cette définition est très large et souffre du manque de précision. Elle donne l'impression que la définition du terme minorité dépend de la personne qui la définit et surtout de l'orientation qu'elle voudrait lui donner. Quant à ce qui concerne le terme autochtone, il dérive étymologiquement du terme Grec *auto – Khthôn* qui signifie « est né de la terre même ». Il désigne

---

[23] Proposition d'amendements de l'honorable Kengne Nguffo n°648/PJL/AN, Décembre 1995.

[24] Préambule de la Constitution du 18 janvier 1996.

[25] S.H. Nnanga, « La protection des minorités, principes constitutionnels et perfectionnement du principe d'égalité ou consécration de la dictature des minorités », in *Revue de la commission ADHP*, tome 7, n° 2 p. 173.

[26] S. Nguiffo *et al.*, *Les dispositions constitutionnelles législatives et administratives relatives aux populations autochtones au Cameroun*, s. d.

les premiers habitants d'un territoire.[27] Cette définition rejoint au Cameroun les fameuses appellations "fils du terroir" et "*son of the soil*". Ces deux termes contenus dans le préambule de la constitution camerounaise témoignent du souci que l'État camerounais a de tenir compte de toutes les composantes de la société camerounaise afin que chacune puisse s'identifier à travers cette constitution.

La protection des droits dont il est question dans la constitution camerounaise s'appuie initialement sur la charte internationale des droits de l'Homme que le Cameroun a ratifiée et qui fait des principes de liberté et d'égalité leur fondement. Ce principe au Cameroun s'étend sur le respect des valeurs traditionnelles propres à chaque ethnie quelle que soit sa représentativité. Cette protection accorde aux minorités des privilèges qui ne sont pas assez spécifiés par la loi. Ce flou nous amène à nous demander s'il n'est pas volontaire car il ouvre la porte d'une part au non respect des textes puisqu'il reste imprécis et surtout aux abus de toutes sortes car on peut se cacher derrière le principe de la protection des minorités pour s'arroger des privilèges et voire même perpétrer les abus sur les populations dites allochtones. De plus ce principe sert le plus souvent de prétexte aux hommes politiques pour exploiter les populations autochtones, les gagner à leur cause et voire même escroquer les allochtones. De ce fait, les termes minorité et autochtone peuvent devenir exclusifs et vecteurs de division, dans la mesure où ils peuvent conduire au favoritisme et au tribalisme. Au nom de l'équilibre régional, certains jeunes, pourtant méritants, sont lésés et deviennent des frustrés. Ainsi les jeunes voient comme une condamnation lorsque dans des dossiers de concours il leur est demandé de spécifier leur région d'origine, certains téméraires vont jusqu'à donner des informations erronées pour ne pas voir s'abattre sur eux loi de l'équilibre régional, compromettant de ce fait leur chance de succès. Les régions les plus concernées par cette pratique sont celles où le taux de scolarisation des jeunes est très élevé comme c'est le cas pour les régions du centre, de l'ouest et de plus en plus de l'extrême nord. Ainsi, la méritocratie est prise en otage par les lois d'équilibre régional de protection des minorités. Cette situation génère donc une dictature de la minorité. Du coup, ces lois d'exception sont considérées comme anti démocratiques et suscitent la question suivante : peut- on au nom de l'équilibre régional et de la planification compromettre les chances de développement du Cameroun ? Ceci, alors qu'elles étaient supposées incarner comme D. Olinga le dit une "exception démocratique".[28] D'autres limites de ces textes s'illustrent par des revendications sans cesse croissantes des populations dites minoritaires. Nous prenons le cas des communautés vulnérables des régions forestières qui, selon Fernande Abanda Ngono, ne sont pas assez protégées par les lois camerounaises et ce malgré les politiques du gouvernement à l'endroit de ces communautés vulnérables, les termes des textes de lois soutient-elle "restent

[27] http://fr.wiktionary.org/wiki/autochtone.

[28] D. Olinga, « La protection des minorités et des populations autochtones en droit public camerounais », in *Radic*, tome 10, n°2, juin 1998, p.272.

ambiguës", la constitution reste déclarative.[29] En d'autres termes les textes ne sont pas assez spécifiques et n'apportent aucun changement sur la situation des minorités au Cameroun. Ce flou a conduit à l'instrumentalisation de ce texte par les hommes politiques ; d'où l'impérieuse nécessité d'avoir des textes plus spécifiques. Ainsi, il importe pour les minorités et autres populations autochtones du Cameroun de s'identifier dans les lois camerounaises et bien plus dans leur application. Cette prise en compte de toutes les composantes dans leurs spécificités respectives est impérative et constitue la base de la construction d'une identité nationale.

B. De la nécessité de construire une identité nationale

La principale critique portée aux textes sur les minorités ethniques et les autochtones est leur manque de précision. Cet absence de précision a rendu ces termes subjectifs ouvrant la porte aux pratiques arbitraires et aux dérives de toutes sortes dans la compréhension, l'utilisation voire l'exploitation de ces textes Ce manque de précision volontaire ou non a été décrié tant par les ethnies concernées que par celles dites majoritaires ; d'où l'impéieux besoin d'améliorer ces lois afin de les rendre compréhensibles pour tous.

Le législateur pourrait procéder par une définition des termes minorités ethnique et autochtone. Cette définition a le mérite de dégager les incertitudes liées au flou qui entourait le sens des mots que lui donnait le législateur en initiant le texte. Le législateur devra également expliquer ce qu'il entend par protection des minorités. Cette explication rationalise le texte[30] et ressort son intelligibilité. L'explication va permettre de restituer l'objectivité du texte et de reconstruire le sens du texte.[31]

Les contours du texte doivent également être définis pour éviter leur instrumentalisation par les hommes politiques. Ces contours ont le mérite de spécifier les limites à ne pas franchir dans l'application de ces lois. De plus, il importe d'élaborer une loi équitable, impartiale et neutre. C'est cette neutralité qui évitera des appels incessants à sa révision dont est sujette la loi actuelle. Il faut aussi adapter la loi au contexte car les ethnies peuvent connaître une évolution curieuse. Une ethnie minoritaire aujourd'hui peut dans quelques années devenir majoritaire. Ce d'autant plus que les lois n'ont pas l'imperfection des Hommes ; bien plus elles permettent comme le défend dans son analyse de *la loi Salique* J. P. A. Peyré,[32] de corriger des imperfections. Les textes sur la protection des minorités doivent être tempérés car l'équilibre régional et la planification ont compromis l'avenir de certains jeunes méritants qui se sont vus refuser l'entrée

[29] F. Ngono Abanda, « Lois et politiques relatives aux droits des populations autochtones vulnérables », Rapport de *Living Earth Foundation,* novembre 2011, et de la Fondation camerounaise des terres vivantes.
[30] M. Grawitz, *Méthodes des sciences sociales*, Paris, Dalloz- Sirey, 11è édition, 2000.
[31] Z. Laidi, *Un monde privé de sens*, Paris, Hachette, 2006.
[32] J.P.A. Peyré, *La loi Salique, traduction et annotations,* Paris, édition Firmin Diderot, 1828.

à certaines grandes écoles du simple fait d'être nés dans une ethnie dite majoritaire.

CONCLUSION

Tout au long de ce travail de réflexion sur la question d'ethnie dans les débats à l'Assemblée nationale entre 1992 et 1996, il nous a été donné de constater que cette première moitié de la décennie 1990, qui coïncide avec l'ouverture démocratique, a ouvert des couloirs de liberté. Les Camerounais s'y sont engouffrés au mépris des principes démocratiques. C'est ainsi que s'est développée l'ethnicité avec surtout tous ses travers. Ces derniers se caractérisaient par des replis identitaires. La crise économique est venue booster cette situation. Il devenait impératif pour contenir cette montée d'expression identitaire d'élaborer des lois adaptées qui tiennent compte de toutes les composantes ethniques du Cameroun. Cette élaboration donne lieu à des débats houleux à l'Assemblée nationale. Ce débat oppose ceux qui défendent la protection des autochtones et des minorités ceux qui estiment qu'élaborer les lois pour protéger les minorités et les autochtones revient à ouvrir la porte aux dérives de toutes sortes. À la suite des débats controversés où les uns ont demandé plus de précision et des extensions à la notion de minorité alors que d'autres préféraient ignorer l'existence d'une question ethnique au Cameroun, il est élaboré une loi assez relâchée (de façon volontaire ou pas) sur la protection des minorités et des autochtones. Le manque de précision, de contenu et de marge de manœuvre, fragilise la loi. Cette fragilité pousse aussi bien les défenseurs des minorités ethniques ainsi que leurs détracteurs à critiquer et à ressortir ses travers. Ces limites de la loi, en appellent à l'élaboration d'autres, plus adaptées, plus précises et assez étoffées, pour s'adapter au dynamisme qui caractérise les ethnies.

RÉFÉRENCES BIBLIOGRAPHIQUES

Ouvrages

P. Abouna, *Le pouvoir de l'ethnie : Introduction à l'ethnocratie*, Paris, l'Harmattan, 2011.

M.Grawitz, *Méthodes des sciences sociales*, Paris, Dalloz- Sirey, 2000.

S. Nguiffo *et al., Les dispositions constitutionnelles législatives et administratives relatives aux populations autochtones au Cameroun* (s.d.)

C. No Degler, *Histoire des États-Unis la pratique de la démocratie*, Stanford University Press, 1979.

J.P.A. Peyré, *La loi Salique, traduction et annotations,* Paris, édition Firmin Diderot, 1828

E. Winter, *Max Weber et les relations ethniques : du refus du biologisme racial à l'État multinational*, Saint – Nicolas, Presses de l'Université de Laval, 2005.

Z. Laidi, *Un monde privé de sens*, Paris, Hachette pluriel références, 2006.

Articles et journaux

S.H., Nnanga, « La protection des minorités, principes constitutionnels et perfectionnement du principe d'égalité ou consécration de la dictature des minorités », *Revue de la commission ADHP,* tome 7, n° 2 p. 173.

D. Olinga, « La protection des minorités et des populations autochtones en droit public camerounais », *Radic*, tome 10 n°2,juin 1998, p. 272.

S. Etchiada, « La montée des conflits interethniques inquiète de plus en plus » *IPS International* www.ipsinternational.org/fr/_note.asp?idnews=3322.fin 2006

Rapport, texte de loi et autres enseignements

F. Ngono Abanda, « Lois et politiques relatives aux droits des populations autochtones vulnérables », Rapport de *Living Earth Foundation et de la Fondation camerounaise des terres vivantes*, nov. 2011.

Rapports des amendemments aux propositions de lois portant révisions de la constitution de juin 72.

Préambule de la Constitution du 18 janvier 1996.

Webographie

http://www.toupie.org/Dictionnaire/Ethnie.htm

http://fr.wikipedia.org/wiki/Groupes_ethniques_du_Cameroun

www.ipsinternational.org/fr/_note.asp?idnews=3322.

Dictionnaire.reverso.net/français-définition.

http://fr.wiktionary.org/wiki/autochtone.

LES PEUPLES AUTOCHTONES DU GABON À TRAVERS LES PRÉJUGÉS DES EUROPÉENS (DU XVÈME AU XIXÈME SIÈCLE)

Léopold Codjo Rawambia
Université Omar Bongo/Gabon

RÉSUMÉ

En participant à l'aventure des Temps Modernes, des Grands Voyages Maritimes des XV^{è}-XVI^{è} siècles, les Européens représentaient un continent qui avait accumulé de nombreux préjugés sur le Monde inconnu et l'Homme Noir dès avant le Moyen-âge. L'Homme Noir est définitivement déprécié dans l'imaginaire des Européens. Cette dévalorisation, qui marqua durablement les Temps Modernes, eut des conséquences incalculables en Afrique précoloniale, voire même longtemps après, car elle accompagna les explorateurs des Grands Voyages Maritimes des XVème-XVIème siècles. Au point, qu'ils peignirent les populations inconnues de la côte du Gabon[1] comme de véritables sauvages qui pratiquaient le cannibalisme par exemple. La réputation des Fangs, dans les récits de Du Chaillu, où le sensationnel le disputait à la réalité, fut largement écornée. Les élucubrations concernant le cannibalisme sont devenues des vérités chevillées au corps de tous les autres peuples du Gabon actuel. De l'architecture, des us et coutumes à la bonne foi des autochtones, nulle place n'est laissée à la considération. Les Noirs ne pouvaient inventer de civilisation susceptible de forcer l'admiration. Il était donc temps pour les Européens d'aller sauver ces âmes par le biais de la civilisation et la servitude.

MOTS CLÉS

Européens, Moyen-âge, Temps Modernes, Peuples, Autochtones.

---

[1] Nous préférons utiliser le terme « Gabon » pour désigner tout le pays et non la région de l'Estuaire comme le faisaient les explorateurs du XIXè siècle.

INTRODUCTION

Lorsque les Portugais Joao de Santaven et Pedro Escobar, dans l'élan des Grands Voyages Maritimes du XVème siècle, découvrent Rio de Gabao en décembre 1471, ils étaient incontestablement les dignes représentants d'un continent européen ayant accumulé, depuis le Moyen-âge, un grand nombre de préjugés à l'égard des habitants[2] de l'Afrique Subsaharienne, avec lesquels ils n'avaient pas encore eu de contacts. François de Medeiros dans un livre intitulé *L'Occident et l'Afrique (XIII^{è}-XV^{è} siècles)*[3], aborde cette phase inconnue de l'Histoire de l'Afrique Noire. La phrase suivante,

> « la dernière belle démonstration de François de Medeiros c'est l'étrange attitude des Occidentaux, des voyageurs, des marchands, des missionnaires eux-mêmes qui au XIV^{è} et même au XV^{è} siècle, regardent sans voir, voient sans réfléchir l'Afrique et le noir africain. Sur leur regard pèse en effet le poids des représentations. Même l'Indien d'Amérique, malgré les cruautés dont il sera victime, ne fera pas l'objet d'images aussi méprisantes »[4]

qui résume parfaitement son livre, constitue le point de départ de notre questionnement sur ce regard du « *Blanc* », trop souvent empreint de préjugés méprisants, sur les « *Noirs* » du Gabon, du XVème au XIXème siècles. Autrement dit, ceux qui, à la suite des premiers Portugais, fréquentèrent les côtes du Gabon, allèrent à la découverte de son hinterland et, parfois, s'y installèrent ; échappèrent-ils au poids de ces représentations ? La présente communication ambitionne de montrer ces rapports en s'attachant d'abord à comprendre les raisons de l'origine de ces préjugés sur les peuples autochtones du Gabon du XV^{è} au XIX^{è} siècle.

I. L'HOMME NOIR DANS L'IMAGINAIRE DES OCCIDENTAUX AVANT LES GRANDS VOYAGES MARITIMES DU XVE SIÈCLE : L'IGNORANCE COMME ORIGINE DES PRÉJUGÉS.

Au Moyen-âge, l'Homme Noir qui avait pourtant eu une image positive dans l'Antiquité, grâce à des auteurs comme Homère ou Hérodote d'Halicarnasse, devint, à cause d'une mauvaise connaissance de son pays[5] et du fait d'une interprétation de la Bible, qui faisait des Couschites les descendants directs de Cham, l'incarnation du grand adversaire de l'Homme (comprendre l'Homme Blanc, les autres races demeurant en grande partie inconnues). Est-il nécessaire de rappeler que Cousch (Noir de l'est du continent africain) était le fils de Cham, le

---

[2] Il s'agit de la majorité des peuples de l'Afrique subsaharienne.

[3] F. de Medeiros, *L'Occident et l'Afrique (XIIIè-XVè siècle),* Paris, Karthala-C.R.A., 1985.

[4] *Ibid.*, p. 12

[5] Le pays des Noirs désigne ici l'Afrique Subsaharienne qui, à l'époque, est peu connue par les Européens ou ne l'est pas du tout.

maudit des trois fils de Noé ? Ainsi, le Noir « éthiopien » apparut irrémédiablement dévalorisé, car il fut assimilé à Satan. Le déplacement de l'hypothétique Prêtre Jean (chez les faces brûlées des Ethiopiens, *Aethiops* au sing. et *Aethiopes* au pl.), donc en Ethiopie actuelle, au XIVème siècle, aurait pu atténuer, voire supprimer cette dépréciation des Noirs, dans la mesure où ces derniers furent désormais associés à la sagesse, au merveilleux et au fantasme. Cette appréciation inattendue, restituée dans l'histoire du christianisme, aurait dû inciter les chrétiens d'Occident, eux-mêmes, à plus de recul dans le jugement qu'ils portaient sur les Noirs. Mais rien n'y fit, car ils se limitèrent à inventer ce Prêtre, dont ils avaient besoin, pour combattre l'expansion musulmane de plus en plus grandissante en Afrique Noire.

Autrement dit, la dépréciation de l'Homme Noir dans l'imaginaire des Européens, au lieu de s'arrêter, eut plutôt des conséquences incalculables en Afrique précoloniale. La corruption de l'imaginaire allait céder la place à la future colonisation, raison et source d'innombrables profits matériels. Il était temps pour les Européens d'aller rencontrer ces « pauvres » diables, afin de sauver leurs âmes, en les contraignant - contradictoirement - à la servitude. Ce bref rappel de la construction des stéréotypes des Européens du Moyen-âge envers les Noirs permet de mieux appréhender les raisons de ces préjugés affichés au contact des peuples de la côte et de l'intérieur du Gabon. Aussi, avant d'aborder le temps des contacts, est-il indispensable d'évoquer, même de manière succincte, les raisons de l'hégémonie des Portugais sur la côte gabonaise.

À la Renaissance, cette période de renouveau culturel, artistique et scientifique, l'Europe fit d'immenses progrès dans tous les domaines compris celui de la navigation. Le pays européen le mieux placé, pour bénéficier de tous ces progrès techniques réalisés dans ce domaine, au début des Temps Modernes, fut incontestablement le Portugal. Il trouva dans le personnage d'Henri dit le Navigateur un prince passionné de découvertes lointaines. Il lança, dès 1418, à partir du cap Saint-Vincent, les expéditions des découvertes des côtes africaines.

La prise de Ceuta, en 1415, fut le point de départ des Grands Voyages Maritimes sur la côte africaine. La mort, en 1460, d'Henri dit le Navigateur, le principal promoteur de ces voyages, provoqua un arrêt. Ces voyages reprirent neuf ans plus tard, en 1469, avec Fernao Gomez. C'est probablement vers 1470-1471 que deux de ses marins, Joao de Santaven et Pedro Escobar, découvrirent l'estuaire du Como, baptisé « Rio de Gabao » (Rivière du Gabon).

En 1473-1474, Lopo Concalves découvrit le cap auquel il donna son nom. Après lui, ce fut au tour du mythique Fernao-Vaz[6] (Fernand-Vaz) de visiter l'Eliwa Nkomi (actuelle lagune du Fernan-Vaz) qu'il baptisa également de son nom. S'agissant de ce dernier personnage, des sérieux doutes subsistent sur la réalité de son existence.

En 1475, Ruy de Sequeira atteignit le Cap Sainte Catherine. La découverte du reste de la côte gabonaise, vers le sud, fut le résultat de Diego Cam (Cao) et ses hommes qui, en 1483, parvinrent bien au-delà de l'embouchure du Congo.

---

[6] Voir la discussion faite sur ce point d'histoire par F. Gaulme dans *Le pays de Cama, un ancien* État *côtier du Gabon et ses origines*, Paris, Karthala-C.R.A., 1981, p. 28.

Nous venons de voir que les Portugais furent les premiers à aborder les côtes gabonaises et à rencontrer les peuples autochtones, entre 1471 et 1475, mais il faut reconnaître qu'il y a très peu d'écrits qui en rendent compte. Il est entendu que les Portugais ne souhaitaient pas avoir à livrer des informations précieuses aux autres Européens (Hollandais, Espagnol, Anglais et Français), afin de ne pas faciliter la tâche à leurs représentants, considérés comme des rivaux dans la conquête de ces terres inconnues, devenues le nouvel espace de débouchés économiques. Cette attitude est confirmée par ces propos d'Annie Merlet selon lesquels : « *Obligés au « secret » pour préserver le monopole de leurs relations commerciales avec l'Afrique, les navigateurs portugais du XVI*è *siècle « furent assez peu prolixes »*[7].

Mais cette discrétion peut aussi procéder du fait que le commerce auquel se livraient les Portugais au-delà du XVIIème jusqu'à la moitié du XVIIIème siècle, reposait en grande partie sur le trafic des esclaves ; ce que François Gaulme confirme lorsqu'il déclare : « *Si les Portugais se sont peu intéressés aux habitants des côtes gabonaises, ils n'en n'ont pas moins été à l'origine d'un commerce institutionnalisé afro-européen »*[8].

Passé donc le temps des théories antique et médiévale, aussi insolites les unes que les autres, arrive le temps de la rencontre avec les habitants des côtes et de l'hinterland du Gabon. Pour le même François Gaulme, ce qui domine lors de cette première rencontre est « l'*émotion des habitants de la côte devant l'arrivée des Européens »*[9] qu'ils assimilaient à leurs ancêtres ; « *[Ces] Européens furent [...] accueillis comme des êtres surnaturels »*[10].

Au XVIè siècle, les « autochtones » furent tellement surpris par la couleur blanche de cette peau, qu'ils n'avaient jamais vue, qu'ils la touchèrent pour avoir la certitude qu'ils n'étaient pas en train de rêver. Le Frère Diogo de Encarnação (accompagné du Frère Diogo de Sacramento, les premiers prêtres, respectivement portugais et espagnol, à avoir mis les pieds au cap Lopez), le dit dans le compte rendu qu'il fait de cette rencontre :

> Nous partîmes de [l'île du Prince] et fûmes au cap que l'on appelle Lopo Gonçalves où de nombreux noirs vinrent à notre rencontre [...]. Ils nous firent de grandes caresses et nous donnèrent l'aumône parce que nous étions des Gangas (c'est ainsi qu'ils appellent leurs féticheurs ou prêtres).[11]

---

[7] A. Merlet, *Le pays des trois estuaires (1471-1900). Quatre siècles de relations extérieures dans les estuaires du Muni, de la Mondah et du Gabon*, Libreville, Centre Culturel Saint-Exupéry -Sépia, 1990, p. 20.
[8] F. Gaulme, *Le pays de Cama, un ancien état côtier du Gabon et ses origines*, *op. cit.*, p. 154.
[9] *Ibid.*, p. 153.
[10] *Ibid.*, p. 151.
[11] P. A. Brasio, *Monumenta Missionaria Africana (Africa Ocidental),* Lisbonne, 1952-1965, T. III, p. 227

Difficile de ne pas constater le trouble des habitants du cap Lopez dans ce récit. Il fut sans doute accentué par les soutanes portées par leurs interlocuteurs. C'est pourquoi, ils leurs donnèrent le nom de Nganga[12].

On aurait pu penser que la fréquentation régulière des côtes gabonaises par les Hollandais, Anglais, Espagnols et autres Français, allaient habituer les autochtones à voir les Européens. Il n'en était rien, puisque quatre siècles après l'arrivée des premiers missionnaires sur la côte gabonaise, les Fangs, que Du Chaillu rencontra dans l'estuaire du Como, eurent quasiment la même réaction :

> Ils croyaient tous, je le sus plus tard, que j'étais un esprit tombé du ciel [...]. Ce qui les étonnait surtout, c'était ma chevelure et mes pieds. Ils ne se lassaient pas d'admirer la première. Quant à mes pieds, ils étaient emprisonnés dans des bottes, et comme mon pantalon retombait par-dessus, ces gens-là s'imaginaient que mes bottes étaient mes pieds véritables, et ils étaient fort surpris que j'eusse la figure d'une couleur, et les pieds d'une autre couleur[13].

Toutefois, les autochtones de la côte n'avaient plus ce problème avec les Blancs. Ils les fréquentaient depuis bien longtemps. Aussi, ne s'en étonnaient-ils même plus, comme l'atteste ce récit : « *Quand je reparus après une absence de quelques années, mon arrivée fut saluée par les cris de joie des nègres* »[14] .

Cette fréquentation ouvrit la voie aux transactions commerciales, qui ne furent pas sans conséquence du point de vue politique. En effet :

> Les sociétés de l'estuaire du Gabon, du cap Lopez, d'une région appelée « Gobby » de Sette cama, de Mayumba et de Loango [...] sont chacune l'aboutissement d'un circuit commercial qui part de l'intérieur du continent et se termine dans les ports fréquentés par les marins européens. Jusqu'au XVIIIè siècle, ce sont le cap Lopez, où l'on trouve surtout les vivres et du bois, et le Loango qui deviennent le centre du trafic des esclaves qui sont surtout favorisés par la nouvelle situation[15].

L'abolition de ce trafic des esclaves, d'abord dans les colonies britanniques, en 1834, puis dans les colonies françaises, en 1848, offre le rôle de gendarmes des mers sur toute la côte africaine à ces deux Nations. Il est curieux de constater que ce rôle dévolu à la France ait été bien antérieur à l'abolition définitive du commerce des esclaves dans ses propres colonies, comme l'atteste ce texte du Contre-amiral vicomte de Langle :

> La France a planté son pavillon au Gabon depuis 1843. L'établissement qu'elle y fonda, simple poste militaire, destiné à alimenter de vivres et de charbon les bâtiments militaires qui stationnaient au sud de l'Equateur, n'était en réalité qu'un

---

[12] Dans l'entendement des autochtones le Nganga est une personne consacrée qui use de savoirs et de pouvoirs surnaturels pour guérir les personnes malades et mettre à mal les sorciers.

[13] P. -B. Du Chaillu, *Voyages en Afrique Équatoriale,* pp.141-143.

[14] *Ibid.*, p. 3.

[15] F. Gaulme, *op. cit.*, p. 155.

auxiliaire de la division navale qui avait pour mission d'anéantir la traite des esclaves ou du moins la prétention plus modeste d'empêcher que le pavillon français ne couvrît des opérations de ce genre. Cet établissement fut la conséquence de la convention de Londres du 29 mai 1845 qui rendit à la France la police exclusive de ses navires de commerce[16].

Ce contexte de chasse aux négriers profita à la France et à la Grande Bretagne qui se hâtèrent d'acquérir des positions stratégiques sur le continent. C'est dans cet environnement de lutte de positionnement que la France s'intéressa au Gabon. Elle y envoya un grand nombre d'officiers[17] de la Marine, non seulement pour juguler le commerce des esclaves, mais aussi pour freiner les velléités d'établissements dans cette contrée des autres puissances européennes et occidentales[18], lesquelles y avaient déjà des maisons de commerce[19] et des missions d'évangélisation[20]. Cette attitude est largement confirmée par Bernard Schnapper :

> Les Anglais paraissent décidés à installer des blockhaus sur la Côte Occidentale. Il n'y a plus de temps à perdre. L'enquête commerciale a été négative ; peu importe, il ne faut pas risquer d'être distancé par les Anglais [...]. Les milieux commerçants sont hostiles [...]. Le Gabon n'a pas d'avenir commercial. Rien n'y fait ! Il faut créer ces comptoirs de toute urgence tant que la place est libre. La politique prime le commerce[21].

Ce sont donc ces quelques aventuriers[22], en mal de notoriété en Europe, qui, avec l'assentiment du Ministère de la Marine, décidèrent d'aller explorer l'hinterland du pays, en empruntant l'Ogooué comme le signale ce texte de recommandation du Lieutenant de vaisseau Aymès :

> [...] Dès que vous serez prêts, vous vous disposerez à visiter les eaux intérieures de l'Ogowai, qui servent de déversoir aux grands fleuves qui viennent de la partie intérieure de l'Afrique Equatoriale... le but de votre exploration doit être de pénétrer dans les eaux de l'Okanda, d'étudier les voies terrestres qui doivent joindre le bassin

---

[16] Contre-amiral vicomte A. De Langle, Préface « L'Exploration de l'Ogoway », *in Revue Maritime Coloniale* Avril 1870, p. 525.

[17] Il s'agit du Lieutenant Serval, de Griffon du Bellay, d'Aymès et du Commandant Bouet – Willaumez

[18] Aymès (Lieutenant de Vaisseau), « Exploration de l'Ogoway », p. 529

[19] Hatton et Cookson (Maison Anglaise) Woermann (Maison Allemande), etc.

[20] Missions protestantes (Américains et Français), Missions catholiques (Français)

[21]) B. Schnapper, cité par A. Merlet, in *Le pays des trois estuaires (1471-1900). Quatre siècles de relations extérieures dans les estuaires du Muni, de la Mondah et du Gabon*, Centre Culturel Saint-Exupéry Sépia, Libreville Gabon, 1990, p. 63.

[22] Il serait fastidieux de les citer tous, cependant on peut en retenir quelques uns : Serval, Griffon du Bellay, Génoyer, lieutenant de vaisseau Aymès, Marquis de Compiègne, Alfred Marche, Paul Bélloni du Chaillu, Dr Oskar Lenz, Pierre Savorgnan de Brazza, etc.

du Rhamboé et celui de l'Okanda, de faire des traités d'amitiés, de commerce et de souveraineté même avec les populations limitrophes de ces rivières [23].

Pour les marins français, le prétexte de l'exploration de l'hinterland avait pour but de couper la route des esclaves aux négriers de la côte gabonaise, comme l'atteste clairement ce texte d'Aymès, alors que pour les aventuriers, la découverte de l'intérieur de ce pays inconnu leur assurait « la reconnaissance de la patrie française et une gloire éternelle ». Emerveillés pourtant à leur arrivée par les agglomérations de Rio de Gabao, du Cap Lopez et de Loango, les Occidentaux laissaient libre cours à tous les schèmes, sur l'Homme Noir, forgés depuis l'Antiquité et le Moyen-âge en Occident. C'est le point de départ d'un festival de préjugés et d'*a priori* sur ces habitants qu'ils ne connaissaient pas du tout. Nous avons choisi de présenter quelques-uns des préjugés les plus tenaces ou les plus grossiers, par le biais de récits traitant de l'alimentation ou décrivant les vêtements des rois ou chefs traditionnels ainsi que les traits physiques des autochtones.

II. DES PRÉJUGÉS EUROPÉENS ENVERS LES AUTOCHTONES DU GABON

Nous avons relevé deux types de préjugés à l'endroit des autochtones dans les récits des explorateurs européens du XV^{è} au XIX^{è} siècles. Les préjugés les plus nombreux sont ceux qui visaient directement les incapacités de la race noire. Incapacités qui, du point de vue des Européens, étaient liées aux gènes. Ces stéréotypes de la première catégorie d'Européens nous les avons désignés ainsi : *lexique ou vocabulaire d'un racisme ordinaire envers les autochtones au XIX^{è} siècle au Gabon.* Le représentant par excellence de ce regard déformateur sur les Noirs du Gabon est, sans conteste, Paul B. du Chaillu. S'agissant de la deuxième catégorie des stéréotypes, elle concerne l'anthropophagie supposée de certains peuples du Gabon. Nous verrons quels sont les peuples du Gabon de cette période qui payèrent le lourd tribut attaché à cette réputation. Dans ce cas aussi, Du Chaillu se distingua plus que tout autre. Certes, il ne fut pas le premier à aborder cette question, mais son « tableau », à propos de l'anthropophagie des Fangs, fut, ainsi que le qualifiait le docteur Griffon du Bellay, trop « *chargé* »[24].

Pour cette catégorie de stéréotypes, nous les avons intitulés ainsi : *l'anthropophagie des Fangs et des autres peuples autochtones, une certitude plus que douteuse chez Du Chaillu et les autres Explorateurs du Gabon.* Nous en parlerons dès maintenant car chronologiquement ce fut ce que les premiers explorateurs remarquèrent chez les peuples de la côte du Gabon précolonial. Il est toutefois nécessaire de savoir qu'avant de quitter les États-Unis pour le Gabon, en 1655, Du Chaillu affirmait déjà ceci : *« Plusieurs des tribus indigènes passaient pour être cannibales ; mais en général on ne savait rien de ces*

---

[23] Aymès, Lieutenant de Vaisseau, « Exploration de l'Ogoway », p. 532.

[24] Griffon du Bellay, « Le Gabon », *Le Tour du Monde,* Paris, 1861-1864, p. 308.

peuples, [...] malgré les terribles récits qui circulaient sur leurs sombres superstitions et leur indomptable férocité » [25].

Il est donc clair qu'il avait lu un certain nombre de livres qui abordaient ce problème au point qu'il avait pu en faire une forme d'obsession avant sa venue au Gabon

A. L'anthropophagie des peuples autochtones du Gabon : un fantasme d'explorateurs ?

À peine arrivés sur la côte gabonaise, dans le territoire qui va du cap Lopez au cap Sainte Catherine, les Portugais vont *de facto* considérer les Noirs qu'ils rencontrent pour la première fois comme des Anthropophages. Selon Annie Merlet, *« en 1590, une compilation vaticane de textes portugais résume ainsi la situation : en face de Sao-Tomé et Principe, un peuple de cannibales vend des dents d'hippopotames contre des vêtements et du fer qu'ils estiment plus que la monnaie d'or »*[26].

Avelot, quant à lui, se basant sur les affirmations de Dapper, concernant les Brama, ou Bavarama d'Iguéla, Sette Cama et Bongo, confirma ce point de vue, sans jamais apporter la moindre preuve de ce qu'il avançait. Ainsi, pour lui, « *deux faits semblent acquis : [...] l'existence primitive d'une race sauvage et cannibale* » [27].

Avelot est suivi dans cette approximation par J. Cuvelier et L. Jadin, lorsqu'ils disent que : « *Les noirs qui sont sur le continent en face de l'île du Prince mangent de la chair humaine. En temps de guerre, ils boucanent leurs ennemis tués qu'ils ne peuvent manger immédiatement* »[28].

En 1856, Paul B. du Chaillu, apparemment influencé par ses lectures sur les habitants de la côte, pendant la période portugaise, et par les informations recueillies sur les Fangs, chez les habitants de l'Estuaire, fut le continuateur de cet *a priori*. Et il écrit : « *jusqu'à présent je n'avais jamais voulu croire [à ces histoires de cannibalisme]. C'est au Gabon qu'on me les a racontées...* » [29].

Il ajouta ceci : « *j'allais donc avoir l'occasion d'éclaircir un fait dont j'aimais encore à douter, celui du cannibalisme de ce peuple* » [30].

---

[25] P.-B. du Chaillu, *Voyage et aventures dans l'Afrique Équatoriale*, Paris, 1863, Marc Levy Frères, Librairie Nouvelle pp. 3-4.

[26] A. Merlet., *Le pays de trois estuaires (1471-1900)*, *op. cit*, p. 21.

[27] R. Avelot, cité par F. Gaulme, in *Le pays de Cama, un ancien État côtier du Gabon*, p. 93.

[28] J. Cuvelier et L. Jadin, cité par F. Gaulme, in *Le pays de Cama, un ancien État côtier du Gabon*, p. 98.

[29] P.-B. Du Chaillu, *Voyages et aventures dans l'Afrique Équatoriale*, Paris, 1863, Marc Levy Frères, Librairie Nouvelle cité par Annie Merlet dans *Le pays de trois estuaires (1471-1900). Quatre siècles de relations extérieures dans les estuaires du Muni, de la Mondah et du Gabon*, p. 111.

[30] *Id*, p. 149.

Mais à peine était-il arrivé chez les Fangs qu'il était déjà plus que convaincu de cette anthropophagie, au point de s'écrier : « *C'étaient de vrais cannibales, sans méprise possible* »[31].

Dès lors, il peut forcer un peu plus le trait sur ces aspects : « *Ma curiosité ne fut satisfaite que trop tôt. Comme nous entrions dans le village, j'aperçus quelques vestiges de sang, qui me parurent être du sang humain ; mais je passai outre persistant encore dans mon incrédulité. Bientôt après, nous rencontrâmes une femme et tous nos doutes furent résolus. Elle tenait tranquillement à la main une cuisse détachée d'un corps humain, absolument comme une de nos ménagères rapporterait du marché un gigot ou une côtelette* »[32].

En effet, le paroxysme de la certitude est atteint lorsqu'il parle de la cuisse humaine tenue par cette femme. La rapidité avec laquelle Du Chaillu tire cette conclusion est surprenante. Il s'agit ici de quelqu'un qui était au milieu des Fangs depuis quelques heures seulement. Comment pouvait-il d'un seul coup d'œil savoir que les « *vestiges de sang* » qu'il apercevait là, étaient du sang humain ? L'œil le plus avisé est-il capable de faire la différence entre le sang humain et celui des animaux ? Pouvait-il établir la différence entre celui coulant d'une cuisse de chimpanzé ou de gorille par exemple ? Rien n'est moins sûr. Pourtant, il est très prolixe sur le sujet et n'a pas fini de nous donner les preuves de ce « *cannibalisme* » fang. Pendant qu'il longe la grande rue du village qui ressemble à une allée, « [il voit] *ça et là des ossements par terre* »[33] .

Après avoir pris ses quartiers dans la demeure qui lui est réservée, il reprend sa visite du village au cours de laquelle « *[Il vit] là des traces encore plus effrayantes de cannibalisme : c'était alors des tas d'ossements humains amoncelés avec d'autres abats des deux côtés de chaque maison* » [34].

S'agissant des maisons dans lesquelles vivaient ces Fangs, il fit cette description : « *La même pièce sert pour faire la cuisine, pour manger, pour dormir et pour garder les provisions, dont les principales sont des pièces de venaison et de la chair humaine fumée, suspendues à des poutres* »[35].

De la maison principale, « la maison à palabres », dans laquelle il allait être reçu par le « roi » des Fangs, Du Chaillu affirme : « *J'entends une vive rumeur qui ne paraissait pas éloignée. J'ai su depuis qu'on était occupé alors à se partager le corps d'un homme mort et qu'il n'y en avait pas assez pour tout le monde. La tête me dit-on, est réservée au roi, aussi l'appelle t-on « le morceau royal* »[36].

Dans ce contexte de grande suspicion, et pour éviter de manger par inadvertance de la chair humaine, il refusa les aliments cuits dans les marmites des Fangs, et préféra utiliser les siennes, comme il le soutient dans ce récit :

---

[31] *Id*, p. 142.
[32] *Id*, p. 150.
[33] *Ibid.*
[34] *Ibid.*
[35] *Id.*, p. 151.
[36] Id., p. 150

Plus que jamais je voulais m'en tenir à mes propres ustensiles de cuisine ; je n'avais pas envie de prendre part à un festin de chair humaine, même de seconde main [...] Je ne pouvais pas m'ôter de la tête, non seulement qu'ils tuaient les gens, mais aussi qu'ils les mangeaient, et que quelque caprice gastronomique pouvait bien les pousser à m'avoir à dîner ou pour dîner, pendant que j'étais au milieu d'eux [37].

La boucle était ainsi bouclée : il ne manquait plus qu'une affreuse fresque sur le « roi » fang, pour matérialiser la cruauté des personnes visitées : « *C'était un personnage d'une physionomie féroce [...]. La figure, la poitrine, le ventre, et le dos étaient tatoués de dessins grossiers, mais très accusés. Il était couvert de talismans* »[38] .

Avouons qu'il était franchement difficile de ne pas être cannibale lorsqu'on avait un chef aussi féroce. Alfred Marche, autre explorateur de l'intérieur du Gabon, confirma dans un premier temps, les propos de Du Chaillu, « *j'achetais enfin une pirogue ; j'allais immédiatement en voir une autre chez les Pahouins ou M'fans, sur lesquels je ne m'étendrai pas ici, attendu que ces anthropophages ont déjà été décrits mainte et mainte fois* »[39].

Mais il finit par s'en démarquer dans un récit satirique, qui mit un bémol à l'anthropophagie des Ossyeba[40], si facilement décrétée par Du Chaillu :

Paul B. du Chaillu les dépeint comme anthropophages, et s'étend longuement sur les nombreuses traces de cannibalisme qu'il a remarquées chez eux. Je dois dire que je n'ai jamais rencontré de cannibales jusqu'à ce jour dans aucun des villages que j'ai visités. Que les Osseyba soient anthropophages, je n'en doute pas ; mais ils n'en font pas montre. Pour peu qu'on se hasarde à les interroger à ce sujet, la réponse est invariablement évasive ou négative [41].

Le sensationnalisme des propos sur le cannibalisme des Fangs, fut surprenant et engendra deux attitudes contradictoires chez un certain nombre d'Explorateurs, comme les docteurs Griffon du Bellay et G. Roullet, puis A. Fourneau. Dans un premier temps, tous corroborèrent ce jugement. Griffon du Bellay dit d'eux : « *Les Pahouins dont les appétits cannibales ne sont que trop authentiques [...] Les Européens qui ont eu l'occasion de vivre parmi eux, sont unanimes à les tenir, malgré leur cannibalisme, en plus haute estime que les autres races du Gabon* » [42].

Le docteur Roullet, qui avait une bonne connaissance des Fangs, en parla en ces termes : « *Ce peuple a des mœurs douces et pacifiques [...]. Il a le sentiment de la justice et l'on peut voyager chez lui impunément. S'il se livre à*

[37] *Id,* p. 151
[38] *Ibid.*
[39] A. Marche, « Voyage au Gabon et sur le fleuve Ogooué » *Le Tour du Monde*, p 372.
[40] Les Ossyeba sont des Fangs qui étaient localisés entre Booué et Ndjolé, au Nord-est du Gabon.
[41] A. Marche, *op.cit.*, p. 384.
[42] Griffon du Bellay, « Le Gabon », *Le Tour du Monde* p.279 et p. 308.

l'anthropophagie, ce n'est que dans des circonstances tellement rares que beaucoup de Pahouin[43] *n'ont jamais mangé de chair humaine* »[44].

Fourneau affirma, par contre, « *qu'ils sont anthropophages et ne s'en cachent point* »[45] .

Le point de vue du docteur Roullet fut partagé par Mgr Martrou qui avança une autre explication dont on peut penser qu'elle avait le mérite de la clarté : « *Quand [le Fang] rêve d'une vengeance terrible* : « *l'ennemi mangé n'aura pas les honneurs de la sépulture. Son âme errera dans la forêt obscure et froide* »[46].

Griffon du Bellay, qui avait pourtant reconnu leur *authentique cannibalisme*, mit curieusement, dans le récit suivant, un bémol aux propos tenus par Du Chaillu sur les Fangs, comme on peut le remarquer ici :

> Ce cannibalisme est-il chez eux une simple affaire de cruauté ? Cela n'est pas croyable. M. Du Chaillu, dans la relation de son voyage chez les Pahouins ou Fans, comme il les appelle avec plus de raison, me paraît avoir singulièrement exagéré cet appétit de la chair humaine. À l'en croire, l'unique village qu'il a visité n'était qu'un vaste charnier. Ce ne sont partout qu'ossements humains et chaire pantelante. Il a évidemment chargé le tableau [...]. L'anthropophagie est la conséquence presque forcée d'un pareil dénûment. Mais cette barbare coutume qui existe aussi chez les Bakalais (Akèlè) tend à disparaître d'elle-même, à mesure que ces peuples perdent leurs habitudes nomades pour faire dans notre voisinage des établissements réguliers [47].

Griffon du Bellay qui se veut quelque part le contempteur de Du Chaillu ne fait pourtant pas mieux que ce dernier, car s'il défend mollement les Fangs, c'est pour décréter l'anthropophagie des Bakalais (Akèlè), sans en posséder la moindre preuve. Bien qu'il connaisse à peine ce peuple, il peut juger que sa misère confinait à cette coutume alimentaire. Suffisait-il donc de voir des hommes et des femmes mourant de faim pour affirmer leur cannibalisme ? Cette phrase d'Annie Merlet, « *tous les observateurs décrivent les Fang qui déferlent sur les trois estuaires nombreux et maigres. Le terme famélique revient continuellement sous la plume : ces gens ont faim* »[48], est symptomatique du lien que les explorateurs occidentaux avaient établi entre la misère de ces peuples et la pratique de l'anthropophagie. Mais ce qui est tout aussi manifeste c'est que la tendance à l'exagération est le trait caractéristique des fantasmes occidentaux à cette époque. Il suffit pour s'en convaincre de relever le zèle qui accompagne l'avancée des Fangs dans l'estuaire du Gabon. Sous la plume laudative des Eu-

---

[43] Nom que les Myènè auraient attribué aux Fangs.

[44] G. Roullet, cité par A. Merlet, dans *Le pays de trois estuaires (1471-1900),* p. 112.

[45] A. Fourneau, « De l'Ogooué au Campo », *Société de Géographie*, 1891, pp 190-215.

[46] Mgr Martrou, cité par A. Merlet, *Le pays de trois estuaires (1471-1900),* p. 113.

[47] Griffon du Bellay, « Le Gabon », *Le Tour du Monde,* p. 273 et p. 320.

[48] A. Merlet, *Le pays de trois estuaires (1471-1900),* p. 113.

ropéens, le peuple fang est désigné comme la race d'avenir du Gabon. Du Chaillu en sera là aussi le principal chantre :

> D'une couleur plus claire qu'aucune des tribus de la côte, forts, grands, bien bâtis, ils témoignaient d'une grande activité ; leur regard me semblait aussi plus intelligent que celui des Africains qui n'ont pas encore eu de rapports avec les blancs [...]. Décidément cette race est plus hardie et plus vaillante qu'aucune des tribus de la côte [...]. Malgré leur effroyable coutume, l'impression que les Fans m'ont laissée, c'est que, de toute l'Afrique occidentale, c'est le peuple qui a le plus d'avenir ; ils m'ont donné une hospitalité courtoise, et leur bienveillance ne s'est pas démentie. Je crois qu'ils ont à un plus haut degré que toute autre tribu cette force vitale qui rend un peuple grossier apte à recevoir une civilisation étrangère. Énergiques, ardents, belliqueux, doués à la fois de courage et d'habileté [49].

Pour clore sur le prétendu cannibalisme des Fangs, nous préférons nous référer à Hubert Deschamps qui rapporte le témoignage du Lieutenant Mequet, le premier explorateur français à les avoir rencontrés sur le Como : « *Il réussit à vaincre leur appréhension et à leur faire visiter sa goélette ; il assiste à des danses et à des chants accompagné de guitare (peut-être* [l'épopée du] *le Mvett), il demande au chef s'il est vrai qu'ils fussent anthropophages et il a répondu que non en souriant d'un air sincère* »[50].

Toutefois, on ne saurait terminer cette étude sans rappeler les termes de référence du racisme quotidien des Européens envers les autochtones.

B. Petit florilège du racisme ordinaire à l'endroit des autochtones du Gabon (xixeme siecle)

Parvenu à ce niveau de la discussion, nous nous proposons de répertorier et d'analyser les phrases des explorateurs que nous jugeons empreintes de préjugés méprisants et racistes. Il ne fait aucun doute que Du Chaillu excella dans ce domaine, mais il ne fut pas le seul. D'autres Explorateurs, s'ils ne le devancèrent pas, recoururent aux mêmes préjugés. Examinons maintenant quelques exemples de propos qui expriment le racisme « ordinaire » des Explorateurs vis-à-vis des autochtones du Gabon.

Du Chaillu était parti des États-Unis, en octobre 1855, afin de découvrir l'intérieur du pays qui était toujours « *une terra incognita* »[51]. Aussitôt arrivé[52] dans l'estuaire du Como, en regardant les anciens païens du village Baraka aller à l'église, il se demandait comment :

---

[49] P.B. du Chaillu, *Voyages et aventures dans l'Afrique Équatoriale*, *op. cit.*, p. 142 et 152.

[50] H. Deschamps, cité par A. Merlet, *Le pays de trois estuaires (1471-1900)*, p. 108.

[51] P.B. du Chaillu, *Voyages et aventures dans l'Afrique Équatoriale*, p. 1.

[52] Du Chaillu était déjà venu au Gabon avec son père. C'est donc un homme qui connaît les peuples de l'Estuaire du Como mais qui n'a pas encore été à l'intérieur du pays. Devenu Américain et converti au protestantisme en 1855, il revint la même année au Gabon.

Porter la lumière dans de si épaisses ténèbres, écarter la superstition, l'ignorance, la paresse et l'immoralité, dans lesquelles croupissent ces malheureux idolâtres, c'est l'affaire d'un grand nombre d'années [...] n'est-il pas étrange que, [...] plus âgés, les indigènes sont inintelligents, paresseux et méfiants, (mais) ils tiennent à leurs ignobles superstitions, et se laissent difficilement persuader [53].

Si la réflexion sur l'étrangeté de la situation du village Baraka, lieu de la traite des esclaves de grande envergure, du XVIIème siècle jusqu'à la première moitié du XIXème siècle, devenu un lieu d'évangélisation grâce aux missionnaires protestants américains, nous paraît fondée, par contre ce qu'il affirma, par la suite, relevait incontestablement des préjugés raciaux qu'il avait sur les Noirs de cette région du monde. Sur eux se concentraient de nombreux défauts tels que la superstition, l'ignorance, la paresse et l'immoralité. Ceux-ci auraient donné du fil à retordre à la mission civilisatrice représentée par les protestants américains. Et il n'hésita pas à assimiler les Noirs aux ténèbres à illuminer d'emblée, sans doute grâce à une civilisation supérieure. Du fait de cet obscurantisme supposé, la cause de l'évangélisation de ces Noirs était quasiment perdue d'avance. D'autant plus que, dans son entendement, le travail fait par les missionnaires, pour essayer de sortir les Noirs des ténèbres, ne pouvait obtenir des résultats probants immédiatement. En effet, comment aider : « *[des] indigènes qui sont tentés par là de se laisser aller à toutes sortes de fraudes, art duquel ils sont fort habiles, trop habiles même pour l'homme blanc* »[54] ?

Telle était, selon Du Chaillu la question à laquelle devait répondre la mission civilisatrice occidentale. Il insistait sur ce qu'il considérait comme le défaut le mieux partagé chez les Mpongwè. Ces marchands d'esclaves (qui)

> [...] ont l'habileté d'un peuple mercantile, qui sait que la politesse extérieure est une valeur commerciale ; mais avec toute leur douceur apparente ce sont au fond de grands coquins, pleins de subtilité et de dissimulation [...]. La grande ambition des Mpongwés est d'obtenir « un crédit » d'un homme blanc, avec une procuration qui les autorise à aller où ils voudront sur la côte et même à établir une factorerie. Il y a dans ce cas double réjouissance. Mais d'ordinaire le pauvre blanc est misérablement dupé [55].

Pour avoir été des commerçants avisés, voire de notoires marchands d'esclaves, qui avaient longtemps pratiqué cette activité avec les Portugais, les Hollandais, les Anglais, les Français et les Américains, il était quasiment impossible de rencontrer l'honnêteté chez les les Mpongwè. Leur dissimulation et leur malice, servies par une apparente douceur, étaient envisagées par Du Chaillu comme un véritable trait de caractère. De plus, ils étaient des ivrognes invétérés qui pouvaient braver une peur chevillée au corps pour un peu « d'alougou », « l'alcool des Blancs », comme le montre habilement ce récit :

[53] P.B. du Chaillu, *Voyages et aventures dans l'Afrique Équatoriale*, pp. 6-8.
[54] P.-B. du Chaillu, *Voyages et aventures dans l'Afrique Équatoriale*, p. 15.
[55] *Id.*, pp. 24 et 18.

« Peu d'indigènes se hasardaient à passer devant sa demeure, une fois la nuit venue, et pas un ne cédait à la tentation d'y entrer, à moins que cette tentation ne prît la forme irrésistible d'un pot de rhum »[56].

Massivement orientées vers la moralité définitivement douteuse des Mpongwè, tous taxés d'esclavagistes et d'ivrognes, les attaques de Du Chaillu ne furent pas moins importantes sur le plan de l'hygiène. Comme en témoigne ce texte : « *Les nègres sont très-hospitaliers et très bienveillants, mais en général très pauvres et très sales. Cependant ils n'ont pas la conscience de cette saleté* »[57] .

C'est au cours d'une halte chez le « Roi » Denis, avant de rejoindre la région du cap Lopez, que cette remarque fut faite. Insinuait-il que les sujets du roi Denis fussent plus sales que ceux du roi Glass parmi lesquels il vivait ? Dès lors, grande fut sa surprise de rencontrer dans les parages du cap Lopez un chef Sékiani qui avait une très belle maison :

> [...] sa maison, une vraie maison, celle-là, la plus commode et la plus solide que j'eusse encore rencontrée chez les nègres ; elle était haute, le sol en était planchéié ; c'était vraiment une demeure étonnante pour un chef de sauvages. Elle était distribuée en plusieurs chambres, séparées. Lorsque j'eus pris un instant de repos, on me pria de passer dans une autre pièce, où une nouvelle surprise m'attendait : les murs étaient revêtus de papier de tenture, et tout autour étaient suspendues des images de saints coloriées ; une table était recouverte d'une nappe de vrai coton, sur laquelle mon dîner était servi, et l'on m'invita à y faire honneur [...]. Je mangeai sans faire de questions, décidé à satisfaire mon appétit avant ma curiosité qui était fort intriguée par ce mystère de civilisation trouvé là dans un grossier village africain, loin des établissements des blancs [...]. Je m'endormis sur un sofa, — autre trace du passage du Portugais, — ayant près de moi un petit nègre pour m'éventer, et une torche dont la fumée écartait les moustiques [58].

Les préjugés racistes de l'explorateur sont plus qu'évidents dans ce texte. Pour Du Chaillu aucun Noir ne pouvait posséder une belle maison, encore moins, avoir une nappe sur la table à manger. En revanche il s'accommodait mieux de l'existence d'une autre maison qui répondait à l'image dépréciative qu'il se faisait de la maison d'un Noir, en l'occurrence celle du roi Bango du Cap Lopez, laquelle correspondait à

> un trou [...] élevé sur deux piliers, et à deux étages. L'étage inférieur consistait en une salle obscure, flanquée de chaque côté d'une rangée de petites chambres sombres, isolées les unes des autres, comme des cellules. Au fond de la salle était un escalier roide et malpropre [...]. La nuit qui précéda mon départ, je couchai au palais du roi, dans une chambre très-malpropre, sur l'invitation de Sa Majesté, qui croyait sans doute m'accorder une insigne faveur [59].

---

[56] *Id.,* p. 21.
[57] *Id.*, p. 21.
[58] P.B du Chaillu, *Voyages et aventures en Afrique Équatoriale*, pp. 33-35.
[59] *Id.*, p. 40.

En dépit des bonnes intentions dudit roi pour son hôte, et pour être en adéquation avec son parti pris, il fallait absolument noircir le précédent tableau, en nous renvoyant à une maison plus en phase avec l'indécence congénitale des « Nègres ». Par contre, la maison d'Ogoula, trafiquant d'esclaves avec les Portugais, le conforta dans ses préjugés, elle avait été construite par un Portugais. Et toutes les traces de civilisation, qu'on y trouvait, étaient de son fait ou du fait de l'esclavage auquel Ogoula Limbai aurait activement participé. L'honneur du Blanc était sauf. Ogoula Limbai aurait pu s'attendre, après cette brillante réception offerte, à un peu de reconnaissance, dans le récit de son « ami blanc », mais sa qualité de *nègre* le classait parmi les *primitifs,* ces humains encore à l'état sauvage (autre intitulé d'un de ses ouvrages). De plus, Ogoula et ses hommes qui, pourtant, le reçurent avec tous les égards furent considérés comme des *fieffés voleurs* : « *Comme les indigènes qui étaient là, y compris Olouga (Sic) lui-même, étaient de fieffés voleurs, mes effets avaient été placés dans une chambre voisine de la mienne, où mes hommes étaient couchés* »[60] .

On aurait tout imaginé, sauf admettre que Du Chaillu ait pu généraliser son constat et l'appliquer même à son ami et quasiment protecteur Ogoula Limbai, qu'il dut désormais surveiller :

> Pendant que nous étions couchés autour du feu, je cherchai attentivement de l'œil de mon ami Ogoula, et j'aperçus sa face de coquin qui nous lorgnait dans l'ombre ; quand il se vit découvert, il vint à nous et m'exprima sa vive sympathie ; mais je suis bien certain que si le désordre se fût mis parmi nous, j'aurai été complètement pillé. On dirait que les mains de ces nègres leur brûlent, quand le bien d'autrui est jeté sur leurs côtes, n'importe par quel accident [61].

Parmi les défauts qu'il avait reconnus chez Ogoula Limbai, il y avait la fourberie caractéristique des Nègres. N'avait-il pas cherché à lui soutirer un peu de cotonnade et de rhum, pour une affaire de rames qu'il avait achetées en même temps qu'une pirogue ? Sa religion était faite. Il avait affaire à un escroc comme le sont tous ces « Noirs » qu'il avait déjà rencontrés dans la région de l'estuaire du Como. Or, Du Chaillu ignorait que l'achat d'une pirogue ne donnait pas automatiquement droit à des pagaies (rames), les fabricants étant deux personnes différentes. Aujourd'hui encore, cela se passe ainsi. On peut acheter une pirogue et se retrouver sans pagaies, si on n'a pas pris la précaution d'en faire fabriquer. Voici comment il décrit cette affaire d'escroquerie :

> J'avais fait marché pour une pirogue et je l'avais payée, pensant, bien entendu, qu'elle devait être en état de servir. Mais voilà que nous ne trouvons pas de rames. Je vais me plaindre à Ogoula ; il me répond qu'il fallait qu'on nous les eût dérobées ; mais il offre de nous en procurer d'autres, moyennant un nouveau marché de quatre mètres de cotonnade et deux bouteilles de rhum. Je refusai, [...] enfin, un de mes hommes donna son propre vêtement en échange des rames nécessaires. [...] Ogoula

[60] *Id..*, p. 40.
[61] *Id.,* p. 36.

était dans la même situation : il trouvait que j'en avais mal usé envers lui, parce que je ne lui avais pas offert de rhum (je n'en donnais jamais aux indigènes); mais que pouvait-il faire ? Rien, que me duper [62].

Après cet épisode chez le chef Séké Ogoula Limbai, il arriva à Sangatanga chez les Orungu. La rencontre avec le « roi » Bango ne fut pas un bon souvenir. Du Chaillu le traita d'ivrogne et de malpropre. Des défauts très communs à tous les Noirs déjà rencontrés jusqu'ici. Y avait-il dans ce pays un « monarque noir » qui n'aimait pas le rhum, cet alcool des Blancs qui était très prisé et qui était propre ? En tout cas, la description du « roi » Bango n'était pas du tout à son avantage :

> La région généralement connue sous le nom de pays du cap Lopez [...]. Elle possède un beau territoire, et le roi Bango, s'il n'était pas un vagabond ivrogne, pourrait être un heureux monarque [...]. Le roi, nègre de moyenne taille, pas des plus propres, au regard un peu hébété, très-légèrement vêtu d'une chemise et d'un pantalon usé [63].

Pourtant, ce roi Bango, qui ne pouvait s'ouvrir à la civilisation, aurait, selon ses propres dires « *vécu deux ans à Lisbonne* ». Mais, malheureusement pour lui, « *on voyait aisément qu'il n'avait pas tiré grand profit de son excursion ; elle n'avait fait qu'ajouter à son ignorance native un étalage d'affectation qu'il prenait pour les belles manières européennes, joint à de fâcheuses habitudes que peut-être il ne connaissait pas auparavant* »[64].

Cette quête des bonnes manières liée à l'hygiène du corps, chez le Noir, par les Européens semble être partagée par Alfred Marche qui affirme, s'agissant d'une femme noire : « *Je n'aurais jamais cru que la coquetterie pût rendre une négresse assez ingénieuse pour lui faire découvrir les lois de la réflexion* »[65] .

Ces représentations, qui nient toute altérité culturelle à des individus, vont jusqu'à douter de la capacité des Noirs à s'organiser politiquement, puisqu'ils ne semblent point capables de détenir quelque autorité susceptible d'égaler, en tout cas, le moindre officier européen :

> On ne voulait pas [...] le placer avec le commandant et les officiers. On trancha la difficulté en lui disposant un siège, au milieu de l'allée qui sépare les chaises, d'où il assista à l'office avec une gravité superbe et un parfait contentement [...]. Ce soit disant roi, qui n'est qu'un sire de carton, finira par comprendre qu'il ne peut traiter d'égal à égal avec le commandant de colonie[66].

---

[62] *Id.*, p. 35.
[63] *Id.*, pp. 39-40.
[64] *Id.*, p. 41.
[65] Marche A., *Voyage au Gabon et sur le fleuve Ogooué*, p. 404.
[66] *Id.*, p. 418.

CONCLUSION

Pour conclure cette étude, nous pouvons dire que nous avons vu comment, à partir des préjugés sur le Monde autrefois inconnu de l'Afrique Subsaharienne et, par conséquent, sur l'Homme noir, l'Européen du Moyen-âge, s'est forgé un certain nombre de représentations, souvent négatives. Celles-ci vont durablement marquer les Temps Modernes et les accompagner pendant les Grands Voyages Maritimes des XVème et XVIème siècles. À cause de la méconnaissance de cette partie du monde, ces explorateurs décidèrent de peindre les populations inconnues de la côte comme de véritables sauvages qui pratiquaient le cannibalisme, entre autres travers. La réputation des Fangs, dans les récits de Du Chaillu fut durablement écornée. De l'architecture, des us et coutumes à la bonne foi des autochtones, nulle place n'est laissée au respect et à l'admiration. Les Fangs et les Akèlè des bords de la rivière du Como, les Mpongwè de la Pointe Denis, au large de la ville de Libreville, et du village de Prince Glass, les Sékiani et les Oroungou de la région du Cap Lopez, ont été les laboratoires d'analyses et d'expérimentation de ces préjugés.

Aujourd'hui encore, ces préjugés conditionnent les rapports entre les descendants des colonisateurs et ceux des anciens colonisés, au point que les efforts de coopération ne semblent à la longue que des échanges de bons procédés. Quelle serait la démarche à observer pour exorciser ces « *vieux démons* » : refouler tout ce passif dans l'inconscient collectif ou procéder à un pardon officiel ?

SOURCES ET BIBLIOGRAPHIE

SOURCES

Archives

Aymès (Lieutenant de vaisseau), « Exploration de l'Ogoway » (Afrique Occidentale), in *Revue Coloniale et Maritime,* 1870. pp. 521-561.

Fleuriot de Langle (Amiral), « Description du Gabon » in Bouet Willaumez (Comte E.), *Description nautique des côtes de l'Afrique Occidentale comprises entre le Sénégal et l'Equateur*, Paris, Imprimerie Royale, 1846, pp. 183-194.

A. Fourneau, « De l'Ogooué au Campo », *Société de Géographie*, 1891.

Griffon du Bellay, « Le Gabon », *Le Tour du Monde,* 1865, pp. 273-320.

A. Marche, « Voyage au Gabon et sur le fleuve Ogooué » *in le Tour du Monde,* pp. 369- 415. Martrou (Mgr), « Le nomadisme des Fang » *Revue de Géographie*, 1990. pp. 497-524.

G. Roullet, « La rivière Komo au Gabon et les populations riveraines », *Annales des Voyages, de la Géographie, de l'Histoire, de l'Archéologie.* Tome IV, décembre 1866, pp. 273-282.

R. Avelot, « Recherches sur l'histoire des migrations dans le bassin de l'Ogooué et la région littorale adjacente » *Bulletin de géographie historique et descriptive*, 1905.

BIBLIOGRAPHIE

Ouvrages

P.-A.Brasio, *Monumenta Missionaria Africana (Africa Ocidental),* Lisbonne T., 1952-1965, III.

J.Cuvelier, L.Jadin, *L'ancien Congo d'après les archives romaines (1518-1648)* : 1518-1640. Bruxelles, 1954.

H. Deschamps, *Quinze ans de Gabon. Les débuts de l'établissement français, 1839-1853,* Paris, Société Française d'Histoire d'Outre-mer (S.F.H.O), 1965.

P.-B.Du Chaillu, *Voyages et aventures dans l'Afrique Équatoriale,* Paris, Marc Levy, 1863.

F. Gaulme, *Le pays de Cama, un ancien État côtier du Gabon*, Paris, Karthala-C.R.A., 1981.

F. de Medeiros, *L'Occident et l'Afrique (XIIIe-XVe siècle),* Paris, Karthala-C.R.A., 1985.

A. Merlet, *Le pays de trois estuaires (1471-1900). Quatre siècles de relations extérieures dans les estuaires du Muni, de la Mondah et du Gabon* Libreville, Centre Culturel Saint-Exupéry -Sépia, 1990.

B. Schnapper, *La politique et le commerce français dans le Golfe de Guinée de 1838 à 1871*, Paris, Mouton et Cie, 1961.

POUVOIR ET INTRUSMENTALISATION ETHNIQUE EN AFRIQUE : LE GABON DE 1960 Ā 2009

Andy-Félix Makindey Nze-Nguéma
Université Omar Bongo/Gabon

RÉSUMÉ

Le Gabon, comme de nombreux pays africains, ont plusieurs points en partage dont, entre autres, la pluralité ethnolinguistique. En tenant compte de cette réalité, les Présidents Léon Mba d'abord, et Omar Bongo ensuite, pour asseoir leur pouvoir et construire l'État-Nation, vont utiliser le facteur ethnique dans la redistribution des postes politiques et administratifs. Cette pratique de redistribution des postes est qualifiée de géopolitique. Malheureusement, cette instrumentalisation de l'ethnie s'avère être un des maux qui minent le développement du pays.

MOTS CLÉS

Pouvoir politique, Elite, Ethnie, Instrumentalisation ethnique, Géopolitique, Gabon.

INTRODUCTION

Le Gabon qui s'étend sur 267.667 km^2 renferme malgré son sous-peuplement (1.500 000 habitants), une grande diversité ethnique issue d'une quarantaine de communautés culturelles, reparties en dix grands ensembles. Citons, entre autres : Fang, Sira-Punu, Mbede, Omyené, etc. Ces ensembles, d'inégale importance numérique, se distribuent spatialement sur l'ensemble des neuf provinces du territoire national[1].

---

[1] Il faut préciser que depuis la loi 12/75, les régions ont été substituées au profit des provinces. Il s'agit de : Estuaire, Haut-Ogooué, Moyen-Ogooué, Ngounié, Nyanga, Ogooué-Ivindo, Ogooué-Lolo, Ogooué-Maritime, Woleu-Ntem. La loi 12/75, abrogeant et remplaçant la loi n° 4/75, portant réorganisation de la République Gabonaise, J.O.R.G du 12 janvier 1976, pp. 1, 2, 3. Pour commodité d'analyse, nous allons, tout au long de cette étude, utiliser la notion de province.

Sur le plan politique, cette diversité ethnique devient, géopolitique[2] oblige, une donnée importante dans la composition des cabinets ministériels et de la haute administration : Léon Mba[3] consacre cette emprise de l'ethnie dans sa pratique de gouvernement comme en témoignent ces propos lors de la mise en place du Gouvernement d'union nationale (1961-1963) quand il déclarait avoir « *réussi à mettre sur pied un gouvernement représentatif de toutes les ethnies, de toutes les régions, de toutes les opinions politiques de la nation* »[4]. Omar Bongo, son successeur, qui au début de son magistère n'a pas encore l'assise nationale de son prédécesseur, comprend bien assez tôt la nécessité de maintenir et de renforcer le fait ethnique dans sa gestion du pouvoir. Ainsi, le paramètre ethnique au Gabon, devient un vecteur essentiel dans la production et la reproduction des élites politiques, dans la mesure où il concourt à la consolidation de leur pouvoir.

Par cette pratique de la géopolitique, il va s'en dire que « *l'identité ethnique et l'origine régionale s'avèrent constitutives de pépinières en ressources humaines, susceptibles de former la clientèle cible des responsables politiques originaires de la région. La politique de l'équilibre régional, ethnique se renforce du phénomène du clientelisme.* »[5]

Dans ce rapport du pouvoir politique à l'ethnie, Max Weber différencie deux concepts, à savoir : « sociation » et « communalisation ». Le premier concept traduit « *des relations de solidarités motivées par des intérêts rationnels, tandis que la communalisation repose sur le sentiment subjectif d'appartenance commune que les individus partagent* »[6]. Dans le concept de « sociation » que propose Max Weber, on peut l'appliquer et percevoir des similitudes comportementales dans l'attitude des acteurs politiques au Gabon. Laquelle attitude justifie le concept d'ethnicité « instrumentale » de Fredrik Barth pour qui « *l'appartenance à un groupe n'est pas définie en fonction du contenu de la culture* [...] *mais de l'objectif en vue duquel la communauté agit ensemble* »[7]. Loin d'agir ensemble, il s'agit des entrepreneurs politiques « roitelets » qui prétendent parler et agir au nom de l'ethnie pour se pérenniser dans l'espace politique et par la même occasion asseoir le système politique mis en place avec le monopartisme de fait dès 1963.

---

[2] Celle-ci se traduit par une représentation plus ou moins équilibrée de toutes les composantes ethniques et provinciales au sein du gouvernement.

[3] Léon Mba fut un ancien chef de canton. Il fut Secrétaire Général du Bloc Démocratique Gabonais (B.D.G) puis, tour à tour, Maire de Libreville en 1956, Vice-Président du Gouvernement du Territoire en 1957, Premier Ministre en 1959 et premier Président de la République Gabonaise, en 1961.

[4] *Gabon-Matin*, n°1091.

[5] F.P.Nze-Nguema, *L'État au Gabon de 1929 à 1990. Le partage institutionnel du pouvoir,* Paris, L'Harmattan, 1998, p. 127.

[6] J. Rex, *Ethnicité et citoyenneté. La sociologie des sociétés multiculturelles.* Textes sélectionnés, traduits de l'anglais (GB) et introduits par Ch. Bertossi, Paris, l'Harmattan, 2006,, p. 22.

[7] *Ibid.*, p. 23.

Notre réflexion invite à un essai socio-historique. En effet, cette approche méthodologique est « *tournée vers l'analyse de problèmes empiriques précis, la démarche est guidée par le souci de mieux comprendre le monde dans lequel nous vivons. Le choix des outils et la façon de les mettre en œuvre dépendent toujours des questions précises que l'étude a pour but d'élucider.* »[8] Il s'agit de comprendre les raisons qui ont motivé l'instrumentalisation de l'ethnie, cette communauté culturelle, par Léon Mba d'abord et Omar Bongo ensuite, comme un des éléments structurants du système politique gabonais. Cette analyse sur l'instrumentalisation de l'ethnie est nécessaire pour apprécier ses conséquences dans le processus de sous-développement du pays.

Cette pratique de la géopolitique n'a-t-elle pas constitué un frein à la construction d'un État fort ? Quelles ont été ses incidences sur le développement du pays ?

Pour répondre à ces interrogations, notre analyse va s'articuler autour de deux points : la construction de la modernité politique (I) et l'ethnie contre la construction de l'État-Nation (II).

I. LA CONSTRUCTION DE LA MODERNITÉ POLITIQUE

Avant 1960 et au début de l'indépendance, le théâtre politique gabonais est dominé par deux grands partis : l'Union Démocratique et Socialiste Gabonaise (UDSG) et le Bloc Démocratique Gabonais (BDG). Quelques figures majeures se distinguent sur la scène politique ; citons, entre autres : Jean Hilaire Aubame, Léon Mba, Paul Marie Indjendjet Gondjout, Jean Baptiste Ndende, Laurent Cyr Antchuwe, Samuel Akiremy, Pierre-Marie Akanda, Edouard Pierre Nkoghe-Andene, Iba Ba, André Gustave Anguilet. Ces différents acteurs politiques avaient le souci « *de promouvoir chaque jour davantage l'évolution du Gabon sans que jamais la hâte d'aboutir ne vienne compromettre la sécurité de cet aboutissement.* »[9]. Pour ces premiers bâtisseurs du Gabon moderne, l'unité nationale est le « carburant » qui doit faire avancer le « véhicule », autrement dit, ce pays.

L'unité de la nation gabonaise avant et au début de l'indépendance se caractérise par un certain nombre d'éléments structurants, comme, entre autres : l'hymne national « la Concorde » ; le slogan politique « Gabon d'abord », des partis politiques dominants et l'avènement du monopartisme : un prétexte à la construction de la Nation gabonaise.

---

[8] G. Noiriel, *Introduction à la socio-histoire,* Paris, La Découverte, 2006, pp. 6-7.

[9] Allocution prononcée par M. le Conseiller Iba Ba, doyen d'âge à la séance inaugurale de la 1ère Session ordinaire de l'Assemblée Territoriale du Gabon, du 25 avril au 17 mai 1952, le 25 avril 1952, p. 2.

A. L'Hymne national, « la Concorde »

La « Concorde », hymne national du Gabon, est manifestement une invite à l'union pour toutes les filles et fils du pays telle que scandée dans la première strophe du refrain : « *Unis dans la concorde et la fraternité. Éveille toi Gabon, une aurore se lève, encourage l'ardeur qui vibre et nous soulève ! C'est enfin notre essor vers la félicité.* » Autant dire une « *unité si chère à nos prédécesseurs, qui a toujours caractérisé le modus vivendi de la société gabonaise, enviée par d'autres nations, théâtres de pogroms ou autres ethnocides* »[10]. À l'orée de l'indépendance, le discours et les actions des acteurs politiques s'inscrivent déjà dans une démarche de concorde et d'unité nationale. Ces premiers bâtisseurs ont compris bien assez tôt que ce pays ne pouvait entamer sa marche vers le développement sans la mise en commun des intelligences de toutes les nationalités.

B. Le slogan politique « *Gabon d'abord* »

L'appel à l'unité s'apprécie également dans le slogan politique « *Gabon d'abord* » qui exprime clairement la nécessité de rechercher, au-delà des combats politiques, l'unité des fils et filles du pays. En filigrane, il y a dans ce slogan l'appartenance à une histoire commune, à un territoire et la résistance à la colonisation

En effet, durant la colonisation, le Gabon, à cause de la richesse de son sous-sol, a servi de vache laitière au sein de la Fédération de l'Afrique Equatoriale Française. C'est pourquoi, sitôt indépendant, les acteurs politiques adoptent ce projet politique que doit porter le peuple gabonais afin de dépasser les intérêts particuliers pour que chacun s'implique dans l'œuvre de construction nationale. Pour ces auteurs, il va s'en dire que cette prise de conscience nationale résumée dans ces deux mots « *Gabon d'abord* » ne doit pas être énoncée comme une pétition de principe mais doit être vécue au quotidien.

C'est dire que le fait ethnique comme mode de fonctionnement et de régulation politique ne doit pas être envisagé ou si tel est le cas n'occupe pas encore une place de choix dans le landerneau politique. Dans ce registre de l'unité, « *la nouvelle transformation de l'espace mental au Gabon aura donc été progressivement rendue par un symbolisme patriotique : « Gabon d'abord ». Celui-ci se trouve codifié plus tard par l'enchevêtrement à un paradigme unificateur de trois notions : Union, Travail, Justice* »[11]. Il s'agit ici de convoquer l'univers symbolique, d'assurer progressivement l'affirmation du *nous* collectif et de la conscience d'appartenance à la Nation gabonaise.

---

[10] A. Ivanga Adyayéno, « Haro sur les pyromanes de la République », *Échos du Nord*, n°112 du lundi 5 décembre 2011 cité par F.P.Nze-Nguema et P. Maranda in *l'unité dans la diversité culturelle. Une geste bantu,* Mérignac, co-édition Chaire Unesco en sciences sociales (UOB) et CENAREST, Tome 1 (nouvelle édition revue et corrigée), 2014, p. 27.

[11] F.P. Nze-Nguema, *L'État au Gabon de 1929 à 1990. Le partage institutionnel du pouvoir,* Paris, L'Harmattan, p. 61.

C. Des partis politiques dominants

Avant et aux premières années de l'indépendance, le théâtre politique est marqué par deux grands partis identifiés à leurs leaders respectifs, à savoir : Jean Hilaire Aubame (UDSG) et Léon Mba (BDG). Tous les deux sont de l'ethnie fang.

Afin d'apprécier le poids politique de ces partis, nous allons dresser le tableau de leur répartition géographique au sortir du scrutin de 1957.

Tableau n°1 : Répartition géographique des partis politiques aux élections de 1957[12]

Régions	Inscrits	Votants	Population	Listes élues
Estuaire	32 337	16 672	47 344	BDG
Haut-Ogooué	21 838		35 870	UDSG
Moyen-Ogooué	18 577	7 562	27 064	Défense des Intérêts des Gabonais
Ngounié	43 551	18 824	75 548	Entente pour la Défense des Intérêts des Gabonais
Nyanga	18 545	7 345	34 858	Indépendant
Ogooué-Ivindo	20 510	9 563	35 512	UDSG
Ogooué-Lolo	24 777	16 127	41 421	Union Travail Progrès
Ogooué-Maritime	15 818	4 792	27 325	BDG
Woleu-Ntem	47 705	27 724	70 818	UDSG

En analysant les résultats des élections de 1957, sur la base du tableau ci-dessus, il ressort que le BDG est un parti essentiellement urbain dans la mesure où il sort victorieux dans les provinces de l'Estuaire et de l'Ogooué-Maritime. Si dans la province de l'Estuaire, on se trouve en présence de quatre nationalités, à savoir : Fang, Mpongwe, Sékiani, Benga et Akélé, en revanche, la province de l'Ogooué-Maritime est dominée quasi-exclusivement par la nationalité Omyènè (Nkomi, Orungu, Enenga, Adjoumba)[13].

S'agissant des bastions de l'UDSG, nous avons la province du Haut-Ogooué dont les nationalités sont, entre autres : Ndumu, Téké, Obamba, Awandji, Mbahouin. Vient ensuite l'Ogooué-Ivindo, peuplée majoritairement des nationalités Kota et Fang. Enfin, nous avons la province du Woleu-Ntem, peuplée exclusivement de la nationalité Fang.

Comme on peut le constater, ces deux partis ont un ancrage politique bien au-delà des zones géographiques de la nationalité de leur leader respectif. Les propos de Vincent de Paul Nyonda, membre du BDG, lors de l'oraison funèbre à Jean Hilaire Aubame, en témoigne : « *Ne t'ai-je pas vu Jean Hilaire, te présenter dans la Ngounié ou dans le Woleu-Ntem loin de ton Estuaire natal ? J'en*

[12] Ce tableau dont nous avons exclu la colonne *abstention* est extrait de F.P.Nze-Nguema, *L'État au Gabon de 1929 à 1990. Le partage institutionnel du pouvoir*, p. 71.

[13] Dans cette nationalité omyènè, nous avons exclu le groupe mpongwe bien qu'en étant un élément constitutif parce qu'on ne le retrouve que dans la province de l'Estuaire.

parle avec d'autant plus d'émotion que précisément dans la Ngounié, province où j'ai vu le jour, j'étais face à toi : saluons le vainqueur car cette fois-là, tu as ceint les lauriers de la victoire... »[14]

Cette posture politique où l'acteur cherche avant tout à avoir une adhésion au-delà de l'espace géographique de sa nationalité, participe de sa volonté d'asseoir l'unité nationale.

D. L'avènement du monopartisme : prétexte à la construction de la nation gabonaise

Au sortir de la crise politique de février 1963 qui a pour conséquence la sortie du Gouvernement de tous les Ministres de l'opposition, le Président Léon Mba prépare le lit de fait du monopartisme qui est confirmé par le Président Bongo, avec la création du Parti Démocratique Gabonais, le 12 mars 1968. Il faut attendre la réforme constitutionnelle du 29 juillet 1972 pour que soit instauré de droit, à l'article 4 du Titre Premier, le monopartisme.

Ce Gouvernement, constitué entre 1961 et 1963, né des accords politiques entre les deux grands partis politiques, était qualifié d'Union nationale parce que « *pleinement représentatif de toutes les ethnies, de toutes les régions, de toutes les opinions politiques de la Nation* »[15]. Cette union, mariage de la carpe et du lapin, porte déjà en elle, les germes de la crise de 1963. Malgré cette rupture, le Président Léon Mba, qui entend resserrer le pouvoir en de moins nombreuses mains, reste néanmoins attaché à l'idée de la construction de la Nation et partant à l'unité nationale.

Le Président Bongo se propose, avec l'instauration du monopartisme, de transcender les pesanteurs sociologiques, pour aboutir à la construction de l'État-Nation.

En effet, le monopartisme a été « *conçu à l'origine comme l'émanation du peuple dans sa lutte contre le tribalisme et le régionalisme, le parti unique a été présenté au lendemain des indépendances comme une nécessité absolue pour forger la nation et entreprendre efficacement dans un esprit de cohésion nationale, les tâches de construction nationale* . »[16] C'est dans cet esprit que le Président Bongo déclare : « *je suis un fervent défenseur de l'égalité (...), un lutteur acharné contre le régionalisme, contre le tribalisme, contre les problèmes ethniques, contre l'esprit de facilité et de népotisme. Je veux que tous les Gabonais soient placés sur le même pied d'égalité (...) car nous sommes démographiquement un petit pays et nous ne pouvons pas nous permettre le luxe de nous diviser en tribus, en ethnies, en régions...* »[17].La réalité est plus prosaïque

---

[14] F.P.Nze-Nguema, *L'État au Gabon de 1929 à 1990. Le partage institutionnel du pouvoir*, p. 222.

[15] Extrait de l'allocution du Président Léon Mba, *Gabon Matin,* n° 1091.

[16] X.B.Kitsimbou, *La démocratie et les réalités ethniques au Congo,* Thèse de Doctorat de Sciences Politiques, Université de Nancy II, Nancy, 2001, p.131

[17] *Le Bongoisme et la politique intérieure*, Présidence de la République, Département de l'Information, Archives Nationales de la République Gabonaise, Politique Intérieure, Libreville, sdn., p. 4.

car il entend bien faire accepter à la population et aux élites l'idée du parti unique et donc son pouvoir naissant. Plus loin, il souligne qu' « *il n'y a plus de tribus, il n'y a plus de clans, il n y a qu'une nation : le Gabon* »[18].

Cette posture du Président Bongo qui consiste à nier les pesanteurs sociologiques (clans, tribus, ethnies) qui composent la société gabonais en décrétant l'instauration d'une Nation, est illusoire. En effet, il est illusoire de décréter la Nation gabonaise, si l'on nie ses éléments constitutifs. C'est précisément ces nationalités qui sont le pays réel et nullement le pays artificiel des proclamations politiques.

Ce reniement des éléments constitutifs de la Nation gabonaise se poursuit, avec le Président Bongo, par la destruction des lieux de mémoire et l'absence de l'éducation au national : il force à l'amnésie collective.

Ce travail d'amnésie collective se trouve renforcé par la destruction ou l'abandon des bâtiments laissés par la colonisation, comme s'il refusait d'assumer le passé. Ce travail s'accompagne de l'absence de formation à l'éducation au national dans les établissements d'enseignement primaire, secondaire et supérieur.

En effet, l'école de la République est, par excellence, l'institution, depuis la Troisième République en France, qui est chargée d'instituer la Nation. Elle est le lieu privilégié par lequel tous ceux qui veulent créer, inventer ou façonner une Nation doivent passer. La science historique a un rôle important à jouer parce que « *ce sont les historiens qui ont élaboré, à partir de faits réels, la naissance glorieuse des grandes démocraties...* »[19]. Il appartient donc à la science historique de se donner une posture majeure dans la construction de la Nation gabonaise. Malheureusement, au Gabon, elle est confrontée à deux problèmes majeurs : l'état de la recherche et l'appropriation historique.

Du premier aspect, on notera que la science historique est jeune et pas assez structurée. Elle manque véritablement d'un schéma directeur fixé par ces acteurs afin qu'elle écume cette voie. Dans ce registre, nous constatons que l'État gabonais s'est peu préoccupé du rôle essentiel que devrait jouer la science historique dans la construction de la Nation gabonaise. D'ailleurs, pourquoi devait-il laisser à l'historien gabonais le soin de jouer ce rôle ? Il attend de lui, en revanche, qu'il soit le chantre d'une histoire hagiographique, du « Grand Camarade » et du Parti. C'est dire qu'il nous revient, à nous historiens, de nous départir de cette voie pour affranchir la recherche historique gabonaise des différentes influences.

S'agissant du second aspect, notons que nous souffrons des faiblesses de notre recherche et par conséquent d'un manque d'appropriation de notre histoire. Pour preuve, l'histoire gabonaise n'est pas assez été connue et enseignée dans les différents cycles de formation (primaire, secondaire et supérieur).

---

[18] A.Mba Obame, *Société politique au Gabon. Contribution à l'étude de la nature patrimoniale du système politique gabonais,* Thèse de Doctorat de 3ème Cycle de Sociologie Politique, Université Paris I, Paris, 1984, p. 194.

[19] D. Schapper, *La communauté des citoyens*, Paris, Gallimard, 2004, p. 191.

Beaucoup de jeunes arrivent sur les bancs de l'université avec une méconnaissance de leur histoire.

II. L'ETHNISATION CONTRE LA CONSTRUCTION DE L'ÉTAT-NATION

L'instrumentalisation de l'ethnie peut s'apprécier à la lumière de la distribution des postes politiques et administratifs. Sur ce registre, nous allons étayer notre démonstration en tenant compte des trois pouvoirs : Exécutif, Législatif et Judiciaire.

Cette démarche de l'ethnisation qui s'avère bénéfique pour asseoir et renforcer le pouvoir de Léon Mba d'abord mais et surtout d'Omar Bongo ensuite, porte en elle, les germes de deux phénomènes majeurs : l'accentuation des particularismes, le caractère contre-productif à l'unité nationale dont l'une des conséquences majeures est le repli identitaire et un frein au développement.

A. L'accentuation des particularismes

L'importance accordée à l'ethnie dans la distribution des postes politiques et administratifs est renforcée par le phénomène de l'affectivité élective. Il s'agit d'identifier les ethnies qui ont su s'attirer les faveurs du Prince. Ce qui donne l'impression qu'elles auraient reçu, du Président de la République, des baux sur certains postes politiques et/ou administratifs qu'elles garderaient comme un patrimoine. Autrement dit, certains postes « leur reviendraient de droit ».

S'agissant de l'Exécutif, on note que la fonction de Premier Ministre est occupée depuis 1975, date de sa restauration, par une personnalité de l'ethnie fang de la province de l'Estuaire et ce jusqu'à la mort du Président Bongo[20].

Toujours dans l'Exécutif, nous allons retenir, du Gouvernement, deux Ministères : la Défense nationale et les Finances.

Le Ministère des Finances est l'un des plus importants du Gouvernement. Son titulaire fixe « *pour le compte du gouvernement les orientations générales de la politique économique, prépare la loi des finances* [...], *gère la dette publique ...* »[21]. Même si la Loi des Finances et les arbitrages budgétaires, opérés sous l'autorité du Président de la République et du Chef du Gouvernement, permettent de répartir les crédits ministériels, seul ce Ministère est « *le dépositaire*

---

[20] En 1959, la fonction fut occupée par Léon Mba, avant qu'il n'accédât à la magistrature suprême lors des élections générales de février 1961. Cette fonction va disparaitre pour réapparaitre en avril 1975. De cette date jusqu'en 1990, elle est occupée par Léon Mebiame me Mba. De 1990 à 2009, vont s'y succéder MM Casimir Oyé Mba, Paulin Obame Nguema, Jean-François Ntoutoume Emane et Jean Eyeghe Ndong.

[21] J-Y Haberer, « Le ministère de l'économie et des finances et la politique monétaire », in *Pouvoirs,* n° 53, Paris, PUF, 1990, pp. 27-36, p. 29.

unique de la capacité à engager les finances publiques »[22]. Son détenteur est au terme l'article 108 : « *seul responsable du contrôle de la répartition des crédits du budget de l'État* ».

Entre 1960 et 1967, sur les quatre Ministres qui vont se succéder à la tête de ce département, on constate que le Président Léon Mba ne va pas jeter son dévolu, sur une nationalité particulière. On note tour à tour les présences remarquées de François Meye (Fang du Moyen-Ogooué), André Gustave Anguilet (Mpongwe de l'Estuaire), Léonard Badinga (Punu de la Nyanga) et Michel Abessolo (Fang du Woleu-Ntem).

Sous la présidence Bongo, on note qu'entre 1968 et 2009, neuf personnalités vont se succéder à la tête de ce département. Il ressort que le Président de la République a clairement jeté son dévolu sur les nationalités Obamba d'abord et Nzebi-Puvi ensuite.

La première citée va occuper ce Ministère pendant vingt-quatre ans : Jérôme Okinda (1976-1980) ; Jean Pierre Lemboumba Lepandou (1980-1990) et Paul Toungui (1990-1993 et 2002-2007). L'ethnie Nzebi-puvi va l'occuper pendant neuf ans : Paul Moukambi (1972- 1976) ; Emile Doumba (1999-2001) et Blaise Louembe (2008-2009).

Le Ministère de la Défense nationale est le second Ministère que nous avons retenu. Ce Ministère sera sous la coupe du Président Léon Mba jusqu'au coup d'État du 18 février 1964. Après cette épreuve, dès 1965, Omar Bongo est nommé Ministre délégué à la Présidence, chargé de la Défense Nationale et de la Coordination. Il s'agit, dès ce moment, pour le futur président de la République, d'assurer la pérennité du système. Ainsi, une fois à la magistrature suprême, Omar Bongo garde la haute main sur ce Ministère stratégique jusqu'en 1980, pour asseoir son régime. En 1980, l'obsession sécuritaire se confirme davantage avec la nomination de son neveu de l'ethnie Téké, Julien Mpouho. Il occupera ce poste de 1980 à 1990. Il sera remplacé par autre Téké, parent du Président, Idriss Ngari, de 1994 à 1997. Ce poste va échoir de 1999 à 2009, à Ali Ben Bongo. Autant dire ce Ministère est géré quasi-exclusivement par l'ethnie Téké depuis 1965. Son titulaire a autorité sur l'ensemble des forces de sécurité, au titre du décret n°420/PR/DN, articles 1 et 3[23]. L'article 1 dispose « *qu'il a autorité sur l'ensemble des forces et services et est responsable de leur sécurité* [...] ». L'article 3 précise que ce Ministère « *reçoit délégation pour exercer les attributions du ministre de la défense nationale pour tout ce qui concerne la justice militaire et la sécurité du territoire* ».

S'agissant du pouvoir législatif, nous allons nous focaliser sur les différents Présidents qui se sont succédés à la tête l'Assemblée nationale et du Sénat.

---

[22] M. Bazex, « Les prérogatives juridiques du ministère de l'économie et des finances : pouvoirs et privilèges », cité (notes bleues n° 369), *Pouvoirs*, n° 53, *op. cit.*, pp. 89-99, p. 89.

[23] Décret N° 420/PR/DN, fixant les attributions du ministre délégué à la présidence de la République chargé de la Défense Nationale et des Anciens Combattants, J.O.R.G du 1er et 15 avril 1980, p. 2.

La Présidence de l'Assemblée Nationale a été dirigée entre 1960 et 1998 par les Mpongwe de la province de l'Estuaire. Il faut attendre 1998 pour que, depuis lors, l'ethnie nzebi, à travers un de ses fils, Guy Nzouba Ndama, se trouve propulsée à la tête de l'Institution.

Le Sénat, deuxième Chambre du Parlement gabonais, créé en 1997 mais organisé par la Résolution 1/98 portant Règlement du Sénat et par la Décision n° 5/CC du 27 février 1998), est occupé sans discontinuité par une personnalité du groupe ethnique Myènè et plus précisément les groupes Galoa et Mpongwe. Georges Rawiri (ethnie Galoa), René Radembino Coniquet (Mpongwe) et Rose Francine Etombe ép. Rogombé (Galoa) vont se succéder au perchoir.

Le pouvoir judiciaire n'échappe pas à logique ethnique. En effet, la Cour suprême créée en 1962 va échoir à Jean Hilaire Aubame pour deux ans. De 1964 à 1991, après l'éclatement de la Cour suprême qui entraîne la création de nouvelles entités judiciaires, elle était dirigée par un Mpongwe de l'Estuaire. Cet éclatement donne naissance à quatre nouvelles entités : la Cour Constitutionnelle, la Cour des Comptes, le Conseil d'État et la Cour de Cassation.

La Cour Constitutionnelle et la Cour des Comptes sont dirigées depuis 1991 respectivement par Marie Madeleine Mborantsou (Obamba du Haut-Ogooué) et Gilbert Ngoulakia (Téké du Haut-Ogooué). Le Conseil d'État l'est par une personnalité du groupe Myènè de l'Ogooué-Maritime et la Cour de Cassation par une personnalité du groupe ethnique Fang de la province du Woleu-Ntem.

B. L'instrumentalisation de l'ethnie : une démarche contre-productive

L'instrumentalisation de l'ethnie porte en creux deux phénomènes : le rôle de l'entrepreneur politique face au pouvoir et le développement du clientélisme politique.

En effet, l'entrepreneur politique gabonais a cristallisé le sentiment d'appartenance de son ethnie au pouvoir sur une logique : l'accès à une situation de rente (gouvernement et/ou haute administration publique ou privée). Pour cela, il va jouer sur le registre de la victimisation de son ethnie par le pouvoir politique. Dans ce registre, chacun va évaluer et estimer la prise en compte de ses intérêts par le parti unique et la capacité d'Omar Bongo à l'intégrer dans une situation de rente. Dans le cas contraire, la non-prise en compte de son ethnie dans le système devient un catalyseur pour l'entrepreneur politique.

En effet, cette situation est exploitée comme « *un catalyseur de ce sentiment d'appartenance : l'ennemi qui menace nos vies et nos biens nous solidarise dans une posture défensive et nous jette dans une adhésion obéissante à ceux qui organisent notre défense* »[24].

Pour la pérennité de son pouvoir, Omar Bongo, en bon stratège, anticipe toute velléité. Dans ses propos, il n'aura de cesse de répéter que « *personne ne saura oublié, il n'y a pas de province supérieure à une autre encore moins*

[24] J. Tournon et R. Maiz, (sous la dir), *Ethnicisme et politique*, Paris, l'Harmattan, 2005, p. 35.

d'ethnie supérieure à une autre ». Le caractère pléthorique des Gouvernements qu'il forme, entre 1968 et 1981, comme Chef du Gouvernement d'abord et puis entre 1981 et 2009 par les différents Premiers Ministres qu'il nomme, le justifie. La faconde populaire affuble à ces Gouvernements successifs, le qualificatif d'orchestre de « 50+1 » ou de « 55+1 » en fonction de l'hypertrophie gouvernementale c'est-à-dire cinquante membres du Gouvernement et son chef ou plus.

Cette pratique de la géopolitique est confirmée par les propos de Messieurs Jules Aristide Bourdes Ogouliguende et Jacques Igoho, deux anciens Ministres, sous la présidence Bongo. Monsieur Jules Aristide Bourdes Ogouliguende dira : « *Nous ne sommes pas rentrés au gouvernement compte tenu de nos diplômes, mais beaucoup plus à cause de la géopolitique, pour représenter une communauté ou une province* »[25]. Monsieur Jacques Igoho confirme en disant : « *La géopolitique fait du ministre, le ministre de son village. La multiplication des ministres au gouvernement étant dictée par la volonté de représenter chaque région. Afin que celui-ci s'occupe des siens* »[26].

S'agissant du développement du clientélisme politique, on note dans les propos de Monsieur Igoho, la confirmation de cette pratique. Laquelle dans certains cas a été source d'une vive polémique en 1994 entre la Ministre Angèle Ondo et le Ministre Victor Mapangou Moucani Muetsa.

> La réponse de la première au second tenait dans cette vigoureuse tirade..: « M. Le Ministre, permettez-moi de vous rappeler que l'équilibre présent de notre système politique repose sur la représentativité politique et ethnique. (...) Tout dirigeant politique a parmi ses responsabilités, celle de placer les cadres de sa province. Cette responsabilité, je l'ai assumée, je l'assume et je l'assumerai encore. M. Le Ministre, croyez-moi, je comprends que vous ayez besoin impérativement de placer les vôtres (politiques, ethnies, et famille). Comprenez bien que cela fait partie de vos obligations, mais de grâce, assumez-vous ! »[27]

Il ressort *in fine* que le rôle de l'entrepreneur politique face au pouvoir et le développement du phénomène du clientélisme répondent à des finalités différentes : une meilleure prise en compte dans la représentativité des ressources humaines des nationalités, d'une part, et d'autre part, exprime davantage l'emprise des oligarchies sur la vie nationale.

---

[25] Entretien avec Monsieur J. A. Bourdes Ogouliguende le 21 décembre1999 à Libreville, A.F. Makindey, *Le personnel gouvernemental gabonais 1968-1981 : Approche prosopographique d'une élite politique,* Thèse de Doctorat en Histoire Contemporaine, Université de Bordeaux 3, Tome 1, Bordeaux, 2005, p. 248.

[26] Entretien avec Monsieur J. Igoho le 06 fevrier 2000 à Libreville, *id.*

[27] L'Union 1994 cité par F.P.Nze-Nguema et P. Maranda, *l'unité dans la diversité culturelle. Une geste bantu,* Mérignac, co-édition Chaire Unesco en sciences sociales (UOB) et CENAREST, Tome 1 (nouvelle édition revue et corrigée), *Op.cit.,* p.154.

C. La pratique de l'ethnication politique : un frein au développement du pays

L'ethnication politique comme frein au développement du Gabon s'apprécie pour notre analyse à partir de trois éléments :

- Les conséquences de la pratique de la géopolitique ;
- La naissance des partis politiques à caractère communautaire ;
- Le repli identitaire perceptible lors de l'élection présidentielle anticipée de 2009.

La pratique de la géopolitique qui se conjugue du rôle de l'entrepreneur politique et du développement des oligarchies nationales a pour première conséquence majeure : l'impunité, comme forme de gestion de l'administration et de l'État.

En effet, la recherche de l'adhésion populaire au monopartisme et partant à sa politique, a été pour le Président Bongo, un souci constant et la géopolitique, une réponse à sa démarche. Pour les oligarchies et les entrepreneurs politiques, l'adhésion à sa politique passe par la prise en compte par le Président Bongo de leurs intérêts particuliers au détriment de l'intérêt général. En cela, chacun considère sa position au sein de l'administration comme un bien personnel sans redition de comptes avec des conséquences dans la gestion des deniers publics.

Au plan politique on assiste, à partir de 1990, à la naissance de nombreux partis politiques, dont certains sont à caractère ethnique. Certains partis qui ne le sont que de nom n'ont pas d'audience politique en dehors des origines géographiques de leurs leaders. On constate aussi « *que la majorité des partis politiques ne semblent pas avoir été créés pour accomplir la principale fonction des partis, à savoir la conquête et l'exercice du pouvoir. Les partis politiques, au-delà de la modalité de mobilisation des ressources qu'ils constituent, apparaissent comme des instruments de survie et d'existence de leurs fondateurs, des outils plus ou moins efficaces de négociations futures* »[28]. Cette posture des acteurs politiques multipartistes s'inscrit dans le droit fil de l'attitude de l'entrepreneur politique sous le monopartisme.

On note, avec la naissance des partis à caractère ethnique, une régression par rapport au fonctionnement de la scène politique au début de l'indépendance. En effet, durant cette période, on constate que chaque acteur politique, non originaire, pouvait librement se présenter dans la localité de son choix pour autant qu'il fût investi par son parti. Aujourd'hui, à part Libreville et Port-Gentil, cette pratique est difficilement acquise dans les partis politiques. Et pourtant, avant 1968, cette pratique était courante. On peut citer pour exemple, la victoire dans la province de la Ngounié, de Jean Hilaire Aubame, le natif des lieux, Vincent de Paul Nyonda[29].

Enfin en 2009, lors de l'élection présidentielle anticipée, on note la candidature d'André Mba Obame, un baron du régime Bongo, en rupture de ban avec

---

[28] T. Bakary, « La vie politique en Afrique noire francophone entre pesanteurs et métamorphoses », communication au symposium international de Bamako, p. 326

[29] Voir l'Oraison funèbre du second au premier, citée par F. P. Nze-Nguema in *l'État au Gabon de 1929 à 1990. Le partage institutionnel du pouvoir,* p.221.

ses camarades du Parti Démocratique Gabonais (PDG), dont le discours « populiste » a séduit les couches opprimées.

Pour la communauté fang, André Mba Obame, affublé du qualificatif de « Moïse », est apparu comme le sauveur dont la mission était de permettre à cette nationalité d'accéder à nouveau à la Présidence de la République depuis la mort de Léon Mba, en 1967.

Face à cette situation, la riposte des autres communautés ethniques va s'organiser avec cet acronyme : « T.S.F » c'est-à-dire « Tout Sauf un Fang » au pouvoir.

Ce « T.S.F » aujourd'hui le leitmotiv, peut évoluer et devenir demain : « T.S.P » Tout Sauf un Punu ou « T.S.N » Tout Sauf un Nzebi. Dans ce registre de négation de l'Autre, à chacun son ennemi. Une telle posture fait le lit du rejet de l'Autre, de l'intolérance, par ricochet de la haine de soi, et tout un refus à l'unité comme repris dans le refrain de l'hymne national « la Concorde ». Les couplets 3 et 4 sont illustratifs : *« Oui que le temps heureux rêvé par nos ancêtres arrive enfin chez nous, réjouisse les êtres, et chasse les sorciers, ces perfides trompeurs. Qui semaient le poison et répandaient la peur. Afin qu'aux yeux du monde et des nations amies le Gabon immortel reste digne d'envie, Oublions nos querelles, ensemble bâtissons l'édifice nouveau auquel tous nous rêvons. »*

Dans ce registre de l'exacerbation des contrastes, on pourrait voir naître des oppositions qui peuvent être dévastatrices pour l'unité du pays. Lesquelles oppositions « *occultent alors les convergences profondes, les fraternités originelles qui donnaient à des peuples de vivre en harmonie* »[30].

En filigrane, le problème que soulève cette haine de l'Autre peut trouver sa source dans la dimension démographique. En effet, selon les statistiques, la nationalité Fang, répartie dans cinq des neuf provinces du pays, est la plus nombreuse. Sur cette base, on prête, à tort ou à raison à cette nationalité, d'être hégémonique, aussi bien dans l'administration que sur l'échiquier politique. À cause du nombre, on peut penser que les Fangs, parce que plus nombreux, vont rafler la mise lors de élections. Une telle vision, si tant est qu'elle soit plausible pour l'acteur politique, doit être relativisée. En effet, bien qu'étant démographiquement une des nationalités dominantes, il reste cependant une réalité : la coalition des autres nationalités pourrait mettre en mal l'hégémonie du peuple fang sur l'échiquier politique national. Par conséquent, cette crainte ne se justifie nullement si l'on veut construire ce pays.

Précisons enfin que ce discours qui a fait florès en 2009, est une pure fabrication des « pseudos acteurs politiques et intellectuels » qui est en contradiction avec le fonctionnement des populations gabonaises. Car celles-ci ont intériorisé l'idée du vivre ensemble comme fondement de la construction de l'État-Nation gabonais.

[30] F.P.Nze-Nguema et P.Maranda, *L'Unité dans la diversité culturelle. Une geste Bantu*, Libreville, Co-édition Chaire Unesco en Sciences Sociales et les Editions du CENAREST, nouvelle édition revue et abrégée, p. 26.

CONCLUSION

À l'orée de l'indépendance du Gabon et après, la volonté de parvenir à l'unité de la Nation gabonaise peut s'apprécier à travers nombre d'éléments dont, entre autres : l'hymne national « La Concorde » et le slogan politique « Gabon d'abord » et l'avènement du monopartisme.

Les premiers bâtisseurs du Gabon moderne ont compris que le pays ne pouvait entamer sa marche vers le développement sans la mise en commun des intelligences de toutes les nationalités. Le Président Léon Mba n'a pas hésité à intégrer le phénomène communautaire dans la composition des cabinets ministériels qu'il a composés. Mais avec le Président Bongo, ce phénomène s'est progressivement installé pour devenir une norme pour la promotion et la gestion des postes politiques et administratifs. En revanche, on constate, depuis l'instauration du monopartisme, un reniement des éléments constitutifs de la Nation gabonaise, par la destruction des lieux de mémoire, l'absence de l'éducation au national et l'amnésie collective qui a prévalu durant cette période. Ce reniement est entretenu par l'État qui s'est peu préoccupé du rôle essentiel que doit jouer la science historique dans la construction de la Nation gabonaise.

Tout au long de notre réflexion, nous avons relevé que l'instrumentalisation de l'ethnie s'apprécie à la lumière de la distribution des postes politiques et administratifs.

Cette instrumentalisation porte en creux deux phénomènes : le rôle de l'entrepreneur politique face au pouvoir et le développement du clientélisme politique. Il ressort *in fine* que le rôle de l'entrepreneur politique face au pouvoir et le développement du phénomène du clientélisme répondent à des finalités différentes : une meilleure prise en compte dans la représentativité des ressources humaines des nationalités, d'une part, et d'autre part, l'emprise des oligarchies sur la vie nationale.

Cette pratique a pour première conséquence majeure : l'impunité comme forme de gestion de l'administration et de l'État parce que le pouvoir ne souhaite nullement s'aliéner les oligarchies nationales et leurs soutiens ainsi que les nationalités.

Enfin, l'instrumentalisation des nationalités ne peut masquer les faiblesses d'un régime qui n'arrive pas à créer des conditions d'un mieux-être collectif, comme en témoignent les propos du Président Bongo, le 5 janvier 2009, lors de son discours de présentation des vœux aux forces vives de la Nation : « *Dieu ne nous a pas dit de faire de ce pays ce que nous sommes en train de faire. Il nous observe et le jour où il voudra nous sanctionner, il le fera…* ». Cet aveu de celui qui a présidé aux destinées de ce pays pendant quarante-deux ans, résonne comme un échec. En revanche, ce régime, par cette pratique, a réuni les modalités de frustrations communautaires qui sont à l'origine d'un des maux que les Gabonais ont pu vivre lors de l'élection présidentielle anticipée de 2009 : le repli identitaire.

SOURCES ET BIBLIOGRAPHIE

SOURCES

Décret N° 420/PR/DN, fixant les attributions du Ministre délégué à la Présidence de la République chargé de la Défense Nationale et des Anciens Combattants, J.O.R.G du 1er et 15 avril 1980.

Échos du Nord, n°112 du lundi 5 décembre 2011.

Gabon Matin, n° 1091.

Hebdo Info, n° 519, 13 mai 2006.

Journal des débats de l'Assemblée Territoriale du Gabon, du 25 avril au 17 mai 1952,

Le Bongoisme et la politique intérieure, Présidence de la République, Département de l'Information, Libreville, Archives Nationales de la République Gabonaise, Politique Intérieure.

L'Union 1994.

BIBLIOGRAPHIE

Gemdev, *Les avatars de l'État en Afrique,* Paris, Karthala, 1997, 338 p.

G. Madzou, *Le pouvoir ethnique en Afrique. Autopsie de la violence hiérarchique,* Paris, l'Harmattan, 2005, 300 p.

N. Metegue N'nah, *Histoire du Gabon. Des origines à l'aube du XXIè siècle,* Paris, l'Harmattan, 2006, 366 p.

W.A. Ndombet, *Partis politiques et Unité nationale au Gabon (1957-1989),* Paris, Karthala, 2009, 208 p.

G. Noiriel, *Introduction à la socio-histoire,* Paris, la Découverte, 2006

H. Nsika-Nkaya et A.Yila, *Le tribalisme en question,* Paris, l'Harmattan, 2005, 92 p.

F.P. Nze-Nguema et P.Maranda, *L'unité dans la diversité culturelle. Une geste bantu,* Mérignac, co-édition Chaire Unesco en sciences sociales (UOB) et CENAREST, Tome 1 (nouvelle édition revue et corrigée), 2014.

F.P. Nze-Nguema, *L'État au Gabon de 1929 à 1990. Le partage institutionnel du pouvoir,* Paris, l' Harmattan, 239 p.

J.Rex, *Ethnicité et citoyenneté. La sociologie des sociétés multiculturelles. Textes sélectionnés, traduits de l'anglais et introduits par Ch. Bertossi,* Paris, l'Harmattan, 2006, 179 p.

D. Schapper, *La communauté des citoyens*, Paris, Gallimard, 2004

J. Tournon et R.Maiz, (sous la dir), *Ethnicisme et politique,* Paris, l'Harmattan, 2005, 363 p.

Thèses

X.B. Kitsimbou, *La démocratie et les réalités ethniques au Congo,* Thèse de Doctorat de Sciences Politiques, Université de Nancy II, Nancy, 2001.

A.F. Makindey, *Le personnel gouvernemental gabonais 1968-1981 : Approche prosopographique d'une élite politique,* Thèse de Doctorat en Histoire Contemporaine, Université de Bordeaux 3, Tome 1 et Tome 2, Bordeaux, 2005, 601 p.

A. Mba Obame, *Société politique au Gabon. Contribution à l'étude de la nature patrimoniale du système politique gabonais,* Thèse de Doctorat de 3ème Cycle, Sociologie Politique, Université Paris I, Paris, 1984.

Revues

M.Bazex, « Les prérogatives juridiques du ministère de l'économie et des finances : pouvoirs et privilèges », cité (notes bleues n° 369), *Pouvoirs,* n° 53, pp. 89-99.

J.-Y.Haberer, « Le ministère de l'économie et des finances et la politique monétaire », *Pouvoirs,* n° 53, Paris, PUF, 1990, pp. 27-36.

B.Tessy, « La vie politique en Afrique noire francophone entre pesanteurs et métamorphoses », communication au symposium international de Bamako, p. 326.

ARMÉE ET UNITÉ NATIONALE EN AFRIQUE POST-INDÉPENDANTE : LE CAS DU CAMEROUN (1960-1984)

Virginie Wanyaka Bonguen Oyongmen
Université de Yaoundé I/ Cameroun

RÉSUMÉ

En tous temps et en tous lieux, l'armée a toujours été présentée comme l'instrument majeur de la préservation de l'intégrité territoriale. Elle a donc été toujours vue comme un véhicule de la violence et du non-respect de certaines règles étatiques. Sur cette base, peut-elle être considérée comme le creuset de l'unité nationale ? Un avis que nous partageons sans réserve. À la lumière de certaines argumentations, cette communication vise à montrer qu'outre ses missions cardinales, l'armée camerounaise post-indépendance peut être perçue comme un vecteur d'unité nationale, pour peu qu'elle associe à ses actions un pan social tourné vers les populations.

MOTS CLÉS

Afrique, Cameroun, Forces armées, Unité nationale, Intégration nationale.

INTRODUCTION

Au Cameroun, les concepts d'unité nationale, d'intégration nationale, etc., reviennent de manière récurrente dans les discours des personnalités politiques. Où que l'on se trouve, en effet, dans quelque administration où l'on se place, ces notions ont droit de cité ; elles sont utilisées, parfois avec une certaine redondance, ce qui accrédite l'idée selon laquelle elles sont en net recul ou, pour tout dire, en danger, dans la société camerounaise. Or, il fut une époque où les Africains, d'une manière générale et les Camerounais, en particulier, ne faisaient guère grand cas de ces questions.Et pour cause ! Elles faisaient partie de leurs gènes ; elles étaient des éléments constitutifs de leurs êtres. Frères, ils l'étaient en tous temps et en tous lieux,parce que partageant les mêmes valeurs.

De nos jours, cela s'avère difficile car des idées nouvelles,ayant pour socle le repli identitaire, le nombrilisme communautaire, le commun partage des pratiques fondées sur des valeurs étriquées, ont pris possession du vécu national et ont durablement investi notre société. Ethnicité, tribalisme, appartenance clanique etc., font désormais partie de notre agir et de notre vécu quotidien, compromettant ainsi notre « vouloir vivre ensemble », notre « endogénéité » et, plus largement, le développement du continent.

À l'heure où l'Afrique fait face à des défis majeurs pour être ce continent qui compte ; au moment où le Cameroun s'est engagé résolument dans une voie de modernité et de transformation tous azimuts en vue de devenir un État émergent, quelle place peut occuper l'armée camerounaise ? Peut-elle jouer le rôle de digue face à ces travers ? Au-delà de sa mission traditionnelle qui est de préserver l'intégrité territoriale, peut-elle être perçue comme cet instrument pouvant permettre de parvenir et de consolider l'unité nationale ? Plus largement, qu'en a-t-il été entre 1960 et 1984 ? Pour y répondre, nous nous sommes appuyée sur l'Anthologie des discours du Président de la République des premières années du Cameroun post-indépendant, en l'occurrence Ahmadou Ahidjo. L'examen de ses discours nous a ainsi permis de comprendre l'orientation qu'il donna au concept d'unité nationale et comment les juristes appréhendèrent cette notion.[1]Il nous a aussi offert l'occasion de savoir que l'armée, ce grand corps de l'État, possède des capacités pour maintenir les pays dans la voie unitaire en ce sens qu'elle est le lieu de brassage ethnique et d'unification nationale. Elle peut, au besoin atténuer les tensions tribales pour le bien-être de la nation tout entière. Mais, l'existence des conflits ethniques ou tribaux en son sein n'est pas à exclure car le recrutement est en grande partie orienté par le politique. Au-delà de cette vision quelque peu subjective, mais réelle, l'armée, en Afrique, joue parfois un rôle unificateur et participe à la construction des États.Le choix fait sur l'armée camerounaise n'est nullement fortuit. En effet, au Cameroun, les jalons de ce concept remontent à une époque reculée de l'histoire de ce pays, plus exactement lors des revendications nationalistes.

Cette idée, disions-nous, coïncide avec l'éveil des idées émancipatrices et la volonté des nationalistes de vouloir réunir le Cameroun, séparé depuis la première Guerre Mondiale. Le Président Ahmadou Ahidjo, au lendemain de l'accession de son pays à la souveraineté nationale et internationale, reprendra à

---

[1] L'unité nationale vue par les juristes est un concept groupé qu'il faut désunir pour mieux le comprendre. D'après le dictionnaire de droit constitutionnel, une population ne peut former une nation que si les individus qui la composent ont conscience de faire partie d'une communauté ancrée dans l'histoire, caractérisée par certains traits culturels et animée d'un vouloir vivre ensemble. L'unité, quant à elle, se réfère au caractère de ce qui est un, unique, indivisible. À partir de ces ébauches de définitions, nous pouvons dès lors comprendre ce mot groupé qui renvoie à la croyance, à l'appartenance à une même idéologie. Cf C. V.Nouazikeng, « La constitutionnalisation de l'unité nationale au Cameroun », dans *Actes du Colloque du Cinquantenaire de la Réunification du Cameroun*, Douala, 13-14 février 2013, FLSH, Juillet 2013, p. 239.

son actif, les idées d'unicité, de construction et d'intégration. Sa politique fut essentiellement basée sur l'atteinte de ses objectifs, quoique cela ne fût guère aisé durant la première période de sa magistrature.[2]Il faut relever que l'armée, plus que toute autre administration, fut le lieu d'excellence, d'application de telles notions. Sur cette base, peut-on dire des forces armées camerounaises qu'elles furent un vecteur d'union nationale ? Ainsi est notre problématique. Certes, ce sujet n'est pas neuf car maints travaux ont été réalisés dans le domaine, tout comme l'ont été les approches aussi diverses que variées qui abordent ces concepts. Mais il faut dire qu'ils l'ont été, pour l'essentiel, sous le prisme purement politique !De plus, il faut retenir que très peu de scientifiques se sont penchés véritablement sur la question de l'apport de l'armée à la construction de l'unité nationale en Afrique et plus particulièrement au Cameroun ! D'où la nécessité de nous y intéresser.

Dans cette optique, nous axerons notre réflexion sur deux points. Le premier nous offrira l'opportunité de faire le point sur l'armée camerounaise entre 1960 et 1972. Le second nous permettra de montrer sa structuration entre 1972 et 1984.

I. L'ARMÉE CAMEROUNAISE, ENTRE 1960 ET 1972 : UNE ARMÉE RÉPUBLICAINE

Quiconque jette un regard averti sur l'armée camerounaise entre 1960 et 1972, ne peut que se rendre à l'évidence : cette structure était républicaine. Et pour cause : elle était pétrie de valeurs et des notions d'éthique qui visaient la Nation, le bien commun, au sens où celui que les Romains, dans l'Antiquité désignèrent sous le qualificatif *d'homo Arpinatus*, autrement dit l'Arpinate, Cicéron, l'avait prescrit, dans son *De Republica*, par ces termes : *Respublica, Res populi*. Comment comprendre cette tendance ?

A. Un recrutement de qualité

Par recrutement, il faut entendre le biais par lequel l'on intègre ce corps spécial. Autrement dit, comment procède-on pour faire partie de l'armée ? Le recrutement est l'action d'engager du personnel, d'amener un individu à faire partie d'une structure, d'une institution ou d'une société. Dans l'armée, il existe deux types de recrutement : le recrutement vertical et le recrutement horizontal.[3]

[2] De l'indépendance du Cameroun en 1960 à la pacification totale du Cameroun avec l'exécution d'Ernest Ouandié en 1971, le Président Ahmadou Ahidjo n'eut pas de répit. Ce fut une période très difficile où il se devait absolument d'asseoir son régime mais, il ne le put.

[3] Le recrutement est dit vertical lorsqu'il comporte des personnels de toutes les tranches d'âge mobilisés par opposition au recrutement dit horizontal qui ne comporte que des personnels d'un seul contingent. Cf. *Dictionnaire de la Défense et des Forces Armées, Les Hommes, Les Moyens, Les Missions*, Paris, Larousse, 1988, p.256.

Le recrutement dans les forces armées répond à certains critères et se passe à trois niveaux.

Le premier niveau concerne les soldats et hommes de troupes et, le diplôme exigé, est le Certificat d'Etudes Primaires (CEP) anciennement appelé Certificat d'Etudes Primaires et Elémentaires (CEPE). Au deuxième niveau, il s'agit des sous-officiers, c'est-à-dire des militaires dont le grade de base est celui de sergent. Le diplôme requis en est le probatoire. Enfin, le troisième niveau concerne en règle générale les officiers. Le diplôme exigé en est le Baccalauréat, assorti des diplômes universitaires suivants : Deug 1 ou 2 pour les Aspirants ; Licence, Maîtrise, Doctorat, Ingénieur polytechnicien, etc., pour les grades de Lieutenant et de Capitaine.[4]En outre, il y a lieu de signaler que les élèves officiers d'actives sont recrutés par voie de concours : niveau baccalauréat pour les militaires et pour ceux des sous-officiers bénéficiant d'une ancienneté de dix (10) ans dans l'armée. Quant au personnel recruté comme élèves pilotes de chasse et de transport, ils suivent dans un premier temps des stages de formation technique à l'étranger et, dès leur retour au Cameroun, reçoivent une formation complémentaire d'une année scindée en trois périodes : une formation spécifique dans une base de l'armée de l'air ; une formation spécifique air dans une base l'armée de l'air et un stage parachutiste obligatoire à Koutaba, pour parfaire leur scolarité.[5]

Pour le niveau I, le recrutement se passe dans tous les départements du Cameroun et s'effectue par le biais d'une commission de recrutement désignée par le Ministre délégué à la Présidence chargé de la Défense. Les quotas sont à l'appréciation de la hiérarchie. Le recrutement du niveau II, quant à lui, se passe par test psychotechnique en liaison avec la mission de coopération militaire dans les centres des pays formateurs.

En somme, le recrutement dans l'armée camerounaise se fait par voie d'engagement volontaire ou par concours. La spontanéité, quoiqu'importante, est toujours insuffisante car, dans aucune nation, très peu de militaires désirent faire la guerre comme simples soldats. La prestance que confère le grade d'officier ne mettant pas directement les hauts gradés dans le feu de l'action est très prisée. Mais, il faut dire que la conjoncture économique camerounaise ne donne guère de possibilités de choix à une jeunesse surdiplômée. Le premier emploi est le bienvenu, pourvu que l'on sorte de ce fléau qu'est le chômage, quitte à commencer par le grade de soldat, dénigrant peut-être mais, avec au final, offrant la possibilité d'effectuer des concours internes pour une revalorisation. Au-delà, le recrutement dans l'armée permet aux différents engagés qui viennent d'horizons divers d'apprendre à se connaître et à constituer une grande famille ; une famille appelée à vivre ensemble et à faire face aux vicissitudes de la vie sous les drapeaux.

[4] V., Wanyaka Bonguen O.., *Forces armées et développement économique et social au Cameroun de 1960 à nos jours*, Mémoire de Maîtrise en Histoire, Université de Yaoundé I, 1998, pp.39-40

[5] *Ibid.*, p. 41

B. Une formation accélérée des cadres militaires

L'armée camerounaise a vu le jour le 11 novembre 1959, suivant l'ordonnance 59-57 du 11 novembre 1959.[6] Les raisons de la création de ce corps étaient un peu diffuses. Après moult débats à l'Assemblée nationale[7], le Cameroun a vu se profiler à l'horizon une armée nationale. La question qui revint et qui hanta les esprits fut : où trouver des cadres pour diriger la jeune armée qui s'est mise en place ? Comment fallait-il les former ? Devrait-t-on continuer à utiliser les militaires français comme ce fut le cas avant l'indépendance ? Les accords de coopération militaire signés courant 1960 le permettait mais, il fallait dès cette date,penser à la relève. Or, à l'indépendance du Cameroun, il était difficile de former les recrues car, hormis le centre d'instruction de Buéa, ancien quartier général de la Schulztruppe, appartenant depuis la fin de la Grande Guerre aux britanniques, il n'existait aucun autre centre d'instruction de formation des échelons subordonnés au Cameroun. La plupart des engagés ou appelés furent formés sur le terrain après acquisition des B.A-BA du métier de militaire. Malgré ces manquements en matière de formation, le recrutement se poursuivit, la priorité pour le gouvernement n'étant pas seulement d'avoir une armée, mais des hommes en grand nombre pour lutter contre le maquis sévissant dans la région du Mungo et en pays bamiléké.

Aussi, la première promotion des cadres de l'armée camerounaise fut-elle celle de 1960. Les officiers recrutés sur titre avaient une mission particulière : enrayer la rébellion dans la région bamiléké. L'Ecole militaire interarmes du Cameroun créée en 1959 se chargea de la formation de l'élite. Cette structure ayant atteint le maximum de recrues (60 au total), d'autres furent engagés volontairement et envoyés dans les pays amis pour y subir leur formation.[8]Dans la même veine, il y eut réversion des militaires ayant servi dans l'armée coloniale française.[9] Après la réunification des deux Cameroun le 1^er^octobre 1961, des pourparlers entrepris entre les gouvernements camerounais et nigérians permirent à ceux des militaires camerounais ayant servi dans l'armée coloniale

[6] *Livre d'or des Forces Armées camerounaises 1960-1980*, Paris, Ed. Media, NP.

[7] Il faut dire que la date exacte de cette école n'est pas connue car l'ordonnance 59-57 du 11novembre 1959 portant création de l'armée camerounaise n'en fait pas cas ; par contre, c'est le Décret n°60-148 du 27 octobre 1960 portant organisation générale du Ministère des Forces Armées, qui dans son article 23 stipule : « *La formation supérieure militaire est assurée par l'Ecole militaire d'aspirants, d'officiers et d'enseignement supérieur militaire qui relève directement de l'État-major général des armées (8ème bureau) en ce qui concerne leur statut et les programmes d'instruction.* » cité par Bienvenu Afanda, *L'Ecole Militaire Interarmes du Cameroun de 1960 à nos jours. Essai d'analyse historique* », Mémoire de maîtrise en Histoire, Université de Yaoundé I, 2000, p. 35. Nous retrouvons également ce décret dans le JOEC n° 1333 du 13 novembre 1959, p. 1567.

[8] En République Centrafricaine, particulièrement à Bouar puis à Cherchell en Algérie pour y achever leur formation.

[9] Contrairement aux armées créées sur le continent, la France ne put le faire au Cameroun car le pays était sous mandat particulier.

britannique d'intégrer l'armée camerounaise. Certains le firent, d'autres estimèrent devoir continuer avec leurs anciens attributs. Ceux des officiers qui rentrèrent dans l'armée nationale camerounaise étaient, contrairement à leurs homologues de la zone française, des militaires (officiers, sous- officiers et soldats) aguerris à la bataille terrestre et formés dans les académies militaires britanniques.[10]

À côté du recrutement des cadres de l'armée, il y eut la composition de différents bataillons.[11] Les différents éléments qui constituèrent ceux-ci provenaient de l'armée française. À ces éléments, s'ajoutèrent les militaires camerounais en provenance de l'armée nigériane après la réunification. Le premier bataillon était composé de 4 compagnies ; le deuxième bataillon de 3 compagnies.[12]

Certains auteurs avancent la faiblesse des effectifs dans l'armée camerounaise dans sa première décennie d'existence mais nous ne partageons pas ce point de vue car, durant cette période, le recrutement a été massif. Il fallait des hommes en quantité suffisante pour venir à bout de la rébellion. Pour ce qui est des cadres, l'armée comptait environ une centaine d'officiers allant du grade de sous-lieutenant à celui de colonel.[13]Pour une meilleure compréhension, il importe de ne pas oublier le contexte prévalant à cette époque et de situer le problème dans un contexte précis. Et, en cela, nous pensons qu'au vu de la population du Cameroun à cette époque[14], les effectifs de l'armée étaient suffisants, surtout si l'on suppose un (1) militaire pour dix (10) habitants. La rébellion endiguée, l'armée orienta son action vers d'autres plans. Ce furent : le développement économique et social et la consolidation de l'unité nationale.

II. L'ARMÉE COMME BASE DE DÉVELOPPEMENT ÉCONOMIQUE, SOCIAL ET CULTUREL ET COMME CREUSET DE L'UNITÉ NATIONALE : 1972-1984

Les derniers nids du maquis éradiqués, l'orientation de l'armée devint différente. Ce grand corps de l'État s'est vu confier, en effet, dès 1972, des tâches économiques. C'est dans ce sens que le Président Ahmadou Ahidjo, lors des festivités marquant le 20ème anniversaire des forces armées en 1980, tint ces propos : *« Qu'il est du devoir de tous, du devoir de chaque camerounais, de demeurer vigilant et d'être toujours en mesure, en toutes circonstances, de pré-*

---

[10] Nous pouvons citer le Capitaine Titus Malongué, les Lieutenants Hans Anagho, James Tataw et bien d'autres.

[11] Un bataillon est une unité militaire regroupant plusieurs compagnies d'infanterie, d'élèves et de services. Le bataillon est commandé par un officier supérieur.

[12] La compagnie, quant à elle, est une unité élémentaire généralement commandée par un capitaine. La compagnie a un effectif variable et regroupe plusieurs sections, pelotons ou brigades.

[13] Cf. *Annuaire des officiers des forces armées camerounaises*, 1988. NP.

[14] La population camerounaise dans les années 1960 était estimée à environ 6 millions d'habitants.

server efficacement nos précieux acquis dans les domaines de l'indépendance nationale, l'intégrité de notre territoire, de la consolidation de notre unité nationale et de la poursuite de notre développement économique, social et culturel ».[15]

Ce discours, bien évidemment, rentrait dans sa politique générale ; mais une nouveauté apparaît : un accent poussé est mis sur le devoir du militaire vis-à-vis de la nation. Dorénavant, il ne s'agissait plus, pour le militaire, d'assurer la défense de son territoire, uniquement, et de veiller à la préservation de l'identité nationale. Pour la première fois, il lui était requis d'autres missions, toutes nouvelles : donner une assise plus grande et plus large à l'unité nationale, autrement dit de toutes les filles et de tous les fils du pays en même temps qu'il était demandé de participer au développement économique, social et culturel du pays. Derrière cette sensibilisation, il y a inévitablement réorientation du rôle de l'armée. L'armée et la population s'associent et ne forment qu'un bloc, homogène et uni, qui regardent dans la même direction et qui fonctionnent comme un tout organique. Ils sont un et un seul corps homogène ! Ils sont une entité une et indivisible ! Ses propos ne laissent donc aucun doute : désormais toutes les couches sociales doivent tout mettre en œuvre et fonctionner à l'unisson, pour participer à l'édification de la nation ! Le président Ahidjo cherche ainsi à faire comprendre aux Camerounais dans leur entièreté que la défense d'un État n'est pas la chasse gardée de l'armée, mais une affaire de tous ; comme auraient dit les Romains dans l'Antiquité, c'est une *communis actio* ! Une complémentarité à développer et à entretenir afin que toutes les couches sociales se sentent concernées dans le but de mener le pays à des cimes élevées. Déjà en août 1975, lors de la sortie des élèves officiers de la 10ème promotion, ne disait-il pas : « *Les armées ne suffisent plus pour sauver une nation, tandis qu'une nation défendue par un peuple est invincible.*» ?[16]

D'ailleurs, longtemps avant lui, le président Mao Tsé Toung qui avait compris la puissance du peuple dans une nation avait en son temps développé cette théorie de l'imbrication de l'armée dans la Nation, en déclarant : *l'armée populaire a une valeur supérieure à une armée de métier.*[17]

L'armée était donc avant-gardiste. C'est dans ce sens qu'Ahmadou Ahidjo avait tenu ces propos : *« Je sais que leur sens d'élève du devoir, leur patriotisme et leur loyalisme sont garants de l'engagement et de la disponibilité permanente dans le cadre de leur mission d'avant-garde. »*[18] En tenant ces propos et en donnant une telle orientation à son armée en même temps qu'il en faisait un corps lié au peuple, le Président de la République était conscient d'une chose : son peuple avait un énorme potentiel ; il comprenait de fortes élites,

---

[15] *Livre d'Or des Forces Armées Camerounaises*, Doc.inédit.

[16] V. Hameni Bieleu, *Politique de défense et de sécurité nationale au Cameroun*, Paris, l'Harmattan, 2012, p. 183.

[17] *Ibid.*, p. 185.

[18] Ahmadou Ahidjo, *Anthologie des discours 1957-1979*, Les Nouvelles Éditions Africaines, Tome 4, 1980, p. 1780

susceptibles de parvenir à cette mission. Il savait aussi que le corps social était discipliné et doté d'une haute conscience civique et morale. Il était aussi persuadé que les groupes sociaux étaient capables de forte mobilisation à un moment clé de son histoire et de la vie de sa Nation. Il ne faisait alors que servir de catalyseur, de meneur d'hommes et de guide ! La construction de l'unité nationale s'inscrivait alors dans cette même logique.

A. L'armée, comme creuset de l'unité nationale

L'armée en Afrique et dans le monde est la seule institution qui possède les capacités à arbitrer et à maintenir le pays dans la voie unitaire si elle le désire. En effet, les forces de défense camerounaises dans leurs diverses composantes, regroupent en leur sein et dans une parfaite harmonie toutes les sensibilités ethniques, religieuses et culturelles de la nation[19].L'armée, plus que toute autre administration de l'État et du fait de ses missions régaliennes doit être l'exemple même. Les militaires en principe, n'agissent pas toujours pour eux-mêmes, ni pour une couche sociale, mais pour des valeurs intangibles parmi lesquelles le développement du pays[20]. Au Cameroun, le fait que l'armée associe grandement les populations à la défense du territoire contribue à leur conférer la notion de patrie.[21] Cet exercice permet aux individus d'intégrer mentalement le rôle primordial qu'ils jouent à l'édification de leur pays, car comme le ditAhmadou Ahidjo *: « Une armée qui fait corps avec le peuple, une armée nationale, une nation défendue par un peuple est invincible. La défense doit être nationale, globale, une affaire véritablement populaire »* [22]

Des propos qui tombent sous les sens ! Et pour cause : ils démontrent la place qu'occupe chaque corps de l'État dans le processus d'unité nationale. Mais plus encore, une posture qui démontre que l'armée se doit d'être cette cheville ouvrière devant mener à la réalisation des objectifs d'unicité en participant au développement économique et social de la nation.

D'ailleurs, le Président Ahidjo ne s'en est pas tenu uniquement à ces propos ! Il a soulevé d'autres, de la même veine, du même tonneau, où il revient sur la nécessaire cohésion nationale, sur la connexion peuple-armée, sur l'interconnexion entre l'armée et le peuple en vue d'une nécessaire construction nationale, d'une rentabilisation certaine, d'un patriotisme certain ; des propos tenus comme pour montrer le devoir des uns et des autres,pour booster les énergies des uns et des autres des futurs officiers sur le rôle qu'ils auraient à jouer au sein de la nation camerounaise. Il le faisait en connaissance de cause : ne savait-

---

[19] C. NkoaAtenga, « La contribution de l'armée de Terre aux acquis du cinquantenaire », dans *Honneur et fidélité*, mai 2010, p. 25

[20] J.C. Pabanel, *Les coups d'état militaires en Afrique noire*, Paris, l'Harmattan, 1984, p. 40

[21] Cet amour pour la patrie se manifeste à plusieurs échelles et beaucoup plus au sein de l'armée qui, en plus de ses missions régaliennes, doit être à l'écoute du peuple en la sécurisant contre toute forme d'attaque.

[22] Ahmadou Ahidjo, *op. cit.*, p. 1771

il pas que l'armée était au centre du dispositif de défense populaire et dans l'ordre de bataille, la population pouvait servir autant d'arrière-garde que d'avant-garde ? D'avant-garde parce qu'elle est au centre du dispositif du renseignement de proximité, et, comme le précise si bien Victorin HameniBieleu[23], d'arrière-garde parce qu'elle s'appuie sur l'intervention en dernier ressort de la population. Il tient alors à le rappeler. Voilà pourquoi le gouvernement avait maintenu la réserve armée par la préparation militaire ; une réserve armée qui était constituée de personnes sélectionnées, formées, entraînées et recyclées régulièrement en temps de paix en vue des missions de combat[24] ; une réserve armée qui pouvait-être activée lors des périodes de mobilisation par l'autorité militaire territorialement compétente et qui devait, dès lors, servir d'arrière-garde car ayant été sensibilisée et formée aux problèmes de la défense.Mais cette nouvelle orientation ne fut pas la seule ! Une autre fut mise en œuvre : le développement économique et social.

B. Une armée vouée au développement économique et social

Dans un discours prononcé à l'École Militaire Interarmes, en effet, le Président Ahmadou Ahidjo tint ces propos : « *Les forces armées constituent un important réservoir de cadres qui doivent être toujours plus efficacement mis au service de la nation* »[25]. Il ajouta ceci :

> Les forces armées sont aujourd'hui confrontées aux problèmes de développement, elles doivent s'adapter à cet impératif de notre temps ; elles ne doivent plus être simplement considérées comme un outil dont le rôle exclusif est de faire la guerre (…) une véritable mutation conceptuelle s'impose, qui doit permettre une utilisation rationnelle des forces vives qu'elles recèlent c'est-à-dire qui doit, sans compromettre leur capacité opérationnelle, permettre aux armées, grâce à la politique appropriée de formation professionnelle, de participer au développement économique et social de la nation.[26]

L'analyse de ces propos est assez claire. Le président Ahmadou Ahidjo montre par là même que la pacification du Cameroun étant achevée, l'armée qui fut créée hâtivement peut, dès lors vaquer à d'autres occupations. « *Les Nketu* » doivent se faire aimer des populations. La procédure ne fut pas aisée car ces dernières gardent à l'esprit les exactions commises par les forces de l'ordre à un moment précis de l'histoire du pays. La tâche difficile entreprise par l'armée va porter des fruits. En effet,ses différentes réalisations entreprises sur les plans économiques et sociaux vont amorcer un rapprochement avec la population et conduire l'État du Cameroun vers cette unicité si chère à Ahmadou Ahidjo.

---

[23] *Op. cit.*, p. 184
[24] *id.*, 185
[25] *Op. cit.*, p. 1170
[26] *Ibid.*

Photo n°1 : Convoi de militaire du Génie sur le tronçon Mundemba-Isangele-Akwa.

Source : *Honneur et Fidélité mai 2010*, p. 64.

La contribution de l'armée au développement économique du Cameroun se manifesta dans la réalisation des travaux confiés au génie militaire,[27]par la création des garnisons militaires dans des localités reculées, par la création des infirmeries de garnison et des écoles. Ces faits furent des éléments rapprochants qui permirent à la population de se sentir sécurisée par les troupes.

L'action de l'armée à la jeunesse fut initiée depuis 1973 par la mise sur pied du Service Civique National de participation au développement. Les objectifs de ce service étaient de venir en aide aux jeunes en difficulté scolaire. Les différents programmes[28] conçus par l'armée permirent l'insertion de ces jeunes dans les circuits économiques et sociaux.[29] À la suite fut créé l'Office National de Participation au développement (ONPD). Ce centre permit l'ouverture de plusieurs centres de formation dans certaines localités du Cameroun dont : Langui, Gwofon, Njoré, Laba, Yabassi, etc.

La contribution de l'armée sur le plan social se manifestant d'une part dans la préservation de la santé des Camerounais à travers les infirmeries de garnison. L'avantage de ces formations hospitalières militaires, fut de disposer de toute une imagerie médicale digne de certains hôpitaux civils.[30] D'autre part, il

---

[27] Cette unité spécialisée a réalisé d'énormes travaux de terrassement, de construction de route et d'habitation, de 1965 à 1984.

[28] Les différents programmes conçus par l'armée comportaient l'instruction civique, physique, culturelle et professionnelle.

[29] V. Ntuda Ebode, « L'armée accompagne l' 'émergence' du Cameroun », in *Honneur et Fidélité*, mai 2011, p. 13.

[30] D. Abwa, « Armée camerounaise, garante du développement socio-économique », in *Honneur et Fidélité*, mai 2011, p. 15.

est opportun de mettre en avant le rôle que joua l'action sociale militaire pendant l'absence temporaire ou définitive du chef de famille (le militaire allant en opération). En collaboration avec le ministère des affaires sociales, le bureau action sociale du ministère des forces armées contribua à l'éducation de la femme des militaires et la sensibilisa à tous les problèmes familiaux et conjugaux qu'elle pouvait rencontrer.

Les assistantes sociales jouèrent de même un rôle primordial en temps de conflit, en rapport avec le corps médical ; elles permirent, par leurs enquêtes à la hiérarchie militaire, de juger et d'apprécier l'état d'esprit des militaires au combat. Ce soutien de la base au front était très important en période d'hostilités, la base étant l'aide morale et matérielle qu'apporte le bureau d'action sociale aux victimes.

Ces faits ne laissent aucun doute sur les prévisions faites par le président Ahmadou Ahidjo qui avait prédit la place qu'occuperait l'armée dans l'avenir sur le plan économique et social. Il dit en effet dans un de ses discours : *« Les interventions des forces armées dans les tâches du développement sont déjà nombreuses et les résultats suffisamment éloquents. Nul doute que ces activités à caractère économique et social s'accroîtront encore davantage au cours des prochaines années.»*[31]Une retroprojective sur les 25 dernières années, permet d'affirmer que les prédictions du premier Président de la République du Cameroun se confirmèrent. Cela au regard des réalisations militaires dans le domaine du génie civil, de la construction de certaines dessertes à usage national, de la construction des établissements scolaires et centres de santé, toutes choses qui permirent ainsi l'amélioration de la vie de certaines couches défavorisées. Tout cela démontre donc *in fine* que, pour le Président Ahmadou Ahidjo, l'armée, outre ses missions traditionnelles, pouvait et devait participer activement à la construction d'une nation camerounaise « toujours plus prospère, plus unie, plus forte et plus juste »[32] et surtout, plus portée vers la construction inlassable de la Nation.

[31] Allocution à l'occasion de la sortie des Elèves officiers de l'Emia à Yaoundé, le 14 août 1976, in *Anthologie des discours présidentiels*, tome 4, p.1872.
[32] *Anthologie des discours présidentiels*, p. 1874.

Photo n°2 : Ci-dessous la résidence hôtelière d'Ebolowa construite par le Génie militaire lors du comice agro-pastoral. Cet édifice est une preuve de la participation de l'armée au processus de développement du Cameroun.

Source : *Honneur et Fidélité, mai 2011*, p.33

CONCLUSION

Le constat qui est fait est celui de la trop grande mise en avant des concepts armée-nation par les politiques. Il est évident que l'armée joue un grand rôle dans la construction étatique d'un État de par sa mission première qui est celle de veiller à l'intégrité territoriale, en temps de paix et en temps de guerre.Mais au-delà, ce bras séculier de l'État, ce ferment de l'unité nationale, doit combattre en son sein les maux qui minent les sociétés africaines dans leur globalité dont, le tribalisme. Mieux que dans les autres administrations, l'armée peut-être cette institution où le devoir, l'amour de la patrie, l'esprit patriotique, doivent être exacerbés. Un exemple peut être pris pour soutenir ces propos : prendre le conflit camerouno-nigérian dans la presqu'île de Bakassi en 1993. Malgré tous les remous que connaît leur corps sur bien des plans, les militaires camerounais surent répondre à l'appel d'une seule voix. Alors que beaucoup d'entre eux se considéraient comme des « punis », des « laissés pour compte », des « aigris », ils mirent sous l'éteignoir tous leurs griefs face à cet agresseur potentiel de leur pays.

La transformation de l'armée en corps de défense d'intégrité territoriale et de force civique, le Président Ahmadou Ahidjo en fit son cheval de bataille car, ces concepts lui étaient chers. L'unité nationale fut une priorité pour cet homme qui accéda au pouvoir à un moment houleux de l'histoire du Cameroun. L'Unité nationale au sein de l'armée camerounaise, Oui ! Et dans ce sens, nous sommes d'avis avec Floribert Njako[33], qui pense que, *l'armée camerounaise, peut être*

[33] « Armée et Nation : le roman d'un lien indissoluble pour un Cameroun émergent », dans *Honneur et Fidélité*, Edition Spéciale, mai 2013, p. 8

un moyen de conjuration du tribalisme quand elle est engagée hors du territoire national, se présentant comme une extension de la nation, unie et indivisible. Mais, question : peut-on éradiquer le tribalisme dans nos sociétés ? Difficile d'y parvenir Malgré tout il convient de s'y essayer et cela avec force !

RÉFÉRENCES BIBLIOGRAPHIQUES

Ouvrages généraux et spécialisés

A. Ahidjo, *Anthologie des discours 1957-1979*, Les nouvelles Editions Africaines, Tome 4, 1980, 2300 p.

J.-F. Bayart, *L'État au Cameroun,* Paris, Presses de la Fondation Nationale de Sciences politiques, seconde édition, 1985, 348 p.

V. Hameni Bieleu, *Politique de défense et de sécurité nationale au Cameroun*, Paris, l'Harmattan, 2012, 514 p.

Livre d'or des Forces Armées camerounaises 1960-1980, Paris, Ed. Media, 1980.

J-P., Pabanel, *Les coups d'état militaires en Afrique noire*, Paris, l'Harmattan, 1984, 188 p.

V. Wanyaka Bonguen O., *La coopération militaire entre le Cameroun et la France, essai d'analyse historique : 1959-2005*, Saarbrücken, Editions Universitaires Européennes, 2012, 404 p.

Mémoires de Maîtrise et de Master

B. Afanda, *L'Ecole Militaire Interarmes du Cameroun de 1960 à nos jours. Essai d'analyse historique*, Mémoire de Maîtrise en Histoire, Université de Yaoundé I, 2000, 72 p.

J. A., Eloundou, *Le recrutement dans l'armée camerounaise de 1959 à 1981*, Mémoire de Maîtrise en Histoire, Université de Yaoundé I, 2003, 100 p.

Th. G., TakouLaha Aha, *La dynamique de la 'construction nationale 'au Cameroun 1884-1984*, Mémoire de Master II en Histoire, Université de Yaoundé I, 2013

V. Wanyaka Bonguen O., *Forces armées et développement économique et social au Cameroun de 1960 à nos jours*, Mémoire de Maîtrise en Histoire, Université de Yaoundé I, 1998, 106 p.

Articles parus dans les Revues et Actes de Colloque.

D. Abwa, « Armée camerounaise, garante du développement socio-économique », dans *Honneur et Fidélité*, 20 mai 2011, 38 p.

D. Badjeck, « L'aérotransport au service du développement », dans *Honneur et fidélité*, Numéro Spécial 20 mai 2008, 50 p.

L.M. KounaMetala, « Justice militaire et droits fondamentaux au Cameroun depuis la réforme pénale de 1990 », dans *Honneur et fidélité*, Spécial 20 mai 2005, 42 p.

W. L. Meke, « Armée et nation : une histoire commune des combats citoyens », dans *Honneur et Fidélité*, décembre 2012, 50 p.

Fl. Njako, « Armée et Nation : le roman d'un lien indissoluble pour un Cameroun émergent », dans *Honneur et Fidélité*, Edition Spéciale, mai 2013, 58 p.

« Armée : fonctions réglementaires et fonctions dérivées », dans *Honneur et fidélité*, 20 mai 2011, 38 p.

C. Nkoa Atenga, « La contribution de l'armée de Terre aux acquis du cinquantenaire », dans *Honneur et fidélité*, mai 2010, 66 p.

« L'armée de terre dans le renforcement de la paix et le développement économique », dans *Honneur et Fidélité*, N° Spécial 20 mai 2008, 48 p.

C.V. Nouazi Kemkeng, « La constitutionnalisation de l'unité nationale au Cameroun », *Actes du Colloque du cinquantenaire de la Réunification du Cameroun*, Douala, 13-14 février 2013, 487 p.

J.V. Ntuda Ebode, « L'armée accompagne l'émergence du Cameroun », dans *Honneur et Fidélité,* Mai 2011, 38 p.

A.D. Olinga., « L'armée, la constitution et la construction de l'unité nationale », dans *Honneur et Fidélité*, N° Spécial, 20 mai 2008, 48 p.

E. Oouandji Nana, « Lois, règlements, action sociale : 40 ans après », dans *Honneur et Fidélité*, Edition spéciale bilingue, mars 2000, 29 p.

LA QUESTION DE L'AUTOCHTONIE DANS LE DÉPARTEMENT DE LA DOLA (GABON) : JUSTIFICATIONS, COHABITATION ET IMPACT POLITIQUE (1910-2013)

Abraham Zéphirin Nyama
Université Omar Bongo/ Gabon

RÉSUMÉ

À l'exemple de plusieurs départements du Gabon, celui de la Dola, dont Ndendé est le chef–lieu, est habité par plusieurs communautés ethniques, principalement les Punu et les Nzèbi. Malgré une cohabitation réussie, lorsque se pose la question de l'autochtonie, les membres des deux groupes revendiquent leurs droits de premiers habitants, donc de propriétaires de terres.

Le présent article, loin de remettre en cause l'unité des populations, essaie de rapporter et d'analyser, d'une part, les arguments des Punu et des Nzèbi face à cette situation, et d'autre part, de montrer comment celle-ci s'impose à la vie politique de la région.

MOTS CLÉS

Gabon, Département, Dola, Autochtonie, Punu, Nzèbi, Vie politique

INTRODUCTION

Carte n°1 : Le département de la Dola dans le sud du Gabon

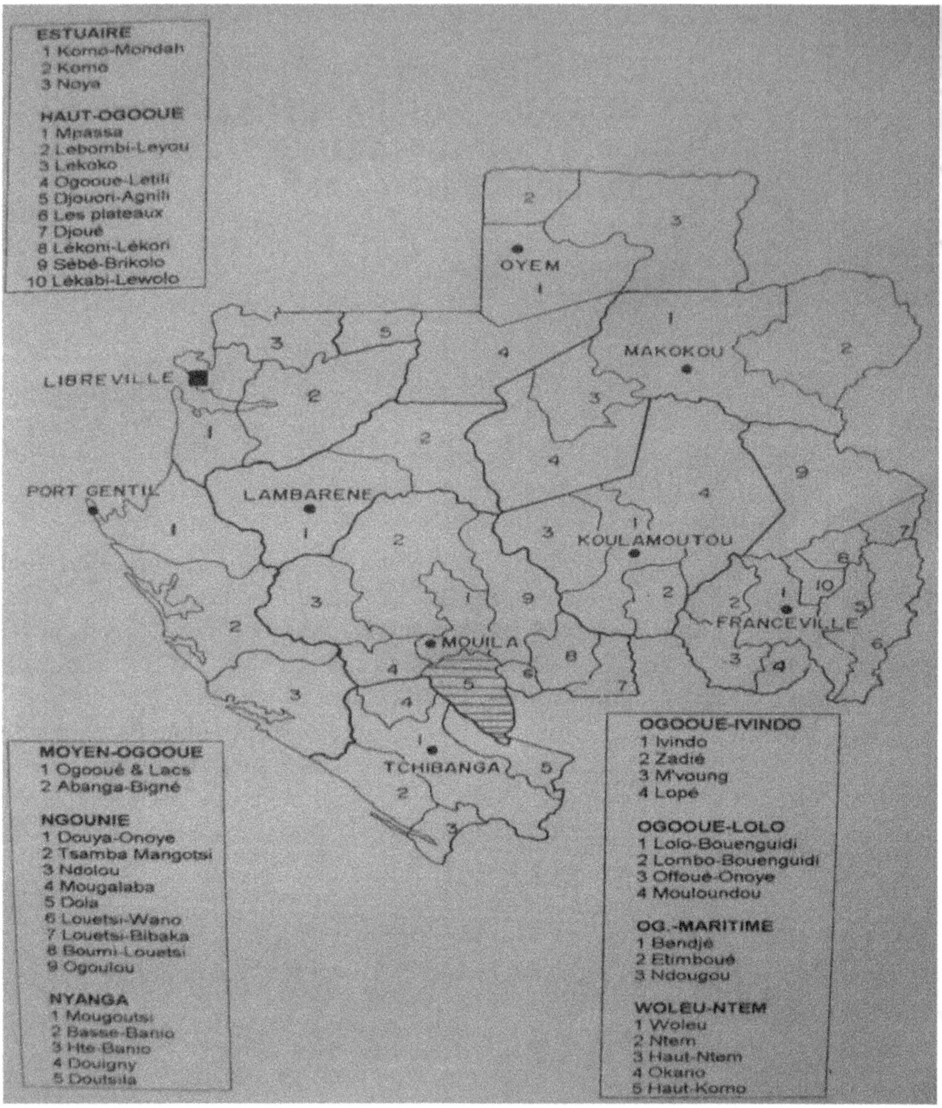

Source : Ministère de la Planification et de l'Aménagement du territoire, *Recensement général de la population et de l'habitat du 1er au 31 juillet 1993 : répertoire des regroupements et des villages*, Libreville, 1993, p.2.

Le département de la Dola, dont le chef-lieu est Ndendé, a été créé en 1910, et est situé dans le sud du Gabon. Il s'agit d'un espace compris entre le massif forestier du Chaillu et les monts Ikoundou, encore appelés Mayombé des Bayaka. Cette zone est couverte essentiellement de savane herbacée, drainée par de nombreux cours d'eau, de lacs et d'étangs.

La vallée de la Dola a été, pendant la période des migrations punu, un des couloirs les plus empruntés pour pénétrer dans l'actuel territoire gabonais. Les mouvements migratoires les plus anciens, qui ont donné lieu à des installations dans le département de la Dola, seraient consécutifs à l'éclatement du royaume du Congo et concerneraient le peuple punu. En dehors de ce groupe ethnolinguistique, un autre, les Nzèbi, est également venu s'établir dans la même région. Cependant, avant les Punu et les Nzèbi, cette aire aurait été habitée par des populations dont l'identité est méconnue. En effet, de nombreuses traces datant du paléolithique[1] y attestent la présence de vies humaines.

Malgré des arrivées à des périodes diverses, les Punu et les Nzèbi revendiquent l'autochtonie et les droits qui s'y attachent. Cette autochtonie fait-elle fi de la notion d'antériorité dans la région ? Dans quel contexte le problème est-il posé ? Sur quoi les uns et les autres se basent-ils pour légitimer leur position ? Quel impact cette question a-t-elle sur la vie des populations du département ?

Il faut dire que l'autochtonie n'est pas une question nouvelle. Elle a été abordée, entre autres chercheurs, par le politologue Jean-François Bayart[2] qui rappelle en outre sa récurrence dans la vie politique et sociale en Afrique. Ce sont généralement les conflits fonciers ou politiques qui redonnent vie aux droits d'antériorité, à l'autochtonie. Sommes-nous alors dans ce cas de figure dans le département de la Dola ?

Cette étude, élaborée à partir des enquêtes orales et des listes d'élus à l'Assemblée nationale, ainsi qu'au Sénat, aux Conseils départementaux et municipaux, et dont la dernière date de décembre 2013, permet de révéler des éléments insoupçonnés dans l'administration de la preuve d'autochtonie.

I. LE PROBLÈME DE L'AUTOCHTONIE : QUELLES JUSTIFICATIONS ?

Avant de parler de justifications dans la question de l'autochtonie, il est nécessaire d'évoquer les différents mouvements de populations qui ont abouti à l'occupation de la région de Ndendé.

D'après les sources orales recueillies par Hubert Deschamps en 1961[3], Monique Koumba-Manfoumbi au milieu des années 1980[4], et nos enquêtes de

[1] Des fouilles archéologiques sur les sites du lac Noir de Ndendé et celui de Moukoro I ont révélé l'existence des industries lithiques enfouis dans une couche archéologique dont la formation est antérieure à 40 000 b.p. et des restes botaniques précisément des noix de palme, des safoutiers datant du 7ème millénaire avant Jésus-Christ.

[2] J.-F. Bayart et P. Geschiere, « J'étais là avant » Problématiques politiques de l'autochtonie, in *Critique internationale*, 2001/1 n°10, pp. 126-128. ; J.-F. Bayart et *al.*, « Autochtonie, démocratie et citoyenneté en Afrique », in *Critique internationale*, 2001/1 n°10, pp.177-194.

[3] H. Deschamps, *Traditions orales et Archives au Gabon, contribution à l'ethnohistoire*, 1962, Paris, Berger-Levrault, p.26.

[4] M. Koumba-Manfoumbi, *Les Punu du Gabon, des origines à 1899 : essai d'étude historique*, 1987, Thèse de Doctorat 3e cycle, Université Paris I, p.60.

terrain réalisées dès 1994, les Punu sont installés dans l'actuel département de la Dola depuis le début du XVIIIème siècle. À propos de leur établissement, si à cette période la présence de plusieurs clans est reconnue (Budjalə, Bagambu, Mitsimbə, Dibambə-Kadi, Mintsumbə), les Budjalə, suivis des Bagambu, sont considérés comme les premiers à avoir atteint le site actuel de la ville de Ndendé et ses environs. D'après Fidèle Mouloungui,

> c'est le clan Budjalə qui est le propriétaire de cette terre qui, par le biais du mariage, s'est vu secondé par le clan Bagambu. C'est ce qui donne l'expression Budjalə ; c'est le planificateur qui a attribué des terres à d'autres familles, particulièrement au centre de Ndendé. »[5] Pour plus de précisions, notre informateur ajoute que « les Budjalə s'étaient installés à Irogu village, sur la rive droite de la Dola, tandis que les Bagambu s'étaient vus attribuer la rive gauche du côté de la ville actuelle. La traversée s'était faite à l'embouchure du lac bleu et de la Dola. L'ancêtre bagambu devait s'appeler Budzang-Bu-Mukumu. [6]

Plusieurs versions, dont celle de Jérôme Mandouckou-Ma-Mangale[7], ont fait allusion à Budzang-Bu-Mukumu, beau-parent des Budjalə et ancêtre des Bagambu. Cet homme aurait participé aux migrations qui ont abouti à l'installation des Budjalə dans la région de Ndendé. Par conséquent, si Ndendé est considérée comme une terre propriété du clan Budjalə, les Bagambu, ayant été là lors de l'occupation par le truchement de Budzang-Bu-Mukumu, se considèrent comme les cofondateurs.

Néanmoins, si les propos de Fidèle Mouloungui et Jérôme Mandouckou-Ma-Mangale évoquent tous le nom de Budzang-Bu-Mukumu, ceux de Kombila Itsitsa Dimeima [8]font état, en plus de cet homme, d'autres individus[9] ayant pris part à cette aventure.

Ainsi, comme nous l'avions mentionné dans notre thèse de doctorat[10], s'agissant de l'établissement des Punu dans la région de Ndendé, et donc dans le département de la Dola, Hubert Deschamps a recueilli des récits en 1961 révélant que la présence des Budjalə datait de dix générations. En admettant que pour une génération la moyenne d'âge dans une société à filiation matrilinéaire est de 25 ans, il y avait donc deux siècles et demi environ, c'est-à-dire depuis la première moitié du XVIIIe siècle, qu'ils y habitaient.

Pour sa part, Monique Koumba-Manfoumbi, dont la recherche sur les Punu du Gabon reste à ce jour la plus fouillée, la plus abondante, bref, la référence,

---

[5] F. Mouloungui. Entretien du 29 avril 1994 à Ndendé.

[6] F. Mouloungui. Entretien du 29 avril 1994 à Ndendé.

[7] J. Mandouckou-Ma-Mangale, cité par F. Mouketou, *La vie économique et sociale du département de la Dola (Gabon) de 1945 à 1985*, 1992, Mémoire de Maîtrise d'Histoire, Libreville, Université Omar Bongo, p.22.

[8] D. Kombila Itsitsa. Entretien du 11 avril 2013 à Libreville.

[9] Il s'agit de Nding Y Luani, Mihindu-Mi Poku et Nzambə-Poku .

[10] A. Z. Nyama, *Les villages des régions de Ndendé (Gabon) et Divenié (Congo) : essai d'étude comparée de 1934 à 1995*, 2002, Thèse Doctorat N.R d'Histoire, Université Paris I, p. 53.

sur la base de la reconstitution d'une généalogie et la date de l'arrivée du manioc, est parvenue à la même conclusion :

> La reconstitution d'une généalogie entière, du moins jusqu'à l'aïeule fondatrice d'un lignage au sein du clan Budjal nous conduit à 250 ans pour 10 générations : en prenant pour base 25 ans la durée moyenne d'une génération. 250 ans c'est en réalité bien plus que deux siècles. En prenant en compte la date de l'arrivée du manioc, son usage par les Vili et les Lumbu ainsi que la généalogie que nous venons d'évoquer et dont nous donnons le tableau, on pourrait situer l'arrivée des Punu, la fin de leurs migrations, et leur implantation au début du XVIIIè siècle. (...) Car cette généalogie que nous avons pu reconstituer est celle d'un lignage installé postérieurement à la migration. Il s'agit d'une partie de la lignée du clan dibure kumb ; c'est-à-dire celle d'un segment de lignage issu d'une des filles (MBAND-KAS) de l'aïeule fondatrice : KUMB-MONCU dont la descendance occupa le territoire de Mbugu situé sur la rive gauche du Dol. [11]

Sur la question de la périodisation, des premiers clans ayant occupé les lieux ainsi que la présence d'un personnage comme Budzang-Bu-Mukumu, les différentes versions s'accordent sur l'essentiel et leur foyer d'origine lointain le mieux connu est la zone du Mont Fouari Divenié dans l'actuelle République du Congo. Mais que dire alors de l'arrivée des Nzèbi dans la région ?

En tenant compte du climat d'insécurité qui s'est produit à partir du XVIIIe siècle dans la région du Haut-Ogooué[12], zone de concentration des populations autour des gisements de fer, dont la conséquence a été la recherche de nouveaux refuges, de nouveaux espaces, les fractions nzèbi qui ont atteint l'espace actuel du département de la Dola sont arrivées après les Punu.

À la recherche de nouveaux espaces à cultiver et soucieux d'améliorer leur position dans les échanges, certains groupes nzèbi migrèrent vers le sud de leur ancien foyer. En effet, des échanges commerciaux se déroulaient entre courtiers lumbu, vili et les producteurs nzèbi. Les commerçants punu jouaient le rôle d'intermédiaires. Si la circulation des marchandises se fit par voie terrestre, il existait également la grande voie fluviale de l'Ogooué. Or vers 1865, un climat d'insécurité, qui aurait été causé par les Fangs, aurait rendu difficile l'approvisionnement du pays nzèbi par la voie fluviale. Il fallut alors exploiter pleinement le circuit terrestre qui, en plus, contrairement au réseau fluvial, évitait le transit des marchandises par de nombreux groupes ethniques. C'est cette nouvelle situation, favorable aussi bien aux peuples de la côte qu'à ceux de l'arrière-pays, qui influença la migration nzèbi vers la région de Ndendé, comme essaie de l'expliquer Georges Dupré :

> ...Les Nzabi n'avaient comme seul intermédiaire entre eux et les courtiers Lumbu que les commerçants Punu. Ce n'est pas un hasard si cette région, où les marchandises arrivaient en passant par un minimum d'intermédiaires et par conséquent en

---

[11] M. Koumba-Manfoumbi, *Les Punu du Gabon...*, 1987, p. 60.

[12] À cause de la traite des esclaves, cette région a constitué pendant une période un refuge pour plusieurs groupes ethnolinguistiques.

plus grandes quantités et à des taux d'échange plus favorables pour les producteurs, connut la plus grande avancée Nzabi, orientant l'habitat selon une bande NE-SW[13]. [14]

Tout en restant dans le chapitre économique, les témoignages recueillis dans la région de Ndendé indiquent également les raisons de l'installation nzèbi dans l'actuel département de la Dola. Il s'agit de la chasse, de l'agriculture, mais surtout de l'envie d'habiter une région où il leur était facile de se procurer du sel marin, comme l'affirme Pierre-Marie Mouloungui-Mouloungui :« *Nzabi a djidji banə bisi disimu*[15]. *Bakə rambuyə mu ru mumu dibandu ba ma ru ù bingə. Pa ba ma ru na ba mondi bo wu, na masingə. Pa ba ma labə na ubingə u boti na bi udji be vari bi boti, ba o mwe γaru u γabuγə.* »[16]

Traduction : « Ces Nzèbi viennent de disimu. Ils sont arrivés pour faire la chasse. Ils amenaient avec eux les chiens, les filets. Ils restaient lorsque la chasse était fructueuse et les cultures poussaient bien. »

Ces propos sont corroborés par Fidèle Mouloungui :

> L'élément nzèbi s'est installé, s'est introduit dans le département de la Dola par le truchement des activités cynégétiques. Ce sont des grands chasseurs habitant essentiellement la forêt. Il y a eu une sorte d'invasion. A Ferra, ils sont arrivés dans la zone comme chasseurs, comme des pêcheurs. Bien sûr, ces Nzèbi qui se sont installés n'étaient pas des envahisseurs nuisibles. Ce sont de nouveaux venus qui ont bénéficié de l'hospitalité des Punu. [17]

Les raisons évoquées sont d'autant plus fondées qu'elles correspondent aux causes de départs de l'ancien foyer situé dans le Haut-Ogooué : la fuite de la famine, la recherche de nouvelles terres à cultiver, l'amélioration de la situation commerciale avec les Punu, Lumbu, Vili.

Cependant, outre les raisons relatives aux échanges, à la chasse et à la pêche, d'autres ont contribué à l'entrée des Nzèbi dans l'espace actuel du département de la Dola, dans la région de Ndendé.

D'après Antoine Makangui[18], son parent devin-guérisseur, nommé Manguilə-Ma-Ferrə, fut le premier à s'établir dans la zone de Ferra[19]. Il allait parfois hors des limites de la région de Ndendé, du côté de Moabi. Réalisant qu'il était

---

[13] Cette orientation NE-SW, c'est-à-dire Nord-Est – Sud-Ouest correspond à la direction vers la région de Ndendé.

[14] G. Dupré, « Le commerce entre sociétés lignagères : les Nzabi dans la traite à la fin du XIXe siècle », in *Cah. d'Etu. Afr.*, XII-IV (48), 1972, pp. 616-658.

[15] Disimu : pays nzèbi, signifie hors de l'eau comparativement aux Vili et Lumbu établis sur la côte.

[16] P.-M. Mouloungui-Mouloungui. Entretien du 22 avril 1994 au village Fer à (Ndendé).

[17] F. Mouloungui. Entretien du 29 avril 1994 à Ndendé.

[18] A. Makangui. Entretien du 22 avril 1994 au village Fera (Ndendé).

[19] Village situé à une douzaine de kilomètres de Ndendé, sur l'axe Ndendé-Mouila.

estimé par ses patients, il acheta une portion de terre[20], encore appelé *inangə*, au clan Uvembi.

Cette version est prolongée par Monique Koumba-Manfoumbi, qui rapporte que

> les Nzèbi sont arrivés à Ferra dans le cadre de la médecine. Manguilə-Ma-Ferrə était un grand Nganga[21] dont la spécialité était l'installation des pièges à sorciers, Ba ko-si. Il fut sollicité par les habitants de la contrée pour mettre fin à l'insécurité mystique qui y régnait. Et dans l'intention de continuer à maintenir l'ordre, la quiétude, les membres du clan Uvembi lui proposèrent de s'installer et lui concédèrent une portion de terre. [22]

Ces informations, relatives à l'installation de la première famille nzèbi dans la zone de Ferra, révèlent un autre domaine de leur dynamisme, une raison de leur sollicitation par les Punu. Les Nzèbi avaient, en effet, une grande réputation dans la médecine traditionnelle, notamment la fabrication des pièges à sorciers et une expertise en ordalies, chirurgie qui permettait de trouver, à partir des entrailles, d'une personne décédée, les preuves de sorcellerie.

Que l'on prenne en compte une raison ou une autre, à propos de l'antériorité des Punu ou des Nzèbi, les sources sont unanimes : la présence punu est la plus ancienne dans cette région. Elle date du XVIIIe siècle tandis que les Nzèbi ne s'y sont établis que dans la deuxième moitié du XIXe, voire au début du XXe siècle. Une borne confirmée par notre informateur Antoine Makangui, né en 1918, qui fait correspondre la création du village de Ferra avec l'arrivée de son père et donc dont la version ne saurait être remise en cause !

De plus, il faut retenir que même si les Nzèbi ont migré pour se retrouver dans le département de la Dola à la fin du XIXe siècle, ils ont gardé leur habitat forestier. Leurs villages positionnés le long de la Ngounié et de la Ngongo aux portes du massif Du Chaillu ne se sont bien rapprochés de la région de Ndendé qu'à la suite de la création des routes dans les années 1930. Mais pourquoi les Nzèbi revendiquent-ils alors le statut d'autochtones ? Sur quels élements se fondent-ils pour introduire cette revendication ? Quant aux Punu, comment le prennent-ils ?

D'après nos investigations, il semble que la première raison à l'origine de la revendication de l'autochtonie par les Nzèbi soit liée à la présence de Budzang-Bu-Mukumu, un personnage dont l'identité est à consonance nzèbi, parmi les premiers occupants du site de Ndendé, et dont l'histoire retient qu'il aurait assuré les responsabilités de *King*, autrement dit de chef de terre. La deuxième raison est liée à l'ethnonyme de Ndendé, un nom qui viendrait, selon les Nzèbi

---

[20] D'après les Punu, cette portion de terre aurait été concédée par le clan Uvembi en échange des services du devin-guérisseur.

[21] Nganga, devin-guérisseur, tradi-praticien.

[22] M. Mavoungou-Bouyou née Koumba-Manfoumbi. Entretien du 23 avril 2014 à Libreville.

de *neendi,* c'est-à-dire gluant. Deux raisons qu'ils estiment donc suffisantes et partant inattaquables, pour se considérer comme les autochtones !

Une approche que contestent, avec virulence, les Punu ! Suivons, à cet égard, l'un de nos informateurs, Dimeima Kombila Itsitsa, qui, pour étayer ses propos, se fonde sur les faits, et donc l'Histoire :

> Budzang-Bu-Mukumu, de son vrai nom Budzang-Bu-Mbadingə n'était qu'un beau-frère des Budjalə qui a participé aux migrations aux côtés de Mihindu-Mi Poku et Nzambə-Poku, neveux de Nding Y Luani qui dirigea les déplacements dans l'actuel département de la Dola. Budzang-Bu-Mukumu, du clan Bagambu, était également arrière petit-fils de Nding Y Luani. C'est à la suite du décès de ce dernier que ses neveux Mihindu-Mi Poku et Nzambə-Poku s'établirent définitivement sur leur ancien campement de chasse et de pêche, dans l'actuel centre-ville de Ndendé. Ce nouveau site prospère attira d'autres communautés claniques.
>
> Au cours d'un déplacement dans l'hinterland, un traitant anglais qui fréquentait la région, se retrouva sur ce nouveau site. Au contact avec le traitant, le chef Mihindu-Mi-Poku qui ne comprenait rien à ce que le Blanc disait, l'orienta vers le plus jeune, c'est-à-dire Budzang-Bu-Mukumu, leur beau-frère. Lorsque l'étranger demanda comment s'appelait ce site, l'homme répondit Ndendi Mandjangə[23]. L'Anglais ne retint que le mot Ndendi. A l'issue de la conversation, Budzang-Bu-Mukumu devint King à la place du propriétaire du terroir. En cela, il est considéré comme le premier chef à la fin de la migration sur le site de Ndendé. [24]

Une version que les Punu intéressés par l'histoire de leur contrée connaissent au bout des ongles, et sur laquelle ils s'appuient pour réclamer et proclamer, *urbi et orbi*, leur antériorité sur leurs terres ! Mais une approche qui ne règle pas tous les problèmes car à suivre Dimeima Kombila Itsitsa, il existe des questions pendantes, que personne n'est jusqu'alors parvenu à régler. L'une de celles-ci renvoie aux origines réelles de Budzang-Bu-Mukumu. Qui était réellement ce personnage ? Etait-il totalement ou partiellement Nzèbi ? Avait-il des origines serviles ? Cette dernière question est d'autant plus importante que le patriarche Nding Y Luani possédait de nombreux esclaves. Budzang-Bu-Mukumu, reconnu comme un de ses petits-fils, ne fit-il pas partie de son « cheptel servile » ? Pour parler simple, ne fut-il pas un « esclave de case », autrement dit un esclave ? Son vrai nom n'était-il pas Budzang-Bu-Mbadingə ? Question importante car en dehors de lui, aucune autre présence nzèbi n'est évoquée parmi les premiers occupants.

Pour affirmer leur antériorité, leur autochtonie, et par voie de conséquence écarter toute revendication nzèbi, les Punu posent une question préliminaire, voire préjudicielle : « *Ba Nzabi ba tu lasi a va vu bibungu bioyu* », ce qui signifie « *que les Nzèbi nous montrent où sont installés leurs villages de morts* ».

Le village des morts, encore appelé *bibuungu*, était d'autant plus important pour les Punu qu'il était perçu comme un lieu où vivaient les esprits de per-

[23] Plaine inondée, savane marécageuse.

[24] D. Kombila Itsitsa. Entretien du 11 avril 2013 à Libreville.

sonnes décédées, des hommes victimes de sorcellerie et qui étaient au service de celui qui les avait trucidées. L'être décédé, passé de vie à trépas, ayant rejoint le monde des ancêtres, l'au-delà était comme le fantôme, *ditengu.* Il n'était pas visible pour celui qui le connaissait, qui l'avait vu de son vivant. Il n'était vu que de celui qui l'avait envoyé *ad patres* ! Il vivait alors dans un village, *bibuungu*, dont le maître était le responsable de son décès, le sorcier, *muloosi*, qui était inhibé de sorcellerie, *dikuundu*, qui avait, comme on dit, « quatre yeux » grâce auxquels il pouvait voir aussi bien de jour que de nuit.

Sorcier impénitent, doté du *dikuundu*, puissance maléfique qui lui permettait de supprimer la vie à un prochain par plusieurs biais - une maladie inexplicable et intraitable, un accident de chasse, de voiture, ou encore une disparition dans la forêt-il était très redouté de tous, exception faite pour ses pairs.

Bibuungu était donc l'endroit où résidaient les fantômes, les revenants, *mateengu,* et qui constituaient, pour le responsable de leur décès, par le fait sorcellaire, sa main-d'œuvre, son personnel domestique, hommes, femmes et enfants, qui étaient prêts à répondre à toutes ses sollicitations, à s'exécuter toutes les tâches qu'il leur commandait.

Bibuungu ne servait pas uniquement « *d'habitat pour les doubles des hommes tués par le chef ou hérités de son prédécesseur. Dans le cadre du clan, c'était l'endroit d'où provenait la puissance de cette famille élargie. C'est sur ce lieu que se rendait le chef de clan ou de lignage en cas d'événement grave dans le village. C'était le centre de la formation militaire des jeunes guerriers.* »[25] Au-delà de leur source de puissance mystique, ces lieux marquaient donc une appropriation de l'espace. Ils symbolisaint la propriété et le contrôle d'un territoire qui devenait désormais un terroir, *inangə*. C'est ce que tente d'expliquer Pierre Philippe Rey, qui indique que *ibu(u)ngu* était reçu par le futur chef, en même temps que la terre du lignage.[26]

Sur la base de ces élements, le village des morts, *bibuungu*, était signe d'implantation territoriale forte, car aucun étranger ne pouvait y prétendre, mais également de lointaine ascendance. Il fallait être du cru ! Pour y prétendre, il fallait avoir ses racines en ces lieux ! Il fallait avoir une lointaine ascendance ! Et ce d'autant plus que cette propriété ne se limitait pas à son propriétaire officiel, elle s'étendait à tout le clan, à tout le lignage, et était matérialisé par la présence d'un coin de forêt, d'un ilot de forêt, qui était ainsi interdite à ceux qui n'appartenaient pas audit clan ou audit lignage et pour certains endroits aux membres n'ayant ni pouvoir politique ni pouvoir religieux. Enfin, elle appartenait à de nombreuses générations, qui s'en reconnaissaient être les dignes propriétaires, qui en réclamaient la paternité, et qui n'étaient, pour rien au monde, disposés à concéder quoi que ce fût ! Poser la question en termes de bibuungu, c'est donc aborder la question de ce que les Romains, dans

[25] A. Z. Nyama, *Les villages des régions de...*, p. 118.

[26] P. Ph. Rey, *Colonialisme, néo-colonialisme et transition au capitalisme. Exemple de la « Comilog » au Congo-Brazzaville*, 1971, Paris, Maspero, p. 204.

l'Antiquité, appelaient la « petite patrie », *patria loci*, *patria naturae*. C'était aborder, de front, la question identitaire ! La question des racines !

Une question de poids donc pour les Punu ! Et ce d'autant plus que chaque clan de ce groupe communautaire (parfois certains lignages) qui s'est établi le premier dans un espace précis du département de la Dola en a toujours fait un code d'honneur, en matérialisant son occupation physique et mystique par l'implantation d'un village de morts, *ibuungu !*

La question sur les preuves d'existence de leurs villages de morts est donc posée aux Nzèbi pour les confondre et les amener à reconnaître le caractère récent de leur présence en ces lieux ! Mais cette question constitue-t-elle un *casus belli* dans les relations entre les deux groupes communautaires ? Entache-t-elle les rapports entre eux ? Plus largement, comment, malgré cette question, vivent les Punu et les Nzèbi ?

II. UNE COHABITATION RELATIVEMENT PAISIBLE

Face à une situation comme celle que nous avons décrite *supra* où les communautés ethniques revendiquent toutes deux leur autochtonie, on peut fort logiquement s'interroger sur le climat qui prévaut quotidiennement dans leurs relations, leur cohabitation, leur gestion commune de l'espace villageois ou départemental.

D'après les sources orales et écrites consultées, les contacts les plus connus entre Punu et Nzèbi dans l'espace actuel du Gabon ont été établis dans le cadre des échanges commerciaux avant que les compagnies concessionnaires ne viennent bouleverser leur ordre dès la deuxième moitié du XIXe siècle. Progressivement, les bons rapports dus aux échanges et l'intérêt qu'ils suscitaient ont amené les Nzèbi à se rapprocher de la région de Ndendé, voire à s'y établir, pour cohabiter avec les Punu. Cette cohabitation s'est produite en deux phases : d'abord par le voisinage, ensuite par le partage du même site villageois.

A. Un voisinage positif

En parlant du voisinage, il est important de préciser que les Nzèbi au début, même après leur pénétration dans le présent département de la Dola, vivaient dans des villages habités uniquement par eux. Ils étaient souvent situés le long des cours d'eau Ngongo et Ngounié dans la zone de contact forêt-savane. Ce furent les cas des villages nzèbi de Ndoume et Mikidou établis non loin de Dilolo, village punu, et de Ngueli, près de Doussala.

Avec la création des routes dans les années 1930, qui occasionnèrent les premiers déplacements de populations, et qui amenèrent à une nouvelle occupation de l'espace, on commença à observer la présence de quelques Nzèbi dans des villages punu et vice versa.

Carte n°2 : Installation des villages le long des routes à la fin des années 1930.

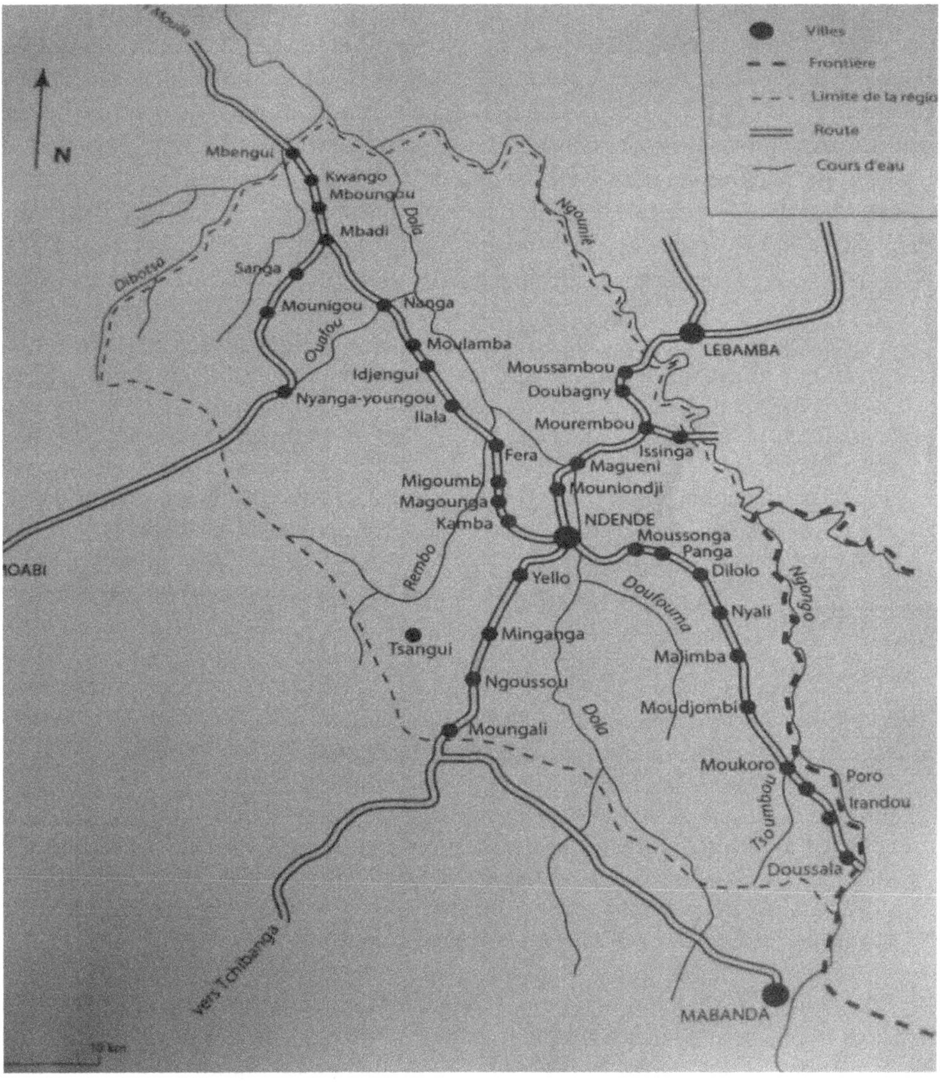

Source : A. Z. Nyama, *Les villages des régions de…*, p. 145 .

B. Malgré l'effet négatif des échanges commerciaux et le caractère condescendant des Punu

Comme nous l'avons maintes fois mentionné précédemment, les échanges commerciaux ont joué un rôle prépondérant dans le rapprochement géographique et sociétal entre les Punu et Nzèbi. Lors des transactions, hormis l'arachide, le raphia, les chèvres, les Nzèbi fournissaient des courges et des masses de fer. Mais à partir des échanges, sont également nés des attitudes négatives, un comportement inhumain.

Pour comprendre cet état des choses, il faut remonter au XIXe et au début du XXe siècles. Plusieurs sources indiquent, en effet, qu'à cette époque, dans ce trafic commercial entre la côte (pays lumbu et vili) et l'hinterland (pays nzèbi) dont les Punu furent des intermédiaires, les produits européens et surtout le sel marin, étaient échangés contre du raphia, des enclumes, des chèvres, mais aussi des captifs. Le sel, denrée très appréciée, aurait influencé les migrations nzèbi de l'arrière-pays vers la côte jusque dans les régions de Lébamba et Ndendé. Au temps fort de ce commerce, des hommes auraient même été échangés contre du sel. Le lien entre l'activité saline et l'esclavage est souligné par les sources orales mais aussi écrites, comme celle-ci, retranscrite des documents d'archives :

> À cette époque la compagnie concessionnaire émue de l'importance du trafic des esclaves représenta à l'administration, que le principal moyen de ce trafic était le commerce du sel qui prospérait à la côte, et que, en prohibant l'un, on avait beaucoup de chances de faire cesser l'autre (...) la fermeture des cases à sel (première cause chronologiquement et sans contredit, fermeture des cases à sel.) ne pourrait qu'entraver temporairement ces criminelles transactions, elles ne pourraient que se rétablir autrement. En réalité, l'esclave est une marchandise et toute monnaie est bonne pour l'acheter, la poudre comme le sel, et les étoffes au même titre que les fusils ou munitions ; c'est d'ailleurs une denrée bon marché, un esclave vaut environ cinquante francs. [27]

Une situation que décrit clairement, dans sa brillante Thèse de Doctorat, Monique Koumba-Manfoumbi :« *Notons cependant que les quantités importantes de captifs provenaient essentiellement des pays Nzèbi et Sangu.*

> Les prix de ces captifs variaient selon que ceux-ci se trouvaient à l'intérieur ou sur la côte. A l'intérieur où les Punu allaient les échanger contre de la marchandise, le prix du captif, selon KOMBILA-NGUIMBI, ALIAS IMBOUINDI était à peu près le suivant : 1 sac de sel, 1 ou 2 pièces d'étoffe, un peu de poudre et parfois 1 machette ou une hache. Le produit le plus important étant le sac de sel. »[28] Et toc !

Les sources sont donc unanimes à propos du rôle que les échanges ont joué dans les déplacements des Nzèbi vers la région de Ndendé. Or dans cette activité, le sel occupa une place de choix, ce qui a amené la mémoire collective punu dans la contrée à ne retenir que ce produit comme cause des migrations, comme cela transparaiît de ces témoignages : « *musayi ba ma dukə* » « *tu ma basumba na musayi* » disent-ils, ce qui signifie « *ils ont été attirés par le sel* », « *on les achetait avec du sel* ».

Une approche qui n'est pas pour créer un climat de bon voisinage entre les deux communautés ! Et pour cause. Ils traduisent l'attitude méprisante, le complexe de supériorité des Punu à l'endroit des Nzèbi. Durant la période coloniale, les vexations furent si fréquentes que les administrateurs déclarèrent dans leurs

---

[27] Arch. d'Aix 4(1) D4, rapport sur les causes de la révolte de Mocabe et terres voisines, affaire Mongo-Nyanga, Région du Littoral, Cercle de Mayumba, 1909.
[28] M. Koumba-Manfoumbi, *Les Punu du Gabon...*, 1987, p. 246.

rapports qu'il existait une animosité entre les deux communautés ethniques. Résultat : lorsqu'il fut question de rattacher les cantons de la région de Lébamba à la subdivision de Ndendé pour des raisons commerciales pratiques, les populations nzèbi s'y opposèrent ! :

> La seule raison invoquée par le chef de canton de Lébamba et ses administrés pour demander le rattachement à Mbigou a été qu'ils sont de race Bandzabi alors que les indigènes de la subdivision de Ndendé sont de race Bapunous. Il est exacte [sic] qu'il existe une assez forte animosité entre Bandzabis et Bapounous, mais c'est précisément pour tenir compte de cet état de choses, que les quatre terres détachées de M'Bigou n'ont pas été rattachées au canton voisin de la subdivision de N'Dendé, mais groupées en un canton distinct ayant à sa tête un chef Bandjabi. [29]

Deux siècles plus tard, la situation ne s'est guère améliorée ! Le temps a passé, mais les frustrations sont restées vives, entières ! Ce n'est d'ailleurs pas un hasard si, jusqu'à une période assez récente, les mariages entre un homme nzèbi et une femme punu étaient mal vus sinon inenvisageables, tout au moins regardés avec dédain !

La raison fondamentale à notre avis reste le refus de continuer à vivre les vexations, les brimades. En 1955, un autre rapport d'administrateur colonial ne disait-il pas que les Nzèbi craignaient de se retrouver en pays punu pour y travailler les routes[30] ? Mais ce comportement de relative mésentente, qui n'avait rien de comparable à une animosité, ne causa aucun affrontement intercommunautaire. En fait de mésentente, les Punu n'acceptaient pas de traiter d'égal à égal avec les Nzèbi, parce qu'ils étaient animés d'un complexe de supériorité trouvant son origine dans les procédés d'échanges commerciaux susmentionnés. Cette attitude ne fut évidemment pas du goût des autres.

C. Une panacée : le regroupement des villages !

Heureusement, avec le programme de regroupement et de modernisation de villages initié en 1962 par les toutes nouvelles autorités gabonaises, mis en application à partir de 1964, la situation s'améliora. Il y eut une embellie dans la cohabitation entre les deux groupes ethniques. En plus des villages tels que Ngunzi, à côté de Moussambou, ainsi que Ngueli vers Doussala où ils vivaient déjà ensemble, d'autres centres ruraux connurent un mélange de populations. Les villages de Ilala, Migoumbi et Kamba eurent Fer a, un village nzèbi, comme centre de regroupement. *A contrario*, des Nzèbi, particulièrement ceux de Mikidou, Massika et Ndoume, allèrent s'installer à Dilolo. On passa donc des simples relations de bon voisinage à une réelle cohabitation dans les mêmes villages. Les Punu prirent ainsi conscience de l'intérêt d'accepter les Nzèbi dont ils pouvaient tirer profit. Ces derniers étaient en effet de bons chasseurs et pêcheurs.

---

[29] Arch. d'Aix 4(1) D52, rapport politique du département de la N'Gounié, année 1944.

[30] A.N.G., F.P.R., carton n°25, rapports politiques du district de Ndendé, années 1955, 1956, 1957.

Aujourd'hui, la cohabitation semble avoir réussi et la mémoire collective des deux communautés affirme l'absence de climat conflictuel. Les Punu comme les Nzèbi rappellent avec fierté leur clan commun tandis que les mariages sont célébrés sans que l'appartenance ethnique ne constitue un problème fondamental. Cependant la cohabitation "réussie" s'applique-t-elle intégralement au domaine politique ? Pourquoi la question de l'autochtonie resurgit-elle par moments ?

III. AU CONTRAIRE, C'EST LE MAUVAIS PARTAGE DU GÂTEAU ÉLECTORAL QUI FAIT RESSORTIR LES QUESTIONS D'AUTOCHTONIE : QUEL IMPACT DANS LE DOMAINE POLITIQUE ?

Bien que présente dans d'autres champs, la question de l'autochtonie reste très liée au domaine politique. Elle resurgit souvent dans le cadre de l'accession au pouvoir, la conservation du pouvoir, bref des revendications d'ordre politique. Cependant, si le problème est récurrent dans un contexte d'élection à enjeu national, quand le poids démographique des allogènes est en mesure de faire pencher les résultats, ou lorsqu'une population allochtone est plus nombreuse que celle des autochtones et peut être déterminante lors d'une élection locale, l'actuelle situation se démarque des précédentes. Dans le département de la Dola, ceux qui font valoir leur antériorité, les Punu, représentent l'effectif démographique le plus important. Mais cela justifie-t-il suffisamment la supra domination aux postes de député, sénateur, président de la Collectivité locale[31], maire ou même président de section du PDG[32] à l'époque du parti unique ? Les tableaux suivants en disent long sur cette situation.

Tableau 1 : succession des députés de Ndendé (1960-2013)

Années	Titulaires	Ethnie	Suppléants	Ethnie
1960-1961	Yembit Paul-Marie	Punu		
1964-1967	Yembit Paul-Marie	Punu	Mombo Robert Bellarmin	Punu
1967-1973	Mombo Robert Bellarmin	Punu		
1973-1980	Moussavou Moudouma	Punu	Mouloungui-Moussavou	Punu
1980-1985	Bibalou Abybouka Emile	Punu	Boubala Kombila	Punu
1985-1990	Mouloungui-Moussavou	Punu	Mabicka Raoul	Punu
1990-1996	Mapangou-Moucani	Punu	Bignoumba Joachim	Punu
1997-2002	Mamboundou Pierre	Punu	Kombila Itsitsa Dimeima	Punu
2002-2006	Mavoungou Roger	Punu	Kono Martin	Nzèbi
2007-2011	Mamboundou Pierre	Punu	Nyangui Hortense	Punu
2012- ...	Mbondzi	Punu	Bitsaka	Nzèbi

Source : enquêtes menées par nos soins.

---

[31] Poste dont la terminologie a mué en président de l'Assemblée départementale d'abord et président du Conseil départemental ensuite.

[32] Parti Démocratique Gabonais.

Tableau 2 : succession des Sénateurs de Ndendé (1997-2014)

Années	Titulaires	Ethnie	Suppléants	Ethnie
1997-2002	Manfoumbi M. Jean Paul	Punu	Mbabou Jacques	Nzèbi
1997-2002	Mickala Boussamba J. T.	Punu	Bissielou Koumba	Punu
2003-2008	Massounga Nono H.	Punu	Pendy	Nzèbi
2003-2008	Mwity Batsielily Ambroise	Punu		
2009-2014	Massounga Nono H.	Punu	Moussavou Ngondjou	Punu
2009-2014	Kombila Itsitsa Dimeima	Punu	Iba Boulingui	Punu

Source : enquêtes menées par nos soins.

Depuis 1960, seuls les Punu sont Députés ou Sénateurs (à partir de 1997). Même en tant que suppléants, les Nzèbi ont dû attendre l'année 1997 pour voir un des leurs les représenter pour la première fois au sein de ces institutions nationales ou locales.

S'agissant des postes de président du Conseil départemental ou de maire de Ndéndé, comme pour les fonctions législatives, les Nzèbi ne jouent que le second rôle, celui de supplétifs ; ils ne sont que vice-présidents ou adjoints au maire.

Que cette absence soit liée à des féfaites qu'ils auraient accumulées, passerait encore. Or il n'en est rien car, souvent, ils ne font pas acte de candidature.

Le problème se pose donc en termes de « mauvais partage du gâteau électoral » ! D'aucuns pourraient arguer de leur présence à certaines fonctions locales ou nationales, surtout depuis 1990. Mais l'on serait tenté de répliquer que cette présence s'explique par le retour du multipartisme ! La preuve : lors des élections législatives de 1996, une grande partie de la communauté nzèbi vota pour le candidat de l'Union du Peuple Gabonais (UPG), Pierre Mamboundou, opposant alors au régime du Président Omar Bongo. Ce positionnement conduisit à la défaite, pour la seconde fois, du Parti Démocratique Gabonais dans le département de la Dola. Même la Mairie et les deux sièges de Sénateurs de la commune de Ndendé et du département de la Dola échappèrent à l'ancien parti unique. D'ailleurs, pour remercier l'électorat nzèbi, Pierre Mamboundou n'eut-il pas pour adjoint au maire un représentant de cette communauté ? Quant au parti dénommé Alliance Démocratique et Républicaine (ADERE) qui profita de la neutralisation en nombre de conseillers départementaux entre le PDG et l'UPG pour ravir le poste de sénateur, ne plaça-t-il pas un Nzèbi comme Sénateur-suppléant ?

Dès ce moment, tous les partis évoluant dans le département de la Dola, particulièrement le PDG qui a des liens historiques avec cette communauté, comprirent ainsi la nouvelle donne, celle des populations nzèbi susceptibles de faire basculer une élection en faveur d'un camp ou d'un autre. C'est pourquoi, lors des élections suivantes, surtout au PDG, on fit un effort de présenter des candidatures avec pour suppléants des Nzèbi.

Ce classement traditionnel, qui renvoyait (et continue à renvoyer) les Nzèbi à la seconde place, répond d'abord à une logique non seulement de l'effectif démographique inférieur mais aussi de l'autochtonie, de l'antériorité dans l'occupation du site, de la notion de droit de propriété de l'*inangə*. Toutefois, les Nzèbi désormais conscients de leur apport, de leur force exigent un nouveau regard, un nouveau traitement à leur endroit. En 2013, un groupe de Nzèbi ne se révolta-t-il pas, par le biais des tracts, parce qu'estimant être l'objet de brimades de la part des responsables du PDG ? « Si nos doléances ne sont pas satisfaites, nous voterons contre le pouvoir, contre le PDG » dirent-ils alors. Parmi les revendications, la communauté nzèbi rappella qu'elle avait un poids démographique, un rôle qui lui permettait de prétendre au partage de postes électifs dans le département. Elle ne veut plus se contenter de jouer les seconds rôles, de faire de la figuration en tant qu'éternels suppléants, comme l'affirme notre informateur :

> La menace était là, elle était réelle et pouvait entraîner la perte du PDG aux élections. La communauté nzèbi réclamait le partage des postes. Elle a été prise en compte. Mais il faut dire que c'était houleux, car une partie de la communauté locale punu était radicale. Elle estimait que les Nzèbi n'étaient pas à Ndendé pour revendiquer des postes. D'ailleurs, disaient-ils, est-ce que la communauté punu de Lébamba, qui se retrouve dans la même situation que les Nzèbi de Ndendé, réclame des postes ? Heureusement, l'actuel responsable politique, modéré, a fini par accepter l'idée de partager les postes.[33]

Résultat : en 2013, un Nzèbi fut placé comme tête de liste du Parti Démocratique Gabonais (PDG) lors des élections locales visant à renouveler les Conseils départementaux. Quelques semaines plus tard, il fut élu Président du Conseil départemental de la Dola.

Faut-il préciser de pérciser, c'est à la suite de son refus catégorique d'être présenté comme suppléant d'une candidate punu, actuelle député du département de la Dola que, l'on proposa au ressortissant nzèbi de conduire la liste PDG et d'avoir la possibilité de devenir le responsable du Conseil départemental de la Dola.

Certes, cette large prise en compte des Nzèbi est à mettre au crédit du nouveau leader politique du PDG de la localité qui fait feu de tout bois, utilise parfois l'achat des consciences au point de cultiver la pensée unique, n'hésitant pas à inonder sa sphère politique de moyens financiers qui frisent le scandale ; une situation favorisée par le décès brutal, en 2011, du leader charismatique Pierre Mamboundou, ce qui a eu pour effet de placer quasiment aux premières loges les Nzèbi. Mais il faut aussi avouer que la convivialité, l'esprit de bon voisinage que l'on vit à Ndendé, entre les deux principales communautés habitant cette ville, en l'occurrence les Punu et les Nzèbi, sont imputables à cet esprit du vouloir vivre ensemble, à cette sorte de fraternisation qui anime les communautés en question.

[33] I. M. Entretien du 21 mai 2014 à Libreville.

CONCLUSION

Cela, pour dire en guise de conclusion, que la notion d'antériorité, la question d'autochtonie au sein du département de la Dola, entre les Nzèbi et les Punu, aurait pu servir de déclencheur d'une guerre communautaire, comme cela s'est vu sous d'autres cieux, du simple fait que l'un et l'autre revendiquent leurs droits de propriété sur les lieux. Face aux Nzèbi qui se fondaient sur ce pan de l'histoire pour asseoir cette conviction, les Punu n'ont-ils pas dû sortir de leur fourreau un argument massif, en béton, de poids, qu'ils brandissent à qui mieux mieux, la question « du village des morts », *bibuungu ?* À cette référence anthropologique, n'en viennent-ils pas aussi à convoquer et donc à appeler à leur rescousse, l'Histoire, en affirmant, sur la foi d'une condescendance à peine contenue, que leurs ancêtres furent esclavagistes et que leurs vis-à-vis étaient taillables et monnayables avec du sel, essentiellement ? Résultat : plus imposants numériquement, ils ont pu s'imposer et occuper l'espace, y compris politique.

Malgré cette situation, qui avait des relents oppositionnels, l'atmosphère conviviale a toujours prévalu dans la Dola. Certes, les enjeux politiques, exacerbés depuis 1990, date qui marque le retour du Gabon au multipartisme, ont amené les Nzèbi à prendre conscience de leur poids social et d'apparaître comme des « faiseurs de rois », une force qui compte, au point d'influer sur le destin de tel ou tel parti politique, ce qui a amené les leaders et autres élites des différentes formations à leur « faire la courte échelle » et à leur offrir des strapontins. Une situation qui a accentué le vouloir vivre ensemble observé dans cet espace et à maintenir un climat convivial ! Mais il reste que la question d'autochtonie garde sa vivacité, n'est nullement vidée jusqu'alors de sa substance, avec ce que cela suppose par conséquent d'irrédentisme ! Une situation dont devraient se préoccuper les analystes sociaux et politiques mais aussi les décideurs de tous bords, soucieux de construire un pays toujours apaisé, sans heurts.

SOURCES ET BIBLIOGRAPHIE

SOURCES

Sources orales (principaux informateurs)

N°	Noms et prénoms	Âge (ans)	Profession	Date et lieu de l'entretien
1	I.M.	39	Agent des Eaux et Forêts	21 mai 2014 à Libreville
2	Kombila Itsitsa Dimeima	63	Sénateur de la commune de Ndendé (2009-2014)	11 avril 2013 à Libreville
3	Makangui Antoine	76	Ancien chef de village	22 avril 1994 à Fer a (Ndendé)
4	Mandoukou Ma Mangale Jérôme	89	Ancien chef de canton sud (Ndendé)	23 août 2012 à Ndendé
5	Massounga Ikeka Bernadette	72	Cultivatrice	06 mai 2014 à Libreville

6	Mavoungou-Bouyou Monique née Koumba Manfoumbi	54	Historienne, Doyen de la Faculté des Lettres et Sciences Humaines	23 avril 2014 à Libreville
7	Mouloungui Fidèle	55	Infirmier d'État retraité, ancien Député	29 avril 1994 à Ndendé
8	Mouloungui-Mouloungui Pierre Marie	64	Ancien milicien, ancien chef de regroupement de villages	22 avril 1994 à Fer a (Ndendé)
9	Mwity Batsielily Ambroise	74	Attaché d'administration générale retraité, ancien Sénateur de la commune de Ndendé	21 juillet 2013 à Ndendé

Sources écrites

a. Archives

Archives Nationales d'Outre-Mer (Aix-en-Provence), sous-série 4 (1) D

- 4 (1) D4 : rapport sur les causes de la révolte de Mocabe et terres voisines, affaire Mongo-Nyanga, Région du Littoral, Cercle de Mayumba, 1909.
- 4 (1) D52 : rapport politique du département de la N'Gounié, année 1944.

Archives Nationales du Gabon, Fonds Présidence de la République

- Carton n°25, rapports politiques du district de Ndendé, années 1955, 1956, 1957.

b. Source imprimée

Ministère de la Planification et de l'Aménagement du Territoire, *Recensement général de la population et de l'habitat du 1er au 31 juillet 1993 : répertoire des regroupements et des villages*, Libreville, 1993.

BIBLIOGRAPHIE

J.F. Bayart et P. Geschiere, « J'étais là avant » Problématiques politiques de l'autochtonie », *Critique internationale*, 2001/1 n°10, pp. 126-128.

J.F. Bayart *et al.*, « Autochtonie, démocratie et citoyenneté en Afrique », *Critique internationale*, 2001/1 n°10, pp.177-194.

H. Deschamps, *Traditions orales et Archives au Gabon, contribution à l'ethnohistoire*, Paris, Berger-Levrault, 1962.

G. Dupre, « Le commerce entre sociétés lignagères : les Nzabi dans la traite à la fin du XIXe siècle », *Cah. d'Etu. Afr.*, XII-IV (48), 1972, pp.616-658.

M.Koumba-Manfoumbi, *Les Punu du Gabon, des origines à 1899 : essai d'étude historique*, Thèse de Doctorat 3e cycle, Université Paris I, 1987.

F. Mouketou, *La vie économique et sociale du département de la Dola (Gabon) de 1945 à 1985*, Mémoire de Maîtrise d'Histoire, Libreville, Université Omar Bongo, 1992.

A.Z. Nyama, *Les villages des régions de Ndendé (Gabon) et Divenié (Congo) : essai d'étude comparée de 1934 à 1995*, Thèse de Doctorat N.R. Histoire, Université Paris I, 2002.

P. Ph. Rey, *Colonialisme, néo-colonialisme et transition au capitalisme. Exemple de la « Comilog » au Congo-Brazzaville*, Paris, Maspero, 1971.

LA RELATION À PLAISANTERIE À L'ÉPREUVE DU TEMPS : LE *WAWA* ENTRE LES PEUPLES MOBA-GURMA ET TEM DU TOGO

Kodjona Kadanga
Université de Lomé/Togo

RÉSUMÉ

Avant l'intrusion des colons en Afrique noire, il existait dans nos sociétés des techniques particulières de régulation des relations sociales et de résolution des conflits. Elles traduisaient ainsi une certaine éthique de la vie, des relations humaines et leur attachement à la paix. Que sont devenues ces valeurs de nos jours ?

Au Togo, l'on note l'existence d'une quarantaine d'ethnies. Chacune d'elles a sa façon d'instaurer l'ordre et la paix sociale. Parmi cette myriade d'approches, celle qui a retenu notre attention est la relation à plaisanterie autour du concept *wawa,* traduisez « esclave », entre les Moba- Gurma et les Tem, occupant respectivement l'extrême Nord et le Centre du Togo. Si au Togo des travaux sur des traditions en relation avec la culture de la paix existent, par contre ceux de la plaisanterie comme élément d'intégration nationale sont une problématique en permanente construction.

MOTS CLÉS

Tradition orale, Alliances à plaisanteries, W*awa*, Résolution des conflits, Intégration.

INTRODUCTION

Les deux communautés étudiées sont deux peuples contrastés en termes culturel et linguistique puis géographiquement éloignés mais alliés par la relation à plaisanterie. La plaisanterie est l'une des formes de communication sociale entre les parents qui tiennent des positions spécifiques différentes, entre des groupes ethniques différents, mais qui ont vécu dans un passé un fait d'histoire commun. Il existe deux formes de plaisanteries : la parenté à plaisanterie et l'alliance à plaisanterie. Sissao[1] pense que « *la parenté à plaisanterie…doit son*

[1] p. 6

nom à l'existence d'une relation de consanguinité contractée par mariage entre deux groupes ou deux familles, lien qui autorise un certains nombre de privautés, par exemple entre petit-fils et grand-père ou bien entre le frère cadet et l'épouse du frère ainé ». Dans la même logique, il définit l'alliance à plaisanterie comme « *un lien entre deux groupes, deux villages, deux quartiers, etc., lien opéré par le truchement des ancêtres qui ont scellé un pacte sacré basé sur des relations amicales* ».

Dans le cadre de notre étude, la terminologie "alliance à plaisanterie" cadre avec notre sujet puisqu'il s'agit ici de deux groupes ethniques qui n'ont aucun lien de consanguinité et dont les pratiques culturelles et sociales sont diamétralement opposées[2]. Tout compte fait l'alliance à plaisanterie et la parenté à plaisanterie constituent toutes deux des relations à plaisanterie très observées par les Tem et les Moba-Gourma à travers le concept "Wawa."

Questions : comment se manifeste le Wawa ? Quels sont les avantages de cette plaisanterie ? Que sont devenues ces pratiques culturelles de nos jours ?

I. LE ''WAWA'' : L'ARCHÉTYPE DE LA PLAISANTERIE TEM-GOURMA

L'alliance à plaisanterie se manifeste souvent par l'usage d'un sobriquet pour s'interpeller. Entre les Kotocoli et les Moba-Gourma, le concept ''Wawa'' symbolise cette relation amicale très ancienne entre les deux peuples. Il est synonyme d'esclave fictif[3].

L'origine de ce mot reste douteuse. Tous nos informateurs ignorent son étymologie. Cependant, Lardja Sanwogon précise que[4] « *le Wawa est emprunté du Zerma[5], il signifie esclave…* ». Cette tentative d'explication de cet auteur est loin de faire l'unanimité car elle a été battue en brèche par certains immigrés nigériens à Lomé qui donnent une autre signification au terme ''esclave'' dans leur dialecte[6]. Il est à renchérir que la transcription des mots "esclave" ou "esclavage" en dialecte Moba donne respectivement *"Yonbd"* et "*Yonb*"[7]. En langue tem, "*Yom*"[8] désigne l'esclave. Ces différentes transcriptions confirment

[2] Dans le pays tem, la parenté à plaisanterie existe belle et bien. Ainsi, l'Homme peut plaisanter avec ses beaux-frères, l'épouse et ses belles sœurs et inversement.

[3] *Le wawa en tant que fait social,*, 2006, p. 2.

[4] *Le wawa en tant que fait social,*, 2006, p. 2

[5] Encore appelé sous ethnonyme « Djerma », dialecte populaire au Niger actuel. Il désigne aussi ses locuteurs connus par leurs célèbres migrations dans la sous-région ouest-africaine et leur dynamisme dans le circuit commercial.

[6] Près d'une dizaine d'immigrés "Djerma" nous ont fait savoir que Wawa n'est pas l'appellation d'esclave dans leur dialecte. Ils pensent que le terme "*Bangna*" est beaucoup plus authentique.

[7] L. Kantchoa, *Description de la langue Moba : Approche Synchronique*, Thèse pour l'obtention du Doctorat Nouveau Régime, FLESH, UL, Tome I et II, 2005, p. 576.

[8] Entretien du 15 mars 2014 avec Ouro-Sama Adam Safiou (66 ans), chef de la communauté tem du quartier Totsi (Lomé).

l'origine étrangère de "Wawa" aux parlers des deux communautés ethniques. Certes, si l'origine linguistique de ce concept est inconnue, il reste le canal incontesté de cette alliance culturelle entre Tem et Moba-Gourma qu'il convient de mieux décrire à travers la présentation de leurs caractéristiques.

II. L'ORIGINE DE LA PLAISANTERIE ENTRE TEM ET MOBA-GOURMA

Une relation à plaisanterie entre deux groupes ethniques est toujours liée à un événement. La catégorisation des origines des alliances à plaisanterie par rapport aux légendes recueillies donne ce qui suit :

A. Les récits anecdotiques passés

Les anecdotes retraçant l'origine de l'alliance à plaisanterie entre Tem et Moba-Gourma sont assez nombreuses et diversifiées aussi bien dans le pays Tem que dans le pays Gourma. Les contenus de ces récits varient d'un interlocuteur à un autre. Néanmoins, nous avons réussi à les confronter et à en faire des recoupements succincts.

Ainsi, pour Kolani Sougle[9] et Ouro-Sama Adam Safiou[10], l'alliance entre Tem et Moba-Gourma tire son origine du séjour et du règne d'un Gourma sur le pays tem. Tous deux sont unanimes pour dire que cet étranger malgré qu'il ait usurpé le pouvoir a réussi à conjurer la malédiction qui frappait les chefs kotocoli[11] et à ramener l'ordre et la prospérité dans le pays. Mais ils se contredisent sur l'identité de ce Gourma. En effet, Kolani Sougle nous fait savoir que ce chef Gourma était un esclave affranchi capturé par les Tem lors d'une razzia dans le pays gourma. Pour Ouro-Sama Adam Safiou, il était plutôt un notable très zélé et confident d'un roi Tem.

Malgré ces contradictions, l'on aboutit au fait concordant que la plaisanterie "Wawa" entre les deux groupes ethniques tire son origine d'un événement historico-politique. Cependant, d'autres traditions évoquent des fondements d'ordre matrimonial.

B. Les alliances matrimoniales caractérisées par le passé

La plaisanterie "Wawa" tirerait son origine du mariage entre une femme Gourma et un Kotocoli. En ce sens, Lardja Sanwogou nous relate qu'un marabout tem de clan Mola, en voyage dans le pays gourma, épousa la fille du roi. Ce couple connut une série de pertes de leurs enfants, suite à des maladies miraculeuses. Pour les faire sortir de ce cycle infernal, un cousin du roi Gourma qui

---

[9] Entretien du 18/03/2014 (Lomé) avec Kolani Sougle (32 ans), Etudiant.

[10] Entretien du 15/03/2014 (Lomé) avec Ouro-Sama Adam Safiou (66ans), chef de la communauté Tem de Totsi.

[11] Il paraît que les chefs Kotocoli ne duraient pas longtemps au trône. Ils mouraient quelques temps après leur intronisation.

était ami au marabout, acheta par fiction le dernier nouveau-né de la princesse et le nomma “Wawa”[12]. La famille du marabout fut épargnée de cette malédiction et devint grande avant de regagner le pays tem. Par la suite, “Wawa” fut porté au trône[13]. Il devint ainsi l’élément d’union entre les Mola et les Gourma qui se considérèrent dès lors comme des frères consanguins. C’est pour cette raison que depuis lors tout Kotocoli est un “Wawa” aux yeux des Gourma et inversement[14]. Cette origine matrimoniale est aussi confirmée par Evéline Laré. Mais sa version se démarque partiellement de la précédente.

En effet, pour cette dernière, il y eut le rachat d’un enfant[15]. Mola fut baptisé “Wawa” par un Gourma en voyage dans le pays tem. Tout comme Lardja Sanwogou, Eveline Laré atteste que « *l’enfant fut sauvé et grandit. Il devint un grand dignitaire des Mola dans le pays tem. C’est partant de là que la plaisanterie est née entre les Kotocoli et les Moba-Gourma* ».Il ressort de ces deux récits que la femme a été l’élément unificateur des deux ethnies.

Tout porte à croire que l’alliance à plaisanterie est un fait réel initié depuis les premiers contacts entre les Tem et les Gourma, quand bien même l’incertitude plane autour du fait originel et déclencheur de ce pacte social qui se manifeste dans les deux sociétés par divers actes.

C. La manifestation de “Wawa”

La plaisanterie entre Tem et Moba-Gourma ne déroge pas à cette règle. Elle se manifeste à travers l’usage de l’expression “Wawa”, mot par lequel des membres des deux communautés s’interpellent. C’est donc un indicatif qui ouvre la porte de la fraternité et de l’amitié entre Gourmantché et Kotocoli.

Il s’ensuit des échanges de mots injurieux en langues locales ou officielles[16]. Ce jeu verbal entre Tem et Moba-Gourma comme dans toute plaisanterie a une fonction ludique. Il se déroule souvent aux yeux d’un public que les protagonistes cherchent à amuser. Ce qui les amène à trouver des mots et expressions

[12] Signifiant esclave fictif. Cet acte devait assurer la longévité de cet enfant en le protégeant contre les mauvais esprits et les sorciers surtout que la première épouse du marabout était accusée de sorcellerie. in Lardja, *op. cit.*, p. 5.

[13] Il régna sur le pays tem de même que ses descendants.

[14] in Lardja, 2006, pp. 5-6.

[15] La mère de l’enfant était une femme tem qui perdait ses enfants après accouchement. Un jour, elle était au terme de sa grossesse quand son mari du clan Mola accueillit un voyageur Gourma à qui il expliqua son malheur. Ce dernier prolongea son séjour chez son hôte et assista à l’accouchement du nouveau-né. Il fit des cérémonies de rachat de cet enfant en le balafrant sur le modèle Gourma. (Entretien du 23 mars 2014 avec Laré Evéline, 70 ans, commerçante à Lomé.

[16] Surtout en Ewé et en français, ceci en raison de la différence linguistique des deux peuples. Le moba et le tem sont deux langues différentes. Il est difficile au Moba de parler le tem et vice versa.
En milieu d’immigration, l’Ewé et le Français constituent des canaux oraux de dialogue entre les deux communautés.

pouvant entraîner une grande hilarité de la part des témoins[17]. De façon générale, ces taquineries portent entre individus ou entre des ethnies. Le Wawa se manifeste aussi à travers des gestes.

La manifestation de la plaisanterie donne souvent lieu à des scènes de spectacles. À juste titre, les deux peuples profitent généralement des grandes cérémonies telles que les mariages, les baptêmes, les funérailles et les palabres pour poser un acte de plaisanterie.

En ce sens, Ouro-Sama Adam Safiou martèle : « *Le Gourma peut profiter d'un rassemblement public pour attacher la corde au cou du chef Kotocoli ou d'une femme* »[18]. Il poursuit en signalant que « *le dénouement de cette attaque, violente au départ intervient après versement de dons en nature et en espèces dans une ambiance de rire et de gaieté* »[19]. Mieux encore, le spectacle est plus émouvant et endurci lors des rites funéraires. Des exemples peuvent être multipliés.

Malgré l'existence de diverses voies de célébration[20] du "Wawa", cet engagement historique et social procure des avantages innombrabrables dans les relations des peuples alliés.

III. LES AVANTAGES DU "WAWA"

L'institutionnalisation de la plaisanterie entre Moba-Gourma et les Tem a sans nul doute eu des impacts heureux sur la cohabitation entre les deux communautés de l'époque précoloniale à ce jour. Cette alliance procure divers avantages sous différents angles.

A. Sur le plan social

Outre le maintien de la paix sociale, le "Wawa" reste un slogan efficace ou un moyen de régler toutes sortes de tensions entre Tem et Moba. Tel a été le constat fait par Kolani Sougle qui nous relate la violente altercation qu'il eut avec un jeune Kotocoli en ces termes : « *Il m'est une fois arrivé de gifler un jeune Kotocoli, pour une erreur de conduite à Lomé (Agbalépédo). Ses frères étaient prêts à me battre mais quand j'ai su qu'ils étaient Kotokoli, je les ai qualifiés de "Wawa" et tout a été réglé à l'amiable* »[21]. Il est aussi un véritable facteur d'intégration.

---

[17] A.Napon, « Aspects linguistiques et sociolinguistiques de l'alliance à plaisanterie entre quelques groupes ethniques en milieu urbain, *Recherches Africaines*, Numéro 05-2006, 9 novembre 2006, p. 7

[18] Ouro-Sama Adam Safiou, *op. cit.*

[19] Ouro-Sama Adam Safiou *op-cit.*

[20] Cette alliance interethnique dans son fonctionnement obéit à des règles essentielles. Les interdits les plus importants sont :- l'interdiction de blaguer entre les alliés jusqu'au versement de sang ;- les insultes sur les défauts physiques.

[21] Entretien du 18 mars 2014 avec Kolani Sougle (32 ans), étudiant à Lomé.

B. Le "Wawa" : facteur d'intégration

Partout ailleurs en Afrique et particulièrement au Togo, l'essor urbain de la capitale a drainé les foules immenses des autres agglomérations du pays. Au rang de ces populations, figurent les Kotocoli et les Moba-Gourma qui font partie des milliers d'immigrés que compte la ville de Lomé[22]. Dans cette métropole, les relations entre les individus des deux ethnies sont en parfaite harmonie. Ils se considèrent mutuellement comme des frères. Cette parenté traditionnelle facilite la cohésion sociale en cultivant la solidarité et l'entraide puis la tolérance entre les individus des deux groupes ethniques.

Certes, la plaisanterie demeure le socle de l'harmonie sociale entre les groupes humains du Togo dans leur existence. Il en est de même politiquement.

C. Le "Wawa", facteur de prévention et de résolution des conflits

À l'origine, la résolution voire la prévention d'éventuels conflits entre les deux tribus aurait certainement motivé le scellage de cette alliance[23]. Il est fort probable que cet engagement ait été respecté depuis l'époque précoloniale..Sous l'ère démocratique, le même vocable a joué son rôle de prévention de conflits entre les deux entités ethniques quand on sait que les périodes troubles des années 1990 ont été le théâtre des affrontements interethniques.

Durant la même période, certains peuples du Nord-Togo, surtout les Kabyè, ont été violentés et chassés du Sud-Togo[24]. Tous ces conflits à toile de fond ethnique et foncier auraient pu être évités si les peuples opposés étaient liés par une quelconque relation à plaisanterie. Au vu de toutes ces idées, la plaisanterie revêt une importance capitale dans la vie et la gestion de la cité. De même, son apport économique reste important.

D. Les atouts économiques du "Wawa"

Il convient de noter que la relation à plaisanterie procure des intérêts économiques assez minimes observés dans les secteurs du petit commerce et du transport.

L'usage du ''Wawa'' facilite en effet les échanges entre les communautés alliées en évitant le vol et l'escroquerie et en facilitant le marchandage des produits. Sur ce dernier point, Eveline Laré confirme : *« Dans les marchés, quand un Moba veut payer quelque chose chez le Kotocoli, il l'interpelle Wawa*

---

[22] Une ville dont l'effectif démographique a sensiblement augmenté de 375 499 en 1981 à 837 437 en 2010 in *RGPH,* 2011, p.5.

[23] Entretien du 1er avril 2014 avec Abbi Alfa Ismaël (68 ans), Imam principal de Tsévié (Zio).

[24] Les violences les plus graves furent les massacres des Kabyè à Bodjé et Médjé et dans la préfecture de Wawa (Sud-ouest du Togo confère carte p. 7) par les autochtones Ewé et Akposso. Ces actes de xénophobie et de tribalisme ont été observés à Gleï, Anié, Agbandi, dans le Kloto, à kévé (Avé) et dans la ville de Lomé ; dans les quartiers (Bè, Adéwui).

pour qu'il la lui vende un peu moins cher »[25]. Quelques fois les individus peuvent utiliser la plaisanterie pour obtenir un produit sans bourse délier.

IV. LA DYNAMIQUE DE LA PLAISANTERIE ''WAWA''

La pratique du ''Wawa'' a été modifiée au fil des ans comme toute relation à plaisanterie en Afrique. En cela, Ouro-Sama Adam Safiou exprime ses regrets en ces phrases : « *Sous le coup du temps, cette tradition a tendance à disparaître. Elle n'est plus vivace comme dans l'ancien temps. Elle n'est plus d'actualité auprès des nouvelles générations qui ont tendance à l'ignorer* »[26].Quels en sont les mobiles ?

L'obsolescence de la plaisanterie est liée à la conjugaison de diverses réformes d'ordre socioculturel, économique et politique. Dès la fin des années 1960, les changements apportés par le fait colonial ont porté un coup à la pérennisation authentique des traditions africaines et par ricochet à la plaisanterie. Partout ailleurs, l'école, le salariat, l'urbanisation, la mobilité des populations et l'effervescence des religions importées ont acculturé progressivement les jeunes générations africaines qui semblent ignorer une bonne partie de leur patrimoine culturel à l'instar du cousinage rhétorique. Une telle observation a été partagée par certains chercheurs comme Denis Galvan[27]. Ce dernier précise l'effet de l'urbanisation et de la pauvreté comme principaux motifs de la diminution de l'usage du jeu verbal en ces termes[28] : « *En ville, la paupérisation et le conflit pour les ressources peuvent remettre en cause les liens de « cousinage » pratiqués au village* ».

L'urbanisation en elle seule ne peut pas provoquer de façon aiguë cette crise de l'alliance à plaisanterie. L'occidentalisation de la jeunesse, suite à sa scolarisation et à la prolifération des mass médias, ont réduit l'engouement des jeunes au respect de cette coutume.

Un sondage mené par Ouro-Agoro au lycée du 02 février (Lomé), le mercredi 19 mars 2014, a montré que 4/20 des élèves[29] d'origine Tem et Moba-Gourma ont pratiqué cette plaisanterie depuis le début de l'année scolaire ; soit un taux d'usage de 25%, ce qui confirme le caractère obsolète de la camaraderie "Wawa" auprès de ces apprenants. Néanmoins, la survivance du rituel "Wawa" est effective dans la mémoire collective de cette population juvénile des deux communautés qui igno-

---

[25] E. Laré, *op. cit.*

[26] Ouro-Sama Adam Safiou, *op. cit.*

[27] In C. Canut et E. Smith, www.etudesafricaines.revues.org 2006, (consulté le 17 mars 2014 à 18h 25').

[28] Ce qui remet en cause le rôle de l'urbanisation et de l'immigration dans l'extension de la plaisanterie préalablement évoquée.

[29] Ce sondage a concerné 10 élèves Tem et 10 élèves Moba-Gourma, tous sexes confondus, âgés de 15 à 22 ans, inscrits en classe de $2^{nde}A4^{-2}$, $2CD_2$, $2CD_3$ depuis la rentrée (15 octobre 2013).

rent également l'origine historique de cette alliance. Ainsi, 1/10 élèves a pu donner de façon sommaire une version sur l'origine de la plaisanterie.

Les différents résultats issus de cet échantillon démontrent bien le désintérêt des élèves face à cette pratique "ancestrale" qu'ils ne maîtriseront certainement qu'à l'âge adulte. Mark Davidheiser[30] soutient cette argumentation quand il indique que *« les jeunes ont tendance à se « traditionaliser » en vieillissant, et de nombreux interlocuteurs admettent de découvrir « l'utilité » de ces relations avec l'âge ».*

Certes, la plaisanterie n'est plus enthousiasmante dans la société africaine moderne, mais elle est toujours d'actualité.

CONCLUSION

Au vu de ce qui précède, il est à retenir que la parenté à plaisanterie entre les Tem et les Moba-Gourma à travers le concept '' Wawa'' s'est ancrée dans les habitudes et comportements des deux peuples. Malgré l'origine controversée de cette alliance et sa dépréciation croissante auprès de la masse juvénile, elle continue par entretenir une symbiose et une parfaite harmonie sociale entre ces deux ethnies.

La contribution efficace de la plaisanterie dans le maintien de la paix est certes évidente et doit motiver les pouvoirs publics africains à renforcer de telles pratiques culturelles. Ceci en vue d'une perpétuation du calme social et de la consolidation de l'unité nationale en gestation et souvent brisée par des crises identitaires comme celles de la Côte d'Ivoire, de la Centrafrique, du Mali, du Soudan et surtout du Rwanda.[31] Cette fragilité des États africains liée en partie à leur caractère multiculturel et plurilinguiste trouverait un mécanisme solide pour sa résolution à travers la réhabilitation des pactes interethniques.[32]

Acteur de la société internationale depuis son indépendance en 1960, le Togo n'est pas indifférent au constat selon lequel le concept '' État-Nation'' est en balbutiement dans les pays africains. À cet effet, les différents régimes qui se sont succédé au sommet de l'État togolais n'ont pas réussi à créer un lien d'union entre les différents peuples de cette entité politique. Du coup, la revalorisation et l'instrumentalisation du '' Wawa'' permettrait aux gouvernants togolais d'atteindre cette ambition avec l'institutionnalisation d'un Haut Commissariat à la Réconciliation et au Renforcement de l'Unité Nationale[33].

---

[30] in Canut et Smith, « Pactes, alliances et plaisanteries », in *Cahiers d'études africaines*, 184, 2006

[31] Marquée par un génocide entre Hutu et Tutsi débuté en avril 1994. Nous osons croire que ce conflit qui a fait plus de 800.000 morts aurait pu être évité, si les deux ethnies avaient eu un lien de plaisanterie.

[32] Ceci grâce à une sensibilisation d'envergure nationale sur ces alliances, à leur insertion dans les programmes d'enseignement scolaire et à l'organisation des ateliers, des symposiums, des colloques et manifestations culturelles portant sur les relations plaisantes.

[33] Annonce faite par le Gouvernement togolais lors de la réception des 68 recommandations de la Commission Vérité Justice et Réconciliation (CVJR). *Togo-Presse* n° 9260 du vendredi 04 avril 2014, p.1.

Il y a lieu de préciser qu'outre la cohésion nationale, le chevauchement de certaines plaisanteries au delà des limites frontalières reste un possible élément fédérateur des peuples africains et d'effacement virtuel de ces lignes de démarcation ; conditions *sine qua non* de l'intégration africaine, vision commune des différentes organisations intergouvernementales panafricaines sous-régionales et continentales.[34] Une telle hypothèse confirme une fois encore l'enjeu du patrimoine culturel dans le développement de l'Afrique et de l'épanouissement de ses populations.

SOURCES ET BIBLIOGRAPHIE

SOURCES

Sources orales

Noms et prénoms	Date et lieu d'interview	Ethnie	Âge	Qualité de l'informateur
Abbi Alfa Ismaël	Tsévié, le 01er avril 2014	Tem	68 ans	Imam principal de Tsévié (Zio)
Allahassane Abdoul Moumoun	Gléï, le 15 octobre 2013	Séméré (Bénin)	65 ans	Imam de Gléï (Ogou)
Ali Mohamad	Lomé, le 05 avril 2014	Haoussa (Niger)	39 ans	Informaticien à Agba-lépédo (Lomé)
Bampouni Kam-patib	Lomé, le 20 mars 2014	Gourma	32 ans	Chauffeur à Lomé
Kolani Sougle	Lomé, le 18 mars 2014	Moba	32 ans	Etudiant à Lomé
Kpégouni Amida	Tchébébé, le 01er janvier 2012	Tem	28 ans	Revendeuse à Tché-bébé (Sotouboua)
Laré Evéline	Lomé, le 23 mars 2014	Moba	70ans	Commerçante à Lomé
Ouro-Sama Adam Safiou	Lomé, le 15 mars 2014	Tem	66 ans	Chef de la commu-nauté Tem de Totsi
Soulemane Allassane	Lomé, le 20 mars 2014	Gourma	44 ans	Délégué à la station Lomé-Tandjoaré (Agbalépédo)

Les Périodiques

Togo- Presse, n° 9260 du vendredi 04 avril 2014.
Sidwaya, n°95 du jeudi 03 au 10 juin 1999.
Le démocrate, n° 022 du lundi 15 juin 1992.

[34] Comme l'Union Africaine (UA), la CEDEAO, l'UEMOA, la BAD...

Les Sources imprimées

Direction Générale de la Statistique et de la Comptabilité Nationale & Bureau Central du Recensement, in *Recensement général de la population et de l'habitat (06 au 21 novembre 2010),* Résultats définitifs, Lomé, 2011, 57 p.

Le Service d'Etudes du Premier Ministre, *La crise Togolaise : Exposé des faits, situation au 31 mai 1993*, éditogo, 1993, 176 p.

S. Lardja, *Le Wawa en tant que fait social*, 2006, 5 p.

BIBLIOGRAPHIE

Webographie

T.Zakari, *Le pays tem change de visage au 18è siècle,* consulté sur le www.facebook.com/ le 17 mars 2014, 18 :10'.

C.Canut et E. Smith, « Pactes, alliances et plaisanteries », *Cahiers d'études africaines*, /184/ 2006, mis en ligne le 08 décembre 2006, consulté le 17 mars 2014, 18 : 25' URL :http:// etudesafricaines.revues.org/6198 .

A.Napon, « Aspects linguistiques et sociolinguistiques de l'alliance à plaisanterie entre quelques groupes ethniques en milieu urbain », *Recherches Africaines*, Numéro 05- 2006, 9 novembre 2006, consulté le 19 mars 2014 à 10 :05', http://www. Recherches-africaines.net

Ouvrages - Mémoires- Thèses

E.M. Banna, *Contribution à l'histoire des Temba (Kotokoli) : histoire de la Chefferie Mola de KIGBAFULU (Bafilo),* Mémoire de Maîtrise d'Histoire, UB, Lomé, 1989, 96p.

J.C. Barbier, et B. Klein, *Sokodé Ville multicentrée du Nord-Togo*, Paris, ORSTOM, 1995, 135 p.

N.L. Gayibor, *Le peuplement du Togo, l'état actuel des connaissances historiques,* Presses de l'UB et ACCT, Lomé, 1996, 180 p.

N.L.Gayibor, (ss dir), *Le Togo sous domination coloniale (1884-1960),* Presses de l'UB et ACCT, Lomé, 1997, 241 p.

N.L.Gayibor (dir), *Histoire des Togolais*, Presse de l'UL, Lomé, Tome I & II, 2006, 1043 et 754 p.

H.A.Houedanou- Akotcholo, *La parenté et la plaisanterie en pays Tem : cas de Tchalo (centre du Togo),* Mémoire d'Anthropologie, FLESH, UL, 2008, 120 p.

L. Kantchoa, *Description de la langue Moba : Approche Synchronique*, Thèse pour l'obtention du Doctorat Nouveau Régime, FLESH, UL, Tome I et II, 2005, 667 p.

J. Ki -Zerbo, *Histoire de l'Afrique Noire d'hier à demain*, Paris, éd. Hatier, 1978, 733 p.

B. Tcham, *Histoire et Traditions du Nord-Togo*, Presse de l'UB, Lomé, 1997, 95p.

B. Tcham, *Le Bassin de l'Oti du XVIIIe siècle à 1914*, Thèse pour l'obtention du Doctorat d'État ès- Lettres et Sciences Humaines, FLESH, UL, Tome I, II, III, 2002, 637 p.
A. Ouro-Djeri, *Eléments de polémologie en pays Tem : Cas des Sémassi de Paratao (1880-1914),* Mémoire de Maîtrise d'Histoire, UB, Lomé, 1989, 97p.
D. Ouro-Agoro, *L'émigration des Temba vers la Gold Coast (1922-1969),* Mémoire de Maîtrise d'Histoire, UL, Lomé, 2009, 120 p.

ENTRE L'ETHNIE ET LA NATION : L'ÉTAT, UNE IMPASSE HISTORIQUE ?

Joseph Zidi
Université Marien Ngouabi/ Congo

RÉSUMÉ

On s'interroge souvent sur les raisons des difficultés et de la fragilité du processus de construction de la nation en Afrique. En s'appuyant sur la formation de l'ethnie kongo, ce thème se propose de montrer les rapports structurels et fonctionnels entre l'ethnie, la nation et l'État. Ces concepts forgés en occident et utilisés sans dépouillement ni dépassement en Afrique noire ont donné lieu à l'opposition ethnie/nation, ethnie/ État, État/nation. Dans ce contexte de mimétisme conceptuel et de manque de paradigme propre à l'Afrique, qu'est-ce que l'ethnie, structure sociopolitique de base attend de l'État, une réalité importée ? Sur quels fondements historiques et philosophiques, l'État importé et multiethnique entend-t-il construire la nation ?

MOTS CLÉS

Ethnie, Nation, État, Crise, Mythe fondateur, Congo.

INTRODUCTION

S'interroger sur le phénomène ethnique en Afrique noire n'est pas une vaine préoccupation, tant il innerve l'ensemble des domaines de la vie. Jadis analysé sous le prisme occidental, la reprise intellectuelle du débat, complexe, parfois confus et contradictoire, du terme ethnie comme les rapports ambigus qu'il entretient avec l'État, l'impact de tout cela dans la construction de la nation exigent de nouvelles problématiques, des nouvelles démarches. Dans l'abondante littérature suscitée par ces questionnements, deux études africaines se sont inscrites dans cette perspective. La première, *Au cœur de l'ethnie. Ethnies, tribalisme et État en Afrique*[1], restitue les

---

[1] J.L. Amselle et E. M'Bokolo., *Au cœur de l'ethnie. Ethnies, tribalisme et l'*État *en Afrique,* Paris, Karthala, 1985, 227 p.

origines, le fonctionnement de l'ethnie et relève la carence des concepts opératoires propres à l'Afrique, c'est-à-dire, en langues africaines, pour dire et mieux comprendre de l'intérieur le concept ethnie. La deuxième étude, *Les ethnies ont une histoire*[2], montre le caractère dynamique des ethnies et leur antériorité au contact avec l'occident européen. Cet effort d'élucidation et de contextualisation du concept ethnie n'a pas pour autant apporté des réponses concrètes à la problématique des rapports entre l'ethnie, la nation et le développement. Bien souvent, lorsqu'on évoque la construction de la nation en Afrique, les ethnies sont perçues sous deux angles. D'abord comme handicap, ce qui justifia la mise en place des régimes monopartites au lendemain des indépendances. L'échec des partis uniques, en révélant plutôt la stigmatisation et la négation de l'ethnie, a eu comme conséquence majeure *Le retour des ethnies*[3] sur la scène politique africaine. Ce retour met en crise le concept ethnie. Ensuite, considérée par les Historiens et les Anthropologues comme formations sociopolitiques de base en Afrique, la prise en compte de l'ethnie se révèle incontournable dans le processus de construction de la nation.

Quelle que soit la grille de lecture ou la démarche utilisée, la logique politique imposait jusqu'ici aux ethnies d'intégrer la nation en construction. Ce travail procède au renversement de cette logique. Il s'agit, en substance, de repérer les bases et les principes sur lesquels l'État importé et multiethnique se doit de fonder la nation, c'est-à-dire, fondre en un tout cohérent et harmonieux l'ensemble des structures sociopolitiques : les ethnies, ayant trouvé des mécanismes de régulation de leurs particularismes. Sur cette base, la question centrale est celle de savoir ce que l'ethnie attend de l'État. Elucider une telle problématique revient, pour l'essentiel, à examiner les points suivants :

- Le cadre théorique ;
- L'État comme crise ;
- La construction de la nation : ce que l'ethnie attend de l'État.

I. DU CADRE THÉORIQUE

A. Du concept ethnie

Vestige de l'ethnologie coloniale, le concept ethnie est au départ une volonté de l'Occident de désigner et de mieux comprendre les sociétés minuscules et primitives avec l'encouragement des Anthropologues du courant évolutionniste. Les Anthropologues eux-mêmes l'héritent de la Grèce où le terme *ethnos* désignait un peuple, précisément les populations aux us et coutumes « primitifs » par opposition à la « *polis* », c'est-à-dire, la cité grecque, un niveau supérieur d'organisation de la société. L'*ethnê* renvoie aux populations qui n'avaient pas le statut de citoyens athéniens, c'est-à-dire, les « métèques » et les « barbares », ceux qui ne parlaient pas la langue grecque. On le comprend, le concept ethnie naît, à ses origines, de l'opposition entre ce qui était de l'ordre de la civilisation

---

[2] J.P. Chrétien et G. Prunier, *Les ethnies ont une histoire*, Paris, Karthala, 1989, 439 p.

[3] D. Ngoïe-Ngalla, *Le Retour des ethnies. Quel État pour l'Afrique ?*, Paris, Bajag-Meri, 2003.

et ce qui relevait simplement de la barbarie ; autrement dit, la fixation de la césure culturelle et juridique entre la norme et son déni. Il va osciller entre le registre de la nature, du fait de ses fondements biologiques en référence aux types raciaux, et celui de la culture, en raison de sa volonté d'appréhender les différences d'ordre linguistique. Lorsque Vacher Lapouge l'utilise pour la première fois, en 1896, il ne retient que le critère de « race » comme catégorie humaine globalisante. Les aspects spécifiques liés à la langue et à la culture n'apparaissent que bien plus tard, en 1935, avec l'élargissement du concept qu'opère Montandon. Par ethnie, il classifie : « *un groupement naturel pour la délimitation duquel entrent en ligne de compte tous les caractères humains, qu'ils soient somatiques, linguistiques ou culturels (de civilisation) ».*[4]

L'ethnie c'est donc, précise Roland Breton[5] :

> un groupe d'individus liés par un complexe de caractères communs – anthropiques, linguistiques, politico-historiques, etc., - dont l'association constitue un système propre, une structure essentiellement culturelle : une culture. L'ethnie est alors la collectivité, ou mieux la communauté, soudée par une culture particulière.

En Afrique, cette structure à la fois sociale et politique a résisté aux vicissitudes de l'histoire : l'évangélisation, la traite négrière, la balkanisation, la création de l'État postcolonial. Pourquoi ? Parce que son enracinement dans l'inconscient collectif lui confère des fondements historiques et anthropologiques solides. Il est donc urgent de prendre le contre-pied de la thèse développée par Elikia M'bokolo et Jean-Loup Amselle, thèse qui fait de l'ethnie une fabrication coloniale[6]. Surprenante affirmation, en effet ! Une structure aussi complexe que l'ethnie, œuvre de la longue durée, ne pouvait pas se mettre en place en moins d'un siècle. L'inexistence de concepts opératoires chez beaucoup de peuples africains pour désigner le phénomène ethnique n'invalide pas son antériorité à la période coloniale. La genèse des structures sociopolitiques en Afrique noire le montre bien. L'ethnie Kongo est un exemple intéressant.

Les origines et le processus de formation de l'ethnie kongo ont été restitués dans leur globalité par de nombreux auteurs, parmi lesquels il faut citer Antonio Gonçalves[7] et Batsikama ba Mampuya ma Ndwala[8]. Le premier s'efforce de saisir, sur le plan socioculturel, le phénomène de l'intérieur. Il reconstitue le cheminement sociopolitique de formation de l'ethnie kongo. Dans l'espace comme dans le temps, le noyau lignager *(moyo)* kongo de départ, telle une

---

[4] G. Héraud, *Peuples et langues d'Europe*, Paris, Denoël, 1966, p.32.

[5] R. Breton., *Les ethnies*, Que sais-je ? Paris, Presses Universitaires de France, 1981, p.8.

[6] J. L. Amselle, « Ethnies et espaces : pour une anthropologie topologique », *Au cœur de l'ethnie*, Paris, Karthalla, 1985, p.43.

[7] A. C. Gonçalves, *Le Kongo. Le lignage contre l'État. Dynamique politique du XVIème au XVIIIème siècles*,Universidade de Evora, 1985, p.90.

[8] R. Batsikama ba Mampuya ma Ndwala, *Voici les Jagas ou l'histoire d'un peuple bien parricide malgré lui*, Kinshasa, Office National de Développement Agricole, 1972.

structure naturelle, se densifia, se complexifia et donna naissance à une structure plus importante au point de vue spatial et démographique : le clan *(kanda)*. C'est à partir de ce niveau d'organisation sociopolitique qui suppose déjà la mise en place des normes de vie sociales et juridiques que le processus de naissance de l'ethnie kongo se mit en place. D'abord au nombre de trois : Nsaku, Nzinga, Mpandzu ; puis douze[9], au fil du temps, la fusion des clans donna naissance à son tour à un grand ensemble sociopolitique : l'ethnie. Ces nombres sont sans doute symboliques. La réalité est, en effet, beaucoup plus compliquée. Le phénomène de la dislocation, de la recomposition, voire de la disparition des clans donne l'image du caractère variable et incertain de leur nombre. Jean Cuvelier[10] qui tente de cerner ce phénomène à partir des circuits migratoires de quelques clans kongo en donne une image sous forme de toile d'araignée.

Batsikama quant à lui reconstitue le puzzle en quatre phases principales. Il distingue la formation de *Kongo dia Mpanga*, le *Kongo dia Mulaza*, le *Kongo dia Mpanzu* et le *Kongo dina Nza*ou, le *Nkumb'a Ngundi*[11]. Toutes ces étapes montrent la fusion réalisée au plan local dont la synthèse des composantes sociales fut réalisée par les Mani (roi) Kongo pour donner naissance à un vaste ensemble politique appelé le *Kongo dia Ntotila*. La décentralisation (mise en place des provinces[12]) comme mode d'organisation politique restitue une image plus ou moins fidèle de cette diversité de départ. L'unanimité semble de plus en plus acquise pour affirmer que le rassemblement et l'unification des peuples du groupe kongo furent du temps long. Dès lors, politique, le nom kongo devient celui de tous les peuples du royaume. Le nom kongo n'efface ni les appellations ni la personnalité des ensembles sur lesquels, plus tard, il s'élève comme royaume. On trouve donc au cœur du processus de formation de l'ethnie l'intégration progressive d'un petit foyer primitif et dynamique par des sujets venus de plusieurs ailleurs. Ce processus d'intégration et d'unification des groupes hétérogènes autour des valeurs dominantes, les Kongo l'appellent *Ntotila*[13]. Le phénomène avait pris du temps, des siècles. Telle est la vie des ethnies.

On le comprend, l'ethnie ne relève pas de l'ordre de la biologie, mais plutôt de la culture. Elle est une construction historique. L'ethnie s'organise et s'ordonnance autour de trois éléments fondamentaux : la Terre, le Peuple et la Culture, lesquels construisent une conscience collective et une vision du monde commune. Si la réunification de l'espace est un acte matériel, la formation de l'ethnie dans sa dimension culturelle est un processus psychologique, émotion-

---

[9] Lire E. Biayenda, *Coutumes et développement chez les Ba-Congo du Congo Brazzaville*, Thèse de Doctorat 3ème cycle en Sociologie, Faculté de Lyon, 1968, pp. 23-24.

[10] Mgr Cuvelier, *NNkutam'a Mvila za makanda*, Tumba, 1953, 142 p.

[11] R. Batsikama ba Mampuya ma Ndwala., *ibid.*, pp. 175-226.

[12] Le Kongo dia Ntotila comptait six provinces : Nsundi, Mpemba, Mpangu, Soyo, Mbata, Mbamba.

[13] J. Zidi., « Le Ntotila dans l'imaginaire Kongo », *Cahiers d'Histoire et Archéologie de l'Université Omar Bongo*, n°16, Libreville, 2014.

nel, une volonté inconsciente au départ, réelle par la suite, du vivre ensemble. Dès lors, le *Ntotila* comme réalité à la fois politique, économique et culturelle, expression d'un pro-jet, d'une mission historique fixée dans la mémoire collective de génération en génération, s'apparente bien à ce que l'Occident désigne par Nation. En tout cas, c'est ainsi que les Kongo se représentent et se reconnaissent dans le *Ntotila*.

B. De la nation

La nation telle que définie par Renan[14] et Staline[15] est une réalité occidentale. En effet, l'effondrement et la dislocation de l'Empire romain vers 476 eurent pour conséquences la naissance des différentes principautés dirigées par des seigneurs. Ce sont ces principautés, plutôt ces « nationalités » qui, dans leur majorité, vont donner naissance aux nations d'Europe comme résultat du refus de la classe bourgeoise montante éprise de liberté qui rejette le régime féodal du Moyen-âge. Telle qu'elle émerge en Europe, la nation est une construction interne sans intervention extérieure, une construction identitaire qui configura l'espace, les frontières, au lendemain des guerres violentes entre unités sociales qui éclatent et qui fusionnent tout à la fois. Au point de vue structurel, la nation reste tributaire de ces formations sociopolitiques et culturelles. La nation en Europe est le résultat de la fusion des nationalités. Ainsi que l'affirme Pierre Fougeyrollas[16], « *la nation n'a été ni n'est nulle part le résultat d'un contrat exprimé ou même tacite entre les individus ou des groupements voulant s'associer. Elle est issue d'un processus très longtemps souterrain, dont la prise de conscience accélère la marche sans en modifier l'orientation* ».

En occident donc, la Nation a précédé l'État.

À ce stade, il faut inférer que la nation en occident comme l'ethnie en Afrique sont des constructions autonomes des peuples en conformité avec leur culture. Ce furent des processus longs et complexes, diffus, qui au prix des remises en cause de leurs propres évolutions et acquis idéologiques, définirent les normes politiques, économiques et socioculturelles novatrices. Les communautés de base en fusion permanente fixèrent des frontières de l'espace désormais commun, identifié comme une aire culturelle au terme de beaucoup de violence. Une langue nationale se met progressivement en place. Une vision du monde se formule en termes de pro-jet. À quelques différences près, il y a donc lieu de constater que le processus de structuration de l'ethnie et de la nation est le même. Les fondements aussi, c'est-à-dire : l'ethnie comme la nation, c'est un Territoire, un Peuple, une Culture.

La reprise telle quelle du concept nation en Afrique, sans en extirper les contours spécifiques et les oripeaux historiques, sociopolitiques et anthropologiques

---

[14] E. Renan, *Qu'est-ce qu'une nation ?,* Conférence faite en Sorbonne, le 11 mars, 1882, 13p.

[15] J. Staline, *Le marxisme et la question nationale (1973)*, tr. Fr., Editions du Centenaire, 1978.

[16] P. Fougeyrollas, *La Nation*, Paris, Fayard, 1987, p.25.

occidentaux a conduit au lancement du slogan la « construction nationale » dès les premières années de l'indépendance. La reconnaissance, en 1963, par l'Organisation de l'Unité Africaine (OUA), des frontières héritées de la Balkanisation de l'Afrique (Conférence de Berlin, 1885), frontières qu'elle déclara de façon irrévocable « intangibles » a rendu beaucoup plus complexe la compréhension et l'articulation sur le terrain africain de ce slogan. Il en découla que les nations africaines devaient se construire non pas sur des bases socio-historiques (géographie ethnique d'avant 1885), mais plutôt sur des fondements politico-idéologiques (géographie berlinoise, après 1885). De fait, l'Organisation de l'Unité Africaine (O.U.A.) avait validé l'opposition entre l'histoire, la culture et la politique. L'Afrique a donc combiné deux incohérences majeures. La première est la non maîtrise des indépendances[17] et la mauvaise manipulation des concepts État et nation. La deuxième est la confusion et le vide autour des notions d'« ancêtres fondateurs » et de « père de la nation ». [18]

Le bilan fait cinquante ans après les indépendances et le lancement de la « construction nationale », révèle, non sans étonnements, la faillite idéologique et l'impossibilité intrinsèque de couler dans la structure de l'Afrique post indépendante la réalité nation, un concept plus exigeant que les égarements des régimes monopartites censés construire l'unité des peuples. Le seul succès de cette ambition de la « construction nationale » est celui d'avoir mis en place une classe politique embourgeoisée incapable de se donner des marges révolutionnaires et démocratiques suffisantes en termes de liberté et de conceptualisation pour reformuler et redonner sens de et à la nation ; s'opposer, de fait, à la féodalité néocoloniale comme le fit la bourgeoisie européenne du XVIIIème siècle, réactionnaire et visionnaire dans son essence. La conséquence est connue. Dans la perspective de l'émergence des nations en Afrique, les « révolutions de libération » n'ont pas donné les résultats escomptés. Elles ont fait chanter, danser et rêver, sans impulser le progrès. Elles constituent, de fait, le bouquet d'illusions que Kä Mana[19] appelle les nouveaux mythes fondateurs de l'imaginaire social africain : l'occident comme dynamique de notre vie intérieure, l'identité culturelle, le mythe de l'indépendance, le mythe du développement, le mythe de la libération et le mythe, de plus en plus exubérant, de la démocratie et du plura-

---

[17] À ce propos, le musicien congolais, Franklin Boukaka, dans *le bûcheron* s'interrogea en ces termes : « *nakomi tuna modele akende lipanda tozuaka ngo ya nai e Africa ?* (je me demande, le colonisateur s'en est allé, à qui appartient finalement l'indépendance ?). Sam Manguana poursuivit la réflexion et se vit obligé d'appeler au réveil des Africains : « *bolamuka africa e lipanda, bolamuka africa e liberté. Lipanda tozua etikeli biso ebele ya makambo mingi, bolamuka bana mboka e e, mabele etika bakoko e bana africa bokeba* (Réveillez-vous l'Afrique, ô l'indépendance ; réveillez-vous l'Afrique, ô liberté. L'indépendance acquise nous a laissé beaucoup de problèmes, réveillez-vous peuples africains, c'est la terre laissée par nos ancêtres).

[18] H. Memel-Fotê, « Des ancêtres fondateurs aux Pères de la nation », 1991,mis en ligne le 04 septembre 2006. URL : http://cmb.ehess.fr/40. Consulté le 14 décembre 2013.

[19] K. Mana., *L'Afrique va-t-elle mourir ? Bousculer l'imaginaire africain. Essai d'éthique politique,* Paris, Edition du Cerf, p. 12.

lisme politique. Dans ce qui se présente comme une crise des logiques de pensée et des modèles de développement, Samir Amin[20] fait ce constat :

> Si les années soixante avaient été marquées par un grand espoir de voir amorcé un processus irréversible de développement à travers l'ensemble de ce que l'on appelait le tiers monde, et singulièrement l'Afrique, notre époque est celle de la désillusion. Le développement est en panne, sa théorie en crise, son idéologie l'objet de doute. L'accord pour constater la faillite en Afrique est, hélas, général.

La conclusion partielle sur laquelle débouche l'examen des concepts ethnie et nation en Afrique conduit au constat que ces concepts n'ont pas été réinterprétés et façonnés au moule africain. Ils sont restés occidentaux, importés, livrés clés en main, plaqués *in extenso*. C'est sans doute en ce lieu de la dépendance théorique et conceptuelle qu'il faut situer le tombeau de nos illusions et désillusions.

On le voit, la construction de la nation en Afrique a pris une voie bien différente de celle de l'Europe. Pour peu que l'on puisse se réjouir de cette démarcation (si démarcation il y eut) vis-à-vis de l'occident, le problème que cela pose est beaucoup plus crucial. L'Afrique n'a pas inventé ses propres clés et codes pour y accéder. Devant cette impasse épistémologique, il n'est resté à la bourgeoisie néo-coloniale africaine, produit de « la politique du ventre »[21] et à l'État importé[22] que le fantasme de vouloir créer une nation *ex nihilo*. Bien africaine donc, la première image de la « construction nationale » dessine un relief très accidenté composé de connivences et de révérences envers l'occident, l'exacerbation des conflits intra et inter-ethniques, l'enrichissement illicite, l'entêtement à se maintenir au pouvoir avec toutes les conséquences néfastes rendues naturelles. À l'évidence, l'État comme institution suprême n'a pas créé la rupture *paradigmique* attendue. Moins encore, il n'a pas réussi à « tuer » le père pour sortir du mimétisme et du narcissisme creux qui le destine à la gestion par procuration.

Au fond, ce n'est pas l'ethnie qui pose problème à la construction de la nation, mais *l'ethnisation* de l'État à tous les échelons de la vie publique. De la sorte, l'ethnie parvenue au pouvoir par un de ses membres, fût-il par les urnes, se positionne en peu de temps comme le lieu d'exclusion et d'enrichissement communautaire (ethnique), créant ainsi des antagonismes vénéneux entre le centre et la périphérie. Cette « ethnisation » de l'État est le résultat de *L'imposture ethnocentriste*[23]. Par ethnocentrisme, il faut entendre :

> … la manière fâcheuse dont les élites au service d'une minorité de pouvoir, au Pouvoir ou dans l'Opposition, abusent de l'ignorance ou de la naïveté du plus grand

---

[20] A. Samir, *La faillite du développement en Afrique et dans le tiers monde*, Paris, l'Harmattan, 1989, p. 5.

[21] B. Dadié et P. Birnbaun., *Sociologie de l'État*, Paris, Grasset, Seconde Editions, 1982, pp. 103-104.

[22] B. Badié, *L'État importé*, Paris, Fayard,1992, p.244.

[23] Ch. Z. Bowao, *L'imposture ethnocentriste*, Brazzaville, Editions Hemar, 2014, 117 p. Par ethnocentrisme, il entend : la manière.

nombre, non pour défendre l'intérêt général, mais pour assouvir plutôt leurs égoïsmes au détriment de l'État de la Nation ou de la République[24].

En somme, le seul problème qui se pose entre l'ethnie et la nation en Afrique, c'est l'impasse historique que représente l'État en tant que support, système, ensemble d'institutions, appareil de domination et de gestion, de direction et d'administration.

II. L'ÉTAT COMME CRISE

Tout ce contexte saisi au double plan interne (éclatement des espaces, division des peuples, annexion de l'identité étatique à l'identité ethnique traditionnelle) et externe (nécessité d'affirmation de soi et de survie face aux autres ethnies qui composent l'État dans un jeu de pouvoir politique ouvert, affirmé et fratricide) crée des replis identitaires qui réactivent, à nouveaux frais, la solidarité ethnique et les mythes de la grandeur. Dans ces rapports plutôt d'exclusion et non d'inclusion, l'État se présente comme l'échec de l'occidentalisation des sociétés africaines. L'échec de l'extériorité qu'il représente face à l'intériorité structurelle des formations sociopolitiques de base qui le composent et qu'il doit mouvoir et fondre en un tout cohérent. Dès lors, vécu comme un *no man's land* identitaire, l'État devient le champ d'expression des contradictions, de répulsions et de revendications politiques multiformes. Propulsé par des affects ethniques, l'État *ethnisé* se dote d'une « conscience de tracteur » qui récuse sinon supporte mal la beauté de la différence et ravage tout de l'autre. Il échoue ainsi d'être un mécanisme de coordination des phénomènes sociaux pour être l'autre au pouvoir. Ceci conduit à un sentiment réel : dans la nature et le fonctionnement actuel de l'État, l'identité ethnique se révèle plus forte que la conscience nationale, même dans les cités voulues cosmopolites. On peut donc « vendre le pays », comme il se dit couramment dans la rue, mais on ne touche pas à l'ethnie. L'ethnie, elle, demeure sacrée et éternelle. C'est dans ce contexte de survie à la violence de toute nature que se réalise *Le Retour des ethnies*[25] sur la scène politique africaine. Ce retour montre que le monopartisme n'a pas évacué l'ethnie comme réalité sociale ni ne l'a endigué comme force politique. Pourquoi ? Parce que l'expérience historique accumulée par l'ethnie a fixé dans la conscience collective des peuples la mesure des échecs passés, les références des combats gagnés, la noblesse des normes de vie contraignantes qui ont permis de résister aux turpitudes de l'histoire : paix et sécurité, honneur et solidarité, éthique et progrès.

---

[24] *Supra.*

[25] D. Ngoïe-Ngalla, *Le retour des ethnies. Quels État pour l'Afrique ?*, Paris, Bajag-Meri, 2003, 144 p.

A. L'État : une rupture historique

En se positionnant là, entre l'ethnie et la nation, l'État a rompu la mutation naturelle qui devait (probablement) conduire l'ethnie vers la nation. Dans la dernière phase de leurs évolutions (du XVIème au XVIIIème siècles), les ethnies Kongo, Teke, Ngalla et Tswa, pour le cas de la République du Congo, avaient entamé le processus de fusion en créant des ponts, des zones de contacts Kongo-Tyo-Tswa au sud, Tswa-Tyo-Ngalla au centre et au nord du pays[26]. Et l'histoire sait si ce ne fut point bien avant. Dans cette perspective, à retenir comme hypothèse, un siècle ou deux, peut-être, aurait suffi à l'histoire pour donner naissance à une structure supra-ethnique.

B. L'État : une impasse historique

En se positionnant là, au sortir de la colonisation, l'État né de Berlin (1885) a précédé la Nation. De la sorte, il a endossé la charge jadis dévolue à l'histoire, celle de fusionner, dans l'espace et dans le temps, des entités sociopolitiques diverses et éparses. Si dénié à l'État la volonté de vouloir parvenir à la construction de la nation et, partant, au développement serait excessif, il faut en même temps constater ses difficultés congénitales à parachever le processus historique de passage de l'ethnie à la nation. Ne jouant pas le rôle catalyseur et fédérateur, l'État s'est réduit à être une force nulle, c'est-à-dire une force qui ne génère pas des capacités d'impulsion et de propulsion, de proposition et d'anticipation des phénomènes sociopolitiques qui tendent à lui tourner le dos, à nier dans le fond sa raison d'être. Cette antinomie est une scission existentielle. Elle impacte sur la formulation de tout projet de développement. L'État comme impasse à la construction de la nation, le phénomène n'est pas fils du XXème siècle.

Le débat sur le rapport entre l'ethnie et l'État en Afrique noire est, en effet, vieux de cinq siècles[27]. La Conférence de Berlin ne l'a pas inventé. Elle l'a simplement accru et parachevé. Le royaume de Kongo dia Ntotila, au centre des rivalités occidentales en Afrique centrale, inaugura cette opposition. Dans son ouvrage intitulé *Kongo. Le lignage contre l'État. Dynamique politique XVIème au XVIIIème siècle,* Antonio Gonçalves[28] revient sur la contradiction principale qui ruina les institutions Kongo. Le changement de pôle de pouvoir opéré par Nzinga M'vemba (Afonso 1er) d'abord comme gouverneur de la province de Nsundi, une province royale, puis comme Mani Kongo (1506-1543), c'est-à-dire la proclamation de la suprématie du Christ sur le culte des ancêtres, eut des conséquences culturelles et politiques profondes. La première fut l'introduction des prêtres catholiques dans le collège chargé d'officier le rite d'intronisation des rois du Kongo. La deuxième fut le changement progressif des armoiries. Le déclin du royaume montre bien que ce ne fut point que cela : le système était

---

[26] D. Ngoïe-Ngalla, *Les limites géographiques du Congo*, Paris, Bajag-Meri, 2003.
[27] Nous prenons comme *terminus a quo* la découverte du royaume de Kongo dia Ntotila (1482).
[28] *ibid.*

désormais rongé de l'intérieur. Ce basculement de l'imaginaire comme rupture ontologique opposa l'État, symbole de la gouvernance occidentale désormais à la tête du royaume, et le lignage, le substrat identitaire Kongo. À Nsaku ne Vunda, le maître de la terre et l'officiant du culte des ancêtres, s'était substitué le prêtre. Dans ces tensions et crises incessantes, exister politiquement et culturellement pour les Kongo était devenu synonyme de résister. C'est en tout cas le sens qu'il faut donner au messianisme Kongo qu'incarne, entre autres, Kimpa Vita. Le Kongo entra ainsi dans un conflit de modernité autour de la nature et du rôle de « l'État ». La modernité volontariste et agressive d'Afonso 1er construite sur l'éducation à l'occidentale (construction des écoles et des églises) et la modernité de Kimpa Vita[29] dont la ligne directrice renvoie à l'obsession de la restauration. Dans cette désarticulation tous azimuts de la société kongo, voulait-elle refonder l'État ou tout le royaume ? Si, au constat, l'un ne va pas sans l'autre, au nom de quoi se proposait-elle de tout renverser ?

Tout se passe comme si, en profondeur, le fil du temps historique était rompu. Une rupture comme crise : une crise avec le passé (l'ethnie), une crise de la force créatrice, c'est-à-dire, la relation onirique que nous entretenons avec notre présent (l'État) et une crise du sens, la relation onirique que nous nouons avec l'avenir (la nation)[30] . Dans le contexte de recherche de cette modernité : la conscience d'une crise comme désir du nouveau, l'ouverture à ce qui advient et survient[31], sur quelles bases, en notre temps, l'État *ethnisé* se propose-t-il d'aller à la Nation ? Quel sens et quelle signification donne-t-il à cette Nation et autour de quel rêve ou mythe fondateur s'appuie-t-il ?

III. LA CONSTRUCTION DE LA NATION : CE QUE L'ETHNIE ATTEND DE L'ÉTAT

Les théories sur la construction nationale en Afrique sont nombreuses. Dans leur majorité, elles privilégient la dimension politique et économique. Cette démarche a montré ses limites. La Nation est une émotion, une volonté manifeste du vouloir vivre-ensemble, un sentiment profond d'avoir un même destin. Ses fondements sont avant tout culturels. Aussi, pour que l'ethnie travaille à la construction de la Nation, il faut au préalable réunir, au moins, trois conditions : l'invention du mythe fondateur, la formation des hommes d'État, l'instauration d'un régime politique.

A. L'invention d'un mythe fondateur

Les mythes ne sont pas des phénomènes accidentels de l'histoire. Ils restituent et transmettent une parole, un mode de vie et de pensée. Ils disent ou

---

[29] S. Mboukou, *Messianisme et Modernité. Dona Beatrice Kimpa Vita et le mouvement des Antoniens*, Paris, l'Harmattan, 2010, 168 p.
[30] *Ibid.*, p. 52.
[31] *Ibid*, p. 97.

projettent une vision du monde. Les mythes servent à unifier les membres d'une société autour des récits communs. Ce discours sur les origines, nivelle les différences et traduit, autant que possible, l'identité et la représentation qu'un peuple se fait de lui-même, des autres et de l'univers. Le mythe fondateur invite généralement à prendre parti en sa faveur : il ne s'agit pas d'en contester l'existence ou la pertinence, mais de le considérer comme un élément fondamental de la composition idéelle et émotive d'une communauté politique. Les nations comme les civilisations se sont construites autour de ces idées forces. Dans presque toutes les cultures, on trouve les points de référence autour desquels se mobilisent et se coalisent les énergies et les passions. Les mythes fondateurs sont nombreux. Dans ce large échantillon, deux nous paraissent représentatifs de la volonté de construction de la nation au Congo : le mythe de *Ngunu*[32] chez les Kongo et les Teke, le phénomène *Ndinga*[33] chez les Mbosi.

Le mythe de Ngunu renvoie aux mêmes origines que les Teke, les Kongo et les Woyo. Ngunu est généralement identifié comme un espace, l'ancêtre commun et un mode de vie. Ce mythe se décline en ces termes : *mu Tyo a Ngunu, mu Kuo a Ngunu, mu Vi a Ngunu, mu Wo a Ngunu* (les Tyo, les Kongo, les Vili et les Woyo ont la même aïeule). De Ngunu naquirent les royaumes Teke et Kongo. Si le débat sur les limites géographiques[34] de cet ensemble est encore d'actualité, les premières études fixent le foyer principal dans l'actuelle Vallée du Niari. C'est aussi dans cette zone que se termine l'épopée *Ndinga*, un phénomène migratoire qui couvre le centre du Congo.

Ndinga a plusieurs acceptions[35] chez les peuples Ngala. Il est le nom du chef traditionnel *mbosi*, le chef de la migration. C'est aussi le nom d'un clan. Abraham Constant Ndinga Mbo[36] affirme que

> La piste de Mwene Ndinga se serait arrêtée aux abords du pays ngangwel (une tradition le montre continuant en pays teke, jusqu'à la vallée du Niari ! (...) Les jurons (...) utilisés encore aujourd'hui par les braves des pays punu et teke sis dans le Département du Niari, au sud-ouest (zone de contact du Congo avec le Gabon) attestent visiblement de la filiation des Punu et des Kele à Mwene Ndinga.

Ndinga miororo, cet oiseau migrateur, avait donc terminé son vol et son appel à l'unité des peuples dans la vallée du Niari, chez les Kongo, traversant

---

[32] D. Ngoïe-Ngalla, « L'histoire au cœur du mythe : les enfants de Ngunu », *Cahiers Congolais d'Anthropologie et d'Histoire*, n° 13, Brazzaville, 1988, p. 29-36. Lire aussi, K. Laman, *Dictionnaire Kikongo-Français avec une étude phonétique décrivant les dialectes les plus importants de la langue dite kikongo*, Bruxelles, 1936, p.6.

[33] M. Nguesso et A. C. Ndinga Mbo, *Live d'Or du Cinquantenaire d'Oyo (1963-2013)*, 2014, 286p.

[34] Au nord de cette zone, au sud du Gabon, les Punu affirment sans ambiguïté appartenir au Ngunu.

[35] J. Itoua, *L'institution traditionnelle Otwere chez les mbosi Olee du Congo-Brazzaville,* Thèse de Doctorat d'Histoire, Université de Lille III, 2006, 504p. ; *Les Mbosi du Congo : Peuple et Civilisation*, Paris, l'Harmattan, 2011

[36] M. Nguesso et A. C. Ndinga Mbo, *op. cit.*, p. 93.

l'espace teke, comme le témoigne l'anthroponyme Ndinga[37]. Ngunu et Ndinga se donnent ainsi à comprendre comme les symboles de l'unification des peuples. Et l'unité mythique n'est pas une approche artistique, c'est une démarche pragmatique coulée dans le temps. Avec le mythe, une idée de la globalisation se mit en action. Fondre ces deux réalités en un pro-jet, au mieux en inventer un, telle est, entre autres, la mission historique dévolue aux bâtisseurs de la Nation. Sinon, comment y parvenir ? Le mythe fondateur est un lieu de consensus. La Bible[38] déclare à propos : *deux personnes ne peuvent pas cheminer ensemble si elles ne s'entendent pas.*

La question existentielle de la nation congolaise est donc la suivante : si l'espace géographique appelé aujourd'hui République du Congo est une volonté et une création coloniale, sur quoi les peuples qui y vivent doivent-ils s'entendre pour vivre ensemble et construire un destin commun ?

B. La formation des hommes d'État

L'ethnie n'est pas seulement une réalité sociale, économique et politique. Elle est le résultat d'une représentation du monde. Autour de la religion, notamment des cercles initiatiques tournés principalement vers la gestion du pouvoir politique, se sont façonnées des normes de vie et une vision du monde. Le *Lemba*[39] chez Kongo, le *Ndjobi*[40] chez les sous-groupes ethniques Bambamba, Mbéti, Nzabi, Obamba, Tégué et Wandji habitant les régions de la Cuvette, de la Lékoumou et du Niari au Congo et la province du Haut-Ogooué au Gabon et l'*Otwere*[41]chez les Ngala, entre

[37] *Ibid.*

[38] Amos, 3, 3.

[39] Le Lemba est l'une des quatre écoles initiatiques au Kongo dia Ntotila : le Kimpasi, le Nkimba, le Ndembo, le Lemba. Il se pratique beaucoup plus dans la zone septentrionale chez les Sundi et les Manianga. « *Le lemba, d'après son étymologie est une force de pacification et de guérison* ». Ngoma Ngambu, *Initiation dans les sociétés traditionnelles africaines : le cas kongo*, Kinshasa, Presse Universitaire du Zaïre, 1981, p.142 ; Lire aussi A.R.Ntary-Calaffard, « Le Lemba dans la société kongo », *Valeurs kongo. Spécificité et Universalité*, Paris, l'Harmattan, 2013, pp.125-138.

[40] « *Le Ndjobi est la synthèse de tous les constituants du système magico-religieux Mbéti, c'est-à-dire les sociétés initiatiques et secrètes, les confréries, les ancestraux, les génies cosmiques, les pratiques phytothérapeutiques, para juridiques et d'immunisation contre les forces maléfiques. En tant que synonyme d'une force magique et impersonnelle, d'un génie invisible, invisible et télépathique du terme renvoie à l'idée d'une puissance transcendante qui ne crée pas l'univers, ni l'homme.* » Lire N.R. Ngohenzi, *La société initiatique Ndjobi : dynamique et implications sociopolitique au Congo (1972-1992),* Thèse de Doctorat en Sociologie, Université Lumière Lyon III, 2001, p. 54.

[41] A. Ndinga Oba, *Sur les rives de l'Alima*, Paris, l'Harmattan, p. 110, définit l'Otwere en ces termes : *L'Otwere est un ensemble de connaissances, préceptes et règles régissant la vie dans la société. Les connaissances enseignées permettent à ceux qui en sont investis de mieux connaître les forces qui agissent sur le monde, autrement dit, les lois de la nature, les choses visibles et invisibles. On dit des gens avancés en matière d'Otwere*

autres, ne sont que cela. Des écoles destinées essentiellement à la formation morale, éthique de l'élite et à l'exercice du pouvoir politique. Elles avaient réussi à façonner des citoyens dont la fonction primordiale était de veiller au mieux-être collectif. Cela passait, bien entendu, par le strict respect de la chose publique, la fameuse *res publica* des modernes. À ce propos, les Kongo, par exemple, disent : *kiame kia vua, kieto kia vua ko*, c'est-à-dire, le mien m'appartient, le nôtre ne m'appartient pas. Ces citoyens furent libres, intérieurement travaillés et propulsés par la recherche constante du Bien, du Bon et du Beau ; la recherche de l'équilibre et de l'harmonie entre la société et l'univers, entre le visible et l'invisible. Cette classe « d'hommes d'État » arrivait aux fonctions publiques (la famille, la communauté, la province, la chefferie, le royaume) avec des contraintes morales et éthiques pour lesquelles leur propre société n'avait prévu que peu d'excuses, sinon pas du tout. Or, la traque de nombreuses valeurs traditionnelles présentées comme de véritables obstacles au développement intégral de l'homme africain, traque opérée par l'État néocolonial pour délier les libertés a produit à sa tête des hommes qui n'ont plus : ni contraintes culturelles, ni exigences sociales et morales, ni obligation de servir de modèle, ni respect de la loi, ni rêve ; des hommes politiques qui ont réussi à monopoliser le bien public. Dès lors, on comprend mieux pourquoi, aux yeux de l'ethnie, l'État ne donne pas l'image d'un espace de sécurité, de solidarité, de convivialité et de progrès, mais le lieu d'intérêts divergents ; on comprend mieux pourquoi de l'État ne naît aucun mythe fondateur, aucun mythe de la grandeur ; des mythes au fondement des ethnies, des grandes nations et des civilisations.

C. L'instauration d'un régime politique

L'échec de la construction de la nation en Afrique a marqué les limites du régime monopartite. De même, l'instauration des régimes démocratiques, à défaut d'assurer et de garantir l'intégration de toutes les communautés de base à la gestion de l'État, a plutôt exacerbé les antagonismes et les intérêts des ethnies en permanente lutte pour le pouvoir. Dès lors, penser un modèle de gouvernance politique en adéquation avec l'histoire et les valeurs africaines suppose, entre autres, la mise en place d'un régime politique qui valorise et redistribue le pouvoir aux communautés de base. La pratique politique montre, en effet, que le jeu politique ne se joue pas au niveau des partis politiques, il se joue plutôt à travers les formations sociopolitiques que sont les groupes ethniques. Convenir sur cette évidence impose la mise en place d'un régime pyramidal dont la base serait constituée par les groupes ethniques et le sommet par l'État. Serait-ce le fédéralisme ? À l'affirmative, cela garantirait-il la dépendance du sommet envers la base et vice-versa ? Cela éviterait-il le parti pris de l'État de telle ou telle communauté ethnique ? À défaut d'y croire dans le contexte actuel, le doute invite à penser l'Homme et l'État. Mais qu'est-ce que cela peut vouloir dire aujourd'hui, penser ? Dans notre rapport dramatique avec l'occident

---

qu'ils ont quatre yeux pour voir le jour et la nuit. C'est ce qui leur permet de conjurer les forces du mal et de braver les sorciers dans l'exercice de la justice. Lire aussi J. Itoua, *L'institution traditionnelle Otwere chez les Mbosi Olee au Congo-Brazzaville*, Thèse de Doctorat d'Histoire, Université Charles De Gaulle, Lille III, 2006, 545 p.

comme nœud gordien, rapport de fascination et de révolte, rapport de séduction et de refus, de père et du fils, de maître et de l'esclave, du donneur et du receveur, penser signifie pour l'essentiel, assumer et dépasser les échelles des représentations imaginaires de notre être profond comme possibilité et puissance en dehors du cercle mortel du vainqueur et du vaincu, c'est-à-dire, sortir de la confrontation imposée (par l'occident) avec la désarticulation, la rupture et la crise pour les apprivoiser comme une chance de savoir là où elles sont, ce qu'elles représentent, comment elles se manifestent, ce qu'elles visent en nous, pour nous, afin d'opérer des novations sur l'être, l'être-au-monde et les institutions. En clair, il s'agit, pour les hommes, les institutions publiques et privées, de s'élever au niveau du principe politique et anthropologique intemporel que voici : être humain, c'est humaniser.

CONCLUSION

Longtemps présentée comme un frein[42], une menace à la réalisation de « l'unité nationale », l'ethnie s'est révélée et s'est imposée comme la structure sociopolitique de base des sociétés africaines. Ses fondements historiques et son poids dans le jeu politique le rendent presque inévitable dans le processus de construction de la nation et du développement. L'ethnie participe à l'historicité des peuples, c'est-à-dire quelle porte et traduit des dynamiques sociales anciennes et actuelles. L'opposition entretenue entre l'ethnie et la nation en construction s'avère ainsi un prétexte[43]. Elle témoigne d'une méconnaissance vraie ou voulue des mécanismes de formation et de fonctionnement de celles-ci. Et pour cause. L'ethnie et la nation ont les mêmes fondements et la même finalité : l'unité des Territoires, des Peuples et des Langues. De même, la thèse[44] qui professe l'impossibilité de créer une nation multiethnique en Afrique parce que l'État a précédé la Nation, à l'inverse de l'occident, témoigne là aussi d'une

---

[42] La thèse des auteurs de *Au cœur de l'ethnie. Ethnies, tribalisme et État en Afrique* a donc des arrière-plans idéologiques. En affirmant que les ethnies sont une construction coloniale, ils faisaient le lit des politiques coloniales (la *tabula raza* et le diviser pour régner) et les mettaient, du coup, dans le viseur des luttes anticolonialistes. Dès lors, combattre le colonialisme allait de pair avec le combat contre les ethnies. Somme toute, l'ethnie était devenue un fardeau aliénant dont il fallait se débarrasser. J. F. Bayart (*L'illusion identitaire*, Paris, Fayard, 1996) argumente dans le même sens. Le slogan du FRELIMO le rappelle : « Pour libérer la nation, la tribu doit disparaitre ». A. Bourgeot peut alors tirer sa conclusion : « Les peuples heureux n'ont pas d'ethnie », *Autrement*, 72, 1994.

[43] L'histoire a, en effet, retenu des modèles des Nations multiethniques ou raciales en dehors du schéma européen : les États-Unis d'Amérique[43] et la République d'Afrique du Sud[43]. Si ces deux projets n'ont pas encore totalement abouti, ils donnent néanmoins des signes probants, une volonté manifeste construite, une Nation autour de deux pro-jets : *« I have a dream »* chez Martin Luther King et *« la Nation arc-en-ciel »* chez Nelson Mandela. Lire à ce sujet P. Fougeyrollas, *Ibid.*, pp.48-49 ; 121-127.

[44] M. Cahen, « L'État ne crée pas la nation : la nationalisation du monde », texte présenté à la 92 ème réunion annuelle de *l'American Political Science Association*, San Francisco, 1996, 20 p.

volonté manifeste de l'État *ethnisé* de ne point y parvenir pour garantir ses intérêts particuliers. Dès lors, le paradigme du chaos que génère la notion de l'État en Afrique invite à repenser la manière de construire la nation. Qu'il la précède ou qu'il lui succède, la seule mission dévolue à l'État multiethnique aujourd'hui est d'inventer le mythe fondateur de la nation congolaise, d'assurer une éducation civique capable de former *in fine* « des serviteurs sacerdotaux », non plus seulement des hommes politiques, mais surtout des hommes d'État. Au fond,

> ce n'est qu'au prix de réappropriations et de réinventions de leur propre génie créateur, c'est-à-dire de leur propre modèle de modernité politique, que les peuples africains mettront fin à la « stratégie d'errance », seront au rendez-vous « du donner et du recevoir » avec d'autres civilisations et recouvreront le statut d'acteurs de leur propre histoire[45].

En substance, le pari de notre réflexion a donc été le suivant : considérer l' ambiguë de l'occident comme une masse critique, transformer cette masse critique en défis, convertir ces défis en mission historique imposable à toutes les générations pour comprendre les leçons du passé, mieux circonscrire les enjeux et les besoins réels, croire et espérer en l'action comme seule réponse crédible à la parole prolifique et creuse, et à la générosité des rêves qui ne produisent rien.

BIBLIOGRAPHIE

B. Badie, *L'État importé. L'occidentalisation de l'ordre politique*, Paris, Fayard, coll. « L'espacedu politique », 1992.

——*La Fin des territoires. Essai sur le désordre international et sur l'utilité sociale du respect*, Paris, Fayard, 1995.

B. Dadié, et P. Birnbaun, *Sociologie de l'État*, Paris, Grasset, Seconde Edition, 1982.

Batsikama ba Mampuya ma Ndwala, *Voici les Jagas ou l'histoire d'un peuple parricide bien malgré lui*, Kinshasa, Office National de Développement Agricole, 1971.

J.-F. Bayart, *L'Historicité de l'État importé*, Paris, CERI-FNSP, coll. « Les Cahiers du CERI », 15, 1996.

——*L'Illusion identitaire*, Paris, Fayard, 1996.

A. Bourgeot, « Les peuples heureux n'ont pas d'ethnie », *Autrement*, 72, 1994.

Ch. Z. Bowao, *L'imposture ethnocentriste*, Brazzaville, Editions Hemar, 2014.

R.Breton, *Les ethnies*, Que sais-je ? Paris, Presses Universitaires de France, 1981.

M.Cahen, *Ethnicité politique. Pour une lecture réaliste de l'identité*, Paris, l'Harmattan, 1994, 176 p.

[45] Mwayila Tshiyembe, « La science politique africaniste et le statut théorique et l'État africain : un bilan négatif », *IPAG*, Nancy, 1998, p.132.

——« L'État ne crée pas la nation : la nationalisation du monde », texte présenté à la 92ème réunion annuelle de l'*American Political Science Association, San Francisco*, 1996.

P. Fougeyrollas, *La Nation*, Paris, Fayard, 1987.

A.C. Gonçalves, *Le Kongo. Le lignage contre l'État. Dynamique politique du XVIème au XVIIIème siècle*, Universidade de Evora, 1985.

G. Héraud, *Peuples et langues d'Europe*, Paris, Denoël, 1966.

J. Itoua, *L'institution traditionnelle Otwere chez les Mbosi Olee du Congo-Brazzaville,* Thèse de Doctorat d'Histoire, Lille 3, 2006.

——*Les Mbosi au Congo : peuple et Civilisation*, Paris, l'Harmattan, 2006.

——*Pouvoir traditionnel et société Mbosi*, Paris, Publibook, 2011.

Kä Mana, *L'Afrique va-t-elle mourir ? Bousculer l'imaginaire africain. Essai d'éthique politique*, Paris, Editions du Cerf, 1991.

K.Laman, *Dictionnaire Kikongo-Français avec une étude phonétique décrivant les dialectes les plus importants de la langue dite kikongo*, Bruxelles, 1936.

E. M'bokolo et J.L.Amselle, *Au cœur de l'ethnie,* Paris, Karthala, 1985.

S. Mboukou, *Messianisme et Modernité. Dona Beatrice Kimpa Vita et le mouvement des Antoniens*, Paris, l'Harmattan, 2010.

Mwayila Tshiyembe, « La science politique africaniste et le statut théorique de l'État africain : un bilan négatif », *IPAG*, Nancy, 1998.

A. Ndinga Oba, *Sur les rives de l'Alima*, Paris, l'Harmattan, 2003.

A.C. Ndinga-Mbo, *Onomastique et histoire au Congo-Brazzaville*, Paris, l'Harmattan, 2004.

M. Nguesso, et A.C.Ndinga Mbo, *Livre d'Or du Cinquantenaire d'Oyo (1963-2013),* 2014.

R. Ngohenzi, *La société initiatique Ndjobo : dynamique et implications sociopolitique au Congo (1972-1992),* Thèse de Doctorat en Sociologie, Université Lumière Lyon III, 2001.

D. Ngoïe-Ngalla, « L'histoire au cœur du mythe : les enfants de Ngunu », *Cahiers Congolais d'Anthropologie et d'Histoire*, n° 13, Brazzaville, 1988.

——*Le retour des ethnies. Quels État pour l'Afrique ?*, Paris, Bajag-Meri, 2003.

Ngoma Ngambu, *Initiation dans les sociétés traditionnelles africaines : le cas kongo*, Kinshasa, Presse Universitaire du Zaïre, 1981.

A.R.Ntary-Calaffard, « Le Lemba dans la société kongo », *Valeurs kongo. Spécificité et Universalité*, Paris, l'Harmattan, 2013.

E. Renan, *Qu'est-ce qu'une nation ?*, Sorbonne, 1882.

A. Samir, *La faillite du développement en Afrique et dans le tiers monde*, Paris, l'Harmattan, 1989.

J. Staline, *Le marxisme et la question nationale (1973)*, tr. Fr., Editions du Centenaire, 1978.

J. Zidi, « Le Ntotila dans l'imaginaire Kongo », *Cahiers d'Histoire et Archéologie*, N° 16, Libreville, 2014.

MIGRATIONS ET MULTIPLICATION DES PEUPLES DANS LA CUVETTE CONGOLAISE. POIDS ET DYNAMISME DES GROUPES ETHNIQUES MINORITAIRES AU COURS DES DEUX DERNIERS SIÈCLES

Jérôme-Emilien Mumbanza Mwa Bawele
Université de Kinshasa/RDC

RÉSUMÉ

La cuvette congolaise fut le théâtre, au cours des deux derniers siècles, de vastes mouvements migratoires. Parmi les peuples qui s'engagèrent dans ces mouvements, certains furent minoritaires parmi d'autres. Mais, à l'étonnement de tous, ils furent souvent parmi les plus dynamiques. Cette étude vise à examiner cette situation.

MOTS CLÉS

Ethnie, Nation, Cuvette congolaise, Afrique, Conflits, Dynamiques.

INTRODUCTION

Ce colloque, comme des dizaines d'autres, nous offre une fois de plus l'occasion de cogiter sur le rôle des ethnies et des nations dans le développement de l'Afrique. Cela montre à quel point les questions ethniques et nationales paraissent essentielles pour les intellectuels de notre temps qui cherchent les voies et moyens pour sortir de l'impasse dans laquelle ils se trouvent depuis la décolonisation. Pour certains, les bases de notre développement sont à chercher dans les limites coloniales tracées artificiellement par les étrangers. Une nouvelle impulsion doit nous pousser à créer des nations modernes comme ce fut le cas pour les nations précoloniales. Pour d'autres, il faut retrouver les bases de notre évolution dans les limites ethniques, plus solidaires et capables d'éliminer les conflits et les inégalités. On pourrait à la rigueur fédérer les ethnies pour créer des espaces plus viables ou les nations africaines modernes.

La première question à nous poser est celle de savoir si c'est la mauvaise cohabitation des ethnies réunies artificiellement qui est à la base de tous les conflits que nous connaissons depuis la fin des années 1950. Si tel est le cas, il pourrait en être de même des ethnies qui veulent se réunir d'elles mêmes en revoyant la carte issue de la Conférence africaine de Berlin. Voilà pourquoi, cette vision pourrait ne pas être la bonne et il faudrait donner raison à ceux qui ont imposé les limites héritées de la colonisation.

En effet, l'histoire nous permet de relever que plusieurs ethnies n'ont pas formé des nations anciennes et que plusieurs conflits ont existé au sein des ethnies et des tribus. Ceux-ci subsistent d'ailleurs jusqu'à nos jours dans de nombreuses régions. Par contre, on dénombre à travers le continent des cas de cohabitation « pacifique » entre les groupes d'importance inégale. Les petites ethnies ont souvent joué un rôle important sur le plan commercial et linguistique. Tel est le cas des peuples riverains, entre Kinshasa et Lisala, qui ont donné naissance au lingala, langue commerciale. Plusieurs ethnies, grandes et petites, peuvent donc jouer des rôles complémentaires pour leurs intérêts communs.

Nous croyons quant à nous que les ethnies actuelles et surtout la conscience ethnique actuelle sont l'œuvre des étrangers, puis celle des intellectuels qui veulent s'en servir pour atteindre des buts qui leur sont propres. Les colonisateurs ont donné une image des peuples africains vivant dans les limites des tribus et des ethnies, opposés les uns aux autres. Ainsi, tout au long de la colonisation, ils ont évité de les regrouper, les éloignant parfois davantage. Il fallait diviser pour régner. Les intellectuels appelés à se partager le pouvoir ont brandi les différences ethniques pour réclamer leur part du gâteau. L'ethnie devient le principal appui des intellectuels pour revendiquer le pouvoir électif et pour peser dans la compétition nationale. Ce n'est donc pas l'ethnie qui est en cause, mais l'usage que nous en faisons, nous responsables d'aujourd'hui et de demain.

Notre communication voudrait apporter quelques éléments de compréhension du processus en nous limitant aux peuples de la cuvette congolaise, en Afrique centrale, depuis leur mise en place jusqu'à ce jour. Nous divisons ce travail en quatre parties. La première délimite l'espace concerné et les groupes ethniques qui y habitent selon les données qui remontent au XIXe siècle. Nous retraçons ensuite les migrations qui ont permis la rencontre et les influences réciproques entre les groupes. La troisième partie expose les découpages et les regroupements ethniques opérés par les Européens pour la présentation des peuples de la cuvette. La dernière partie fait ressortir le dynamisme des ethnies minoritaires, ce qui montre que l'importance ethnique ne constitue point un problème majeur pour le développement de cette partie du continent. Les vrais problèmes sont d'ordre écologique et économique.

I. LE MILIEU ET LES PEUPLES

La cuvette congolaise est une vaste zone de basse altitude formée par la grande dépression d'environ 1.000.000 de Km2, comprenant le cours moyen du fleuve Congo, ses affluents de gauche (Lomami, Lulonga, Ikelemba, Ruki et

Kasaï) et de droite (Aruwimi, Itimbiri, Mongala, Ubangi, Likouala-aux-herbes, Sangha, Likouala-Moussaka et Alima) ainsi qu'un petit nombre de lacs résiduels dont les plus importants sont le lac Tumba et le lac Maindombe. Elle est largement inondée et couverte par la forêt équatoriale. Les rares terres habitables sont constituées de grands îlots situés le long des cours d'eau et des terres fermes, qui s'étendent loin des eaux. La répartition de la population se fait donc en fonction de la disponibilité des terres.

Dans les régions largement inondées, la rareté des terres a forcé les populations à se disperser et à vivre en petits groupes qui, à la longue, ont fini par être considérés comme des peuples différents. La rencontre fréquente avec d'autres groupes a produit de nouveaux peuples comme nous allons le démontrer plus loin. Cette zone de rencontre des peuples a dérouté les savants dans leurs tentatives de regrouper ou de diviser les peuples africains. Beaucoup ont rapidement parlé de conglomérat ethnique ou de potpourri ethnique, sans chercher à approfondir les recherches.

Ainsi, toute la partie ouest de la cuvette comprenant le Nord de la République du Congo et l'ouest de la République Démocratique du Congo est faiblement peuplée ; elle est habitée par une multitude de petits groupes ethniques culturellement proches mais qui n'ont jamais porté une large appellation ethnique. Les colonisateurs ont eu de la peine à les regrouper selon les critères de base utilisés ailleurs. Les peuples de la République du Congo sont : les Mondjombo, les Enyele, les Mbondjo, les Bongili, les Bomitaba, les Koyo, les Mboshi, les Moye, les… (Obenga Théophile)

Les peuples du bassin de la Ngiri comprennent les Lobala-Likoka, les Dzamba, les Baloi, les Libinza, les Mbonzi, les Balobo, les Ewaku, les Bamwe, les Djando, les Ndolo, les Bomboma-Likaw, les Ngili (Bodjaba et Bomboli), les Bolondo et les Bobo (Ngombe).

Les peuples du fleuve Congo comprennent les Bapoto, les Motembo, les Ngombe, les Boloki, les Lusengo, les Iboko, les Mbenga, les Mabale, les Ndobo, les Eleku, les Bobangi, les Mpama, les Losakani, les Banunu, les Ntomba. Il est important de préciser que certains de ces groupes ne comptent plus aujourd'hui que quelques milliers, voire même quelques centaines d'individus. Des groupes entiers ont disparu à cause de graves accidents (maladies épidémiques et contraintes coloniales) intervenus depuis la fin du XIXe siècle et les derniers membres se sont mêlés aux groupes voisins. Tel est le cas des Mbonzi, des Ndobo et des Balobo de l'entre Ngiri-Congo.

Le centre de la cuvette est habité également par plusieurs autres groupes ethniques qui n'ont pas non plus porté des vastes appellations ethniques avant la colonisation. Chaque tribu se désignait par une appellation propre. Les Européens ont cependant osé les regrouper en quelques ethnies considérées de nos jours comme les principales ethnies de la cuvette, les Ngombe et les Mongo. Au milieu de ces deux principaux groupes, on dénombre quelques petits groupes composés de Pygmées et de riverains apparentés aux peuples du fleuve et de l'Ubangi, notamment les Boloki, les Eleku et les Baenga ou Elinga. Dans le Territoire de Bongandanga, on trouve aussi des groupes apparentés aux Budja des Territoires de Bumba et de Basoko.

II. LES MIGRATIONS DES PEUPLES DE LA CUVETTE ET LA FORMATION DES GROUPES ETHNIQUES

Les études sur l'évolution climatique en Afrique permettent de conclure que le dernier peuplement de la cuvette remonte à 3.000 ans avant Jésus-Christ. A cette époque en effet, les eaux de la grande mer intérieure commençaient à se retirer et les groupes venus des régions environnantes s'installaient progressivement sur les terres qui émergeaient. Il ne fait l'ombre d'aucun doute que les premiers occupants de la région étaient les riverains formés dès la période pluviale et dont les traces sont à jamais perdues. Parmi ces groupes riverains comptent ceux qui sont à l'origine de la poterie dite de l'Horizon Imbonga, en plein territoire des Mongo, vers 2000 ans avant Jésus-Christ. Il n'est cependant pas possible de retracer la longue histoire qui se déroule pendant plus de quatre millénaires pour démontrer tous les remaniements ethniques. Les premiers riverains ont été suivis par d'autres riverains et par les habitants de la terre ferme ou les terriens.

Il y a seulement lieu d'affirmer que les plus anciens groupes riverains connus actuellement étaient déjà là au XVe siècle de notre ère, quand les Blancs prenaient contact avec les peuples de l'Afrique centrale. La rivière Ubangi apparaît dès cette époque comme une des principales voies migratoires. Ayant débouché sur le fleuve Congo, les migrants ont occupé la cuvette dans tous les sens. Certains sont allés en aval et ont occupé les deux rives du fleuve, avant de pénétrer la rivière Kasaï comme l'affirment les Bayanzi de la Province de Bandundu. Sur la rive droite, quelques groupes remontaient les rivières Sangha et Likouala Moussaka. Au même moment, d'autres migrants s'étaient dirigés vers l'amont et avaient colonisé les rives du Congo jusqu'au-delà de Bumba, ainsi que les rives des rivières Ruki, Ikelemba et Lulonga.

Les peuples terriens ont eux aussi occupé assez tôt une bonne partie de la cuvette. Au fur et à mesure que la cuvette s'asséchait et que les peuples pouvaient s'y engager à pied, d'autres peuples dits terriens allaient occuper des territoires situés loin des rivières. L'histoire a retenu en premier lieu les migrations successives de nombreux groupes qui sont désignés aujourd'hui sous le vocable Mongo. Selon Jan Vansina, les Mongo méridionaux auraient atteint l'espace entre 800 et 1000 de notre ère. Pendant tout ce temps, il y a donc eu de multiples remaniements ethniques pour déboucher sur la situation actuelle.

Disons d'abord qu'il n'est pas aisé de dater avec précision les migrations des premiers et des derniers Mongo que l'on fait venir de l'Uele, dans la Province Orientale. Le rythme de ces migrations est aussi difficile à décrire. Nous savons cependant que pour traverser les grands cours d'eau comme l'Aruwimi, le fleuve Congo, la Lulonga et les nombreux affluents de la Ruki, les Mongo ont bénéficié du concours des anciens occupants qui étaient les riverains. Les autres peuples terriens, les Ngombe et les Budja qui ont repoussé les Mongo, ont fait la même chose pour traverser la Mongala, l'Itimbiri et le fleuve Congo. Ajoutons que même les derniers Pygmées qui ont quitté le Nord du fleuve Congo pour passer à la rive gauche étaient aidés aussi par les riverains.

S'agissant des conditions dans lesquelles les différents peuples se sont installés dans la cuvette, il faut souligner que les groupes se divisaient souvent pour rechercher les meilleurs sites et les meilleurs terrains de chasse et de pêche, sans oublier les terres pour l'agriculture. Les groupes se battaient donc et se repoussaient mutuellement pour garantir l'espace vital. Ils n'ont donc jamais constitué un grand ensemble politico-économique. Le système lignager étant le principal mode d'organisation, il n'était pas possible pour un groupe victorieux d'exercer éternellement l'autorité sur un autre groupe. La dernière solution était celle de la fusion, de l'intégration des vaincus.

On a certes signalé les conquêtes des territoires mongo par les Ngombe et par les Budja ; mais on ne souligne pas que les Mongo ont conquis les territoires d'autres Mongo avant l'arrivée des Ngombe et que les Ngombe s'en sont pris aux autres Ngombe, au nord comme au sud du fleuve. Les études ne soulignent pas non plus les préjugés qui existent entre les groupes mongo, attestant les rivalités sociales. Enfin, les études minimisent les différents cas de fusions entre les groupes, donnant lieu à de nouveaux peuples. Comme nous aurons l'occasion de le démontrer plus loin, les groupes riverains, premiers occupants de la cuvette, ont été absorbés aussi bien par les Mongo que par les Ngombe et les Budja. Peu nombreux par rapport à leurs voisins, ils ont fini par adopter la langue des autres, tout en leur apprenant la culture riveraine.

III. LES DÉCOUPAGES ETHNIQUES OPÉRÉS PAR LES ÉTRANGERS DURANT LA COLONISATION

La connaissance des peuples de la cuvette, comme celle des autres peuples d'Afrique, passait par la valorisation d'un certain nombre de critères arrêtés d'avance comme l'identité, la langue, les coutumes et l'organisation sociale, politique et économique. Les ethnographes, spécialistes de ce genre de questions ajouteront les souvenirs de filiation ou d'appartenance à un même groupe. Plusieurs critères étaient donc utilisés pour regrouper ou diviser les peuples en ethnies, en tribus et en clans.

L'identité d'un peuple a posé des problèmes dès le départ car, souvent, elle change selon qu'elle est d'origine interne ou externe. Elle a également posé de problèmes car les limitations n'étaient pas toujours assez claires. Il fallait donc une longue présence parmi les natifs pour connaître leur véritable identité. Les Blancs ayant souvent noté les premiers renseignements sans pouvoir les contrôler, ils ont provoqué beaucoup d'erreurs qui se poursuivent jusqu'à ce jour.

Ainsi, les Bangala dont parlait Stanley ont suscité un siècle de discussions avant d'être finalement identifiés et localisés. Tous les peuples riverains de l'entre Congo-Ubangi étaient identifiés dans les rapports administratifs comme étant les tribus de la grande ethnie Bangala. Aucun agent administratif ne se posait la question sur la double identité qu'il attribuait à chaque groupe.

Les Bobangi, grands marchands du fleuve, ont porté pendant longtemps l'appellation des Bayansi, avec lesquels ils ne partagent même pas les frontières. En outre, les mêmes Bobangi ont englobé pendant longtemps plusieurs autres groupements du fleuve qui leur sont apparentés, entre Irebu et Bolobo : Banunu, Mpama et Lusakani.

Les Ngombe définis comme « peuples de la forêt » ont englobé pendant longtemps les Budja, les Mabinza, les Doko et même les peuples forestiers du bassin de la Ngiri. Georges Van Der Kerken, auteur de *l'Ethnie mongo,* parle ainsi du groupe Ngombe et du grand groupe Ngombe. Dans ce dernier cas, on ne tenait plus compte des facteurs proprement linguistiques et historiques.

Lorsque les rapports divers sur les groupes ethniques commençaient à apporter des précisions qui s'imposaient, il était difficile de faire totalement machine arrière. Les grands ensembles ont été maintenus et tous les autres devaient nécessairement en faire partie. Les Ngombe ont fini par imposer leur identité aux Doko ou Bwela, aux Bagenza, voire même aux Motembo et aux Mondunga des environs de Lisala.

L'identité mongo a été appliquée aux Ekonda et aux Ntomba, même si le Lonkundo-mongo, la langue commune répandue par les Missionnaires dans le cadre de l'enseignement et de l'évangélisation, a été rejetée par ces derniers. En effet, les Ntomba et les Ekonda, tout comme les Bobangi, les Mpama, les Losakani et les Banunu ont préféré le Lingala au Lonkundo-mongo. Les Missionnaires du Sacré-Cœur, convaincus de la parenté linguistique entre les Mongo et tous leurs voisins, ont d'ailleurs voulu introduire cette langue chez les Ngombe de Bolomba, Basankusu et Bongandanga, voire même chez les riverains de Mankanza et de Bomongo.

D'autres identités sont des appellations collectives comme « *Bato ba mai* » ou *« Bana mai », « Riverains » ou « Gens d'eau »*, opposés aux « *Bato ba mokili* » ou « *Terriens ».* Elles ont été utilisées pour désigner un grand nombre de groupes partageant ensemble un mode de vie. Ces groupes pouvaient ne pas avoir une même origine et les mêmes habitudes. Beaucoup d'anciens terriens ont adopté la civilisation aquatique de leurs voisins riverains. De telles identités se sont longtemps imposées, faute d'un nom ethnique applicable à tous.

L'identité Bangala, qui est une nouvelle réalité, sera encore plus dynamique. Elle fut d'abord appliquée à tous les groupes riverains du fleuve et des grandes rivières de la rive droite, de Lisala à Kinshasa. Pour la R.D.C., cette identité sera aussi étendue aux Ngombe, aux Budja, aux Ngbandi et Mbanza de l'ancien District de Bangala. L'adoption de cette identité par les peuples du Congo Brazzaville, est une preuve de plus de son dynamisme. Adoptée loin des contraintes administratives et des études ethnologiques faites par les Belges ; elle est le résultat d'un processus historique normal des groupes riverains depuis le Stanley Pool jusqu'aux rives du bas Ubangi.

À Kinshasa, l'identité « Bangala » tend à se confondre avec tous les groupes ethniques de la Province de l'Equateur et leurs voisins occidentaux de la Province Orientale. À Brazzaville, les « Bangala » regroupent tous les peuples riverains de la cuvette, au Nord du Congo.

En ce qui concerne les langues, la situation n'était pas non plus facile à tracer. Les petits groupes riverains possédaient chacun un parler distinct ; mais tous les parlers étaient assez proches les uns des autres. Faute de pouvoir les mentionner tous ou de pouvoir les regrouper en un seul mot, on les qualifie globalement des « *parlers riverains* ». Certains de ces parlers plus ou moins répandus, ont été étudiés par les missionnaires protestants (c'est le cas de Bobangi à Bolobo et de Boloki à Bonsembe) et par les missionnaires catholiques (cas d'Iboko à Mankanza).

Les langues de l'ethnie mongo portent les noms spécifiques des tribus. Malgré leurs affinités, elles représentent trois grands ensembles, selon le Missionnaire du Sacré-Cœur, Gustave Hulstaert. Les Mongo du Nord, (Mongo, Nkundo, Mbole, Ngele ya Ntando), les Mongo du Sud-ouest (Ekonda, Ntomba, Bolia, Iyembe, Sengele), et les Mongo du Sud-est (Tetela, Nkutsu). Comme il a été dit plus haut, beaucoup de langues absorbées, notamment, celles des anciens et des nouveaux riverains (Eleku, Boloki et Baenga) ne sont pas mentionnées. D'autres langues comme celles des Mpama, Banunu et Losakani, appartenant aux parlers riverains, ont été arbitrairement incorporées dans cette grande famille linguistique des Mongo.

Les parlers des Ngombe semblent plus unis que celles des Mongo, malgré leur extension territoriale. Les Ngombe du Nord du fleuve, ceux de Bosobolo et de Libenge, comme ceux de Budjala et de Lisala parlent la même langue et se comprennent facilement entre eux. Le même constat est fait entre les Ngombe du Nord et ceux du sud du fleuve. Les Ngombe sont certes connus sous diverses appellations, selon les clans ou sous groupes ethniques, c'est la langue qui a permis de les repérer partout et de les regrouper. Il est important de noter que les multiples rencontres avec les voisins ont apporté beaucoup de modifications internes et externes. Les parlers des Mabinza et des Bagenza résultent des contacts des Ngombe avec les Budja. Les groupements Motembo et Malunza, riverains de la Mongala, sont fortement influencés par les Ngombe, pendant que les Doko, les Bapoto et les Mondunga sont assimilés aux Ngombe, après une longue cohabitation près de Lisala et au sud du fleuve.

Il résulte de cette brève analyse que les groupes ethniques de la cuvette se sont formés pendant des centaines ou des milliers d'années. Malgré leurs rivalités internes, ils ont eu le temps de cohabiter et de collaborer. De nouveaux peuples se sont formés au contact des autres. Leur identification a posé un réel problème de même que leur délimitation.

IV. LES ETHNIES MINORITAIRES DE LA CUVETTE ET LEUR DYNAMISME DEPUIS LE XIXE SIÈCLE

Ainsi que nous l'avons annoncé dans l'introduction, les peuples de la cuvette congolaise, petits ou grands, ont appris à cohabiter et à jouer des rôles complémentaires. Ces rôles peuvent être observés depuis le XIXe siècle jusqu'à nos jours.

A. Le commerce local et le commerce à longue distance

L'histoire régionale a démontré que les riverains vivant de la pêche ne pouvaient pas se passer de leurs voisins chasseurs et agriculteurs. Ils ressentaient donc le besoin de se rapprocher des habitants des terres fermes. C'est de cette façon qu'ils se sont maintenus, malgré leur petit nombre, aux côtés des grands groupes qui avaient également besoin d'eux. Les marchés réguliers étaient établis dans des lieux qui pouvaient être facilement atteints par tous les groupes.

À l'époque du le commerce de l'ivoire et des esclaves qui avait, au milieu du XIXe siècle, drainé une grande partie de la cuvette dans le circuit occidental, les riverains du fleuve étaient devenus les principaux intermédiaires entre les producteurs et les marchands de la côte. Les produits venant du fleuve, entre Bumba et Lisala, ceux de la Mongala et de la Lulonga, comme ceux de la Ruki et de l'Ubangi étaient écoulés en pirogues jusqu'à Mpumbu (rives de Ngobila et d'Omfoa), pour être livrés aux Kongo et Zombo qui les acheminaient vers la côte atlantique. Les Bobangi et tous leurs voisins riverains ont joué un rôle de premier plan dans ce commerce auquel tous les autres groupes ont participé.

Tous les grands centres du fleuve, devenus grands marchés, étaient transformés en centres cosmopolites. Plusieurs groupes ethniques cohabitaient temporairement à Mpumbu (de part et d'autre du Pool), à Bolobo, à Lukolela, à Irebu, à Mbandaka, à Lolanga, à Mankanza, etc. Les armateurs du fleuve ont fait appel aux Ngombe de la Lulonga pour leur fournir les grandes pirogues pouvant transporter jusqu'à cinq tonnes de marchandises.

La navigation qui permettait la circulation des biens dans les deux sens et la protection des convois seront confiées en partie aux esclaves qui n'étaient pas d'origine riveraine. Beaucoup d'esclaves étaient livrés par les Ngombe de la Lulonga ; ils étaient capturés durant les guerres qui les opposaient aux Mongo. Ces mêmes esclaves dont le nombre avait considérablement accru, s'occupaient aussi des plantations dans les principales agglomérations du fleuve pour alimenter les expéditions commerciales. Les riverains avaient donc absorbé plusieurs membres des groupes voisins.

La langue commerciale du fleuve qui avait pris naissance au Pool, chez les Bateke, et qui s'était étendue sur toute la zone, était l'œuvre commune de tous les groupes qui participaient au commerce. Chaque groupe gardait son propre parler, mais contribuait à enrichir la nouvelle langue commune.

B. Les engagements volontaires des riverains et de leurs voisins à l'époque de l'État Indépendant du Congo

Les peuples du fleuve ont fourni les premiers soldats et travailleurs congolais à l'État indépendant du Congo. Ils ont aussi fourni les équipages pour les bateaux qui naviguaient sur le fleuve. Telles furent les causes des premières migrations modernes des peuples de la cuvette. Tous ces groupes se sont retrouvés à l'étranger (spécialement à Léopoldville et dans les autres grands ports du fleuve, ainsi que dans les camps militaires) où ils ont tissé de nouvelles formes de solidarité et d'identité.

Les premiers auxiliaires africains qui ont travaillé au Congo venaient de la côte orientale d'Afrique (les Zanzibarites) et de la côte occidentale de l'Afrique (les Haoussa). C'est à Mankanza, alors baptisé *Poste de Bangala* que furent engagés, le 14 juillet 1885, les premiers soldats et travailleurs congolais. Ils étaient au nombre de neuf, et dirigés vers la station de Stanley Falls. Ils sont les premiers fruits d'un champ très fertile aux recrutements. Camille Coquilhat écrivait en effet :

> Une fois que les Ba-Ngala sauront leurs fils satisfaits dans notre service lointain, ils nous fourniront des centaines de volontaires. Et petit à petit l'État du Congo pourra s'affranchir des puissances étrangères dont le bon de vouloir est indispensable pour le recrutement des Zanzibarites et des Haoussa. Il aura sa force propre qui lui coûtera beaucoup moins cher. Les engagés absents de la contrée et entre nos mains, seront aussi dans une certaine mesure, les garants de la soumission de leurs parents restés au pays. J'ose appeler ce résultat, le couronnement de mon œuvre de patience, dans l'assimilation des anthropophages. [1]

Comme l'avait si bien prévu Camille Coquilhat, les engagements se sont intensifiés dès 1886 sous Van Kerkhoven. Cette même année qui est celle de la réforme de la Force publique, les soldats Bangala constituaient une compagnie qui se faisait remarquer à Boma la capitale. Les volontaires venaient de toutes les grandes agglomérations : Mankanza, Mobeka, Lolanga, Wangata, etc.

En 1892, lorsque commence la lutte contre les traitants « arabes » qui occupaient l'est du Congo, les Zanzibarites jugés suspects furent écartés ; ils étaient valablement remplacés par les Bangala qui se battaient courageusement sur tous les fronts. Pour comprendre le courage et l'adresse de ces engagés volontaires, il faut se rappeler que beaucoup d'entre eux avaient appris à manier les armes à feu avant la pénétration européenne. Les expéditions commerciales étaient toujours protégées par des hommes en armes, à la descente comme à l montée du fleuve.

Ces engagés volontaires ont été suivis de très près par les jeunes esclaves libérés de partout et qui étaient rassemblés à Mankanza pour être formés à la colonie scolaire de Nouvelle-Anvers, à partir de 1892. Telle est la raison pour laquelle la langue du fleuve, appelée plus tard le lingala, est devenue la langue de l'armée. À Boma, la capitale de l'État, comme dans les camps d'instruction, les recrues qui ont suivi, étaient toujours instruits en lingala.

Depuis les années 1888, les sociétés commerciales avaient lancé des bateaux sur le fleuve et les affluents, à la recherche de l'ivoire. Les membres d'équipages furent recrutés parmi les navigateurs du Haut Congo, habitués à descendre en pirogues jusqu'au Pool. En 1894, plus de 1.500 matelots travaillaient dans la marine.

Malgré les ravages causés par la maladie du sommeil dès 1900 et qui avaient compromis les recrutements chez les Bangala, la marine du Haut Congo a continué à recourir aux peuples du fleuve, étendant les engagements jusqu'à Stanleyville (Kisangani), chez les Basoko, Lokele et Topoke. Tous les riverains du fleuve étaient ainsi intégrés autour de cette activité principale. Plusieurs auxiliaires de premier rang, notamment les barreurs et les mécaniciens, furent

[1] C. Coquilhat, *Sur le Haut-Congo*, pp. 352-353.

formés sur le tas. Leur connaissance du milieu et des peuples a été d'une grande importance dans l'exploitation des rivières navigables. Après la création de l'OTRACO, les cadres congolais originaires des mêmes régions furent formés à l'école de navigation à Léopoldville. Ce sont eux qui ont remplacé les capitaines blancs après 1960. Les premiers capitaines noirs des bateaux I.T.B. comme Minyaki Casimir et Masumbuku étaient originaires de Mankanza et des environs de Kisangani.

C. Les migrations des riverains vers les centres urbains du fleuve à partir des années 1910

Dès la fondation des centres urbains le long du fleuve, il se posa la question de ravitaillement des agents de l'administration et des compagnies commerciales. Les pêcheurs ont contribué autant que les agriculteurs au ravitaillement de tous ces centres. Les premières prestations, durant l'État indépendant du Congo, étaient exigées sous forme d'impôt en nature. Avec l'introduction de la monnaie, les pêcheurs du fleuve d'abord, ceux des grandes rivières ensuite, écoulent facilement leur production dans les centres urbains où ils gagnent beaucoup d'argent. Désormais, ils commencent donc à se déplacer pour faire la pêche près de tous les centres, entre Léopoldville et Stanleyville.

Les pêcheurs de la partie orientale (Basoko, Topoke et Lokele) descendirent alors le fleuve et se fixèrent près de Bumba, Lisala, Nouvelle-Anvers (Mankanza), Coquilhatville (Mbandaka), etc., jusqu'à Léopoldville. Les pêcheurs du moyen fleuve ont fait de même. Les Boloki et les Mabale se déplacèrent et se fixèrent près de Lisala, Lolanga, Coquilhatville, Irebu, Lukolela et Bolobo. Les Libinza et les Baloi de la Ngiri et ceux du bas Ubangi se sont aussi fixés près de Lolanga, Coquilhatville (Mbandaka), Irebu, Lukolela, Bolobo et Léopoldville. (Mawengo Mata Makpaka et Mokandonga Eyanga). Encore de nos jours, ils occupent toujours les quartiers périphériques et les îles proches des grandes villes.

À Coquilhatville, les pêcheurs occupaient les quartiers Basoko, Bongonzo et les villages Bolenge, Wendji, etc., puis les îles en face de la ville. A Léopoldville, ils étaient d'abord à Barumbu et Kingabwa, avant d'être rassemblés à Kinkole, la cité des pêcheurs.(Ebamba Nyaliwanga et Mawengo Mata Makpaka) . Leurs séjours temporaires ou permanents près des villes leur ont donné accès à la modernité. Ils pouvaient acquérir des nouveaux biens, devenir des commerçants et envoyer leurs enfants aux études.

D. La scolarisation et l'accès à la modernité

Ces minorités très dynamiques n'ont pas été écrasées par les grandes ethnies tout au long de la colonisation. Elles ont occupé parfois des positions enviables, même après l'indépendance du pays.

Dans la Province de l'Equateur, le premier centre culturel était établi le long du fleuve, à Nouvelle-Anvers. C'est là que fut fondée, en 1892, soit trois ans après la fondation de la Mission Saint Pierre Claver par les Pères de Scheut, la colonie scolaire pour les enfants de l'État, nouvellement libérés de l'esclavage. Cette première école du Haut Congo, dirigée à la fois par les Missionnaires et l'État, a fonctionné jusqu'en 1911. La colonie scolaire avait accueilli les enfants en provenance de la Province de l'Equateur, de la Province Orientale et même du Lac Léopold II, dans la Province du Congo-Kassaï.

Après la colonie scolaire, Nouvelle-Anvers, chef-lieu du Vicariat Apostolique, va héberger l'école primaire, le Petit Séminaire et l'Ecole de Moniteurs, pour les garçons. Les Sœurs Franciscaines Missionnaires de Marie avaient ouvert une école de Monitrices pour les filles. Ainsi, parmi les cinq premiers prêtres du Vicariat Apostolique de Lisala, ordonnés en 1936, il y avait trois riverains : Casimir Bakaki, Paul Ebamba et Charles Ebamba. Les riverains ont donné également les premières Sœurs Franciscaines Missionnaires de Marie comme Sœur Matumele et Sœur Lingomba.

Alors que Nouvelle-Anvers avait perdu son importance pour la formation des garçons au profit de Lisala, à partir des années 1930, elle conserva tout son rôle pour la formation des monitrices jusqu'en 1967.(Nzamba Mokobe, et Nzenzili). Mankanza accueillait ainsi les filles de Bumba, Lisala, Lukolela et Bolobo. D'autres fils de la région ont suivi les premiers prêtres. Il s'agit des abbés Malongo André, Ebebele Bernard, Bokwanga. Actuellement l'un d'entre eux, qui était entré à la Congrégation de Scheut, est Evêque de Lisala, Monseigneur Louis Nkinga Bondala, ancien Evêque de Kole au Kasaï.

Les familles riveraines installées dans les grands centres ont offert à leurs enfants les chances de fréquenter les bonnes écoles. C'est le cas du Groupe Scolaire officiel congréganiste à Coquilhatville et des écoles des Pères de Scheut à Léopoldville. Parmi les fils les plus remarquables on compte les meilleurs journalistes de la radio en langue lingala comme David Epunzola Mata-Mobia et Manonga Mata-Makwala Mbolema. Dans la presse écrite, les éditeurs de *Kongo ya sika, Lokasa la biso* ont fait recours aux fils des riverains qui maîtrisaient parfaitement la langue.

E. Le rôle des riverains dans la marche politique du Congo indépendant

Après l'indépendance, les peuples riverains, bien que minoritaires, ont continué à jouer un rôle important dans les gouvernements provinciaux et dans le gouvernement central. Dans le premier gouvernement provincial de l'Equateur (1960-1962), les grandes ethnies avaient obtenu certes le plus grand nombre de ministères, mais les riverains avaient occupé le Poste de Président de l'Assemblée, confié à Ekoko Louis du Territoire de Bomongo et un ministère important : l'enseignement, dirigé par Libengelo François du Territoire de Kungu.

Dans la Province du Moyen-Congo, les Riverains ont occupé encore une fois le poste du Président de l'Assemblée, confié respectivement à Ekoko Louis (1962-1963) et à Nasena Raphaël (1963-1964). Bopeso Jacques occupa le poste de 2è Secrétaire (1962-1964). Trois ministères furent réservés aux ressortissants de Bomongo, Kungu et Budjala, de 1962 à 1964 : Enseignement, Agriculture et Affaires sociales. De 1964 à 1965, Molebe du Territoire de Bomongo a occupé le ministère de l'intérieur et la Vice-présidence du Moyen-Congo, pendant que Mbaya de Budjala dirigeait le ministère de l'Education, Jeunesse et Sports, et Mbonzi de Kungu était chargé du ministère de Travail, Affaires sociales, Plan et Développement. (Mokolo wa Mpombo, Edouard).

Après la réunification de la Province de l'Équateur en 1966, le seul poste ministériel fut occupé par Mampela qui passa de la Fonction Publique au Ministère de l'Intérieur.

Au niveau national, d'autres fils des riverains du fleuve ont joué un rôle non moins important. Dès 1960, on en trouve parmi les cadres supérieurs de l'armée. Il s'agissait du Colonel Ebeya qui affronta courageusement les rebelles mulelistes à Gungu. Pour honorer sa mémoire comme celle du Colonel Tshatshi, un des bateaux I.T.B. fut baptisé Colonel Ebeya. Le Général Nyamaseko fut le premier Officier d'ordonnance du Président Kasa-Vubu. Le Général Molongya Maikusa Moi-Bongenye, l'un des premiers Brevetés de l'Administration militaire (B.A.M) fut ministre, puis PDG de la compagnie nationale d'aviation : Air-Zaïre. Beaucoup d'autres fils se sont intéressés à la marine et ont gravi les échelons jusqu'au rang d'Amiral. Il s'agit de l'Amiral Lomponda wa Botende et du Grand Amiral Baudouin Liwanga Mata-Nyamunyobo. Le premier a été ministre pendant la Deuxième République pendant que le second a été Chef d'État Major de la Marine et dernier Gouverneur militaire du Bas-Zaïre, sous Mobutu. Sous Kabila Laurent Désiré, il a été nommé Chef d'Éat Major Général des FARDC et Gouverneur de la Ville-Province de Kinshasa. La génération actuelle compte également plusieurs officiers généraux et officiers supérieurs qui ne font que confirmer le dynamisme de ces groupes minoritaires.

Outre ces vaillants militaires, d'autres fils des riverains ont été nommés conseillers et ministres par le Maréchal Mobutu. Il s'agit de Mokolo wa Mpombo Edouard, Matankumu wa Bowango, Professeur Bingoto Mandoko na Mpeya Patrice, Professeur Matumele Maliya Mata-Bonkoba Valentin et Likopa Kengo Antoine. Edouard Mokolo wa Mpombo a été successivement Conseiller, Conseiller spécial du Président, Ambassadeur Itinérant, Ambassadeur et Ministre. Actuellement, il est 2è Vice-président du Sénat. Le Professeur Bingoto Mandoko na Mpeya Patrice a été respectivement Vice-Recteur de l'UNAZA, Campus de Lubumbashi, Recteur à l'Université de Kinshasa, Vice-Ministre et Président Délégué Général de la Société Nationale d'Électricité (SNEL) quand la mort le surprit en 1992. Madame Matankumu wa Bowango a été ministre des Affaires Sociales. Antoine Likopa Kengo qui a été l'un des derniers conseillers de Mobutu, responsable du collège des conseillers juridiques, a été aussi Directeur de Cabinet du Gouverneur de l'Equateur, José Makila Sumanda. Le Professeur Valentin Matumele Maliya fut à la tête du collège des conseillers socioculturels. Il a été auparavant Directeur du Centre de Linguistique Théorique et Appliquée (CELTA), Secrétaire Général Académique de l'ISP Mbandaka, Directeur de Cabinet à l'Enseignement Supérieur et Universitaire. Actuellement, il est Directeur Général de l'ISP Gombe.

À l'époque de la transition, sous le Gouvernement dit 1+4 (2003-2005), les fils des riverains ont été représentés par le Vice-ministre à l'Intérieur, Mayombe Mumbioko Patrice, pour le compte du M.L.C. Celui-ci est Député élu du Territoire de Bomongo pendant les vingt dernières années.

Ce que nous venons de dire pour le République Démocratique du Congo peut aussi s'appliquer aux groupes ethniques minoritaires au Nord de la République du Congo/Brazzaville. Là aussi, de nombreux fils des riverains ont émergé à la suite de leur mobilité sur le fleuve jusqu'à Brazzaville. Les officiers généraux et officiers supérieurs, héritiers des premiers soldats, ont occupé les plus hautes fonctions de l'État, notamment le Capitaine Marien Ngouabi, le Général Joachim Yombi Opangot et le Général Denis Sassou Ngouesso.

CONCLUSION

Les premiers occupants de la cuvette pendant les dix derniers millénaires sont sûrement les riverains. À cause de leur milieu qui leur impose les scissions constantes, ils ont multiplié les groupes au lieu de former de vastes ensembles. Certains groupes ont été absorbés par les peuples les plus nombreux qui sont venus les rejoindre. Les groupes qui ont survécu vivent toujours en bons termes avec leurs voisins appartenant aux grandes ethnies, les Ngombe et les Mongo.

Les petits groupes ethniques ont su profiter de leur position centrale pour jouer un rôle de premier plan pendant les deux derniers siècles. Au milieu du XIXe siècle, ils furent les intrépides commerçants et créateurs de la langue commerciale. À cette époque donc, ils avaient partagé avec les autres ethnies de la cuvette, de nombreuses innovations techniques et culturelles.

Dès le début de la colonisation, ils sont devenus les collaborateurs des Blancs. Ils ont excellé dans l'armée et dans la marine. Les grandes ethnies de la cuvette (les Mongo, les Ngombe et les Budja) n'ont fait que suivre le mouvement qui a commencé chez les « Bangala » au sens restreint du mot. Voyageant d'un centre urbain à un autre, ils ont eu accès à la modernité et se sont positionnés dans les deux capitales du Stanley Pool, Brazzaville et Kinshasa. Les élites qui en résultent occupèrent ainsi des positions enviables dans le gouvernement central et dans les gouvernements provinciaux de l'Equateur et du Moyen-Congo.

Suivant les pas des anciens, les fils des peuples riverains ont émergé dans l'armée et surtout dans les corps spécialisés comme les forces navales. À l'époque où le pays disposait d'une flotte commerciale dans le Haut-Congo, les mêmes fils des riverains dirigeaient les équipages de nombreux bateaux.

Nous pouvons donc affirmer que grâce à leur mobilité et leur dynamisme, les groupes minoritaires de la cuvette congolaise disposent des qualités remarquables d'adaptation et d'intégration. Ils sont donc facilement tolérés et adoptés par les groupes majoritaires. C'est cela qui explique le succès de leurs représentants, même dans le système électoral. Les Ngombe comme les Mongo, et sans doute aussi les Budja, n'ont jamais rejeté totalement leurs petits voisins, partenaires économiques depuis des siècles. En plus, depuis la fin du XIXe siècle, la nouvelle langue de la cuvette, le lingala, est devenu un véritable trait d'union entre tous ces groupes qui se réclament souvent de la même identité, l'identité bangala.

BIBLIOGRAPHIE

M. Bokongo Libakea, *Les Ngombe de l'Equateur. Espace, hommes, structures. Fin 19e siècle –fin 20e siècle*, Mémoire de D.E.A., Université Pédagogique Nationale, Kinshasa, 2008.

H. Burssens, *Les peuplades de l'entre Congo-Ubangi.(Ngbandi, Ngbaka,Mbandja, Ngombe et Gens d'eau)*, Tervuren, 1958.

E. Cambier, *Essai sur la langue congolaise*, Bruxelles, 1891.

C. Coquilhat, *Sur le Haut-Congo,* Paris-Bruxelles, 1888.

E. De Boeck, *Grammaire et vocabulaire du lingala ou langue du Haut-Congo*, Bruxelles, 1904.

Ebamba Nyaliwanga, *Les îlots de Mbandaka. Des campements aux zones de squatting,* Mémoire de Licence en Sociologie, Université de Lubumbashi, 1983.

J. Haineaux, *Les rapports d'enquêtes sur les chefferies des Balobo, des Bamwe-Djando et des Lobala, (1920-1930)* Archives de Bomongo et de Gemena.

R.W. Harms, *Competition and Capitalism: The Bobangi Role in Equatorial Africa's Trade Revolution, ca 1750-1900*, Ph.D., African History, University of Wisconsin, Madison, 1978.

G. Hulstaert, a) *Les Mongo. Aperçu général*, Tervuren, MRAC, 1961.
b) *Eléments pour l'histoire mongo ancienne*, Bruxelles, ARSOM, 1984.

Mawengo Mata Makpaka, *Les riverains de la Ngiri au Pool Malebo (1920-1989). De Ndolo-Kingabwa à Kinkole et Nganda Lokali « Zone de N'sele »* Mémoire de Licence en Pédagogie Appliquée, Option Histoire, I.P.N., Kinshasa, 1991.

C. Mokandonga Eyanga, *Pêche et mobilité le long du fleuve Congo à l'époque coloniale (1910-1960). Cas des Lokele, Basoko, Libinza et Boloki*, Mémoire de Licence en Histoire, Université de Kinshasa, 2006.

E. Mokolo Wa Mpombo, *Structure et évolution des institutions politiques et administratives de la Province de l'Equateur. De la désintégration à la réunification*, Mémoire de Licence en Sciences Politiques et Administratives, Université Lovanium de Kinshasa, 1968.

Motingea Mangulu, a) *Parlers des Riverains de l'entre Ubangi-Zaïre. Éléments de structure grammaticale*, *Etudes Aequatoria,* n°8, Bamanya, 1990.
b) « Le parler des Bendza d'Aketi. Dialecte ngombe de la Province Orientale » dans *Annales Aequatoria*, XXIII(2002) pp.329-404.

J.E. Mumbanza, *Les Bangala et la première décennie du poste de Nouvelle-Anvers (1884-1894),* Mémoire de Licence en Philosophie et Lettres, Groupe Histoire, Université Lovanium de Kinshasa, 1971.

J.E. Mumbanza Mwa Bawele, a) *Histoire des peuples riverains de l'entre Zaïre-Ubangi. Évolution sociale et économique (ca 1700-1930)*, Thèse de

Doctorat en Histoire, Université Nationale du Zaïre, Campus de Lubumbashi, 1980.
b) « Y a-t-il des Bangala. ? Origine et extension du terme » *Zaïre-Afrique*, XIII(1973)78, pp.471-473.
c) « Les Ngombe de l'Equateur. Historique d'une identité » *Zaïre-Afrique*, XVIII(1978)124, pp.229-249.
d) « Les établissements d'enseignement public à l'époque de l'E.I.C. La colonie scolaire de Nouvelle- Anvers (1892-1913) » *Études d'Histoire Africaine,* VIII(1976), pp.87-129.
e) « La pirogue dans l'Ouest du bassin du Congo au milieu du XIXe siècle. Contribution à l'histoire de la navigation en Afrique centrale précoloniale » *Annales Aequatoria*, XVII(1997), pp. 239-298.
f) « Les peuples du Moyen Congo face aux expéditions européennes à la veille de la Conférence de Berlin » *Centenaire de la Conférence de Berlin 1884-1885.* Actes du Colloque International (Brazzaville, avril, 1985), Paris, Présence Africaine, 1987, pp. 101-126.
g) « Colonialisme et identité « bangala » en Afrique centrale » dans Bahru Zewde,(éd.), *Society, State and Identity in African History,* Forum for Social Studies, Addis Abeba, 2008, pp.87-104.
j) « L'évolution technologique des Bantu. Cas des Riverains de la Région de l'Équateur du Zaïre » *Annales Aequatoria,* XVI(1995) pp. 259-305.

Nzamba Mokobe, *Les établissements d'enseignement catholique à Nouvelle-Anvers (1914-1976)*, Travail de Fin d'Etudes en Histoire, Université de Kinshasa, 1996.

J. Nzenzeli, *Histoire de la Congrégation des Sœurs Franciscaines au Zaïre (1896-1956),* Mémoire de Licence en Histoire, I.P.N., Kinshasa, 1975.

Th. Obenga, *Introduction à la connaissance du peuple de la République Populaire du Congo,* Brazzaville, Librairie Populaire, 1973.

G. Van Der Kerken, *L'Ethnie Mongo,* 2 vols, I.R.C.B., Bruxelles, 1944.

J. Vansina, « Vers une histoire des sociétés mongo » *Annales Aequatoria,* VIII(1987), pp.9-57.

H. Vinck, « Correspondance scientifique Hulstaert- De Boeck » *Annales Aequatoria,* XV(1994), pp.505-575.

MIGRATIONS INTERNES-CONFLITS INTERETHNIQUES ET CONSTRUCTION DES « RÉPUBLIQUES ETHNIQUES » AU CAMEROUN

Gabriel Maxime Dong Mougnol
Université de Yaoundé I/Cameroun

RÉSUMÉ

Reconnu pour sa stabilité politique, le Cameroun n'échappe pas aux replis identitaires à caractère ethnique. Analyser cette culture des frontières ethniques chez les peuples en appréhendant l'une de leurs conséquences majeures qu'est la construction des « Républiques ethniques », participe à une œuvre de sensibilisation sur les dangers de la détérioration du processus d'intégration nationale et la résurgence des pouvoirs ethniques.

MOTS CLÉS

Cameroun, Ethnies, Migrations, Conflits

INTRODUCTION

Généralement présenté comme « 'Afrique en miniature » en raison de sa diversité multiforme, le Cameroun est un pays d'Afrique centrale qui s'étend sur une superficie de 475000 km^2, où cohabitent plus de 200 ethnies. Depuis ses indépendances obtenues en 1960 pour le territoire sous administration française et 1961 pour la partie administrée par les Britanniques, les gouvernements successifs ont fait de l'unité nationale ou de l'intégration nationale, un défi à relever. Cependant, cette diversité du Cameroun dévoile parfois des éléments qui refusent de fusionner, de s'accepter, de se coaliser ; des ethnies qui expriment plus leurs différences qu'elles ne défendent les idéaux d'une nation une et indivisible. Le particularisme ethnique devient dès lors une menace pour la stabilité du pays.

Ce constat regrettable pour une Afrique où sont pourtant prônés les regroupements sous-régionaux et régionaux, retient l'attention. Dès lors, dénicher dans le passé du Cameroun, des facteurs qui ont agi pour plonger ce pays dans les conflits interethniques devient une préoccupation pour le chercheur. Quel regard ont réciproquement les Camerounais selon qu'ils portent l'étiquette d'« autochtones » ou d'« allogènes » dans un espace choisi ? Peut-on noter une réelle émergence des replis identitaires à travers les conflits interethniques au Cameroun ? Ce questionnement exprime le souci de mettre en exergue des attitudes qui participent à la construction des « Républiques ethniques » au Cameroun.

« République ethnique » est un concept qui associe un territoire à l'attitude répulsive du peuple qui l'occupe. Ce concept intègre le repli identitaire manifesté par le groupe ethnique qui s'auto-approprie une souveraineté sur un espace territorial bien précis où il refuse le droit de cité aux autres Camerounais immigrés alors appelés « allogènes ». Les originaires de l'ethnie accaparatrice de l'espace considéré s'affublent le titre d'« autochtones » et du fait de leur attitude discriminatoire basée sur leur appartenance ethnique, méritent d'être appelés « citoyens ethniques » dans le présent article.

La rédaction de la présente contribution a nécessité un travail de fond qui est fait à partir des publications diverses et pluridisciplinaires, des documents d'archives et des sources orales. L'analyse des faits adopte une dimension thématique et chronologique qui permet de faire des comparaisons entre faits contemporains, afin de dégager l'envergure nationale de la question abordée. Les résultats des recherches sont présentés sous deux articulations principales qui incluent d'une part les facteurs migratoires et les étiquetages attribués réciproquement par les populations, et d'autre part l'expression de l'idée des « Républiques ethniques » à travers des conflits interethniques choisis pour leur caractère violent ou leur impact sur la société.

I. DES FACTEURS MIGRATOIRES AUX ÉTIQUETAGES DES POPULATIONS

A. Mobiles des migrations

Les facteurs initiateurs des migrations internes au Cameroun sont multiples. Nous ne retenons pour la circonstance que ceux qui permettent de déceler en eux des signes annonciateurs de cohabitations conflictuelles entre immigrés et autochtones. Au nombre de ces facteurs, figure en premier la surpopulation de certaines régions du Cameroun.

Avant l'éclatement des unités administratives décidé par le président Biya en 1983, en effet, le Cameroun comptait sept provinces. Le Recensement Général de la Population et de l'Habitat effectué en avril 1976 a fourni les densités suivantes par provinces :

Tableau 1. Densités de la population du Cameroun par provinces en 1976

Provinces	Centre-Sud	Est	Littoral	Nord	Nord-Ouest	Ouest	Sud-Ouest
Densité (hab/km²)	12	3,1	41,6	12,7	52,9	69,8	23,3

Source : Compilation de chiffres tirés de République Unie du Cameroun, « Recensement Général de la Population et de l'Habitat d'avril 1976 », vol. I.

De ce tableau, il ressort qu'avec ses 69,8 hab/km², l'Ouest, habitée en majorité par les Bamiléké, est la province la plus peuplée du Cameroun. Elle est suivie du Nord-Ouest qui a 52,9 hab/km². Ce sont les seules provinces à avoir des densités au-delà de 50 hab/km². Cette situation est la traduction d'un déséquilibre entre le ratio population/espace territorial. En 1967 déjà, certains villages de la province de l'Ouest affichaient des densités carrément au-delà de 200 hab/km². Retenons en quelques-uns dans le tableau suivant :

Tableau 2. Villages bamiléké de l'Ouest-Cameroun dotés de densités au-delà de 200 hab/km² entre 1966 et 1968

Villages	Babété	Batcham	Bangang	Bales-sing	Ba-mouan	Bameka	Baham	Bakong	Fondjo-mako
Densités	206,52	270,88	203,98	236,33	322,73	276,19	226,09	204,50	250,60

Source : Compilation de chiffres tirés de République Fédérale du Cameroun, « Tableau de la Population du Cameroun (3ème édition)», ORSTOM, juillet 1971.

Cette pression démographique a créé la raréfaction de l'espace cultivable dans les zones rurales ; une situation qui a érigé l'Ouest-Cameroun en un point de départ des migrations internes au Cameroun. Le simple fait que la majorité de ces migrants bamiléké soient à la recherche des terres fertiles dans d'autres zones voisines telles que le Moungo, le Mbam, le Nkam, le Sud-Ouest, augurait déjà de futurs conflits entre ces immigrés et leurs hôtes, car la terre ancestrale est souvent considérée par les « autochtones » comme un héritage difficile à partager.

Le recensement d'avril 1976 a révélé que 60,6% de la population de Bangangté et 45,4% de celle de Bafang, tous deux des arrondissements de l'Ouest-Cameroun, ont migré hors de leurs terres d'origine.[1] De 1971 à 1976, le département de la Mifi en pays bamiléké a exporté 9162 migrants au département du Wouri dont le chef-lieu est Douala.[2] À la même période, Yaoundé recevait 5388 personnes en provenance de l'Ouest-Cameroun.[3] Dans le Moungo, l'on a noté un phénomène explicite. En 1976, *« 67668 personnes, soit 25% de la population du département du Moungo proviennent de la province de l'Ouest »*.[4] À partir de ces statistiques, l'on peut constater que du fait de sa surpopulation, la province de l'Ouest était une zone d'émigration par excellence.

Toutes les migrations bamiléké et leurs conquêtes foncières ont réussi à susciter au Cameroun, ce que Thomas Deltombe appelle la « *hargne anti-*

[1] République Unie du Cameroun, « Recensement général de la population et de l'habitat d'avril 1976, Vol. II-Analyse, T. 5-Migrations internes », pp. 11-12.
Il est important de relever que l'arrondissement de Bangangté est limitrophe au département du Mbam, tandis que celui de Bafang partage la même frontière terrestre avec le département du Moungo. Le Mbam et le Moungo étant repérés comme quelques destinations prisées de ces immigrants bamiléké.

[2] « Recensement général de la population ... », p. 47.

[3] République Unie du Cameroun, « Recensement Général de la Population ... », p. 48.

[4] République Unie du Cameroun, « Recensement Général de la Population ... », p. 48.

Bamiléké » ou le « *problème bamiléké* »[5]. À cet effet, reprenons cette citation d'un ministre originaire de l'Est-Cameroun, en l'occurrence Félix Sabal Lecco, qui disait des Bamiléké que : « *Ces gens-là sont tellement nombreux – on dirait des fourmis ! – qu'ils sont obligés de chercher à s'installer partout. [...] Ici par exemple [à Yaoundé], ils sont partout, comme des fourmis. Quel est le quartier où il n'y a pas de Bamiléké ? [...] Ce sont les Juifs du Cameroun* »[6]. Un autre facteur instigateur des migrations internes sources des conflits interethniques fut la guerre d'indépendance.

Le Cameroun est en effet l'un des rares pays d'Afrique noire à avoir expérimenté une guerre d'indépendance qui s'est étendue d'abord de 1955 à 1960,[7] puis de 1960 à 1970.[8] Les grands foyers de maquis reconnus furent principalement, en dehors de la ville de Douala, les pays bamiléké et bassa. La terreur qu'a engendrée cette guerre d'indépendance du fait des atrocités commises à la fois par l'autorité coloniale, puis postcoloniale d'une part, et les rebelles de l'Union des Populations du Cameroun (UPC) d'autre part, a poussé plusieurs Camerounais à quitter leur terre d'origine pour s'installer dans des zones moins agitées tels que Tombel dans le Sud-Ouest. Ces immigrés, en majorité des Bamiléké, y ont constitué des colonies de peuplement assez importantes. Certaines de ces zones d'accueil étaient devenues des lieux de « *repli stratégique où de nombreux « maquis » en perte de vitesse* »[9] avaient transposé leurs actions subversives, suscitant alors le rejet des « autochtones ».

À Makénéné, les immigrés bamiléké ont été accusés d'avoir orchestré des crimes dans le seul but « *de faire partir les populations Nyokon qui devaient alors leur laisser les terres* ».[10] De tels agissements font penser que la guerre d'indépendance a été un facteur important dans la construction des fondations en faveur des conflits interethniques au Cameroun car, la majorité des populations qui, sous l'effet de la terreur, avaient cédé leurs terres aux réfugiés de la guerre, ont eu à réclamer leur rétrocession plus tard.[11]

---

[5] Th. Deltombe, M. Domergue et J. Tatsitsa, *Kamerun ! Une guerre cachée aux origines de la Françafrique, 1948-1971,* 2011, Paris, La découverte, pp. 575-576.

[6] Th. Deltombe, *id.*, p. 576.

[7] En 1955, l'UPC, le premier parti politique nationaliste créé en avril 1948 et qui réclamait l'indépendance immédiate et la réunification du Cameroun anglophone et du Cameroun francophone, a été dissoute et est entrée dans la rébellion armée. Le 1er janvier 1960, le Cameroun sous tutelle française obtient son indépendance.

[8] L'année 1970 marque l'arrestation d'Ernest Ouandié, dernier combattant upéciste qui avait continué à mener la rébellion à l'intérieur du pays. Cet acte décapita le mouvement rebelle et mit fin à la guerre déclenchée en 1955.

[9] J.- Cl. Oubel, *Le maquis dans la subdivision de Ndikinimeki, 1955-1971*, Mémoire de Maîtrise en Histoire, Yaoundé, Université de Yaoundé I, 2001, p. 32.

[10] E. Billa, *Naissance et évolution des unités administratives du département du Mbam, 1927-1992*, Mémoire de DIPES II en Histoire, Yaoundé, ENS de Yaoundé, 1995, p. 69.

[11] Nous l'évoquons plus loin pour le cas du Nkam.

En dehors des Bamiléké, les Bassa de la Sanaga-Maritime[12] ont également été poussés à migrer vers les localités comme Douala où des vagues les ayant auparavant précédés, avaient déjà occupé le quartier de Nkongmondo. L'un des motifs de l'affluence des Bassa a été la répression qu'avaient entreprise les nouvelles autorités du jeune État sous tutelle du Cameroun vers la fin de la décennie 1950[13]. Celui qui a incarné la peur des Bassa était inéluctablement le Premier Ministre André-Marie Mbida qui, dans un discours « *resté célèbre pour son agressivité* »,[14] avait mis en exergue l'identité ethnique des rebelles de l'UPC pour les ramener à l'ordre. Un extrait de ce discours dit ceci : « *un délai maximum de dix jours est donné à tous les Bassas upécistes ou non qui se trouvent actuellement dans les forêts pour rentrer au village, et j'affirme à nouveau que le Gouvernement du Cameroun n'admettra pas que le désordre s'étende dans notre jeune État.* »[15]

Ce discours prononcé le 9 novembre 1957 à Boumnyebel, fief de la rébellion dans la Sanaga-Maritime, était une preuve de la stigmatisation de l'ethnie bassa justifiant la répression gouvernementale. Les autorités du premier gouvernement du Cameroun ont ainsi introduit le fait ethnique dans le programme de lutte contre les nationalistes. Un autre facteur provocateur des migrations des populations est d'origine agricole.

En effet, dans leur souci d'exploiter au maximum les potentialités agricoles du Cameroun, les administrations successives coloniale et postcoloniale, avaient initié des migrations des zones surpeuplées vers les régions moins habitées. Au cours de la décennie 1920 par exemple, l'administration coloniale française organisa un recrutement forcé de travailleurs bamiléké qu'elle utilisa pour la construction de la route Ndikinimeki-Tonga-Bangangté.[16] Cette opération a permis aux Bamiléké venus particulièrement de Baloa, village situé dans l'actuel département du Ndé, de s'installer à Makénéné. Les Bamiléké ont eu l'opportunité de faire la découverte d'une région voisine sous-peuplée et qui offrait une solution idoine à leur problème de manque de terre à cultiver. Dès lors, l'on nota leur ruée vers Makénéné. Cette situation a débouché plus tard sur un conflit foncier interethnique.

Un autre programme de migrations favorisé par le gouvernement et dénommé « opération Yabassi-Bafang » a été rendu effectif en 1966. Il consistait à

---

[12] La Sanaga-Maritime est actuellement un département de la région du Littoral.

[13] Il convient de préciser qu'avec la mise en application de la loi cadre de Gaston Defferre au Cameroun et après les élections législatives du 26 décembre 1956, le Cameroun sous tutelle française a obtenu son autonomie interne. Le premier gouvernement fut formé après la nomination d'André-Marie Mbida au poste de Premier Ministre.

[14] D. Abwa, *Cameroun : histoire d'un nationalisme. 1884-1961,* 2010, Yaoundé, Editions Clé, p. 271.

[15] *Id.*, p. 271.

[16] G. M. Dong Mougnol, *Migrations internes et problèmes fonciers au Cameroun : les cas de Makénéné et Mbangassina dans la région du Mbam, de 1926 à nos jours*, Thèse de Doctorat/Ph. D. en Histoire, Yaoundé, Université de Yaoundé I, 2007, p. 216.

faire migrer « *5000 familles, soit environ 25000 personnes* »[17] du pays bamiléké vers le Nkam, en vue d'une colonisation agricole des terres de ce département.

Au-delà de ces initiatives économiquement louables des autorités administratives, l'un des revers est l'éclatement plus tard des conflits interethniques qui ont laissé s'exprimer les velléités de replis identitaires et la montée d'une culture de l'ethnocentrisme dans les zones d'accueil. Dans d'autres zones de tensions, à l'instar du Nord-Ouest anglophone, les vagues d'immigrés y sont arrivées suite à des dissidences qui les ont opposés à leur chef. C'est le cas des Bawock installés chez les Bali-Nyonga.

Les Bawock sont d'origine bamiléké de Bangangté. Au début du XXè siècle, refusant de prendre part au *kam* ou danse annuelle traditionnelle, ils se sont attirés les foudres du chef qui a décidé de les bannir de son territoire.[18] C'est alors qu'ils ont entrepris des migrations qui les ont amenés d'abord à Bangwa, autre village bamiléké. Une fois arrivés en ces lieux, le chef leur a imposé la soumission totale à son autorité. Cependant, d'esprit indépendant, les Bawock ont refusé de devenir ses vassaux, ce qui leur a valu une nouvelle expulsion. Ils ont poursuivi leur pérégrination vers le territoire des Bali-Nyonga où ils s'installent entre 1906 et 1907.[19]

Ce cas des Bawock montre clairement qu'ils étaient un peuple qui s'accommodait mal de l'autorité d'un chef sur leur petit groupe, un peuple insoumis et non malléable. Cette attitude alertait déjà suffisamment sur la nature de leurs relations futures avec les Bali-Nyonga. L'histoire a validé cette inquiétude car des conflits interethniques ont éclaté plus tard entre Bali-Nyonga et Bawock.[20]

L'une des marques laissées par les migrations internes sont la toponymie des quartiers dans les localités d'accueil, une toponymie qui est conséquente aux regroupements par affinités ethniques.

B. Regroupements géographiques et toponymie dans les localités du Cameroun

Dans la majorité des villes ou autres localités qui ont accueilli des populations aux origines ethniques différentes, il est aisé d'observer que le regroupement des immigrés s'est fait suivant un critère principal qui renvoie à l'affinité ethnique. Les administrations coloniales, aussi bien allemande que française, ont contribué à l'émergence de ces regroupements géo-ethniques qui, plus tard, ont pris des allures de petites « Républiques ethniques ».

---

[17] St. Melone, *La parenté et la terre dans la stratégie de développement : l'exemple du Sud-Cameroun*, Thèse de Doctorat en Droit, Paris, Université de Paris, 1968, p. 231.

[18] L. Tam, *Relations between the Bali and non-Bali chiefdoms in Bali-Nyonga from precolonial to colonial times*, Mémoire de Maîtrise en Histoire, Yaoundé, Université de Yaoundé I, 2000, p. 80.

[19] Q. Kahkuntan Numboh Bauket, *The Bali-Nyonga-Bawock relationship: 1906-2007*, Mémoire de Maîtrise en Histoire, Yaoundé, Université de Yaoundé I, 2008, p. 24.

[20] Nous y revenons plus loin.

À Douala, l'un des points de chute des populations immigrées, la toponymie de certains lieux est révélatrice de ces regroupements ethniques. Le quartier de New-Bell, créé en 1913 pour reloger les Duala[21] victimes de l'expropriation foncière par les Allemands[22], est devenu le territoire d'accueil de plusieurs peuples immigrés.[23] L'occupation géographique ethnique a subdivisé ce quartier en sous-quartiers dont les appellations sont : "New-Bell Bassa", "New-Bell Bamiléké", "New-Bell Bamoun", "New-Bell Haoussa", "New-Bell Mbam Ewondo", etc. Bassa, Bamiléké, Bamoun, Ewondo étant des ethnies du pays. Ces immigrés se sont constitués en entités ethniques politiquement souveraines car, chaque groupe avait son chef de qui il recevait les ordres. Sans l'avoir planifié, les Allemands avaient involontairement participé à la construction de petites entités ethniques sur ce territoire rejeté par les Duala.

Le cas de Makénéné est aussi expressif que celui de New-Bell. Des « villages indépendants » y sont nés suite à une décision du chef de subdivision de Ndikiniméki[24], le lieutenant Vacquier. Ce dernier s'était retrouvé face à un nombre consistant de Bamiléké recrutés pour la construction de la route Ndikiniméki-Tonga-Bangangté. Ces immigrés bamiléké avaient, une fois leur travail exécuté, décidé de résider à Makénéné. Vacquier n'a trouvé mieux comme solution que de créer cinq villages indépendants en 1926.[25] Il y a installé ceux qu'il appelait alors « *les Africains étrangers à la subdivision* ».[26]

Le premier élément constitutif de ces nouvelles « Républiques ethniques » était ce territoire, propriété des peuples autochtones, que l'administration coloniale octroyait gratuitement aux immigrés, et qu'elle séparait carrément des terres occupées par les « autochtones »[27]. Autre élément en faveur de la construction des « Républiques ethniques » est l'indépendance politique des immigrés vis-à-vis de l'autorité traditionnelle établie et tenue par les « autochtones ». Et, comme dernier élément, l'on peut noter les dénominations attribuées à ces villages indépendants et validées par l'autorité traditionnelle, à savoir : Bamoun I, Bamoun-Makénéné, Bantoum I, Bantoum II, Ndé. La consonance de cette toponymie est révélatrice de l'autonomie de ces villages, car tous ces noms font référence aux origines bamiléké ou bamoun des immigrants. Vacquier avait

---

[21] Cette graphie est généralement utilisée pour désigner les personnes originaires de la ville de Douala.

[22] G. Mainet, *Douala, Croissance et servitudes*, Paris, l'Harmattan, 1985, p.61.

[23] Les Duala avaient catégoriquement refusé de regagner ce site de New-Bell que leur avaient proposé les Allemands ; d'où le conflit foncier germano-duala qui a abouti à la pendaison du leader des Duala, le chef Rudolph Duala Manga Bell.

[24] Makénéné est une localité qui faisait partie intégrante de la subdivision de Ndikiniméki.

[25] ANY, Yaoundé, APA 11624 Ndikiniméki (Subdivision de). Rapports annuels 1947 (extraits), 1949, 1950, 1951.

[26] ANY, Yaoundé, 2 AC 4234, Ndikiniméki (Cameroun). Rapport annuel du Chef de la subdivision de Ndikiniméki, 1949.

[27] À Makénéné, les autochtones nyokon restaient confinés dans les villages Nyokon I, II, III et IV.

ainsi créé à Makénéné de véritables petites entités bamoun et bamiléké, car cette décision a eu comme conséquence immédiate la bipartition géo-ethnique de Makénéné qui a abouti sur l'érection d'une part, d'un *Bamilékéland* constitué des cinq villages indépendants précédemment cités[28] et d'autre part, du *Nyokon-land* composé des villages Nyokon I, Nyokon II, Nyokon III et Nyokon IV.[29]

C. Les regards réciproques des populations aux origines différentes

Dans le cas de New-Bell à Douala évoqué plus haut, tous ceux qui habitaient ce quartier étaient dédaigneusement appelés les *Mboussa Moundi* ou broussards. Les Duala qui cultivaient ainsi exécrablement un esprit de repli identitaire, avaient refusé aux immigrés toute estime, creusant l'écart entre eux et les communautés immigrées recluses dans cette arrière-ville. C'était clairement de la ségrégation ethnique pratiquée par les Duala.

Les populations immigrées ont souvent été l'objet des étiquetages péjoratifs qui traduisent clairement une certaine forme de ségrégation animée par les « autochtones » des territoires d'accueil. Au moment où la guerre, déclenchée en 1992, battait son plein dans l'ancienne Yougoslavie, le terme « Bosniaque » était fréquemment utilisé dans les villes de Douala et Yaoundé pour désigner les immigrés bamiléké. Or, l'on sait qu'en Yougoslavie, les Serbes qui avaient unilatéralement proclamé une République serbe de Bosnie-Herzégovine et occupé la majeure partie du pays en y pratiquant l'épuration ethnique, avaient présenté les Bosniaques comme un peuple d'envahisseurs. L'utilisation de cette étiquette provocatrice au Cameroun dévoilait la gêne que certains éprouvaient à cohabiter avec les immigrés en général, et les Bamiléké dans le cas présent. À Makénéné ou dans le Moungo, ces mêmes immigrés bamiléké sont plutôt affublés du titre d'« envahisseurs ».

Ces étiquetages font ressentir le dessus que prend l'esprit ethnique sur l'esprit nation au Cameroun. Agissant ainsi, les Camerounais cultivent ce concept « Africains étrangers » utilisé par les administrateurs coloniaux. En 1926 par exemple, Vacquier parlait d'« Africains étrangers à la subdivision de Ndikiniméki ».[30] Le fait d'appeler les uns « envahisseurs » trahit le rejet par les Camerounais de certains de leurs compatriotes du fait de leur différence ethnique. L'on croirait vivre ce phénomène de « *l'ethnisation de la société* » dont parle Christian Rinaudo en étudiant le cas de la France.[31]

---

[28] Nous parlons de *Bamilékéland* car plus tard, les quartiers Bamoun I et Bamoun-Makénéné, initialement peuplés de Bamoun, ont été vite envahis par d'autres vagues successives d'immigrants bamiléké.

[29] G. M. Dong Mougnol, *Migrations internes et problèmes fonciers …*, p. 222.

[30] ANY, Yaoundé, 3 AC 3420 Ndikinimeki (Cameroun). Administration, rapport annuel de la subdivision de Ndikiniméki. 1952.

[31] Ch. Rinaudo, *L'ethnicité dans la cité : jeux et enjeux de la catégorisation ethnique,* Paris, l'Harmattan,1999.

II. LES « RÉPUBLIQUES ETHNIQUES » À TRAVERS LES CONFLITS INTERCOMMUNAUTAIRES

Les manifestations du phénomène de « Républiques ethniques » sont multiples. Elles vont des requêtes d'expulsion des « étrangers » aux multiples scènes de « xénophobie » observables dans presque toutes les régions du pays.

A. Les requêtes pour expulsion formulées par les « autochtones »

En 1946, les premières élections des conseillers de l'ARCAM (Assemblée Représentative du Cameroun) ont été une opportunité pour certaines populations « autochtones », de manifester la haine qu'elles nourrissaient à l'endroit des immigrés. Le cas du Moungo où deux listes aux relents ethniques se confrontaient, fait l'objet de notre attention. La première liste était dirigée par Ekwabi Ewanè, un « autochtone ». La deuxième, constituée en majorité de Bamiléké, avait pour leader Daniel Kemajou[32]. Ces deux listes dévoilaient un regroupement synonyme de la bipartition politico-ethnique du Moungo. Les « autochtones » concentrèrent l'essentiel de leur campagne sur une requête appelant au refoulement de tous les Bamiléké vers leur région d'origine, alors que Daniel Kemajou s'évertuait à rendre impossible la réalisation d'un tel programme antinationaliste.[33]

À Makénéné où un conflit foncier aux multiples résurgences et affrontements parfois mortels a opposé les immigrés bamiléké aux « autochtones » nyokon, ces derniers avaient aussi préconisé l'expulsion des Bamiléké comme unique solution à la résolution des différends qui ont mis aux prises les deux groupes ethniques.[34] Le problème de Makénéné est aussi politique, car profitant de ce que Catherine Coquery-Vidrovitch appelle le *« rôle des alliances matrimoniales dans l'intégration des sociétés africaines »*[35], les Kinding qui sont un peuple issu d'un ancêtre né d'un mariage entre un Bamiléké et une Nyokon, ont quitté leurs terres de Bangoulap dans l'Ouest après une dispute avec leur chef et se sont définitivement installés chez leurs oncles nyokon.[36] Lesquels Nyokon n'ont jamais toléré que ce soient les Kinding qui s'accaparent des rênes de la chefferie supérieure de Makénéné du temps des Français[37], et que les autres

---

[32] J. Kouosseu, *Populations autochtones-populations allogènes et administration coloniale dans le Mungo sous administration française, 1916-1960*, Mémoire de Maîtrise en Histoire, Yaoundé, Université de Yaoundé, 1989, p. 88.

[33] *Id.*, p. 89.

[34] G. M. Dong Mougnol, *Migrations internes et problèmes fonciers …*, p. 388.

[35] C. Coquery-Vidrovitch *et al.*, *Être étranger et migrant en Afrique au XXe siècle : enjeux identitaires et modes d'insertion,* Vol. II : *dynamiques migratoires, modalités d'insertion urbaine et jeux d'acteurs*, Paris, l'Harmattan, 2003, p. 7.

[36] G. M. Dong Mougnol, *Migrations internes et problèmes fonciers …*, pp. 211-216.

[37] *Id.*, « Autochtones-allogènes et chefferies administratives dans la localité de Makénéné : discrimination et conflits interethniques (1926-1950), dans Robert Kpwang, *La chefferie « traditionnelle » dans les sociétés de la grande forêt du Sud-Cameroun (1950-2010)*, Paris, l'Harmattan, 2011, pp. 228-232.

immigrés bamiléké soient, jusqu'aujourd'hui, les seuls à être élus, la loi du nombre aidant, au poste de maire de la commune de Makénéné.

Cette attitude des populations « autochtones » à souhaiter le départ des immigrés de leur territoire confirme qu'il existe au Cameroun des Camerounais qui se considèrent comme des « citoyens ethniques » dans leur territoire ancestral. Auréolés de ce titre, ils s'approprient alors le droit d'initier l'expulsion des « étrangers ». On a du mal à accepter que Bamiléké, Abo, Pongo[38] ou Nyokon soient tous des citoyens d'un même pays : le Cameroun. On aurait cru qu'il s'agissait des États souverains, en conflit. La déclaration de Jean Marc Ela selon laquelle « *on assiste paradoxalement au retour en force au territoire, à cet espace physique enserré dans les frontières où s'enracine une communauté publique ayant une identité propre* »[39], serait malheureusement une réalité à l'intérieur du Cameroun. La terre ancestrale que les « autochtones » considèrent comme le territoire de leur République à eux, semble, dans leur conception, soumise à leurs propres lois, car aucune loi nationale n'autorise l'expulsion des Camerounais d'un quelconque lieu du pays pour leur différence ethnique. La dérive du principe de territorialité et la culture des frontières ethniques par certains « autochtones » s'avère être une menace grave et inquiétante car très souvent, ceci a été la base des sécessions qui traduisent la dégénérescence du pouvoir régalien de l'État qui est d'assurer la paix et la stabilité nationales. Dans le registre d'obstacles à l'intégration nationale, figurent les conflits interethniques qui caractérisent bon nombre de régions du pays.

B. Les cohabitations conflictuelles dans les régions du Nord-Ouest et de l'Ouest

Excédés par la cohabitation devenue difficile du fait du conflit foncier, les Bali-Nyonga ont exigé en 2007, le départ des Bawock de leurs terres.[40] Il a fallu une intervention de l'État pour qu'un calme puisse être réinstauré.

Un autre conflit qui fait ressortir la fibre ethnique dans les Grassfields est celui qui oppose les Bamoun aux immigrés Mbororo. Il convient de préciser que bien que localisé dans l'Ouest-Cameroun dont le surpeuplement a été relevé plus haut, le département bamoun[41] était l'une des rares unités administratives de l'inspection fédérale d'administration de l'Ouest[42] à avoir des densités faibles. Les statistiques de la population relevées entre 1966 et 1968 n'y affi-

---

[38] Les Pongo et les Abo sont des peuples originaires de l'actuel département du Moungo.

[39] J. M. Ela et A.-S. Zoa, *Fécondité et migrations africaines : les nouveaux enjeux*, Paris, l'Harmattan, 2006, p. 120.

[40] Q. Kahkuntan Numboh Bauket, *The Bali-Nyonga-Bawock relationship: 1906-2007*, Mémoire de Maîtrise en Histoire, Yaoundé, Université de Yaoundé I, 2008.

[41] Il est connu aujourd'hui sous l'appellation de département du Noun, du nom du fleuve qui l'arrose.

[42] Aujourd'hui on parle de Région de l'Ouest.

chent aucun village avec une densité atteignant 50 hab/km² [43]. Le recensement démographique de 1976, soit une dizaine d'années après, signalait une densité de 25,7 hab/km² pour ce département[44]. Ceci en a fait un pôle de convergence des populations en manque d'espace. Mais la communauté des immigrés qui expérimente aujourd'hui une cohabitation sérieusement difficile avec les Bamoun est celle que constituent les Mbororo.

Les Mbororo sont un peuple nomade qui pratique l'élevage. Ils partent généralement de la partie septentrionale du Cameroun à la recherche des espaces pour paître leurs troupeaux. Du fait de sa fertilité, donc de sa végétation abondante, le territoire bamoun a été une destination idéale. Les relations difficiles que l'on connaît entre éleveurs (Mbororo) et agriculteurs (Bamoun) ont fini par affecter cette cohabitation interethnique. Des conflits qui s'en sont suivis se sont caractérisés par une attitude de certains Bamoun à vouloir chasser les Mbororo de leur territoire[45]. Tout comme dans les autres cas évoqués, ce conflit ressort la notion de territoire ethnique sur laquelle les uns se basent pour appeler au bannissement d'autres Camerounais dès la moindre mésentente. C'est la « République ethnique » bamoun qui refuse le droit de séjour aux ressortissants Mbororo.

C. La situation dans l'actuelle région du Littoral : l'exemple du Nkam

Dans le Littoral du Cameroun, en dehors de la mégapole de Douala, l'un des départements affectés par le phénomène de migrations internes et de crises interethniques est celui du Nkam, et particulièrement la localité de Nkondjok où a été inaugurée en 1966 la SODENKAM (Société de Développement du Nkam) dont les activités étaient essentiellement agricoles.[46] Des vagues de populations en provenance d'autres départements du Cameroun, en l'occurrence ceux du Haut-Nkam (108,8 hab/km² en 1976) dans la région de l'Ouest et de la Lékié dans l'actuelle région du Centre, échouent dans le Nkam où la densité relevée en 1976 s'élevait seulement à 5,5 hab/km². Les immigrés en provenance du Haut-Nkam faisaient en majorité partie de l'« opération Yabassi-Bafang ». Les Eton et Mangissa venus de la Lékié où la densité était de 67,9 hab/km² en 1976[47], arrivent à la suite des Bamiléké. Tous se voient attribuer par le gouvernement les terres ancestrales des Mbiam, Mbang, Bandem et Moya, peuples du Nkam.

Déjà frappé par son sous-peuplement, le Nkam a aussi été victime d'un autre phénomène ayant un impact sur sa démographie, c'est celui de l'exode rural. En 1976, les relevés statistiques révélaient que 11967 personnes avaient quitté ce département pour s'installer à Douala. Cet exode a servi les immigrants qui ont

---

[43] République Fédérale du Cameroun, « Tableau de la population du Cameroun (3ème édition)», ORSTOM, juillet 1971, pp. 61-62.

[44] République Unie du Cameroun, « Recensement Général de la Population et de l'Habitat d'avril 1976 », vol. I, T. 2, p. 170.

[45] S. Mache, 04 janvier 2014, Koutaba dans le département du Noun.

[46] G. M. Dong Mougnol, *Migrations internes et problèmes fonciers* ..., p. 291.

[47] « Recensement général de la population et de l'habitat d'avril 1976 », vol. I, T. 2, p. 23.

largement occupé la réserve de terres fertiles abandonnées par les « autochtones ». Toutefois, avec la crise économique qui frappe le Cameroun dès la fin de la décennie 1980, les compressions de personnels dans les sociétés industrielles de Douala poussent les émigrés du Nkam à effectuer un mouvement de retour et réclamer leurs terres aux « allogènes ». Ceux-ci ne voulant rien leur céder, les conflits interethniques surgirent entre immigrés et « autochtones ». Tout comme dans les cas précédents du Moungo et de Makénéné, la notion de « citoyen ethnique » s'est faite ressentir lorsque les Moya, les Bandem, les Mbiam et les Mbang demandent à l'État l'expulsion des immigrés de leurs terres.[48] Ce genre de situation a aussi été vécu dans la localité anglophone de Tombel.

D. Les manifestations anti-Bamiléké de Tombel dans le Sud-Ouest du Cameroun

Les migrations des Bamiléké vers la localité de Tombel dans le Sud-Ouest du Cameroun remontent à la période coloniale.[49] Les immigrés ont acheté des portions de terrains auprès des « autochtones » bakossi sur lesquelles ils ont bâti leurs domiciles.[50] Jusque là, la cohabitation interethnique entre Bakossi et Bamiléké avait une allure pacifique. Les migrations deviennent plus consistantes à partir de 1955, date de l'interdiction de l'UPC et du début de la guerre d'indépendance qui a provoqué plusieurs remous au sein de la population bamiléké de l'Ouest. Dès lors, transparaissent les pièces d'un puzzle qui allait plonger Tombel dans le chaos des conflits interethniques meurtriers.

Partis de leurs villages respectifs de l'Ouest du Cameroun pour fuir la répression des autorités contre les rebelles ou maquisards[51] de l'UPC, les Bamiléké immigrés à Tombel sont accusés par les Bakossi de se servir de leur territoire pour en faire une « *base de coordination des attaques contre les forces gouvernementales du Cameroun Oriental* »[52].

Au cours de la décennie 1960, les relations interethniques Bamiléké-Bakossi se sont visiblement détériorées. À l'esprit de suspicion bien perceptible dans la localité vers le milieu des années 1950, a succédé ce qui a été appelé par certains auteurs « *les massacres planifiés de Tombel* »[53]. Pour se protéger contre les Bamiléké taxés

---

[48] G. M. Dong Mougnol, *Migrations internes et problèmes fonciers* ..., pp. 417-419.

[49] Il faut préciser que Tombel était localisé dans la partie du Cameroun administrée par les Britanniques, tandis que les Bamiléké se trouvaient dans le Cameroun sous administration française.

[50] J. V. Ngoh, *Cameroun, 1884-1985. Cent ans d'histoire*, CEPER, Yaoundé, 1990, p. 213.

[51] Les deux termes sont fréquemment utilisés dans la littérature pour désigner les nationalistes qui luttaient contre les autorités coloniales, puis postcoloniales.

[52] J. V. Ngoh, *Cameroun, 1884-1985* ..., p. 213.
Le Cameroun oriental était la partie de la fédération du Cameroun (née après la réunification de 1961) qui auparavant, à l'ère de la colonisation, était placée sous administration française.

[53] Th. Deltombe, M. Domergue et J. Tatsitsa, *Kamerun ! Une guerre cachée aux origines de la Françafrique, 1948-1971,* 2011, Paris, La découverte, p. 577.

à tort ou à raison de « terroristes », les Bakossi avaient en effet créé en 1965, des groupes d'autodéfense.[54] Le 27 juillet 1966, les *« Camerounais non bakossi de Tombel »* adressent aux autorités une pétition alarmiste dans laquelle ils expriment la psychose entretenue par les bastonnades, les pillages, etc., dont ils étaient victimes.[55] En décembre de la même année, la cohabitation entre les deux ethnies tourne pratiquement au massacre des « étrangers ». Pour mieux comprendre le film de ces événements horribles, reprenons cet extrait du rapport des enquêtes rédigé en février 1967 et cité par Thomas Deltombe :

> Le massacre des éléments Bamiléké aurait lieu presque simultanément à Nkeng, Suke, Ngap, Ngussi, Mahole, Peng, Ekonebe, Kupe, Mbonzie. Il serait intervenu un peu tard [sic] à Nyassosso. Ce sont là des noms de quartiers de Tombel et de villages bakossi distants entre eux de cinq à neuf kilomètres. [...] Les armes généralement employées ont été des coupe-coupe et des lances. Ces dernières auraient été achetées aux Nigérians haoussas. [...] Les armes à feu auraient surtout servi à l'intimidation des victimes meurtries par des coups de crosse. [...]
>
> Dans les quartiers à majorité Bamiléké, tels Ngap et Ekonebe, les combattants se seraient divisés en deux groupes, les uns chargés de faire sortir à coups de crosse de fusil les victimes, les autres, les bouchers, stationnés en rond, appelés à massacrer à coup de coupe-coupe. Ces bourreaux abattaient aussi partout où ils trouvaient les recherchés, jusque dans les champs. La rapidité des mouvements s'ajoutant à l'armement, les condamnés surpris à l'improviste se seraient trouvés dans l'impossibilité de recourir à la légitime défense, d'autant plus que toute circulation avait été interrompue dans les deux sens. Dans certains cas, l'ennemi ou les ennemis étaient enfermés dans leurs cases et brûlés vifs. [56]

Le bilan officiel des événements de Tombel a fait état de 236 morts et 1000 blessés.[57] Il y avait lieu de s'inquiéter sérieusement sur la tournure que prenaient ainsi les conflits à identité ethnique. Cet « apartheid » pratiqué par des Camerounais contre des Camerounais était de nature à convaincre les derniers sceptiques quant à la véracité du danger de la formation des « Républiques ethniques » au Cameroun. En réalité, un tel massacre inhibe la réussite de la politique d'intégration des peuples.

E. Un exemple de conflit interethnique dans le Cameroun septentrional : le conflit Kotoko-Arabe Shuwa

Les Kotoko et les Arabes Shuwa sont deux peuples installés dans la partie camerounaise des abords du Lac Tchad. D'après Saïbou Issa,

---

[54] *Id., ibid.*
[55] *Id.*, p. 578.
[56] Th. Deltombe, M. Domergue et J. Tatsitsa, *op. cit.*, p. 579.
[57] *Id., ibid.*

Les Kotoko ont accueilli les Arabes Shuwa, les Kanuri et bien d'autres peuples sur les terres qu'ils considèrent comme un patrimoine génétique du fait que leurs ancêtres, en tant que premiers occupants des abords sud du lac Tchad, ont sacrifié aux rites de communion entre l'homme et le sol, lui permettant de se définir comme un originaire des lieux, c'est-à-dire un être sorti du terroir, par opposition aux résidents que sont tous les post-migrants.[58]

Les Kotoko s'identifient clairement comme les « autochtones » et les Arabes Shuwa, dont *« les migrations les plus importantes ont lieu entre la fin du XVIIIè et le début du XIXè siècles »*[59], sont perçus comme des immigrés, des « allogènes ». Le principal motif des affrontements mortels de 1992 entre les deux communautés est politique. Il est reconnu que, « *de façon empirique, l'appartenance ethnique apparaît, au Nord-Cameroun, comme un important déterminant du comportement politique des électeurs, de la classe politique et des cadres de l'État* ».[60] Les élections couplées législatives et municipales de 1992 ont en effet été une occasion de faire ressurgir la haine que se vouaient déjà les deux ethnies. Les Arabes Shuwa qui militaient pour le RDPC[61], parti au pouvoir, se sont opposés aux Kotoko proches du parti de l'opposition UNDP.[62] Parfois aussi, les motifs sont religieux[63]. La série des affrontements qui ont opposé les deux peuples entre 1991 et 1995, la violence les ayant caractérisés a amené certains auteurs à ne pas hésiter à parler d'une « *xénophobie des Kotoko* ».[64]

La « xénophobie » kotoko ne se justifie que par l'attitude de ce peuple à se replier sur lui-même en excluant les immigrés arabes shuwa. L'évocation plus haut de leur conception de cette terre des abords sud du Lac Tchad comme « *un patrimoine génétique* », paraît être pour eux un argument qui les érige en « citoyens ethniques » de ce territoire ; ce qui leur fait penser qu'ils ont le droit d'admettre ou de refouler les étrangers qui leur manqueraient tout respect, en l'occurrence les Arabes Shuwa. Ces conflits interethniques n'ont pas épargné la partie orientale du Cameroun.

---

[58] S. Issa, *Ethnicité, frontières et stabilité aux confins du Cameroun, du Nigéria et du Tchad,* Paris, l'Harmattan, 2012, p. 13.

[59] S. Issa, *op. cit.*, p. 16.

[60] A. Tassou, « Inter-ethnicité et développement urbain au Nord-Cameroun », dans Ad. Ab. Gwoda et Al. Zélao, *Le Nord-Cameroun à l'épreuve des pluralismes. Quand les sciences sociales interrogent...*, Paris, l'Harmattan, 2012, p. 210.

[61] Rassemblement Démocratique du Peuple Camerounais.

[62] Lire S. Issa, *Ethnicité, frontières et stabilité ...*, pp. 110-113.
L'UNDP veut dire Union Nationale pour la Démocratie et le Progrès.

[63] Selon S. Issa, les affrontements de janvier 1992 ont instauré entre les deux peuples pourtant tous musulmans, une véritable fracture sociale concrétisée par une réelle démarcation ethnique au sein des mosquées, une discrimination ethnique dans les enterrements à l'intérieur des cimetières pourtant réservés exclusivement aux adeptes musulmans.

[64] S. Issa, *Ethnicité, frontières et stabilité ...*, p. 12.

F. L'Est-Cameroun face aux conflits identitaires : exemple du problème Bakoum-Bamiléké

Du tableau précédent exposant les densités des populations par province en 1976, il en ressort que l'Est est la moins peuplée des provinces du pays, seulement 3,1 hab/km² contre les 68,9 de l'Ouest. Malgré son éloignement, l'Est était aussi devenu un lieu de déversement de la population bamiléké. À Doumé, l'on a vite fait d'enregistrer la présence de ce peuple de migrants. Au début des années 1970 en effet, trois Bamiléké sollicitent des portions de terrains auprès du chef Doko des Bakoum du village Goumbegiron.[65] Accédant à leur requête, le chef leur accorde l'autorisation de s'installer, assortie cependant d'une interdiction d'implanter des cultures pérennes telles que le cacao, café ou autres arbres fruitiers. Cette interdiction fait penser à un délai de séjour provisoire accordé à ces « allogènes ».

Les immigrés bamiléké dont le nombre accroissait considérablement d'année en année, outrepassent finalement cette interdiction. Entre août 1997 et janvier 1998, le conflit identitaire entre Bakoum et Bamiléké éclate. Les Bakoum n'en veulent plus des immigrés envahisseurs de leurs terres et irrespectueux de leurs consignes. Les journées des 13, 14 et 15 janvier 1998 ont particulièrement été chaudes. Bamiléké et Bakoum s'affrontent violemment.[66] L'un des blessés graves enregistrés est Pango Dogo, le chef des Bakoum lui-même. Après souffrance, ce dernier meurt en 1999. Depuis lors, les Bakoum ont toujours traité les Bamiléké de malhonnêtes. Ces derniers à leur tour traitent leurs hôtes de paresseux, jaloux et pilleurs.[67] De telles injures réciproques montrent la montée des replis identitaires dans cette localité et le rejet mutuel des deux peuples. C'est dire que la cohabitation interethnique n'est pas ici une réussite, mais plutôt un déstabilisateur de l'intégration des peuples.

CONCLUSION

Le présent article montre que le Cameroun est réellement menacé par la question ethnique ; d'aucuns parleraient d'un problème entre « autochtones » et « allogènes » capable de détruire la République-nation pour laisser monter des « Républiques ethniques ». Cette réalité interpelle chaque Camerounais par rapport aux dérives que peuvent entraîner le refus de vivre ensemble, le rejet de l'autre. Il s'impose la nécessité de transcender des concepts source de division pour préserver la stabilité politique de ce pays qui peut encore se vanter d'échapper aux guerres civiles qui ont fait ou font encore l'actualité.

---

[65] Ch. G. Mbock (sous la direction de), *Les conflits ethniques au Cameroun. Quelles sources, quelles solutions ?*, Yaoundé, Editions Saagraph, 2000, p. 69.

[66] *Id., ibid.*

[67] *Id., ibid.*

SOURCES ET RÉFÉRENCES BIBLIOGRAPHIQUES

SOURCES

Documents des Archives Nationales de Yaoundé (ANY)

ANY, Yaoundé, 3 AC 3420 Ndikinimeki (Cameroun). Administration, rapport annuel de la subdivision de Ndikiniméki. 1952.

ANY, Yaoundé, APA 11624 Ndikiniméki (Subdivision de). Rapports annuels 1947 (extraits), 1949, 1950, 1951.

ANY, Yaoundé, 2 AC 4234, Ndikiniméki (Cameroun). Rapport annuel du Chef de la subdivision de Ndikiniméki, 1949.

BIBLIOGRAPHIE

D. Abwa, *Cameroun : histoire d'un nationalisme. 1884-1961*, Yaoundé, Editions Clé, 2010, 412 p.

E. Billa, *Naissance et évolution des unités administratives du département du Mbam, 1927-1992*, Mémoire de DIPES II en Histoire, Yaoundé, Ecole Normale Supérieure de Yaoundé, 1995.

C. Coquery-Vidrovitch *et al.*, *Être étranger et migrant en Afrique au XX*[è] *siècle : enjeux identitaires et modes d'insertion,* Vol. II : *dynamiques migratoires, modalités d'insertion urbaine et jeux d'acteurs*, Paris, l'Harmattan, 2003.

Th. Deltombe, M.Domergue et J.Tatsitsa, *Kamerun ! Une guerre cachée aux origines de la Françafrique, 1948-1971*, Paris, La découverte, 2011, 742 p.

G.M. Dong Mougnol, « Autochtones-allogènes et chefferies administratives dans la localité de Makénéné : discrimination et conflits interethniques (1926-1950) », dans R.Kpwang, *La chefferie « traditionnelle » dans les sociétés de la grande forêt du Sud-Cameroun (1950-2010)*, Paris, l'Harmattan, 2011, pp. 216-234.

G.M. Dong Mougnol, « De la conquête foncière aux crises interethniques au Cameroun : le cas des Bamiléké et leurs voisins », dans F.Nkankeu et Chr. Bryant, *Regards multidisciplinaires sur les conflits fonciers et leurs impacts socio-économico-politiques au Cameroun*, Montréal, Laboratoire de Développement durable et dynamique territoriale, Département de Géographie, Université de Montréal, 2010, pp. 39-49.

G.M. Dong Mougnol, *Migrations internes et problèmes fonciers au Cameroun : les cas de Makénéné et Mbangassina dans la région du Mbam, de 1926 à nos jours*, Thèse de Doctorat/Ph. D. en Histoire, Yaoundé, Université de Yaoundé I, 2007, 501 pages.

J. M.Ela et A.S. Zoa, *Fécondité et migrations africaines : les nouveaux enjeux,* Paris, l'Harmattan, 2006.

S.I ssa, *Ethnicité, frontières et stabilité aux confins du Cameroun, du Nigéria et du Tchad*, Paris, l'Harmattan, 2012, 151 p.

Q. Kahkuntan Numboh Bauket, *The Bali-Nyonga-Bawock relationship: 1906-2007*, Mémoire de Maîtrise en Histoire, Yaoundé, Université de Yaoundé I, 2008, 92 p..

J. Kouosseu, *Populations autochtones-populations allogènes et administration coloniale dans le Mungo sous administration française, 1916-1960,* Mémoire de Maîtrise en Histoire, Yaoundé, Université de Yaoundé, 1989.

Ch. G. Mbock (sous la direction de), *Les conflits ethniques au Cameroun. Quelles sources, quelles solutions ?*, Yaoundé, Editions Saagraph, 2000, 210 p.

St. Melone, *La parenté et la terre dans la stratégie de développement : l'exemple du Sud-Cameroun*, Thèse de Doctorat en Droit, Paris, Université de Paris, 1968.

V.J. Ngoh, *Cameroun 1884-1985, cent ans d'histoire,* Yaoundé, CEPER, 1990, 310 p..

J.-C. Oubel, *Le maquis dans la subdivision de la subdivision des Ndikinimeki, 1955-1971,* Mémoire de Maîtrise en Histoire, Yaoundé, Université de Yaoundé I, 2001.

République Fédérale du Cameroun, *Tableau de la Population du Cameroun (3ème édition)*, ORSTOM, juillet 1971.

République Unie du Cameroun, *Recensement Général de la Population et de l'Habitat d'avril 1976*, vol. I, T. 2,

République Unie du Cameroun, *Recensement Général de la Population et de l'Habitat d'avril 1976*, Vol. II-Analyse, T. 5-Migrations internes.

Ch. Rinaudo, *L'ethnicité dans la cité : jeux et enjeux de la catégorisation ethnique*, Paris, l'Harmattan, 1999.

L.T am, *Relations between the Bali and non-Bali chiefdoms in Bali-Nyonga from pre-colonial to colonial times*, mémoire de Maîtrise en Histoire, Yaoundé, Université de Yaoundé I, 2000.

A. Tassou, « Inter-ethnicité et développement urbain au Nord-Cameroun », dans Ad. Ab. Gwoda et Al. Zelao, *Le Nord-Cameroun à l'épreuve des pluralismes. Quand les sciences sociales interrogent…*, Paris, l'Harmattan, 2012.

MIGRATIONS, PEUPLEMENT ET RENCONTRE DES PEUPLES DANS LA LEKOUMOU (CONGO)

Marcel Ipari
Université Marien Ngouabi/ Congo

RÉSUMÉ

Le territoire du département actuel de la Lékoumou, dans le sud-ouest du Congo, s'inscrit dans le prolongement oriental du massif du Chaillu. Il est dominé par la grande forêt équatoriale qui est, ici, prise en trait d'union entre la savane de la vallée du Niari au sud et à l'est, que peuplent de nombreux sous-groupes de l'aire culturelle kongo, et l'immense savane des plateaux centraux du Congo, domaine du groupe culturel teke dans sa grande variété dialectale.

Dans cette écologie austère de la forêt dont les premiers occupants furent sans conteste les Pygmées est venue, ensuite, par vagues successives, s'investir l'histoire de plusieurs groupes humains, essentiellement des Bantu, arrivés à différentes périodes pour s'y établir : les Yaa ou Yaka, les Teke ou Tie, les Laali ou Laele, les Beembe et les Ambamba. Venus de différents ailleurs, ces hommes et ces femmes sont aujourd'hui en marche vers une nouvelle histoire, celle du brassage et du métissage, après être passés par la phase de rejet et de dénigrement réciproques qui caractérisa les premiers contacts, et qui fut exacerbée par les siècles de la traite.

MOTS CLÉS

Lékoumou, Bant, Migrations, Téké, Traite.

INTRODUCTION

Pris dans toute sa globalité, le territoire qui représente aujourd'hui l'entité administrative appelée département de la Lékoumou est un ensemble de cinq sous-préfectures : Sibiti, son chef-lieu, Zanaga, Komono, Bambama et Mayéyé. Du point de vue de la géographie, ce département est situé sur les hauts plateaux du massif du Chaillu, dominés en majorité par la grande forêt équatoriale qui s'interpose entre deux immenses aires savanicoles que sont la vallée du Niari et les plateaux batéké.

Plusieurs groupes humains sont venus, à divers moments de l'histoire, s'établir sur ce territoire nommé aujourd'hui département de la Lékoumou, du nom d'un cours d'eau qui l'arrose en sa partie occidentale. En tout premier lieu, les Bongo (*Babongo* ou *Babuo*), les Pygmées d'Hérodote. Vinrent ensuite, il ya plusieurs siècles déjà les Téké qui peuplèrent, au tout début de leurs établissements dans la zone, Zanaga, Léfoutou et Bambama, y rejoignant sans doute les premiers occupants, les Pygmées. Par la suite, ils s'étendirent progressivement en direction des sous-préfectures de Komono, Mayéyé, et une bonne partie de Sibiti ; les Yaa ou Yaka, reconnus comme les Bantu les plus anciennement établis dans la sous-préfecture de Sibiti ; les Laali ou Laelé, peuple né de la rencontre des éléments majoritairement Téké et des Beembe. Il y a, enfin, les Ambamba ou Ambama, arrivés dans la Lékoumou à partir du dernier quart du XIXe siècle, presque concomitamment avec les explorateurs coloniaux venus à la fin de ce siècle. Après avoir traversé plus de trois siècles d'implication dans le commerce de traite, et subi près de soixante dix ans de colonisation, ces groupes en ont été marqués de diverses façons, mais tentent aujourd'hui d'assumer leur destin collectif, non sans traîner quelques séquelles de l'histoire. La présente communication tente de refaire le chemin parcouru depuis l'arrivée des uns et des autres, en passant par les contacts qui s'en suivirent et qui se fondèrent assez vite sur des idéologies d'autochtonie puis de supériorité, jusqu'à la marche actuelle vers la construction d'un destin collectif.

I. LA LÉKOUMOU : DÉCOUPAGE ADMINISTRATIF ET RÉPARTITION ETHNIQUE

Cinq sous-préfectures composent, nous l'avons dit, l'ensemble du département, à savoir : Sibiti, Zanaga, Bambama, Komono, et Mayéyé. Du point de vue humain, le département est habité par les peuples autochtones, les Pygmées, et qui sont représentés par les *Bongo* ou *Buo (Babongo,* au voisinage des *Yaa* ou *Yaka* ; *Babuo* en zone *tee* ou *teke*), les *Lienge* ou *Balienge/Balieŋe* chez les *Laele* ou *Laali (Balaele / Balaali).* Il y a ensuite les peuples bantu dont les groupes principaux sont les Yaa (Bayaa ou Bayaka), les Laele ou Laali (Balaele / Balaali), les Tie ou Tee (Batie / Batee), les Beembe (Babeemb') et les Mbamba ou Ambamba.

L'occupation humaine de l'espace dans la Lékoumou est dominée par les Teke, nettement majoritaires, et qui peuplent les sous-préfectures de Zanaga, Bambama, Komono et Sibiti. Ils sont également présents à Mayéyé où ils sont connus sous un autre ethnonyme : les Laele ou Laali. Ceux-ci comprennent outre un nombre important de clans d'origine teke, quelques autres clans venus du pays beembe. On trouve les Laele à Mayéyé, et à Sibiti. Ils peuplent aussi l'outre-Bouenza (cours d'eau) où ils occupent une partie du district de Mouyondzi et la quasi-totalité de Ntsiaki. On les voit également sur l'axe Sibiti-Madingou.

Les Yaa ou Bayaka qui sont sans conteste les Bantu les plus anciennement établis à Sibiti, au point de se prendre pour les seuls vrais autochtones de ce district, et dont ils qualifient les autres composantes des « *bayir' muuyiri* », c'est-à-dire ceux qui sont venus, (sous-entendu d'ailleurs). Ils peuplent essentiellement les alentours immédiats de la communauté urbaine de Sibiti et sa partie sud, sud-ouest. Ils y ont pour voisins les Kunyi dont l'habitat est situé dans la savane du Niari appelée ici *tsié'a Diangala.*

Les Beembe de la Lékoumou sont installés principalement au sud-est de Sibiti, sur l'axe qui part du village Mabembe (environ treize kms au sud de Sibiti) jusqu'au cours du Niari, non loin de Madingou. Dans certains villages, ils cohabitent avec les Laele ; c'est le cas de Koolo, Mvouara, Kendi, etc.

Les Ambamba, quant à eux, occupent plusieurs villages qui s'égrainent en chapelet de Bambama aux portes de la vallée du Niari, en passant par Komono et Sibiti. Ils ont également quelques rares établissements entre Zanaga et Sibiti, comme les villages Likouala et Bengé.

A. Migrations et peuplement

Le peuplement de la Lékoumou est le résultat de plusieurs processus migratoires qui se sont produits selon des axes et des périodes différents. Les premiers occupants de la Lékoumou actuelle, ce sont les Bongo, les Pygmées. Malheureusement, sur leur histoire nous demeurons très mal renseigné. C'est donc un chantier encore quasiment inexploré. En revanche, si nous prenons cet espace par sa partie méridionale, les premiers Bantu à avoir pris possession de ce qui est devenu le district de Sibiti, ce sont les Yaa (Yaka, Bayaka).

1. Le peuplement yaa : les origines

L'histoire des origines des Yaa est longtemps restée, pour l'historiographie classique du royaume Kongo, liée à celle des invasions des groupes barbares et anthropophages qui avaient parcouru une bonne partie du territoire, saccageant tout sur leur passage, pillant et tuant, en 1568. Leur campagne sanguinaire culmina à Mbanza-Kongo, la capitale du royaume où leur cruauté contraignit le roi et tous ses dignitaires à fuir et à prendre refuge sur une île[1]. Il fallut attendre l'intervention musclée de Francisco de Gouveia, commandant de l'île de Sao Thomé, pour sauver le Kongo d'un si redoutable ennemi. Et ce serait à la suite de cette intervention énergique que les bandes d'envahisseurs jaga se seraient éparpillées dans leur fuite désespérée ; chaque groupe se donnant une direction propre. Nous sommes dans la seconde moitié du XVIe siècle, et peut-être même déjà dans le dernier quart de ce siècle. Si donc on veut lier l'histoire des origines des Yaa de Sibiti à tous ces événements, il faut supposer alors qu'ils entamèrent à cette époque une longue marche sur près de mille kilomètres de distance, à travers des régions qui ne leur étaient pas familières, en direction de Sibiti, leur

[1] Voir le récit détaillé de cette histoire dans l'ouvrage de Duarte Lopes, consigné par écrit par l'humaniste italien Filippo Pigafetta.

habitat actuel, et dont on n'est pas sûr qu'elles fussent inhabitées, bien au contraire. Si un tel scénario s'était joué, et pour toutes les raisons que nous venons d'évoquer, il n'est pas acquis que ces quelques fuyards arrivèrent dans ce qui est devenu aujourd'hui la sous-préfecture de Sibiti, avant un siècle ou deux. Ce qui nous amène, au bas mot, à la fin du XVIIe siècle ou au début du XVIIIe. Or, ce sont ces mêmes Yaka qui, au cours de ces siècles, jouent les premiers rôles dans le commerce de traite qui se développe entre la côte océanique et le monde occidental teke ! On peut donc convenir que cette thèse qui associe l'histoire des Yaka de Sibiti à celle des Jagas défie le bon sens[2].

D'où viennent donc les Yaka de Sibiti ? Il n'est pas facile de répondre avec exactitude à cette question. Néanmoins, leurs traditions distillent quelques indications qui permettent d'entrevoir quelques repères, et qui seraient comme une réminiscence. Dans un chant de leur répertoire, ils évoquent le Ndingi, l'une des sept provinces que comptait le royaume de Loango, comme un point de leur transit dans leur conquête des forêts de Sibiti[3]. Il y a aussi, chez ces mêmes Yaka, un autre toponyme qui n'est pas moins suggestif quant aux régions de leur provenance : il s'agit de Kwang' (Kwanga ou Kwango), nom du premier village yaka, en partance de Loudima pour Sibiti, au sortir de la savane, lorsqu'on aborde les premiers kilomètres en zone forestière. Ce toponyme n'est pas sans rappeler le grand fleuve Kwango du bord des rives duquel on pense qu'ils viennent et qui est situé en République Démocratique du Congo (R.D.C.). C'est précisément le pays des Yaka qui habitent les localités comme Kengé, Popokabaka, etc,[4] dans l'hypothèse qu'ils sont les mêmes que ceux de là-bas.

Les Yaka seraient-ils venus de ces lointains territoires ? Probablement, puisque l'itinéraire qui les fait entrer dans la forêt de Sibiti indique précisément qu'ils viennent des régions méridionales qui sont celles de l'aire culturelle kongo. C'est d'ailleurs ce que soutiennent tous ces auteurs qui les y rattachent à l'histoire des hordes barbares jagas qui ravagèrent une bonne partie du royaume Kongo, d'est en ouest, et particulièrement sa capitale, Mbanza-Kongo, qu'elles mirent à feu et à sang, en 1568. Il fallut attendre l'intervention salutaire de Francisco de Gouveia, Gouverneur portugais de l'île de Sao Thomé à l'époque, pour délivrer le royaume de ce péril. Ainsi, à la suite de son intervention vigoureuse, les groupes jagas furent contraints à la fuite ; chacun se donnant une direction. De cette séquence de l'histoire du royaume Kongo, l'historiographie classique de ce royaume, a vite fait d'établir un lien entre ces fuyards jagas et les divers groupes yaka, dont ceux de Sibiti qui s'y seraient retrouvés à la suite de leur course fugitive ! C'est la thèse longtemps soutenue par plusieurs auteurs[5]. Mais depuis, cette prise de position a suscité de nombreux

---

[2] Plusieurs auteurs ont déjà argumenté dans ce sens et parmi eux : R. Batsikama, J.C. Miller, Marcel Ipari, etc.

[3] Nous avons consacré une analyse à ce toponyme dans notre thèse ; cf pages 59-60 de la version électronique.

[4] Voir la même source, pp. 53-54.

[5] Nous citerons par exemple Plancquaert, Marcel Soret,

contradicteurs[6] qui contestent cette filiation et qui concluent, de façon péremptoire, qu'il n'existe aucun lien entre les Jagas et le groupe yaka.

Il faut ensuite rappeler que pour les Yaka de Sibiti, il existe un courant de pensée qui les fait passer pour des Téké (zone B)[7], sous-entendant ainsi que leurs origines sont à rechercher dans le septentrion, du côté des savanes centrales du Congo, domaine principal de l'aire culturelle téké. Nos travaux antérieurs ont montré le processus déjà assez vieux de la « tékéisation » de l'espace yaka actuel. Mais, à vrai dire, l'histoire des Yaka de Sibiti ne s'accommode pas d'une origine située au nord, en pays téké ; bien au contraire, elle lui tourne complètement le dos, même si les Yaka ont contribué au glissement des contingents téké en direction de Sibiti du fait de leur rôle déterminant dans la traite, rôle qui fit apparaître la zone de Sibiti comme une zone de refuge où il était impératif de se faire des alliés, des *nduu*, si on voulait mettre sa parentèle à l'abri de la vente comme esclaves[8]. Ce sont donc les Yaka qui, de ce fait, ont drainé vers Sibiti de nombreux groupes téké dont ils prirent des femmes, et par elles, leurs clans ; d'où le processus de « tékéisation » de l'habitat yaka que nous avons indiqué.

2. Le peuplement téké

L'une des particularités des Téké de la Lékoumou, c'est qu'ils représentent l'un des rares sous-groupes téké à avoir choisi ou à avoir été forcés de s'installer en pleine forêt, délaissant ainsi le domaine savanicole des plateaux centraux du Congo, habitat par excellence des groupes téké dans notre pays. Nous avons bien voulu trouver explication à cette particularité.

Deux raisons, et donc aussi deux périodes historiques sont à rechercher. La première raison, celle qui, à notre avis, a motivé l'installation la plus ancienne des Téké de la Lékoumou dans leur espace actuel, notamment dans les sous-préfectures de Zanaga, Bambama et Komono, incline à mettre ce premier peuplement en relation avec la présence, dans cette zone, d'un important gisement de fer que ces immigrants téké ont exploité depuis plusieurs siècles. La métallurgie qui a longtemps constitué une activité majeure chez les Téké dans cette contrée, est bien inscrite au sol : des scories qui traînent à divers endroits, aussi bien en zones habitées qu'en zones inhabitées comme à Léfoutou, Missassa Doumaï, etc. ; des bas fourneaux disséminés en forêt, et qui servirent jusqu'au début du siècle dernier à la fusion du minerai, des ateliers de forge, etc.[9].

Depuis quand ces métallurgistes téké sont-ils arrivés dans cette partie de la Lékoumou pour s'y adonner à l'exploitation du minerai ? La question reste en-

[6] Il s'agit de R. Batsikama,, J. C. Miller, M. Ipari, entre autres.

[7] Nous pensons notamment aux travaux des linguistes comme Guthrie.

[8] Voir l'argumentation développée dans notre thèse.

[9] Sur cette question de la métallurgie en pays téké, on peut lire l'ouvrage de Marie Claude Dupré et de Bruno Pinçon.

tière mais l'Archéologie devrait y répondre un jour[10]. En tout cas, ces Téké précurseurs ont certainement aidé à l'installation de la seconde vague migratoire qui fut commandée par d'autres facteurs historiques : cette fois-ci c'est l'histoire agitée de la traite qui a poussé des contingents téké des plateaux centraux vers les forêts, perçues comme zone de refuge idéale pour échapper à la vente. Cette histoire marquée du sceau de la peur transparaît très clairement à travers des récits liés aux migrations des groupes originaires de l'espace téké des savanes septentrionales. Ce sont des flux qui ont eu lieu entre le XVIIe et le début du XXe siècles. Au cours de ce dernier siècle, l'administrateur colonial, Edouard Trezenem, en poste à Zanaga, voit déferler ces contingents qu'il appelle les Batéké Balalis, lesquels ont obtenu ce deuxième nom de leur séjour sur les rives de la haute Bouenza et qui est appelée Lilaali ou Lélaelé. Ces flux migratoires consécutifs à l'intensification de la traite sur les plateaux batéké, ont contribué à peupler l'ensemble du nord-est, du nord et du nord-ouest de la Lékoumou. Ces nouveaux migrants qui atteignent les forêts qui sont pour eux de véritables zones de refuge ne cachent pas leur joie qu'ils manifestent en proclamant : « *bisi limaa mon' isaayi* », nous avons eu la paix, selon Joseph Gamandzori[11]. Mais on peut aussi traduire par : nous sommes dans la joie. Et ce sont ces dernières vagues migratoires qui finissent, numériquement majoritaires, par imposer ce label qui identifie aujourd'hui la quasi totalité des Téké des districts de Zanaga, Bambama et Komono : ils sont des Téké-Tsaayi.

3. Le peuplement laali (ou laelé)

Les Laelé ou Laali sont un groupe formé d'éléments majoritairement téké mais aussi de quelques éléments issus de clans beembe, tous poussés par les affres des razzias organisées par nos propres parents, collaborateurs des esclavagistes occidentaux. Ces groupes, fugitifs pour l'essentiel, partagèrent le destin commun de se réfugier au cœur de la forêt, sur les rives de la Lilaali (haute Bouenza), d'où ils se donnèrent une nouvelle identité : les Laali ou Laelé.

L'analyse des histoires claniques au sein de cette entité montre que la venue de ces hommes et femmes qui peuplèrent les rives de la haute Bouenza avait correspondu aux périodes troublées des luttes pour l'obtention des esclaves. Il apparaît, en effet, au regard des témoignages recueillis lors de nos enquêtes, que la plupart des Laelé d'origine téké, occupent toute l'extrémité orientale des forêts de l'entre Bouenza-Lékoumou, dans des circonstances graves qui les obligèrent de chercher refuge pour échapper à la capture et à la vente. Nous avons relevé le cas des Téké devenus Laelé des clans *basi Edzwa, basi Efuul*, tous *basi Bubzii*, (originaires de Budzii), en pays téké septentrional. Il semble que leur descente accélérée en direction des forêts se soit effectuée de façon soutenue entre le XVIIIe et le début du XXe siècles. Ceux dont parle Edouard

---

[10] Aujourd'hui, un étudiant de cette région prépare une thèse dans ce domaine, à Paris 1 : Chérubin Missié Ngoulou dont on attend avec intérêt les conclusions.

[11] J. Gamandzori, *La politique coloniale des travaux publics dans la Bouenza-Louessé de 1900 à 1945*, Mémoire de Maîtrise, Brazzaville, Université Marien Ngouabi, 1981.

Trezenem au début de ce XXe siècle participent précisément de ces flux migratoires qui s'ajoutent aux tout premiers, partis des plateaux téké, pour la même cause de l'insécurité à laquelle il fallait absolument échapper en prenant le maquis.

Mais il n'y a pas que des éléments de souche téké qui manifestent le souci de se sauver : les mêmes causses produisant les mêmes effets sur le plateau de Mouyondzi, en pays beembe, d'autres départs forcés y sont également enregistrés qui ont concerné quelques contingents qui, eux aussi, terminent leur course dans la forêt, sur les rives de la haute Bouenza, habitat qu'ils auront dorénavant en partage avec ceux descendus des savanes des plateaux téké, et où ils s'associent au nouveau destin des riverains de ce cours d'eau dont ils tirent tous un nouvel identifiant : les Laelé ou Laali[12].

L'ethnonyme téké a fini, dans cette partie, par désigner les esclaves pour la raison que les Yaka qui en étaient les principaux pourvoyeurs aux Vili de la côte, allaient les prendre justement chez les Téké. Il en résulta que la mémoire collective des Laelé qui prirent eux-mêmes une part active au trafic des esclaves eut tôt fait d'oblitérer l'ethnonyme téké qui les désignait eux aussi, pour devenir des Laelé, les riverains de la Lélaelé (Lilaali) ou la haute Bouenza.

Ce sont ces « tribus » (Beembe et Laelé incontestablement) dont parle Jules Berton qui est chargé d'une mission d'inspection en 1890. Il voit, à la confluence Bouenza-Niari, arriver leurs caravanes chargées d'esclaves : « *Enfin,* écrit-il, *un commerce assez actif de caoutchouc en boules, fort apprécié paraît-il, a son centre sur la Bouenza, dont le cours vient augmenter le cours du Niari, presqu'en face du poste. J'ai entendu parler d'un autre commerce également fort actif, celui des esclaves, pratiqué par les tribus situées au Nord du fleuve sur des territoires encore inconnus... »*[13].

La revue des récits de migrations de ceux-là qui ont fini par s'identifier comme des Laali ou Laelé, rejetant ainsi l'ethnonyme téké, chargée d'une forte connotation péjorative pendant la traite, présente une constante : la fuite.

4. Le peuplement ambamba (bambamba ou ambama)

Les Ambamba sont les derniers migrants parvenus dans la Lékoumou au terme d'une migration relativement accélérée. Ils sont un sous-groupe Mbéti ou Mbéré et disent venir de la région de Kellé, dans la partie nord du Congo. Sur les raisons de leur départ de cette terre d'origine, deux grandes thèses ont cours : la première, celle qui a longtemps été soutenue par de nombreux cher-

---

[12] Sur l'histoire de ces clans laelé et beembe qui cohabitent dans cette partie nord-orientale de la Lékoumou, la zone comprise entre Ntsiaki et Makanda en particulier, on peut recourir à l'ouvrage de Georges Dupré et à notre thèse déjà indiquée.

[13] Journal d'exploration de Jules Berton. Archives Nationales de France, section d'outre-mer. Gabon-Congo III-14 Berton. Cet inspecteur des postes et stations séjourne à Bouenza du 26 février au 2 mars1890.

cheurs, rattache le déclenchement de leur migration en direction du sud à un conflit armé avec les Mbosi, vers 1830[14].

Jean-François Owaye qui a récemment publié un ouvrage intitulé *Guerre, Histoire et mythologie africaine*, consacre le premier chapitre de cette étude aux hypothèses migratoires des Ambaama et au statut historique de la guerre dans le mythe Olendé[15]. Il y fait une excellente synthèse sur la question et montre que l'*eta m'Ombosi* ou le conflit armé entre Mbéti et Mbosi avait surtout concerné la chefferie d'*Okri-a-Mpolo* dont les descendants auraient été contraints à l'exil à la suite de cette guerre. Puis, s'appuyant sur R. Goyendzi, J.-F. Owaye ajoute le clan des *Asi-Oyouomi*, du sous-groupe Mbéti, dont la mémoire collective a retenu l'affrontement inter-clanique d'Abolo comme l'une des pires catastrophes pour les Mbéti. Cela conforte le fait que les Ambamba de la Lékoumou ne semblent pas concernés par les événements d'Abolo qui se seraient produits, comme on l'a dit, vers 1830, et dont ils n'ont pas le moindre souvenir[16]. En fait, ces Ambamba qui émigrent dans toute la partie sud-ouest du Congo dans la seconde moitié du XIXe siècle semblent avoir été poussés par des motivations économiques : c'est le désir de se rapprocher des factoreries européennes où arrivent les produits manufacturés si recherchés à l'intérieur des terres. Le capitaine Magnan a étayé cette thèse en s'appuyant sur l'exemple des Fangs du Gabon[17]. Martin Alihanga, cité par J.-F. Owaye, corrobore cette explication au sujet des Ambaama qui « n'ont fait qu'accomplir un » « *gigantesque projet de s'étendre solidement des lointaines régions d'Abolo jusqu'à l'Océan Atlantique (d'où viennent les richesses) en passant par les actuelles régions d'Okondja-Franceville – Zanaga - Sibiti et Komono* »[18]. Cette course en direction du sud avait pour but de se rapprocher des côtes afin d'accéder plus facilement aux produits européens. Car à l'intérieur, les nombreux intermédiaires qui les y introduisaient faisaient monter les enchères. Forts de ce leitmotiv, les plus pressés de ces migrants avaient traversé la Lékoumou puis la savane de Diangala (savane du Niari), amorcé le Mayombe dont la sortie annonçait la plaine côtière du Kouilou actuel, et Pointe-Noire, le terminus.

Après cette esquisse du peuplement de la Lékoumou par les diverses entités culturelles qui la peuplent aujourd'hui, nous allons maintenant tenter d'examiner comment ces diversités se sont conduites tout au long de l'histoire sur le même territoire qu'ils avaient désormais en partage : la Lékoumou d'aujourd'hui. Quelle fut la nature des contacts entre les uns et les autres ? Quelles stratégies furent mises en place pour aller vers la cohabitation ou vers le brassage ?

---

[14] Il s'agit, entre autres, de Marie Claude Dupré, d'Irène Tchibinda, de Marcel Soret…

[15] J.-F. Owaye, *Guerre, Histoire et mythologie africaine*, Paris, Mon Petit Editeur, 2012, pp. 39 - 64.

[16] M. Ipari, « *La longue marche des Ambamba de la Lékoumou (XIXe siècle)* » *Les Cahiers de l'IGRAC* n° 1, 2005, p. 30.

[17] Magnan, « Étude sur le pays pahouin », *Bulletin de la Société des Recherches congolaises* n° 14, 1931, pp. 77-107.

[18] Cité par J.- F. Owaye, *op. cit.* p. 53.

II. LA TRAITE, LE PEUPLEMENT ET LE CONTACT DES PEUPLES

Il est évident, après ce que nous venons de voir, que la traite a été un facteur important dans le peuplement de la Lékoumou dont les forêts ont servi de refuge à tous ceux que les razzias pouvaient menacer. À ce titre donc, ce territoire accueillit diverses populations venues, pour l'essentiel, des plateaux téké et du plateau béembé : des Téké dans leurs variétés dialectales et originelles et des Béembé, pour les principaux. Il n'est pas exclu que des hommes venus d'autres sphères culturelles aient atteint ces mêmes forêts. On peut notamment penser aux individus issus des régions septentrionales : il est un cas bien connu à Sibiti, c'est celui d'un Kouyou, Ibouba, qui servit à l'époque coloniale, puis après l'indépendance, comme chargé de souffler dans la trompette dont le son accompagnait la levée et la descente du drapeau sur la place publique de Sibiti.

À bien y regarder, l'espace de la Lékoumou a été une zone de convergence pour des hommes et des femmes multiples, aux origines ethniques et géographiques variées. Comment donc s'opérèrent les contacts entre ces individus venus de plusieurs horizons, et que vaut une ethnie née d'une telle combinaison d'éléments divers ?

C'est ici que la pensée de Dominique Ngoïe-Ngalla prend tout son sens :

> L'ethnie, dit-il, n'est pas du côté de la nature qui produit des êtres déjà programmés par un code génétique. La formation de l'ethnie doit compter avec les aléas des contingences historiques qui déjouent toutes les prédictions. Elle est loin du développement programmé d'une cellule biologique. Aussi homogène que paraisse sa culture, aussi forte que soit sa cohésion structurelle interne qui permet sa reproduction sur de longues générations, une ethnie est toujours, au départ, et continument, le résultat d'un lent processus dialectique d'intégration progressive d'éléments hétérogènes par leurs origines culturelles et géographiques. En face de quoi, les déclarations péremptoires, des populations qui se donnent pour les aborigènes du territoire qu'elles occupent apparaissent lourdes d'intentions idéologiques mystificatrices[19].

Nous sommes bien dans la configuration des faits que nous évoquons ici.

A. Aux strates inférieures de l'histoire, un mythe rassembleur

Malgré cette apparente diversité des origines issues, pour l'essentiel, de deux grands ensembles culturels, le groupe kongo représenté par les Beembe à l'est et les Kunyi au sud, et le groupe téké au nord, un mythe, le mythe de Nguunu (ou Ngunu), rassemble les uns et les autres dans une même descendance. Ce mythe est diffusé depuis la côte de Loango, chez les Vili, jusqu'à l'intérieur des terres.

---

[19] D. Ngoïe-Ngalla, *Les Ethnies, les Langues, les Cultures,* Brazzaville, 2010, inédit, pp. 8-9.

Lethur[20] qui l'a recueilli sur le littoral au début des années soixante, donne les Vili, les Kongo, les Téké et les Woyo comme enfants d'une même aïeule, Nguunu. À l'intérieur, la nomenclature des enfants de Nguunu s'allonge considérablement : *Mutéé a Nguunu, Muvil'a Nguunu, Muyaa'a Nguunu, Mubeemb'a Nguunu, Mulumb'a Nguunu, Mukoong'a Nguunu,* etc.

Au sujet de Nguunu, Dominique Ngoïe-Ngalla nuance :

> Pour l'historien, cela va de soi, nguunu n'est pas une ancêtre biologique dont descendraient ces millions d'individus, depuis dispersés sur d'immenses espaces géographiques aux cultures distinctes, parfois opposées et contradictoires. Nguunu est simplement un lointain foyer culturel, où, probablement, vécurent les lointains ancêtres des habitants des aires culturelles teke et kongo. Le lien qui les rattache les uns aux autres n'est pas biologique et de sang[21].

L'intention du mythe est bien claire : montrer une unité d'origine entre ces nombreux groupes aujourd'hui identifiés comme différents les uns des autres. Ces différenciations commandées sans doute par l'éloignement géographique des uns par rapport aux autres, au fil des temps, trouvèrent, avec la traite négrière, un terreau favorable où prospérèrent les idéologies de supériorité des uns sur les autres, et donc une affirmation des différences, jusques et y compris au sein même des groupes particuliers. Nous verrons bientôt le cas des Beembe, et des Laali en exemple.

B. La traite et les idéologies de supériorité ethnique

Le développement de la traite négrière a exacerbé le processus des affirmations identitaires des groupes ethniques sur fond d'idéologies de supériorité dont le but était de désigner les autres comme des sous-humanités et, de ce fait, disposés à être vendus comme esclaves.

Le cas des Beembe est de ce point de vue révélateur de ces idéologies de dénigrement et de rejet : les Beembe de la savane, ceux du plateau de Mouyondzi, se donnent pour les seuls vrais Beembe, des Beembe purs, désignant ainsi les autres Beembe, ceux de la forêt, comme un sous-produit. Et pour justifier la chose, ils leur trouve un parler grossier et ridicule. Cette quantité présentée comme négligeable peut alors fournir des esclaves.

Ici, dans la Lékoumou, le cas des Laali dont on a si bien montré les origines téké, pour la plupart d'entre eux, est tout aussi révélateur : ils se renient en tant que Téké, se donnent une nouvelle identité à la faveur de leur séjour sur les rives de la haute Bouenza, Lilaali, et participent, en collaboration avec les Beembe, au commerce des esclaves qu'ils ramènent de l'arrière-pays téké, et qu'ils nomment, comme les Yaka, *batee*, c'est-à-dire des Téké. C'est de ces

---

[20] R, Lethur, *Etude sur le royaume de Loango et le peuple vili*, Léopoldville, Lovanium, 1960.

[21] D.Ngoïe-Ngalla, *Les Ethnies, les Langues, les Cultures,* Brazzaville, 2010, inédit, p. 5.

Laali et des Beembe que parlait Jules Berton à la fin du XIXe siècle, lui qui les montre tous descendant le cours de la Bouenza avec leurs caravanes. Comme on le voit, dans le cas des Laali, l'idéologie pousse jusqu'à l'auto-négation et à ce que l'on pourrait appeler un processus d'ethnification, s'assumant dorénavant en tant que Laali ou Laelé. Et dans cette lancée, ils se donnent un chef, disons même un héros fondateur, Mbumandzi, lui-même Téké, revendiqué aujourd'hui par tous les Laali de Sibiti comme étant leur chef : *Mbumandzi mokuut'Balaelé*, ce qui lui a conféré de fait une autorité supra clanique. Cela est assez étonnant quand on sait que dans ces sociétés, l'organisation sociopolitique traditionnelle ne prévoit pas ce genre d'échelon.

Le cas des Yaka dans le jeu des idéologies paraît découler de la position dominante qu'ils occupèrent pendant les siècles de la traite, intermédiaires incontournables entre la côte par où arrive la marchandise européenne tant prisée par tous, et l'intérieur des terres. De cet ascendant psychologique découle, chez eux, le sentiment d'être une ethnie supérieure aux autres. Leur culture devient au fil des siècles de leur hégémonie commerciale, c'est-à-dire pendant les siècles de la traite, la culture de référence. Leur langue, le *iyaa*, se diffuse au-delà de leur habitat, adoptée par des populations d'origine téké qui l'adaptent en donnant naissance à un *iyaa* pas tout à fait conforme à celui du centre, qualifié de *suundz(u)* et dont les locuteurs peuplent les villages Mongo, Missama, Mapati et Loyo, sur l'axe commercial qui reliait le pays yaka aux terres téké de Zanaga. C'est sans doute dans cet espace situé entre Sibiti et Zanaga qu'il faudrait chercher le célèbre site de Bukameala dont parlent les chroniqueurs des XVIIe, XVIIIe, voire du début du XIXe siècles[22].

Contrecoup de cet attrait exercé par les Yaka, les Téké envoient en mariage chez eux, par stratégie sans doute, mais surtout par nécessité d'avoir des alliés chez les Yaka, nombre de leurs femmes. Ces mariages qui ne connaissaient pas la réciprocité, étant entendu que les Yaka ne pouvaient pas envoyer leurs femmes sur les terres où ils allaient faire acquisition des esclaves, finirent par avoir pour conséquence de drainer vers Sibiti des clans téké venus justement à travers les femmes dans ces sociétés matrilinéaires. Aujourd'hui, la réalité du terrain montre que le rapport démographique sur les terres yaka s'est inversé en faveur des Téké.

La diffusion de la langue des Yaka déjà si bien engagée à l'époque, aurait peut-être permis, si la colonisation avait différé sa venue de plusieurs siècles, de donner une langue fédératrice qui aurait constitué le socle de l'intégration des hommes et des femmes venus de diverses régions téké pour la plupart. Cet élément fédérateur reste aujourd'hui un idéal. Il pourrait peut-être se constituer à partir du *ilaali* de plus en plus usité dans la ville de Sibiti comme dans ses environs et qui, lui-même, ne manque pas de s'ouvrir aux influences des autres langues, principalement du *itéé* et des survivances du *iyaa*. Depuis la fin du XIXe siècle, un autre groupe d'installation peu récente, les Ambamba, apporte

---

[22] Il s'agit par exemple de Dapper, de Cavazzi, de De Grandpré.

aussi sa part au façonnage de ce qui sera la langue de ces contrées dans les années ou les siècles à venir.

C. Une intégration économique rapide, une marginalisation sociale

Grâce à leur réputation d'excellents chasseurs, les Ambamba ont vite fait d'intégrer les chaînes d'échanges qui reliaient les groupes ethniques situés entre l'hinterland téké et la côte. En 1890, Thoiré[23] les présente comme les fournisseurs des Téké de la Lékoumou en ivoire, et sans doute aussi en esclaves. Les Téké livrent aux Yaka et ceux-ci vendent aux Kunyi. Après le passage de l'explorateur, certains migrants Ambamba qui n'ont pas arrêté leur marche en avant dépassent les terres téké, et entrent directement en contact avec les Yaka qui les agréent à leur tour comme fournisseurs d'ivoire. Pourtant, paradoxalement, cette collaboration économique entre les nouveaux-venus et les plus anciennement établis ne donne pas lieu à une fusion des groupes, bien au contraire, les uns et les autres se rejettent mutuellement. En effet, une longue campagne de dénigrement et de rejet réciproques caractérisera le premier siècle de ces contacts. Les Téké et les Yaka trouvent en ces immigrants Ambamba un caractère belliqueux. Ils sont accusés de *Mipiti* ou *Biwiyawiyi*[24] par les Yaka qui s'en méfient. Ils les traitent par ailleurs de « *bibaabi* », ce qui désigne toute viande interdite à la consommation. À leur tour, les Ambamba traitent tous les autres groupes ethniques des « *ankanyi* ou *ban'ankanyi* », c'est-à-dire des gens de rien du tout, une sous-humanité, pour tout dire. Il convient de relever que ce terme désigne aussi, chez les mêmes Ambamba, une institution noble, celle des notables. On se demande alors pour quelles raisons ils lui font subir, appliqué aux autres, une telle dépréciation sémantique. On voit bien qu'à leur tour, ils se placent idéologiquement au-dessus des autres. Et de ce rejet partagé, il a découlé que même les intermariages n'étaient pas envisageables pendant plus de trois à quatre générations. Les plus audacieux qui ont osé braver l'interdit jusqu'aux années soixante-soixante dix du siècle dernier, étaient bannis de leur propre société. Mais, depuis le dernier quart du XXe siècle, la donne a commencé à changer réellement : les mariages mixtes se multiplient chez les jeunes, notamment en zone urbaine, malgré la réticence des parents. La société du brassage et du métissage est en train de commencer et de se développer sous nos yeux.

---

[23] M. Thoiré, chargé des explorations, qui relia en juillet 1890, le poste de Loudima, au Congo, à la station de Franceville, au Gabon, en 1890. Archives de l'Académie des Sciences d'outre-mer, Paris.

[24] Selon les Yaka, les Ambamba avaient pour habitude d''attaquer les gens, et surtout les femmes, dans la forêt, pour les décapiter. Les Ambamba qui reconnaissent les faits, les justifient comme étant des expéditions punitives qu'ils organisaient à la suite d'altercations ou du décès d'un des leurs, et dont ils attribuaient la cause aux autres, en particulier aux Yaka.

III. VERS LA DÉCONSTRUCTION DES STÉRÉOTYPES

De plus en plus aujourd'hui, une nette tendance au dépassement des clivages est observable. Il est le fait des nouvelles générations auxquelles le contexte de la vie moderne offre plusieurs occasions de brassage : cités urbaines, écoles, internats, études universitaires qui conduisent les jeunes d'un même territoire départemental à se retrouver en ville, ce qui renforce les liens de solidarité, lieux de travail, activités sportives, loisirs, etc. Dans ces conditions, et par une fréquentation plus régulière, on apprend à mieux se connaître et à briser les barrières psychologiques que les parents ont entretenues. Il en résulte aujourd'hui la multiplication des intermariages, malgré le désaccord parfois affiché des parents. En outre, les mots qui ont nourri les idéologies de supériorité sont désormais tournés en dérision. Nous sommes presque dans le registre de la relation à plaisanterie telle que décrite par Kadjona Kadanga entre les peuples Moba-Gurma et les Tem du Togo, à travers un code social appelé le *wawa*[25]. Ici, comme là-bas au Togo, la virulence des injures et des insanités ne donne plus lieu à des bagarres comme cela arrivait autrefois. Par cette liberté de ton, les mots, sans plus vexer qui que ce soit, sont devenus une sorte d'exutoire à la colère et à la rancune longtemps contenues. Cette nouvelle donne caractérisée par le rapprochement des différentes communautés est un facteur déterminant sur le chemin du développement qui est, avant tout, une œuvre concertée, ce qui implique l'unité et une réelle confiance entre les uns et les autres.

CONCLUSION

Unis par le destin dans un quadrilatère de 20.950 km^2, plus de 80.000 habitants constitués en cinq groupes humains dont cinq sous-groupes Bantu et celui des Pygmées, sont aujourd'hui en marche vers une aventure commune dont les bases s'établissent depuis déjà plusieurs dizaines d'années. Après les siècles caractérisés par le rejet mutuel soutenu par les idéologies de supériorité des uns par rapport aux autres, elles-mêmes exacerbées par la traite des esclaves, on passe aujourd'hui à une autre période de l'histoire des contacts, celle marquée par le rapprochement et la mixité sociale. Aux discours dénigrants et railleurs d'hier, se substitue progressivement un climat d'apaisement marqué par le désir de banaliser les différences. En effet, avec les générations nouvelles, les barrières psychologiques tombent au fur et à mesure, en dépit de la résistance de certains parents des générations antérieures, celles des années trente à cinquante en particulier. Aujourd'hui, les discours idéologiques de supériorité, sans avoir totalement disparu, s'estompent progressivement ; ils ne revêtent plus la forme d'invectives qu'ils avaient, mais sont désormais tournés en dérision. De sorte que même tous ceux que les Yaka qui passent pour les authentiques aborigènes de ces contrées traitent de *bayir' muu yiri*, n'y trouvent plus prétexte pour

---

[25] K. Kadanga, *La relation à plaisanterie à l'épreuve du temps : le wawa entre les peuples Moba-Gurma et Tem du Togo,* communication au Colloque international « Ethnies, Nations et Développement en Afrique, Brazzaville, du 26 au 28 mai 2014.

s'emporter et chercher la bagarre comme cela arrivait autrefois. Nous sommes au début d'un processus qui prendra assurément du temps pour modeler, à partir de ces cultures diverses, un métissage incontournable où chacun aura à perdre et à gagner en même temps. De cette symbiose naîtra une identité de la diversité. À condition que les enjeux électoraux de l'ère démocratique en gestation ne viennent, comme on peut le craindre, ressusciter et aggraver les démons de la division et du repli sur son propre groupe, notamment par le vote de cœur, le vote de raison dont quelques mauvais acteurs politiques ne cessent de faire la promotion pour parvenir à leurs fins.

SOURCES ET BIBLIOGRAPHIE INDICATIVE

SOURCES

Documents d'archives

M. Thoiré, chargé des explorations, qui relia en juillet 1890, le poste de Loudima, au Congo, à la station de Franceville, au Gabon, en 1890, archives de l'Académie des Sciences d'outre-mer, Paris. L'intégralité de ce document de 8 pages est mis en annexe de notre thèse.

Journal d'exploration de Jules Berton. Archives Nationales de France, section d'outre-mer. Gabon-Congo III-14 Berton.

BIBLIOGRAPHIE

J. Adam, Mgr, - *Grammaire composée Mbédé Nduma Duma*, Mémoires de l'Institut d'Etudes Centrafricaines n°6, Brazzaville, 1954, 173p.

E. Andersson, *Contribution à l'ethnographie des Kuta II.* Studia Ethnographica Upsaliensa, 1974, 212p.

R. Batsikama, *Voici les Jaga ou l'histoire d'un peuple parricide bien malgré lui.* Kinshasa, Office National de la Recherche et du Développement (O.N.R.D.), 1971, 320 p.

Cavazzi, *Istorica descrizione*, Bologne, 1687.

O. Dapper, « *Description de la Basse Ethiopie* », extrait de *Description de l'Afrique…* Amsterdam, 1686, pp. 320-409.

G. Dupré, *Les naissances d'une société. Espace et historicité chez les Béémbé du Congo.* Paris, O.R.S.T.O.M., 1985, 418 p.

M.C. Dupré, « *Contribution à l'histoire de la République Populaire du Congo. Les Téké-Tsààyi, des origines à 1898* », *Annales de l'Université de Brazzaville*, tome 9, 1973, pp. 55-82.

J. Gamandzori, *La politique coloniale des travaux publics dans la Bouenza-Louessé de 1900 à 1945*, Mémoire de Maîtrise, Brazzaville, Université Marien Ngouabi, 1981, 145 p.

M. Ipari, *Les populations de la région de Sibiti (Congo) du XVe à la fin du XIXe siècles,* Thèse de Doctorat de 3e cycle, Université de Paris 1, sous la direction de Claude Hélène Perrot, version électronique, 1988, 211 p.

M. Ipari, « *La longue marche des Ambamba de la Lékoumou (XIXe siècle)* » *Les Cahiers de l'IGRAC*, n° 1, 2005, pp. 28-34.

K. Kadanga, *La relation à plaisanterie à l'épreuve du temps : le wawa entre les peuples Moba-Gurma et Tem du Togo,* communication au Colloque international « Ethnies, Nations et Développement en Afrique », Brazzaville, du 26 au 28 mai 2014.

Magnan, capitaine, « *Etude sur le pays pahouin* », *Bulletin de la Société des Recherches Congolaises,* n°14, année 1931, pp. 77-107.

R. Lethur, *Etude sur le royaume de Loango et le peuple vili*, Léopoldville, Lovanium, 1960, 62 p.

J.-F. Owaye, *Guerre, histoire et mythologie africaine*, Paris, Mon Petit Editeur, 2012, 220 p.

D. Ngoïé-Ngalla, *Les Ethnies, les Langues, les Cultures,* Brazzaville, 2010, inédit, 22 p.

M. Plancquaert, *Les Yaka. Essai d'histoire*, Tervuren, Musée Royal de l'Afrique Centrale – série in 8. – sciences humaines n°71, 1971, 187 p.

L. Perrois, « *Chronique du pays Kota. Ière partie. La tradition orale : les migrations Kota* » Cahiers O.R.S.T.O.M., série sciences humaines, vol. VII, n°2, 1970, 110 p.

M. Soret, *Les Kongo nord-occidentaux.* Paris, P.U.F., 1959,137 p.

I. Tchibinda, *La place du mont Ngwadi dans l'histoire des peuples de l'Est – Gabon (de 1750 à 1935),* Mémoire de Maîtrise, Université de Paris I, Panthéon Sorbonne, Centre de Recherches Africaines, (C.R.A.), 1986-87, 115 p.

E. Trezenem, « Contribution à l'étude des Nègres Africains : les Batéké Balali », *Journal de la Société des Africanistes*, tome X, 1940, pp. I-63.

W.Raponda, abbé, *Notes d'histoire du Gabon.* Mémoires de l'Institut d'études centrafricaines, tome 9, Brazzaville, 1960, 158 p.

E. Ravenstein, *The strange adventures of Andrew Battel of Leigh in Angola and adjoing regions*, London, 1901.

L. Perrois, « Chronique du pays Kota. Ière partie. La tradition orale : les migrations Kota », *Cahiers O.R.S.T.O.M., série sciences humaines*, vol. VII, n°2, 1970, 110 p.

D. Ngoïe-Ngalla, *Les Kongo de la vallée du Niari. Origines et migration XIIe – XIXe siècles.* Brazzaville, Presses universitaires, 1981, 163 p.

J.-C. Mouyabi, *La piste des esclaves et des portages.* Mémoire de Maîtrise, Université de Brazzaville, 1975-1976.

M. Alihanga, *Structures communautaires traditionnelles et perspectives coopératives dans la sociétéaltogovéenne*, Rome, P.U.G.,1976

DEUXIÈME PARTIE

ETHNIES-NATIONS – ÉTATS-NATIONS

LE TOGO À LA RECHERCHE D'UNE IDENTITÉ NATIONALE : QUELS REPÈRES ? (1958-2010)

Essohanam Batchana
Université de Lomé/Togo

RÉSUMÉ

Avec une superficie de 56 600 Km², le Togo compte une quarantaine d'ethnies. Ce territoire de 6 millions d'habitants, n'a pas connu de guerre civile, mais des crises politiques débouchant parfois à des affrontements intercommunautaires. Ces violences ont amené en mai 1963, les autorités politiques, à créer une Commission de réparations en vue de dédommager les victimes des persécutions politiques entre le 27 avril 1958 et le 13 janvier 1963. Quarante six (46) ans après, le pouvoir fut de nouveau obligé de créer un autre organe de réconciliation, la Commission Vérité Justice et Réconciliation (CVJR). Celle-ci s'est penchée sur les violences à caractère politique entre 1958 et 2005 et a fait des recommandations en vue de la réconciliation des Togolais. Dans la recommandation 44, la CVJR proposa l'instauration d'une journée nationale de la réconciliation dont la célébration chaque année, devait permettre aux Togolais de renouveler leur engagement à vivre ensemble dans la paix. Cette date consensuelle fut difficile à trouver.

En définitive, la CVJR suggéra le 20 août, date de la signature en 2006 de l'Accord Politique Global (APG), dont les conclusions ne sont pas toutes mises en œuvre. Ces difficultés éprouvées par la CVJR pour trouver une date mémorielle, ne sont-elles pas la preuve que les Togolais manquent de repères ? Cette absence de repères nationaux n'est-elle pas un obstacle à la construction de l'État-Nation au Togo ?

MOTS CLÉS

Togo, Ethnies- État, Nation, Violences, Autorités politiques

INTRODUCTION

La problématique de l'identification des repères, éléments fondamentaux de la construction nationale, n'est pas nouvelle. Elle remonte en France aux années

1920, avec le sociologue Maurice Halbwachs, qui en 1925, dans *Les cadres sociaux de la mémoire*[1], inventa l'expression devenue célèbre de « mémoire collective ». À sa suite, Pierre Nora dans la décennie 1980, dirigea une œuvre collective de recherche sur les « Lieux de mémoire ». Dans ce livre d'histoire symbolique, il passa en revue les éléments constitutifs de la France : *La Marseillaise*, le drapeau tricolore, l'Académie française, des figures de Vercingétorix, Charlemagne, Jeanne d'Arc ou Gambetta, etc. Selon lui, deux mythes d'origines fondent la France : les Francs et les Gaulois, alors que d'autres pays ont fondé leur identité sur des éléments différents, par exemple la Hollande sur l'économie, l'Allemagne sur la langue ou la race. C'est dire qu'une identité nationale se construit à travers des mythes qui finissent par constituer des éléments fondateurs d'une Nation.

Les États multiethniques africains, pour se forger une identité, ont réanimé après les indépendances, le passé précolonial en exaltant des « héros de la résistance », défenseurs de la terre des ancêtres contre les envahisseurs étrangers. Les grandes figures de l'histoire précoloniale, El Hadj Omar, Samory Touré et Béhanzin en Afrique de l'Ouest, Abdel Kader et Abdel Krim en Afrique du Nord, le mahdi au Soudan, Ménélik en Ethiopie, Anne N'Zinga et Msiri en Afrique centrale, Chaka en Afrique australe, furent ainsi ressuscitées. D'autres figures émergèrent aussi, à la suite de la lutte pour l'indépendance. Dans ce processus de construction nationale, les États africains tout en faisant recours aux valeurs « authentiques » adoptèrent les symboles modernes d'identification des États modernes : fêtes nationales, drapeau, hymne national, devise, etc.

Dans ces États modernes, ces symboles « fédérateurs » sont parfois objets de controverses, comme c'est le cas au Togo, où les repères ne font pas consensus, posant ainsi l'épineuse question de la cohésion nationale. Ceci étant, en quoi l'absence de repères constitue-t-elle un obstacle à la construction nationale au Togo ?

Ce travail, réalisé essentiellement sur la base des articles de presse et de la littérature sur la question, présente dans un premier temps, le débat sur la mémoire comme élément constructif de la nation qui a cours au Togo et dans un second temps, les obstacles qui empêchent les acteurs politiques de s'accorder sur des repères acceptés.

I. LE TOGO À LA RECHERCHE DE SA MÉMOIRE ?

L'histoire d'une nation est toujours ponctuée d'évènements heureux ou malheureux, inscrits dans la mémoire collective. Ces évènements devenus un héritage collectif sont commémorés à défaut d'être célébrés. C'est ainsi qu'en France par exemple, le 14 juillet 1789, le 11 novembre 1918, le 6 juin 1944, ou encore le 8 mai 1945, etc. commémorés, constituent pour les Français une occasion de rappeler les valeurs cardinales qui sous-tendent une Nation. Au Togo, les dates commémoratives sont souvent objets de débats.

---

[1] Ce livre a été réédité chez Albin Michel en 1994.

A. Des dates controversées, une célébration en demi-teinte ?

Le Togo, est l'un des rares territoires à avoir connu trois colonisateurs, l'Allemagne, la Grande Bretagne et la France. Protectorat allemand (1884-1914), le Togo fut à la fin de la Première Guerre mondiale placé sous le mandat de la SDN (1922-1945), puis, à la fin de la Seconde Guerre mondiale, sous la tutelle de l'ONU (1945-1960) dont l'administration fut confiée à la France. Mais, en raison de son statut juridique particulier sous le régime de tutelle, le Togo connut très tôt une vie politique. De 1946 à 1960, cinq formations animèrent la vie politique avec pour point d'orgue la proclamation de l'indépendance le 27 avril 1960. L'histoire de ce « Musterkolonie » des Allemands ou du « territoire pilote » de la France a été ponctuée de faits marquants. Une unanimité s'est dégagée sur le fait que, quatre de ceux-ci sont considérés comme les plus importants : le 27 avril 1958[2], le 27 avril 1960[3], le 13 janvier 1963[4] et le 13 janvier 1967[5].

Ces dates, évènements majeurs de l'histoire politique du Togo, divisent plus qu'elles ne rassemblent. Entre 1958 et 1959, une controverse au sujet du choix de la date de la proclamation de l'indépendance opposa les acteurs conduisant à une rupture entre Anani Santos, Ministre de la Justice, et son Premier Ministre, Sylvanus Olympio.

En effet, le tandem CUT-Juvento, victorieux des législatives anticipées du 27 avril 1958, avait fait campagne pour l'indépendance immédiate. Le Mouvement des jeunes, Juvento[6] insista pour que l'indépendance fût proclamée sans délai, c'est-à-dire dès 1958. *Négréta*, son journal, s'en fit l'écho dans son numéro 16 du 27 mai 1958 :

> En fin d'année, se posera à l'ONU la question de la date de l'indépendance du Togoland Oriental. (…). Du reste, dans le cadre du système de tutelle, le seul élément qui conditionne l'octroi d'indépendance, c'est la maturité du peuple intéressé. Aucune contestation n'est plus possible sur ce point quant au Peuple togolais. L'état de sous-développement économique ne peut être un empêchement à l'octroi de l'indépendance.

---

[2] Le Comité de l'unité togolaise (CUT) et ses alliés (Juvento et indépendants) obtiennent la majorité à la Chambre des Députés suite aux élections législatives anticipées du 27 avril 1958.

[3] Proclamation de l'indépendance du Togo par Sylvanus Olympio avec cette phrase célèbre : « Sentinelle que dis-tu de la nuit ? La nuit est longue, mais le jour finit par arriver ».

[4] Sylvanus Olympio, 1er Président du Togo indépendant, est assassiné lors d'un coup d'État militaire. Il fut remplacé le 15 janvier 1963, par son beau frère et ancien 1er Ministre du Togo (1956-1958), Nicolas Grunitzky.

[5] Coup d'État militaire contre le Gouvernement Nicolas Grunitzky. L'armée prend le pouvoir confié au Colonel Kléber Dadjo, en tant que dirigeant du Comité national de réconciliation, une position qu'il a gardée jusqu'au 14 Avril 1967 lorsque le Lieutenant-colonel Gnassingbé Eyadema fut nommé Président.

[6] La Juvento est encore appelée Mouvement des jeunes, en raison de la jeunesse de ses militants.

Or, fort des difficultés liées à l'exercice du pouvoir et de la conjoncture économique, le Premier Ministre, Sylvanus Olympio et le CUT, remirent à plus tard la proclamation de l'indépendance. Le discours du Chef de gouvernement au lendemain de la victoire nationaliste tranche avec la position exprimée par la Juvento :

> Dans notre association, il y a des hommes âgés, nous ne sommes pas tous des jeunes et nous savons très bien que nous ne pouvons pas mener seuls notre pays, que nous nous avons besoin des techniciens de ce pays. Il me semble que c'est le pouvoir le plus ordinaire, d'utiliser les techniciens et également de demander à la France de continuer à nous aider et de nous envoyer ses techniciens afin que nous puissions continuer le développement économique et social du pays [7].

Face à ces positions, les progressistes (PTP[8]-UCPN[9]), proposèrent le 30 août 1959[10] ou à défaut le 28 octobre 1959[11]. Le 30 avril 1959, le CUT, majoritaire à la Chambre des députés, trancha en faveur du 27 avril 1960, anniversaire des élections de 1958 et de la victoire des nationalistes. Le 11 mai 1959, soit onze jours après cette décision, le leader de la Juvento, Anani Santos, se désolidarisa du Gouvernement et présenta sa démission au Premier Ministre.

Ce coup d'éclat d'Anani Santos, première fissure entre des alliés dont l'entente avait permis la victoire d'avril 1958, marqua la fin de coalition CUT-Juvento. Aussi, la célébration bien que réussie, de la fête de l'indépendance, le 27 avril 1960, ne mobilisa pas tous les Togolais, notamment ceux de la Juvento et de l'UDPT[12]. Malgré des réticences et la chute du régime Olympio, le 27 avril fut commémoré avec faste, jusqu'en 1967.

Avec la prise du pouvoir par les militaires en janvier 1967, le 30 août[13] fut remis en scelle. Le 30 août 1969, dans un discours prononcé à Kpalimé, fief du CUT, le Président de la République, le Général Eyadéma, lança un appel pour la création d'un grand mouvement, le Rassemblement du Peuple Togolais (RPT), créé trois mois plus tard, à la suite d'un Congrès tenu à Lomé du 29 au 30 novembre 1969. Depuis lors, le 30 août est célébré au Togo, non plus pour se commémorer la proclamation de la RAT, mais l'appel « historique de Kpalimé ». Aussi, la célébration du 27 avril ne connut-elle plus le même éclat. A partir de 1974[14] et surtout de 1977, le 13 janvier, baptisé par les nouvelles auto-

---

[7] *Togo Républicain* du 30 avril 1958.

[8] Parti togolais du progrès.

[9] Union des chefs et des populations du Nord.

[10] Le 30 août est le jour anniversaire de la proclamation de la République autonome du Togo dont les progressistes ont été les principaux artisans en 1956.

[11] Le 28 octobre est le jour anniversaire du référendum organisé en 1956 pour la levée de la tutelle de l'ONU sur le Togo.

[12] Union démocratique des populations togolaises, née en 1959 de la fusion entre le PTP et l'UCPN.

[13] Anniversaire de la proclamation de la République autonome du Togo (RAT).

[14] Le 13 janvier 1974, placé sous le signe de l'« indépendance économique », a été par marqué par l'augmentation à 51% de la participation du Togo au capital social de la

rités, « fête de la libération nationale », devint l'occasion de grandes annonces du pouvoir[15] : l'on célèbre « *l'unité retrouvée* »[16] grâce au « *Père de la Nation togolaise* »[17], et à l'armée, dont il était le chef suprême. De 1977 à 1986, la célébration du 13 janvier prima sur celle du 27 avril. Cette situation encouragea, le 21 avril 1987, le Président de l'Assemblée Nationale, Valentin Mawupé Vovor, qui introduisit un projet de loi supprimant le 27 avril de la liste des fêtes légales. Malgré certaines réticences, le texte fut voté le 21 mai 1987[18].

B. Des emblèmes nationaux dévoyés ?

La République autonome du Togo, créée le 30 août 1956, était dotée des symboles d'un État autonome : un drapeau à fond vert comportant deux étoiles d'or (une symbolisant le Sud et une le Nord), un drapeau griffé d'un drapeau français à l'angle supérieur gauche, une devise (Union-Ordre-Travail), et un hymne (*La Togolaise*).

Les partis nationalistes opposés à la RAT, exploitèrent toutes les occasions pour se faire entendre. Charles King, Président de la 4ème mission de visite des Nations-Unies, put mesurer leur hostilité au nouveau statut du Togo. Le 31 mai 1957, lors du passage de la mission onusienne à Lomé et en présence de celle-ci, deux jeunes membres de la Juvento arrachèrent et lacérèrent le drapeau de la RAT que l'on était en train de hisser au stade Gouverneur-Montagné. *Le National*, organe de la Juvento, relate cet incident avec une pointe d'humour :

> En effet, ce jour là, au stade municipal de la ville de Lomé, une réception a été organisée en l'honneur des membres de la commission spéciale d'information des Nations unies. A l'envoi des couleurs, tout le monde se mit au garde-à-vous. Le clairon sonna. 7 gardes de cercle se présentèrent au pied du mât, un se mit à tirer sur la corde. Un jeune garçon vêtu comme un ouvrier traversa le garde et sauta rageusement dessus le drapeau, l'arracha et s'en accapara de force. Une véritable bataille s'engagea entre le jeune homme et la garde qui se rua sur lui alors que d'autres jeunes gens intervinrent pour lui porter secours. 16 personnes sont arrêtées et jugées pour ''injures à l'emblème national togolais et violence à agents de la force publique[19].

Compagnie togolaise des mines (CTMB) et à 10 %, celle des salaires du secteur public que du secteur privé. *Togo Presse*, n° 3489 du 12 janvier 1974, p. 3.

[15] Le président Eyadéma dans son message à la nation : Cet anniversaire est celui de la joie et de la réflexion : 15% d'augmentation de salaires tant du secteur public que du secteur privé ; les allocations familiales des agents permanents du secteur public passent de 500 à 1000 francs ; pour la troisième année consécutive les masses paysannes sont exonérées de la taxe civique », *Togo Presse*, n° 4398 du 12 janvier 1977, p. 1.

[16] « D'un pays déchiré, EYADEMA a fait en 10 ans une nation unie et respectée », *Togo Presse*, n° spécial du 13 janvier 1977, p. 1.

[17] « Et Eyadéma créa la Nation Togolaise », *Togo Presse*, n° spécial du 13 janvier 1977, p. 3.

[18] Le 27 avril fut simplement mentionné comme date historique dans le texte de loi.

[19] *Le National*, 1ère année, n° 67 du 3 juin 1957.

Huit des militants nationalistes appréhendés furent condamnés en correctionnelle le 26 juin 1957 :

Tableau n° 1 : Condamnés dans l'affaire de la lacération du drapeau le 31 mai 1957

N° d'ordre	Nom et prénoms des condamnés	Peines
1	Christophe Ayayi Gaba	1 an d'emprisonnement
2	Joseph Akakpo	1 an d'emprisonnement
3	Comlagan Dounyetor	1 an d'emprisonnement
4	Gabriel Lossa Gayehossi	1 an d'emprisonnement
5	Robert Kossi Dansou	1 an d'emprisonnement
6	Kodjo Bakouaya	1 an d'emprisonnement
7	Kokou Alawo	1 an d'emprisonnement
8	Edoh Tété	14 mois d'emprisonnement

Source : Réalisé par nous d'après *La Muse Togolaise,* 3ème année, n° 52 du 11 juillet 1957.

Cet incident, salué par les nationalistes comme acte de bravoure, fut le premier geste de reniement des emblèmes nationaux et de l'héritage progressiste. À l'indépendance en 1960, les nouvelles autorités nationalistes crurent nécessaire de changer les emblèmes du pays. Une Commission consultative fut créée pour étudier les projets des emblèmes et de l'hymne national. L'organe présidé par le Dr Rudolph Comlan Trénou, décerna le prix de l'emblème national à Paul Ahyi et à Johnson Jean, concepteurs du drapeau retenu[20]. Par décision n° 31/MF/FE du 13 février 1960 du Ministre des Finances, Hospice Omoru Dominique Coco, une prime de 25 000 francs CFA fut accordée à chacun des co-concepteurs.

Photo n° 1 : Drapeau togolais de l'indépendance, conçu en 1960

Source : Cliché Batchana, 27 avril 2014

[20] Ce drapeau se compose de cinq bandes horizontales de même largeur et de couleurs vertes (en haut et en bas), alternant avec des bandes jaunes. Une étoile blanche à cinq pointes figure sur un carré rouge placé dans le coin supérieur du côté de la hampe. Les cinq bandes horizontales correspondent aux cinq différentes régions du pays. Le carré rouge est destiné à exprimer la loyauté et le patriotisme du peuple. Le vert symbolise l'espoir, la fertilité et l'agriculture. Le jaune représente la richesse minérale et la foi en ce que le travail acharné et la force apporteront la prospérité. L'étoile symbolise la vie, la pureté, la paix, la dignité et l'indépendance du Togo.

L'auteur de « *Terre de nos aïeux* », hymne de l'indépendance, Alex Casimir Dosseh- Anryon[21] reçut 50 000 francs CFA pour sa composition. Le nouvel État togolais, se dota aussi d'une nouvelle devise : « *Travail-Liberté- Patrie* ».

La logique de renouvellement des emblèmes nationaux et des lieux de mémoires, inspira la construction d'un monument de l'indépendance, un ouvrage réalisé par l'architecte français Georges Coustère aidé dans sa tâche par son frère, François ainsi que des Togolais Paul Ahyi et Djato Monsila.

Photo n° 2 : Monument de l'indépendance du Togo, construit en 1960

Source : Cliché Batchana, 27 avril 2014

Paul Ahyi, décrit ce chef-d'œuvre artistiquement bien orchestré :

Le monument se présente comme suit : pour la forme, nous avons privilégié un élément porteur qui est comme un pont. Dans le vide du milieu, l'on y voit un homme qui se déchaîne, qui se libère. Et cet homme représente le peuple togolais. Sur les ailes en béton, de part et d'autre il y a des trous qui devraient recevoir des dalles de verre, donc des vitraux pour donner à ces masses de béton le jour comme la nuit une certaine joliesse, beauté. Devant cette masse de béton, il y a une structure en ronde bosse, représentant une femme qui, dans un geste d'élévation tient dans un vase la flamme de l'indépendance. Cette flamme n'est allumée que la veille des événements

[21] Paroles et musique d'Alex-Casmir Dosseh, avec l'aide de son frère, le futur archevêque de Lomé.

essentiels. On peut se demander pourquoi une femme ? La femme est source de fécondité. On souhaite que toutes les actions futures menées par le peuple togolais soient positives, fécondes. Sa nature de femme incarne la liberté qui doit engendrer des actions positives [22].

Un autre coréalisateur, Monsila Djato, explique le processus qui a conduit à la réalisation de ce monument d'art :

Dans la réalisation de ce chef-d'œuvre artistique, j'étais spécialement chargé de rechercher le tabouret sur lequel la dame qui porte la flamme est assise. C'est un tabouret d'origine bassar qu'on ne sculpte qu'à l'occasion du mariage d'une princesse. Et c'est sur ce tabouret sacré à plus d'un titre, qui accompagnait la princesse Bassar dans son nouveau foyer, que devrait s'asseoir la dame porteuse de la flamme de notre indépendance. Comme je suis Bassar, j'ai donc été mandaté pour aller chercher ce tabouret. Arrivé à Bassar, j'ai fait sculpter ce tabouret par un sculpteur qui habitait dans le quartier du chef supérieur de Bassar de l'époque. Selon le symbolisme des frères Coustère, l'événement de l'indépendance était aussi heureux comme un mariage. Et comme la princesse qui, arrivant nouvellement dans son foyer, apporte la joie et le bonheur, celle du monument, assise sur le tabouret, apporte la lumière qui doit dorénavant éclairer le peuple togolais dans sa marche des ans. C'est ainsi que le tabouret a été introduit dans cette œuvre. Par ailleurs, la silhouette d'homme sculptée dans le monument est la mienne. Comment cela a été conçu ? On a construit un grand mur peint en blanc, et tard dans la nuit, on m'a placé devant un grand projecteur, alors ma silhouette s'est projetée sur le mur et l'architecte Coustère a décalqué puis fait l'agrandissement qui a servi à la réalisation du bloc de ciment de l'indépendance. [23].

Le Monument de l'indépendance porte gravé en lui, ces paroles :

« *En hommage au peuple du Togo,*
Peuple togolais,
Par ta foi, ton courage et tes sacrifices,
La nation togolaise est née[24] ».

Certes, ces réalisations sont d'une ingéniosité remarquable, mais les progressistes n'étaient pas associés à leur conception. Mieux, elles symbolisaient la disparition des emblèmes de la RAT. Robert Ajavon, Président du PTP, dénonça cette politique qui consista à effacer de la mémoire du Togo, les traces de leur passage : « *Aucune trace de notre passage ne paraît résister. Toutes nos archives ont été, semble-t-il, systématiquement détruites. Seul le monument érigé pour fixer dans la pierre un moment historique capital de notre pays*

[22] Togozine.com/le-monument-du-flambeau-de-lindependance-au-tog/, consulté le 10 juillet 2014 à 5h 26.
[23] Togozine.com/le-monument-du-flambeau-de-lindependance-au-tog/, consulté le 10 juillet 2014 à 5h 26.
[24] Togozine.com/le-monument-du-flambeau-de-lindependance-au-tog/, consulté le 10 juillet 2014 à 5h 26.

dresse encore sa sobre et pure silhouette vers le ciel. Mais parce qu'il n'était pas possible d'effacer aussi cette trace de notre œuvre, on la mua en ''monument aux morts''. Ce fut un sacrilège ! »[25]

Photo n° 3 : Monument de la RAT, transformé en monument aux morts en 1960

Source : Cliché Batchana, 27 avril 2014

En 1989, soit 31 ans après la défaite progressiste d'avril 1958, Robert Ajavon crut utile de publier un ouvrage afin « *que la nouvelle génération et celles qui viendront n'ignorent pas l'œuvre de leurs prédécesseurs* »[26]. L'introduction de ce livre sur fond d'amertume, est ponctuée d'une leçon d'Histoire : « *La roue tourne et chacun est sur un point de la roue. On est tantôt en bas, tantôt en haut. Quoi que fasse l'homme, il ne peut empêcher la roue de tourner…. Oui. L'angoisse de voir s'écrouler en un jour l'œuvre que je croyais éternelle et à laquelle j'ai consacré tant de moments précieux et exaltants de ma vie* »[27]

Ces leçons de vie ne s'adressaient certainement pas aux seuls nationalistes, puisque les emblèmes réalisés par ces derniers furent aussi abandonnés par le

[25] Ajavon, *op cit.*, 1989, p. 7.
[26] *Id.*, pp. 7-8.
[27] *Id.*

RPT, parti unique érigé en parti-État, par la Constitution de la 3ème République (celle de 1980). Le régime RPT manifesta aussi la volonté de faire disparaître les attributs de l'indépendance, en particulier, de démanteler le monument de l'indépendance, arguant de sa disharmonie dans le paysage[28], dès la construction de la *Maison du RPT*[29], du Centre administratif et des services financiers (CASEF) et de l'hôtel 2 Février[30]. Le projet de la démolition du monument de l'indépendance ne fut pas exécuté, mais une statue[31] du Président Gnassingbé Eyadéma, fut érigée en face de cette Place de l'indépendance.

L'hymne du RPT, « *Unité togolaise* » et la devise du parti « *Union, Paix, Solidarité* » devinrent ceux de la République togolaise. Au début de la décennie 1990, des Togolais dénoncèrent cette politique qui consista à dévoyer les emblèmes de l'indépendance[32]. La promulgation le 12 avril 1991 de la charte portant création des partis politiques et la convocation de la Conférence nationale souveraine (juillet-août 1991), sonnèrent le glas des symboles du parti unique.

C. Diversité des héros locaux, entrave à l'unité nationale ?

Contrairement au Dahomey[33] où dès 1917, des élites intellectuelles regroupées autour d'un organe de presse, *Le Récadère de Béhanzin*[34], fixèrent Béhanzin dans l'histoire du pays comme héros de la résistance contre l'oppression coloniale[35], au Togo, l'histoire nationale manque de « héros » fédérateur.

Pourtant, le Togo a aussi connu des héros qui ont payé de leur vie, leur résistance contre la colonisation. C'est notamment le cas du roi de Tado, Aja

[28] Déclaration de l'Alliance nationale pour le changement (ANC) en date du 21 avril 2011.

[29] Devenue *Palais des Congrès* après la Conférence souveraine de juillet-août 1991. C'est l'un des bâtiments les plus impressionnants du Togo. Construite à la fin des années 1970, la Maison du RPT devrait symboliser l'émergence du Togo. Lieu d'accueil des chefs d'États et de conférences internationales, la bâtisse est encore aujourd'hui, le siège du Parlement togolais.

[30] Ces gigantesques bâtiments construits après l'accident de Sarakawa duquel le chef de l'État, le Général Gnassingbé Eyadéma est sorti indemne, prennent en étau le monument de l'indépendance.

[31] En avril 1991, des jeunes réclamant la démocratie et l'État de droit tentèrent de démolir cette statue. Elle fut finalement démontée par l'autorité même.

[32] Tété-Adjalogo, *op. cit.*, p. 253.

[33] Actuelle République du Bénin.

[34] *Le Récadère de Béhanzin* est la première manifestation significative à l'échelle de la colonie du Dahomey, de la volonté d'indépendance comprise comme étant le refus de sujétion. C'est un journal manuscrit, publié dans la clandestinité à Porto-Novo par Louis Hunkarin de mars à juin 1917 cf. J.C. Anignikin, Les indépendances africaines cinquante ans après : Nouveaux regards sur le processus de décolonisation en Afrique noire, Cotonou, Christon éditions, 2013, p. 57.

[35] Anignikin, *op. cit.*, p. 59.

Kpoyizoun, arrêté le 9 octobre 1900 par un détachement commandé par Chevrier, pour son refus de se soumettre à l'envahisseur français. Interné d'abord à Porto-Novo, puis déporté au Gabon dans la ville de N'djolé, Aja Kpoyizoun qui avait humilié le représentant de la France en jetant « à terre sa canne », déclarant ainsi la guerre à la France, mourut par noyade[36] le 11 février 1913. L'on peut citer aussi le cas du *fêmè* des Anoufom, Nabiema Assabiè, fusillé, le 2 novembre 1897, par les hommes du commandant allemand Thierry, pour un malentendu sur la détention par Nabiema Assabiè d'un traité de protectorat signé avec la France en 1895. Ces « héros nationaux ? », morts pour leur refus de céder leur terre au colonisateur sont restés anonymes et n'ont pu servir de catalyseurs dans la lutte du Togo à l'accession à la souveraineté internationale. Ils étaient jusqu'à l'organisation les 11 et 12 février 2013, d'un colloque international sur « le refus de l'ordre colonial en Afrique et au Togo (1884-1960) »[37], d'illustres inconnus aussi bien des hommes politiques que des intellectuels.

De même, les hommes qui ont lutté pour l'accession du Togo à la souveraineté internationale ne font pas l'unanimité, et rares sont les rues de Lomé qui portaient leur nom jusqu'en 2006. Le débat est encore d'actualité sur les noms que devront porter certains hommes d'État togolais, en l'occurrence, Sylvanus Olympio et Gnassingbé Eyadéma. En 2006, la Commission de réhabilitation de l'Histoire du Togo, présidée par le 1er archevêque du Togo, Mgr Robert Casimir Dosseh-Anyron, proposa que le 1er Président togolais, Sylvanus Olympio fût reconnu comme le « Père de l'indépendance », tandisque le Président Gnassingbé Eyadéma, qui a dirigé le pays de 1967 à 2005, porterait le titre de « Père de la Nation [38]». Cette suggestion médiane ne requit pas l'assentiment de la plupart des Togolais. Dans une déclaration en date du 21 avril 2011 et signée de son Président, l'Alliance Nationale du Changement (ANC)[39], deuxième force politique du Togo suite aux élections législatives du 25 juillet 2013[40], estima que Gnassingbé Eyadéma n'avait pas sa place au monument de l'indépendance du Togo.

---

[36] Les circonstances de la mort du roi de Tado, aja Kpoyizoun, ne sont pas élucidées. Les chercheurs, notamment (Gayibor 2013), réfutent est la thèse officielle de mort par noyade.

[37] Ce colloque a été organisé pour commémorer le centenaire de la disparition en déportation au Gabon, le 12 févier 1913, d'Aja Kpoyizoun, anyigbafio de Tado. Un ouvrage a été publié sous la codirection de Messieurs Essoham Assima-Kpatcha et Koffi Nutéfé Tsigbé, au 4è trimestre 2013.

[38] Depuis 1977, le Président portait ce titre de « Père de la Nation ». En effet, à l'occasion du 10ème anniversaire du régime Eyadema, le RPT estimant qu'il a fait d'un pays déchiré, une nation prospère, s'exclama par la voix de Kwaovi-Benyi Johson, « Et Eyadéma créa la nation togolaise ». Lire *Togo Presse*, n° spécial du 13 janvier 1977, p. 5.

[39] Déclaration de l'Alliance nationale pour le changement (ANC) : Gnassingbé Eyadéma n'a pas sa place au monument de l'indépendance du Togo ! du 21 avril 2011, disponible sur www.anctogo.com, consulté le 8 mai 2014 à 4h 55.

[40] L'ANC a obtenu lors de ces élections 16 sièges contre 6 pour la coalition Arc-en-ciel, 3 à ADDI et 3 à l'UFC. L'Union pour la République (UNIR), parti majoritaire ayant obtenu 62 des 91 sièges que compte le parlement togolais.

La Commission de réhabilitation de l'Histoire du Togo suggéra par ailleurs le rapatriement en terre togolaise des restes de Sylvanus Olympio, l'homme qui a incarné à lui tout seul le Togo et qui aurait dit *Le Togo, c'est moi.* Il s'agit à ce jour, d'un vœu pieux, Sylvanus Olympio reposant toujours à Agoué, sa bourgade d'origine, située en territoire dahoméen (béninois) à quelques kilomètres de la frontière entre les deux pays[41]. L'un des biographes du 1er Président togolais, Atsutsè Kokouvi Agbobli lança en 1992, une polémique vite refermée en s'interrogeant sur l'exactitude du lieu où repose le corps de Sylvanus Olympio :

> Comme dans les temps anciens où les grands hommes sont inhumés dans leur propriété, le sépulcre du plus grand des Togolais ne se trouve-t-il pas provisoirement caché quelque part dans la petite bourgade d'Agoué ? Des rumeurs persistent dans certains milieux selon lesquelles la bière portée en terre le jour de son enterrement officiel ne contiendrait pas les restes du premier Président du Togo. Secrètement enfoui sous un lit dans une des maisons de sa localité d'origine, le corps du héros et père de l'indépendance togolaise attendrait d'être ramené un jour au bercail, pour y recevoir tous les honneurs dûs au combattant suprême d'une juste cause.[42]

Certes, les fils de Sylvanus Olympio ont catégoriquement réfuté ces rumeurs affirmant que « *la dépouille de leur père gît à l'entrée du cimetière d'Agoué, la tête tournée vers l'Ouest, vers le Togo, ce petit coin d'Afrique qu'il a tant aimé* »[43]. Du reste, cette polémique pose la problématique de la place mémorielle qu'occupe au Togo le 1er Président du pays[44].

À l'exception du Président Eyadéma Gnassingbé, inhumé dans le caveau familial à Pya et bénéficiant des hommages de la Nation tous les 5 février, les autres anciens chefs d'État togolais morts, n'ont droit à aucune reconnaissance nationale : tombes abandonnées, anniversaires de décès ignorés, etc. C'est le cas de la tombe de Nicolas Grunitzky[45], mort en exil à Paris dans un accident de voiture le 27 septembre 1969[46], exposée au soleil dans la cours de la mairie

---

[41] Agbobli, *op. cit.*, p. 39. La famille Olympio n'ayant pas encore donné son accord. Pourtant, depuis mai 2010, Chilchrist Olympio, fils de Sylvanus Olympio et Président national de l'Union des forces du changement (UFC), principal parti politique de l'opposition jusqu'à la création de l'ANC en 2010, a signé un accord avec le pouvoir RPT. Grâce à cet accord, l'UFC, participe au gouvernement togolais.

[42] *Id.*, p. 112.

[43] *Id.*

[44] Agbobli (*op. cit.*, p. 112) affirme même que le cercueil de Sylvanus Olympio était si hermétiquement scellé par les soins du petit frère Clarence Olympio que de bonnes âmes craignaient que l'esprit du président ne soit à jamais prisonnier.

[45] Nicolas Grunitzky (5 avril 1913-27 septembre 1969) est le deuxième Président du Togo indépendant du 16 janvier 1963 au 13 janvier 1967.

[46] M. K. T. Tshitenge Lubabu., « La chute du président togolais Nicolas Grunitzky » [archive], sur *http://www.jeuneafrique.com [archive]*, 14 janvier 2008 (consulté le 13 janvier 2014).

d'Atakpamé et de Klerber Dadjo[47] décédé le 23 septembre 1988, perdue dans le cimetière catholique de son village, Siou[48].

En 2010, lors que le Togo célébrait le cinquantième anniversaire de son indépendance, des effigies des personnalités ayant présidé aux destinées du pays furent déployées le long des murs et sur les places publiques : Sylvanus Olympio, Nicolas Grunitzky, Kleber Dadjo, Gnassingbé Eyadéma et Faure Gnassingbé. Les photos du Président intérimaire (février-avril 2005), Abbass Bonffoh, alors Président de l'Assemblée Nationale, manquaient à la liste. L'intéressé s'est plaint en privé[49] et des intellectuels dénoncèrent cet « oubli ? », entorse à l'histoire nationale.

Comment comprendre ce dévoiement des emblèmes nationaux ? Pourquoi les Togolais peinent-ils à trouver des dates et des repères rassembleurs ?

II. VERS UNE COMPRÉHENSION DES DISSENSIONS AU TOGO

Ces dissensions peuvent s'expliquer par la situation précoloniale du pays, des identités nationales ethniques et une méfiance entre auteurs politiques.

A. Une organisation précoloniale, marquée par le souci de liberté

Malgré ses modestes dimensions[50], le Togo est habité par une mosaïque de populations que les sources estiment généralement à une quarantaine.

---

[47] Dadjo Kléber (12 août 1914-23 septembre 1988), était dans l'armée britannique durant la 2ème guerre mondiale et servit dans l'armée française pendant les guerres d'Indochine et d'Algérie. Au moment de l'indépendance du Togo en 1960, il était le Togolais le plus haut gradé dans l'armée française. En 1963 après le coup d'État, il fut promu. Lieutenant-colonel et porté à la tête du cabinet militaire de président Nicolas Grunitzky. Après le second coup d'État le 13 janvier 1967, Kléber Dadjo devint Président intérimaire du Togo (en tant que dirigeant du Comité national de réconciliation), une position qu'il a gardé jusqu'au 14 Avril 1967 lorsque le Lieutenant-colonel Gnassingbé Eyadéma fut nommé Président. De 1967 à 1968, il fut ministre de la justice et chef du cabinet militaire de la présidence de la République. En 1969, il prit sa retraite et retourna à Siou où il devint chef de canton. in www.africansuccess.org/visuFiche.php?id=263&lang=fr consulté le 13 janvier 2014 à 19h39.

[48] Kalimassa qui a soutenu un mémoire de maîtrise ayant porté sur le Colonel Kléber Dadjo, affirme que l'ancien Président du Togo aurait voulu être enterré dans la cours de sa maison, mais l'État togolais refusa d'accéder à cette dernière volonté du défunt pour des raisons inconnues. Malgré ce refus, une tombe fut érigée en sa mémoire dans la cour de sa maison à Siou.

[49] Selon des proches du président Abbass Bonffoh qui ont requis l'anonymat, ce dernier a piqué une rage folle à la suite de son absence de la liste des chefs d'État du Togo alors qu'il bénéficie du statut d'ancien président. Lors d'une émission télévision sur la Chaine nationale TVT le 25 avril 2010, les intellectuels invités pour débattre des cinquante ans de l'indépendance du Togo, dénoncèrent cette omission, entorse à l'histoire nationale.

[50] La superficie du Togo est officiellement de 56 600 Km^2.

L'organisation sociopolitique précoloniale de ces peuples, était marquée par une indépendance entre les différentes strates de la société et entre les différents peuples.

Contrairement aux peuples voisins du Togo, les Mossi (au Nord), les Ashanti (à l'Ouest) et les Fon (à l'Est) qui se sont organisés en royaumes avec un pouvoir politique hautement hiérarchisé et fortement centralisé, ceux de l'espace togolais avaient en général, une organisation moins centralisée : cités-États et chefferies d'un côté, théocraties et organisations lignagères de l'autre. Certes, des royaumes comme celui des guin à Glidji ou encore des Anoufom à Sansanné-Mango, etc. ont pu être constitués, mais les groupes les plus homogènes (Moba-Gourma, Tem, Ewé, etc.) n'étaient que des chefferies indépendantes.

Les circonstances qui ont amené les Ewé[51] à l'exode de Notsè[52] pour essaimer à travers la partie méridionale du Togo, inspirèrent une organisation sociopolitique moins centralisée. Dans la partie septentrionale du territoire, aucun groupe, ni aucune formation politique d'envergure n'a émergé avant le XVIème siècle pour s'imposer et par conséquent unifier cet ensemble hétérogène. Les Moba-Gourma dont l'existence remonte au milieu du XVème siècle, n'ont jamais constitué un État unitaire, mais une confédération de commandements territoriaux plus ou moins dépendants les uns des autres. Il en résultait des crises politiques et une instabilité chronique, les princes prétendant tous accéder au pouvoir. L'une des sociétés les mieux structurées du nord, le royaume tem de Tchaoudjo, était organisé autour de sept chefferies constitutives entre lesquelles le pouvoir alternait : Kpangalam, Tchavadi, Kadambara, Komah, Birini, Yélivo et Kparatao. Ce royaume ne prit son essor que tardivement à partir de 1880, à la veille de la conquête coloniale de l'espace, pendant le règne de Ouro Djobo Boukari, dit Sémoh (1880-1889) de Kparatao. Souverain ambitieux, il engagea de nombreuses réformes en vue de sédentariser et renforcer le pouvoir du souverain[53] sur les autres chefs. Mais, ses successeurs (Ouro Djobo Tchadjobo 1897-1901 et Ouro Djobo Tchagodomou 1901-1906), inscrits dans cette logique de confiscation et de centralisation du pouvoir à Kparatao furent démis par les Allemands, respectivement en 1901 et 1906.

Quant aux autres peuples dits « autochtones » de l'aire culturelle lama (Kabiyè, Kouhama, Lamba, Logba, etc.) ou du bassin de l'Oti (Dyé, Natchaba,

---

[51] Ce groupe représente environ 44% de la population totale du territoire.

[52] Cet exode fait suite au règne d'Agokoli qui se déroula sous le signe du conflit :conflit d'autorité à l'intérieur de la ville, où Agokoli voulut sortir du cadre traditionnel dans lequel restait confinée la royauté, en intervenant personnellement dans la conduite des affaires de la cité, contre l'avis de ses conseillers ; de là une levée de bouclier unanime, qui contribua à son isolement vis-à-vis de la population. Ce conflit a été aggravé par la décision du roi d'imposer la construction des fortifications, de dimensions phénoménales – en raison des conditions techniques -pour l'époque. Les populations, mobilisées pour accomplir ces travaux dans des conditions extrêmement pénibles, soumises à rude épreuve, durent manifester ouvertement leur hostilité, soutenues par les chefs de clans, déjà en fronde ouverte contre le roi.

[53] Jusque-là considéré comme un simple *primus inter pares*.

Konkomba, Moba) et de l'Atakora et ses environs (Bétanmaribè, Sola, Nawdéba, etc.), ils appartenaient à des sociétés de type segmentaire à prédominance lignagère ou clanique. Considérées comme des « anarchies », ces sociétés lignagères de liberté, d'égalité et de fraternité dans un commun conformisme sont très répandues au Togo. Les Lama sont l'exemple type de cette organisation lignagère. L'ensemble de leur pays lama, est constitué de plusieurs groupements sociaux et territoriaux appelés *têto* (ou *têtu*), que l'on peut traduire par « terre » ou « terroir ». Le *têto* représentait l'espace à la fois géographique et social propre à un groupe humain organisé, sa structuration reposant sur des stratifications au niveau familial ou lignager.

Sur le plan social, on note une prééminence du pouvoir religieux, avec à sa tête le *tchotcho*, chef spirituel dont le pouvoir limité ne permettait pas d'imposer une quelconque théocratie. Il existe d'autres autorités, comme le doyen de lignage, les *sosa*, chargés de maintenir l'ordre au niveau de leur groupe et à l'intérieur du *têto*. Enfin, lorsque la sécurité du *têto* était menacée de l'extérieur, les *kondona* (guerriers) devaient le défendre et, de ce fait, participaient à la direction de la cité. Ce morcellement de l'autorité politique empêcha l'émergence de tout pouvoir individuel, ou d'un groupe capable d'imposer sa volonté à tout le *têto*, voire aux groupements territoriaux voisins.

Cette absence d'unité politique à une échelle nationale eut pour conséquence, l'inexistence d'une référence supra-ethnique ou supra-clanique, chaque peuple ayant sa référence locale.

Aussi, l'application du travail forcé sous la période coloniale surtout allemande et l'apprentissage de la vie politique, sur un fond régional et ethnique, au sortir de la 2ème Guerre mondiale, eurent pour effet un sentiment antiunitaire des composantes ethniques du territoire.

B. Des identités nationales construites autour des ethnies et des régions ?

La colonisation allemande en appliquant au Togo un système politique d'évolution séparée des peuples a conduit à un sentiment antiunitaire avec la constitution de deux niveaux différents d'évolution sociale et culturelle. Ali Napo, l'un des spécialistes de la période allemande au Togo, souligne avec justesse que, le rapprochement obligé et autoritaire des peuples a été opéré dans l'inégalité entre les composantes dont les unes (celles du Nord) devaient travailler seulement sur les chantiers, tandis que les autres (celles du Sud) pouvaient bénéficier de quelques éléments du progrès technique et culturel apportés par la colonisation. Cette situation a été dommageable pour les futurs Togolais : relations difficiles, méfiance réciproque, etc. Ainsi, la façon dont l'obligation au travail a été appliquée au Togo, ne pouvait être que source de difficultés futures. Cette politique a sans doute favorisé la déchirure entre les composantes ethniques rassemblées dans ce petit espace, préparant de la sorte indirectement, des lendemains difficiles pour elles. Car, le travail forcé a fait naître très tôt des mentalités opposées dans le pays : une mentalité du sud qui pense être supérieure et l'autre du nord, qui croit être considérée comme inférieure et donc se révolte par tous les moyens, à toutes les occasions, et veut utiliser si possible la force brutale pour se faire accepter comme l'égal de l'autre.

Certes, on ne peut expliquer toutes les difficultés du Togo par le fait de la colonisation, notamment allemande, qui n'a duré que trente ans sur la côte (1884-1914) et beaucoup moins à l'intérieur. L'immédiat après 2ème Guerre mondiale et la création des partis politiques à caractère régional (UCPN)[54] ou ayant des revendications ethniques (CUT)[55], a renforcé les antagonismes identitaires.

En effet, l'émergence de l'UCPN le 2 juillet 1951 à Lama-Kara, un parti politique déclarant couvrir une région géographique (le Nord) pose, en premier lieu, le problème de sa délimitation et en second lieu de ses ambitions. Mais, dans le contexte politique des années 1950, le Nord est cette partie administrée par la France que le CUT ne souhaitait pas voir incorporée à l'État éwé. Le motif invoqué était essentiellement culturel : les habitants de cette région ne sont pas de culture éwé. Le second problème est celui de son unité : face au péril éwé, l'UCPN doit rassembler « ceux qui sont exclus par l'égoïsme tribal éwé pour faire échec au séparatisme éwé entrepris par les tenants de l'État éwé »[56]. Selon les fondateurs de ce parti, la création de l'État éwé rendrait l'avenir des peuples du nord incertain, car les Ewé réunis, se sentiront assez forts pour imposer leur loi aux peuples du Nord.

Quelles que soient les raisons qui ont sous-tendu la création de l'UCPN, le refus des peuples du nord de se soumettre aux désidératas des ceux du sud transparaît[57]. Il s'agissait donc, d'une réaction contre la volonté de création d'un État, composé essentiellement d'Ewé (Eweland) dont le CUT et son principal leader Sylvanus Olympio en étaient les porte-parole au Togo français. Des auteurs comme Aduayom[58] montrent qu'à l'origine de la création de l'UCPN, la volonté de la France de « diviser pour régner ». Certes, l'administration française n'était pas absente du projet puisque ce sont les commandants des cercles de Sokodé, de Lama-Kara et de Sansanné Mango qui ont été chargés de mettre en place les structures de ce parti, aux ambitions régionalistes.

Du reste, la colonisation ayant commencé par le sud du territoire, les peuples éwé avaient atteint un niveau de développement socioculturel « supérieur [59]» aux peuples du Nord : chemins de fer, routes, écoles, centres de santé, etc. Aussi, les premiers fonctionnaires (enseignants, infirmiers, etc.) ayant exercé au Nord sont-ils des ressortissants du Sud. Il en a résulté, non sans raison, une frustration des populations du Nord considérées par celles du Sud comme « inférieures ». Dans les rues de Lomé et de la plupart des localités du Sud-

---

[54] Union des chefs et populations du Nord.

[55] Comité de l'unité togolaise.

[56] Yagla, *op. cit.* p. 82.

[57] Motion présentée par Nicolas Grunitzky et Mama Fousseni au nom du PTP et de l'UCPN en 1955, Archives nationales du Togo-Lomé, Dapaong, 2APA, 1950-1958.

[58] M.A. Aduayom, *Frontières contre peuples en Afrique noire : Le cas des Ewé*, Thèse de doctorat de 3è cycle, Histoire, Paris I, Sorbonne, 1995, p. 235.

[59] L'on doit ici affirmer avec force que ce n'était pas de la faute des Ewé.

Togo, le « Kablè [60] » était chargé de ce qualificatif désobligeant « Kablè gnoti gnon gnon » (Kabiyè au nez trouvé »[61].

Les revendications identitaires du CUT entre 1947 et 1951 et régionalistes de l'UCPN (1951-1959) donnent à conclure qu'il existait en réalité deux Togo au moment de l'indépendance, que le Kabiyè se trouvant au Sud n'était pas chez lui et qu'un jour, il devra en être chassé[62].

Les leaders politiques en étaient-ils conscients ? Toujours est-il que pour réaliser l'harmonie et l'équilibre du Nord et du Sud, dans la fraternité et l'égalité de tous les Togolais[63], l'UCPN fusionna le 28 septembre 1959 avec son allié, le PTP[64]. L'UDPT[65] dont le siège avait été fixé à Sokodé au nord du Togo, était présidée par le député de Pagouda-Ouest[66], Antoine Idrissou Méatchi. Ce dernier, devenu porte-parole et représentant des populations du Nord, à la suite de l'assassinat de Sylvanus Olympio, le 13 janvier 1963, fut porté au poste de vice-président, la présidence étant assurée par Nicolas Grunitzky, représentant le Sud du pays. Ce bicéphalisme, trouvaille des Togolais, comme réponse à la division Nord/Sud vola en éclat, quatre ans après son expérimentation, le Vice-Président réclamant la Présidence du fait de l'origine septentrionale des putschistes du 13 janvier 1963. Aussi l'arrivée au pouvoir des militaires (majoritairement du Nord) en 1967 a eu pour effet « une promotion des cadres du Nord », convaincus que leur heure a sonné et qu'il fallait en profiter. Significatif à cet égard, ce slogan né à partir des années 1970 chez les Kabiyè arrivés en masse au Sud pour les fonctions administratives à la faveur des changements politiques survenus en 1963 et 1967[67], qui dit « ditô dikpé » (mangeons et partons), comme s'ils étaient seulement en pays étranger conquis, mais provisoirement.

La crise sociopolitique que le Togo a connue au début de la décennie 1990 a convaincu ces derniers qu'ils pourraient être chassés du sud, si leur frère kabyiè, le Président Gnassingbé Eyadéma, perdait le pouvoir.

C. Une méfiance accrue entre acteurs politiques de la décennie 1990

La décennie 1990 a été marquée partout en Afrique par des soulèvements populaires contre les autorités établies. Le Togo n'échappa pas à ce tumulte

---

[60] Expression qui désigne tous les ressortissants du Nord du territoire établis au Sud.

[61] Ali Napo, *op. cit.*, p. 2005.

[62] Ce sentiment a servi de fonds de commerce aux hommes politiques qui, l'instrumentalisaient à dessein.

[63] Point 4 du programme de l'UDPT.

[64] Parti togolais du progrès, la doublure de l'UCPN dans le Sud. Ses leaders étaient tous du Sud du territoire.

[65] L'Union démocratique des populations togolaises.

[66] Circonscription électorale du Nord.

[67] Les militaires auteurs des deux coups d'État, le premier le 13 janvier 1963 et le second le 13 janvier 1967, sont majoritairement du Nord. L'un de leurs arguments pour expliquer la prise du pouvoir, était l'exclusion des populations du nord des postes administratifs. Bien entendu, il faut relativiser ces propos.

généralisé. Dans le pays, des heurts éclatèrent. Entre mars et avril 1991, des ethnies du Nord et particulièrement les Kabiyè furent pris à parti et expulsées de la région des Plateaux. A Bodjé et à Médjé, la violence fut singulièrement atroce.

À Lomé, des groupes d'auto-défenses se créèrent sur des bases régionales : les *Ekpémog* pour les ethnies du Sud et les *Tonmog*[68] pour celles du Nord. Des populations du Nord quittèrent certains quartiers de Lomé, notamment Bè, Amoutivé, Nyékonapkoè, Kodjoviakopé, etc. pour des raisons sécuritaires. Ils regagnèrent Adéwi ou Agoè-Nyivé, où les ressortissants du Nord sont plus nombreux.

Les intellectuels entretinrent cette division. Les discours politiques manipulèrent les appartenances ethniques et régionales au point que l'espace national est lu à travers le prisme d'une coupure géo-humaine Nord/Sud, où le « Sud » serait victime de l'oppression des représentants du « Nord ». Ainsi, à la suite des événements du 5 octobre 1990[69], des associations se créèrent. Les dix formations regroupées au sein du Front des associations pour le renouveau (FAR), eurent pour leaders, des intellectuels du Sud. La LTDH[70] était dirigée par Me Joseph K. Koffigoh, le CATR[71] par Me Yaowi M. Agboyibo, l'ATLP[72] par Gabriel Agah, l'ATLT[73] par Me Jean Dégli, l'ACSL[74] par Nicolas Lawson, l'UJA[75] par Me Alexis Aquereburu, l'APED[76] par Me Djovi Gally, le MELD[77] par Djollé Yovodévi, le GRAD[78] par Spéro Humey, l'OULD[79] par Komlan Aboli.

Les partis politiques créés sur la base de la charte du 12 avril 1991, eurent aussi un caractère régional. Les cadres du CAR[80], Me Yaowi Agboyibo, Gahoun Hégbor, Me Dodji Apévon, etc. sont tous Ouatchi. Ceux de l'UTD[81], de la CDPA[82] ou encore de l'UFC[83] sont tous éwé ou mina.

---

[68] En Ewé, « *Ekpé* » signifie cailloux ou pavés et en Kabiyè, « *Towu* » veut dire flèches. « *Mog* » fait référence à la force de maintien de la paix de la CEDEAO au Libéria, EGOMOG. Cailloux, pavés et flèches étaient les armes utilisées par ces groupes d'auto-défense.

[69] Cette date marque le début du processus démocratique au Togo.

[70] Ligue togolaise des droits de l'Homme.

[71] Comité d'action contre le tribalisme et le racisme

[72] Association togolaise de lutte contre la torture.

[73] Association togolaise pour la liberté de presse.

[74] Association pour la croissance sociale et la liberté.

[75] Union des jeunes avocats.

[76] Association pour la promotion de l'État de droit.

[77] Mouvements estudiantins de lutte pour la démocratie.

[78] Groupe de réflexion et d'action des jeunes pour la démocratie.

[79] Organisation universitaire de lutte pour la démocratie.

[80] Comité d'action pour le renouveau.

[81] Union togolaise pour la démocratie.

[82] Convention démocratique des peuples africains.

[83] Union des forces du changement.

Au sein du RPT[84], les intellectuels sudistes qui produisaient la base idéologique avant le 5 octobre 1990, quittèrent le parti. Ils furent remplacés par leurs collègues du Nord, qui prirent en main le parti[85]. Dramani Dama puis Esso Solitoki assurèrent le Secrétariat Général du parti. Avant eux, c'étaient des Sudistes, Edem Kodjo, Yao Kunalé Eklo et Ayité G. Mivédor qui exercèrent cette fonction au sein du RPT.

Dans ce contexte de méfiance régionale, les cadres du Nord qui avaient tenté une « aventure politique [86]» dans des associations et formations politiques de l'opposition se rétractèrent, opérant un « retour à la maison [87]». Le 18 février 1991, des cadres du Nord (Dermane S. Fofana, Kaye Assih, Adam Boukari, Katakpaou Touré, Tcham Badjow, Batoke Awesso, Djato Monsila, Kangbeni Lamboni, etc.) qui s'inquiétèrent de l'allure « ethnique » démissionnèrent du CATR, une association créée le 31 décembre 1990 par Yaowi Agboyibo. Entre 1993 et 1996, l'on assista à une démission en cascade au sein des partis d'opposition. La plus significative fut sans doute, celle du député de la 3ème circonscription électorale de Tchaoudjo, Agouda Moumouni des rangs de l'UTD, le 28 juin 1996. Le RPT fera cette « mauvaise herbe » [88] de l'UTD, le 2ème Vice-président de l'Assemblée nationale.

Si ces méfiances régionalistes sont politiquement assumées et servent de fonds de commerce lors des joutes électorales[89], celles entre les acteurs politiques eux-mêmes, sont plus diffuses. Depuis la rupture intervenue entre le CAR et l'UTD suite à la nomination le 22 avril 1994 d'Edem Kodjo, au poste de 1er Ministre, leurs leaders partis s'accusent mutuellement de traitrise. De même, pour des raisons historiques[90], l'entente entre le CAR (parti des Ouatchi) et l'UFC (parti des Guin-Mina) est difficile à réaliser. Par ailleurs, les dissensions politiques étaient fortes entre l'UFC, parti de Gilchrist Olympio, fils de Sylvanus Olympio et le RPT du Président Eyadéma. Ainsi, la méfiance entre les acteurs politiques rend-t-elle difficiles des compromis.

---

84 Rassemblement du peuple togolais, parti alors au pouvoir.

85 Exceptés Zarifou Ayeva du PDR, Dahuku Péré d'Alliance, Abi Tchessa du Pacte socialiste pour le renouveau (PSR), Aimé Kogué d'ADDI, la plupart des grands dirigeants de l'opposition sont du Sud.

86 Le Président Eyadema lui-même qualifiait à l'occasion des meetings et des marches de soutien, les opposants à son régime « d'aventuriers politiques ».

87 Expression utilisée par les tenants du RPT pour qualifier le retour de certains cadres du Nord ayant milité dans l'opposition.

88 Agouda Moumouni fut qualifié de « mauvaise herbe » par les dirigeants de l'UTD, parti qu'il a quitté.

89 La Mission d'observation électorale de l'Union européenne (MOE) a lors des élections législatives du 14 octobre 2007, dénoncé le fait que les partis politiques jouent sur la fibre ethnique. Lire le Rapport de la Mission d'observation électorale de l'Union européenne, pp. 33-36.

90 Rivalités entre les Ouatchi et les guin-mina, des premiers étant considérés par des seconds comme « inférieurs ».

CONCLUSION

Cinquante ans après les indépendances, les Togolais cherchent désespérément leurs repères : dates, hommes d'État, emblèmes nationaux, etc. divisent. De 1960 à 2010, deux commissions de réparations (1963 et 2010), une commission de réhabilitation de l'histoire du Togo (2006) et une permanente politique de réconciliation, ont été nécessaires. La réconciliation, objectif de ses organes, n'est pas encore au rendez-vous. La difficulté à réaliser la cohésion nationale, nécessaire à la construction d'une nation, s'explique sans doute par trois raisons fondamentales : une organisation politique marquée par une indépendance entre les différents peuples, le contact sur fond de complexe entre les populations du Sud et celles du Nord et les dissensions historiques entre les peuples. A ces raisons structurelles, se greffe un héritage conjoncturel : l'assassinat le 13 janvier 1963 de Sylvanus Olympio, 1er président du Togo indépendant, la tentative de récupération du pouvoir (par tous les moyens) par ses fils et héritiers politiques, l'incertitude sur le sort des tenants du pouvoir depuis 1967, etc.

SOURCES ET BIBLIOGRAPHIE

SOURCES

Périodiques et imprimés

Le National, 1ère année, n° 67 du 3 juin 1957.
La Muse Togolaise, 3ème année, n° 52 du 11 juillet 1957.
Négréta, n° 16 du 27 mai 1958.
Togo Républicain du 30 avril 1958.
Togo Presse, n° 3489 du 12 janvier 1974.
Togo Presse, n° 4398 du 12 janvier 1977.
Togo Presse, n° spécial du 13 janvier 1977.
Rapport de la Mission d'observation électorale de l'Union européenne lors des élections législatives du 14 octobre 2007.
Recensement général de la population et de l'habitat (6 au 21 novembre 2010), résultats définitifs.

Sources électroniques

www.africansuccess.org/visuFiche.php?id=263&lang=fr consulté le 13 janvier 2014 à 19h39.
Déclaration de l'Alliance nationale pour le changement (ANC) : Gnassingbé Eyadéma n'a pas sa place au monument de l'indépendance du Togo ! du 21 avril 2011, disponible sur www.anctogo.com, consulté le 8 mai 2014 à 4h 55.
togozine.com/le-monument-du-flambeau-de-lindependance-au-tog/, consulté le 10 juillet 2014 à 5h 26.

L.M.K. Tshitenge., « La chute du président togolais Nicolas Grunitzky » [archive], sur *http://www.jeuneafrique.com [archive]*, 14 janvier 2008 (consulté le 13 janvier 2014).

BIBLIOGRAPHIE INDICATIVE

M.A. Aduayom, *Frontières contre peuples en Afrique noire : le cas éwé*, Thèse de Doctorat de 3è Cycle, Histoire, Paris I, Sorbonne, 1975, 338 p.

A. Agbobli, *Sylvanus Olympio : Un destin tragique*, Dakar, NEA-Sénégal, 1992, 190 p.

A. Agbobli, *Sylvanus Olympio, le Père de l'indépendance togolaise.* Lomé, Graines de Pensées, 2007, 287 p.

Y. Agboyibo, *Combat pour un Togo démocratique, une méthode politique*, Paris, Karthala, 1999, 213 p.

R. Ajavon, *Naissance d'un État africain, le Togo, Territoire pilote, Lumière et Ombre, 1951-1958*, Lomé, NEA, 1989, 331 p.

P. Ali-Napo, *Histoire des travailleurs manœuvres et soldats du nord-Togo au temps colonial : 1884-1960*, Lomé, Presses de l'Université du Benin, 1997, 171 p.

P. Alin Napo, *Le Togo à l'époque allemande (1884-1914).* Thèse de doctorat d'État, 5 volumes, 1995, 2 507 p.

K. Almeida (d'), *Les élections législatives du 27 avril 1958.* Mémoire de maîtrise en Histoire, Lomé, Université du Benin, 1998, 172 p.

M.K. Amegee, *Histoire d'un avocat, d'un militant des droits de l'Homme et d'un politique : Me Yawovi Madji Agboyibo (1943-2009),* Mémoire de Maîtrise en Histoire, Université de Lomé, 2010, 181 p.

S.C. Anignikin, *Les indépendances africaines cinquante ans après : Nouveau regard sur le processus de décolonisation en Afrique noire*, Cotonou, Christon éditions 2013, 186 p.

E. Assima-Kpatcha Essoham et K.N.Tsigbe, *Le refus de l'ordre colonial en Afrique et au Togo (1884-1960)*, Lomé, Collection « Patrimoine », n° 16, Presses de l'UL, 2013, 399 p.

H. Deschamps, *Les institutions politiques de l'Afrique noire,* Paris, Presses universitaires de France, 1965, 128 p.

N.L. Gayibor (éd), *Histoire des Togolais de 1884 à 1960.* Volume II, Tome I, Presses de l'Université de Lomé, 2005, 629 p.

N.L.Gayibor, (éd), *Histoire des Togolais de 1884 à 1960*, Volume II, Tome II, Presses de l'Université de Lomé, 2005, 754 p.

N.L. Gayibor, « Kpoyizoun, le résistant », E.Assima-Kpatcha Essoham et K.N.Tsigbe, *Le refus de l'ordre colonial en Afrique et au Togo (1884-1960)*, Lomé, Presses de l'UL, Collection « Patrimoine n° 16, 2013, pp 11-30.

N.L. Gayibor, *Le Genyi : Un royaume oublié de la Côte de Guinée au temps de la traite des Noirs*, Lomé, Haho et Karthala, 1991, 321 p.

M. Halbwachs, *Les cadres sociaux de la mémoire*, Paris, Albin Michel, 1994.

M. Izard, *Le Yatenga précolonial. Un ancien royaume du Burkina*, Paris, Karthala, 1985.
K. Kadanga, *Formations associatives et politiques au Togo de 1990 à 1991 : Approche historique*, Lomé, Presses de l'Université de Lomé, 2007, 94 p.
M. Kalimassa, *Histoire d'un militaire et chef d'État togolais : le colonnel Kleber Dadjo (1914-1989)*, Mémoire de Maîtrise en Histoire, Université de Lomé, 2010, 119 p.
M. Kpeda, *Problématique de la cohabitation des émigrés kabyè-Losso avec les Kpélé dans le canton de Novivé de 1940 à 1991*, Mémoire de Maîtrise en Histoire, Université de Lomé, 2011, 93 p.
P. Nora, « Les lieux de mémoires », J.-C. Ruano-Borbalan (éd), *L'histoire aujourd'hui*, Auxerre, Les Sciences Humaines Editions, 1999, pp. 343-349.
A. Spire, *L'étranger et la ville en Afrique de l'ouest, Lomé au regard d'Accra*, Paris, Karthala, 2011.
E. Tchakpi, *Les élections législatives des 6 et 20 février 1994 au Togo*, Mémoire de Maîtrise en Histoire, Université de Lomé, 2011, 123 p.
B.K .Tcham, « La tragédie de Mango au Nord-Togo : 1894-1897 », *Le refus de l'ordre colonial en Afrique et au Togo (1884-1960)*, Lomé, Presses de l'UL, Collection « Patrimoine n° 16, 2013, pp. 31-46.
B.K. Tcham, *Le Bassin de l'Oti du VXIIIè siècle à 1914*, Thèse de Doctorat d'État, Histoire, Lomé, 3 tomes, 2003, 836 p.
B.K. Tcham, *Le royaume anoufo de Sansanné-Mango : de 1800 à 1897*, Lomé, Presses de l'UL, 2007, 476 p.
T.G. Tete-Adjalogo, *Histoire du Togo. La longue nuit de terreur (1963-2003)*, Paris, Editions A. J. Presse, 2006, 1334 p.
Ch. Wondi, « Symbolismes culturels traditionnels et indépendances africaines », in Ch. R. Ageron et M. Michel (éd), *L'Afrique noire française, l'heure des indépendances*, Paris, CNRS Editions, 2010, pp. 751- 766.
O.W. Yagla, *Les indigènes du Togo à l'assaut du pouvoir colonial 1920-1958 : l'histoire politique d'un peuple africain*, Lomé, NEA-Togo, 1992, 119 p.

L'ETHNIE, FACTEUR D'UNITÉ OU DE DIVISION POLITIQUES EN AFRIQUE : LE CAS DU BÉNIN DE 1951 À 2006

Rogatien Makpéhou Tossou
Université d'Abomey-Calavi/ Bénin

RÉSUMÉ

De 1960 à 1972, les premiers dirigeants dahoméens ont trouvé dans l'héritage ethnico-régional, l'un des fondements les plus immédiatement utilisables pour tenter de gouverner. Après dix sept ans (1972-1989) de monopartisme, le multipartisme revient sur la scène politique en 1990. Les partis animant la vie politique n'ont pour ancrage que leur terroir d'origine. Le référent ethnique est manipulé au cours des élections bloquant ainsi la création d'une nation béninoise.

MOTS CLÉS

Ethnie, Unité, Division, Politique, Bénin.

INTRODUCTION

L'administration coloniale, directe (dans les colonies françaises) et indirecte (dans les colonies anglaises), a été effective à partir de la fin du XIXe siècle en Afrique dans des entités territoriales nouvelles délimitant ainsi des frontières et coupant en deux voire en trois des ensembles socio-politiques qui existaient au temps des chefferies, royaumes et États africains. A travers la mise en œuvre de cette administration, l'ethnicisation systématique des territoires coloniaux était une réalité.

En 1960, le problème ethnique s'était donc posé dans les jeunes États africains nouvellement indépendants notamment en Afrique de l'ouest, en termes d'opposition Nord/Sud dans la gestion du pouvoir politique. Ainsi, on s'intéressait à la région et à l'ethnie[1] de provenance du Président de la Répu-

[1] J.-L. Amselle et E. M'bokolo (sous la direction de), *Au cœur de l'ethnie. Ethnicité, tribalisme et État en Afrique*, La Découverte, Paris, 1985, p. 65. Ils ont pu montrer,

blique. Sur le long de la côte ouest de l'océan atlantique, en dehors du Togo, tous les Présidents de la République (Nigéria, Bénin, Ghana, Côte-d'Ivoire) en 1960 sont issus de la partie nord des pays. Ces premiers dirigeants avaient trouvé dans l'héritage ethnique ou ethnico-régional, l'un des mobiles les plus immédiatement utilisables pour tenter de gouverner durablement.

En République du Bénin (ex-colonie du Dahomey) depuis 1951, la dimension ethnique est une donnée fondamentale qui permet de situer la gouvernance politique jusqu'en 2006. Cette réalité ethnique se manifeste à travers la création des partis politiques, les votes aux élections législatives et présidentielles dans les régimes démocratiques, la composition des gouvernements et des cabinets ministériels.

I. CLARIFICATION CONCEPTUELLE

Le vocable ethnie provient étymologiquement du grec « *ethnos* » signifiant « *peuple* ». Le Dictionnaire Larousse le définit comme *« un groupement humain qui possède une structure familiale, économique et sociale homogène et dont l'unité repose sur une communauté de langue et de culture »*.

Le Dictionnaire Le Robert historique de la langue française définit le mot ethnie comme « *un ensemble d'individus qui ont en partage un certain nombre de caractères, de civilisations, notamment linguistiques* ».

P. Mercier[2], définit l'ethnie comme étant *« un groupe fermé, descendant d'un ancêtre commun ou plus généralement ayant une même origine, possédant une culture homogène et parlant une langue commune, c'est également une unité d'ordre politique »*.

J.-P. Chrétien[3] montre que le concept véhiculé par le mot ''ethnie'' se situe quelque part entre les groupes de parentés et les collectivités organisées en États.

L'analyse des différentes approches de définitions montre qu'il y a un certain nombre de traits communs qui permettent de définir le vocable ethnie. Il s'agit de la langue, de l'espace, des coutumes et des valeurs, la conscience d'appartenance à un ancêtre commun. Mais, l'on peut s'interroger sur le caractère fermé de l'ethnie. L'ethnie n'est-elle pas au contraire une réalité qui évolue ?

Les usages et les pratiques socio-politiques qui sont liés restent inséparables de tous les discours pouvant être tenus à son sujet. Les médias nous expliquent que tel ou tel conflit, telle ou telle guerre sont de nature ''tribale'' ou ''eth-

---

exemples à l'appui, que beaucoup d'ethnies sont des créations coloniales. Ils définissent l'ethnie comme étant une gamme de sociétés allant de royautés aux groupements simplement lignagers et villageois.

[2] J.P. Chrétien, *Tradition, changement, histoire. Les « somba » du Dahomey septentrional*, Paris, Anthropos, 1968, p. 65.

[3] J.-P. Chrétien et G. Prunie, (sous la direction de), *Les ethnies ont une histoire*, Paris, Karthala, 1989, p. 13.

nique''. Les ethnies, il y en a donc beaucoup car, tant au plan de l'auto-détermination d'une identité culturelle qu'à celui d'une allo-détermination, toutes les sociétés du monde définissent simultanément une identité et une altérité culturelles.

Dans le cadre de la présente étude, l'ethnie apparaît en tout cas au Bénin comme une réalité vivante. On distingue plusieurs groupes ethniques se manifestant et s'affirmant du plus petit niveau au plus grand dans les réalités quotidiennes de la vie politique béninoise depuis la prolifération des partis politiques en 1951. Les références ethniques interviennent spécifiquement dans les enjeux socio-politiques notamment au cours des élections législatives, présidentielles et locales. L'ethnie entretient alors un lien avec le pouvoir central. Le fait ethnique est donc très important méritant ainsi d'être pris en compte dans la perspective d'une bonne gouvernance politique et locale en République du Bénin.

II. L'ETHNIE : UNE RÉALITÉ VIVANTE AU BÉNIN

Le Bénin est composé d'une mosaïquede communautés culturelles.

A. La répartition géographique nationale des groupes ethniques : un déséquilibre ethnique

L'étude de la mise en place des peuples du Bénin montre que le pays se caractérise par une pluralité ethnique très remarquée. En effet, à partir des critères de langue et de rapprochement culturel, il a été dénombré lors de l'enquête démographique de 1961 douze groupes ethniques. Les résultats de cette enquête étaient présentés par des experts Français de l'Institut national des statistiques et d'études économiques (INSEE) et, l'enquête a été réalisée à partir de la carte de Mercier[4] établie en 1953. En outre G. L. Hazoume[5] écrivait que P. Mercier dénombrait sur sa carte, quarante-six (46) ethnies à savoir : « *Bètammaribè, Bésoroubè, Bétyobè, Niendé, Natimba, Woama, Berba, Dye, Lamba, Kabyè, Dompago, Sorouba, Peulh, Pila-Pila, Tamba, Windji-Windji, Dendi, Bariba, Boko, Gourmantcché, Adja, Ouatchi, Fon, Mahi et Agonlinou, Kotafon, Tchi, Goun, Aïzo, Toffinou, Ouémènou, Houla, Houéda, Torinou, Mina, Ashanti, Ga-Adangme, Oyo, Ifè, Anago, Shabè, Kétou, Itcha, Manigri, Dassadjè* ».

Les statisticiens et démographes de l'INSEE de Paris ont regroupé ces quarante-six (46) ethnies en douze groupes. Ils justifient cette répartition en se

---

[4] P. Mercier distinguait sur sa carte, quatre grands groupes ethniques, à savoir :
- les groupes à dominance « paléonigritique » et groupes refoulés comprenant les groupes du nord-ouest du Bénin ;
- les groupes soudanais auxquels appartient le groupe du Borgou ;
- les groupes de civilisation béninoise à savoir les groupes Adja, Yoruba ;
- les groupes Peulh.

[5] G. L. Hazoume, *Idéologies tribalistes et nation en Afrique : le cas dahoméen.* Paris, Présence Africaine, 1972, p. 46.

fondant sur les critères suivants : communauté de langue ; communauté de genre, de vie et d'activités économiques ; communauté d'habitat.

À partir de ces critères, les douze (12) groupes ethniques retenus sont : Peulh, Djougou, Otamari, Tanguiéta, Dendi, Baatombu, Fon, Goun, Adja, Aïzo, Mina, Yoruba. Les résultats des deuxième et troisième Recensements Généraux de la Population et de l'Habitation (RGPH 2 en 1992) et (RGPH 3 2002) distinguent huit (8) groupes ethniques. Le tableau ci-dessous, assez illustratif, présente ces différents groupes ethniques, leur effectif et leur proportion.

Tableau I : Répartition des groupes ethniques au Bénin

Ethnie	**Effectif (en 2002)**	**Pourcentage (en 2002)**	**Pourcentage (en 1992)**	**Écart**
Adja et apparentés	1 030 685	15,73%	15,60%	+ 0,13%
Fon et apparentés	2 655 336	40,52%	42,20%	-1,68%
Baatombu et apparentés	619 940	9,46%	8,60%	+ 0,86%
Dendi et apparentés	16 863	2,5%	2,80%	- 0,30%
Yoa-Lokpa et apparentés	271 044	4,14%	3,80%	+ 0,34%
Peulh et apparentés	470 542	7,18%	6,10%	+ 1,08%
Otamari et apparentés	411 749	6,28%	6,10%	+ 0,18%
Yoruba et apparentés	829 509	12,66%	12,10%	+ 0,56%
Autres ethnies	95 467	1,46%	2,60%	-1,14%
Total	**6 553 135**	**100%**	**100%**	-

Source : Tossou, 2010, (à partir des données des RGPH 2 et 3).

Le tableau I présente les effectifs et proportions des grands groupes ethniques en République du Bénin. Les pourcentages de l'année 2002 contenus dans le tableau I rendent compte de la pluralité ethnique qui caractérise le Bénin. Toutefois, au plan national, deux grands groupes cohabitent :

- le premier, localisé au sud et au centre comprend les Fon et apparentés (40,52%), les Adja et apparentés (15,73 %), les Yoruba et apparentés (12,66 %) ;

- le second, situé au nord, regroupe les Baatombu et apparentés (9,46 %), les Peulh et apparentés (7,18%), les Otamari et apparentés (6,28 %), les Yoa-Lokpa et apparentés (4,14 %), les Dendi et apparentés (2,50%).

B. La répartition départementale des groupes ethniques au Bénin

Depuis l'indépendance de 1960 jusqu'en 1999, le Bénin comptait six (6) départements. En 1999, la loi n° 97-028 du 15 janvier 1999 portant organisation de l'Administration territoriale divise en son article 6 le pays en douze (12) départements que sont l'Alibori, l'Atacora, l'Atlantique, le Borgou, le Couffo, les Collines, la Donga, le Littoral, le Mono, l'Ouémé, le Plateau, le Zou. Ceux-ci se subdivisent selon l'article 22 de la même loi en soixante dix- sept (77) communes. La commune à son tour regroupe selon l'article 33 de la même loi les arrondissements (au nombre de 546). L'arrondissement est scindé en quartiers de villes dans les zones urbaines et en villages dans les zones rurales (article 41). Ces entités constituent l'unité administrative de base (article 43).

Au niveau de chaque département, la répartition géographique des ethnies à travers leur importance numérique se présente comme suit :

- **département de l'Alibori :** trois grandes ethnies dominent ce département. Il s'agit des Baatombu (36,7%), Peulh (24,89%) et Dendi (20,42%).

- **département du Borgou :** plusieurs ethnies d'importance démographique appréciable cohabitent dans ce département. Il s'agit des Baatombu (42,79%), Peulh (22,77%), Gando (11,25%). A côté de ces ethnies du ''terroir'', on observe la présence des Nago (4,84%), Dendi (4,25%) et Fon (3,42%).

- **département de l'Atacora :** le groupe ethnique Otamari et apparentés prise dans sa globalité (toutes les ethnies confondues) est majoritaire avec 50,04% dans le département. L'ethnie Baatombu représente 21,56% de la population totale du département. On observe une multitude d'ethnies non négligeables, et c'est ce qui explique la présence et la proportion des Berba (16,02%), Woama (12,71%), Bésorabè (12,45%), Natimba (11,21%), Peulh (11,13%), Otamari (5,55%) Gulmance (4,98%), Gagamba (1,74%) et Yendé (1,4%) et Gando (1,25%). La diversité ethnique est beaucoup plus remarquable dans ce département.

- **département de la Donga :** les Yoa (28,5%) et les Lokpa (18,5%) sont les ethnies majoritaires du département de la Donga. Ensuite, viennent les Peulh (11,5%), les Dendi (5,7%), les Nago (5,5%), les Ani (5,1%), les Haoussa (1%), les Tanéka (0,7%), les Fon (0,8%) et les Gulmance (0,6%).

- **département des Collines :** les Nago (28,87%) et les Mahi (28,03%) constituent les ethnies dominantes des Collines. Elles sont suivies des Idaasha (16,22%), des Fon (14,17%) dépassant 10%. Les autres ethnies, en dehors des Ifè ou des Itcha (5,23%), font moins de 5% de la population de ce département.

- **département du Zou :** Les Fon qui représentent 92,02% de la population totale du département. Le département du Zou est le premier département dans laquelle l'ethnie du ''terroir'' est largement majoritaire.

- **département du Couffo :** L'ethnie Adja occupe 88,36% de la population du département.

- **département du Mono :** dans ce département, les Sahouè (42,07%) et les Kotafon (22,45%) sont les principales ethnies autochtones représentant ensemble 64,52 % de la population totale.

- **département du Plateau :** les Nago (47,73%) et les Holli (21,87%) sont les ethnies majoritaires du Plateau. Les Goun (12,97%), les Fon (8,57%), les Torri (6,83%), les Mahi (1,15%) et les Yoruba (0,80%) habitent en minorité ce département.

- **département de l'Ouémé :** Dans ce département, trois grandes ethnies dominent : les Goun (34,79%), les Wémè (23,27%), et les Torri (16,32%).

- **département de l'Atlantique :** les deux principales ethnies selon le poids démographique sont les Aïzo (31,86%) et les Fon (28,30%).

- **département du Littoral :** le Littoral est un département cosmopolite où cohabitent plusieurs ethnies. La proportion de ces dernières se présente de la manière suivante : les Fon (39,29%), les Goun (18,17%), les Mina (7,06%), les Yoruba (6,59%), les Nago (5,85%), les Adja (5,49%), les Xwla (4,74%), les Mahi (3,10%), les Aizo (2,95%), les Houéda (2,35%), les Sahouè (1,57%), les Défi (1,58%) et les Toffin (1,27%). L'ethnie Fon est majoritaire dans le groupe et elle est suivie des Goun. Les ethnies Mina, Yoruba, Nago et Adja ont chacune un pourcentage dépassant..

Carte 1 : Les principales ethnies du Bénin.

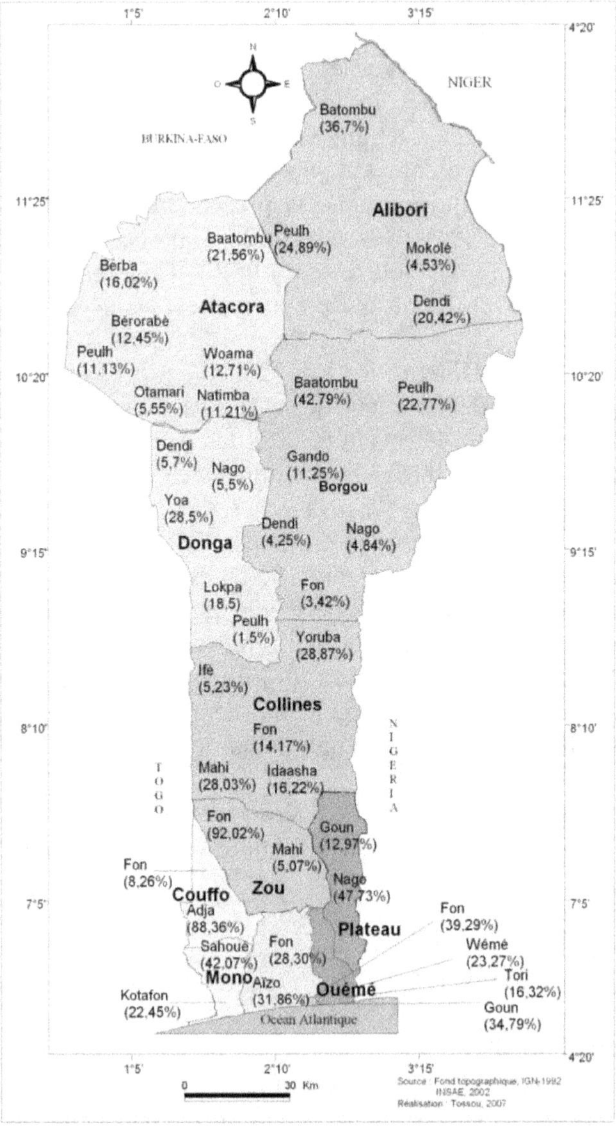

III. LES MANIFESTATIONS DU PHÉNOMÈNE ETHNIQUE DANS LA VIE POLITIQUE AU BÉNIN DE 1951 À 2006

Ces manifestations sont ponctuées par quatre grandes étapes.

A. La période 1951-1960

La vie politique moderne dans la colonie du Dahomey a commencé au lendemain de la seconde guerre mondiale, notamment en 1946, à la suite des réformes intervenues dans le cadre de l'Union française. Ainsi, la première formation politique enregistrée sur la scène dahoméenne a été l'Union progressiste dahoméenne (UPD). En effet, au lendemain de la deuxième guerre mondiale, le colonisateur français avait apporté quelques réformes au système colonial en particulier dans la mise en application des résolutions issues de la Conférence de Brazzaville de 1944 où il a été retenu l'élection d'une Assemblée constituante. À la fin de la guerre de 1945, chaque colonie devait envoyer en France, deux représentants à savoir un du premier collège représentant les Français et un du deuxième collège représentant les non Français.

Au Dahomey, les Français présents sollicitaient le Révérend Père Francis Aupiais. À son tour, celui-ci demande à son ancien élève Sourou Migan Apithy d'être son colistier. Pour soutenir la campagne des deux candidats, il a été mis en place des comités électoraux. Cela a permis, selon Maurice Ahanhanzo-Glele[6], l'élection de Sourou M. Apithy au premier tour et du Père Francis Aupiais au second tour. Dans la dynamique de ce rassemblement, les comités électoraux se sont mobilisés et, à un congrès organisé à Cotonou les 5, 6 et 7 avril 1947 fut créée l'UPD avec 42 sections dans le pays.

L'UPD ne va pourtant pas survivre longtemps. Très vite, comme le souligne Coovi Sylvain Anignikin[7], l'intense compétition entre les partis politiques, les fortes rivalités personnelles que provoquaient les nombreuses consultations électorales entre 1946 et 1960, ont conduit à la dislocation de cette organisation unitaire. Une série de formations politiques voyaient le jour. Les plus significatifs étaient le Parti républicain dahoméen (PRD) créé en 1951 par Sourou M. apithy, le Groupement ethnique du nord (GEN)[8] créé en 1951 par Hubert Koutoukou. Maga, l'Union démocratique dahoméenne (UDD) de Justin Tomètin Ahomadegbe qui a vu le jour en 1955.

Les partis politiques créés entre 1951 et 1960 se caractérisaient par un ancrage régional et ethnique, par l'absence d'un programme politique et économique, par l'absence du goût de compromis. Ces caractéristiques notam-

---

[6] M. Ahanhanzo-Glele, *Naissance d'un État noir (l'évolution politique et constitutionnelle du Dahomey, de la colonisation à nos jours)*. Paris, LGDJ, 1969, p 92.

[7] C. S. Anignikin, *Les indépendances africaines. Cinquante ans après : nouveau regard sur le processus de décolonisation en Afrique noire*, Cotonou, Christon Editions, 2013, pp. 111-112.

[8] Le Groupement ethnique du nord (GEN) a été transformé en 1953 en Rassemblement démocratique dahoméen (RDD) puis en 1957 en Mouvement démocratique dahoméen (MDD).

ment la première transparaît à travers les résultats des élections cantonales organisées le 31 mars 1957[9] pour le renouvellement de l'Assemblée territoriale (ex-Conseil général[10]).

Le 31 mars 1957, les partis UDD, PRD, MDD et les Indépendants ont discuté les 60 sièges de députés. Les élections, se déroulant au scrutin de liste majoritaire à un tour, donnaient, selon Maurice Ahanhanzo-Glele[11], les résultats suivants :

- PRD : 109.000 voix avec 35 sièges (dans le sud-est et le sud du pays);
- UDD : 70.000 voix avec 7 sièges (27 % des voix recueillies dans tout le pays mais son fief étant le sud, le sud-ouest et le centre) ;
- MDD : 60.000 voix avec 6 sièges (6 sièges obtenus uniquement à Natitingou, dans le nord-ouest du pays);
- Les Indépendants : 12 sièges (ces sièges sont enlevés à Djougou, Kandi, Nikki et Parakou donc dans le nord-ouest et surtout le nord-est du pays).

Le 04 décembre 1958, le parti UDD de Justin T. Ahomadegbe exige le renouvellement de l'Assemblée constituante dont les 60 membres étaient élus en mars 1957. En effet, après l'adoption de la Constitution de 1959, l'UDD, consciente de sa progression fulgurante, exige le renouvellement de l'Assemblée constituante qu'elle estimait non représentative. Le Premier Ministre PRD, Sourou M. Apithy, pour réduire les chances électorales de l'active et entreprenante UDD, signait le décret convoquant le corps électoral pour avril 1959. Mais, pour s'assurer qu'il reviendrait au pouvoir avec une majorité substantielle, le Premier Ministre change de tactique et met au point un très astucieux et subtil découpage électoral[12].

Selon Maurice Ahanhanzo-Glele[13], les résultats des élections législatives du 02 avril 1959 sont les suivants :

- circonscription du sud-est : PRD : 75.283 voix avec les 19 sièges de députés ; UDD : 33.689 voix avec zéro député ;
- circonscription du sud-ouest : PRD : 49.825 voix emportant ainsi les 18 sièges de députés ; UDD : 48.909 voix ;
- circonscription du centre : PRD : 18.930 voix avec zéro député ; UDD : 45.600 voix avec les 11 sièges de députés ;

---

[9] Ces élections sont organisées pour mettre en application les réformes de la loi n° 56-619 du 23 juin 1956, dite loi-cadre G. Defferre

[10] La loi n° 52-130 du 06 février 1952 instituait le Conseil général dans les ex-colonies de l'AOF.

[11] M. Ahanhanzo-Glele, *Naissance d'un État noir (l'évolution politique et constitutionnelle du Dahomey, de la colonisation à nos jours)*. Paris, LGDJ, 1969, p. 148.

[12] Pour ce découpage, le Premier Ministre Sourou M. Apithy eut recours au « gerrymander », inspiré des États-Unis et utilisé en France en 1958. Ce système consiste à créer des circonscriptions artificielles ne coïncidant pas avec les circonscriptions administratives, ce qui permet de faire basculer les suffrages. Il y a un net décalage entre le pays légal et le pays réel.

[13] M. Ahanhanzo-Glele, *op. cit.*, pp. 169-170.

- circonscription du nord-ouest : RDD : 35.625 voix emportant ainsi les 12 sièges de députés ; UDD : 18.062 voix ;

- circonscription du nord-est : RDD : 27.764 voix raflant ainsi les 10 sièges de députés ; UDD : 16.314 voix.

Au total, pour ces élections du 02 avril, le PRD a eu 144.038 voix avec 37 députés ; l'UDD a obtenu 162.547 voix en emportant 11 sièges et le RDD a regroupé 63.383 voix pour avoir 22 sièges. Le découpage électoral opéré par Sourou M. Apithy a donc largement favorisé le PRD au détriment de l'UDD. Mais, l'UDD a contesté les résultats dans la circonscription du sud-ouest. Ainsi, des élections partielles sont reprises dans cette circonscription le 23 avril 1959. Les deux partis, l'UDD et le PRD se partagent équitablement les dix-huit sièges. Les résultats définitifs des élections législatives de 1959 se présentent comme suit : PRD : 28 sièges ; RDD : 22 sièges ; UDD : 20 sièges.

La lecture des résultats des élections législatives tenues entre 1957 et 1959 permet de comprendre l'implantation géographique des trois grandes formations politiques béninoises dans leurs aires ethnolinguistiques. La rivalité entre ces trois leaders politiques s'expliquait à travers les intérêts personnels, le régionalisme et l'ethnicité

B. La période 1960-1972

Le 1er août 1960, le Dahomey accède à son indépendance. Hubert K. Maga a été désigné Président de la République. Il forme avec le leader du PRD Sourou M. Apithy le 13 novembre 1960, un parti unique, le Parti dahoméen de l'unité (PDU). Ahomadegbe du parti UDD se retrouve dans l'opposition. Pour légitimer son pouvoir, Hubert K. Maga organise en remportant, les élections combinées (Présidentielle et législative) du 11 décembre 1960.

La gestion du pouvoir politique revient désormais aux Dahoméens. Une brève expérience démocratique a été observée sous Hubert K. Maga de 1960 à 1963. De 1963 à 1972, le pays a connu une instabilité politique marquée par des coups d'État.

De 1960 à 1972 soit pendant douze ans, quatorze gouvernements avec un total de cent trente quatre membres sont formés. Neuf Présidents se sont succédés à la tête de l'État béninois. Deux groupes socio-professionnels à savoir les enseignants et les militaires sont majoritaires dans ces gouvernements. Quatre groupes ethniques sur huit sont sur-représentés dans ces gouvernements. Il s'agit des Fon et apparentés (54% de représentativité et un ratio de 1,33), les Otamari et apparentés (12% de représentativité et un ratio de 1,91), les Yoruba et apparentés (13% de représentativité et un ratio de 1,02) et les Dendi et apparentés (5% de représentativité et un ratio de 2)[14].

Les conclusions à faire de la gestion du pouvoir politique sur chaque Président au cours de cette période sont les suivantes :

---

[14] R. M. Tossou, *Multipartisme, ethnicité et pouvoir politique au Bénin : 1951-2006.* Thèse de Doctorat unique en Histoire, Université d'Abomey-Calavi, 2010, p. 308.

- le Président Hubert K. Maga a formé quatre gouvernements d'un total de cinquante membres. Ces gouvernements sont dominés par un groupe socio-professionnel qui est le corps des enseignants plus précisément les instituteurs. Tous les groupes ethniques du Bénin sont représentés dans les différents gouvernements du Président Hubert K. Maga. Les groupes ethniques dominants et associés à la gestion du pouvoir politique sont les Otamari et apparentés (un ratio de 2,22), les Dendi et apparentés (un ratio de 1,60), les Fon et apparentés (un ratio de 1,44), les Yoa-Lokpa et apparentés (un ratio de 1,44), et les Baatombu et apparentés (un ratio de 1,05). Les ethnies du nord-Bénin ont occupé une place importante dans la gestion politique du Président Hubert K. Maga, lui-même étant du nord ;

- le Président Justin T. Ahomadegbe a été une seule fois Président de la République. Il a, dans ce cadre, formé un gouvernement composé de quinze membres. Les enseignants sont majoritaires dans ce gouvernement. En dehors du groupe ethnique Yoa-Lokpa et apparentés, tous les autres ont participé à l'exercice du pouvoir politique. Les groupes ethniques sur-représentés dans ce gouvernement sont les Dendi et apparentés (un ratio de 2,80), les Fon et apparentés (un ratio de 1,3), et les Otamari et apparentés (un ratio de 2,07);

- le Président Christophe Soglo a formé trois gouvernements rassemblant un total de dix neuf membres. Les groupes ethniques Baatombu et apparentés et Yoa-Lokpa et apparentés ne sont pas représentés dans ces gouvernements. Les groupes ethniques Dendi et apparentés et Fon et apparentés sont sur-représentés avec respectivement un ratio de 2 et 1,55 dans les gouvernements du Président Christophe Soglo. Ces gouvernements sont, par ailleurs, dominés par les enseignants et les administrateurs.

- un gouvernement de onze membres était formé par le Président Sourou M. Apithy. Dans ce gouvernement dominé par les enseignants, les ingénieurs et les administrateurs, les groupes ethniques Baatombu et apparentés, Peulh et apparentés, Otamari et apparentés, tous situés dans le nord-Bénin ne figurent pas dans la gestion politique du Président Sourou M. Apithy, originaire du sud-est du pays. Les groupes ethniques sur-représentés étaient les Dendi et apparentés (un ratio de 3,60), les Yoa-Lokpa et apparentés (un ratio de 2,17) et les Fon et apparentés (un ratio de 1,57);

- le Président Taïrou Congacou a formé un gouvernement de cinq membres dominé par les instituteurs. Les groupes ethniques Dendi et apparentés (un ratio de 1,6), les Yoruba et apparentés (1,57) et les Adja et apparentés (1,27) sont sur-représentés dans le gouvernement du Président Taïrou Congacou ;

- un gouvernement de neuf membres dont un civil et huit militaires était formé par le Président Maurice I. Kouandete. Les groupes ethniques Adja et apparentés, Peulh et apparentés, Dendi et apparentés et Yoa-Lokpa et apparentés ne sont pas associés à la gestion du pouvoir politique. Ceux qui sont sur-représentés sont les Baatombu et apparentés (un ratio de 4,65), les Yoruba et apparentés (un ratio de 1,73) et les Otamari et apparentés (un ratio de 1,67);

- le Président Alphonse Alley a composé un gouvernement de onze membres. Un civil et dix militaires figurent dans ce gouvernement. Les groupes ethniques Adja et apparentés, Dendi et apparentés et Peulh et apparentés ne sont pas représentés dans ce gouvernement. Ceux qui sont associés et qui sont sur-représentés sont les Baatombu et apparentés (un ratio de 3,80), les Yoa-Lokpa et apparentés (un ratio de 2,17), les Otamari et apparentés (un ratio de 1,43) et les Yoruba et apparentés (un ratio de 1,42);

- le Président Emile D. Zinsou a formé un gouvernement de onze membres dont deux civils et neuf militaires. Les quatre groupes ethniques concernés par la gestion du pouvoir politique sous le Président Emile D. Zinsou sont les Fon et apparentés, Otamari et apparentés, Yoruba et apparentés et Yoa-Lokpa et apparentés. Ceux qui sont sur-représentés sont les trois premiers avec respectivement des ratios de : 1,57 ; 1,43 et 1,42 ;

- le gouvernement du Président Paul E. de Souza rassemble trois militaires appartenant aux groupes ethniques Otamari et apparentés et Fon et apparentés. Ces deux groupes ethniques occupent respectivement des ratios de 5,25 et 4,25.

C. La période 1972-1990

Le 26 octobre 1972, le Commandant Mathieu Kerekou prenait le pouvoir en le gardant pendant dix sept ans. En choisissant, le 30 novembre 1974, le marxisme-léninisme comme guide philosophique et le socialisme comme voie de développement, le Président de la République a mis en place un monolithisme politique. Dans les faits, ceci s'est traduit par la création, le 30 novembre 1975, d'un parti unique.

Ainsi, Mathieu Kerekou était à la fois, Président de la République, Chef de l'État, Chef du Gouvernement, Président du Conseil exécutif national. Il avait donc la mainmise sur toutes les institutions[15] de la République soit directement, soit par les Préfets de Province. En effet, c'est le parti unique qui dirige l'État et tous les membres du gouvernement doivent être des militants du parti. Il n'existait donc pas, à proprement parler, d'institutions de contre-pouvoir.

D'octobre 1972 à décembre 1989, le Président Mathieu Kerekou a formé, douze gouvernements d'un total de deux cent six membres[16]. Les trois gouvernements d'octobre 1972, d'octobre 1974 et de janvier 1976 étaient connus sous la dénomination de Gouvernement militaire révolutionnaire (GMR) car, ils ne sont composés que de militaires. Mais la conférence des cadres de 1979 a rallié les civils au pouvoir marxiste léniniste et, à partir de 1980, le gouvernement formé en février de cette année a vu la participation de ceux-ci, notamment les enseignants qui ont adhéré au régime monolithique. De février 1980 à août 1989, les neuf gouvernements formés portaient le titre « *composition du Conseil exécutif national et de son comité permanent* ».

Pendant dix sept ans, tous les groupes ethniques ont été associés à la gestion politique du Président Mathieu Kerekou notamment à travers les douze gouvernements. Les proportions des groupes ethniques se présentent comme suit : Fon

---

[15] Le bureau politique et le comité central du Parti de la révolution populaire du Bénin (PRPB), l'Assemblée nationale révolutionnaire (ANR).

[16] [16] R. M. Tossou, *op. cit.*, p. 342.

et apparentés (45,41%), Yoruba et apparentés (19,32%), Otamari et apparentés (10,14%), Baatombu et apparentés (9,66%), Dendi et apparentés (6,28%), Adja et apparentés (10,14%), Peulh et apparentés (3,86%), Yoa-Lokpa et apparentés (0,79%).

Les groupes ethniques sur-représentés sont : Dendi et apparentés (un ratio de 2,51), Otamari et apparentés (un ratio de 1,61), Yoruba et apparentés (un ratio de 1,52), Fon et apparentés (un ratio de 1,12) et Baatombu et apparentés (un ratio de 1,02).

La période du monopartisme n'a pas amené le Président de la République a accordé la primauté à son ethnie dans sa gestion politique. Au contraire, un seul militaire de son ethnie, Adolphe Biaou, faisait son entrée dans le deuxième gouvernement d'octobre 1974 pour y rester jusqu'en février 1987 avant de se faire nommer Préfet du Département de l'Atacora.

Dans d'autres pays africains notamment le Kénya, à en croire Gilles Barot[17],

> La période de centralisation inaugurée par Jomo Kenyatta à partir de 1963, et reprise par son successeur Daniel T. Arap Moï à partir de 1978, a longtemps masqué un élément pourtant structurant de la vie politique kényane : la défense des minorités ethniques et des intérêts régionaux, l'accès exclusif aux ressources locales, et surtout l'exigence d'une Constitution à caractère régional (voire fédéral pour certains). Se référant à l'expérience avortée des années 1962-1963, les barons les plus extrémistes au sein de l'ex-parti unique (la KANU, Kenyan african national union) ont fait de ces revendications régionalistes un contre-modèle politique à l'ouverture au multipartisme et à la démocratisation, quitte à déstabiliser le pouvoir personnel de Moï (qui se méfie de ces personnalités indépendantes et frondeuses).

D. La période 1990-2006

La crise politique, sociale, économique et financière de 1980 a atteint son apogée en 1989 et a conduit à la tenue de la Conférence nationale des forces vives de février 1990. De nombreuses décisions sont prises notamment au plan politique avec l'adoption du pluralisme politique et l'instauration d'un État de droit. Ainsi, après une année de transition démocratique réussie (1990-1991), les élections pluralistes ont commencé par être organisé. Une floraison de partis politiques, créés sur des bases surtout ethniques et régionales voyait le jour. C'est dans ces conditions que les élections présidentielles de 1991, 1996, 2001 et 2006 ; les élections législatives de 1991, 1995, 1999 et 2003 se sont tenues.

La période de transition (1990-1991) a été dirigée par Nicéphore D. Soglo, unanimement désigné comme Premier ministre par les délégués à la conférence. Pendant cette période, le gouvernement formé par Nicéphore D. Soglo comptait seize membres. Ceux-ci sont tous des cadres supérieurs dont les plus représentés sont les enseignants et les administrateurs. Les deux groupes ethniques non associés à la gestion du pouvoir étaient les Baatombu et apparentés et, les Dendi

---

[17] G. Barot, « Pouvoir central et dérives régionalistes au Kénya », *Afrique contemporaine.* Numéro spécial. *L'État en Afrique : entre le global et le local.* N°199 juillet-septembre 2001, Paris, La Documentation française, 2001, p. 159.

et apparentés. Trois groupes ethniques étaient sur-représentés. Il s'agit des Otamari et apparentés (12,50% et un ratio de 1,99), des Yoa-Lokpa et apparentés (6,25% et un ratio de 1,50), et des Fon et apparentés (50,00% et un ratio de 1,23). L'ethnie du Premier ministre a dominé le gouvernement avec huit membres sur un total de seize. Les groupes ethniques Baatombu et apparentés et, Dendi et apparentés n'y étaient pas représentés. Pourtant ils sont constitués d'une forte population résidant surtout dans les départements du nord-Bénin. Ce sont donc les minorités ethniques des départements qui étaient privilégiées dans ce gouvernement.

En 1991, les premières élections du renouveau démocratique étaient organisées. Nicéphore D. Soglo a été élu Président de la République. Il a géré le pouvoir politique de 1991 à 1996 en formant durant son quinquennat, trois gouvernements d'un total de 62 membres dont 33 du groupe ethnique Fon et apparentés. En dehors du groupe ethnique Dendi et apparentés, tous les autres ont été associés à la gestion du pouvoir politique. Ceux qui sont sur-représentés sont les Fon et apparentés (53,23% et un ratio de 1,31), les Yoruba et apparentés (14,52% et un ratio de 1,14) et les Adja et apparentés (17,74% et un ratio de 1,12). Le parti la Renaissance du Bénin, dont le leader charismatique est le Président Nicéphore D. Soglo et son épouse Rosine Vieyra Soglo, Présidente dudit parti, est le parti dominant dans les trois gouvernements formés au cours du premier quinquennat de l'ère du renouveau démocratique. Les frustrations s'observaient surtout du côté des Baatombu qui ont voulu créer la République Atabor[18] en marquant la division du pays en deux régions géographiques à savoir le sud et le nord.

Revenu au pouvoir par les urnes en mars 1996, le Président Mathieu Kerekou a brigué un deuxième mandat en 2001 pour laisser, constitutionnellement, le pouvoir en 2006. De 1996 à 2001, il forma trois gouvernements dont le total fait 57 membres. En dehors de la Renaissance du Bénin qui est naturellement restée dans l'opposition durant les deux quinquennats de gestion du pouvoir par le Président Mathieu Kerekou, les partis politiques les plus représentatifs à l'Assemblée nationale et qui ont été associés à l'exercice du pouvoir sont FARD-ALAFIA, PSD, FORCE-CLE, PRD et MADEP. Le groupe ethnique Peulh et apparentés est le seul qui ne soit pas représenté dans les gouvernements du Président Mathieu Kerekou. Les groupes ethniques sur-représentés étaient les Otamari et apparentés, l'ethnie du Président Mathieu Kerekou (12,28% et un ratio de 1,95), les Yoa-Lokpa et apparentés (5,26% et un ratio de 1,72), les Yoruba et apparentés (21,05% et un ratio de 1,66), et les Dendi et apparentés (3,51% et un ratio de 1,40). Les Fon et apparentés (36,84% et un ratio de 0,90) ne dominent pas les gouvernements du premier quinquennat du Président Mathieu Kerekou.

---

[18] Atabor en tant que République devrait regrouper les deux départements du nord que sont Atacora et le Borgou. En ce moment, le Bénin était divisé en six départements dont deux au nord, trois au sud (Atlantique, Mono et Ouémé) et un au centre (Zou).

De 2001 à 2006, les partis FARD-ALAFIA, MADEP, PSD et FORCE-CLE sont les grands partis qui ont participé à la gestion du pouvoir politique au Bénin. Ils ont des représentants dans les trois gouvernements formés par le Président Mathieu Kerekou. Ces gouvernements, d'un total de 66 membres, sont dominés dans leur composition par les cadres supérieurs notamment les enseignants et les administrateurs. Les groupes ethniques sur-représentés sont les Otamari et apparentés (10,61% et un ratio de 1,68), les Yoruba et apparentés (21,21% et un ratio de 1,67), les Baatombu et apparentés (12,12% et un ratio de 1,12) et les Yoa-Lokpa et apparentés (4,55% et un ratio de 1,09).

Au cours de la décennie (1996-2006) de gestion démocratique du pouvoir d'État, le Président Mathieu Kerekou a essayé sans très bien réussir de réaliser un certain équilibre inter-ethnique et inter-départemental.

IV. LES CONSÉQUENCES DE LA POLITISATION ET DE LA MANIPULATION DU RÉFÉRENT ETHNIQUE AU BÉNIN DE 1951 À 2006

L'impact de la diversité ethnique et le manque de sentiment national trouvent, selon Coovi Sylvain Anignikin[19], leur origine dans l'histoire politique du pays. En effet, depuis l'autonomie interne accordée par la Loi-Cadre Gaston Defferre de 1956 et surtout, l'organisation des élections cantonales de mars 1957, trois grands pôles dominés par les groupes ethniques Fon et apparentés, Baatombu et apparentés contrôlent la vie politique au Bénin :

- le pôle de Porto-Novo dans le sud-est du Bénin, la région des *Aïnonvi* qui a longtemps servi de base à la puissance coloniale française pour organiser la conquête du royaume du Danxomè ;
- le pôle d'Abomey, dans le Bénin méridional, structuré autour de l'aristocratie Fon. Il s'est, par le passé, illustré par la résistance à la pénétration coloniale ;
- le pôle de Parakou représentant les intérêts des populations du nord-Bénin.

C'est autour de ces trois pôles que les premiers partis politiques étaient créés et animaient la vie politique au Bénin jusqu'à la proclamation de l'indépendance du 1er août 1960. Le PRD de Sourou M. Apithy représentait l'ancien royaume de Porto-Novo ; l'UDD de Justin T. Ahomadegbe, le royaume du Danxomè ; le RDD d'Hubert K. Maga, le royaume Baatombu, les anciennes chefferies traditionnelles du nord-est et les sociétés dites « *acéphales* » du nord-ouest.

De 1960 à 1972, malgré l'instabilité politique observée à partir du premier coup d'État du 28 octobre 1963, le ''monstre à trois têtes'' s'imposait dans la gestion de la vie politique. Après la parenthèse du régime marxiste-léniniste

---

[19] C. S. Anignikin, *Relations interculturelles et interethniques : la dynamique de la nation (des origines à nos jours)*, Thèse d'Habilitation à diriger les Recherches, Université de Paris 7, 1998, pp. 114-125.

(1972-1989) avec l'instauration d'un parti unique au pouvoir, le Parti de la Révolution populaire du Bénin (PRPB), une rupture apparaît à partir de 1990.

En effet, sous le renouveau démocratique amorcé au Bénin depuis l'année 1990, le Parti du renouveau démocratique d'Adrien Houngbedji a récupéré l'héritage de Sourou M. Apithy. La Renaissance du Bénin de Nicéphore D. Soglo a repris le contrôle de l'électorat de l'UDD de Justin T. Ahomadegbe. Le FARD-ALAFIA se positionne comme le parti du nord. Mais, la nouveauté est qu'on est passé à partir de 1990 des partis régionaux à des partis ethniques. Ainsi, des minorités ethniques qui étaient utilisées comme intermédiaires dans « *les luttes en triangle* » des trois leaders à légitimité historique ont décidé de former leurs propres partis politiques à la faveur du multipartisme intégral adopté par le renouveau démocratique.

Dans ce sens, les populations Adja, dans le sud-ouest du Bénin, qui autrefois se partageaient entre l'UDD et le PRD se sont regroupées sous la bannière du Parti social démocrate (PSD) de Bruno Amoussou, ingénieur agronome, leader charismatique du parti, fils du terroir et personnalité politique influente Les Nago, dans le sud-est du pays, se sont reconnus dans le MADEP de Séfou Fagbohoun richissime et homme d'affaires de la localité. Les Bètamaribè du nord-ouest accordent leurs suffrages à l'IPD de Théophile Nata, natif de la région et enseignant du supérieur, etc.

L'année 1990 marque alors au Bénin la naissance et la prolifération des partis politiques reposant sur des critères ethniques. Mais, soulignons que les premiers partis de l'ère du renouveau démocratique sont nés des Associations locales de développement (ALD) et ont, à cet effet, un ancrage local et ethnique. Selon Albert Attolou[20], ces ALD, créées au Bénin à partir de 1985 à des fins culturelles et de développement avaient pour but de profiter de la coopération décentralisée en finançant des actions socio-communautaires. Mais, à partir de 1990, les ALD, selon Nassirou Bako-Arifari, « *déviées de leur objectif initial, sont devenues une rampe de lancement politique sur l'échiquier national* »[21].

Les premiers militants d'un parti politique à l'ère du renouveau démocratique sont presque toujours des membres des ALD et la première base électorale, le terroir d'origine constitué de plusieurs ethnies

Les critères de votes au Bénin notamment à l'ère du renouveau démocratique demeurent, « *l'ethnie (18,48%), le régionalisme (21,21%), la distribution de dons et libéralités (15,15%)* »[22]. L'ethnie et la région font ensemble, 39,69% sur un total de neuf causes qui guident le choix des candidats lors des votes. À en croire Guy Landry Hazoume la solidarité ethnique et la couleur politique deviennent dans les pays démocratiques africains comme le Bénin, « *les seuls*

---

[20] A. Attolou, *Société civile et développement au Bénin. L'évolution des associations locales de développement*, Ceda, 1995, pp. 16-31.
[21] N. Bako-Arifari, « Démocratie et logiques du terroir au Bénin », *Politique Africaine*, N° 59, 1995, pp. 8-10.
[22] R. M. Tossou, *op. cit.*, p. 215.

moyens sûrs de triompher d'une certaine forme de misère et du chômage, et peuvent très valablement remplacer la compétition loyale et ouverte »[23].

Le référent ethnique est, dans ces conditions, utilisé au cours de la composition des gouvernements. A ce niveau de prise de décisions politiques, le problème se pose en termes de représentativité ethnique et régionale.

CONCLUSION

L'ethnie, donnée fondamentale de l'union des fils et de développement d'une région, d'un pays, n'est pas une mauvaise chose. C'est son instrumentalisation par les intellectuels à des fins politiques qui constitue un danger à l'unité nationale. Les usages et les pratiques socio-politiques qui lui sont liés restent inséparables de tous les discours pouvant être tenus à son sujet. Dans le monde et notamment en Afrique, les médias nous expliquent que tel ou tel conflit, telle ou telle guerre sont de nature ''tribale'' ou ''ethnique''. Une telle situation amène à s'interroger sur les causes et facteurs déclencheurs des conflits ethniques.

Dans les pays africains, les oppositions ethniques se manifestent dans la gestion du pouvoir politique notamment la composition des gouvernements, des cabinets ministériels et la nomination des directeurs généraux de sociétés d'État. Ainsi, en Afrique en général et particulièrement au Bénin, on cherche à respecter l'équilibre inter-ethnique et inter-régional en évitant ou en limitant les conflits. En effet, le pouvoir central est le principal agent de l'accumulation et de la redistribution des rentes de l'État. Ainsi, la manipulation du référent ethnique dépasse le pouvoir central et semble gagner l'ensemble de la vie politique car, l'accès au centre politique de telle ou telle communauté faisant souvent office de programme électoral, le discours politique est ainsi de plus en plus pénétré de références xénophobes. Le Ministre constitue, pour utiliser une image de Joseph Ki-Zerbo[24], une « *planète-reine* » autour de laquelle gravite une multitude de « *satellites-courtisans* ». Ces derniers sont issus, pour la plupart, de l'ethnie et du parti politique de la « *planète-Ministre* ».

RÉFÉRENCES BIBLIOGRAPHIQUES

M. Ahanhanzo-Glele, *Naissance d'un État noir (l'évolution politique et constitutionnelle du Dahomey, de la colonisation à nos jours)*. Paris, LGDJ, 1969, 537 p.

J.L. Amselle et E.M'Bokolo (sous la direction de), *Au cœur de l'ethnie. Ethnicité, tribalisme et État en Afrique* Paris, La Découverte, 1985.

[23] G. L. Hazoume, *Idéologies tribalistes et nation en Afrique : le cas dahoméen*, Paris, Présence Africaine, 1972, p. 115.

[24] J. Ki-zerbo, *Histoire de l'Afrique noire d'hier à demain*, Paris, Hatier, 1978, p. 654.

C.S. Anignikin, *Les indépendances africaines. Cinquante ans après : nouveau regard sur le processus de décolonisation en Afrique noire*, Cotonou, Christon Editions, 2013, 167 p.

C.S. Anignikin, *Relations interculturelles et interethniques : la dynamique de la nation (des origines à nos jours)*, Thèse d'Habilitation à diriger les Recherches, Université Paris 7, 1998, 546 p.

A. Attolou, *Société civile et développement au Bénin. L'évolution des associations locales de développement*, Ceda, 1995, 60 p.

N. Bako-Arifari, « Démocratie et logiques du terroir au Bénin », *Politique Africaine*, N° 59, 1995, pp. 7-24.

G. Barot, « Pouvoir central et dérives régionalistes au Kénya », *Afrique contemporaine.* Numéro spécial. *L'État en Afrique : entre le global et le local.* N°199 juillet-septembre 2001, Paris, La Documentation française, 2001, pp. 159-165.

M. Cahen, *Ethnicité politique. Pour une lecture réaliste de l'identité*, Paris, l'Harmattan, 1994, 169 p.

J.-P. Chretien et G. Prunier (sous la direction de), *Les ethnies ont une histoire*, Paris, Karthala, 1989, 435 p.

J.P. Dozon, *L'Afrique à Dieu et à diable. États, ethnies et religions.* Paris, Ellipses, 2008, 138 p.

G.L. Hazoume, *Idéologies tribalistes et nation en Afrique : le cas dahoméen.* Paris, Présence Africaine, 1972, 230 p.

J. Ki-Zerbo, *Histoire de l'Afrique noire d'hier à demain*, Paris, Hatier, 1978, 731p.

P. Mercier, *Tradition, changement, histoire. Les « somba » du Dahomey, septentrional*, Paris, Anthropos, 1968, 536 p.

M. Mbonimpa, *Ethnicité et démocratie en Afrique. L'homme tribal contre l'homme citoyen ?* Paris, l'Harmattan, 1994, 127 p.

M.R. Tossou, *Multipartisme, ethnicité et pouvoir politique au Bénin : 1951-2006*, Thèse de Doctorat Unique en Histoire, Université d'Abomey-Calavi, 2010, 675 p.

LA PROMOTION DES FEMMES CONGOLAISES À L'ÉPREUVE DE L'ETHNICITÉ (1963-2010)

Scholastique Dianzinga
Université Marien Ngouabi/ Congo

RÉSUMÉ

L'existence d'instruments nationaux, internationaux et d'un Ministère chargé de la promotion des femmes traduit tout l'intérêt de l'État à améliorer la place et le rôle des Congolaises dans leur société dès le lendemain de l'indépendance. Cette préoccupation est relayée par les associations féminines qui œuvrent dans divers domaines. Mais la prise en compte effective des droits des femmes dans la politique nationale se heurte à des discriminations qui se fondent souvent sur l'ethnicité. Ainsi, on peut expliquer la sous-représentation des femmes dans les sphères de prise de décisions par les logiques de « géopolitique » et « d'appartenance ». L'ethnicité fonctionne donc comme une double domination (masculine et identitaire) sur les femmes. Il ya lieu de s'interroger sur les effets de « la discrimination positive » qui impose les quotas notamment la loi sur la parité promise par le Président de la République en 2010 si les droits des femmes ne sont pas pris en compte sur la base des valeurs intrinsèques et démocratiques.

MOTS CLÉS

Femmes congolaises, Ethnicité, Droit, Pouvoir, Participation au développement.

INTRODUCTION

La promotion de la condition des femmes est l'un des défis que l'État congolais entend relever pour atteindre un développement durable. Les instruments juridiques nationaux et internationaux ratifiés, la mise en place d'un Ministère et d'une politique nationale sur cette question le témoignent. Des avancées sont également perceptibles, eu égard à l'accès des femmes à des domaines considérés hier comme des bastions masculins. Cependant, d'aucuns restent sceptiques sur l'effet réel des engagements de l'État parce que, comme l'a noté Christine

Bard, « *les inégalités demeurent, ou se transforment comme si un pas en avant déclenchait deux pas en arrière* »[1].

Dès le tournant de l'indépendance, la course au pouvoir et la gestion de celui-ci se sont toujours articulés autour de l'ethnicité. Cette pratique, comprise, selon certaines définitions comme étant « *la survivance des oppositions verticales dans des sociétés modernes régies principalement par des clivages horizontaux de classe* »[2] se révèle un obstacle fondamental à l'amélioration de la situation des Congolaises dans la mesure où, l'ethnicité en tant qu'identité opérationnelle dans le champ politique pose le problème du rapport à l'autre. En effet, les clivages ethniques qui en sont les manifestations conduisent à l'exclusion et la sous représentation : « Il n'est pas des « nôtres » ou « Ce n'est pas l'affaire des femmes », entend-t-on souvent dire. Or, il est incontestable que l'on ne peut parler de progrès ni de construction de la Nation (qui implique une volonté de vivre ensemble) ou de développement si les droits des femmes ne sont pas pris en compte sur la base des valeurs démocratiques.

L'objet de notre propos est de tenter de montrer comment l'ethnicité a compromis la promotion effective des femmes. Nous montrerons d'abord comment l'environnement sociopolitique dominé par les rivalités ethniques vers la fin de la colonisation ne pouvait pas favoriser la promotion des droits des femmes au lendemain de l'indépendance. Puis, nous analyserons les effets du contexte révolutionnaire marqué par l'idéologie socialiste sur la cause des femmes. Enfin, nous aborderons les revendications d'une citoyenneté active se fondant sur le genre.

L'année 1963 marque une étape importante dans l'histoire des Congolaises avec l'élection pour la première fois de trois députées. Mais, depuis lors, on déplore une faible représentation des femmes dans les lieux de prise de décision. Par conséquent, la loi sur la parité annoncée en 2010 est perçue par ces dernières comme le fondement d'une nouvelle gouvernance en faveur de la promotion féminine.

I. ETHNICITÉ ET SEXE DU POUVOIR AU LENDEMAIN DE L'INDÉPENDANCE

Les hommes ont oublié les « mères de l'indépendance » lorsqu'ils se sont partagé le pouvoir à la fin de la colonisation. On ne peut s'en étonner dans la mesure où l'implication des Congolais dans la gestion de leurs pays, à la faveur de la loi cadre, intégra la dimension géo-ethnique outre l'ouverture à la civilisation occidentale qui favorisa les évolués, l'élite africaine. La description ci-après du contexte politique de l'époque le témoigne :

---

[1] Ch. Bard, Ch. Baudelot *et al.*, *Quand les femmes s'en mêlent. Genre et pouvoir*, Villeneuve-D'ascq, Editions de la Martinière, 2004, p. 272.

[2] Définition de Glazer et Moynihan citée par J.-L. Amselle, « L'ethnicité comme volonté et comme représentation ; à propos des Peul du Wasolon », *Annales. Economies, Sociétés, Civilisations*, n° 2, 1987, p. 466.

Lâché par Stéphane Tchitchellé, son bras droit, pour avoir par équité politique, offert le poste de sénateur à Goura, un Yaka du Niari, plutôt qu'à un Vili comme lui, Jean Félix Tchicaya, régulièrement élu député du Moyen-Congo depuis le premier scrutin ouvert aux Africains en 1945, fut également trahi par une partie de ses lieutenants du Niari. Son parti, le Parti Progressiste Congolais (P.P.C.), dut céder la place à l'Union des Intérêts Africains (U.D.D.I.A.) de l'abbé Fulbert Youlou, lui-même ancien membre du.PPC, en 1956. Tchicaya avait été le député de tous les Congolais. Tous les Congolais de toutes les ethnies l'avaient aidé dans sa tâche. Avec Youlou, la tribu entre en force au gouvernement que la loi cadre africanise en 1957. L'abbé Fulbert Youlou partagea le pouvoir avec Jacques Opangault, étiqueté comme leader du Nord. Bouleversant l'équilibre des forces entre Opangault, learder du Mouvement Socialiste Africain (M.S.A.) affilié à la S.F.I.O., et Youlou, leader de l'U.D.D.I.A., affilié au Rassemblement Démocratique Africain (R.D.A.), la défection de Georges Yambot, député du M.S.A. du Niari acquis aux Youlistes donna la majorité à Youlou en 1958.[3]

Il ressort de ce propos que les trois acteurs politiques qui jouaient un rôle de premier plan (Jean Félix Tchicaya, Fulbert Youlou et Jacques Opangault) appartenaient aux sous-groupes ethniques vili, lari, mbosi et étaient ressortissants des régions du Kouilou, du Pool au Sud du pays et de la Cuvette au Nord, mais ils avaient pu étendre leur influence jusque dans le Niari, au sud-Ouest. C'est grâce à des alliances scellées sur la base des intérêts partisans qu'ils cherchaient à s'imposer sur la scène politique ou à se maintenir au pouvoir. Les rivalités politiques exacerbées par le tribalisme, plutôt l'ethnocentrisme, atteignirent leur paroxysme avec les émeutes de février 1959 qui opposèrent les partisans de Jacques Opangault à ceux de Fulbert Youlou, c'est-à-dire les Mbochi aux kongo/Lari[4]. Ces violences allaient ouvrir la voie à ce que l'on a généralement appelé le « tribalisme politique » : « *À partir de là chaque parcelle de la vie politique va être traversée par l'opposition géo-ethnique entre Nord et Sud* ».[5]

Ce sont donc les impératifs d'unité nationale et de paix sociale qui semblent avoir guidé la composition des gouvernements de juillet 1959 à août 1963. Il fallait prendre en compte les régions, les hommes (susceptibles de représenter les intérêts des partis politiques, des pouvoirs traditionnels, etc.). Par conséquent, l'entrée des femmes en politique n'avait rien d'une priorité et les femmes elles-mêmes ne l'imposaient pas, convaincues par le discours influencé par les traditions que la politique était l'affaire des hommes.

---

[3] A.G.Mambou, *Beto na beto. Le poids de la tribu*, Paris, Gallimard, 2001, p. 41.

[4] Il ne s'agissait pas généralement de partisans. Certains étaient considérés ainsi tout simplement par le fait d'être du même groupe ethnique que F. Youlou ou J. Opangault.

[5] C. Coquery-Vidrovitch, « Origines et suite de la révolution de 1963 : les fondements du régime « marxisme-léniniste » de la République populaire du Congo, R. Bazenguissa-Ganga, G. Sounga-Boukono *et al.*, *Le Cardinal Emile Biayenda et le Congo-Brazzaville*, Paris, Kharthala, 2012, p. 17.

En 1963, le Président Fulbert Youlou afficha sa satisfaction quant à la construction de la Nation :

> Depuis l'indépendance, notre premier souci a été de former d'abord l'unité nationale, de forger une nation (...). Cette première tâche a été réussie au-delà de toute espérance. Nous sommes tous des Congolais et nous sommes fiers de l'être. L'unité de la nation est un fait accompli. Tous ses membres sont égaux entre eux ; ils ont tous les mêmes droits et les mêmes devoirs.[6]

Mais, les femmes demeuraient exclues de la gestion de la vie publique. Elles continuaient également à subir la marginalisation dans le domaine économique. L'imposition, depuis l'époque coloniale, des cultures industrielles telles que le café et le cacao dans les régions de la Sangha, du Kouilou, des Plateaux et du Niari, la canne à sucre dans le Niari, le tabac dans les Plateaux, d'un meilleur profit financier, occupaient désormais de manière permanente les hommes jusque-là chasseurs, pêcheurs, tandis que les femmes se cantonnaient dans l'agriculture de subsistance. Les efforts de mécanisation eurent des effets limités sur les femmes ou ne les touchèrent même pas. Celles-ci travaillaient avec des outils rudimentaires et des techniques ancestrales qui variaient peu d'un groupe ethnique à un autre. On connait la réputation des performances de la houe des Bembe (utilisée dans la Bouenza) mais les pouvoirs publics n'avaient pas propulsé l'idée de son adoption par les femmes Mbosi, par exemple. Les produits comme le pain de manioc, exclusivement de facture féminine, avaient leurs appellations d'origine, comme le « *nguri yaka* » préparé par les femmes du Sud ou le « *mongwele* » fabriqué par les femmes du Nord. On pouvait trouver sur les marchés urbains, le « fabriqué » et le « *kangela ngaï* », les fritures, qui témoignent d'une adaptation à la culture de la ville et un dépassement des logiques ethnicistes.

Les activités commerciales étaient dominées par les hommes. Ce sont les nouveaux acteurs économiques qui formaient la « bourgeoisie » locale. Ils étaient : boutiquiers, tenanciers de bar-dancing, commerçants-transporteurs, propriétaires-immobiliers, etc. Leur pouvoir économique les rapprochait des hommes politiques de leur région dont ils pouvaient financer les campagnes électorales et les activités de leurs partis. Les commerçants transporteurs comme Pierre Matingou, Samba Gentil, Nkounkou Raphaël, Tié-Tié, s'étaient impliqués efficacement dans le ravitaillement de Brazzaville en produits vivriers qu'ils achetaient dans les marchés ruraux et écoulaient en échange des produits manufacturés (tissus, savons, allumettes, machettes, etc.). En revanche, les femmes exerçaient le commerce, en demi-gros ou en détail le plus souvent, des denrées alimentaires (poisson, manioc, légumes, fruits, etc.) et des produits de l'artisanat. Pour s'assurer une certaine indépendance économique, les citadines en général, confinées dans le statut de « femme au foyer », entreprenaient des plantations urbaines ou effectuaient de courts séjour dans leur village pour

[6] Woungly Massaga, *La révolution au Congo. Contribution à l'étude des problèmes politiques d'Afrique centrale,* Paris, François Maspero, 1974, p. 113.

les travaux agricoles. Il faut inclure aussi dans ces activités relevant de l'informel la couture à domicile relevant de la culture occidentale.

Même si les pouvoirs publics reconnaissaient que les femmes constituaient une force non négligeable, ils ne les avaient pas intégrées dans leur politique de développement. Les savoirs et savoir-faire féminins n'étaient pas partie prenante de la modernité. Le régime de Fulbert décrié comme ayant favorisé une gestion clanique des affaires de l'État n'avait pas donné des signes d'une prise en compte des femmes dans la politique nationale. C'est peut-être ce qui explique l'apparition des associations féminines en 1960 et en 1962 qui avaient pour objet l'émancipation féminine et se distinguait par leur caractère national ou panafricain à cette époque où les hommes géraient des partis politiques constitués sur la base de l'ethnicisme pour accéder aux richesses de l'État. Les changements vinrent avec le changement de régime intervenu en 1963.

II. LA MISE EN PLACE DES CONDITIONS D'ÉGALITÉ

C'est sous la Révolution[7] que fut posé réellement le problème de l'amélioration de la place et du rôle des femmes dans leur société. Cette période se caractérisa par la volonté d'une rupture avec la politique coloniale et le néo-colonialisme. Les révolutionnaires s'étaient employés à réveiller la conscience féminine dans l'optique de la construction du socialisme au Congo. Les nouveaux textes fondamentaux confirmaient l'égalité entre les sexes[8] et des actions rassurèrent très rapidement l'opinion sur cette question avec l'accession en 1963 de trois femmes à l'Assemblée nationale et en 1964 d'une femme au Bureau politique du Mouvement National de la Révolution (MNR)[9], le parti unique. Dans ce contexte consécutif à l'insurrection populaire des 13, 14 et 15 août 1963, on comprend nettement cette promotion politique qui marquait un progrès important. Les députées avaient été élues sur une liste unique respectant un dosage de syndicalistes, de femmes, de jeunes, de personnes influentes de toutes régions. L'une d'elles, Micheline Golengo, précise qu'on avait, en outre, tenu compte de leur appartenance géo-ethnique. Ainsi, les femmes députées étaient censées représenter les régions du Kouilou, du Pool et de la Cuvette[10]. Alice Badiangana qui fut cooptée dans le bureau du MNR, était une ancienne militante de l'Union de la Jeunesse Congolaise (UJC), proche des milieux progressistes et avait séjourné en prison pour « Complot communiste »[11]. Mais, il fallut attendre plus longtemps, 1975, l'année internationale de la femme pro-

---

[7] On désigne ainsi le soulèvement populaire des 13, 14, 15 août 1963, « Les trois glorieuses journées » qui ont entraîné la chute du régime de Fulbert Youlou, après la démission de celui-ci.

[8] On peut citer notamment la constitution de 1963.

[9] Un poste important pour la première fois : une femme dans un organe dirigeant d'un parti.

[10] M. Golengo, *Itinéraire politique de la femme congolaise*, inédit, sans date, p. 22.

[11] C'est le motif d'accusation selon le Président Youlou.

clamée par les Nations Unies, pour qu'une Congolaise puisse intégrer le gouvernement. Elle était originaire du Sud mais les révolutionnaires l'avaient choisie sans doute parce qu'elle était la première sage-femme congolaise, profil professionnel adaptée au portefeuille des Affaires sociales qui lui fut réservé.

Il faut rappeler qu'au début de la Révolution, on avait voulu prendre en compte les intellectuels pour des raisons d'efficacité de la gestion des affaires publiques contrairement à l'époque de Youlou où certains Ministres, choisis sur la base de logiques partisanes, avaient fait montre d'une incapacité « à répondre à une interview ou à lire correctement les discours que leur préparaient leurs conseillers ou techniciens français »[12]. Mais l'affirmation du caractère dictatorial avec l'option « *le Parti dirige l'État* » fit désormais de l'engagement politique le principal critère de compétitivité : « *Le parti placera dans les organismes de l'État des militants et des militantes capables et les compétents possibles, notamment acquis au socialisme scientifique ...Les cadres seront choisis en tenant compte de leur participation effective à la consolidation de la révolution....* » [13]

Ce changement contribua à altérer le climat social et allait s'appliquer au détriment des femmes parce qu'elles n'étaient pas nombreuses à compter parmi « *les militants les plus compétents possibles* ». Même si le parti avait imposé en 1965 la création de l'Union Révolutionnaire des Femmes du Congo (URFC), l'unique organisation féminine chargée de la mobilisation, de l'encadrement et de l'éducation politique des femmes, le militantisme féminin accusait des faiblesses. Parmi les causes, la carence idéologique, puisque le discours politique était désormais fondé sur le marxisme-léninisme. Il n'était pas facile d'intérioriser que le renversement de l'impérialisme dominant était le gage de l'émancipation totale des femmes alors que la lutte contre certaines coutumes qui justifiaient la domination masculine se révélait plus évidente. Les Congolais en général vivaient au quotidien les clivages personnels, politiques et ethniques dans le cadre des luttes pour le pouvoir. Les coups de force, les enlèvements, les emprisonnements abusifs et les assassinats politiques[14] avaient généré un environnement social dominé par les violences, donc peu sûr pour un réel engagement des femmes aux côtés des forces révolutionnaires. Le manque d'ambitions politiques avait réduit la participation de la majorité des femmes aux activités de leur association à la nécessité de se conformer simplement aux directives du parti pour éviter d'être taxées de travailler pour la contre révolution.

---

[12] A.G.Mambou, *op. cit.* 2001, p. 73. Dans ce gouvernement on retrouve, par exemple, Edouard Babakas, Licencié en Droit, Ministre des Finances, Bernard Galiba, Docteur en Médecine, Maître de Conférences, Agrégé de Médecine, Paul Kaya, Econométricien, Charles Ganao, Inspecteur de l'Enseignement primaire.

[13] Extrait de la charte du MNR cité par J. Ollandet, *L'expérience du socialisme au Congo de Massamba-Debat à Marien Ngouabi*, Paris, l'Harmattan, 2012, p. 128.

[14] On peut citer l'assassinat de trois cadres en 1965 : Lazare Matsocota, Joseph Pouabou et Anselme Massouemé.

Le caractère supra ethnique de l'Union Révolutionnaire des Femmes du Congo s'est révélé un atout. En effet, toutes les Congolaises étaient contraintes d'adhérer à cette association, seule habilitée à canaliser la cause féminine. L'action de celle-ci devait s'inscrire dans la ligne politique du parti et excluait les revendications de nature féministe :

> Il est hors de question que ce problème de la participation de femme à la vie politique à tous les niveaux de la vie politique et culturelle du pays puisse être abordé sous l'angle démagogique, de la figuration ou d'une caution féminine.
>
> S'il est vrai qu'il importe de tenir compte de l'histoire récente qui a imposé un certain retard à la femme par rapport à l'homme, il est essentiel que l'égalité se fasse sur la base de la compétence.[15]

Apparemment le parti unique, le Parti Congolais du travail, rejetait la discrimination positive. Or, c'est avec la formule de « quota » que le pays avait enregistré une amélioration dans la représentation féminine aux postes de prise de décision. Des représentantes de l'URFC participaient aux organes de gestion des administrations et des entreprises par le biais de la « Trilogie déterminante » avec les délégués du parti et des autres organisations de masse. Il en était de même pour l'Assemblée Nationale Populaire où siégeait la Secrétaire Générale de l'organisation féminine de chaque région. C'est ainsi que de 5,4% en 1963, le taux des femmes passa à 14% en 1989. Les quotas ne furent pas imposés pour le gouvernement comme on peut s'en rendre compte par les chiffres suivants qui illustrent une progression plus lente : d'une femme « alibi » en 1975, le chiffre resta stationnaire jusqu'en 1985 lorsqu'on nomma une autre Ministre après neuf ans de « règne » exclusivement masculin et une autre femme après trois années d'absence de l'élément féminin. La raison de cette situation : il fallait d'abord servir les cadres rouges et experts du parti en prenant le soin d'observer la logique de « géopolitique », c'est-à-dire la géo-ethnicité Nord/Sud. Comme nous l'avons déjà souligné plus haut, les compétences féminines en politique, maîtrisant un discours enflammé, étaient rares alors que certaines militantes avaient suivi une formation idéologique à l'École Supérieure du Parti ou séjourné dans les pays « frères » comme l'Union soviétique, la RDA et Cuba.

C'est dans le domaine économique que l'on reconnaissait le rôle vital des femmes. D'ailleurs, le parti attendait d'elles une implication effective dans la réalisation du programme économique dont les objectifs visaient la fin de l'exploitation et la domination économique étrangère, la promotion d'une « économie nationale indépendante autocentrée et autodynamique ». Comme dans ce plan, l'agriculture qui occupait plus de 80% de la main-d'œuvre féminine constituait la base du développement et les progrès dans ce domaine devaient d'abord permettre la satisfaction des besoins des travailleurs avant de

[15] D. Sassou-Nguesso, « L'émancipation de la femme », *Revue des Sciences Sociales*, n°1°, Brazzaville 1985, p. 6.

se tourner vers le marché extérieur, on pouvait s'attendre à une amélioration de la condition des femmes rurales[16]. Malheureusement, ce ne fut pas le cas parce que, comme sous la colonisation, les tentatives de mécanisation de l'agriculture et l'implantation des unités agro-industrielles comme celle de Mantsoumba destinée à fabrication de la farine de manioc, le complexe avicole de Pointe-Noire, l'Office de commercialisation des produits vivriers recrutèrent essentiellement des hommes. Néanmoins, l'État continua à mettre l'accent sur la production vivrière : « *L'attitude face au mot d'ordre « autosuffisance alimentaire d'ici à l'an 2000 » sera un critère important pour apprécier la participation de la femme à l'œuvre de libération nationale* »[17].

On cherchait à susciter une participation effective des Congolaises à la construction de la Nation et au développement de celle-ci. Cette volonté de les sortir de la marginalisation économique affirmait par là-même l'égalité entre les sexes. Toutefois, elles demeuraient les auxiliaires d'un monde dominé par les hommes car leur fonction de productrice ne s'accompagnait pas le plus souvent d'un pouvoir de décision[18]. Cela se vérifie bien dans le domaine foncier (elles sont rarement propriétaires des terres qu'elles cultivent) et en matière de ressources financières.

III. REVENDICATION D'UNE CITOYENNETÉ ACTIVE

Elle émergea dans le contexte de la contestation du régime monopartite dans tout le pays qui aboutit à la tenue d'une conférence nationale en 1991. Cette rencontre représentait un cadre transitionnel vers la démocratie multipartite et par conséquent un espace favorable à la prise en compte des questions féminines en rapport avec leur évolution au plan international. Les débats au cours de la Conférence, en faisant place à la calomnie, aux discours haineux et ethnicisés reléguèrent au second plan les préoccupations des Congolaises, notamment leur représentation dans les niveaux de décisions. Comme le souligne Grégoire Lefouoba : « *La conférence nationale devient exclusivement le tribunal non du Pct, mais principalement des originaires d'Owando, Oyo et prosaïquement du Grand Nord* ».[19]

Rangées derrière les hommes, chefs de partis politiques, d'associations, les femmes eurent du mal à s'appuyer sur la solidarité féminine pour imposer efficacement leurs revendications. En effet, certaines, militantes du PCT, étaient restées aux côtés de leurs camarades et partageaient le bilan jugé négatif du régime en

---

[16] Anonyme, *La Révolution Nationale Démocratique et Populaire*, Brazzaville, Imprimerie Nationale, p. 49.

[17] D. Sassou-Nguesso, « L'émancipation de la femme », *Revue des Sciences Sociales*, n°1, 1985, p. 8.

[18] I. Cl. Dawey Feviliye, « Le défi de l'intégration des femmes au Congo-Brazzaville », Michel Kaya (éd.), *Le Congo-Brazzaville à l'aube du XXIe siècle*, Paris, l'Harmattan, 2000, p. 97.

[19] G. Lefouoba, *Enjeux et dynamique des rivalités sociales au Congo. Une approche philosophique et historique,* Paris, l'Harmattan, 2013, p.191.

place ; d'autres avaient, après la chute du monopartisme, intégré les nouveaux partis politiques mais sur des bases ethniques ou ethno-régionalistes. La même logique partisane avait prévalu pour la création de nouvelles associations féminines et l'adhésion à celles-ci. C'est le cas de « Femmes 2000 » qui regroupait les militantes de l'UPADS et originaires du NIBOLEK[20], de « Femmes démocrates », mouvement parallèle au Rassemblement Démocratique pour le Progrès Social (RDPS) et dominée par les originaires du Kouilou, l'Organisation des femmes du MCDDI (OFDI) ouverte plus spécifiquement aux originaires du Pool.

La compétition pour l'accès au pouvoir qui caractérisa la Conférence nationale permit aux Congolaises de prendre la mesure de l'âpreté de leur combat. Elles avaient réussi à être cooptées, en nombre infime du reste, dans les instances mais en réalité cette Conférence, comme la transition démocratique qui la suivit fut un rendez-vous manqué. Les femmes ne furent pas préparées au changement politique en plus de l'analphabétisme et l'esprit machiste des hommes se révéla comme un de gros handicaps à leur pleine implication à la vie publique.[21] Les élections en furent une illustration dès la période de transition démocratique.

Dès lors que le parti politique, c'est d'abord le chef qui s'identifie à l'espace qu'occupe l'ethnie, devenu dans le contexte de rivalités politiques, le fief électoral, le discours sur le genre eut peu d'intérêt. On se limita alors à une promotion symbolique des femmes dans les instances dirigeantes en leur confiant le poste de « Secrétaire chargé de la condition féminine » ou de « Secrétaire chargé des finances et du matériel », les femmes ayant la réputation de bonne gestionnaire de leur espace privé. La majorité des militantes reléguées dans les activités sociales, vidées de contenu politique (problèmes sociaux, matériels...), manquent de visibilité et ont évidemment peu de chance d'être retenues sur les listes de candidature ou en tête de celles-ci, présentées pour des circonscriptions favorables au parti. Par ailleurs, les antagonismes ethniques, régionaux ou ethnorégionaux, générèrent sur le terrain une « géographie électorale », en plaçant des quartiers en milieu urbain ou des villages en zone rurale sous l'influence exclusive d'un parti politique. Il résulta de ces pratiques et comportements une sous représentation féminine comme le montrent les tableaux-ci après.

Assemblée nationale

Législature	**Homme**	**%**	**Femmes**	**%**	**Total**
1992	119	95, 2	6	4,8	125
1998	66	88,0	9	9,0	75
2002	117	90,7	12	9, 3	129
2007	127	92,7	10	7,3	137

Source : Archives du parlement (Brazzaville, Congo).

[20] Acronyme formé à partir des noms des régions Niari, Bouenza et Lékoumou.

[21] Sch. Dianzinga, « Le rôle des femmes dans la transition démocratique au Congo (1991-1994)», *Cahiers d'Histoire Immédiate*, n° 6, 1994, Toulouse, p. 119.

Sénat

Législature	Homme	%	Femmes	%	Total
1992	56	96, 6	2	3,4	58
2002	51	85,0	9	15,0	60
2007	67	89,3	8	10, 6	75
2008	50	83,3	10	16,7	60

Source : Archives du Sénat (Brazzaville, Congo).

Au gouvernement, depuis la fin de la guerre de 1997, on a largement servi les « guerriers », à la base de la victoire de Denis Sassou Nguesso contre Pascal Lissouba, même si en 2002 on y trouve pour la première fois cinq (5) femmes sur trente-sept (37) membres. La place des Congolaises est demeurée marginale en dépit d'une évolution assez manifeste de son statut personnel, comme le souligne Delphine Emmanuel Adouki : « *Paradoxalement, le statut juridique favorable à la femme ne s'accompagne pas d'une présence significative dans la sphère politique qui, au regard de la sous représentativité des femmes dans les instances de prise de décision se présente comme une citadelle à conquérir* »[22].

Pour corriger cette situation, c'est par le biais des associations féminines de la société civile, structure supra ethnique, que les femmes ont choisi de dénoncer les inégalités entre les femmes et les hommes, en se référant aux instruments juridiques internationaux et nationaux notamment la Convention sur l'élimination de toutes les formes de discrimination à l'égard des femmes (CEDEF) ratifié par le Congo en 1980 et la constitution du 20 janvier 2002. Cette dernière proclame l'égalité juridique, interdit la discrimination fondée sur le sexe, assure et garantit la promotion des droits des femmes. Les effets sur le terrain se traduisent par un intérêt plus marqué des femmes pour exercer le droit d'éligibilité : Angèle Bandou s'est présentée à l'élection présidentielle[23], 1205 femmes ont été candidates aux législatives, sénatoriales et locales mais 89 élues seulement. On attendait donc beaucoup de l'application de la loi sur les partis politiques du 21 août 2006 qui sur le fonctionnement de ces structures dispose : « *A l'effet d'éviter la création des partis politiques sur la base essentiellement ethnique ou départementale, les partis politiques outre le siège national, doivent avoir des membres et des sièges permanents dans tous les départements* »[24].

S'agissant particulièrement des femmes, l'article 8 précise que les partis politiques doivent « *garantir et assurer la promotion et la représentativité de la femme à toutes les fonctions politiques, électives et administratives*[25]. Mais,

[22] D. E. Adouki, « 50 ans d'indépendance : place et rôle des femmes congolaises dans la société. Bilan et perspectives » J. Dambenzet, Scho. Dianzinga *et al., La place et le rôle des femmes congolaises dans la société congolaise 1960-2010. Bilan et perspectives*, Paris, l'Harmattan, 2011, p. 62.

[23] Ayant obtenu 0, 12% de voix, elle n'est pas élue.

[24] Journal Officiel de la République du Congo du 15 au 21 août 2006.

[25] *Ibid.*

aucune disposition n'était prévue pour les contraindre à ce changement. C'est le même reproche que l'on peut formuler à propos de la loi électorale n°5 -2007 du 25 mai 2007 qui introduit les quotas minimums de candidatures féminines : 15% pour les élections législatives et 20% pour les élections locales. Ce texte publié à la veille des scrutins électoraux donna des résultats mitigés si on les compare à ceux de 2002 :

- candidates élues aux élections législatives : 12 en 2002 et 10 en 2007 ;
- candidates élues aux élections locales : 68 en 2002 et 116 en 2008 ;
- 0 candidate à la présidentielle en 2009[26].

Si l'on note un recul pour le nombre de députées, le progrès fut manifeste pour les conseillères locales. Le taux important d'échec enregistré par les femmes est souvent justifié, entre autres raisons, par le mauvais positionnement sur les listes électorales, l'insuffisance des ressources financières, l'absence de solidarité féminine. Le soutien des autres femmes était plus effectif en milieu rural parce qu'il se fondait ici généralement sur l'appartenance ethnique qui s'exprime en ces termes : « c'est notre fille ou c'est notre sœur de même clan ».

Les quotas introduits dans la loi électorale sont, au vrai, en porte-à-faux avec les dispositions constitutionnelles qui consacrent le principe d'égalité entre les sexes. A la conférence internationale des femmes de Beijing de 1995, on avait relevé le caractère humiliant des quotas : « *Les femmes représentant la moitié du genre humain, elles ne sont pas une minorité et ne peuvent pas être associées à un pourcentage inférieur à 50%* ».[27]

Les Congolaises revendiquent aussi la parité parce qu'elles représentent 51,7% de la population de leur pays. En le faisant, elles réclament l'application de l'article 8 de la constitution du 20 janvier 2002 et de la politique nationale du genre élaborée en 2008 pour une participation effective au processus de développement. Mais, annoncé depuis 2010, le projet de loi « portant parité homme/femme aux fonctions politiques, électives et administratives » tarde à être promulgué. Ce texte prévoit en son article 4 que les candidatures aux élections législatives, locales et sénatoriales soient présentées par les partis politiques sur la base du principe de parité et de l'alternance homme et femme dans l'ordre de présentation des candidatures. Avant même sa matérialisation, il soulève des inquiétudes tant chez les hommes que chez les femmes. « Où sont les compétences féminines » ? demande-t-on. Si l'on doit continuer à consolider la paix en partageant le pouvoir avec les « seigneurs » des guerres d'hier, à observer la « géopolitique » pour conquérir l'adhésion des populations de tous les départements, les femmes resteront les actrices de seconde zone. Au lieu de hisser les femmes à la présidence des institutions constitutionnelles, on conservera la tendance à leur faire la part belle pour les fonctions de « Vice-président » ou de « Secrétaire général ». Aujourd'hui la parité est la seule égali-

[26] Archives du Ministère de l'intérieur et de la décentralisation du Congo.

[27] Propos cités par R. Sénac-Slawinski, « Évaluation des lois sur les quotas et la parité », Ch. Bard, Ch. Baudelot *et al.*, *Quand les femmes s'en mêlent. Genre et pouvoir*, Villeneuve-D'ascq, Editions de la Martinière, 2004, p. 142.

té réellement égalitaire. Mais, à ce discours les femmes rurales n'adhèrent pas parce qu'elles n'y trouvent pas leur compte dès lors qu'il ne s'appuie pas sur des réalités locales et des savoirs endogènes.

CONCLUSION

Des progrès notables certes dans la promotion des femmes que l'on doit surtout à la période révolutionnaire. En effet, l'idéologie marxiste-léniste à laquelle le régime en place voulait se conformer avait imposé l'émancipation de la femme comme un volet important de la libération nationale. C'est le déficit de la démocratie qui a entravé l'application effective de ce principe. Les stratégies de la lutte des femmes accusaient un décalage par rapport au discours révolutionnaire. Si les textes avaient institué l'égalité entre les femmes et les hommes, en se contentant d'exécuter les directives du parti unique, celles-ci ont laissé à ces derniers l'initiative de décider du contenu de la question de la promotion féminine par rapport à leurs intérêts. Avec les conflits qui ont émaillé le retour à la démocratie pluraliste, la vie politique n'inspirait plus confiance aux populations. Paradoxalement, les femmes ont manifesté de plus en plus d'intérêt pour un rôle plus actif dans le champ politique comme en témoignage leur participation aux scrutins électoraux. La prise de conscience de leur sous représentation, en dépit de l'application du principe de la discrimination positive, précisément les quotas, a conduit à revendiquer une égalité plus égalitaire : la parité. Il faut peut être recourir aux valeurs culturelles endogènes pour les amener vers le progrès. Au-delà de tout, c'est la prise en compte des droits des femmes sur la base des valeurs intrinsèques et démocratiques qui sera le gage d'une pleine participation des Congolaises au développement.

RÉFÉRENCES BIBLIOGRAPHIQUES

J.L. Amselle « L'ethnicité comme volonté et comme représentation ; à propos des Peul du Wasolon », *Annales. Economies, Sociétés, Civilisations*, n° 2, 1987.

Ch. Bard, Ch. Baudelot *et al.*, *Quand les femmes s'en mêlent. Genre et pouvoir*, Villeneuve-D'ascq, Éditions de la Martinière, 2004.

R. Bazenguissa-Ganga, G. Sounga-Boukon *et al.*, *Le Cardinal Emile Biayenda et le Congo-Brazzaville*, Paris, Kharthala, 2004.

J. Dambenzet, Scho. Dianzinga *et al.*, *La place et le rôle des femmes congolaises dans la société congolaise 1960-2010. Bilan et perspectives*, Paris, l'Harmattan, 2004.

Sch. Dianzinga, « Le rôle des femmes dans la transition démocratique au Congo (1991-1994)», *Cahiers d'Histoire Immédiate*, n° 6, Toulouse,1994.

G. Lefouoba, *Enjeux et dynamique des rivalités sociales au Congo. Une approche philosophique et historique,* Paris, l'Harmattan, 2013.

M. Kaya, *Le Congo-Brazzaville à l'aube du XXIe siècle*, Paris, l'Harmattan, 2000.
A. Gnali Mambou, *Beto na beto. Le poids de la tribu*, Paris, Gallimard, 2001.
J. Ollandet, *L'expérience du socialisme au Congo de Massamba-Debat à Marien Ngouabi*, Paris, l'Harmattan, 2012.
D. Sassou-Nguesso, « L'émancipation de la femme », *Revue des Sciences Sociales*, n°1, Brazzaville, 1985.
Woungly Massaga, *La révolution au Congo. Contribution à l'étude des problèmes politiques d'Afrique centrale,* Paris, François Maspero, 1974.

LES TEKE DU CONGO : ESPACE, POPULATION ET DÉVELOPPEMENT DU XVIE S. À NOS JOURS

Georges Miembaon
Université Marien Ngouabi/Congo

RÉSUMÉ

Les Teke sont en République du Congo l'un des grands ensembles ethniques du monde bantu qui révèle un vaste champ de dynamisme historique dans la longue durée des siècles. A partir de la combinaison des sources écrites et orales, recueillies et exploitées avec soin, circonspection et esprit critique, cette étude explore l'évolution historique de l'espace territorial des Teke, du XVIème siècle à nos jours, mais aussi les sous-groupes ethniques composant la population. Elle fait également ressortir le développement comme une affaire des nouvelles mentalités, un défi, un engagement, une rupture, le combat permanent des peuples colonisés.

MOTS CLÉS

Ethnie, Teke, Espace, Population, Développement.

INTRODUCTION

Le peuple Teke du Congo est l'un des grands ensembles ethniques du monde bantu qui révèle un vaste champ de dynamisme historique dans la longue durée. Des mentions sur son histoire remontent aux XVème-XVIème siècles, mais ne deviennent plus courantes qu'au XIXème siècle, particulièrement lors de la Mission scientifique de l'Ouest africain et de la prise de possession du Congo par l'explorateur italo-français Pierre Savorgnan De Brazza et ses compagnons (1880-1885). C'est donc ce peuple que nous nous proposons, dans la présente étude, de faire ressortir et d'en montrer l'évolution historique, du XVIème siècle à nos jours. Dans cette optique, deux réflexions sous-jacentes feront l'objet de notre réflexion : les sous-groupes ethniques qui dominèrent cet espace territorial, mais aussi le modèle de développement qui fut mis en œuvre pour en faire un « peuple évolué ». Étant entendu que le développement est un défi, un engagement, une rupture, un combat permanent des peuples colonisés d'Afrique Noire, nous nous interrogeons donc : comment les Teke procédèrent-ils pour se développer ?

I. L'ESPACE TEKE

Actuellement, au cœur de la République du Congo, ils occupent un vaste territoire de 200 km à 250 km du nord-ouest au sud-est, sur 200 km du sud-ouest au nord-est. Cet espace est bordé par des forêts plus ou moins primaires au sud, à l'ouest et au nord, où l'on trouve de fortes communautés qui leur sont apparentées linguistiquement et qui habitent la savane : les *Ambere,* les *Ambaama, les Kaninge,* les *Yansi,* les *Ntsaye-nzineke,* auxquels Yvon-Norbert Gambeg mais également Théophile Obenga dont le travail riche et fécond avait été réalisé sur le royaume de Macoco[1], avait consacré une sérieuse réflexion[2].

En se référant à l'histoire, des indications fort précieuses existent sur l'espace territorial des Teke dans les écrits des relations historiques des Européens, du XVI^ème^au XIXème siècle.

En 1506-1508, Duarte Pacheco Pereira circonscrit l'espace des pays teke de la manière suivante : « *Au-delà de la terre Kongo, au nord-est, s'étend une autre province, appelée Anzica* »[3]

De son côté, Pigafetta Lopes présente l'extension de l'espace teke de façon exagérée, vers la fin du XVIème siècle, probablement 1591, en ces termes : « *Au-delà du royaume de Loango, sont les peuples appelés Anziques... Ce pays donc, en direction de l'océan occidental, confine à celui des Ambu ; au nord, à celui des peuples d'Afrique et au désert de Nubie ; à l'est, au second grand lac d'où sort le fleuve Zaïre dans la contrée qui s'appelle Anzicana et qui est séparée du royaume de Congo par le fleuve Zaïre* »[4].

Il est aisé de relever que cette présentation correspond moins à l'espace teke, celui du royaume de *Makoko*, qui aurait atteint la Nubie, c'est-à-dire la partie septentrionale de l'État du Soudan. Le second lac dont il est question ici, est le lac Léopold II, *Maïndombe*, le premier lac étant Stanley Pool, *Ncuna*, en langue teke, qui prend sa source dans la région des Grands Lacs africains sous le nom de Lualaba. C'est vers ce lac *Maïndombe* que Van Der Kerken place le point de départ des migrations primaires teke de l'est vers l'ouest[5].

---

[1] Th. Obenga, « Le royaume de Macoco »,, Paris, *Présence Africaine*, n°701970, p. 29.
[2] Y.-N. Gambeg, « Contribution à l'étude des techniques de l'histoire démographique de l'Afrique Centrale : cas du pays teke du Congo XVIème-XXème siècles », *Les Cahiers de l'IGRAC*, n°3, Brazzaville, 2008, pp. 29-48.
[3] Pachero Pereira D., *Esmeraldo de Situ Orbis*, Lisbonne, édit, 1905.
[4] L. Pigafetta, *Description du royaume de Congo et des contrées environnantes (1591).* Traduction française de Willy Bal, Léopoldville, 1965, p. 32.
[5] Van der Kerken, *L'ethnie Mongo*, Bruxelles, 1944, p. 140.

Si cette délimitation répond moins exactement à celle qu'il convient d'attribuer à l'espace teke, vers 1654, Chaulmer écrit : « *Le Roy des Anzique (demeure) vers le nord du Royaume de Congo et s'appelle le grand Mococo* »[6].

Quelques années plus tard, probablement vers 1666, Isaac Vossius mentionne : « *Au-delà du royaume de Kongo, au nord du fleuve Zaïre (...), existe un très vaste royaume appelé Macoco* »[7].

C'est Olfert Dapper, médecin et géographe hollandais, qui nous donne de nouvelles précisions, vers 1686 :

> Fuengeno est un royaume tributaire du grand Makoko, est situé entre les deux rivières de Zaïre et de Loango, à deux ou trois cents lieues de la côte de Lovango (Loango), à l'Orient de Conde. Les habitants s'appellent Monsoles ou Méticas. Ce roi passe pour beaucoup plus puissant que celui de Congo[8].

Ce qui, en fait, revient souvent dans les textes anciens des auteurs, pourtant sérieux, ce n'est pas la dénomination "espace teke" ou "royaume teke", mais plutôt celle du royaume *d'Anzika, Anzico, Adzindzyu, Anzique, Anzikana, Fuengeno*, expressions qui désignent la même réalité sociogéographique.

En 1888, l'explorateur belge Camille Coquilhat circonscrit nettement l'ensemble de l'espace teke :

> Les peuples batéké s'étendent du nord (près des sources de l'Ogooué, du Niari-Lalli et du Léfini), vers le sud et l'est, le long de la rive septentrionale du Congo, du Djoué jusque près de l'Alima ; ils occupent aussi le pays à l'est du Stanley Pool jusqu'au Bas-Kasaï. Enfin, ils ont également des colonies derrière Bolobo. D'après M.P. De Brazza, les Batéké reconnaissent pour Chef le Makoko du pays de Mibé[9]

Au climat chaud et humide, l'espace teke, progressivement délimité au fur et à mesure de son évolution, a toujours couvert une étendue plus grande durant la traite négrière (XVème-XIXème siècles). Ramené à l'échelle de nos réalités sociogéographiques actuelles, cet espace, lors de sa plus grande extension vers la fin du XIXème s'étendait, d'après Léon Guiral, un des compagnons de Pierre Savorgnan De Brazza, ayant séjourné en pays teke et cohabité avec ceux-ci :

> Au nord et à l'est jusqu'à la rive droite de l'Ogooué – Franceville, y compris le bassin entier de l'Alima jusqu'aux cataractes du Congo en suivant la rive droite et même en empruntant parfois les deux rives. A l'ouest, le bassin du Djoué en faisait partie. Mais au moment de notre apparition, toute la partie nord du plateau de (Mbé) n'y restait rattachée que par la communauté de langage[10]

---

[6] Chaulmer, *Le Tableau de l'Afrique*, Paris, 1654, p. 62.

[7] I. Vossius, *De Nili et aliorumfluminum origine*, La Haye, 1666, p. 52.

[8] O. Dapper, *Description de l'Afrique...*, Amsterdam, trad. Française, 1686, p. 122.

[9] C. Coquilhat, *Sur le Haut-Congo*, Paris, 1888, p. 94.

[10] L. Guiral, *Le Congo Français du Gabon à Brazzaville*, Paris, Plon, Nourrit et Cie, Imprimeurs-Editeurs, 1889, p. 167.

Sources de l'*Ogooué*, du Niari, de la *Léfini*, du *Djoué*, de l'*Alima*, Stanley *Pool* ou *Pool Malebo, Mbe (Mibe)* la capitale, voilà le cœur même du pays *teke*, pays de sables et de savanes, sur un puissant massif gréseux[11].

Ainsi, de Duarte Pacheco Pereira (1506-1508) à Léon Guiral (1889), il est évident de constater la permanence de la mention de l'espace teke dans les écrits européens, en tant que peuple politiquement organisé, avec des royaumes et des souverains puissants. Le roi teke (Onkoo) Elo 1^er^reçut Pierre Savorgnan De Brazza, à sa cour (*mbali*), le 10 septembre 1880 : ce fait historique est révélateur de la renommée et de la puissance de l'espace *teke*. Quelle en est ainsi la composante ?

II. LES POPULATIONS

Il s'agit donc ici de voir les populations qui composèrent cet espace. A cet égard, notons que les Teke forment un ensemble composite au sein duquel plusieurs sous-groupes mènent une existence assez autonome, les uns et les autres constituant l'un des groupes ethniques dominants du Congo[12]. Dans ce cadre, ils comptent près de 20% de la population globale de la République du Congo, et viennent au second plan après tout l'ensemble Kongo : 45% . Leur « pays » est en général faiblement peuplé – sa densité étant de l'ordre de 1 habitant au kilomètre carré - excepté le plateau *kükùa*, dont la densité est supérieure à 30 habitants au kilomètre carré.

Si l'on se fie aux traditions orales, l'on retiendra que pour comprendre l'origine de ce groupe ethnique et ceux qui l'environnent, il faut remonter à la cosmogonie *Nguunu*. À cet égard, que l'on se réfère à Dominique Ngoie Ngalla qui évoque cette parenté mythique :

> ...Je décline ces peuples : Lumbu a Nguunu, Mupunu a Nguunu, Mutéké a Nguunu, Muvili a Nguunu, Mutsangui a Nguunu, Muyak a Nguunu, Mukongo a Nguunu, Mukunyi a Nguunu, Mubeeb' a Nguunu (...) Le mythe nguunu, mère, territoire ou roi de tous ces peuples (...) a été exercé sur le territoire de tous ces peuples. Une telle distribution du mythe des origines sur l'énorme quadrilatère qui va de Kwango à la Ngunié et l'Ogooué, et de l'atlantique aux plateaux Batéké postule l'unité culturelle de toute cette aire géographique, et donc pose les hommes qui le peuplent comme héritiers d'une histoire. Cette histoire que le mythe égalisateur, niveleur, réducteur des différences présente sur un plan unique et uni, n'est cependant unie ni au plan des temporalités qui la traversent, ni à celui des troupes ethniques qui la composent. Le territoire de Nguunu est, en effet, habité par les membres déjà bien divers par leurs appellations, nous venons de le reconnaitre lorsque nous avons énuméré les enfants de Nguunu : Lumbu, Punu, Tsangui, Nzabi, Teke, Yaka, Kongo. Et dans les Kongo existent bien d'autres peuples encore : Vili, Kunyi, Yombé, Woyo. Des so-

[11] Th. Obenga, « Le peuple teke en Afrique centrale », *Muntu*, Revue scientifique et culturelle du CICIBA, 1987, pp. 11-31.

[12] Th. Obenga, *Introduction à la connaissance des peuples de la République Populaire du Congo*, Brazzaville, Librairie Populaire, 1973, p. 42.

ciétés distinctes, on le voit, bien que leurs cultures les montrent apparentées toutes. Distinctes, par conséquence renvoyant à une histoire singulière spécifique, même si examinées sous tous leurs faciès culturels, elles apparaissent rassemblées sous un même englobant historique. Mais cet englobant ne parait s'être imposé à ces sociétés irréductibles les unes aux autres qu'après coup par la voie du mythe, précisément, le relai idéologique[13].

De ces versions légendaires, il ressort que *Ngunu* était à la fois mère primordiale et le territoire de départ d'un ensemble des peuples, sans doute le dernier foyer de départ de leurs migrations primaires. C'est donc suite à l'éclatement de ce dernier que se seraient érigés les royaumes *Teke, kongo* et *Loango*. En se référant à l'histoire, Olfert Dapper présente ainsi l'origine du royaume teke dans la région du nord proche du lac Malebo, en ces termes : « *Les royaumes de Makoko, de Kongo et de Loango tirent leurs origines des régions au Nord du lac Malebo, donc celui des Tio* ». Cette thèse est réaffirmée par Jan Vansina[14] qui en a décrit amplement le royaume à la fin du XIXème siècle.

Nous sommes donc amené à comprendre que ce mythe *Nguunu* évoque la communauté d'origine des peuples *teke, kongo* et *vili*. C'est aussi un signe manifeste de reconnaissance d'un réseau d'alliance issu des étroites relations commerciales qui existaient entre *Vili, Kongo* et *Teke* en recourant à d'éventuels intermédiaires.

Dans la mémoire des *Kongo* résidant actuellement à Brazzaville, les *Teke* sont reconnus comme étant les maîtres de la terre, premiers occupants du territoire congolais[15] : "*muteke mu nga-nsye*". C'est ce que nous confirme également Gilles Sautter en ces termes particulièrement saisissants : « *Les Batéké apparaissent ainsi (...) comme la strate ancienne du peuplement de cette partie de l'Afrique. Ils ont été un môle humain que les migrations d'autres peuples sont venus contourner et affronter* »[16].

Nous sommes donc convaincu que l'installation des *Teke* au Congo est très ancienne, les travaux des Archéologues comme Jean Lombard, Emphoux et Droux, l'ont confirmé également, de même que les thèses émises par de nombreux chercheurs, dont Abraham-Constant NdingaMbo, entre autres. À les en croire tous, les Teke seraient les premiers *Bantu* du Congo, que précédèrent les *Tswa* (Pygmées)[17]. Leur espace aurait été mordu et phagocyté par les *Ngala* à l'Est, les *Kongo* au Sud, avant d'être comprimé au Nord par les *Maka* et les

---

13 . D. Ngoïe Ngalla, « Histoire au cœur du mythe : les enfants de Nguunu », *Cahiers Congolais d'Anthropologie et d'Histoire,* T.11, 1986, pp. 30-31.

14 J. Vansina, *The Tio kingdom of the middle Congo 1880-1892*, Oxford, O.U.P, 1973, p. 122.

15 De nombreux immigrants bantuse seraient mêlés progressovement à cette population autochtone.

16 .G. Sautter, « Le plateau congolais de Mbé », *Cahiers d'Etudes Africaines* Vol.1, N°2, 1960, p.10

17 A. C. Ndinga Mbo, « Réflexion sur les migrations teke », *Cahiers Congolais d'Anthropologie et d'Histoire,* n°6, Brazzaville, 1981, pp. 65-76.

Fang. Ces faits sont ceux repris par tous les analystes de l'histoire de peuplement de l'Afrique centrale qui évoquent l'histoire des *Bantu*, groupe au sein duquel les *Teke* et les *Yaa* dans le Sud, se seraient retrouvés, avant d'arriver au Congo, à la suite des *Aka* (Pygmées), d'après les traditions orales.[18] Il semble donc possible que cette installation du groupe ethnique *teke* ait commencé au début de l'ère chrétienne.

Les travaux d'André Jacquot, Gilles Sautter et Théophile Obenga, de même que la linguistique comparée, nous aident, partiellement, à répartir la nomenclature du groupe ethnique teke en quatre principaux sous-groupes, subdivisés en plusieurs groupements claniques : les Teke du Nord ; les Teke Nord occidentaux ; lesTeke du centre (dits des Plateaux) et les Teke méridionaux.

A. Les Teke du Nord

Ce sont les *Mbetis*, les *Tege (Teke Alima)* et les *Bagangulu.*

1. Les Mbétis, eux-mêmes se disent *Mbere* (au singulier *Ombere* et au pluriel *Ambere)*[19] Ils se subdivisent en neuf sous-groupes[20], localisés à l'ouest de *Makoua*, particulièrement dans les sous-préfectures de *Kellé*, *Mbomo* et *Mbama.* Leurs voisins immédiats sont les *Teke* d'Ewo, les *Ngare* (dans la sous-préfecture d'*Etoumbi*) et les *Bakota* à l'est de la sous-préfecture de *Mbon.*

2. Les Tege, *Teke-Alima*, se nomment eux-mêmes *Atee* (pluriel *Otee)*, répartis en plusieurs sous-groupes[21] Leur habitat se trouve limité au nord par *Lékoli* (route *Ewo-Boundji*), à l'ouest par le Gabon, au sud par les *Koukouya* et le *Ngongwoni* et au sud-est par *Okwesse* (route *Okoyo-Boundji*).

3. Les Bagangoulou (du mot authentique *Angunwel* et au pluriel *Ongungwel),* se localisent comme les deux précédents sous-groupes teke, sur le versant *Sua* de la Cuvette congolaise. Les termes "*Bagangoulou*", "*Bangangulu*" et "*Gangoulou*" en sont de mauvaises transcriptions.

Communauté restreinte, les *Ongungwel* occupent l'espace compris entre la Cuvette congolaise au nord, le plateau de *Nsah* au sud, la vallée de l'*Alima* à l'ouest, et le Congo à l'est. C'est dire que les *Ongungwel* ont pour voisins les *Aboum* au sud, les *Mbosi* au nord, et à l'est, les *Moye*.

---

[18] Y. N. Gambeg, *Les Pygmées dans l'histoire du Congo,* Thèse de Doctorat d'État d'Histoire, Université Marien Ngouabi, Brazzaville, 2009, p. 422.

[19] C. Elion, enquête orale n°7, du 7 juin 2013 à Komo, Gamboma.

[20] On peut énumérer quelques-uns : *Mbere-Okana ; Mbere-Oyomi ; Mbere- Teke.*

[21] On peut citer : *Okwesse* (autour des centres importants comme *Okwesse, Odingi, Engama, Iko, Abolo* et *Oleli*) ; *Kimpini* (autour de *Nkwa, Kewami, Okoya, Asigi, Boli)* ; *Alima* (autour d'*Obu, Otsala* bac Okoyo via *Djambala* ; route *Leketi-Djambala)* ; *Nzabi* (autour d'*Esa, Edzuga,* frontière Gabon). On peut signaler que ce sous-groupe a été décrit largement par les premiers explorateurs du Congo.

B. Les Teke Nord-occidentaux

Il s'agit essentiellement des *Bantsintseke, Balali, Bayaka* et des *Teke de Mayoko, Komono et Mossendjo.*

1. Les Bantsintseke, (*Asintseke* : littéralement « gens de la savane »)[22], occupent le bord Nord-occidental du plateau *Küküa.* Actuellement, on les rencontre en vrac sur les terres *Ndjombani*, adjointe à la sous-préfecture de *Lékana.* Leur centre important est *Ontouvou.*

2. Les Balali (*Molale* au singulier, et au pluriel *Balali*) ont pour origine les localités baignées par la rivière *Lelale.* On les trouve pêle-mêle dans les préfectures de la *Bouenza* et de la *Lékoumou*, le long des axes routiers suivants : *Mouyondzi – Sibiti – Tsiaki ; Sibiti – Komono ; Sibiti – Zanaga ; Mabombo – Madingou.*

3. Les Bayaka (*Baya* au pluriel), se rencontrent sporadiquement, autour de *Sibiti, Mikamba, Minkélé*[23].

Ce sous-groupe ethnique est reconnu homogène et ne comporte pas d'autres subdivisions. Dans plusieurs cartes ethniques d'Afrique centrale, les *Yaka* figurent sur la rive gauche du fleuve Congo, en République Démocratique du Congo ; leurs voisins au nord et à l'ouest, dans cette localité, sont les *Fununga* et les *Wumbu*[24]

En se référant à l'histoire, de nombreux Anthropologues, Ethnologues, Sociologues et Historiens qui se sont penchés sur l'Afrique centrale, mentionnent la migration *Yaka* du XVIème siècle ; ils indiquent ainsi qu'ils auraient franchi le fleuve Congo et se seraient fixés sur la côte atlantique.

On sait également que leur invasion a porté un coup fatal au royaume de *Kongo*, et qu' après la destruction du *Kongo*, certains *Yaka* se seraient mêlés aux *Teke* et se seraient rendus dans le *Nsundi* où ils auraient fondé un petit royaume *Yaka* à l'est de *Loango*. Aujourd'hui, on retrouve la présence des *Wumbu* à l'est de l'habitat actuel des *Yaka*.

4. Les Bantsabi. Ils sont installés sur les plateaux *Batéké* où ils cohabitent avec les *Bantsangi* (de *Mossendjo* et de *Mayoko*).

C. Les Teke des plateaux du centre

Ils se donnent pour noms authentiques : *Ateke* (en langue *kûküa* et *Atio* en langue *Ndziku*) et *Boma*[25] Les sous-groupes dominants sont les suivants : les *Kükür̈a*, les *Ndziku*, les *Boma*, les *Teke* du plateau de *Mbé*.

1. Les Akikwa (*Akukuya, kukuya, koukouya, Asikuya, Achikouya)*, ont pour habitat le plateau *Kwa* correspondant à la plus grande partie de la sous-préfecture de *Lékana*.

---

[22] D. Lissouéré, enquête orale n°8, du 26 mars 2009, à Ngulonkila, Lékana.
[23] Kikouka, enquête orale n°9, du 22 janvier 2013, à Brazzaville.
[24] C. M. Ampila, enquête orale n°2, du 11 mars 2013 à Brazzaville.
[25] P. Mouvoura, enquête orale n°11, du 29 avril 2012 à Lagué, Lékana.

Nous possédons de très amples renseignements sur l'historique et la répartition du peuplement du plateau *kukuya* grâce à la tradition *Madzu-a-Mubié*[26]. Selon cette tradition, en effet, il y aurait eu deux stades principaux : les premiers habitants, *amuunsih*, sont censés avoir toujours habité la région. Ils ne viendraient de nulle part, car on ne conserve aucun souvenir d'une première immigration à leur sujet. Ces peuples aborigènes avaient à leur tête un *Mukoko* à *Kiboro* (*Terre Yullakuya*) autour duquel gravitait une hiérarchie politique dépendant de la monarchie de *Mbé* ; ensuite, il y eut une époque où le pays était infesté par des fauves (léopards et Lions). Les populations en furent alors horrifiées et ne travaillèrent plus. Dès lors, elles n'eurent plus rien à manger. C'est alors qu'un couple de "mages" issus des régions de l'*Alima* (*Nzabi, Ntsabiku me liokion*) apparut à *Ngonywini-likoli* dans l'actuelle terre *Akolo*. Ce couple, après plusieurs tentatives, vint dans le but d'assurer efficacement la protection du pays. Il se composait de *Mubié* et de l'une de ses sœurs. Très tôt, *Mubié* s'affirma comme homme puissant doté du pouvoir surnaturel de chasser les fauves. Il sut également débarrasser le pays d'un autre fléau : la famine. Mais il en profite pour s'installer sur cette bonne terre, et coiffa par la suite l'ancienne hiérarchie politique par celle qu'il allait instituer avec l'aide de ses douze enfants dont *Andzu-a-Mubié*[27] était le quatrième. *Mubié* prit alors le soin de déléguer dans chaque terre préexistante un de ses fils. L'un de ceux-là aurait même été dépêché auprès de *Makoko*de *Mbé* pour témoigner de la reconnaissance de sa souveraineté par son père :"*Mubiéyéni kula onkoo du ondzala*[28]". Par ailleurs, cette même tradition révèle que les gens eurent à manger et le pays dut prospérer : "*Mubié wokunikikwo*[29]", littéralement : "*Mubié* a planté la bouture de manioc", ce qui a pu éloigner la famine qui sévissait depuis longtemps dans le pays. Le narrateur nous rapporte qu'avant de mourir, *Mubié* avait prophétisé sur l'avènement des Blancs : "*kibami, indele*". Nous pensons que cet événement serait récent, et qu'il remonterait à près de six générations.

Le résultat essentiel a été donc l'accession du pays à l'indépendance vis-à-vis de la monarchie de *Mbé*. Les institutions politiques préexistantes n'ont pas été détruites par les nouveaux arrivants qui se sont contentés de doubler la chefferie traditionnelle et de la leur reconnaître supérieure par les autochtones, *Mpfun'antsie*. Il y a donc eu superposition et non opposition. C'est ce que du reste, confirment les travaux de Marie-Claude Dupré[30] sur la dualité du pouvoir chez les Batéké occidentaux où elle distingue les "*Nzineke*" et les "*Mubiale*".

La population du plateau *Kukuya* est répartie en dix regroupements claniques correspondant aux terres suivantes : *Akole*, chef-lieu *Abili* ; *Swo, Suo, Souo* ;

---

[26] Cette tradition a été recueillie par E. Adzou auprès de G.Nkari, notable, appartenant à la lignée *Madzu-a-Mubié*, le 9 décembre 1972 à Brazzaville.

[27] La tradition précise que Mubié faisait figure d'usurpateur. Dans toutes les lettres soumises, il recommandait qu'on lui donnât les plus belles femmes.

[28] Ph. Mpala, enquête orale n°12, du 17 février 2012 à AnkouAndzion, Lékana.

[29] P. Mouvoura, enquête orale n°11, du 29 avril 2012 à Lagué, Lékana.

[30] M.-Cl. Dupré, *La dualité du pouvoir politique chez les Teke de l'ouest*, Lyon, Thèse pour le Doctorat, 3ème cycle, Tome 1, 1972, p. 25.

Ongali, Angieme, Anguieme ; Kouma, Nkwa, Nkoua ; Enkou, Angama ; Lagué, Lage, Akana ; *Illakouya, Yullakuya, Ntsoumou ; Ntsékampika, Ngoulonkila ;Lékana, Likana, Lekana*[31].

La terre *Ntsama*, où la résistance à l'occupation coloniale a été plus dynamique, a été partagée entre ses voisines, *Abila* et *Kouma*[32].

2. Les Andzindzyu, *Nziki, Jinju, Anziche, Anseco, Anzique, Anzikana*, occupent le plateau de *Djambala* appelé aussi *Ndzyu* ou *Indzyu*. Ils sont connus depuis le XVIIème siècle et même plus tôt par les Européens par l'intermédiaire des *Vili*. Cette tribu se rencontre dans des localités importantes comme *Ndolo, Idzyu, Djambala-village, Oyompfula, Akouh, Mbali, Man, Osah, Intsini, Misa*[33]

3. Les Aboma, (*Baboma, Boma*) ; ils se disent eux-mêmes *Abum*. Ils vivent sur le plateau *Mbum* qui s'étend de *Mpouya* à *Ingouoni* (*Ingwoni*) d'une part, et de l'autre, de *Nsah* à *Mbwambé* (village *Lékini* via *Adzi, Epinansa*). Les principales terres peuplées par les *Abum* sont : *Nambouli*, chef-lieu*Adzi ; Nsah, Nsah ; Mbensala, Mbessala*(*Ngo*) ; *Ebala, Ebala* ; *Olounou, Olouna ; Ingouoni, Ingwoni ; Nkoumou, Nkuum*[34]

4. Les Teke du plateau de Mbé, sont les sous-groupes ci-après :

- les *Awum Bawumu, Bawoumou*, qui vivent dans la plaine *Mpum, Mpumu* au sud du plateau de *Mbé* ;
- les *Ambeh-mbeh, Bambembe*, qui se rencontrent au nord du plateau de *Mbé* dans la localité de *Boula-Nkyo* et ses environs. Nos enquêtes à *Ngabé* et ses environs ont révélé que ces deux localités sont habitées, outre ces deux groupes de populations, par des populations mixtes *Andzindzyu* et *Abum*[35].

Les *Asises* habitent la Haute-Léfini tandis que les *Akwe* (*Bakwe* au pluriel), vivent à *Pangala* et ses environs[36]

5. Les Teke méridionaux

Ils comprennent les *Afüm, Bafoumou, Bafoumbou*, les *Teke d'Impila* et de *Ngamaba* et, enfin, les *Mfununga, Amfununga, Mfunu*.

6. Les Bafoumou (*Afum, Bafoumbou)*, constituent l'une des trois branches du sous-groupe ethnique Ladiou Lari[37]. Ils habitent la région de *Mbamou*, les environs de la *Foulakari*, le nord de *Kinkala* et le sud-est de *Mayama*. Quelques populations *teke* vivent mêlées aux *Sundi* des régions de *Kindamba* et *Pangan-la*.

7. **Les Teke d'Impila**

Marcel Ibalico, Ethnologue congolais, nous donne de précieux renseignements sur leur origine :

---

[31] P. Bonnafé, *Histoire sociale d'un peuple congolais*, Paris, ORSTOM, T1, 1987, p. 44.

[32] J.-C. Amona, enquête orale n°1, du 29 janvier 2013 au village d'Enguon, Lékana.

[33] Ph. Mpala, enquête orale n°12, du 17 février 2012 à Ankou-Andzion, Lékana.

[34] J.-P.Evié, enquête orale n°6, du 24 août 2013 à Mbessala, Ngo.

[35] Nos informateurs nous ont précisé que cela était possible grâce aux multiples alliances que les *Teke* du plateau de *Mbé* contractaient avec les *Teke* de *Ndzyu* et de *Mbum*.

[36] C. Elion, enquête orale n°7, du 7 juin 2013 à Komo, Gamboma.

[37] Ces appellations varient d'un chercheur à un autre.

Les ancêtres des Balali sont venus de Mvila, village situé en face de l'actuel Bolobo, un peu à l'intérieur, les Moyé occupant la région qui borde le fleuve Congo. Ces derniers préfèrent dire Bouemba au lieu de Mvima. Ce sont, avec Bouenga, les deux gros villages Batéké de la région aujourd'hui dirigés par le chef Nguié[38].

Il y a quelques années, avant l'extension des agglomérations de Brazzaville et de Kinshasa, les *Batéké d'Impila* étaient aussi cantonnés dans les villages d'*Ingambwa*, sur la rive gauche du fleuve Congo, actuelle République Démocratique du Congo. On découvre ainsi l'origine du mot "*Intsaya*", "*Kisaya*" déformé par l'usage et devenu Kinshasa. Ce village, qui s'appelait réellement *Oulio*[39], serait un lieu de rendez-vous où les *Batéké d'Impila* sous les ordres de leur chef *Ntsaulouhou*, échangeaient leurs poissons contre le manioc des chasseurs *Bamboumou*[40].

Aujourd'hui, les *Teke* de *Ngamaba* se considèrent comme les véritables « *Ngantsié* »[41], les natifs authentiques de l'actuelle région de Brazzaville. On les trouve aussi dans la localité de *Kintélé* en amont de Brazzaville, sur le Stanley-Pool, où ils se sont mêlés aux *Bafoumou* et *Bateke d'Impila*, partageant le même dialecte, quoique comportant quelques nuances de variation.

À la limite, on se rend compte que dans leur foyer originel bantou, quelques éléments de la langue teke se seraient séparés très tôt des *Mbosi* et récemment des *Kongo*. C'est ce que rapporte ici Théophile Obenga :

> Le langage de ce peuple est tout différent de celui du Congo (Kongo), mais ce dernier est plus clair, et plus facile, aussi les Anziques (Teke) l'apprennent-ils aisément, tandis que les Congolais ont beaucoup de peine à apprendre celui des Anziques[42].

Comme on peut le constater, les *Teke* sont en République du Congo un groupe ethnique bantu intermédiaire entre les *Mbosi* au nord et les *Kongo* au sud.

III. LE DÉVELOPPEMENT, UNE CONSTRUCTION HISTORIQUE

Le progrès social apparaît comme une longue construction historique, et requiert une nouvelle mentalité liée à la diversité culturelle, véritable fondement de l'harmonie sociale. Dans cette entreprise, les bonnes valeurs morales authentiques incarnées, celles qui excluent l'intérêt futile et la ruse, seraient bénéfiques à toutes les diverses ethnies du Congo, parce qu'elles enrichissent une nouvelle

[38] M. Ibalico, « L'origine des Bateke d'Impila », *Liaison*, n° 46, Brazzaville, 1955, pp. 37-39

[39] C. Mviri, enquête orale n° 13, du 4 mai 2012 à Oyompfula, Djambala.

[40] Y. Nawéné, enquête orale n° 14, du 4 février 2012à Nkouo aux environs de Ngabé.

[41] V. Gami, enquête orale n°15, du 16 janvier 2013 à YaniYana, Ngo.

[42] Th. Obenga, *Cours polycopié de Méthodologie à l'Université de Brazzaville*, 1972, p. 13.

législation égalitaire de vie communautaire. S'il est admis que les Teke doivent s'enraciner dans leur culture pour retrouver leur authenticité, ils doivent aussi s'en déraciner, s'extérioriser pour faire partager leur perfection culturelle aux autres.Une telle ouverture n'a de sens que si elle est réciproque, et si elle se fonde sur la déconstruction de toutes formes idéologiques des valeurs autres que le tribalisme et l'ethnocentrisme. Jan Vansina a relevé que le « *tribalisme est l'invention d'une nouvelle ethnicité à l'époque coloniale. Il a fractionné les ethnies en chefferies et groupements pour les dominer* » [43]. On comprend que le tribalisme comme l'affirmation de soi par soi et pour soi, est un acte de surestimation dans le mépris des autres et exalte l'esprit de division au sein d'une même société ; l'ethnocentrisme, par ailleurs, est le fait de croire que notre ethnie est au centre de toutes les autres, elle est supérieure à toutes les autres, notre langue et notre culture d'appartenance sont meilleures que celles des autres.

Le développement est donc perçu ici comme une construction historique, l'engagement, le combat et la rupture que chaque génération contribue à définir.

On sait que toute société est une réalité très complexe, liée aussi aux systèmes de valeurs que chacun porte en soi. Une identité sociale, plus encore qu'une histoire, est ainsi une ambition que chacun doit réaliser en union avec tous ceux qui ont la même identité. Il s'ensuit progressivement l'élaboration d'une série des stratégies transformatives pratiques comme un recueil de propositions, de solutions et de recommandations permettant de rechercher une charte ethnique bien insérée dans les mentalités, qui amélioreraient les rapports communautaires. Ainsi donc, la nouvelle éthique luttera contre toutes formes de discrimination, d'exclusion, d'injustice, et proposera comme solution pratique une bonne voie d'équité où les pénalités judiciaires, par exemple, s'appliqueraient à tout le monde. La vulgarisation d'une telle idéologie engendrerait un grand changement, des forces positives, dans la conscience nationale, l'unité nationale, et favoriserait un climat d'harmonie sociale, de sérénité, de solidarité, de paix, reconnues comme conditions de possibilités de développement.

CONCLUSION

Nous avons montré, à travers l'histoire, comment l'espace teke extrêmement vaste à l'ère de la traite négrière (XVIème-XVIIIème siècles) s'est réduit progressivement du fait de l'implantation d'autres peuples. Cette grandeur peut être remontée, aujourd'hui, à partir de la toponymie et de l'hydronymie. L'unité de ce peuple repose sur la culture, en dépit de l'ouverture avec l'extérieur ; la langue quoique comportant quelques nuances de variation d'un sous-groupe à l'autre.

Enfin, le développement est perçu comme le défi, l'engagement, la rupture et le combat que chaque génération contribue à définir. Ces informations, si suc-

[43] J. Vansina, *Les anciens royaumes de la savane*, Léopoldville, IRES (Et. soc. I), 1965, p. 83.

cinctes soient-elles, sont cependant nécessaires et salutaires, car elles enrichissent nos connaissances.

SOURCES ET ÉLÉMENTS DE BIBLIOGRAPHIE

SOURCES

Sources orales : liste très sommaire des principaux teke interrogés

J.C. Amona, 54 ans, cultivateur et griot, interrogé à Lékana au village d'Enguon-Ntsékampika, le 29 janvier 2013. Il nous a livré d'utiles informations sur les origines et l'installation des teke kükïa sur le site actuel.

C.M. Ampila, 58 ans, scarifiée, marchande, interrogée à Brazzaville, le 11 mars 2013. Elle nous a communiqué des renseignements utiles sur les usages fonciers chez les teke kukua, et les coutumes y afférentes.

Andiri, 74 ans environ, scarifié, cultivateur, interrogé à Gamboma-Anié, le 19 décembre 2013. Il possède d'utiles informations sur les noms des villages teke, les us et coutumes.

Assiana Nkou, 34 ans, cultivateur et chasseur, interrogé à Anié, Gamboma, le 19 décembre 2013. Très intéressant pour le bien-fondé et les modalités des coutumes foncières chez les teke de Gamboma.

D. Dzon, 72 ans, scarifié, ancien forgeron, interrogé à Anié, Gamboma, le 18 décembre 2010. Il nous a communiqué d'utiles renseignements sur l'installation des teke de Gamboma (*Ongungwel*) et de Ngo (*Boma*).

J.-P. Evié, 49 ans, enseignant, interrogé à Ngo, Mbessala, le 14 août 2013. Il possède d'utiles informations sur les noms des villages et la répartition des teke Boma dans la localité de Ngo.

C. Elion, 39 ans, cultivateur et pêcheur, interrogé à Gamboma-Komo, le 7 juin 2013. Très renseigné sur les limites géographiques des pays teke, l'ethnonymie et l'hydronymies.

D. Lissouéré, 69 ans environ, scarifié, cultivateur et tisserand, interrogé à NgulonkilaLékana, le 26 mars 2009. Intéressant pour les origines, installation et les coutumes foncières des teke-kükïa.

Kikouka, 59 ans, ancienne cultivatrice du tabac, interrogée à Brazzaville, le 22 janvier 2013. Elle possède d'utiles informations sur la fondation et la mobilité des villages teke.

P. Mbima, 73 ans environ, scarifié, ancien cultivateur des tabacs et tisserand, interrogé à Lékana-Mbé, le 4 février 2009. Très intéressant pour les origines et l'évolution des teke dans leurs sites actuels.

P. Mouvoura, 72 ans environ, scarifié, Thérapeute et notable kükïa, interrogé à Lékana-Lagué, le 29 avril 2012. Très renseigné sur les origines, l'implantation, ainsi que les coutumes foncières y afférentes.

Ph. Mpala, 64 ans environ, cultivatrice, interrogée à Lékana-AnkouAndzion, le 17 février 2012. Elle possède d'utiles informations sur l'ethnonymie, les origines et l'installation des teke kukua.

C. Mviri, 66 ans environ, thérapeute, interrogé à Oyompfula, Djambala, le 4 mai 2012. Il nous a communiqué d'utiles informations sur les origines et les us et coutumes des teke *nziku*.

Y. Nawéné, 69 ans environ, cultivatrice, interrogée à Nkouo aux environs de Ngabé, le 4 février 2012. Elle possède de bonnes informations sur les coutumes matrimoniales teke.

V. Ngami, 72 ans environ, ancien cultivateur du tabac, interrogé à YaniYana, Ngo, le 16 janvier 2013. Il possède de bonnes informations sur les coutumes teke Boma et Kukua, de même que les mariages mixtes.

BIBLIOGRAPHIE

E. Adzou, *Histoire et civilisation du royaume de Makoko*, Mémoire de maîtrise d'Histoire, Université de Brazzaville, FLSH ronéo, 1972, 124 p.

E. Anderson, *Contribution à l'ethnographie des Kuba* I, Suède, Uppsala, 1952.

P. Bonnafé, *Histoire sociale d'un peuple congolais*, T. 1, Paris, ORSTOM, 1987, 486 p.

Chaulmer, *Le Tableau de l'Afrique*, Paris, 1654, 49 p.

C. Coquillat, *Sur le Haut-Congo*, Paris, 1888, 279 p.

O.Dapper, *Description de l'Afrique contenant les noms, la situation et les confins de toutes les parties... avec des cartes, des états, des provinces et des villes et des figures en taille douce*. Traduction du flamand de l'ouvrage d'O. Dapper, Amsterdam, Waersberge, Borme de Van Sameran, 1686, 534 p.

M.C. Dupré, *La dualité du pouvoir politique chez les Teke de l'ouest*, Lyon, Thèse pour le doctorat de 3ème cycle, Histoire, 1972, 472 p.

Y.N. Gambeg, « Contribution à l'étude des techniques de l'histoire démographique de l'Afrique Centrale. Cas du pays teke du Congo, XVIe-XXe siècles », *Les Cahiers de l'IGRAC*, n°3, Brazzaville, 2008, pp. 29-48.

Y.N. Gambeg, *Les Pygmées dans l'histoire du Congo*. Brazzaville, Thèse de doctorat d'État d'histoire, Université Marien Ngouabi, 2009, 924p.

L. Guiral, *Le Congo français du Gabon à Brazzaville*, Paris, Plon, Nourrit et Cie, Imprimeurs-Éditeurs, 1889, 322 p.

M. Ibalico, « L'origine des Bateke d'Impila », *Liaison*, n°46, Brazzaville, 1955, pp. 37-39.

A.-C. NdingaMbo, « Réflexions sur les migrations teke au Congo », *Cahiers Congolais d'Anthropologie et d'Histoire*, Brazzaville, Université Marien Ngouabi, tome 6, 1981, pp. 65-76.

D. Ngoïe Ngalla, « Histoire au cœur du mythe : les enfants de Nguunu », in *Cahiers Congolais d'Anthropologie et d'Histoire*, tome 11, 1986, pp.30-36

Th. Obenga, « Le peuple teke en Afrique centrale », *Muntu*, Revue scientifique et culturelle du CICIBA, 1987, pp. 23-34.

Th. Obenga, « Le royaume de Makoko », *Présence Africaine*, n°70, Paris, 1970, pp.28-45.

Th. Obenga, *Introduction à la connaissance des peuples de la République Populaire du Congo*, Brazzaville, Librairie Populaire, 1973, 142p.
P.D. Pacheco, *Esmeraldo de Situ Orbis, Ediçaocommenmorativa da discoberta da Americaporchistovao Colombo no seu quarto certenariosub à direcçao de R.E.* deAzevedoBasto, Lisboa, 1892, 1 vol.XXXV, 1508.
F. Pigafetta, L.Duarte, *Description du royaume du Congo et des contrées environnantes (1591)*. Traduction française de Willy Bal, Léopoldville, 1965, 359 p.
G. Sautter, 1960, « Le plateau congolais de Mbé », *Cahiers d'Etudes Africaines*, Vol.I, n°2, 1960, pp. 5-48.
K. Van der, *L'Ethnie Mongo*, Bruxelles, 2 tomes, 1944, 1124 p.
J. Vansina, *Les anciens royaumes de la savane*, Léopoldville, IRES (Et. Soc., I), 1965, 250p.
J. Vansina, The *Tio kingdom of the middle Congo (1880-1892)*, Oxford, Oxford University Press, 1972, 432 p.
I. Vossius, *De Nili et aliorumfluminum origine*, La Haye, 1666, 372 p.

LES BALBUTIEMENTS DE LA CONSTRUCTION NATIONALE AU TOGO (1960-1967)

Nakpane Labante
Université de Kara/Togo

RÉSUMÉ

Dans l'Afrique post-indépendance, la « construction nationale » a été, avec le « développement », le slogan le plus en vogue. Dans tous les États, les pratiques les plus diverses ont été mises en œuvre pour donner le plus de visibilité à la « nation » naissante. Il en a été ainsi au Togo sous les Présidents Sylvanus Olympio (1960-1963) et Nicolas Grunitzky (1963-1967) qui ont enclenché le processus d'édification de la nation togolaise.

MOTS CLÉS

Nation, Construction nationale, État, Développement, Togo.

INTRODUCTION

Au Togo, il existe deux Pères de la Nation alors que la question de construction nationale est encore d'actualité. Ainsi, pour l'ancien parti unique, le Rassemblement du Peuple Togolais (RPT), le Président Gnassingbé Eyadéma, son fondateur, est « le Père de la Nation ». De son côté, G. Tété estime que « *Sylvanus Olympio est le Père de la Nation togolaise tout comme George Washington est le Père de la Nation américaine* »[1].

Dans ces décrets de Père de la Nation, du reste tendancieux, il est un nom qu'on n'évoque très peu, celui de Nicolas Grunitzky, dont l'action n'en est pas moins déterminante dans l'histoire du Togo.

Mais des trois figures de la vie politique du Togo, celle d'Eyadéma occupe une position prééminente. En effet, c'est lui, le véritable bâtisseur du Togo. Par

[1] Dans son ouvrage intitulé *Sylvanus Olympio père de la nation togolaise*, 2008, Paris, l'Harmattan, p. 252.

conséquent, ses prédécesseurs ont consacré leurs énergies aux querelles politiques qui ont conduit à la haine, à l'anarchie et aux règlements de compte[2].

Aujourd'hui, il apparaît que « le Togo des beaux-frères ennemis »[3] n'est pas un désert sur toute la ligne. De ce fait, quels ont été les mécanismes intégrateurs mis en œuvre, respectivement par Sylvanus Olympio et Nicolas Grunitzky entre 1960 et 1967 ? En d'autres termes, qu'ont-ils fait pour instaurer l'unité entre les groupes hétérogènes établis sur le territoire togolais, ouvrir des perspectives pour la participation politique et répartir autant que possible des ressources peu abondantes ?

La réponse à ces questions a commandé l'exploitation des documents de première main, qui sont essentiellement les discours mensuels des Présidents Olympio et Grunitzky à la Nation et les périodiques, ainsi que des références bibliographiques qui permettent d'appréhender les efforts consentis par les premiers gouvernants du Togo afin de construire l'État-Nation. Il a été, en outre, nécessaire de préciser le contenu du concept de la construction nationale. Encore appelée processus d'édification de la Nation, la construction nationale vise délibérément à élargir l'horizon des attaches subnationales pour le faire coïncider avec les frontières de l'État et, en fin de compte, à rendre seulement partiellement l'adhésion aux groupes restreints. De plus, l'œuvre de construction nationale dans les États africains a été ponctuée de conflits et de crises du fait de la diversité des groupes humains participant à cette évolution[4]. Cette acception est justement mise en exergue dans la perspective de la présente contribution.

Du reste, son propos est d'analyser les débuts de la Nation togolaise à travers les artifices imaginés par les Présidents Olympio (1960-1963) et Grunitzky (1963-1967), pour réaliser l'intégration de la mosaïque de peuples arbitrairement regroupés au sein de l'entité territoriale appelée le Togo.

I. SYLVANUS OLYMPIO ET LA CONSTRUCTION NATIONALE : UNE TÂCHE QUI TIENT DE LA GAGEURE (27 AVRIL 1960-13 JANVIER 1963)

Au moment de son accession à la souveraineté nationale et internationale, le Togo, à l'instar des autres États africains hérités du régime colonial, est caracté-

[2] C'est la thèse de O. W. Yagla, l'une des éminences grises du régime Eyadéma qui situe l'édification de la Nation togolaise à partir de 1967, année de la prise du pouvoir par Gnassingbé Eyadéma. Sa thèse est consignée dans son ouvrage titré *L'édification de la nation togolaise (naissance d'une conscience nationale dans un pays africain)*, Paris, l'Harmattan, 1978, 215 p.

[3] L'expression est de R. Cornevin, *Le Togo. Des origines à nos jours*, Académie des Sciences d'outre-mer, 1988, p. 307.

[4] J. I. Elaigwu, « Construction de la nation et évolution des structures politiques », A.A. Mazrui & Ch. Wondji, *Histoire générale de l'Afrique*, Vol. VIII *L'Afrique depuis 1935*, Paris, Présence Africaine/Edicef/Unesco, édition abrégée, 1998, p. 289.

risé par un antagonisme entre le « Nord » et le « Sud », conséquence d'une inégale mise en valeur qui a créé de profonds déséquilibres entre les différents peuples.

Comment équilibrer le développement de ces deux régions et assurer avec équité la formation des cadres ? Réduire ou effacer les disparités laissées par le pouvoir colonial et enrayer les stigmates des violences politiques[5] qui ont marqué la période 1958-1960, tient de la gageure. Quels sont alors les efforts de Sylvanus Olympio dans ce sens ?

A. Le discours du 27 avril 1960, un véritable appel à l'unité nationale

Devant les législateurs togolais, réunis pour la première fois en tant parlement souverain, le 27 avril 1967, sous la présidence de Jonathan Savi de Tove, Sylvanus Olympio, encore Premier Ministre mais assumant provisoirement les pouvoirs du Chef de l'État[6], prononce un discours dans lequel il estime, d'entrée de jeu, que l'indépendance marque le début de l'existence de la Nation togolaise[7] : « *Notre cher TOGO, notre Terre bien-aimée devient aujourd'hui, au moment même où je parle, un PAYS libre ; le peuple togolais devient une Nation indépendante, souveraine, appelée à participer à la vie internationale, de concert avec les autres nations, sur un pied de complète égalité* »[8].

Après avoir lancé l'idée d'une organisation africaine de coopération économique et demandé que l'union économique soit accomplie en Afrique avant que la question épineuse d'une union politique soit abordée, Sylvanus Olympio a terminé son allocution en conviant les Togolais à l'unité, gage, selon lui, de prospérité :

> Pour nous, Togolaises et Togolais, nos actes quant à notre pays, doivent être accomplis dans le respect que nous devons à ceux qui, ayant vécu avant nous, sont à l'origine de notre peuple, dans l'intérêt que nous devons porter à ceux qui demain,

---

[5] Au lendemain de la victoire des partis nationalistes aux législatives de 1958, certains de leurs partisans ont rendu la pareille aux militants des partis progressistes qui, pendant sept ans (1951-1958), ont dominé la vie politique togolaise. Ces actes de violence se sont invités dans l'enceinte du parlement où certains députés de la minorité ont été molestés. Sylvanus Olympio, alors Premier Ministre, a pris des mesures d'apaisement qui sont, entre autres, l'amnistie pour toutes infractions à caractère ou à inspiration politique et la tournée de l'unité nationale de 1959 afin de réconcilier les Togolais après cet épisode malheureux.

[6] Selon les dispositions d'une loi organique, faisant office de constitution provisoire, adoptée par la Chambre des Députés le 23 avril 1960. Cf. *Marchés tropicaux* du 30 avril 1960, p. 1047.

[7] Ce qu'illustre d'ailleurs l'inscription sur le monument de l'indépendance, réalisé par l'architecte français G. Coustère : « Peuple togolais par ta foi, ton courage et tes sacrifices, la Nation togolaise est née ».

[8] Discours de M. S. Olympio le 27 avril 1960 devant la Chambre des députés, *Bulletin mensuel de la chambre de commerce, d'agriculture et d'industrie du Togo*, avril 1960, p. 1.

nous succéderont. Nous devons tout mettre en œuvre pour que le Togo de nos fils et nos filles soit plus beau, plus grand, plus uni que le nôtre. Les vieilles querelles tribales, les vieilles animosités de famille doivent définitivement disparaître. De l'océan aux frontières du Nord, de l'Akposso au Mono, le Togo doit être un, libre et fier.

Togolaises, Togolais, faisons tous aujourd'hui dans notre cœur le serment indéfectible de respecter la devise de notre État : Travail-Liberté-Patrie ; que ces mots soient à jamais vivants dans notre esprit, que Dieu nous donne la volonté d'aimer notre Togo et d'en faire un pays heureux.

Ainsi, nous assurerons la grandeur de notre Patrie, de la Terre de nos Aïeux que chante notre hymne national et que symbolise le drapeau qui, choisi par nous, flotte depuis ce matin sur tout le Togo [9].

À travers ce discours, Sylvanus Olympio a fait une profession de foi en faveur de la construction nationale. Cette intention n'est pas restée un vœu pieux dans la mesure où des actions concrètes ont été posées en vue de son accomplissement.

B. La discrimination raciale et le tribalisme combattus par la Loi fondamentale

À l'aube des indépendances, la construction nationale en Afrique s'est heurtée à certains obstacles redoutables dont les intérêts ethniques ou pseudo-ethniques, bien que les devises, les hymnes et les drapeaux des nouveaux États en appellent à des valeurs collectives telles que « un peuple, un but, une fois » (Sénégal), « unité, liberté, travail » (Zimbabwé)[10], « travail, liberté, patrie » (Togo).

Au Togo, comme ailleurs, les premiers responsables, conscients des effets pervers de l'ethnicité et du tribalisme, ont pris des mesures idoines pour contourner ces obstacles. C'est ainsi que la Constitution du 9 avril 1961 condamne le tribalisme et la discrimination raciale : « *Tout acte de discrimination raciale, toute propagande à caractère raciste ou même "régionaliste" sont punis par la loi* »[11].

Par ailleurs, le choix de la voie référendaire pour l'adoption de la Constitution de 1961 est un moyen pour permettre à la Nation de participer directement à l'établissement de celle-ci. En fait, il ne peut y avoir de véritable Constitution

---

[9] Discours de M. Olympio le 27 avril 1960 devant la Chambre des Députés, *Bulletin mensuel de la chambre de commerce, d'agriculture et d'industrie du Togo*, avril 1960, p. 6.

[10] J. Ki-Zerbo *et al.*, « Construction de la nation et évolution des valeurs politiques », A.A. Mazrui & Ch. Wondji, *Histoire générale de l'Afrique*, Vol. VIII *L'Afrique depuis 1935*, Paris, Présence Africaine/Edicef/Unesco, édition abrégée, 1998, p. 307 & p. 311.

[11] Citée par R. Cornevin, *Le Togo. Des origines à nos jours*, Académie des Sciences d'Outre-mer, 1988, p. 315.

que celle acceptée par la Nation. C'est pourquoi par une loi votée le 1er mars 1961, la Chambre des Députés a autorisé le gouvernement à soumettre à la consultation populaire, en même temps que la Constitution, les institutions que celle-ci prévoit : les élections à la Présidence de la République et à l'Assemblée Nationale[12].

Pour les législatives, il a été adopté le système de liste nationale. Sylvanus Olympio justifie cette option par les impératifs de l'édification de la Nation :

> Le choix du système électoral retenu par la Chambre des Députés pour les élections législatives a pu susciter quelque surprise, mais il a semblé nécessaire de l'adopter afin de parachever ou renforcer l'unité nationale et rendre mieux perceptible à tout citoyen, qu'il soit de Niamtougou ou de Tabligbo, que sa patrie ne s'arrête pas aux limites de sa circonscription. Chaque député devient le représentant de la Nation toute entière, et de ce fait, s'imposera naturellement à ses yeux la hiérarchie nécessaire entre l'intérêt général et les intérêts particuliers. Alors conscients de cette unité, nous bâtirons la cité d'un même cœur, solidement et harmonieusement[13].

En dehors de ces dispositions constitutionnelles, le Gouvernement togolais a assigné à l'Institut de Recherches du Togo (IRTO), la tâche de connaître les us et coutumes des populations pour mieux promouvoir la solidarité nationale. Qui plus est, l'Institut Togolais des Sciences Humaines est créé pour être avant tout un institut de folklore et d'histoire de l'homme. Pour ce qui est de l'histoire du Togo, le plus pressant est de recueillir l'ensemble des traditions orales, us et coutumes, pour leur explication et interprétation par la suite. A cet effet, tous les Togolais sont instamment conviés à apporter à cet Institut un concours sans réserve, car l'histoire d'un pays incarne son âme et sa connaissance ; elle seule permet l'appréciation de la valeur de son peuple et de ses possibilités[14].

Empêcher l'expression du tribalisme et de l'ethnicité est un bon canal pour la construction de la Nation. Mais faire en sorte d'associer toutes les composantes ethniques à la gestion des affaires publiques constitue également une voie royale pour édifier la Nation.

---

[12] Chaque parti doit réunir cinquante et un candidats, représentatifs du pays du Nord au Sud et décider entre eux de celui qui doit porter le flambeau, mobiliser le montant de la caution (soit 2.550.000 F CFA). Ce que l'opposition n'a pu faire dans le délai fixé ; d'où le rejet de sa liste. En conséquence, ces élections ont donné une écrasante majorité à la liste gouvernementale. Cf. R. Cornevin, *Le Togo. Des origines à nos jours*, Académie des Sciences d'Outre-mer, 1988, p. 315. Il convient, par ailleurs, de signaler que le système de liste nationale a été aussi adopté par le régime Grunitzky lorsqu'il a organisé les élections générales du 5 mai 1963.

[13] Cf. Allocution mensuelle du Premier Ministre (vendredi 31 mars 1961), *Bulletin mensuel de la chambre de commerce, d'agriculture et d'industrie du Togo*, mars 1961, p. 3.

[14] Informations tirées de l'allocution mensuelle du Premier Ministre (vendredi 24 février 1961), *Bulletin mensuel de la chambre de commerce, d'agriculture et d'industrie du Togo*, février 1961, p. 1 et p. 6.

C. Le recours au dosage ethnique quoique limité

Le dosage ethnique peut se définir comme une technique de répartition ou de distribution des postes les plus importants de responsabilité politique, administrative, militaire ou autres en tenant compte du poids démographique, économique, politique de chaque groupe ethnique ou tribal dans une société pluriethnique marquée par une forte prégnance des appartenances tribales. L'objectif visé est de conférer une plus grande représentativité ethnique au régime et d'en consolider ainsi la stabilité[15].

A l'instar des autres dirigeants africains, le Président Olympio a eu recours au dosage ethnique, quoi qu'on en dise. Il existe des exemples qui étayent cette stratégie. Ainsi, dans le gouvernement de 1958 à 1963, les deux grandes régions du Togo sont représentées même s'il y a une inégalité entre le « Nord », qui ne compte que deux Ministres (Martin Sankaredja et Namoro Karamoko), et le Sud, qui se taille la part du lion avec 6 Ministres (Paulin Freitas, Paul Amegee, Hospice Coco, Théophile Mally, Gerson-Victoire Kpotsra et Paulin Akouété)[16].

Le Bureau de l'Assemblée Nationale de 1961 à 1963, lui, est équilibré même si la Présidence revient à un originaire du « Sud ». Ce Bureau se présente comme suit : Jonathan Savi de Tové (S), Président ; Mongore Youma (N), 1er Vice-Président ; Fio Agbanon (S) II, 2e Vice-Président ; Arouna Mama (N), 1er Secrétaire ; Joseph Tsogbé (S), 2e Secrétaire ; Moumouni Mamah (N), 3e Secrétaire ; Paul Guedze (S), 1er Questeur ; Laurent Djagba (N), 2e Questeur[17].

Pour ce qui est des chefs de circonscriptions administratives, il y a des exemples emblématiques du dosage ethnique : Pana Ombri, un des élèves de la première promotion de l'Ecole togolaise d'administration et originaire du pays kabiyè, est chef de circonscription de Lomé, Alphonse Bodjona, un autre originaire du pays kabiyè, est à la tête de la circonscription de Tabligbo et Bénoît Bédou, un autre Kabiyè encore, est chef de circonscription de Lama-Kara[18].

A la tête de la petite garde togolaise, se trouve le colonel Kléber Dadjo, un originaire du pays nawda (région septentrionale).

L'édification de la Nation togolaise ne saurait se limiter à la participation de toutes les composantes ethniques à la gestion de l'État. Elle doit, pour s'affermir, prendre en compte la répartition harmonieuse des infrastructures et réalisations à travers tout le territoire.

---

[15] K. Ahadji-Nonou, « Réflexions sur un tabou du constitutionalisme négro-africain : le tribalisme », *Les voyages du droit*, Mélanges en l'honneur de Dominique Breillat, Presses Universitaires de Poitiers, 2011, pp. 20-21.

[16] G. Tete, *Sylvanus Olympio père de la nation togolaise*, Paris, l'Harmattan, 2008, p. 145.

[17] Tch. Kalaba, *Les Togolais et le pouvoir législatif entre 1946 et 1967*, Mémoire de Maîtrise d'Histoire, Kara, Université de Kara, 2013, p. 82.

[18] O.-d. Kozi, *Les chefs de circonscription et la gestion administrative du Togo de 1960 à 1981*, Mémoire de Maîtrise d'Histoire, Kara, Université de Kara, 2014, p. 27 et p. 31.

D. Une distribution équitable des réalisations sur toute l'étendue du territoire pour le plus grand bien de tous les Togolais

L'originalité du régime Olympio consiste en des entretiens mensuels dans lesquels le Président fait part au peuple de nombreux projets conçus par le Gouvernement, dont la réalisation ou la mise en place doit contribuer en premier lieu à affermir l'indépendance, en second lieu à faire du Togo une Nation capable de s'administrer elle-même et de gérer ses propres affaires. Le Gouvernement ne néglige pas le moindre secteur de la vie nationale, mais s'efforce plutôt de construire harmonieusement le pays, car tout déséquilibre dans la manière de conduire les affaires publiques peut être préjudiciable à l'édification de la patrie[19].

Au travers donc de ces entretiens, il est aisé de constater que les réalisations d'ordre économique, social et culturel, sont réparties de façon équitable sur tout le territoire.

Au titre de l'Education nationale, le plan de scolarisation s'est poursuivi régulièrement : 50 ensembles de 3 classes avec logement pour le Directeur ont été répartis sur toute l'étendue du territoire. Leur mise en place et leur équipement ont permis de remplacer un certain nombre de classes vétustes et d'ouvrir de nouvelles classes selon les nécessités locales. En outre, dans le domaine de l'enseignement secondaire, le Gouvernement attache une très grande importance au développement des cours complémentaires. Destinés à former les cadres moyens de la Nation tout en permettant la promotion sociale des élèves les mieux doués, ces établissements sont implantés dans tout le pays : Vogan, Palimé, Lama-Kara, Dapaong, Woamé et Hiheatro. Des bâtiments appropriés pour abriter ces cours sont réalisés à Dapaong, Lama-Kara, Bassari et Palimé[20].

Dans le domaine agricole, la poursuite de la modernisation agricole touche toutes les régions du pays. Il était important de moderniser le système cultural afin de provoquer un bond en avant de la production nationale. Pour atteindre ce but, diverses méthodes de mécanisation sont implantées un peu partout : dans telle région, c'est la culture attelée, dans telle autre, c'est la motorisation. C'est ainsi que dans les vastes et régulières plaines du Nord où vit un important troupeau de bovins, le labour attelé s'intègre progressivement dans les travaux agricoles. Dans ce sens, le centre-pilote de Toaga se charge du dressage des bœufs que lui amènent les paysans désireux de souscrire à cette innovation.

Parallèlement à la mécanisation, se développent, dans les mêmes régions, les travaux de modernisation du Nord-Togo (SEMNORD), impressionnants surtout par la réalisation des barrages de retenue d'eau au nombre de 49, qui jouent un rôle capital dans l'alimentation en eau de la population en saison sèche.

---

[19] Paragraphe introductif de l'allocution mensuelle du Premier Ministre (vendredi 24 juin 1960), *Bulletin mensuel de la chambre de commerce, d'agriculture et d'industrie du Togo*, juin 1960, p. 1.

[20] Allocution mensuelle du Président de la République togolaise (vendredi 28 octobre 1961), in *Bulletin mensuel de la chambre de commerce, d'agriculture et d'industrie du Togo,* octobre 1961, p. 1 et p. 3.

Dans la moitié Sud du pays où les conditions à une culture attelée ne sont pas aussi propices, les efforts sont surtout portés sur la motorisation. Un esprit coopératif, qui règne dans ce milieu, constitue un facteur fort encourageant du progrès. Afin de trouver une formule adaptable, une zone de démonstration a été implantée à l'Est-Mono. Dans ce secteur, les terres regroupées ont permis l'organisation d'une mutuelle de motoculture équipée d'un tracteur avec les appareils de labour, de fauchage de semis et de transport[21].

Dans le domaine de la santé, les constructions de maternités à Palimé, Aného, Kandé et des pavillons d'hospitalisation à Palimé, Pagouda, Niamtougou et Kandé sont entreprises. Le service de santé s'efforce de mettre en application un programme d'action sanitaire et sociale minutieusement étudiée et portant sur l'assainissement du milieu urbain et rural, la lutte contre les maladies contagieuses, la protection de la maternité et de l'enfance, l'amélioration de la nutrition, et enfin l'équipement technique et matériel des hôpitaux et dispensaires de la République[22].

Sur le plan de l'assainissement, la ville de Lomé voit, dès 1961, un début d'assainissement avec, pour commencer, l'évacuation des eaux usées et des eaux pluvieuses des quartiers sud de Lomé. Une adduction d'eau doit être réalisée à Aného ainsi que l'extension des réseaux de distribution d'eau à Kouvé, Ahépé et Tsékpo. Des points d'eau sont signalés dans les régions de Palimé, d'Atakpamé, de Bassari de Lama-Kara et de Dapaongo, grâce aux travaux hydrologiques.

Les postes et télécommunications font l'objet d'une attention particulière du Gouvernement en 1961. L'équipement des postes et télécommunications porte, à partir de 1961 en particulier, sur la construction de la direction de ce service, la réalisation des postes de Blitta, Niamtougou, Kétao et Aného. En même temps, le Gouvernement prévoit la transformation de la cabine de Tomégbé en une agence postale ainsi que l'acquisition d'un poste automobile rural pour les circonscriptions de Tsévié et de Dapaongo. De plus, l'extension du réseau souterrain téléphonique de la capitale débute dans le même temps tandis que sont améliorées les conditions de communications téléphoniques interurbaines Lomé-Palimé, Lomé-Atakpamé, Lomé-Mango, par la mise en place des courants porteurs[23].

Le Gouvernement, sous la houlette de Sylvanus Olympio, s'est efforcé de répartir, de façon harmonieuse, les réalisations dans divers domaines de la vie politique, économique et sociale. Cela participe au renforcement de la cohésion

---

[21] Allocution mensuelle du Président de la République togolaise (vendredi 25 août 1961), *Bulletin mensuel de la chambre de commerce, d'agriculture et d'industrie du Togo,* août 1961, pp. 1-2.

[22] Allocution mensuelle du Premier Ministre (vendredi 30 décembre 1960), *Bulletin mensuel de la chambre de commerce, d'agriculture et d'industrie du Togo,* décembre 1960, p. 5.

[23] Allocution mensuelle du Premier Ministre (vendredi 30 décembre 1960), *Bulletin mensuel de la chambre de commerce, d'agriculture et d'industrie du Togo,* décembre 1960, pp. 5-6.

nationale. Toutefois, il est très important que le Président s'assure de l'exécution effective de ces projets et ait des contacts directs avec les populations pour toucher du doigt leur quotidien afin de changer son fusil d'épaule.

E. Des tournées à l'intérieur du pays pour prendre le pouls de la construction nationale

L'autre trait distinctif du régime Olympio est qu'il effectue périodiquement des tournées sur toute l'étendue du territoire. Par exemple, au cours de l'année 1961, il a fait une tournée, du 8 au 20 janvier, dans les circonscriptions du Nord avec des itinéraires déterminés et des endroits où la délégation présidentielle passe la nuit. Parti de Lomé pour Atakpamé le 8 janvier 1961 (coucher), il quitte cette ville pour Blitta, Sotouboua et Sokodé le 9 janvier. Le 10 janvier, il visite la circonscription de Sokodé où il passe la nuit ; le 12 janvier, il part pour Bafilo, Lama-Kara où il dort. Le lendemain, il part pour Kandé et Mango, visite la circonscription de Mango, s'y repose, avant de repartir, le 16 janvier, pour Dapaong, où il passe la nuit, puis visite la circonscription le 17 janvier. Le 19 janvier, il est à Bassar, visite la circonscription et y passe deux nuits, avant de partir, le 20 janvier, pour Atakpamé. Il s'est agi d'une tournée de travail et le Président a pris soin d'indiquer aux chefs de circonscription de ne pas organiser de manifestations populaires[24].

En mai 1962, le Président Olympio a effectué une tournée sur toute l'étendue du territoire. Elle le conduit d'abord le 11 mai 1962 à Aného. Ensuite, du 17 au 25 mai 1962, il séjourne successivement à Notsé, Atakpamé, Sokodé, Mango, Dapaong, Kandé, Lama-Kara, Sokodé, Blitta, Atakpamé et Palimé. Au cours de ce voyage, l'agenda du Président a été très rempli, comme à Dapaong où il a procédé aux décorations, a rendu visite au chef supérieur à Korbongou et visité la ville (dispensaire et cours complémentaire)[25]. Cette tournée a permis au Président non seulement de renouer un contact direct avec les populations, mais aussi d'apprécier l'effort qu'elles ont accompli dans le cadre de la construction nationale, et de noter ce qui reste à faire. Au cours de cette tournée, le problème de la disette a retenu son attention. C'est ainsi qu'il a visité les centres de disette à Kandé et a marqué un arrêt à Blitta pour apprécier l'organisation du transit de vivres pour les victimes de la disette.

En effet, à la suite d'une enquête officielle, il a été décelé, dès le début de l'année 1962, qu'une disette sans précédent allait sévir dans la partie septentrio-

---

[24] ANT-Lomé, 2 APA, cercle d'Atakpamé. Affaires politiques, missions de visites et tournées. Dossier n° 91 : visite officielle et tournée du Président de la République (Premier Ministre) à Atakpamé : organisation de l'accueil et attribution de distinctions honorifiques. 1961-1962.

[25] ANT-Lomé, 2 APA, cercle d'Atakpamé. Affaires politiques, missions de visites et tournées. Dossier n° 91 : visite officielle et tournée du Président de la République (Premier Ministre) à Atakpamé : organisation de l'accueil et attribution de distinctions honorifiques. 1961-1962.

nale du pays, conséquence de la pluviosité insuffisante qu'a connue cette région pendant l'année 1961. Certains centres ont été même touchés jusqu'à 80 %.

Dès lors, les secours se sont immédiatement organisés, tant sur le plan national que sur le plan international. Sur le plan national, le Président Olympio a été très touché de constater que son appel n'est pas resté vain. Fonctionnaires, commerçants, syndicats, missionnaires, particuliers et associations diverses, Togolais et non-Togolais, sans aucune distinction, se sont tous précipités au secours des populations éprouvées en apportant au Ministère des affaires sociales des dons en nature et en espèces. Le Chef de l'État a été très sensible à cet élan de solidarité nationale et humaine[26].

Au demeurant, la construction nationale suppose aussi un plan qui doit permettre de faire bénéficier les effets des actions publiques à toutes les populations. En fait, il ne peut y avoir de Nation viable sans une relative unité économique, sociale et culturelle.

F. Un plan de développement économique qui répartit, de façon harmonieuse, les projets et réalisations à la fin de l'année 1962

Les réalisations qui ont vu le jour jusqu'en 1962 n'étaient qu'un prélude des autres d'envergure. Après une période d'improvisation qui a duré deux ans, le Gouvernement Olympio a décidé de mettre le cap vers une organisation méthodique des réalisations économiques et sociales. C'est ainsi que le Président lui-même évoque cette nouvelle orientation de l'occasion gouvernementale :

> Tout ce que nous avons fait jusqu'ici, toutes nos réalisations quelles que grandes qu'elles fussent, n'étaient qu'un prélude. Vous le savez tous, la République a besoin d'être rénovée, d'être de plus en plus modernisée dans tous les secteurs : infrastructure, santé, agriculture, enseignement, etc.
>
> Certes, il nous faudra, pour réaliser ce plan, une aide extérieure en capital et en techniciens [..]
>
> Ainsi donc, nous voulons placer l'AN III de notre indépendance sous le signe du "self-help" accru.
>
> Togolaises, Togolais, pendant cette nouvelle année qui commence, il incombe à chacun de nous de rejoindre les rangs des travailleurs du "self-help", d'apporter sans hésitation cette contribution volontaire que nous demande la Patrie. Marchons tous ensemble sous cette bannière de l'émancipation qu'est le "self-help" pour bâtir la Nation... [27].

---

[26] Extrait de l'allocution mensuelle du Président de la République togolaise (vendredi 27 juillet 1962), *Bulletin mensuel de la chambre de commerce, d'agriculture et d'industrie du Togo*, juillet 1962, p. 1.

[27] Deuxième anniversaire de l'indépendance de la République du Togo. Message de son Excellence M. S. Olympio, Président de la République togolaise à la Nation, *Bulletin*

Quelques mois après, le Président Sylvanus Olympio, dans un discours radiodiffusé, présente les grandes lignes du plan de développement économique du Togo. D'entrée de jeu, il trouve nécessaire de définir très brièvement le terme « plan » puisqu'il donne lieu à des interprétations diverses :

> En un mot, nous ne saurions mettre sur pied un plan de développement économique qui ne soit pas une réalité vivante, concrète, cadrant à chaque étape avec les institutions politiques, la structure économique et sociale, et les ressources humaines du pays...
>
> Notre but est de stimuler une croissance économique rapide, en préservant les libertés fondamentales et essentielles de l'individu... [28].

Des objectifs particuliers sont assignés à ce plan. Il s'agit de débarrasser le pays de la vocation coloniale de producteur de matières premières et de consommateur de produits manufacturés importés ; de diversifier l'économie ; de répartir le développement sur l'ensemble des régions du pays, en dégageant les vocations complémentaires de ces régions et, par là, de renforcer de plus en plus l'unité économique interne, afin de répondre non seulement aux exigences locales, mais aussi à la vocation régionale du Togo vis-à-vis des pays voisins et enfin, plus spécialement, de mettre l'accent sur le développement de l'agriculture, c'est-a-dire le secteur moderne comme le secteur traditionnel, et sur l'industrie légère.

Dans le domaine agricole, deux nouveaux programmes de développement rural ont été mis sur pied : le programme national de développement rural et celui de villages-pilotes.

Le premier programme a pour objet de promouvoir le développement social et l'amélioration des conditions de production dans les villages par le travail volontaire des intéressés. Le plan consiste d'abord à mettre le programme en œuvre dans une première région convenablement choisie, et à en tirer les bases expérimentales d'amélioration des techniques, d'organisation et de formation des cadres. La région de démarrage choisie à cet effet est Lama-Kara[29] et le premier centre de formation est à Tchitchao dans la même région.

---

mensuel de la chambre de commerce, d'agriculture et d'industrie du Togo, avril 1962, p. 1.

28 « Présentation par le Président Sylvanus Olympio du plan de développement économique du Togo », *Afrique Contemporaine*, novembre-décembre 1962, p. 13.

29 Circonscription d'origine du Président Eyadéma. Le village choisi pour l'expérimentation n'est pas loin du sien, environ 2 à 3 km. Ce projet a été effectivement financé en grande partie par l'aide américaine et est devenu un centre de formation. Au cours de sa première année (1964-1965), ce centre a formé 26 techniciens ou agents de développement rural dans les domaines de la santé, de l'hygiène, de l'agriculture, des travaux manuels, etc. Au cours de la deuxième année, 30 techniciens ont été formés. Cf. « Le Togo dans la voie de la planification », *Europe-France-Outre-mer*, n°432, janvier 1966, p. 55. De nos jours, les bâtiments de ce centre abritent le collège militaire Gnassingbé Eyadéma. Il a, entre-temps, été transformé en centre universitaire de Lama-

Quant au second programme, son but est de familiariser les paysans avec les techniques et les connaissances modernes diverses, et plus spécialement avec les expériences agricoles et artisanales. L'expérience doit avoir lieu dans trois villages que leurs chefs ont manifesté l'intention ferme de développer grâce aux efforts de la population elle-même : Agou-Nyongbo, Kambolé et Notsé[30].

Tous ces efforts de construction nationale ont été interrompus par le coup d'État du 13 janvier 1963, conséquence du sourd malaise et du grand désenchantement dus en partie à la politique d'austérité du Président Olympio. D'ailleurs, ce coup d'État traduit les conflits inévitables qui peuvent surgir dans le processus d'édification de l'État-Nation[31]. Ce qui compte, ce n'est pas tant les conflits que leur intensité, les affrontements devant se dérouler sans mettre en péril les valeurs consensuelles sur lesquelles se greffe l'association[32]. C'est à cette délicate tâche que s'est attelé Nicolas Grunitzky, le successeur et beau-frère de Sylvanus Olympio.

II. NICOLAS GRUNITZKY ET LA POURSUITE DU PROCESSUS D'ÉDIFICATION DE LA NATION : QUELLES STRATÉGIES POUR QUELS RÉSULTATS ? (16 JANVIER 1963-13 JANVIER 1967)

Coopération entre partis politiques, politique d'union et de réconciliation nationales, adoption d'une nouvelle constitution, tournées à l'intérieur du pays, notamment dans la zone septentrionale, projet de création d'un parti unifié ainsi qu'élaboration et exécution d'un plan quinquennal de développement, ce sont

---

Kara pour recevoir les étudiants en fin de cycle à l'Ecole supérieure d'agronomie de l'Université de Lomé. Malgré la réalisation de cet important centre à Tchitchao et de bien d'autres projets dans la région, l'on continue d'entretenir l'idée selon laquelle le régime Olympio n'y a rien fait.

[30] « Présentation par le président Sylvanus Olympio du plan de développement économique du Togo », *Afrique Contemporaine*, novembre-décembre 1962, pp. 13-14.

[31] Ecartée du parlement et privée de moyens d'expression, l'opposition a tenté des moyens détournés pour revenir au pouvoir. En effet, le Gouvernement Olympio a déjoué plusieurs complots, dont celui de décembre 1961, qui a été révélé par la presse et la radio. Faisant part des tenants et des aboutissants de cette manœuvre subversive au peuple, le Président Olympio lui assure qu'il entend poursuivre les principaux objectifs de son action qui se résume ainsi : faire asseoir l'indépendance politique du pays sur un développement économique accru, pour élever le niveau de vie des populations. Il affirme, enfin, sa détermination à poursuivre son « *effort pour la réconciliation nationale en dépit des déceptions du passé et des intentions criminelles avouées des membres de l'opposition* ». Cf. allocution mensuelle du Président de la République togolaise (vendredi 23 février 1962), *Bulletin mensuel de la chambre de commerce, d'agriculture et d'industrie du Togo*, février 1962, p. 4.

[32] J. I. Elaigwu, « Construction de la nation et évolution des structures politiques », A.A. Mazrui & Ch. Wondji, *Histoire générale de l'Afrique*, Vol. VIII *L'Afrique depuis 1935*, Paris, Présence Africaine/Edicef/Unesco, édition abrégée, 1998, p. 289.

autant d'artifices mis en œuvre par Nicolas Grunitzky pour construire la Nation togolaise. C'est ainsi qu'il réussit à dissiper l'atmosphère de crainte et à rassurer les populations.

A. Le Gouvernement provisoire et le retour à la légalité constitutionnelle

Le 16 janvier 1963 est constitué le Gouvernement provisoire, présidé par Nicolas Grunitzky, avec pour mot d'ordre : « L'UNION ET LA RECONCILIATION NATIONALES ». Ce gouvernement s'emploie à rechercher les voies et moyens susceptibles d'aboutir à l'apaisement et à la consolidation de l'union nationale ébauchée.

Il organise, dans le même sens, la Table Ronde des partis politiques (au nombre de 4 : Union démocratique des populations togolaises (UDPT), Mouvement populaire du Togo (MPT), le Mouvement de la jeunesse togolaise (Juvento) et Unité togolaise (UT)) qui y délèguent, chacun, trois mandataires. Y assistent, à titre d'observateurs, des représentants de l'armée, de toutes les confessions religieuses et des syndicats professionnels.

Les conclusions de cette Table Ronde permettent de poser les bases d'un rétablissement de la légalité par des élections générales qui ont lieu le 5 mai 1963. Ces élections dotent le Togo d'une constitution nouvelle[33], d'un Président et d'un Vice-Président élus pour 5 ans ainsi que d'un Parlement de 56 membres, également élus pour 5 ans sur une liste unique d'union nationale[34].

A. Le Gouvernement légal et la mise en œuvre de la politique d'union et de réconciliation nationales

Le 17 mai 1963, le Président Grunitzky présente, à la nouvelle Assemblée Nationale, son premier Gouvernement permanent d'union nationale, dosé de façon à satisfaire les quatre formations politiques. Cette équipe gouvernementale comprend 4 membres issus de l'UDPT, 2 du MPT, 3 de la Juvento, 2 indépendants tandis que l'UT réapparaît avec un seul Ministre.

---

[33] Celle-ci reprend et renforce la disposition de la Constitution de 1961 qui combat la discrimination raciale et le régionalisme. En effet, aux termes de son article 4, « *tout acte de discrimination raciale, ethnique ou religieux, toute propagande régionaliste pouvant porter atteinte à la sécurité intérieure de l'État, à l'unité nationale ou à l'intégrité du territoire sont punis* ». Cf. le texte de la Constitution du 5 mai 1963 annexé au document produit par le Service de l'Information du Togo, *L'annuaire du Togo 1963/1964*, p. 180.

[34] Service de l'Information du Togo, *L'annuaire du Togo 1963/1964*, p. 27. Il faut dire que les discussions ont été houleuses quant à la répartition des sièges au sein de cette liste. Le gouvernement a proposé l'égalité des sièges. Ce que la branche radicale de l'Unité togolaise n'a pas admis en réclamant une part prépondérante dans la représentation nationale. Cf. allocution du Président du Gouvernement provisoire à la nation (vendredi 8 mars 1963), *Bulletin mensuel de la chambre de commerce, d'agriculture et d'industrie du Togo*, mars 1963, p. 2. Finalement, les 56 députés élus représentent à parts égales les quatre partis engagés dans la politique d'union et de réconciliation nationales. Chaque parti est donc représenté par 14 députés.

Quelques mois plus tard, l'entente nationale réalisée par l'UDPT, le MPT, l'UT et la Juvento lance le nouveau mot d'ordre : « *S'unir pour bâtir dans l'ordre, par le travail et pour la paix* ». Du 20 septembre au 30 novembre 1963, une délégation nationale de membres influents des quatre partis organise, sur toute l'étendue du territoire, une tournée de conférences publiques en vue d'informer largement la population sur les mesures d'application de la politique de réconciliation et d'union nationale préconisée par le Gouvernement[35].

B. Union, réconciliation nationale, Nation : des mots à profusion dans les allocutions mensuelles du Président Grunitzky à la Nation

Ces mots sont devenus des leitmotivs qui se répètent comme des refrains dans les discours du Président Grunitzky à la Nation. Par exemple, dans son allocution du 24 août 1963, où il fait le bilan de l'action gouvernementale depuis sa prise de fonction, il déclare :

> Le substrat sur lequel reposent nos efforts et qui, seul, conditionne leur plein succès, je l'ai dit et redit, c'est la Réconciliation et l'Union Nationales.
>
> Je n'ai pas pensé et voulu cette politique de Réconciliation et d'Union Nationales comme un moyen détourné de parvenir au parti unique au profit d'un seul individu ou d'un groupe d'individus, et de museler le reste de la nation. Nous savons tous qu'un régime basé sur la dictature, l'arbitraire et l'injustice ne dure qu'un temps.
>
> J'ai voulu et je veux de toute la force de mon âme que les Togolais, au lieu de se combattre et de s'entredéchirer sans savoir au fond pourquoi, se tolèrent, se coudoient fraternellement pour mieux se connaître et mieux s'apprécier. Que tous, unis dans le même amour de la patrie commune, joignent leur énergie, leurs efforts dans l'intérêt majeur de notre pays à nous… [36].

Aussi, dans son discours devant l'Assemblée Nationale le 6 mai 1965, après avoir résumé en peu de mots la politique de son Gouvernement en la formule « *Offensives, sur tous les fronts, contre le sous-développement* », Nicolas Grunitzky est-il revenu à la charge :

> À l'intérieur, nous poursuivrons le même idéal : consolider la paix des cœurs et des esprits, fortifier la coopération des partis, en un mot permettre à toutes les énergies et les compétences de se consacrer entièrement à des tâches de mise en valeur ou de promotion humaine. C'est dans ce dessein que fonctionne un Comité National des Partis, qui regroupe les principaux responsables politiques. Il est chargé d'harmoniser les points de vue et de définir la stratégie commune nécessaire à tout gouvernement d'Union Nationale. Le gouvernement souhaite aussi que chaque ci-

---

[35] N. Labante, « Nicolas Grunitzky, un des pères méconnus du monopartisme au Togo (1963-1967) », *Revue Togolaise des Sciences*, Vol. 6, n°1-janvier-juin 2012, p. 177.

[36] Message du Président de la République togolaise à la Nation (Le Samedi 24 août 1963), *Bulletin mensuel de la chambre de commerce, d'agriculture et d'industrie du Togo*, août 1963, p. 3.

toyen prenne davantage conscience de son appartenance à la Communauté Nationale, qui, je le rappelais dans mon message du 26 avril, transcende les intérêts régionaux, tribaux ou politiques ... [37].

À l'instar de son prédécesseur,- et c'est la preuve, en plus des entretiens mensuels repris par celui-ci, de la continuité de l'État- Nicolas Grunitzky organise des tournées à l'intérieur du pays pour se convaincre de l'adhésion des populations à sa politique d'union et de réconciliation nationales.

C. Des tournées à l'intérieur du pays, surtout au « Nord », une façon de faciliter l'intégration de cette région ?

Du 5 au 12 février 1964, le Président Grunitzky effectue un voyage à l'intérieur du pays, qui l'amène à visiter successivement Blitta, Sotouboua, Bassar, Bafilo, Lama-Kara, Pagouda, Niamtougou, Kandé, Mango et Dapaong, ainsi que de nombreux villages.

Cette première tournée lui permet de s'assurer que sa politique de réconciliation est acceptée par les populations de cette région. Il en a la preuve et s'en félicite :

> ... Tous les contacts que nous avons pris ont été pour nous d'un grand réconfort moral, parce que nous avons senti que la première tâche que nous nous étions fixée, unir et réconcilier tous nos compatriotes, avait été comprise et adoptée avec ferveur. Nulle part, nous n'avons rencontré d'hommes hostiles ou même réticents. Mais nous avons, au contraire, assisté à des scènes émouvantes : nous avons retrouvé côte à côte, des hommes qui, hier, se combattaient avec haine et férocité...
>
> Car notre pays ne peut vivre et se développer que dans la paix des esprits et des cœurs. C'eût été un crime contre la nation si nous nous étions laissés entraîner à un quelconque ressentiment. Au cours de notre voyage, nous nous sommes rendus compte que prêchent partout l'Union et la Réconciliation ceux qui ont le plus souffert. Et tout ce que nous avons entendu durant cette tournée honore notre pays. J'ai senti, dans tous les esprits et les cœurs maintenant apaisés, le sentiment d'appartenance à une même nation, à un même continent qu'il nous faut constuire nous-mêmes. Je pourrais citer de nombreuses paroles de chefs de circonscription, députés, chefs de cantons, chefs de villages ou simples citoyens. Parmi elles, j'ai retenu celle-ci : "Est-il possible de parler de l'Union de l'Afrique si au Togo persistent encore des nuances entre le Moba et le Tchocossi, entre le Cabrè et le Mina ?" ...[38].

En outre, au début du mois de juin, le Chef de l'État, Nicolas Grunitzky, se rend encore une fois dans la région septentrionale afin de solliciter l'adhésion

---

[37] Discours du Président de la République, M. N. Grunitzky, devant l'Assemblée Nationale, à l'occasion de la rentrée parlementaire du jeudi 6 mai 1965, *Bulletin mensuel de la chambre de commerce, d'agriculture et d'industrie du Togo*, mai 1965, p. 5.

[38] Discours du Président de la République à la Nation togolaise le lundi 24 février 1964, *Bulletin mensuel de la chambre de commerce, d'agriculture et d'industrie du Togo*, février 1964, pp. 1-2.

des populations à son projet de création d'un parti unifié, dont l'accord de principe a été adopté au congrès des quatre partis politiques du 5 décembre 1965.

Ce projet reçoit l'audience des populations, à en croire le Président :

> Comme vous le savez, je suis rentré, il y a peu, d'un long périple à travers les circonscriptions du Nord. J'en ai tiré un grand réconfort moral et des forces nouvelles pour poursuivre la tâche entreprise. La chaleur et l'enthousiasme des populations, les marques touchantes de sympathie, voire d'affection dont j'ai été partout l'objet, me font penser que nous n'avons pas en vain, depuis plus de trois ans, travaillé fermement pour que les Togolais retrouvent leur équilibre politique et le calme dans leur vie de tous les jours.
>
> Dans toutes les villes et tous les villages traversés, j'ai constaté l'adhésion massive des populations à la politique d'union et de réconciliation que je préconise depuis toujours. Tous sont conscients de ce que nous ne pouvons nous offrir le luxe de formations politiques rivales ne cherchant bien souvent qu'à se combattre plus qu'à travailler pour le progrès du Togo.
>
> La lutte des partis est la plus stérile qui soit : c'est pourquoi l'accord que j'ai réalisé entre eux est le gage de notre succès et de notre marche en avant. Plus d'égarement, plus de palabres, plus de violences mais un travail acharné pour le bien de tous : voilà ce que j'ai constaté pendant une semaine[39].

Grâce à la paix et à l'unité que le Gouvernement est parvenu à instaurer, il peut consacrer son temps, toute son énergie, à la résolution des problèmes économiques et sociaux.

D. Des plans quinquennaux pour assurer le développement économique et social harmonieux de la « Nation »

L'élaboration de ces plans, qui capitalise les résultats de celui que Sylvanus Olympio a présenté le 26 octobre 1962, a commencé en 1964 et vise le renforcement de l'indépendance grâce à l'équilibre permanent d'un budget censé réserver une part honorable à l'investissement, à la formation des cadres, à la réforme de l'administration, à l'essor de l'agriculture, au développement de l'infrastructure indispensable et à l'industrialisation adaptée aux réalités du pays.

C'est ainsi que le Président lui-même annonce ces plans :

> … Notre pays sait maintenant où il va : quatre plans quinquennaux ne sont sans doute pas excessifs pour atteindre ces objectifs qui sont à notre portée, si un effort constant est librement consenti.

[39] Message de Monsieur Nicolas Grunitzky, Président de la République togolaise à la Nation, le mercredi 15 juin 1966, *Bulletin mensuel de la chambre de commerce, d'agriculture et d'industrie du Togo,* juin 1966, p. 1.

Je ne me lasserai jamais non plus de répéter que nous ne pouvons réussir pleinement que si les énergies sont toutes entières tendues vers notre progrès et non pas opposées dans des luttes partisanes sans considération aucune de l'intérêt national.

Mes chers compatriotes, c'est dire que pour réussir pleinement, il n'y a pas de politique plus raisonnable que celle qui consiste à convier tous les Togolais à l'union et à la concorde pour que vive un Togo prospère [40].

Ces plans ont été élaborés de la façon suivante :

À l'échelon régional, des commissions de planification se sont réunies dans chaque circonscription afin d'examiner les problèmes locaux et de proposer des orientations et des projets d'investissements. Les réunions de mises au point ont eu lieu entre chefs de circonscription et la direction du plan.

Enfin, au niveau national, quatre comités ont discuté et élaboré les programmes d'investissements. Tous les services administratifs ont, en outre, été conviés à élaborer leur budget prévisionnel de 1970.

Dans ce cadre, le premier plan, qui couvre la période 1966-1970, a dû faire des choix et observer des priorités : on peut le qualifier de plan de remise en ordre, de structuration, de lancement d'actions productives.

Toutefois, la réussite de ce plan est conditionnée à l'adhésion que tous les Togolais, agriculteur, ouvrier, artisan, pêcheur, fonctionnaire, homme politique, doivent lui apporter[41]. Ce à quoi le Président les convie :

Mais, nous aussi, devons donner le spectacle d'une Nation unie, qui se sert, avec une ardeur redoublée, de ce qu'elle a. Nous devons faire, du travail acharné, notre premier devoir de citoyen. C'est de cette seule façon que nous hâterons un développement qui ne peut se faire que par nous. C'est aussi de cette seule façon que nous profiterons au maximum de l'assistance qui peut nous être donnée.

Si nous réussissons, et nous devons réussir, les générations qui nous suivront pourront dire avec fierté en continuant notre œuvre, que la Nation togolaise a été bâtie par la sueur de tous ses citoyens et avec la grâce de Dieu[42].

---

[40] Message radiodiffusé de Monsieur le Président Grunitzky à la Nation le 2 juillet 1964 annonçant quatre plans quinquennaux pour le développement économique du pays, *Bulletin mensuel de la chambre de commerce, d'agriculture et d'industrie du Togo,* juillet 1964, p. 6.

[41] Discours du Président de la République, M. N. Grunitzky, devant l'Assemblée Nationale à l'occasion de la rentrée parlementaire du jeudi 6 mai 1965, *Bulletin mensuel de la chambre de commerce, d'agriculture et d'industrie du Togo,* mai 1965, pp. 5-6.

[42] Discours du Président de la République, M. N. Grunitzky, devant l'Assemblée Nationale à l'occasion de la rentrée parlementaire du jeudi 6 mai 1965, *Bulletin mensuel de la chambre de commerce, d'agriculture et d'industrie du Togo,* mai 1965, p. 16.

CONCLUSION

À partir des discours, des faits et gestes de Sylvanus Olympio et de Nicolas Grunitzky, la présente étude s'est efforcée de montrer que ces hommes politiques qui ont dirigé le Togo au cours de ses premières années d'indépendance, ont eu à cœur de construire à la fois l'État et la Nation. Certes, leurs régimes ont été confrontés à des difficultés inextricables, d'ordre politique et économique, qui ont oblitéré leurs efforts de construction nationale. En ce qui concerne Sylvanus Olympio, l'application de sa politique d'austérité, au moment où le peuple attendait les retombées de l'indépendance, et son style autocratique (le type de régime institué et la décision qui fait de sa date de naissance une journée fériée), ses méthodes de police jugées tracassières auraient rendu impopulaire son régime et contribué à le noircir. C'est dire que le régime Olympio n'est pas ce tableau de vacuité qu'on a souvent dressé et qu'on continue d'entretenir à souhait. En outre, le livre blanc, commandité par le régime Grunitzky, est à l'origine de certains poncifs qui ont grandement discrédité le règne de Sylvanus Olympio[43]. Aussi, certains travaux d'histoire politique, par leurs thématiques (élections et violences, réparations), sont-ils en train, peut-être involontairement, d'apporter de l'eau au moulin des successeurs et détracteurs de Sylvanus Olympio.

Quant à Nicolas Grunitzky, il consent à des efforts pour redresser la situation qu'il a héritée du coup d'État. Sur le plan de la construction de la Nation, il tente plusieurs artifices pour unir et réconcilier les Togolais. Il est, surtout, convaincu de la noblesse de sa politique d'union et de réconciliation nationales. Il n'a de cesse de le répéter dans ses discours. De 1963 au début de l'année 1967, ses discours foisonnent de mots « union, réconciliation nationale, nation, développement ». Il est, en outre, conscient que les chances de réussite de la construction nationale résident dans l'adhésion des populations de la région septentrionale, qui manifestent toujours la peur d'un Togo dominé par le Sud, à la politique d'union et de réconciliation nationales.

Il est vrai, le sommet, de nature bicéphale, n'a pas su toujours donner le bon exemple. Ce que reconnaît d'ailleurs le Président Grunitzky en ces termes : « ...

---

[43] Dans la préface de ce document, il est écrit :
« ... *Il s'agit de comprendre comment le pouvoir s'isole rapidement de l'opinion publique, pour céder à des conseillers occultes, mépriser les droits de la minorité, multiplier les tracasseries administratives et policières, fouler au pied les droits du simple citoyen et de la personne humaine.*
Un peuple, un pays connu dans le monde pour le calme de ses réactions a vécu une épreuve cruelle et longue : un homme a tenté de démolir les institutions qu'il s'était données, de confisquer les libertés de tous ses citoyens, d'abattre un édifice élevé par la patience de ses fils, l'intelligence et la détermination de ses premières équipes politiques, pour élever sur ces ruines un monument à l'orgueil, un autel pour célébrer le culte de sa personnalité.
C'est ce sacrifice qui doit être connu et médité ». Cf. Gouvernement du Togo, *Le livre blanc sur les événements survenus au Togo entre le 27 avril 1958 et le 13 janvier 1963*, 1963, p. 3.

Si, au sommet de la pyramide, les choses n'ont pas toujours été comme il l'aurait fallu, il n'en reste pas moins que notre politique a porté ses fruits et des résultats effectifs sont à mettre à notre actif »[44].

Il faut, par ailleurs, avoir à l'esprit que l'édification de la Nation est un processus de longue haleine. Ainsi, la durée et la conjoncture des deux premiers régimes du Togo ne suffisent pas pour construire la Nation. Pour autant, le régime Eyadéma a mis à profit le climat d'apaisement et de paix sociale créé par son prédécesseur pour fonder le parti unique. Du reste le Président Gnassingbé Eyadéma, qui a fait 38 ans de pouvoir, n'a pas réussi non plus à construire la Nation togolaise. En témoignent les conditions de sa succession, après sa disparition le 5 février 2005. En effet, dans une Nation digne de ce nom, et qui se respecte, la transmission du pouvoir se fait de façon constitutionnelle.

Enfin, les historiens africains doivent s'efforcer de faire de l'histoire le creuset des identités nationales comme on l'a constaté en France, en Allemagne ou aux États-Unis au cours du XIXe siècle. En France précisément, cet impératif entraînait le choix, comme cadre privilégié de l'histoire, de la Nation ou du peuple, sans aucune considération de leurs diversités internes. Ce faisant, certains historiens, tels que Lavisse, ont pu incarner ces « instituteurs » de la Nation[45]. Cette charge doit alors incomber aux historiens africains.

SOURCES ET BIBLIOGRAPHIE

SOURCES

Documents d'archives

Archives nationales du Togo (ANT)-Lomé
Série Affaires politiques et administratives (APA)
Sous-série 2APA : rapports périodiques des cercles- Cercle d'Atakpamé
Affaires politiques, missions de visites et tournées.
Dossier n°91 : visite officielle et tournée du président de la République (premier ministre) à Atakpamé : organisation de l'accueil et attribution de distinctions honorifiques. 1961-1962.

Discours du Président Sylvanus Olympio (1960-1962)

Discours de M. Sylvanus Olympio le 27 avril 1960 devant la Chambre des députés, *Bulletin mensuel de la chambre de commerce, d'agriculture et d'industrie du Togo*, avril 1960, pp. 1-6.

[44] Message de vœux de M. N. Grunitzky, Chef de l'État togolais, à la Nation, le samedi 31 décembre 1966, *Bulletin mensuel de la chambre de commerce, d'agriculture et d'industrie du Togo,* décembre 1966, p. 3.
[45] A. Prost, *Douze leçons sur l'histoire*, Paris, Éditions du Seuil, 1996, pp. 293-294.

Allocution mensuelle du Premier Ministre (vendredi 24 juin 1960), *Bulletin mensuel de la chambre de commerce, d'agriculture et d'industrie du Togo*, juin 1960, pp. 1-6.
Allocution mensuelle du Premier ministre (vendredi 30 décembre 1960), *Bulletin mensuel de la chambre de commerce, d'agriculture et d'industrie du Togo,* décembre 1960, pp. 1-7.
Allocution mensuelle du Premier Ministre (vendredi 24 février 1961), *Bulletin mensuel de la chambre de commerce, d'agriculture et d'industrie du Togo,* février 1961, pp. 1-6.
Allocution mensuelle du Premier Ministre (vendredi 31 mars 1961), *Bulletin mensuel de la chambre de commerce, d'agriculture et d'industrie du Togo,* mars 1961, pp. 1-4.
Allocution mensuelle du Président de la République togolaise (vendredi 25 août 1961), *Bulletin mensuel de la chambre de commerce, d'agriculture et d'industrie du Togo,* août 1961, pp. 1-6.
Allocution mensuelle du Président de la République togolaise (vendredi 28 octobre 1961), *Bulletin mensuel de la chambre de commerce, d'agriculture et d'industrie du Togo,* octobre 1961, pp. 1-5.
Allocution mensuelle du Président de la République togolaise (vendredi 23 février 1962), *Bulletin mensuel de la chambre de commerce, d'agriculture et d'industrie du Togo,* février 1962, pp. 1-4.
Deuxième anniversaire de l'indépendance de la République du Togo. Message de son Excellence M. Sylvanus Olympio, Président de la République togolaise à la Nation, *Bulletin mensuel de la chambre de commerce, d'agriculture et d'industrie du Togo,* avril 1962, pp. 1-2.
Allocution mensuelle du Président de la République togolaise (vendredi 27 juillet 1962), *Bulletin mensuel de la chambre de commerce, d'agriculture et d'industrie du Togo,* juillet 1962, pp. 1-5.

Discours du Président Nicolas Grunitzky (1960-1966)

Allocution du Président du Gouvernement provisoire à la Nation (vendredi 8 mars 1963), in *Bulletin mensuel de la chambre de commerce, d'agriculture et d'industrie du Togo*, mars 1963, pp. 1-4.
Message du Président de la République Togolaise à la Nation (Le samedi 24 août 1963), *Bulletin mensuel de la chambre de commerce, d'agriculture et d'industrie du Togo*, août 1963, pp. 1-3.
Discours du Président de la République à la Nation togolaise le lundi 24 février 1964, *Bulletin mensuel de la chambre de commerce, d'agriculture et d'industrie du Togo*, février 1964, pp. 1-5.
Message radiodiffusé de Monsieur le Président Grunitzky à la Nation le 2 juillet 1964 annonçant quatre plans quinquennaux pour le développement économique du pays, *Bulletin mensuel de la chambre de commerce, d'agriculture et d'industrie du Togo*, juillet 1964, pp. 1-6.

Discours du Président de la République, M. Nicolas Grunitzky, devant l'Assemblée Nationale à l'occasion de la rentrée parlementaire du jeudi 6 mai 1965, *Bulletin mensuel de la chambre de commerce, d'agriculture et d'industrie du Togo,* mai 1965, pp. 1-16.

Message de Monsieur Nicolas Grunitzky, Président de la République Togolaise à la Nation, le mercredi 15 juin 1966, *Bulletin mensuel de la chambre de commerce, d'agriculture et d'industrie du Togo,* juin 1966, pp. 1-3.

Message de vœux de M. Nicolas Grunitzky, Chef de l'État togolais, à la Nation le samedi 31 décembre 1966, *Bulletin mensuel de la chambre de commerce, d'agriculture et d'industrie du Togo,* décembre 1966, pp. 1-4.

Sources imprimées et périodiques

Gouvernement du Togo, *Le livre blanc sur les événements survenus au Togo entre le 27 avril 1958 et le 13 janvier 1963*, 1963, 54 p.

Marchés Tropicaux du 30 avril 1960.

Service de l'Information du Togo, *L'annuaire du Togo 1963/1964*, 203 p.

BIBLIOGRAPHIE

K. Ahadzi-Nonou, « Réflexions sur un tabou du constitutionnalisme négro-africain : le tribalisme », *Les voyages du droit*, Mélanges en l'honneur de Dominique Breillat, Poitiers, Presses universitaires de Poitiers, 2011, pp. 19-25.

R. Cornevin, *Le Togo. Des origines à nos jours*, Paris, Académie des Sciences d'outre-mer, 1988, 556 p.

J.I. Elaigwu, « Construction de la nation et évolution des structures politiques », A.A. Mazrui & Ch.Wondji, *Histoire générale de l'Afrique.* Vol. VIII *L'Afrique depuis 1935*, Paris, Présence Africaine/Edicef/Unesco, édition abrégée, 1988, pp. 285-305.

Tch. Kalaba, *Les Togolais et le pouvoir législatif entre 1946 et 1967*, Mémoire de Maîtrise d'Histoire, Kara, Université de Kara, 2013, 127 p.

J. Ki-Zerbo, « Construction de la nation et évolution des valeurs politiques », A.A.Mazrui & Ch. Wondji, *Histoire générale de l'Afrique.* Vol. VIII *L'Afrique depuis 1935*, Paris, Présence Africaine/Edicef/Unesco, édition abrégée, pp. 306-321.

O.-d. Kozi, *Les chefs de circonscription et la gestion administrative du Togo de 1960 à 1981*, Mémoire de Maîtrise d'Histoire, Kara, Université de Kara, 2014, 109 p.

N. Labante, « Nicolas Grunitzky, un des pères méconnus du monopartisme au Togo (1963-1967) », *Revue Togolaise des Sciences*, vol. 6, n°1-janvier-juin 2012, pp. 165-208.

« Le Togo dans la voie de la planification », *Europe-France-Outre-mer*, n°432, janvier 1966, pp. 19-55.

« Présentation par le président Sylvanus Olympio du plan de développement économique du Togo », *Afrique Contemporaine*, novembre-décembre 1962, pp. 13-14.

A. Prost, *Douze leçons sur l'histoire*, Paris, Editions du seuil, Collection « Points Histoire », 1996, 333 p.

G. Tete, *Sylvanus Olympio père de la nation togolaise*, Etudes africaines, Paris, l'Harmattan, 2008, 291 p.

O.W. Yagla, *L'édification de la nation togolaise (naissance d'une conscience nationale dans un pays africain)*, Paris, l'Harmattan, 1978, 215 p.

LES DIOULABOUGOUS EN CÔTE D'IVOIRE MÉRIDIONALE : ESPACE D'EXPRESSION ETHNIQUE ET RELIGIEUSE

Drissa Kone
Université Félix Houphouët-Boigny (Cocody)/Côte-d'Ivoire

RÉSUMÉ

La recherche des produits comme l'or et la cola, et les dispositions du pouvoir colonial permettent aux migrations mandé dioula d'atteindre massivement les zones forestières ivoiriennes. Là, ces commerçants ou colporteurs s'installent et créent des quartiers appelés dioulabougous où ils se retrouvent parfois entre membres de même région et/ou de même religion.

Ces Dioulabougous favorisent non seulement le brassage avec les populations autochtones mais aussi servent de foyers d'expansion de l'Islam. À petites doses, la religion musulmane, à travers ces quartiers, s'incruste dans le quotidien des populations hôtes.

MOTS CLÉS

Dioulabougou, Peuplement, Islamisation, Brassage, Mandé.

INTRODUCTION

Bien que la présence des Mandé Dioula dans les zones forestières ivoiriennes fût antérieure à la colonisation, c'est pourtant durant cette période qu'elle se fit plus visible et plus massive. Cela fut facilité par un certain nombre d'infrastructures mises sur pied par les autorités coloniales françaises telles que l'ouverture de nouvelles pistes et des routes, l'établissement des postes militaires et du chemin de fer. Cette relative sécurité permit aux commerçants musulmans ou autres marabouts de se déplacer en toute quiétude. Ces lettrés musulmans furent essentiellement les Diaby de Samatiguila, les Savané d'Odienné, les Sylla de Tiémé, les Fofana de Mankono, les Sanogo de Kong, les Timité et Ouattara de Bondoukou etc.

C'est à partir de ces grandes familles que le prosélytisme musulman toucha toutes les autres régions ivoiriennes. Ces mouvements visaient certes à gagner des âmes pour l'Islam mais aussi recherchaient l'ouverture ou l'élargissement des circuits commerciaux avec en ligne de mire des produits comme l'or et la cola. Tout naturellement, grâce à la confiance des populations hôtes et des partenaires commerciaux européens, ils se fixaient provisoirement puis définitivement dans les zones forestières considérées au début comme des zones de transit.

Là, les quartiers qu'ils créaint (les Dioulabougous) leur permettaient de se retrouver entre membres de la même région pour partager ensemble les us et coutumes. Mais aussi représentaient pour eux de nouveaux foyers pour vivre en toute homogénéité leur foi musulmane en dehors de leur zone originelle. La période qui nous concerne ici, c'est l'ère coloniale marquée à partir de 1908 par la mise en valeur de la colonie ivoirienne, politique d'autosuffisance initiée par le gouverneur Angoulvant et poursuivie par ses successeurs jusqu'à l'orée des indépendances en 1960. Comment ces Dioulabougous devinrent-ils des espaces d'expression ethnique et religieuse ? Comment se formèrent et se peuplèrent-ils ? Qui furent ses habitants ? Comment vécurent-ils leur religion dans ces nouvelles bourgades ? Il s'agira dans cette communication de voir le processus de formation des Dioulabougous, de connaître l'importance et le profil sociologique des habitants de ces quartiers, et leur impact en Côte d'Ivoire méridionale.

I. DÉFINITION ET PROCESSUS DE FORMATION DES DIOULABOUGOUS EN ZONES FORESTIÈRES IVOIRIENNES

Avant d'exposer le processus de création des Dioulabougous, il convient de définir ces quartiers.

A. Définition

Les quartiers des Dioula sont connus en Côte d'Ivoire méridionale sous le terme collectif de ''Dioulabougous'' (dans le sud ou le sud-ouest) ou de ''Dioulakro'' (en pays Akan). Ce qui signifie littéralement en français le quartier ou le village des Dioula. Ce sont des quartiers de colporteurs ou de commerçants ambulants qui vendaient leurs produits enfermés dans des ballots qu'ils transportaient sur la tête. C'est un type de quartier à consonance ethnique, voire religieuse du fait de l'attachement aux coutumes et valeurs de chaque ethnie, ici du groupe dioula. Ces Dioula étaient originaires de la savane ivoirienne. Odienné, Kong, Bouna, Touba et Séguéla par exemple étaient des villes commerçantes musulmanes, arrières gardes de l'islam aux frontières de la forêt ivoirienne. En 1936 par exemple, le décompte des installations par grande famille ethnique à travers la colonie ivoirienne montre que le groupe mandé dioula, originaire des cercles de Kong, du Worodougou, d'Odienné et aussi du sud du Mali actuel, l'emportait de loin sur les autres : 30, 7% des Dioula recensés s'étaient établis hors de leur cercle d'origine[1].

---

[1] Plus tard, vinrent se joindre à eux des ressortissants de territoires voisins du nord placés sous la même domination française, à savoir du Soudan (actuel Mali), de la

Les Dioulabougous étaient durant la période coloniale, l'une des ramifications du quartier indigène à côte du quartier européen composé de fonctionnaires et autres grands commerçants[2]. Mais la présence massive des Dioula dans les Dioulabougous n'excluait pas la présence sur le site d'autres groupes ethniques venus faire fortune dans les zones forestières[3]. D'ailleurs, aucun centralisme ou lien formel n'unissait les Dioulabougous de la colonie, *a fortiori* avec leurs coreligionnaires des territoires voisins.

B. Le processus de formation des Dioulabougous

À la faveur du commerce, ces Dioula migrèrent vers les zones forestières ivoiriennes en quête de produits comme l'or ou la cola[4]. Ce mouvement migratoire certes débuta avant la colonisation mais il resta rare et minoritaire. Ce n'est qu'au tournant du XIXe siècle, grâce à la mise en place des postes militaires par l'administration coloniale française - et une plus grande sécurité des tronçons commerciaux - que ces déplacements furent véritablement massifs[5]. Mieux, des routes et des voies ferrées furent également construites pour désenclaver les régions, faciliter les échanges interurbains et assurer un accès aisé dans l'espace politico-administratif.

Des commerçants dioula purent de fait s'infiltrer dans la brèche ouverte par le personnel colonial, bouleversant ainsi la densité des activités économiques du nord vers le sud ivoirien[6]. Chose remarquable, ces populations marchandes n'avaient pas au départ pour ambition de demeurer définitivement dans le pays hôte. Mais la distance entre la ville natale et les zones d'approvisionnement des produits était telle qu'il était presque impossible pour eux d'effectuer constam-

---

Haute Volta (actuel Burkina-Faso), de la Guinée qui furent assimilés tous à des Dioula. Cf. P. Kipre, *Villes de Côte d'Ivoire 1893-1940, T₂. Economie et société urbaine,* Abidjan, NEA, 1985, p. 156.

[2] P. Kipre rappelle que cette distinction dans les années 1920 était d'ailleurs profitable à l'administration coloniale pour une meilleure levée de l'impôt de capitation et pour l'organisation de la justice indigène. Cela s'est même concrétisé par la nomination des chefs de quartier et des notables par groupe ethnique. Cf. *Id.,* p. 122.

[3] C'est le cas des Baoulé et surtout des Senoufo qui seront assimilés plus tard à des Dioula.

[4] La cola a été l'un des grands moteurs du commerce à l'ouest et au nord-ouest. Sa production et sa commercialisation ont largement déterminé l'implantation des Dioula sur les lisières des forêts entraînant ainsi une colonisation mandé dioula dans ces régions.

[5] Ces déplacements restent plus individuels que collectifs. Voir N. Ouattara, « Commerçants dyula en Côte d'Ivoire : permanences et ruptures dans un milieu socioprofessionnel (XIXè-XXè siècles) » L. Harding et P. Kipre, *Commerce et commerçants en Afrique de l'ouest,* Paris, l'Harmattan, 1992, p 109.

[6] Dès 1918, ce phénomène s'intensifia. La raison en est que, les autorités coloniales, à l'origine, qui considéraient les populations forestières comme peu aptes à servir dans les plantations et les emplois des villes, favorisèrent le recours à la main-d'œuvre des régions septentrionales, perçue comme plus disciplinée et plus travailleuse.

ment des voyages pour voir leur famille. C'est pourquoi, à force de fréquenter régulièrement ces territoires, certains Dioula demandèrent et obtinrent des chefs locaux des terres afin d'y faire venir leurs familles et pratiquer l'agriculture. Grâce à la bonne entente, d'autres Dioula épousèrent des femmes autochtones. Nous avons pour preuve le cas de Sékou Baradji, grand commerçant, né au Soudan français en 1892, qui s'installa en 1900 à Sinfra (dans la colonie ivoirienne). Il y épousa une femme de la région et put tisser par l'entremise de ce mariage, des relations cordiales avec la population locale. Tout naturellement, ses camions, ses acheteurs, ont eu plus de succès que ses concurrents.

Niamkey Kodjo Georges va plus loin en soulignant que c'est la richesse et la beauté du pays (en parlant des zones forestières) qui ont poussé ces commerçants Dioula à s'y établir sans esprit de retour après plusieurs générations[7]. Ce type d'installation définitive suppose donc que des liens privilégiés (relations d'affaires, de familles ou origine villageoise commune...) soient tissés dans les régions d'accueil avant que ces Dioula ne renoncent à parcourir les routes plusieurs fois par an.

Même si formellement, aucune condition n'était requise auprès des colons et des populations autochtones, pour la formation de ces Dioulabougous, force est de reconnaître qu'il existait une certaine réglementation dans l'installation des habitants dans ces dits quartiers. Chaque nouvel arrivant s'installait près des personnes de sa région déjà établie et reproduisait les habitudes alimentaires, les coutumes de la région d'origine. Ainsi, les ressortissants d'Odienné s'installèrent auprès des Odiennéka et ceux de Mankono auprès des Koyaka, etc. Mais tous partagèrent le même Dioulabougou. Cela contribua à faciliter l'insertion du nouveau venu dans le circuit commercial.

En somme, c'est le commerce et l'hospitalité des populations d'accueil ainsi qu'une relative sécurité des routes commerciales qui ont permis aux Dioula de s'installer définitivement dans les régions forestières[8]. Quelle est alors leur importance géographique et quel est et le profil sociologique de leurs habitants ?

II. IMPORTANCE GÉOGRAPHIQUE DES DIOULABOUGOUS ET PROFIL SOCIOLOGIQUE DE SES HABITANTS

La présence massive des Dioula dans les régions forestières nécessite alors qu'on s'interroge sur l'importance de leurs quartiers, les Dioulabougous, et le profil de leurs habitants.

---

[7] N. Kodjo, *Le Royaume de Kong (Côte d'Ivoire) : des origines à la fin du XIXè siècle*, Paris, l'Harmattan, 2006, pp. 178-180.

[8] En plus de ces facteurs, on peut parler du goût de l'aventure qui pousse le Dioula à quitter sa terre pour de nouvelles contrées.

A. Importance géographique des Dioulabougous

Les Dioulabougous jouaient un rôle crucial aussi bien pour les habitants que pour la population d'accueil du site sur lequel ils étaient présents. S'ils formaient des gîtes d'étape ou des escales pour les colporteurs qui étaient assurés d'y trouver ravitaillement et repos, ils possédaient aussi des marchés que fréquentaient tous les paysans des alentours.

Ils étaient également comme des foyers d'activités religieuse et intellectuelle. En se rassemblant autour d'une mosquée et d'un Imam, les habitants de ces quartiers s'assuraient les avantages de la cohésion sans s'exposer à la méfiance de leurs hôtes ou de leurs partenaires commerciaux. Étant donné qu'ils étaient d'origine diverse, leur commune appartenance à l'Islam était le meilleur fondement qu'ils pouvaient donner à leur union.

Durant toute la période coloniale, les Dioulabougous étaient une réalité dans les zones forestières ivoiriennes qui comportaient au moins un quartier dioula. Ainsi, on note qu'entre 1902 et 1905, de nombreux Dioula venus de Séguéla, de Tiémé et de Samatiguila, s'étaient installés à Issia, Daloa et Sanssandra. À Daloa par exemple, c'est Baba Diaby, originaire de Samatiguila, qui, en 1908, demanda et obtint de Zokou Gbeuli, alors chef de village, une portion de terre pour cultiver. Mais en l'espace de trois ans, le campement de Diaby prit de l'importance au point qu'en 1910, il fut nommé par l'autorité administrative coloniale, chef du village dioula[9].

De Daloa, les Dioula essaimèrent dans toute la région : Issia (1911), Sassandra (1914), Gagnoa (entre 1917-1918). Dans le pays gouro, bien que leur présence fût remarquable avant la colonisation, ils étaient à Oumé dès 1916, à Zuenoula et Bouaflé en 1913.

Aussi, grâce au commerce, toutes les villes situées le long du chemin de fer verront la création de Dioulabougous. C'est le cas de Dimbokro où Bamba Mamadou rappelle que les premiers Dioula sont arrivés en même temps que les rails[10]. Ils installent leur quartier non loin de la gare de train et sont rejoints plus tard par des coreligionnaires.

À Bouaké, si au départ, la présence des Dioula était provisoire, la venue des rails à partir de 1912, va donner un coup de fouet à leur immigration puis à leur installation définitive dans cette région. En peu de temps, ce petit village dioula devient grand et prend le nom de ''Dougouba'' (le grand village en malinké) en raison de son extension et du nombre important de ses habitants[11].

De Bouaké, les Dioula conquièrent d'autres centres comme Béoumi, Tiébissou, Sakassou, Toumodi et Tiassalé, entre 1914 et 1920, créant ainsi un système

---

[9] Voir P. Kipre, *Villes de Côte d'Ivoire 1893-1940,* T_1*. Fondation des villes coloniales,* Abidjan, NEA, 1985, pp. 215-218.

[10] M. Bamba, *La Communauté musulmane et les mutations politiques et sociales en Côte d'Ivoire de 1946 à 1999*, Thèse de Doctorat Unique Histoire, Abidjan, Université de Cocody, 2009, p. 157.

[11] À Bouaké, en 1926, les Dioula sont estimés à 4374 contre 6000 en 1939. Cf. P. Kipre, *op.cit,* T_2, p. 156.

de relais et un réseau commercial dense dont ils furent les principaux animateurs.

D'après ce qui précède, il appert clairement que les Dioulabougous sont disséminés dans toutes les régions où les Dioula ont pu s'approvisionner en produits (cola, or…).

B. Profil sociologique des habitants des Dioulabougous

Les habitants des Dioulabougous en général, et les Dioula en particulier, exerçaient toutes sortes d'activités commerciales. Ce qui leur donnait en outre une position influente comme intermédiaires et comme agents économiques incontournables. D'abord, entre producteurs autochtones et les Français, ils jouèrent le rôle d'acheteurs des récoltes de café avant qu'ils ne fussent supplantés par la suite par les Syro-Libanais. Ensuite, entre gens du sud et gens du nord, ils restaient des colporteurs spécialisés dans le commerce transrégional. Enfin, entre populations africaines établies localement, ils étaient de petits boutiquiers vendant toutes sortes d'articles[12].

Comme tous étaient majoritairement musulmans dans ces Dioulabougous, l'Imam, le marabout et le chef de quartier jouaient un rôle important dans le règlement des litiges mais aussi dans les prières formulées à l'endroit de leurs coreligionnaires. Le commerce et la recherche du profit les ayant privés de l'encadrement spirituel de leurs guides, ces Dioula musulmans décidèrent de perpétuer l'œuvre œcuménique sur place en bâtissant des écoles coraniques et des mosquées. Certains parmi eux, ayant acquis des notions plus ou moins avancées de l'Islam et du Coran dans leur région d'origine, devinrent les marabouts auprès de qui l'on se forme et l'on consulte en cas de problèmes spatio-temporels majeurs[13].

Cette fonction complémentaire de guides religieux n'empêchait pas tout de même ces marabouts de prospérer dans le commerce. De temps en temps, ils animaient des prêches, surtout lors des grandes fêtes musulmanes, et officiaient les prières quotidiennes dans les mosquées. Avec le temps, le poste d'Imam qui n'attirait pas vraiment les fidèles, s'est vu fortement convoité grâce aux sacrifices de moutons, de poulets et autres dons en espèces. Du coup, chaque communauté proposait la nomination d'un des leurs à la tête des différents lieux de culte. Parfois, des controverses provoquaient des scissions entre communautés au sein du Dioulabougou sur une base ethnique ou régionale (chacun se référant à l'autorité spirituelle et enseignante qu'il détenait dans sa région

[12] Plus tard, nombre d'entre ces commerçants dioula sont devenus des planteurs établis à leur compte. En 1933, on dénombre 55,5% de Dioula planteurs à Man, 87,5% à Duékoué, 50% à Guiglo, 69,6% à Lakota. Cf. L. Fofana, *Contribution des musulmans à l'édification de la nation ivoirienne XIè-XXè siècles*, Abidjan, CERAP, 2007, p. 43.

[13] Même les populations autochtones sollicitaient les prières et les bénédictions des marabouts. Cf. E. Terray, *Une Histoire du royaume Abron du Gyaman. Des origines à la conquête coloniale,* Paris, Karthala, 1995, p. 83.

d'origine)[14]. D'après Marie Miran, c'est d'ailleurs cette attitude ethnocentriste dans ces quartiers qui poussa de nouveaux convertis à gagner à partir de 1946 les rangs de l'élite wahhabite dans les débuts du mouvement de réforme islamique[15].

III. IMPACT DES DIOULABOUGOUS EN CÔTE D'IVOIRE

La présence de ces quartiers dioula en Côte d'Ivoire méridionale eut des effets indélébiles aussi bien au sein de la population autochtone qu'au niveau de l'environnement social et religieux.

A. La réaction des populations hôtes

Pour la recherche du gain, le Dioula était capable de s'adapter à n'importe quelle situation, à n'importe quel type de commerce[16]. C'est pourquoi, à côté de la vente de la cola, les mandé dioula s'invitèrent dans l'achat des produits de rente comme le café et le cacao. Certains parmi eux finirent par avoir plus de chance en créant des plantations[17]. D'autres arrivèrent à développer dans cet élan, une activité de transport en mettant à la disposition de gros acheteurs, des camions pour l'acheminement de leurs différents produits. Toute cette polyvalence dans l'activité commerciale permit aux Dioula d'en acquérir le monopole et d'amasser souvent des fortunes immenses qui ne tardèrent pas à susciter la convoitise des populations autochtones. Ces dernières en effet, étaient frustrées

---

[14] En 1934 par exemple, dans le quartier dioulabougou de Gagnoa, un incident se rapportant à l'observation de la lune pour décider de la date du début du Ramadan, révélait les sourdes tensions qui opposaient Odiennéka (originaires d'Odienné) et worodougouka (originaire du worodougou avec Mankono pour centre). Ces derniers refusèrent de s'aligner sur la date arrêtée par les Odiennéka qui détenaient l'Imamat. Il s'en suivit une rixe où furent échangés des coups de bâtons. Les autorités coloniales durent fermer la mosquée et les protagonistes furent envoyés en prison. À la suite de cet évènement, les Worodougouka émirent le souhait de se constituer en communauté séparée en se construisant une nouvelle mosquée dans le même quartier. Le Cheikh Seydou Nourou Tall, émissaire des autorités administratives, parvint à maintenir un semblant d'unité parmi la communauté de la ville en reconnaissant aux Worodougouka le droit d'avoir une mosquée séparée. La condition était qu'ils viennent faire la prière du vendredi aux côtés des Odiennéka. C'est ainsi que fut bâtie la mosquée secondaire de Gagnoa 2, symbole de la scission de la mosquée principale de Gagnoa 1. Voir D. Kone, *op.cit.*, p. 220.

[15] Le wahhabisme eut donc plus d'audience dans le sud, considéré comme une zone de nouveaux convertis que dans les zones septentrionales. Voir M. Miran, *Islam, histoire et modernité en Côte d'Ivoire,* Paris, Karthala, 2006, p. 316.

[16] Comme il était en plus d'être commerçant, musulman, sa religion lui interdisait tout de même la vente ou l'achat de certains produits tels que la viande de porc, l'alcool…

[17] En pays gouro par exemple, Sékou Baradji devint à Sinfra l'un des tout premiers planteurs africains du cercle. Cf. L. Fofana, *op.cit.,* p. 43.

par le fait que les Dioula, ''leurs invités'', se fussent enrichis dans la commercialisation des produits qu'ils considéraient comme les leurs.

Ainsi, en dépit des retombées financières qu'ils avaient acquises dans le commerce au prix de mille sacrifices, les Dioula se verront dénigrer par leurs hôtes et traiter de tous les noms. Dans certaines régions forestières, le terme ''dioula'' commença à désigner l'étranger par excellence. Aussi, toutes les populations allogènes nationales (Senoufo, Odiennéka, Ourodougouka et parfois les Baoulé surtout dans l'ouest du pays) seront confondues aux Haoussa et Sénégalais qui habitaient les Dioulabougous du fait du commerce. Tous, sans exception, seront qualifiés injustement d'étrangers, aussi bien du territoire ivoirien que du terroir de la forêt ou de la langue[18].

Dans d'autres régions par contre, la prospérité des Dioula favorisa la montée d'un sentiment régionaliste à leur égard. L'exemple le plus cité se déroule dans la région d'Abengourou où Jean-Pierre Dozon rappelle que les Agni, face à ce qu'ils considéraient comme le monopole commercial des Dioula, créèrent à partir de 1930, l'Association de Défense des Intérêts des Autochtones de Côte d'Ivoire (ADIACI)[19]. Cette Association protesta en partie contre les Dioula et parfois contre les Baoulé qui selon elle, *« ne se satisfaisaient pas de leurs activités commerciales ou de leur rôle de main-d'œuvre, mais s'appropriaient (...) les terres des populations autochtones, particulièrement agni »*[20]. Malgré tout, l'ADIACI n'eut pas une audience nationale.

En définitive, en dépit de cet acharnement à leur égard, les Dioula s'investirent fortement dans le développement de leurs localités ''adoptives'' et partant des villes coloniales.

B. Le développement des villes coloniales

Il résulte certes de l'action conjuguée des autorités coloniales et des populations autochtones mais aussi de la contribution des habitants issus des Dioulabougous. La densité des échanges ayant favorisé l'établissement d'un important réseau commercial, les Dioula s'installèrent provisoirement puis définitivement dans les zones d'approvisionnement des produits. Ils ne se

---

[18] M. Miran, *op.cit.*, p. 52.

[19] Malgré tout, cette Association n'eut pas les résultats escomptés et ne toucha pas d'autres régions car pour les colonisateurs, il fallait protéger le Dioula qui était pour eux un élément essentiel dans le développement de l'économie coloniale. À titre d'exemple, le Dioula était l'agent de distribution et de commercialisation des produits importés et l'acheteur des produits d'exportation au compte des grandes compagnies commerciales telles que la Compagnie Française de l'Afrique de l'Ouest (CFAO) et la Compagnie Française de Côte d'Ivoire (CFCI). Plus tard, Houphouët-Boigny, dirigeant le Syndicat Agricole Africain (SAA) à partir de 1944, n'épousa pas aussi les idéaux de l'ADIACI. Il fit, au contraire, la promotion, main dans la main, de tous les fils et filles de la colonie, y compris en grande partie les populations dioula.

[20] J.P. Dozon, « L'Etranger et l'allochtone en Côte d'Ivoire » B. Contamin et H. Memel-Fote, *Le Modèle ivoirien en questions : crises, ajustements, recompositions,* Paris, Karthala-ORSTOM, 1997, p. 789.

contentèrent plus d'acheter et de vendre mais entreprirent de façon individuelle de s'impliquer davantage dans la vie des régions qui avaient fait leur fortune. Un responsable du poste de Fort Hiltos dans le cercle de Séguéla signale depuis 1908 que ces Dioula : *« Partout où ils passent, leurs conseils sont écoutés, généralement suivis et leur influence est grande... »*[21]. Ce n'est donc pas étonnant de les voir dans ces régions forestières, épouser des femmes et surtout y réinvestir l'argent gagné dans le commerce.

Grâce à leur abnégation, les Dioula approvisionnèrent les marchés locaux, construisirent de nombreuses infrastructures[22] et participèrent volontiers au développement urbain de leurs ''localités d'adoption'', et par ricochet des villes coloniales. On peut citer, entre autres, les œuvres entreprises par Yacouba Sylla à Gagnoa, Nifa Diaby et El Hadj Karamoko Diarrassouba à Daloa. Le premier, en plus d'être un cheikh hamalliste, était en fait un déporté politique qui purgea sa peine à Sassandra. Il décida en 1938 de s'installer à Gagnoa. Là, il fit fortune dans l'exploitation du charbon, le transport et le commerce. Se sentant concerné par les affaires de cette localité, il fit réaliser tous les travaux de voirie de son quartier par ses disciples. Mieux, il y bâtit une sorte de caravansérail, un lieu de refuge ou d'auberge pour donner à manger aux indigents ou aux voyageurs en détresse[23]. Selon l'un de nos informateurs autochtones qui a voulu garder l'anonymat, cette générosité de Yacouba Sylla s'est même étendue à ses enfants. La nourriture y était toujours disponible et en grande quantité. Pour lui, rares furent les enfants de cette localité qui ne bénéficiaient pas de ces repas journaliers[24].

Le second, Nifa Diaby, est né en 1927 à Samatiguila. Grâce au commerce, il s'installa plus tard à Daloa où sa fortune lui permit de s'investir également dans le transport. Ses nombreuses constructions (maisons, mosquées...) témoignent de son implication sans faille dans le développement de Daloa.

Le troisième, El Hadj Karamoko Diarrassouba, est originaire de Madinani Koura, dans le département d'Odienné. Né vers 1910, il prit les rênes en 1939 de l'activité commerciale de son père qui venait vendre l'arachide et le tabac aux femmes à Daloa. Avec l'argent gagné, il achetait de la cola sur place qu'il allait revendre à Nioro, à Bamako, Sikasso, Bougouni (Mali actuel). En 1955, il abandonna le commerce pour s'adonner à l'agriculture (plantations de café et de cacao). Sa fortune fut réinvestie à Daloa à travers la construction de plusieurs villas mais aussi dans sa ville natale à Odienné[25].

---

[21] Voir Archives Nationales de Côte d'Ivoire, Cercle de Séguéla, série Monographie, 14 Août 1908.

[22] À Daoukro, Tidiane Berthé, un nanti dioula, construisit plusieurs écoles et un centre culturel. Cf. L. Fofana, *op.cit.,* p. 40

[23] Z. Semi-Bi, *Equipement public et changements socio-économiques en Côte d'Ivoire (1930-1957)*, T1, Université de Lille III, ANRT, 1986, p. 675.

[24] Entretien avec anonymat, Yopougon Toits rouges-Abidjan, le 11 mars 2008.

[25] Voir N. Ouattara, *op.cit,* p 111.

Tous ces exemples démontrent l'implication active des Mandé Dioula dans le développement des villes coloniales[26]. C'est donc en quelque sorte une coopération gagnant-gagnant qui liait désormais les Dioula à leurs hôtes. Les premiers achetaient les produits aux seconds et déversaient l'argent obtenu dans les infrastructures locales pour le bien-être de l'ensemble. Pas véritablement apatrides, mais se sentant chez eux partout où ils passaient, les Dioula ont pu ainsi marquer de leur empreinte indélébile des régions qui sont sans conteste aujourd'hui des terres de colonisation dioula dans le sud et l'ouest du pays[27].

C. Le brassage des populations et l'influence musulmane

La présence des Dioulabougous en zones forestières a occasionné un brassage entre les populations hôtes et les allogènes. Ce brassage s'est opéré par l'entremise de mariages mixtes qui ont favorisé aussi bien la conversion de femmes ou d'hommes à l'islam que les naissances d'enfants musulmans. Ces derniers et leurs parents furent à leur tour des courroies de transmission du savoir islamique auprès de leurs coreligionnaires. Ce melting-pot améliora, somme toute, la cohabitation entre toutes ces populations qui restèrent différentes dans leurs traditions et coutumes.

À côté de ce brassage, il faut noter l'influence religieuse. En construisant des quartiers du fait de leurs activités commerciales, les Dioula y transportaient également l'Islam dont bon nombre d'entre eux étaient des adeptes. Les nombreuses mosquées et autres écoles coraniques[28] construites à coup de millions et de milliers de francs, attestent de cette nouvelle impulsion que ses promoteurs entendent donner à leur religion. En 1936, à Sinfra par exemple, la première mosquée de la ville fut l'œuvre du richissime Sékou Baradji[29].

Si cette première poussée de l'Islam est à mettre au compte des commerçants nantis, il ne faudrait pas ignorer l'action des marabouts ou autres déportés politiques musulmans qui usèrent de leur position dans les Dioulabougous pour répandre progressivement l'Islam. C'est le cas de Ahmadou Teniem, ex Sultan de Zinder au Niger qui, interné à Dabou dans les années 1910-1920, fit des con-

---

[26] À Bouaké, pour faciliter le développement rapide de la ville avec la venue du rail en 1912, le commandant Delmote octroya un nouvel espace aux Dioula et les invita à quitter le quartier de Djamourou pour Dioulakro. Les Dioula s'y attelèrent, en y déplaçant même leur mosquée. Avec le temps, Dioulakro devint Dioulabougou et plus tard Dougouba, compte tenu de sa superficie. Voir D. Kone, *Contribution des intellectuels musulmans arabophones au développement de l'islam en Côte d'Ivoire 1946-1993,* Thèse de Doctorat Unique Histoire, Abidjan, Université Félix Houphouët-Boigny, 2012, p. 230.

[27] Emmanuel Terray va plus loin en montrant que l'apparition de la ville dans le royaume Abron était le fait des Dioula. D'après lui, ce sont eux qui fondèrent, à côté parfois des villages autochtones préexistants, les cités de Bobo-dyulasso, Wa, Kong, Begho et Bouna. Cf. E. Terray, *op.cit,* p. 76.

[28] À Bouaké, l'enseignement islamique était dominé par trois grandes familles : les Kaba de Kankan, les Touré d'Odienné et les Sanogo ou Saganogo de Kong.

[29] Cf. P. kipre, T_2, *op.cit.,* p. 179.

vertis parmi les Adioukrou. Ces conversions d'autochtones n'étaient pas courantes, seules généralement les femmes issues de groupes forestiers ayant épousé des musulmans passaient à l'Islam. Les musulmans contractaient des mariages avec ces femmes autochtones, à condition qu'elles renoncent à leur religion et embrassent l'Islam[30]. À défaut de données statistiques fiables, ces mariages mixtes permirent d'accroître le nombre de convertis. Selon Jean-Louis Triaud, ces conversions s'étendirent même aux notabilités locales, attirées qu'elles étaient par le prestige et le pouvoir associés à l'Islam. Il cite le cas de Kouao Bilé (Abdoulaye), chef de canton d'Agnibilékrou et roi des Diabé, converti en 1941. Ce dernier entraîna avec lui une bonne partie de ses proches et de ses subordonnés[31].

Pour les populations locales, devenir musulman signifiait certes embrasser la religion du Prophète, mais aussi pouvoir entrer dans les réseaux du commerce de longue distance détenus par les Dioula et bénéficier de la « baraka » des marabouts.

L'une des conséquences majeures de cette expansion religieuse, c'était la ''couleur'' qu'allait prendre l'Islam. La forme d'Islam qui se propagea en effet dans le sud et dans l'ouest ivoirien fut celle des Dioula, fortement marquée par leurs traditions et coutumes[32]. Au fil du temps, le conservatisme ambiant entretint cet Islam dans un état relativement statique. C'est sans doute cette confusion dans la pratique islamique qui emmena Vincent Monteil à la qualifier d' « islam noir » et plus tard les diplômés des universités arabo-musulmanes à parler de pratiques déviationnistes[33].

À cela, il faut ajouter l'impact culturel occasionné par les conversions à l'Islam. Le nouveau converti prenait un patronyme ou un prénom dioula, se vantait de parler dioula comme seconde langue et s'affichait tout le temps avec le boubou ainsi que les babouches typiques du costume dioula. S'il était rejeté par les siens du fait de sa conversion, le nouveau converti se réfugiait dans le Dioulabougou, qui devenait pour lui un tremplin pour affirmer son appartenance totale à l'Islam.

Toutes ces actions des musulmans dans les Dioulabougous contribuèrent à instaurer un climat de paix dans la colonie dans la mesure où chaque peuple se côtoya et sut s'accepter au-delà des différences ethnique, culturelle et religieuse. C'est cette cohésion sociale qui a fait sans doute dire, des années plus tard, à Raymond Deniel, que la Côte d'Ivoire est une terre d'élection pour toutes sortes

---

[30] À l'inverse, l'autochtone homme qui désirait épouser une musulmane devait absolument se convertir à cette religion. Un aspect qui a participé à l'augmentation de la communauté musulmane des Dioulabougous.

[31] J.-L Triaud, « Ligne de force de la pénétration islamique en Côte d'Ivoire » *Revue des études islamiques,* XLII/1, Paris, Librairie Orientaliste Paul Geuthner, 1974, p. 135.

[32] Sur cette question, voir l'article de R. Launay, « Rituels islamiques et vie quotidienne en Afrique de l'ouest » *Débats-courrier d'Afrique de l'ouest,* n°46-47, Abidjan, CERAP, juillet-août 2007, pp. 45-50.

[33] Sur ce point, voir D. Kone, *op.cit.,* pp. 149-152.

de religions qui peuvent y avoir libre cours et où le passage d'une religion à une autre est socialement toléré[34].

CONCLUSION

D'une installation circonstancielle liée au commerce, les Dioula musulmans vont se fixer définitivement dans les zones forestières ivoiriennes. Ces installations vont se matérialiser par la création de Dioulabougous. Ici, même si c'est le commerce qui est le point commun de tous les habitants, il y a aussi la religion musulmane. La vie quotidienne dans ces quartiers se déroule autour de la mosquée, du marché et des concessions familiales.

Les premières écoles coraniques et les mosquées deviennent des pôles de formation d'où se diffuse l'Islam auprès des populations autochtones. Certes, les Dioula musulmans, grâce à la ''puissance'' de l'écriture arabe et du Coran, gagnaient la confiance des chefs locaux aux côtés desquels certains marabouts étaient des conseillers. Mais en même temps, pour le bénéfice de leur commerce, ils n'entreprenaient aucune action susceptible de ravir le pouvoir politique à leurs hôtes.

Mieux, leur prosélytisme n'était pas planifié et les conversions se faisaient à compte-goutte, liées pour certains animistes à des évènements exceptionnels dans leur vie. Parfois, leur seul exemple suffisait à entraîner l'adhésion de leurs coreligionnaires. L'islam devint ainsi officiel avant d'être dominant c'est-à-dire qu'il toucha les cours royales avant de s'étendre - timidement - à l'ensemble de la population.

Aussi, le brassage culturel né des mariages mixtes ou de quelques conversions amèna-t-il les Dioula musulmans à s'impliquer davantage dans le développement des villes coloniales. L'argent gagné de leur activité commerciale dans ces cités était réinvesti dans celles-ci afin d'en assurer leur bien-être et celui des populations. Les localités comme Bouaké, Gagnoa, Daloa, Man pour ne citer que celles-ci, portent en elles les empreintes de l'action des Mandé Dioula musulmans. Les Dioulabougous et les autres quartiers ou villages des autochtones vont former une seule entité en s'intégrant progressivement dans le développement des villes coloniales.

Pourtant, les autorités coloniales, de peur que leurs intérêts soient menacés par les Dioula musulmans – qui ont commencé à devenir incontournables – déployèrent tout un arsenal juridique. Son but était de freiner l'expansion de l'Islam et surtout de limiter l'emprise de ces hommes d'affaires africains.

Malgré tout, le projet colonialiste envers les musulmans eut des résultats mitigés. Les Dioula surent se surpasser et participèrent aux côtés d'autres Africains aux mouvements de décolonisation qui aboutirent à l'indépendance de la colonie ivoirienne, du moins nominalement.

---

[34] R. Deniel, *Religions dans la ville : croyances et changements sociaux à Abidjan*, Abidjan, INADES, 1975, p. 84.

BIBLIOGRAPHIE

M. Bamba, *La Communauté musulmane et les mutations politiques et sociales en Côte d'Ivoire de 1946 à 1999*, Thèse de Doctorat Unique Histoire, Abidjan, Université de Cocody, 2009, 583 p.

R. Deniel, *Religions dans la ville : croyances et changements sociaux à Abidjan*, Abidjan, INADES, 1975, 208 p.

J.P. Dozon, « L'Etranger et l'allochtone en Côte d'Ivoire » B.Contamin et H.Memel-Fote, *s/d, Le Modèle ivoirien en questions : crises, ajustements, recompositions,* Paris, Karthala-ORSTOM, 1997, pp. 779-798.

L.Fofana, *Contribution des musulmans à l'édification de la nation ivoirienne XI^è^-XX^è^ siècles,* Abidjan, CERAP, 2007, 150 p.

D. Harre, « Les hommes d'affaires en Côte d'Ivoire. L'insertion des Malinké du Kabadougou dans l'économie contemporaine » E.Grégoire et P.Labazee, *Grands commerçants d'Afrique de l'ouest : logiques et pratiques d'un groupe d'hommes d'affaires contemporains,* Paris, Karthala-ORSTOM, 1993, pp. 221-262

P. Kipre, *Villes de Côte d'Ivoire 1893-1940,* 2 tomes, Abidjan, NEA, 1985, 529 p.

G.N. Kodjo, *Le Royaume de Kong (Côte d'Ivoire) : des origines à la fin du XIX^è^ siècle*, Paris, l'Harmattan, 2006, 377 p.

D. Kone, *Contribution des intellectuels musulmans arabophones au développement de l'Islam en Côte d'Ivoire,* Thèse de Doctorat Unique Histoire, Abidjan, Université Félix Houphouët-Boigny, 2012, 549 p.

R. Launay, « Rituels islamiques et vie quotidienne en Afrique de l'ouest » *Débats-courrier d'Afrique de l'ouest,* n°46-47, Abidjan, CERAP, juillet-août 2007, pp. 45-50

M.Miran, *Islam, histoire et modernité en Côte d'Ivoire,* Paris, Karthala, 2006, 546 p.

V. Monteil, *L'Islam noir : une religion à la conquête de l'Afrique,* Paris, Seuil, 1980, 468 p.

N. Ouattara, « Commerçants dyula en Côte d'Ivoire : permanences et ruptures dans un milieu socioprofessionnel (XIX^è^-XX^è^ siècles » L.Harding et P.Kipre, *Commerce et commerçants en Afrique de l'ouest. La Côte d'Ivoire,* Paris, l'Harmattan, 1992, pp. 75-117

Z.S emi-Bi, *Equipement public et changements socio-économiques en Côte-d'Ivoire (1930-1957),* 3 tomes, Université de Lille III, ANRT, 1986, 1019 p.

E. Terray, *Une Histoire du royaume Abron du Gyaman. Des origines à la conquête coloniale,* Paris, Karthala, 1995, 1058 p.

J.-L. Triaud, « Ligne de force de la pénétration islamique en Côte d'Ivoire » *Revue des études islamiques,* XLII/1, Paris, Librairie Orientaliste Paul Geuthner, 1974, pp. 123-160.

GABON ET ETHNIES PENDANT L'ÉLECTION PRÉSIDENTIELLE ANTICIPÉE DU 30 AOÛT 2009 À TRAVERS « EZOMBOLO » ET « ÉCHOS DU NORD »

Hugues Mouckaga
Université Omar Bongo/ Gabon

RÉSUMÉ

Comme tous les États, le Gabon est constitué d'une pluralité d'ethnies ; une cinquantaine environ, réparties dans une huitaine de groupes, qui le ceinturent d'un bout à l'autre, et qui, malgré leur diversité, ont toujours vécu en bonne intelligence, cultivant ainsi le « vouloir vivre ensemble », socle de l'État-Nation.

Cette situation amène, cependant, à cette interrogation. Comment cette question ethnique s'est-elle posée et comment a-t-elle été vécue pendant l'élection présidentielle anticipée du 30 août 2009 ? A t-elle été déterminante dans le choix du successeur de feu Omar Bongo Ondimba ? Autrement dit, quelle place a – elle occupé à l'occasion de ce scrutin ? Une place centrale ? Une place marginale ? Et comment la presse l'a-t-elle transcrite ?

Pour trouver une réponse à ces questions, nous avons choisi d'interpeller deux journaux, pris parmi d'autres, mais qui ont toujours eu la particularité de se démarquer par leurs prises de position, leur indépendance, leur impertinence et leur liberté de ton : « Ezombolo » et « Échos du Nord ».

Un mois seulement après la célébration, sous les feux des projecteurs, par le Rwanda, du vingtième anniversaire du génocide qui a fortement endeuillé ce pays et qui l'a en partie décimé du fait de la liquidation massive et systématique de milliers de ses ressortissants, 800.000 tout simplement parce qu'ils avaient eu le malheur d'être nés Tutsis ou Hutus modérés, et alors que l'Afrique reste toujours engluée dans ce mal endémique dont elle n'arrive pas à se départir, cette communication vise à examiner sous toutes ses coutures un fait social majeur pour le fonctionnement de nos États. En même temps, elle s'impose d'examiner le rôle de la presse dans la gestion d'un fait aussi sensible.

MOTS CLÉS

Gabon, Élection présidentielle anticipée, Ethnie, État, État-Nation.

INTRODUCTION

Le 30 août 2009, près de quarante-cinq jours après le rappel *ad patres* d'Omar Bongo Ondimba, jusqu'alors Président de la République, Chef de l'État, le Président a.i., Mme Rose Francine Rogombe, anciennement Président du Sénat, fit organiser, par son Gouvernement, l'élection présidentielle anticipée.

Outre le représentant du Parti Démocratique Gabonais (PDG), Ali Bongo Ondimba, hissé quelques mois auparavant aux fonctions de Vice-Président de ce parti et exerçant les fonctions de Ministre de la Défense, une série de candidats se présentèrent : Jules –Aristide Bourdès Ogouliguendé, Pierre Mamboundou, Casimir Oye Mba, Jean Eyeghe Ndong, André Mba Obame, Luc Bengone Nsi, etc. et furent amenés à compétir sur le champ électoral. De juin à août, donc, le Gabon vécut à l'heure des élections. Ce fut une période de surchauffe. Qui allait succéder à Omar Bongo Ondimba ? Tous les candidats fourbirent leurs armes. Les états-majors politiques furent « sur les dents ». La société civile s'y impliqua. La presse aussi fut sollicitée.

Contrairement à l'historien dont la vocation est d'exhumer les faits endormis, qui remontent au moins à une génération et donc dont l'historicité est avérée, le journaliste a toujours été considéré comme un « historien du temps présent ». Sa mission consiste donc à retranscrire les faits encore d'actualité, brûlants, de manière à les exposer tels qu'ils se sont produits à son auditoire ou à son lectorat. Il s'intéresse alors aux faits « chauds » ! C'est le témoin du moment. Présent sur un théâtre d'opération, il joue alors le rôle de chroniqueur. Il informe, mais également forme, pour permettre à ceux qui le lisent, d'être au fait d'une situation donnée. Il stabilise, catalyse les énergies ; mais aussi il peut être un déstabilisateur de premier ordre ! Par ses prises de position, il peut déformer, sous-informer et même induire en erreur ! Il peut jeter de l'huile sur le feu ! Il peut produire des « papiers » incandescents ! Pour peu qu'il ne soit pas neutre, impartial ! De ce point de vue, il est appelé à jouer un rôle majeur ! N'est-ce pas le « quatrième pouvoir » ? C'est donc le rôle de cette presse que nous allons devoir examiner au cours de cette communication au travers de deux journaux que nous avons retenus en raison de leur impertinence et de leur liberté de ton : « Ezombolo » et « Échos du Nord ».

I. « EZOMBOLO » ET « ÉCHOS DU NORD », DES JOURNAUX D'AVANT-GARDE

Journaux d'avant-garde, en effet, sont « Ezombolo » et « Échos du Nord ».

A. « Ezombolo » d'abord

EZOMBOLO

« Ezombolo » est dirigé par Jean de Dieu Ntoutoume Eyi. Docteur en Sciences de l'Information, il est originaire du Nord du Gabon, le Woleu-Ntem, et appartient au groupe communautaire majoritaire du pays, le groupe Fang.

Ayant suivi un *cursus studiorum* qui l'a conduit jusqu'au niveau doctoral, il apparaît comme un communicateur formé, et bien formé, un brillant sujet qui plus est, un véritable professionnel de la communication. N'a-t-il pas une plume alerte et acérée ? Esprit docte, ne fait-il pas toujours montre, dans ses papiers, de rigueur intellectuelle, ce qui lui vaut de donner du crédit à ce qu'il écrit ? « Ezombolo » comporte comme sous-titre : *Le balai-brosse de nos vices et coutumes*. Tout un programme !

Dans les années 1990, au lendemain du printemps médiatique gabonais, Jean-De Dieu Ntoutoume Eyi prêtait sa plume, aux côtés de Ndjoumba Moussok et de Mengue Ba Nah, alias Fili Mot, au journal satirique qui paraissait le vendredi, *La Griffe*, ce qui permettait à ce journal d'avoir pignon sur rue et de tenir la dragée haute à un de ses concurrents, un organe d'information plutôt, *Le Bûcheron*, du Morena des Bûcherons, que dirigeait un autre professionnel de la communication, François Ondo Edou, assisté de Pierre Amoughe Mba, alias Metec M'Ayane.

Ce qui particularise, jusqu'à ce jour « Ezombolo », c'est sa liberté de ton, sa causticité, son ton acerbe, son impertinence, ce qui lui vaut d'être suspendu régulièrement par l'organe régulateur des médias gabonais, le CNC, Conseil National de la Communication.

Pour nous rendre compte du niveau de ses propos, tenons nous-en à cet extrait contre Ali Bongo Ondimba, où le Président de la République gabonaise est présenté, dans une photo où il se trémousse. L'article extrait du N° 45 du lundi 25 novembre 2013, en page 8, est intitulé « *Ali Evoloko* » et est soutenu par le texte ci-après :

> Evoloko joker ou papa Wemba ? Téké Téké Amba ou Jacob Desvarieux ? Vous n'y êtes pas. Il ne s'agit ni d'une star de la musique afro-caribéenne ni d'un ouvrier heureux qui vient de recevoir une médaille. Mais du président gabonais. On connaissait cet homme adepte des bolides de course. Nous voilà ébahis en train de découvrir une autre facette du fils d'Omar : la danse. Pendant que les écoles sont fermées pour cause d'incompétence de son gouvernement, pendant que les quartiers manquent d'eau, pendant que les inondations et les éboulements font des victimes dans son pays, pendant que les conditions de vie des Gabonais se dégradent chaque jour un peu plus, Ali Bongo trouve le moyen d'éprouver de la joie. Au peuple la misère, la souffrance et le chômage. À lui la vie édénique. C'est le Gabon dont ont rêvé Sarkozy, Guéant, Nzouba, Mborantsouo, Rogombe, Ndongou, Aboghe Ella. Que le peuple méprisé jette dehors jouisseurs et lubriques…

B. « Échos du Nord » ensuite

ECHOS *DU NORD*

Hebdomadaire Gabonais d'informations paraissant le Lundi. 9e année

"Change. Believe" Barack Obama

Mais il y a aussi « Échos du Nord ». Il est dirigé par Désiré Ename, un trentenaire, qui officia, au lendemain de la Conférence nationale de mars-avril 1990, au sein du journal *Le Bûcheron*. Il y occupe, comme l'indique l'*ours* du Journal, les fonctions de Directeur de la Publication, Directeur de la rédaction, aux côtés d'un Rédacteur en chef éditorial, d'un Rédacteur en chef délégué, d'un Rédacteur en chef adjoint et d'un Grand Reporter. Ce journal a été créé en 2005. Un seul exemple suffit pour montrer le niveau des propos qui sont susceptibles d'y être tenus : ce titre du N° 229 du mardi 22 avril 2014 qui porte, à la première page, ce gros titre : **Ali Bongo s'enfonce**. Avec cette légende d'une photo de la cible : « *La pyramide s'est effondrée. Ali Bongo, la peur au ventre, a préféré s'acharner sur l'opposant Jean Ping, plutôt que de régler les dysfonctionnements au sein de son parti. À ses cris d'orfraie, les vieux n'ont pas prêté oreille, ayant compris son jeu de dupes. C'est le début de la fin à un jet de 2016* »

Une question, alors, se pose : comment ces deux journaux présentèrent-ils la question ethnique pendant l'élection présidentielle anticipée de 2009 ?

II. LA QUESTION ETHNIQUE AU GABON JUSQU'EN 2009 : ÉTAT DES LIEUX

Avant d'y répondre, il convient de faire un état des lieux de cette question, en 2009. À cet égard, nous nous en référerons à André Raponda Walker qui, dans son étude intitulée « Notes d'histoire du Gabon », paru dans Mémoires de l'Institut d'Etudes Centrafricaines, n° 9, Brazzaville, 1960, p. 16, présentait ainsi les groupes ethniques prévalant au Gabon ; huit au total, ainsi constitués :

« Omyene : Mpongwe, Galwa, Ajumba, Orungu, Enenga, Nkomi ;

Eshira : Eshira, Ngowé, Varama, Bavingu, Lumbu, Babuisi, Sango, Bayaka ;

Okandè : Apindji, Tsogo, Puvi, Simba, Okandè ;

Bakèlè : Ongomo, Bangwe, Bississiou,

Fang

Bakota : Bakota, Mahongwè, Shaké, Ndamboma, Shamaï, Mindasa, Vumbu ;

Mbédé : Ombanda, Bambamba, Mindumu, bakanike, Bandjabi, Batsangi, Bawandji, Baduma ».

Une huitaine de groupes donc et plus largement une cinquantaine de groupes communautaires, qui ceinturent le Gabon, du Nord au sud et de l'Est à l'Ouest, et qui constituent la Nation gabonaise.

A. Une catégorisation structurée dès l'époque coloniale

Certes, ces groupes communautaires ont toujours connu, depuis l'époque coloniale, une forme de catégorisation, sous la plume des explorateurs, en s'appuyant sur leur physique, leur état moral, psychologique et culturel. Il en fut ainsi des *Apindjis* présentés comme un peuple industrieux et dont Paul Belloni du Chaillu qui les a approchés, en sa qualité d'explorateur colonial et qui a accouché le fruit de ses observations dans deux ouvrages, *Voyages et aventures dans l'Afrique Equatoriale Française,* Paris, Michel Leroy, 1863 et *L'Afrique sauvage. Nouvelles excusrons au pays des Ashangos*, Paris, Lévy, 1868, dit d'eux qu'ils sont

> Pour des Africains, un peuple très industrieux. Les hommes ont ici de véritables occupations ; ce qui se voit très rarement dans l'Afrique occidentale. Ils utilisent les parties filamenteuses de la feuille d'un certain palmier qui croît en abondance dans le pays, pour fabriquer une belle étoffe qui est renommée chez toutes les tribus... Tous les hommes sont tisserands chez les Apingis. Leur métier, assez compliqué, ressemble beaucoup à celui dont se servent les Ashiras, qui, sans aucun doute, l'ont emprunté à leurs industrieux voisins... les Apingis ont... la réputation de fabriquer la toile la plus moelleuse qui se trouve dans toute cette contrée.

Il en est aussi des Sango, que le même Du Chaillu décrit, à l'issue de sa seconde mission qui le mène jusque dans le sud du pays, comme toujours « *entièrement nus* » surtout pour les hommes et portant « *pour tout vêtement une ceinture d'écorce tendre à laquelle était suspendue par devant une peau de chat sauvage ou de quelque autre bête fauve...* ».

Il en est également des Nzèbi, encore appelés Ndjavis qui sont présentés, à l'issue de cette seconde exploration, comme des gens de « *grande et belle tribu... ils sont doux, hospitaliers, gais, parce qu'ils sont riches ; de belle taille, ils ont la peau d'une nuance chocolat moins foncée que celle des Adoumas* ».

Idem pour les Séki qu'il croise et avec lesquels il sympathise : « *La guerre est l'état habituel de cette population. Les motifs les plus futiles sont susceptibles de la faire naître. Généralement pourtant, ce sont des histoires de femmes qui les portent à s'armer les uns contre les autres, à se dresser des embûches à se surprendre et à se tuer sans pitié* ».

Idem aussi pour les Kota pour lesquels il éprouve une forme de répulsion ! « *C'est un vilain peuple que ces Okota : les hommes sont petits et ont l'air rusé, comme ils le sont en réalité... ce sont de beaux hommes, inoffensifs, bavards...Ils sont craintifs..* »

Mais aussi les Okandè ! « *Ceux qui emploient les Okandas doivent les traiter avec ménagement car ils aiment les compliments et les paroles flatteuses, ils n'oublient jamais les mauvais traitements* ».

Les Duma ! « *Ils sont petits de taille et très maigres, ils ont un caractère très doux et paisible...L'adouma est rusé avec les forts, arrogant et cruel avec les faibles. Les liens de race et de faille existent si peu, qu'ils se débarrassent les uns des autres avec le plus grand laisser-aller, même entre parents* ».

Les Wandji ! « *Les Aouandjis enlèvent des hommes et des femmes qu'ils réduisent en esclavage... Les Adoumas ont souvent à souffrir des incursions des Aouangis qui habitent derrière eux...* ».

Les Obamba !

Ils sont de beaux gaillards, bien bâtis et qui avaient une certaine fierté... Les guerriers Obamba se réunissent assez nombreux, traversent l'Ogooué et parcourent le pays, dont ils seront maîtres dans quelques années. Leur passage laisse des traces sanglantes. Tout est ravagé, brûlé, et quand la nouvelle de leur arrivée a rendu toute une région déserte, ils se portent inopinément sur une autre. Tout ce qui tombe dans leurs mains, hommes, femmes, enfants, est pris et vendu, soit aux Adoumas de l'ouest, soit aux Batékés de l'est.

Les Batéké ! « *Les Batékés sont en général assez grands et maigres...leur physionomie indique ordinairement un caractère rusé... les Batékés ont l'intelligence très développée* »

Enfin les Fangs au sujet desquels il est d'une particulière loquacité ! :

Les Fans ont le teint moins noir que les Bakalais, les Shekianis et les autres tribus environnantes. Ils ont le type nègre et la chevelure laineuse. Ils se tatouent plus qu'aucun autre des peuples que j'ai vus au nord de l'Equateur, mais pas encore autant que certaines tribus du sud... leurs joues aussi sont sillonnées de toute sorte de dessins qui, joints aux énormes anneaux de cuivre et de fer dont le poids fatigue leurs oreilles, leur donnent l'apparence la plus hideuse.

Les Fans ... ont tout à coup fait irruption à l'ouest, et je ne crois pas qu'il y ait jamais eu une invasion d'Africains occidentaux qui se soit si vite répandue sur le bord de la mer. Il ya quinze ou vingt ans, les tribus de la côte n'avaient entendu parler des fans que comme d'une tribu à peine connue, ayant quelques hameaux perdus dans les montagnes, près de la source du Gabon. Aujourd'hui, les fans, descendus de leurs hauteurs, se sont établis partout sur les rives de ce fleuve... Ce peuple belliqueux a tout balayé devant lui. Les Bakalais et les Shekianis n'étaient pas malheureusement de force à soutenir leur assaut.

Les Fans étaient de vrais cannibales sans méprise possible. Et en même temps ils paraissent être le groupe le plus remarquable que j'eusse encore vu dans cette partie reculée de l'Afrique. D'une couleur plus claire qu'aucune des tribus de la côte, forts, grands, bien bâtis, ils témoignaient de la grande activité : leur regard me semblait plus intelligent que celui des Africains qui n'ont pas encore eu des rapports avec les Blancs.

B. Une catégorisation qui s'est poursuivie jusqu'à nos jours

Pendant longtemps et même jusqu'à présent, les Fangs sont toujours victimes de la méprise générale ; ils sont appelés Pahouin ; une appellation qui serait due au fait que lorsque les Européens arrivaient à l'Estuaire du Gabon et demandaient aux habitants de cette région –les Mpongwè- qui étaient ces nouveaux venus établis près d'eux, le Mpongwè interrogé répondait : « mi pamyan », c'est-à-dire « je ne sais pas » mais qui comporte une connotation péjorative !

En effet, s'ils appellent les membres des autres communautés culturelles (dixit Paul Mba Abessole) ou des autres nationalités (dixit Wilson-André Ndombet), *Bilop*, avec toutes les connotations que cela induit -frivolité, paresse, manque de sagesse, d'intelligence, absence du sens d'entreprise- ; une base sur laquelle les femmes bilop sont considérées comme des « bombes sexuelles » et par ricochet des femmes lascives et frivoles parce que traînant la réputation de se contorsionner lors des rapports charnels, alors qu'une femme normale se doit de rester immobile pendant tout rapport de ce type, ne sont-ils pas victimes de la même déconsidération de la part des membres de ces communautés ? Sinon, comment comprendre que les Punu par exemple, les appellent *Bapamu*, nom articulé à partir de *Mi pamyan*, mais aussi *Ngoondu*, parce que leur accent serait perçu comme chantonnant, *Badiamu*, ou encore *Égyptiens*, à cause de leur origine supposée nubienne ? De même, que connotent les accusations d'anthropophages portées contre eux ? Que suggèrent cette autre accusation d'être des hommes et des femmes dont l'amitié ne peut être acquise car pouvant se moduler au gré des instants et de leurs intérêts du moment, ce qui fait dire à certains que quand on dort avec un fang il faut « avoir l'œil ouvert » ? Enfin, que comprendre derrière cette sous-considération sur la femme fang, accusée –à tort- d'être « un baobab » dans ses rapports charnels, autrement dit une femme immobile, qui ne sait nullement se contorsionner, qui « ne bouge pas au lit » ; une femme qui, plus est, est accusée de féticihiste impénitente dans ses rapports avec tout homme, surtout celui auquel elle tient, car capable de « l'embrigader » par des séances de maraboutage féroce, de le « cadenasser » et de lui extirper toute tendance à la réflexion, à la raison et à la réaction réfléchie, par la pratique du « assieds-toi là », le « tabeghe si » ? N'est-ce pas comme le résultat d'une catégorisation négative, qui a été construite et alimentée par l'homme occidental pour lui profiter et surtout pour appliquer le vieux principe qu'appliquèrent, dans le temps les impérialistes romains avec succès, le *divide ut regnes*, divise pour que tu règnes ?

Mais les Fangs ne sont pas les seuls à être l'objet de ces déconsidérations, ou plutôt de ces sarcasmes ! Quelle communauté culturelle n'en souffre pas ? Examinons les Nzebi-Nzabi ou Ndjavi chez les explorateurs coloniaux-. Les Punu, ne les considèrent-ils pas comme des inférieurs par ce que selon de nombreux locuteurs de ce groupe communautaire, beaucoup d'entre leurs ancêtres furent réduits en esclavage à l'époque coloniale en échange d'un sac de sel ? Ne les sous-traitent-ils pas parce que, de leur point de vue, des membres de cette communauté, *in illo tempore*, aimaient faire la cuisson en utilisant de l'huile rouge (sous-entendu de palmier, *madi ma benge*) ? Des impertinents les dénomment alors *Bandjabi* (plutôt que *Banzabi*), *Bandjaks* ou encore, s'ils veulent être discrets et ne pas courir le risque de s'attirer leurs foudres, attitude de prudence qui remonte surtout aux années 1970 où ils furent associés en grand nombre au pouvoir, *Zambiens* ou *Dja Nzambe*.

Et les Tsogho *–Mutsoghu* au singulier et *Mitsogu* au pluriel- ? Et les Apindji ? toutes deux communautés voisines des Punu au sud du Gabon, et plus spécialement à Mouila, où des débats âpres, acres et enflammés ont parfois lieu, surtout en période électorale, sur les questions d'autochtonie et d'allochtonie. N'est-il pas arrivé d'entendre certains Punu appeler les premiers, en lieu et place de Mitsogho, *Mitch*, terme à tout le moins réduteur, et qualifier les seconds de « moins que rien », *bifoufou* ? À Ndendé, ville située à quelques encablures de Mouila, n'entend-on pas les Punu dénier tout ancrage séculaire aux premiers cités, au prétexte qu'ils n'auraient nullement des villages de morts, *bibungu ?*

Même les Ngwèmyènè ne sont pas en reste ! Ils sont considérés en effet par les autres communautés comme étant parmi les plus « civilisés » et donc les plus « humanistes » car ayant vu arriver, parmi les premiers, le Blanc, du fait de leur présence sur la côte. Pourtant, ils qualifient les autres groupes communautaires d'*Anôngoma*, c'est-à-dire de « drôles de personnes » et donc, plus largement, de personnes à la cohabitation peu aisée. En retour, non seulement ils sont considérés comme des « Blancs » avec tout ce que cela comporte de repoussoir et de négatif pour tous ceux qui aspirent à vivre en communauté et à profiter largement de la réussite d'un parent ou d'un ami, mais encore les femmes de ce groupe passent pour être des « féticheuses impénitentes » et donc « inmariables » !

Et les Kota –que certains Punu appellent *Bakuta*, au pl.-, ne pasent-ils pas pour être des alcooliques impénitents et des bagarreurs de premier ordre ? N'ont-ils pas en outre la réputation d'avoir une sexualité débridée ?

Quant aux Punu, que les explorateurs appellent *Apono*, ne se considèrent-ils toujours pas comme des « Punyi », autrement dit des descendants de guerriers, et donc des guerriers eux-mêmes, des tueurs, des assassins, renvoyant ainsi à leur caractère crapuleux, leur insoumission, leur force de caractère, mais aussi à leurs velléités combattantes et exterminatrices, qui ne s'en laissent pas compter ; une situation qu'ils expliqueraient par leurs supposées origines Jagas du XVIe siècle, autrement dit angolaises ? Certes, Nicolas Meteghe N'nah s'est essayé avec forces arguments dans la déconstruction de cette réalité, dans *Lumière sur points d'ombre. Contribution à la connaissance de la société gabonaise*, Imprimerie Guéniot, Langres, 1984 pp. 58-59, l'un de ses *opus*, où il a rejeté avec hargne cette thèse par ces propos, où il brocarde à « l'arme lourde », à « l'exocet », celui qui les a amplifiés par ses écrits, en l'occurrence, l'Abbé Florent Mbumb Bwass, dans une Thèse de Doctorat soutenue à l'Université des Sciences Humaines de Strasbourg (USHS) sous le titre suivant : *Genèse de l'Église au Gabon. Etude historique et canonique,* avant qu'il ne prolonge sa thèse dans des écrits co-signés avec Magang Ma Mbuju Wisi. Suivons cet historien qu'en son temps, le Sociologue de l'Education, Noël-Mesmin Soumaho, considéra comme le « plus prolifique des Historiens gabonais » :

> Rien n'est moins sûr plus faux que d'assimiler les Bajag ou Bayaka du Gabon aux intrépides guerriers Jagas qui firent irruption au royaume du Congo dans la seconde

moitié du XVIe s. Plusieurs faits prouvent en effet l'inexactitude de ce point de vue. Tout d'abord il n'est pas certain que le mot « Jagas » soit la déformation, dans la bouche des Portugais, du mot « bajag ». En effet, l'origine du mot « Jagas » constitue encore de nos jours un problème insoluble et l'on pourrait se demander si, au XVIe s, ce mot ne désignait pas moins une ethnie qu'une confrérie guerrière. Car il faut bien comprendre que ceux qu'on a appelé « Jagas » ne se sont jamais désignés eux-mêmes sous ce nom. Ce sont les Portugais qui les ont baptisés ainsi... Ainsi, les Jagas ne constituaient certainement pas un groupe d'individus ayant entre eux des liens de sang mais plutôt, un groupe d'éléments issus de peuples divers qui s'étaient organisés pour faire la guerre et en vivre et qui ont fini par former un groupe culturel.

Des propos qui ont donc valeur de mise au point, mais qui n'ont pas du tout entamé la conviction largement entretenue chez les Punu d'être des *Jagas*, des *Punyi ! Mupunu yi puni*, entend-on alors dire, de la part des uns et des autres, autrement dit des « gens crapuleux », des résistants, des combattants féroces, hargneux, qui ne plient pas l'échine devant l'adversaire, et plus largement, des gens faits pour commander, pour écraser ceux qui osent s'opposer à eux et leur faire de l'ombre. Dans sa Thèse de Doctorat de 3ème cycle soutenue en 1987 devant l'Université de Paris-I Panthéon-Sorbonne, sous la direction éclairée de Madame le Professeur Claude-Hélène Perrot, *Les Punu du Gabon, des origines à 1899. Essai d'Etude historique*, une réflexion de très haute volée qui n'a pris aucune ride, Monique Koumba –Manfoumbi, n'a-t-elle pas accrédité cette approche ?

Ainsi donc vécut le Gabon jusqu'en 2009. Un pays, une cinquantaine de communautés culturelles, mais non une Nation véritable, autrement dit un groupement d'hommes et de femmes animés par la volonté de vivre au quotidien, et persuadés de leur communauté de destin, de vivre une histoire commune. Depuis l'époque coloniale, il existe une forme de hiérarchisation au niveau des peuples ; une structuration que l'explorateur blanc a construite et créée de toutes pièces, pour avoir regardé les différents peuples de l'extérieur, sans les comprendre et sans les connaître, pour avoir construit des images d'Épinal, que d'aucuns considèrent toujours comme des « vérités d'Évangile » ! Et surtout un contexte conçu pour ne jamais fédérer les nationalités gabonaises, pour au final créer un antagonisme permanent, et en faire une poudrière prête à exploser à tout instant !

Or jusqu'à cette date, cette situation qui aurait pu être apocalyptique ne se produisit pas. À l'inverse des autres États de la sous-région d'Afrique centrale, une guerre civile n'eut pas lieu, même si en 1994, au lendemain de la première élection multipartite post-conférence nationale de 1990, l'on frisa le choc des communautés. Qu'allait-il alors se produire maintenant qu'Omar Bongo Ondimba s'en était allé ?

III. LA QUESTION ETHNIQUE AU GABON EN 2009 : UNE RÉALITÉ DE TOUS LES INSTANTS !

Pour y répondre aisément, il importe de situer les choses dans leur contexte (A), avant de montrer comment les journaux que nous avons retenus, « Échos du Nord » (B) et « Ezombolo » (C) abordèrent ce moment crucial.

A. Le contexte

En 2009, un fait majeur, en effet, se déroule au Gabon : l'élection présidentielle anticipée. Elle a lieu le 30 août. D'elle va dépendre la succession d'Omar Bongo Ondimba, décédé quelques mois plus tôt, le 8 juin plus exactement, à Barcelone, en Espagne. Depuis cette date –là, le pays est comme en ébullition. Quelle sera désormais la destinée du Gabon, s'interroge-t-on. Le pays va-t-il continuer à vivre en paix ? L'armée, prendra-t-elle le pouvoir ?

Dès l'annonce de cette triste nouvelle par les média français, aux alentours de 20h locales, beaucoup de personnes ont quitté leurs domiciles et ont afflué vers le lieu dit *Rond point de la démocratie*. C'est la panique ! Le premier Ministre, Chef du Gouvernement, Jean Eyeghe Ndong, intervient sur les ondes de la télévision nationale, la RTG chaîne 1, pour démentir cette information et rassurer la population. Mais le lendemain, il se ravise, toujours sur les mêmes ondes télévisuelles : le décès d'Omar Bongo Ondimba est effectif. Dans la foulée, il annonce sa décision, en compagnie d'autres hautes personnalités du pays, de se rendre sur les lieux de cette tragédie. Quelques jours plus tard, alors qu'est attendue la dépouille mortelle, une autre nouvelle vient alourdir le climat : les frontières, toutes les frontières, sont fermées, à compter de ce jour et ce jusqu'à nouvel ordre. Le Communiqué est lu sur les ondes de la télévision nationale par le Secrétaire Général adjoint du Ministère de la Défense. Cette effectivité ne durera que quelques jours.

Le décès ayant été dûment constaté, le Président de la Cour Constitutionnelle applique la constitution ; c'est le Président du Sénat, Mme Rose Francine Rogombe, Président de cette institution, qui assure les rênes du pays. C'est une femme : une première ! Originaire de Lambaréné, au centre du pays, elle est connue comme haut magistrat. C'est une femme discrète, mais surtout compétente et rigoureuse : une « diseuse de droit » ! Elle avait remplacé à ce poste un autre Commis de l'État, René Radembinot Coniquet, pendant de nombreuses années Secrétaire Général de la Présidence de la République.

Le jour où la dépouille d'Omar Bongo Ondimba arrive au Gabon, c'est une immense cohue. Une foule immense l'attend à l'aéroport ; elle le réceptionne et tient à l'accompagner, à pied, au pas de charge, dans la ferveur, jusqu'au palais présidentiel, en scandant : « on veut la paix ! ».

Dès sa prise de fonctions, Rose Francine Rogombe s'engage à appliquer ce qu'elle appelle les 3 C. : constitution, consensus, concertation. Sur cette base, elle n'entend pas s'éterniser au pouvoir ; elle applique un symbole parmi d'autres : elle ne s'installe pas dans le bureau d'Omar Bongo Ondimba ! Dans la foulée, elle va s'engager à organiser les élections aux dates prescrites, c'est-à-dire 45 jours ! Et va s'y tenir !

Mais qui pour remplacer Omar Bongo Ondimba ? Les candidatures pleuvent. A commencer par celles issues du parti au pouvoir, le Parti Démocratique Gabonais, PDG. On cite les noms des personnes connues comme Daniel Ona Ondo, Vice Président de l'Assemblée Nationale, qui anonnce sa volonté d'y aller, sur les ondes d'une radio étrangère bien suivie à Libreville. Le Comité permanent du Bureau Politique du PDG se réunit alors. Les candidatures sont sollicitées. Les postulants sont en assez grand nombre : Ali Bongo Ondimba, Docteur en Droit, ancien Député à l'Assemblée Nationale, ancien Ministre des Affaires Etrangères et de la Coopération, Ministre de la Défense Nationale, Jean Eyeghe Ndong, Docteur en Droit, Diplômé en Sécurité Sociale, ancien député à l'Assemblée Nationale, ancien Ministre Délégué aux Finances avant d'être hissé aux fonctions de Premier Ministre, Chef du Gouvernement, Casimir Oye Mba, Docteur en Droit, ancien Gouverneur de la Banque des États de l'Afrique centrale (BEAC) avec résidence à Yaoundé (Cameroun), ancien député à l'Assemblée Nationale, ancien Ministre des Affaires Etrangères, ancien Ministre des Mines et du Pétrole, ancien Ministre de la Planification, ancien Premier Ministre, Chef du Gouvernement, Mehdi Leslie Teale, ancien Ministre du Tourisme, Senturel Ngoma Madoungou, ancien Ministre, Dr Iloko Boussengui, Médecin. Ils sont auditionnés. Certains sont éliminés et c'est Ali Bongo Ondimba qui est retenu. Du côté de l'opposition, c'est aussi le branle- bas. À côté des candidats habituels, Pierre Mamboundou mamboundou, président de l'Union du Peuple Gabonais (UPG), Ingénieur des Télécommunications et ancien représentant du Gabon à l'Agence de Coopération Culturelle et Technique (ACCT) à Paris (France), Pierre Claver Maganga Moussavou, président du Parti Social Démocrate (PSD), Docteur en Economie, ancien Maire de Mouila, ancien Représentant du Gabon au Fonds Monétaire International (FMI) à Washington DC, ancien Ministre de la Planification, ancien Ministre des Transports, il ya d'autres, y compris les anciens tenants du pouvoir : Zacharie Myboto, ancien Député à l'Assemblée Nationale, ancien Ministre de l'Information et de la Communication, ancien Ministre des Travaux Publics et de la Construction, Jean Eyeghe Ndong, mais aussi un candidat inattendu, qui se réclame de l'interposition, André Mba Obame. Au moment de quitter ses fonctions de Ministre de l'Intérieur quelques mois auparavant, n'avait-il pas déclaré, entre autres : « Vous entendrez bientôt parler de moi » ? Après l'éviction de sa fonction, il s'était retiré du pays et avait séjourné à Barcelone, au point de se recueillir sur le lieu du décès d'Omar Bongo Ondimba.

Quand il rentre au Gabon, c'est aussi la cohue. Des milliers de personnes l'attendent à l'aéroport et l'accompagnent à son domicile. Bientôt il sera appelé « Moïse ». Quelques jours plus tard, il organise, dans une structure hôtelière de la place, une grande rencontre avec la société civile ; une rencontre au cours de la quelle il décline son projet de société. C'est donc une période de surchauffe. Les journalistes aussi s'engouffrent dans la brèche. Les plumes deviennent incisives. Beaucoup choisissent leur camp et aucune neutralité, en pareille circonstance, n'est de mise.

La question communautaire va alors s'inviter à sa manière au débat. D'ailleurs, quelques années plus tôt, en l'occurrence, en 2006, Paul Mba Abessole, dans un *opus* qu'il avait commis et qu'il avait intitulé *Aux sources de la culture fang*, Paris, l'Harmattan, 2006, n'avait-il pas tiré la sonnette d'alarme ?

Paul Mba Abessole avait su de quoi il parlait. C'est un prêtre spiritain. Il avait servi à Makokou, à l'est du Gabon, dans les années 1970, en qualité de prêtre. Dans ses sermons enflammés, il dénonçait les travers du régime et, ayant eu vent des difficultés auxquelles il allait faire face au système en place, il avait pris la clé des champs. Direction : le Cameroun, et la France. En 1981, à la suite de l'avènement du pouvoir socialiste, dans ce pays, il prit le parti d'animer, avec d'autres, l'aile française du MORENA, Mouvement de Redressement National, créé dans la clandestinité à Libreville, et qui avait valu à ses animateurs locaux, Moubamba Nziengui, Luc Bengone Nsi, Jean-Pierre Nzoghe Nguéma, Vincent Nguimbi Mangoala, Jean-Baptiste Obiang Etoughe, Valère Atéba, Noël Ngwa Nguéma, de séjourner à la prison centrale de Libreville, encore appelée trivialement « Sans Famille ».

Contrairement à ses amis, il était hors de toute atteinte. En 1984, son porte-parole, André Mba Obame, qui venait de boucler sa Thèse de doctorat de 3ème cycle en Sociologie Politique en Sorbonne, fut approché par le régime de Libreville avant d'être convaincu de la nécessité de rentrer au pays mener sur place le combat pour l'instauration de la démocratie. En 1989, aux côtés d'Ali Bongo et de Samuel Mbaye, ils convainquirent Mba Abessole de rentrer au Gabon, lui aussi. À Libreville, il milita pour l'instauration de la démocratie et proposa la mise en place préalable de ce qu'il appela un « cadre-laboratoire », le RSDG, Rassemblement Social Démocrate Gabonais, dans le quel devaient se retrouver les Gabonais, avant d'aller vers le multipartisme. Il fut mis en minorité lors de la Conférence Nationale de mars-avril 1990 et se prononça pour le multipartisme immédiat, en proclamant que « le RSDG était caduc ».

Le Père Paul Mba Abessole participa à toutes les élections qui eurent lieu de 1990 à 2009, exception faite pour celle de 2005, au cours de laquelle il soutint Omar Bongo Ondimba. Des journaux de la majorité présidentielle l'appelaient *Mba des Bois*, ou *Mba Bess,* ou encore le Curé de Siloé, avant d'être celui de Mambré. On le caricaturait muni de la hache, béret basque vissé sur la tête, en train de tenter d'abattre un arbre !

Fang de l'Estuaire, il avait pu réaliser les difficultés inhérentes à la gestion de la « chose ethnique ». Lorsqu' à la faveur des élections présidentielles de 1993 il se rendit en pays punu, au sud du Gabon, fief de son second, le Premier Secrétaire Pierre-André Kombila Koumba et qui plus est, était le Premier Agrégé gabonais de Cardiologie, ne l'affubla-t-on pas du pseudonyme de Mbadinga Bissiélou ? Un nom bien du Sud, qui faisait terroir, qui connotait punu, à l'opposé de celui qu'il arborait, et donc qui valait intégration ! Il savait que la question communautaire ou, pour dire les choses trivialement, ethnique, au Gabon, était brûlante et qu'il fallait la manier avec précaution. Ne disait-on pas

« TSF », autrement dit « Tout sauf les Fang ? » En 2009, c'est donc un homme politique de première catégorie, averti, au fait de certaines réalités. Et c'est parce qu'il était au fait de cette réalité que dans son ouvrage, il tient les propos suivants :

> Au Gabon, l'ethnie fang fait peur aux autres. Pas forcément à tort. Elle est crainte pour des raisons historiques. Il faut reconnaître qu'à son arrivée au 19è siècle au Gabon, elle a semé la terreur sur son passage. Ce souvenir n'est pas encore totalement effacé des mémoires. Admettons-le. Le nombre élevé de ses membres ne laisse pas indifférent. On redoute toujours que les fang ne mettent en place une hégémonie. Ils imposeraient, dans ces conditions, leur culture en sacrifiant les autres et seraient reléguées au rang du folklore. Leur attachement à leur culture inquiète aussi bon nombre. On pense que cet attachement cache une fermeture aux autres, manière de les mépriser. Tout cela, mélangé aux complexes dont certains sont prisonniers fait dire à certains aujourd'hui : « Tout, sauf les fang ».

Vers la fin de son *opus*, comme il l'a fait en d'autres temps avec un terme comme la logogenèse, ou encore la convivialité, il lance un concept nouveau dont il se plaît à expliquer les contours, l'ethnoconvialité :

> Je voudrais, au terme de cette conclusion dire quelques mots sur l'ethnoconvivialité… le principe de l'ethnoconvivialité est simple : « Nous vivons différents dans une même aire géographique. Nous sommes, à cause de cela, condamnés à nous côtoyer et à nous accepter, si nous voulons mener une vie paisible. J'ai résumé cela dans l'expression « le vivre ensemble des ethnies »

C'est dans cette atmosphère qu'il faut situer les manchettes d' « Échos du Nord » !

B. « Échos du Nord » : un « journal républicain » ?

Lorsqu'on parcourt les quelques journaux d' « Échos du Nord » parus entre juin et août 2009, une constante apparaît : c'est le parti-pris voilé et le communautarisme, l'ethnisme, inexistant. Nulle part, en effet, n'est évoquée la question identitaire. Même dans le n° 19 du 25 août, autrement dit à quelques encablures de l'élection. On le voit aussi bien dans ce numéro dont le titre principal est « Pourquoi Marie Madeleine Mborantsouo ne peut pas être juge de cette élection ? », ce titre abordant plutôt la collusion entre le défunt Président Omar Bongo Ondimba et la Présidente de la Cour Constitutionnelle, celle-ci ayant eu deux enfants de celui-là, que sur d'autres d'autres points, y compris ethniques, alors que cela aurait pu être possible vu qu'ils sont tous originaires du même groupe communautaire. C'est seulement à la page 4 que cette question apparaît, sous le titre : « Ali Ben Bongo de bourde en bourde ? » ; un titre qui est suivi de ce mini développement : « Prémices d'un pouvoir de nouveau à vie, poursuite comme à la bonne vielle époque de papa de la géopolitique, programme économique irréaliste, Ali Bongo Ondimba dévoile enfin son vrai programme : la préservation des acquis ». Sur la question ethnique, le texte qui soutient ce titre est ainsi libellé :

Lors de son meeting d'Oyem Ali Ben Bongo va se mêler les pédales pour montrer que lui, le tribalisme il ne connaît pas. Il va déclarer à la foule « qu'il a dans son cabinet, une secrétaire fang ». Exploit ! Comment peut-on qualifier une personne qui remarque la présence d'une secrétaire fang autour de lui ? Si ce n'est pas une gestion géopolitique et donc tribaliste des postes comment dès lors il faut l'appeler ?

Pourtant, selon plus ample informé, le candidat André Mba Obame est celui-là même qui bénéficie du soutien de ce journal ! Un « compatriote ». Mais rien sur la proximité ethnolinguistique entre le candidat et le Directeur de la publication n'apparaît dans les colonnes de ce journal. Comme pour dire : « Échos du Nord » fut un « journal républicain » (?) tout au long de la campagne pour l'élection présidentielle !

Mais qu'en fut-il d' « Ezombolo » ?

C. « Ezombolo » : l'ethnie, une « question » plutôt « intellectuelle »

De juin à août, « Ezombolo » fut interdit de parution : six mois ! Il fut suspendu par l'organe régulateur des médiais, le CNC ; une situation qui n'offrit pas l'opportunité de savoir quelles idées ce journal véhicula, au cours de cette période, sur cette question cruciale.

Mais le responsable du journal, Jean de Dieu Ntoutoume Eyi, comme on dit en langage journalistique, en a gardé quelques « biscuits » ! Quatre ans après 2009, il a publié un *opus*, *Démocratie et dynamique au Gabon*, Paris, Jet d'encre, 2013, où sur dix sept pages, de la page 151 à la page 168, il livre sa pensée sur la question ethnique, en lui donnant un « contenu intellectuel » !

Un texte écrit avec passion, fougue, où tout y passe :

-Le rejet de l'ethnisme ou, pour tout dire, du « repli identitaire », dont seraient affublés les Fangs, en passant au crible de la raison la démission de trois candidats parmi les ténors de l'opposition, Paul Mba Abessole et Jean Eyeghe Ndong, qui se désistèrent en faveur du candidat le mieux placé et qui avait toutes les chances de l'emporter, André Mba Obame et, accessoirement Casimir Oye Mba, qui, la veille du scrutin, se « retira de la course » :

> … Le fait, pour Paul Mba Abessole, Jean Eyeghe Ndong et, subsidiairement, Casimir Oye Mba, de s'être désistés en faveur d'André Mba Obame a été présenté comme du tribalisme. Personne, pas même les Français, pourtant détenteurs de tous les sondages, n'a voulu interpréter ce geste comme de la « realpolitik » de la part de ces derniers, la popularité du candidat André Mba Obame prenant une ampleur considérable. C'est qu'au Gabon, l'obessession de l'ethnie frise la paranoïa dans l'esprit de certains.

Un acte qu'il assimile à du pragmatisme et plus précisément à de la *realpolitik* !

La responsabilité première de la France, -nous dirons la France officieuse, celle des couloirs, des égouts, des discours feutrés, la France des « officines et de la Françafrique » que mit en place Jacques Foccart et que prolongèrent les réseaux post-Foccartiens où des « personnages lugubres » comme R.B. & Co.

tirent toujours les ficelles, celle qui entretient la « barbouzzerie internationale », la « pègre transnationale » et qui est rétive à toute idée de progrès et de progressisme des peuples, surtout ceux issus de son pré-carré, dans la campagne anti-Fang, en utilisant des arguments vaseux, spécieux, disproportionnés, voire éculés :

> À en croire la justification que pour les Français donnent à leur opposition farouche de voir un Fang devenir président de la République après Léon Mba, cette communauté majoritaire a toujours eu pour obsession d'en découdre avec les autres communautés. Autrement dit, dans chaque famille fang, on affûterait les armes pour égorger les ennemis des communautés ethniques minoritaires. En vérité, il est des tares que personne n'a le pouvoir de réparer et que l'on n'a jamais fini d'expier. Par exemple, l'histoire est pleine de ces inepties qui prétendent que tel fang a mangé tel Bilop, c'est-à-dire un non-Fang. Toutes les autres communautés ont vécu, pendant de très nombreuses années, dans cette hantise cannibale. Beaucoup de familles ont même renié leurs filles qui s'entêtaient à vouloir épouser un Fang.malgré le fait que jusqu'aux années 1970, la plupart des intellectuels du sud du pays ont étudié au collège de Mitzic avec des fangs. Et que jamais un seul élève n'est rentré chez lui, dans la Ngounié, le Haut-Ogooué, l'Ogooué-maritime ou la Nyanga avec un bras, un pied ou carrément la tête en moins ! Zacharie Myboto, Sylvestre Oyouomi et Thomas Souah, originaires du haut-Ogooué ; Léon Mbou Yembi, originaire de la Ngounié ; Martin Fidèle Magnaga, originaire de l'Ogooué-Lolo ; Antoine de Padoue Mboumbou Miyakou, originaire de la Nyanga, sont, entre autres, issus de ce prestigieux collège.

Le mauvais contenu de la campagne électorale, en ce qu'elle s'est appuyée pour une grande partie, sur l'ethnisme anti-fang, en alimentant des contre-vérités qui, fatalement, ont eu prise sur une partie de l' électorat, celui « moutonnier », « grégaire », que l'on sait par avance chancelant, ventripotent, adepte de la danse du ventre, dénué de toute réflexion, et par définition malléable, pour peu qu'on l'ait abreuvé de « mots qui font peur », le tout arrosé de tord-boyaux, alcool frelaté et mortifère, et de quelque menue monnaie, comme on l'aurait fait à l'égard de n'importe quel ventre affamé qui n'a alors « point d'oreille » :

> Lors de la campagne électorale, Jean Boniface Assélé, ancien ministre et beau-frère de feu Omar Bongo Ondimba, a été un des ayatollahs les plus zélés de l'ethnisme. Au cabaret des Artistes, siège de son parti, le Centre des libéraux réformateurs, il déclare : « Mba Obame est dangereux. Avec ses frères, s'ils prennent le pouvoir, ils vont tout nous arracher et nous régler des comptes… » Idriss Ngari, oncle de feu omar Bongo Ondimba et longtemps ministre, tient des propos de la même veine aux Altogovéens de Port-Gentil, réunis au mess de la Société gabonaise de raffinage (SOGARA) : « les emplois que vous avez aujourd'hui, c'est grâce au président Bongo. Sachez que si ces « gens-là » prennent le pouvoir, vous n'aurez pas ces emplois. Ils vont les récupérer et les donner à leurs frères plus diplômés mais qui sont au chômage. Or en votant Ali, vous sauvez vos emplois, car il ne peut pas défaire ce que son père a fait pendant des années. Avec lui, on sait au moins où on va : ce sera le changement dans la continuité ».

Alors que les Fangs sont bel et bien poursuit Jean De Dieu Ntoutoume Eyi, un « peuple d'élite » !

> Les Fangs au Gabon sont la communauté économiquement, intellectuellement et socialement la plus dynamique. Marginalisés sous le règne d'Omar Bongo Ondimba, les Fangs ont appris à se battre et à s'imposer par leur génie créatif et entreprenarial. Notamment lorsqu'il a fallu se passer de l'agriculture qui leur servait d'exutoire, mais que l'État avait décidé de tuer sous le fallacieux prétexte qu'à l'inverse des autres pays africains dont l'économie est essentiellement rurale, l'agriculture n'est pas appelée à jouer dans la croissance économique du Gabon un rôle moteur ». Voici le crime. Qui va ajouter à l'acharnement du pouvoir en place, lequel a hérité de cette politique de l'administration coloniale, encouragé par l'Élysée à combattre les Fangs accusés d'hégémonisme et de cannibalisme simplement parce qu'il faut les écarter du pouvoir. Pendant plusieurs années, il a fallu freiner des quatre fers l'entrée des Fangs dans les grandes écoles : Ecole Nationale de la magistrature, Ecole Nationale des postes et télécommunications, etc. L'objectif était de permettre aux autres ethnies d'atteindre le même niveau. Guy Nzouba Ndama, président de l'Assemblée Nationale, réputé pour être un des grands théoriciens du tribalisme au Gabon, va parvenir à établir l'équilibre entre le nombre de bacheliers fangs et non fangs, alors qu'il est Ministre de l'Education Nationale. Jusqu'à ce jour, il est encore rare de voir un candidat fang être admis au concours d'entrée à la douane ou au Trésor public, ces services de l'État étant considérées au Gabon comme des régies financières où on s'enrichit facilement. Or les Fangs ne peuvent être les plus intelligents et jouir encore de l'avantage financier .

Parti pris quand tu nous tiens !

Certes, des propos sus et entendus, que les Pro-Fang se plaisent à distiller pour assurer la défense de ce groupe communautaire ; des propos qui laissent l'impression d'enfoncer des portes ouvertes car n'apportant pas d'élement nouveau au débat. Mais des propos qui valent leur pesant d'or ! Car ayant pour effet de conforter les thèses courantes sur la question identitaire qui a cours au Gabon et tout spécialement sur la question fang. Ils montrent ce que l'homme jean –De Dieu Ntoutoume Eyi en pense : sur la France, toujours acusée de soutenir les régimes africains en place et d'avoir pris fait et cause pour Ali Bongo Ondimba, sur la responsabilité historique de la France sur la gestion déséquilibrée de la chose ethnique, sur la campagne électorale, telle qu'elle se déroula en 2009.

Mais rien n'est dit sur la place de la question ethnique dans cette campagne ! Comment fut-elle menée ? Y eut-il dérive ethnique ? Si oui, où ? et dans quelle proportion ? Quels en furent les défenseurs ? Qu'en fut-il dans le Woleu-Ntem, là où en grande partie, André Mba Obame, le « fils du pays », rafla la mise ? Qu'en fut-il dans les autres provinces où la communauté fang est solidement installée ? Certains relais du candidat du PDG, furent-ils les seuls à surfer sur le fait ethnique ? En menant une réflexion sur ces questions, « Ezombolo » ou, à tout le moins, son responsable, aurait présenté l'avantage de mettre le doigt sur un sujet brûlant et d'y apporter des réponses exhaustives, et surtout instructives. Mais en ne le faisant pas, il a choisi un angle d'attaque bien spécifique : dire haut ce que les gens pensent tout bas et mettre un marqueur sur des thèses qui ont une portée porteuse. Et surtout s'en tenir à un débat intellectuel, autrement dit théorique !

CONCLUSION

Comme pour dire, en conclusion, que le 30 août 2009, le Gouvernement de la République Gabonaise organisa l'élection présidentielle anticipée dont l'effet fut de désigner le successeur d'Omar Bongo Ondimba, rappelé *ad patres* à Barcelone (Espagne) le 8 juin. Face à Ali Bongo Ondimba, candidat du Parti Démocratique Gabonais (PDG), se dressèrent de nombreux challengers, y compris ceux qui étaient encartés dans ce parti. Tout au long de cette période, le pays vécut des moments de surchauffe. La question communautaire, ethnique, fut présente et, comme qui dirait, descendit dans la rue. L'expression de « repli identitaire » ne date-t-elle pas de ces instants ? Les journaux ne furent pas en reste. Il en fut ainsi de deux d'entre eux parmi les plus incandescents, les plus impertinents, « Ezombolo » et « Éhos du Nord ». Leurs responsables sont originaires de la même province : le Woleu-Ntem. Ils sont donc Fangs, donc membres d'une communauté, d'une ethnie qui, depuis l'époque coloniale, est l'objet d'un « procès en sorcellerie ». Pourtant, au cours de cette période, le fait ethnique n'a pas été évoqué par eux de la même manière. Si « Échos du Nord » traita cette question de manière elliptique, comme pour avoir une attitude républicaine, le responsable « d' Ezombolo », du fait que son Journal avait été suspendu pendant six mois, put produire, 4 ans plus tard, un texte au vitriol, sur le sujet, mais en lui donnant un côté plutôt intellectuel !Ainsi donc peut être étiquetée la presse écrite au Gabon, y compris en temps de surchauffe politique et sociale !

SOURCES

Échos du Nord, N° 19, 25 août 2009.

BIBLIOGRAPHIE

R. Avelot, « Origine des pahouins », in Bulletin de Géographie historique et descriptive, vol. XX, 1905, n° 3, pp. 378-390.

P. Alexandre et P. Binet, *Le groupe dit pahouin*, Paris, PUF, 1958.

P. B. du Chaillu, *Voyages et aventures dans l'Afrique Equatoriale Française*, Paris, Michel Leroy, 1863.

P.B. Du Chaillu, *L'Afrique sauvage. Nouvelles excusrons au pays des Ashangos*, Paris, Lévy, 1868.

N. Meteghe N'Nah, *Lumières sur points d'ombre. Contribution à la connaissance de la société gabonaise*, Guéniot ? Langres, 1984.

P. Mba Abessole, *Aux sources de la culture fang*, Paris, L'Harmattan, 2006.

Jean-De Dieu-Ntoutoume Eyi, *Démocratie et dynamique au Gabon*, Paris, Jet d'encre, 2013.

A. Raponda Walker, « Notes d'Histoire du Gabon », in *Mémoires de l'Institut d'Etudes Centrafricaines*, n° 9, Brazzville, 1960.

G. Rossatanga Rignault, « Faut-il avoir peur des Fangs ? De la démocratisation et de l'ethnisme au Gabon », *Droit et Cultures*, N° 26, 1993, pp. 235-256.

LES CULTURES ETHNIQUES ET LA CONSTRUCTION DE LA NATION AU BURKINA-FASO DE 1983 À NOS JOURS

Maurice Bazémo
Université de Ouagadougou/ Burkina-Faso

RÉSUMÉ

Le souci d'édifier au Burkina-Faso une Nation avec la multitude d'ethnies a été exprimé depuis l'accession du pays à l'indépendance en 1960. La devise du pays qui était ''Unité, Travail, Justice'', l'interdiction par la constitution de créer un parti politique à caractère éthnique, la création du Musée national qui doit donner à voir une image de la Nation par ses différentes expressions culturelles qui sont celles de ses ethnies en témoignent.

En 1983 arrivent au pouvoir les jeunes capitaines dont Thomas Sankara. Ils sont animés par une volonté de rupture avec les régimes qui ont précédemment dirigé le pays. Pour accélérer le processus de construction de la Nation dans laquelle se reconnait chacune des ethnies qui y vivent, en lieu et place d'une loi, ils ont pris une initiative par laquelle ils ont voulu faire de chacune d'elles un acteur en lui donnant une tribune pour exprimer devant tout le monde certaines données de son savoir-faire culturel. C'est à cela que répond l'institution de la Semaine Nationale de la Culture (SNC) créée en 1984 et organisée tous les deux ans. L'intérêt de cette initiative bien comprise a disposé des particuliers à appuyer l'action de l'État en créant aussi un cadre d'expression culturelle où sont conviées les différentes ethnies du pays. Les Nuits Atypiques de Koudougou (NAK), manifestation lancée en 1996, sont du registre.

L'objectif visé par toutes ces actions est de valoriser la culture de toutes les ethnies pour susciter chez chacune l'esprit de tolérance envers les autres ; une disposition d'esprit nécessaire à l'éclosion de la volonté de vivre ensemble, le fondement essentiel d'une Nation.

MOTS CLÉS

Ethnie, Culture, Nation, Valorisation, Tolérance, Ensemble.

INTRODUCTION

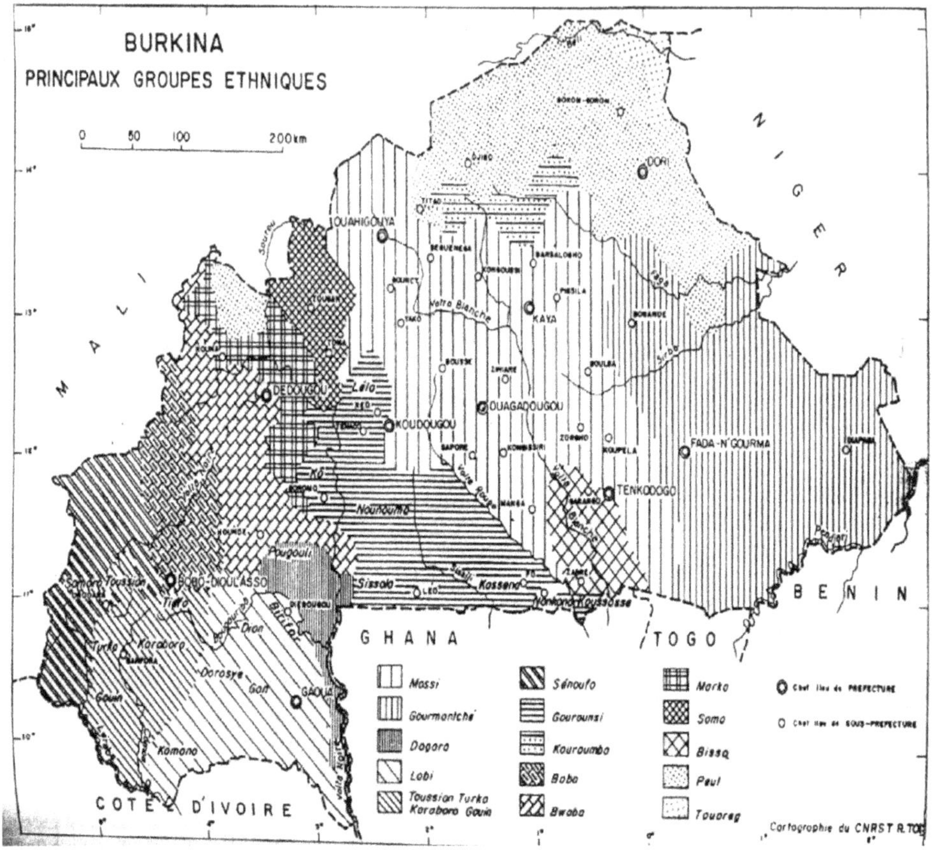

La construction de la Nation est l'un des défis que les Africains au Sud du Sahara ont à relever après l'accession de leurs pays à la souveraineté politique. L'État par lequel ils sont dirigés de par sa conception, est un héritage du système colonial qui avait commandé sa mise en place pour l'exercice de l'autorité politique dans les colonies. L'indépendance acquise grâce à des luttes menées sous des formes variées, les Africains ont hérité de pays que le colonisateur a créés en fusionnant pour former de grandes entités politiques, les colonies, des territoires dont chacun était auparavant le pays d'un groupe ethnique. Ainsi la création de la colonie a été un acte arbitraire de la puissance colonisatrice dont la volonté avait une force de loi pour les populations africaines.

La colonie de Haute-Volta ainsi créée en 1919 par la France, comme les autres, était l'un des actes historiques de la violence du colonisateur. L'intangibilité des frontières, l'une des sacro-saintes règles adoptées par l'O.U.A. à sa création en 1963, recommande que les pays créés par le colonisateur soient gardés dans leurs limites tracées par ce dernier. Le Burkina-Faso (ancienne Haute Volta), comme les autres pays qui ont ainsi vu le jour, est une mosaïque de groupes ethniques donc de cultures (au moins 60 ethnies). Au regard de l'impératif politique fondamental qui est la construction de la Nation, comment employer cette diversité culturelle pour y parvenir ?

Nous avons voulu, par la lecture de quelques actes culturels, montrer comment ils participent de la stratégie particulièrement à partir de 1983, date de la proclamation de la Révolution, pour accélérer la construction de la Nation.

Il s'agit :

- De la construction du Musée national ;
- De l'institution de la Semaine Nationale de la culture (S.N.C) ;
- Des Nuits Atypiques de Koudougou (N.A.K).

I. GENÈSE DE LA HAUTE-VOLTA (ACTUEL BURKINA-FASO)

La Haute-Volta, Burkina-Faso aujourd'hui, en tant qu'entité politique, résulte du schéma français d'occupation et de contrôle de l'espace en Afrique à la fin du XIXe s. Dans ce cadre, selon les Linguistes, on dénombre au moins une soixantaine d'ethnies dont chacune considérait la portion de l'espace sur laquelle elle est établie comme étant son pays. (cf carte des principaux groupes ethniques). C'est pourquoi, dans son rapport de mission d'explorateur Louis Gustave Binger qui en 1888 est passé par les régions du Sud-Ouest et du Sud du Burkina-Faso pour parvenir à Ouagadougou, parle du pays mossi[1], du pays bobo[2], du pays gourounsi (gurunsi)[3], du pays sommo (ou Samogho)[4]. Par ces missions d'exploration, la France voulait avoir une idée de l'état des lieux particulièrement au plan économique.

En dressant cet état des lieux, les explorateurs n'avaient pas négligé les volets social et politique. Voici pourquoi le résultat obtenu est un tableau d'ensemble où les Historiens trouvent une sorte d'inventaire des ressources économiques constatées à l'époque, une présentation ethnographique montrant les mœurs, les croyances religieuses, les modes vestimentaires. On y trouve aussi une présentation des paysages politiques donnant à voir, selon le regard de l'Européen d'une part, des peuples organisés et, d'autre part, des peuples anarchiques ou acéphales. Ces rapports ainsi dressés devaient fournir aisément des arguments pertinents pour justifier la colonisation comme une œuvre de civilisation donc une entreprise juste car elle devait permettre d'amener les Noirs sur la voie du bien-être.

Pour ce faire, les territoires occupés par les groupes ethniques du Burkina-Faso furent d'abord, une fois leur soumission à l'autorité politique française acquise, intégrés dans la colonie du Soudan français[5].

---

[1] L. G. Binger, *Du Niger au golfe de Guinée par le pays de Kong et le Mossi, Pays*, Hachette 1892, pp.332, 478, 501 ; Kambon- Ferran J-M., *Peuples Voltaïques et conquête coloniale 1885- 1914*, ACCT/ l'Harmattan, 1993. pp. 30, 33, 42,193.

[2] L.G. Binger, *op. cit.*, p. 364.

[3] L.G. Binger, *op. cit.*, pp. 427, 446.

[4] L.G. Binger, *op. cit.*, p. 45.

[5] J.M Kambou-Ferrand., *op., cit.*, p. 345.

La grandeur de cet ensemble ne rendait pas aisé son contrôle. Pour avoir ce contrôle aisé, il fallait réorganiser la colonie du Soudan français. C'est ainsi que fut créée, en mars 1919, la colonie de Haute-Volta, limitée au Nord et au Nord-Ouest par celle du Soudan (Mali), au Nord-est par celle du Niger, au Sud par les colonies de la Côte d'Ivoire, du Ghana, du Togo et celle du Bénin. Ouagadougou, la capitale du royaume moaga du centre fut érigée en capitale de la colonie.

Créée pour en faire un réservoir de main-d'œuvre pour la mise en valeur des autres colonies qui l'environnent, la colonie de Haute-Volta a subi, comme les autres, les violences qui ont caractérisé le système colonial. L'attachement de ses populations à leur dignité première, la liberté, fut la source de leur force, pour la revendiquer.

Sans combat armé excepté les révoltes des Bwaba et des Gurunsi en 1915-1916, la colonie accède à l'indépendance le 5 août 1960 avec un appareil de gouvernement conçu selon le modèle de l'ancienne métropole. La Haute-Volta devait avoir les attributs de son identité en tant que pays indépendant dirigé par un État. Il revenait aux Voltaïques d'en faire une Nation. Pour ce chantier, tous les acteurs de premier rang, à savoir les autorités politiques, n'ont pas montré la même détermination à la tâche. Les régimes politiques par lesquels le pays a été conduit de 1960 à 1983, ont eu leur politique culturelle pour la réalisation de la Nation. Cependant, c'est à partir de l'année 1983, marquée par l'arrivée au pouvoir des jeunes capitaines militaires animés d'un sentiment nationaliste assez remarquable, que fut adoptée une option décisive pour la promotion des cultures locales du pays. L'objectif visé est d'aider les Burkinabé eux-mêmes à mieux se connaître pour avoir entre eux l'esprit de tolérance qui amène chaque groupe ethnique à aller avec les autres. Ainsi se crée la fondation de la Nation.

II. L'ARRIVÈE DES JEUNES CAPITAINES AU POUVOIR EN AOÛT 1983 ET LEUR VOLONTÉ D'ACCÉLÉRER LE PROCESSUS DE LA CONSTRUCTION DE LA NATION BURKINABÉ

Le souci de faire du Burkina Faso une Nation avec sa multitude de groupes ethniques a été exprimé depuis son accession à l'indépendance en 1960. La devise du pays qui était "Unité, Travail, Justice" et la décision prise en 1962[6] de créer un Musée national sont à ce propos suffisamment expressifs. La mention de l'unité en tête de la devise du pays signifiait l'appel lancé pour inviter chaque formation ethnique à transcender ses particularités pour la fusion avec les autres sans disparaître afin de se forger une conscience d'appartenance au même ensemble politique. En cela s'entendait l'appel à former un seul peuple qui se reconnait dans un ensemble de valeurs, à savoir l'amour du travail et de la justice, qui garantit la cohésion sociale. Le sens de la devise réside dans le fait qu'elle est un autre moyen de rassembler pour engager un ensemble ainsi constitué dans une marche vers un but commun, un idéal. Conscient de la

[6] J.C. Ky, « A propos des arts plastiques à la Semaine Nationale de la culture », *A. Journal for african littérature*, 44 (01) 2007, p. 250.

profondeur historique de la conscience ethnique chez chaque groupe ethnique, le pouvoir politique a compris qu'il fallait des actes qui disposent chacun à accepter les autres, à reconnaître que chaque groupe ethnique a du mérite. L'objectif final qui est d'ordre politique est de susciter chez chacun la volonté de vivre avec les autres. À ces actes participe la création du Musée national.

A. Le Musée National dans le processus de construction de la Nation

L'idée du Musée a vu le jour dès l'accession du pays à l'indépendance. Le Musée à été compris dès lors comme une institution qui est à même de contribuer à forger l'unité des groupes ethniques. Pour jouer réellement son rôle de « miroir du pays » selon la définition que Anne Gaugue en donne[7], il doit donner à voir des expressions culturelles de toutes les composantes ethniques. Le Musée est la vitrine de la culture nationale[8]. Le repli sur l'identité ethnique qui est l'un des obstacles à l'éclosion de l'unité nationale et qui est entretenu par une conscience collective se doit à l'auto-sublimation qu'entretient chaque groupe ethnique en face des autres dont la culture est regardée avec dédain. Se sentir marginalisé voire exclu peut pousser un groupe ethnique à refuser son intégration dans un ensemble politique[9].

La représentation de chaque groupe ethnique au Musée national a une signification politique : la quête de l'unité par la reconnaissance du mérite de chacun à travers son savoir-faire, sa culture, son génie créateur. L'attention que l'autorité politique porte à la vie culturelle doit viser cela comme l'une des priorités cardinales.

De 1960 à 1983, la gestion de la culture au niveau de l'État n'a pas connu un engagement décisif pour cet objectif politique. Elle n'a pas bénéficié d'une attention importante comme le révèle le changement de tutorat même de la culture. D'abord absente de 1960 à 1971 dans l'organigramme des Ministères[10], la culture fut tantôt confiée au Ministère de l'Éducation Nationale, tantôt au Ministère de la Jeunesse et des Sports[11].

La culture était alors une sorte d'appendice dans ces Ministères. Il a fallu l'avènement au pouvoir, en août 1983, de jeunes militaires capitaines dont Thomas Sankara, pour qu'une attention plus importante soit accordée à la culture comme le traduit un certain nombre d'actions dont la construction d'un complexe architectural digne de servir de Musée national qui a débuté en octobre 2000[12]. Avant cette date, les objets du Musée étaient entreposés dans un réfectoire de Lycée. C'était un Musée dont beaucoup de gens ignoraient

---

[7] A. Gangue, op. cit., p. 5.

[8] S. Traoré, *La Semaine Nationale de la culture, impacts socio-économiques (1983-1994)*, Mémoire de Maîtrise U.O., 1996, p. 20

[9] A. Gaugue, *op. cit.*, p. 9.

[10] J.C. Ky, *op. cit.*, P250.

[11] *id.*, *ibid.*, p. 250.

[12] *Quartier Latin Mag*, N° 00 août, 2013, p. 10.

l'existence et dont le taux de fréquentation était insignifiant. Quel apport un tel Musée pouvait avoir pour la construction de la nation ?

En érigeant sur un terrain d'une superficie de 29 ha le Musée qui est un ensemble de plusieurs pavillons, l'autorité politique a voulu en faire, selon l'expression pertinente de Anne Gaugue « un des lieux privilégiés de diffusion de l'idée nationale »[13].

Il est conçu pour y donner de la place à tous les groupes ethniques. En y voyant ses expressions culturelles, chaque groupe ethnique constate qu'il est pris en compte, qu'il est, pour ce qui est de la considération, à égalité avec les autres. On cherche ainsi à donner au sein du Musée un tableau de l'égalité entre tous les groupes ethniques ; chose qui écarte la hiérarchisation, met à l'abri de l'exclusion, instaurant par là le climat social qu'il faut pour avoir une Nation. Il est permis aux régions d'avoir leur Musée particulier. Le Musée national, pour l'être réellement, doit être le lieu où on a le reflet de la culture de chaque groupe ethnique. Ainsi il est « la synthèse de la nation »[14] ; c'est cela l'un des buts visés par l'autorité politique ; d'où l'appel du Ministère de la Culture à l'endroit des responsables des établissements d'enseignement secondaire à organiser des sorties pour leurs élèves au Musée national.

Exposées au Musée national, les données de la culture des différents groupes ethniques connaissent alors un statut supra ethnique. Elles doivent être désormais admises dans le patrimoine commun, national, auquel chaque groupe ethnique participe. Pour ce faire, il faut un dépassement de soi, une hauteur de vue, pour une autre lecture des faits que commandent notre temps et nos besoins dont la conscience nationale.

Outre le Musée auquel le pouvoir politique a accordé une attention importante pour en faire un des outils de la construction de la Nation, il ya l'institution de la Semaine Nationale de la Culture (S.N.C).

B. La Semaine Nationale de la Culture : son rôle dans la construction de la Nation burkinabé

La Semaine Nationale de la Culture représente au Burkina-Faso la plus grande manifestation culturelles créée en 1983 par l'Arrêté N°329/ENAC/SGAC et la décision N°325/ENAC/DGAC du 29 juillet 1983 du Ministère de l'Education Nationale, des Arts et de la Culture[15]. C'était une initiative du Conseil du Salut du Peuple (CSP).

Cette instance de l'autorité politique a voulu organiser le Grand Prix National des Arts et des Lettres en y intégrant des manifestations culturelles des groupes ethniques du Burkina-Faso[16]. L'enjeu de cette démarche est l'intégration des différentes communautés culturelles ; en somme l'unité nationale dans le respect de la diversité.

---

[13] A. Gaugue, *op. cit.*, p. 10.
[14] A. Gaugue, *op., cit.*, p. 10.
[15] J.C. Ky, *op.cit.*, p. 248.
[16] *Id., Ibid.*, p. 248.

Avant le forcing par lequel l'autorité coloniale a rassemblé les différents groupes ethniques qui forment le peuple burkinabé, chacun avait la conviction que sa culture, par toutes ses données, était la meilleure et celle des autres était la sauvagerie. Ainsi était établie entre eux une distance qui ne permettait pas d'avoir de l'estime pour l'autre ; d'où le mépris réciproque entretenu par l'ignorance de l'autre. C'est cette distance génératrice de conflits que Roland Louvel aussi souligne, quand il dit : « c'est un fait : les hommes voient plus vite leurs différences que leurs points communs. La "différence culturelle "leur apparait comme une sorte de fossé naturel »[17].

La semaine Nationale de la Culture, en offrant une tribune et une opportunité à tous les groupes ethniques pour montrer les produits culturels de leur génie, vise à leur permettre de mieux se connaître et à susciter chez chacun un autre regard sur les autres. Ainsi se forge au fil du temps une nouvelle conscience de laquelle doivent germer des vertus. En offrant ce cadre unitaire de présentation des différentes expressions culturelles, l'État burkinabé vise à faire de celles-ci un seul ensemble qui doit être vu comme étant le patrimoine du Burkina Faso, sa culture. C'est pour atteindre ce but que Mariam Traoré Sanogo dit : « Le caractère national de la culture suppose le développement de toutes les expressions culturelles et tous les aspects du patrimoine culturel »[18]. La nation repose sur la volonté de mutualiser les différences afin qu'elles ne servent plus d'armes pour se combattre mais comme les différents aspects d'un même ensemble.

Cette randonnée permet à chaque groupe ethnique du Burkina-Faso d'inviter les autres à communier à sa culture. Le public composite qui assiste aux prestations qu'offre chaque groupe ethnique, par les applaudissements nourris, montre que tous partagent la joie qu'elles donnent. Ainsi les expressions culturelles qui servaient de repoussoir pour rejeter l'Autre permettent, par le biais de cette rencontre biennale, d'aller à sa rencontre, de l'accepter avec soi. Sa différence culturelle qui en faisait un autre (celui à qui je suis opposé) sur lequel un regard péjoratif était porté est désormais positivement appréciée. Elle devient une contribution à la constitution d'un bien collectif, le patrimoine culturel de tous les Burkinabé. Ainsi la Semaine Nationale de la Culture contribue à la construction de la Nation dans la conscience de chacun. La conscience est le terrain sur lequel s'édifie d'abord la Nation. La Nation, c'est d'abord une volonté de vivre avec l'Autre, d'accepter l'autre chez soi.

Cette volonté de vivre avec les autres entraîne un changement de regard qui transforme ce qui était négatif en positif. Outre la semaine Nationale de la Culture dont l'une des missions est de permettre ce changement de regard sur l'autre, il ya les nuits Atypiques de Koudougou (N.A.K).

---

[17] R. Louvel, *L'Afrique noire et la différence culturelle,* l'Harmattan, 1996, p. 153

[18] M. Traoré Sanogo, *op., cit.*, p. 25 aspects d'un même ensemble.

C. Les Nuits Atypiques de Koudougou : leur apport pour l'unité

Les Nuits Atypiques de Koudougou (Chef-lieu de la province du Bulkiemdé au centre-Ouest du Burkina-Faso) dont la première édition a eu lieu en 1996 est une manifestation culturelle annuelle. Elle a été initiée pour le même but que la semaine Nationale de la Culture. Cependant, contrairement à elle, elle n'est pas précédée par des compétitions de sélection. La préoccupation qui la sous-tend est de créer un cadre qui sert de vitrine à toutes les expressions culturelles du Burkina-Faso durant une semaine.

Elle vise à permettre aux Burkinabé de se connaître entre eux. Pour ce faire, les Nuits Atypiques de Koudougou donnent l'occasion aux différents groupes ethniques de se rencontrer avec un esprit de tolérance. Ainsi doit se réduire la distance instaurée à l'époque précoloniale par l'ignorance de l'Autre qui a poussé au repli sur soi.

La distance nuisible aux bonnes relations entre les hommes est la distance culturelle. Elle engendre des stéréotypes, des clichés, les idées préconçues, un regard subjectif porteur du rejet, de l'exclusion.

En permettant aux différentes ethnies de se rencontrer dans un même cadre pour montrer leur culture (danse, art culinaire, art vestimentaire, etc.), les Nuits Atypiques de Koudougou contribuent à créer le climat social favorisant l'éclosion de la volonté et le plaisir de vivre ensemble. Il est donné alors l'occasion de découvrir ce qui est charmant, plaisant, dans la culture des autres. Par là, chacun découvre ses propres insuffisances et prend conscience que les autres ont ce qui lui manque. Cela donne un motif pour aller avec eux. « L'homme », disent les Gurunsi (l'une des ethnies du centre-ouest du Burkina Faso) « est le remède de l'homme ».

Les Nuits Atypiques qui offrent un podium où chaque groupe ethnique montre aux autres quelques données de sa culture permettent à chacun de reconnaître avec humilité que leurs cultures ne s'opposent pas à la sienne. Elles sont à accueillir comme un ajout. Ainsi comprises par chacun, elles peuvent le disposer à s'approcher des autres. Elles contribuent alors au changement de mentalité et par voie de conséquence au changement des comportements pour l'intégration de tous les groupes ethniques ; ce qui donne la Nation qui a une identité culturelle façonnée par une diversité de cultures qui se tolèrent. La Nation ne peut résulter d'un décret. Elle se forge au fil du temps par des actes et des attitudes qui sont à même de permettre la fusion des différences dans le respect réciproque. Ainsi les Nuits Atypiques qui offrent un temps de loisir auquel tous les groupes ethniques peuvent participer ont aussi un apport important pour la construction de l'édifice politique qu'est la Nation burkinabé.

CONCLUSION

Nous avons voulu montrer les voies empruntées au Burkina-Faso pour poursuivre la construction de la Nation, un chantier ouvert depuis l'accession du pays à l'indépendance. C'est une forte expression de la volonté de l'autorité politique qui veut susciter, activer et canaliser chez les différentes composantes ethniques la volonté de vivre ensemble, de se connaître et de se tolérer ; une condition *sine qua non* de l'existence de la Nation. Il n'est pas aisé de faire une évaluation de la mise en œuvre de ces initiatives à la date d'aujourd'hui car il s'agit d'un changement de mentalités. Celles-ci représentent chez les communautés humaines l'une de leurs réalités dont le rythme d'évolution est très lent. Pour un résultat, il faut envisager l'action pour une longue durée. Cela est d'autant plus réaliste. Quand il s'agit de communauté dont la plus grande frange n'a pas été scolarisée.

L'école est un autre moyen efficace pour élargir la vue de l'esprit. L'analphabétisme réduit son champ visuel et dispose à entretenir des réflexes qui sont des obstacles au progrès social, économique et politique. Avec ces initiatives et l'école, le changement du regard de l'un sur l'autre s'opèrera progressivement au Burkina-Faso. Le résultat quantifiable se constatera au bout d'un long chemin que commande de suivre patiemment la réalisation de l'œuvre politique qu'est la Nation.

BIBLIOGRAPHIE

L.G., Binger, *Du Niger au golfe de Guinée. Par le pays de Kong et le Mossi*, Paris, Hachette, 1892,416 p.

A.Gaugue, *Les États africains et leur musée – La mise en scène de la nation,* Paris, l'Harmattan, 1997.

J.-M., Kambou –Ferran, *Peuples Voltaïques et conquête coloniale – 1885-1914- Burkina Faso*, ACCT/ l'Harmattan, 1993

J.C. Ky, « À propos des arts plastiques à la Semaine National de la Culture » *A Journal for african literature,* Herfs, 2007, pp. 247-260.

R. Louvel, *L'Afrique noire et la différence Culturelle*, Paris, l'Harmattan, 1996, 223 p.

D. Traoré, *Le musée national du Burkina : Approche Historique,* Mémoire de Maîtrise, Université de Ouagadougou, INSHUS, 1986, 130 p.

M. Traoré – Sanogo, *La Semaine Nationale de la Culture – Impacts Socio – économiques (1983-1994),* Mémoire de Maîtrise, Université de Ouagadougou FLASHS, 1996, 111 p.

Quartier Latin Mag, *Le journal de la coopération internationale et de la culture des peuples*, N°00 Août 2013- Ouagadougou.

LES « FRONTIÈRES ETHNIQUES » ET LA QUESTION DE LA COHÉSION SOCIALE EN AFRIQUE : L'EXEMPLE DU TOGO (1920-2007)

Koffi Nutefé Tsigbe
Université de Lomé/Togo

RÉSUMÉ

Les définitions souvent données au concept de frontière font qu'il peut désigner aussi bien le concret que l'abstrait. C'est dans ce dernier cadre que se situe la notion de « frontières ethniques » sur laquelle veut se pencher la présente étude. Elle montre, à travers l'exemple du Togo, comment la manipulation du facteur ethnique et de la notion de régionalisme subséquente est en train de briser le lien social en Afrique, menaçant ainsi la cohésion sociale. Dans bien des endroits sur le continent africain, cette situation a déjà fait sombrer nombre de pays. Tel n'est pas encore le cas au Togo. Mais les signaux, notamment la fragilité du lien social, démontrent à suffisance que si l'on n'y prend gare, on risque d'aller à la dérive.

MOTS CLÉS

Frontières, Ethnicité, Cohésion sociale, Togo.

INTRODUCTION

En février 1986, s'est tenue à Paris, une table-ronde internationale sur le thème : « Dimension historique de l'ethnicité en Afrique ». Faisant suite à la parution, en 1985, de l'ouvrage intitulé *Au cœur de l'ethnie. Ethnies, tribalisme et État en Afrique*, cette table-ronde a été une grande contribution à l'étude sur les ethnies en Afrique. Selon les organisateurs de cette manifestation scientifique, *« l'ethnicité, phénomène à la fois omniprésent et insaisissable, profond et sujet à de multiples jeux politiques et culturels, représente (...) un défi intellectuel »*[1]. Inscrites dans une approche pluridisciplinaire, les différentes

[1] J. P. Chretien et G. Prunier, *Les ethnies ont une histoire*, Paris, Karthala/ACCT, 1989, p. 5.

contributions ont permis de rendre intelligible le concept d'ethnie surtout dans le cadre des sciences humaines. Il ressort des analyses que l'ethnicité est parfois instrumentalisée pour assouvir des ambitions colonialistes ou politiciennes. Il faut cependant souligner que dans certains pays, les populations ont essayé de se soustraire de la manipulation de cette notion en capitalisant plutôt son aspect positif. C'est ce qui ressort de l'analyse de l'ouvrage intitulé *Madagascar. Ethnie et ethnicité*, édité par Solofo Randrianja en 2004. Il apparaît donc que la notion d'ethnie, originellement construite pour les peuples africains présente, selon les cas, un double aspect : positif et négatif.

Au Togo comme dans d'autres pays africains, l'ethnicité est souvent manipulée depuis la période coloniale. Ainsi, il se crée des « frontières » entre les différentes ethnies du pays, mettant ainsi en difficulté la construction nationale. Eu égard à cette réalité, il se pose la question suivante : en quoi les « frontières ethniques » constituent-elles un frein pour la cohésion sociale au Togo de 1920 à 2007 ? L'objectif de cette étude est de montrer les conséquences néfastes que peut avoir l'instrumentalisation de l'ethnicité dans un espace territorial en quête de son identité[2].

La notion de frontière utilisée dans cette étude ne doit pas être comprise dans le sens d'une limite physique. Au contraire, elle doit se comprendre dans la logique des barrières imaginaires[3], occasionnant soit des frictions, soit une cohabitation froide entre les différentes ethnies.

À partir d'une documentation composée de sources primaires (archives) et secondaires, une tentative de réponse sera donnée à la question centrale que soulève le présent sujet en privilégiant un plan bipartite. La première partie s'intéressera à l'analyse des concepts d'ethnie et de cohésion sociale alors que la seconde montrera comment la cohésion sociale est mise à mal au Togo par l'instrumentalisation du facteur ethnique.

1. LE COUPLE ETHNIE/COHÉSION SOCIALE ET LA CARTE ETHNIQUE DU TOGO

Au Togo, il existe plusieurs ethnies. Mais avant de les présenter, il s'avère indispensable de procéder à une approche conceptuelle au sujet des notions d'ethnie et de cohésion sociale.

A. Ethnie et cohésion sociale : approche conceptuelle

Dérivé savant du grec *ethnos* qui signifie race, peuple, tribu, etc., la notion d'ethnie, aussi complexe qu'elle puisse paraître, est apparue en Europe à la fin

---

[2] L'orientation donnée à la notion d'instrumentalisation de l'ethnicité ici est un choix qui n'entend pas prendre en compte tout le passif précolonial qui ressurgit dans certains cas, sans manipulation.

[3] K. Anate, « Appropriation des stéréotypes coloniaux et frontières communicationnelles au Togo » *Mosaïque*, n° 013 de décembre, Lomé, Institut Don Bosco, 2012.

du XVIIIe siècle. Réinventée au XIXe siècle par Vacher de Lapouge[4], elle avait pour vocation d'étudier les sociétés autres que celles d'Europe et qui étaient considérées comme statiques et sans histoire. Mais, il y a longtemps que ces sociétés ont été réhabilitées, leur historicité et leur dynamisme prouvés. Depuis lors :

> [...] le concept d'ethnie paraît désormais flottant, voire anachronique. Son contenu figé contraste avec le dynamisme des sociétés auxquelles il se rapporte : sa similitude avec la "vision classificatoire et figée des naturalistes" entraîne un double complexe. D'une part, le complexe du chercheur qui, eu égard au progrès de la recherche historique et anthropologique, répugne à baptiser "ethnie" la société qu'il étudie ; et d'autre part, le complexe de l'Africain, concerné au premier chef par le fait ethnique, qui hésite à revendiquer son appartenance à un groupe qualifié d'ethnie, donc attardé [5].

Cependant, bien qu'apparemment vidé de son sens et manquant d'une définition claire, la notion désigne un groupement humain qui se réclame d'une même origine, possède un nom (ethnonyme) et une tradition culturelle commune. Ses membres ont conscience de partager une langue, un territoire et une histoire identiques[6].

À travers cette définition, on s'aperçoit que dans un espace territorial donné, on peut avoir affaire à une multitude d'ethnies et c'est généralement ce qui s'observe en Afrique ou ailleurs. Quelques-unes de ces ethnies sont constituées à la faveur des besoins de l'administration coloniale (les Bétés de la Côte d'Ivoire, entre autres), alors que d'autres n'ont qu'une unité reconstruite après conquête, migration, fédération, alliance, etc. Dans le cas où plusieurs ethnies partagent un même territoire, il importe, chacune en ce qui la concerne, de privilégier l'intérêt général en se soudant, pour tendre vers la cohésion sociale, creuset de l'unité nationale.

Dans cette étude, la notion d'ethnie est utilisée pour désigner toute communauté réputée homogène, ayant la conscience de provenir d'une origine commune et disposant d'une communauté de langue (même avec des variantes) et de culture. Cette précision faite, à quoi renvoie alors le concept de cohésion sociale ?

En effet, la notion de cohésion sociale occupe de plus en plus les débats contemporains. Si en Occident, elle est évoquée par rapport à l'épreuve du libéralisme économique, en Afrique, elle est souvent considérée comme perdue ; perte des repères sociaux exacerbée par la recherche identitaire et le développement des sentiments et comportements ethnicistes.

---

[4] G. Ferreol et G. Jucquois (dir.), *Dictionnaire de l'altérité et des relations interculturelles*, Paris, Armand Colin, 2004, p. 128.
[5] G. Gonnin, « Les Tura de l'ouest de la Côte d'Ivoire », J.-P. Chretien et G. Prunier Gérard, *Les ethnies ont une histoire*, Paris, Karthala/ACCT, pp. 167-168.
[6] G. Ferreol et G. Jucquois (dir.), *Dictionnaire de l'altérité...*, p. 128.

Utilisée par Émile Durkheim dans *De la division du travail social*, la notion de cohésion sociale désigne le résultat de la solidarité issue de la division du travail social. Pour Durkheim, la solidarité est le « *facteur de la cohésion sociale* » en ce sens qu'elle est un « *phénomène tout moral qui (...) incline fortement les hommes les uns vers les autres, les met fréquemment en contact, multiplie les occasions qu'ils ont de se trouver en rapports* ». Il dira à ce sujet : « *Nous ne sommes rien les uns sans les autres ; plus nous gagnons en individualité, plus notre dépendance mutuelle est grande* »[7]. C'est la même idée que François Ewald traduit en ces termes : « *Nous nous devons avant même notre naissance, avant tout échange contractuel, entièrement aux autres et à la société* »[8].

Certes, Durkheim parle de cohésion sociale, mais il n'en donne pas une définition claire. Il s'est surtout occupé d'en définir les conditions de possibilité et de réalisation. Et il en est de même pour la plupart des auteurs qui, depuis Durkheim, font usage de cette notion, souvent dite controversée.

C'est dire combien il n'est pas aisé de saisir les contours précis de la notion de cohésion sociale. Car elle fait toujours appel à des éléments d'horizons divers : politique, économique, social, etc. De plus, elle est souvent récupérée et instrumentalisée par les hommes politiques qui, en fonction de leurs intérêts, définissent la nature et les conditions du lien social. Le point de vue du sociologue Paul Bernard exprime bien cette situation :

> La notion de cohésion sociale présente les signes caractéristiques d'un quasi-concept, c'est-à-dire d'une de ses constructions mentales hybrides que le jeu politique nous propose de plus en plus souvent, à la fois pour détecter des consensus possibles sur une lecture de la réalité et pour les forger. Je dis hybrides parce que ces constructions ont deux faces : elles sont d'une part fondées, en partie et sélectivement, sur une analyse des données de la situation, ce qui leur permet à la fois d'être relativement réalistes et de bénéficier de l'aura légitimante de la méthode scientifique ; et elles conservent d'autre part une indétermination qui les rend adaptables aux différentes situations, assez flexibles pour suivre les méandres et les nécessités de l'action politique au jour le jour. Cette indétermination explique qu'il soit si difficile de déterminer ce que signifie la cohésion sociale[9].

Mais en 1998, Jane Jenson propose une synthèse des divers usages et définitions de la cohésion sociale. Il en ressort, selon Jenson, que « *la caractéristique distinctive du concept de cohésion sociale est la proposition théorique selon*

---

[7] E. Durkheim, (Éd. orig. 1893), *De la division du travail social*, Paris, PUF, 1978, p. 28.

[8] F. Ewald, *L'État providence*, Paris, Grasset, 1986, p. 366.

[9] P. Bernard, "The public good: a sociologist's report from the policy research front, Panel on New Solidarities and the Public Good", *Canadian Sociology and Anthropology Association*, University Of Ottawa, 1998, p. 2.

laquelle des valeurs partagées doivent sous-tendre les processus de l'ordre social »[10].

Ces définitions très sociologiques révèlent un fait historique : la cohésion sociale n'est pas donnée, ni gagnée d'avance. Elle est toujours construction et résulte d'un processus. Celui-ci peut prendre plusieurs générations pour être ancrée dans la conscience collective et se traduire dans les faits. Cette cohésion peut aussi être forgée à travers des frictions entre composantes d'une même entité territoriale. C'est l'exemple, entre autres, des États-Unis, avec la guerre de sécession, qui a contribué à asseoir la cohésion sociale entre Américains, même si on convient avec Ernest Renan que cette cohésion est un plébiscite de tous les jours[11], c'est-à-dire qu'elle doit être entretenue quotidiennement pour qu'elle puisse perdurer.

En définitive, la notion de cohésion sociale, une donne sociologique dont la mise en place résulte d'un processus historique, ne renvoie à rien d'autre qu'au *partage de valeurs* en commun, fondement essentiel de l'ordre social. À ce propos, P. Bernard soutient que ce sont les valeurs qui assurent l'intégration et constituent le fondement de la cohésion sociale[12]. Celles-ci sont sous-tendues, du point de vue du même auteur, par deux notions fondamentales, l'équilibre et les normes ; car l'équilibre est garant de la cohésion sociale, assurée par les valeurs partagées. Ces dernières, intériorisées par les individus, constituent des normes que la société se donne. Il n'y a donc cohésion sociale que lorsque les membres d'une société donnée partagent en commun les mêmes valeurs. C'est dans le même ordre d'idée qu'il faut classer le point de vue du commissariat général du plan du gouvernement français quand il définit la cohésion sociale comme *« l'ensemble des processus sociaux qui contribuent à ce que les individus aient le sentiment d'appartenir à une même communauté et se sentent reconnus comme appartenant à cette communauté*[13] *»*.

Il est donc évident qu'on ne peut parler de cohésion sociale que dans la perspective de la construction nationale, dans la mesure où les membres de la nation en construction sont solidaires les uns des autres et partagent des valeurs en commun. Or, ce qui s'observe aujourd'hui dans nos sociétés, c'est que le sentiment d'appartenir à l'ethnie, mieux, à une région donnée prime sur le fait de se sentir membre à part entière de la nation qui, dans ces conditions, a du mal à se réaliser. C'est ce qui explique le fait que la cohésion sociale a du plomb dans l'aile. La diversité ethnique au Togo n'est pas de nature à faciliter cette cohésion sociale.

---

[10] J. Jenson, *Les contours de la cohésion sociale : l'État de la recherche au Canada*, Réseau Canadien de la recherche en politiques publique, Ottawa, 1998a, p. 43.

[11] S. Sand, *Ernest Renan : Qu'est-ce qu'une nation ? Suivi de Le judaïsme comme race et comme religion*, Barcelone, Novoprint, 2011, p. 23.

[12] P. Bernard, "The public good...", 1998.

[13] J. Jenson, *Les contours de la cohésion sociale...*, p. 5.

B. De la diversité ethnique au Togo

Au Togo, le recensement général de la population de 2010 a dénombré 38 ethnies. Celles-ci sont réparties (à tort ou à raison), depuis la période coloniale, en deux principales zones : le Togo septentrional et le Togo méridional. Ces « deux Togo » ancrés dans l'imaginaire collectif seraient tout de même séparés par une ligne imaginaire dont la limite se situerait, depuis la période coloniale, au niveau d'Atakpamé (aux portes de la région des Plateaux). Cette situation crée, selon Kouméalo Anaté, « *deux ensembles aux dimensions disproportionnées : un* "grand-nord" *couvrant plus des deux tiers de la superficie du pays (soit l'équivalent de trois régions sur les cinq que compte le Togo), et un sud aux dimensions réduites (représenté à peu près par deux régions)*[14] ». Pour cette auteure, il s'agit tout simplement d'une frontière imaginaire dont les réalités font fi aussi bien des découpages officiels par régions que des différences naturelles entre les groupes qui peuplent ces deux zones géographiques. À partir de ce constat, Kouméalo Anaté conclut qu'il « *serait juste de considérer finalement que la division* "Nord-Sud" *au Togo est, en elle-même un stéréotype autour duquel sont construites des représentations collectives régissant les rapports entre Togolais* [15]».

Les récents travaux des Historiens togolais transcendent cette démarcation imaginaire et situent la limite entre les deux régions au niveau du pays agnaga, à hauteur de Blitta[16]. Ils en donnent les composantes ethniques suivantes d'une région à l'autre.

Dans le Togo septentrional, le peuplement est caractérisé par une très grande diversité quant à la composition et à l'origine des populations. Toutefois, selon leurs affinités historiques et culturelles, on peut les regrouper en quatre grands ensembles :

- Les Para-Gourma composés de Moba-Gourma, des Natchaba, des Dyè, des Konkomba, des Bétamaribè, des Biyobè, des Bassar et des Tchamba ;
- Les Kabiyè-Tem regroupant les Kabiyè, les Logba, les Tem ou Kotokoli et les Lamba ;
- Les Nawdéba encore connus sous l'appellation de Losso ;
- Les Anoufom encore connus sous le nom de Tchokossi.

S'agissant des peuples du Togo méridional, le peuplement y est nettement homogène. On peut y distinguer trois grands blocs :

- L'ensemble ajatado composé des Aja-Hwé et des Ewé ;
- Les minorités constituées par les Guin/Mina, les Adangbé, les Xwla-Xwéda, les Fon, les Mahi, les Ifè (ou Ana) les Kpessi, les Agouna, les Anyanga ;

---

[14] K. Anate, « Appropriation des stéréotypes coloniaux… », p. 352.

[15] *Ibid.*

[16] N. L. Gayibor, (dir.), *Le peuplement du Togo. État actuel des connaissances*, Lomé, Presses de l'U.B., 1996 ; N. L. Gayibor, (dir.), *Histoire des Togolais de 1884 à 1960,* Lomé, Presses de l'UL, 2 tomes, 2005.

- Les populations des Plateaux du Sud-Ouest, notamment les Akposso, les Akébou et les Adélé, les Ntribou, les Bogo-Ahlon.

Le Togo ayant accueilli plusieurs immigrants, il existe également des Yorouba, des Haoussa et des Peul éparpillés sur toute l'étendue du territoire[17]. À partir de ces différentes ethnies, on est parvenu à établir la carte suivante des groupes ethniques du Togo.

Carte n°1 : Les groupes ethniques du Togo[18]

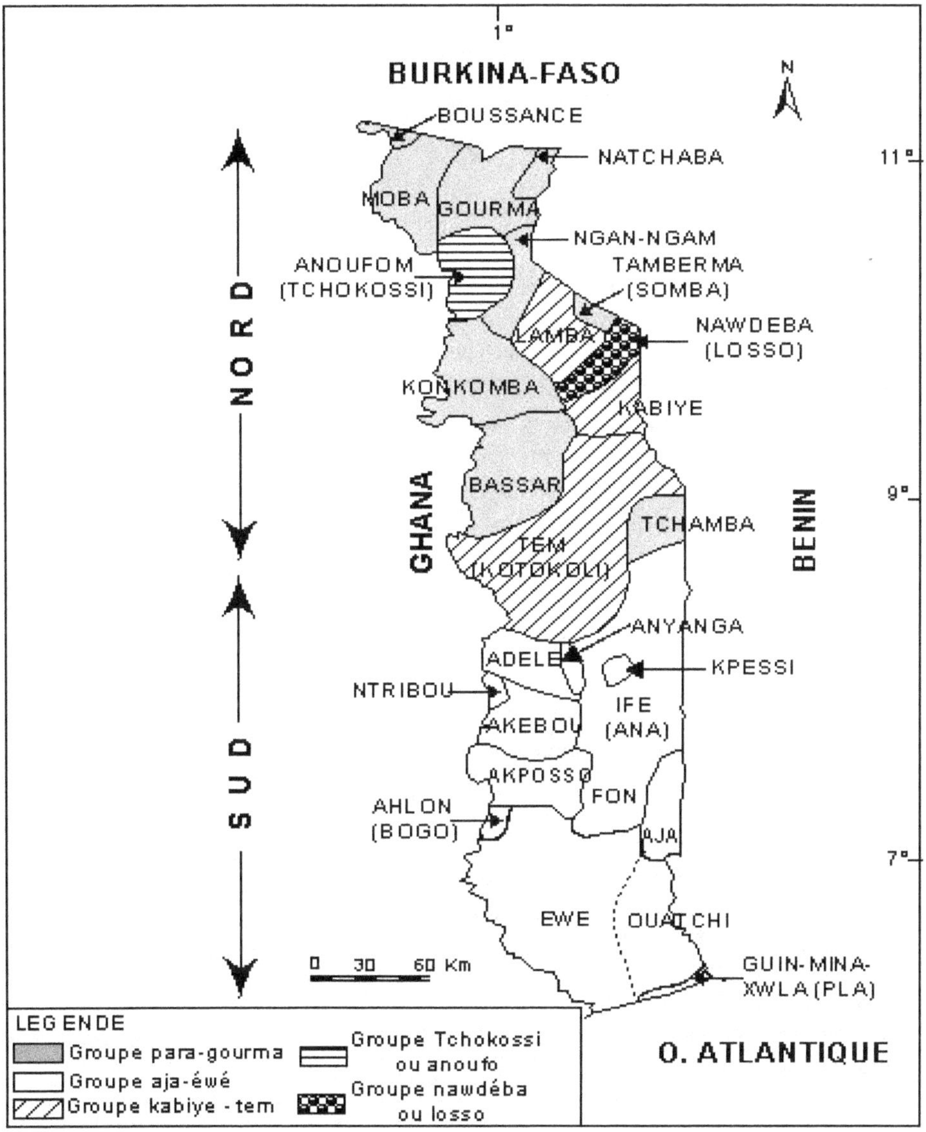

---

[17] N. L. Gayibor, (dir.), *Le peuplement du Togo…*, 1996.

[18] **Source** : Par nous, à partir de N. L. Gayibor, (dir.), *Le peuplement du Togo…,* 1996.

La mise en place de ces peuples remonte au plus tard à la seconde moitié du XIXe siècle. Pendant cette période et, même à l'époque coloniale, la géographie des peuples du futur Togo n'était pas définie avec précision. On sait néanmoins, à l'avènement de la colonisation, qu'il existait une bipartition du territoire togolais, le nord et le sud. La carte ethnique du Togo est largement tributaire de cette bipartition. Il est donc clair que les réalités de cette carte sont plutôt physiques, contrairement à la bipartition imaginaire qui mettait la limite nord du Togo méridional à Atakpamé. En dépit de cette réalité, étant donné que notre analyse se basera surtout sur l'imaginaire, nous prendrons davantage appui sur cette bipartition imaginaire.

En somme, bien que la diversité ethnique du Togo aussi bien selon l'imaginaire qu'en ce qui concerne les données physiques soit une réalité, c'est la manipulation qu'on en fait qui met à mal la cohésion sociale.

II. L'INSTRUMENTALISATION DU FACTEUR ETHNIQUE ET SON IMPACT SUR LA COHÉSION SOCIALE

En principe, la Nation doit provenir du rassemblement, de l'amalgame, voire de la fusion de plusieurs ethnies. C'est ce que souligne Pierre Fougeyrollas, lorsqu'il affirme qu'en Afrique, les jeunes Nations se mettent en place à partir de l'agrégation d'anciennes ethnies et de la ségrégation de certains éléments par rapport à d'autres[19]. Or justement, dans bien des cas, même si l'on considère que certains antécédents datent de la période précoloniale, certaines dispositions prises par l'administration coloniale française ne sont pas de nature à faire transcender les frontières ethniques pour tendre vers la construction nationale.

A. De l'instrumentalisation de l'ethnicité depuis la période coloniale

Au Togo comme ailleurs dans les colonies, l'administration coloniale a procédé à une certaine classification des ethnies, mieux, à une certaine géographie des civilisations. Dans les années 1920, l'administration coloniale française faisait observer :

> On peut actuellement envisager trois zones principales de civilisation : 1- Zone côtière où les habitants, vivant continuellement près des Européens, ont adopté leur manière de vivre ; ce sont pour la plupart des commerçants ou employés, intelligents et instruits. 2- Zone méridionale et centrale : centre de civilisation ouest-africaine ; en dehors de l'influence européenne, les indigènes de cette région ont su organiser leur vie et leur habitation de façon convenable ; leur religion est basée sur une mythologie que les auteurs allemands ont voulu comparer à la mythologie grecque et romaine ; il y a certaines tentatives artistiques et un commencement d'industrie. 3-

---

[19] P. Fougeyrollas, *Pour une France fédérale. Vers l'unité européenne par la révolution régionale*, Paris, Éditions Denoël, 1968, p. 27.

Zone septentrionale : les peuples sont les plus arriérés, le costume est plus sommaire [20].

En fait, Bonnecarrère n'a fait que renchérir, moins vertement d'ailleurs, sur ce que ses prédécesseurs ont dit sur ces peuples. En effet, le Capitaine Sicre, premier administrateur français du cercle de Sokodé, faisait observer des Kabiyè :

> Le cabrais est robuste, fort, bien constitué, musclé et râblé, il réalise le type de parfait montagnard. Solide gaillard bien musclé, l'œil vif et intelligent, un des plus beaux spécimens de cette belle et saine race que les tares physiques et morales des civilisations plus avancées n'ont pas encore effleurées. Le cabrais est un beau noir, la figure est anguleuse et grossière, son nez est large et épaté, la bouche est grande et des lèvres larges et épaisses [21].

De toute évidence, cette classification met dos à dos les populations du sud (populations côtières, méridionale et centrale selon la nomenclature de Bonnecarrère) dites civilisées, contre celles du nord dites arriérées. C'est d'ailleurs sur la base de cette classification que l'administration décida de faire participer massivement les peuples du nord-Togo aux différents programmes de mise en valeur du Togo méridional. Ces derniers, considérés comme « arriérés », en « marge de la civilisation », à « intelligence réduite », ne sont bons, dans l'imaginaire de l'administration coloniale, qu'à un travail demandant l'endurance physique, notamment la construction des voies de communication, l'entretien des plantations, etc. En revanche, l'homme du sud dit « civilisé », à « intelligence développée » peut servir comme auxiliaire de l'administration[22].

Comme on peut le constater, de la considération ethnique du début de la colonisation, on est passé progressivement au régionalisme simpliste. Comment est-on passé à cette situation ? Au vrai, il est difficile d'expliquer le mécanisme de ce processus. S'agit-il d'une appropriation de l'imaginaire collectif regroupant les ethnies du Togo par une approche binaire Nord-Sud ? Ou bien s'agit-il d'une manipulation à caractère ethnique ayant conduit à cette réalité ? Faute de preuves historiques, il n'est pas aisé de répondre à ces interrogations. Ce qu'on peut affirmer avec certitude, c'est que ce régionalisme prend appui sur des velléités qui définissent des frontières régionales. Ainsi, le nord est identifié à tort aux Kabiyè, groupe ethnique du chef de l'État depuis 1967 et le sud, aux Ewé, groupe ethnique des deux premiers chefs de l'État (de 1960 à 1967). Les deux

[20] Commissariat de la République française au Togo, 1924, p. 14.

[21] Capitaine Sicre, *Monographie du cercle de Sokodé*, 1918, reproduit dans Document CERK en 1972, pp. 39-40.

[22] E. Assima-Kpatcha, « L'imaginaire français sur les Togolais et leur capacité de travail (1914-1939) », *Annales de l'Université de Lomé*, Série Lettres et Sciences Humaines, Tome XXV, 2005, pp. 125-139.

groupes ethniques sont numériquement les plus importants du pays, du point de vue numérique[23].

Il semble que c'est d'ailleurs dans cette logique de régionalisme imaginaire dont on ignore le processus historique qui l'a institué que la lutte pour l'indépendance a semblé avoir été menée. On avait d'un côté le Comité de l'unité togolaise (CUT)[24], assimilé à tort, aux gens du sud qui revendiquait, au départ, l'unification des Ewé du Togo et de la Gold Coast et, de l'autre côté, l'Union des chefs et populations du nord (UCPN) qui, comme son nom l'indique, incarnait toute la partie septentrionale du pays. Lorsque, à partir des années 1950, le CUT avec son allié la Juvento militaient en faveur de l'indépendance immédiate du Togo, l'UCPN et le Parti togolais du progrès (PTP), estimant que le nord était entré tardivement en contact avec l'Occident et donc n'a pas bénéficié de la civilisation au même titre que le sud, militaient pour leur part, en faveur du prolongement de la présence française sur le territoire. Ces réalités ont donné, vers la fin des années 1950, sur le plan politique, la géographie suivante : un nord pro administration coloniale contre un sud dit nationaliste.

En fait, cette vision régionaliste est simpliste. Cependant, elle révèle la réalité, surtout au niveau des élites intellectuelles et politiques. Quant à la masse, elle ne se retrouvait pas forcément dans ce schéma. Malgré tout, on a souvent tendance à prendre la vision des élites pour celle de la majorité des Togolais, ce qui n'est pas moins une tentative de manipulation de la conscience populaire.

Suite aux élections législatives du 27 avril 1958 ayant donné vainqueurs les nationalistes, le Gouvernement formé par le premier ministre Sylvanus Olympio accordait 25% de ses membres au nord tandis que les 75 % restants revenaient aux ressortissants du sud[25]. Le Gouvernement de 1959 s'est inscrit dans la même logique. En revanche, les Gouvernements de 1961 et 1962 ont vu le taux des ressortissants du nord passé respectivement de 22 % à 20 % alors que celui des ressortissants du sud est passé respectivement de 78 % à 80 %[26].

Après le premier coup d'État militaire du 13 janvier 1963, Nicolas Grunitzky, beau-frère de Sylvanus Olympio alors en exil au Bénin, a été approché pour prendre les rênes du pouvoir. Bien qu'il plaçât sa gouvernance sous le signe de la réconciliation nationale, les quatre premiers Gouvernements qu'il a formés de mai 1963 à janvier 1966 donnèrent en moyenne, environ 53 % aux ressortissants du sud alors que les ressortissants du nord n'occupaient qu'environ 39 %, le reste revenant aux Yorouba naturalisés Togolais. De novembre à décembre

---

[23] K. Anate, « Appropriation des stéréotypes coloniaux… », p. 352.

[24] Le CUT avait en son sein, des ressortissants du nord-Togo, certes. Mais les principaux leaders étaient du sud.

[25] K. Afanvi, *Gouvernance et représentativité ethnico-régionale dans la gestion politique au Togo de 1958 à 1992*, Mémoire de Maîtrise d'Histoire, Université de Lomé, 2010, p. 56.

[26] Données brutes tirées du Journal officiel de la République Togolaise (JORT), 1961, complétées par les travaux de C. K. Agba, *Ministre avec Eyadema*, Lomé, Les éditions de la Rose, 2009, p. 15.

1966, les deux derniers Gouvernements de Nicolas Grunitzky donnaient aux ressortissants du nord en moyenne le taux de 38 %, le reste revenant aux sudistes[27].

Une analyse perspicace des différents Gouvernements de Sylvanus Olympio montre que même s'il a accordé une place aux ressortissants du nord dans ses Gouvernements, c'est surtout aux Moba qu'il s'est intéressé, ceux-ci étant fortement représentés dans son parti, le CUT ; les Kabiyè étaient totalement absents desdits Gouvernements. Nicolas Grunitzky, tirant leçon de ce qui est arrivé à son prédécesseur, a voulu mieux faire en intégrant davantage l'ethnie kabiyè dans ses différents Gouvernements. Mais de toute évidence, qu'il s'agisse des Gouvernements de Sylvanus Olympio ou de ceux de Nicolas Grunitzky, l'élite sudiste s'est taillée la part de lion, laissant la partie congrue aux nordistes.

En réalité, au-delà du régionalisme dont on a voulu caractériser la formation des différents Gouvernements, de ces deux premiers Présidents du Togo, c'est surtout le militantisme et, accessoirement, la compétence qui ont présidé aux choix des membres des divers Gouvernements. Cette situation va s'accentuer sous le règne d'Étienne Eyadema (devenu Eyadema Gnassingbé, depuis 1974, avec la politique d'authenticité culturelle).

En effet, après l'intrusion, pour la deuxième fois, de l'armée dans la vie politique togolaise, le lieutenant-colonel Étienne Eyadema fut sacré aux affaires le 13 janvier 1967. Dès lors l'ethnicité, entre-temps mué en régionalisme, s'est accentuée. Cette constatation est surtout visible à travers la composition de l'armée. En effet, dans son article intitulé « Violence militaire, démocratisation et ethnicité au Togo », paru en 1999, Comi Toulabor s'est longuement attardé sur la composition mono-ethnique des Forces armées togolaises (FAT). Selon lui, « *le Togo est l'un des rares pays africains où la logique ethnique a été poussée jusqu'à son paroxysme dans le recrutement militaire* »[28]. Pour s'en convaincre, il observe que sur les 13 000 hommes que comptaient à l'époque les FAT, 10 000 provenaient du nord et les 3 000 restants du sud. Parmi les 10 000 hommes pour le nord, poursuit-il, 7 000 sont Kabiyè, et parmi ceux-ci, 3 000 sont de Pya, le village natal de feu le Président Eyadema. Par ailleurs, l'auteur montre que

> L'encadrement des FAT est aussi presque entièrement entre les mains des Kabiyè. En effet, sur les 300 officiers que compte l'armée togolaise, 50 sont du sud, alors qu'ils sont 250 pour le nord parmi lesquels 200 Kabiyè, dont 50 pour le seul village de Pya. Par ailleurs, aucune des 26 unités de commandement qui composent l'ossature des FAT n'est confiée à un ressortissant du sud. Sur les 17 unités com-

---

[27] Données brutes tirées de *Togo Presse* du 28 novembre 1966, pp. 1-5.

[28] C. M. Toulabor, « Violences militaires, démocratisation et ethnicité au Togo », R. Otayek (éd.), « Afrique : les identités contre la démocratie ? » *Cahier des Sciences humaines*, nouvelle série, n° 10, Paris, éditions de l'Aube, IRD, 1999, p. 107.

mandées par des Kabyê, 10 le sont par des officiers de Pya tandis que les 7 autres reviennent aux autres groupes ethniques du nord... [29].

Ces chiffres qui datent de la décennie 1990[30] ont certes évolué de nos jours, tout comme l'est la représentativité ethnique au sein des FAT. Ces statistiques, même si elles ne sont plus d'actualité aujourd'hui, où l'on voit beaucoup d'officiers du sud occuper de grandes responsabilités au sein des FAT, appellent cependant l'interrogation suivante : comment expliquer l'intérêt du Kabiyè pour les métiers des armes ? Pour Napo Ali[31], le fait que les Kabiyè s'intéressent au métier des armes ne date pas de l'ère Eyadema. C'est à la période coloniale qu'il faut remonter pour comprendre le rôle joué par les différentes administrations coloniales dans cet état de fait. Jusqu'à une époque récente encore, dans l'imaginaire collectif des gens du sud-Togo, il est hors de question que leur progéniture exerce dans l'armée. Pour eux, ce travail n'est pas honorifique. Ils préfèrent voir leurs enfants occuper des fonctions bureaucratiques, ou exercer dans les professions libérales, telles les banques, la magistrature, etc. Voilà ce qui explique le fait que jusqu'à très récemment, les ressortissants du sud ont presque le monopole de ces professions libérales. Mais faute de statistiques et des sources empiriques, il est difficile d'en apporter la preuve historique.

Cette armée, le Président Eyadema a beaucoup contribué à sa modernisation. Il déclare : « *J'ai mis ma jeunesse, toute ma jeunesse à forger cette armée. Parce que très tôt, j'ai compris qu'on ne peut pas parler d'unité de la nation sans l'unité de l'armée* »[32]. Bon gré mal gré, cette « ethnicisation » de l'armée a permis la pérennisation du parti-État, le Rassemblement du Peuple Togolais (RPT). Placé sur les fonts baptismaux en novembre 1969, ce dernier a vu son monopole tant soit peu affaibli par le processus de démocratisation qu'a connu le Togo dans les années 1990.

Sur le plan politique, comme l'a si bien démontré Badjam Maganawe dans son Mémoire de DEA intitulé *Système de mobilisation politique : regroupements ethniques au Togo*, depuis la création du RPT, les mobilisations politiques se faisaient sur des plans purement ethniques[33].

On convient donc avec W. O. Yagla que l'arrivée du Général Eyadema au pouvoir s'est traduite par une promotion inattendue et inespérée du nord et de ses frères[34]. Cela est d'autant plus vrai que le Président Eyadema, préconisant

[29] *Id.*, p. 106.

[30] Puisque l'auteur avoue s'être référé à la communication de Togoata Apedo-Amah intitulée « Le tribalisme dans l'armée », présentée à la Conférence nationale souveraine, tenue à Lomé du 8 juillet au 28 août 1991.

[31] N. Ali, *Histoire des travailleurs-manœuvres et soldats du Nord-Togo au temps colonial : 1884 – 1960*, Lomé, Presses de l'U. B., 1997.

[32] Livre blanc, *La vérité sur les complots contre le peuple togolais et son guide le général Eyadema*, Paris, éd. ABC, 1980, p. 79.

[33] B. Maganawe, *Système de mobilisation politique : regroupements ethniques au Togo*, Mémoire de DEA d'Études africaines, Université de Bordeaux-I, 1986.

[34] W. O. Yagla, *L'édification de la nation togolaise*, Paris, l'Harmattan, 1978, p. 143.

une politique de rééquilibrage entre les régions, politique mise en œuvre dans d'autres pays (au Cameroun, par exemple), faisait recruter dans l'Administration, des ressortissants du nord sur des diplômes de moindre niveau. Selon cette politique, si un ressortissant du sud occupe un poste de responsabilité, automatiquement, le poste d'adjoint est attribué à un ressortissant du nord et vice-versa. Dans la pratique, cette politique a dégénéré en népotisme[35].

Au nord-Togo, l'ordre ethnique a déterminé le jeu politique. Il a déclenché d'abord un réflexe régionaliste, comme dans d'autres pays (Cameroun, etc.), les premières élites prenant conscience de leur retard par rapport au sud, de leur minorité au sein des formations politiques existantes, du peu d'intérêt qui est accordé à leur région, économiquement beaucoup moins développée[36]. Mais si le népotisme est pratiqué sur des bases régionales au nord, au sud il l'est sur des bases familiales.

La bipartition politique du territoire togolais observée à la veille de l'indépendance s'est poursuivie, *grosso modo*, jusqu'à aujourd'hui. Pour s'en convaincre, lors d'une étude faite en 2007 sur l'état de la cohésion sociale au Togo, nous avons interrogé un Enseignant de Lycée ayant requis l'anonymat, dont les révélations sont assez illustratives à ce sujet. Voici ce qu'il a déclaré expressément :

> Un jour, j'ai croisé un collègue. C'était au moment de la précampagne pour les législatives anticipées d'octobre 2007. Ce collègue est de la même ethnie que moi. Il m'a demandé le candidat que je soutenais. Je lui ai dit que c'est un candidat de Blitta issu de la Convergence patriotique panafricaine. Il fut surpris et me demanda : " comment, toi un Kabiyè, tu prétends soutenir un candidat non kabiyè ?" Je fus à mon tour surpris par sa question ; car comment comprendre qu'un intellectuel comme lui peut être aussi borné ? Je me suis alors dit : voilà comment l'ethnicisme est en train de gangrener à petit coup l'unité nationale [37].

Cette façon de voir les choses n'est pas spécifique aux gens du Nord. À l'inverse, au cours de ces mêmes élections, on a entendu des Ewé dire à leurs frères du Sud qui se sont engagés aux côtés des candidats kabiyè du RPT : « *Comment peux-tu oser soutenir un Kablè* (Kabiyè en terme péjoratif) *contre ton frère du sud ?* ».

En fait, les élections dont il est question dans cette déclaration ont permis de montrer que les bastions ethniques, mieux régionaux, se sont transformés en bastions électoraux. Car, toute analyse faite, le Sud a majoritairement voté pour l'Union des Forces de Changement (UFC) et le Comité d'Action pour le Renouveau (CAR) dont les leaders sont sudistes, alors que le Nord a accordé son suffrage

---

[35] J.-C. Barbier, « Espaces ethniques et sélection des élites locales ; l'exemple du Togo », 1987, inédit, multigr., p. 15.
[36] J.-C. Barbier, « Espaces ethniques… », p. 6.
[37] Interview citée par K. N. Tsigbe *et al.*, *Promotion de la cohésion sociale au Togo : le rôle de l'enseignement des sciences sociales à l'Université de Lomé*, Rapport final, mars 2008, p. 28.

au RPT, considéré comme parti des Nordistes[38]. Le collègue de notre personne-ressource n'a fait qu'être l'écho sonore de cette réalité qui n'est pas de nature à consolider l'unité nationale. C'est d'ailleurs pour souligner cet état de fait que la borne de 2007 a été retenue comme deuxième limite chronologique de cette étude.

L'ethnicité et le régionalisme subséquent mettant au Togo, dos à dos le Sud, considéré sur le plan politique comme bastion de l'opposition et le Nord pris pour fief du parti au pouvoir, ont pour conséquence la détérioration du lien social, donc de la cohésion sociale. Plusieurs exemples tirés de l'histoire récente du Togo le prouvent.

B. La coexistence conflictuelle des ethnies : une manifestation de la fragilité de la cohésion sociale au Togo

Dans son analyse sur la *Gestion des conflits en Afrique*, Jean-Sébastien Rioux de l'Université de Laval faisait observer que l'existence des conflits est un phénomène social normal. Selon lui, les êtres humains poursuivent tous des buts distincts qui sont parfois incompatibles mais dont la revendication peut dégénérer en conflit. Eu égard à cette réalité, conclut-il, il est impossible d'enrayer totalement des situations conflictuelles entre les êtres vivants. Bien sûr, l'auteur de cette pensée a raison jusqu'à un certain point ; car, partout où il existe plus d'une personne, il y a diversité de point de vue ou d'opinion. Dans un cadre plus large, dans chaque pays où se trouve plus d'une ethnie, il y existe d'emblée une diversité de vision quant à la gestion et à la répartition du patrimoine national. Ces points de vue mal gérés peuvent déboucher sur des situations conflictuelles. Certains sociologues dont Georg Simmel estiment que les conflits sont importants dans une Nation en devenir car ils contribuent à développer davantage le sentiment d'un vouloir-vivre-collectif, après qu'ils soient passés. Toutefois, il y a lieu de s'interroger, par rapport à l'analyse de Rioux et même de Simmel, sur le fait que ce soit surtout en Afrique que se rencontrent le plus souvent ces conflits. D'ailleurs, le même auteur (Rioux) a eu à le souligner au début de son analyse en observant que le nombre des conflits inter et intra étatiques qui ont éclaté en Afrique depuis la fin de la guerre froide est plus élevé que partout ailleurs dans le monde. C'est dire combien, sur ce continent, la non maîtrise de la pluriethnicité est une évidence et conduit inéluctablement à des tensions sociales. Certes, cette situation trouve ses racines profondes dans la colonisation ; mais les États-nations postcoloniaux y ont également contribué. Ce constat est d'autant plus réel que le confirme Mamadou Aliou Barry en ces termes : « *Dès les premières heures de l'ère postcoloniale, les premiers dirigeants des États nouvellement indépendants se trouvèrent coincés entre les réalités des solidarités ethniques et la nécessité pour eux de minimiser l'importance des conflits ethniques* »[39].

---

[38] E. Batchana, « La problématique de la construction nationale au Togo (1960-2007) », *Mosaïque*, n° 10 de décembre 2010, Lomé, Institut Don Bosco, 2010, pp. 139-155.

[39] M. A. Barry, *La prévention des conflits en Afrique de l'Ouest. Mythes ou réalisés* ? Paris, Karthala, 1997, pp. 12-13.

N'ayant pas su faire la part des choses et préserver l'unité nationale : « *[...], le tribalisme n'a pas reculé depuis les indépendances et l'idée de nation ne s'est pas imposée.* [Dès lors], *les nouvelles générations africaines sont aujourd'hui plus conscientes de leur identité ethnique et moins réticentes à la notion de tribalisme [...]* »[40]. Et Bertrand Badie d'enfoncer le clou en soulignant que les États postcoloniaux « *cultivent une sorte de violence dégénérescente qui tient autant à leur incapacité d'assurer la sécurité du territoire dont ils ont la charge qu'à leur inaptitude à offrir à chacun, les conditions d'une participation politique minimale* »[41].

C'est qu'en fait, en lieu et place de la culture nationale, les pouvoirs publics postcoloniaux se sont inscrits dans la dynamique du néocolonialisme. Ce faisant, certains groupes ethniques se sont sentis, à tort ou à raison lésés, mieux, tenus à l'écart de la répartition du patrimoine national, ce qui a débouché sur une pléthore de crises à l'intérieur des États-nations en Afrique. Selon Barry :

> Toutes ces crises ont pour cause une lutte fratricide pour le pouvoir et le contrôle des richesses minières comme au Libéria ou en Sierra Léone, ou alors pour une revendication identitaire à l'instar de la révolte touarègue, ou encore pour une autonomie territoriale comme en Casamance. L'analyse de ces conflits montre en effet que ces crises répondent plus à une politique de pillage économique systématique, orchestrée par des factions en lutte, qu'à des logiques d'idéologie ethnique ou régionale[42].

Plus loin, le même auteur fait observer au sujet des conflits internes : « *Les conflits internes sont le plus souvent des guerres civiles opposant soit des gouvernements à des groupes d'opposants, qui sont en général des entités ethniques dont l'unique ambition est la conquête du pouvoir, soit des gouvernements à des groupes ethniques qui revendiquent leur autonomie* [43]».

Au Togo, il n'y a pas eu de guerre civile. Cependant, des comportements conflictuels, mieux des tensions sociales sont récurrentes et se font au nom d'une certaine appartenance ethnique, mettant ainsi à mal la cohésion sociale. En effet, elles commencèrent dès la période coloniale. Mais, pendant cette période, comme le fait observer Assima-Kpatcha :

> [...] les tensions étaient assez isolées et n'avaient aucunement un caractère massif opposant deux ou plusieurs communautés clairement définies. Elles étaient le fait d'individus ou groupes réduits qu'un différend mettait aux prises. Bien qu'à première vue les raisons tribales n'en constituaient pas la cause directe, elles jouaient quand même un rôle non négligeable lorsqu'on les analyse de près. [...] Un certain nombre trouve son origine dans des incompréhensions liées à la culture d'autrui,

[40] *Ibid.*
[41] B. Badie, *La fin des territoires, essai sur le désordre international et sur l'utilité sociale du respect*, Paris, Fayard, 1995, p. 147.
[42] M. A. Barry, *La prévention des conflits en Afrique de l'Ouest...*, p. 29.
[43] *Id.*, p. 32.

donc dans des faits ethniques. Des tensions opposèrent donc des autochtones et des immigrés[44].

Un autre élément, source de tensions sociales au Togo, réside dans les considérations stéréotypées que les ethnies ont les unes des autres. En effet, les Guin d'Aneho considèrent tous ceux qui habitent loin de la côte comme des broussards dont ils doutent du degré de civilisation. De ce fait, il n'est pas rare que certains parents guin refusent de donner la main de leur fille à des jeunes gens hors-groupe. Inversement, pour les non-Guin, les Guin ont l'esprit mercantiliste, le goût effréné du gain, la subtilité, l'avarice[45], etc. De même, les populations de l'intérieur ont des préjugés les unes vis-à-vis des autres. C'est ainsi que les Kabiyè et les Nawdéba n'ont pas bonne presse chez les Bassar. Ceux-ci considèrent ceux-là comme leurs métayers, leurs esclaves, alors que pour les premiers, les seconds sont qualifiés d'inférieurs, d'attardés[46], etc. Ces considérations ont conduit à une certaine simplification du champ ethnique du pays. Par ailleurs, les populations du sud-Togo, désignées par le terme générique « *Ahouna* » dans l'imaginaire des nordistes, considéraient les populations situées au-delà d'Atakpamé comme les « *Kabletowo* » c'est-à-dire les Kabiyè, terme péjoratif, signifiant les « arriérés ». Dans le même sillage, Napo Ali[47] a recensé quelques expressions courantes par lesquelles les gens du Sud désignaient ironiquement, jusqu'à une époque encore récente, les gens du Nord. Il s'agit des expressions telles que « *Kablè gnoti gnongnon lé voyaa lévo lévo* », littéralement « Kabiyè au nez largement troué » que scandaient les enfants du Sud au passage du Kabiyè, ou encore l'expression « désobligeante » suivante qu'utilise l'homme du Sud pour dire ironiquement qu'il ne sera jamais inférieur : « *Yentia dé, ma gnon gnontia* ? » ; ce qui signifie « dois-je pour cela me faire trouer le nez ? » (Comme le Kabiyè sous entendu).

Quand bien même ces considérations ne valent pas mieux que des clichés, elles ont cependant attisé, comme on l'a vu, le désir de revanche des « hommes du Nord » pour les humiliations et injustices dont ils estiment, à tort ou à raison, avoir été victimes[48]. Il se créa ainsi, comme on l'a souligné ci-dessus, deux camps rivaux nord et sud qui, en période de troubles sociopolitiques, se regardent en chiens de faïence.

---

[44] E. Assima-Kpatcha, *Travail et salariat au Togo français dans l'entre-deux-guerres 1914-1939*, Thèse de Doctorat Unique en Histoire, Université de Lomé, 2004.

[45] K. M. Nubukpo, « Regards croisés inter togolais : la perception des Guin par les non-Guin » *Le tricentenaire d'Aneho et du pays guin,* Actes d'un Colloque international, Volume II, Presses de l'UB, 2001, pp. 531-535.

[46] N. Labante, « Diversité ethnique et construction nationale : l'exemple du Togo à la veille de l'indépendance », N.A.Goeh-Akue et N.L.Gayibor, *Histoire nationale et/ou identités ethniques. Un dilemme pour les historiens africains ?*, Paris, l'Harmattan, 2004.

[47] N. Ali, *Histoire des travailleurs-manœuvres ...* p. 116.

[48] E. Assima-Kpatcha, *Travail et salariat au Togo français ...*, 2004.

Il semble alors évident que l'affrontement interethnique jadis larvé est devenu courant. On se souvient des affrontements tragiques entre autochtones et immigrés kabiyè à Bodjé, orchestrés dans le Kpélé (région des Plateaux), ainsi que d'autres actes de massacre, de sabotage et de vandalisme contre telle ou telle ethnie pendant la même période[49]. On peut également citer les affrontements entre Moba et Tchokossi à Barkoissi ayant occasionné, les 28 et 29 octobre 1991, 31 morts et 114 blessés, les altercations des 30 et 31 mai, entre Tem et Kabiyè à Sotouboua, donnant le bilan de 24 morts, une cinquantaine de blessés et des dizaines de maisons brûlées[50].

Après le chaotique processus de démocratisation, presque toutes les élections, surtout présidentielles, qui se sont déroulées au Togo ont été émaillées de violences, motivées en sourdine par le régionalisme. Le cas des élections présidentielles de 2005 mérite d'être précisé. Selon le *Mémorandum* sur l'entretien du vendredi 17 juin 2005 entre la Coalition de l'opposition et la Mission des Nations Unies de vérification des violations des droits de l'Homme au Togo entre le 5 février et le 5 mai 2005, il y a eu un total de 564 morts, 1020 blessés, 146 détenus, 06 disparus[51]. Bien sûr, les chiffres avancés par ce document confectionné par les partis d'opposition au pouvoir en place sont à prendre avec précaution. Néanmoins, des noms sont cités, des localités identifiées, et les circonstances dans lesquelles les exactions ont été commises, décrites. À partir de ces précisions, on peut, au besoin, vérifier les faits sur le terrain. Dans tous les cas, même si les enquêtes diligentées soit par le gouvernement togolais, soit par l'ONU, n'ont pas confirmé ces chiffres, leurs différents rapports ont également certifié que ces élections ont donné lieu à des morts, des blessés, des détenus et des disparus. Si l'appartenance à tel ou tel parti est mise en avant pour justifier ces exactions, il est un fait que pour la majeure partie de la population fidèle à son imaginaire, on est victime de ces atrocités parce que l'on est d'une ethnie différente de celle du bourreau. Certes, en l'état actuel des connaissances, il est difficile de se prononcer sur la véracité de cette assertion ; toutefois, la mémoire collective reste vivace sur cette vision des choses.

De telles actions remettent en cause la cohésion sociale et, partant, la factice unité nationale.

CONCLUSION

En définitive, il est un fait qu'au Togo, le fait ethnique a largement raison de la cohésion sociale. On assiste ainsi à l'émergence de régionalismes tribaux

---

[49] B. Tcham, *Les Troubles sociopolitiques au Togo depuis 1990*, Kara, Graphic-Express, s.d.

[50] E. Batchana, « La problématique de la construction nationale au Togo… », p. 150.

[51] Mémorandum sur l'entretien du vendredi 17 juin 2005 entre la Coalition de l'opposition et la Mission des Nations Unies de vérification des violations des droits de l'Homme au Togo entre le 5 février et le 5 mai 2005, inédit, juin 2005.

dont se servent malheureusement les politiques pour assouvir leurs ambitions politiciennes, les populations elles-mêmes étant acquises à cette cause. Cette situation est d'autant plus alarmante que ce sont les intellectuels qui, à des degrés divers, contribuent à la détérioration du lien social. W. O. Yagla, dans *L'édification de la nation togolaise*, fait l'éloge démesuré de son ethnie (Kabiyè) qu'il compare aux anciens Spartiates ; Ali Napo, pour sa part, propose un pacte social basé sur le régionalisme ; au niveau de la population, il n'est pas rare d'entendre à Lomé, les ressortissants de l'ethnie Kabiyè chanter à des occasions insolites : « *Quand le Kabiyè se fâche, le Togo tremble*[52] »; de même, les populations du Sud, militantes de l'opposition, disent souvent que quand le pouvoir va échapper aux Kabiyè, ils seront expulsés du territoire, en chantant : « *Kablè la yi ahoué* » (le Kabiyè sera renvoyé chez lui). Par ailleurs, jusqu'à aujourd'hui, sur certaines pièces d'identité, les fiches d'inscription à l'Université, même les carnets de santé, il est toujours prévu un champ à renseigner sur l'ethnie de provenance du citoyen, au point qu'on se demande ce qu'on veut en faire réellement. De notre point de vue, tous ces comportements et actes ne sont pas de nature à consolider le tissu social suffisamment fragile. Le Togo n'a pas encore connu une crise à l'ivoirienne. Mais, si l'on n'y prend garde, le pays risque de sombrer. Les Togolais ont donc grand besoin de se réconcilier entre eux dans l'esprit d'une construction nationale pour éviter le pire, car peu importe leur appartenance ethnique, ils sont condamnés à vivre ensemble.

SOURCES ET BIBLIOGRAPHIE

SOURCES

Sources imprimées

P. Bernard, *La cohésion sociale : critique dialectique d'un quasi-concept*. Document PDF disponible sur le Net, 1999.

Commissariat de la République Française, *Guide de la colonisation au Togo*, Émile au Togo, Paris, Larose, 1924.

Journal Officiel de la République Togolaise (JORT), 1961.

Mémorandum sur l'entretien du vendredi 17 juin 2005 entre la Coalition de l'opposition et la Mission des Nations Unies de vérification des violations des droits de l'Homme au Togo entre le 5 février et le 5 mai 2005, inédit, juin 2005.

République Togolaise, *Livre blanc : La vérité sur les complots contre le peuple togolais et son guide le général Eyadema*, Paris, éd. ABC, 1980.

S. Capitaine, *Monographie du cercle de Sokodé*, 1918, reproduit dans Document CERK, 1972.

B. Tcham, *Les Troubles sociopolitiques au Togo depuis 1990*, Kara, Graphic-Express, s.d.

Togo Presse du 28 novembre 1966.

[52] C. Toulabor, « Violences militaires démocratisation et ethnicité au Togo ... », p. 107.

K.N. Tsigbe et *al.*, *Promotion de la cohésion sociale au Togo : le rôle de l'enseignement des sciences sociales à l'Université de Lomé*, Programme de petites subventions de recherche en éducation, Rapport final, Lomé, ROCARE-Togo, 2008.

BIBLIOGRAPHIE

K. Afanvi, *Gouvernance et représentativité ethnico-régionale dans la gestion politique au Togo de 1958 à 1992*, Mémoire de Maîtrise d'Histoire, Université de Lomé, 2010.

C.K. Agba, *Ministre avec Eyadema*, Lomé, Les éditions de la Rose, 2009.

N. Ali, *Histoire des travailleurs-manœuvres et soldats du Nord-Togo au temps colonial : 1884 – 1960*, Lomé, Presses de l'U. B., 1997.

K. Anate, « Appropriation des stéréotypes coloniaux et frontières communicationnelles au Togo », *Mosaïque*, n° 013 de décembre, Lomé, Institut Don Bosco, 2012, pp. 345-363.

E. Assima-Kpatcha, *Travail et salariat au Togo français dans l'entre-deux-guerres 1914-1939*, Thèse de Doctorat Unique en Histoire, Université de Lomé, 2004.

E. Assima-Kpatcha, « L'imaginaire français sur les Togolais et leur capacité de travail (1914-1939) », *Annales de l'Université de Lomé*, Série Lettres et Sciences Humaines, Tome XXV, 2005, pp. 125-139.

B. Badie, *La fin des territoires, essai sur le désordre international et sur l'utilité sociale du respect*, Paris, Fayard, 1995.

J.-C. Barbier, « Espaces ethniques et sélection des élites locales ; l'exemple du Togo », inédit, multigr., 1987.

M.A. Barry, *La prévention des conflits en Afrique de l'Ouest. Mythes ou réalités* ? Paris, Karthala, 1997.

E. Batchana, « La problématique de la construction nationale au Togo (1960-2007) », *Mosaïque*, n° 010 de décembre 2010, Lomé, Institut Don Bosco, 2010, pp. 139-155.

P. Bernard, "The public good: a sociologist's report from the policy research front, Panel on New Solidarities and the Public Good", in *Canadian Sociology and Anthropology Association*, University Of Ottawa, 1998.

J.-P. Chrétien et G.Prunier, *Les ethnies ont une histoire*, Paris, Karthala/ACCT, 1989.

E. Durkheim (Éd. orig. 1893), *De la division du travail social*, Paris, PUF, 1978.

F. Ewald, *L'État providence*, Paris, Grasset, 1986.

G. Ferreol et G.Jucquois (dir.), *Dictionnaire de l'altérité et des relations interculturelles*, Paris, Armand Colin, 2004.

P. Fougeyrollas, *Pour une France fédérale. Vers l'unité européenne par la révolution régionale*, Paris, Éditions Denoël, 1968.

N.L. Gayibor (dir.), *Le peuplement du Togo. État actuel des connaissances*, Lomé, Presses de l'U.B., 1996.

N.L. Gayibor (dir.), *Histoire des Togolais de 1884 à 1960,* Lomé, Presses de l'UL, 2 tomes, 2005.

G. Gonnin, « Les Tura de l'ouest de la Côte d'Ivoire » J.-P.Chretien et G.Prunier, *Les ethnies ont une histoire*, Paris, Karthala/ACCT, pp. 167-175.

J. Jenson, *Les contours de la cohésion sociale : l'État de la recherche au Canada*, Réseau Canadien de la recherche en politiques publique, Ottawa, 1998a.

J. Jenson, « Les contours de la cohésion sociale : l'état de la recherche au Canada », *Étude des RCRPP*, Ottawa, N°F/033, 1998b.

N. Labante, « Diversité ethnique et construction nationale : l'exemple du Togo a la veille de l'indépendance », N.A.Goeh-Akue et N.L.Gayibor, *Histoire nationale et/ou identités ethniques. Un dilemme pour les historiens africains ?*, Paris, l'Harmattan, 2004, pp. 185-208.

B. Maganawe, *Système de mobilisation politique : regroupements ethniques au Togo*, Mémoire de DEA d'Études Africaines, Université de Bordeaux-I, 1986.

K.M. Nubukpo, « Regards croisés inter togolais : la perception des Guin par les non-Guin » *Le tricentenaire d'Aneho et du pays guin,* Actes d'un Colloque international, Volume II, Presses de l'UB, 2001, pp. 531-535.

S. Randrianja (éd.), *Madagascar : ethnie et ethnicité*, Dakar, CODESRIA/ Presses de l'imprimerie Saint Paul, 2004.

S. Sand, *Ernest Renan : Qu'est-ce qu'une nation ? Suivi de Le judaïsme comme race et comme religion*, Barcelone, Novoprint, 2011.

C.T oulabor, « Violences militaires démocratisation et ethnicité au Togo », R. Otayek (éd.), « Afrique : les identités contre la démocratie ? » *Cahier des Sciences humaines*, nouvelle série, n° 10, Paris, éditions de l'Aube, IRD, 1999, pp. 105-115.

W.O.Y agla, *L'édification de la nation togolaise*, Paris, l'Harmattan, 1978.

LA QUESTION DE L'ETHNICITÉ DANS LA VIE POLITIQUE CONGOLAISE : UNE RICHESSE OU UNE « FLEUR DU MAL » DANS LA MARCHE VERS UN ÉTAT-NATION ?

Lucien Niangui Goma
Université Marien Ngouabi/ Congo

RÉSUMÉ

Dans une démocratie multi-ethnique au fondement encore mal assuré, opposée par les idéologies et les objectifs, citoyenneté et ethnicité se côtoient, se superposent, mais en vain, tentent de se rejoindre. Les partis politiques à assises ethniques ou régionalistes créent le climat et le contexte sociologiques favorables à la montée de l'ethnisme dans leurs fiefs électoraux qui au bout de temps pèsent dans l'histoire politique du pays et aboutissent à des guerres civiles à répétition.

MOTS CLÉS

Démocratie, Multi-ethnique, Citoyenneté, Ethnicité, Guerres civiles, Congo.

INTRODUCTION

Les questions autour de l'ethnicité au Congo Brazzaville n'ont toujours pas été débattues de manière sérieuse et systématique depuis les débuts de la colonisation jusqu'aux indépendances. Il est impérativement temps aujourd'hui, de réfléchir à cœur ouvert et sans préjugés sur ce concept, longtemps intériorisé par les politiques.

Cette étude vise à démontrer d'abord, le côté énigmatique du concept ''ethnie'', selon le choix des critères d'appartenance : langue, rôle social et politique, anthropologie physique et pratiques religieuses, ensuite d'examiner la part des faits ethniques dans le développement et la marche vers un État-Nation, de montrer comment l'instrumentalisation, la manipulation et le clientélisme de l'ethnie constituent un frein pour le développement et la marche vers un État-

Nation. Enfin, cette étude vise à montrer en quoi le défi citoyenneté-démocratie peut dégager des nouvelles idées susceptibles de permettre la construction de l'État-Nation.

I. L'ÉNIGMATIQUE CONCEPT ''D'ETHNIE''

Le concept d'« ethnie » est complexe. Cette complexité apparaît surtout quand il s'agit de le définir dans nos langues locales. L'ethnie existe en tant que processus et non comme chose ou réalité figée, une structure immuable globalement attribuée en propre aux Africains. Cette notion est apparue en Europe à la fin du XVIIIe siècle, avec la naissance de l'ethnologie, dont la vocation était d'étudier les sociétés autres que celles d'Europe et qui étaient considérées comme statiques et sans histoire. Depuis lors, les pas ont été franchis. Ces sociétés ont été réhabilitées, leur historicité et leur dynamisme prouvés. Elles sont devenues, au regard de l'Histoire et de l'Anthropologie, de véritables ''réalités vivantes''.

Le concept d'« ethnie » paraît désormais flottant, voire anarchique, surtout dans les pays africains. Son contenu figé contraste avec le dynamisme des sociétés auxquelles il se rapporte.

Aujourd'hui, Ethnologues et Anthropologues ont essayé de définir l'ethnie comme un ensemble d'hommes historiquement formés, unis non seulement par la conscience de leur communauté et de leurs différences par rapport aux groupes humains, mais par une communauté dans le domaine de la langue, de la culture et du psychisme. Or, le problème ethnique reste une donnée permanente et fondamentale de nos sociétés, un phénomène essentiel de la société globale.

En fin de compte, le succès du mot ethnie, loin d'être une poussée des mentalités passéistes, racistes ou ségrégationnistes, témoigne des besoins d'une analyse objective des groupes humains. À ce titre, il peut augurer le progrès vers une évaluation plus rationnelle et plus juste des différentes parties constitutives de l'humanité.

Si le mot ethnie jouit maintenant d'une faveur très large, le sens qu'il revêt aux yeux de ses différents utilisateurs reste à préciser en bien des cas, et mériterait, surtout, d'être fixé pour éviter les malentendus. Dans toute la gamme de ses acceptions, deux se distinguent particulièrement : l'une suppose une définition étroite et l'autre notablement large.

Au sens strict, l'ethnie peut désigner un groupe d'individus partageant la même langue maternelle, le même espace communautaire, les mêmes dieux (croyances), les mêmes activités économiques et les mêmes appréciations politiques. Dans ce sens on peut désigner, par exemple, comme ethnie kongo, l'ensemble des habitants de l'espace kongo ayant conservé l'usage du kikongo. Alors, l'ethnie *stricto sensu*, est l'équivalent du groupe linguistique où groupe ethnolinguistique. Le mot dans ce sens convient pour désigner les ensembles réels généralement assez homogènes d'hommes voisinant et présentant des traits culturels communs dont le révélateur est l'usage d'une langue propre

Au sens large, l'ethnie est définie comme un groupe d'individus liés par un complexe de caractères communs anthropologiques, linguistiques, politico-historiques, etc. Cette définition *lato sensu*, plus nuancée, ne permet pas de délimiter l'ethnie avec autant de rigueur et de précisions que la définition *stricto sensu*. Mais elle permet de mieux cerner les groupes existants qui, malgré des limites souvent fluctuantes, imprécises ou contestables, sont des entités plus réelles que de simples séries statistiques d'individus définies par un seul critère.

Mais un tel découpage est une œuvre complexe, car, il faut tenir compte de l'idéologie des sociétés englobantes et de leur effet sur des sociétés englobées ou absorbables qui se sentent et se voient être phagocytées petit à petit.

En réalité, à la confluence de deux ethnies se développe une zone de bilinguisme ou de biculturalité, qui rend presque imperceptible le passage de l'une à l'autre. Ce rapide inventaire des différentes définitions de l'ethnie telles qu'on peut les trouver dans la littérature géographique et anthropologique était nécessaire afin de montrer la grande convergence des positions sur ce thème. Son extension n'aurait probablement pas abouti à des résultats radicalement différents tant il est vrai que si l'ensemble des Anthropologues s'accordent en général sur la définition de l'ethnie, ils ont souvent bien du mal à indiquer avec précision ce qu'ils mettent sous ce vocable. À travers les différentes acceptions que nous avons passées en revue apparaissent un certain nombre de critères communs tels que la langue, l'espace, les coutumes, les valeurs culturelles, les noms, la descendance ancestrale et la conscience qu'ont les acteurs sociaux d'appartenir à un même groupe. Le mode d'existence de l'objet ethnique proviendrait donc de la coïncidence de ces différents critères.

Sans beaucoup forcer les choses, on pourrait dire que le dénominateur commun de toutes ces définitions de l'ethnie correspond en définitive à un État-Nation à caractère territorial au rabais.

II. L'ETHNIE COMME ÉLÉMENT RÉGULATEUR DU DÉVELOPPEMENT DANS LA MARCHE VERS UN ÉTAT-NATION

L'ethnie est un ensemble d'hommes historiquement formés qui sont unis non seulement par la conscience de leur communauté et de leurs différences par rapport aux autres groupes humains, mais par une communauté réelle dans le domaine de la langue, de la culture et du psychisme. Elle est un élément régulateur dans le développement vers un État-Nation.

Le Congo-Brazzaville compte aujourd'hui plus de 57 ethnies reparties en cinq groupes ethniques (aires ethniques) : les Kongo, les Teke, les Ngala, les Eshira-Adumu, les Oubanguiens et les Makaa[1]. Ces ethnies vivent en symbiose et en interdépendance dans un espace relativement étendu, et ont en partage les deux langues nationales dont le Kituba est plus parlé au Sud et le Lingala au Nord. Leurs locuteurs communiquent à partir de ces deux langues qui constituent le nœud où tous viennent s'accrocher. C'est une véritable pièce d'échange

[1] *Atlas Linguistique de l'Afrique Centrale,* ALAC, 1987.

entre les différentes communautés du pays. En dehors de ces deux langues nationales, les Congolais utilisent la langue française qui est l'héritage colonial le plus vivant.

Comme chaque ethnie possède une culture, alors, il est vraisemblable de considérer qu'il y a autant d'ethnies que compte le pays, qu'autant de cultures fondées historiquement sur des réalités économiques, sociales, religieuses et linguistiques différentes.

Cette diversité culturelle favorise la compétition perpétuelle dans la consolidation des différents groupes ou sous-groupes en communauté linguistique mieux structurée et mettant en place des groupes plus homogènes dans une même dépendance territoriale et politique. Ces groupes ethniques, une fois consolidés, entrent dans ce qu'on appelle l'approfondissement des liens économiques par l'orbite des grands contacts commerciaux.

En effet, le commerce et ses agents, de même que les produits qu'ils mettent en mouvement, sont également porteurs d'idées, de mode de vie, de culture, etc. Mais au fond chaque ethnie conserve toujours sa particularité linguistique et culturelle.

Le processus d'intégration interethnique peut parfois aboutir à un brassage ethno-génétique et à une assimilation des éléments d'un groupe par un autre ou donner naissance à une autre ethnie. C'est le cas de l'ethnie Lari qui au-delà de la période coloniale n'existait pas, et qui en fait est le fruit de la symbiose des Kongo, des Sundi, des Hangala et des Teke.

Un autre fait qui est à l'origine du brassage des ethnies est l'inégale répartition des ressources naturelles, obligeant certains membres d'autres ethnies à aller chercher vie ailleurs, favorisant ainsi par cette occasion des alliances matrimoniales entre les personnes de groupes ethniques différents. L'existence de ces échanges est l'indice du développement du pays, une hiérarchisation et un dénivellement qui se traduisent par de nombreuses migrations du Sud vers le Nord du pays et vice versa. Ces échanges représentent donc un premier facteur de structuration qui se manifeste de plusieurs manières. D'abord par l'existence d'espaces de production ; par une spécialisation des activités ensuite ; une division sociale du travail et un commerce à longue distance, enfin.

Il est vrai que, dès que nous cessons d'hypostasier nos valeurs de civilisation et de cultures ethniques, nous devenons aptes à accepter la différence, nous sommes prêts pour le changement. La fermeté de nos attaches ethniques de base s'explique, pour une part, par un défaut de distance critique vis-à-vis d'elles.

En fait, il n'est pas aisé de rompre avec nos attaches culturelles, et non plus de les supprimer, mais de les élargir. On éviterait ainsi des refoulements massifs et un retour de flamme dangereux[2]. Les ethnies ont la vie dure. Les rompre ou les supprimer serait marcher sur les braises de l'inacceptation de l'Autre. Ainsi, face à ces différences structurelles, le mécanisme de passage entre l'ancien et le modernisme, c'est-à-dire, le passage de la tradition (culture ethnique) à l'État-Nation doit être marqué d'un sceau de prudence. Il exige de l'État l'aptitude de

[2] D. Ngoïe Ngalla, *Le retour des ethnies*, p. 107.

repérer dans chaque système culturel en présence les zones d'affinité aussi bien que d'incompatibilité entre la tradition et la modernité. Tâche immense, presque incommensurable, mais non impossible si tous les Congolais veulent non seulement de bouche, mais de toute leur âme et de tout leur cœur, se libérer, sur le plan spirituel, intellectuel et moral du corset de l'ethnie.

Libéré de l'ordre traditionnel pesant de l'ethnie, l'individu est prêt pour des espaces de solidarité plus larges. Et d'abord celle qui le rattache à l'État pour l'allégeance politique, et qui le rattache aux autres individus par le lien de citoyenneté. L'objectif est d'aboutir à une union tensionnelle des différences et des particularismes culturels, avant leur fusion dans la Nation.

Avec la paix coloniale, nos ethnies ne sont plus ce qu'elles étaient hier, au temps de nos ancêtres. Ces ethnies autrefois connaissaient peu des autres et peu des choses sur les autres. Aujourd'hui, grâce aux routes, aux rails et aux médias, nos ethnies sont en contact journalier. Leurs traits respectifs et bien des éléments de leurs civilisations respectives se croisent ainsi, s'affrontent. Le résultat à terme sera la saisie progressive, par chacune de ces ethnies en contact, du caractère relatif de leurs modèles sociaux d'organisation, de leurs civilisations respectives, de leurs modèles éthiques, philosophiques, religieux, valorisés par l'ignorance où ils étaient les uns des autres. Cela relève de la longue durée certes, mais ce qui importe c'est de se mettre en route de façon irréversible.

Les ethnies jouent un rôle essentiel comme support de l'État : l'existence préalable d'une ethnie constituée et consciente d'elle-même sert de justification à l'apparition, à la consolidation et à l'extension de l'État. L'homogénéité de l'ethnie sert la cohésion de l'État et, inversement, l'hétérogénéité ethnique des populations pour certains États, une cause permanente d'instabilité, pouvant entraîner leur faiblesse, leur désagrégation ou même leur disparition.

Mais, nous ne pouvons toutefois ne jamais perdre de vue que, fait social, quel que soit le degré d'intégration de ses composantes, la Nation ne parviendra jamais à effacer de la mémoire des gens le souvenir des leurs origines premières qui n'est autre que l'ethnie.

III. LES ETHNIES COMME « FLEUR DU MAL » DANS LE DÉVELOPPEMENT ET LA MARCHE VERS UN ÉTAT-NATION

L'un des grands mérites des études africanistes de ces deux dernières décennies est de montrer justement que l'ethnie a bien souvent été fille de la colonisation. Elle est en l'occurrence, un mot porté sur une carte d'identité, sans signification ni religieuse, ni linguistique, ni culturelle[3].

L'ethnie est une création historique et non biologique. Elle n'est donc pas de l'ordre de la biologie, mais plutôt de la culture. Elle est fondamentalement une histoire de contact, de cohabitation, de tolérance au départ.

Le plus souvent, l'ethnie est née sur le passage de l'Ethnologue et de l'Administrateur des colonies, c'est-à-dire des agents au service de l'État. C'est

---

[3] J.-L. Amselle et E. M'bokolo, *Au cœur de l'ethnie*, 1985, p. 185.

cette logique qui a sans doute conduit à la création, au Congo-Brazzaville, des centres urbains, censés être des espaces de « tribalisation » ou de « l'ethnisation », des quartiers et des arrondissements : Bacongo, Ouénzé, Talangaï, Mfilou. Mais peut-être parce que le souvenir des mauvais rapports liant les Kongo, les Teke et les Ngalla, aux temps difficiles de la traite négrière, hantait encore leurs mémoires. C'est dans cette opposition d'agencements culturels et de systèmes sociaux, qui est aussi une opposition de vision du monde et d'idéologies durcies par le contexte historique où ils se rencontrent que les leaders politiques de l'un et de l'autre camp enracinent leurs projets de société, et puisent leurs programmes d'action. L'ethnie reste l'ethnie comme le dit Ngoïe Ngalla[4]. Monde clos à l'humanisme restrictif, l'ethnie est par nature, quête permanente du sein maternel, recherche anxieuse d'intégrité et d'intimité qui pousse au repli de soi sur soi et engendre la phobie de l'Autre comme autre et donc dangereux. Sur cette base, l'ethnie opère une division dichotomique du pays entre les bons (nous) et les méchants, (les autres) qu'il faut fuir ou combattre pour notre survie. L'Autre, s'il n'est pas moi, je veux, ou bien qu'il le devienne, ou qu'il disparaisse[5].

Ce rejet systématique de l'Autre appartenant à une autre ethnie, fait que l'élection, institution fondamentale de la démocratie, perd toute sa signification, par ce que ce n'est plus le citoyen libre qui participe à la souveraineté comme détenteur de droit, mais un simple calcul arithmétique des populations de chaque ethnie. Ce phénomène fait que les élections, dans un grand nombre de pays africains, sont des affrontements entre groupes ethniques dont celles qui constituent la majorité finissent par imposer leur loi. Cette illustration montre bien que pour des raisons de positionnement, les hommes politiques issus des différentes ethnies tant du Nord que du Sud ont créé des partis politiques à assises régionalistes ou ethniques, créant ainsi le climat et le contexte sociologiques favorables à la montée de l'ethnisme. L'appel spontané du lien culturel ou de sang incline les leaders politiques à se tailler leurs fiefs électoraux, de préférence dans leurs communautés culturelles d'origine. Une chose est certaine, au Congo, c'est dans les grandes villes d'abord qu'éclate la violence identitaire favorisée par la concentration sur un espace réduit de particularismes qui s'excluent, et qui fournissent à des politiques sans scrupule sur les moyens de leur action et au fond peu soucieux pour arriver à l'État-Nation.

Le Parti-État qui avait inscrit la question de l'ethnie dans la logique maoïste avait fait la distinction entre les contradictions principale et secondaire. La contradiction principale était l'opposition de tout le peuple congolais à l'impérialisme international, tandis que la contradiction secondaire était celle des oppositions entre ethnies qui sont censées être des séquelles du féodalisme. Le discours était destiné à désamorcer la violence constitutive entre leaders du Nord et du Sud. C'est ce qui amena le Parti-État à vouloir éliminer la notion d'ethnie lors du recensement général de la population de 1984 où toute réfé-

---

[4] D. Ngoïe Ngalla, *Le retour des ethnies. Quel Éat pour l'Afrique ?*, p. 88.
[5] D. Ngoïe Ngalla, *op. Cit.*, p. 83.

rence ethnique est inexistante. Sauf celle des pygmées (autochtones). Mais, l'échec de ce système et le retour au multipartisme dans les années 1990 se fera sans que les leçons sur la première expérience ne soient tirées, replongeant ainsi le jeu de recrutement des partis politique dans le même schéma que celui des années 1950, avec l'ethnie comme instrument premier de mobilisation politique. Cette pratique a eu pour conséquence la division du jeu politique congolais en partis politiques à majorité nordiste ou sudiste. C'est dans ce contexte que trois partis vont jouer un rôle primordial dans la dérive ethnopolitique que le Congo va connaître au cours des années qui suivront le retour au multipartisme : PCT, UPADS et MCDDI. C'est avec ces trois partis animés de sentiments de haine et d'exclusion ethnique que le Congo va entreprendre ses seconds pas dans le multipartisme. Cette montée de l'ethnicisme va favoriser le découpage du territoire national congolais en territoires ethniques.

Trois identités ethniques antagonistes, n'ayant jamais existé dans le passé, donc inconnues de la mémoire des populations voient le jour, tout en articulant l'identité ethnique de la violence politique : Tchek, Nibolek, Norvégien.

Qui sont alors ces Tchecks, ces Niboleks, ces Norvégiens, qui artificiellement s'exterminent par milices ethniques interposées ?

Les Tcheks sont une composition majoritairement lari fortement marquée par le personnage de Matsoua, le héros qui créa et organisa depuis la France « l'Amicale balari » et qui, après sa mort en 1942, fut produit comme « Jésus Matsoua », Messie du Matsouanisme, une religion ethnique. Soulignant plus particulièrement la dimension urbaine de cette identité, Tsoumouna Kongo écrit :

> L'identité lari se fonde verticalement dans le creuset d'une kongoïté réelle (clans et lignages). Cependant, horizontalement, en assimilant les groupes ethniques voisins et compte tenu des affrontements directs avec le colonialisme et du phénomène de l'urbanisation, elle a tendance à se promouvoir en tant qu'identité propre. Ce double mouvement d'une réelle appartenance kongo et d'une distanciation vis-à-vis de celle-ci fonde le dynamisme lari[6].

Ce qui conduit par la suite à des élaborations idéologiques faisant des Lari le « peuple élu » du Congo.

Sur le plan politique, les Tcheks constituent la base électorale du MCDDI (Mouvement Congolais pour la Démocratie et le Développement Intégral), créé par Bernard Kolelas. Ils dominent la région du Pool et les quartiers sud de Brazzaville, en particulier Bacongo et Makélékélé, rebaptisés Sarajevo en 1993-1994, années où le pays sombra dans une guerre civile. Ils ont pour instrument d'exercice de la violence politique les Ninja, première milice politique non liée au pouvoir.

Les Niboleks tiennent leur nom d'un acronyme constitué à partir des deux premières lettres des régions du Niari, Bouenza et la Lékoumou, fiefs de

---

[6] Kitongo Tsoumouna, cité par J. Tonda, « Imaginaire du pouvoir contre l'idéologie ethnique », *Les Kongo dans la tourmente*, p 192.

l'UPADS (l'Union Panafricaine pour la Démocratie Sociale), parti dont Pascal Lissouba était le Président. Ils avaient pour instrument de violence politique les miliciens Zoulou, Aubevillois et Cocoyes. À Brazzaville, ces milices ont pour territoire le quartier Mfilou, rebaptisé Beyrouth, à l'image de la ville libanaise, réputée pour ses massacres.

L'appellation Nibolek n'est vraiment devenue une catégorie identitaire que depuis la campagne électorale de 1992. Elle n'a jamais constitué au fond une réalité culturelle. Il s'agit d'une réalité régionale récemment inventée pour le besoin électoral.

Les Norvégiens, quant à eux, constituent l'ensemble de toutes les ethnies situées dans la partie Nord du pays, en majorité Teke et Ngalla, c'est-à-dire celles des plateaux Bateke, des Cuvettes ouest et centrale, de la Likouala, fiefs du PCT (Parti Congolais du Travail). Ce parti avait pour instrument de violence politique, les miliciens Cobra et occupent les quartiers Talangaï, Poto-Poto, Ouenzé.

Sur le plan politique, malgré la tenue de son 4e congrès, en 1989, le PCT n'avait plus toute la garantie de l'unanimité en son sein : allégeances et fidélités devenaient incertaines. Les prises de distance et l'insubordination commençaient à se faire connaître. À cet égard, il suffit de se rappeler ce qui se produisit avec les deux corps majeurs du système : le syndicat et l'armée. Plus encore, le parti s'était dépouillé à la veille de la démocratisation de ses poids lourds dont la plupart originaires du Sud du pays, au bénéfice d'autres formations politiques.

En réalité, l'histoire de la violence ethnique au Congo se manifesta pour la première fois dans les dernières années de la colonisation (1956-1959), consécutive à la création des premières formations politiques sur fond ethnique : PPC (Parti Progressiste Congolais) de Félix Tchikaya, SFIO (Section Française de l'Internationale Ouvrière) de Jacques Opangault devenu par la suite Mouvement Socialiste Africain (MSA), UDDIA (Union pour la Défense des Intérêts Africains) de l'Abbé Fulbert Youlou.

L'UDDIA ayant la majorité parlementaire va exiger la démission de Jacques Opangault et la formation d'un nouveau Cabinet. Entre les deux formations politiques, le conflit devenait ouvert. En février 1959, le clivage entre les deux partis se transforme en confrontation entre groupes ethniques kongo et mbochi. Ces affrontements vont renforcer le clivage Nord-Sud et favoriser l'élection sans surprise de l'UDDIA, 50 sièges, contre 10, pour le MSA.

Cependant, la contradiction entre la volonté d'une union nationale autour d'un pouvoir et la réalité ethniciste de ce pouvoir se sont manifestées à travers un message de Fulbert Youlou en 1963, en ces termes : « *C'est vous qui m'avez choisi, j'ai combattu (.....). Voilà que les autres tribus trouvent à dire. Que cherchent donc les Lari en voulant détruire ce qu'ils ont eux-mêmes mis en place ? Sachez que le pouvoir est entrain de nous glisser entre les mains* »[7].

---

[7] C.R. Okemba « Instrumentalisation ethnique dans le jeu démocratique en Afrique Noire francophone », *Annales de l'Université Marien Ngouabi*, Vol 4, n° 1, pp 27-28.

En 1991, avec l'ouverture de la Conférence Nationale Souveraine et les consultations électorales de 1992, le Congo semble trouver une occasion profonde de renouveler sa classe politique dans un esprit démocratique et rompre avec les pratiques de clientélisme et d'instrumentalisme des ethnies. C'était un espoir vain. Face à la nécessité de constituer des majorités, les principaux candidats ont systématiquement pris les partis politiques afin de recomposer les populations congolaises en clientèles familiales, ethniques et régionales. La carte électorale du Congo, géographiquement très contestée, traduit l'existence de véritables fiefs politiques dans le pays. Chaque parti a maintenant un territoire et une population. C'est ainsi que nous avons :

Un sous-état des Niboleks avec pour territoire les régions du Niari, Bouenza et Lékoumou ; une armée, les Cocoyes et un parti, UPADS ; un sous-état des Tchecks avec pour territoire, la région du Pool ; une armée, les Ninja et un parti, le MCDDI ; un sous-état des Norvégiens avec pour territoire les régions de la Likouala, les Cuvettes-ouest et centrale, la Sangha et les Plateaux, une armée, les Cobra, et un parti, le PCT.

L'apparition des ces sous-états en rivalité perpétuelle est à l'origine du chaos social. Les guerres civiles à répétition que le Congo a connues sont la résultante de l'instrumentalisation ethnique et le tribalisme causés par la lobbymétrie[8] et l'absence de la conscience sociale.

IV. LE DÉFI CITOYENNETÉ-ETHNICITÉ DANS LA MARCHE VERS UN ÉTAT-NATION

Dans nos démocraties tâtonnantes et si mal assurées, les ethnies qui ne manquent pas de valeurs authentiques devraient s' intéresser au projet de l'État dont l'un des objectifs doit être la construction à partir d'elles d'une identité collective plus large et plus démocratique dans la formation d'un espace de solidarité qu'on nomme Nation. Le devoir du « citoyen ethnique » est alors de se placer sur une perspective dialectique et de travailler à la réconciliation, à l'accord, en vue de leur enrichissement mutuel de l'ethnicité et de la citoyenneté. Chacune, si elle assume de façon active sa différence, apportant à l'Autre dans une alliance et une coopération fécondantes, ce qu'elle a de meilleur, les valeurs les plus hautement et les plus authentiquement humaines, c'est alors que les valeurs républicaines de liberté, d'égalité et de fraternité auront un sens pour espérer arriver à l'État-Nation. Tel est le rapport entre ethnie et citoyen placés face à face.

L'ethnie doit apporter au citoyen qui a tendance à vivre de manière cérébrale se relation à l'Autre, sa candeur, l'élan de son cœur, la chaleur de son haleine. Il y aurait ainsi entre espace de citoyenneté et espace d'ethnicité la possibilité d'échanges fructueux dans l'effort, pour humaniser la société congolaise des ethnies enfin laïcisées et rendues à la raison. Non que la République soit toujours une idylle et le meilleur des mondes possibles ; elle reste, malgré des

[8] Lobbymétrie : doctrine des lobbies.

efforts inlassables pour améliorer et élever, une société d'hommes, avec tout ce qu'on y peut imaginer d'imperfections et de misères humaines.

Le rapport citoyen-ethnie, présenté souvent comme contraste n'est qu'éphémère. Le repli de l'ethnie sur soi, son autarcie agressive, parfois traduit en fait sa peur instinctive qui lui inspire sa fragilité devant l'entourage. Dépouillée et libérée des ses peurs par une modernisation raisonnée, l'ethnie reste, au plan ethnique, une chance pour la cité.

CONCLUSION

La question sur l'instrumentalisation des ethnies est un lieu d'exposition et de surdétermination des contradictions qui viennent échouer sur la nécessité de l'édification de l'État-Nation. La transcendance de l'ethnicisme à travers le passage de l'identité anthropologique à l'identité sociologique, de la valorisation du professionnalisme à l'excellence constituerait un atout majeur pour la construction du pays. Il peut être sauvé si d'une part les politiques arrêtent de tirer profit de la faiblesse de la culture démocratique de leurs concitoyens, et d'autre part, que les ethnies cessent de tirer profit de la présence au pouvoir d'un des leurs, pour s'accaparer des postes clés de l'État, en présentant les autres comme des dangereux et des ennemis potentiels prêts à comploter, à déstabiliser le pouvoir.

La prédominance d'un tel critère aura un impact positif sur le comportement des électeurs. Dès lors que chacun sera convaincu que le professionnalisme l'emporte sur le subjectivisme, on aboutira alors au développement, à l'édification de l'État-Nation et à l'accès d'une réelle ère démocratique au Congo.

RÉFÉRENCES BIBLIOGRAPHIQUES

Atlas linguistique de l'Afrique Centrale, ALAC, 1987.

J.-L. Amselle et E. M'bokolo, *Au cœur de l'ethnie : ethnies, tribalisme et état en Afrique*, Paris, éd. la Découverte, 1985, 225 p.

D. Ngoïe-Ngalla, *Le retour des ethnies : quel état pour l'Afrique ?*, Paris, éd. Bajag-Meri, 2003, 43 p.

C.R.Okemba, « Instrumentalisation ethnique dans le jeu démocratique en Afrique Noire francophone », *Annales de L'UMNG*, vol 4, Brazzaville, 2003, pp. 27-28.

Y.Person, « Contre l'État-nation », *Samori*, Dakar, IFAN, vol 3, 1985, 132 p.

J.Tonda, « Imaginaire du pouvoir contre l'idéologie ethnique », *Les Kongo dans la tourmente*, n°2, Karthala, Paris, 2003, 203 p.

LA DÉMOCRATIE IDENTITAIRE EN AFRIQUE NOIRE : UNE « ŒUVRE » DES ENTREPRENEURS POLITIQUES

Jean-Pierre Missié
Université Marien Ngouabi/ Congo

RÉSUMÉ

Les entrepreneurs politiques africains tiennent deux discours contradictoires : celui officiel basé sur les textes juridiques (constitution, etc.) et qui prône la construction de la Nation, donc la fin des antagonismes ethniques et celui de l'ombre qui se révèle plus efficace parce que s'appuyant sur des actes.

En clair, la pratique politique, à travers les nominations à des postes de responsabilités montre que depuis la fin de la colonisation le système politique fonctionne sur la base d'une polyarchie illusoire (représentativité de toutes les « sensibilités » nationales) et d'une hégémonie réelle d'un seul groupe. Ce, à partir d'un travail de construction identitaire (érection des identités ethno-départementales en identité politique).

MOTS CLÉS

Démocratie, Identité, Ethnicité politique, Manipulation, Afrique noire.

INTRODUCTION

Les pays africains francophones commencent leur entrée dans le concert des Nations - de 1946 à l'Indépendance-par la démocratie. En effet, la Conférence de Brazzaville (février 1944) ouvre la voie à l'émancipation politique de l'Afrique Équatoriale Française à travers des mesures telles que la suppression du travail forcé ; l'accession des « indigènes » à la citoyenneté ; l'élection comme mode de désignation des nouvelles autorités. C'est le multipartisme qui s'installe car plusieurs partis (la SFIO de Jacques Opangault, le PPC de Jean-Félix Tchicaya, le parti de Dadet) sollicitent les suffrages des populations du Moyen-Congo. Mais, très vite, cette démocratie se traduit sur le terrain par la confusion entre partis et ethnies, et par conséquent par une lutte entre ethnies. Celle-ci aboutit en février 1959 à la guerre entre partisans de Youlou de l'UDDIA majoritairement Kongo-Lari et ceux d'Opangault du MSA, en général ressortissants de la partie septentrionale. C'est le conflit fondateur ayant cristallisé l'antagonisme tantôt manifeste, mais le plus souvent latent, entre le Nord et le Sud. À la fin de ces affrontements, Youlou nomme comme premier Vice-Président, son adversaire politique Opangault et, comme 2ème Vice-Président, la deuxième personnalité du PPC, Stéphane Tchitchelle.

Dans le souci, pense-t-il, de mettre fin aux antagonismes ethniques, le Président de la République du Congo, l'Abbé Fulbert Youlou, fait adopter par l'Assemblée Nationale après seulement trois années d'indépendance, la loi portant création du parti unique. Il est renversé par le mouvement insurrectionnel des 13, 14 et 15 août 1963. Les vainqueurs entérinent paradoxalement le monopartisme, un système qui a régi le Congo trois décennies durant.

Depuis la vague des Conférences nationales souveraines de la fin des années 1990, la plupart des États se revendiquent comme démocratiques en se prévalant de l'organisation à intervalles réguliers des élections. Mais ces scrutins débouchent souvent sur des contestations, des affrontements ethno-départementaux, avec pour conséquences, ethnocide, déplacement massif de populations devenant ainsi sinistrées, refugiées dans un autre pays. Pourtant, les constitutions plusieurs fois révisées ou modifiées font une large place à l'idée de construction d'une Nation (d'une République une et indivisible). Or, les partis politiques continuent de prendre pour la plupart la configuration ethno-départementale plutôt que de se présenter comme des « communautés d'appartenance fondées sur l'adhésion libre et volontaire à un idéal politique »[1].

Comment expliquer ces obstacles à la construction nationale, c'est-à-dire la récurrence des antagonismes ethno-départementaux alors que la modernité dont on se réclame exige des rapports différents ? Quels sont les facteurs de production et de reproduction de la logique ethniciste et de la violence dans le champ politique ?

Notre hypothèse est qu'en réalité les entrepreneurs politiques africains tiennent deux discours contradictoires : celui officiel basé sur les textes juridiques (constitution, etc.) qui prônent la construction de la Nation, donc la fin des antagonismes ethniques et celui de l'ombre qui se révèle plus efficace parce que s'appuyant sur des actes et visant la conquête, le contrôle et la conservation des positions de pouvoir. Celui-ci passe par l'application d'un système politique qui fonctionne sur la base d'une polyarchie illusoire (représentativité de toutes les « sensibilités » nationales) et d'une hégémonie réelle d'un seul groupe.

Ceci n'est possible qu'à partir d'un travail de construction identitaire (érection des identités ethno-départementales en identité politique). C'est la démocratie identitaire.

---

[1] E. Diamoneka, « Anatomie et crise des partis-ethnies. Préparer l'alternative », *Rupture*, n°9, 1er trimestre, Pointe- Noire, Congo, 1997, p.28.

I. MÉTHODOLOGIE

Il s'agit pour nous de montrer, à partir de l'analyse de leurs discours et de leurs pratiques, le rôle des leaders dans la construction identitaire (ethnicité politique), c'est-à-dire dans l'exploitation, la manipulation ou l'instrumentalisation de ces appartenances collectives, dans la transformation des identités collectives en identités conflictuelles.

A. Approche théorique et conceptuelle

L'urbanisation de l'Afrique et surtout de la République du Congo fait que de nombreux Congolais naissent en ville de parents n'ayant pas forcément les mêmes origines ethniques ou départementales. Ils ne parlent pas la langue de leurs géniteurs, ignorent presque tout de leurs cultures. Du fait de nombreuses appartenances groupales liées à la fréquentation des églises, des écoles, des équipes, etc., les acteurs sociaux nourrissent d'autres identités transethniques. Mais la configuration de la ville-capitale, Brazzaville, résultant aussi bien de la volonté chez les ruraux « détribalisés »[2] de retrouver des proches que de la méfiance née des conflits interethniques, fait que les Congolais des quartiers dits Nord tels que Ouénzé, Talangaï, Mikalou, Nkombo-Matari, se réfèrent principalement à cette identité et s'expriment en Lingala (langue des Ngalas). Ceux de Bacongo, Makélékélé et Madibou (en majorité kongo, Sundi, Hângala) parlent Lari. C'est à Diata et Mfilou, jadis fiefs de Lissouba, que l'on privilégie l'une des deux langues nationales : le Munukutuba (moi je dis) ou kituba selon les Linguistes, langue parlée dans la partie sud du Congo : le Niari (avec comme chef-lieu Dolisie), la Bouenza (avec sa ville sucrière Nkayi), la Lékoumou et le Kouilou, avec la ville autonome de Pointe-Noire.

C'est dire que l'ethnie exerce toujours une influence sur le champ politique. À cause des événements socio-politiques à répétition, des discours incitateurs des leaders politiques, de la rareté des biens modernes tels que l'emploi, les postes les mieux rémunérés, chaque acteur social finit par choisir un « camp », à se définir comme étant du Nord ou alors du Sud, en tout cas du « bon groupe ethnique » selon les régimes. C'est l'identité politique.

Florence Bernault nous invite d'ailleurs à considérer l'identité politique tout au moins dans la première expérience de démocratie au Congo comme étant une ethnicité politique, construction des leaders. Car en lieu et place de la démocratie à l'occidentale, l'on observe en Afrique une démocratie identitaire.

Par démocratie identitaire, nous faisons allusion à cette tendance politique qui consiste à adhérer, à voter pour un parti non en fonction de son idéologie (souvent brumeuse et déconnectée de la réalité, ressemblant à du « copier/coller » des idéologies importées) ou du projet de société, mais des appartenances, de la proximité ethno-départementale. Chaque groupe cherche à imposer sa domination politique, même si sur le plan démographique il est mi-

---

[2] Ce terme est de G. Balandier dans *Sociologie des Brazzavilles noires*, Paris, Armand Colin, 1955.

noritaire. C'est le cas par exemple de l'Afrique du Sud où les Blancs minoritaires ont longtemps dominé, dans le cadre de l'Apartheid, les Noirs majoritaires. C'est aussi ce qu'on a noté au Rwanda où le groupe important numériquement - Hutu- a été largement exclu du pouvoir.

Cette domination se mesure en termes d'occupation massive des postes clés au sein de l'appareil d'État. Par le passé (Conférence Nationale de 1972) Pascal Lissouba, ancien Premier Ministre (1963-1965) avait proposé une solution consistant à procéder en quelque sorte à une reconnaissance de ce qu'il nommait « tribu classe » à travers une Présidence tournante de grands ensembles ethniques. Le Président Marien Ngouabi faisait remarquer quant à lui que lorsqu'un individu accédait au pouvoir il y avait d'un côté une adhésion massive de ses « frères d'ethnie », et de l'autre un désintérêt des ethnies « adverses ».

Il est évident que dans un pays comme la République du Congo qui compte une cinquantaine d'ethnies, l'ethnie seule, la région seule, ne peuvent garantir le succès électoral. Les leaders usent alors de ruse, élargissent la parenté outre région. En d'autres termes, ils procèdent par la construction des identités imaginaires, des identités ethno-départementales en concoctant des alliances avec d'autres groupes en vue de la formation de grands groupements ethniques mais qui deviennent des bases électorales. Ensemble, ils peuvent exercer une domination politique, travail qui ne vise que la satisfaction prioritaire de leurs propres intérêts, l'accaparement des richesses nationales[3], la confiscation des postes clés, la redistribution prioritaire du patrimoine national-dans une logique néopatrimoniale- aux seuls membres de leur groupe ethno-départemental : le « bon groupe » du moment.

La démocratie identitaire c'est l'alternance ethno-départementale au pouvoir (l'ethnocratie), non pas en application de la théorie lissoubienne de « tribu-classe » qui suppose une alternance concertée (présidence tournante), mais en raison du caractère ethnopartisan des formations politiques qui se font des crocs-en jambes. Le terme même d'alternance pose problème en Afrique centrale car pour des intérêts matériels et symboliques, mais peut-être aussi par peur de l'incertitude résultant d'un changement[4], l'alternance est rejetée ou plutôt retardée, constamment différée. Et le groupe au pouvoir multiplie des subterfuges, nonobstant les engagements officiels à la démocratie, pour pérenniser le règne, avec les prérogatives que cela suppose. Ce qui a pour effet pervers l'accumulation des frustrations et d'aigreur pour les groupes se sentant exclus du pouvoir, donc des richesses nationales, et le sentiment inverse de supériorité, d'assurance comme en terrain conquis. Ces frustrations nourrissent des idées de

---

[3] S. Lecanu, « Identités de papier. Les « ethnies » au Congo-Brazzaville : un instrument politique », http://www.indesens.org/article.php?id_article=58, juin 2003, consulté le 16/04/2014.

[4] F. Tchilumba qui a pourtant cédé le pouvoir à son dauphin fut envoyé par celui-ci en prison. Le Président Malien IBK cherche à écarter définitivement Amani Toumani Touré de la scène politique en entreprenant des poursuites judiciaires contre lui.

revanche, de réparation, pour imposer à leur tour une domination. Un Ministre n'avait pas hésité à déclarer publiquement : « Nous avons attendu 27 ans ».

B. Revue de la littérature

Depuis bientôt deux décennies, dans la plupart des pays africains, l'organisation des élections semble attester de l'effectivité du processus démocratique. Le vote comme mode de désignation des nouvelles autorités et qui constitue une rupture avec le mode traditionnel de succession par hérédité fut introduit par le colonisateur. Abandonné au profit du système monolithique au sortir de la colonisation, il a été repris sous l'impulsion des puissances occidentales à la fin des années 1980. À ce jour, il semble n'avoir pas encore été compris.

Selon les principes démocratiques en vigueur dans les pays de l'Europe occidentale, le choix d'une autorité ou d'un représentant du peuple (député) se base sur le projet de société ou l'idéologie défendue par le candidat et son camp. Il y a rarement contestation en raison des conditions de transparence souvent réunies.

Or, l'expérience des élections en Afrique, montre que loin d'être une panacée, elles posent plutôt des problèmes:

- le choix des candidats non pas en fonction des idéologies ou des projets de société, mais des appartenances ethno-régionales ;
- la difficulté à accepter le verdict des urnes et le recours à la violence comme stratégie d'imposition de son choix ;
- la représentation du pouvoir non comme un sacerdoce (pour gérer la *res publica*), mais comme un moyen d'accumulation des capitaux.

C'est dans cette optique qu'aujourd'hui le Soudanais du sud, Riek Mashar l'intellectuel, enrôle toute sa communauté qui sert de chair à canon dans sa lutte contre Salva Kiir qui l'a évincé du poste de Premier Ministre, sorte d'antichambre de la magistrature suprême.

L'histoire politique de la Guinée aussi est émaillée de violence entre groupes ethniques car « ses dirigeants se servent de l'ethnicité comme instrument stratégique pour influencer, accéder et éventuellement se maintenir au pouvoir »[5]. Pour surmonter le défi de la construction d'une identité nationale, le régime autoritaire opta pour un discours révolutionnaire tout en éliminant les chefferies traditionnelles qui jusque-là régentaient dans le consensus les villages, mais qui servirent de relais aux colonisateurs. Ce discours révolutionnaire condamnait les réactionnaires qui en réalité se confondaient aux Peuls. On justifiait ainsi l'exclusion de ce groupe ethnique.

---

[5] O. Diallo, « Cinquante-cinquième année de manipulation ethnique en Guinée », Maitrise en Politique comparée, Université d'Ottawa, Jeudi, 03 Octobre 2013 22:10. Consulté le 16/04/2014 à 00h15, http://guineeactu.info/debats-discussions/chroniques/3677-cinquante-cinquieme-annee-de-manipulation-ethnique-en-guinee.html.

Ousmane précise : « […] La cause ultime des manipulations ethniques repose sur une compétition économique et politique. Cela implique que le facteur ethnique n'est « pas un donné, un état, mais une construction historique, en interaction permanente avec les dynamiques sociales, politiques et économiques globales dont sa production est indissociable ».

Aujourd'hui, l'implantation ethnico-régionale des partis politiques en Guinée devient une réalité.

> […]la banalisation du recours aux discours ethniques de la part des politiques dans le but d'évincer leurs concurrents a contribué à ce remodelage de la socio-géographie électorale de la Guinée. Les candidats aux élections, dans leur lutte pour accéder ou se maintenir au pouvoir, manipuleraient les sentiments d'appartenance ethnique de leurs électeurs potentiels [6].

Au Congo, cette mobilisation passe aussi par la mise en place des associations d'originaires qui bien que se définissant comme apolitiques et non lucratifs et prônant la solidarité constituent pourtant des foyers d'activation de la conscience ethnique sous le contrôle des entrepreneurs politiques (souvent présidents d'honneur). Ces derniers profitent des demandes sociales à eux adressées pour mobiliser au moment opportun cette « armée de réserve ».

Cette mobilisation s'appuie sur une idéologie. « C'est au nom d'une mission civilisatrice que s'est faite la domination coloniale. C'est au nom de la supériorité de la race aryenne qu'Hitler a propagé le sens de son action. Le pouvoir en place en Mauritanie et ses acolytes ont fait croire à certains que tous les noirs de culture négro-africaine en Mauritanie étaient des Sénégalais »[7].

On connaît par ailleurs la fortune du concept d'Ivoirité, notamment la stigmatisation ethnique, l'exclusion politique de certaines ethnies, sur la déstabilisation de la Côte-d'Ivoire. Les pays des Grands Lacs ne sont pas en reste. Le constat est que : *« […] les élites successives qui ont dirigé la région des Grands Lacs depuis les indépendances ont choisi délibérément d'accentuer les clivages ethniques des pays concernés, de marginaliser et d'exclure après avoir déshumanisé ceux qui n'étaient pas au pouvoir en légitimant le recours à la violence »*[8].

---

[6] A. Balde (Université Paris Descartes), *L'Ethnie à l'épreuve des enjeux politiques Réflexions sur le cas guinéen*, Communication à la Conférence Internationale "Statistiques sociales et diversité ethnique doit-on compter, comment et à quelles fins ? Organisée par le CIQSS et l'INED, Montréal du 6 au 8 décembre 2007), p.9.

[7] O. Diagne, *Dictature et racisme d'État au Soudan et en Mauritanie : esclavage, répression, extermination* Colloque organisé par : l'Association Internationale de Recherche sur les Crimes contre l'Humanité et les Génocides (AIRCRIGE), Paris | France | 31|05|2002 > 01|06|2002 www.aircrige.org, Paris IV-Sorbonne.

[8] J. Gahama, « Les causes des violences ethniques contemporaines dans l'Afrique des Grands Lacs : une analyse historique et socio-politique », *Afrika Zamani,* N°s. 13 & 14, 2005–2006, pp.101-115, p.101.

II. LA DÉMOCRATIE IDENTITAIRE AU CONGO

Depuis l'œuvre de Jean-Michel Wagret, des individus s'érigent toujours -ou sont plébiscités- comme leaders propriétaires des entités ethniques (les barons locaux[9]). Leur rôle étant d'assurer une fois au pouvoir, la vie et la survie des leurs, l'attribution prioritaire des rares sinécures. Ainsi, après plus d'un demi-siècle de socialisation diffuse à la démocratie identitaire, celle de la lutte pour le pouvoir entre acteurs mobilisant chacun son ethnie ou sa coalition départementale ces groupes sont au Congo quasi-définitivement constitués. Certes, de rares perturbations sont observées telles que le conflit Pool/Pays du Niari, les velléités séparatistes de la partie-est de l'ancienne Cuvette ayant abouti à l'érection de l'actuel département de la Cuvette ouest ; l'agitation étouffée dans l'œuf des Teke à travers le groupement mort-né Front de Libération des Bateke et des Bangangoulou(FROLIBABA), ou la bouderie des « Katangais »[10]. Mais, très vite il y a eu réajustement. Et les notions Nord et Sud sont ancrées dans l'inconscient collectif.

Il est vrai que sur le plan de la division administrative territoriale le Congo compte 12 départements parmi lesquels, deux grandes villes, Brazzaville et Pointe-Noire. Il y a bien entendu des sentiments d'appartenance départementale. Mais ce n'est là qu'un niveau, car chacun se dit du Nord ou du Sud, quand bien même il est de la même ethnie qu'une autre personne du Nord ou du Sud. Par exemple les Ambamba de la Lékoumou, bien que venant du groupe Mbeti de la Cuvette-ouest, se considèrent avant tout comme des Sudistes. Cette division territoriale n'a rien à voir avec les quatre points cardinaux. Dans l'imaginaire des Congolais, le Nord commence à Brazzaville dans l'arrondissement 6, Talangaï, et le Sud commence à partir de l'Institut Français du Congo (ex Centre Culturel français).

Contrairement à Sophie Lecanu qui affirme que si les colonisateurs se sont appuyés sur les populations lari c'est parce que les populations du Nord étaient peu coopératives[11], nous pensons que cela ne peut justifier fondamentalement la volonté de domination des uns sur les autres. Pour nous, la base du conflit, c'est la lutte pour l'accès à la modernité, ce que Joseph Tonda appelle le « Souverain moderne »[12]. C'est-à-dire que la vie des Africains, toutes les mutations que connaissent les pays africains, tournent autour de l'argent, du pouvoir : pouvoir économique, politique ; la modernité en fait. La lutte entre Youlou et Opangault n'a servi que de prétexte. Les conflits ultérieurs nous permettent de vérifier cette hypothèse.

D'ailleurs, Lecanu note qu' « il ne s'agit [...] pas ici de la résurgence d'une rivalité ancienne mais bien d'un moment fondateur qui « marque la maturation

---

[9] J.-M. Wagret, *Histoire et sociologie politiques de la République du Congo*, Paris, LGDJ,, 1963.

[10] Katangais, surnom donné aux populations de la Likouala, à l'image de l'irrédentisme des gendarmes katangais de la République démocratique du Congo.

[11] S. Lecanu, *op.cit.*

[12] J. Tonda, *Le Souverain moderne*, Paris, Karthala, 2005.

d'identités totalement neuves : identités urbaines, « tribales » et, surtout, politiques »[13]. Neuves parce que forgées par les entrepreneurs politiques des années 1950.

Ainsi, la série des élections de 1945 à 1959 a servi de prétexte à la cristallisation des sentiments d'appartenance ethnique. Elle se proroge par la lutte que mènent les nouveaux acteurs depuis le retour problématique à la démocratie.

Au-delà des discours, la composition des grands partis du Congo met à nu la tendance ethno-partisane de l'adhésion politique. Le Mouvement Congolais pour la Démocratie et le Développement Intégral (MCDDI) de Bernard Kolelas est à une écrasante majorité composé des Kongo-Lari, des ethnies du Pool. D'ailleurs la composition même du Bureau fédéral dès la création du parti trahit cette tendance : tous les membres du Bureau Exécutif et ceux de la commission de discipline et de contrôle étaient originaires du Pool[14]. Le MCDDI fait beaucoup plus ses meetings au centre sportif de Makélékélé qu'ailleurs à Brazzaville. C'est aussi le cas de l'Union des Forces Démocratiques (UFD) de David Charles Ganao. Donnant l'impression d'une composition multirégionale, le Bureau fédéral de Brazzaville ne comptait que des Teke (des Plateaux, de la Bouenza, du Pool). L'UPADS avec son logo, *les trois palmiers,* symbolisait curieusement les trois régions (aujourd'hui départements) : le Niari, la Bouenza et la Lekoumou. D'où l'acronyme NiBoLek, base de mobilisation politique. L'ancien parti unique, le Parti Congolais du Travail (PCT), bien qu'ayant une dimension nationale avait subi une cure d'amaigrissement consécutive à l'hémorragie dont étaient bénéficiaires les partis -ethnies. Fabrice Weismann montre justement à travers les résultats des élections de 1992 comment cette logique ethno-partisane a fonctionné[15].

Mais, aujourd'hui revenu aux affaires, le PCT suscite de nouvelles vocations, des « reconversions » et surtout la repentance des « enfants prodigues » désireux de retrouver la « mangeoire néopatrimoniale ».

III. LE RÔLE DES LEADERS DANS L'INVENTION DE L'IDENTITÉ POLITIQUE ETHNIQUE

Au Congo aussi, les entrepreneurs politiques usent de manipulation pour opposer les ethnies. Ils présentent leurs adversaires politiques, ceux qui leur font ombrage dans la conquête ou la conservation des positions de pouvoir comme étant des ennemis de l'ethnie ou du département. Ainsi, des jeunes valides dans un contexte de suspension puis de raréfaction des recrutements à la Fonction

[13] *Id.*

[14] J.-P. Missié, « Construction identitaire et violence politique au Congo-Brazzaville », *Identité, Culture et Politique*, Volume 7, n°s1 & 2, Codesria, Dakar, 2006, pp.37-63, p.46.

[15] F. Weismann, *Élection présidentielle de 1992 au Congo : entreprise politique et mobilisation électorale*, Bordeaux, Institut d'études politiques de Bordeaux, Université de Bordeaux 1, 1993.

publique, peuvent alors prendre des risques pour leur vie, croyant défendre les intérêts ou l'honneur de leur département. L'on a vu de jeunes « Nibolek » intégrer la milice *Zoulou*, les *Aubevillois*, les *Mambas de guerre* ou alors la Réserve ministérielle dénommée *Cocoye*. Les Lari, eux, ont constitué sur les mêmes bases les miliciens Ninjas et Nsiloulou. Les Cobras à majorité ressortissants de la partie septentrionale ont, quant à eux, défendu les intérêts du Président Sassou Nguesso et du Nord Congo. Donc, des jeunes Congolais fréquentant les mêmes établissements scolaires, jouant dans les mêmes équipes, formant les mêmes groupes de *sapeurs* et autres mouvements de jeunesse, ont fini par se regarder en chiens de faïence, au point de s'entretuer, en réalité au nom de la défense des intérêts des commanditaires. Les récompenses, en termes d'embauches, une fois la victoire obtenue, les nominations prioritaires des leurs à des postes clés, même si eux ne jouissent pour la grande majorité que par procuration, les encouragent à continuer dans cette logique.

De plus, si la guerre de 1959 avait favorisé la configuration ethno-régionale des quartiers, les guerres à répétition de 1992-2002 ont renforcé cette logique. Dès son élection à la magistrature suprême en août 1992, Pascal Lissouba ne daigna pas respecter l'*accord pour gouverner ensemble* signé avec le PCT. Il ne choisit que trois Ministres. Le PCT déclara alors la caducité dudit accord et fit alliance avec le MCDDI. Ensemble, cette alliance dénommée URD-PCT et apparentés, forte de sa nouvelle majorité hors urnes, déposa une motion de censure contre le Gouvernement Maurice Stéphane Bongho Nouara et exigea la nomination d'un nouveau Premier Ministre en leur sein. En réponse, Lissouba décida de dissoudre l'Assemblée Nationale. En 1993, il organisa des élections législatives anticipées, qu'il remporta. La contestation donna lieu à des affrontements fratricides d'une rare violence entre originaires du Pool et ceux des Pays du Niari. Ces derniers (les ressortissants du Niari, de la Bouenza et de la Lekoumou) qui, dans le cadre de la solidarité des Sudistes, vivaient paisiblement dans les quartiers larophones de Bacongo-Makélékélé, en furent chassés. Ils s'agglutinèrent désormais à Mfilou Ngamaba et à Diata, vidés de Lari (sauf les Kongo-Boko, partisans supposés de l'allié André Milongo) et s'identifièrent comme Nibolek, identité tri-régionale forgée par les entrepreneurs politiques, à l'image de l'identité nord qui se réfère en réalité aussi bien au Nord qu'au Centre.

En fait, cette manipulation de la fibre ethno-départementale par les leaders politiques commence à partir de l'ouverture vers l'émancipation politique de l'AEF (1944) initiée par la Conférence de Brazzaville, notamment l'organisation de l'élection à l'Assemblée territoriale.

Si Jacques Opangault fonde la SFIO sur les cendres de son Comité pour la culture mbochi, l'abbé Fulbert Youlou élabore une stratégie de mobilisation ethno-partisane en essayant de récupérer aussi bien les « orphelins de Matsoua » que les autres composantes kongo-Lari. Florence Bernault nous renseigne sur ce que cet homme d'Église, parti de son terroir à 11 ans et revenu après une longue période de socialisation chrétienne (il est ordonné prêtre à 29 ans) s'est peu à peu construit une légitimité politique en mettant en exergue son identité lari :

rédaction et publication d'une bibliographie affirmant sa « larité » ; implication en tant que « spécialiste lari » de son église et interlocuteur de toutes les factions (matsouanistes et non matsouanistes). Son entrée sur la scène politique en 1955-1956 entraîna la ruée des Kongo-Lari -qui jusque-là ne participaient pas massivement aux élections faute de leader charismatique- dans le nouveau parti (UDDIA) et dans les bureaux de vote[16]. Tout scrutin n'était qu'épisode de violence.

C'est ainsi que dès 1959 déjà, l'on note des discours d'interpellation régionale et d'incitation à la violence comme celui de Simon Pierre Kikhounga-Ngot du Niari, leader du Groupement pour le Progrès Économique et social (G.P.E.S), allié du Mouvement Socialiste Africain (M.S.A.) de Jacques Opangault. Après avoir sorti un tract où il déclarait que le « Larisme est insolent et envahissant »[17], il dit : « Je vous invite à vous unir et, s'il le faut, à faire la guerre civile pour obtenir l'écrasement de ce gouvernement qui ne représente rien et se refuse à de nouvelles élections ainsi qu'il avait été précédemment convenu[...] le peuple du Niari ne se laissera pas faire, nous allons provoquer de nouvelles élections et, s'il le faut, nous les imposerons par la force[...] Ce n'est pas Youlou qui commande, mais Vial, si ceux-là viennent à Dolisie, nous les prendrons par les pieds ; s'il le faut, j'irai jusqu'à la guerre civile[...] »[18].

Ce discours prépara les conditions des affrontements qui eurent lieu quelques semaines plus tard entre Mbochis *lato sensu* et Kongo, se transformant en conflit Nord/Sud.

Mais, c'est le leader de l'UDDIA qui inaugura réellement l'incitation de nature proprement ethnique. Pendant que la rue grondait sa démission en 1963, le Président Abbé Fulbert Youlou n'invoqua pas son Dieu -encore qu'il était en délicatesse avec la direction ecclésiale qui s'était opposée à sa candidature-mais descendit « jusque dans les bas-fonds de l'inconscient collectif »[19] en s'exprimant à la radio d'État dans son dialecte devenu langue régionale : le Lari : « *Le pouvoir est en train de glisser entre nos doigts[...]. Une fois perdu, il nous sera difficile de le reprendre. Ces gens-là ne viennent que pour s'enrichir* ».

Si officiellement les dirigeants des régimes qui se sont succédé se gardaient de faire des déclarations publiques sur cette question, il n'en reste pas moins vrai que leurs pratiques cachaient mal leurs propensions à la mobilisation ethno-départementale. La composition des équipes gouvernementales ou de l'instance suprême telle que le Bureau politique trahissait une polyarchie illusoire et une hégémonie réelle du groupe du dirigeant. La Conférence nationale dénonça

---

[16] Pour plus de détails, lire utilement Fl. Bernault, *Démocraties ambiguës en Afrique centrale. Congo Gabon, 1945-1965*, Paris, Karthala, 1996 ; J.-M. Wagret, *op.cit.*

[17] A. Kissita, *Congo : trois ans de démocratie introuvable, Tome 1*, Brazzaville, Congo, Les éditions SED, 1993, p.31.

[18] J.- M. Wagret, *Histoire et sociologie politiques du Congo*, Paris, Librairie Générale de Droit et de Jurisprudence.

[19] G. Ndaki, *Crises, mutations et conflits politiques au Congo-Brazzaville*, Paris, l'Harmattan, 1997.

d'ailleurs la « mbochisation » du pouvoir. Mais au cours de cette même Conférence, les stratégies se fondèrent sur la répétition des actes dénoncés.

Bernard Kolelas, le leader charismatique du Pool, étant disqualifié de la course au poste de Premier Ministre du Gouvernement de Transition en raison des critères hautement sélectifs, le candidat du Pool (officiellement des forces du changement), André Milongo, qui correspondait le mieux aux critères d'éligibilité audit poste, avoua à la radio, d'un ton gêné : « *Je ne voulais pas me présenter. Ce sont mes parents qui m'ont poussé* ».

Par parent ici il faut comprendre les « frères » de région. Aussitôt élu, cet énarque et ancien fonctionnaire de la Banque Mondiale chercha par ailleurs à sortir de la logique « parentale », c'est-à-dire ethno-régionale : « *Chers conférenciers, peuple congolais ! Je ne suis pas l'élu d'un clan, d'une tribu. Comme vous avez pu le remarquer, les voix de diverses régions se sont rassemblées pour m'élire [...]. Donc je ne voudrais pas être l'otage d'un clan quelconque [...]* ».

S'adressait-il à Kolelas qui ambitionnait plutôt la Présidence prochaine ? Mais le gouvernement de 27 membres qu'il forma était composé à 30% de ses « frères » du Pool. Le Président élu, Lissouba, lui aussi ne réussit pas à se départir de cette tendance. Ses différents Gouvernements, en dehors de celui dit de 60/40(60% de l'opposition et 40% de ses alliés) étaient occupés au tiers par des « Nibolek ».

Le 16 juillet 1992, (juste avant le 2è tour des élections législatives) au rond-point de Moungali, un autre leader, Thystère Tchicaya, d'ethnie vili, déclara : « *Que ceux qui m'accusent d'avoir vendu le Kouilou(sa région) au Pool, qu'ils sachent que c'est le Pool qui me permet d'être maître chez moi* ».

Il deviendra effectivement Maire de la ville de Pointe-Noire à l'issue du 2ème tour des législatives grâce aux voix des Kongo-Lari.

La guerre de 1997 a été une occasion de réajustement du schéma ancien Nord/Sud puisque Kolelas, Président de l'URD-PCT et apparentés baptisée socle de l'unité nationale qui avait fini par rejoindre Lissouba, a été rangé malgré sa tentative de médiation dans le camp de la mouvance présidentielle. Condamné par la justice congolaise et obligé de vivre en exil, Kolelas n'a pu se présenter aux élections de 2002. Le Pool n'ayant plus de candidat, ses ressortissants se sont réjouis à l'annonce de la candidature d'André Milongo (un Kongo du Pool).

Mpangui ya tata ni tata kwa, disait-on à Bacongo Makélékélé. Ce qui veut dire : le petit frère de papa c'est toujours papa, donc un papa de substitution.

Donc en l'absence de papa Kolelas, on peut voter pour le « petit papa » (l'oncle paternel).

Par ailleurs, si le département sert généralement d'assise à un parti, c'est surtout l'ethnie qui est beaucoup plus sollicitée. En 1991, à l'occasion de la première sortie de son parti, l'UFD dans la salle de l'hôtel de ville de Brazzaville, David Charles Ganao, d'ethnie nzikou (téké) des Plateaux, déclara : « *[..]pour terminer, je vais avoir un mot particulier, pour ce peuple pétri de culture, étranger sur ses propres terres [...]* ».

Dans ce discours, Ganao invita implicitement la diaspora teke (disséminée, dans plusieurs départements) à se rassembler pour revendiquer la primauté en tant que véritable autochtone, propriétaire du sol (Congo-Brazzaville). Allié de Lissouba qui fit de lui son Premier Ministre, il a connu l'exil auprès du Téké gabonais, le Président Omar Bongo Ondimba. Après plusieurs tractations il rentra et exprima son soutien au Président Sassou Nguesso.

Tout au long de ce parcours politique, l'on peut noter la permanence, la cristallisation du schéma Nord/Sud, malgré quelques variations, comme si l'on entérinait la théorie de « tribu-classe ».

IV. VARIATION CYCLIQUE DU SCHÉMA OPPOSITIONNEL

Le conflit PPC/UDDIA pendant la campagne législative de 1955 n'a pas, malgré le pillage, la destruction des biens et l'agression de la belle famille de Félix Tchicaya à Poto-Poto, généré la cristallisation des identités oppositionnelles Lari/Vili, à cause de la disparition progressive de la scène politique de Félix Tchicaya.

Le conflit UDDIA(Youlou)/MSA(Opangault) transformé en Kongo/Mbochi et même en Nord/Sud avec comme point culminant les affrontements de 1959, qui demeure encore vivace dans la mémoire collective entretenue par différents événements politiques, dénote aussi bien de l'enjeu électoral à l'orée de l'indépendance, que du rôle joué par les leaders de la Première République.

Le Niari, toutes tendances confondues, entraîné dans l'opposition Kongo-Lari/Mbochi en 1959 était perçu sous l'angle kongo, quand bien même Kikhounga Ngot (« propriétaire » des voix des Bacougnis) qui incita publiquement à la guerre civile était bel et bien l'allié d'Opangault du nord. Le Niari ne put s'ériger en entité politique durable.

V. LA VOLATILITÉ DES LEADERS COMME INDICE DE L'INTÉRÊT MATÉRIEL

Depuis les premiers affrontements des années 1950, l'ethnie n'a toujours été qu'un paravent. Il s'agit des intérêts beaucoup plus matériels et symboliques qu'idéologiques et qui justifient la volatilité des leaders. On a vu Kikhounga Ngot, leader du Niari qui, sollicité par Youlou pour être Vice-président de l'UDDIA, l'abandonna quelques semaines plus tard pour accepter l'offre du « socialiste » Jacques Opangault. Après avoir créé le Groupement pour le Progrès Economique et Social, il fit alliance avec le MSA. De même, Stéphane Tchitchelle se désolidarisa de son « frère d'ethnie » pour entrer dans l'UDDIA, emportant avec lui une bonne partie de l'électorat vili.

Cette recherche de position de pouvoir a amené de nombreux membres du PCT qui avaient démissionné au moment où ce parti allait à la dérive à revenir ou à accepter de travailler avec le Président Sassou Nguesso.

C'est le cas de Jean-Pierre Thystère Tchicaya. En 1990 il fit partie des signataires de la lettre ouverte demandant la tenue de la Conférence nationale souveraine en vue de l'ouverture démocratique. Ancien n°2 du PCT tombé en disgrâce pour une affaire de bombes, il forma avec Moungounga-Nkombo Nguila, Pierre Nzé et Christophe Moukouéké, l'Union Nationale pour le Développement et le Progrès (UNDP). Pour un problème de leadership, Thystère Tchicaya quitta ce parti pour créer le Rassemblement pour la Démocratie et le Progrès social (RDPS) très ancré dans le Kouilou.

Après la Conférence nationale souveraine, il fit partie des Forces du changement. En 1992, l'Alliance URD-PCT et apparentés le nomma Premier Ministre d'un Gouvernement fictif visant à pousser le Président Lissouba à nommer un Premier Ministre au sein de la nouvelle majorité parlementaire. Il fut effectivement nommé Ministre des Mines, de l'Energie et des Hydrocarbures dans le Gouvernement de 60/40 pour le compte de l'opposition URD-PCT et apparentés.Vers la fin du régime Lissouba, il sera Ministre d'État de la décentralisation et du développement dans la mouvance Lissouba à travers l'ERDDUN (Espace républicain pour la défense de la démocratie et de l'unité nationale). Mais après la victoire de Sassou Nguesso, il ne prendra pas le chemin d'exil, mais ira accueillir le nouvel homme fort. N'ayant pas été nommé, il utilisera le micro de RFI depuis Paris pour critiquer sévèrement le nouveau pouvoir.Rentré d'exil et ayant joué un rôle dans l'aboutissement du Dialogue National Sans Exclusive, il sera gratifié comme Président de l'Assemblée Nationale.

L'itinéraire de Maître Martin Mberi est similaire. C'est un ancien membre de la JMNR (Jeunesse du Mouvement National de la Révolution, 1964-1969) qui a connu l'exil. À la Conférence Nationale Souveraine il marqua sa reconnaissance au Président Sassou Nguesso en proposant en vain, contre la volonté générale la poursuite jusqu'à terme (prorogation de quatre ans encore) du mandat de celui-ci.

Mais il viendra aussitôt en force dans le parti de Lissouba et comptera parmi les « gardiens du Temple » ou la « bande des quatre ». Voulant tellement contrôler l'UPADS, il chercha au Congrès de décembre 1995 à arracher la Présidence au fondateur. Après la victoire militaire de Sassou Nguesso, il entrera dans le premier Gouvernement PCT-FDU qu'il ne quittera que quelques temps avant la campagne électorale de 2002. S'étant présenté comme candidat d'une opposition en trompe-l'œil à la Présidence, il se retirera.

Cette litanie est loin d'épuiser les exemples de cette nature. Elle montre que c'est l'intérêt qui guide les acteurs.

CONCLUSION

Les antagonismes ethno-départementales qui émaillent l'histoire politique de l'Afrique, notamment celle du Congo n'ont en définitive rien à voir avec une quelconque animosité ancestrale, mais reflètent bel et bien une lutte pour l'accès à la modernité : au pouvoir de l'argent, au prestige. Lutte inaugurée depuis l'introduction du mode de production colonial puis capitaliste dont parle Pierre-

Philippe Rey[20] : c'est l'introduction de la monnaie, du salariat, la transformation de tout rapport en rapports marchands. Mais la rareté des biens modernes amènent les acteurs sociaux à élaborer des stratégies.Les identités précoloniales servent alors de matrice à la constitution d'ensembles plus larges. C'est l'instrumentalisation.

Dès lors, des leaders peuvent profiter du contexte de pauvreté pour enrôler à l'image des *lumpen* prolétaires dont parle Karl Marx, les jeunes à l'avenir incertain dans des milices. Mais une cause produit un effet. Or, lorsqu'un effet perdure, il finit par se reproduire par lui-même, même si la cause a longtemps disparu. Les identités politiques telles que constituées au Congo demeurent des bases sûres de mobilisation politique.

Il est vrai que dans chaque camp l'on note la volonté de mettre fin à cette logique, à retrouver le semblant de justice des années « révolutionnaires », mais les peu nantis en capitaux valorisés dans le champ politique (le capital culturel en l'occurence) font des pieds et des mains pour empêcher tout changement. Dans les années 2000, le président Sassou Nguesso envisageait de procéder à la refondation du PCT en vue d'y enrôler toutes les « sensibilités » ethno-départementales, non plus les cadres experts et rouges, mais des experts capables d'apporter l'innovation. Mais les caciques, c'est-à-dire les pauvres en capital culturel, ceux-là même qui depuis l'époque du parti-État ne doivent leur reclassement dans l'élite politico-économico-administrative que par leur assiduité aux réunions du parti, leur force dans la scansion des « versets » selon (saint) Marx, Engels, Lénine et autre guide éclairé ou fondateur et qui se sont reconvertis sans conviction à la social-démocratie ne peuvent accepter ce déclassement, cette politique suicidaire. Ce conservatisme trahit l'angoisse du changement. Ainsi, l'on préfère très souvent laisser un seul individu cumuler trois à quatre postes de responsabilité que de les confier à un « étranger » à la parenté régionale, sacrifiant ainsi l'efficacité attendue.

Aujourd'hui des jeunes sont socialisés dans les mêmes écoles, les mêmes religions, subissent au même titre l'invasion culturelle du village planétaire. À l'inverse, le système mis en place depuis un demi-siècle ne cesse de se perfectionner, de se durcir au point où le moindre recrutement est vu à la loupe car l'on veille à ne pas se faire doubler par tel ou tel groupe.

En réalité la question est celle du partage du produit national, celle de la prise en compte de toutes les compétences nationales en vue de propulser le Congo à la tête du peloton des pays émergents dont les signes sont palpables. L'initiative présidentielle de rapatrier la diaspora experte ne va-t-elle pas dans ce sens ? Une ethnie ou un département seuls pourront-ils réunir le nombre d'experts dont auront besoin tous les investisseurs qui frappent à la porte du Congo ? Que deviendra alors le système bureaucratico-lignager dans la mesure où la possibilité sera alors donnée à chacun d'investir dans l'agriculture, l'élevage, le commerce, etc., de s'exprimer sur le plan professionnel ?

---

[20] P.-P. Rey, *Colonialisme, néocolonialisme et transition au capitalisme. L'exemple de la « Comilog » au Congo Brazzaville,* Paris, Maspero, 1971.

RÉFÉRENCES BIBLIOGRAPHIQUES

A. Balde, « L'Ethnie à l'épreuve des enjeux politiques Réflexions sur le cas guinéen », Communication à la *Conférence Internationale "Statistiques sociales et diversité ethnique doit-on compter, comment et à quelles fins ?* Organisée par le CIQSS et l'INED, Montréal du 6 au 8 décembre 2007.

O. Diallo, « Cinquante-cinquième année de manipulation ethnique en Guinée », Maitrise en politique comparée - Université d'Ottawa, Jeudi, 03 Octobre 2013 22:10. Consulté le 16/04/2014 à 00h15, http://guineeactu.info/debats-discussions/chroniques/3677-cinquante-cinquieme-annee-de-manipulation-ethnique-en-guinee.html.

O. Diagne, « Dictature et racisme d'État au Soudan et en Mauritanie : esclavage, répression, extermination », Colloque organisé par : l'Association Internationale de Recherche sur les *Crimes contre l'Humanité et les Génocides* (AIRCRIGE), Paris | France | 31|05|2002 > 01|06|2002 www.aircrige.org, Paris IV-Sorbonne.

E. Diamoneka, « Anatomie et crise des partis-ethnies », *Préparer l'alternative, rupture* n°9, 1er trimestre, Pointe- Noire, Congo, 1997.

J. Gahama, « Les causes des violences ethniques contemporaines dans l'Afrique des Grands Lacs : une analyse historique et socio-politique », *Afrika Zamani*, N°s 13 & 14, 2005–2006, pp.101-115, p.101.

A. Kissita, *Congo : Trois ans de démocratie introuvable, Tome 1*, Brazzaville, Congo, Les éditions SED, 1993.

S. Lecanu, « Identités de papier. Les « ethnies » au Congo-Brazzaville : un instrument politique », http://www.indesens.org/article.php?id_article=58, juin 2003, consulté le 16/04/2014.

J.-P. Missié, « Construction identitaire et violence politique au Congo-Brazzaville » *Identité, Culture et Politique*, Volume 7, n°s1 & 2, Dakar, *Codesria*, 2006, pp.37-63.

Fl. Bernault, *Démocraties ambiguës en Afrique centrale. Congo Gabon, 1945-1965*, Paris, Karthala, 1996

G. Ndaki, *Crises, mutations et conflits politiques au Congo-Brazzaville*, Paris, l'Harmattan, 1997.

J. Tonda, *Le Souverain moderne*, Paris, Karthala, 2005.

J.M. Wagret, *Histoire et sociologie politiques de la République du Congo*, Paris, LGDJ, 1963.

F. Weismann, *Élection présidentielle de 1992 au Congo : entreprise politique et mobilisation électorale*, Bordeaux, Institut d'études politiques de Bordeaux, Université de Bordeaux 1, 1993.

ETHNICITÉ URBAINE ET CRISE DE L'ÉTAT-NATION : CAS DU CONGO-BRAZZAVILLE (1946-1997)

Angui-Stévio-Ulrich Baral
Université Marien N'gouabi/ Congo

RÉSUMÉ

Petite bourgade coloniale en 1885, Brazzaville a connu à partir de 1946 une expansion territoriale et une croissance démographique mal maitrisées, qui ont renforcé les disparités sociales et les clivages ethniques entre ses habitants, faisant peser une sérieuse hypothèque sur le projet de construction de l'État-nation et d'une démocratie apaisée.

MOTS CLÉS

Ethnicité urbaine, État-nation, Espaces, Identité, Congo.

INTRODUCTION

La ville de Brazzaville est devenue en moins d'un siècle, le carrefour des peuples et des cultures de configuration variée, et de ce fait, espace de production de conflits à caractère ethnique. On évoque les facteurs d'ordre économique, juridique et politique, pour expliquer la récurrence des antagonismes ethniques, mais on en passe outre qui probablement sont décisifs. Par exemple, les mauvaises politiques d'aménagement de l'espace et l'appropriation ethnique qui en découle. Ainsi, l'occupation régionaliste de l'espace et l'inefficacité des mécanismes de redistribution des richesses ravivent régulièrement dans la ville des tensions identitaires. Les processus sociaux, qui sont à la base des rivalités politicoethniques, présentent à Brazzaville une facette historique et anthropologique, tout à la fois. Car, ils insèrent les Brazzavillois dans des rapports sociaux individuels et collectifs plus ou moins conflictuels, soutenus par des usages divers tels que la langue, la vie associative, etc. Alors, comment analyser et expliquer ces usages dans toute leur complexité ?

Cette question a guidé l'option méthodologique choisie dans cette analyse. Notre contribution dont Brazzaville est le champ d'observation établit un lien entre l'échec des différents plans d'urbanisation de la ville et la production des comportements ethnicistes entre 1946 et 1997. Nous prendrons pour point de départ, l'analyse de l'organisation politique et administrative de la ville, qui constitue une référence essentielle dans la compréhension du mode d'occupation de l'espace. Nous examinerons ensuite le lien entre l'espace et la mise en place des logiques identitaires. Enfin nous présenterons d'autres aspects des rapports conflictuels tels qu'on peut les mettre en évidence dans le plurilinguisme urbain et l'existence dans la ville des frontières imaginaires comme l'ont montré nos observations.

I. ORGANISATION POLITICO-ADMINISTRATIVE ET HUMAINE

La ville de Brazzaville a été érigée en commune mixte le 5 octobre 1911. Elle comprenait une « ville européenne » de près de 500 Européens et deux « villages urbains », Poto-Poto et Bacongo[1] habités par les autochtones. Comme on le voit à travers cette carte.

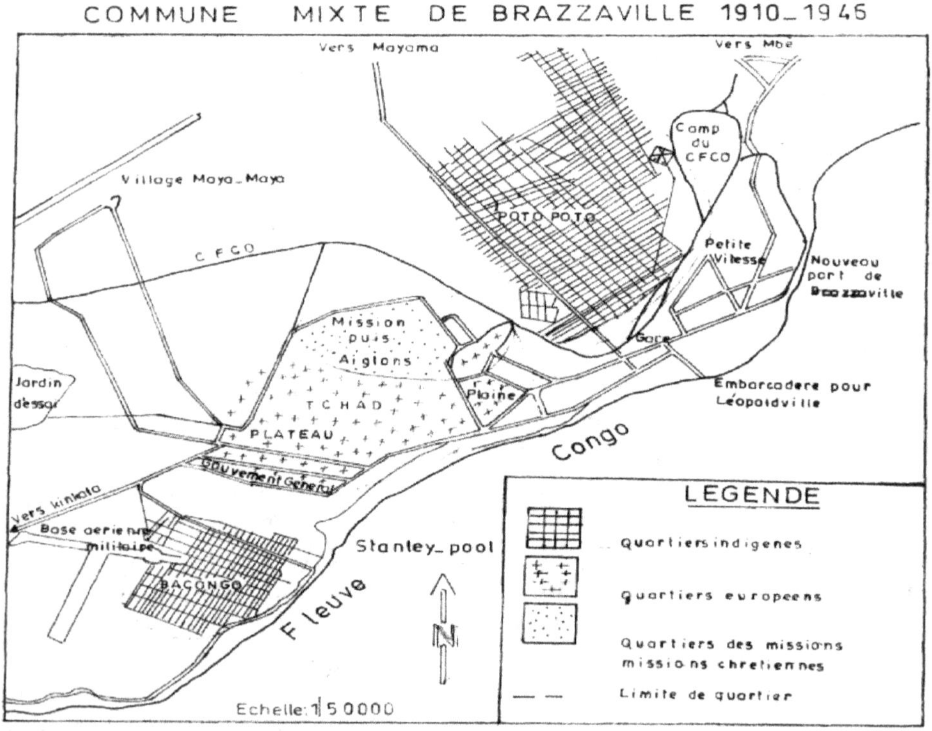

Source : CERGC, Brazzaville

[1] C. Goma-Foutou, *Livre d'or du centenaire de Brazzaville 1880-1980, 1980,* Brazzaville, p 23.

Les indigènes étaient repoussés à la périphérie de la ville européenne. On peut de ce fait affirmer que les ségrégations spatiales observées aujourd'hui à Brazzaville sont des sillons coloniaux inachevés. Par exemple, les textes administratifs sont presque tous soit hérités de la colonisation soit calqués sur des modèles occidentaux. Ainsi, l'organisation administrative de la ville montre de nombreux contrastes. C'est donc à partir de Bacongo et Poto-Poto que s'est faite l'expansion territoriale de la ville.

A. L'expansion territoriale

La ville de Brazzaville a en 1946 bénéficié d'importants crédits dans le cas du fonds d'investissement et de développement économique et social (FIDES).La construction de nombreuses infrastructures a attiré de nombreux migrants. La ville a connu par conséquent une explosion démographie et une expansion spatiale sans précédent. À la fin de la Seconde Guerre mondiale, Poto-Poto s'étend sur Ouenze et Moungali qui prolonge le quartier dit du « Plateau des quinze ans ». Toujours en 1946, un nouvel aéroport est construit à l'emplacement du village de Maya-Maya[2]. Les populations de ce village vont se disperser et occuper Moukondo, le village Ngamaba et Moungali. Les quartiers périphériques de Talangaï, Makelekele et de Mfilou supporteront ultérieurement la croissance de la ville.

À partir de 1960, l'organisation spatiale de Brazzaville repose sur des communes ayant des superficies très variées. La construction de la ville comme on peut le constater n'a pas suivi un plan d'urbanisation cohérent. En résumé, la croissance de Brazzaville, plus d'un million d'habitants en 2005, sur une superficie de 110km^2, avec de nombreux quartiers assis sur des terrains accidentés, accentuant le phénomène d'érosion fait de Brazzaville une ville fragile. Cette construction lente et composite a donné à Brazzaville une organisation sociale et humaine particulière.

B. L'espace humain

La population de Brazzaville est composite. Les principaux groupes présents dans la ville sont : le groupe Sangha qui vient de la Likouala et d'une partie de la Sangha. Ensuite, le groupe Mbochi qui occupe la cuvette congolaise et une partie de la Cuvette-Ouest. Les Teke que l'on retrouve dans les Plateaux, la Lekoumou, la Cuvette-Ouest et le Pool, etc. Enfin, Les kongo qui occupent la partie du sud du pays, c'est-à-dire du Pool au Kouilou. Comme on peut le constater, Brazzaville est composée d'une mosaïque de peuples. En ce qui concerne leur répartition sur l'espace, comme on le voit à travers cette carte, l'on peut noternque :

---

[2] B. Toulier, *Brazzaville La verte Congo,* 1996, Paris, Centre Culturel Français, p 8.

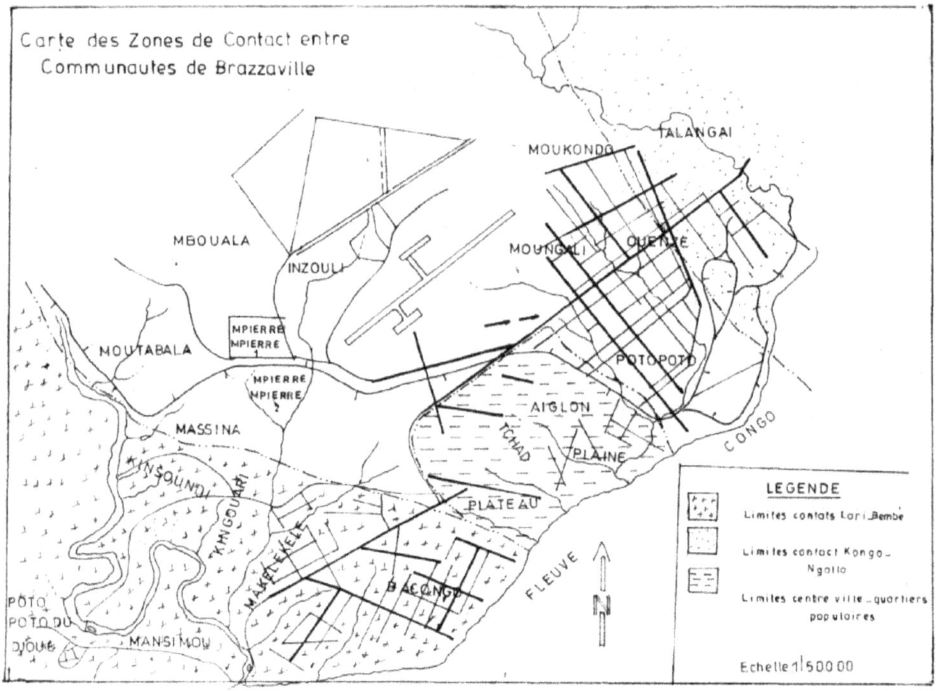

Source : CERGC, Brazzaville

Si Poto-Poto, Moungali, Ouenze et le Centreville sont plus cosmopolites, Bacongo, Makelekele et Mfilou sont par contre plus homogènes, et majoritairement occupés par les kongo. En clair, la ville présente une structure spatiale et une organisation humaine déséquilibrée, désarticulée, composite et contrastée. Elle s'est donc construite sur d'importantes contradictions souterraines. Cette construction ambigüe est ainsi un fleuron qui éclaire sur la structuration des antagonismes ethniques dans la ville. En d'autres termes, toutes les politiques d'aménagement de l'espace initiées depuis l'indépendance n'ont pu transcender l'occupation régionaliste de l'espace urbain. La ville reste fortement par conséquent tributaire des modèles coloniaux basés sur les préjugés socioculturels et l'exclusion. De fait, les contrastes et les écarts sont devenus structurels. Les voies de socialisation se fixent ainsi sur ces disparités.

II. ESPACE ET SOCIALISATION IDENTITAIRE

Chaque arrondissement de Brazzaville a son histoire et sa sensibilité culturelle. Dans une ville multiculturelle comme Brazzaville, le vivre ensemble repose sur des cadres symboliques parcellarisés. Nous essayons de montrer que l'espace est un cadre idéologique[3].Vu ainsi, l'appropriation de chaque lieu est

[3] G. Di meo, *L'homme, la société, l'espace,* Paris, Economica, 1991, p 148.

une construction lente, stratifiée et affective, reposant sur des codes culturels et des normes particulières.

A. La pratique de l'espace

Au plan anthropologique, Brazzaville est un espace codifié. Les relations qui unissent la ville à ses habitants s'appuient sur des systèmes de valeurs, des traditions, des attitudes sociales et culturelles. Chaque quartier est organisé en systèmes de représentation et de valeurs[4] propres. L'intimité affective que certains Brazzavillois développent avec leur quartier de résidence peut transformer celui-ci en refuge protecteur. Chaque espace s'inscrit dans un rapport émotionnel et affectif spécifique. On comprend dès lors pourquoi, Bacongo appelé en 1993 Sarajevo, était devenu un lieu sur pour les lari y vivant. À partir de ces idéologies on perçoit mieux les divisions intérieures de la ville. Examinons-les à travers les associations urbaines.

B. Les associations urbaines

Les associations urbaines ont germé sur le sentier de l'affaiblissement de l'État. Car elles jouent dans plusieurs domaines les fonctions dévolues aux pouvoirs publics. En clair, les voies de socialisation qui s'y manifestent ne participent pas à la construction de l'identité nationale. Dans la majorité de ces structures se développent des formes de solidarité ethniques. Les citadins vulnérabilisés par l'inefficacité des services publics et parapublics, deviennent la proie facile de l'ethnicité urbaine. Les formes de solidarité dans les associations des originaires et dans les partis politiques le témoignent bien.

C. Les associations des originaires

Les associations des originaires jouent plusieurs fonctions, dont le rôle d'intégration sociale pour les nouveaux migrants de Brazzaville. Il faut noter que pour ces derniers, l'arrivée en ville est une sorte de rupture sociale et culturelle. Mais, l'élément le plus significatif est sans doute le besoin de quête identitaire qui s'y exprime. En effet, les associations des originaires répondent surtout à ce besoin. En général, les associations des originaires s'organisent sur des modèles traditionnels. La fonction essentielle est donc de raffermir à Brazzaville les liens entre les ressortissants de la contrée ou le terroir.

De fait, Brazzaville qui reçoit de manière continue de nouveaux migrants n'a véritablement pas de tradition urbaine. Car le villageois qui émigre dans la ville apporte avec lui son univers socioculturel et son genre de vie[5]. Il est évident que le néo-citadin ne rompt pas le lien affectif avec son milieu d'origine. Le contrat

---

[4] P. H. Chambart De Lauwe, *La fin des villes : mythe ou réalité,* Paris, Calmann-Lévy, 1982, p 45.

[5] J.-M. Wagret, *Histoire et sociologie politique de la République du Congo-Brazzaville*, Paris, Richon et R. Durand, 1963, p. 135.

social dans ces associations repose essentiellement sur la référence identitaire, sur des normes et des valeurs sélectives. Il est donc particulièrement faux de voir systématiquement dans le Brazzavillois un citadin détribalisé ; l'emprise de la tribu reste au contraire très vive et dans certains cas plus fort qu'en milieu rural en raison de la mobilisation permanente qu'entraînent la juxtaposition et la compétition des diverses ethnies à Brazzaville.

On perçoit par conséquent, la ligne de fracture entre la tendance unitaire et exclusive du milieu rural et la tendance plurielle du milieu urbain. Précisons que la rupture pour le citadin avec le village se situe simplement au niveau géographique. Les activités culturelles comme la danse et la musique folkloriques rappellent régulièrement le village. Au cours de la période coloniale, ces structures étaient majoritairement basées à Poto-Poto, secondairement à Bacongo[6].Un facteur important l'explique. Les distanciations liées au pluralisme culturel sont plus marquées à Poto-Poto qu'à Bacongo. Avant l'indépendance, les associations les plus représentatives étaient :

Associations des ressortissants du sud	Associations des ressortissants du nord
-Associations des ressortissants de Boko (27/12/1955) -Association des originaires du Niari (16/12/1955) -Association des ressortissants de Kinkala (30/06/1955) -Rencontre de la jeunesse de Haman -Amicale du Kouilou (10/01/1957)	-Union de la jeunesse Bateke (18/03/1952) -Union mutuelle de la jeunesse Kouyou (30/01/1949) -Mutualité de la jeunesse mbochi (15/08/1955) -Kebe-kebe l'Amicale de l'Alima (30/08/1955) -Association des originaires de la Base-Alima (09/09/1955)

En un mot, le cadre ethnique maintient son influence sur le citadin. Les associations des originaires se présentent surtout comme une réponse face à l'inexistence de l'État-Nation. Mais les ségrégations de Brazzaville sont aussi perceptibles à travers la spatialité des langues.

D. Le plurilinguisme urbain

La langue est un aspect important du caractère conflictuel des rapports sociaux à Brazzaville. Elle formalise les différences sociales, culturelles et identitaires. Les langues à Brazzaville renvoient à la fois à des groupes et à des territoires. C'est le cas du lari à Bacongo et Makelekele, du lingala à Talangaï ou du kituba à Mfilou et à Diata. Au cours de la période coloniale pour ne pas mêler les communautés culturelles, les missionnaires organisaient les horaires du culte en tenant compte des différences culturelles, afin que les chrétiens d'appartenances différentes ne se rencontrent pas au culte. Ce qui avait pour résultat, d'attirer l'attention des chrétiens sur les différences culturelles les sépa-

[6] O.Goerg et H. d'almeida-Topor, *Fêtes urbaines en Afrique : Espaces, identités et pouvoirs*, Paris, Karthala, 1999, p. 76.

rant. La conséquence d'une telle situation sociologique étant des rapports de méfiance soupçonneuse ou d'agressivité ouverte à la moindre occasion. Le drame est que l'église africaine qui se met en place après le départ du missionnaire ne tira pas leçon du comportement néfaste du missionnaire. Les horaires de célébration du culte continuaient à être aménagés en fonction des appartenances culturelles des fidèles. C'est donc cette géopolitique du parler et de la langue qui nous intéresse. À partir du parler se renforcent au quotidien les frontières et les écarts. Comme le montre cette carte :

CARTE DES PARLERS DANS LA VILLE DE BRAZZAVILLE

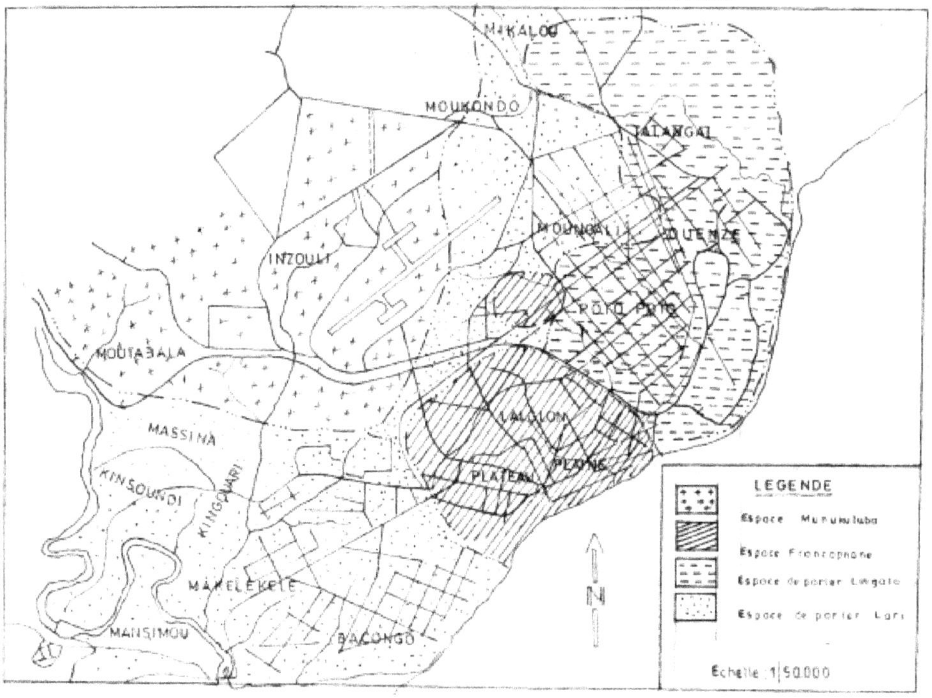

Source : CERGC, Brazzaville

Par exemple, au cours des conflits politiques et militaires de 1993,1997 et 1998, de nombreux Congolais ont payé le tribut de leur vie à cause des difficultés linguistiques. D'autre par contre ont eu la vie sauve par ce fait.

Il est frappant de constater que les problèmes relatifs à la langue sont minimisés dans les recherches sur les conflits politiques au Congo. Les gouvernants doivent s'en convaincre, la langue est une composante majeure des tensions politicoethniques, car elle *symbolise le rattachement de l'individu à un groupe ethnique et à ses valeurs*[7].De fait, elle porte un potentiel affectif qui lui confère

[7] A. Queffelec et A. Niangouna, *Le français au Congo,* Marseille, Université de Provence services de publication, 1990, p. 36.

un caractère identitaire. Au fil des ans, les barricades[8] linguistiques à Brazzaville se sont construites comme frontières ethniques, puis politiques. La langue a renforcé la conscience d'appartenance, qui à son tour s'est greffée aux disparités spatiales. En réalité, à Brazzaville chaque langue est strictement rattachée à un espace géographique et ethnique. Ces marginalités issues du pluralisme linguistique se greffent aux problèmes de gestion du capital politique.

III. STRUCTURES TRADITIONNELLES ET POUVOIR PUBLIC

Le passage non maitrisé des structures politiques traditionnelles au pouvoir républicain a fait le lit à Brazzaville aux comportements politiques ethnicistes. La coexistence des valeurs républicaines avec les voies de socialisation politique basées sur la parenté et les filiations claniques entravent l'émergence d'une vraie culturelle républicaine. À biens des égards, les réseaux ethniques dominent la vie politique et occupent une place prépondérante dans la redistribution des richesses nationales. On le voit dans les régulières connexions entre fonctions publiques et entrecroisement ethniques. C'est pourquoi, les aspirations démocratiques se soldent souvent par des rhétoriques identitaires.

La radicalisation politique observée en 1959, en 1993 et en 1997 met ainsi en exergue la nécessite d'entrevoir des réformes dans le fonctionnement de l'État et des services publics. En effet, les rapports unissant les Brazzavillois à l'Éat et au pouvoir sont conflictuels. L'État fortement tributaire des modèles ethnicistes peine à organiser le vivre ensemble. Les passions mortelles de l'ethnicisme prennent régulièrement le dessus sur le fragile sentiment du vivre ensemble. Les substrats culturels divers juxtaposés par la colonisation, puis inefficacement régulés par l'État postcolonial ont déclenché des centrifuges identitaires et des rivalités intérieures. Elles fragilisent la construction politique[9] d'une vraie nation, que nous définissons comme groupe humain vivant sur un même territoire, lié par la conscience d'une histoire, d'une culture, de traditions et parfois d'une imagerie commune et formant une entité politique soumise aux mêmes lois, ouvrage de sa volonté.

Dans cette perspective, la nation qui transcende les solidarités ethniques, s'exprime également à travers des valeurs et des symboles : le drapeau national, la fête nationale ou l'hymne national, lesquels doivent transcender les mythes claniques et ethniques. En définitive, comme le souligne Ernest Renan[10] à côté de la géographie et de l'histoire, l'affectif et l'intellectuel sont deux éléments essentiels dans la constitution de la nation. Ainsi, on parvient à la nation, en fédérant harmonieusement les particularités, les processus sociaux et psychoaffectifs produits distinctement par chaque groupe installé sur un territoire. Pour

---

[8] R. Ed. Ziavoula, *Le Congo, enjeu territorial et développement local,* Paris, l'Harmattan, 2005, p. 41.

[9] H. Isnard, *Géographie de la décolonisation*, Paris, P.U.F, 1971, p. 37.

[10] - Microsoft ® Encarta ® 2009. © 1993-2008 Microsoft Corporation. Tous droits réservés.

qu'elle existe, la nation doit produire une solidarité qui affirme sa prééminence sur les autres formes de solidarité.

Chaque quartier, chaque village du Congo doit être aménagé en prenant en compte aussi bien l'imaginaire, les conditions sociales, morales, culturelles que les pulsions psychologiques de ses habitants. En clair, le projet de construction d'une nation qui ignore les particularités culturelles et psychologiques des groupes à fédérer est presque voué à l'échec. Car, au-delà des découpages administratifs, il existe à Brazzaville et sur l'ensemble du territoire des frontières symboliques très actives dans la construction des schèmes de violences ethniques.

IV. FRONTIÈRES ET CRISE IDENTITAIRE

Brazzaville a une réalité physique et matérielle. Ce sont les lieux, les sites, les constructions, les monuments. Mais tous ces espaces ont aussi une dimension idéelle, symbolique, chargée de représentations et de valeurs. C'est entre ces espaces pluriels que la notion de violence identitaire trouve sa place. À vrai dire, les espaces frontières de Brazzaville nous donnent précisément l'occasion de réfléchir sur ce qui est en jeu dans les conflits politicoethniques. La frontière, comme le Centre Culturel Français, en désignant la ligne de séparation au plan d'abord géographique entre les quartiers nord et ceux de la ville, puis culturel entre un dedans et un dehors, un ici et un ailleurs, recoupe une ligne de séparation entre un espace-territoire considéré comme sien (un chez soi) et un espace-territoire vécu comme « étranger ».

La conscience de la frontière fragilise de fait celle d'appartenir à la nation. Au niveau de toutes les frontières de la ville se négocie la relation ambigüe à soi et à l'autre. Il faut dire que ces frontières ne sont pas établies à partir des haies ou des barrières visibles. Elles se construisent dans l'imaginaire. Elles se greffent sur la persistance des disparités spatiales et ethniques. À cet égard, le passage d'une société d'exclusion à une société solidaire passe par un nouveau pacte républicain. En d'autres termes, elle résultera de la remise en cause des cadres politiques, économiques, idéologiques, culturels et institutionnels qui ont fait du Congo depuis 1946 un « monstre » politique.

Au-delà des récurrents problèmes de gestion, ce sont les principes organisateurs de la solidarité qui sont au cœur des antagonismes. Le mal qui ronge l'espace politique congolais trouve donc aussi ses origines dans la déstructuration des voies de socialisation à Brazzaville. Si on ne dépasse pas ce mode de gestion de l'État où, les bases sociales et matérielles des groupes au pouvoir sont enracinées dans les systèmes d'appropriation « familiaux », « ethnicistes », « clientélistes », « informels », où les voies de légitimation passent par la fibre ethnique, la soumission, l'exploitation, la dépossession d'autres groupes, il sera difficile de sortir du cycle des conflits politiques à caractère ethnique. Dans une ville où cohabitent plusieurs groupes, une centaine de langues, de cultures, de mœurs, en une mosaïque d'habitudes et de prescriptions morales et comportementales, la construction de bons mécanismes de régulation des différences est indispensable. En effet, les réunions, les regroupements et les fêtes à caractère ethnique, régulièrement célébrés et organisés dans la ville, défient ainsi la confluence de l'urbanité moderne et la construction de l'identité nationale.

CONCLUSION

Chaque espace territorial, social ou culturel de Brazzaville, représente un interstice de fracture, d'exclusion et de repli identitaire. Le problème se pose avec complexité, d'autant plus qu'au plan social et économique, l'État peine à organiser une vraie justice redistributive. Aujourd'hui, le gouvernement se trouve devant un dilemme : conserver cette administration territoriale calquée sur le modèle occidental, ou réhabiliter les modes traditionnels de gestion des espaces et des communautés. Car, au Congo, comme dans d'autres pays africains, le passage des formes anciennes d'organisation politique aux États de type occidental a engendré des crises structurelles, à partir desquelles s'alimentent les conflits politiques et ethniques. En définitive, la construction d'une nation solidaire et d'une démocratie au sens noble du terme passe aussi par des politiques appropriées dans l'aménagement de l'espace.

BIBLIOGRAPHIE

A. Alvare et J.Maltcheff, « L'espace social, nouveau paradigme ? », *Espaces et sociétés*, n° 34-35,1980, pp. 47-73.

J.L. Amselle, et E. M'bokolo, *Au cœur de l'ethnie*, Paris, Karthala, 1985, 227p.

A. Auger et P. Vennetier, *La croissance urbaine dans les pays tropicaux, croissance périphérique des villes. Cas de Bangkok et de Brazzaville*, Bordeaux, CNRS, 1976,286p.

G. Balandier, *Sociologie des Brazzavilles-Noires*, Paris, Presse de la Fondation nationale des sciences politiques, 1985,306 p.

C. Baniafouna, *Congo-démocratie : les déboires de l'apprentissage,* Paris, l'Harmattan, 1995, 288 p.

J.-F.Bayard, « Les sociétés africaines face à l'État, *Pouvoirs*, n° 25,1983, pp. 23-39.

H. Boyer, « Matériaux pour une approche des représentations sociolinguistiques », *Langue française*, Paris, Larousse, n°8, 1990, pp. 102-124.

R. Breton, *Les ethnies,* Paris, P.U.F, 1981,127 p.

P.H. Chambart De Lauwe, *La fin des villes : mythe ou réalité*, Paris, Calmann-Lévy, 1982, 246 p.

I. Deble et P.Hugon, *Vivre et survivre dans les villes africaines*, Paris, P.U.F, 1982,310 p.

Ph. Decraene, *Vieille Afrique, jeunes nations*, Paris, P.U.F, 1982,301 p.

G. Di Meo, *L'homme, la société, l'espace*, Paris, Economica, 1991,319 p.

P. Erny, « L'explosion de la jeunesse à Brazzaville », in *Terre d'Ebène*, n°19, Sept-Oct., 1966, p 15.

C. Goma-Foutou, *Livre d'or du centenaire de Brazzaville 1880-1980*, Brazzaville, 1980, 374 p.

O. Gerg et H.d'Almeida-Topor, *Fêtes urbaines en Afrique : Espaces, identités et pouvoirs*, Paris, Karthala, 1999, 346 p.

H. Isnard, *Géographie de la décolonisation*, Paris, P.U.F, 1971,224 p.

A. Maalouf, *Les identités meurtrières*, Paris, Grasset, 1998, 211 p.

P.M. Martin, *Loisirs et société à Brazzaville pendant l'ère coloniale*, Paris, Karthala, 2005,308 p.

D. Ngoïe-Ngalla, *Le retour des ethnies. Quel État pour l'Afrique ?*, Paris, Bajag-Meri, 2003, 143 p.

M. O'Deye, *Les associations en villes africaines*, Dakar-Brazzaville, Paris, l'Harmattan, 1985,123 p.

J.H.P. Paelinck et A.Sallez, *Espace et localisation*, Paris, Economica, 1983, 338 p.

A. Queffelec et A.Niangouna, *Le français au Congo,* Marseille, Université de Provence services de publication, 1990,333 p.

M. Soret, *Démographie et problèmes urbains en A.E.F. Poto-Poto -Bacongo-Dolisie*, Mémoire de l'Institut Centrafricain, n°7, p 24.

B. Toulier, *Brazzaville La verte. Congo*, Paris, Centre Culturel Français, 1996,48 p.

J.M. Wagret, *Histoire et sociologie politique de la République du Congo-Brazzaville*, Paris, Richon et R. Durand, 1963, 247 p.

P. Wald Paul et G.Manessy, *Plurilinguisme : normes, situations et stratégies*, Paris, l'Harmattan, 1979, 284 p.

M. Wieviorka, *Une société fragmentée, le multiculturalisme en débat*, Paris, La Découverte, 1997, 316 p.

R. E.Ziavoula, *Le Congo, enjeu territorial et développement local*, Paris, l'Harmattan, 2005, 269 p.

CONSCIENCES IDENTITAIRES ET VIE POLITIQUE AU CONGO (1991-1997)

Joachim Emmanuel Goma–Thethet
Université Marien Ngouabi-Congo

RÉSUMÉ

Dans l'optique de la prise et de la conservation du pouvoir, les leaders politiques congolais développent des stratégies recourant à l'instrumentalisation de l'appartenance à une ethnie ou à une région (ou un ensemble de régions). Les discours et les actions menés à l'endroit des membres des espaces auxquels appartiennent les leaders ont donné naissance à des consciences identitaires qui, sous le régime du monopartisme (1964-1991), ont été mises en hibernation au profit de la conscience nationale. L'instauration de la démocratie en 1991 (avec la Conférence nationale) a fait ressurgir les consciences identitaires. Celles-ci ont fait exploser le champ politique congolais en de violences sociopolitiques inouïes, dépassant de très loin celles de 1959.

Cette étude ambitionne de montrer comment les consciences identitaires sont apparues et se sont structurées dans le champ politique congolais ; quelles ont été leurs conséquences sur la vie politique congolaise ; et comment pourrait-on les dépasser pour ériger une Nation démocratique maîtresse de son devenir et respectueuse des droits de la personne humaine.

MOTS CLÉS

Pouvoir, Leaders politiques, Discours, Démocratie, Consciences identitaires, Violences.

INTRODUCTION

Au lendemain de la Seconde Guerre mondiale et à la faveur de la relance de sa vie démocratique, la France a ouvert son champ politique aux ressortissants des territoires coloniaux d'Afrique. La participation des Congolais à la vie politique française s'est faite de 1945 jusqu'au moment de l'indépendance à partir des leaders et des partis politiques qui se sont organisés sur des bases non idéologiques, mais essentiellement identitaires (ethniques ou régionales). Au cours de la période 1945-1956, caractérisée pourtant par le multipartisme, le champ politique s'est structuré autour de deux espaces hérités de la mise en valeur coloniale du pays : le Nord et le Sud. Chacun de ces espaces avait son leader charismatique (Jean Félix-Tchicaya pour le Sud et Jacques Opangault pour le Nord) ; l'apparition d'un troisième leader charismatique, Fulbert Youlou, en 1956, scinda le Sud en Sud-ouest ou Pays du Niari et en Pool (arrière-pays de Brazzaville). Cette restructuration de l'espace politique congolais, à partir de l'année 1956[1] en trois ensembles s'est maintenue jusqu'à la chute, en août 1963, du premier Président du pays, Fulbert Youlou. Sous le régime du monopartisme (1964-1991), les consciences identitaires (c'est-à-dire ethniques ou régionales) ou du moins toutes références à ces dernières ont été mises en hibernation au profit de la conscience nationale. L'instauration de la démocratie en 1991 a fait ressurgir les consciences identitaires. Celles-ci s'étant structurées pendant la Conférence nationale, elles se sont consolidées sous la Transition et le pouvoir de Pascal Lissouba (1992-1997). Leur instrumentalisation a fait exploser le champ politique congolais en de violences sociopolitiques inouïes, dépassant de très loin celles de 1959.

Cette étude ambitionne de montrer le rôle considérable que l'ethnie a joué et continue à jouer dans la vie politique congolaise. Si son instrumentalisation à des fins politiques, notamment depuis 1991, ne fait l'ombre d'aucun doute, les questions qu'elle soulève encore aujourd'hui demandent que soient revisités tous les concepts qui lui sont liés, ainsi que les concepts « État » et « développement », afin de dégager des pistes pour dépasser les conséquences de cette instrumentalisation.

I. APPROCHES THÉORIQUES : DÉFINITIONS CONCEPTUELLES ET ÉTAT DES LIEUX SUR LA QUESTION

Au cœur de notre réflexion se trouvent trois concepts : Ethnie, Nation et développement. Pour permettre une claire compréhension de notre étude, nous allons passer en revue, tour à tour, ces concepts à la lumière des principaux faits historiques qui ont marqué l'histoire politique congolaise récente.

A. Définitions conceptuelles

L'un des problèmes africains les plus importants de la période postindépendance est celui de l'édification des nations ou des États. Après l'étape du combat pour l'indépendance politique, avait débuté dans l'ensemble de l'Afrique l'étape de la lutte pour l'édification nationale et l'unité africaine. Il est admis par tous que les États africains résultent du jeu des chancelleries européennes du XIXe siècle, notamment de la conférence de Berlin de 1885. Ces États n'ont trouvé leurs tracés ni dans l'histoire africaine, ni dans les aires so-

[1] Année de l'adoption de la loi cadre.

cioculturelles, ni dans les espaces des régions géographiques naturelles, mais seulement dans l'histoire européenne du XIXe siècle. Les États africains sont donc nés du combat anticolonial dans un cadre socioéconomique et idéologique créé et dominé par l'impérialisme. Ils tirent par conséquent leurs caractéristiques à la fois de la colonisation et de la situation postcoloniale. La plupart des États de l'Afrique contemporaine ont été créés sans véritable base nationale. Ils ont succédé à des territoires administratifs d'un ancien empire colonial démantelé, mais avec la volonté de constituer une Nation unifiée dans le cadre des frontières héritées de la colonisation.

La juxtaposition d'un État, en tant qu'organisation politique, à une Nation, c'est-à-dire des individus qui se considèrent comme liés et appartenant à un même groupe a donné naissance en Europe à la notion d'État-nation. C'est la bourgeoisie capitaliste européenne qui, depuis le XIXe siècle, a exporté sur le reste de la planète, notamment en Afrique, cette notion ainsi que l'idéologie qu'elle véhicule. Les académiciens soviétiques, à la suite de la définition de la Nation de Staline[2], ont soutenu pendant longtemps que la Nation était inachevée en Afrique parce qu'il n'y avait pas dans les pays africains de marché national. Pour Potekhine, l'essentiel dans la construction d'une nation, c'est la formation du marché national : « *La communauté économique d'une nation prend naissance en même temps qu'un marché national fait son apparition, - s'il n'y a pas de marché national, il n'y a pas de nation* »[3]. Ce point de vue, à notre avis, est réducteur. Il n'y a pas que les seuls aspects économiques dans la formation d'une Nation ; elle est au point de rencontre de plusieurs phénomènes comme : la langue, l'histoire, la culture, le territoire, la volonté de vivre ensemble. C'est ce que l'historien français Ernest Renan exprime ainsi : « *La Nation est une âme, un principe spirituel. Deux choses qui, à vrai dire, n'en font qu'une, constituent cette âme, ce principe spirituel. L'une est dans le passé, l'autre dans le présent. L'une est la possession en commun d'un riche legs de souvenirs ; l'autre est le consentement actuel, le désir de vivre ensemble, la volonté de continuer à faire valoir l'héritage qu'on a reçu indivis* »[4].

C'est Jean Suret-Canale qui, le premier, a posé cette question en des termes purement africains. S'il n'y a pas de nation achevée en Afrique noire, la cause, selon lui, est imputable d'abord à la traite négrière dont les conséquences démographiques ont été énormes, ensuite à la conquête coloniale. Ces deux phénomènes ont stoppé pendant des siècles l'évolution historique qui aurait

[2] Dans son article publié en 1913 intitulé, « Le marxisme et la question nationale » J. Staline donne une définition de la nation. Il dit en effet : « *La nation est une communauté humaine, stable, historiquement constituée, née sur la base d'une communauté de langue, de territoire, de vie économique et de formation psychique qui se traduit dans une communauté de culture... seule la présence de tous les indices pris ensemble nous donne une nation* ».

[3] Potekhine, « De quelques sujétions méthodologiques pour l'étude de la formation des nations en Afrique au sud du Sahara », Présence africaine, N° de décembre, 1957.

[4] E. Renan, *Qu'est-ce qu'une nation ?* Conférence donnée par E. Renan à la Sorbonne, le 11 mars 1882.

conduit à la formation des Nations. Pour étayer son raisonnement, il évoque l'histoire des États du Soudan occidental. Ceux-ci s'étaient constitués en étroite relation avec le monde musulman auquel ils fournissaient l'or nécessaire au monnayage. En prenant la relève du commerce maritime arabe sur les côtes est-africaines, les Portugais brisèrent non seulement l'unité économique du monde musulman, mais ruinèrent surtout les grands empires soudanais liés au commerce lointain[5]. Cette analyse est aussi celle que donne Samir Amin dans trois de ses ouvrages qui abordent la question nationale[6]. Yves Person était persuadé que « *c'est le blocage dû à l'idéologie importée de l'État-nation qui empêche l'Afrique d'agir efficacement sur elle-même, d'analyser sa situation et de reprendre l'initiative* »[7]. C'est donc ce concept d'État-nation qui pose problème car il soulève la question du vivre ensemble dans un même espace hérité de la colonisation, où des identités culturelles surgissent et souvent contrecarrent les ambitions unitaires.

L'ethnie est un ensemble de personnes qui partagent la même culture, la même langue, les mêmes traditions, les mêmes coutumes, qui se transmettent de génération en génération. Elle relève de l'inné et se rapproche du concept de tribu qui revendique l'appartenance à un même ancêtre, aux mêmes origines. Sous la colonisation, l'installation des populations dans les villes a obéi à des appartenances ethniques. À Brazzaville, par exemple, les ethnies du sud du Congo, issues pour la plupart des royaumes Kongo et Loango étaient installées à Bacongo ; celle de la partie septentrionale à Poto-Poto. Cette distribution ethnique de l'espace brazzavillois s'est maintenue bien après l'indépendance. Les membres de certaines ethnies congolaises, par exemple, refusent encore aujourd'hui de se faire enterrer ailleurs que dans les cimetières de leur territoire ethnique[8].

Un peu partout en Afrique noire l'ethnie a été instrumentalisée, d'une part par ceux qui veulent accéder au pouvoir et dont les formations politiques n'ont aucune assise idéologique, et d'autre part par ceux qui y sont déjà et qui entendent y rester à tout prix. Il faut rappeler que pendant longtemps, notamment au cours de la période monopartite, l'ethnie a été considérée comme une entité dangereuse pour la construction de la nation. Aussi récriminait-on contre tous ceux qui osaient se réclamer de l'ethnie ; ils apparaissaient des lors comme des attardés politiques, des contre-révolutionnaires, voire des agents de l'impérialisme.

---

[5] J. Suret-Canale, *Le contexte de la question nationale*, Présence africaine, N° XXIV-XXV, 1959, pp. 344-348.

[6] S. Amin, *Le développement inégal*, Paris, Ed. de Minuit, 1973.
Classes et nations dans l'histoire contemporaine, Paris, Ed. de Minuit, 1979.
L'Afrique de l'ouest bloquée. L'économie politique de la décolonisation :1880-1970, Paris, Ed. de Minuit, 1971.

[7] Y. Person, « L'idéologie de l'État-nation et sa contestation », *Les temps modernes*, N° 422, sept., 1981, p. 473.

[8] C'est le cas des Kongo du district de Boko et des Vili du département du Kouilou.

Les États africains post indépendance se sont construits sur la base de l'homogénéisation sociale. Le parti-État était le moyen par excellence pour régler la question de l'affirmation identitaire. Le particularisme devait disparaître au profit de l'universel, de l'unité. Mais aussi curieux que cela puisse paraître, dans certains États africains, pour s'assurer une certaine stabilité politique, les chefs des partis-États ont érigé un système de redistribution des postes du pouvoir selon les ethnies : le poste de Premier Ministre au groupe X, celui de Président de l'Assemblée Nationale au groupe Y ; chaque groupe ethnique bénéficiant d'un ou de plusieurs Ministres qui devaient prendre en charge les problèmes immédiats de leurs ethnies respectives.

Les membres d'une ethnie ont tous le sentiment de partager une ascendance commune, que ce soit à cause de la langue, des coutumes, des ressemblances physiques ou de l'histoire vécue (objective ou mythologique). C'est ce sentiment que l'on dénomme l'ethnicité. Les notions qui la constituent sont le fondement de la notion d'identité, c'est-à-dire les éléments caractéristiques reconnus et vécus comme tels, un certain nombre de comportements, d'attitudes, de pratiques, d'activités. L'identité traduit le sentiment de partager ces références, d'appartenir à un ensemble cohérent. Le lien apparaît dès lors culturel dans son fondement des caractéristiques physiques (relief, sol, climat...) mais aussi économiques, sociétales, donc en relation avec les habitants, dans leurs perspectives à la fois objective et subjective.

Cependant, la conscience d'appartenir à un ensemble bien défini, de partager des valeurs communes peut conduire à les sublimer. Le sentiment d'appartenance identitaire peut alors se traduire :

- sur le plan de la relation aux autres par le refus de partager des valeurs, de reconnaître celles des autres donc par toutes les formes de ségrégation et de discrimination, pire, par la volonté d'imposer ses valeurs aux autres ou par l'élimination de l'Autre ;
- sur le plan politique par l'instrumentalisation des consciences identitaires. Celles-ci donnent naissance à des idéologies comme le tribalisme, le régionalisme, dont les conséquences sont souvent dramatiques comme au Congo en 1959, au Rwanda en 1994, en Côte d'Ivoire, de la mutinerie de 2002 à l'arrestation du Président Gbagbo, en Centrafrique en 2014. Dans son essai sur l'ethnocentrisme en Afrique, Charles Zacharie Bowao montre que de nombreux partis politiques congolais ont pour socle idéologique le repli identitaire. Il cite à ce propos l'ancien Secrétaire Général du PCT, Ambroise Edouard Noumazalaye, pour qui les raisons de l'échec de la révolution congolaise et les causes du dévoiement de la démocratie pluraliste sont dus au tribalisme ou à l'ethnisme[9].

Il est reconnu par tous, aujourd'hui que l'usage du tribalisme est un frein à la bonne gouvernance et au développement du pays. Il faut donc connaître ses ressorts et ses méfaits pour chercher à le dépasser. La vie politique, économique et sociale congolaise, malgré les discours nationalistes ou révolutionnaires, a été

[9] Ch. Z. Bowao, *L'imposture ethnocentriste. Plaidoyer pour une argumentation éthique du politique*, Brazzaville, Ed. Hémar, 2014, p. 20.

imprégnée depuis par cette idéologie. On ne saurait comprendre la question de la démocratisation de l'Afrique à la fin de la décennie 1980, si on n'a pas une juste compréhension des programmes d'ajustement structurel, que les institutions de Bretton Woods ont imposé aux pays africains au cours des années 1980, comme piste de sortie de crise, mais aussi du rôle que les consciences identitaires ont joué dans l'évolution des États. Ces consciences ont ressurgi avec force au moment de la démocratisation, un peu partout en Afrique, et notamment au Congo.

II. ÉTAT DES LIEUX SUR LA QUESTION

Du point de vue théorique, il faut indiquer que très peu de travaux ont été consacrés par des chercheurs congolais ou étrangers aux manifestations de la conscience identitaire dans la vie politique congolaise. Tous ceux qui ont approché le sujet l'ont fait de façon indirecte. Nous pensons ici à tous les travaux sur les messianismes congolais[10], sur la sociologie politique du Congo[11], sur les crises sociopolitiques de la période de la démocratisation[12]. La seule réflexion menée par un Congolais sur cette question en rapport avec le développement et la démocratie reste l'opuscule publié en 1976 aux Nouvelles éditions africaines de Dakar et d'Abidjan par Pascal Lissouba : *Conscience du développement et démocratie*[13]. Dans cet ouvrage dont on a uniquement retenu la notion de « tribu-classe », l'auteur soulève le problème de la transformation des structures et des mentalités en vue de la construction nationale et du développement. Ces structures doivent servir de bases culturelles à la régionalisation qu'il propose comme base du développement national. Bien avant la France de François Mit-

---

[10] G. Balandier,
« Brèves remarques sur ''les messianismes de l'Afrique congolaise'', *Archives de sociologie des religions*, N° 5, Paris, 1958, pp. 91-95 ;
« Messianismes et nationalismes en Afrique noire », *Cahier international de sociologie*, vol. XIV, Paris, 1953, pp. 41-65 ;
M. Sinda, *Le messianisme congolais et ses incidences politiques*, Paris, Payot, 1973.
A. Kouvouama, *Mythes de salut et temporalité à Brazzaville,* Thèse de doctorat d'État en Anthropologie, Université René Descartes Sorbonne, Paris IV, 2000.

[11] Fl. Bernault, *Démocraties ambiguës en Afrique centrale. Congo-Brazzaville, Gabon : 1940-1965,* Paris, Karthala, 1996.
Jean-Michel Wagret, *Histoire et sociologie politique de la République du Congo* (Brazzaville), Paris, Librairie Générale de droit et de jurisprudence, 1963.

[12] Dans l'article ci-après, nous avons fait un état des lieux de la littérature sur cette question :"Alliances in the political and electoral process in the Republic of Congo 1991-1997 ", Tukumbi Lumumba-Kasongo (Editor), *Liberal democracy and its critics in Africa. Political dysfunction and the struggle for social progress*, London/ Dakar, Zed Books /Codesria Books, 2005, pp. 99-124.

[13] P. Lissouba, *Conscience du développement et démocratie*, Dakar et Abidjan, Nouvelles éditions africaines, 1976.

terrand initiatrice de la décentralisation administrative, il propose la régionalisation comme le moyen idoine pour aller au développement.

À cet opuscule, il faut ajouter les *Actes de la journée de réflexion* organisée, en 1992, par l'Association congolaise de psychologie, et surtout le récit de Mambou Aimée Gnali sur son expérience personnelle sur le poids de l'ethnie au Congo et le récent essai de Charles Zacharie Bowao. L'ouvrage de Mambou Aimée Gnali publié en 2001 chez Gallimard s'intitule : *Beto na beto. Le poids de la tribu*[14]. Le titre en kikongo qui signifie « entre nous » est complété par un sous-titre qui montre l'importance de la communauté ethnique au niveau social, mais surtout au plan politique. L'auteure y relate comment son instrumentalisation a conduit à l'enlèvement et à l'assassinat, par les révolutionnaires se réclamant du MNR, de trois hauts fonctionnaires congolais originaires respectivement du Pool, du Kouilou et du Niari, en février 1965. Ces assassinats politiques ont ouvert la longue liste des disparitions politiques dont la Conférence Nationale Souveraine a dressé la liste. Charles Zacharie Bowao, qui a occupé des fonctions gouvernementales, fustige l'ethnocentrisme qui innerve les partis politiques congolais au point d'en faire des ethnopartis. Il souligne que « *les élites au service d'une minorité de pouvoir, au Pouvoir ou dans l'Opposition, abusent de l'ignorance ou de la naïveté du plus grand nombre, non pour défendre l'intérêt général, mais pour assouvir plutôt leurs égoïsmes au détriment de l'État, de la nation, de la République* »[15]. Dans les Actes de leur Journée de réflexion sur « le Tribalisme en question », les psychologues congolais, ainsi que tous les autres chercheurs qui s'étaient associés à eux, livrent les réflexions issues de cette rencontre[16].

La définition de ces différents concepts et les réflexions qu'ils ont suscitées, nous permettent à présent de faire l'historique de la manifestation des consciences identitaires sur le plan politique au Congo.

III. LES PREMIÈRES IMPLICATIONS DES CONSCIENCES IDENTITAIRES DANS LA VIE POLITIQUE CONGOLAISE (1945-1991)

A. 1945-1956

Dès les années 1940, deux partis politiques se partagent l'espace et l'électorat congolais. Le Parti Progressiste Congolais (PPC) créé en 1946 par Jean Félix-Tchicaya, non seulement devient la section congolaise du Rassemblement Démocratique Africain (RDA), mais se donne pour fief électoral le sud Congo et précisément la région de Pointe-Noire dont est originaire le leader. Le Mouvement Socialiste Africain (MSA) créé par Jacques Opangault, a été

---

[14] A.G. Mambou, *Beto na beto. Le poids de la tribu.* Paris, Gallimard, 2001.

[15] Ch. Z. Bowao, *op. cit.*, p. 25.

[16] Association congolaise de psychologie, « Le tribalisme en question », *Actes de la Journées de réflexion organisée par Association congolaise de Psychologie*, Brazzaville, 21 mai 1992.

d'abord la section congolaise de la Section Française de l'Internationale Ouvrière (SFIO). Revenu en 1945 de l'Oubangui-Chari où il avait été exilé par l'administration coloniale, Jacques Opangault prend attache avec un petit groupe d'Européens qui vient de créer en 1946 la fédération d'Afrique Equatoriale Française de la SFIO. Le Comité de défense de la culture Mbosi qu'il avait créé dans les années 1930 et qui lui avait valu l'exil en Oubangui-Chari, va alors servir de base à la structuration de la section locale de la SFIO[17]. C'est cette donnée qui fera de la SFIO puis du MSA un parti du Nord, un parti des Mbosi. De 1946 à 1955, la SFIO est le parti rival du Parti Progressiste Congolais, recrutant pour l'essentiel dans la partie nord.

Ce clivage Nord-Sud qui est apparu dès 1946 est en réalité le fruit de la politique de mise en valeur du Congo sous la colonisation. En faisant de la partie sud du Moyen-Congo la partie économique utile du pays, les Français ont semé les germes d'un antagonisme entre Congolais du Nord et celui du sud.

B. 1956-1960

C'est à la faveur des élections législatives de 1956 que surgit sur la scène politique congolaise le troisième grand parti qui va bouleverser la donne politique du Moyen-Congo : le parti de Fulbert Youlou. Celui-ci, originaire de la préfecture du Djoué dont le chef lieu est Brazzaville, est membre du sous-groupe ethnique Kongo, appelé Lari. Il se présente aux élections législatives de 1956 en individualité. À la surprise générale, il arrive en troisième position, derrière Tchicaya et Opangault, mais en tête à Brazzaville avec 56 % de voix exprimées. Conforté par cet exploit, il décide alors de créer un parti qu'il dénomme l'Union Démocratique de Défense des Intérêts Africains (UDDIA). Fin politique, il s'emploie à détrôner Félix-Tchicaya, leader du Sud Congo. Il rallie à lui des personnalités influentes du PPC comme : Stéphane Tchichelle, ancien Président du PPC au Kouilou ; Hilaire Mavioka, Secrétaire Général du Groupe pour le Progrès Économique et Social. En 1957, après que le Rassemblement Démocratique Africain eut retiré son investiture au PPC au profit de l'UDDIA, celle-ci intègre en son sein l'ancien Secrétaire Général du PPC, Hazoumé, d'origine dahoméenne, le Sénateur Pierre Goura et Victor Sathoud, tous deux leaders de la préfecture du Niari. Fulbert Youlou poursuit sa politique de ralliement à l'UDDIA en direction des Matsouanistes modérés[18], des chefs coutumiers, des syndicalistes, des commerçants et des entrepreneurs européens du Moyen-Congo. L'UDDIA devient ainsi une puissante machine politique qui éclipse le

[17] La SFIO devient Mouvement socialiste africain (MSA) en 1957.

[18] Les Matsouanistes sont les partisans d'André Grenard Matsoua (1899-1942) premier nationaliste du Moyen-Congo mort en détention à la prison de Mayama en 1942. À sa mort, l'Amicale des originaires d'AEF qu'il avait fondée en 1926 à Paris, s'est transformée en mouvement messianique ayant pour seule base sociologique le sous groupe ethnique lari dont il était issu (cf. M. Sinda, *Le messianisme congolais et ses incidences politiques*, Paris, Payot, 1972).

PPC et son leader. La rivalité politique oppose désormais l'UDDIA, solidement implantée au sud au MSA, incontestablement dominant au Nord.

En mars 1957, en application de la loi cadre adoptée en 1956, les électeurs du Moyen-Congo sont appelés à élire leur nouvelle assemblée. Jacques Opangault, fort de son alliance avec Simon-Pierre Kikoungha Ngot, qui lui apporte les voix du Niari, réussit à enlever la majorité avec 23 sièges contre 22 à l'UDDIA. Il devient le Vice-Président du premier Gouvernement du Moyen-Congo, la Présidence revenant de droit au chef du territoire, c'est-à-dire à la métropole. La répartition des portefeuilles au sein de ce Gouvernement s'est faite en tenant compte des deux grandes familles politiques de l'heure.

Mais bientôt s'ouvre la période des changements des alliances postélectorales qui entraîne l'irruption de la violence politique pour la première fois au Congo. En septembre 1957, le Député Georges Yambot, élu sur la liste du MSA dans le Niari aux côtés de Kikhounga Ngot, quitte sa formation pour rejoindre l'UDDIA. Devenue majoritaire par voie de fait, l'UDDIA réclame aussitôt l'exercice du pouvoir. Le chef du territoire, le socialiste Dériaud, reste sourd aux réclamations de l'UDDIA. Le 28 novembre 1958, à Pointe-Noire, capitale du Moyen-Congo, l'Assemblée territoriale se réunit en session pour examiner la loi organisant les pouvoirs de la nouvelle République. Grâce à une subtile manœuvre, l'UDDIA réussit à faire quitter la salle aux 22 députés du MSA, ce qui permet à ses 23 députés de voter la loi constitutionnelle n°1 qui remplace le Conseil de Gouvernement d'Opangault par un Gouvernement provisoire. Fulbert Youlou est *ipso facto* désigné Premier Ministre chargé de former le Gouvernement. Le MSA et le PPC crient au coup d'État. C'est dans ce climat tendu à l'Assemblée territoriale que le Général de Gaulle arrive à Brazzaville, en campagne pour le référendum relatif à la Communauté franco-africaine, proposée aux Africains.

Dès le 8 décembre, Fulbert Youlou constitue son premier Gouvernement dans lequel il réussit à coopter deux députés du MSA : Albert Fourvelle et André Kerherve. Ces deux Ministres ainsi que le Député Henri Itoua[19], opposé en 1958 à l'élection de Maurice Leyet-Gaboka, candidat du MSA à la Présidence de l'Assemblée, sont exclus par le comité directeur du MSA, réuni le 9 janvier 1959.

En cooptant dans son Gouvernement ces deux militants du MSA, Youlou inaugure une des techniques qu'utiliseront par la suite les hommes politiques congolais, technique qui consiste à prendre dans un Gouvernement, sans l'avis de leur parti, les membres d'un parti adverse. Par ce moyen, le parti dominant au pouvoir espère deux choses : présenter ceux qui ont accepté, de « venir à la soupe », c'est-à-dire d'entrer dans le Gouvernement sans le consentement de

---

[19] Le Député Dumond de l'UDDIA, Président de l'Assemblée territoriale ayant trouvé la mort le 8 avril 1958 à la suite d'un accident de la circulation, on procéda le 5 mai à l'élection d'un nouveau Président. La partie était serrée car le MSA et l'UDDIA disposaient tous les deux de 22 sièges chacun. Pour une hostilité personnelle à la personne de Leyet-Gaboka, le Député du MSA H. Itoua vota contre le candidat du MSA, permettant ainsi à Chr. Jayle de l'UDDIA d'être élu.

leur direction, comme des nationalistes qui veulent œuvrer pour l'unité et le développement du pays ; désorganiser le parti adverse en créant la confusion en son sein.

Quelques jours après ce comité directeur du MSA, Kikhounga Ngot, de retour de Paris, rassemble à Dolisie les militants du MSA. Dans un discours aux accents très virulents, il menace d'aller à la guerre civile pour écraser le Gouvernement mis en place par Youlou :

> Je vous invite à vous unir et, s'il le faut, à faire la guerre civile pour obtenir l'écrasement de ce gouvernement qui ne représente rien et se refuse à de nouvelles élections ainsi qu'il avait été convenu... Le peuple du Niari ne se laissera pas faire, nous allons provoquer de nouvelles élections et, s'il le faut, nous les imposerons par la force ... Ce n'est pas Youlou qui commande, mais Vial, qui a beaucoup d'argent et fait faire ses quatre volontés ; Mahé, qui a trahi et torturé ses frères de race pendant l'occupation allemande, et Christian Jayle ; si ceux-là viennent à Dolisie, nous les pendrons par les pieds ; s'il le faut, j'irai jusqu'à la guerre civile[20].

Les mots « guerre civile » qui ont été lâchés publiquement pour la première fois, en ce début d'année 1959, par un leader politique, ne vont pas tarder à prendre véritablement corps dans la vie politique du pays. La ville de Pointe-Noire s'embrase aussitôt après, opposant partisans de l'UDDIA d'une part à ceux du MSA et du PPC d'autre part. Bilan : trois morts et plusieurs blessés. Le MSA et le PPC réclament de nouvelles élections, mais l'UDDIA reste à son tour sourde. L'ouverture de la session ordinaire de l'Assemblée, le 16 février 1959, ne fait pas changer d'avis à l'UDDIA. Ce refus fait déclencher une guerre civile qui dure trois jours. De violentes émeutes ethniques éclatent à Brazzaville dans les quartiers de Ouenzé et Poto-Poto entre Mbosi (groupe de Jacques Opangault) et Lari (groupe de Fulbert Youlou). L'intervention des troupes françaises permet de ramener le calme. Mais le bilan est lourd : officiellement 120 personnes ont été tuées et de nombreuses habitations détruites ; de nombreuses personnes ont été arrêtées parmi lesquelles Jacques Opangault, le leader du MSA. Ce dernier ne sera libéré que six mois plus tard à la suite d'une amnistie présidentielle. Cette guerre civile qui a pris une coloration purement ethnique et régionale, en opposant les ethnies du Nord à celles du Sud est donc la première fracture traumatisante de l'histoire politique du Congo.

À la suite des événements de février 1959, Fulbert Youlou prend trois séries de mesures politiques pour accéder pacifiquement à l'indépendance :

- Dissolution le 30 avril 1959 de l'Assemblée territoriale ; fixation des nouvelles élections législatives au 14 juin ; augmentation du nombre de sièges de 45 à 61 ; modification de la carte électorale, conformément aux visées de son parti ;
- Dans la perspective d'accéder en toute quiétude à l'indépendance qui pointait déjà à l'horizon, il fait un geste de clémence en suggérant à ses parlementaires l'adoption d'une résolution destinée à élargir la plupart des déte-

---

[20] M. Sinda, *op, cit.*, p. 281.

nus politiques arrêtés à Brazzaville lors des événements de février 1959. La nouvelle Assemblée territoriale devenue Assemblée Nationale vote le 30 juin une résolution qui remet en liberté Jacques Opangault et ses compagnons. En juillet, un nouveau Gouvernement est mis en place, mais reste dominé par les membres de l'UDDIA ;

- Le 21 novembre 1959, Fulbert Youlou prend une troisième mesure. Il fait adopter par l'Assemblée une loi modifiant la constitution. En vertu de ce nouveau texte constitutionnel, il est élu Président de la République. Fort de cette légitimité que lui confère désormais la loi fondamentale congolaise, Fulbert Youlou signe avec les autorités françaises, le 12 juillet 1960, les actes portant transfert des compétences de la Communauté au Congo. L'indépendance survient le 15 août 1960. Jacques Opangault qui a été libéré avant l'indépendance, entre au Gouvernement avec le rang de Vice-Président.

La conclusion que nous tirons de cette période, est que la guerre civile de février 1959 n'est pas la conséquence d'antagonismes ethniques et régionaux, considérés comme congénitaux par d'aucuns entre Mbosi et Lari, mais plutôt la conséquence de changement des alliances politiques au sein de partis politiques dont les leaders s'identifient ou sont identifiés à des entités ethniques or régionales. Si les consciences ethnique et régionale ont été utilisées par les leaders politiques pour créer leurs partis respectifs et mobiliser les « militants », il n'en demeure pas moins que certaines alliances politiques se sont conclues en faisant fi de cette donne. Kikhounga Ngot, par exemple, originaire du Sud et du Niari, s'est allié à Jacques Opangault, un Mbosi du Nord. L'indépendance est intervenue comme une démarche consensuelle entre les différentes parties en présence.

C. L'hibernation des consciences identitaires sous le monopartisme (1964-1991)

Ce consensus a conduit la classe politique, au lendemain de l'indépendance, à opter pour le monopartisme, comme le plus sûr moyen pour lutter contre le tribalisme et le régionalisme, pour garantir l'unité nationale et le développement. Ce discours a justifié pendant près de trois décennies le monopartisme dans ses deux versions principales : le Mouvement National de la Révolution (MNR de 1964 à 1968) et le Parti Congolais du Travail (PCT de 1969 à 1991). Au nom de l'unité nationale, de la lutte commune du peuple congolais contre l'impérialisme, les identités ethniques ou régionales furent renvoyées aux calendes grecques. Il ne fut pas de bon ton de revendiquer un mieux-être au nom d'une communauté ou d'un espace. Cela était taxé de contre révolutionnaire, de réactionnaire. Le discours officiel fustigeait le tribalisme et le régionalisme, mais dans la pratique les responsables politiques, notamment dans les organes décisionnels, y recouraient sans gêne. De 1964 à 1968, malgré la présence de deux premiers Ministres issus du Sud-Ouest (Niari) et du Nord (Likouala), le pouvoir d'Alphonse Massamba-Debat s'identifia comme celui du Pool. Les pouvoirs de Ngouabi, Yhombi-Opango et Sassou Nguesso qui lui succédèrent, furent considérés comme ceux du Nord. Les modes de fonctionnement et de gestion du pouvoir ne changèrent pas dans l'ensemble : contrôle des appareils politique, administratif et militaire, par des membres de l'ethnie ou de la région. Le sentiment de mise à l'écart vécu par les autres communautés nationales conduisaient parfois à des espèces de sursaut d'honneur qui se traduisaient par des actions comme : le manifeste du Pool, le Front de libération des Batéké et Bangangulu (FROLIBABA), etc.[21]. Les appareils répressifs eurent raison de ces tentatives de contestation du pouvoir revêtues du manteau identitaire.

II. DÉMOCRATISATION ET RÉSURGENCE DES CONSCIENCES IDENTITAIRES (1991-1997)

C'est le vent de l'Est combiné avec une série d'événements locaux, qui fit ployer le régime monopartite du PCT et conduisit le pays à la démocratisation, avec comme première phase, la Conférence Nationale Souveraine. Malheureusement, celle-ci fut le lieu où resurgirent avec vigueur les consciences identitaires entrées en hibernation sous le monopartisme.

A. La Conférence Nationale Souveraine (1991)

Deux camps se sont dessinés parmi les participants à la Conférence. D'un côté les transfuges du PCT, associés aux nouveaux acteurs politiques à la recherche d'un positionnement dans le nouvel espace politique naissant. De l'autre côté les acteurs politiques restés fidèles à l'ancien parti unique (PCT). Les premiers veulent arracher et gérer le nouveau pouvoir en gestation. Les seconds cherchent à sauver le PCT et son leader du naufrage politique dans lequel les destinent les premiers.

Les discussions autour de la question du pouvoir ont conduit à une modification de la physionomie des deux camps. Ceux-ci se sont mués en deux camps à consonance ethno-régionale : le Nord et le Sud. Le Nord est identifié comme l'espace géographique qui a monopolisé le pouvoir de 1969 à 1991 ; il est représenté ici par le PCT et ses associations satellites. Le Sud, uni de façon circonstancielle pour une alternance à la tête de l'exécutif, était numériquement plus nombreux et représenté par le Mouvement Congolais pour la Démocratie et le Développement Intégral (MCDDI) de Bernard Kolélas et ses nombreuses associations

L'élection du Premier Ministre fait éclater le bloc du Sud en deux blocs distincts : d'un côté le Pool (auquel s'associe le Kouilou) et de l'autre les pays du Niari ou « Grand Niari » (il s'agit des régions du Niari, de la Bouenza et de la Lékoumou). Le Pool et le Kouilou soutiennent la candidature d'André Milongo, tandis que le Grand Niari s'est aligné derrière celle de Pascal Lissouba. Les débats ayant révélé la nécessité pour la période de transition d'avoir un Premier

---

[21] Il s'agit de documents politiques écrits par les ressortissants des régions concernées (Pool et Plateaux Batéké) et qui ont donné lieu à des arrestations et jugements pour atteinte à la sûreté de l'État.

Ministre maîtrisant les rouages de l'économie mondiale et ayant des relations dans le domaine de la politique internationale, le MCDDI avait jeté son dévolu sur André Milongo, ancien Administrateur de la Banque Mondiale à la retraite, mais politiquement inconnu sur la scène nationale

Craignant les poursuites judiciaires préconisées à l'endroit de ses dignitaires par les partisans de Bernard Kolélas, le PCT de Denis Sassou Nguesso choisit de s'allier avec les partisans de Pascal Lissouba, alors sans parti. Cet ancien membre du PCT, en rupture de ban avec ce dernier, devenu fonctionnaire international à l'UNESCO, était considéré par le PCT comme un homme politique modéré et expérimenté. Appartenant à un groupe ethnique minoritaire au Congo, les Nzabi, on ne le soupçonnait pas de visées hégémoniques ou revanchardes attribuées à Bernard Kolélas.

Après quatre tours de scrutin, André Milongo fut élu Premier Ministre avec 454 voix contre 419 à Pascal Lissouba. L'alliance Pool-Kouilou (à laquelle se sont associés quelques éléments du Nord hostiles à Denis Sassou Nguesso) a donc triomphé de l'alliance Grand Niari-Nord. Cette élection a été vécue dans les quartiers sud de Brazzaville, peuplés majoritairement d'ethnies du Pool, comme une victoire du Pool.

B. La Transition

La transition fut marquée par l'affrontement entre deux coalitions politiques : les Forces de Changement et de Progrès (FCP) et l'Alliance Nationale pour la Démocratie (AND). Les FCP rassemblent les partis qui ont permis l'élection, à la Conférence Nationale Souveraine d'André Milongo, comme Premier Ministre de la Transition. L'AND regroupe les partisans de Pascal Lissouba qui s'associent à ceux de Denis Sassou Nguesso (PCT). Lissouba qui, jusque-là, n'avait pas son propre parti, jugea opportun de s'affirmer comme leader en prenant la tête d'une formation politique nouvelle : l'Union Panafricaine pour la Démocratie Sociale (UPADS). En créant, en juillet 1991, ce nouveau parti, Pascal Lissouba se démarqua de l'Union Nationale pour la Démocratie et le Progrès (UNDP), en proie à des rivalités de personnes et à la scissiparité. La naissance de l'UPADS changea la donne politique congolaise car, à l'opposé des nouveaux partis politiques qui avaient jusque-là épousé les contours soit d'une ethnie ou d'une région, l'UPADS de Pascal Lissouba va monopoliser trois régions administratives et l'ensemble des ethnies de cet espace géographique. Avec son UPADS, Pascal Lissouba dépassa donc ce cadre conceptuel et cristallisa autour de son nom les entités ethniques des régions du Niari, de la Bouenza et de la Lékoumou[22]. L'acronyme NIBOLEK issu de ces

[22] Il faut rappeler que l'espace géographique appelé désormais sur le plan politique le NIBOLEK correspond en gros à l'ancienne préfecture du Niari, selon la carte administrative du Moyen-Congo de 1950. Sous le monopartisme, les ressortissants de cet espace se sont toujours reconnus, de façon informelle, sous la dénomination de ressortissants du « Grand Niari ». En mai 1971, M. Mbéri, un proche de P. Lissouba fut condamné par la Cour révolutionnaire de justice à deux ans d'emprisonnement ferme et

trois régions donna naissance à une nouvelle identité ethno-régionale[23]. Celle-ci émergea et se précisa au cours et après la période de transition.

La Transition fut ponctuée de meetings. Les Forces de changement mobilisaient de façon tonitruante leurs adhérents et sympathisants afin de barrer le chemin de la Présidence de la République à l'AND dont ils accusaient les partis d'être « *dirigés par des tintins politiques* »[24]. L'AND, quant à elle, accusait les Forces de changement d'être constituées de revanchards et d'intégristes qui menaçaient l'unité nationale. Par ces termes, « revanchards » et « intégristes », les partis de l'AND et le PCT indexaient les partis dont les leaders étaient des originaires du Pool.

Au Parlement de Transition, les deux alliances s'affrontèrent sans concession. Les FCP soutenaient à cor et à cri le Gouvernement, tandis que l'AND s'était constituée en opposition à ce dernier. Cette situation paralysa l'action parlementaire, notamment lors de la crise politico-militaire, de janvier 1992.

Après de multiples tractations et conciliabules politiques, le processus électoral démarra avec le référendum constitutionnel et se termina avec l'élection présidentielle de Pascal Lissouba.

Au terme des élections locales et régionales, sénatoriales et législatives, la distribution des pouvoirs se fit autour de cinq grandes formations politiques. Il s'agit de l'UPADS de Pascal Lissouba, du MCDDI de Bernard Kolélas, du PCT de Denis Sassou Nguesso, du Rassemblement pour la Démocratie et le Développement (RDD) de Jacques Joachim Yhombi Opango.

L'UPADS réussit à arracher 76,19% des 105 sièges des Conseils régionaux de cet ensemble géographique appelé « Grand-Niari », soit 80 sièges. Ces sièges se répartissent comme suit : 26 des 35 sièges de la Lékoumou, 25 des 35 sièges de la Bouenza et 29 des 35 sièges du Niari.

Le RDD et le PCT sont au coude à coude dans le Nord, particulièrement dans la Cuvette (RDD : 15 sièges ; PCT : 13 sièges) et dans la Likouala (PCT : 16 ; RDD : 12). Le PCT devance le RDD dans les Plateaux (13 sièges contre 1 au RDD).

L'analyse des chiffres ci-dessus permet de faire les remarques suivantes :

- Trois partis se partageaient l'électorat du Sud : l'UPADS dans le « Grand Niari », le MCDDI dans le Pool et Brazzaville, et le RDPS dans le Kouilou. L'électorat du Nord, notamment celui de la Cuvette fut disputé par le PCT et le RDD ;

- Ces cinq partis ont fait le plein de leurs voix là où ils recrutaient leurs « militants », c'est-à-dire dans des espaces ethniques ou régionaux qui

---

trois ans d'interdiction de séjour à Brazzaville, pour avoir diffusé des tracts relatifs aux rumeurs d'enlèvement des cadres du Niari. Pour les habitants de cet espace, depuis son entrée au Gouvernement en août 1963, P. Lissouba est devenu leur leader charismatique. Son nom était connu jusque dans les moindres recoins des pays du Niari.

[23] Depuis la Transition post conférence nationale, le terme Nibolek est employé de plus en plus au Congo pour désigner l'ethnie d'un ressortissant d'une de ces trois régions administratives.

[24] G. Menga, *Congo, la Transition escamotée,* Paris, Ed. l'Harmattan, 1993, p. 33.

correspondent à ceux des leaders des partis. Ces espaces deviennent des fiefs électoraux. Le pays est désormais balkanisé ; dans l'espace réservé au parti de l'ethnie ou de la région, les autres partis sont considérés comme *non grata*. Analysant les résultats des élections locales et régionales, le Sociologue congolais Côme Manckassa affirme que « *le parti unique est revenu en force. Cette fois, il est régional* »[25].

- Deux leçons sont vite tirées de cette balkanisation électorale du pays. Dans le « Grand Niari », le Pool et Brazzaville, les ethno-partis étaient assurés de gérer seuls ou majoritairement les conseils régionaux du Niari, de la Bouenza et de la Lékoumou pour l'UPADS ; du Pool et de Brazzaville pour le MCDDI. Ailleurs, les partis étaient condamnés à des négociations et à des alliances politiques. Au Kouilou, le RDPS et le MCDDI furent ainsi condamnés à s'allier pour barrer la route à l'AND ;

- Ces élections ont mis en évidence le vrai poids électoral du PCT, ancien parti unique, qui se prévalait d'être national. Il a été ramené comme tous ses pairs à une dimension régionale : celle de son Président. Ses scores ont été peu éloquents en dehors du Nord : Brazzaville (4 sièges), Lékoumou, Niari et Kouilou (2 sièges respectivement), Pool (1 siège).

- L'AND est l'alliance politique qui a mieux tiré son épingle du jeu. À Brazzaville, à Pointe-Noire et au Kouilou où elle a présenté des listes de candidats, elle a obtenu des scores plus honorables que sa rivale les FCP : Brazzaville 4 sièges (FCP, 2) ; Kouilou 12 sièges (FCP, 1) et Pointe-Noire 9 sièges (FCP, 1).

- Le vote des Congolais a été en dernière analyse non pas politique mais ethnique. On n'a pas voté sur la base d'un programme politique de Gouvernement mais par référence au leader à qui l'on s'identifie. l'UPADS et le MCDDI ont réussi non seulement à mobiliser l'électorat de leur fief respectif mais aussi leurs diasporas ethno-régionales. C'est ce dernier élément qui explique que l'UPADS ait obtenu des députés à Pointe-Noire et à Brazzaville, essentiellement dans les quartiers habités par les ressortissants de l'ethno-région Grand Niari.

- L'UPADS en positionnant dans certaines circonscriptions électorales du Nord des personnalités originaires du Nord en opposition ouverte avec le PCT, a réussi à obtenir des sièges. Là encore, les populations n'ont pas voté à cause du programme de l'UPADS mais pour soutenir les fils du terroir. C'est donc un vote de proximité qui a eu cours et non un vote lié à des considérations politiques.

Ces élections ont donc donné naissance à un jeu de négociations et d'alliances très subtil sur fond d'ethnicité. Il convient donc de saisir ce jeu pour comprendre toute la conduite politique à venir du pays.

---

[25] C. Manckassa, « De l'État-parti à l'État-ethno-régional », *La Semaine Africaine*, N° 1927 du 6 au 12 août 1992, p. 7.

C. La présidence de Pascal Lissouba

À la suite du premier tour de l'élection présidentielle, le Secrétaire Général de l'UPADS et le Coordonnateur National de l'AND d'une part, et le Secrétaire Général du PCT d'autre part, signent un accord dénommé par la suite « Alliance UPADS-PCT ». Cet accord tient en trois décisions : la constitution du socle d'une majorité parlementaire stable ; la conclusion d'un accord de Gouvernement, à l'issue de l'élection présidentielle, quel qu'en soit le résultat ; la participation de façon solidaire et complémentaire des deux parties à la campagne en vue de l'élection de leur candidat commun à la Présidence pour le deuxième tour[26].

Grâce à cette alliance, Pascal Lissouba est élu Président de la République. Il nomme au poste de Premier Ministre Maurice Stéphane Bongho-Nouarra, Coordonnateur de l'AND, mais surtout un leader téké de la partie ouest de la Cuvette à qui peuvent s'identifier, outre les Téké et Mbéti du Nord, les Téké et Ombamba du Sud. Mais à la suite du partage des portefeuilles ministériels jugés non conformes à son poids politique, le PCT rompt avec son allié et contracte une nouvelle alliance avec l'Union pour le Renouveau Démocratique (URD) de Bernard Kolelas[27]. Moins d'un mois après sa proclamation, le Gouvernement Bongho-Nouarra est renversé par une motion de censure présentée par la nouvelle alliance URD/PCT.

S'interrogeant sur la cause immédiate de la rupture entre PCT et l'UPADS, Patrick Quantin estime que pour Denis Sassou-Nguesso, l'accord du 11 août 1992 « *était l'occasion de revenir en force au pouvoir en installant d'anciens dignitaires de son régime aux postes clés du gouvernement et de sortir définitivement vainqueur de l'épreuve de la transition dite "démocratique"* »[28]. Cette interprétation est aussi celle de l'UPADS qui estime que le « *PCT a voulu se servir de l'UPADS pour se protéger, en l'utilisant comme marchepied, comme un moyen sûr pour lui, de revenir au premier rang de la scène politique* »[29].

Le préambule de l'accord URD/PCT dégage les raisons qui ont conduit les deux familles politiques à conclure cet accord de Gouvernement. Parmi ces raisons, l'accord cite : la lutte contre l'hégémonisme régional ou ethnique. Autrement dit, à peine installé à la tête de l'État, Pascal Lissouba aurait installé un système de domination politique fondé sur son ethnie ou sa région. C'est le grief principal que le PCT formula tout au long de la crise à son ancien allié. En réalité, par cet accord, le PCT voulait deux choses. D'abord assurer la sécurité de ses responsables menacés de poursuites judiciaires sur la base des dossiers de la Conférence Nationale Souveraine se rapportant aux malversations écono-

---

[26] Texte de l'accord, cf. C. Baniafouna, *Congo démocratie. Les références*, 1995, p. 178.

[27] Le PCT qui exigeait 7 postes et des Ministères stratégiques comme l'intérieur, la défense et les finances, selon l'UPADS (UPADS, *Les dessous des accords UPADS-PCT, URD-PCT*, S.L., Ed. UPADS, 1993, p. 22) fut gratifié de trois postes ministériels attribués, à la grande déception des caciques du parti, à des jeunes cadres.

[28] P. Quantin, « Congo : transition démocratique et conjoncture critique », *Transitions démocratiques africaines*, Paris, Kathala, 1997, p. 165.

[29] UPADS, *op cit.*, p. 23.

miques et à la gestion chaotique de la période monopartite. Ensuite revenir au pouvoir.

La volonté de revenir au pouvoir du PCT d'une part, et celle du Président élu d'appliquer son programme électoral, conduisirent les forces en présence à un véritable bras de fer qui s'est traduit par des violences inouïes dans les quartiers sud de Brazzaville considérés comme les fiefs électoraux de Bernard Kolelas, chef de file de la coalition URD. Les violences revêtirent une coloration ethnique ; aussi assista-t-on a l'expulsion des quartiers Bacongo et Makélékélé des ressortissants de la vallée du Niari, désormais rassemblés dans la méga ethnie NIBOLEK. Les événements de 1992-1993 cristallisèrent chez les uns et les autres le sentiment identitaire et la nature du rapport au pouvoir. De nombreux travaux faits, tant par des chercheurs congolais qu'étrangers, ont retracé le drame congolais du début de la décennie 1990[30]. Grâce à la dextérité du Président gabonais Omar Bongo Ondimba qui avait le mérite de bien connaître tous les protagonistes politiques congolais, à l'implication de l'OUA, et des parlementaires congolais, des accords furent signés ; ce qui permit de juguler la crise et ramener la paix. Les 28, 29 et 30 janvier 1994 à l'appel de la commission parlementaire ad'hoc pour la paix, les députés originaires de la région du Pool et de ceux des pays du Niari se rencontrèrent à l'hôtel Méridien pour trouver des solutions à la violence armée qui avait embrassé leurs circonscriptions respectives. Ce comité publia le 30 juin 1994 une déclaration qui énonça 7 mesures pratiques pour restaurer la paix dans le pays. Le 2 décembre, le comité inter régional publia à nouveau une déclaration dans laquelle ses membres promirent de voter désormais ensemble. Les actions du comité ont donc permis progressivement la décrispation de la vie politique du pays, mais en même temps elles ont commencé à susciter les inquiétudes auprès de certains observateurs qui y perçurent l'ombre d'une nouvelle alliance visant à isoler le PCT : l'alliance Sud-Sud.

Un an avant la fin du mandat présidentiel, les principales formations politiques congolaises, à l'exception du PCT, furent confrontées soit à des scissions soit à des tentatives de redéfinition des équilibres des forces en présence. Derrière les querelles de personnes ou de prétendues tendances politiques se profilaient en réalité de nouvelles tendances de positionnement politique. Aucune des deux familles politiques ne fut épargnée par cette tendance à la scissiparité. C'est au sein de la famille présidentielle que cette tendance fut la plus marquée. L'espace NIBOLEK se fissura : la base de ces scissions fut à nouveau des considérations identitaires.

Dans le Gouvernement d'ouverture de Jacques Joachim Yhombi-Opango où entrèrent des ministres du MCDDI, Benjamin Boukoulou, Ministre des Affaires Etrangères de 1992 à 1994 et originaire de la Bouenza, fut remplacé à ce poste par Arsène Tsaty Mboungou, un jeune avocat du Niari. Benjamin Bounkoulou et sa

[30] Nous donnons les références de ces travaux dans notre article : J.-E., Goma-Thethet, "Alliances in the political and electoral process in the Republic of Congo 1991-97", Lumumba-Kasongo, T.(editor), *Liberal democracy and its critics in Africa. Political dysfunction and the struggle for social progress*, London, Zed Books, 2005, pp. 99-124.

communauté ethnique (les Dondo, les Kamba et les Sundi) ressentirent cet éloignement du Gouvernement comme une marginalisation de la Bouenza nord au sein de la famille présidentielle. Ils imputèrent cette situation aux Bembé, autre communauté de la Bouenza (Bouenza sud) dont certains constituaient l'entourage immédiat et influent du Président de la République. Après de vaines tentatives de conciliation, 12 parlementaires de la Mouvance présidentielle originaires de la Bouenza nord quittèrent officiellement l'UPADS pour former, avec Benjamin Bounkoulou, un nouveau parti : l'Union pour la République (UR).

La fronde au sein de cette famille politique toucha le Niari, région natale de Pascal Lissouba. Ses concitoyens du Niari, par la voix du député Maloula Nzambi, lui reprochaient d'avoir fait la part belle aux Bembé, et particulièrement à la « bande des quatre » c'est-à-dire Christophe Moukouéké (Secrétaire Général de l'UPADS), Moungounga Kombo Nguila (Ministre des Finances), Martin Mbéri (Ministre d'État, Ministre de la Décentralisation) et Claudine Munari (Ministre Directeur de Cabinet du Président). Tout comme les ressortissants de la Bouenza nord, ceux du Niari ne sont pas satisfaits de la gestion quotidienne du pouvoir. Le sentiment général des « militants » UPADS du Niari, de la Lékoumou et de la Bouenza nord est qu'un lobby ethnique s'est approprié le Président et le pouvoir. C'est dans ce contexte de dissension au sein de l'UPADS que Maloula Nzambi créa à la veille de la tenue du congrès de ce parti, un mouvement appelé : le Courant des Démocrates Rénovateurs (CDR).

Outre ces deux tendances à la scission, il faut signaler une troisième tendance au sein de la famille présidentielle. Celle-ci exigea le départ de Jacques Joachim Yhombi-Opango de la tête du Gouvernement. Les partisans de cette tendance ont revêtu le manteau de l'ethnicité. Ils réclamaient au nom de l'ethnie téké (environ 35% de la population répartis dans 7 régions administratives) ce poste qu'un des leurs, Bongho-Nouarra, avait occupé moins d'un mois après l'élection de Lissouba.

Face à une pression de plus en plus forte du lobby téké, Pascal Lissouba se vit contraint de se séparer de son Premier Ministre et de nommer à sa place le 27 août 1996, David Charles Ganao. En appelant à la tête du Gouvernement ce notable téké, du Nord, ancien diplomate de carrière à la retraite, Pascal Lissouba, non seulement rassura les Téké, mais aussi les populations du Nord en respectant la géopolitique admise : un Président du Sud, un Premier Ministre du Nord. C'est dans ce contexte complexe qu'intervint la guerre du 5 juin, guerre qui dura de juin à octobre 1997, et qui s'acheva par la défaite militaire du camp de Pascal Lissouba et le retour aux affaires de Denis Sassou-Nguesso.

CONCLUSION : QUELLES PISTES DE RECHERCHE POUR DÉPASSER LES PARTICULARISMES ET BÂTIR UNE DÉMOCRATIE AFRICAINE MAÎTRESSE DE SON DESTIN ?

Cette étude a montré l'importance de la conscience ethnique ou régionale dans la vie politique congolaise. Ce ne sont pas la région et l'ethnie qui posent problème au Congo, mais leur instrumentalisation à des fins d'accession au pouvoir d'État qui constitue le problème majeur. Le vrai problème, à notre avis, qui permet de mieux comprendre la vie politique congolaise, est celui des alliances politiques. Ce sont ces dernières qui, depuis les années 1940, ont modelé l'espace politique ; leur mauvaise utilisation a donné lieu à des crises sociopolitiques. Bien que la tâche de l'historien ne soit pas de faire des propositions de solutions, il nous paraît utile en rapport avec la mission sociale que la déclaration de Kampala de 1990 a assignée aux chercheurs africains, de s'interroger sur la nécessité de créer une démocratie qui tienne en compte les données culturelles de nos pays, pour avoir une démocratie maîtresse de son destin. Il convient, grâce à la recherche scientifique, de dégager d'une part les aspects des cultures africaines qui constituent des freins à l'instauration et à la consolidation de la démocratie et, d'autre part, les mécanismes de gestion des États africains précoloniaux ayant survécu, susceptibles d'être utilisés aujourd'hui, notamment par les Juristes et les Politologues, dans un corpus de lois. Le dialogue et le consensus, par exemple, qui caractérisent les cultures africaines, ont prouvé leur efficacité dans la résolution de nombreux conflits survenus sur le continent. Pour aboutir à ce qui est recherché, il faut transformer les mentalités. Pour transformer, il faut former. L'éducation et la formation doivent de ce fait jouer un rôle primordial. L'université africaine doit donc intégrer le savoir traditionnel africain en son sein, pour faciliter la créativité et accoucher des citoyens aux mentalités nouvelles.

RÉFÉRENCES BIBLIOGRAPHIQUES

A. Samir, *Le développement inégal*, Paris, Ed. de Minuit, 1973.

Classes et nations dans l'histoire contemporaine, Paris, Ed. de Minuit, 1979.

L'Afrique de l'ouest bloquée. L'économie politique de la colonisation : 1880-1970, Paris, Ed. de Minuit, 1971.

Association congolaise de Psychologie, *Le tribalisme en question.* Actes de la journée de réflexion organisée par l'Association congolaise de psychologie, Brazzaville, 21 mai 1992.

G. Balandier, « Brèves remarques sur les ''les messianismes de l'Afrique congolaises'', *Archives de sociologie des religions*, N° 5, Paris, 1958, pp. 91-95.

« Messianismes et nationalismes en Afrique noire », *Cahier international de sociologie*, vol. XIV, Paris, 1953, pp. 41-65.

A. Baniafouna, *Congo démocratie. Les références*, Paris, l'Harmattan, 1995.

Fl. Bernault, *Démocraties ambiguës en Afrique centrale. Congo-Brazzaville, Gabon, 1940-1965*, Paris Karthala, 1996.

I.M. Fall, *La transhumance politique : modalités et impact sur le processus électoral. Essai d'explication théorique*, Dakar, CODESRIA, 2000.

J.-E. Goma-Thethet, "Alliances in the political and electoral process in the Republic of Congo 1991-97", Lumumba-Kasongo, T.(editor), *Liberal democracy and its critics in Africa. Political dysfunction and the struggle for social progress*, London, Zed Books, 2005, pp. 99-124.

A. Kouvouama, *Mythes de salut et temporalité à Brazzaville,* Thèse de Doctorat d'État en Anthropologie, Université René Descartes Sorbonne, Paris IV, 2000.

C. Manckass, « De l'État-parti à l'État-ethno-régional », *La Semaine Africaine*, n°1927 du 6 au 12 août 1992, p. 7.

G. Menga, *Congo, la Transition escamotée,* Paris, Ed. l'Harmattan, 1993.

Y. P erson, 1981, « L'idéologie de l'État-nation et sa contestation », *Les temps modernes*, N° 422, sept.1981.

Potekhine, « De quelques sujétions méthodologiques pour l'étude de la formation des nations en Afrique au sud du Sahara », *Présence africaine*, N° décembre 1957.

P. Quantin, « Congo : Transition démocratique et conjoncture critique », J.-P. Daloz et P. Quantin, *Transitions démocratiques africaines*, Paris, Kathala, 1997, pp. 139-191.

E. Renan, *Qu'est-ce qu'une nation ?* Conférence donnée par Ernest Renan à la Sorbonne le 11 mars 1882.

M. Sinda, *Le messianisme congolais et ses incidences politiques*, Paris, Payot, 1972.

J. Suret-Canale, « Le contexte de la question nationale », *Présence africaine*, N° XXIV-XXV, 1959, pp. 344-348.

UPADS, *Les dessous des accords UPADS-PCT, URD-PCT*, S.L., Ed. UPADS, 1993, p. 22

J.-M. Wagret, *Histoire et sociologie politiques de la République du Congo (Brazzaville)*, Paris, Librairie Générale de Droit et de Jurisprudence, 1963.

TROISIÈME PARTIE

ESPACE - RENCONTRE DES PEUPLES - DÉVELOPPEMENT

ÉTAT, NATIONALITÉS ET DÉVELOPPEMENT AU GABON (1946-1981)

Wilson-André Ndombet
Université Omar Bongo/Gabon

RÉSUMÉ

À l'avènement du territoire du Gabon sous tutelle de l'État colonial français, en 1910, il y avait une pluralité de nationalités aux cheminements historiques divers et aux altérités culturelles toutes marquées de « bantuité ». Cependant, ni l'État colonial, ni le Gabon devenu indépendant, en impulsant leurs politiques publiques de développement respectives s'en sont inspirées s pour s'inscrire dans la modernité économique et sociale.

Il apparaît durant la période coloniale et même dans la période post-in dépendance que les entrepreneurs économiques et financiers des milieux d'affaires du Gabon se sont plus contentés à d'exploiter les ressources du sous-sol et du sol à leur profit, sans retombées significatives sur la satisfaction des besoins des nationalités en question. Et, plus tard, en dépit de la mise en œuvre de nombreux projets presque tous avortés du parti unique, le Parti démocratique gabonais (PDG), et de sa longue durée au pouvoir, soit douze ans en 1981, on ne saurait dissimuler son réel déficit en matière de développement socio-économique. Sans conteste, celui-ci était corollaire du sous-développement politique résultant de l'absence du relativisme politique.

Toutefois, quelques politiques publiques de développement se sont administrées sur le territoire national, à l'aune de l'adhésion manifeste de quelques villes acquises à la politique du régime au pouvoir du Président Omar Bongo. De telle sorte que cet entrelacement des missions de l'État aux intérêts d'un homme au pouvoir l'a longtemps démis de l'une de ses fonctions régaliennes et essentielles d'assurer le développement et le bien-être de tous. Le Gabon, en général, demeure encore et malgré tout un pays sous-développé.

MOTS CLÉS

Gabon, Colonie, Nationalités, État, Développement, Parti unique.

INTRODUCTION

L'État gabonais est né des conditions de la décolonisation. Moins d'un demi-siècle après le décret du 15 janvier 1910 instituant le territoire dans le cadre de la fédération de l'Afrique équatoriale française (AEF), il accédait à l'indépendance le 17 août 1960. Cependant, au lendemain de la Deuxième Guerre Mondiale est née l'idée de développement. Dès le départ, en 1945 cette idée a consisté en Europe et en Asie à mettre en œuvre une politique de reconstruction et/ou de réparation des pays fortement marqués par les dommages matériels de la guerre. Entre cette période et celle de l'indépendance des territoires sous tutelle coloniale, il s'agissait non seulement d'offrir des infrastructures nécessaires à l'exploitation de leurs ressources du sol et du sous-sol, d'assurer la continuité des nouveaux États, mais aussi de rattraper le niveau de ceux censés être économiquement et socialement déjà qualifiables de développés[1].

Nous avons choisi d'étudier le thème « État, nationalités et développement au Gabon (1946-1981) » en tant que territoire d'abord sous tutelle coloniale française et, ensuite, après son indépendance pour montrer son apathie pour s'approprier et mieux maîtriser ses politiques publiques de développement, notamment au profit de ses nationalités.

L'intérêt de cette communication réside dans la nécessité de rechercher les raisons d'une telle démission sous le poids du diktat colonial, à la lumière des postures de ses différents entrepreneurs économiques et financiers à partir de 1946, année de création du Fonds d'investissements et de développement économique et social (FIDES). Il se justifie aussi, dès lors que, même après l'indépendance du Gabon, l'on a l'impression qu'il ne s'est rien passé ou a changé significativement, en tout cas jusqu'en 1981, la borne en aval de cette étude. Cette année correspond à l'apparition et à l'agitation des revendications publiques du Mouvement de redressement national (MORENA), jadis parti politique clandestin.

Cet article a pour objet de montrer pourquoi, de l'État colonial à l'État indépendant du Gabon, en dépit de ses potentialités en matières premières du sol et du sous-sol et de ses nombreux projets, ce pays n'est guère parvenu à développer son économie. L'hypothèse principale consiste à observer que l'État a exploité des ressources qui ne profitaient pas aux nationalités et que celles-ci ont longtemps vécu également, sous le parti unique, le Parti démocratique gabonais (le PDG), dans un sous-développement politique. Ce pays en a-t-il été

[1] Pour définir le développement, nous empruntons à Jean-Jacques Gabas pour qui : « Étudier le développement c'est chercher à analyser un processus endogène et cumulatif de long terme de progrès de la productivité, de reduction des inégalités. Ce processus doit permettre à un nombre croissant de personnes de passer d'une situation de précarité, de vulnérabilité (face à des aléas naturels ou économiques) et d'insécurité à une situation [...] de satisfaction de leurs besoins fondamentaux », J.-J. Gabas, « La notion de développement », *Savoir et développement. Questions en débat à l'aube du XXIe siècle*, Géronimi V., Bellier I. *et al.* (sous la dir.), Paris, Karthala, 2008, p. 47.

victime ? En d'autres termes, ses ambitions ont-elles été bridées par le conservatisme ou par la mauvaise gouvernance de l'élite du pouvoir ? Notre méthodologie s'est appuyée sur l'examen des données relatives à l'évolution du territoire du Gabon depuis au moins 1946.

I. ÉTAT COLONIAL, NATIONALITÉS ET PATRIMOINES ANCIENS

La présence de l'État colonial date de l'adoption du décret du 15 janvier 1910[2]. Pour son ancrage et sa continuité, il a dû défier la représentation des altérités respectives des nationalités autochtones en rapport avec la gestion de leur écosystème et la prégnance de leur système de pensée.

A. La *Bantouité* comme fondement de l'identité des nationalités gabonaises

Nous entendons par « bantuité » l'ensemble des données et valeurs sociohistoriques, culturelles, religieuses et économiques qui ont pour fondement et que véhicule la langue bantu. La plupart des communautés culturelles ou nationalités du Gabon et, au-delà, des autres pays d'Afrique Centrale, à savoir dans une grande partie de la Centrafrique, du Cameroun, du Congo Brazzaville, de Guinée Equatoriale, de République démocratique du Congo, du Burundi, du Rwanda, d'Angola, parlent des langues « bantu ». Que signifie le mot « bantu » ?

Selon Banjikala Bajika, « les bantu formeraient une « race » issue d'un véritable brassage ou métissage de plusieurs « races », principalement entre les « Chamites » et les vrais Nègres. Les Bantu eux-mêmes utilisent le vocable « motu », « mutu », « ntu », « muntu » au pluriel « bantu », « watu », qui signifie homme, (...), être humain, personne humaine[3] . La définition de Van Noten, D. Cohen et P. de Maret ne s'éloigne pas de cette dernière. Pour eux, le terme « bantu » désigne initialement une communauté de langues ; ce n'est que par la suite qu'il a progressivement acquis une connotation ethnographique, voire anthropologique[4] ».

Et si l'on en croit ces auteurs (Van Noten, D. Cohen et P. de Maret), « c'est la linguistique qui a fourni jusqu'à présent le plus de précision sur l'origine des « Bantu » qu'elle situe, s'appuyant sur les travaux de Greenberg (1955, 1966, 1972) et de Gunthrie (1962, 1967, 1970,1971), près de la moyenne Bénoué aux confins du Nigeria et du Cameroun[5].

---

[2] M. Rémondo, *Le droit administratif gabonais,* LGDJ, *Paris* 1987, p. 49.

[3] Banjikila Bakaja, « L'origine des peuples bantu », *Afrique Histoire,* n° 9, Dakar 1983, p. 18.

[4] Van Noten, D. Cohen et P. de Maret, « L'Afrique Centrale », *Histoire Générale de l'Afrique*, G. Moktar (sous la dir.), tome I, 2, Paris, Jeune Afrique/ Stock/Unesco, 1980, p. 643.

[5] *Id.*, p. 688.

Ainsi, s'il est vrai que les « Bantu » seraient partis de la région des confins du Nigéria et du Cameroun en direction de l'est pour refluer vers le centre et l'ouest du continent, on peut supposer que la « nation bantu » originelle se serait (au fil du temps) fractionnée. Créant, à chaque étape de sa longue pérégrination, des nationalités et des sous-groupes linguistiques plus ou moins différents avec des lexèmes propres et produits aux lieux successifs d'implantations. Toutefois, à partir du seul argument linguistique, peut-on affirmer qu'il existe un homme (une nation) « bantu » qui aurait produit, à la suite de scissions itératives, des nationalités aujourd'hui encore conscientes d'avoir un passé ou un cheminement historique commun[6] ? En resterait-il des tessons dans leur culture ?

B. Nationalités et altérité culturelle

Pour revenir sur le Gabon, qui fait l'objet de notre étude, si l'on en croit Wilson-André Ndombet:

> L'ontologie des peuples d'Afrique centrale nous apprend que les êtres sont animés et représentent des forces qui agissent les unes sur les autres pour le bien ou pour le mal. Pour le bien, elles agissent dans le sens de se renforcer. Pour le mal, elles cherchent à s'anéantir. Ces forces se répartissent en êtres vivants (humains, animaux, végétaux) êtres choses (objets) et êtres de l'au-delà (ancêtres défunts, génies ou sylphes et sylphides, etc.) [7].

On peut très bien l'observer dans nombre de pratiques cérémonielles et initiatiques à l'intention des ancêtres défunts, des êtres vivants et supranaturels de toutes les nationalités gabonaises confondues. Ces pratiques sont véhiculées de génération en génération. Il en est de même de la définition des totems et de l'importance accordée à l'établissement de leurs correspondances dans les autres communautés ainsi que de leurs interdits. Ceux-ci sont représentés par des catégories de faunes terrestre, forestière, savanicole ou aquatique qui peuvent être un gorille, un boa, un mamba vert, un perroquet, un silure, un éléphant, etc., ou des catégories de plantes telles que la citrouille, le concombre, etc. Ces références symboliques et empreintes de sacralité permettent de fixer dans la mémoire collective et dans la longue durée des affiliations parentales immémoriales.

---

[6] Cf. W.-A. Ndombet, *Histoire des Ajumba*, Mémoire de Maîtrise d'Histoire, Département d'Histoire et Archéologie, U0B, Libreville, septembre 1984, p. 82.
- « Nationalités, cheminements historiques et intégration régionale », *L'intégration régionale en Afrique Centrale : une mise en perspective,* Actes de la table ronde, Libreville, 13-14-15 octobre 1993, p. 32.

[7] Cf. – W.-A. Ndombet, *Histoire des Ajumba du Gabon du 15ème siècle à 1972*, Thèse de Doctorat N.R. en Histoire, Université de Paris I, Panthéon-Sorbonne, 1989, 638 p.
Lire aussi E. Azou, *Les rites funéraires des Téké du Congo*, Thèse de Doctorat N.R. en Histoire, Université de Paris I, Panthéon-Sorbonne, 1989.

Ainsi, il existe dans l'univers englobant de ces peuples généralement une pluralité de dieux auxquels ils se réfèrent pour influer et façonner leur vécu quotidien ainsi qu'assurer leur cohésion socio-politique, économique et religieuse. Mais l'observation de cette vision du monde dans ses multiples manifestations permet-elle de reconnaître une identité commune aux peuples du Gabon propice à embrayer le développement de l'État et de la Nation ? Ne dégage-t-elle pas des spécificités qui peuvent contrarier ou obérer par exemple ce processus de construction du développement politique du Gabon ?

À ce propos, en parlant de l'Afrique, Jean-François Bayart écrit :

> L'idée d'« une culture africaine », à laquelle renverrait une organisation de la société et une conception du politique spécifique, fait problème en ce qu'elle implique d'unicité supposée plutôt que démontrée [8].

Wilson-André Ndombet s'interrogeant sur l'unicité culturelle supposée également des peuples bantu d'Afrique centrale la relativise également appliquée au cas du Gabon. Celui-ci avance que :

> Le nombre impressionnant des peuples qui y vivent nous incitent à corroborer ce point de vue, en ce sens qu'elles participent d'une histoire culturelle plurielle. Les traits communs qu'on peut y déceler ne sauraient effacer les spécificités propres à la culture de chaque nationalité. Car s'il est vrai que « les éléments anthropologiques (qui) relèvent de l'influence du biotope sur l'organisme, sont plus stables que les données fournies par la langue et la civilisation (l'exemple des Noirs d'Amérique est à ce sujet éloquent) alors, on peut affirmer que les cheminements historiques particuliers aux différentes nationalités ont entraîné un enrichissement de leurs cultures. Et, par conséquent, celles-ci ne revêtent plus d'originalité culturelle supposée « bantu » [9].

En effet, l'observation des différents cultes religieux et rites initiatiques montre une telle diversité qu'il est difficile de parler précisément d'une identité commune sur le fond et sur la forme. Les secrets et les processions découlant de factures diverses. Ainsi, la société initiatique du Kono des Ngwe-myènè (Gabon) est différente de celle du Ndjobi des Mbede) ; alors que celle-ci l'est moins par rapport au Mwiri tsogo, sous-groupe de la communauté culturelle des Okandè, du fait de leur appartenance à une aire culturelle commune et à une histoire ancienne plus partagée. De même, du fait de la proximité, des emprunts de la pratique des rites du Mungala des Nzèbi auprès des Kota et de l'Okoukwè des Fang auprès des Omyènè dévoilent, à tout le moins, une assimilation presque parfaite. En revanche, il serait difficile de repérer des ressemblances entre des rites pratiqués par différents peuples situés aux antipodes de l'État du Gabon.

---

[8] J.-F. Bayart, « Les Sociétés africaines face à l'État », *Pouvoirs*, n° 25, Paris, PUF, 1983, p. 23.

[9] W.-A. Ndombet., « Nationalités, cheminements historiques et intégration régionale », *id.*, p. 34.

En ce qui concerne l'anthropologie sociale, il paraît indubitable que les formes d'organisation de la parenté reposent sur les systèmes de filiation patrilinéaire et matrilinéaire à l'origine du politique. La famille étendue y est partout présente et son chef est la clé de voûte des institutions. Aussi, bien que ce modèle soit répandu dans le Gabon et vraisemblablement ailleurs, faut-il pour autant en conclure que cette identité commune permet à toutes ces nationalités de se reconnaître comme membres susceptibles de construire une communauté nationale compacte ?

Sur le plan économique, du nord au sud et de l'ouest à l'est du pays, les Gabonais semblent observer une gestion du temps et de l'espace identique. Celle-ci est fortement influencée par un système de pensée marqué et impacté par la prégnance de la cosmogonie sur l'écosystème et l'écologie. Laquelle cosmogonie est source elle-même de sacralité. En considérant que les éléments naturels et supranaturels s'imbriquent et s'influencent en permanence, ceux-ci fondent leur conception de l'habitat, de l'architecture, de la division du temps du travail, voire de l'orientation et de l'exploitation de l'espace qui en dépend. Cependant, peut-on dire que l'État colonial a permis l'exploitation de ces différents paradigmes en vue d'un développement harmonieux de ces nationalités ?

II. ÉTAT COLONIAL, NATIONALITÉS ET DÉVELOPPEMENT

Dans le cadre de la colonisation française du Gabon, il est important de constater que les formes de gestion économique changent. Si l'on découvre la monétarisation des échanges, il n'en demeure pas moins que, la plus grande partie des activités économiques sont liées à une économie de subsistance. Cependant, l'administration territoriale française adossée à ses entrepreneurs économiques obligeait à changer les traditions anciennes en introduisant une nouvelle économie fondée sur la monétarisation des échanges. Elle transformait le système ancien, lui, basé essentiellement sur le troc[10].

A. Les Compagnies concessionnaires : instrument de développement ou d'exploitation ?

Dans les années cinquante, la France semble jouer son propre jeu. Dans ce contexte d'émancipation de ses colonies, elle se bat pour conserver ses privilèges et d'obtenir des avantages stratégiques et déterminants. Cette situation reste le crédo (recours) des puissances européennes déclinantes et acculées par les puissances montantes, les USA et l'ex-URSS. Dans cette optique, écrit Pierre Boilley :

[10] Lire à ce sujet Mboyi-Moukanda, *La pratique des échanges commerciaux dans la société précoloniale du Gabon (XVIe-XIX siècle)*, Bordeaux, Université Michel Montaigne Bordeaux 3, septembre 2013, 382 p.

Au delà du politique, leur intérêt majeur réside dans le contrôle de ressources énergétique, pétrole, gaz, nouvellement découvertes dans ces régions et qu'elles cherchent à contrôler [11].

En effet, au Gabon, si les compagnies concessionnaires occupent l'hinterland du pays, depuis 1899, les exploitations pétrolières démarrées sur le territoire depuis 1928 aboutissent à des découvertes précises en 1956, avec la première exploitation du puits d'Anguille (région environnante de la ville de Port-Gentil) et quelques autres dans la région du lac Azingo, en aval de la ville de Lambaréné. Il s'agissait de l'extraction par la Société pétrolière d'Afrique équatoriale (SPAEFE) des ressources pétrolières (pétrole et gaz) en vue essentiellement de leur exportation vers la France.

Les compagnies concessionnaires forestières participaient donc de cette économie d'exploitation. À cette fin, pour encourager et promouvoir leurs activités, celles-ci obtenaient des capitaux, précisément, des subventions françaises. À ce sujet, avance Nicolas Métégue N'Nah :

> Ainsi furent créées au Congo français (dont participait le territoire du Gabon) en 1899, quarante compagnies concessionnaires, dont une dizaine au Gabon. [...] Les concessionnaires obtenaient, sur leur domaines, le monopole d'exploitation des produits du sol pour trente ans, la jouissance à titre définitif de toute terre mise en valeur par eux... [12].

S'il est indéniable que les permis accordés aux compagnies concessionnaires visaient à exploiter les ressources du sol et du sous-sol de la colonie du Gabon, il reste qu'ils n'auraient pas pu être plus productifs si des structures sociales à l'endroit des autochtones n'étaient guère bien prises en compte. Mais la mise en œuvre de politiques de développement social présuppose des investissements financiers importants consacrés à cet effet. Les compagnies concessionnaires dans leur agenda n'en avaient pas la mission, comme entrepreneurs d'affaires principalement déterminés à accumuler des profits à moindre coût. Dans ces conditions, l'administration coloniale française déçue par le moindre engagement desdites compagnies par rapport aux résultats escomptés en matière des politiques de développement social et de bien-être des autochtones, comment l'impulser sans la repenser autrement et au-delà des subventions ? Fallait-il l'attendre d'un entreprenariat direct de ladite administration elle-même ? À ce sujet, cette impulsion pouvait-elle être attendue de son nouveau bras séculier, le Fonds d'investissement de développement économique et social (FIDES), créé par celle-ci ?

---

[11] P. Boilley, « 0CRS/Royaume sanussi de Lybie : deux tentatives pour durer ? » C. Ageron, M. Michel (sous la dir), *L'ère des décolonisations*, Actes du Colloque d'Aix-en- Provence, 30 septembre-3 octobre 1993, Paris, Karthala, 1995, p. 367. (359-368).

[12] N. Métégué N'Nah, *Histoire du Gabon. Des origines à l'aube du XXIe siècle*, Paris, l'Harmattan, p. 106.

B. L'État colonial, le FIDES et les retombées sur les nationalités

Après la Deuxième Guerre Mondiale, se posa avec acuité la question du développement socio-économique des colonies. Mais cette idée eut du mal à prospérer. Pour prendre le train en marche, vraisemblablement sans grande conviction eu égard aux investissements réellement effectués sur nombre de territoires coloniaux, le Fonds d'investissement économiques et social (FIDES) fut créé en 1946[13].

À ce sujet, référons nous à ce qu'avance Modeste Nang Ndong :

> L'évolution des territoires français d'outre-mer supposait non seulement le développement économique, mais aussi l'accession des populations indigènes au bien-être. L'accession au bien-être des autochtones conduisit les planificateurs du Fonds d'investissement et de développement économique et social des territoires d'outre-mer (FIDES) à envisager une nouvelle politique sociale en Afrique noire. [...] La mise en place d'un plan de développement économique avait entraîné le déploiement de l'activité économique en Afrique équatoriale française. Les populations se ruèrent ainsi dans les centres urbains à la recherche du travail. Libreville, Port-Gentil et Lambaréné connurent un essor urbain. Le Problème de logement en ville se posa. Face à cette situation, les autorités métropolitaines, en collaboration avec les chefs de territoires, envisagèrent des solutions. Il a fallu faire intervenir les sociétés privées...[14].

À n'en point douter, la tâche était ardue. L'État colonial français n'avait pas, dès la période de l'après Deuxième Guerre mondiale, préparé d'emblée des politiques publiques susceptibles de promouvoir le développement tous azimuts des territoires sous sa tutelle. Non seulement il espérait que les différentes nationalités se confineraient dans leur habitat originel, mais leur exode vers les villes nouvelles, notamment aux effectifs démographiques importants, par exemple du Gabon telles que Libreville, Port-Gentil et Lambaréné le surprirent. Le poids de cette forte présence démographique dans les villes nécessitait des investissements rapides en matière de création de structures de logement, de santé, et de travail. Or, rien de tout cela n'avait été prévu. Il a fallu, comme on déjà vu, s'appuyer sur le capital privé du milieu des affaires, qui, quant à lui, n'avait pas les mêmes ambitions géostratégiques et économiques que l'État colonial. En outre, les compagnies concessionnaires déjà présentes au Gabon n'ont que très peu d'intérêt dans les centres urbains. C'étaient essentiellement des compagnies forestières et, par la suite, minières. Même lorsqu'il s'agissait d'intérêts liés, notamment en ce qui concerne les voies de communication, leur effort n'était pas plus probant.

En effet, si les compagnies concessionnaires notamment forestières regroupaient une main-d'œuvre importante composée de nombreuses

---

[13] L.M. NNang Ndong, « De l'Éat interventionniste au grand capital privé au Gabon (1946-années 2000 », *Journal gabonais d'histoire économique et sociale,* n° 2, CERHEAF, Libreville, juillet- décembre 2013, p. 105.

[14] *Id.,* p. 107.

nationalités du pays, celles-ci n'y étaient pas pourvues socialement. En matière de gain, par exemple, elles ne récoltaient qu'un maigre salaire à tout point de vue[15]. S'agissant des logements, les troncs de bois coupés qui auraient pu servir à la construction de leurs cases, en tout cas, à l'amélioration de leur habitat étaient sans réserve d'emblée exportés comme le pétrole vers la métropole. Les nationalités autochtones vivaient dans des cabanes d'une qualité médiocre, c'est-à-dire sans minimum d'équipements requis comparativement aux maisons des cadres européens. Aussi, si l'État colonial s'attendait à ce que les compagnies concessionnaires investissent dans une politique de logement dans les centres urbains, il n'atteindrait point les ambitions escomptées.

Pour revenir sur les retombées sociales dues à l'exploitation forestière et particulièrement du secteur du transport, cet effort de construction des voies routières était non plus pertinent, si l'on en croit Pierre Romuald Ombingat :

> Pour que le tracteur et le camion remplacement le rail dans l'évacuation du bois, les sociétés forestières avaient construit des routes reliant leurs exploitations au débarcadère. Dans l'ensemble ces voies, dont la largeur allait suivant les exploitations de cinq à dix mètres, étaient de qualité médiocre... [16].

Cette situation n'était pas, par conséquent, plus reluisante en ce qui concerne les voies routières à plus longue distance. Un effort de la part des compagnies forestières aurait dû, au prorata des subventions qui leur étaient pourtant accordées par l'État colonial français, être plus consenti et plus visible si l'on en croit P. R. Ombigat :

> En effet, consécutivement à la nouvelle politique économique de la France libre qui visait à terme l'amélioration de la situation économique et sociale de ses colonies à travers « le développement de leur potentiel de production [17].

Une aide conséquente émanant du Fonds d'investissement économique et social (FIDES) fut accordée au Gabon [18].

---

[15] Cependant, en matière de salaire, note P. R. Ombigat : « Pour conserver cette main-d'œuvre rare et lutter contre l'attrait exercé aussi bien par les milieux urbains que les autres secteurs d'activité, les sociétés forestières durent proposer à leurs engagés un traitement salarial convenable ». *Id.,* p. 24. Cette analyse aurait gagné à être comparée par rapport à la grille des salaires appliquée à la situation des Européens dans tous les secteurs économiques de la colonie du Gabon et non seulement aux autres autochtones travaillant dans d'autres secteurs d'activité.

[16] P.R. Ombingat, « La mécanisation de l'exploitation forestière (1913-1961) », *Le Journal gabonais d'Histoire économique* n° 1, CERHEAF, Libreville, juin, 2013, pp. 7-26.

[17] CAOM d'Aix-en –Provence, *Affaires Politiques, carton 101, dossier 5,* procès-verbal de la commission de l'économie impériale de la Conférence de Brazzaville, cité par P.R. Ombigat., *id.,* pp. 10-11.

[18] CAOM d'Aix-en Provence, Fonds FIDES, carton 22 d. 160, Financement des plans décennaux et programmes (1949), cité par P.R. Ombigat, *id.,* p. 11. Cette aide est

Ce faisant, en dépit de ce lourd investissement financier (3M. 600 millions), il n'est pas exagéré de dire que la contribution des entreprises est restée quasi médiocre. En revanche, cette allégation pourrait être relativisée eu égard au dynamisme observé au Congo Brazzaville, capitale de l'Afrique équatoriale française (AEF), où l'on note un développement nettement plus important, par exemple du secteur ferroviaire, notamment avec la construction du chemin de fer Congo-Océan. Celui-ci partait de Brazzaville à Pointe Noire[19] .

En matière médicale, il n'est pas exagéré d'affirmer que l'administration coloniale n'avait pas œuvré en faveur de la résolution des problèmes sanitaires de l'ensemble du territoire. Si l'on retrouve des hôpitaux dans les chefs lieux de régions, ceux-ci sont d'une capacité de réception des patients très faible. Ils sont invariablement équipés et la plupart d'entre eux ont été construits aux fins de soigner d'abord le personnel de l'administration coloniale française. À ce sujet, dans son déclic de mener une mission médicale au cœur de la forêt équatoriale, en témoigne le docteur Albert Schweitzer :

> Les quelques centaines de médecins que les Européens entretiennent officiellement dans les colonies ne peuvent accomplir, me disais-je, qu'une part infime de cette tâche immense, d'autant plus que la plupart d'entre eux sont destinés avant tout aux colons et aux troupes[20].

Ainsi, l'on comprend d'emblée que l'objectif de l'État colonial n'était guère de s'occuper des problèmes de santé des autochtones. Et, à n'en point douter, alors qu'en Europe se développaient dans les laboratoires de nouvelles formules thérapeutiques et, donc, des nouveaux médicaments susceptibles de soigner les Occidentaux, la question n'était pas à l'ordre du jour quant à trouver également des solutions d'éradication de maladies dites tropicales. D'ailleurs, en dehors de l'Allemagne, en France, n'y a-t-il pas d'Institut des pathologies tropicales qu'à Paris[21] ?

---

estimée, dans le premier plan quinquennal adopté le 27 octobre 1948, à 3 milliards 600 millions. Celle-ci est nécessaire pour l'installation d'une entreprise forestière et à sa maintenance mécanique. *Ibid.*, p. 11.

[19] D. Mbaidiguimal, *Les politiques publiques du Fonds d'investissement et de développement économique et social (FIDES) au Congo (1946-1958),* Thèse de Doctorat de 3ème Cycle, Université Marien Ngouabi, Brazzaville, juin 2014, pp. 156-159.

[20] A. Schweitzer, *À l'orée de la forêt vierge. Récits et réflexion d'un médecin en Afrique équatoriale française*, Strasbourg, A. Michel, 1985, 217p.

[21] A. Audoyinaud, *Le Docteur Schweitzer et son hôpital à Lambaréné. L'envers d'un mythe,* Paris, l'Harmattan, *2005,* p. *50.*

W.-A. Ndombet, « Docteur Albert Schweitzer, l'humaniste en débat, 1875-1965 », *Le malentendu Schweitzer,* N.B. Boundzanga, W.A., Ndombet, (sous la dir.), *Le malentendu Schweitzer*, Paris, l'Harmattan, p. 30.

Aussi, l'on comprend finalement l'affluence des malades venant de tous les coins du territoire du Gabon et même après l'indépendance vers l'hôpital d'Albert Schweitzer ; sauvant ainsi depuis 1913 des milliers d'âmes[22].

Sur le plan scolaire, il nous paraît fondé d'attester que l'expérience était identique. La création des écoles régionales participe du schéma identique d'investissement qu'en matière de santé. Dans ce cadre, ce sont les missions d'évangélisation catholiques et protestantes qui prendront le train en marche et seront les pionniers de la scolarisation des confins du pays.

Ainsi, dès 1844, par exemple des missionnaires catholiques de la Congrégation du Saint-Cœur de Marie (plus tard rattachés aux Pères du Saint-Esprit) reçurent des subventions du Ministère de la Marine, pour s'installer à côté du Fort d'Aumale construit par les français[23]. Cette initiative, qui avait pour ambition de contrecarrer la mission d'évangélisation américaine déjà très implantée sur les rives de l'estuaire de la rivière du Como, habitées principalement par le peuple des Mpongwè, était de bon augure. Elle permettait à la France de mieux pénétrer les nationalités autochtones et, surtout, de progressivement mailler le reste de l'hinterland du territoire à coloniser par l'administration française du Ministère des Colonies. À ce propos, une circulaire d'Augagneur, le 15 janvier 1925, recommanda l'enseignement libre à ses administrateurs :

> L'enseignement des indigènes est un des problèmes des plus importants imposé à l'attention des administrateurs coloniaux, nous devons accepter tous les concours qui s'offrent à nous, en vue de distribuer à nos autochtones les éléments d'instruction qu'ils sont susceptibles de recevoir [...].
>
> Je compte sur le zèle de tous afin d'obtenir de la collaboration surveillée de l'enseignement libre, le concours dans l'œuvre de la civilisation que nous poursuivons en commun[24].

Si cette circulaire visait manifestement à organiser la mission civilisatrice de facture occidentale par le biais de la scolarisation, elle permit au moins à l'administration coloniale française de combler un peu son retard dans sa politique de développement social des nationalités autochtones. Le père Bessieux en fut l'un des meilleurs artisans. Dans une de ses lettres datant du 12 Mars 1845, ce dernier écrit :

---

[22] *Id.*, p. 37.
-J.M.Ch. Mayeur, et L. A. Pietri- Vauchez et M. Venard, *« Histoire du Christianisme : Libéralisme, industrialisation, expansion européenne (1830-1914) »*, Mame Desclée, 1992, p. 144.

[23] J.-F. Zorn, *Le grand siècle d'une mission protestante : la mission de Paris* (1822 à 1914), Paris, Karthala, 1993, p. 83.

[24] *Cette question scolaire en AEF. : Rapport de Mgr Biéchy sur les écoles de Louango*, novembre 1938, « Conférence des ordinaires de l'AEF », Archives des Pères du Saint Esprit, carton 451. 6.1, Chevilly –La Rue, p. 5.

Il faut des écoles de l'un et de l'autre sexe. Les Ministres protestants tous Américains ont des écoles dans les villages du Roi Glass, du Roi Georges et du Roi Loukani [...].

Ces messieurs ont gagné par ces moyens la confiance des peuples qui ne voient que le matériel. Ils ont 320.000 par an, ils sont habiles politiques, leur bouche distille toujours le miel le plus doux. [...].

Leur enseignement est sur la loi naturelle. Le Christ n'est jamais qualifié de Dieu [25].

Quelques jours avant le 1er janvier, j'allais visiter les trois villages Kangwe, Quaben, Bowé. J'annonçai l'école qu'on ne cessait de me demander, je pris des enfants, j'inscrivis 65, je leur marquai le jour pour commencer, 1er janvier à 9 heures du matin. [...]. Tout semblait promettre merveille, tous voulaient apprendre « France » [...]. Dès les premiers jours, ma maison ne désemplissait pas, les enfants arrivaient à toute heure du jour. Notre classe n'était pas intéressante, je ne me faisais guère comprendre et je ne les comprenais pas. J'étais cependant content des premiers jours, ils savaient l'A, B, C, D. [26]

À l'analyse, si l'on comprend qu'il importait d'abord de contrebalancer, puis d'annihiler la présence des pasteurs protestants américains sur le territoire, il demeure que les deux missions permirent d'œuvrer jusqu'à l'aube, voire au-delà de la première moitié du 20ème siècle, le rôle qui aurait dû être assigné aux doctrinaires, puis aux agents de l'administration coloniale française. Il était impérieux pour la consolidation de sa présence que cette dernière scolarise les nationalités autochtones. L'ambition de scolariser des enfants de plusieurs villages est attestée par l'activisme du père Bessieux et sa réponse, à l'aune de la situation de l'époque. Car, de 1845 à 1900, des rives de l'estuaire du Como à celles de fleuve Ogooué et, même, dans la région actuelle du Woleu-Ntem, on recense déjà, y comprise l'œuvre missionnaire protestante américaine, près de deux dizaines d'écoles primaires[27].

Aussi, après cet examen du rapport État colonial, nationalités et développement au Gabon, ce territoire indépendant, en 1960, allait-il faire qualitativement et quantitativement changer la donne ?

---

[25] Monseigneur le Berre à la Maison Mère, 22 décembre 1888, *Archives de la Congrégation des Pères du St Esprit,* p. 168.

[26] L. R.P. Roques, *Le Pionnier du Gabon, Jean-Rémi Bessieux* (1803-1976), Paris, Alsatia Colmar, 1971, p. 42.

[27] Le Père Bessieux devait quitter le Gabon le 22 décembre 1846 pour la France, suite à une crise de foie, laissant sa chère mission Sainte-Marie aux mains de Père Briot de la Maillerie.

- Archives générales des Pères du St- Esprit, Lyon, 1895, 1895, p.462.

Lire à ce sujet C. Ondinga, *Etude comparée de l'impact des missions protestante et catholique sur l'enseignement au Gabon de 1842 à 1961,* Mémoire en Psychologie, Faculté de Théologie de Paris, 2007.

III. L'ÉTAT GABONAIS, LES NATIONALITÉS ET LE DÉVELOPPEMENT (1960- 1981)[28]

Dans cette partie, il importe d'examiner les conditions d'encadrement par l'État souverain du Gabon des différentes nationalités en vue de la production de la Nation, et d'apprécier si les politiques publiques de développement économique mises en œuvre par les gouvernements successifs satisfont ou non à leurs besoins. Il en est de même de la restitution des pratiques politiques, par exemple sous le parti unique pour brider le relativisme politique.

A. Nationalités, cheminements historiques et production de la Nation

À l'indépendance du territoire du Gabon, en 1960, ce pays est habité par des peuples qui ont dans l'ensemble chacun une histoire distincte. Leur nombre dépasse largement la cinquantaine de nationalités rassemblées et comprises particulièrement dans les groupes suivants :

- Omyènè ;
- Punu ;
- Mbédé ;
- Kota ;
- Nzèbi. ;
- Fang ;
- Okandè ;
- Vili[29].

Cette classification montre clairement le poids de la pluralité des peuples et la difficulté de les intégrer déjà dans un espace globalisant, c'est-à-dire dans un territoire dit gabonais plus vaste dont ils n'avaient pas eux-mêmes la maîtrise. À ce sujet, si l'on en croit Roland Pourtier :

> Le Gabon dérive de la mise en cadre d'une étendue inorganique soustraite au massif forestier d'Afrique centrale à coup de traits de plume sur la carte. Les frontières qui les séparaient du Cameroun et de la Guinée Equatoriale résultent banalement de l'arbitraire entre grandes puissances. La ligne de démarcation entre le Gabon et le Congo a une origine différente. La frontière « interne » aux possessions françaises commodité d'encadrement modifiable par décret, elle fut administrative jusqu'à ce que l'indépendance lui confère un statut international [30].

---

[28] 1981 correspond à l'année de l'avènement des socialistes au pouvoir, suite à la victoire de F. Mitterrand aux élections présidentielles. C'est aussi l'année de sortie de la clandestinité du parti du Mouvement de redressement national (MORENA) au Gabon.

[29] W.-A. Ndombet, « Nationalités Cheminements historiques et intégration régionale », *Actes de la table Ronde*, CERGEP, Université Omar Bongo, Libreville, 13-14-15 octobre 1993, p. 33.

[30] R. Pourtier, « Encadrement territorial et production de la Nation », *L'État contemporain en Afrique*, sous la direction d'E. Terray, Paris, l'Harmattan, 1983, p. 343.

[22] *Id.*, p. 346.

Et celui-ci ajoute dans ces conditions que :

La République gabonaise héritait donc d'un espace éclaté.

En comparant avec le processus de construction des autres territoires d'Afrique centrale, on peut dire que celui-ci s'est effectué sans consulter les nationalités locales. On ne peut guère se douter que celles-ci défient les États naissants. Trente ans environ après leurs indépendances respectives, nombre de peuples vivent encore en dehors des circuits étatiques modernes.

Certes, ces nationalités avaient découvert déjà des frontières nouvelles respectives à chaque territoire, membre de l'AEF, décrétées le 15 janvier 1910, mais la faible durée de leur cohabitation ne les a pas préparées à s'approprier le nouveau dessein du Gabon indépendant. Elle ne les a pas préparées non plus à s'organiser pour impulser son développement sur la base d'une communauté d'intérêt et de destin. De même, cette situation à la fois historique et économique, voire politique, n'a pas, par conséquent favorisé la production de la Nation avant l'émergence de ce nouvel État, en 1960. En fait, l'État l'a précédée alors que le contraire aurait dû d'abord se produire. Pour autant, peut-on dire la colonisation n'a au moins politiquement en partie modelé ces nationalités ?

B. Nationalités, développement et limites

Pour bien comprendre la place et l'implication des nationalités dans le processus de développement de l'État moderne au Gabon, il convient de montrer comment ses politiques publiques sont menées en faveur de la satisfaction ou non de leurs besoins ou de leur bien-être. Quelles en furent les priorités ?

1. Les Politiques publiques de développement des années 1960 et 1970 : quelles priorités ?

En 1960, il serait exagéré d'alléguer que le nouvel État du Gabon pouvait adosser le fonctionnement d'une économie de type moderne aux modes de production de l'économie ancienne. S'il est vrai que l'ensemble des nationalités gabonaises vivaient dans l'oekoumène ou l'écosystéme forestier équatorial, celui-ci revêtait quelques altérités dans la mesure où, chacune d'elles s'implantait en sus respectivement dans les savanes, le long du fleuve Ogooué, les rives des lacs et lagunes, etc. Ces nationalités se spécialisaient par conséquent dans des activités économiques diverses sans concertation ni échange permanent. De plus, ces environnements obligeaient à exercer des productions artisanales, agricoles, de pêche et de chasse variées et toujours aux fins de satisfaire leur besoins essentiels de subsistance. Spécialisées dans une économie de subsistance et produisant des habitudes alimentaires particulières, elles ne se projetaient guère longtemps dans une longue durée qui permettrait de répondre aux besoins alimentaires au-delà de son habitat respectif et recouvrant des populations plus importantes. Ainsi, l'on pourrait dire que ce n'était pas une économie intensive. Celle-ci était, en réalité, soumise aux rythmes des saisons et à ses conséquences sur son environnement immédiat.

Ce type d'économie pratiquée, par conséquent, à l'échelle d'un État ne pouvait conduire qu'à une absence d'autosuffisance alimentaire. Malheureusement, depuis l'indépendance, au lieu de résoudre cette équation, les gouvernements gabonais successifs se sont enfermés presque totalement dans la promotion de politiques de développement imposées de l'extérieur, fondées sur l'extraction et l'exploitation des matières premières du sol et du sous-sol. À ce sujet Léon Modeste NNang Ndong, n'hésitant pas de qualifier l'État gabonais d' « entrepreneur de premier plan », écrit

> Un interventionnisme croissant se manifeste pour prendre des participations au capital des entreprises étrangères à travers la société gabonaise de développement créée à cet effet [...].
>
> Dans le secteur minier, ce fut le cas de la Compagnie des mines d'uranium de Franceville (COMUF) créée en 1961 dans laquelle l'État détient 25% du capital. Il en fut de même pour la Compagnie minière de l'Ogooué(COMILOG) qui exploite le minerai de manganèse depuis 1962[31] .

Dans cette optique, comment ne pas rappeler les termes et l'esprit des accords de coopération en matières premières et produits stratégiques, lors du transfert de compétences de la République Française à la République Gabonaise, en 1960[32] ? Ceux-ci privilégiaient d'abord les intérêts de l'ex-puissance tutrice, la France. Mais à l'adresse des nationalités gabonaises, tous les programmes initiés dans le cadre des politiques publiques de développement du gouvernement, pour assurer l'autosuffisance alimentaire, n'ont jamais réussi à changer la donne. En dépit de moult programmes de développement agro-industriel initiés, dans les années 1970, notamment dans les villes de Ntoum (une bananeraie), de Tchibanga et de Lambaréné (une ferme rizicole chacune), ceux-ci ont tous échoué bien que supervisés par le Ministère de l'Agriculture. Aussi, il n'est pas étonnant que l'on assiste au Gabon, considérant le déficit des productions alimentaires de première nécessité, à une inflation galopante et en permanente augmentation. En dix ans, l'on a constaté par exemple que les prix du bâton de manioc et du régime de banane, de même gabarit, ont presque triplé.

Cette situation onéreuse pour le panier de la ménagère est devenue tellement dramatique d'autant plus que le Gabon est presque totalement tributaire de l'étranger et particulièrement du Cameroun voisin, en matière de céréales et de

[31] L.M. NNang Ndong, « De l'État interventionniste au grand capital privé au Gabon », *Journal gabonais d'histoire économique et sociale*, n° 2, CERHAF, juillet- décembre 2013, p. 108.

[32] Loi n° 60-734 du 28 juillet portant approbation des accords particuliers signés le 15 juillet 1960 entre le Gouvernement de la République Française et le Gouvernement de la République Gabonaise, *Journal officiel* du 29 juillet 1960.

tubercules, de ressortissants nigérians, en matière de poissons, de l'Afrique du Sud, de l'Union européenne et de l'Argentine, en matière de viande bovine et de volaille. À n'en point douter, cela a eu pour conséquence une balance commerciale largement déficitaire dans ce domaine[33].

2. Les politiques d'investissements des années 1970 et 1980

Les politiques publiques de développement économique et social du PDG à l'adresse des nationalités gabonaises ont été conçues en fonction des opportunités présentes dans le pays, province par province. Le fondateur du parti unique gabonais, Omar Bongo[34], ayant fait du développement économique et social un des piliers fondamentaux de sa politique. Il apparaît qu'il ait choisi de répartir les investissements en la matière en fonction du degré d'adhésion des populations provinciales à ses idéaux. Par exemple, les paysans du nord s'étaient spécialisés dans la filière café, cacao. Beaucoup d'entre eux commençaient à être perçus comme faisant partie, dans la société, d'une petite "bourgeoisie" agricole locale[35]. Cependant, vers la fin des années 1970 et début 1980, les faiblesses de celle-ci se sont dévoilées à cause de la baisse significative des cours mondiaux de ces plantes commerciales. Cette crise obligeait, par conséquent, à produire davantage que prévu afin d'obtenir plus de rentabilité.

Cependant, comme les forestiers gabonais qui ne disposaient pas d'une mécanisation accrue, les paysans ne purent répondre à cette exigence. Beaucoup d'entre eux abandonnèrent également cette filière café, cacao pour espérer travailler dans des usines modernes qui, également, manquaient dans la région. Aussi, cette activité économique avait-elle perdu de son allant et, désormais, ne représentait qu'une portion quasi nulle au produit national brut du pays. Cette situation dénotait indubitablement de l'échec de la politique du "progressisme économique et concerté" préconisée par le PDG et agitée par ses chantres avec cors et trompettes. Mais, le gouvernement de la République gabonaise semblait ignorer qu'il ne maîtrisait point les vicissitudes du marché de l'économie mondiale très tributaire de l'impérium des trusts internationaux[36]. À ces incohérences se doublait une politique déséquilibrée des investissements économiques et sociaux entre provinces.

Dans cette optique, même s'il est acquis que les pays développés ne se sont pas construits en un jour, ils ont été au moins guidés, dans leur politique nationale de déconcentration des investissements économiques et sociaux, par le sens de l'équité et du maintien des équilibres nationaux. Toutes choses sans conteste toujours guidées par le sens de la préservation de l'intérêt général. Or, dans un pays comme le

---

[33] Le Gabon peine à présenter des statistiques officielles en rapport avec ces importations. Elles nous auraient davantage éclairé.

[34] Omar s'appelait Albert-Bernard Bongo avant de devenir Omar Bongo, suite à sa reconversion à l'Islam en 1973.

[35] La comparaison doit être établie entre paysans locaux.

[36] W.-A. Ndombet, *Partis politiques et unité Nationale*, Paris, Karthala, 1989, pp. 143-144.

Gabon, dont les centres urbains les plus actifs correspondent aux capitales provinciales (soit 9 au total), il semble que certaines d'entre elles aient été prédéterminées à recevoir plus d'investissements publics que d'autres. Les décideurs et signataires de ces programmes d'investissements étant ressortissants des mêmes provinces, ou sous le contrôle des barons du régime au pouvoir, ceux-ci ont donné la priorité à celles-ci. Le régime au pouvoir, par ses discours, s'est essayé de justifier cette attitude funeste et honteuse par la localisation des ressources économiques dans lesdites provinces. Il est clair que le Gabon regorge de matières premières inexploitées et qu'on ne cesse de découvrir dans les provinces délaissées. Faut-il, dans ces conditions, dire que lorsque les ressources exploitées aujourd'hui tariront dans les provinces privilégiées, celles-ci ne devront plus bénéficier des investissements futurs de l'État [37] ? Et que retenir du politique ?

3. État, nationalités, développement politique et limites : l'exemple du PDG, ex- parti unique

L'avènement et les quarante deux ans de parti unique, du PDG, n'ont pas fait que des heureux élus. Ils ont produit également des affects. Si cette invention a permis de consolider les assises d'Omar Bongo, son créateur, elle a progressivement plombé l'essence de la vitalité politique, propre aux États démocratiques modernes. Ainsi présenté, peut-on considérer l'invention du parti unique ou parti dominant comme synonyme de fin du politique ?

Selon les dispositions de l'article 4 de la constitution du 21 février 1961, il est stipulé que *« les partis et groupements politiques concourent à l'expression du suffrage. Ils se forment et exercent librement dans le cadre fixé par les lois et règlements. Ils doivent respecter les principes démocratiques, la souveraineté nationale et l'ordre public »*[38].

À partir du 12 mars 1968, l'article 4 disposait que *« le Parti démocratique gabonais assure la participation des électeurs à tous les suffrages. [...] Il établit la liaison nécessaire entre le peuple et le gouvernement gabonais, nul ne peut se voir confier un mandat public électif s'il n'est investi par le parti »*[39].

En effet, ces deux extraits de Constitutions successives montrent à n'en point douter une rupture entre l'ambition des dirigeants gabonais pétris du legs institutionnel de l'ex- puissance tutrice, la France, après l'indépendance, et celle des dirigeants du parti démocratique gabonais, à partir de 1968. Non seulement la compétition électorale entre les partis était désormais assumée par un parti unique, mais aussi la légitimé des suffrages exprimée, lors des processus électoraux cessait d'incomber directement aux citoyens. Celle-ci désormais procédait du bon vouloir du parti unique qui la confisquait, par ses arbitrages, au profit du candidat de son choix. Le PDG s'appropriait et décidait du choix des candida-

---

[37] *Id.*, p. 176.

[38] G. Lavroff Dimitri, *Les constitutions africaines. L'Afrique noire et Madagascar*, Paris, Pedone, 1961, p. 32.

[39] Parti démocratique gabonais, *La Constitution de la République Gabonaise*, Libreville, PDG, Mars 1987, p. 7.

tures à soumettre à l'ensemble des membres du corps électoral et obligeait ainsi également ceux qui n'en étaient pas partisans à s'exclure. Car « nul ne peut se voir confier un mandat public électif s'il n'est investi par le parti »[40]. Cette obligation de se soumettre au diktat du parti unique à n'en point douter était de nature à brider les libertés individuelles et politiques. Et, à ne pas surtout permettre, durant le règne du parti unique, toute respiration politique. Et que peut-on dire du relativisme politique ?

Durant toute la période du parti unique, il n'est pas exagéré d'affirmer que le Gabon a vu nombre de ces citoyens s'organiser dans la clandestinité. Laquelle clandestinité a permis de forger une opposition qui, du coup, construisit un mythe : le mythe des intellectuels ennemis de la République gabonaise dans l'opposition. À ce sujet, écrit Wilson-André Ndombet :

> Cette notion d'intellectuels ennemis dans l'opposition est née des conditions d'abolition du multipartisme au Gabon en 1968. L'avènement d'un parti monopartite avait été motivé par la volonté de mobiliser dans un cadre unique l'énergie de toutes les couches sociales du pays. Cette option unitariste, qui renforça le culte du chef au pouvoir, n'intégra pas la non séparation des pouvoirs, bâillonna les libertés individuelles et s'opposa, de manière catégorique, aux idéaux de la jeune élite formée dans les démocraties occidentales[41].

En effet, si l'on en croit Jean Devisse de 1920 à 1960, commence à émerger une nouvelle classe d'intellectuels africains regroupés en associations d'étudiants tels que le Conseil National des étudiants coloniaux (CNEC), la Fédération des étudiants d'Afrique Noire francophone (FEANF)[42]. Cependant, si l'on note une faible représentation de Gabonais dans lesdites associations estudiantines durant cette période, après l'indépendance intervenue en 1960, leur nombre augmente considérablement vers la fin des années 1960 et début 1970. Ce sont-eux qui vont faire partie des membres de l'opposition au Président-Fondateur du PDG, Albert Bongo. Face à ceux-ci, le pouvoir naissant d'Albert Bernard Bongo, pour s'ancrer sur l'échiquier politique national dut se radicaliser au point d'emprisonner toutes personnes censées ne pas rentrer dans les rangs du parti unique. Parmi ceux qui, entre autres, en avaient supporté les foudres, par suspicion ou non et surtout été emprisonnés, on compte :

Parmi les fonctionnaires :

- Joseph Rédjambé ;
- Pierre-Louis Agondjo Okawé ;
- Patrice Ondo Mba ;
- Marcel Ntoutoume M'Feang ;
- Bertrand Békalé ;
- Bernard Ondo Nzé ;

---

[40] *Id.*, p. 32.

[41] W.-A. Ndombet, *Partis politiques et Unité nationale*, Paris, Karthala, p. 157.

[42] J. Devisse, *La presse étudiante noire en France (1943-1960)*, étude réalisée par Nicole Bancel, révisée par J. Devisse, Paris, Unesco, 1989, p. 11, 24, 27.

et parmi les étudiants :
- Anselme Nzoghe ;
- Guy Nzouba-Ndama ;
- Jean-Marie Aganga Akélagélo ;
- Jean-Bernard Ndjoga ;
- Marc-Louis Ropivia ;
- Emmanuel Boussougou Bounda ;
- Fidéle- Pierre Nzé-Nguema ;
- Jean-François Nonda[43].

Cette répression des opposants au parti unique s'est-elle pour autant arrêtée ? Il semble que l'avènement au pouvoir de la gauche socialiste au pouvoir ait troublé tous les pouvoirs dictatoriaux en Afrique noire francophone. Ils étaient tous persuadés que cette alternance au pouvoir en France dans le cadre des relations avec ces anciennes colonies entraînerait une rupture ou un changement de vision et de gestion de celles-ci. L'opposition clandestine au pouvoir au Gabon, quant à elle, en fut aussi persuadée et se manifesta alors publiquement. Il en résulta une violente répression et plusieurs emprisonnements des membres de cette opposition. Parmi ceux-ci, on compte : Simon Oyono Aba, alias Mandéla[44] Nzoghé Nguema, Moubamba Nziengui, etc[45]. Tous se réclamaient appartenir au Mouvement du redressement national (MORENA)[46].

En réalité, l'option pour l'institutionnalisation du parti unique apparaît comme une stratégie finement pensée par le régime au pouvoir. Au prétexte d'œuvrer pour la promotion de la mise en place de l'unicité de l'État et l'unité de la « nation »- toujours restées en projet, elle est demeurée un prétexte pour le chef de l'État, afin de monopoliser et de se pérenniser au sommet de l'État. La politique de noyautage des leaders de l'opposition participaient, par conséquent, d'une stratégie de rejet du développement et de d'alternance politique au Gabon. Cette posture de fin du politique puisait son ressort dans l'instrumentalisation des nationalités ou communautés culturelles. Étant donné que, sur le plan de l'orientation du sens du vote, la plupart des leaders ou candidats du PDG tiraient leur légitimité de la volonté des électeurs instrumentalisés- n'ayant guère d'autre alternative que les candidats du PDG. Cette stratégie du parti au pouvoir consistait à inciter les nationalités en question à céder leur trust ou dépôt respectif en l'entrelaçant aux allégeances politiques traditionnelles contre la modernité politique de type démocratique. Celui-ci est patent,

[43] M.-L Ropivia, *Histoire du complot contre le chef de l'État Albert-Bernard Bongo en 1973*, ancien prisonnier politique, exilé au Canada pour y poursuivre également ses études, actuel Professeur en Géosciences politiques et Recteur de l'Université Omar Bongo de Libreville, Paris, novembre 2005. W.-A. Ndombet, « Imaginaire des élites, savoir et développement au Gabon (1957-2007) : Mythe ou réalité ?, W.A.Ndombet, (sous la dir.), *Savoir et développement au Gabon de 1960 à nos jours,* Paris, l'Harmattan, 2010, pp. 37-56.

[44] Ce leader fut au soir de sa vie débauché et associé plus tard à l'exercice du pouvoir.

[45] Nzoghé Ngueme finit par entrer au Sénat alors que Moubamba Nziengui mourut malade quelque temps après.

[46] Premier parti à s'opposer publiquement au parti unique du PDG.

notamment en période d'échéances électorales locales ou nationales. La plupart des nationalités pratiquent un repli identitaire manifeste dans l'expression de leurs suffrages ou le sens de leurs suffrages respectifs. On l'a particulièrement noté lors des élections présidentielles de 1993 et 1998.

CONCLUSION

Au total, les sources relatives à la *bantuité* comme fondement essentiel de l'altérité culturelle des nationalités du Gabon ne les mobilisent pas suffisamment pour embrayer ni le processus de construction de l'État-Nation, ni la validation d'un protocole de développement socio-économique du pays. D'autant plus que les expériences positives remarquées, par exemple en matière sociale et médicale sous l'État colonial et sous l'État indépendant du Gabon, n'ont pas plaidé en leur faveur. Elles étaient particulièrement l'œuvre de missions d'évangélisation et de missions humanitaires. Toutes les ressources du sol et du sous-sol, durant ces deux périodes étaient exploitées majoritairement au profit des milieux d'affaires liés aux trusts internationaux. Les quelques reliquats consécutifs à la prédation de cette manne forestière et minière étaient captés par le régime au pouvoir qui, à son tour, servait davantage sa propre clientèle pour son ancrage à long terme sur l'échiquier politique national. Toute chose attestée par la priorité des investissements accordée aux fiefs politiques et provinciaux les plus militants et les plus enclins à servir la cause du régime au pouvoir, au détriment de l'intérêt général des Gabonais. Le Gabon est encore malgré tout un pays sous-développé.

SOURCES ET BIBLIOGRAPHIE

SOURCES

Sources d'Archives

Archives des Pères du Saint Esprit, carton 451. 6.1 :

- Archives générales des Pères du St- Esprit, Lyon, 1895, 1895, p.462.
- Monseigneur le Berre à la Maison Mère, 22 décembre 1888, *Archives de la Congrégation des Pères du St Esprit,* p. 168.xwfd
- *Rapport de Mgr Biéchy sur les écoles de Louango*, novembre 1938, « Conférence des ordinaires de l'AEF », Chevilly –La Rue, p. 5.
- CAOM d'Aix-en-Provence, *Affaires Politiques, carton 101, dossier 5,* procès-verbal de la commission de l'économie impériale de la Conférence de Brazzaville.

CAOM d'Aix-en Provence, Fonds FIDES, carton 22 d. 160, Financement des plans décennaux et programmes (1949).

Sources imprimées

Loi n° 60-734 du 28 juillet portant approbation des accords particuliers signés le 15 juillet 1960 entre le Gouvernement de la République Française et le Gouvernement de la République Gabonaise, *Journal officiel* du 29 juillet 1960

Parti démocratique gabonais, *La Constitution de la République Gabonaise*, Libreville, PDG, Mars 1983, p. 7.

Source orale

M.-L. Ropivia, *Histoire du complot contre le chef de l'État Albert-Bernard Bongo en 1973*, ancien prisonnier politique, exilé au Canada pour y poursuivre également ses études, actuel Professeur et Recteur à l'Université Omar Bongo de Libreville, Paris, novembre 2005.

BIBLIOGRAPHIE

Ouvrages

A. Audoyinaud, *Le Docteur Schweitzer et son hôpital à Lambaréné. L'envers d'un mythe*, Paris, l'Harmattan, 2005.

E. Azou, *Les rites funéraires des Téké du Congo*, Thèse de Doctorat N.R. en Histoire, Université de Paris I, Panthéon-Sorbonne, 1989.

P. Boilley, 0CRS, « Royaume sanussi de Lybie : deux tentatives pour durer ? », C. Ageron, M. Michel (sous la dir), *L'ère des décolonisations*, Actes du Colloque d'Aix-en- Provence, 30 septembre-3 octobre 1993, Paris, Karthala, 1995.

J. Devisse, *La presse étudiante noire en France (1943-1960)*, étude réalisée par N. Bancel, révisée par J. Devisse, Paris, Unesco, 1989.

J.-J. Gabas, « La notion de développement », *Savoir et développement. Questions en débat à l'aube du XXIe siècle*, Géronimi V., Bellier I. et al. (sous la dir.), Paris, Karthala, 2008.

G. Lavroff Dimitri, *Les constitutions africaines. L'Afrique noire et Madagascar*, Paris, Pedone, 1961.

J.M.Ch. Mayeur et L. A. Pietri- Vauchez- M. Venard, *« Histoire du Christianisme : Libéralisme, industrialisation, expansion européenne (1830-1914) »*, Mame Desclée, 1992.

D. Mbaidiguimal, *Les politiques publiques du Fonds d'investissement et de développement économique et social (FIDES) au Congo (1946-1958)*, Thèse de Doctorat de 3ème Cycle, Université Marien Ngouabi, Brazzaville, juin 2014.

L.-C. Mboyi-Moukanda, *La pratique des échanges commerciaux dans la société précoloniale du Gabon (XVIe-XIX siècle)*, Bordeaux, Université Michel Montaigne Bordeaux 3, septembre 2013.

N. Métégué N'Nah, *Histoire du Gabon, Des origines à l'aube du XXIe siècle*, Paris, l'Harmattan, 2012.

W.-A. Ndombet, *Histoire des Ajumba*, Mémoire de Maîtrise d'Histoire, Département d'histoire et Archéologie, Université Omar Bongo, Libreville, septembre 1984.

- *Histoire des Ajumba du Gabon du 15ème siècle à 1972*, Thèse de Doctorat N.R. en Histoire, Université de Paris I, Panthéon Sorbonne, 1989.

- « Nationalités, cheminements historiques et intégration régionale », *L'intégration régionale en Afrique Centrale : une mise en perspective*, Actes de la table ronde, Libreville, 13-14-15 octobre 1993.
- *Partis politiques et unité Nationale*, Paris, Karthala, 1989.
- « Docteur Albert Schweitzer, l'humaniste en en débat, 1875-1965 », *Le malentendu Schweitzer*, N.B. Boundzanga, W.-A. Ndombet (sous la dir.), Paris l'Harmattan, 2013.

C. Ondinga, *Etude comparée de l'impact des missions protestante et catholique sur l'enseignement au Gabon de 1842 à 1961,* Mémoire en Psychologie, Faculté de Théologie de Paris, 2007.

R. Pourtier, « Encadrement territorial et production de la Nation », L'État contemporain en Afrique, E. Terray (sous la dir.), Paris, l'Harmattan, 1983.

M. Rémondo, *Le droit administratif gabonais,* Paris, LGDJ, 1987.

L. R.P. Roques, *Le Pionnier du Gabon, Jean-Rémi Bessieux* (1803-1976), Paris, Alsatia Colmar, 1971.

A. Schweitzer, *À l'orée de la forêt vierge. Récits et réflexion d'un médecin en Afrique équatoriale française*, Strasbourg, Albin Michel, 1985.

Van Noten, D. Cohen et P. de Maret, « L'Afrique Centrale », *Histoire Générale de l'Afrique*, G. Moktar (sous la dir.), tome I, 2, Paris, Jeune Afrique/ Stock/Unesco, 1980.

J.-F. Zorn, *Le grand siècle d'une mission protestante : la mission de Paris* (1822 à 1914), Paris, Karthala, 1993.

Revues et périodiques

Banjikila Bakaja, « L'origine des peuples bantu » *Afrique Histoire* n° 9, Dakar 1983, pp. 18- 34.

J.-F. Bayart, « Les Sociétés africaines face à l'État », *Pouvoirs*, n° 25, PUF, Paris, 1983, pp. 23-39.

W.-A. Ndombet, « Imaginaire des élites, savoir et développement au Gabon (1957-2007) : Mythe ou réalité ?, W.-A. Ndombet (sous la dir.), *Savoir et développement au Gabon de 1960 à nos jours,* Paris, l'Harmattan, 2010, pp. 37-56.

L.M. NNang Ndong, « De l'État interventionniste au grand capital privé au Gabon (1946-années 200) », *Journal gabonais d'histoire économique et sociale,* n° 2, CERHAF, Libreville juillet- décembre 2013, pp. 105-120.

P.R. Ombingat, « La mécanisation de l'exploitation forestière (1913-1961) », *Le journal gabonais d'Histoire économique* n° 1, CERHAF, Libreville, juin, 2013, pp. 7-26.

ÉTATS-NATIONS, UNITÉ CENTRE-AFRICAINE ET DÉVELOPPEMENT

Abraham –Constant Ndinga Mbo
Universite Marien Ngouabi/Congo

RÉSUMÉ

Est-il aisé d'assumer aujourd'hui la géographie politique imposée à la fin du XIXe siècle par les puissances coloniales européennes, expression de l'État-nation ? À la lumière de l'histoire récente de l'Afrique centrale, le grand projet demeure une véritable intégration sous régionale sur les plans politique, économique... Des écueils – les contraintes exogènes et endogènes-entravent l'intégration économique. La question est d'actualité. Les solutions existent. C'est l'objet de cette communication.

MOTS CLÉS

Puissances coloniales, État-Nation, Afrique centrale, Ecueils, Intégration.

INTRODUCTION

Une des recommandations du Colloque International sur la Conférence de Berlin (15 novembre 1884-25 février 1885) qui s'était déroulé à Brazzaville en Avril 1985 préconisait aux actuels États africains, dont les frontières sont issues de ce Congrès mémorable, « d'œuvrer désormais à devoir les dépasser ». Sage recommandation faite dans une ville-capitale, Brazzaville, située en face d'une autre ville-capitale, Kinshasa. Depuis Berlin 1885, le fleuve Congo avait été imposé comme frontière à ces deux États-nations créés par Pierre Savorgnan de Brazza et Morton Henry Stanley.

De fait, aujourd'hui encore, les peuples riverains de ce fleuve, répartis sur la rive droite (Congo-Brazzaville) et sur la rive gauche (Congo-Kinshasa) vivent cette aberration historique. De tout temps, le fleuve Congo a été pour ces riverains – les Ngala, les Teke et les Kongo – une voie commune de circulation, de commerce, un véritable espace vital qu'ils se partagent ; les pêcheries que les uns et les autres fréquentent peuvent être aussi bien sur la rive droite que sur la rive gauche. Pas de frontière politique en tout cas pour les poissons qu'ils poursuivent.

Ainsi, la géographie politique actuelle imposée par les puissances coloniales, la France et la Belgique, à la fin du XIXe siècle, et qui est partout en Afrique l'expression de l'État-nation, s'avère difficile à assumer aujourd'hui.

Cependant, l'idée d'État-nation qui apparait après la Conférence de Berlin est nouvelle pour l'Afrique noire. En retenant après Berlin les cours d'eau (Congo, Oubangui, Sangha, Ngoko, Chari, Lac Tchad...) comme limites d'États, les colonisateurs européens bouleversaient le destin historique de nos fleuves, rivières et lacs. L'ignorance ici affirmée des fonctions réelles des fleuves, rivières et lacs dans l'histoire africaine par les Européens pousse encore aujourd'hui à s'interroger sur les motivations idéologiques d'un tel choix.

Le premier axe de cette communication est de ce fait la définition de l'État-nation. Puis, dans le deuxième axe, à la lumière de l'histoire contemporaine de l'Afrique centrale, s'ouvrira le débat sur l'intégration régionale, notamment l'intégration économique. Quelles en sont les contraintes ? Quel est le destin aujourd'hui de l'intégration sous régionale ?

I. DE L'ÉTAT-NATION

En réalité, le partage du continent africain au début de la période coloniale et, plus encore, les différents découpages opérés au moment de l'accession à l'indépendance de la plupart des États africains (nous pensons en particulier à l'éclatement des deux fédérations, l'Afrique Occidentale Française en 7 États et l'Afrique Équatoriale Française en 4 États) illustraient l'idéologie politique qui s'était imposée peu à peu en Europe à partir du XVe siècle, et qui s'est finalement concrétisée, tant en Europe qu'en Afrique du fait de la colonisation, aux XIXe et XXe siècles : la conception de l'État-nation. Notion connexe de l'idée de l'État-nation, celle de frontière. Pas d'État-nation sans frontières précises connues de tous, tracées non seulement sur les cartes géographiques, mais aussi visibles sur le terrain : bornes, douanes, etc. Très rapidement, l'idée d'utiliser les éléments géographiques comme limites est apparue comme pouvant faciliter le travail complexe des géomètres lors de la prise de possession coloniale. D'où, la notion de « frontière naturelle » suivant les cours d'eau, ou la ligne de partage des eaux, ou laligne de faîte d'un massif montagneux. Malheureusement, loin de constituer des frontières, des limites, voire simplement des obstacles au passage des hommes, les éléments naturels que sont, par exemple, les cours d'eau, ont plutôt toujours rassemblé de vastes communautés d'hommes dans des civilisations originales. N'était-ce pas déjà une originalité, le cas de la civilisation égyptienne antique élaborée autour du Nil ? N'était-ce pas le cas de l'ancienne civilisation du Rhin au cœur de l'Europe ? La notion de « frontière naturelle » représente une vision radicalement nouvelle, très récente au demeurant dans l'histoire des idées politiques.

Les États de l'Afrique centrale – Congo-Brazzaville/Congo-Kinshasa ; Congo-Brazzaville/République Centrafricaine ; Congo- Kinshasa/République Centrafricaine-peuvent aujourd'hui, heureusement proposer au monde comme exemple leur politique de bon voisinage qui, continuant celle des anciennes puissances tutélaires, la France et la Belgique, a permis à un axe vital comme celui du Congo/Oubangui de demeurer ce qu'il a toujours été, en dépit de son statut nouveau de frontière, et aux populations riveraines de ces cours d'eau de perpétuer, tant au niveau économique que social, l'essentiel de leurs relations anciennes multiséculaires.

Ainsi, pour les États de la vieille Europe notamment, le moyen de maintenir et de renforcer la dépendance de l'Afrique fut d'empêcher la formation de grands ensembles politiques par un réaménagement général de la carte politique coloniale, de sorte que le continent se retrouve aujourd'hui tiraillé entre une cinquantaine de souverainetés obligées de se tourner vers l'extérieur pour assurer leur sécurité en tant qu'États, et leur survie en tant qu'Économies.

L'obstacle au développement de nos actuels États-nations en Afrique centrale réside ainsi dans la persistance de la carte politique post coloniale. Cette carte, en légitimant le partage issu de la Conférence de Berlin, en taillant l'Afrique centrale au gré des influences étrangères (Allemagne, France, Belgique, Portugal, Espagne, Angleterre) empêche aujourd'hui les Africains du Centre de se lancer dans l'aventure du développement.

La faiblesse actuelle de l'État-nation appelle une révision déchirante de certains principes réputés intangibles et la définition hardie de nouvelles formules de coopération, non seulement au sein d'entités à vocation économique, mais également par la mise sur pied de structures politiques interétatiques nouvelles.

Le contrepoidsle plus efficace à la tendance « hyper nationaliste » de l'État-nation est la coopération, dans tous les domaines, entre nos États, à l'instar de l'Europe.

Celle-ci, sortie meurtrie de la Seconde Guerre mondiale, a aujourd'hui trouvé ses marques. L'Europe économique est une réalité ; elle a même une monnaie, l'Euro. Elle n'accueille en son sein que des États forts ; les faibles doivent se consolider avant d'y être agrégés. L'Europe politique a son parlement installé à Strasbourg ; Schengen a tracé pour ces États la nouvelle frontière politique. L'Europe des communautés dans le cadre des États de droit est une réalité.

L'Afrique devrait suivre cette voie. Parmi les préalables à son développement, l'essentiel demeure ainsi la construction d'une véritable communauté d'États aux structures démocratiques assurant une participation effective des citoyens. L'Afrique centrale ne peut s'engager dans le développement et compter demain en Afrique que si elle arrive à surmonter les obstacles que constituent d'une part son émiettement territorial, et d'autre part sa gouvernance.

II. POUR UNE VÉRITABLE INTÉGRATION SOUS-RÉGIONALE

Il ne s'agit pas de se laisser emporter par le rêve d'une grande puissance centre-africaine –comme l'avait préconisé Barthélémy Boganda en 1958-, mais avant tout de dépasser les facteurs géographiques paralysants que sont les espaces exigus et la faiblesse des ressources humaines qui caractérisent nos pays dans leur majorité. Cette désatomisation de l'espace géographique trouve d'ailleurs sa légitimité juridique dans la Charte de l'OUA qui stipule dans son Préambule et ses objectifs que « *la politique de collaboration et de coopération doit prendre le pas sur celle de la division.* » Il ne s'agit pas, bien sûr, du jour au lendemain, de balayer de la carte politique africaine les États qui s'y trouvent, mais de créer entre eux des structures confédérales ou fédérales au sein desquelles de vastes programmes de développement économique ou de recherches scientifiques et techniques seront conçus et mis à exécution.

Le Conseil Africain et Malgache pour l'Enseignement Supérieur (CAMES), expérience louable, s'inscrit dans cette démarche d'intégration de l'Université africaine. Une autre expérience, celle de la FESAC (Fondation de l'Enseignement Supérieur en Afrique Centrale) avait consisté, dans les années 1960-1970, au sortir de la colonisation, à organiser la formation des cadres de l'Afrique centrale (ex-AEF) dans les pôles d'excellence répartis à travers l'Afrique centrale :

- la zootechnie à Fort-Lamy, au Tchad ;
- la foresterie à Libreville et les Travaux Publics au Cap Estérias (Gabon) ;
- l'agronomie (Institut agronomique de Wakombo) à Mbaiki, au Centrafrique ;
- le Centre d'Enseignement Supérieur (Écoles des Lettres, de Droit et des Sciences) à Brazzaville, au Congo.

Pourquoi les diverses Facultés et Écoles de l'Afrique centrale n'échangeraient-elles pas aujourd'hui leurs enseignants de rang magistral pour les formations de haut niveau, les doctorats notamment ? Pourquoi ne devraient-elles pas développer cette coopération sud-sud ? Pourquoi ne pas délivrer à nos enseignants-chercheurs des passeports autorisant la libre circulation à travers toute l'Afrique centrale ? Pourquoi tarde t-on aujourd'hui à rendre usuel le passeport de la CEMAC ? La plupart des actuels États de l'Afrique centrale appartiennent à l'aire culturelle ou zone de civilisation bantu. Rien n'est plus aberrant que l'impossibilité pour des chercheurs congolais d'étendre hors des frontières de leur pays des études. Le cas de l'histoire et des civilisations des populations Duala du Cameroun dont la langue a des ressemblances frappantes et troublantes avec le Lingala, langue véhiculaire des deux Congo.

III. DE L'OUA À L'UA OU L'HISTOIRE DE L'INTÉGRATION AFRICAINE À PARTIR DUXX^E SIÈCLE

Cette volonté de dépasser les frontières des actuels États-nations est pourtant le projet magnifique des Intellectuels africains depuis les congrès panafricains qui eurent lieu en Europe entre 1900 et 1945[1]. Le Congrès de Manchester de

---

[1] Lire, à ce propos,
- Ph. Decraene, *Le panafricanisme,* Coll. Que Sais-Je ?, n° 847. 1970 ;
- Kw. Nkrumah, *L'Afrique doit s'unir,* Paris, Payot, 1964.

1945 avait déjà lancé l'idée d'un Marché Commun africain, la division de l'Afrique en sous-régions économiques, et même l'impératif d'un gouvernement continental. De 1957 à 1963, les efforts des États indépendants d'Afrique avaient visé la concrétisation de ce rêve des Panafricanistes. La création de l'OUA le 25 mai 1963 fut l'aboutissement de toutes ces tentatives d'intégrer l'Afrique par une approche régionaliste construite sur un axe pyramidal, en cercles concentriques dont le sommet est le continent, les piliers les espaces économiques sous régionaux, et la base les États.

La charte de l'OUA institutionnalisa explicitement l'idée de la « Communauté Économique Africaine »[2] qui devait être, en réalité, conçue comme un Marché Commun : le projet envisageait la libre circulation des hommes, des biens, des marchandises, des services et des capitaux par la création d'un Fonds Monétaire Africain et l'harmonisation des politiques monétaires et économiques des États membres. Le Préambule de la Charte insistait sur le principe de la coopération économique intra-africaine :

> Mettre les ressources naturelles et humaines du continent au service du progrès général des peuples africains(...). Renforcer la compréhension et la coopération entre les États africains afin de répondre aux aspirations des populations africaines (...). L'harmonisation et la coordination de la coopération dans tous les domaines.

Le Plan d'Action de Lagos (PAL) était en cela l'aboutissement de l'activité normative que menaient depuis, les organes de l'OUA tels que la Conférence des chefs d'États et de Gouvernement, et le Conseil des Ministres. Il est superflu d'entrer ici dans le détail de toutes les résolutions de l'OUA relatives à la coopération économique intra-africaine. Il en résulte cependant que l'idée de la création de la Communauté Économique Africaine avait suivi l'itinéraire du panafricanisme pour se voir, en fin de compte, érigée en une institution de l'intégration africaine par le Plan d'Action de Lagos (28-29 avril 1980) et, à sa suite, le Traité d'Abuja de 1991 instituant formellement la Communauté Économique Africaine.

Le PAL, et dans son prolongement le Traité d'Abuja, indique les principes, le contenu, les objectifs, les priorités et trace les étapes de la réalisation de l'intégration du continent africain, ainsi que les modalités de l'intégration intersectorielle :

1°) 1980-1985 (court terme) : élaboration et adoption du Traité de la création de la CEA ; renforcement des institutions existantes ; aménagement de l'espace économique africain en zones de libre échange et en unions douanières ;

2°) 1985-1990 (moyen terme) : création du Marché Commun Africain, donc la structure économique de l'Afrique ;

3°) 1990-2000 (long terme) : réalisation concrète de la Communauté Économique Africaine.

---

[2] Cf Commission Économique des Nations Unies pour l'Afrique (CEA), *La CEA et le développement de l'Afrique (1983-2008). Étude de prospective préliminaire,* Addis-Abeba, avril, 1983.

Le Sommet de Syrte (Lybie) démontra que ce projet n'avait malheureusement pas atteint les objectifs escomptés, au point qu'il ait été rendu nécessaire de passer immédiatement à la phase ultime de l'Union Africaine (Cf Déclaration de Syrte du 9 septembre 1999).

C'est donc à Syrte, en Lybie où se tint du 6 au 9 septembre 1999 le 4eme sommet extraordinaire de l'OUA que s'enclencha le processus conduisant à l'adoption, en juillet 2000, à Lomé, de l'Acte constitutif de l'Union Africaine. Après l'étape du sommet de Lusaka (Zambie) de juillet 2001 qui consolida le nouveau cadre institutionnel avec en particulier l'instrument économique qu'est le NEPAD (Nouveau Partenariat pour le Développement Économique de l'Afrique), c'est à Durban, en Afrique du Sud, que fut formellement inauguré en juillet 2002, le premier sommet de l'Union Africaine.

Reprenant ainsi, en les affinant, les dispositions institutionnelles antérieures de la Communauté Économique Africaine, l'Union africaine se donna pour structures essentielles les organes suivants :

- la Conférence de l'Union Africaine (sommet des Chefs d'État et de Gouvernement) ;
- le Conseil Exécutif (Conseil des Ministres) ;
- le Parlement panafricain ;
- la Cour de Justice ;
- la Commission (Secrétariat général) ;
- le Comité des représentants permanents (Ambassadeurs et Plénipotentiaires) ;
- les Comités techniques spécialisés ;
- le Conseil Économique, Social et Culturel ;
- les institutions financières.

Si la Conférence peut en outre décider, en tant que de besoin de créer d'autres organes, il convient de noter qu'au plan du développement, les institutions ci-après étaient d'ores et déjà prévues :

- une Banque Centrale Africaine ;
- un Fonds Monétaire Africain ;
- une Banque Africaine d'Investissements.

Quant à la Commission de l'Union Africaine (nouvelle appellation du Secrétariat Général), elle serait dirigée par un Président, un ou plusieurs vice-présidents et des commissaires chargés de diriger les différents secteurs d'activités politiques, économiques, techniques ou socio-culturelles.

La question peut toujours se poser de savoir si, en créant l'Union africaine, l'on n'avait pas une fois de plus sacrifié les étapes indispensables des regroupements régionaux jusqu'ici incarnés par des organisations comme l'UMA (Union du Maghreb Arabe), la CEDEAO (Communauté Économique de l'Afrique de l'Ouest), la CEEAC (Communauté Économique des Étatsd'Afrique Centrale), la COMESA (Marché Commun d'Afrique Orientale et Australe) ?

Si les deux approches doivent cohabiter comme des éléments d'un même rêve panafricaniste toujours espéré, mais non encore réalisé, pourquoi ne pas s'y essayer concomitamment ? Tel est le pari, un pari qui interpelle aujourd'hui autant les gouvernements que les peuples à travers les institutions officielles, la société civile et, *last but not the least*, les Africains eux-mêmes pris individuellement.

Comme si les responsables africains étaient conscients d'un tel défi, la mise en œuvre du NEPAD avait été confiée à un Comité spécial de 20 membres qui avait décidé de mettre sur pied un « Comité de revue des pairs », à savoir un organe chargé de contrôler et d'évaluer la mise en œuvre effective des dispositions essentielles du NEPAD. Que les Chefs d'État africains aient ainsi pour la première fois décidé de procéder eux-mêmes à l'examen de leurs actes et comportements essentiels concernant la bonne gouvernance et la conformation aux conditionnalités de leur propre développement, voilà à tout le moins qui tranche avec les attitudes passives connues jusqu'ici après l'adoption des décisions importantes.

IV. POUR LA VRAIE INTÈGRATION RÉGIONALE : LES ÉCUEILS

L'intégration de l'Afrique ainsi conçue graduellement tarde malheureusement à se réaliser jusqu'à ce jour. Plusieurs contraintes, exogènes et endogènes,constituent un frein à la création et, demain, au bon fonctionnement de la « Communauté Économique Africaine ».

A. Les contraintes exogènes[3]

Elles sont liées aux rapports entre l'Afrique et le système international, surtout aux rapports Nord-Sud. Il s'agit notamment de :

1. L'extraversion économique

L'Afrique est un des lieux privilégiés de reproduction du capitalisme, mais un capitalisme plutôt sous-développant. On peut noter trois indicateurs de la marginalité de l'Afrique dans le système international, à savoir : la participation symbolique de 1% à la production industrielle et de 2% au commerce international ; la faiblesse du PNB, soit 3% de la production mondiale ; les exportations dominées à 90% pour les produits primaires. Cette marginalité explique la tendance profonde à la paupérisation au niveau interne selon deux autres indicateurs : le PIB par habitant qui atteint 3,25 %, le volume de la dette évaluée à 200 milliards de dollars.

---

[3] Lire, à ce propos,
- E. Kodjo, ...*Et demain l'Afrique,* Paris, Stock, 1985, pp. 225-353 ;
- Actes de la Sixième Assemblée Générale du CODESRIA, Dakar (5-10 décembre 1988), *L'Afrique face à l'économie mondiale,* pp. 39-53.

2. La trop grande dépendance des économies africaines à l'égard de l'économie mondiale

En raison de la mondialisation de l'espace économique, la contrainte extérieure (dette, technologie, détérioration des termes de l'échange) pèse lourd dans la phase actuelle. La restructuration de l'économie mondiale depuis la fin du XXe siècle s'appuie de plus en plus sur les progrès des nouvelles technologies. Aussi, l'économie mondiale va-t-elle avoir de moins en moins besoin des produits de base – notamment agricoles et miniers - de l'Afrique sur lesquels reposent aujourd'hui les économies africaines. L'Afrique a-t-elle la capacité de se réajuster à cette nouvelle forme de restructuration ?

Nous assistons aujourd'hui à une accélération de l'expansion en Afrique des firmes multinationales dont les activités sont diversifiées. Outre leur présence dans le secteur industriel, l'on constate qu'elles s'infiltrent de plus en plus dans le secteur des services et le secteur financier. Désormais, c'est essentiellement par le truchement de ce lien financier que se fait l'intégration de nos économies dans l'économie mondiale. L'expansion accélérée du marché financier international, la trans-nationalisation et la multinationalisation des banques démontrent la domination financière dans l'économie mondiale actuelle et l'économie de la dette internationale.

Cette domination entraîne principalement le déplacement des investissements directs, forme classique de transfert de fonds privés par le biais des prêts. Ceux-ci ne sont destinés qu'à un certain groupe de pays du Tiers-Monde. L'Afrique, à la différence de l'Amérique latine ou de l'Asie, n'a obtenu par exemple en 1999 que 11% de l'ensemble des prêts. L'économie de la dette internationale permet, d'un part aux prêts de générer des bénéfices, mais elle assure d'autre part la circulation des produits dans l'économie mondiale. Cette nouvelle forme d'intégration comporte un mécanisme de contrôle qui constitue un étau pour le fonctionnement des États africains.

Les économies africaines se retrouvent marginalisées par cette nouvelle tendance oppressive de l'économie mondiale, le néo-libéralisme, marginalisation qu'aggrave l'application des Plans d'Ajustement Structurel (PAS). Aussi, les nouvelles politiques imposées par la Banque Mondiale qui visent à surmonter la crise, n'ont fait qu'accentuer en fait celle-ci. La corrélation entre l'adoption des PAS et la marginalisation accrue de l'Afrique est évidente. Les PAS ont contribué à accroître le fardeau de la dette, à accélérer le transfert des fonds de nos États vers les pays riches, et à créer une pénurie de liquidités en Afrique.

B. Les contraintes endogènes

À titre d'illustrations, on peut citer :

1. La différence de développement des États en Afrique

Le relatif succès de la CEDEAO comme mode d'intégration en Afrique Occidentale et l'échec de l'UDEAC qui a été remplacée – autre tentative – par la

CEMAC indiquent clairement qu'en Afrique centrale, les États-nations n'ont peut-être pas encore bien compris l'intérêt, à l'étape actuelle, et demain..., des regroupements sous-régionaux. Ils ne sont donc pas prêts à intégrer la CEA. Et, c'est le lieu de parler de crise plurielle en Afrique et de reconnaître celle-ci pour déterminer les stratégies alternatives.

2. La question des transitions démocratiques

Il s'agit ici en d'autres termes du problème crucial de la paix. Cette évidence s'impose d'ailleurs à l'observation : l'État-nation est menacé de l'intérieur en Afrique centrale – comme d'ailleurs dans bien d'autres pays d'Afrique – depuis les années 1990. Un vent de changement a soufflé depuis, inaugurant une ère nouvelle, qualifiée de « seconde Indépendance » par certains observateurs. Le processus de transition démocratique engagé depuis les années 1990 serait un des aspects essentiels de cette mutation. Il expliquerait cette vague de conflits qui embrasent le continent, dont l'Afrique centrale.

Mais, on ne peut, à vrai dire, rien comprendre si on ne se réfère à quelques facteurs. Le facteur essentiel est constitué par la crise très profonde qui a ébranlé les économies de la sous-région, surtout à partir des années 1980. Celle-ci a sapé les bases matérielles des régimes politiques qui se sont retrouvés dans l'incapacité de répondre aux demandes sociales auxquelles ils doivent faire face.

Les raisons fondamentales de cette crise qui a ébranlé les économies de la sous-région sont aujourd'hui connues. Les pays créanciers d'Europe et d'Asie avaient dû imposer aux pays africains débiteurs des PAS, au nom du nouveau « droit d'ingérence économique » dans la souveraineté de ces pays.

Malheureusement, nos régimes politiques ont paru peu préparés à appliquer les PAS. Parce que, à l'évidence, cela impliquait des mutations considérables d'ordre politique, éthique. Le Président de la République Française, François Mitterrand, dans son Discours à La Baule avait mis le doigt dans l'engrenage : le PAS rimerait avec démocratie et paix sociale !

Depuis La Baule, presque tous les pays de l'Afrique centrale s'étaient engagés, avec plus ou moins quelque bonheur dans le processus démocratique. Il est certainement trop tôt pour en faire le bilan. Mais, face aux crispations et aux affrontements auxquels donne lieu le processus de démocratisation en Afrique centrale, on pourrait se demander si nous étions finalement prêts pour la démocratie.

À notre avis, la question ne se pose pas en termes de préparation ou impréparation. En réalité, l'enjeu de la lutte populaire intense qui a abouti au multipartisme, c'est-à-dire la revendication qui avait trouvé dans les Conférences Nationales Souveraines son lieu d'expression est le contrôle des ressources matérielles et financières qui se raréfient à cause des conditionnalités de l'ajustement structurel et la déconnexion de l'Afrique centrale de l'économie mondiale. Il serait alors tentant de conclure que la revendication démocratique en Afrique centrale serait avant tout motivée par l'exigence d'une meilleure répartition des ressources.

Et pourtant, on trouve du tout aujourd'hui dans la revendication démocratique. Il y a en bonne place par exemple la critique éthique des régimes politiques qui ont gouverné par la corruption et la violation des droits humains fondamentaux. Il y a également les considérations d'ordre éthique relatives à une aspiration à plus de liberté, de justice et de transparence.

La transition dans de nombreux pays de l'Afrique centrale a malheureusement connu depuis les années 1990 des dérapages regrettables, défavorables à la paix sociale.

En vérité, pour comprendre ces dérapages qui ont entraîné des conflits, il faut s'engager sur le terrain de l'éthique, de la morale, de la démocratie. Peut-on être surpris que des régimes et des populations habitués par le monopartisme à fonctionner dans la fraude, rompus à la duplicité, conditionnés pour exister en marge de la légalité dans la vie quotidienne, dans la vie économique, dans la vie sociale (les Conférences Nationales l'avaient brillamment démontré), peut-on en effet être surpris qu'ils ne puissent s'engager sereinement et respecter scrupuleusement les règles du jeu dans les compétitions électorales, qui sont les modes d'expression par excellence de la démocratie ?

Presque partout en Afrique centrale, les périodes post-électorales connaissent des troubles à cause des contestations des résultats, souvent parce que les élections ont été mal gérées, souvent à cause de la mauvaise foi des perdants. Ces crises, sérieuses, font même ressurgir des replis identitaires parce que, au constat, un grand nombre de partis politiques sont fondamentalement constitués sur des bases ethniques ou régionalistes. On doit comprendre dès lors le sort des leaders issus des minorités ethniques ou des militants de leurs partis, souvent contraints de s'exiler de peur de subir l'épuration ethnique. Certaines guerres civiles trouvent ici leurs fondements.

On a finalement aujourd'hui le désagréable sentiment qu'en Afrique centrale, la culture politique des élites qui s'affrontent sur le terrain du multipartisme est imperméable à l'idée de l'alternance. Cette donnée constitue, à n'en point douter, un des principaux obstacles du jeu démocratique. Il faudrait pourtant qu'on arrive progressivement à une situation où les hommes politiques admettront que perdre le pouvoir est quelque chose de normal, que l'on peut perdre le contrôle de l'appareil de l'État et se recycler ailleurs, sans perdre son statut, sa dignité. Cela suppose un changement de mentalités. Depuis les Indépendances, les élites africaines se comportent malheureusement comme si la seule façon d'accéder facilement aux biens matériels est de capturer l'État. D'où, cette tendance regrettable et détestable à lutter pour le monopoliser ou le conquérir et le contrôler.

CONCLUSION

En définitive, il faudrait se pencher sérieusement sur ces questions.

L'Afrique centrale ne peut ignorer les enjeux de la géopolitique actuelle qui n'a pas pitié des faibles, surtout lorsqu'ils son isolés. Ainsi, le paradigme du repli identitaire dans l'espace micro national est dépassé.

Aucune intégration économique n'est possible, par exemple, s'il n'y a pas de libre circulation des personnes et des biens, libre circulation des ressortissants des États membres de la CEMAC. L'homme centre-africain étant l'agent et la finalité du développement poursuivi, il va de soi que sa sécurité et son bien-être doivent être assurés partout où il se trouve en Afrique centrale.

L'intégration doit se réaliser surtout et d'abord avec et pour les peuples.

RÉFÉRÉNCES BIBLIOGRAPHIQUES

Actes de la Sixième Assemblée générale du CODESRIA, Dakar (5-10 décembre 1988) : *L'Afrique face à l'économie mondiale.*

Comite Directeur Permanent de L'oua, *Communauté Économique Africaine et destin d'un continent*, Addis Abeba, 1990.

Ph. Decraene, *Le panafricanisme,* Collection Que sais-Je ?, n° 847, 1970.

D. Siradiou, « Afrique centrale : un marché commun impossible », *Jeune Afrique,* n° 1096, 6 janvier, 1982, pp. 54-55.

D. Siradiou, « Regroupement régional en Afrique centrale : à Brazzaville, l'UDEAC dresse le bilan des vingt ans de l'Organisation », *Jeune Afrique,* n° 1251-1252, 26 décembre 1984.

C.A. DIOP, *Les fondements économiques et culturels d'un État fédéral d'Afrique noire,* Paris, Présence Africaine (édition revue et corrigée), 1974.

E. Kodjo, *...Et demain l'Afrique,* Paris, Stock, 1985.

Colloque « État et société en Afrique Noire », Paris, Centre de Recherches Africaines, les 10 et 20 septembre 1980, *Revue Française d'Histoire d'Outre-Mer,* tome LXVIII, n° 250-251-252-253, 1981.

J. Gallais, « Pôles d'États et frontières en Afrique contemporaine », *Les Cahiers d'Outre-Mer*, 35e année, n° 138, avril-juin, 1982, pp. 103-122.

P. Gayama *et al., Africa in the World* (*L'Afrique dans le monde*), Dakar, Centre Africain du Développement et des Études Stratégiques (CADES), 1993.

KW. Nkrumah, *L'Afrique doit s'unir,* Paris, Payot, 1964.

Colloque « La problématique de l'État en Afrique Noire », Dakar, 29 nov.-3 déc. 1982, *Présence Africaine,* n° 127-128, 3e et 4e trimestres.

E. Mbuyinga, *Panafricanisme et néocolonialisme, la faillite de l'OUA,* Paris, Publication de l'UPC (2e édition), 1979.

Th. Michalon, *Quel État pour l'Afrique ?* Paris, l'Harmattan, 1984.

G. Ngango, « Quels enjeux pour l'Afrique face à la mondialisation de l'Économie ? », *Publications de l'Institut des Études africaines,* Université Mohammed V-Souissi, Rabat, 1997.

OUA, « Quelle Afrique en l'an 2000 ? »*Rapport final du Colloque de Monrovia sur les perspectives du développement de l'Afrique à l'horizon 2000,* Genève, Institut International d'Études Sociales (2e édition), 1980.

OUA, *Plan d'Action de Lagos pour le développement économique de l'Afrique 1980-2000,* Genève, Institut International d'Études Sociales, 1981.

Y. Person, « L'Afrique noire et ses frontières », *Revue Française d'Études Politiques Africaines,* n° 80, 1972, pp. 18-43.

Y. Person, « État et nation en Afrique noire », V. Y. Mudimbe, *La dépendance de l'Afrique et les moyens d'y remédier*, Actes du Congrès international des études africaines de Kinshasa, Paris, Berger-Levrault, 1980, pp. 56-71.

Y. Person, « L'État-Nation et l'Afrique », *Revue Française d'Histoire d'outre-Mer*, tome LXVIII, n° 250-251-252-253, 1981, pp. 274-281.

R. Pourtier, « Nommer l'espace. L'émergence de l'État territorial en Afrique noire », *L'Espace Géographique,* n° 4, 1983, pp. 293-304.

M.-L. Ropivia, *Géopolitique de l'intégration en Afrique noire,* Paris, l'Harmattan, 1994.

A. Toure, « Structures économiques et intégration africaine : les principaux freins et blocages du mécanisme d'intégration de la Communauté Économique de l'Afrique de l'Ouest », *Études Internationales,* vol. XIII, n° 3, septembre, 1982, pp. 515-524.

M. Yondo, *Dimension nationale et développement économique (théorie et application dans l'UDEAC),* Paris, L. G. D. J., 1970

LES GOUVERNEMENTS DU TOGO OU L'ILLUSION D'UNE UNITÉ NATIONALE RECHERCHÉE POUR LE DÉVELOPPEMENT DU PAYS (1956-2010)

Bammoy Nabe
Université de Kara/Togo

RÉSUMÉ

Dans l'histoire de la construction de la nation et de l'État au Togo depuis la République autonome en 1956 jusqu'à la première décennie du XXIe siècle, devant l'antagonisme Nord-Sud et la diversité ethnique du territoire, il a toujours été pratiqué le « dosage ethnique » dans la composition des Gouvernements sans que l'État unitaire et le vouloir vivre collectif ne soient consolidés pour un développement harmonieux du pays. Les résurgences permanentes identitaires, sur fond de manipulations politiques, en sont les meilleures preuves.

MOTS CLÉS

« Dosage ethnique », Gouvernement, État, Togo.

INTRODUCTION

Au Togo, depuis la République Autonome en 1956 jusqu'au début du XXIe siècle, il a toujours été tenu compte des dimensions ethnique et régionale, entre autres, dans la formation des équipes gouvernementales pour la gestion du pays. Quelle que soit la nature du Gouvernement (issu d'un coup d'État, des élections présidentielles ou législatives, d'un accord politique, de la Conférence nationale, d'un remaniement de Gouvernement, etc.), il est toujours recherché autant que possible la représentation des différentes composantes géographiques et identitaires. Ce qui est loin d'être une spécificité togolaise. Les constitutionnalistes ont beaucoup glosé sur le caractère artificiel des États négro-africains issus de la décolonisation dans les années 1960 et le caractère ethniquement composite de leurs populations[1] .

---

[1] K. Ahadzi-Nonou, « Réflexions sur un tabou du constitutionnalisme négro-africain : le tribalisme », *Les voyages du droit,* Mélanges en l'honneur de Dominique Breillat, Poitiers, Presses Universitaires de Poitiers, 2011, p. 19.

Pour cela, ces États recourent au « dosage ethnique ». Le « dosage ethnique » est défini comme « *une technique de répartition ou de distribution des postes les plus importants de responsabilité politique, administrative, militaire ou autres en tenant compte du poids démographique, économique, politique de chaque groupe ethnique ou tribal dans une société pluriethnique marquée par une forte prégnance des appartenances tribales*[2] ». Ceci était appliqué aussi bien dans la formation des Gouvernements que dans l'administration publique. Wen'Saa Ogma Yagla a pu parler ainsi d'application d'une politique de « panachage » dans les services publics qui consistait à nommer un Directeur adjoint du nord si le Directeur est du sud du pays et vice-versa[3]. Le « dosage ethnique » peut subtilement prendre en compte les considérations politiques du Ministre choisi (militantisme, raisons électoralistes), techniques (compétences professionnelles de la personnalité choisie) ou personnelles (autres affinités privées avec celui qui forme le Gouvernement). L'objectif visé, selon Koffi Ahadzi-Nonou, est de conférer une plus grande représentativité ethnique au régime et d'en consolider ainsi la stabilité.

Au Togo, la question de l'antagonisme nord-sud, a pendant longtemps été occultée aussi bien par les Historiens que les Acteurs politiques. Pourtant elle fait partie du vécu quotidien du Togolais de manière latente certes, mais avec des éruptions violentes en 1963, 1967, et plus récemment entre 1990-1991[4]. Ce qui faisait dire à Yagla que « *tout gouvernement du Togo, pour garder sa légitimité, doit prendre en considération ce clivage nord-sud pour l'aplanir de façon énergique. Oublier ce clivage conduit à plus ou moins longue échéance à la ruine de l'entreprise* »[5] .

Ce qui nous amène à poser le problème de l'ethnicité et des comportements identitaires dans la gestion des États africains à travers le cas de la composition des Gouvernements togolais. Quelle est la part de l'ethnicité dans la composition des Gouvernements au Togo depuis la République Autonome (en 1956) jusqu'au début du XXIe siècle (en 2010) ? Le choix des hommes sur les bases ethnique et régionaliste dans la conduite des affaires publiques a-t-il été un facteur d'unité nationale et un moteur de développement au Togo ?

Notre étude s'appuie sur un corpus documentaire relativement représentatif allant des ouvrages généraux à ceux spécifiques sur la question. Nous avons, par ailleurs, dépouillé le quotidien national *Togo presse* dans lequel est régulièrement publiée la composition des gouvernements avec très souvent la biographie des Ministres. À partir des ouvrages de Wen'Saa Ogma Yagla, de celui de Kon-

---

[2] [2] K. Ahadzi-Nonou, « Réflexions sur un tabou du constitutionnalisme négro-africain : le tribalisme », *Les voyages du droit,* Mélanges en l'honneur de Dominique Breillat, Poitiers, Presses Universitaires de Poitiers, 2011, p. 20.

[3] W. O. Yagla, *L'édification de la nation togolaise*, Paris, l'Harmattan, 1978, p. 143.

[4] B. Tcham, « Régionalisme et histoire : la perception de la question Nord/sud dans l'histoire des Togolais », N.A.Goeh-Akue, N.L.Gayibor (éds), *Histoires nationales et /ou identités ethnique, un dilemme pour les historiens africains ?* Paris, Karthala, 2010, p. 265.

[5] W. O. Yagla, *L'édification de la nation togolaise*, Paris, l'Harmattan, 1978, p. 31.

di Charles Agba et du quotidien national, *Togo Presse,* nous avons pu constituer des tableaux statistiques[6].

I. VERS UN « ÉTAT-NATION ». L'ANTAGONISME NORD-SUD DANS LA COMPOSITION DES GOUVERNEMENTS (1956-1963)

Le territoire du Togo qui accéda à la souveraineté nationale et internationale le 27 avril 1960 a une superficie de 56 600 km^2, regroupant plus d'une quarantaine d'ethnies. L'histoire de la construction de « l'État-Nation » au Togo depuis la colonisation européenne est marquée par la question de l'antagonisme nord-sud qui peut se définir comme l'irruption du régionalisme dans la vie politique, économique, sociale et culturelle du pays[7]. Si la question nord/sud existait déjà avant l'indépendance, elle est devenue récurrente depuis le coup d'État du 13 janvier 1963, selon Nicoué L. Gayibor, et reste le fonds de commerce inépuisable des politiciens à l'approche des grands enjeux électoraux, mais surtout maintenu aussi « purement et simplement comme un système de gouvernement[8] ». Ses fondements sont à la fois géographique, humain, culturel et historique, développés par Badjow Tcham. Mais précisons tout de même sur le plan culturel que les deux régions appartiennent à des aires géolinguistiques différentes : une aire méridionale de langues *kwa*, dominée par l'Ewé et une aire septentrionale de langues *gur* ou voltaïques, plus hétérogène. Sur le plan historique, on note un inégal développement économique et social, des représentations négatives des populations du nord, issu de la gestion coloniale du territoire[9].

---

[6] Dans ces tableaux, nous utilisons des initiales suivantes : G = gouvernement, DG = Dimension géographique,
DE= Dimension ethnique et DP = Dimension politique.

[7] B. Tcham, *op. cit.*, p. 265.

[8] N. L. Gayibor, « Des défis de l'écriture d'une histoire nationale en Afrique : L'exemple du Togo », A. Goeh-Akue & N. L. Gayibor (éds), *Histoires nationales et /ou identités ethniques, un dilemme pour les historiens africains ?* Paris, Karthala, 2010, p. 34.

[9] B. Tcham, *op. cit.*, pp. 34-35.

Carte 1 : Principaux groupes ethniques du Togo

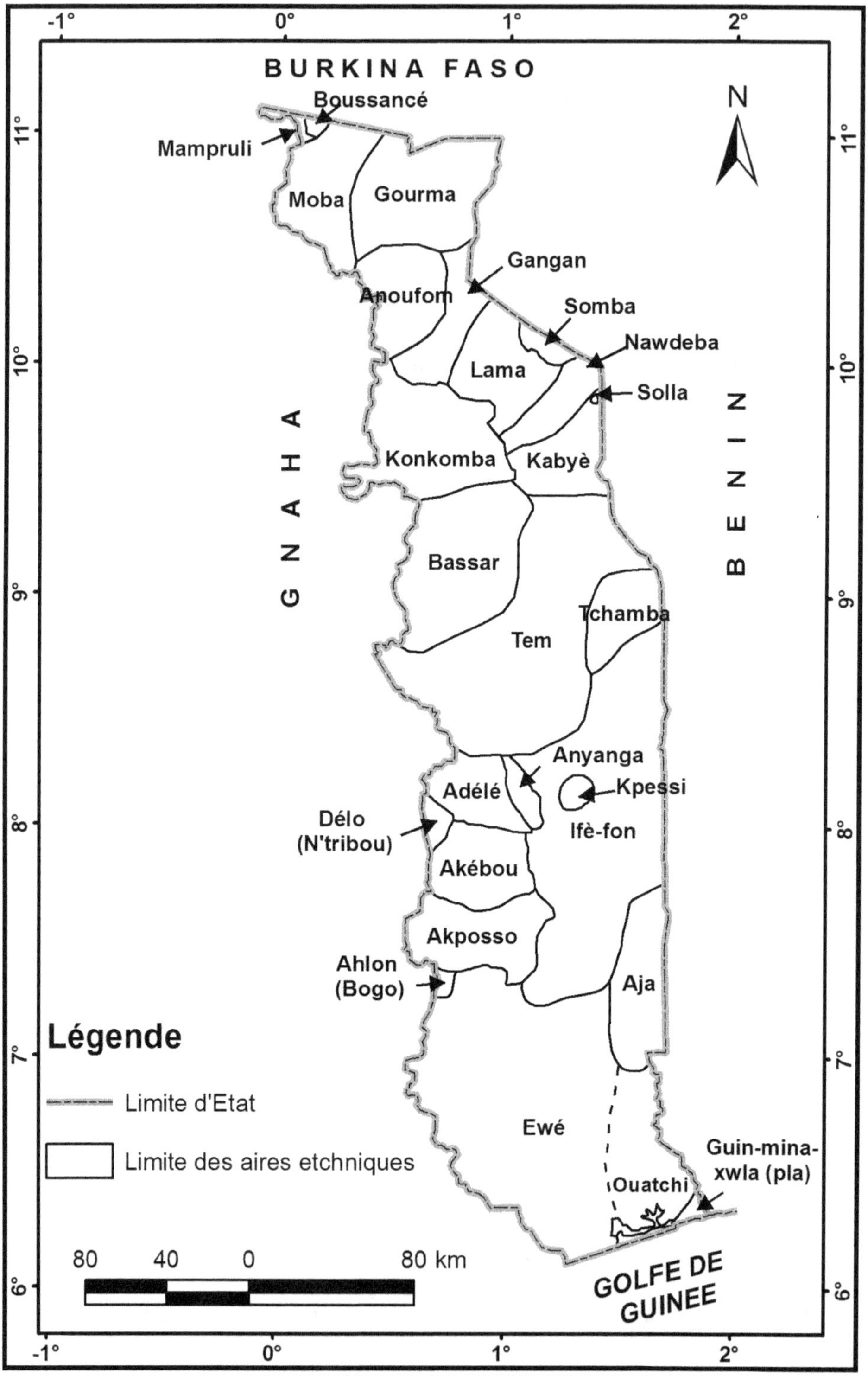

Carte 2 : Aires culturelles Adja-éwé et Oti-volta

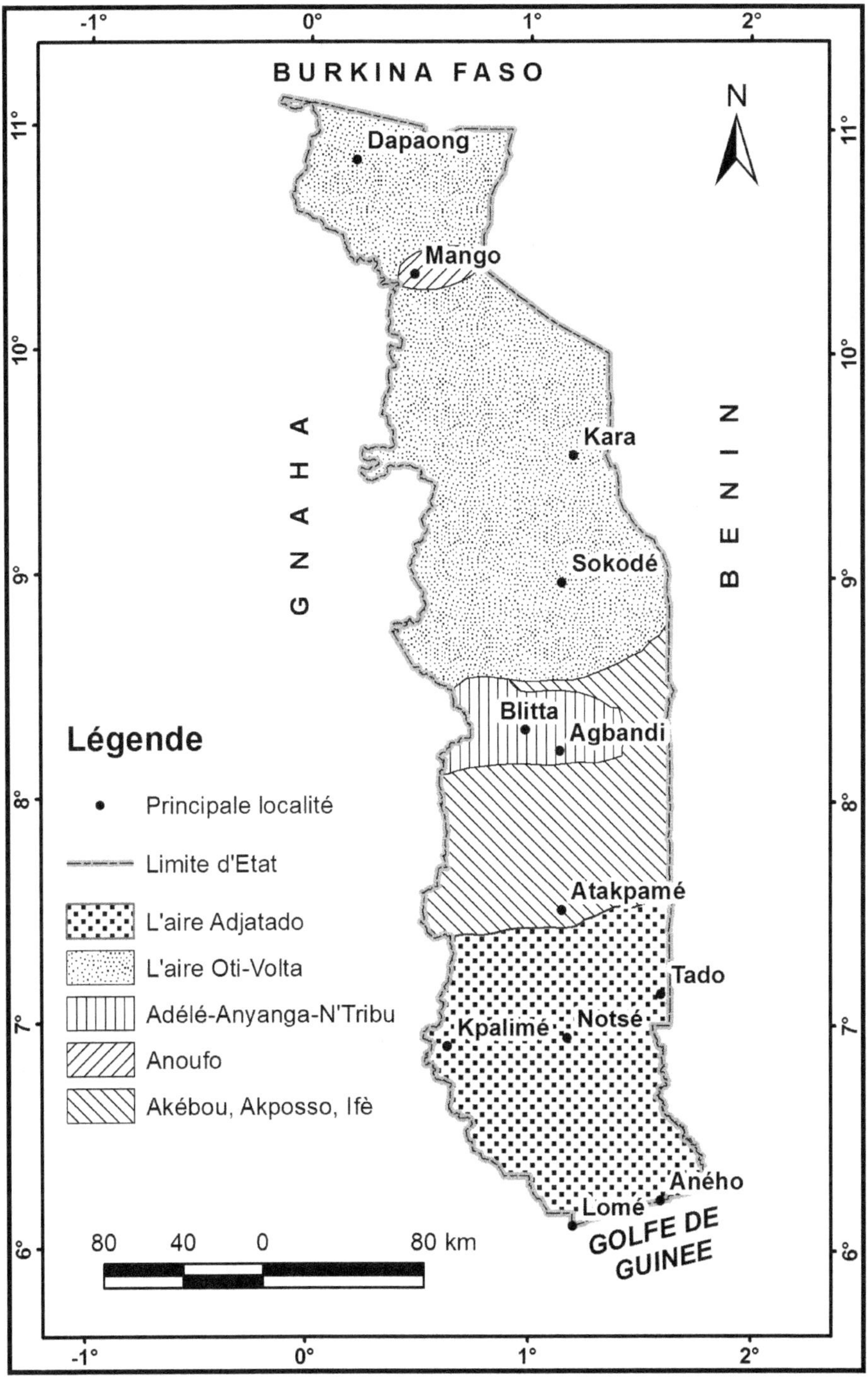

Source : N. L. Gayibor (éd), *Histoire des Togolais, des origines à 1884*, Lomé, Presses de l'UB, 1997, p.29 & B. Tcham, *Régionalisme et Histoire*.… p. 270.

En fait, explique Nicoué Lodjou Gayibor[10], l'origine de la question nord/sud remonte sans doute dans la décision prise par les Administrateurs allemands de déporter vers les régions méridionales les populations des régions septentrionales – surtout kabyè et nawedeba - sous le prétexte fallacieux qu'ils occupaient un espace surpeuplé, pour travailler sur les chantiers de l'Administration, dans les industries coloniales et dans quelques fermes des élites locales. C'est ainsi que sont entrées en contact des populations aux modes de vies si différents faisant naître des préjugés culturels, parfois péjoratifs[11]. Ce contact a entraîné donc un choc de civilisations. Le retard de la scolarisation dans le nord et ses conséquences dans la formation des élites intellectuelles de cette région, la revendication d'une Nation éwé[12] par le Comité d'Unité Togolaise (CUT), parti de Sylvanus Olympio, dans les années 1940, et la création, sous l'instigation de l'Administration de l'UCPN (Union des Chefs et populations du Nord- Togo) en 1951 pour faire pièce à ce mouvement, viennent compléter le tableau pour en faire un cocktail détonnant qui prend les Togolais en otage depuis des décennies[13]. Depuis cette période, le fantôme nord/sud et l'identité ethnique n'ont plus quitté la vie politique togolaise. La composition des Gouvernements est illustrative dans ce domaine.

On lit parfaitement la prise en compte de la dimension ethnico-régionale dans la composition des Gouvernements entre 1956 et 1963 dans le tableau 1 suivant :

Tableau 1 : Composition ethnico-régionale des Gouvernements du Togo entre 1956 et 1963

G	NM	DG	DE	DP
Grunistzky du 18 septembre 1956	8 sans le PM	3 M du S 3 M du N 2 F	Guin, Ewé, Kabiyè, Tem et Français	Militants des partis politiques PTP et UCPN et Français
Olympio 1 Du 13 mai 1958	8 avec PM	6 M du S 2 M du	Guin, Ewé, Moba, Anoufom	Militants nationalistes ou sympathisants du CUT et de la JUVENTO
Olympio 2	8 avec PM	6 M du S 2 M du N	Guin, Ewé, Moba, Anoufom	Militants du CUT seulement (divorce d'avec la JUVENTO)
Olympio 3 du 31 décembre 1962	10 avec PM	8 M du S 2 M du N	Guin, Ewé, Moba, Anoufom	Militants du CUT

Source : W. O. Yagla, *L'édification de la nation togolaise*, Paris, l'Harmattan, 1978, p.99 ; K. Ch. M. Agba**,** *Ministre avec EYADEMA,* Lomé, Les Editions de la Rose Bleue, 2009, pp. 11-18. G : Gouvernement ; NM : Nombre de Ministres ; DG : Dimension

[10] N. L. Gayibor, « Des défis de l'écriture d'une histoire nationale en Afrique...... », pp. 34-35.

[11] Les populations du Sud désignaient ces nouveau-venus des étrangers, communément appelés sous le nom générique de « Kabletowo » (les Cabrais, appelés aujourd'hui Kabyè) ; de leur côté les Kabyè désignent tous les Togolais du Sud par le surnom de « Ahouna », dérivé d'Anlo – groupe éwé du sud –est du Ghana-« Ahounaba en tem et en lamba qui veut dire les gens d'Ahona –. Cf. N. L. Gayibor, « Des défis de l'écriture d'une histoire .... », p. 35.

[12] Mais renoncé par le CUT au Congrès de Kpalimé en 1951 pour réclamer l'indépendance de tout le Togo sous administration française.

[13] N. L. Gayibor, « Des défis de l'écriture d'une histoire .... », p. 35.

géographique ; DE : Dimension ethnique ; DP : Dimension politique ; PM : Premier Ministre ; S : Sud ; N : Nord ; M : Ministre ; F : Français.

On remarque sur ce tableau que le Premier Ministre Nicolas Grunitzky et le Président Sylvanus Olympio, dans la composition de leurs Gouvernements, avaient tenu compte à la fois de la dimension politique, mais aussi de celle ethnico-régionale. Grunitzky s'est appuyé sur les Kabiyè et les Tem au Nord, alors que Olympio, dans ses trois Gouvernements, a fait appel à des Instituteurs moba (Martin Sankardja, Ministre de l'Instruction Publique) et anoufom (Namoro Karamoko, Ministre de l'Agriculture) de l'extrême Nord du territoire, pour gouverner. Dans son analyse sur la composition des Gouvernements Olympio, Wen'Saa Ogma Yagla[14] estime que celui-ci avait fait entrer au Gouvernement ces deux Instituteurs de l'extrême nord pour désamorcer le reproche de pratiques « tribales » et donc antinationales du Chef du Gouvernement de la première République. Pour cet auteur, Olympio avait choisi des personnalités moins remuantes, sans passé politique et sans aucun caractère représentatif dans le nord, écartant les « bouillants Kabiyè » qui représentaient, selon lui, près du cinquième des peuples du Nord. Alors que Toulabor[15] lit plutôt dans les Gouvernements Olympio une homogénéité politique (personnes partageant des opinions identiques), tous les membres étant militants ou sympathisants du CUT, parti politique du Chef du Gouvernement et s'étonne que cet auteur ne retienne que la représentativité ethnico-régionaliste, laissant volontairement le critère politique qui devait l'emporter sur tous les autres. Nous estimons simplement que les dimensions régionaliste et politique avaient guidé le choix des ministres, car il ne viendrait à personne de penser qu'une personnalité politique de la trempe de S. Olympio on aurait appelé au gouvernement uniquement les militants du CUT du Sud, fussent-ils compétents, dans le contexte où était le Togo.

Le coup d'État militaire, qui est intervenu le 13 janvier 1963, a mis fin au régime du Président Sylvanus Olympio, perpétré par des militaires, essentiellement du Nord-Togo, ayant servi dans l'armée française, donc démobilisés. Analysant les raisons de cette tragédie politique, Yagla explique qu'il a été reproché, entre autres, à ce régime de n'avoir rien entrepris pour « *l'intégration nationale de tous les peuples vivant sur le territoire togolais* », d'avoir divisé les Togolais (représailles massives engagées contre les opposants), d'avoir méprisé les peuples du nord du pays, pratiquement tenus à l'écart du gouvernement de la jeune République et d'avoir été autocrate[16] . Il est connu de tout le monde que les soldats qui ont commis ce forfait étaient des « demi-soldes », et qu'ils avaient des intérêts catégoriels à défendre auprès du Gouvernement. Claude Feuillet évoque précisément le rôle majeur joué par le « demi-solde » Étienne Eyadema dans le coup d'État perpétré contre la dictature de Sylvanus Olympio. C'elui-là, écrit-il, qui « *avait réussi, depuis qu'il était au pouvoir, à méconten-*

[14] W. O. Yagla, *L'édification de la nation togolaise*, Paris, l'Harmattan, 1978, pp.98-101.
[15] C. M. Toulabor, *Le Togo sous Eyadema*, Paris, Khartala, 1986, pp.38-39.
[16] W. O. Yagla, *L'édification de la nation togolaise*, Paris, l'Harmattan, 1978, pp.17-18.

ter tout le monde » qu'il appelle le « vieux politicien »[17] . Par ailleurs, Il n'est pas juste de dire que le Président Olympio n'a pas œuvré pour l'unité nationale, même si on peut reconnaître certains abus de son pouvoir, ce qui ne peut pas justifier son assassinat. Dans tous les cas, les militaires putschistes, « embarrassés », font appel à l'ancien Premier Ministre de la République Autonome du Togo, Nicolas Grunitzky[18], refugié politique au Dahomey, pour former un Gouvernement de réconciliation nationale et organiser les élections.

II. COUP D'ÉTAT ET RÉCONCILIATION NATIONALE (1963-1967)

Appelé à succéder au Gouvernement déchu, Nicolas Grunitzky, pendant près de quatre ans, s'attache à réconcilier les Togolais ; les détenus politiques libérés, dommages et intérêts pour les victimes du régime Olympio, tous les partis politiques dissous sont associés sur une base égalitaire à l'exercice du pouvoir ; les peuples du Nord sont entendus dans leurs doléances, selon Yagla[19]. C. Toulabor pense plutôt que, placé à la tête d'un pouvoir étroitement surveillé par l'armée, les paroles et les actes de Nicolas Grunitzky s'orientèrent vers la satisfaction des exigences de l'armée. Ce qui fait que le Gouvernement provisoire du 16 janvier 1963 qu'il avait formé pour liquider les affaires, courantes comptait trois « Nordistes » sur les sept membres (deux Kabiyè[20] et un Moba[21], soit 42,85 %) et cet auteur d'affirmer que c'est la première fois que l'on note l'arrivée relativement importante de « nordistes » au sein d'une équipe gouvernementale dans la vie politique togolaise.

Après la table ronde de février 1963 qui a réuni toutes les sensibilités politiques et la société civile, les élections générales sont organisées le 5 mai 1963 sur la base d'une liste unique (accord de la table ronde). Notons que la nouvelle constitution, la deuxième République, institue le bicéphalisme (article 21 de la constitution du 5 mai 1963) avec des postes de Président et de Vice- Président. Ce choix était-il une solution définitive au démon ethnico-régionaliste qui minait la construction nationale et le développement du jeune État ? Peut-on parler de « sagesse africaine » avec ce choix ? Malheureusement non, mais tous les Gouvernements Grunitzky, en dépit du jeu politique malsain ambiant, allaient dans le sens de la réconciliation et de la construction de « l'État-Nation »,

---

[17] Cl. Feuillet, *Le Togo « en général », la longue marche de Gnassingbé Eyadema*, Malesherbes, imprimerie Maury, 1976, p.58.

[18] Ce fut le Français Dooze, ancien adjudant de l'infanterie coloniale, chargé par Sylvanus Olympio de l'encadrement technique de l'armée togolaise, qui adressa, dans les premières heures du crime, l'appel télégraphié à Nicolas Grunitzky, en exil. Pour le compte de qui agissait-il ? se demande C. M. Toulabor, *Le Togo sous Eyadema*, Paris, Khartala, 1986, p. 47.

[19] W. O. Yagla, *L'édification de la nation togolaise*, Paris, l'Harmattan, 1978, p.18

[20] Il s'agit des Ministres Antoine Meatchi (Finances, Travaux publics, Transports, PTT) et Ombri Pana (Information, Presse, Radio).

[21] Barthélemy Lamboni, Ministre de l'Éducation Nationale.

comme le montre le tableau 2 ci-dessous. Le nouveau contexte permit à ce Gouvernement de préparer pour le pays un plan de développement pour 20 ans, réparti en cinq plans quinquennaux (1966-1985) ; il sera ainsi la principale politique du Gouvernement Eyadema jusqu'à sa mise en veilleuse en 1981 sur fond de crise économique.

Tableau 2 : Les Gouvernements de réconciliation de Nicolas Grunitzky de 1963-1967

G	NM	DG	DE	DP
Gouv. de réconciliation nat. du 16 janvier 1963	8 avec le PM	5 M du S 3 M du N	Guin, Ewé, Kabiyè, Moba	Militants des partis UDPT, MPT, PUT, indépendant
Grunitzky 1 du 14 mai 1963	12 avec le Président	8 M du S 4 M du N	Guin, Ewé, Kabiyè, Tem	UDPT, MPT, PUT, Juvento, indépendants
Grunitzky 2 du 29 sept. 1964	12 avec le président	8 M du S 4 M du N	Guin, Ewé, Akposso, Tem Kabiyè,	UDPT, MPT, PUT, Juvento,
Grunitzk y 3 du 7 janvier 1966	10 avec le président	5 M du S 5 M du N	Guin, Ewé, Naweda, Kabiyè, Tem	UDPT, MPT, PUT, indépendants
Grunitzky 4 du 26 novembre 1966	11 avec le président	6 M du S 5 M du N	Guin, Ewé, Naweda, Tem, Kabiyè	UDPT, MPT, PUT, Juvento, indépendants
Grunitzky 5 du 23 décembre 1966	12 avec le président	7 M du S 5 M du N	Guin, Ewé, Tchamba, Tem, Kabiyè	UDPT, MPT, PUT, Juvento,

Source : K. Ch. M. Agba, *Ministre avec EYADEMA,* Lomé, les éditions de la Rose Bleue, 2009, pp. 25-58.

Les changements successifs de Gouvernement en si peu de temps, trois changements entre janvier et décembre 1966, montrent les difficultés de la politique de réconciliation du Président Nicolas Grunitzky. Si après les élections de mai 1963, aucun Moba n'a fait partie des Gouvernements successifs, c'est qu'il avait été confié (élu en fait, mais avec le soutien des députés de l'UDPT) à un représentant de ce groupe ethnique de l'extrême Nord du pays, en la personne de Barthélémy Lamboni (juriste, militant de la Juvento), l'important poste de Président de l'Assemblée Nationale. On remarque très bien aussi que le « dosage ethnique » et ethnico-régional évolue en fonction de l'évolution des crises politiques que connaît le régime de réconciliation du Président Nicolas Grunitzky. Sans trop entrer dans les méandres du jeu et des crises politiques de la jeune République togolaise[22], on peut tout simplement constater l'échec du régime de réconciliation nationale. Car le Gouvernement se divise en deux tendances :

[22] Lire à ce propos les ouvrages de Yagla (1978), Toulabor (1986) et Agba (2002).

certains Ministres soutiennent le Président de la République (Nicolas Grunitzky), originaire du Sud, d'autres le Vice-Président (Antoine Méatchi), originaire du Nord. C'est l'échec du nouveau régime : le bicéphalisme ou plutôt le « bicéphalisme ethnico-régionaliste ». Les appétits de pouvoir suprême que nourrissait le Vice-Président, Antoine Méatchi, par ailleurs Ministre des Finances, expliquent l'essentiel des crises politiques de l'année 1966[23].

Dans ces conditions, c'est un autre coup d'État militaire qui intervint le 13 janvier 1967 sous la houlette du Lieutenant-Colonel Étienne Eyadema, chef d'État-Major, et met fin à la « pagaille politique » du jeune État togolais.

III. L'IDÉOLOGIE DE « L'UNITÉ NATIONALE » SOUS LE RÉGIME RPT POUR LE DÉVELOPPEMENT DU PAYS : 1969-1990

Par un communiqué du vendredi 13 janvier 1967, le Lieutenant-colonel Étienne Eyadema décide que l'Armée nationale togolaise prend la responsabilité des pouvoirs civils, politiques et militaires, suspend la constitution, dissout l'Assemblée Nationale et toutes les activités politiques[24]. Pour une seconde fois, les militaires interviennent dans la vie politique du pays et s'installent pour longtemps, se donnant le rôle de « pompiers » et de « bâtisseurs de l'État- Nation » après l'échec des politiques. L'histoire ne leur a pas totalement donné raison. C'est ainsi qu'un Comité de Réconciliation fut mis en place le 14 janvier 1967, dirigé par le Colonel Kléber Dadjo, ancien militaire de l'armée française, et dont la composition ethnico-régionale se lit dans le tableau 3 suivant.

---

[23] Antoine Méatchi, ayant perdu son soutien au sein de l'armée, tentait de déborder le chef de l'État sur le terrain constitutionnel. L'article 21 de la constitution, en stipulant que « *le Vice-président de la République exerce à titre temporaire ou permanent et par délégation du Chef de l'État les attributions qui lui sont dévolues (et qu'il) reçoit en outre un poste ministériel* », conférait à Méatchi de larges pouvoirs. C'est pourquoi s'appuyant ainsi sur l'article 24 (« *En cas d'absence ou d'empêchement du président de la République, le Vice-président exerce les fonctions du Chef de l'État à l'exception de celles prévues aux articles 34 et 35* »), le 17 novembre 1966, alors que Grunitzky était en voyage en France, il révoqua son dauphin présomptif, Mama Fousséni, Ministre délégué à la Présidence, chargé de l'Intérieur, dont les enquêtes, quelques semaines plus tôt, avaient montré qu'il était le commanditaire des tracts antigouvernementaux qui circulaient à Lomé. Cf C. M. Toulabor, *Le Togo sous Eyadema*, Paris, Khartala, 1986, p. 66.

[24] K. Ch. M. Agba, *Ministre avec EYADEMA…*, p. 60. ; *Togo Presse*, n° 1351 du 13 janvier 1967.

Tableau 3 : Composition ethnico-régionale du Comité de réconciliation nationale après le coup d'État du 13 janvier 1967.

G	NM	DG	DE	DP
Comité de réconciliation nationale du 14 janvier 1967	8 M	3 M du S 5 M du N	Naweda, Moba, Tem Kabiyè, Ifè, Guin Akposso	Anciens militants UDPT, Juvento

Source : K. Ch. M. Agba, *Ministre avec EYADEMA…*, p. 60 ;*Togo Presse*, n° 1353 du 15 janvier 1967.

Dans le dernier gouvernement mort né de Nicolas Grunitzky, Benoît Malou, oncle du Lieutenant-colonel Étienne Eyadema, avait été exclu ; ce dernier l'a réintroduit dans le Comité de réconciliation nationale et dans son premier Gouvernement (celui du 14 avril 1967), respectivement comme Ministre de l'Intérieur et de l'Information, puis Ministre du Travail, des Affaires sociales et de la Fonction Publique[25]. On constate également dans le tableau une prépondérance des ressortissants du nord dont un Naweda, Colonel Kléber Dadjo, Président du Comité de réconciliation nationale ; un Kabyè, Benoît Malou, un Tem, Boukari Djobo, un Ifè de Kambolé, Benoît Bedou, et un Moba, Barthélemy Lamboni, ancien Président de l'Assemblée Nationale.

Le 14 avril 1967, le Lieutenant-colonel Étienne Eyadema lui-même, devient Président de la République et affirme que « *l'armée n'a qu'un seul idéal, servir la nation* ». Le Gouvernement qu'il a formé le 14 avril 1967, compte 12 membres, dont 4 militaires (un seul du sud) et 8 civils. Il compte 8 Ministres, y compris le Président, ressortissants du Nord-Togo et 4 Ministres du Sud. Le nouveau Président se donne bonne conscience en justifiant son choix : *« Les seuls critères qui m'ont guidé dans le choix de mes ministres sont l'unité nationale, l'efficacité et la technicité. Issus de ce peuple, nous sommes résolus à le servir sans ambition aucune, ou plutôt avec la seule ambition de le conduire sur le chemin du bonheur et de la prospérité*[26] », pour montrer qu'il n'est pas guidé par un esprit ethnique et régionaliste, mais veut servir le peuple et construire la nation togolaise et œuvrer à son développement économique et social. Pourtant, le Président Eyadéma a fait du « dosage ethnique » sa politique d'union nationale, devenue un système de gouvernement, comme en témoigne le tableau 4.

[25] *Togo Presse*, n° 1430 du 15 avril 1967.

[26] *Togo Presse*, N° 1430 du 15 avril 1967 ; K. Ch. M. Agba, *Ministre avec EYADEMA…*, p. 69.

Tableau 4 : Le dosage ethnique dans la composition de quelques Gouvernements Eyadema entre 1969 et 1990

G	NM	DG	DE	DP
Eyadema du 3 août 1969	12	5 M du S 7 M du N	Ewé, Guin, Tem Kabiyè, Moba, Konkomba	
Eyadema du 21 janvier 1972	14	7 M du S 7 M du N	Ewé, Guin, Tem Kabiyè, Moba, Konkomba	Militants du RPT, militaires et technocrates
Eyadema du 5 mars 1975	**G** 14	6 M du S 8 M du N	Ewé,Tem, Guin, Kabyè, Moba, Akposso, Kon-komba	**Dm** Militants **Mmil**RPT, mili-taires et technocrates
Eyadema du 3 mars 1980	18	10 M du S 8 M du N	Ewé, Peul Guin, Kabiyè, Tem, Akposso, Bassar, Lamba	RPT et techno-crates
Eyadema du 19 déc. 1988	16	9 M du S 7 M du N	Ewé, Guin, Tem Kabiyè, Lamba, Akposso, Peul, Konkomba	RPT et techno-crates

Source : K. Ch. M. Agba, *Ministre avec EYADEMA…*, pp.77, 89, 115-116, 160-161, 211-212 ; *Togo Presse*, N° 3838 du 6 mars 1975 ; *La Nouvelle marche*, N° 75 du 4 mars 1980 ; *Togo Presse*, N° 2767 du 20 décembre 1988.

Deux ans après sa prise de pouvoir, le Président Eyadéma créa, en novembre 1969, le Rassemblement du Peuple Togolais (RPT), qui devint, par la suite, parti -État, régentant la vie, du pays jusqu'à l'adoption de la troisième République en 1979. Ce parti prônait l'unité nationale (unité géographique, unité morale, unité intellectuelle et sociale, convergence des objectifs du citoyen et de la Nation, etc.); le « New-Deal » (Unité et Solidarité), une nouvelle mentalité positive appelée la « Nouvelle marche » et l'Union de tous les Togolais dans un creuset national, regard dans la même direction qui est celle du développement du Togo[27].

Pour Wen'Saa Ogma Yagla[28], le Président Eyadema avait compris que tous les problèmes connus par le Togo depuis l'indépendance étaient liés à l'absence, chez les Togolais, de la conscience d'appartenir à une même entité, alors qu'ils sont condamnés à vire ensemble ; bref, il manquait le vouloir vivre ensemble. C'est pourquoi, en puisant à la source de l'idéologie du RPT, il a appliqué de façon systématique, depuis 1969, une politique d'union nationale associant les élites originaires du nord et du sud, à des tâches communes dans le Gouvernement et dans les Administrations. Le « dosage ethnique » et régional dans la

[27] Rassemblement du peuple togolais : *Programme*, Congrès constitutif, Lomé, 1969, pp. 9-10.

[28] W. O. Yagla, *L'édification de la nation togolaise …*, p. 19.

composition des différents Gouvernements et dans la nomination des responsables de l'administration, comme mode de gouvernement du Président Eyadéma, s'expliquerait alors par son souci de construire « l'État Nation », de corriger le développement déséquilibré du nord par rapport au sud et de « valoriser » les populations du nord, vues jusque-là par celles du sud comme des hommes inférieurs sur qui elles projettaient des représentations négatives. Selon toujours cet auteur, un « admirateur cultivé du Président »[29], qui avait pris fait et cause pour le « dosage ethnique », pour avoir donné aux populations du nord leur fierté (contentes d'avoir un frère à la tête de l'État et guéries de leur complexe d'infériorité) et d'avoir contribué à leur « promotion inattendue » par l'application du « panachage » (dosage ethnique), celles-ci devaient soutenir le Président Eyadéma, leur frère. Pour tout cela, les populations devaient être reconnaissantes envers Eyadema pour avoir mis fin aux vexations et injures contre les peuples du nord[30].

Cette analyse est biaisée est dangereuse car, en voulant corriger les déséquilibres régionaux et construire l'unité nationale, privilégiant ainsi certaines ethnies aux dépens d'autres, il a entraîné forcément d'autres entorses au vouloir vivre ensemble par les frustrations qui en découlent chez les laissés pour compte, fussent-ils des groupes ethniques minoritaires. Les opposants officiels ou officieux et autres, parfois même du RPT, lui ont reproché son « dosage ethnique » favorable au nord en général et aux Kabiyè en particulier, base sociale du RPT.

Il est un fait que de 1967 jusqu' à la Conférence nationale souveraine de juillet 1991, la composition ethnique des différents Gouvernements a varié, allant des représentants des ethnies majoritaires à ceux des minorités, à condition d'être militants du RPT, technocrates, fidèles à la personne d'Eyadéma et à sa politique ; des femmes[31] ont été aussi intégrées au Gouvernement (à partir de 1977). En effet, au cours de cette période, le Président Eyadéma a formé 23 Gouvernements dans lesquels il a nommé 272 Ministres[32]. Les ethnies régulièrement représentées ont été les Ewé (28,45%), les Kabyè (21,27%), les Guin (y compris Mina, 18,88%) ; celles irrégulièrement représentées, les Bassar et apparentés (6,64%), les Moba et apparentés (Gourma, peuhl, Mossi, Yanga ; 5,85%), les Tem (5,58%), les Lamba (5,31%), les Akposso (5,31%), les Nawedeba (2,65), etc. Par contre, les Anoufom et les Ngam Ngam de l'Oti, bien que minoritaires, après le ministre Namoro Karamoko des gouvernements Olympio, aucun d'entre eux n'a fait partie du Gouvernement durant cette période. Les militaires représentent 12,86% des Ministres nommés contre 86,14% de Mi-

[29] J. De Menthon, *A la rencontre du Togo*, Paris, l'Harmattan, 1993, p. 153.

[30] W. O. Yagla, *L'édification de la nation togolaise* ..., pp. 142 -143.

[31] La première femme Ministre au Togo fut Mme Biyémi Kekeh, juriste, magistrate de profession. Nommée dans le Gouvernement du 31 janvier 1977, elle fut remplacée dans le Gouvernement à partir de mars 1980 par Mme Massan Dagadzi, magistrate également ; elle devint Madame Eyadéma.

[32] Nos décomptes à partir de *Togo presse* et de Ch. Kond Madjome Agba : *Ministre avec Eyadéma.....*

nistres civils. Mais la part belle a toujours été faite aux Kabiyè[33] dans un Gouvernement pour un peu moins de 14% de la population togolaise, parfois aux ressortissants du nord et aussi aux Guin[34] (à peine 5% de la population togolaise dans les années 1980), ménagés parce que souvent opposants parfois réconciliés, mais aussi parmi lesquels, pour des raisons historiques, on trouve des cadres et des compétences professionnelles avérées. On compte parmi ce groupe ethnique les collaborateurs les plus fidèles du Président Eyadéma comme Ayité Gachin Mivedor, Gbégnon Amégboh, Kwaovi Benyi Johnson, Têtê Têvi-Benissan, Amouzouvi Vigniko Amédégnato, Kpotivi Têvi-Dzidjogbé Laclé (surnommé Kpatcha en raison de sa fidélité à Eyadéma), etc. Certains parmi eux ont fait plus de dix ans au Gouvernement.

Qu'il le veuille ou non, tout Ministre représente son groupe ethnique, même s'il est coopté au Gouvernement comme technocrate ; il devient soit Membre du Comité central soit Membre du Bureau Politique du RPT, chargé de diriger les campagnes électorales à partir de 1980 dans sa communauté ou de mener des campagnes de sensibilisation sur les idéaux du parti et la politique du Gouvernement. On recourt à lui aussi pour ramener à la raison certains cadres du groupe ethnique très critiques vis-à-vis du régime en place et du RPT. La meilleure preuve que le Ministre dans l'idéologie de l'unité nationale représente son groupe ethnique est le fait que lorsqu'on sort un Ministre du Gouvernement d'un groupe ethnique, on le remplace par un autre de son groupe. Au remaniement du 21 août 1973, Bathélémy Lamboni, qui représentait les Moba et les apparentés (Gourma, Mossi, Yanga, Peuhl, etc.) au Gouvernement depuis le Comité national de réconciliation en janvier 1967, fut remplacé par Ogamo Bagnah (Gourma) qui, lui aussi, fut remplacé, après une interruption entre 1977 et 1978, par Barry Moussa Barqué, au remaniement du 19 mars 1979, jusqu'à la Conférence nationale souveraine en juillet 1991[35]. Autre exemple : lorsque le doyen Ayité Gachin Mivedor, au Gouvernement sans discontinuer depuis 1967, en sortit dans celui du 19 mars 1979, il fut remplacé par Amouzouvi Vigniko Amédégnato, Guin comme le sortant. Dernier exemple, le Ministre bassar empêtré dans l'affaire des fraudes à l'examen du BEPC de juin 1980, fut limogé du Gouvernement formé le 26 juin 1980 ; il fut immédiatement remplacé au même poste du Ministère de la Fonction publique par un autre Bassar, Nyandi Séïbou

[33] Le nombre de Ministres kabyè a toujours varié entre trois et cinq par Gouvernement (cinq Ministres kabyè dans les Gouvernements du 21 janvier 1972 et du 21 août 1973), sauf dans le Gouvernement du 14 mai 1991 dans le contexte de contestations du régime Eyadéma et de demande démocratique où pour des raisons qu'on peut deviner, le nombre de Ministres kabyè est descendu à deux.

[34] Depuis 1967, les Guin n'ont jamais manqué de faire partie du Gouvernement, au minimum trois postes ministériels dans chaque Gouvernement ; ils ont même obtenu quatre postes ministériels dans les Gouvernements du 30 septembre 1982 et du 13 septembre 1984.

[35] K. Ch. Agba, *Ministre avec Eyadéma*…….pp. 93 ; 147. Ogamo Bagnah est revenu entre temps au Gouvernement en 1979 avec Barry Moussa Barqué, avant d'en ressortir en mars 1980.

Napo, alors Ambassadeur du Togo en France[36]. On pourrait multiplier à l'infini des exemples du même genre.

Le Président Eyadéma eut des Ministres compétents ou fidèles[37] qu'il garda parfois plus d'une décennie au Gouvernement comme il en eut de brillants griots sur qui pesaient parfois tous les soupçons[38].

Par ailleurs, dans la troisième République (1980-1992), pour la stabilité du pouvoir, et ce jusqu'aujourd'hui, le Président de la République étant du Nord, ceux de l'Assemblée Nationale sont toujours du sud.

En raison de sa politique équilibriste, « d'unité nationale », le Président Eyadema fut appelé par les militants du RPT, le « père de la nation togolaise », là où ses opposants, très actifs dans les années 1980 par diverses tentatives de déstabilisation du régime[39], voyaient le dictateur, celui qui déconstruisait la nation (par sa politique régionaliste, ethniciste) et violait les droits de l'Homme, discours politique que certains anciens militants voire anciens Ministres d'Eyadema tenaient aussi dans un autre contexte, celui du « vent de l'Est » qui avait soufflé sur le continent africain à partir des années 1990.

Alors à la fin des années 1980, Eyadema fut –il un « père de la nation sans encore une nation » ?

IV. LA « NATION » EN MIETTES OU LA PÉRIODE DES REPLIS IDENTITAIRES ET DES DÉCHIRURES : (1990-2005)

Les évènements du 5 octobre 1990 marquèrent le début des troubles socio-politiques au Togo sur fond de revendications démocratiques et de réveil des vieux démons latents : antagonisme nord-sud, particularismes ethniques, etc. Ce fut « le retour des ethnies » comme l'a si bien exprimé Dominique Ngoïe-Ngalla[40] dans le titre de son ouvrage publié en 2003. En effet, ce jour-là, le tribunal correctionnel de Lomé devait prononcer le verdict du jugement du 21 septembre 1990 de deux étudiants, Dossouvi Logo et Agbélenko Doglo, accusés

---

[36] K. Ch. Agba, *Ministre avec Eyadéma...*, p. 162.

[37] On peut citer par exemple Ayité Gachin Mivedor qui participa à 10 Gouvernements sans interruption entre 1967 et 1979, Samon Kortho à 11 Gouvernements, Hodabalo Bodjona à 10 Gouvernements ; Barry Moussa Barqué à 13 Gouvernements entre 1979 et 1991, Kpotivi Têvi-Dzidjogbé Laclé à 15 Gouvernements, Koudjolou Dogo à 14 Gouvernements.

[38] Les exemples à donner sont évidemment ceux de Komlan Gbati, Ministre de la Fonction publique, cumulativement avec son ancien poste de Directeur de l'Enseignement du Second Degré, qui fut mis aux arrêts le 2 juillet 1980, suite aux fraudes massives constatées à Bassar, à Lomé, à Vogan, etc. et dont les parents et intimes étaient à l'origine (cf. K. Ch. Agba ... p. 162). L'on citera également le Ministre Kpotivi Têvi-Djidzogbé Laclé pour fraudes à la loterie nationale en 1988, etc.

[39] R. Cornevin, *Le Togo. Des origines à nos jours,* Paris, Académie des Sciences d'outre mer, 1988, p. 466.

[40] D. Ngoïe-Ngalla, *Le retour des ethnies. Quel État pour l'Afrique ?* Paris, Editions Bajag-Meri, 2003.

d'avoir distribué des tracts subversifs. Le tribunal fut envahi par des manifestants acquis à leur cause, entraînant l'intervention des forces de l'ordre. À l'annonce de la condamnation des prévenus à cinq ans d'emprisonnement, des troubles graves et des mouvements de vandalisme jamais connus gagnèrent la ville de Lomé avec comme slogan historique *Ablodé* ! *Ablodé* ! (Liberté, démocratie dans la langue éwé du sud du pays), *vive le multipartisme, à bas le régionalisme*[41]. Dans la foulée, des dignitaires du régime et des ressortissants du nord auraient été agressés. Une autre page de l'histoire du Togo venait de s'ouvrir qui allait se fermer en partie le 5 février 2005 avec le décès du Président Eyadéma.

Les années du pouvoir militaire du Président fondateur du RPT, le Général Gnassingbé Eyadéma, avaient laissé croire et dire que grâce à la politique de la « Nouvelle marche », le Togo était devenue une nation, une et indivisible, prospère et paisible, la « Suisse de l'Afrique » alors que les Togolaises et les Togolais attendaient toujours la fameuse prospérité économique, promise par le clan Eyadéma depuis la fin des années 1960[42] .Les années 1990 montrèrent à quel point la nation togolaise était encore à construire, mettant ainsi à nu le « dosage ethnique » du Président Eyadéma, sans toutefois l'éradiquer ; on s'était cru à la fin des années 1950 ! Les rancoeurs, les frustrations des laissés pour compte par le pouvoir « d'union nationale » entraînèrent une déchirure du tissu social, sur fond de revendications politiques, la renaissance démocratique. Le pouvoir du Président Eyadéma vacilla. Au nom de la liberté politique retrouvée (multipartisme adopté officiellement le 12 avril 1991) et du combat pour la démocratie et la conquête du pouvoir d'État, les politiciens instrumentalisèrent les ethnies et firent du tribalisme leur fonds de commerce. Ainsi, les Togolais se divisèrent en démocrates et en non démocrates[43], même chez les militaires ; en nordistes et sudistes, jusqu'au divorce des couples mixtes. Chaque camp se dota d'une milice ethnique armée, composée de jeunes : les *Ekpémog* (brigade ou milice de la pierre en Ewé) très proches de l'opposition (les démocrates), et les *Tonmog* (tireurs de la flèche en Kabiyè), bras armés des partisans du Président Eyadéma (les non démocrates)[44], pour répondre aux premiers. Ces milices

---

[41] A. Essozimna, *La transition démocratique au Togo de 1990 à 1992 : entre défi politique et tribalisme*, manuscrit, p. 5.

[42] G. Labarthe, *Le Togo, de l'esclavage au libéralisme mafieux*, Marseille, Agone, 2005, p.18.

[43] Ceux qui réclamaient les réformes politiques étaient considérés comme les démocrates (subdivisés en faux démocrates et en vrais démocrates), ceux qui soutenaient encore Eyadema étaient des antidémocrates, donc les militants du RPT, en fait, en majorité les ressortissants du Nord ou perçus comme tels.

[44] Ces deux milices tiraient leur nom de la force d'interposition ECOMOG (Economic community of west african state cease-fire monitoring group) ou Brigade de surveillance du cessez-le-feu de la CEDEAO, créée en 1990 afin d'amener les belligérents impliqués dans la guerre civile au Libéria à un cessez-le-feu. (cf. E. Amah, *La transition ….*, p. 9)

avaient leur propre territoire dans la ville de Lomé (*Ekpémog* à Bè *et Tonmog* à Adéwi) et s'affrontaient régulièrement à coups de pierres et à jets de flèches.

Les États généraux furent convoqués après l'accord politique du 12 juin 1991 et se déroulèrent dans un climat de tensions sociales et de boycott de l'armée du 8 juillet au 26 août 1991 pour faire le « bilan et le procès » du régime à parti unique d' Eyadéma afin d'ouvrir de nouvelles perspectives pour un État unitaire, un autre vouloir vivre ensemble. Un Premier Ministre de l'opposition élu en fut issu, Me Joseph Kokou Koffigoh, de cette Conférence Nationale, proclamée souveraine dès l'ouverture.

Dans ce contexte, on enregistra sur l'ensemble du territoire des violences interethniques accompagnées d'expulsions et de déplacements des populations de leur milieu de résidence. Au Nord-Togo, dans la région des Savanes (précisément à Barkoissi), Moba et Anoufom s'affrontèrent, alors que ces deux communautés vivaient ensemble pendant des années sans heurts majeurs. Au Centre du pays, à Sotouboua, on assista aux affrontements entre Kabyè et Tem (Kotocoli) et à Blitta, colons Kabyè et Nawedeba s'opposèrent aux Agnanga autochtones, et au Sud, des conflits violents opposèrent les ressortissants du Nord, particulièrement les colons kabyè aux Ewé dans la région des Plateaux, etc[45]. Les raisons immédiates de ces conflits paraissaient banales : la bagarre entre deux femmes au marché fut à la base des affrontements généralisés entre Moba et Anoufom, les disputes entre deux jeunes se transformèrent en un conflit généralisé à Bodze et Medze entre Kabiyè, Lamba, et Ewé, se soldant par des morts. À Sotouboua, le problème foncier servit de prétexte aux deux communautés pour exercer des violences conduisant aux morts et à d'importants dégâts matériels[46]. Les frustrations et les conflits latents, souvent fonciers, avaient été instrumentalisés par les politiciens de tout ordre. Ce qui fit dire à Badjow Tcham[47] que « *si l'aspect historique n'est pas à négliger, le rôle des partis politiques semble avoir été déterminant dans l'origine des violences. Ceux-ci, parfois débordés par l'enthousiasme de leurs militants ou délibérément pour conquérir ou conserver des zones d'influence ou encore pour déstabiliser l'adversaire ont adopté des méthodes de combats qui ont conduit dans bien des cas à des actes hautement répréhensibles.* » Il convient de reconnaître que le Togo au début des années 1990 échappa de peu à la guerre civile.

Dans ces conditions, les Gouvernements qui en furent issus allaient dans la continuité du « dosage ethnique », mais adapté au contexte avec des rebondissements comme l'indique le tableau 5 suivant. Le vouloir vivre ensemble fut remis en cause avec la montée de l'ethnicisme, surtout l'expulsion de part et d'autre des ressortissants du nord ou du sud installés depuis la période coloniale.

---

[45] E. Amah, *La transition…*, p. 11

[46] B. Tcham, *Les troubles sociopolitiques au Togo depuis 1990,* Lomé, PUL, 1992, p. 23.

[47] B. Tcham, *id., ibid.*.

Tableau 5 : Le « dosage ethnique » des Gouvernements de transition et du soir du Président Eyadéma

G	NM	DG	DE	DP
Koffigoh 1 du 7 septembre 1991	18	11 M du S 7 M du N	Ewé, kabyè, Tem Akposso, Moba, Anoufom, Guin, Bassar	Opposants, technocrates et deux Ministres de la sensibilité présidentielle
Koffigoh 2 du 30 décembre 1991	21	11 M du S 10 M du N	Ewé, kabyè, Tem Akposso, Moba, Anoufom, Guin, Bassar	Opposants au régime Eyadéma et quatre Ministes RPT
Koffigoh 3 du 14 septembre 1992	20	10 du S 10 du N	Ewé, kabyè, Tem Akposso, Lamba, Moba, Anoufom, Guin, Bassar	6 Ministres de la sensibilité présidentielle
Koffigoh 4 du 12 février 1993	18	9 M du S 9 M du N	Ewé, Kabyè, Tem Akposso, Lamba, Moba, Anoufom, Guin, Bassar	Koffigoh lâché par l'opposition, partisans de Koffigoh, technocrates et militants RPT
Edem Kodjo du 25 mai 1994	20	12 du S 8 M du N	Ewé, kabyè, Tem Akposso, Nawedeba, Moba, Anoufom, Guin, Bassar	Militants du RPT, militants de la CPP de Edem Kodjo, technocrates
Klutsè Du 27 août 1996	23	14 M du S 9 M du N	Ewé, kabyè, Tem, Akposso, Tchamba, Moba, Anoufom, Guin, Bassar	RPT redevient majoritaire, donc militants RPT et technocrates
Koffi Sama du 29 juillet 2003	26	11 M du S 15 M du N	Ewé, kabyè, Ana, Tem Akposso, Lamba, Nawedeba, Tchamba Moba, Anoufom, Guin, Bassar	Militants RPT et technocrates

Source : K. Ch. M. Agba, *Ministre avec Eyadéma......*, pp.251-253 ; 262-265 ; 277-279 ; 289-290 ; 303-305 ; 323-326 ; 389-391.

Depuis la Conférence nationale souveraine (juillet-août 1991) jusqu'à la mort du Président Eyadéma le 5 février 2005, 18 Gouvernements de transition ou issus des élections législatives ou présidentielles furent formés. Cette période fut celle de crises politique, sociale et économique. La composition ethnique des Gouvernements s'élargit comme le montrent quelques Gouvernements représentés dans le tableau ci-dessus. Le « dosage ethnique » fonctionna de plus bel et la représentation régionaliste persista également quelle que fût la nature du Gouvernement ; les Anoufom qui n'avaient plus eu de poste ministériel depuis

1963 furent de retour[48] dès le premier Gouvernement de transition du 7 septembre 1991 ; frustrés, ils votèrent toujours en faveur de l'opposition. Pour la première fois depuis les années 1960, la représentation des Kabyè dans les Gouvernements descendit en-dessous de trois Ministres, notamment les Gouvernements de transition du 7 septembre 1991 du 14 septembre 1992. Les Moba et apparentés, qui étaient souvent représentés par un Ministre, furent de temps à autre représentés par deux, de même que les Tem. Les Nawedeba, souvent représents par les Lamba, ne refirent surface qu'à partir du Gouvernement du 25 mai 1994 du Premier Ministre Edem Kodjo. Le nombre des membres des Gouvernements varia de 18 à 26 pour des raisons politiciennes, surtout électoralistes.

Dans ce contexte de repli identitaire, certains Togolais frustrés, ne croyant plus en l'État unitaire impartial, s'adressèrent plutôt à leurs représentants ethniques dans les Gouvernements pour bénéficier des avantages publics. Par exemple, construire une école, une route, avoir de l'eau potable, un dispensaire, dans leur localité ou se faire recruter comme fonctionnaire, convaincus de l'existence d'un « État ethnique ». Dans ces conditions, la re-réconciliation était indispensable après 2005 pour que vive le Togo.

V. RE-RÉCONCILIATION NATIONALE POUR LE DÉVELOPPEMENT DU PAYS (2005-2010) : L'ÉTERNELLE QUÊTE DE L'UNITÉ NATIONALE

Faure Gnassingbé succéda à son père décédé le 5 février 2005. Il fut élu en avril 2005 dans des conditions difficiles et graves (contestation des résultats et violences politiques postélectorales avec des morts). Il convient dans cette dernière partie juste de donner quelques indices de sa politique de construction d'un État unitaire en prônant aussi la réconciliation nationale.

La politique du Président Faure Gnassingbé repose sur le pardon, la réconciliation nationale, la reconstruction, la construction d'un État démocratique. Il prône une ouverture politique, c'est pourquoi il nomma au poste de Premier Ministre un opposant expérimenté dès son élection, Edem Kodjo, au nom de l'unité de la nation togolaise. Les personnalités nommées dans les Gouvernements n'ont pas fait exception au « dosage ethnique » et régionaliste, même s'il y a aussi d'autres critères comme les promotionnaires de Faure[49] et les membres de la société civile, le professionnalisme, etc. Deux exemples le montrent :le Gouvernement d'Edem Kodjo, formé le 29 juin 2005, avait 30 ministres dont 15 originaires du Sud et 15 originaires du Nord, composé des représentants des différents groupes ethniques comme par le passé, militants des partis politiques comme le RPT, la CPP du Premier Ministre, le PSR de Maître ABI Tchessa.

---

[48] Les Anoufom seront constamment représentés par un Ministre voire deux (Gouvernements du 14 septembre 1992 et celui du 12 février 1993).

[49] On peut citer les cas deG. Bawara, Kokouvi Dogbé (Gouvernement d'Edem Kodjo, du 29 juin 2005)

Après l'accord politique global d'août 2006 conclu entre le pouvoir et l'opposition, le Gouvernement formé du Premier Ministre Yaovi Agboyibor du 24 septembre 2006, ne comptait pas moins de 35 Ministres représentants du parti politique au pouvoir et ceux de l'opposition (CAR, PDR, CDPA, CPP), sauf l'UFC de Gilchrst Olympio qui, lui, signa plus tard un accord de Gouvernement avec le RPT en 2011.

D'autres actes posés par le Président Faure Gnassingbé n'étaient pas moins significatifs dans le sens que sans la nation, il n'y a pas de développement : la création d'une Commission ad hoc dès 2005 pour revisiter l'histoire du Togo et la mise en place de la Commission Vérité, Justice et Réconciliation en 2009. La Nation au Togo, comme ailleurs en Afrique, est une quête permanente ; la réalité dément les politiques qui la proclament.

CONCLUSION

De 1956 à 1967, les grands groupes ethniques ont toujours été représentés au Gouvernement ; à partir des années 1970 jusqu'aux années 1990, des minorités ethniques l'ont été également. Mais dès les années 1990, il y eut beaucoup plus des considérations ethnico-administratives[50], mais aussi régionalistes, pour des raisons électoralistes. Tout ceci avec des manipulations politiques. On a pu éviter néanmoins la guerre civile au Togo.

Les considérations ethnico-régionales ont beaucoup nui à la naissance et à la viabilité de l'Ûtat au Togo entre 1956 et 1967, les crises politiques se nourrissaient de l'antagonisme nord-sud avec l'irruption des militaires, se donnant le rôle de pompiers et de garants de la stabilité de l'État, de l'unité nationale et du développement du pays.

Si par le pouvoir militaire et la dictature du parti unique (1967-1990) le vouloir vivre ensemble des Togolais semblait être en marche par la politique du « dosage ethnique », les années 1990 et 2000 ont montré que le Togo était un « État volcan[51] », comme les autres États africains d'ailleurs, pas encore stabilisé et qu'il y a de temps à autre des réactions identitaires qui mettent à mal le vivre ensemble.

Le mal est profond et entretenu par ceux qui, par intérêt, l'utilisent le moment voulu contre le cours de l'histoire de l'intégration lente mais progressive des peuples du Togo.

---

[50] Les Ministres représentent de plus en plus des entités administratives (préfectures) afin de couvrir tout le territoire pour des raisons politiques et électoralistes, ce qui fait augmenter exagérément le nombre de Ministres. On entend souvent, « notre préfecture n'a pas de ministre et nous n'arrivons pas à faire passer nos doléances auprès du Gouvernement ».

[51] En empruntant l'expression au Doyen Lanciné Sylla, K. Ahadzi-Nonou, « Réflexions sur un tabou du constitutionnalisme négro-africain : le tribalisme », *Les voyages du droit,* Mélanges en l'honneur de Dominique Breillat, Poitiers, Presses Universitaires de Poitiers, 2011, p.20, définit les « États volcans » comme ceux qui sont prêts à exploser à tout moment, en raison de l'instabilité de ces États.

Certes « l'unité nationale » du père de la nation a volé en éclats dans les années 1990 et après sa mort, mais le fils du « père de la nation » tente de re-réconcilier la nation au nom du devoir et de l'obligation de vivre ensemble et du développement du pays. Mais pour combien de temps ? Peut-on compter sur le temps et la démocratie pour promouvoir l'État-nation et le développement en Afrique ? Si l'ethnie est une donnée sociologique et anthropologique inévitable dans la gestion de l'État en Afrique, faut-il la « constitutionnaliser » comme l'a suggéré Koffi Ahadzi-Nonou ?

SOURCES ET BIBLIOGRAPHIE

SOURCES

Sources écrites

E. Amah, *La transition démocratique au Togo de 1990 à 1992 : entre défi politique et tribalisme*, manuscrit, 2014, 16 p.

Togo presse, quotidien officiel du Togo, N°s 1351 ; 1353,1356 ; 1358 ; 1430 ; 2767, 3575 ; 3782 ; 3838 ; 3906 ; 4265 ; 4661 ; 4845 ; 5217 ; 5351 ; 5549 ; 5878 ; 6313 ;6580, etc.

Nouvelle Marche, quotidien officiel du Togo au temps du parti unique, N° 75 ; 445 ; 2229 ; 2767 ; 3587 ;

Rassemblement du peuple togolais, *Programme*, Congrès constitutif, Lomé, 1969, 45 p.

BIBLIOGRAPHIE

K.Ch. M. Agba, *Ministre avec EYADEMA,* Lomé, Les éditions de la Rose Bleue, 2009, 428 p.

K.A hadzi-Nonou, « Réflexions sur un tabou du constitutionnalisme négro-africain : le tribalisme », Mélanges en l'honneur de D. Breillat, in *Les voyages du droit*, Poitiers, Presses Universitaires de Poitiers, 2011, pp.19-25.

R.C Ornevin, *Le Togo, des origines à nos jours,* Paris, Académie des sciences d'outre-mer, 1988, 556 p.

J. De Menthon, *À la rencontre du Togo,* Paris, l'Harmattan, 1993, 269 p.

C. Feuillet, *Le Togo « en général : la longue marche de Gnassingbé Eyadema,* Malesherbes, imprimerie Maury, 1976, 190 p.

Th. N.L.Gayibor, *Histoire des Togolais, des origines à 1884*, Lomé, Presses de l'UB, 1997, 443 p.

Th. N.L.Gayibor, « Des défis de l'écriture d'une histoire nationale en Afrique : L'exemple du Togo », dans N. A. Goeh-Akue & Th.N. L. Gayibor (éds) *Histoires nationales et /ou identités ethniques- un dilemme pour les historiens africains ?* Paris, Karthala, 2010, pp. 25-40.

N.A. Goeh-Akue, Th. N.L.Gayibor (éds), *Histoires nationales et /ou identités ethniques- un dilemme pour les historiens africains ?* Paris, Karthala, 2010, 309 p.

G. Labarthe, *Le Togo, de l'esclavage au libéralisme mafieux,* Marseille, Editions Agone, 2005, 206 p.

D. Ngoïe-Ngalla, *Le retour des ethnies. Quel État pour l'Afrique ?* Paris, Editions Bajag-Meri, 2003, 143 p.

B. Tcham, « Régionalisme et histoire : la perception de la question Nord/sud dans l'histoire des Togolais », dans N.A.Goeh-Akue, Th. N.L.Gayibor, *Histoires nationales et /ou identités ethniques- un dilemme pour les historiens africains ?* Paris, Karthala, 2010, pp. 265-288.

K.M. Toulabor Komi, *Le Togo sous Eyadema*, Paris, Karthala, 1986, 332 p.

W.O. Yagla, *L'édification de la nation togolaise,* Paris, l'Harmattan, 1978, 215 p.

W.O. Yagla, *Les indigènes du Togo à l'assaut du pouvoir colonial 1920-1958. L'histoire politique d'un peuple*, Lomé, Les Nouvelles éditions africaines du Togo, 1992, 119 p.

LA MAIN-D'OEUVRE TOGOLAISE POUR LE CHEMIN DE FER CONGO-OCÉAN (1921-1934)

Komlan Kouzan
Université de Kara/Togo

RÉSUMÉ

Entreprise en 1921, la construction du Chemin de fer Congo Océan(CFCO), qui devait relier Brazzaville à la mer sur le fleuve Congo, eut recours à un travail forcé désastreux pour les populations locales et étrangères. Malgré l'hécatombe qu'elle provoqua, plusieurs furent les Togolais, de différentes catégories socioprofessionnelles, qui cherchèrent à y travailler dans les années 1930.

MOTS CLÉS

CFCO, Travail forcé, Congo, Togo, Brazzaville, Fleuve Congo, Hécatombe.

INTRODUCTION

La mise en place du système colonial en Afrique n'a pas mis fin aux déplacements des populations autochtones d'une région à une autre ou d'un territoire à un autre. La mise en place des infrastructures pour la mise en valeur les a plutôt renforcés. En plus des anciennes migrations, étaient venues s'ajouter de nouvelles vers les colonies voisines ou lointaines. L'administration coloniale, engagée dans ce qu'il fut appelé « la mise en valeur » des territoires conquis fut contrainte de les empêcher ou parfois de les autoriser. Leurs ampleurs étaient dépendantes des contingences internes de chaque colonie ou de l'attrait que pouvait exercer une colonie sur une autre. Dans l'entre-deux-guerres, l'empire colonial français présentait de nombreux exemples, notamment certaines régions comme l'AEF (Congo belge (Zaïre), Congo, Gabon et Centrafrique). Si l'économie de traite y était encore toute puissante, les réalisations y étaient rares. Or, l'exploitation d'une colonie dépendait de la mise en place des infrastructures de communication telles que les chemins de fer, les routes, les ponts, les ports ou wharfs, le téléphone, etc. Longtemps négligée en infrastructures par rapport à l'A.O.F, cette fédération ne connut un regain d'intérêt qu'au lendemain de la Grande Guerre. L'exemple le plus connu fut sans doute celui du chemin de fer Congo-Océan, la seule réalisation d'importance dans les colonies françaises de cette région de l'Afrique à l'époque. Entreprise en 1921, cette voie ferrée, longue d'environ 500 km, devait relier Brazzaville à Pointe-noire sur la mer. Sa construction eut recours à un travail forcé désastreux pour les populations locales[1]. On recruta de force environ 130 00 ouvriers indigènes (qui furent tout de même rémunérés), dont environ 20 000 périrent sur le chantier. Malgré l'hécatombe et les nombreuses réactions d'indignation que la réalisation de ce chemin de fer provoqua[2], plusieurs Togolais cherchèrent à y travailler dans les années 1930. En quoi l'émigration des Togolais pour le chemin de fer du Congo-Océan constitue-t-elle un paradoxe de la politique de mise en valeur de la France dans son empire colonial ? Quelles étaient les raisons qui ont décidé ces Togolais à vouloir partir pour le Congo ? Quelle était la situation du Togo et du Congo en ce moment ? Combien étaient ces Togolais qui étaient désireux aller travailler à la réalisation de cet équipement dans cette région de l'Afrique centrale et quel était leur statut social ? Pour répondre à ces questions, nous nous sommes servi de nombreuses sources, en particulier les documents d'archives, les ouvrages et thèses sur le Togo et le Congo. Il faut ajouter aussi les témoignages de certaines personnalités de l'époque.

I. UNE ÉMIGRATION TRÈS LIMITÉE VERS LE CONGO : 1920-1930

Au lendemain de leur victoire sur les Allemands au Togo en août 1914 au cours de la Première Guerre mondiale, les Alliés franco-britanniques procédèrent à l'administration de leurs zones d'occupation respectives et cherchèrent à obtenir l'adhésion des populations de ce territoire[3]. Mais, le pays était convalescent. Or, le statut particulier du Togo placé sous mandat, tout en laissant les mains libres aux Français, leur imposait un travail exemplaire et convaincant[4]. Il y avait très peu de Togolais attirés par le Congo, considéré comme un territoire en détresse, car elle était en retard dans le cadre de la mise en valeur des colonies françaises.

---

[1] C. Coquery-Vidrovitch, *Le Congo au temps des grandes compagnies concessionnaires 1898-1930*, 2001, p. 290.

[2] Des journalistes et des écrivains de renom comme A. Gide, à Londres, ont dénoncé les abus et les hécatombes dans les réalisations de cette infrastructure.

[3] Le 10 juillet 1919, le vicomte Milner, Secrétaire d'État du Ministère des colonies du Royaume-Uni et H. Simon, Ministre des colonies de la République française, conclurent à Londres l'accord géographique déterminant et rectifiant la frontière entre les Territoires du Togo placés sous l'autorité de leurs gouvernements.

[4] La France, tout comme la Grande Bretagne, était tenue d'envoyer à la SDN, notamment à la commission de mandat, des rapports annuels sur les divers aspects de la vie du Territoire qui leur était confié.

A. Le Togo, un territoire réduit, économiquement faible

Le 1er octobre 1920, les nouvelles autorités françaises s'installèrent à Lomé après le départ des Britanniques qui l'occupaient depuis août 1914. Les rapports entre ces nouveaux maîtres et leurs administrés étaient loin d'être cordiaux. Même si, dans leur majorité, les populations du Togo acceptèrent dans le calme le changement à la satisfaction des Français, ils n'hésitaient pas à manifester leur mécontentement à travers des périodiques édités au Nigéria et de la Gold Coast lorsque l'occasion leur était donnée. Le manque de travailleurs qualifiés et qui ne purent être embauchés comme salariés en raison de ce que les premiers employés togolais étaient anglophones ou germanophones, obligea l'administration française à faire appel aux Dahoméens pour apprendre le français aux Togolais.

Dès 1922, après avoir reçu mandat de gestion de la SDN sur la partie Est de 56 600 km^2 de superficie[5], l'Administration française au Togo, sous la direction d'Augusto François Bonnecarrère, engagea la mise en valeur de cette portion du Togo par les travaux d'équipement. Bénéficiant du travail de pionnier de leurs prédécesseurs allemands et d'une main-d'œuvre relativement disponible des Togolais, elle s'était donnée comme objectif d'accroître le bien-être matériel et moral des "indigènes"[6]. C'est pourquoi en dehors des travaux prioritaires tels que les chemins de fer, le wharf et les routes, d'autres travaux extraordinaires à caractère social furent entrepris. Il s'agit de l'électrification, de l'adduction d'eau, de l'installation téléphonique, de la lutte contre les épidémies et endémies et de la construction des écoles. Pour obtenir l'adhésion des populations du Togo, les autorités françaises créèrent dans chaque cercle des Conseils des notables indigènes chargés de servir de courroie de transmission[7].

Ainsi, l'exiguïté du territoire, sa situation financière fragile et la difficile collaboration d'une population de diverses origines, déjà plus ou moins imprégnée du "savoir-faire allemand", entamèrent-ils fortement la réalisation de ces travaux. Les autorités françaises prirent des dispositions pour empêcher les migrations des Togolais vers l'étranger.

B. La lutte contre les migrations de la main-d'œuvre vers l'étranger

Voyant que l'avenir de leur pays était incertain, plusieurs Togolais, surtout ceux qui étaient sortis de l'école allemande, commencèrent à émigrer vers d'autres territoires. Cette émigration ne se limitait pas seulement aux proches

---

[5] Contre 34 000 km^2 pour la zone britannique.

[6] ANT-Lomé, 7APA 1. Organisation Territoriale. Cercles et subdivisions. Programme de mise en valeur du Territoire 1922 -1932.

[7] Trois semaines après son arrivée au Togo, le nouveau commissaire de la République française au Togo, le Conseil des notables indigènes, par arrêté local n°52 du 17 février 1922, conformément au décret du 21 mai 1919 instituant le Conseil des notables indigènes en AOF. Du 28 février 1922 au 1er janvier 1924, six conseils de notables furent constitués notamment dans les cercles de Lomé, d'Aného, d'Atakpamé, de Klouto, de Sokodé et dans la subdivision de Bassar. Cf. Seti Y. Gbedemah Nicoué Lodjou Gayibor, *Histoire des Togolais*, Vol. II, Tome I, 2005, p. 193.

destinations. Elle se faisait en direction des colonies lointaines voire de la métropole qui était le fait des travailleurs qualifiés. Les cercles les plus touchés étaient ceux de Lomé et d'Aného (Anécho). Informée de ces déplacements, l'administration française ne tarda pas à prendre des mesures pour mieux les contrôler ou les empêcher d'entreprendre ces migrations. Pour ce faire, elle usa de tracasseries de toutes sortes.

En 1925, le Commissaire de la République française au Togo, A. F. Bonnecarrère, avisé que la *Cameron eisenbahn gesellschaft*[8] récemment concessionnaire aux îles Bissagos en Guinée portugaise se proposait de recruter une centaine de Togolais, émit un télégramme-lettre dans lequel il pria les commandants des cercles de Lomé, Anécho, Klouto et Atakpamé, de mettre en garde les populations dont ils avaient la charge contre les propositions que pourraient leur faire les agents européens ou indigènes pour les amener très loin et de leur refuser tout passeport[9].

Deux ans plus tard, c'est-à-dire le 16 juillet 1927, il transmit aux commandants de cercles d'Anécho, de Klouto, de Sokodé et de Mango, une lettre que lui avait adressée le Consul de France à Kinshasa, au sujet des conditions d'existence au Congo-Belge des travailleurs provenant des colonies françaises. Il leur demanda de donner toute publicité à ce document et d'attirer l'attention des « indigènes » désireux de se rendre au Congo-Belge sur les désillusions qui les y attendaient. Il les exhorta à ne délivrer aucun passeport à destination du Congo-Belge, sauf cas exceptionnel qui devait lui être soumis[10].

Au troisième trimestre de l'année 1928, officiellement un total de 14 passeports furent délivrés dans le cercle d'Aného pour les destinations suivantes : Cameroun, Gold-Coast, Libéria, Congo-Belge, Nigéria, Côte d'Ivoire. Au quatrième trimestre de la même année, le chiffre atteignit 17[11].

Apparemment, à en croire l'administration française, la situation dans la région du Congo serait difficile à l'époque et l'émigration vers cette destination devait être contrôlée. Mais quelle était la situation réelle du Congo ?

---

[8] *Cameron eisenbahn gesellschaft*: La société du chemin de fer du Cameroun.

[9] AN-Lomé, 2 APA 175, Klouto. Télégramme lettre n° 441 daté de Lomé, le 11 mai 1925 du Commissaire de la République p.i, aux cercles de Lomé, Aného, Klouto, Atakpamé.

[10] ANT-Lomé, 2 APA 175, Klouto. Lettre n° 1191 datée de Lomé, le 16 juillet 1927 du Commissaire de la République à Messieurs les administrateurs des colonies commandant les cercles d'Anécho, de Klouto, de Sokodé, et de Mango.

[11] ANT-Lomé, 2 APA 6 Anécho, Rapport du 3e trimestre et du 4e trimestre 1928 du cercle d'Anécho et le rapport annuel à la SDN 1928, p. 76.

C. Le Congo, le pays des grandes compagnies concessionnaires et le « cendrillon » de l'AEF

Au début des années 1920, le Congo faisait partie de la fédération de l'AEF formée de 4 territoires : Gabon, Moyen-Congo, Tchad et Oubangui-Chari[12]. Cette partie de l'Empire français d'Afrique était considérée comme le « cendrillon », c'est-à-dire un territoire susceptible sans doute de devenir un des plus riches et des plus prospères, mais qui était resté longtemps l'un des plus misérables et des plus dédaignés[13].

En effet, cette région fut marquée durablement par l'économie concessionnaire ou l'économie de prédation. Premier mode d'exploitation apparue dès la fin du XIXe siècle, cette économie s'était poursuivie après la Première Guerre mondiale sur les produits tels que l'Ivoire, le caoutchouc et le bois, avec des succès divers[14]. Les premières concessions avaient été destinées à l'exploitation du bois au Moyen-Congo et surtout au Gabon. Elles avaient été confiées à de grandes compagnies comme la SHO (Société du Haut-Ogooué), la SAFIA (Société Agricole, Forestière et Industrielle pour l'Afrique), la CEFA (Compagnie d'Exploitations Forestières Africaines) et la firme Quillard. Elles avaient fait travailler, au début, des forestiers indépendants, les tâcherons. La France adopta ce système pour l'AEF en 1898 en s'inspirant du modèle belge. En un an, 40 sociétés se firent concéder 70 % du territoire. Mais, contrairement aux prévisions des responsables, l'AEF ne réussit pas à satisfaire les objectifs. Ainsi, ce vaste territoire était économiquement en retard et nécessitait la réalisation de nombreuses infrastructures pour son développement. D'où la construction du chemin de fer Congo-Océan.

D. La construction du Chemin de Fer Congo-Océan

Considérée comme l'une des dernières grandes lignes du chemin de fer construites par les Européens durant la période coloniale, le projet de la construction du Chemin de Fer Congo-Océan (CFCO) date des explorations de Henry Stanley et Pierre Savorgnan de Brazza, réalisées à la fin du XIXe siècle. *« Sans le chemin de fer, le Congo ne vaut pas un penny »*, déclara Stanley, alors qu'il se mettait au service des Belges, créant pour lui l'État indépendant du Congo, en 1885[15].

---

[12] Il était limité au nord par la Libye, à l'est par le Soudan anglo-égyptien, au Sud-est par le Congo Belge, à l'Ouest par l'AOF, le Cameroun français et l'Atlantique au Sud. D'une superficie de 2 225 000km^2, il présentait trois zones climatiques : équatorial, tropical et désertique.

[13] Propos tenus par A. Gide, en 1931

[14] E. M'bokolo, *Afrique Noire. Histoire et Civilisations, Tome II XIXe et XXe siècle*, Paris, Hatier-Aupelf, 1992, pp. 362- 365.

[15] De 1874 à 1877, H. M. Stanley explora le fleuve Congo. Ses récits renforcent l'intérêt croissant des Européens pour l'Afrique, considérée comme une source de richesses. Le roi des Belges Léopold II fonda, en 1876, l'Association internationale africaine (AIA). Mandaté par l'association, qui s'était dotée, en 1879, d'un pouvoir de souveraineté sur

En décembre 1920, les travaux de construction furent lancés à partir de Brazzaville par le gouverneur général de l'AEF, Victor Augagneur[16]. On choisit la ville de Pointe-Noire comme terminal[17]. Ils furent poursuivis avec détermination par son successeur, Raphaël Antonetti[18]. La construction du chemin de fer Congo-Océan fut confiée à la Société de Construction des Baignolles.

Mais, les difficultés sur le terrain furent énormes. Au bout de 40 km, côté Pointe-Noire, les premiers problèmes apparurent avec le début de la traversée du Mayombé, univers inhospitalier de forêt et de montagne pourrie. « *Pour la mise en place de 512 kilomètres de rails, il fallut réaliser 10 millions de mètres cubes de terrassement, plus de 12 grands murs de soutènement, plus de 170 ponts et 12 souterrains (dont le plus long tunnel d'Afrique, celui de Bamba). Le financement, accru d'année en année, dépassa les 230 millions de francs-or (contre 93 millions initialement prévus)* »[19].

Dans ces conditions, le chantier devint un enfer où 18 000 à 23 000 hommes moururent de maladies, d'accidents ou tout simplement de faim, tant le ravitaillement des 8 000 travailleurs était problématique. Le recrutement fut d'ailleurs la difficulté majeure de ce chantier et il fallut faire appel à des Sara[20], venus du Tchad pour aider les Congolais qui avaient une fâcheuse tendance à disparaître. Ceux-là moururent de neurasthénie due aux déracinements. En plus, les délais de prolongation firent douter les bailleurs de fonds. Selon E. M'Bokolo[21], « *...l'histoire du Congo-Océan est célèbre surtout pour l'hécatombe humaine qu'elle représenta : on appela ce train le « mangeur d'hommes », parce que le*

---

les territoires découverts, Stanley retourna dans le bassin du Congo afin de créer des pôles d'échanges commerciaux et d'établir des relations avec les chefs locaux. L'explorateur, obtenant le soutien de Tippo Tip, un aventurier esclavagiste swahili, fonda plusieurs comptoirs, parmi lesquels Stanleyville (actuelle Kisangani) et Léopoldville (actuelle Kinshasa).

[16] J.-V. Augagneur (né à Lyon le 16 mai 1855[1] et mort au Vésinet le 23 avril 1931) est un médecin et homme politique français. Docteur en médecine, il est professeur à la Faculté de médecine de Lyon.

[17] La construction du Congo-Océan, entre Brazzaville et Pointe-Noire, ne commençant qu'en 1923, à la fois à Brazzaville et à Pointe Noire alors que le chemin de fer Matadi-Léopoldville sur l'autre rive du fleuve, existait depuis 1898.

[18] Raphaël Valentin Marius Antonetti (2/12/1872 Marseille - 7/3/1938) était un administrateur colonial : il fut gouverneur du Dahomey en 1909 et 1911, gouverneur du Sénégal de 1914 à 1917, remplacé par Fernand Lévecque, et gouverneur de Côte d'Ivoire de 1918 à 1924, où il succéda à Gabriel Angoulvant et où il fut remplacé par Maurice Lapalud. Il fut alors nommé gouverneur général de l'Afrique-Équatoriale française, poste qu'il occupa jusqu'en 1934.

[19] E. M'bokolo, *Afrique Noire. Histoire et Civilisations, Tome II XIXe et XXe siècles*, Paris, Hatier-Aupelf, 1992, p. 378.

[20] Sara, peuple d'Afrique comportant différents sous-groupes (Madjingaye, Goulaye, Nat, Ngama, Djioko, Kumra, Gor...), vivant à l'extrême sud du Tchad, dans les vallées du Logone et du Moyen-Chari, et au nord de la République centrafricaine. Microsoft ® Encarta ® 2009. © 1993-2008 Microsoft Corporation. Tous droits réservés.

[21] E. M'bokolo, *op. cit., pp. 378-379.*

terrain était peu accessible aux machines, mais surtout parce que la main-d'œuvre était bon marché, la mécanisation fut faible et tardive. »

Comparant le chemin de fer Congo-Océan à celui de Thiers-Kayes, Ki-Zerbo[22] écrit :

> [...] Le chemin de fer Congo-océan et celui du Thièrs-Kayes sont d'ailleurs jalonnés de cimetières. À défaut de prestataires, parfois en fuite, on mettait la main sur leurs femmes et leurs enfants, qui en Afrique équatoriale, étaient entassés comme otages dans des camps de la mort, car les otages n'étaient pas nourris[23].

Compte tenu de cette situation au Congo, jusqu'à la fin des années 1920, très peu de Togolais étaient attirés par l'Afrique centrale. Leurs destinations préférées étaient plutôt les territoires voisins. L'exode des Togolais constitua, de loin, une menace pour l'administration coloniale française en place[24]. Mais, à partir de ce moment, la situation commença à changer.

1. L'émigration autorisée par l'administration française au Togo (1930-1934)

Au début des années 1930, les Togolais cherchaient de plus en plus à aller en Afrique centrale. La situation du Togo et du Congo explique cela.

a. Les efforts de l'administration Bonnecarrère vite anéantis par les effets de la crise de 1929

Les efforts fournis par les autorités françaises dans les années 1920 permirent de doter le Togo d'une économie relativement saine[25]. En 1931, le Commissaire de la République française au Togo, A. F. Bonnecarrère, pouvait se réjouir de la situation financière satisfaisante du Togo, malgré la crise économique mondiale[26]. La caisse de réserve contenait 13 234 715 francs d'argent liquide et 1 125 000 en portefeuille. Le territoire pouvait faire face à de nombreux prélèvements, tout comme il pouvait accueillir des élèves dahoméens dans les écoles, soigner dans le centre de santé de Pagouda près d'un millier de Dahoméens atteints de la maladie du sommeil, expédier en A.O.F. et en A.E.F de grandes quantités de teck, de sisal et communiquer à la Côte d'Ivoire l'organisation du wharf, de la centrale électrique, du garage centrale et les modèles de bungalows du Togo et consentir une avance de 5 millions de Francs au Cameroun. Il pouvait même participer à l'Exposition coloniale avec un montant

---

22 *Histoire de l'Afrique noire...*, p. 430

23 J. Ki-Zerbo, *Histoire de l'Afrique noire d'hier à demain*, Paris, Hatier, 1978, p. 430.

24 K. Barandao, *« Mise en valeur » et changement social au Togo dans l'entre-deux-guerres (1914-1940)*, Thèse de Doctorat, Université de Paris I Panthéon, Sorbonne, 1987, p. 337.

25 *Id. ibid.* p. 321.

26 J.O.T., 1931, p. 512.

de 1 513 000 Francs et à la construction d'un poste de radio diffusion à Dakar avec 100 000 Francs[27].

En réalité, la situation financière du Territoire était très fragile. Elle était menacée par l'effondrement des cours mondiaux des produits tropicaux provoqué par la crise économique mondiale commencée à Wall Street aux États-Unis d'Amérique. L'exportation du coton égrené et des graines de coton, de l'huile de palme, des arachides, du coprah, du café, du cacao, des produits qui occupaient une place importante dans l'économie du pays, connut une baisse de volume vers la fin de 1930.

Au même moment, au Congo, les besoins en main-d'œuvre pour la construction du chemin de fer se posaient avec acuité à cause des milliers de morts du côté des autochtones au sein des manœuvres. Ce manque ralentissait les travaux. Alors que 100 km de voie seulement étaient posées côté ouest, on prit la décision de mécaniser le chantier et d'embaucher des Chinois. L'entreprise importa alors des compresseurs, des bouteurs et des tracteurs.

À partir de ce moment, l'administration commença à lâcher du lest. Au cours des deux premiers trimestres de 1930, il fut délivré au Togo 80 passeports. Jusqu'au 30 septembre le nombre de passeports délivrés s'élevait à 126. Au 3e trimestre de la même année, 46 passeports furent délivrés aux Togolais qui voulaient partir pour l'étranger. La répartition était la suivante : Grand-Bassam 13, Kinshasa 8, Lagos 5, Douala 5, Congo-Belge 3, Cotonou 2, Port-Gentil 2, Libreville 2, Old-Calabar (Nigéria) 2, Pointe-Noire 1, Tabou 1, Sierra-Léone 1, France 1[28]. Le nombre de laissez-passer délivrés au cours du 3e trimestre de la même année à des autochtones désirant se rendre hors du territoire était de 49. Il se décomposait comme suit : Gold Coast (Accra, Kéta, Aplao), 41, Dahomey (Porto-Novo, Cotonou), 8. Depuis le début de l'année 1930, le nombre de laissez-passer délivrés dans les conditions ci-dessus décrites s'élevait à 161[29]. Les mouvements de contestation commencèrent alors à se faire entendre. Les partisans du retour des Allemands au Togo regroupés dans la Ligue des Togolais allemands (Deutscher Togo bund) se faisaient plus visibles. Le 15 septembre 1930, après 10 ans de cavale, le nommé Jacob Dossou surnommé Amoussou Akpatchaka, qui incarnait toutes les rancœurs des laissés pour compte fut abattu dans le village de Ouémé (Dahomey) par des policiers venus du Togo[30].

En 1931, les finances du Togo furent fragilisées. On dénombra officiellement 39 demandeurs d'emploi. Les efforts entrepris par l'administration

---

[27] J.O.T., 1931, pp. 513-514.

[28] ANT-Lomé, 2APA 10, Cercle de Lomé. Rapports périodiques des cercles. Rapport de tournée de recensement et d'étude générale dans les quartiers du cercle : BE et quartiers avoisinants. Rapport trimestriel (3e Trim.), 1930.

[29] ANT-Lomé, 2APA 10, Cercle de Lomé. Rapports périodiques des cercles. Rapport de tournée de recensement et d'étude générale dans les quartiers du cercle : BE et quartiers avoisinants. Rapport trimestriel (3e Trim.) 1930.

[30] A. M. Aduayom, E. Assima-Kpatcha, N. L. Gayibor, Y. Marguerat, P. Sebald & B. K. Tcham, N. L. Gayibor(dir.), *Histoire des Togolais*, Lomé, Presses de l'UL, 2005, p. 513.

coloniale pour stopper l'émigration des Togolais furent anéantis par les effets négatifs de la crise économique de 1929 qui toucha le Togo au début des années 1930. Le mécontentement au sein de la population ne cessa de grandir.

b. L'aggravation de la crise économique et la montée de la tension sociale

À partir de 1932, la crise économique toucha de plein fouet le Togo. Elle y engendra de graves difficultés. Le commerce intérieur accusa le coup avec le ralentissement du trafic ferroviaire et la baisse du tonnage des marchandises transportées. Les recettes douanières et des impôts tarirent. Les droits à l'importation et à l'exportation, par suite de la diminution du tonnage des produits, chutèrent. Pour réaliser certains travaux d'équipement, l'administration mandataire sollicita et obtint en 1931 un emprunt global de 73 millions de francs. Elle provoqua la cessation de tous les projets d'équipement, surtout l'arrêt des chantiers du chemin de fer central togolais, la fermeture des maisons de commerce et des entreprises qui tombèrent en faillite. Cette situation entraîna des licenciements du personnel et l'accentuation du chômage. Ce fléau toucha tous les corps de métiers, en particulier les ouvriers, les chauffeurs, les artisans, les employés de commerce, le personnel administratif et les diplômés des écoles primaires et du cours complémentaire.

> Les effectifs de chômeurs s'accrurent d'autant plus que l'administration avait enclenché une politique de restriction en matière d'enseignement en fixant la limite de l'âge de la scolarité à 16 ans. Ainsi, beaucoup de demandeurs d'emploi affluèrent vers les chefs-lieux de cercle dans l'espoir de trouver un emploi salarié. De longues files de demandeurs d'emplois se dressaient à la grille des services avec l'espoir d'être embauchés, même pour une journée de travail. Les quais des chemins de fer et du wharf grouillaient d'une foule de chômeurs en quête d'un travail, livrée à l'arbitraire des contremaîtres qui recrutaient quelques rares privilégiés avec des salaires de misère[31].

Le climat social au Togo se détériora partout dans les cercles depuis la décision prise d'augmenter les impôts. Malgré les avertissements et les protestations des notables, les mesures draconiennes furent poursuivies et renforcées. Au début de 1933, tous les signes d'une révolte étaient perceptibles dans les chefs-lieux de cercles. Partout dans les Conseils de Notables, les discussions tournaient autour des mesures d'aggravation des charges fiscales décidées à la fin de 1932 par le nouveau commissaire de la République, Robert de Guise, qui venait de succéder à Auguste François Bonnecarrère[32].

---

[31] K. Barandao : « Mutations socio-professionnelles au Togo sous administration française (1922-1958) » N.L. Gayibor (dir.), *Les Togolais face à la colonisation*, Lomé, Presses de l'UB, 1994 p. 248.

[32] K. Barandao, « *Mise en valeur et changement social au Togo dans l'entre-deux-guerres (1914-1940)* », Thèse de Doctorat, Université de Paris I Panthéon-Sorbonne, 1987, p.554

Les 24 et 25 janvier 1933, la révolte éclata à Lomé contre les nouvelles taxes imposées par l'administration. Elle fut menée par deux leaders du mouvement Duawo, Kobina Garthey et Michel Johnson. L'ampleur de la révolte, sa spontanéité, sa parfaite coordination, furent révélatrices du mécontentement général, partagé par les diverses composantes de la population : notables, chefs autochtones, planteurs, paysans, salariés, etc.[33].

L'Administration française dut tirer les leçons de la révolte. Elle prit des mesures afin de régler le problème de chômage. Il fut demandé aux chefs de service ou de bureaux d'avoir au préalable l'accord du Commissaire de la République avant d'exécuter les travaux déterminés en heure supplémentaire en justifiant des motifs de leurs propositions[34], le salaire des journaliers fut réduit[35].

Par ailleurs, on procéda au recensement des chômeurs afin de les prendre en charge. Mais ces mesures n'eurent que des effets limités.

Tableau n°1 : Demandes d'emploi au Togo en 1933

Noms et prénoms	**Adresses**	**Emplois sollicités**
Ayéna Toményon	Chez le Siméon Germain commis à la Direction des P.T.T.	Planton et copiste
Ficem André	s/c David Oueggah Employé John-Holt	Commis Exp.
Dofonsouhou Vikpédjéhoun Sébastien	Aux bons soins de M. Moïse, cuisinier de M. le Directeur de la B.A.O.	N'importe quel travail
Rudolph Mensah	Chez M. Léonard Senouvo commis aux Travaux Publics	Réintégration au service C.F.T.
Diallo Boukari	Téléphoniste au cercle de Lomé	Surveillant des P.T.T.
Gbogbo Paul	Rue Alsace Lorraine-Lomé	Employé
Affanglo Guillaume	Rue de Champagne	C.F.T ou T.P.
Ashigbi Alphonse	Chez M. Aguisi-Quartier n°6	Planton
Ahluisi Mathias	Chez M. Ahluisi à direction CFT	Planton-facteur
Agomey Yovo	Chez M. Kpadonou à l'hôpital	Planton
Lassanet Paul	Fils de Tchédié-garde frontière	planton
Agbodzi K.Jean	Aux bons soins M. Gbenyedzi Atandji	Planton-apprenti-pointeur
Touré Jacob	Demeurant au quartier Didaurè. Sokodé	Interprête- Surveillant de routes
Robert Amaïzo	Anié	Un emploi
Daklou Médard	Chez M. Aghey Jean Commis santé. Lomé	Commis
Adimado Marcellin	Au quartier Placondji-Cotonou	Commis

[33] *Id.*, p. 568.

[34] ANT-Lomé, 2 L 7, Inspection du travail et des lois sociales. Circulaires n°700 datées de Lomé, le 18 mai 1932, du Commissaire de la République R. De Guise à Messieurs les chefs de bureaux au sujet des heures supplémentaires.

[35] ANT-Lomé, 2 APA 175, Klouto. Note n°156 du 23 janvier 1933 du Commissaire de la République De Guise pour MM les Commandants de cercle et chefs de service au sujet des salaires des journaliers.

Akakpo Agondé	c/o Bennett, Lomé	Planton
Kodjovi Félix	Aux bons soins M. Mathias Martin. Employé au Tribunal	Dactylographe
d'Almeida Athanase	c/o M. Oyiano d'Almeida. Bureau exportation	Planton
Gébirila François	Chez son père Lamoussi-Tailleur rue de l'Église	Planton
Dadjo Firmin	Ex-tirailleur-Chez M. Clément Adjéou-chef d'équipe à la mairie-Lomé	Commis
Boccovi Gabriel	Chez M. Ambroise Boccovi au P.T.T.	Commis-Moniteur agricole
Bennet Carlos-Amouzouvi Mensah	c/o Alfred Kuassih P.T.T- Lomé	Planton
Amouzouvi Abalovi	Aux bons soins de M. d'Almeida Charles, instituteur-Palimé	Commis
Conas André	c/o de M. Grégoire Dongoh-gare Lomé	Infirmier
Adeyéme A. Pierre	Chez M. Salou Bénédiction, charpentier au quartier Anago-Comé	Infirmier-vétérinaire
Attiogbe Antoine	Chez M. Pogré Michel, instituteur-Lomé	Moniteur agricole
Ahoudon Nicolas	Chez M. Siomon Ladonékou. Brigadier-chef d'Hygiène-Lomé	Planton
D'Almeida Augustin	Derrière l'Église Catholique, Ancienne place Hôtel de France-Lomé	Un emploi ?
Madame Mehoun Flora	Pour son épouse Mehoun	Un emploi pour arriver à subvenir aux besoins de leurs enfants
De Souza Fidèle Nicolas	s/c Direction du C.C.	Commis
Agbossou Georges	Chez M. William Lawson de l'exploitation	Garde frontière
Santos Agoudjobi Joseph	s/c de M. Maurice P. Adjovi blanchisseur chez M. Roux-Cotonou	Moniteur agricole
Mehoun K. Lucien	s/c de M. Hilaire Bandé, aide dessinateur -C.F.T.-Lomé	Commis
Agbodamey Antoine	Instituteur École publique Grand-Popo	Commis ou interprète
Tchedré Paul	Chez Peter Ayihoé, Rue Amoutivé-Lomé	Planton
Philippe Louis	Au quartier Zongo, Maison Kata Ouanzan-Lomé	Mécanicien
Holokoué Sinkao	Au quartier Yakakomé à Lomé	Douanier
Sant'Anna Alexandre Joseph	Chez M. Sant'Anna Léon Infirmier Nicoué-Cotonou	Moniteur agricole

Source : ANT-Lomé, 1L 18 : Direction de la main-d'œuvre. Lettre et liste de quelques indigènes demandant emploi. 1933.

Mais, la crise s'est poursuivie en 1934. Les perceptions indirectes qui étaient de 20 millions en 1930 tombèrent à 9,7 millions, soit plus de 50 % en moins de quatre années. Le nombre de chômeurs inscrits connut également une progression. Il passa de 116 en mars à 155 en mai et 173 en juin. Les secteurs les plus touchés furent les gardiens et les plantons (entre 36 et 47) suivis des employés de commerce et de commis (entre 26 et 36), de manœuvres (entre 6 et 32) et de téléphonistes (entre 12 et 14).

Face à l'aggravation de la situation, l'Administration résolut de créer une commission permanente du chômage afin d'étudier les moyens de venir en aide aux sans-travail togolais et suivre l'exécution des mesures arrêtées[36]. Réunie pour la première fois le 10 février 1934, tout en reconnaissant que la crise économique avait laissé sans travail un certain nombre d'individus qu'il était utile d'aider, elle conclut qu'en principe il n y aurait pas de chômeurs au Togo et proposa comme solution d'amener les chômeurs à se faire inscrire à la mairie où ils seraient classés par profession. Une liste serait communiquée tous les 15 jours ou tous les mois au commerce et aux services qui exprimeraient des besoins. Alarmé, le Commissaire proposa comme remède le refoulement des chômeurs dans leurs villages et dans leurs pays d'origine. Les licenciements s'étaient accrus et le taux de demande de travail était très élevé. Par exemple, le 13 juin 1934, le nommé Agboka Midjrato, ex-charpentier du Chemin de fer à Lomé, dans une lettre qu'il adressa au Commissaire de la République française au Togo, demanda à être de nouveau recruté après avoir été licencié. Engagé dans le service du chemin de fer de Lomé, le 12 juillet 1928, il fut licencié le 2 janvier 1933 après avoir eu ses trois doigts mutilés accidentellement le 6 octobre 1931 pendant l'exercice de ses fonctions. Estimant être dépourvu de tous moyens de vie, et ayant à subvenir aux premiers besoins de sa nombreuse famille, il demanda au Gouverneur de lui octroyer un secours forfaitaire, ou une place dans le service administratif, soit comme planton, garde-frontière ou n'importe quel service[37].

---

[36] Créée par l'arrêté n° 21 du 10 janvier 1934, elle était composée de M. Fréau, Maire de Lomé (Président), M. Lestrade, chef du Secrétariat général, Costarramone, chef du service des TP ; M. Barette de la Chambre de commerce ; Augustino de Souza, Président du conseil des notables, Adjallé, chef d'Amoutivé ; Félicio de Souza, Emmanuel Ajavon et Acolatsé Alfred, tous délégués des chefs de quartier. Voir ANT- Lomé, 1L 21. Direction de la main-d'œuvre. Procès Verbal de la séance du 10 février 1934 de la Commission Permanente. 1934.

[37] ANT-Lomé. 1L 18, Direction de la main-d'œuvre. Lettre et liste de quelques indigènes demandant emploi. 1933.

Tableau n°2 : Liste des chômeurs (Mois de mars 1934)

Descriptions	**Nombre**
Boys ou Domestiques	2
Charpentiers	2
Chauffeurs	1
Comptables	4
Cuisiniers	2
Dactylographes	13
Employés de commerce et Commis	26
Forgerons	2
Gardiens et Plantons	36
Jardiniers	1
Maçons	1
Manœuvres	6
Mécaniciens	1
Menuisiers	2
Peintres	1
Tailleurs	1
Téléphonistes	14
Tourneurs	1
Total	**116**

ANT-Lomé 1L 20 : Direction de la main d'œuvre. Relation Togo-AEF : Recrutement des Togolais pour la construction du chemin de fer Congo- Océan (Moyen-Congo) 1934.

Tableau n° 3 : Estimation de la population togolaise et nombre de chômeurs en 1934

Cercles	**Estimation de la population**	**Nombre de chômeurs**
Lomé	27 678	498
Anèho	40 066	174
Kloto	12 059	-
Atakpamé	24 739	85
Sokodé	90 509	-
Mango	37 926	-
Total	**232 917**	**757**

Source : ANT- Lomé, 1L. 21 : Direction de la main-d'œuvre. Correspondances avec les cercles et services en vue de faire recruter des sans emploi. Création d'une commission permanente de chômage et P.V. d'une séance de la dite commission. 1934.

Dans son rapport annuel qu'elle était tenue d'adresser au conseil de la Société des Nations, en 1935, l'administration française fit état des actions qu'elle avait menées en 1934 contre le chômage et les résultats obtenus en ces termes :

> Une commission permanente du chômage, chargée d'étudier les moyens de venir en aide aux sans-travail et de suivre l'exécution des mesures édictées, a été créée par arrêté du 10 janvier 1934. Le nombre de chômeurs a été insignifiant : les étrangers ont

été acheminés sur leur pays d'origine, les autres renvoyés dans leur village pour les travaux de terre ou embauchés sur les chantiers publics[38].

Mais, malgré ces efforts, le nombre de chômeurs ne diminua pas.

Face à l'ampleur du chômage, l'administration française, jusque-là très opposée à la migration des populations autochtones vers les colonies voisines et lointaines, accepta que certains travailleurs soient envoyés au Congo pour travailler dans les chemins de fer. Elle recourut aux autorités coloniales de l'AEF auxquelles il fut proposé l'envoi de la main- d'œuvre togolaise pour la construction du Chemin de Fer Congo-Océan[39]. Dans la lettre n° 1131 C.M. du 9 octobre 1934 adressée au Commissaire de la République, Bourgine, M. Fréau dressa la liste de 100 personnes de différentes qualifications désireuses d'aller travailler au Congo-Océan. Le nombre des demandeurs fut, cependant, réduit afin de ne pas trop charger la liste et de n'y envoyer que des hommes susceptibles de donner un excellent rendement. Il joignit à la fin de la lettre, la liste des demandeurs avec leur profession[40] et recommanda à ce que ces jeunes fussent recrutés et s'engagea à prendre toutes dispositions utiles pour faire embarquer ceux qui se seraient engagés[41].

Suite à cette proposition, le Commissaire de la République, L. Bourgine, dans sa lettre n°1062 du 10 octobre 1934, saisit le gouverneur général de l'AOF au sujet des demandes des chômeurs du Togo en ces termes:

> L'arrêt des grands travaux sur fond d'emprunt exécutés au Territoire, la compression des effectifs réalisée récemment, les conséquences de la crise, ont entraîné le licenciement d'un grand nombre d'auxiliaires de différentes spécialités, qui se trouvent en chômage depuis plusieurs... J'ai pensé que certains d'entre eux pourraient trouver à s'employer dans les services du Congo-Océan, récemment ouvert à l'exploitation.
>
> Je me permets donc de vous adresser une liste de ces employés, en vous demandant d'examiner, avec bienveillance, leurs titres à un emploi et de leur donner la préférence. Si vous décidiez d'en recruter quelques-uns, je ne manquerais pas de réunir

---

[38] Rapport annuel adressé par le gouvernement français au conseil de la Société des Nations conformément à l'article 22 du pacte sur l'administration sous mandat du territoire du Togo pour l'année 1934, Paris, Imprimerie générale Lahure, 1935, p. 85.

[39] E. Assima-Kpatcha, *Travail et salariat au Togo dans l'entre-deux-gue*rres, Thèse de Doctorat d'Histoire, Université de Lomé, 2004, pp. 405-409.

[40] Il s'agit de 5 ajusteurs-forgerons, 1 ajusteur-mécanicien, 4 blanchisseurs, 1 Briquetier, 5 charpentiers, 1 Charpentier-menuisier, 4 chauffeurs, 2 chefs de gare, 1 Chef de trains, 26 Commis, 4 dactylos, 2 électriciens, 1 facteur chemin de fer, 4 forgerons, 1Imprimeur-relieur, 12 Maçons, 3 Mécaniciens, 3 Menuisiers, 5 Peintres, 2 Pointeurs, 2 Tailleurs. 1 Télégraphiste, 1 Tourneur-Justeur. Cf. ANT-Lomé, 1L 20, Direction de la main d'œuvre. Relation Togo-AEF : Recrutement des Togolais pour la construction du chemin de fer Congo- Océan (Moyen-Congo) 1934.

[41] ANT-Lomé, 1L 20, Direction de la main d'œuvre. Relation Togo-AEF : Recrutement des Togolais pour la construction du chemin de fer Congo- Océan (Moyen-Congo) 1934.

tous renseignements sur leurs antécédents et leur moralité, de façon que ce recrutement ne vous occasionne aucun mécompte.

Quantité de jeunes Togolais ont été engagés au Congo-Belge, soit dans les services administratifs, soit dans les entreprises privées, et il semble qu'ils y aient donné entière satisfaction.

Je vous serais reconnaissant, dans l'intérêt de ces employés et dans celui du Territoire, s'il vous était possible de leur ouvrir ce débouché. [42] .

On y distingue 23 catégories d'artisans : des ajusteurs-forgerons, des ajusteurs- mécaniciens, des blanchisseurs, des briquetiers, des charpentiers, des charpentiers-menuisiers, des chauffeurs, des chefs de gare, des chefs de trains, des commis, des dactylographes, des électriciens, des facteurs de chemins de fer, des forgerons, des imprimeurs-relieurs, des maçons, de mécaniciens, des menuisiers, des peintres, des pointeurs, des tailleurs, des téléphonistes et des tourneurs-ajusteurs. Ils étaient tous originaires des cercles du Sud, notamment les cercles d'Aného et de Lomé et de Klouto.

La crise toucha différemment les couches socioprofessionnelles du Territoire. La bourgeoise locale constituée de commerçants, de planteurs, de propriétaires fonciers qui, à la faveur de la prospérité des affaires dans les années 1920, s'était enrichie, s'adapta mieux à la nouvelle situation. Tandis que les fonctionnaires, les artisans, les boutiquiers et autres, ne purent résister face à la diminution de leurs revenus. Les commerçants européens n'y échappèrent pas. Les paysans furent les plus touchés. Ils subirent la dévalorisation des cours des produits. Dès lors, il apparut un phénomène nouveau : la recherche d'emplois salariés pour compenser la perte découlant de la chute des cours des produits. Mais l'impôt et les autres charges fiscales absorbaient de plus en plus les maigres ressources[43].

Face à la situation financière catastrophique, l'administration française procéda à des réformes administratives en décrétant, le 23 novembre 19434, ce qu'on appelle l'Union Personnelle avec le Dahomey. Au terme de ce texte, le Lieutenant-Gouverneur du Dahomey, en l'occurrence Maurice Bourgine, assuma cumulativement les fonctions de Commissaire de la République du Togo. Il fut représenté à Lomé par un "administrateur supérieur", lequel fut nommé par arrêté du ministre des colonies[44].

---

[42] ANT- Lomé, 1L 20, Direction de la main d'œuvre. Relation Togo-AEF : Recrutement des Togolais pour la construction du chemin de fer Congo- Océan (Moyen-Congo). 1934.

[43] K. Barandao, *« Mise en valeur » et changement social au Togo dans l'entre-deux-guerres (1914-1940)*, Thèse de Doctorat, Université de Paris I Panthéon-Sorbonne, 1987, p. 451

[44] S. d'Almeida-Ekue, *La révolte des Loméenes, 24-25 janvier 1933*, Lomé, NEA, 1992, p. 117.

A. Sarraut, *La mise en valeur des colonies françaises*, Paris, Payot, 1923.

À partir de ce moment, ils furent très nombreux à être attirés par « le Congo ». Avec la reprise économique à partir de 1935-1936, ce mouvement ne faiblit que très lentement.

Mais, durant la guerre de 1939-1945, cet exode reprit du fait des mauvaises conditions de vie des populations, surtout celles des campagnes.

CONCLUSION

À partir de 1920, la France prit en charge la gestion d'une partie du *Togoland* venu s'ajouter à son vaste domaine colonial avec le mandat de la SDN. Jusqu' au début des années 1930, grâce à la réalisation des travaux de mise en valeur, des transformations étaient perceptibles au sein de la société togolaise, même si dans sa majorité, elle restait encore rurale. Mais, l'insuffisance de la production et le faible niveau de l'équipement ne permirent pas à ce territoire de faire face aux effets de la dépression économique de 1929. L'émigration devint une nécessité pour les populations de ce territoire avec l'augmentation de la pression fiscale. À partir de 1934, la colonie resta stationnaire, n'évolua pas. Elle s'était petit à petit étiolée, bornant son activité à une routine stérile où à quelques réalisations purement spectaculaires[45]. Plusieurs projets furent suspendus, suspension qui se fit sous l'effet de la crise économique. De nombreux Togolais ne pouvaient plus supporter les maladresses des autorités françaises : incapacité à gérer les effets de la crise de 1929, arrestations à l'issue des événements de janvier 1933, etc. Ils étaient de différentes catégories socioprofessionnelles et issus essentiellement des cercles du sud. Ayant pris l'habitude de migrer depuis l'époque allemande [46], non seulement à l'intérieur de leur pays mais aussi très loin, sur de longues distances, ils commencèrent à se déplacer vers les colonies françaises comme le Sénégal, la Côte d'Ivoire, la Guinée, le Cameroun, le Gabon, le Congo-Brazzaville, le Congo Belge. L'administration française, qui était au début réfractaire à ces mouvements fut finalement contrainte de les autoriser à migrer vers ces lieux. En 1934, alors que les travaux ne furent achevés que partiellement et que des critiques en France révélèrent le scandale de ce travail forcé, ils étaient plusieurs Togolais à solliciter du travail au « Congo-Océan » en s'adressant à l'administration coloniale.

L'hécatombe provoquée par la réalisation de ce chemin de fer ne dissuada pas les candidats togolais au départ compte tenu de la situation de leur pays. Malgré les tracasseries administratives, le quadrillage du territoire et la surveillance dont ils étaient l'objet, ils se déplaçaient. Le mouvement se renforça avec l'effort de guerre imposé par l'administration française durant la Deuxième Guerre mondiale. Ces types de voyage nécessitaient un minimum d'instruction

[45] K. Barandao, citant l'Agence FOM/352 : Dans l'œuvre de la France au Togo, Allocution du CRT au Conseil du gouvernement de l'AOF s.d. 1944

[46] C'est le cas du jeune Jonathan Adzesi Kokou Savi de Tové, clerc dans l'administration allemande au Cameroun en 1914 et du futur roi Agbano II employé de commerce au Congo- Belge.

et de connaissance d'un métier. Les migrants étaient recrutés en majorité au sud. Ils tavaillaient comme Commis, employés de bureau dans l'administration publique et le commerce. Ces migrants revenus au bout de trois à cinq ans, voire quinze ans, avant de repartir, investissaient, pour la plupart, dans l'immobilier.

À partir de 1939, les Togolais durent alors supporter les contraintes et les privations imposées par l'effort de guerre -construction et entretien des routes et de chemins de fer, généralisation de la réquisition de la main-d'œuvre pour les entreprises coloniales, achat à des prix plus élevés des produits des planteurs européens que ceux des planteurs togolais- et continuèrent à émigrer vers l'Afrique centrale. En 1945, le chef Semekono d'Aflao dénonça avec amertume la situation de l'effort de guerre qui amena beaucoup de Togolais à quitter et à aller se réfugier ailleurs, au point de rendre le Togo dépendant des territoires voisins.[47]

Dans les années 1950, les étrangers furent deux à trois fois plus nombreux que les autochtones en Afrique centrale. La construction du tronçon de Belo-Mbinda sur 285 Km de 1959 à 1962 sollicita encore une main-d'œuvre étrangère. Cela ne tarda pas à provoquer des sentiments de xénophobie. Plus tard, à partir du 22 octobre 1962, ils furent plus de 400 réfugiés togolais expulsés du Congo-Brazzaville et du Gabon qui étaient venus grossir les rangs de ceux de Côte d'Ivoire revenus en 1958, portant l'effectif à environ 6 900 sinistrés[48].

SOURCES ET BIBLIOGRAPHIE

SOURCES

Sources d'Archives

Archives nationales du Togo (Lomé)

*** Sous Série 1L : Travail et lois sociales. Direction de la main d'œuvre.**

7. Inspection du travail et des lois sociales. Circulaires n° 700 datée de Lomé, le 18 mai 1932 du Commissaire de la République R. De Guise à Messieurs les chefs de bureaux au sujet des heures supplémentaires.

17. État des travailleurs recrutés sur contrat dans les cercles d'Anécho, Klouto, Sokodé, Mango. Liste des travailleurs recrutés dans la subdivision de Lama-Kara. 1932-1935.

18. Lettres et liste de quelques indigènes demandant emploi. 1933.

[47] ANT- Lomé, Cercle de Lomé, école professionnelle, PV des séances des 11 et 12 mai 1945 de la commission chargée d'exprimer son avis sur les modalités d'application au Togo des recommandations de la conférence de Brazzaville, p. 48.

[48] À cause de l'effort de guerre, les ruraux fuyaient les villages pour se rendre en ville ou à l'étranger. Lors de la conférence locale organisée du 11 au 12 en 1945 à Lomé par Noutary, afin d'amener l'élite autochtone à trouver les modalités d'application au Togo des recommandations de la conférence de Brazzaville. Ces informations nous ont été fournies le 28 / 10 / 1998 par notre aîné et ami J.P. Boëvi, ex-Inspecteur du Travail.

20. Relation Togo-AEF : Recrutement des Togolais pour la construction du chemin de fer Congo- Océan (Moyen-Congo) 1934.
21. Direction de la main-d'œuvre. Correspondances avec les cercles et services en vue de faire recruter des sans emploi. Création d'une commission permanente de chômage et P.V. d'une séance de la dite commission 1934.
38. Lutte contre l'exode de la main d'œuvre du Togo-Français vers la Gold Coast. S.D.

*** Série APA : Affaires politiques et Administratives**

Sous série 2APA. Répertoires des cercles

Répertoire du Cercle d'Anécho

6. Rapport du 3e trimestre et du 4e trimestre 1928.

Répertoire du Cercle de Klouto

Travail et Lois sociales

175. Documentation sur les travailleurs indigènes. Problème de l'arbitrage et inspection des travailleurs. Registre de contrats de travail.
Enregistrement des livrets pour domestiques répertoires alphabétique des Européens non fonctionnaires. Correspondances.

Répertoire du cercle de Lomé

10. Rapports périodiques des cercles. Cercle de Lomé. Rapport de tournée de recensement et d'étude générale dans les quartiers du cercle : BE et quartiers avoisinants. Rapport trimestriel (3e Trim.) 1930.

*** Sous série 7APA/ Organisation Territoriale**

Cercles et subdivisions. Programme de mise en valeur du Territoire 1922 -1932.
Rapport annuel adressé par le gouvernement français au conseil de la Société des nations conformément à l'article 22 du pacte sur l'administration sous mandat du territoire du Togo pour l'année 1934, Paris, Imprimerie générale Lahure, 1935, 176 p.

Imprimés officiels

Journal officiel du Togo, 1931.
Rapport annuel à la SDN, 1928.
Rapport annuel, 1935.

Webographie

http:/fr.wikipedia.org/wiki/Albert_Londres.
Microsoft ® Encarta ® 2009. © 1993-2008 Microsoft Corporation. Tous droits réservés.

BIBLIOGRAPHIE

M. A. Aduayom, E. Assima-kpatcha, *et al.*., N. L., Gayibor, *Histoire des Togolais*, Lomé, Presses de l'UL, 2005, pp. 491-556.

E. Asssima-Kpatcha, *Travail et salariat au Togo dans l'entre-deux-gue*rres, Thèse de Doctorat d'Histoire, Université de Lomé, 2004, 599 p.

K. Barandao, "*Mise en valeur" et changement social au Togo dans l'entre- deux guerres (1914-1940),* Thèse de Doctorat (Régime 1984), Université de Paris I Panthéon-Sorbonne U.F.R. d'Histoire-Centre de Recherches Africaines (C.R.A.), 2 Tomes, 1987, 642 p.

K.Barandao, « Mutations socio-professionnelles au Togo sous administration française (1922-1958) » in N. L Gayibor (dir.), *Les Togolais face à la colonisation*, Lomé, Presses de l'UB, 1994, pp. 227-260.

J. Barou, « Migrations et travaux forcés en Afrique subsaharienne à l'époque coloniale » *L'héritage colonial* n° 1228, Novembre-Décembre 2000, pp. 51-61.

C. Coquery-Vidrovitch, *Le Congo(AEF) au temps des grandes compagnies concessionnaires 1898-1930,* Paris, Editions l'EHESS, (rééd. de 1972), 2001, 600 p.

S. D'almeida-Ekue, *La révolte des Loméenes, 24-25 janvier 1933*, Lomé, NEA, 1992, 166 p.

A. Sarraut, *La mise en valeur des colonies françaises*, Paris, Payot, 656 p.

N.L. Gayibor (sous la direction), *Histoire des Togolais. De 1884 à 1960. Vol. II, Tome II*, Lomé, Presses de l'UL, 2005, 754 p.

Y.S. Gbedemah, « Les structures institutionnelles du Togo français de 1920 0 1960 » N. L. Gayibor, *Histoire des Togolais*, Vol. II, Tome I, Presses de l'UL, 2005, pp. 173-218.

A. Gide, *Voyage au Congo et le retour du Tchad*, Paris, Gallimard, 1995, 554 p.

J. Ki-Zerbo, *Histoire de l'Afrique. D'hier à demain,* Paris, Hatier, 1972, 703 p.

A. Londres, *Terre d'ébène*, Paris, Le serpent à plumes, coll. « Motifs », 1998, 276 p.

E. M'bokolo, *Afrique Noire. Histoire et Civilisations, Tome II XIXe et XXe siècle*, Paris, Hatier-Aupelf, 1992, 576 p.

ESPACE ETHNIQUE, COUTUMES ET PROBLÉMATIQUE DU DÉVELOPPEMENT CHEZ LES KONGO DE LA VALLÉE DU NIARI D'AVANT LE XXE SIÈCLE

Jean Félix Yekoka
Université Marien Ngouabi/Congo

RÉSUMÉ

Les composantes ethniques qu'on appelle « Kongo de la Vallée du Niari » peuplent l'espace territorial constitué des régions actuelles de la Bouenza, du Niari et de la Lékoumou. Cet espace ethnique fut, au temps du Kongo dia ntotila, le Nsundi septentrional au confluent duquel l'Anzicana teke limita sa frontière nord. Après leur installation sur ce vaste territoire, les Kongo de la vallée du Niari gardèrent une tradition millénaire de croyances et de coutumes où usages et interdits s'invitent, où sacré et profane cohabitent. Le tout s'imbrique, sans que soient tracés clairement les sentiers de transformation sociale et de développement. La conscience collective s'articule autour d'un « peu » seulement, pour faire face aux besoins de la vie quotidienne.

À la lumière des coutumes locales et des pratiques en cours dans la période précoloniale, cette contribution tente d'interroger le concept de développement, au regard du visage peu reluisant que présentent les sociétés traditionnelles kongo de la vallée du Niari. Elle veut le discuter en convoquant divers aspects puisés dans leur registre culturel et symbolique.

MOTS CLÉS

Ethnies, Coutumes foncières, Développement, Territoire, Kongo, Vallée du Niari.

INTRODUCTION

Réfléchir sur le concept de développement en rapport avec les coutumes et les croyances chez maints groupes ethniques d'Afrique noire précoloniale en général, ceux de la vallée du Niari –République du Congo – en particulier, peut devenir œuvre irritante pour diverses raisons. En effet, si les dogmes dans ce complexe ethnolinguistique kongo de la vallée du Niari intègrent ses traditions millénaires, en revanche, il semble que le développement[1], avec tout ce qu'il charrie comme transformations structurelles et infrastructurelles, soit loin d'intégrer son projet existentiel, sa vision du monde. Certes des mots comme *ku zangama* et *ku banguka*[2] sont couramment employés par plusieurs groupes kongo, comme les Sundi, les Kamba et les Dondo, pour traduire l'idée de développement. Mais il est difficile de soutenir qu'il s'agit là du développement au sens noble du terme.

Après avoir exorcisé ce que nous entendons par espace ethnique, cette contribution que nous situons dans la longue durée, puisqu'elle compte couvrir toute la période dite précoloniale, soutient cette idée-force : pour s'être repliées longtemps sur elles-mêmes[3], les structures sociales kongo de la vallée du Niari se sont créées des coutumes et des croyances restées particulièrement vivaces, et qui doivent être considérées comme obstacles majeurs à toute initiative de développement. Orientée principalement vers les Kongo de la vallée du Niari, *mutatis mutandis*, cette réflexion convoquera de temps en temps d'autres groupes ethniques du Congo, pour montrer davantage le poids des traditions dans le processus du développement.

Pour aborder cette étude, nous disposons de quelques notes puisées dans les carnets de voyage des Portugais et autres Européens qui ont visité le royaume de Kongo dès la fin du XVe siècle. Pour l'essentiel, ces notes concernent les échanges, les croyances et les coutumes des Kongo. Ces sources seront complétées par les documents écrits modernes, en particulier ceux qui concernent les composantes ethniques de la vallée du Niari. L'ouvrage le plus important qui donne un bon inventaire des Kongo de la vallée du Niari est celui de D. Ngoïe-Ngalla[4], nuancé par un autre ouvrage[5] du même auteur. On peut néanmoins regretter le mutisme de ces ouvrages concernant les coutumes des communautés ethniques qu'ils étudient. Fort heureusement, les notes glanées ça et là, ainsi que les traditions recueillies auprès de certains groupes de l'espace étudié comblent utilement ce déficit. Ce qui rend possible cette réflexion que nous organisons autour de trois axes essentiels. Dans une approche théorique, le premier axe construit l'espace ethnique kongo de la vallée du Niari, en même temps qu'il souligne ses dynamiques ; il montre qu'ici, les para-

---

[1] Nous n'envisageons pas le développement ici au sens noble et moderne du terme, mais comme un processus de transformation et d'amélioration significatives des structures existentielles et des conditions de vie des populations. À cet effet, leur habitat, leurs capacités techniques et leur niveau économique sont entre autres indicateurs, des indices probants permettant de vérifier l'applicabilité de cette notion de développement chez les groupes humains évoqués dans cette réflexion historique.

[2] Ces concepts ne sont pas à confondre avec ceux de *kuvuama* (s'enrichir) et *kimvuama* (richesse) qui, tous deux, renvoient à la richesse, souvent individuelle et non collective.

[3] On peut étendre cette remarque sur l'ensemble de l'Afrique noire.

[4] D. Ngoïe-Ngalla, *Les Kongo de la vallée du Niari. Origines et migrations XIIIe-XIXe siècles. Bakamba, Badondo, Bakunyi, Basundi, Babeembe*, Brazzaville, PUB, 1981, 163 p.

[5] D. Ngoïe-Ngalla, *Aux confins du Ntotila. Entre mythe et histoire*, Paris, Bajag-Méri, 2007, 227 p.

digmes de développement communautaire ont longtemps fait défaut. Le deuxième axe montre la force idéologique des monarques, la noblesse et des dogmes (croyances, coutumes) comme obstacle majeur à tout processus de développement. Prolongeant cet axe, le dernier insiste sur les coutumes et principes fonciers. Il montre que leur rigidité, dans la régulation de la terre lignagère est aussi un facteur bloquant du développement.

I. THÉORISATION ET CONSTRUCTION DE L'ESPACE ETHNIQUE

A. Où est l'idéologie du développement ?

L'espace est une donnée historique importante à étudier en ce qu'il permet de saisir l'ethnie comme une réalité objective, vivante et spécifique. Bien sûr, il ne s'agit pas de l'espace vectoriel cher aux géomètres, mais de l'espace euclidien, un espace où les dynamiques, c'est-à-dire les entités ethniques qui le constituent bougent et coopèrent en permanence, dans le respect strict des valeurs fondamentales qui les structurent. Ces différentes forces homogènes que sont les groupes ethniques participent à la vie de l'espace. C'est grâce aux ethnies et pour les ethnies que l'espace matérialise au fond son importance. Dans cette perspective, l'espace ethnique est, *de facto*, une matérialité géographique délimitée, décloisonnée, avec des frontières qui bougent au gré de l'histoire.

Pourtant, si l'espace ethnique est d'abord une réalité géographique, il n'en demeure pas moins qu'il est, fondamentalement, d'essence socio-historique. Sa définition, ou du moins sa compréhension, même partielle, suggère la prise en compte d'un certain nombre de facteurs culturels, sociopolitiques et économiques qui encadrent l'ethnie. Tous ces facteurs structurent la mentalité collective. Ils permettent au groupe de construire sa vision du monde, vision du monde où on constate tout de même l'absence d'une doctrine endogène du développement.

Dans ce liminaire, les entités ethniques installées depuis des lustres dans la vallée du Niari ne constituent certes pas une réalité historique singulière. Seuls le choix fondamental de cette région et le degré d'affection témoigné à celle-ci par les groupes ethniques qui y sont installés les distinguent, *stricto sensu*, des entités kongo et des autres communautés ethniques voisines.

B. De la définition historique de l'ethnie et de la vallée du Niari

Dans son « Ethnie et espaces », Jean-Loup Amselle[6] brode la définition de l'ethnique. S'appuyant sur une littérature africaniste riche et variée, il fait un inventaire plus ou moins exhaustif de cette définition, en tenant compte, bien entendu, de variables historiques et d'approches conceptuelles qui rodent autour du concept d' « ethnie ». Seulement, les différentes contradictions qui traversent

[6] J.-L Amselle, « Ethnie et espaces : pour une anthropologie topologique », *Au cœur de l'ethnie. Ethnie, tribalisme et État en Afrique*, Paris, La Découverte, 1985, pp. 11-48. Pour les aspects de définitions, lire particulièrement les pages 11-23.

cette notion sont révélatrices de sa complexité, complexité due, sans doute, aux circonstances historiques qui président à la création de l'ethnie. Et pour faire simple, on insiste moins sur les fondements historiques de l'ethnie, en privilégiant ses aspects culturels.

> [...], l'ethnie est définie comme un groupe d'individus [...] dont l'association constitue un système propre, une structure essentiellement culturelle : une culture [...]. L'ethnie est alors la collectivité, ou mieux la communauté soudée par une culture particulière[7].

À la base de cette culture particulière se trouve la langue, tant elle est le trait fondamental permettant de caractériser et d'identifier l'ethnie. La langue permet de distinguer un groupe ethnique par rapport à une autre communauté ethnique[8]. De ce fait, elle est un indice interne de cohésion et un symbole externe d'identification. Elle est aussi l'indice principal sinon déterminant de la condition d'existence d'un groupe ethnique[9] : l'ethnie sundi parle *sundi*, l'ethnie dondo parle *dondo*, l'ethnie bembe parle *bembe*, l'ethnie kuyni parle kunyi, etc. De même, l'espace habité par chaque entité ethnique porte son nom, en isolant un préfixe *ki* devant ledit nom, pour distinguer le nom du territoire à celui de la langue : *ki-sundi* (territoire sundi), *ki-kamba* (territoire kamba), *ki-babembe* (territoire bembe), etc[10].

Le territoire ethnique c'est aussi le *nsi*, c'est-à-dire le terroir constitué d'un certain nombre de villages où s'accomplissent les fonctions culturelles, politiques, judiciaires, sociales, etc. Témoin des événements sociaux, le village est en quelque sorte le conservatoire du passé de l'homme. Eléments constitutifs de l'espace ethnique, les villages sont des agrégats dispersés dans la nature, avec des maisons qui rappellent le faible niveau technique de leurs propriétaires, malgré la bonne qualité de la terre et des forêts dont ils disposent pour faire les briques et les faire cuire au four :

> Leurs maisons, que nous appelons cases, sont de petites huttes faites de joncs, ou de branchages artistement entrelacées. La couverture répond à l'édifice, elle n'est que de feuilles : ils employent [sic] de préférence celles du palmier, qui ont assez de consistance pour résister plusieurs années à la pluie, et aux injures des saisons. La porte de la maison est pratiquée dans un des pignons, qu'on a soin de ne pas exposer au vent qui amène les pluies. On ne connaît pas l'usage des fenêtres[11].

---

[7] R. Breton, *Les ethnies. Que sais-je ?*, Paris, Presses Universitaires de France, 1981, p. 8.

[8] R. Breton, 1981, *Les ethnies*, *op.cit*, p. 32.

[9] J.L Amselle, « Ethnie et espaces », *op.cit*, p. 31.

[10] Les frontières de ces territoires ethniques sont des espaces-monde ouverts aux échanges transethniques multiformes ; ce sont des lignes se dilatant sous l'œil inactif des groupes.

[11] Abbé Proyart, *Histoire de Loango, Kakongo, et autres royaumes d'Afrique : rédigée d'après les mémoires des préfets apostoliques de la mission française*, Paris, CP Berton, 1776, pp. 55-56.

Non loin de la langue coexistent la vision du monde de l'ethnie et le territoire sur lequel elle l'exprime. Ce dernier, c'est-à-dire le territoire ethnique est susceptible de se construire sur un tas de siècles, l'ethnie se formant historiquement à partir d'un certain nombre d'éléments d'origine hétérogène. Nous sommes sur le palier de la complexité ethnique en tant que processus historique. En fait, seul le territoire est témoin des modalités de mise en œuvre de l'ethnie. Et, dans le contexte kongo, l'ethnie semble être le dernier palier d'un ensemble de déclinaisons : *mvila, taku, moyo, kivumba, bamba, kanda,* qui traduisent une certaine parenté qui est soit biologique, soit culturelle, soit objective, soit subjective. C'est un continuum culturel qui renseigne opportunément sur le régime de filiation et le degré de parenté dans les sociétés kongo. C'est leur ensemble qui constitue l'ethnie et non pas seulement l'ensemble des lignages, comme le soutient C. Coquery-Vidrovitch, qui donne implicitement à l'ethnie une origine biologique :

> L'ensemble des lignages constitue l'ethnie, dont l'identité culturelle est affirmée par la reconnaissance d'un ancêtre mythique commun, et se traduit par une forte communauté linguistique[12].

En fait, la réalité est beaucoup plus complexe. Les lignages évoqués ici nous semblent être des englobés biologiquement homogènes (sauf dans les groupes qui comptent en leur sein des individus ayant un statut d'esclave) d'un englobant culturel, le clan, *kanda*. C'est dans celui-ci qu'un certain nombre de lignages trouvent idéologiquement les facteurs justificatifs de leur unité culturelle : l'ancêtre mythique, la devise clanique et le totem.

D. Ngoïe-Ngalla donne, lui aussi, une définition de l'ethnie. Son mérite est d'avoir réalisé, sur la base de la réalité congolaise, une synthèse serrée des éléments constitutifs de l'ethnie. En effet, l'ethnie, dit-il est une « *société globale particulièrement vivante et consciente de son identité, géographiquement stable. Tout un complexe de caractères communs lie tous ses membres : la langue, le système de représentations, les codes juridiques, les techniques du corps [...], le territoire, les coutumes et les modes d'existence, bref la culture* »[13] .

Mais la culture se déploie sur un espace territorial précis. Ainsi, la définition historique de l'espace territorial de la vallée du Niari se veut dynamique, c'est-à-dire opérée en fonction d'un faisceau de principes et de critères historiques capables de circonscrire le ressort sociogéographique des pays du Niari, base de la conscience ethnique de chacune des communautés culturelles kongo établies sur cet imposant espace. Celui-ci s'ordonne comme un moyen légal d'affirmation de l'identité, de l'unité, de fraternité et de cohésion globale. Ici, les critères endogènes déjà évoqués (langue, parenté, systèmes de représentation, codes juridiques, etc.) ainsi que le mythe de parenté génétique participent fortement à la construction des pays kongo de la vallée du Niari. Et dans la con-

---

[12] C. Coquery-Vidrovitch, *Afrique noire. Permanences et ruptures*, Paris, Payot, 1985, p. 74.

[13] D. Ngoïe-Ngalla, *Le retour des ethnies. Quel avenir pour l'Afrique ?*, Paris, Bajag-Meri, 2003, p. 21.

naissance géographique des contrées kongo, c'est à l'humaniste italien F. Pigafetta qu'on doit les premières descriptions. Mais que sait-on, au juste, de la vallée du Niari au XVIe siècle ? Les descriptions de l'entre XVIIIe et XXe siècles permettent-elles de mieux la connaître ? Déjà la localisation géographique de cette région du Nsundi septentrional ne devait être précise qu'à partir du XXe siècle. L'étendue du territoire où se trouve installée chaque composante ethnique (kamba, dondo, sundi, bembe, etc.) reste elle aussi une énigme aux XVe-XVIIIe siècles.

En effet, on trouve dans la description de Pigafetta[14] une « présence-absence » du foyer de peuplement appelé « grand Niari », région qui obligeait de temps en temps le gouverneur de Nsundi à lever son armée afin d'aller défendre le cuivre de Boko-Songho contre l'incursion impromptue des Anzique. L'auteur de *Description du royaume de Congo et des contrées environnantes* confine implicitement la vallée du Niari entre le promontoire de Sainte-Catherine et le pays des Brama, c'est-à-dire le royaume de Loango. Ce royaume jeta son dévolu sur cette vallée du Niari à partir du moment où le pouvoir central de Mbanza Kongo présentait des signes d'affaiblissement avant la sanglante bataille d'Ambwila en 1665. En tout cas, pour Pecheco Pereira, en 1535, l'occupation de la vallée du Niari est un fait. La région du Niari prolongeait naturellement la province Loango Mongo du Loango. Il inséra les identités ethniques de cette vallée du Niari et leur espace dans le Makuni, nom désignant, en fait, le territoire kunyi de cette même vallée du Niari.

Mais il semble que les relations politiques entre Buali (capitale du Loango) et cette vallée du Niari ne soient très épaisses. En tout cas, les traditions de la vallée du Niari gardent très peu de souvenirs du pouvoir de Loango sur la vallée du Niari. Il y a des raisons de penser que l'annexion de cette vallée du Niari par le Loango ne s'était pas faite sur la base d'une alliance spirituelle et politique solide, mais sur celle du mythe qui établi une parenté biologique entre les Yombe, les Vili, les Lumbu et les Kunyi.

Certes, cette vallée intégrée dans le Makunyi constituait dans sa grande partie la région du Ndingi dont Dapper dit au XVIIe siècle qu'il était fort peuplé, avec beaucoup de villes : *« La province du Dingi confine à celle de Loango, de Cacongo et de Vango, c'est un grand pays plein de bourgs et de villages »*[15].

Recoupant Dapper, les traditions des Kongo de la vallée du Niari intègrent Mazinga dans ce Ndingi, espace géographique balayant, côté congolais, les régions actuelles de la Lekoumou, du Niari et de la Bouenza. Les toponymes et les clanonymes gardent encore le souvenir de ce Ndingi où la vallée du Niari prolongeait, semble-t-il, la province Loango Mongo du Loango. La vallée du Niari est donc un complexe territorial dont la définition répond à plusieurs dé-

---

[14] F. Pigafetta et D. Lopes, *Description du royaume de Congo et des contrées environnantes*, traduite de l'italien et annotée par Willy Bal, 2e édition, Paris, Nauwelaerts, 1591, p. 31.

[15] O. Dapper, *Description de la Basse Ethiopie*, extrait de Description de l'Afrique, Amsterdam, 1686, p. 325.

clinaisons toponymiques. Aux données toponymiques se greffe volontiers un indice hydronymique non moins important dans la traçabilité géographique du territoire kongo de la vallée du Niari : le *nsundi nzadi* (fleuve Niari)[16].

En ce qui concerne ses limites, faut-il penser à une hypothèse fixiste, celle qui ne voit pas suffisamment bouger ses composantes ethniques kongo depuis leur formation et leur installation sur ce territoire ? Fausse hypothèse, car nos Sundi, Bembe, Kamba, Dondo et Kunyi ont développé des dynamiques sociales de grande ampleur qui conduisirent à d'importants réaménagements de leurs espaces territoriaux. Venant du Kongo dia Ntotila, leur Terre-mère[17], ces groupes ethniques kongo sont dévoreurs d'espace des Teke qu'ils ont obligés de reculer.

II. DES ESPACES ETHNIQUES CULTURELLEMENT FLUIDES ET ÉCONOMIQUEMENT OUVERTS

Mis à part les sous -groupes ethniques (Minkenge, Bayari, Hassa, etc.) en émergence depuis peu dans la vallée du Niari, cette vaste région de l'ex Nsundi septentrional abrite cinq grands groupes ethniques (Sundi, Bembe, Kamba, Dondo et Kunyi). Donc cinq espaces ethniques où les populations qui les habitent revendiquent leur origine *ntotelienne*, même si certains d'entre eux n'y migrèrent que par la vertu du mythe. Kongo dia ntotila dont-ils revendiquent tous les origines pourrait ainsi constituer le substrat de leur culture commune bousculée ici et là par quelques particularités identifiables par les seuls ressortissants de ces espaces.

Du point de vue de la topographie politique, la vallée du Niari est un véritable semis de groupes locaux, c'est-à-dire d'unités ou sous-unités ethniques de taille équivalente, du moins politiquement égaux. Au-dessus d'eux, point d'appareil politique centralisateur. Toutes ces structures sociales forment ainsi une communauté culturelle parfaitement soudée, mais politiquement atomisée en une foule de noyaux que le niveau technique et matériel bas maintient dans une destructrice autarcie qui, fort heureusement, ne rend pas étanche leurs identités culturelles. Nourris constamment de l'idéologie ntotelienne dont nul ne peut leur faire dire le contraire, les groupes kongo de la vallée du Niari réunissent parfaitement les critères culturels pour définir et opérer ensemble des choix opérationnels de leur développement. Elément décisif, en effet, la culture constitue une dimension fondamentale du processus de développement qui, lui, contribue à renforcer la souveraineté et l'autonomie de chaque entité ethnique au sein de son espace.

---

[16] En effet, ce fleuve porte le nom d'Ivindo en amont, c'est-à-dire dans la région du Pool où il prend naissance, et Kwilu en aval. C'est à l'intérieur des frontières de la vallée du Niari seulement qu'il est appelé *Nsundi Nzadi*, en rapport avec la géographie et les communautés ethniques des Niari.

[17] Rappelons que tous les groupes kongo d'en-deça et d'au-delà du fleuve proclament ce Ntotila. Il serait alors illusoire de situer géographiquement cette terre.

La fluidité qui caractérise la culture de toutes les composantes ethniques kongo se trouve intégrée dans leur identité. Toutes les composantes ethniques ont non seulement la même vision du monde, mais aussi la même cosmogonie, les mêmes coutumes, les mêmes croyances, les mêmes techniques culturales, etc. On peut de même observer une similarité de leurs éléments esthétiques, dans la musique et dans l'art du corps. Ces éléments de culture, qui ne sont pas exhaustifs, sont concluants dans la perspective de construction de l'identité kongo de la vallée du Niari. Voilà pourquoi le mythe place certains Kongo de cet espace géographique sur la trajectoire d'une origine biologique unique. Le mythe est ici soutenu par une certaine identité et une parenté claniques évidentes révélées par D. Ngoïe-Ngalla[18] en 1981.

L'existence des échanges interethniques est également un indice de la fluidité des relations ethniques. Sans doute, toutes les composantes ethniques avaient le même niveau de développement, les mêmes réalités économiques. Elles connaissaient les mêmes problèmes d'articulation de la vie quotidienne. Mais quelques spécificités ethniques faisaient, et, parfois, renforçaient la différence entre ethnies. Voilà pourquoi, dans les domaines économique, technique et artistique, tenant compte des réalités propres à chaque espace ethnique, il y a des zones de production de certains biens : par exemple, les figurines furent la spécialité bembe, le commerce celui des Kunyi et des Yaka, la métallurgie du cuivre et du plomb pour les Dondo et leurs voisins sundi de Boko-Songho, etc.

Ces zones ethniques, où des particularités socioéconomiques avaient été bien établies, furent des espaces-monde dynamiques, parce qu'ouverts aux incessants mouvements de va-et-vient des populations. Entre espaces ethniques donc, il n'y a pas de frontières véritablement perceptibles, en dehors de quelques réalités géographiques qui définissent et distinguent clairement un espace ethnique par rapport à un autre. Entre espaces ethniques, les facilités de communication, par ailleurs soutenues par une parenté culturelle, mettent très vite les populations en contact. Dans le contexte du Nsundi septentrional, où la vallée du Niari semble recouvrir logiquement le caractère premier degré d'un « espace international[19] ».

L'intensité des échanges de longue distance est-elle un indice important qui autorise la lecture d'une tentative de restructuration des espaces ethniques kongo précoloniaux ? Pas si sûr ! Toutefois, retenons que dans le domaine économique, les échanges de longue distance longuement ressassés par les chroniqueurs européens des XVIe et XVIIIe siècles, permettent de noter une différence de potentiel entre les populations côtières et celles de l'intérieur. Concernant la vallée du Niari, la primauté du Loango sur elle pourrait se traduire, en particulier, sur le sel (produit de valeur inégale) et les produits de traite d'origine occidentale : mousquets, couvertures, verroterie, miroir, etc. Les esclaves et les pointes d'ivoire de la vallée du Niari, toujours nombreux,

---

[18] D. Ngoïe-Ngalla, *Les Kongo de la vallée du Niari*, 1981 ; lire aussi *Aux confins du Ntotila* du même auteur, 2007, *op.cit.*

[19] Cette vallée du Niari est aussi fréquentée par d'autres communautés kongo (Vili, Yombe, Lumbu) et non Kongo (Teke).

acheminés en direction de la côte pouvant expliquer l'avantage et la domination du Loango sur elle. Si tel n'est pas le cas, disons donc que :

> Les sociétés locales, avec leur mode de reproduction, de redistribution, etc., loin d'être des monades repliées sur elles-mêmes, étaient intégrées dans des formes générales englobantes qui les déterminaient et leur donnaient un contenu spécifique[20].

Avant la fin du XIXe siècle, où leur culture se heurte à la vision du monde occidentale, les sociétés kongo de la vallée du Niari répondaient à des formes d'organisation sociale, politique et religieuse qui véhiculaient quantité de leurs valeurs fondamentales basées sur les croyances et les coutumes. Mais, bien qu'ayant un fort encrage social, ces segments culturels brillent par une absence d'innovation et de construction de paradigmes de développement global.

III. L'ABSENCE D'UNE IDÉOLOGIE DE DÉVELOPPEMENT

Le développement est un long processus où s'emboitent, comme les maillons de la chaine, diverses forces techniques, scientifiques, technologiques, artistiques et intellectuelles. Ces données exigent une véritable révolution capable de briser la glace de la continuité, de la monotonie et de ce qui peut être considéré comme dépassé à un certain moment de l'histoire. Ces fondamentaux du développement sont des acquis importants dans le domaine du savoir et des connaissances. Les connaissances exigent d'être stockées, au moyen de l'écriture, dans des supports matériels afin qu'elles servent d'appui aux travaux des générations futures. En matière de progrès, interface du développement, il faut toujours tenir compte des aptitudes adventices, capables d'impulser le changement, la transformation des structures sociales.

Le monde du développement est fondé sur une très prégnante « idéologie du progrès[21] », où il faut se garder de se satisfaire des premiers acquis. Or, apparemment satisfaits de leurs structures désuètes et du niveau de connaissances déjà atteint, les Kongo sont restés rebelles au changement, faute d'idéologie de développement. On sait que la splendeur des Kongo était devenue proverbiale dans les choses de l'esprit : sculpture, techniques du corps, masque, instrument de musique, etc. Des siècles durant, ils propagèrent et développèrent à l'intérieur de leur civilisation, de leur art et de leur cosmogonie. Les devises claniques font ici l'admiration de la vision sociopolitique, voire culturelle défendue par chaque groupe clanique. Elles font l'apologie des sociétés kongo.

Mais, dans l'intervalle entre les origines et la fin du XVe siècle, où les Portugais découvrent les côtes congolaises et où, du fait de ce contact, ils s'ouvrent enfin à une certaine modernité, les Kongo oublièrent de penser une idéologie pouvant conduire progressivement vers une transformation profonde et signifi-

---

[20] J.-L Amselle, « Ethnie et espaces », *op.cit*, p. 23.

[21] J.P. Olivier de Sardan, « Sociétés et développement », *Sociétés, développement et santé*, Paris, ELLIPSES/AUPELF, 1990, p. 29.

cative de leur environnement structurel et socioéconomique. Ce facteur bloquant peut expliquer par le fait que les Kongo soient entrés d'un mauvais pied dans l'économie mondiale : la traite négrière et tout ce qu'elle charrie d'inhumain.

En effet, l'absence pendant longtemps d'une idéologie de développement chez les Kongo de la vallée du Niari – on peut étendre l'exemple dans maintes sociétés d'Afrique noire précoloniale –, dont on ne nie pourtant pas la force de la pensée, saisit solidement la place et le rôle de leurs structures. L'impact de celles-ci peut être analysé « comme le frein principal au processus de développement et comme l'origine, sinon l'explication[22] » de la plongée profonde des structures ethniques dans les ténèbres funestes du mal développement. Ainsi, pendant la période précoloniale, les Kongo, leurs cousins et leurs voisins de la savane sont potentiellement responsables du retard socio-économique devant les exigences d'édifier progressivement des structures modernes, compatibles avec la modernité atteinte par l'Occident européen à la même époque.

L'identification à l'Occident est posée comme cadre théorique de référence par lequel, pour la même période, on peut apprécier sans parti pris le degré d'évolution structurelle, matérielle et économique atteinte par les Kongo de la vallée du Niari. Une telle comparaison entraîne à l'évidence un renouvellement de regard théorique dans la compréhension des choix stratégiques opérés par ces Kongo dans la mise en œuvre de leurs politiques fondamentales d'existence.

La société du *lemba*[23] était gouvernée par des prêtres (*nganga lemba*) dont la force de pensée brillait par sa sagacité. Une pensée suffisamment soignée qui milite pour l'économie de la violence, par la conciliation et la prévention des conflits, le bien-être psychologique et matériel des membres. Pendant longtemps, le projet philosophique du *lemba* était, semble-t-il, la transformation intégrale de l'homme. Pourtant, dans cet impressionnant projet, il semble qu'aucun paradigme n'a été trouvé par les maîtres de cette puissante association en vue d'une transformation progressive des structures d'existence de leurs communautés. Leurs huttes primitives ont été sans analogie avec la puissance et

---

[22] B. Sine, « La problématique de l'idéologie dans le développement », *La Revue des Sciences Sociales* n°8, Octobre-Décembre, 1986, p. 99.

[23] Par ses exigences bien connues à l'égard de la condition humaine, cette association était sans doute l'incarnation de la perfection de l'homme qu'elle travaillait à élever à la dignité et la gloire. Elle était aussi un puissant instrument de socialisation destiné à l'aristocratie kongo, à ceux-là que cette communauté appelait *ba mvuama*, c'est-à-dire les riches ; ceux qui avaient le monopole du commerce de longue distance. Certes que les Kongo de la vallée du Niari reconnaissaient en cette association une formidable école où les jeunes allaient recevoir leur formation concernant les principes sacrés de la vie. Ce travail formidable n'est, cependant, pas accompagné d'une réflexion suffisamment élaborée en vue d'une transformation structurelle de l'environnement de l'homme ; transformation qui aurait pour conséquence, le développement d'un certain nombre de secteurs économiques. L'absence d'un tel effort porta un coup dur à l'ensemble de l'espace ethnique qui, jusqu'aux débuts du XXe siècle, s'enfonça terriblement dans les profondeurs du mal développement.

l'architecture de leur pensée. Il a sans doute manqué à ces Kongo une vision prométhéenne où ces *nganga lemba*[24] voyageraient vers les dieux afin d'arracher entre leurs mains les secrets de l'innovation.

A. Des pouvoirs invisibles et visibles qui hypothèquent le développement

Dans leur ensemble, les sociétés kongo précoloniales sont restées longtemps dominées par deux types de forces : les forces invisibles et les forces visibles. Les premières forces renvoient aux dieux, aux esprits tutélaires, aux ancêtres et à tout ce qui peut symboliquement placer la conscience collective à un stade inférieur où elle se garde de prendre quelque initiative courageuse. Parce qu'elles appartiennent à l'univers du croire, ces forces conditionnent terriblement la vie quotidienne du « Mu Kongo », ses activités et son rendement. Elles le rendent en quelque sorte attentiste. Les deuxièmes forces relèvent, quant à elles, du champ politique, où ceux qui tiennent le pouvoir et les richesses profitent de leur position sociale pour appauvrir les populations, par le jeu de tribut et des étrennes placés dans des civilités contre nature. Formalisées, de telles mœurs dissuadent les efforts des mains au travail, car dans les villages, personne ne veut produire pour le bien-être des autres.

1. Les croyances aux forces invisibles

Les Kongo précoloniaux sont restés attachés à leurs valeurs culturelles dominantes. Et, sous l'effet de ces croyances, tout Kongo est sous l'influence permanente de forces invisibles. Tous ceux des Kongo qui souhaitent entreprendre une action socioéconomique importante, doivent de fait tenir compte de l'existence et des exigences de cette multitude d'êtres redoutables[25]. Prisonniers de ces forces, ils doivent se soumettre, s'ils veulent être à l'abri des risques inutiles : perte de vie, maladie incurable, infirmité, stérilité, pauvreté, malchance, etc. sont entre autres sanctions qui tombent sur les téméraires qui osent les braver. D'ailleurs, le Kongo n'est jamais assuré de satisfaire tout le monde et d'obéir à tous ces interdits. D'où la peur des responsabilités et un amour du conformisme à cause de la sécurité qu'il semble apporter ; d'où aussi un manque d'initiative révolutionnaire car une telle entreprise risque tout, par les nouveautés qu'elle est susceptible d'induire. Elle est capable de provoquer la colère et la vengeance terribles des ancêtres ! C'est encore la force des tabous et la crainte des sanctions qui se dressent comme obstacle au développement.

Obstacle d'autant plus vrai que les activités économiques sont accompagnées de l'idée de l'omnipotence des ancêtres. On croit qu'ils sont propriétaires et

---

[24] Ces prêtres du culte de *lemba* sont comptés parmi les gens les plus riches des sociétés traditionnelles kongo. Ils sont respectés à cause de leur statut et des richesses en leur possession.

[25] Parmi ces forces, il faut citer les esprits chtoniens, les *Bisimbi*, sont des divinités des eaux et de certains lieux terrestres, les ancêtres et les dieux.

dispensateurs des richesses du sol, des animaux sauvages, des poissons qui peuplent les rivières, etc. Les vivants ne peuvent rien sans leur intervention :

> Les bakulu disposent à leur gré de « mfumu ye ngaku », des utilités et des fécondités. Tel est le résumé de tous les désirs terrestres du mukongo : fécondité, santé pour lui-même et les siens, longévité, prospérité dans l'élevage, le commerce, l'agriculture, et surtout chance à la chasse. Bakulu bazibula bazibika mfunu ye ngaku. Les ancêtres ouvrent ou ferment à volonté la cachette aux trésors[26].

Voilà pourquoi ils exécutent divers rites agraires, de pêche et de chasse afin de solliciter la faveur des ancêtres. L'abondance des produits agricoles, le succès d'une partie de pêche ou de chasse sont forcément attribués à l'intervention des ancêtres ; leur échec est aussi interprété comme la manifestation légitime de leur courroux contre une mauvaise conduite des vivants à leur égard. Dans ces conditions, comment parvenir au développement lorsqu'on manifeste ouvertement une dépendance sans faille aux forces invisibles ? Comment penser que les ancêtres, « faiseurs de tout bien » daignent maintenir, des siècles durant, leurs parents du monde des vivants dans la précarité la plus drue ?

La dépendance aux ancêtres et aux autres forces de la nature a limité la sagacité et l'audace des Kongo. Elle a stoppé terriblement toute initiative raisonnée visant le développement, ou du moins, la transformation de l'espace ethnique kongo. Or, « *le développement [...] est avant tout une attitude, une mentalité* »[27].

2. Une coutume de potentat qui fragilise les efforts collectifs

Les communautés ethniques kongo d'avant la fondation du royaume de Kongo par Nimi-a-Lukeni étaient souveraines, avec un pouvoir souverain exercé pleinement par le *mfumu kanda*. Personne n'était au-dessus de lui, car il ne rendait compte qu'aux ancêtres de son groupe qui reconnaissait en lui la totalité des pouvoirs judiciaire, politique, économique et religieux. Pontife du groupe, ses autres pouvoirs furent complètement entamés avec la fondation du royaume. Le pouvoir issu de ce royaume édicte d'autres règles de pouvoir. Commence ainsi un terrible ébranlement de l'ordre social ancien. L'éthique vouée à l'ancienne autorité, gestionnaire par ailleurs de la vie économique du groupe est réduite. Désormais, c'est au roi que les différentes composantes ethniques devront obéir entièrement, en lui offrant quantité de présents dans ses tournées. Par jeu de contagion, cette coutume a été adoptée par les autres notables du royaume qui, profitant de leur position sociopolitique, organisèrent des « pillages » des populations installées dans les villages. Découragées par cette coutume dévastatrice, ces populations décidèrent de réduire leurs efforts au

---

[26] J. Van Wing, *Etude Bakongo. Sociologie-Religion et magie*, 2e édition, Desclée de Brouwer, 1959, p. 321.

[27] A. Godart, « Aspects sociaux, économiques et politiques du développement de l'Afrique noire », *L'Afrique noire. Histoire et Culture*, Bruxelles, Les Ateliers d'Arts Graphiques Meddens, 1976, p. 140.

travail, ainsi que l'affirma, en 1648 le missionnaire capucin, Jean-François de Rome dans ce long passage :

> En effet, il existe cette mauvaise coutume que lorsque un personnage noble passe par un village, ces pauvres villageois doivent lui donner à manger à leurs frais, même quand il est accompagné de beaucoup de serviteurs. De fait, ils lui procureraient de la nourriture, mais ses serviteurs sont si insolents qu'ils n'attendent pas qu'on leur donne ce qu'ils demandent ; avec une grande brutalité ils se répandent dans les champs ; les uns parcourent ici, d'autres là, ils dérobent des racines, des grains, des poules, des porcs et tout ce qui leur tombe sous la main. Ces pauvres gens en ressentent une extrême peine et douleur, mais ils n'osent s'y opposer, car ces larrons sont les esclaves d'un noble ; tout ce qu'ils peuvent faire c'est pleurer et pousser des cris au ciel. Cette coutume si mauvaise cause la destruction du royaume car les gens, voyant leurs biens volés de cette façon, s'abstiennent de semer abondamment et d'élever de nombreux animaux domestiques ; ils préfèrent souffrir de la pénurie plutôt que de travailler pour les autres[28].

Aux rois et nobles, le médecin hollandais O. Dapper[29] (1686), associe les fils des rois, en particulier ceux tombés en disgrâce et qui, ne pouvant pas vivre sans rien faire, s'amusent à détrousser les individus. Au XVIIIe siècle, l'Abbé Proyart observe le même type de potentat dans le royaume de Loango, dont l'action dévastatrice n'a d'égale que les actes de vendettas :

> Les Nègres libres sont plus à plaindre, relativement à leur condition. Ils sont obligés de faire des présents au Roi, à proportion du nombre de leurs esclaves, des terres qu'ils cultivent et des bestiaux qu'ils nourrissent. Si le Roi juge qu'ils ne donnent pas assez, il envoie sur les lieux des esclaves qui leur prennent tout ce qu'ils ont[30].

Politique des rois, cette coutume tendait à maintenir les gens dans la pauvreté[31]. Elle introduisait une nouvelle séquence historique de l'involution de l'humanité kongo. Elle avait fait porter aux populations les bottes d'une grève illimitée en matière de production des biens alimentaires et dans l'élevage domestique, avec tout ce qu'elle pouvait charrier comme coups et contrecoups dans l'amélioration et la transformation de leurs conditions d'existence. Car le refus des populations de travailler pour les autres sous-tend l'idée d'une confiscation des dynamiques sociales. Plutôt que de verser facilement dans une pratique rébarbative et socialement honnie, le roi et les autres nobles du royaume auraient gagné en honneur et en prestige s'ils prélevaient l'impôt pour le bonheur de tout le royaume. En effet, on sait l'important rôle que joue l'impôt

---

[28] J.-Fr. de Rome, *La fondation des Capucins au Royaume du Congo (1648)*, traduite de l'italien et annotée par François Bontinck, Louvain, Nauwelaerts, 1964, pp. 116-117.
[29] O. Dapper, *Description... op.cit*, p. 348.
[30] Abbé Proyart, *Histoire de Loango, op.cit*, pp. 121-122.
[31] J. Cuvelier et L. Jadin, *L'ancien Congo d'après les archives romaines*, Mémoire IRCB, t. XXXVI, fasc. 2, Bruxelles, Musée de l'homme et Musée d'Histoire-Nat, 1954, p. 204.

dans le processus du développement socioéconomique : il permet, grâce à un ensemble d'activités réalisées systématiquement, la transformation des structures matérielles et des conditions de vie des populations.

IV. DES COUTUMES FONCIÈRES BASÉES SUR L'IDÉE DU COMMUNISME ET NON D'UN CAPITALISME DÉVELOPPEUR

Les Kongo de la vallée du Niari ont, tout comme les autres composantes sociales bantu, une tradition millénaire de leurs coutumes foncières. Coercitives, ces traditions foncières sont fondamentalement basées sur l'idée absolue du communisme intégral. Elles combattent toute tentative d'extorsion de la terre en vue d'une initiative privée importante. En effet, les principes juridiques qui régulent le système foncier chez ces Kongo placent les croyances en avant-garde. Ils privilégient le groupe pour lequel la terre est un patrimoine lignager inaliénable. Dès lors, tout capitalisme foncier, au sens occidental du terme, est exclu. Or, le développement épouse les contours de ce système économique. Ainsi, immuables pendant toute la période coloniale, ces coutumes foncières kongo ne sous-tendent aucun indice du développement socioéconomique.

A. La terre, propriété collective du lignage et non de l'individu

La terre du lignage est un bien collectif associé volontiers aux croyances et rites agraires. C'est un espace délimité, possédé en propre par les ancêtres fondateurs, par la mise en œuvre des rituels d'appropriation compliqués et contraignants[32] : c'est la violence de l'installation. Mais l'appropriation est complète, quand le groupe signe une alliance avec les esprits chtoniens, qu'il y inhume ses morts qui constitueront dorénavant un humus fertilisant pour lui, qu'il y exerce anthropologiquement toutes sortes d'activités : agriculture, chasse, pêche, collecte, ramassage, etc. Dès lors, il s'établit entre le groupe lignager et sa terre une relation fusionnelle de type mystique.

Dans sa définition anthropologique et sa composition sociologique kongo, le groupe lignager est un sous-ensemble inscrit dans un ensemble plus vaste et plus complexe : le clan. Le lignage est composé des membres vivants, des ancêtres et de ceux qui y naîtront. Tous se rattachent biologiquement à une ancêtre connue ou connaissable. Tous les membres du lignage sont soudés par des codes moraux, des principes coercitifs de lois et d'obligations de solidarité. De sorte que, chaque individu soit porteur de l'identité de son groupe.

En tout temps, le lignage s'inscrit dans un espace-temps qui a pour centre le lieu de fondation ancestrale[33]. Il a une entité juridique, autonome et souveraine

---

[32] J.F Yekoka, *L'homme et sa terre au pays de Boko-Songho, du XVIIe au début du XXe siècle*, Thèse de Doctorat Unique d'Histoire et civilisations africaines, Université Marien Ngouabi, 2013, pp. 115-124.

[33] R. Verdier et A. Rochegude (dir.), *Systèmes fonciers à la ville et au village. Afrique noire francophone*, Paris, l'Harmattan, 1986, p. 12.

placée sous le contrôle du chef de lignage, *mfumu kanda*. Aux yeux de tous, le *mfumu kanda* incarne le groupe qu'il personnifie. Il jouit de pouvoirs illimités, et a droit de vie et de mort sur tous les membres de son groupe. Il concentre entre ses mains les pouvoirs politique, judiciaire et religieux. Ce dernier pouvoir lui permet d'assurer la médiation entre son groupe et les ancêtres à qui il rend un culte inconditionnel. Avec les chefs des autres groupes, il entretient des relations d'alliance et non de suzeraineté.

Pourtant, quelles que soient son autorité et ses prérogatives les plus absolues, le *mfumu kanda* ne peut abuser de la terre du groupe. Il est pour elle qu'un simple *primus inter pares*. La terre est une « chose corporelle[34]». Aussi, au sein du groupe, personne ne peut dire : *res mea est*, c'est-à-dire cette chose est à moi. Le *mfumu kanda* en assure la protection, la redistribution et la sécurité contre toute tentative d'aliénation par un tiers. « *De la relation qui visse l'individu à son sol découle la nature même de l'organisation sociale [...] chez toutes les communautés kongo de la vallée du Niari et d'ailleurs* »[35].

Pour Raymond Verdier :

> Terre et Parenté agissent l'une sur l'autre en ce sens que la terre se parentelise et que la parenté se territorialise : deux institutions essentielles du droit foncier rendent compte de cette interaction, la terre lignagère (terre parentelisée), le chef de terre (parenté territorialisée)[36].

Assiette nourricière du groupe, la terre est destinée à en assurer la reproduction et à en garantir la sécurité juridique. Pour ce faire, elle ne doit pas sortir du groupe, mais, *a priori*, doit circuler entre les ascendants et les descendants[37]. Le chef doit en assurer la transmission selon les règles de succession bien connues de tous les membres du groupe.

Englouti dans son groupe, l'individu partage avec lui des rapports de solidarité et de complémentarité. C'est de son groupe que l'individu tient ses droits, y compris ceux liés à la terre. Mais même devant les droits fonciers qui lui sont collectivement reconnus, il n'entreprendra point d'activités de développement et d'enrichissement personnel. Une telle entreprise est contraire aux croyances foncières locales et aux principes édictés par les ancêtres : la terre est consacrée

---

[34] G. Chouquer, *La terre dans le monde romain. Anthropologie, droit, géographie*, Paris, Errance, 2010, p.141

[35] J.F Yekoka, *L'homme et sa terre, op.cit.*, p. 279.

[36] R. Verdier, « L'ancien droit et le nouveau droit foncier de l'Afrique noire face au développement », in *Le droit de la terre en Afrique (au sud du Sahara)*, Paris, édition G-P Maisonneuve et Larose, 1971, p. 72.

[37] Ce qui ne veut pas dire que la terre du groupe ne peut aller ailleurs, c'est-à-dire être mise en valeur par une personne étrangère au groupe. Cela est possible et très courant. Seulement, celui qui sollicite une terre étrangère pour une saison culturale, doit le faire selon les règles foncières en vigueur. Ce type de droit temporaire dont bénéficie l'étranger freine toute initiative d'apporter la moindre amélioration de la terre.

aux rituels des dieux, car les pratiques rituelles ont un impact sur la conservation et la protection de la terre lignagère.

Sous peine de sanction, les coutumes foncières kongo insistent sur l'antériorité et la priorité du groupe sur l'individu ; la relation liant ce dernier à son groupe étant une relation de subordination dans laquelle tous les membres proclament leur égalité devant leur terre. Mais avant d'être un bien particulier du groupe, la terre est d'abord propriété exclusive de Dieu (*Nzambi mpungu*), des dieux (*mikisi*) et des ancêtres (*Ba Kulu*).

Ce refus d'admettre l'appropriation individuelle de la terre permet d'éviter l'instauration, à l'intérieur du même espace, des régimes féodaux forts et puissants. Le législateur traditionnel avait perçu le danger, car l'existence de tels régimes conduit inexorablement vers des dictatures les plus drues. De même, l'appropriation individuelle de la terre a le pouvoir de renforcer les inégalités et l'individualisme – un des traits dominants du capitalisme condamnés par l'idéologie communiste – dans des sociétés où ils sont considérés comme des virus sociaux. Une telle procédure juridique qui inhibe l'appropriation individuelle de la terre permet d'assurer un contrôle effectif de l'individu à l'intérieur de son groupe sur l'utilisation de la terre collective.

B. Inaliénabilité et indivisibilité de la terre du groupe

Parce qu'ils avaient compris très tôt que la terre est, comme disent les physiocrates, la principale source d'enrichissement, les Kongo de la vallée du Niari avait décrété l'inaliénabilité de leur terre. En effet, aliéner la terre du groupe, pensent les Kongo, signifierait s'ouvrir au prisme délirant du capitalisme, un capitalisme destructeur des valeurs fondamentales de cohésion et de l'unité des groupes lignagers. De même, le capitalisme encourage l'enrichissement privé, par une concurrence atroce entre individus qu'il autorise et encourage. Or, les sociétés kongo sont placées sous le sceau de l'égalité et des solidarités franches. Dans ces conditions, comment penser à l'avènement d'un développement dans une société qui a fixé à l'avance les règles et les principes de vie ?

En effet, les Kongo supposent qu'aliéner la terre du groupe conduit à une instabilité chronique de celui-ci. Instabilité qui fait perdre au groupe son identité et sa souveraineté, et l'exposerait à la colère des ancêtres. Puisque ces derniers ont leur habitat sur cette même terre du groupe, pour quelle que raison, personne n'est autorisé à spolier la terre du groupe. Celui qui ose le faire s'expose à leur terrible vengeance.

De toute évidence, les coutumes foncières kongo de la vallée du Niari sont marquées du sceau de la crainte des vivants devant les forces surnaturelles. Et les croyances locales investissent la terre d'une certaine sacralité, du fait de ces forces surnaturelles qui régissent la nature. De ce point de vue, la terre devient une divinité à part entière, peuplée par d'autres divinités, les dieux et les esprits chtoniens.

La spiritualité de la terre est mise en évidence par les mythes, proverbes et contes kongo. Dans cette tradition orale, précisément, toutes les tentatives d'usurpation illicite de la terre par un tiers est la raison d'un *casus belli*. On sait que les traditions se forgent parfois sur la base des tensions atroces que la société a évacuées. C'est dans ces traditions que la société vient puiser les souvenirs de son passé. Celui-ci est malheureusement souvent coloré de violence inouïe. Et toute tentative d'aliéner la terre du groupe est susceptible de conduire à ce même type de violence.

Seulement, la terre est inaliénable, comme elle est indivisible. Cette dernière idée-force est commandée aussi bien par les croyances que par des principes de droit. Ici, encore, ce sont les forces naturelles qui sont redoutées :

> La terre du groupe est agissante par les esprits chtoniens et les esprits des ancêtres qu'elle contient. Autant la terre du groupe est perçue comme un tout indivisible, autant le groupe accepte de rester sous la domination complète des esprits de la terre ; au point où toute action du groupe ou d'un tiers ayant un lien fort avec la terre est précédée par quelques rites consistant à solliciter les faveurs des esprits de la terre[38].

Ainsi, dominées par des croyances implacables, les sociétés kongo de la vallée du Niari ne semblent pas avoir nourri un rêve de développement, ou de transformation significative de leurs structures. Ces croyances, religieuses pour l'essentiel, dominent leurs coutumes foncières et leur vie. Elles les rendent tributaire de ses décisions, de ses activités, même dans le domaine agraire.

C. Une agriculture d'autosubsistance dictée par un faible niveau technique et des coutumes coercitives

La nature de l'infrastructure et les croyances ethniques imposèrent longtemps à la pensée et à l'action du Kongo des limites extrêmes qu'il ne sut pas repousser, étant donné son faible niveau de connaissances. Certes, les Kongo de la vallée du Niari s'exercèrent très tôt au métier de la forge, comme en témoigne au sol l'existence de nombreuses traces d'ateliers de fabrication d'objets en cuivre, particulièrement à Boko-Songho. Mais les alchimistes kongo ne purent développer une technologie capable de peser sur l'homme dans l'aménagement de ses conditions matérielles. Dans le secteur économique, les outils agricoles acquis grâce aux échanges de ces Kongo avec leurs voisins teke[39] de Bukka-Meala (Zanaga actuel) restèrent longtemps au stade des commencements : houes, machettes, haches, etc. Ainsi, l'existence d'un milieu naturel favorable aux activités agropastorales d'envergure laissa, pourtant, peu de possibilité au déploiement du génie humain, faute d'outils modernes : *« Partout la posture de*

[38] J.F Yekoka, *L'homme et sa terre*, *op.cit*, p. 283.

[39] Ce peuple teke qui avait les minerais de fer dans son sol, s'était spécialisé dans la métallurgie du fer. Ainsi pouvait-il entretenir des échanges avec les Kongo qui, eux, exploitaient le cuivre dont les objets servaient utilement dans le domaine du sacré, de la guérison du corps et autres secteurs de la vie.

travail est très fatigante : station débout, jambes à peine fléchies, le corps plié en deux »[40].

Pas étonnant donc que toutes les composantes kongo établies dans la vallée du Niari ne se limitent qu'à une agriculture sur-brûlis et d'autosubsistance ; agriculture heurtée au poids des coutumes et des croyances : « semer ou planter de trop représente un effort inutile et un gaspillage de terre[41] ». L'agriculture avait pour but ultime, la satisfaction des besoins du lignage en nourriture. Le surplus était soit affecté aux opérations de semailles à venir, soit stocké en prévention d'une éventuelle sécheresse saisonnière. Une partie de ce surplus pouvait intégrer le réseau des échanges entre communautés. Il constitue donc une richesse fondamentale des groupes, bien souvent restés dans un degré d'autarcie assez élevé, pour ce qui concerne les produits alimentaires.

De même, l'espace agraire où se pratiquent les activités agricoles, est une propriété des ancêtres, les *Bakulu*, premiers occupants incontestés de ces lieux. En tant que maîtres des forêts, des rivières, des étangs, ils y exercent une totale domination. Les bêtes sauvages que l'on trouve dans ces brousses sont leurs chèvres, les oiseaux sont leur volaille. Ce sont encore eux qui donnent les chenilles comestibles, les poissons des rivières, le vin des palmiers, les récoltes des champs[42]. Toute cette richesse constitue leurs offrandes alimentaires dans la vie *post-mortem* ; une vie en éternité où les ancêtres fêtent tout le temps et où l'abondance des biens alimentaires ne doit jamais faire défaut. Les ancêtres évitent donc de livrer entièrement ces richesses naturelles aux vivants, au risque de les gaspiller. Voilà pourquoi ils frappent d'interdit l'accès des vivants à d'autres forêts dites sacrées.

La forêt sacrée est un espace lignager, demeure ou royaume saint par excellence où trônent les divinités, les dieux, les ancêtres et où les rapports avec les vivants sont dominés par une série d'interdits[43]. On y trouve des sanctuaires, des espèces animales et végétales importantes pour la vie socioéconomique, la pharmacopée et la protection du groupe. Elles constituent le réservoir des totems claniques (*kinkoko*) et individuels (*kibanda*). Dans les sociétés kongo, peut-être même celles d'ailleurs, chaque groupe lignager s'identifie à sa forêt sacrée, symbole et emblème identitaires du groupe, comme la devise clanique.

Certains groupes de l'espace actuel du Congo traduisent la sacralité de leurs forêts, ainsi que les interdits qui les entourent par des éléments symboliques

---

[40] A. Godart, « Aspects sociaux, économiques et politiques du développement de l'Afrique noire », in *L'Afrique noire. Histoire et Culture*, Bruxelles, Les Ateliers d'Arts Graphiques Meddens, 1976, p. 19.

[41] J. Vansina, « Ethnologie de l'Afrique noire », in *L'Afrique noire. Histoire et Culture*, Bruxelles, Les Ateliers d'Arts Graphiques Meddens, 1976, p. 108.

[42] J. Van Wing, *Etude Bakongo*, *op.cit.*, p. 94.

[43] Il y a des précautions à prendre avant d'entrer dans ces forêts ; l'une d'elles est liée à la pureté sexuelle afin de sauvegarder la sainteté qui règne dans ces milieux sacrés. L'accession dans certaines forêts exige que soit prononcées quelques paroles, pour éviter de se perdre. En effet, la non observation des interdits qui protègent la forêt entraînerait des répercussions capables d'occasionner la mort.

précis. Par exemple, les Akoua de la Cuvette centrale utilisent un petit balai, une sorte de chasse-mouches appelé *otsasso*, qu'ils attachent à l'entrée de la forêt pour en interdire l'exploitation. En effet, « La fonction cultuelle ou religieuse et symbolique de la forêt sacrée est attestée dans toutes les sociétés africaines[44] ».

Le calme, la quiétude et la tranquillité qui y règnent ajoutent à la forêt sacrée sa part de majesté et imposent à l'homme respect et inclination. Cela matérialise, en quelque, sorte l'omniprésence et l'omnipotence des ancêtres, des dieux, grands esprits gardiens de ces lieux « de don et de contre don ».

La par une soumission totale des vivants aux forces qui habitent la forêt sacrée est un espace de domination, de dépendance, où l'idée du règne des dieux et des ancêtres est solidement implantée dans la conscience collective. Ainsi, la docilité sans faille aux ancêtres et l'espérance incommensurable de recevoir tout recevoir d'eux corroborent l'opinion selon laquelle, les Kongo n'étaient pas prêts à s'impliquer davantage pour la transformation et l'amélioration de leurs conditions d'existence.

Certes, il est autorisé de lire dans tous les mystères entourant les forêts sacrées un souci de gestion rationnelle de l'écosystème. On est également tenté d'y voir une logique de transfert à la postérité des richesses naturelles, pures, sans les polluer ni les transformer. Mais, n'est-il pas aussi possible de voir dans cette logique l'idéologie kongo qui consiste à éviter l'accumulation personnelle des richesses, par crainte de représailles et de susciter les convoitises extérieures ? Tout porte donc à croire que, dans une certaine mesure, le Kongo de l'époque précoloniale a produit peu et est resté « souvent en deçà de ses possibilités techniques pour des motifs divers ; il ne [cherchait] pas à produire davantage[45] » ; et à accumuler des richesses. Car, comme l'affirme Randles, *« une pratique interdisait à un seul individu de posséder plus de vingt chèvres, cochons, moutons, et jamais plus d'une seule espèce à la fois ; s'il dépassait ce nombre, « il serait tué par envie »*[46].

Cette attitude des Kongo serait typique de toutes les sociétés d'Afrique noire précoloniale[47], dans lesquelles on constate une mentalité de méfiance réciproque. La vision du monde de ces sociétés traditionnelles semble être fondée sur la notion de la rareté et non de l'infinité des biens que peut offrir la vie. Ain-

[44] D. M. Gadou, « Forêt sacrée : espace symbolique », in *Annales de l'Université Marien Ngouabi*, vol. 2-n° 1, 2001, p. 144.

[45] H. Nicolaï, « Géographie de l'Afrique », *L'Afrique noire. Histoire et Culture*, Bruxelles, Les Ateliers d'Arts Graphiques Meddens, 1976, p. 16.

[46] WGL Randles, *L'ancien royaume du Congo des origines à la fin du XIXe siècle*, Paris, Mouton, 1969, p. 68.

[47] A la vérité, même dans la société congolaise d'aujourd'hui, beaucoup de gens refusent d'exposer, ou de faire savoir leurs richesses, par crainte de représailles et d'envie sorcellaire. Pourtant riches, ces gens préfèrent cependant vivre dans la pauvreté, la promiscuité, en refusant de s'acheter voiture, immobilier et autres objets de luxe. Cette attitude traduit un certain fixisme de pensée, une permanence des coutumes et des croyances qui prend l'ascendant sur tout projet de développement. Or le développement est la conséquence d'une réflexion jamais achevée en vue de transformer l'existant.

si croient leurs peuples : l'enrichissement d'une personne ordinaire constitue une menace pour la communauté. D'où la mise en œuvre de mécanismes sociaux pour empêcher d'éventuels déséquilibres[48].

CONCLUSION

Notre effort dans ce travail n'était pas de méconnaître aux Kongo de la vallée du Niari, ainsi qu'aux autres communautés ethnolinguistiques d'Afrique noire précoloniale, le génie créateur. Ces sociétés, on le sait, ont disposé d'atouts et de prédispositions « intellectuelles » nécessaires pour innover. Malheureusement, pendant longtemps, ce potentiel n'a pas été mis au service du développement.

Dans les espaces ethniques kongo de la vallée du Niari, les obstacles au développement, les freins à la transformation significative des structures socioéconomiques sont ainsi, d'une manière où d'une autre, imputables à la permanence et à la gravité des coutumes et des croyances. Celles-ci sont longtemps demeurées rebelles aux changements, pour ainsi dire, inculte à la notion de développement communautaire. Par manque de lever d'obstacles socioculturels, même après leur contact avec l'occident médiéval, les Kongo de la vallée du Niari sont restés dans la permanence de leurs structures traditionnelles, jusqu'à la période de la colonisation au cours de laquelle l'abandon progressif et significatif des modèles traditionnels et l'adoption des mœurs modernes ont commencé à se faire sentir. Ainsi, pourrait-on dire, le développement n'était pas véritablement un enjeu pour les sociétés kongo de l'époque précoloniale. Et, il semble que pendant longtemps, le mot d'ordre sociologique autour duquel s'est articulée la pensée collective était : « peu » ; produire peu, manger peu, cultiver peu, faire peu, etc.[49] Or ce type de leitmotiv, on le sait, va à contre courant des initiatives du développement. L'autarcie dans laquelle les Kongo sont restés longtemps enfermés, loin de l'occident, bloquait dans leurs flancs les ambitions novatrices qu'ils pouvaient nourrir.

En définitive, l'espace kongo de la vallée du Niari a été longtemps caractérisé par une faiblesse socio-économique basée sur les produits de collecte, de chasse, de ramassage et de petite agriculture. À ces éléments caractéristiques s'ajoute l'absence d'une « industrie moderne », rien que l'artisanat et une métallurgie restée au stade élémentaire ; une absence de routes, rien que de sentiers serpentant l'ensemble du relief ; un habitat déliquescent se présentant sous la forme d'agrégats dispersés dans la nature. Tous ces indices relèvent finalement le faible niveau de développement de cet espace social précolonial qui, au bout

---

[48] G. M. Forester, « Peasant Society and the Image of the Limited Good », *American Anthropologist*, vol. 67, n°2, 1965, pp. 293-315.

[49] Longtemps, ces communautés se trouvèrent dans une position d'autosatisfaction collective qui les ont empêchées d'entreprendre des actions visant l'innovation en vue de transformer et d'améliorer leurs conditions d'existence.

du compte, n'a pas assez travaillé pour préparer le développement, ou l'avènement d'un État moderne.

RÉFÉRENCES BIBLIOGRAPHIQUES

Abbé Proyart, *Histoire de Loango, Kakongo, et autres royaumes d'Afrique* : rédigée d'après les mémoires des préfets apostoliques de la Mission française, 1776.

J.-L. Amselle, « Ethnie et espaces : pour une anthropologie topologique », *Au cœur de l'ethnie. Ethnie, tribalisme et État en Afrique*, Paris, La Découverte, 1985, pp. 11-48.

G.A. Cavazzi, *Relation historique de l'Ethiopie occidentale : contenant la description des royaumes de Congo, Angolle et Matamba...*, traduite de l'italien et augmentée de plusieurs relations portugaises des meilleurs auteurs par J. B. Labat, 1732.

G. Chouquer, *La terre dans le monde romain. Anthropologie, droit, géographie*, Paris, Errance, 2010.

C. Coquery-Vidrovitch, *Afrique noire. Permanences et ruptures*, Paris, Payot, 1985.

Cuvelier (J.) et Jadin (L.), 1954, *L'ancien Congo d'après les archives romaines*, Mémoire IRCB, t. XXXVI, fasc. 2, Bruxelles, Musée de l'homme et Musée d'Histoire-Nat.

O. Dapper, *Description de la Basse Ethiopie*, extrait de Description de l'Afrique, Amsterdam, 1686.

J.-F. De Rome, *La fondation des Capucins au Royaume du Congo (1648)*, traduite de l'italien et annotée par François Bontinck, Louvain, Nauwelaerts, 1964.

G.M. Forester, « Peasant Society and the Image of the Limited Good », *American Anthropologist*, vol. 67, n°2, 1965, pp. 293-315.

A. Godart, « Aspects sociaux, économiques et politiques du développement de l'Afrique noire », in *L'Afrique noire. Histoire et Culture*, Bruxelles, Les Ateliers d'Arts Graphiques Meddens, 1976, pp. 119-140.

A. Ngoïe-Ngalla, *Les Kongo de la vallée du Niari. Origines et migrations XIIIe-XIXe siècle. Bakamba, Badondo, Bakunyi, Basundi, Babeembe*, Brazzaville, PUB, 1981.

- *Le retour des ethnies. Quel avenir pour l'Afrique ?*, Paris, Bajag-Meri, 2003.

- *Aux confins du Ntotila. Entre mythe et histoire*, Paris, Bajag-Méri, 2007.

H. Nicolaï, « Géographie de l'Afrique », L'Afrique noire. Histoire et Culture, Bruxelles, Les Ateliers d'Art Graphique Meddens, 1976, p. 7-22.

F. Pigafetta et D.Lopes, *Description du royaume de Congo et des contrées environnantes*, traduite de l'italien et annotée par Willy Bal, 2e édition, Paris, Nauwelaerts, 1591.

J.-P. Olivier de Sardan, « Sociétés et développement », *Sociétés, développement et santé*, Paris, ELLIPSES/AUPELF, 1990, pp. 28-37.

WGL Randles, *L'ancien royaume de Congo des origines à la fin du XIXe siècle*, Paris, Mouton, 1968.

B. Sine, « La problématique de l'idéologie dans le développement », *La Revue des Sciences Sociales* n°8, Octobre-Décembre, 1986, pp. 93-111.

J. Van Wing, *Etude Bakongo. Sociologie-Religion et magie*, 2e édition, Desclée de Brouwer, 1959.

J. Vansina, « Ethnologie de l'Afrique noire », *L'Afrique noire. Histoire et Culture*, Bruxelles, Les Ateliers d'Arts Graphiques Meddens, 1976, pp. 86-118.

R. Verdier et A.Rochegude, (dir.), *Systèmes fonciers à la ville et au village. Afrique noire francophone*, Paris, l'Harmattan, 1986.

R. Verdier, « L'ancien droit et le nouveau droit foncier de l'Afrique noire face au développement », *Le droit de la terre en Afrique (au sud du Sahara)*, Paris, édition G-P Maisonneuve et Larose, 1971, pp. 61-82.

J.-F.Yekoka, *L'homme et sa terre au pays de Boko-Songho, du XVIIe au début du XXIe siècle*, Thèse de Doctorat Unique d'Histoire, Brazzaville, Université Marien Ngouabi, 2013

LA QUESTION DE L'INTÉGRATION ET DU DÉVELOPPEMENT DANS L'AFRIQUE NOIRE POSTCOLONIALE : LE SECRET DES PEUPLES AFRICAINS AVANT LES « RENCONTRES DÉEFORMANTES »

Alexis Tague Kakeu
Université de Yaoundé I/Cameroun

RÉSUMÉ

Une relecture de la vie dans l'Afrique noire précoloniale nous invite à comprendre qu'en matière d'intégration, les Africains « modernes » ont progressivement tourné le dos à la sagesse de leurs ancêtres. Ceux-ci avaient vu dans leurs diversités culturelles une source d'enrichissement mutuel et dans leurs valeurs communes à l'exemple de leur vision du monde des ressorts essentiels pour leur coexistence pacifique et leur développement.

MOTS CLÉS

Intégration, Développement, Afrique noire postcoloniale, précoloniale, Rencontres déformantes, Religion - Ethique.

INTRODUCTION

L'accession à l'indépendance des peuples africains devait être l'acte fondateur d'une nouvelle ère pour l'Afrique, car porteuse de tous les espoirs : espoir de liberté, espoir d'un réel épanouissement et surtout espoir pour une véritable intégration. Divisés et déchirés depuis la période coloniale par des frontières géographiques artificielles et par des cultures aliénantes, les Africains, avait-on cru, se devaient de tourner le dos à la politique coloniale du « diviser pour mieux régner », condition indispensable pour réaliser leur développement véritable. Malheureusement et au regard des replis identitaires et des conflits tribaux que l'on n'a cessé d'observer dans de nombreux États africains depuis les indépendances ainsi que la réalité du sous-développement, on peut affirmer que le chemin à parcourir est encore long.

Le chemin est d'autant long si l'on garde en mémoire que l'unanimité n'est pas toujours faite autour des voies et moyens pour réaliser cette intégration et ce développement. En effet, convaincus par un certain discours aux relents européocentristes de l'obstacle que constitue l'identité culturelle plurielle des fricains pour l'intégration et le développement des peuples en Afrique, une certaine Afrique, à tort ou à raison, n'a pas tardé à voir dans les réalités culturelles occidentales, des valeurs capables de refaire l'Unité et le développement de l'Afrique et des Africains.

Malheureusement, les résultats n'ont pas été toujours à la hauteur des espérances. La preuve est le fait qu'aujourd'hui encore, on continue dans cette Afrique du XXIème siècle de discuter pour savoir si on est autochtone ou allogène. L'intérêt général est sacrifié au profit de l'intérêt tribal ou ethnique. L'on en vient ainsi à se poser un certain nombre de questions : le patrimoine culturel des Africains est-il vraiment un obstacle à leur intégration et à leur développement ? S'il est admis que « *l'ignorance du passé ne nuit pas seulement à la connaissance du présent, qu'il compromet dans le présent l'action même* »[1], peut- on dire que les Africains ont suffisamment exploré leur passé pour en tirer des leçons ? Peuvent-ils prétendre réaliser leur intégration et leur développement en se reniant ? Peut-on dire que bien avant la colonisation, les Africains pensaient et réalisaient leur intégration et leur développement par eux-mêmes ? Si c'est le cas, en quoi ces modèles peuvent-ils nous être utiles en ce début du 21e siècle ? Autrement dit, quels étaient les ressorts de cette intégration et de ce développement ?

Nous essayerons dans les lignes qui vont suivre de répondre à ces questions en nous appuyant sur des informations relatives à la pensée philosophique, les croyances, les faits et gestes des anciens Égyptiens et des peuples de l'Afrique noire au sud du Sahara de la période précoloniale. Celles-ci proviennent des travaux d'Histoire, d'Anthropologie, de Philologie, de Philosophie, d'Economie, de Religion, etc. L'analyse des données ainsi collectées se fera en combinant les approches comparatives et diachroniques. Mais avant d'en arriver là, il est important de marquer un temps d'arrêt pour préciser le sens de nos concepts.

I. DÉFINITION DES CONCEPTS

Ce n'est jamais une perte de temps de consacrer quelques lignes à la définition des mots, expressions qui se trouvent au centre d'une réflexion ou d'un sujet de réflexion. Aussi, et en dépit des écueils, nous pensons qu'il est utile pour nous dans ce travail de préciser ce que nous entendons par « rencontre déformante », *intégration* et *développement*. Ce travail fait, il sera alors possible de dégager le lien que nous croyons, à notre humble avis, déceler entre l'intégration et le développement. Comprendre ce lien est fondamental pour toute personne qui s'intéresse à la vie dans les sociétés africaines précoloniales.

---

[1] I. Baba Kaké, *Combats pour l'histoire africaine*, Paris, Présence Africaine, 1982, p. 30.

Car ici, et plus exactement dans chaque société ou entité politique, la réalisation du projet de Dieu pour les hommes n'incombait ni à un individu, ni à une caste supérieure ou inférieure, ni à une poignée de personnes, mais à l'Homme, créature sacrée de Dieu, indistinctement de sa classe sociale, de son origine. La « rencontre déformante » a presque réussi à reléguer au second plan cette vision égypto-africaine du monde.

Cette expression de « rencontre déformante » est de Tibor Mende. Elle a été reprise par Fabien Kange Ewane[2]. Si ce dernier semble affectionner cette expression, il convient de préciser que pour cet auteur, il serait plus exact de parler d'une « rencontre déstructurante »[3]. D'après lui, il s'agit « *d'un phénomène essentiellement historico-sociologique dont on n'aime pas beaucoup parler, mais dont les effets ont tissé et animent la trame de toute notre existence actuelle* »[4]. Autrement dit, d'après Kange Ewane, il ne s'agit ni plus ni moins que de la colonisation européo-chrétienne, et dans une moindre mesure, celle arabo-musulmane en Afrique ; cette réalité pouvant être entendue comme « *une réalité essentiellement caractérisée par « l'intervention de haut en bas de la société colonisatrice sur la société colonisée, intervention massive, profonde, généralisée, qui se manifeste sur tous les plans* »[5].

À partir de quel moment ou période peut-on situer le début de cette intervention ? Il s'agit là d'une question à laquelle on ne saurait répondre sans prendre de précautions. Car si pour certains la seconde conférence de Berlin de 1884-1885 peut être considérée comme la date du véritable coup d'envoi des impérialismes et de la colonisation européenne en Afrique, pour d'autres cependant, il convient de ne pas oublier la date de 313, et également l'intervention arabo-musulmane. En effet, l'Égypte pharaonique, bien avant cette date, avait connu des périodes de décadences dues souvent aux conquêtes des peuples extérieurs. Toutefois, et il convient de le relever ici, ses institutions ne se sont pas trouvées ébranlées[6]. Avec l'édit de Constantin de 313, on peut dire que « *toute forme religieuse n'a droit d'exister et de fonctionner que dans la mesure où, intégrée comme élément actif dans la vision politique du pouvoir, elle contribue à la réalisation des intérêts de ce pourvoir* »[7]. À partir de ce moment, l'intervention romaine sera profondément déstructurante pour les Africains de l'ancienne

[2] F. Kange Ewane, *Semence et moisson coloniale : regard d'Africain sur l'histoire de la colonisation*, Yaoundé, CLE, 1985, p.138.
[3] *Ibid.*
[4] *Ibid.*
[5] J. Weydert, « A propos du droit de colonisation », *Revue de l'action populaire,* n°92, novembre 1955, p.1038.
[6] Voir A. Tague Kakeu, « Le sous-développement dans l'Afrique indépendante au regard du développement dans l'ancienne Égypte et le pays bamiléké de la période précoloniale », Thèse de Doctorat / Ph. D, Université de Yaoundé I, 2007, p. 178 ; voir également D. Valbelle, *Histoire de l'État pharaonique*, Paris, P.U.F., 1998, p. 351.
[7] *Ibid.*, p. 192.

Égypte[8]. Cet esprit prédominera dans les rencontres avec les Arabes-musulmans à partir du VIIe siècle, et dès les XIV/XVe siècles, dans les rencontres avec les Occidentaux-chrétiens[9].

Il y a lieu ici d'éviter le danger des généralisations, en ce sens que tous les peuples africains n'ont pas été affectés de la même manière par ces différentes interventions extérieures occidentalo-chrétiennes et arabo-musulmanes, il y a lieu tout de même de dire que depuis ces rencontres, il est devenu difficile pour les Africains de penser et d'agir d' après leur propre vision du monde. L'on peut donc comprendre pourquoi la réalisation de l'intégration des peuples africains dans l'Afrique postcoloniale n'échappe pas aux effets de ces interventions.

Le mot intégration, du latin *integrere*, rendre entier, action de faire entrer une partie dans le tout, désigne la situation d'un individu ou d'un groupe d'individus (sociabilité) qui partage les valeurs et les normes de la société à laquelle il appartient[10]. Cette définition suppose que les individus ou les groupes d'individus se doivent d'accepter, d'adhérer aux valeurs des groupes hôtes. Cette conception n'est pas la nôtre, car elle met l'accent sur les différences culturelles tout en faisant de l'adhésion d'un groupe aux valeurs culturelles de l'autre groupe, une condition nécessaire à l'intégration.

Dans l'Afrique noire précoloniale, si la diversité culturelle n'est pas une simple vue de l'esprit, il y a lieu de relever que, comme l'a affirmé Cheikh Anta Diop, ces différences ne sont que de surface[11]. Par intégration, nous entendons ici, le processus par lequel les peuples en présence, pour vivre en harmonie, acceptent les spécificités culturelles de chacun, tout en mettant l'accent sur les convergences et les ressemblances dans l'égalité des droits et des devoirs[12]. Si sa réalisation permet aux peuples en présence de pouvoir vivre ensemble, de se connaitre comme profondément unis malgré les différences, il faut ajouter que le vivre ensemble pour être effectif passe aussi et surtout par la capacité qu'ils ont de faire des valeurs culturelles qui les unissent, le socle, voire le moteur de leur développement.

En voulant définir le terme développement, nous ne perdons pas de vue qu'il s'agit d'un concept chargé d'idéologie. Il s'agit bien de l'idéologie du progrès

---

8 Théodose le Grand proclame le christianisme comme religion officielle de l'Égypte. Ceci entraîne la destruction des milliers de statues, de nombreux temples païens. Kange Ewane, *Semence et moisson coloniales,* pp. 67-68.

9 A. Tague Kakeu, « Aux sources du sous-développement africain : colonisation et conscience historique », Mémoire de Maitrise en Histoire, Université de Yaoundé I, 1996, pp. 28-33.

10 « définition de l'intégration » http://www.org (dictionnaire/intégration.htm, consultée le 11/02/2014.

11 C.A. Diop, « L'Égypte pharaonique et le continuum historique africain. Table ronde à radio Cameroun, 12 janvier 1986, Yaoundé », P. Dika Akwa NyaBonambele, dir., *hommage du Cameroun au professeur Cheikh Anta Diop,* Dakar, Nouvelles du Sud, 2006, p.71.

12 *Ibid.*

cher à l'Europe des Lumières[13]. Il s'agit, nous dit Serge Latouche, d'un concept qui est loin d'être universel, car propre à l'Occident. Il s'inscrit dans ce que le philosophe Heidegger appelle la « métaphysique » occidentale. Celle-ci a une dimension hellénique et judaïque[14].

Toutefois, s'il s'agit d'un terme occidental, l'idée qu'il implique, à savoir celui de changement n'est pas le propre de l'Occident. Car il est connu de tous aujourd'hui qu'il n'existe pas de société statique. En plus, l'idée de progrès que le concept de développement implique ne saurait seulement être appréhendée sous l'angle quantitatif et cumulatif. Sa dimension qualitative mérite également d'être prise en compte. L'on peut ainsi comprendre pourquoi le développement est de plus en plus perçu comme un processus visant à satisfaire les besoins fondamentaux des populations d'une aire géographique bien précise ou d'une entité politique donnée.

Ceci dit, si le développement vise à satisfaire les besoins fondamentaux d'un groupe d'hommes donné ou d'une population donnée, les manières de les satisfaire, ainsi que les critères permettant d'évaluer leurs degrés de satisfaction varient d'une aire culturelle à une autre. L'on peut ainsi comprendre que le développement est un processus essentiellement relatif. Cette relativité nous emmène à partager le point de vue de Venant Ekengele qui pense *« qu'il n'y a de processus de développement réel de chaque groupe d'hommes... que celui qui plonge ses racines dans un univers culturel propre »*[15] Ainsi, affirme-t-il, si *« l'Occident est dit développé aujourd'hui, c'est tout simplement parce qu'elle a réalisé les objectifs inhérents à sa culture ; laquelle est à la base d'une philosophie prônant le matérialisme, l'individualisme, la recherche du profit, etc. »*[16]

Ce qui précède nous permet de dire que le développement est une affaire de groupe. Et en plus, il n'est rendu possible que par la réalisation par le groupe et pour le groupe des principes ou valeurs définis par la culture dudit groupe. S'il en est ainsi, sommes-nous en droit d'envisager ces valeurs inhérentes à chaque groupe non seulement comme un marqueur identitaire, mais aussi comme un véritable ressort d'intégration et de développement ? Si c'est le cas, il est important que nous nous attardions sur l'identité culturelle des peuples de l'Afrique noire précoloniale avant les rencontres déformantes. Notre objectif est simple. Il s'agit d'insister sur le fait que bien avant ces rencontres, les peuples africains avaient toujours partagé des valeurs culturelles communes ; celles-ci les unissaient et servaient de sous bassement à leur développement. Au nombre de ces

---

[13] S. Latouche, « Contribution à l'histoire du concept de développement », C. Coquery-Vidrovitch, D. Hemery, J. Piel (eds.), *Pour une histoire du développement. États, sociétés, développement,* Paris, l'harmattan, 1988, pp. 47-51.

[14] *Ibid.*, Serge Latouche nous fait savoir que la Grèce aurait apporté dans son héritage, la raison, le calcul, et une certaine conception de l'homme comme maître de la nature. Quant à la religion judaïque, elle serait la source de la conception cumulative et non plus cyclique ou statique du temps.

[15] V. Ekengele, *Critique sociale et développement*, discours 1, Paris, la Pensée Universelle, 1989, p. 19.

[16] *Ibid.*

valeurs, nous pouvons citer leur théonomie[17] ou tout simplement leur vision du monde avec ses implications éthiques.

II. DE L'IDENTITÉ CULTURELLE DES PEUPLES AFRICAINS AVANT LES RENCONTRES DÉFORMANTES : L'UNITÉ DANS LA DIVERSITÉ

Dans les lignes qui précèdent, nous avons défini l'intégration comme un processus par lequel les peuples en présence, pour vivre ensemble en harmonie, acceptent les spécificités culturelles de chacun (qui d'ailleurs sont souvent des sources d'enrichissement) tout en mettant l'accent sur les convergences et les ressemblances dans l'égalité des droits et des devoirs. Nous avons opté pour cette définition à dessein. Et pour cause, quand nous parlons des peuples de l'Afrique noire avant les « rencontres déformantes », nous devons nous départir de notre mentalité coloniale ou néocoloniale. Ce préalable est nécessaire pour comprendre qu'il s'est agi d'un seul et même peuple, uni non seulement par la race, mais surtout par la culture. Cheikh Anta Diop, ne pensait pas le contraire lorsqu'il affirmait qu' « *il est certain que si vous grattez un petit peu la diversité culturelle de surface, que vous descendez en profondeur, vous trouvez les strates où se manifeste cette unité profonde de l'Afrique d'un bout à l'autre du continent…* »[18] Comment dès lors comprendre cette unité culturelle des peuples africains ?

Un débat existe au sujet du berceau de la culture égypto-africaine. Il ne date pas d'aujourd'hui. Doit-on la situer au Sud comme le pense Cheikh Anta Diop, et plus précisément dans la région des Grands Lacs, berceau de l'Homo sapiens[19]ou dans le Sahara comme le soutiennent Habashi et Nadury[20] ? L'importance de ce débat, pour ce qui est de notre préoccupation se situe à deux niveaux. Il nous édifie sur le fait que pendant des millénaires, des peuples africains n'étaient pas trop différents, sur le plan social et culturel, les uns des autres. Ensuite il nous renseigne sur le rôle qu'a joué le reste de l'Afrique, dans la naissance et l'évolution de la culture des Égyptiens pharaoniques. Toutefois, que cette culture soit née dans la région des Grands Lacs avant de cheminer par la Nubie, ou encore qu'elle soit née dans le Sahara, ces données ne changent rien au fait que c'est en Égypte qu'elle s'est réellement épanouie.

Si tel est le cas, autrement dit, si l'on accepte l'idée d'un berceau commun de la culture égypto-africaine, comment donc comprendre la diversité culturelle

---

[17] Par théonomie, il faut comprendre d'après Engelbert Mveng, « *le projet de Dieu sur l'homme et sur le monde, dont la réalisation est confiée par Dieu à l'homme, selon un plan divin à déchiffrer et à exécuter* ». *L'Afrique dans l'Église. Parole d'un croyant*, Paris, l'Harmattan, 1985, p. 159.

[18] C.A.Diop, « L'Égypte pharaonique et le continuum historique africain », p. 71.

[19] C.A.Diop, *Civilisation ou barbarie. Anthropologie sans complaisance,* Paris, Présence Africaine, 1981, p. 133. Voir aussi G. Mokhtar, dir, *Histoire générale de l'Afrique,* vol. II, *l'Afrique ancienne,* Paris, Présence Africaine, 1998, pp. 73-79.

[20] *Ibid.*

dont parle Cheikh Anta Diop, qui bien que superficielle n'a cessé d'être perçue au lendemain des indépendances, comme un facteur de division et de désunion des peuples africains ? Et pourquoi des évolutions et des trajectoires différentes ? La réponse nous est livrée par Fabien Kange Ewane.Pour lui, la culture est une réalité essentiellement complexe et dynamique destinée à passer (en évoluant) de génération en génération.[21]

Ces propos de Kange Ewane nous permettent de comprendre que la culture est une réalité essentiellement active. Elle nait quelque part, et évolue en prenant la coloration de son milieu et de son temps. S'il en est ainsi, l'on peut bien comprendre pourquoi la culture des peuples africains, née quelque part, a progressivement subi des modifications. Ce n'est un secret pour personne que le Sahara jusque-là verdoyant et grouillant de vie, commence à devenir désertique, d'après J. Vercoutter, à la charnière du mésolithique et du néolithique ; et pour Cheikh Anta Diop, les datations par le carbone 14 indiquent une période humide allant des environs de 30000 B.P. à 8000 B.P., avec des alternances de sécheresse.[22] Nul n'ignore également que les réalités des grandes régions de l'Égypte ancienne ont influencé les faits et gestes, les manières de penser, les croyances des anciens Égyptiens. Ces différences ont ainsi facilité très tôt, la constitution d'un royaume du Sud (Haute Égypte) et d'un royaume du Nord (Basse Égypte).[23] Nul n'ignore également le fait que ces anciens Égyptiens ont subi des influences provenant d'horizons divers. Tous ces évènements et bien d'autres ont contribué à leur donner une identité propre.

S'attendait-on à avoir la même identité culturelle après le départ de certains de ces peuples du berceau de leur civilisation, à savoir la vallée du Nil vers les autres régions d'Afrique au Sud du Sahara ? Au regard de ce que nous avons dit de la culture, nous ne le pensons pas. Toujours est-il que ces peuples, sur la base d'un certain nombre d'éléments de leur patrimoine culturel qu'ils ont jalousement conservé, à l'exemple de leur conception du monde, de l'homme et de Dieu, ont pu mettre sur pied des mécanismes pour une meilleure vie en communauté réunissant non seulement les membres de chaque groupe particulier mais également des nouveaux arrivants, collectivement ou individuellement considérés que les circonstances diverses les ont emmené à se retrouver ailleurs que dans leurs groupes d'origine.

---

[21] F.Kange Ewane, « La dynamique de l'identité cultuelle au Cameroun. Un regard d'historien », Ministère de l'information et de la culture, Direction des affaires Culturelles, *L'identité Culturelle Camerounaise.* Actes du colloque de la deuxième semaine Culturelle nationale, Yaoundé, p. 13.

[22] Mokhtar, dir. *Histoire générale de l'Afrique*, vol II,. pp.7 8-79.

[23] A. Erman et H. Ranke à ce propos affirment qu'une plante, Nesout, est la plante de la Haute Égypte, celle de la Basse Égypte est une touffe de papyrus. Quant aux déesses protectrices, Outo le cobra est la déesse de la Basse Égypte et Nekhbet, celle de la Haute Égypte. En plus, soutiennent-ils, de bonne heure s'est développé un particularisme de cités. Chacun des nomes avait un dieu principal et ses traditions particulières, et vivait souvent en mésintelligence avec ses voisins. *La civilisation égyptienne*, Paris, Payot, 1976, p. 31.

III. DE LA CONCEPTION ÉGYPTO-AFRICAINE DU MONDE COMME RESSORT DE L'INTÉGRATION ET DU DÉVELOPPEMENT DES PEUPLES AFRICAINS AVANT LES RENCONTRES DÉFORMANTES

Les pages qui précèdent nous ont permis de comprendre les raisons pour lesquelles les peuples africains, à partir du moment où ils décident de migrer vers l'Égypte ancienne, et de l'Égypte vers d'autres régions d'Afrique au Sud du Sahara,[24] ont été emmenés au-delà de leur fonds culturel commun, à avoir des éléments de différenciation, au point où certains n'ont pas hésité à se demander s'il y'avait en réalité quelque chose de commun qui les unissait au moment de la colonisation. Ainsi, le R.P. Engelbert Mveng dira, pour ce qui est des peuples du Cameroun :

> Qu'y avait-il de commun entre les tribus Kirdis éparses du Tchad à la Bénoué, les Foulbés à la silhouette hiératique, les Tikars ou les Niam-Niam de l'Adamaoua, les Bamoun, les Baya et tous les semi-soudanais des frontières de la savane et de la forêt ? Qu'y avait-il de commun entre ce Nord si divers et la masse non moins diverse du Sud Bantou, les Bakweri, les Doualas, les Bakundus, les Ngoumba, les Malimba… de la côte les Bassa de l'intérieur et les Banen, les Béti, les Fang et, dans les forêts de l'Est, les Kaka, les Ndjem, les Kounabem et tant d'autres… ?[25]

Cette lecture qu'a faite le R.P. Engelbert Mveng à propos des peuples du Cameroun, n'est pas un cas isolé. Ailleurs sur le continent, nombreux sont ceux qui se sont interrogés sur les similitudes réelles ou supposées qui pouvaient exister entre les différents peuples du continent. Et on peut même dire que cette lecture erronée des réalités culturelles du continent a fait un peu partout sur le continent africain, le nid du tribalisme, du favoritisme et de la médiocratie.

Contrairement à l'attitude de nombreux Africains « modernes » qui ont fait de ces différences un terreau favorable pour les divisions, les rejets, voire même l'exclusion des autres, dans l'Afrique précoloniale avant les « rencontres déformantes », ces différences, ou encore ces expériences multiformes loin de forger chez ces Africains une mentalité de rejet, curieusement et dans la plupart des cas, les ont emmenées à voir dans l'autre, étranger ou non, une source de puissance et d'enrichissement mutuel ; bref, on aurait pu dire des frères ou des sœurs longtemps égarés et qui se retrouvent enfin.[26] S'est-il toujours agi tout

---

[24] G. Biyogo, à titre d'exemple, situe le lieu de départ des mouvements migratoires des différents groupes Ekang dans la région égypto-nubienne. Il établit ainsi un rapport étroit entre la mort d'Akhenaton survenue en -1350, le saccage de l'héritage spirituel et politique de la Révolution atonienne par le Fara Aï, ancien prêtre atonien, et la grande Migration des Ekang vers la région équatoriale du continent : *Dictionnaire Compare Égyptien/ Fang-Béti. De la coappartenance Kémit-Ekang : l'Égypte et l'Afrique en quête d'éternité,* Paris, Imhotep, 2012, pp. 40-41.

[25] Cité par Kange Ewane, « La dynamique de l'identité », p. 79.

[26] Voir à cet effet, P. Dika-Akwa NyaBonambelea, *Les problèmes de l'anthropologie et de l'histoire africaine,* Yaoundé, CLE, 1982, pp. 275-277.

simplement d'une nécessité de survie, ceci dans la mesure où, comme nous le savons, toute culture qui refuse de s'ouvrir est appelée à mourir ? Nous ne le croyons pas. Car à la veille des rencontres déstructurantes, la théonomie des Africains, à savoir le projet de Dieu pour les hommes et sur le monde devant être réalisé par les hommes,[27] selon un plan divin à déchiffrer et à exécuter continuent de modeler les faits et gestes, bref, la pensée et l'agir des Africains dans quelque domaine que ce soit.

L'étude du rôle de cette théonomie dans l'intégration des peuples de l'Afrique précoloniale est d'autant plus nécessaire, non pas uniquement parce qu'elle constitue un invariant culturel majeur, mais aussi parce que, comme l'a affirmé Massonsa Wa Massonsa, « *l'acte humain en tant que tel, ne peut s'expliquer sans se référer à une certaine conception du monde* »[28].

De nombreux spécialistes qui se sont intéressés aux sociétés africaines de l'ancienne Égypte et de l'Afrique noire précoloniale sont presque tous unanimes sur le fait que dans ces sociétés, la religion constituait le socle de la vie. Elle était la référence, la source d'inspiration qui permettait aux individus, aux groupes de personnes, aux décideurs ou non, de modeler leurs actes ou de les justifier en fonction des recommandations du divin, et enfin de compte, de construire leur vie. R.A. Schwalerde Lubicz à propos des anciens Égyptiens note que « l'ancienne Égypte n'avait pas de religion » d'après les témoignages inscrits depuis plus de quatre mille ans ; elle était toute entière la religion dans son acceptation la plus large et la plus pure.[29] Cette vérité pour l'ancienne Égypte est aussi valable pour les Africains au sud du Sahara précolonial. Car ici, comme dans l'ancienne Égypte, l'homme est entièrement plongé dans le sacré.[30]

Dans ces sociétés, et contrairement à ce que l'on voit dans l'Afrique d'aujourd'hui, les êtres humains étaient les « bras » ou les « membres » du Créateur. Ainsi, dans leur vie de tous les jours, en se mettant au service de son roi, l'homme servait le Créateur qui en réalité était l'auteur du « plan » à réaliser.[31] Autrement dit, durant leur existence terrestre, l'acte du Créateur, diversement nommé sur le continent, Rê, Ptah, Amon, Zambé, Si, Bah, Erlam, Zamba etc. était le modèle à perpétuer.

En honorant leurs dieux, ces Africains si nous pouvons paraphraser Doumbi Fakoli, s'étaient donné les moyens de penser le monde, d'agir sur lui en harmo-

---

[27] E. Mveng, L*'Afrique dans l'Église,* p. 159.

[28] Massonsa Wa Massonsa, « Le maatisme, conception endocentrique de l'économie », *Nomade,* n°1, 1993, p. 83.

[29] R.A. Schwaler de Lubicz, *Le roi de la théocratie pharaonique*, Paris, Flammarion, 1982, p. 14.

[30] D. Zahan, *Religion, spiritualité et pensée africaine*, Paris, Payot, 1970.

[31] Bibolo Mababinge, *La cosmo-théologie philosophique de Memphis et d'Akhtaton (HT-K3-PTH et3HT-JTN) Approche philosophique du « document philosophique de Memphis » « et du grand hymne à JTN » d'3h -n-jtn (Achanjati ou Echnaton), publications Universitaires Africaines, African University Studies, Munich, 1986*, pp. 363-364.

nie avec les lois de la création.[32] Penser le monde, agir sur lui en harmonie avec les lois de la création, c'était ni plus ni moins dans le contexte africain précolonial, mettre en application le projet de Dieu pour les hommes et sur le monde devant être réalisé par les hommes. Ce projet, depuis l'ancienne Égypte, n'était rien d'autre que la Maât, la vérité-justice, l'équilibre, la paix, la solidarité, etc.[33] De nombreux mythes et cosmogonies de l'ancienne Égypte et de certains peuples de l'Afrique noire au sud du Sahara nous le disent. A Héliopolis dans l'ancienne Égypte, Atoum-Rê, le démiurge sort du Noun et se met par la suite à créer. Il crée les dieux et tout ce qui existe. Par cet acte, il met de l'ordre à la place du désordre. Cet ordre est incarné par la déesse Maât. Mais Maât, ce n'est pas seulement l'ordre, l'équilibre, l'harmonie cosmique. Maât c'est aussi une éthique de vie en société. Pharaon, successeur d'Horus, premier roi de l'ancienne Égypte, dieu incarné, devra s'en inspirer pour gouverner. Si par sa seule autorité de maître de l'univers, il a pour devoir de la mettre en œuvre, pour satisfaire les dieux et éloigner Isfet, le mal, il convient aussi de dire que tout Égyptien, en tant que créature sacrée de Dieu, « microcosme au sein d'un macrocosme », incarnation d'une parcelle de l'existence anonyme, se devrait à sa manière de contribuer à la réalisation de cette éthique de vie.[34] Cette cosmogonie, ainsi que ses implications éthiques se retrouvent chez plusieurs peuples Africains précoloniaux à travers toutes les régions du continent.Théophile Obenga cite l'exemple des Kuba du centre du Zaïre,.[35]Anne Stamm celui des Dogon du Mali, des Guiziga du Cameroun, etc. [36]Dans l'ensemble on peut dire que ces mythes insistent sur la sacralité de l'être humain, sur son caractère cosmique, ainsi que sur la mission qui est la sienne sur terre. Celle-ci n'étant rien d'autre que de perpétuer l'œuvre du créateur. Fabien Kange Ewane a donc raison d'affirmer que « l'homme à notre image »

> Doit correspondre à la volonté d'associer l'homme à un projet inscrit dans le projet même du transcendant, celui de continuation de la création. Et c'est à cette fin qu'il est ouvert aux énergies en provenance des ancêtres, qui sont déjà investis dans ce projet à la manière correspondant à leur époque, des génies et des esprits tous plus au fait du sens du projet.[37]

---

[32] Doumbi Fakoli, « Quel Dieu pour l'Afrique », *Nomade* n° 4, Paris, l'Harmattan, 1993, p. 46.

[33] Voir S. Sauneron, « Maât », G. Posener, *Dictionnaire de la civilisation égyptienne*, Paris, Fernand Hazan, 1970, p. 156.

[34] R. Willis, dir, *Mythologies du monde entier,*Paris, Larousse, 2002, p.38 ; voir aussi Desroche Noblecourt, « La religion égyptienne », p. 192 ; J. Assman, *Maât, Égypte pharaonique et l'idée de justice sociale,* Paris, La maison de vie, 1999, p.121.

[35] T. Obenga, *La philosophie africaine,* pp. 53-54 ; 180-182.

[36] A. Stamm, *Les religions africaines*, Paris, Que sais-je ?, P.U.F, 1995, pp.7-10 .

[37] F. Kange Ewane, « Religions africaines et écologies », Ka Mana et J. B. Kenmogne, dir ., *Ethique écologique et reconstruction de l'Afrique,* Actes du colloque organisé par le CIPCRE, Bafoussam, CIPCRE, 1997, p. 126.

Les efforts fournis par les Africains de la période précoloniale pour mettre en pratique ce projet de Dieu ont ; comme nous le verrons dans les lignes qui vont suivre, contribué à créer des conditions propices pour l'intégration et le développement de ces derniers avant les « rencontres déformantes ».

IV. DES EFFETS DU VÉCU DU PROJET DE DIEU PAR LES AFRICAINS DE LA PÉRIODE PRÉCOLONIALE DANS L'INTÉGRATION ET LE DÉVELOPPEMENT EN AFRIQUE.

Ces effets peuvent être appréhendés à plusieurs niveaux : politique, économique et social. Autrement dit, l'agir de l'Africain dans ces différents domaines nous permet de dire qu'aussi bien dans l'ancienne Égypte que dans l'Afrique subsaharienne avant les « rencontres déformantes », la volonté de vivre ensemble et de relever les défis ensemble n'était pas un vain mot. Nous commencerons par le niveau social.

A. Sur le plan social

La conception égypto-africaine du monde nous a permis de comprendre que chez les anciens Égyptiens, tout comme cela sera le cas chez les autres Kemit à partir du moment où ils quitteront l'Égypte, l'être humain quelle que soit son origine ou sa race, est vu comme une créature sacrée de Dieu, car il possède le Ka divin force génératrice permanente[38], mais il a pour mission sur terre de s'approprier le projet de Dieu pour les hommes et sur le monde pour le vivre et le perpétuer. Mala-Makani Khumbi nous fait ainsi comprendre que les termes Mutu /Batu sont d'essence égyptienne. Mutu ou Muntu, le singulier, Batu ou Bantu, le pluriel, l'être véritable ou les êtres véritables. Le Muntu est l'être divin c'est-à-dire Nzambi, Oloum, Amma, Ngay, Tisco, Boekim, etc. Il y a donc une filiation une et identification du Muntu, autrement dit de l'Africain et Dieu.[39]

Comme conséquences de cette filiation chez les Bantu ou Africains, avant les « rencontres déformantes », l'être humain, quelle que soit son origine est plus perçu comme une fin et jamais comme un moyen pour accumuler quelque bien que ce soit. Dans l'ancienne Égypte les hommes sont vus comme le troupeau de Dieu et tous (Égyptiens et étrangers) ont une commune origine, et appartiennent tous à l'ordre universel.[40] Marie-Ange Bonhême et Anne Forgeau peuvent ainsi dire : *« A l'opposé du mépris du Grec envers les « Barbares » condamnés à n'émettre que borborygmes, à l'inverse des Arabes donnant le*

---

[38] Ch. Desroches Noblecourt, « La religion égyptienne », p. 192

[39] Mala-MakaniKhumbi « La notion de Dieu dans la culture fondamentale africaine », *Nomade*, N°1, publication du CERVA, 1993, pp. 54-56.

[40] M.-A. Bonhême et A. Forgeau, *Pharaon, Les secrets du pouvoir*, Paris, Armand Colin, 1988, pp. 189-193

nom de « muets » aux peuples parlant d'autres langues que la leur, pareille conception irénique respecte l'originalité ethnique et culturelle des peuples » [41].

L'on peut ainsi comprendre pourquoi aussi bien dans l'ancienne Égypte que chez les Africains du sud du Sahara de la période précoloniale, tout souverain avait vocation à mener les conquêtes. Celles-ci n'ont pas seulement des visées économiques, mais elles se justifient aussi par le fait que chaque souverain par rapport au projet de Dieu, a une vocation universelle.

D'autre part, cette place centrale qu'occupe l'homme au sein de la création, et avec les implications éthiques que cela entraine, nous permet de comprendre l'essence et le sens de l'hospitalité africaine. Elle nous permet de comprendre aussi pourquoi, l'esclavage, contrairement à ce que certains ont pu dire, n'était pas une réalité fondamentale de la société Batu.[42]Ailleurs en Afrique, chez les peuples dits Bamiléké de l'Ouest-Cameroun, M. Kwayeb fait mention des esclaves, pour la plupart des prisonniers de guerre. Mais l'auteur précise que ceux-ci devenaient des serviteurs du chef ou des grands notables. Ces serviteurs menaient leur vie dans l'enceinte de la chefferie ou étaient autorisés à s'installer dans le village en tant que citoyens du village à part entière.[43] Bernadette Menu soutient que,

> La question de l'esclavage dans l'Égypte pharaonique doit être entièrement revue à la lumière de sources élargies : d'une part, l'analyse du discours et de l'iconographie royaux officiels nous permet de mieux appréhender le sort des captifs de guerre ; d'autre part, la réinsertion, dans leur contexte d'archives, de documents juridiques présentés jusqu'à maintenant comme des ventes d'esclaves ou des ventes de soi-même comme esclave, nous autorise à interpréter ces conventions comme des transactions sur le travail salarié. Il résulte de cet examen que les dépendants (hemou, bakou) sont des hommes libres, intégrés dans les rouages politico-économiques de l'État, jouissant d'une mobilité à la fois géographique et statutaire, et disposant des mêmes droits et des mêmes devoirs que l'ensemble de la population[44].

Malheureusement, avec les « rencontres déformantes », cette réalité allait progressivement changer. Le captif de guerre, au lieu d'être intégré et respecté dans sa nouvelle société sera vu comme un paria et servira même comme instrument pour plus d'avoirs. Il s'agit là d'une réalité complètement étrangère à la théonomie africaine, fondement de l'agir de l'Africain, non seulement dans le domaine social, mais aussi dans le domaine politique.

---

[41] *Ibid.*

[42] Voir Desroches Noblecourt, *Ramsès II, la véritable histoire*, Paris, Eds.Pymalion,1996, pp. 250-251. Posener, « esclavage », *Dictionnaire*, p. 107 ; Massonsa Wa Massonsa, *op. cit.*, pp. 111-114.

[43] Cité par J. J. Chendjou Kouatcho Nganso, *Les Bamiléké de l'ouest-Cameroun, pouvoirs, économie et société 1850-1916. La situation avant et après l'accentuation des influences européenne*, Thèse de doctorat 3eme cycle en sciences humaines, spécialité Histoire, Université de Paris I, Juin 1986, p. 79.

[44] fr.wikipedia.org/wiki/servitude_dans_l'Égypte_antique, consultée le 1/04/2014 ; www.immortelleegypte.com/article.Php?In=fr&pg=1200, consultée le 27/03/2014.

B. Sur le plan politique

Dans l'Afrique noire avant les « rencontres déformantes », la politique n'a véritablement de sens que si et seulement si elle est l'expression de la vision du monde égypto-africaine, ce que le révérend père Engelbert Mveng a qualifié de théonomie. Cette politique, ou encore cette manière de faire la politique en l'inscrivant dans le projet de Dieu a été un facteur important dans l'intégration et le développement des groupes sociaux africains de cette période.

Dans l'ancienne Égypte, la réalisation de ce projet incombe d'abord au pharaon, le Per aa, fils de Dieu, Dieu lui-même et acteur principal de la réalisation de la maât. Ailleurs en Afrique, il incombe au roi, diversement nommé. Réaliser la maât, dans le domaine politique, c'est gérer les groupes sociaux en respectant leurs diversités réelles ou supposées de façon à maintenir la paix, l'harmonie, la solidarité, l'ordre, la justice, etc.

Ces règles maatiques, à quelques exceptions près, nous pouvons le dire, ont été à la base de l'agir de la plupart des dirigeants dans l'Afrique noire précoloniale. Leur respect et leur application ont permis de faire de l'étranger, du nouveau venu, des vaincus d'hier, des partenaires dans la continuation de l'œuvre divine. À titre d'exemple, dans l'ancienne Égypte, le processus ayant conduit à la naissance de l'État égyptien, tel qu'il apparait au tout début de l'ère pharaonique a été souvent long et douloureux. On est ainsi passé de la phase des clans à celles des nomes, de la phase des nomes à celle de deux royaumes : le royaume du Sud, *tashema* et le royaume du Nord, *ta mehou* ; après cette étape des deux royaumes, on est passé à celle de l'Empire égyptien ou Égypte unifié. Mais chose curieuse durant toutes ces étapes, et malgré la victoire d'une entité politique sur l'autre, il n'aura jamais été question au niveau religieux, par exemple, de l'éradication des dieux, des cultes ou des us et coutumes des vaincus. Malgré l'érection du Dieu des vainqueurs en Dieu principal, les autres dieux continuaient à être vénérés et adorés. Des syncrétismes ou associations sont même opérés entre certains dieux. Ces dieux vaincus, « *de temps immémorial on les a proclamés suprêmes sur leurs propres domaines. Ils restent des légitimes possesseurs du sol* »[45].

Marie-Ange Bonhême et Annie Forgeau allant dans le même sens que Desroches Noblecourt, notent que « *les pratiques religieuses propres à chaque nome sont restées suffisamment vivaces pour être notées par les Auteurs grecs, à propos notamment du culte animalier* »[46]. Nos deux auteures ajoutent que les gestes du roi prennent en compte cette diversité. Il démultiplie ses images aux côtés des divinités locales, veille à la construction ou à l'entretien de leurs temples, organise leurs clergés. Il les convoque à son jubilé. Selon Hérodote, le roi est tenu au respect des privilèges provinciaux en recrutant les soldats de sa garde selon une stricte répartition régionale des postes. [47]

---

[45] Ch. Desroches Noblecourt, op. cit., p. 146.
[46] Bonhême et Forgeau, *Pharaon*, p. 225.
[47] *Ibid.*

Cette réalité, nous la rencontrons chez les peuples dits Bamiléké de l'époque précoloniale. Ici, nous dit Ghomsi, il s'agit des entités politiques et non ethniques. Ces entités politiques connues sous le nom de chefferies, peuvent renfermer plusieurs populations diverses, rassemblées au gré des conquêtes. Souvent une même population peut avoir constitué plusieurs chefferies différentes.[48]Ces chefferies sont le résultat d'un grand brassage de populations constituées par un fond très ancien, attesté par des découvertes archéologiques et un fond moins ancien constitué par les populations rencontrées sur le plateau par les Ndobo, ainsi que les Mbo, les Bassa et Banenqui peuplent les bordures sud-ouest et sud-est du plateau, par un fond récent constitué par les Ndobo, fondateurs des chefferies.[49]

Par ailleurs, dans ces chefferies, un jeu d'équilibre permet à tout nouveau venu, à toute entité politique dominée ou protégée (l'exemple des sous-chefferies) par une plus puissante, de vivre en harmonie et en paix avec les autres. Dans le cas de sous-chefferies, « *elles gardent totalement leur indépendance religieuse et culturelle. Elles gardent les insignes royaux et bénéficient d'un ensemble de prérogatives en droits et pouvoirs. Elles ont leurs jours fériés, leurs interdits spécifiques…* »[50]. À l'intérieur de ces entités politiques, les associations de clan d'âge, permettent à tous, anciens comme nouveaux venus, de s'exprimer selon les critères objectifs.[51]

Ce que nous venons de dire à propos des anciens Égyptiens et des Bamiléké de l'Ouest-Cameroun, confirme les propos de Dika-Akwa Nya Bonambela au sujet de l'intégration dans l'Afrique noire précoloniale. Pour cet auteur, « *l'intégration réussie ne fait jamais table rase des entités politiques assujetties* »[52]

Certains ont voulu expliquer cette attitude des Africains de la période précoloniale par des raisons d'ordre politique, géographique, et autres. Si celles-ci peuvent être valables pour des régions et des contextes particuliers, on ne saurait les généraliser à tous les groupes sociaux africains avant les « rencontres déformantes ». Il s'agit là, nous le pensons, d'une manifestation du continuum culturel qui s'est maintenu au-delà des espaces et du temps entre l'ancienne Égypte et les peuples africains vivant au sud du Sahara pendant la période précoloniale. L'esprit du partage, la solidarité, le don et le contre-don, la paix, l'équilibre, l'harmonie au sein de la communauté, l'hospitalité, sont encore les

---

[48] E. Ghomsi, *Les Bamiléké du Cameroun, essai d'étude historique des origines à 1920*, Thèse de Doctorat 3e cycle en Histoire, Paris-Sorbonne, 1972, p. 58.

[49] *Ibid.*

[50] Z. Saha, cité par F. Rotan Tonkeu Choula, *Chefferie Bandjoun et sous chefferies de 3eme degré Famla II ; Vassalité et problèmes de succession, des origines à 2010*, Mémoire de DIPES II, Ecole Normale Supérieure, Université de Yaoundé, 2013, p. 37.

[51] R. Delarozière « Les institutions politiques et sociales des populations dites Bamiléké » *Etudes camerounaises*, Dakar, mars-juin 1949, pp. 20-68.

[52] Dika-Akwa NyaBonambela, *Le problèmes de l'anthropologie et de l'histoire africaine, Yaoundé, CLE, 1982*, p. 276.

principes vécus aujourd'hui en Afrique, dans les régions faiblement atteintes par le virus de la mission civilisatrice de l'homme blanc.

Ces quelques exemples puisés chez ces peuples de l'Afrique noire précoloniale, nous permettent de comprendre que gouverner, c'était intégrer. Mais, intégrer pour quoi faire ? Telle est la question que l'on pourrait se poser. Certainement pour réaliser ensemble, et aussi pour protéger et accroître la vie. Car intégrer, c'est aussi être apte à satisfaire les devoirs de tous, anciens comme nouveaux arrivants.

C. Le plan économique

Dans l'Afrique noire précoloniale, on peut dire sur la base des faits prouvés et avérés, que l'économie tout comme le politique et le social est sous-tendue par la vision du monde égypto-africaine.[53] L'acte économique dans ce domaine n'échappe pas au principe maatique, à savoir la justice- vérité, la paix, l'équilibre, l'harmonie, la solidarité, l'ordre ; et cet acte économique, loin de viser la satisfaction de l'individu a pour finalité le bien commun tout en prenant en considération le fait que la personne est une créature de Dieu. L'application de ces principes éthiques n'a pas manqué de favoriser et de renforcer l'intégration et le développement des groupes sociaux africains de cette période.

Dans les pages qui précèdent, nous avons évoqué en filigrane, des modalités ou encore des circonstances qui ont amené de nombreux Africains de la période précoloniale à se retrouver soit sur un même espace territorial, soit sous une même entité politique, ensemble. Il s'est agi des facteurs tels que la guerre, des migrations, déplacements volontaires ou involontaires, dus à des facteurs répulsifs ou attractifs, le désir de se mettre sous la protection d'un plus grand, des unions matrimoniales etc. Il nous a été aussi donné de constater que dans les domaines politiques et sociaux, tout était fait pour préserver l'ordre, et éloigner le désordre, autrement dit pour faire régner la paix, la justice, la vérité l'harmonie, etc. L'application de ces principes nous a semblé importante pour favoriser l'intégration et assurer le bien-être des Africains de cette période.

Mais les mesures politiques et sociales n'auraient pas suffi à maintenir la cohésion et l'unité dans la diversité si l'équilibre, la paix, l'ordre de production des biens et services, une meilleure répartition de ces biens afin que ces groupes humains puissent être à mesure de satisfaire leurs besoins fondamentaux. Dans l'Égypte pharaonique, le roi n'a pas seulement pour fonctions d'accomplir les rites, de bâtir les temples ou les pyramides, de combattre pour éloigner Isefet et confirmer sa stature de souverain de « *neuf arcs* »[54]. Il est « la provende de l'Égypte », autrement dit, il a aussi une fonction nourricière.[55] Ramsès II (vers 1290-1224) peut ainsi affirmer, « *je suis [...] celui qui permet aux jeunes générations de croître en leur permettant de vivre. Les aliments vous inonderont et il*

[53] Massonsa Wa Massonsa, op. cit., p. 83.

[54] Bonhême et Forgeau, *Pharaon, Les secrets du pouvoir*, Paris, Armand Colin, 1988, p. 231. p. 231.

[55] *Ibid.*, p. 158.

n'y aura plus de désir d'augmenter la nourriture autour de vous ».[56]. Quant à Séthi Ier (vers 1304-1290), il est « *celui qui remplit les magasins, élargit les greniers, donne des biens à celui qui en est dépourvu* ».[57].

Ces déclarations de Séthi Ier et de Ramsès II sont la preuve que pour les Africains avant les « rencontres déformantes », l'économie se devait d'être au service du bien-être de la communauté, de tous les éléments du groupe social, à condition qu'elle soit l'expression des règles de la Maât.

Cette vision qu'avaient les anciens Égyptiens, nous la retrouvons chez d'autres peuples de l'Afrique au sud du Sahara, à l'exemple des Béti et des Bamiléké de l'Ouest-Cameroun. Chez ces derniers le Fo (roi) ne pouvait sans raison coutumièrement valable, manquer à l'impartialité dans l'attribution des terres à ceux qui remplissait les conditions requises. Il fallait être natif du village. Toutefois, comme dans l'ancienne Égypte ou les étrangers pouvaient recevoir des terres du pharaon,[58] chez les Bamiléké, un immigré ou un refugié politique pouvait avoir « un terrain si, après un délai d'épreuve et compte tenu de son passé, il est acquis à la cause du villageet est en quelque sorte naturalisé »[59]

Mais si ces terrains sont distribués, c'est bien dans le but de les mettre en valeur. Car la fonction nourricière du roi ne peutêtre une réalité que si et seulement si ses sujets produisent plus. Il lui revient donc de créer des conditions favorables pour que les greniers puissent être remplis. Massonsa Wa Massonsa n'a pas tord lorsqu'il affirme que :

> Dans la conception endocentrique de l'économie, il y'a la paix lorsqu'il y a constitution des greniers, c'est-à-dire, lorsqu'il y a de la nourriture pour toutes les bouches, mais la production de cette nourriture et la constitution des greniers requièrent la solidarité entre tous ceux qui exercent une activité donnée.[60]

CONCLUSION

Au terme de notre analyse, il apparaît que bien avant les « rencontres déformantes », les entités politiques africaines possédaient des identités particulières. Celles-ci se sont manifestées très tôt à partir du moment où à cause des facteurs divers, les peuples africains ont commencé à migrer de leur berceau de naissance vers l'Égypte et de l'Égypte vers les autres régions d'Afrique.

Toutefois et malgré ces déplacements qui se sont étalés sur une longue période, ces peuples africains ont plus ou moins bien conservé des aspects et éléments de leur culture commune, à tel point qu'il ne serait pas faux de parler des invariants culturels. Au nombre de ceux-ci, nous avons cité la vision égyp-

---

[56] *Ibid.*, p. 184.
[57] *Ibid.*
[58] *Ibid.* p. 174.
[59] V. J. C. Kanga, Le *droit coutumier Bamiléké au contact des droits européens*, Yaoundé, Imprimerie du gouvernement, p. 104.
[60] Massousa Wa Massousa, « *Le maatisme* », p. 104.

to-africaine du monde. Partout, elle fait de l'homme un microcosme au sein d'un macrocosme. En plus, elle fait de celui-ci, le continuateur du projet de dieu sur terre. Etre cosmique, l'Africain sait que sa vie et sa survie ne sont possibles que si et seulement si il pratique, respecte et perpétue l'ordre, l'équilibre, l'harmonie, la paix, la justice, la vérité, la solidarité, etc.

Ces règles éthiques, ressorts de l'agir de l'Africain dans tous les domaines de sa vie, a servi de soubassement, de socle à l'intégration des identités particulières et au développement dans l'Afrique noire précoloniale. Car comme il nous a été donné de le constater, partout où il y a eu rencontre des individus, des groupes d'hommes d'origines diverses, il n'a jamais été question d'un désir d'uniformisation. Cette réalité nous amène à donner raison à ceux qui pensent comme Cheikh Anta Diop, que la diversité culturelle africaine de la période précoloniale, et même d'aujourd'hui n'est que de surface. Kotto Essome a donc vu juste lorsqu'il affirmait que « *l'intégration en Afrique précoloniale ne se faisait pas sur des bases ethniques. Elle était l'œuvre des États et de leurs dirigeants, capables d'assurer la cohésion des différents peuples et de leur offrir les conditions les meilleures pour une vie ensemble, une bataille pour les objectifs communs* ».[61]

Autrement dit, dans l'Afrique noire précoloniale, la volonté de vivre ensemble pour être plus fort et relever les défis ensemble n'accordait aucun crédit aux notions d'allogènes et d'autochtones. Pouvait-il en être autrement si nous gardons à l'esprit que tout dirigeant, tout roi à l'image du pharaon de l'ancienne Égypte se voyait non pas seulement comme le souverain de son entité politique, mais comme le « *régent des Neuf arcs* ».[62] Certaines personnes seront tentées de dire et pourquoi les guerres ? Nous l'avons dit, dans la vision théonomique ou maatique du monde, la guerre est un moyen pour maintenir la paix et l'harmonie aussi bien à l'intérieur qu'à l'extérieur des entités politiques, lesquelles sont appelées à s'agrandir pour accueillir et intégrer plus de personnes, sources d'une véritable puissance. Dans cette optique, nous pouvons dire que l'Occident chrétien et dans une moindre mesure le monde arabo-musulman, ont fait plus de mal à l'Afrique qu'ils ne l'ont aidée. Il revient donc aux Africains de se ressourcer, autrement de renouer avec leur théonomie pour renaître. Il s'agit là, nous le pensons, d'une condition indispensable pour réussir leur intégration et leur développement véritable.

---

[61] Kotto Essome, « L'Afrique et le concept des frontières », *Nomade,* n° 4, Paris, l'Harmattan, 1993, p. 159.

[62] Pour Bonhême et Forgeau, les Neuf arcs résument et englobent la diversité du monde terrestre. Au temple d'Edfou, ils prennent la forme de neuf génies androgynes apportant leurs offrandes au roi., *op. cit.,* p. 231.

BIBLIOGRAPHIE

Ouvrages

Bilolo Mubabinge, *La cosmo-théologie philosophique de Memphis et d'Akhetaton (HT-K3-PTH et 3HT.JTN), approche philosophique du « document philosophique de Memphis et du grand hymne à JTN » d'3h-n jtn(Achanjati ou Echnaton*, publications africaines / African University studies_ kinshasa, Munich, 1986.

G. Biyogo, *Dictionnaire comparé Égyptien/ Fang- Beti. De la coappartenance Kémit-Ekang : l'Égypte et l'Afrique en quête d'éternité,* Paris, Imhotep, *2012.*

M.A. Bonhême, et A. Forgeau, *Pharaon. Les secrets du pouvoir*, Paris, Armand colin, 1988.

De Lubicz, Schwaller, *Le roi de la théocratie pharaonique*, Paris, Flammarion, 1982.

Ch. Desroches Noblecourt, *Ramsès II, la véritable histoire*, Paris, Eds. Pygmalion, 1986.

Dika Akwa NyaBonambela, Prince, *Les problèmes de l'anthropologie et de l'histoire africaine*, Yaoundé, CLE, 1982.

C.A. Diop, *Civilisation ou barbarie : anthropologie sans complaisance*, Paris, Présence Africaine, 1981.

C.A. Diop, *Nations nègres et culture,*Tome 1, 3eme édition, Paris, Présence Africaine, 1979.

V.E Kengele, *Critique sociale et développement*, discours 1, Paris, La Pensée universelle, 1989.

A. Erman et H.Ranke, *La civilisation égyptienne*, Paris, Payot, 1976.

I. B. Kake, *Combats pour l'histoire africaine*, Paris, Présence Africaine, 1972.

F. Kange Ewane, *Semence et moisson coloniales : un regard d'Africain sur l'histoire de la colonisation,* Yaoundé, Eds. CLE, 1985.

G. Mokhtar, dir.,*Histoire générale de l'Afrique, Vol. II., l'Afrique ancienne,* Paris, l'Harmattan, 1985.

Th. Obenga, *La Philosophie africaine de la période pharaonique 2780-330 avant notre ère*, Paris, l'Harmattan, 1990.

A. Stamm, *Les religions africaines,* Que sais-je ? Paris, PUF., 1995.

D. Valbelle, *Histoire de l'État pharaonique*, Paris, PUF., 1998.

R. Willis, dir.,*Mythologies du monde entier*, Paris, Larousse, 2002.

D. Zahan, *Religion, spiritualité et pensée africaine*, Paris, Payot, 1970.

Articles

R. Delarozière, « Les institutions politiques et sociales des populations dites Bamiléké »,in *Etudes Camerounaises*, Dakar, Mars- Juin, 1949, pp. 128-173.

Ch. Desroches Noblecourt, « La religion égyptienne » Histoire générale des religions, *Les primitifs, l'ancien Orient,* Paris, Librairie AristiqueQuillet, 1960, pp. 146-269.

Doumbi Fakoly, « Quel Dieu pour l'Afrique », *Nomade*, n°4, Paris, 1993, pp. 46-57

J.V. Ducatillon,« Théologie de la colonisation », *Revue de l'action populaire*, n°90, Juillet-Août 1955, pp. 769-785.

F. Kange Ewane, « Religions africaines et écologie », Kä Mana et Kenmogne J. B. dir. *Ethique écologique et reconstitution de l'Afrique*, Actes du colloque International organisé par le CIPCRE, Bafoussam, CIPCRE, 1987, pp.119-128.

F. Kange Ewane, « La dynamique de l'identité culturelle au Cameroun, un regard d'historien », Ministère de l'information et de la Culture, Direction des affaires culturelles, *l'identité culturelle Camerounaise*, Actes du colloque de la dixième semaine culturelle nationale, Yaoundé, 1985, pp. 73-81.

Kotto Essomé, « L'Afrique et le concept des frontières », *Nomade*, n°4, Paris, l'Harmattan, 1993, pp. 156-161.

C.A. Diop, « L'Égypte pharaonique et le continuum historique africain ». Table ronde à radio Cameroun, 12 Janvier 1986.

Dika Akwa NyaBonambelle, dir., *Hommage du Cameroun au professeur Cheikh Anta Diop*, Panafrica, 2006, pp. 45-80.

S. Latouche, « Contribution à l'histoire du concept de développement », C. Coquery- Vidrovitch, D. Hemery, J. Piel, (eds), *Pour une histoire du développement. États, sociétés, développement*, Paris, l'Harmattan, 1988, pp. 41-60.

Mala- Makani Khumbi, « La notion de Dieu dans la culture fondamentale africaine », *Nomade*, n°1, Paris, l'Harmattan, 1993, pp. 45-82.

Massonsa Wa Massonsa, « Le Maatisme, Conception endocentrique de l'Economie », *Nomade,* n°1, Paris, 1993, pp. 83-154.

G. Posener, « L'esclavage », G. Posener, dir., *Dictionnaire de la civilisation égyptienne,* Paris, Fernand Hazan,1970.

S. Sauneron, « Maât », Posener, Georges, dir., *Dictionnaire de la civilisation égyptienne*, Paris, Fernand Hazan, 1970.

Thèses, Mémoires et Sources numériques

J.J. Chendjou kouatcho Nganso, *Les Bamiléké de l'Ouest-Cameroun ; Pouvoir, économie et société ; 1850-1911*, Thèse de Doctorat 3eme cycle en Sciences Humaines, spécialité Histoire, Paris 1, Juin 1986.

E. Ghomsi, *Les Bamiléké du Cameroun (essai d'étude historique des origines à 1920)*, Thèse de Doctorat de 3eme cycle, Paris- Sorbonne, 1972.

A. Tague Kakeu, *Le sous-développement dans l'Afrique indépendante au regard du Développement dans l'ancienne Égypte et le pays Bamiléké de la période précoloniale*, Thèse de Doctorat/ Ph. D, Université de Yaoundé I, novembre 2007.

A. Tague Kakeu, *Aux sources du sous-développement africain : colonisation et « conscience » historique*, Mémoire de Maîtrise, Université de Yaoundé I, 1996.

F.R. Tonkeu Choula, *Chefferie Bandjoun et sous-chefferie de 3eme degré Famla II : vassalité et problèmes de succession, des origines à 2010*, Mémoire de DIPES II, Ecole Normale Supérieure, Université de Yaoundé.

« Définition de l'intégration », http ;//www.org (dictionnaire intégration. Htm, consultée le 11/02/2014.

fr.wikipedia.org/wiki/servitude_dans_l'Égypte_antique, consultée le 1/04/2014.

www.immortelleegypte.com/article.Php?Ing=fr&pg=1200 consultée le 27/03/2014.

LES PYGMÉES DU GABON : QUELLE CONTRIBUTION AU DÉVELOPPEMENT ÉCONOMIQUE ET SOCIAL DU PAYS ? (1960-2014)

Rufin Didzambou
Ecole Normale Supérieure/Gabon

RÉSUMÉ

Les Pygmées du Gabon sont souvent présentés sous l'angle des stéréotypes ou de la stigmatisation. Pourtant, ces « peuples premiers », par les échanges économiques et les « miracles » de leur pharmacopée, contribuent au développement économique et social du pays.

Cette communication dont les bornes couvrent un peu plus de trente ans, 1960-2014, vise donc à montrer qu'en dépit de l'image négative qui continue à leur coller à la peau, ils jouent un rôle de première importance dans la vie économique et sociale du pays.

MOTS CLÉS

Pygmées, Ethnie, Nation, Développement socioéconomique.

INTRODUCTION

« *Torturés, battus, brutalisés, mangés-cuits, marinés ou faisandés (leur chair étant réputée plus salée)-escroqués, méprisés, spoliés, oubliés (de tous), asservis, discriminés, exploités, chassés, violés, enterrés (vivants), ou rongés par les maladies, les Pygmées, un des peuples les plus opprimés de notre grande planète, ce peuple de petits hommes de nature si pacifique, joyeuse et craintive qui vit depuis plusieurs milliers d'années dans la forêt profonde africaine, qui ne semble pas vouloir nous ressembler, et qui habite toute une petite part de l'imaginaire de chacun d'entre nous, existe encore, envers et contre tous (...)* » (http://unmondepygmee.com/).Telle est l'image récurrente[1] qui nous est présen-

[1] On ne compte plus le nombre de publications faisant allusion à la stigmatisation de ces peuples. On peut citer parmi les plus récentes : S. Abéga, P. Bigombe Logo, *La*

tée des Pygmées, « peuples autochtones » d'Afrique, disséminés à travers plusieurs États : Ouganda, Burundi, Rwanda, République démocratique du Congo, Congo, Cameroun, République centrafricaine et Gabon.

Cependant, la présente réflexion tente de rompre avec le paradigme pessimiste auquel on nous a habitués s'agissant d'eux. Elle s'inscrit dans une logique plus dynamique de leur apport, modeste soit-il, sur les plans économique et social. En effet, en dépit du « rejet » dont ils font l'objet, les Pygmées ont des atouts et contribuent d'une manière ou d'une autre au développement des contrées et des États dans lesquels ils vivent. C'est le cas du Gabon où ces « peuples premiers », dont la forêt équatoriale demeure le milieu de vie et la source de subsistance perpétuent, sur le plan économique, des pratiques originales, tout en préservant l'écosystème, alors que sur le plan social, leur pharmacopée, par exemple, continue d'opérer des « miracles ». Par les échanges commerciaux, en participant au ravitaillement des autres peuples du Gabon dont les Bantu, en produits « exquis » et « rares », mais surtout en contribuant au bien être sanitaire des populations, les Pygmées sont susceptibles de constituer un facteur de développement du pays.

Par ailleurs, si quelques études sont faites sur la contribution socioéconomique des *Fang*, des *Nzèbi* ou des *Obamba* au développement de leurs localités ou du pays, il nous paraît tout aussi judicieux de s'interroger sur celle des Pygmées[2]. Car le développement d'un pays repose sur la participation active et effective de toutes les communautés culturelles. La période choisie est celle de 1960 à 2014, c'est-à-dire, de l'accession du Gabon à la souveraineté internationale à nos jours. À partir d'une documentation variée, privilégiant les sources notamment orales[3], l'étude, en deux parties, expose respectivement l'apport économique et le rôle social des Pygmées dans le développement du pays.

---

marginalisation des pygmées d'Afrique centrale, Paris, AFREDIT, 2007, 275 p. ; Kalumvuezoko Ngimbi, *Le pygmée congolais exposé dans un zoo américain*, Paris, l'Harmattan, 2011, 136 p. ; Tagne Foko, *Pygmées en voie de disparition : planète en danger*, Paris, Éditions de l'onde, 2013, 91 p.

[2] Aussi, l'emploi du terme « Pygmée » dans cette étude n'a pas pour objectif de ressusciter la polémique au sens où l'entend par exemple L. Ondambo-Adone, préférant qu'on lui substitue celui d' « Autochtone » : « *(...) le terme pygmée porte en lui-même les germes de notre déshumanisation, c'est tout simplement parce qu'il n'est pas de nous. Et depuis qu'il nous a été jeté comme une pierre, ce mot a revêtu des connotations diverses et insultantes (...). Premièrement, il est temps d'initier un label autochtone (...)* », « Les droits des peuples autochtones depuis l'indépendance du Gabon », *Premier congrès des peuples autochtones francophones*, Agadir, 2-6 novembre 2006, pp. 2-5. Cependant, le terme « Pygmée » semble plus indiqué afin d'éviter les anachronismes.

[3] Afin d'être mieux au fait des réalités, nous avons effectué deux missions d'enquête sur le terrain : au nord du Gabon chez les *Baka* de Minvoul et à Matsamatsengué au sud du pays chez les *Babongo*.

I. APPORT ÉCONOMIQUE

Les Pygmées sont les seuls, parmi les peuples du Gabon, dont la forêt constitue exclusivement l'espace vital. Ainsi, ils ont développé sur le plan économique des pratiques originales dont tirent encore profit de nombreuses communautés voisines. Ils sont aussi l'unique communauté qui allie exploitation des ressources naturelles, préservation de l'écosystème et développement durable.

A. Perpétuation des pratiques économiques originales

De la période précoloniale à nos jours, en passant par celle de l'exploration et de la colonisation du territoire, en effet, les Pygmées se sont progressivement imposés comme des partenaires commerciaux incontournables, en devenant les pourvoyeurs exclusifs des autres communautés, notamment les Bantu, en produits rares.

Tableau I : Apport économique des Pygmées dans l'histoire

Période	Produits fournis	Bénéficiaire
Période précoloniale	Produits de chasse : viande d'éléphant, gibier.	Bantu
	Produits de pêche : poisson.	
	Produits de cueillette : miel, fruits exotiques, œufs de tortue, coquillages.	
Période coloniale	Produits de chasse, de pêche et de cueillette.	Bantu
	Ivoire.	Européens
	Main-d'œuvre.	
Période postcoloniale	Produits de chasse, de pêche et de cueillette.	Bantu
	Ivoire.	
	Produits agricoles.	

Source : Tableau réalisé à partir des sources diverses.

À l'époque du troc, ils fournissent aux Bantu des produits exquis et rares issus de la chasse (viande d'éléphant fraiche ou boucanée), de la pêche (poisson frais ou fumé), de la récolte (miel, fruits exotiques, œufs de tortue, coquillages) ou de l'artisanat. Pour mieux comprendre la spécificité de ce peuple, Ondambo-Adone, le « plus lettré de la communauté », nous en fait une description : *« Les Pygmées, derniers peuples à avoir quitté la forêt, ont la particularité d'être des chasseurs et des cueilleurs. La chasse est une activité pratiquée par les personnes de sexe masculin rompues à la tâche. Elle exige de l'agilité, de l'habilité et de l'intelligence. Pour acquérir ces qualités, le chasseur y est initié très tôt pour devenir un adulte précoce. Le port du filet, le maniement de la sagaie, la capacité de grimper sur l'arbre à miel (...) ne sont plus pour les jeunes Pygmées que de simples exercices. De son côté, la femme pratiquait la pêche, elle collectait des fruits, des coquilles et des œufs de tortues. Toutes choses qui exi-*

geaient également une attention particulière dans la forêt puis qu'elle courait les risques de morsures de serpent, de chute d'une branche d'arbre »[4].

S'agissant particulièrement de la pêche, cette autre activité économique majeure à côté de celle de la chasse, le procédé était le suivant : *« Les techniques de pêche obéissent à une typologie variable, à savoir la pêche à la nasse, à l'hameçon, à la corbeille et au vidage. Outre les types de pêche énoncés ci-dessus, la prise de poisson, dans la culture pygmée, se fait également par l'usage des plantes ichtyotoxiques, c'est-à-dire des plantes ou de feuilles de brousse très toxiques, écrasées et utilisées comme poison de pêche »*[5].

Comme on le perçoit, les Pygmées, du fait de leur connaissance de la forêt et de leur maîtrise avérée des techniques de chasse et de pêche, en sont devenus les fournisseurs exclusifs de certains produits rares aux autres communautés.

Lors des explorations et de la colonisation, ils s'interposent comme de redoutables courtiers, non seulement entre les communautés voisines, mais aussi entre ces dernières et les Européens. Alors que les communautés non Pygmées se contentent de la viande « exquise » d'éléphant, de cet animal, les Européens lui préfèrent plutôt l'ivoire. À cet effet, les Pygmées, du fait de leur parfaite maîtrise de la chasse à l'éléphant, deviennent, aux yeux des Européens, de précieux « collaborateurs » ou « partenaires » car ils sont les fournisseurs exclusifs d'un bien économique de premier plan à l'origine de la fortune de beaucoup d'entreprises coloniales. Par ailleurs, même si en raison de leur nomadisme ils n'ont pas été directement « victimes » du régime colonial, les Pygmées n'en ont pas été moins sollicités pour contribuer à l'œuvre de « mise en valeur » du territoire, notamment en fournissant la main-d'œuvre aux différentes exploitations comme les plantations de rente[6].

Aujourd'hui encore, notamment depuis l'accession du Gabon à la souveraineté internationale, ils continuent de jouer un rôle économique de premier plan. En plus des activités traditionnelles (fourniture des produits de chasse[7], de pêche et de récolte), les Pygmées s'interposent comme de « bons agriculteurs »[8] dont les Bantu veulent tirer profit en s'attachant définitivement leurs services, quitte à leur offrir, en échange, des « salaires de misère ». Mais ces derniers ne

---

[4] L. Ondambo-Adone, « Les droits des peuples autochtones depuis l'indépendance du Gabon », *Premier congrès des peuples autochtones francophones*, Agadir, 2-6 novembre 2006, p. 3.

[5] G.-M. Moussavou, *Rapports entre Babongo et Bantu du Gabon. Exemple des groupes de populations du Massif du Chaillu*, Mémoire de DEA, Anthropologie, UOB, 2004, p. 20.

[6] Gitpa, « Les Pygmées », http://www.gitpa.org/, page consultée le 21 avril 2014.

[7] Il faut désormais ajouter l'ivoire comme ce fut le cas des Européens pendant la période coloniale. Mais ce produit, ainsi que la viande d'éléphant, sont devenus rares de nos jours du fait de la protection dont bénéficie cette bête en voie de disparition à cause du braconnage.

[8] Peuple nomade, vivant à l'origine de chasse, de pêche et de cueillette, les Pygmées ont au fil du temps fini par dompter, au contact des Bantu, une activité qui n'était pas la leur au point de devenir à leurs yeux indispensables.

se laissent pas faire car ne tolérant aucune injustice. A titre d'exemple, un chasseur *Baka*, dans le Nord du Gabon, exigera qu'on lui restitue la somme de cent mille (100 000) F CFA convenue après avoir abattu deux éléphants, au lieu des vingt cinq mille (25 000) F CFA que souhaitait lui donner le propriétaire du fusil[9]. Sans doute les Pygmées souhaitent-ils faire entendre aux Bantu qu'ils ne sont pas un *« bien économique (...), la propriété d'une famille, d'un individu, voire d'un clan qui se passe pour leur maître »*[10]. Ils estiment, à juste titre, être rétribués convenablement, à hauteur des prestations fournies, à l'instar des autres communautés culturelles dont les grèves et les revendications sociales sont pourtant légion.

Tableau II : Valeur marchande des prestations fournies par les Pygmées aux Bantu en 2013

Prestation	**Quantité**	**Valeur estimative**
Travaux ménagers	1-3 personnes	150 000 à 450 000 F CFA
	1 famille de 5 à 7 personnes	600 000 F CFA
Activités de chasse	20 à 30 kg de viande d'éléphant	100 000 à 150 000 F CFA
Activités de pêche	5 à 10 kg de poisson	10 000 à 20 000 F CFA
Activités de cueillette	10 kg de miel, fruits exotiques, œufs de tortue, coquillages	50 000 F CFA
Activités agricoles	Abattage, mise en culture, entretien	100 000 F CFA
	Récolte et vente des produits (plantain, igname, taro, banane, tubercule...)	150 000 F CFA/mois

Source : Tableau réalisé à partir des sources diverses, dont les enquêtes orales.

En réalité, la valeur marchande des prestations fournies par les Pygmées est approximativement celle que présente le tableau ci-dessus, même si les Bantu, peu enclins à respecter les termes de l'échange, les rétribuent très en deçà, ainsi que nous l'avons signalé plus haut. De même, Victor Sombi indique : « *Il nous arrive d'aller travailler dans les plantations des familles bantu où il n'y a pas d'hommes pour l'abattage (...). Mais les Bantu ne nous payent pas en totalité (...) ; ils nous donnent du tabac, de l'alcool, du riz, des habits usés, parfois quelques billets ou pièces de monnaie (...). Ils revendent les produits que nous leur apportons deux ou trois fois plus cher que ce qu'ils nous donnent »*[11]. Une autre autochtone rapporte : *« Nos activités se limitent à l'agriculture, l'élevage,*

[9] Unesco, *Protection des ressources culturelles des Pygmées du Gabon et leur intégration dans le processus de développement*, Libreville, décembre 2003, p. 24.
[10] Unesco, *Protection des ressources culturelles des Pygmées du Gabon et leur intégration dans le processus de développement*, Libreville, décembre 2003, p. 23.
[11] V. Sombi, 40 ans environ, Pygmée résidant à Matsamatsengué, entretien du 02 février 2012 à Matsamatsengué.

aux tâches ménagères, à l'entretien des concessions, aux travaux dans les champs des Fang, à la chasse et à la pêche. Grâce à nos petits travaux, chaque père de famille a construit une case en matériaux locaux (toit en paille, mur en écorce d'arbre ou en planche) »[12]. Sans doute leur situation serait meilleure si les Bantu respectaient les clauses. Conformément à la réglementation en vigueur, le montant de cent cinquante mille (150 000) F CFA est le salaire minimum que devrait percevoir un employé pygmée pour les tâches ménagères, par exemple, la somme devant être multipliée par autant de travailleurs et pouvant donc atteindre six cent mille (600 000) F CFA, comme indiqué dans le tableau. Les pouvoirs publics devraient s'assurer du respect de cette réglementation ; ils devraient également veiller, à commencer par les chefs de regroupements et de villages, à « sécuriser » les agents économiques que sont les Pygmées, notamment en garantissant des échanges équitables entre ces derniers et les Bantu, afin de pérenniser la production dans la communauté.

B. Contribution au développement durable

À l'heure de la préservation de l'écosystème et du développement durable, les Pygmées peuvent être cités en « modèles ». Leur exploitation rationnelle de la forêt permet de la préserver. En effet, contrairement aux autres communautés non-Pygmées et étrangères et même aux pouvoirs publics qui pratiquent le braconnage et la déforestation intensive à des fins de commerce, les Pygmées n'en tirent strictement que les moyens de leur subsistance à travers la chasse, la pêche et la cueillette. A cet effet, ils ne sont pas une menace pour l'écosystème ; bien au contraire, ils contribuent à le préserver tout en participant activement au développement durable. Il ne peut en être autrement car la forêt a toujours constitué le milieu vital des Pygmées, qu'il fallait protéger à tout prix. Aujourd'hui encore, des conflits existent entre les pouvoirs publics et les Pygmées qui ne veulent pas se laisser exproprier au nom des intérêts économiques. Cette lutte participe également de la préservation de la nature.

En 2005, les Pygmées sont partie prenante dans le cadre d'un prêt de la banque mondiale au gouvernement gabonais destiné à soutenir la préservation du secteur forestier. De même, les organismes de préservation de la nature travaillent avec les leaders autochtones pour relever le défi de la création des 13 parcs nationaux du Gabon. Le Fonds Mondial pour la Nature (WWF) collabore avec les communautés *bakas* près du parc national de Minkébé afin de les aider à lutter contre le braconnage à grande échelle de l'éléphant. De même, la *Wildife Conservation Society* (WCS) met à profit les connaissances uniques de ces peuples en utilisant leurs services comme écoguides[13]. Outre leur apport économique, les Pygmées jouent également un rôle important sur le plan social.

---

[12] F. Mezene Me Maya, Pygmée résidant à Esseng (Minvoul), entretien du 11 septembre 2013 à Minvoul.

[13] J. Knight, « Esprits de la forêt », *Gabon*, 2008, p. 26.

II. RÔLE SOCIAL

Groupe social à part entière, les Pygmées constituent sur les plans ethnolinguistique et démographique, un atout non négligeable pour le pays ; ils pérennisent également les vertus comme le sens de la famille et de la solidarité. Mais c'est surtout leur pharmacopée, semble-t-il, qui fait leur réputation.

A. Une communauté culturelle à part entière

Communauté culturelle à part entière, les Pygmées sont l'une des composantes ethnolinguistique et démographique de la société gabonaise (cf. carte de localisation). En effet, les « premiers habitants » du Gabon, dont les premières traces d'occupation du territoire remonteraient à 400 000 ans[14], représentent un ensemble de groupes ethnolinguistiques comprenant les parlers suivants : *Akoula*, *Akowa*, *Baka*, *Bakoya*, *Babongo* et *Bakouyi*. Selon Peter Mejo Mve, les *Babongo*, subdivisés en six sous-groupes, sont disséminés entre le centre et le sud du pays (Ngounié, Ogooué Lolo, Haut-Ogooué), alors que les *Bakoya* sont localisés au nord-est (Ogooué Ivindo), les *Baka,* au nord (Woleu Ntem), les *Baghama* et les *Barimba*, au sud (Nyanga)[15]. Léonard Ondambo-Adone évoque d'autres groupes dont certains sont peut-être apparentés à ceux précédemment cités : les *Akoula* à l'ouest (Ogooué Maritime), les *Bakouyi* à l'est (Ogooué Lolo) et les *Bavarama* au sud (Nyanga)[16].

---

[14] N. Meteghe N'nah, *Histoire du Gabon : des origines à l'aube du XXIe siècle*, Paris, l''Harmattan, 2006, p. 21.

[15] P. Medjo Mve, *Introduction à la langue et à la culture des chasseurs-cueilleurs*, Rudiger koppe Verlag, Koln, 2011, p. 10.

[16] L. Ondambo-Adone, « Les droits des peuples autochtones depuis l'indépendance du Gabon », *Premier congrès des peuples autochtones francophones*, Agadir, 2-6 novembre 2006, p. 2.

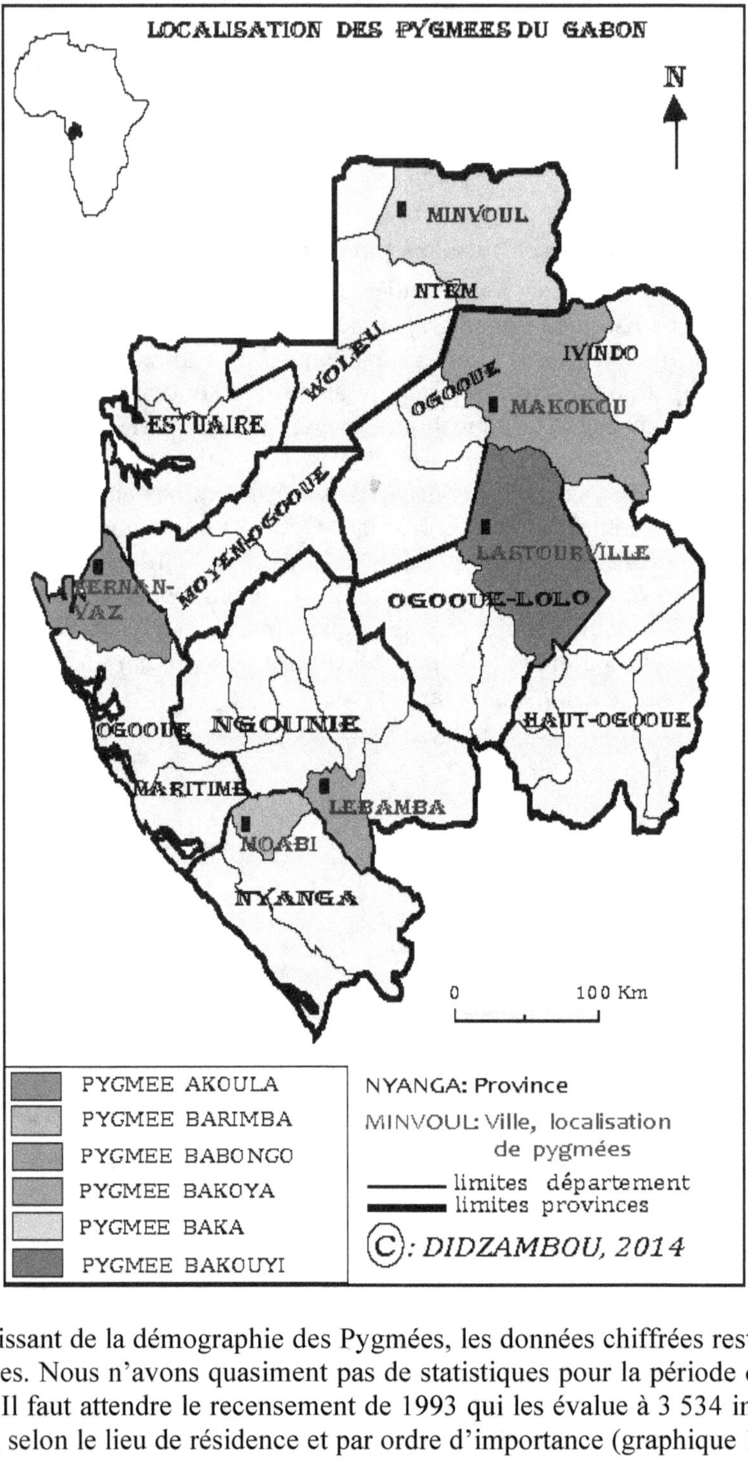

S'agissant de la démographie des Pygmées, les données chiffrées restent très lacunaires. Nous n'avons quasiment pas de statistiques pour la période de 1960 à 1990. Il faut attendre le recensement de 1993 qui les évalue à 3 534 individus répartis, selon le lieu de résidence et par ordre d'importance (graphique 1), de la manière suivante : Ogooué-Ivindo, 1 279 ; Ngounié, 1 094 ; Haut-Ogooué, 469 ; Ogooué-Lolo, 412 ; Woleu-Ntem, 162 ; Nyanga, 77 ; Estuaire, 38 ; Moyen-

Ogooué, 1 ; Ogooué-Maritime, 1[17]. Ces données disent prendre en compte *« tous les sites habités sur le territoire national »* préalablement identifiés et cartographiés, à savoir les zones urbaines, les zones rurales, les villages, les campements et les chantiers forestiers. Cependant, d'autres sites du pays, pour des raisons diverses dont l'absence de cartographie, ne sont pas pris en compte par les agents recenseurs[18]. Parmi ces sites « oubliés », figurent sans doute les « résidences naturelles » des Pygmées, notamment leurs campements forestiers. Par conséquent, ces données restent incomplètes et ne sont que des estimations.

Graphique 1 : Importance des Pygmées par province de résidence en 1993

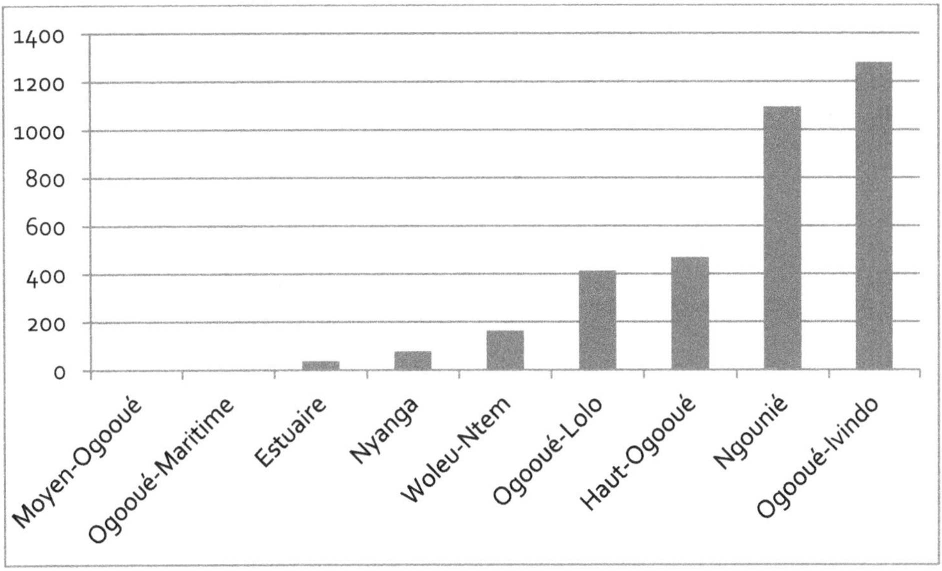

Source : Graphique réalisé à partir des données du recensement de 1993.

En 2003, selon une étude de l'UNESCO, les *Bakoya*, qui forment le groupe le plus important, sont estimés à 2 432 individus ; ils sont suivis respectivement des *Babongo* et des *Baka* avec 748 et 402 âmes. Les femmes sont plus nombreuses que les hommes (de l'ordre de 96 hommes pour 100 femmes). La structure d'âge fait apparaître une population majoritairement jeune (- de 18 ans : 52%, + de 18 ans : 48%)[19]. Ce qui est un atout non négligeable pour le pays dont l'avenir en termes de développement repose sur la jeunesse, même si

[17] Ministère de la planification et de l'aménagement du territoire, Bureau central du recensement, Recensement général de la population et de l'habitat, 1er-31 juillet 1993, p. 19.

[18] Ministère de la planification et de l'aménagement du territoire, Bureau central du recensement, Recensement général de la population et de l'habitat, 1er-31 juillet 1993, p. 89.

[19] Unesco, *Protection des ressources culturelles des Pygmées du Gabon et leur intégration dans le processus de développement*, Libreville, décembre 2003, p. 11.

globalement les Pygmées ne représentent que moins de 1% de la population totale. C'est ce qu'indique, à juste titre, Léonard Ondambo-Adone : « *Le Gabon une fois devenu indépendant devait avoir besoin des bras forts de tous ses fils pour pouvoir se développer. Les Pygmées logiquement sont donc concernés* »[20].

Selon Th. Kilo, le coordonnateur général de Promotion et valorisation des cultures en voie de disparition (PROCED), une organisation non gouvernementale (ONG) basée à Libreville, en 2005, la population totale des Pygmées se situerait entre 15.000 et 20.000 âmes.

Par ailleurs, les Pygmées ont un sens élevé de la famille et de la solidarité, deux vertus qui, autrefois, faisaient la spécificité et l'originalité des sociétés africaines en général et de la société gabonaise traditionnelle en particulier. La parenté repose sur une organisation clanique et lignagère et la filiation sur le principe de l'unilinéarité (patrilinéaire ou matrilinéaire) selon l'aire géographique. S'agissant de la structure familiale, les ménages pygmées (*baka*, *bakoya* et *babongo*), sous la direction exclusive des hommes, sont plus étendus car composés de dix membres en moyenne, contrairement à leurs voisins bantu (cinq personnes en moyenne)[21]. Autre facteur attestant de leur solidarité, le modèle architectural repose sur une double disposition de cases, en ligne droite ou de forme rectangulaire (*mubassi*, *ebatolo* ou *etsiko*, sans doute un emprunt aux Bantu) ou en forme circulaire (*etundi* ou *mitsaba*, architecture d'origine). Mais dans les deux formes de construction, la cour est commune et tient lieu d'espace de socialisation. Cette solidarité se manifeste également à travers d'autres activités comme « la chasse, la musique ou les gardes d'enfants »[22], mais aussi la danse, la pêche, la construction des cases. Accueillants, les Pygmées sont très amicaux et toujours heureux de recevoir des visiteurs[23].

Aujourd'hui, la « fracture sociale » au Gabon est bien réelle : les inégalités, la pauvreté, l'individualisme, l'indifférence, l'égoïsme… se sont accentués. Une situation qui semble même préoccuper les autorités au plus haut niveau, puisque le président de la République, Ali Bongo Ondimba, a décidé d'en faire son « combat » personnel. En effet, dans la recherche des solutions à y apporter, les pouvoirs publics ont organisé les 25 et 26 avril 2014, les « Assises sociales du Gabon » sur le thème suivant : « Pour un Gabon solidaire : changeons de mentalité ». L'objectif est de proposer un *« nouveau regard et un nouvel engagement pour permettre une dynamique collective de solidarité avec l'ensemble des Ga-*

---

[20] L. Odambo-Adone, « Les droits des peuples autochtones depuis l'indépendance du Gabon », in *Premier congrès des peuples autochtones francophones*, Agadir, 2-6 novembre 2006, p. 3.

[21] Unesco, *Protection des ressources culturelles des Pygmées du Gabon et leur intégration dans le processus de développement*, Libreville, décembre 2003, p. 13.

[22] Gitpa, « Les Pygmées », http://www.gitpa.org/, page consultée le 21 avril 2014.

[23] Nous avons pu l'expérimenter nous-mêmes, aussi bien à Matsamatsengué qu'à Esseng.

bonais (...). Pour un Gabon plus juste, plus solidaire, plus respectueux de chacun de ses filles et fils »[24].

Revenant sur le thème de ces assises, il ne s'agit pas de « changer de mentalité », mais de se réconcilier avec nos traditions qui, à l'image des Pygmées, prônaient déjà ces vertus. En effet, au moment où ces valeurs ont tendance à disparaître de nos jours au nom de la modernité, les Pygmées qui ont gardé intact l'essentiel de leurs us et coutumes, constituent une source d'inspiration pour les nouvelles générations. Un pays s'identifie également par rapport à ses traditions ; et ce sont encore elles qui permettront de l'identifier dans le « village planétaire ».

Les nombreuses associations de soutien aux peuples autochtones sur le plan international ou encore les actions menées localement par le Mouvement des minorités autochtones, indigènes et pygmées du Gabon (MINAPYGA), une ONG basée à Libreville fondée par Léonard Ondambo-Adone, attestent du rôle central que doivent jouer les Pygmées aux côtés des autres communautés culturelles du Gabon. Il appartient donc aux pouvoirs publics de les prendre en compte, sans discrimination aucune.

Un autre atout majeur, sans doute celui qui fait l'unanimité à propos du rôle social des Pygmées, c'est leur pharmacopée.

B. L'importance de la pharmacopée

Nombre de maladies endémiques et épidémiques déciment les populations. La pharmacopée est parfois un bon adjuvant à la médecine moderne. Il arrive même qu'elle devienne l'unique alternative, en l'occurrence la médecine traditionnelle pygmée. En effet, les peuples autochtones, du fait de leur rapport spécifique à la nature et à la forêt, ont appris à dompter les plantes médicinales, au point d'en maîtriser parfaitement l'usage. Aujourd'hui, la réputation des Pygmées en la matière n'est plus à démontrer. Les patients affluent de partout dans le pays, et parmi eux, des hautes personnalités et même des Occidentaux[25].

---

[24] F. S. Long, « Des assises sociales pour un Gabon solidaire », *L'Union*, n° 11513, mercredi 23 avril 2014, p. 7.

[25] M. Navarro, *Une occidentale initiée à l'Iboga chez les Pygmées. La racine doit rester secrète*, Paris, Editions Alphée-Jean-Paul Bertrand, 2007, 267 p.

Tableau III : Nomenclature de quelques maladies traitées par les Pygmées

Catégorie	Maladie	Plante médicinale
Maladies corporelles	Paludisme	*Nzio'o*
	Stérilité	*Moupossa*
	Anémie	*Padouk*
	Diabète	*Moutsonga*
	Estomac	*Boko Boumame*
	Dysenterie	*Bombongo*
Maladies psychiques	« Fusil nocturne »	*Takou*
	Maux de tête	*Bombongo*
	Bien être social	*Bongolou*
	Relation amoureuse	*Mayimbonabanga*
	Troubles psychiatriques	*Loko*

Source : Tableau réalisé à partir des enquêtes orales.

Deux catégories de maladies sont traitées par les Pygmées : les maladies corporelles et les maladies psychiques. Le tableau précédent nous en donne une illustration. Certains tradipraticiens ont accepté de lever partiellement le voile en nous livrant quelques « secrets » de leur pharmacopée restés jusque- là tabou[26].

S'agissant de quelques maladies corporelles, François Mengue, un autochtone *baka* de Minvoul dans le nord du Gabon, soigne le paludisme, première cause de mortalité dans le pays[27], à l'aide d'une écorce d'un arbre appelé *Nzio'o* qu'il fait bouillir au préalable avant de l'administrer par voie orale au patient. Généralement, le traitement et la guérison qui s'en suit n'excèdent pas une semaine[28]. A Matsamatsengué, dans le sud du pays, Dieudonné Massoghono, pour venir à bout de cette redoutable maladie, utilise plutôt les jeunes feuilles de papayer qu'il porte également à ébullition avant de les administrer au patient. Selon lui, quoique la mixture soit très amère, le traitement est très efficace[29].

La stérilité féminine est également une gangrène, alors que le pays a besoin de ressources humaines pour se développer. Chez les *Babongo*, la thérapie consiste en une mixture d'écorce, *Moupossa*, de sel indigène, *Itoumbou*, et d'huile

---

[26] Des écrits de plus en plus nombreux existent également sur la médecine traditionnelle pygmée. A titre d'illustration, on peut citer : R. Brisson, *Utilisation des plantes par les Pygmées Baka*, Paris, l'Harmattan, 2011, 290 p. ; de nombreux reportages et documentaires existent également : J.-C. Cheyssal, *La médecine traditionnelle gabonaise : cas des Baka de Minvoul*, octobre et décembre 1999.

[27] Selon les chiffres officiels du ministère de la santé, seulement 15% des cas de paludisme sont traités dans les unités de soins au Gabon, avec un taux d'hospitalisation proche de 70%, les 85% restants sont traités par les tradi-thérapeutes et les agents de santé communautaire.

[28] F. Mengue, 42 ans environ, guérisseur pygmée résidant à Esseng (Minvoul), entretien du 11 septembre 2013 à Minvoul.

[29] D. Massoghono, 40 ans environ, guérisseur pygmée résidant à Matsamatsengué, entretien du 02 février 2012 à Matsamatsengué.

de palme, *Moungouli*. Le tout est porté à ébullition. L'administration se fait par voie orale, mais ce médicament peut être aussi utilisé comme un puissant antibiotique contre le mal de bas ventre et les infections[30]. Les *Baka* utilisent les jeunes feuilles de parasolier, *Kombou*, qu'ils mélangent au concombre, *Ngondo*, et du sel. Le tout est cuit dans une marmite et la mixture peut accompagner des plats comme le manioc ou la banane. Le traitement serait très efficace pour les femmes n'ayant pas encore conçu et pour celles qui ont une stérilité secondaire[31].

Le diabète[32] est aussi une maladie qui fait des ravages parmi les populations. Voici ce que rapporte Dieudonné Massoghono : « *Je soigne le diabète avec les écorces de l'arbre Moutsonga. Je fais bouillir les écorces, laisse refroidir le liquide avant de le transvaser dans une bouteille. Le patient prend un verre matin, midi et soir. Je suis l'évolution de la maladie de très près jusqu'à ce que le malade retrouve la pleine forme* »[33].

Les maladies psychiques ou mentales sont également une réelle préoccupation. On ne compte plus le nombre de malades mentaux déambulant dans les artères des grands centres urbains du pays. L'unique hôpital psychiatrique du pays à Libreville semble débordé et les parents se tournent vers les Pygmées pour espérer trouver la guérison de leur malade. Cette fois, le traitement semble plus long et complexe, comme l'indique un patient : « *Je suis parti de si loin au Sud accompagné de mes parents pour espérer trouver guérison ici à Minvoul chez les Baka qui ont une bonne réputation en la matière. Je souffre périodiquement d'épilepsie. Dès notre arrivée, j'ai été tout de suite pris en charge. Le guérisseur a demandé mon identité, mes origines, ma filiation afin de confier la maladie aux esprits. Ensuite, je me suis confessé, comme dans une église, afin de me débarrasser entièrement de ma culpabilité et me ramener dans le droit chemin. Le guérisseur me fait pendant des semaines voire des mois, des bains de vapeur, des incantations et me fait ingurgiter des mixtures dont je ne peux vous livrer la composition. Je suis ici depuis six mois et je me sens mieux. Sans doute dans deux semaines au plus tard mes parents et moi serons de retour chez nous* »[34].

Les « lancé de sort » et « fusil nocturne » sont légion, notamment dans les villages. Ils sont délicats à traiter car exigent une « *grande patience et une grande concentration* » de la part du guérisseur. Il s'agit pour ce dernier « *d'extraire du corps du patient l'esprit perturbateur* » qui agit négativement sur l'individu. Voici comment il procède : « *J'utilise la plante bala, en langue*

[30] D. Massogohno, 40 ans environ, guérisseur pygmée résidant à Matsamatsengué, entretien du 02 février 2012 à Matsamatsengué.

[31] F. Mengue, 42 ans environ, guérisseur pygmée résidant à Esseng (Minvoul), entretien du 11 septembre 2013 à Minvoul.

[32] Selon les données officielles, le taux de prévalence est de 10% en 2011, soit le 4eme du continent.

[33] D. Massogohno, 40 ans environ, guérisseur pygmée résidant à Matsamatsengué, entretien du 02 février 2012 à Matsamatsengué.

[34] M. Bouka, 25 ans, patient, entretien du 11 septembre 2013 à Minvoul.

baka. J'écrase ses feuilles et les mélange à l'huile d'amande naturelle. Après, je frictionne ce mélange sur le corps du patient, et ce, pendant une semaine. Mais le premier jour du traitement, le patient est très agité, car il y a manifestation de l'esprit perturbateur. Ce traitement peut également être utilisé pour les malades souffrant de la folie »[35].

La plante *Bongolou*, chez les *Baka*, soigne également le « mauvais sort » : le guérisseur écrase les feuilles, les mélange avec de l'eau pour le lavement du patient pendant une semaine. Pour les « fusils nocturnes », le *Takou* est la plante utilisée. Mélangée au caolin, *Ngalet*, la mixture est appliquée sur les entailles ou scarifications préalablement faites sur les parties douloureuses du patient, avant de les recouvrir de bandages[36].

Les Pygmées sont également sollicités par de nombreuses personnes souhaitant acquérir le « bien-être social » ou accéder à des postes de responsabilité. À cet effet, le traitement est le suivant : « *Pour occuper un poste de responsabilité, c'est-à-dire prétendre à une promotion, je fais un traitement en associant deux plantes : colart et ganda. J'écrase les feuilles des deux plantes et les mélange avec de l'eau. Je recommande au patient de prendre un bain chaque matin et de verser une petite quantité dans un flacon qu'il gardera précieusement dans son bureau. Généralement, au bout de deux semaines le résultat est satisfaisant* »[37].

Parmi ces patients, figurent de nombreuses personnalités politiques qui viennent maintenir ou renforcer leur pouvoir. Jamais le ballet incessant de ces dernières de la ville vers les campements forestiers des Pygmées n'aura été si intense qu'à la veille de chaque échéance électorale, comme l'atteste ce guérisseur : « *Je reçois aussi de nombreux hommes politiques et même des membres de gouvernement. Ils me demandent tous de renforcer leur autorité afin d'être invincibles lors des campagnes électorales et de tout faire pour entrer ou être maintenus au gouvernement. Je leur prépare des potions qu'ils emportent avec eux. Mais beaucoup d'entre eux ne nous visitent que pendant les campagnes électorales* »[38].

Enfin, d'autres viennent à la recherche d'une relation amoureuse. Ainsi, pour se faire aimer d'une ou plusieurs femmes, le guérisseur « grave » ou fait des entailles sur un arbre appelé *Mayimbonabanga* chez les *Baka,* en invoquant le nom de la femme et le concerné répète au pied de cet arbre : « *Son cœur doit venir chez moi, son cœur doit m'aimer, son cœur doit m'appartenir (...)* »[39].

---

[35] G. Ondo Assoumou, 50 ans environ, guérisseur pygmée résidant à Esseng (Minvoul), entretien du 11 septembre 2013 à Minvoul.

[36] G. Ondo Assoumou, 50 ans environ, guérisseur pygmée résidant à Esseng (Minvoul), entretien du 11 septembre 2013 à Minvoul.

[37] R. Malonga, 40 ans environ, guérisseur pygmée résidant à Matsamatsengué, entretien du 02 février 2012 à Matsamatsengué.

[38] D. Massogohno, 40 ans environ, guérisseur pygmée résidant à Matsamatsengué, entretien du 02 février 2012 à Matsamatsengué.

[39] F. Mengue, 42 ans environ, guérisseur pygmée résidant à Esseng (Minvoul), entretien du 11 septembre 2013 à Minvoul.

La liste des maladies et des traitements n'est pas exhaustive, mais souvent, pour de nombreux patients désespérés, le recours à la médecine traditionnelle est la seule issue. En soutien ou en renfort à la médecine moderne, la pharmacopée pygmée contribue ainsi, de façon significative, à l'amélioration des soins de santé de la population. Dès lors que tout développement d'un pays repose avant tout sur un potentiel humain sain et en bonne santé, les Pygmées jouent à ce titre une partition importante.

CONCLUSION

Au terme de cette étude, nous pouvons attester que les Pygmées contribuent au développement économique et social du pays. En effet, depuis l'accession du Gabon à la souveraineté internationale en 1960, et même bien avant, les Pygmées se sont imposés comme de précieux partenaires commerciaux, fournissant aux communautés non-Pygmées des produits exquis et rares issus de la chasse (viande d'éléphant), de la pêche (poisson) et de la cueillette (fruits, œufs de tortue, miel) ; et plus tard, des produits agricoles.

Ils contribuent également à la préservation de l'écosystème et au développement durable, en exploitant rationnellement la forêt. Et du fait de leur parfaite connaissance du milieu forestier, ils sont sollicités par le gouvernement et les organismes de préservation de la nature qui les utilisent pour lutter contre le braconnage et comme écoguides.

Sur le plan social, les Pygmées sont une communauté culturelle à part entière parmi la cinquantaine que compte le Gabon ; ils constituent également un atout démographique non négligeable pour le développement du pays. Enfin, grâce à leur pharmacopée, ils contribuent à atténuer les souffrances physiques et psychiques des populations, en fournissant au pays des hommes et des femmes sains et en bonne santé, utiles à son développement.

Les Pygmées ne devraient plus être regardés comme des « sous-hommes », des êtres marginalisés à la fois par les autres communautés et les pouvoirs publics. Ces derniers doivent bien au contraire les intégrer au processus de développement, en les rendant plus performants, notamment par le biais de l'éducation[40]. Car comme le reconnait « le plus lettré d'entre eux », Léonard Ondambo-Adone, développement rime avec formation ; or, en la matière, les premiers habitants du Gabon semblent les oubliés[41].

---

[40] On peut déplorer, plus de 50 ans après les indépendances, le très faible taux d'alphabétisation des populations Pygmées : à peine un seul aurait atteint le cycle supérieur, en l'occurrence Odambo-Adone, le président du MINAPYGA.

[41] L. Ondambo-Adone, « Les droits des peuples autochtones depuis l'indépendance du Gabon », *Premier congrès des peuples autochtones francophones*, Agadir, 2-6 novembre 2006, p. 3.

SOURCES ET BIBLIOGRAPHIE

SOURCES

Sources orales

N°	Nom et prénoms	Date et lieu d'entretien	Profession	Age
1	M. Bouka	11/09/2013 à Minvoul	Patient	25 ans
2	JN Gassita	29/05/2013 à Libreville	Professeur de pharmacopée	66 ans
3	JDD Lebanda	02/02/2012 à Matsamatengué	Chef de village	45 ans
4	R.Malonga	02/02/2012 à Matsamatengué	Guérisseur pygmée	40 ans
5	DD Massoghono	02/02/2012 à Matsamatengué	Guérisseur pygmée	40 ans
6	F.Mengue	11/09/2013 à Minvoul	Guérisseur pygmée	42 ans
7	F.Mezene Me Maya	11/09/2013 à Minvoul	Pygmée résidant à Minvoul	35 ans
8	L.Ondambo-Adone	30/03/2014 à Libreville	Intellectuel pygmée	52 ans
9	G.Ondo Assoumou	11/09/2013 à Minvoul	Guérisseur pygmée	50 ans
10	V.Sombi	02/02/2012 à Matsamatengué	Pygmée résidant à Matsamatengué	40 ans
11	M.Wembe	02/02/2012 à Nzingui	Chef de village	70 ans

Sources imprimées

Ministère de la planification et de l'aménagement du territoire, Bureau central du recensement, *Recensement général de la population et de l'habitat, 1er-31 juillet 1993*, 96 p.

Unesco, *Protection des ressources culturelles des Pygmées du Gabon et leur intégration dans le processus de développement,* Libreville, décembre 2003, 24 p.

BIBLIOGRAPHIE

S. Bahuchet, *L'esprit de la forêt*, Paris, Marval, 1997, 129 p.

N. Ballif, *Les pygmées de la grande forêt*, Paris, Karthala, 1992, 240 p.

R. Brisson, *Utilisation des plantes par les pygmées Baka*, Paris, l'Harmattan, 2011, 287 p.

Kalumvuezoko Ngimbi, *Le pygmée congolais exposé dans un zoo américain*, Paris, l'Harmattan, 2011, 136 p.

J.T. Kwenzi-Mikala, S.Mbadinga *et al.*, « Savoirs pharmacothérapeutiques chez les Pygmées du Gabon », *École d'Eté sur les savoirs ethnobiologiques du Gabon*, LLCC, UOB, 22-26 juillet 2013, 26 p.

F.S. Long, « Des assises sociales pour un Gabon solidaire », *L'Union*, n° 11513, mercredi 23 avril 2014, p. 7.

P. Medjo Mve, *Introduction à la langue et à la culture des chasseurs-cueilleurs*, Rudiger koppe Verlag, Koln, 2011, 208 p.

N. Meteghe N'nah, *Histoire du Gabon : des origines à l'aube du XXIe siècle*, Paris, l'Harmattan, 2006, 366 p.

G.M. Moussavou, *Rapports entre Babongo et Bantu du Gabon. Exemples des populations du massif du Chaillu*, Mémoire de DEA, Anthropologie, UOB, 2004, 92 p.

L. Ondambo-Adone, « Les droits des peuples autochtones depuis l'indépendance du Gabon », *Premier congrès des peuples autochtones francophones*, Agadir, 2-6 novembre 2006, 5 p.

A. Raponda-Walker, R.Sillans, *Les plantes utiles du Gabon*, Paris, Le Chevalier, 691 p.

St.Seitz, *Pygmées d'Afrique centrale*, Paris, Editions Peeters/Selaf, 1993, 356 p.

Tagne Foko, *Pygmées en voie de disparition : planète en danger*, Paris, Éditions de l'onde, 2013, 91 p.

MIGRATIONS BANTU ET STRUCTURE DE LA CIVILISATION AKA « PYGMÉE » EN AFRIQUE CENTRALE DU NÉOLITHIQUE AU XIXe SIÈCLE DE NOTRE ÈRE

Yvon-Norbert Gambeg
Université Marien Ngouabi/Congo

RÉSUMÉ

Les migrations bantu en Afrique Centrale ont eu des conséquences sur la structure de la civilisation Aka (pygmée). La présente étude montre cet impact notamment sur l'habitat, la structure de peuplement, de l'économie, le mode d'organisation sociopolitique, la psychologie, la relation avec les Bantu et leurs rapports au temps.

MOTS CLÉS

Migration bantu, Afrique Centrale, Civilisation pygmée, Temps.

INTRODUCTION

L'histoire générale de l'Afrique retient qu'à la suite de la pulsation climatique de la région du Nil-Sahara de vers 25000-1000 ans avant J.C, les populations de "Grands Noirs" ont envahi l'Afrique subsaharienne primitivement peuplée par un certain nombre de communautés autochtones parmi lesquelles, les ***Aka*** (DNK) abusivement appelés « Pygmées ». Ces migrations d'âge néolithique eurent nécessairement de conséquences sur la structure de civilisation de ces peuples autochtones dont la continuité subsiste en Afrique Centrale, orientale et australe.

Comment l'historien de l'histoire anthropologique mesure-t-il ces permanences et ces mutations intervenues au cœur de l'Afrique Centrale et consécutives aux migrations bantu ? Le but de la présente étude est de montrer ces changements au niveau de l'habitat, de l'économie, de la structure de peuplement, du mode d'organisation sociopolitique ; au niveau psychologique et dans la relation avec les envahisseurs bantu.

I. CARACTÉRISTIQUE DES ÉTUDES HISTORIQUES SUR LES AKA, « PYGMÉES » D'AFRIQUE CENTRALE

Toute recherche nouvelle a pour objectif de faire le point sur l'état des connaissances existantes sur le sujet puis, d'entreprendre de les dépasser. L'utilité de la revue scientifique des sources n'est plus à démontrer. Dans le cas qui nous préoccupe, celui de la problématique des conséquences des migrations bantu sur la structure de la civilisation Aka, "pygmée", notre démarche a pour cibles principales les points de recherche ci-après : le peuplement et la civilisation pré-bantu des Aka (pygmée) en Afrique Noire, le processus migratoire des bantu et les différentes modalités de conquête de l'Afrique Centrale, l'éclatement, la division, l'asservissement, la déchéance, le surclassement et la vassalisation des communautés aka ; l'association, l'échange et la coopération entre les Bantu et les Aka autrement dit, la reconstruction sociale et le devenir historique des communautés culturelles Aka de l'Afrique Centrale.

En réalité et, du point de vue de la temporalité, il y a deux séquences de la connaissance historique de ces faits : d'une part, l'état socio-économique des communautés culturelles Aka avant ou lors de leurs contacts avec les autres Nègres d'Afrique, d'abord avec le Égyptiens, vers 2400 ans avant J.C. puis, avec les peuples des bassins du Niger et du Congo, entre 2000 et 1000 ans avant J.C., au cours de ce qu'on désigne couramment par "les migrations historiques en Afrique Noire" ; d'autre part, l'autre séquence doit tendre à montrer les mutations qui interviennent dans la société autochtone Aka à la suite du contact du néolithique avec les Bantu en Afrique Centrale.

L'historiographie africaine ou "pygmée" (aka) rend-t-elle compte de ce mouvement historique ? Certainement oui, mais avec les limites que l'on doit relever tant au niveau général du caractère de ces études que de leur contenu.

Les études historiques sur les Aka d'Afrique Centrale ont la particularité d'être peu développées et non systématiques. Par rapport au foisonnement des études ethnographiques et anthropologiques, les descriptions purement historiques sont rares, sinon récentes bien que se signalent dans l'Antiquité quelques sources égyptiennes, grecques et latines dans lesquelles sont évoqués les Aka, leur région de peuplement et leur spécificité de "peuple légendaire de Nains" habitant le pays des sources du Nil, le "Pays du Bord du Monde, ou le pays des Arbres" ; de peuple de "danseur de Dieu (Pharaon)[1] et de peuple de chasseur se disputant la terre avec les grues[2] .

Dans les écrits des XVIe-XXe siècles, les Aka apparaissent comme des peuples nomades de chasseurs- cueilleurs, véritables Nemerods chassant l'éléphant et fournissant des pointes d'ivoire, aux Grands Noirs, pendant la traite[3].

Il est donc légitime que la recherche historique ait eu à se préoccuper du problème de l'identification des Aka non plus comme un peuple légendaire

[1] Tour du monde, Collection, *Les Pygmées*, Paris, éditions Tallandier, 1977, pp. 12-13.
[2] Homère, Ve siècle avant J.C, L'Iliade, II, III, 6.
[3] J.B d'Anville, *Carte particulière du royaume du Congo*, Paris, 1732.

mais comme un ensemble de communautés culturelles vivantes dont les spécimens ramenés jadis à la cour des pharaons Asosi et Pepi II (Neferkara) représentaient bel et bien une race authentique des Nègres du cœur de l'Afrique race par la suite confirmée par les missionnaires, négriers et explorateurs européens des XVème-XIXème siècles[4]. On compte de nos jours un inventaire plus ou moins complet des grands ensembles de ces communautés culturelles d'Afrique Centrale[5] et des relations qu'elles ont depuis les temps immémoriaux avec les Bantu et les Oubanguiens[6]. Il y a là, manifestement, un début de réponse au problème que soulevait Jean Vercoutter en 1974, à savoir : *« Qu'on se devait d'étudier la nature et la situation géographique des différentes ethnies africaines dans l'Antiquité (...), le problème des Pygmées en Égypte qui est lié à celui des rapports ethniques de l'Égypte et de l'Afrique au sud du Sahara, qui mériterait d'être approfondi »*[7].

Dès lors, quelle est la définition historique des Aka ?

II. CHASSEURS-CUEILLEURS DE LA PRÉHISTOIRE ET CHASSEURS – CUEILLEURS – AGRICULTEURS DU MÉSOLITHIQUE

En poursuivant l'examen du phénomène Aka comme un type racial spécifique, ses origines remonteraient à la préhistoire de l'Afrique avant que ce type ne se distribua en Europe où l'on a trouvé de squelettes de véritables "Pygmées" d'après M.G Thilenius, un anthropologiste allemand, M. Koleman de Bâle et M. Getmann que cite Mgr A. Le Roy[8] et, de Négroïdes-Pygmoïdes et d'après Marcel Soret[9]. La recherche historique va jusqu'à faire relever la civilisation des Aka de celle des « chasseurs eurafricains de la préhistoire », d'après H. Baumann et D. Westermann[10] tout comme Mgr A. Le Roy[11] et Engelbert Mveng[12] ont respectivement fait état de leur vie de caverne, au Gabon et au Cameroun ;

---

[4] O. Dapper, *Description de l'Afrique...*, Amsterdam, chez Wolfgang, Waesberge, 1686, p. 359.

[5] S. Bahuchet, *Les Pygmées Aka et la forêt centrafricaine*, Paris, La Selaf, 1985, p. 16.

[6] J.M Delobeau, « Yamonsombo et Yandenga. Histoire des relations entre les gens du fleuve et les gens de la forêt (XIXe-XXe siècle) », *Cahiers congolais d'anthropologie et d'histoire*, Brazzaville, T. II, n°3, 1978, pp. 43-55.

[7] J. Vercoutter, « Le peuplement de l'Égypte ancienne et le déchiffrement de l'écriture méroïtique », *ANKH, Revued'Egyptologie et des civilisations africaines*, Sciences humaines, Sciences exactes, n°3, Juin, 91192 Gif-sur-Yvette, cedex, France, KHEPERA, 1974, p.12.

[8] Mgr A. Le Roy, *Les Pygmées : Négrilles d'Afrique et Negretos d'Asie*, Paris, Procure Générales des PP du Saint-Esprit, 1887, pp. 16-17.

[9] M. Soret, *Histoire du Congo capitale Brazzaville*. Paris, Berger Levrault,1978, p. 112.

[10] H. Baumann et D. Westermann, *Les peuples et les civilisations de l'Afrique*, Paris, Payot, 1967, p. 40.

[11] Mgr A. Le Roy, *op. cit.* pp. 130-131.

[12] E. Mveng, *Histoire du Cameroun*, Paris, Présence Africaine, 1963, pp. 35-45.

nos enquêtes doctorales ont prolongé cette vie avec la grotte d'Ekutu, à Mangome, chez les Bakola et les Mongom dans le district Congolais de Mbomo (région du Parc d'odzala)[13]. Ces faits des Aka du Gabon, les Akoa de Fernan Vaz et la Ngounié, dans les cavernes de Kumu-na-Bwali[14], des Bekü du Cameroun dans la grotte d'Akok Bekoe de la mission d'Akono, des Bakola et Mongom du Congo Brazzaville, viennent éclairer le problème du paléolithique africain, notamment celui de la zone d'ombre qu'a longtemps constitué la grande forêt tropicale humide, domaine de prédilection des *Aka* que l'on pensait déjà faire partie intégrante de cette préhistoire en dépit de l'absence de documents ostéologiques dans le bassin submergé du Congo. C'est encore en ces lieux, entre le fleuve Oubangui et la rivière Sangha en pays aka, que Georges Lucotte place le berceau de l'Humanité[15]. De ces découvertes chez les Bekü/Baka du Cameroun, E. Mveng en tira la conclusion ci-après :

« Il n'est donc pas exclu qu'ils aient connu la vie des grottes qui fut celle des chasseurs Mahalbi des temps préhistoriques, au Tchad »[16]. Les Aka font partie de la civilisation des chasseurs eurafricains de la préhistoire, auteurs incontestés de la culture rupestre. Celle-ci s'est imposée depuis comme l'une des sources sérieuses de la connaissance des premiers hommes et des premières civilisations. On sait que l'art rupestre le plus vieux au monde est africain, namibien, celui de la grotte Apolo 11, datant de 28000 ans avant J.C[17]. Les "Pygmées" ou Pygmoïdes, Nama et Bushmen en seraient, par leurs ancêtres, les auteurs.

Les Aka, comme chasseurs eurafricains, appartiennent à l'humanité ancienne de la préhistoire. Et, la préhistoire africaine n'entretient aucune confusion vis-à-vis de cette antériorité dans l'occupation de l'Afrique centrale par les *"Pygmées"*, d'après les faits de la tradition orale Aka comme d'après ceux des traditions de leurs nombreux voisins à travers le continent. Hubert Deschamps résume pour nous cette évolution en ces termes:

Les Négrilles auraient été précédés par les Pygmées si l'on en croit :

- Une inscription égyptienne relative à un nain ramené du sud au Pharaon Pépi II ;

- Le témoignage d'Hérodote sur l'expédition des Nasamons à travers le Sahara au bout de laquelle ils auraient trouvé des petits hommes noirs au bord d'un grand fleuve ;

- Les légendes rapportées par certains peuples d'Afrique occidentale sur "les petits hommes rouges à tête ronde" qui occupaient le pays avant eux[18].

---

[13] Y. N. Gambeg, *Les Pygmées dans l'histoire du Congo…*2009.

[14] Mgr A. Le Roy, *op. cit.*, p. 131.

[15] G. Lucotte, *Introduction à la biologie moléculaire. Eve était noire*, Paris, Editions Lavosier, 1990.

[16] E. Mveng, *Histoire du Cameroun*, 1963, p. 43.

[17] Th. Obenga, « Renaissance scientifique de l'Afrique », *Communication au 1er congrès des hommes de science en Afrique*, Brazzaville du 25 au 30 juin 1978, inédit, ronéo.

[18] H. Deschamps, *L'Afrique noire précoloniale*, QSJ ?, n°1241, Paris, PUF, 1976.

En Afrique centrale, les Aka sont assimilés aux derniers Tshitoliens[19]. Pour parvenir à ces résultats d'identification de ce premier palier historique du développement de la civilisation Aka, il a semblé nécessaire de considérer à la fois la paléontologie, l'anthropologie culturelle et historique pour réaliser cette intégration des ***Aka*** et de leur civilisation dans un complexe plus significatif qui puisse renvoyer à la fois à la race, à la culture et à la civilisation typiques d'anciens chasseurs-cueilleurs du paléolithique. Or, depuis le voyage des Nasamons et le témoignage d'Hérodote, les Aka, « *petits hommes noirs* », trouvés au bord d'un grand fleuve (Nil ou Niger ?) étaient des planteurs ainsi que le dit Hérodote:

> …, les jeunes gens, chargés par leurs compagnons de solides provisions en eau et vivres, traversèrent d'abord la région habitée ; puis ils atteignirent celle de bêtes sauvages ; ils cheminèrent ensuite à travers le désert, face à l'Ouest. Après avoir traversé de grandes étendues de sable durant de nombreux jours, ils virent enfin des arbres plantés dans une plaine ; ils s'approchèrent et commencèrent à en cueillir les fruits, mais pendant cette opération, ils furent attaqués par de petits hommes, d'une taille inferieure à la moyenne : ces hommes s'emparèrent d'eux et les emmenèrent ; les Nasamons n'entendaient rien à leur langue, et leurs assaillants rien à celle des Nasamons[20].

Hérodote poursuit ainsi son récit :

> Ils furent entraînés à travers des vastes marécages, et arrivèrent ensuite dans une ville dont tous les hommes, de la même taille que leurs ravisseurs, étaient noirs. La ville s'allongeait le long d'un grand fleuve qui venait du Couchant et coulait vers le Levant ; on voyait dedans des crocodiles. Etearque pensait que c'était le Nil (et le Niger ?). Le Nil sort en effet de l'Afrique qu'il coupe le milieu… Mais personne ne peut parler des sources du Nil, parce que l'Afrique qu'il traverse est déserte et inhabitée. [21]

Les Aka auraient pratiqué au Tshitolien, la culture forestière, puis la sédentarisation bien avant les migrations des Bantu et des peuples du bassin du Niger. En Afrique Centrale, les études récentes rapportent des mythes sur la maîtrise de l'agriculture, du feu, de la forge, du tissage et de la poterie par les Aka (*Yadènga, Babi*, *Tswa* et *Baboongo*), validant ainsi ce témoignage de Hérodote et, par la même, l'organisation villageoise qui fut foncièrement la structure de la civilisation néolithique et du mode de production lignager[22].

---

[19] M.M Dufeil, *Millénaire de Mulundu*, Centenaire de Lastourville, Libreville, Multipress-Gabon,1986, p. 27 ; R. de Bayle des Hermens, « Aspects de la recherche préhistorique, RCA », *Africa-Tervuren*, XVIII, 1972, pp. 90-103.

[20]. Hérodote, dans *La Découverte de l'Afrique* par C. Coquery-Vidrovitch, La découverte de l'Afrique, Paris, Hachette, 1965, pp. 20- 21.

[21] . Hérodote, dans *La Découverte de l'Afrique* par C. Coquery Vidrovitch, *Op.cit.*, p. 20- 21

[22] M.M Dufeil, « Afrique, Taxinomie, Histoire », *Cahiers congolais d'anthropologie et d'histoire*, Brazzaville, tome 6, 1981, pp. 7-38. ; Y.N.Gambeg, *Les Pygmées dans l'histoire du Congo…* 2009, pp. 332-371 et pp. 557-561.

L'étude des mythes est d'un apport décisif à la connaissance historique et sociologique des Aka car à une structure économique correspond toujours un mode de pouvoir et d'organisation techno-économique et politique déterminé. Dans ce cas précis des Aka, un effort prodigieux de reconstitution des structures de civilisation à partir des survivances actuelles a été réalisé et montre que les structures sociales demeurent à la fois politiques, religieuses et spirituelles ; que la forêt divinisée trônait avec ses esprits et ses divinités. *Molimo* ou *Nkira*, l'esprit de la forêt et son prêtre, le *Nkuma M'olimo* dont parle Colin M. Turnbull chez les Bambuti (Aka, Ifé)[23] illustrent parfaitement cette structuration de l'ordre sociopolitique et religieux des Aka qui, dans son fonctionnement fait une large place aussi bien aux devins, thérapeutes guerriers et bouffon.

D'autres récits portant sur les migrations bantu et oubanguiennes et la rencontre avec les Aka, qui viennent de Jean Michel Delobeau de 1977 à 1979, nous livrent les traits de la structure primitive de la civilisation Aka (yandenga) au moment de leur rencontre avec les *yamonzombo***,** Bantu, (pluriel de Moto/Muntu) : *« Tous les gens étaient ensemble à Mboma, les yàmonzòmbò et les Yàdèngà, qui étaient forgerons. Les Yandèngà arrivent au fleuve les premiers, Maba envoie Mòto à la recherche des Yandèngà. Mòto trouve le village des Yandenga. Ceux-ci construisent des maisons, cultivent, creusent des pirogues, forgent. Il retourne le dire à Mábà..... »* [24].

Les faits anciens de la tradition orale Aka de la Centrafrique (Mboma) et de la Likouala (Mònzòmbò), corroborent ceux de la légende si forte et persistance de la plupart des communautés Aka de l'Afrique Centrale qui disent : *« Nous avons autrefois villages et agriculture ; Les Bantu sont venus pendant que nous étions en forêt et nous ont pris nos champs, nos cases et nos femmes. Comme ils avaient des armes beaucoup plus sûres, et une force plus organisée, nous avons cédé et nous sommes réfugiés en forêt... »* [25]

Ainsi qu'on le constate, l'humanité Aka du Temps de sa découverte et de la conquête de son territoire par les "Géants nous", ne fut pas si primitive, si paléolithique, si anarchique et si restreinte tel qu'on la décrit. Elle avait vraisemblablement atteint et pratiqué, par endroit, le couple forge-agriculture, c'est-à-dire quelle avait déjà dépassé celui de la chasse-cueillette nomadisante.

La sédentarisation et la construction du village mettent fin au nomadisme. Les Aka font leur propre lecture des événements qu'ils ont vécus, des rapports avec leurs voisins et des contextes caractéristiques de leur histoire. Ces faits prennent plus de relief quand ils sont confirmés par les témoignages des Bantu. Il est erroné de réduire la mémoire des Aka aux seuls témoignages non vérifiés de leurs voisins ou, d'interpréter leurs témoignages à partir du contexte de do-

---

[23] C.M Turnbull, *Le peuple de la forêt*, Paris, Stock, 1965, pp. 61-81.

[24] J. M. Delobeau, « Mythologie, Anthropologie et Histoire. Quelques réflexions à propos de certains mythes Monzombo », *Cahiers congolais d'anthropologie et d'Histoire*, Brazzaville, t. 4, 1979, pp. 57-74.

[25] E. C. Goma Foutou, *Histoire des civilisations du Congo*, Paris, Anthropos, 1981, pp. 189-190.

mination sociale de ces derniers ; les Bantu rendent un hommage vibrant aux ancêtres des Aka qui furent pour eux des « héros-civilisateurs- sauveurs »[26], ceux par qui se fit l'accès à la civilisation et au progrès. La civilisation des Aka de l'âge des migrations bantu a eu une structure qui présente, de toute évidence, les éléments essentiels du développement néolithique : feu, forge ou métallurgie du fer, agriculture, élevage, tissage, poterie, village c'est-à-dire, une certaine base économique, une infrastructure techo-économique et spirituelle dont se servent les Bantu pour accélérer leur adaptation et leur progrès en Afrique centrale. C'est alors qu'il faut comprendre le sens de l'histoire du contact Aka-Bantu/ Oubanguiens, la trame dramatique que ne cessent de rappeler les Aka et que rapportent Serge Bahuchet et Henri Guillaume : « *Les hommes qui n'étaient rien (les grands noirs), se trouvent pourvus de tous les traits culturels tandis que les Pygmées qui avaient tout sont entièrement déchus* ».[27]

Pour comprendre ce décalage dans le progrès des sociétés bantu et Aka, il faut rechercher dans l'histoire du contact entre les deux groupes, les causes de ce décalage ; faire comme l'exigeait Hérodote : décrire les faits et mentionner les causes qui ont engendré ces événements et qui les expliquent. Il nous revient à présent de montrer l'impact des migrations bantu sur la structure de la civilisation Aka en Afrique centrale.

III. IMPACT DES MIGRATIONS BANTU SUR LA STRUCTURE DE LA CIVILISATION AKA EN AFRIQUE CENTRALE

Quatre domaines principaux nous servent à mesurer cet impact : le peuplement, l'économie, la politique et la psychologie des Aka, mais plus important et novateur est le rapport concret au temps.

S'agissant du peuplement et de l'économie, les guerres ont été de véritables massacres. Le refuge en forêt a conduit à la psychologie de la fuite incessante devant l'Etranger et le danger. Elle a provoqué le retour à l'économie paléolithique. L'Etranger est en soi un danger potentiel d'où, la séparation forcée de l'habitat entre le « *Pygmée* » et le Bantu. Quant à la politique, outre la vassalité par les Bantu et les Tutsi, la structure sociopolitique Aka apparaît désormais restreinte et réduite aux trois pôles de prééminence décrits par Serge Bahuchet[28] et dont la substance est la suivante :

a) Nganga, devin, guérisseur, thérapeute et maître des arts ancestraux, initiateur attitré du système ***Aka***. Il a une parfaite connaissance des espèces et de leurs vertus. Médium et guérisseur, il soigne et entre en contact avec le monde

[26] H. Guillaume et S. Bahuchet, « Relations entre chasseurs-collecteurs et agriculteurs de la forêt au nord-ouest du bassin congolais », Bahuchet (s), *Pygmées de Centrafrique, Ethnologie, Histoire et Linguistique*, Paris, SELAF, Etudes pygmée III, 1979, pp. 109-139.

[27] H. Guillaume et S. Bahuchet, 1979 « Relations... », *op.cit.*, p.115.

[28] Serge Bahuchet, *Les Pygmées Aka et la forêt Centrafricaine*, Paris, La Selaf LNRS, 1985, p. 33-35.

invisible des mânes, recherche, perçoit et décèle les causes des troubles sociaux, les malheurs éventuels, l'infortune, l'insécurité et toute menace grave à la vie collective. Il est l'homme des pouvoirs initiatiques, de pouvoirs magico-religieux.

b) Mbaï /*mbaï moto*, le puissant du groupe Aka aux larges pouvoirs : c'est l'aîné du groupe.

c) *Ntuma*, le maître de la grande chasse à l'éléphant et de grosses prises ; il détient les pouvoirs économiques et assure l'abondance de la collectivité.

Avec notre thèse de 2009, le dépassement de cette structure sociopolitique fut assuré en resserrant ces connaissances avec la dimension supranaturelle dans laquelle baigne la société Aka. D'autres niveaux de la structure y furent mentionnés : le bouffon, l'esprit de la forêt dit *nkira* ou *molimo* et dont le prêtre-gardien, Nkuma *molimo,* évoqué par Colin M. Turnbull chez les Bambuti (*Aka, Ife*)[29] aidaient à faire comprendre la structure *Aka* comme une structure politico-religieuse au centre de laquelle trônaient la forêt, ses esprits et ses divinités[30].

Les *Aka* de la Centrafrique et du Nord-Congo, les Babenga et les Babi soulignent dans les récits du contact historique de leurs ancêtres avec les ancêtres des Bantu et des Oubanguiens la manière dont ils ont été dépossédés de leurs villages, de leurs champs et de leur forge par les "*Géants Noirs".* Les témoignages ont été recueillis par le Père Trilles en 1936, Jacques Maudit en 1972, et Emmanuel Célestin Goma Foutou en 1981, qui ont tour à tour reproduit le récit de l'exode des ***Aka*** d'Afrique Centrale[31].

Dans la structure fortement dépiécée de la civilisation Aka, il faut y voir un fait manifeste de l'histoire de l'adaptation d'un peuple aux circonstances historiques de son évolution, la conséquence plausible de son contact brutal avec les Bantu. Cette structure légère et réduite à l'essentiel colle parfaitement à la mobilité du groupe comme l'est le matériel usuel des populations elles-mêmes formées de petits groupes mobiles dans la forêt et facilement contrôlables par des aînés. Reste alors le rapport des Aka au temps et qu'il faille démontrer. L'histoire est le temps social de l'homme, la mémoire de grands faits.

Le premier rapport au temps est d'abord celui des Aka eux-mêmes dans leurs types d'habitat qui trahissent trois formes d'habitation et donc, trois formes variables ou saisonnières de modes de vie conformes aux mouvements en forêt, plus ou moins en rapport avec les *Grands Noirs.*

Les techniques de construction et d'appropriation dans des conditions particulières révèlent la durée de la halte, le rythme de l'appropriation du temps social et économique car il existe des camps volants, le temps de consommation d'un éléphant abattu, et qui tiennent une semaine ; des campements de lisière de forêt, qui renvoient à l'antique mode de peuplement bien avant les migrations

[29] C.M Turnbull, *Le peuple de la forêt*, 1965, pp. 61-81 et p. 242.

[30] Y.-N. Gambeg, *Les Pygmées dans l'histoire du Congo*....2009, pp. 342-365.

[31] J. Maudit, *La vie quotidienne des premiers chasseurs de la préhistoire aux sociétés primitives d'Afrique*, Paris, Hachette, 1972 ; E. C. Gomo Foutou, *Histoire des civilisations du Congo,* Paris Anthropos, 1981, pp.189-190.

bantu et qui devaient permettre aux Aka de profiter des avantages qu'offrent la forêt et la savane à communication plus facile. C'est en lisière que les Akola de Mbomo (Congo) réchauffent des quartiers de viande sur une pierre en les recouvrant de feuilles sèches, technique qui fait penser à l'utilisation à une époque très ancienne du feu pour la cuisson des aliments par ces populations. Enfin, nous avons les quartiers des *Aka* à proximité de villages de *Grands Noirs* et qui sont la manifestation de la semi-sédentarisation pendant la haute saison pluvieuse. Ce temps est le temps de l'assimilation domestique auprès des maîtres bantu ou oubanguiens. « L'hivernage ».Voilà, en fait, le temps qui incarnait l'antique dépendance où le « pygmée » payait tribut au maître en lui rapportant les produits de la forêt. Certes, l'historien part des faits décelés (dans le présent ou dans l'histoire), du connu et du moins bien connu pour restituer le mouvement de ces relations mais, cela n'est toujours pas sans exposer l'histoire à des erreurs de chronologie lorsque tous les faits ne sont pas effectivement exhumés car la méthode utilisée reste bien'' régressive'', d'après une expression consacrée de Marc Bloch ou, ''retro-prospective'', selon Marie Claude Dupré et Bruno Pinçon[32]. La longue durée qui affecte ces contacts bantu-Aka dégage :

- Le temps des mythes dont par exemple la cosmogonie de *Koto* (Nzebi) qui renvoie à l'anthropogenèse des deux peuples et aux premiers combats d'humanisation de la vie sociale des *''Grands Noirs* ''et des *''Pygmées'' Babongo.*

- Bien avant les migrations des *« Nigéro-congolais »*, les Aka « *Pygmées* » sont en contact avec les anciens Égyptiens et leurs Pharaons, vers 3000 avant J.C, avant naturellement, la royauté incarnée par Neferkare. La trace antique des relations des ''Pygmées'' avec les ''Nègres Africains'' remonte au règne du roi Asosi c'est-à-dire, avant la 6e dynastie pharaonique.

- Dès le Troisième millénaire avant J.C, quand se déclenchèrent les migrations historiques des peuples « *Nigéro-congolais* », jusqu'à la stabilisation définitive des « Grands Noirs » et des « *Pygmées* » dans leurs habitats actuels, commencent des contacts plus suivis où le *« Pygmée »* premier occupant du pays, joue son rôle de héros-civilisateur-sauveur des *Grands-Noirs*.

- Du IIIe -II e Millénaires avant JC, l'évolution présente deux milieux géographiques distincts en Afrique : la savane occupée par les « *Nigéro-congolais »* et la forêt habitée par les « *Pygmées* ». Les Égyptiens ont parlé des *Akka/Aka*, comme d'un « peuple du pays des arbres », c'est dire, que les Pygmées ont un long contact avec la forêt. Dans l'espace, il existe des relations entre les hommes de la savane et les hommes de la forêt *(relations ou complémentarités entre savane et forêt),* entre les agriculteurs-éleveurs-forgerons sédentaires et les ''Pygmées'', chasseurs-cueilleurs mobiles, fils de la nature ou de la forêt.

- Ier Millénaire avant J.C, le recul de plus en plus visible du manteau forestier et de la savane entraîne un vaste mouvement de populations : les peuples de la savane (Nigéro-ou Pré-Nigéro-congolais) avancent vers la savane péri-forestière

---

32 M. Cl. Dupré et Br. Pinçon, *Métallurgie et politique en Afrique centrale*, Paris, Karthala, 1997, pp. 11-12.

et pénètrent dans la forêt. C'est alors que de -1000 à +/- vers 400, l'invasion de la forêt par les Nigéro-congolais est effective. Elle est le fait des peuples des Bassins du Niger et du Congo. *'' Les Pygmées''* sont pris dans la tourmente ; ils sont troublés et entraînés dans la grande aventure des Nigéro-congolais qui engendrent des problèmes de partage du territoire, la répartition des collectivités humaines sur le territoire de l'Afrique Noire et la formation d'entités sociales nouvelles où des groupes de *Pygmées* à peine glissés dans l'ascension historienne sont assimilés par force. La mise en place de nouveaux rapports sociaux et politiques se substitue à leur ancienne liberté.

Les grandes incidences de l'irruption des *Grands Noirs* dans la sous-région furent le harcèlement des communautés primitives pygmées, l'assujettissement des captifs de guerre et des maîtres de la science de la forêt. Les *Grands Noirs* se sont emparés des femmes, des champs et de la forge des autochtones, *Pygmées*. Enfin intervint, naturellement, la dissolution des communautés primitives pygmées. C'est à ces faits antiques que se réfèrent la plupart du temps les mémoires pygmées.

Le mouvement des relations *Pygmées-Grands Noirs* a eu lieu vers 3000/2500 avant J.C. La naissance des premiers États des Grands Noirs que l'on situe à partir de la glottochronologie autour des Ve ou VIe siècles[33] dessine les contours de ces relations et leurs cadres.

- Du VIe au XVe siècle, la nature des relations entre les *Pygmées* et les *Grands Noirs* est faite de l'assujettissement des *Pygmées* par leurs « propriétaires » ou « maîtres » ou par les ethnies dont ils dépendent ; la vassalisation des *Pygmées* et leurs structures sociopolitiques est systématique. Le fait est unique dans l'histoire !

- De la traite du XVIe siècle à nos jours, la condition du Pygmée au contact des Grands Noirs reste précaire. La dépendance et la vassalisation auprès des Noirs est accrue. Aussi, de l'anthropogenèse à la construction de deux univers sociopolitiques, *''Pygmées''* et *''Grands Noirs'',* s'établit la longue durée de l'évolution des *''Pygmées''* et des Bantu ou Oubanguiens en Afrique Centrale, particulièrement au Congo. L'image du *Pygmées* demeure ambivalente : d'abord, considéré comme premier occupant du pays, héros civilisateur des *Grands Noirs* et leur aîné, d'après la mythologie, il est depuis la fin des initiations primitives qui ont permis aux Bantu de s'adapter au pays, un être déchu, dévalorisé, dominé et méprisé. Rien qu'au travers de ces figures représentatives du ''Pygmée'' se décryptent les séquences de l'histoire du contact *Pygmée*-Bantu.

L'histoire des Nigéro-congolais venus primitivement du nord ou de l'est, implique l'histoire de la nature, celle des combats et des échanges des Grands noirs et des Négrilles autour de la forêt et de son évolution régressive.

---

[33] Th. Obenga, *La cuvette cogolaise, Les hommes et les structures,* Paris, Présence Africaine, 1976, p. 5.

À travers cette longue durée, la typologie du devenir sur terre des ''Pygmées'' peut s'énoncer de la manière suivante[34] :

- pacifique : avant tout contact avec l'extérieur ;
- tragique : disparition de certains groupes à la suite des affrontements, guerres et massacres, d'après les traditions orales, les mythes, la capture par les Égyptiens et les exactions précoloniales et contemporaines ;
- fusion des populations nigéro-congolaises et pygmées d'où, le métissage à l'établissement des *Grands Noirs* ; ce qui permet de relativiser les interdits sexuels entre les deux groupes ;
- séparation des deux groupes de populations mais, formation absolument d'une société de classes au sens général où les Nigéro-congolais et les Tutsi apparaissent comme de véritables maîtres et les *Pygmées*, de réels assujettis. Le fonctionnement des pouvoirs met en évidence cette condition pygmée :
- esclavagisation des Pygmées et domination poursuivies par les ''Grands Noirs'' depuis le Moyen-âge africain (VIe-XIXe siècles). L'asservissement économique des ''Pygmées'' permet à leurs maîtres de répondre aux diverses demandes du monde extérieur. Il en a été de même lors de l'économie de traite de la fin du XIXe siècle et durant la période coloniale[35].

Après l'indépendance, l'État moderne, postcolonial, s'assigne le devoir d'intégrer les *Pygmées* dans le mode de production national non sans problèmes car l'exploitation des *Pygmées* par les Bantu perdure. L'État peine à les affranchir de cet asservissement et, l'intégration des ''Pygmées'' reste à l'ordre du jour des pouvoirs politiques des États postcoloniaux de l'Afrique Centrale.

CONCLUSION

La conquête de l'espace par les Bantu et les Tutsi a eu des conséquences graves sur l'ordre traditionnel ou ancestral des Aka. L'adaptation en milieu forestier s'apparente à une série de luttes violentes qui ont eu des conséquences sur la psychologie et la sociologie des Aka au point où la marginalisation, la vassalisation, l'esclavagisation, la domination et l'exploitation sont leur lot depuis des temps immémoriaux. C'est sur ce substrat que se tissent les rapports entre les Aka et leurs voisins. Cette histoire du voisinage, de contact et d'inter acculturation, une fois bien menée, participera au renouveau de l'histoire générale de l'Afrique.

[34] Y.-N. Gambeg, « Autour de la chronologie de l'histoire des relations Pygmées-Bantu en Afrique centrale », *Les Cahiers de l'IGRAC*, n°2, Brazzaville, juin 2007, pp. 37-48.

[35] S. Bahuchet, « Les Pygmées d'aujourd'hui en Afrique centrale », *Journal des Africains*, Paris, 61, I, 1991, pp. 5-35.

BIBLIOGRAPHIE

J. B.Anville, *Carte particulière du royaume du Congo*, Paris, 1732.

S. Bahuchet, *Les Pygmées Aka et la forêt centrafricaine*, Paris, La Selaf, CNRS, 1985.

S. Bahuchet, *Les Pygmées de Centrafrique. Ethnologie, Histoire, Linguistique*, Paris, La Selef, Études pygmées III, 1979.

H. Baumann et D.Westermann, *Les peuples et les civilisations de l'Afrique*, Paris, Payot, 1967.

Bayle des Hermens, « Aspects de la recherche préhistorique, RCA », *Africa-Tervuren*, XVIII, 1972.

C. Coquery-Vidrovitch, *La découverte de l'Afrique*, Paris, Hachette, 1965.

O. Dapper, *Description de l'Afrique*, 1686, Amsterdam, chez Wolfgang, Waesberge.

J.M. Delobeau, « Yamonsombo et Yandenga. Histoire des relations entre les gens du fleuve et les gens de la forêt (XIXe-XXe siècle) », *Cahiers congolais d'anthropologie et d'histoire*, Brazzaville, T. II, n°3,1978, pp. 43-55.

J.M. Delobeau, « Mythologie, Anthropologie et Histoire. Quelques réflexions à propos de certains mythes Monzombo », *Cahiers congolais d'anthropologie et d'Histoire*, Brazzaville, t. 4, 1979, p. 57-74.

H. Deschamps, *L'Afrique noire précoloniale*, QSJ ?, n°1241, Paris, PUF, 1976.

M.M. Dufeil, « Afrique, Taxinomie, Histoire », *Cahiers congolais d'anthropologie et d'histoire*, Brazzaville, tome 6, 1981, pp. 7-38.

M.M. Dufeil, *Millénaire de Mulundu*, Centenaire de Lastanville, Libreville, Multipress-Gabon, 1976.

M.C. Dupré et B.Pinçon, *Métallurgie et politique en Afrique centrale*, Paris, Karthala, 1997.

Y.N. Gambeg, « Autour de la chronologie de l'histoire des relations Pygmées-Bantu en Afrique centrale », *Les Cahiers de l'IGRAC*, n°2, Brazzaville, juin 2007, pp. 37-48.

Y.N. Gambeg, *Les Pygmées dans l'histoire du Congo des origines à la fin du XXe siècle,* Thèse d'État, Brazzaville, Université Marien Ngouabi, 2009.

E. Goma Foutou, *Histoire des civilisations du Congo,* Paris Anthropos, 1981.

H. Guillaume et S.Bahuchet, « Relations entre chasseurs-collecteurs et agriculteurs de la forêt au nord-ouest du bassin congolais », Bahuchet (s), 1979, *Pygmées de Centrafrique, Ethnologie, Histoire et Linguistique*, Paris, SELAF, Etudes pygmée III, 1979, pp. 109-139.

Homère, Ve siècle avant J.C, *L'Iliade*, II, III, 6.

(Mgr A.) Le Roy, *Les Pygmées : Négrilles d'Afrique et Negretos d'Asie*, Paris, Procure Générales des PP du Saint-Esprit,1887.

(G.) Lucotte, *Introduction à la biologie moléculaire. Eve était noire*, Paris, Editions Lavosier, 1990.

J. Maudit, *La vie quotidienne des premiers chasseurs de la préhistoire aux sociétés primitives d'Afrique*, Paris, Hachette, 1972.

E. Mveng, *Histoire du Cameroun*, Paris, Présence Africaine, 1963.

Th. Obenga, *La cuvette cogolaise.les hommes et les structures,* Paris Présence Africaine, 1976.

Th. Obenga, 1978, « Renaissance scientifique de l'Afrique », communication au 1er congrès des hommes de science en Afrique, Brazzaville du 25 au 30 juin 1987, inédit, renéo.

Tour du monde, Collection, *Les Pygmées*, Paris, éditions Tallandier, 1977.

C.M.Turnbull, *Le peuple de la forêt*, Paris, Stock, 1965.

J.Vercoutter, « Le peuplement de l'Égypte ancienne et le déchiffrement de l'écriture méroïtique », *ANKH, Revued'Egyptologie et des civilisations africaines*, Sciences humaines, Sciences exactes, n°3, Juin, 91192 Gif-sur-Yvette, cedex, France, KHEPERA, 1974.

L'ART AFRICAIN FACE À LA MONDIALISATION

Romuald Tchibozo
Université d'Abomey-Calavi/Bénin

RÉSUMÉ

Aborder la problématique de l'art africain face à la mondialisation dans le contexte de ce colloque intitulé ***Ethnies, Nations, développement en Afrique*** semble une gageure presque prétentieuse tant, le thème relie le passé du continent à son avenir. L'espace d'étude est vaste et le temps long. Pourtant, il est indispensable de remonter dans le passé des pratiques artistiques, montrer ce qu'elles sont devenues à la rencontre des différentes autres sociétés du monde avant de dire en quoi elles pourront faire face à la mondialisation. Cependant, il faudra nécessairement opérer des choix qui, à l'évidence, ne peuvent être hydrofuges pour ne pas faire du contre sens, mais aussi pour rester proches des exigences éditoriales. C'est tout l'enjeu de cette réflexion que nous proposons ici de parler de l'art africain tel qu'il est connu aujourd'hui face à la mondialisation. Pourra-t-on le faire sans un retour à ce qui fonde cette pratique artistique, la culture en Afrique ?

MOTS CLÉS

Art, Afrique, Ethnies, Nations, Mondialisation.

INTRODUCTION

Ces dernières années ont vu éclore une série d'interrogations sur la place de l'Afrique dans le monde et surtout, dans le monde de plus en plus en plus globalisé. L'une des questions les plus visibles est celle économique qui, à l'habitude, montre la part congrue que prend le continent tant sa contribution est dite marginale. Différentes solutions ont été proposées, notamment la création d'une monnaie qui réponde à l'identité culturelle de l'Afrique, car on comprend de plus en plus que, même l'économie est culturelle[1], une situation qui répond en

[1] La conduite d'un processus intrinsèque d'évolution sociale en Afrique doit amener à la formation d'une vision culturelle partagée qui embrase tous les aspects de la vie

écho au rapport sur le développement humain des Nations Unies de 2004 qui enjoint la promotion du développement fondé sur les cultures. La notion de la culture comme support d'identification et comme élément déterminant de représentation est ainsi interpelée.

Or l'Afrique, et c'est un euphémisme, est un grand continent et donc une entité géographique plurielle d'une part, par le nombre de pays issus du découpage colonial et ainsi séparés par des frontières et d'autre part, par le nombre de nationalités qui peuplent chacun des pays. Les éléments d'identification spécifiques à chaque peuple sont nombreux et sont déjà érigés en icône dans ces différentes parties du continent[2]. Comment l'Afrique fait-elle alors face à la mondialisation ? Quelle identité pourrait donc être mise en avant et recueillir l'unanimité ? On pourrait, à cette occasion, se demander comment met-on en exergue ces marqueurs culturels et ces représentations. Les éléments les plus communément usités sont les différentes expressions culturelles parmi lesquelles, pour cette étude, nous allons choisir l'art plastique et notamment, la sculpture et la peinture. Ce parti pris est volontaire pour deux raisons fondamentales. La première est liée à la polémique qu'avait suscitée, en particulier, la sculpture africaine qui, par la force des évènements qui ont caractérisé sa réception dans les autres sociétés est, pour ainsi-dire, devenue la mascotte du continent. La deuxième raison se fonde sur le fait que ce sont les deux formes d'expression artistique les plus utilisées pour une meilleure connaissance des sociétés. En les adoptant ici, nous voulons montrer qu'elles reflètent bien l'esprit du continent malgré la constante évolution qui les caractérise.

La production artistique en Afrique a en effet, très peu laissé indifférent depuis sa rencontre avec les autres sociétés du monde et particulièrement l'Europe. Plusieurs voix se sont également élevées pour montrer quelle part prend le continent dans la mondialisation et s'il doit la rejeter ou non et ainsi rentrer ou non dans une logique de repli identitaire [3]. L'étude entreprise ici et qui n'est pas tout à fait nouvelle, se propose, à la différence de celles qui existent déjà, d'étudier le processus de production artistique en insistant sur les curieuses et paradoxales coïncidences qui l'ont caractérisé dans plusieurs endroits du continent au travers des institutions et du temps.

La méthodologie appliquée dans ce cas d'étude est multidisciplinaire. C'est un champ d'étude que seuls les outils d'historien d'art ne permettraient pas de

---

notamment la politique, l'économie, le mode de gestion des crises et le choix des symboles de représentation, car les idéologies sont porteuses des modes de production et de partage des richesses. Cela reste en devenir pour un continent si éclaté, mais les exemples du Japon, de la Chine, de l'Inde voire, du Brésil sont notables et doivent nous inspirer.

[2] En dehors des drapeaux et donc, des couleurs qui caractérisent chaque pays, il y a des objets, animaux et symboles qui distinguent également chacun des pays et rendront, à mon humble avis, la tâche redoutable de trouver un consensus. Cependant, il y a en ce moment une image du léopard qui remplit toute la carte du continent qui circule sur Internet.

[3] Plusieurs travaux ont été menés dans ce sens qu'on peut consulter avec intérêt.

couvrir. C'est pour cela que nous avons de temps en temps emprunté à l'anthropologie certains de ses outils, notamment l'outil analytique en ce qui concerne la question d'approche de l'identité culturelle, très importante pour cette étude. Nous avons, également, fait le point documentaire sur la question, en profitant de l'opportunité de notre passage à Berlin, ce qui nous a permis d'utiliser les différentes bibliothèques de la ville. Les études sur la globalisation y fleurissent dans quasiment tous les domaines. Malheureusement, la bibliothèque du jeune Département d'Histoire de l'Art africain à l'Institut d'Histoire de l'Art de la Frei Universität à laquelle nous sommes affilié n'est pas encore particulièrement dotée, mais la Staatsbibliothek ainsi que la bibliothèque de la Humboldt Universität ont bien rempli nos attentes.

Pour rendre compte de ces réflexions, nous avons conçu une démarche en trois parties. La première est consacrée à la culture et à l'identité culturelle. Il s'agit de montrer les caractères essentiels des cultures africaines qui sont le socle des pratiques artistiques sans donner dans une étude exhaustive dont d'autres pourraient mieux s'occuper que nous. La deuxième partie se penchera sur les pratiques esthétiques en Afrique à travers des cas d'étude et en soulignant les tentatives, à la fois grossières et insidieuses, de sa récupération. Enfin, la troisième partie s'emploiera à montrer que malgré tout, l'Afrique fait face à la mondialisation, une réalité que nous montrerons à partir des exemples tirés de différentes parties du continent.

I. CULTURE ET IDENTITÉ CULTURELLE EN AFRIQUE

Les assauts récurrents des médias et surtout de l'Internet, rendent complexe la question de la culture au point où, en parler aujourd'hui requiert de la délicatesse. D'aucuns se surprennent même à s'interroger si l'Afrique a encore une culture propre à elle. Mais, pour mieux comprendre, il faut à s'interroger sur ce qu'est, en fait, la culture.

La culture, terme qui a mobilisé les réflexions des plus remarquables anthropologues depuis de nombreux siècles, n'a pas fini de nous convaincre. Ainsi, E.B. Tylor au XIXème siècle, en donne une définition restée depuis, classique pour son universalité et sa rupture avec son temps, malgré ses relents évolutionnistes. Il définit la culture comme : « *Ce tout complexe qui inclut les connaissances, les croyances, l'art, la morale, le droit, les coutumes, et toutes les autres capacités et habitudes acquises par l'homme en tant que membre de la société* ».

Cette définition a été depuis, critiquée, redéfinie et précisée par de nombreux autres chercheurs parmi lesquels nous pouvons citer Linton, en 1936, qui pense que la culture est : « *La somme des connaissances, des attitudes et des modèles habituels de comportements qu'ont en commun et que transmettent les membres d'une société particulière* ».

Cependant, cette définition de Linton ne précise pas clairement le mode de transmission des acquis qui continuait jusque-là de quereller les chercheurs[4]. Ces diverses définitions donnent une idée imprécise, un peu floue de ce qu'est vraiment la culture et donc, du fonctionnement universel des sociétés humaines. Mais il faut attendre le XXe siècle pour en avoir une autre, qui nous semble plus proche de la réalité. Celle de M.C. Gousseau en 1969, lorsqu'elle écrit :

> La culture est faite de savoirs, somme des connaissances humaines, transmises par l'enseignement, assimilée par l'Education ; elle anime les communautés naturelles, en particulier les métiers par le canal des techniques ; elle suscite l'harmonie sociale, nécessite un véritable humanisme, ne vit qu'ordonnée aux notions d'Etre, de Vrai, de Bien, de Beau ; elle s'incarne dans les peuples, les nations, les patries et y crée un art de vivre en société aux visages multiples qui forme cependant par son unité profonde le patrimoine universel qui est la civilisation.

Nous retiendrons de cette définition le caractère universel de la manifestation de la culture. Même diverse en ses mutations dans le temps et dans l'espace, elle reste le patrimoine de tous les hommes donc également des peuples d'Afrique. La culture est ainsi dans son expression profonde le reflet de tout l'univers de l'homme dans son milieu de vie car elle surgit dans ce que nous sommes, dans nos connaissances, nos us, nos mœurs, nos traditions et nos croyances. On pourrait dire que nous sommes ce que notre culture a fait de nous. Et cela rejoint ce que pense Achiel Peelman avec qui nous sommes du même avis pour dire que « *chacun de nous, dès le premier jour de sa vie, a été programmé, éduqué ou endoctriné dans une seule façon d'être humain* ».

La culture est alors conçue comme la façon dont chaque peuple s'adapte à son environnement. Ce qui signifie que tous les peuples en ce monde se différencient par leur façon d'être et de faire. C'est ce que reprend admirablement Mbumua lorsqu'il écrit ceci : *« Les hommes ont inventé des cultures différentes en fonction de leurs préoccupations conjoncturelles, de leur subjectivité, de leurs goûts et de leur tempérament respectifs qui sont par essence, insuperposables. Les cultures humaines sont donc soumises au principe de la relativité et*

---

[4] La définition suivante que donne Herskovits de la culture semble renforcer cette énigme : « *La culture est cette partie du milieu qui est faite par l'homme* ». La question la plus importante est donc, de savoir la place du biologique dans ces acquis et leur transmission. Pour éviter de donner dans la polémique, nous n'avons pas l'intention de revenir ici sur ces débats quasiment abjects sur les races et les clichés qu'ils entretiennent. Toutefois, on peut reprendre ici l'explication que donne à ce propos B. Bernier B. : « *Est culturel ce qui, en l'homme, n'est pas spécifiquement biologique. Cette conception n'entraîne pas la négation du phénomène biologique : dans ces définitions, ce dernier apparaît plutôt comme la base sur laquelle s'édifie la culture, et sa fonction se limite à cela. La biologie détermine des besoins et des potentialités ; selon les sociétés, la culture actualise ces potentialités de diverses façons en vue de satisfaire les besoins. La culture n'est donc pas déterminée par le domaine biologique ; elle s'édifie, selon ses propres règles, sur la base des données biologiques* ».

de pluralisme. Et comprendre une culture, c'est trouver le motif prédominant qui l'a fait naître et a pu lui permettre de se développer efficacement ».

Mais curieusement, la culture africaine fut longtemps niée dans la mesure où certains scientifiques occidentaux[5] parlaient de sauvages au lieu de cultures. Or, au plus profond d'elle-même, la culture africaine se caractérise par la vie qu'elle recèle, la fierté, l'esprit de solidarité, la sagesse et le sens d'humanisme sans précédent qu'elle offre. La vitalité, le courage devant les souffrances la traduisent. Ces caractéristiques culturelles africaines s'incarnent dans différentes expressions artistiques, notamment dans l'art plastique, la musique, les traditions de la pensée africaine, etc. et ont même réussi à traverser les frontières certes, sous la contrainte et par la force des évènements. Ce constat pertinent a amené les Brésiliens à reconnaître, certainement bien convaincus, comme a pu le dire Jorge Amado :

> C'est aux Noirs que nous devons quelques-unes de nos caractéristiques populaires les plus puissantes, comme notre capacité de résister à la misère et à l'oppression, à survivre aux conditions les plus dures et les plus diverses, à rire et à animer la vie. C'est à eux encore que nous devons cette joie de vivre qui nous pousse à lutter et à vaincre le retard, la misère, le manque de liberté et les innombrables obstacles qui s'opposent à notre développement. Cette capacité de résistance et de lutte, pour ne rien dire de la musique, de la danse et de la tendance artistique générale du Brésilien, nous la devons d'abord à ce sang noir qui circule dans nos veines.

Ainsi reconnue à un moment crucial de l'évolution de l'humanité[6], la culture africaine ne peut plus être niée, tout au moins et légitimement, elle doit-être acceptée, différente. C'est à ce niveau que la définition moderne de la culture à laquelle tout le monde aspire et que nous avions évoqué plus loin prend tout son sens. La culture se saisit dans ces conditions comme fonction de la réalisation humaine ; d'où l'indispensable appartenance de toute personne à une culture sans laquelle elle ne peut atteindre son plein accomplissement. Vu sous cet angle, la culture ne saurait être statique puisque la réalisation pleine des hommes est conjoncturelle et non linéaire ; donc, elle doit s'adapter aux différentes situations qui lui sont imposées. C'est bien ce que voulait dire Mbumua en insistant sur le fait que dans la culture, un dynamisme d'avenir est possible :

> ...même si la culture populaire est le souvenir réconfortant des rêves et des espoirs communs, elle ne peut, ne doit se figer. Elle doit évoluer avec le temps et les transformations que les hommes et les événements impriment au milieu. De se figer elle se momifie en culture de musée, en objet de curiosité, en sous-culture, et ne joue plus le rôle dynamique de dépassement, son rôle de « grande réserve de foi et de

---

[5] Il ne sera pas utile de revenir sur les clichés développés par certains philosophes allemands comme Hegel voire, Kant et des penseurs américains comme Boas.

[6] C'est à partir des années 1980 que les pays, aujourd'hui dit émergents avaient commencé leur ascension. Comme cela avait été dit pour le Japon au cours des années 1960, les produits venant de la Chine et du Brésil en ces années étaient connotés des mêmes qualificatifs, des tocs ou produits de mauvaise qualité.

force, où les hommes puisent, dans les moments critiques, le courage d'assumer et de forcer l'avenir.

Comme si cela ne suffisait pas et comme il faut bien comprendre l'importance de ce principe, Joseph Ki-Zerbo, cité par Laburthe Tolra, utilisera des métaphores encore plus concrètes : « *La culture n'est pas un compte en banque qui serait immobilisé, mais une sorte de tissu vivant qui comporte des éléments qui sont des fleurs et des fruits. Il nous appartient d'ELAGUER ces éléments sclérosés pour mettre en valeur tous les éléments sains qui peuvent être côtés honorablement dans la bourse internationale des valeurs humaines.* »[7]

Dans ces conditions de constante mouvance et d'impression de non stabilité de la culture, comment peut-on parler d'identité culturelle en particulier, celle de l'Afrique ou des Africains ? Selon R. Boa Thiemele, reprenant certains aspects fondamentaux des études de Cheikh Anta Diop, l'identité culturelle serait :

> …ce qui différencie et distingue un homme ou un peuple d'un autre, sous un angle dynamique. Elle consiste dans la vision du monde, dans la conception de l'homme et de son rapport au monde. L'identité d'une culture c'est ce qui fait que sa vision du monde et les œuvres qui en découlent n'appartiennent qu'à cette culture et la rendent différente des autres. C'est en somme ce qui donne à l'individu la conscience d'appartenir à une unité culturelle précise. L'identité personnelle ou individuelle ne peut se construire en dehors de l'appartenance à des identités collectives parce que tout homme éprouve le besoin de s'enraciner dans la culture du groupe qui le reconnaît, c'est-à-dire l'accepte, l'estime, le valorise. Elle permet une réelle protection et une sécurité symbolique....

Comprise dans ce sens, l'identité culturelle serait elle aussi, dynamique et les multiples expériences de la communauté concernée ainsi que les échanges avec d'autres cultures ne devraient pas l'altérer. Mais, il faut des conditions pour la formation de l'identité culturelle, spécifiquement en ce qui concerne l'Afrique. Nous n'allons pas ici, revenir sur les détails de cette formation, mais en signaler les points saillants afin de comprendre de quoi il s'agit. L'un des auteurs qui a le plus réfléchi sur cette question est Cheikh Anta Diop et il distingue essentiellement trois facteurs qui sont : le facteur historique, le facteur linguistique et le facteur psychologique.

Le facteur historique est selon lui, le ciment culturel qui permettrait d'unir les éléments disparates d'un peuple pour en faire un tout. Il crée un sentiment de continuité historique vécu par l'ensemble de la collectivité. La conscience historique ainsi engendrée permet au peuple de se sentir uni, d'avoir une vision prospective plus éclairante et de prendre plus en main son destin, c'est le facteur clé.

---

[7] J. Ki-Zerbo cité par T.P. Laburthe., R.Bureau, *Initiation africaine, Supplément de philosophie et de sociologie à l'usage de l'Afrique noire*, Yaoundé, Clé, 1971, p. 281.

Le facteur linguistique concerne la langue et tous les moyens de communications, y compris les arts, que le peuple utilise pour traduire ses émotions, expliquer le monde et échanger avec les autres. La langue est le caractère de l'identité culturelle le plus remarquable.

Enfin le facteur psychologique, ce sont les invariants psychiques qui résistent le plus longtemps aux changements.

Mais aujourd'hui, force est de constater que la culture africaine et l'identité africaine sont, pour ainsi dire, en crise. Depuis les premières rencontres avec d'autres cultures jusqu'au phénomène de la mondialisation en passant par la colonisation, elles n'ont cessé de subir l'influence, voire la destruction de leur base. L'histoire nous enseigne par le témoignage des textes des voyageurs portugais du XVème au XVIIème siècle et des écrivains arabes[8] que les civilisations africaines avaient conservé l'essentiel jusqu'aux « malheureux » contacts avec l'Occident. Les empires du Ghana, du Mali, de Bénin et du Congo avaient un rayonnement rarement atteint dans le monde de leur contemporain. Quels furent les caractères de ce rayonnement ?

II. PRATIQUES ESTHÉTIQUES EN AFRIQUE, DES TEMPS ANCIENS À L'ÉPOQUE CONTEMPORAINE

Les caractéristiques du rayonnement des empires sont multidimensionnelles notamment, l'organisation militaire, administrative, l'agriculture, le commerce et les arts. C'est ce dernier qui va nous occuper ici. Il faut toutefois signaler, qu'il ne sera pas aisé de remonter à la source première de l'art en Afrique. Ce qui est évident, depuis fort longtemps, tous les genres d'art ont été pratiqués sur le continent. L'authenticité et le classicisme de l'art dit "Nègre" ne sont pas dans l'imitation du réel ou de l'imaginaire multidimensionnels, mais dans son identification à ce réel. Il est plus représentation des archétypes que des portraits ressemblants. Les têtes en terre cuite ou en bronze provenant des divers royaumes, en particulier yoruba, du Nigeria actuel l'attestent bien. Les sculptures en bois que l'on rencontre dans toutes les régions d'Afrique en sont également le symbole. Nous montrons ici un échantillon de cette riche iconographie.

[8] Nous voulons citer ici le géographe Al-Idrîsî qui déjà au XIIème siècle décrivait le Niger, le Soudan et la vallée du Nil, Ibn Battûta, Hassan al-Wazzan rebaptisé par le Pape Léon X, il devient Léon de Médicis, dit Léon l'Africain et publia *Cosmographia Dell Africa*, ou *Description de l'Afrique à la faveur duquel*, Tombouctou devint célèbre, Ibn Khaldoun, Ibn Rochd ou Averroès, etc., en plus des premiers explorateurs portugais comme Bartolomeu Dias et surtout, le Français René Caillé qui a réussi à atteindre Tombouctou et publia en 1830 son *Journal d'un voyage à Tombouctou.*

1-Tête Ifè datant du XII^{è}-XV^{è} siècle, 35 cm ; Photo tirée de *African art,* V. XXXIV, N° 3, Autumn 2001.

2-Statuette féminine Guro, H = 21,6 cm, 3-Figure reliquaire Bakota, H = 73,7 cm, photo tirée de Sotheby's, 16-Nov-2001, Sotheby's, *Id.*. Cette forme de reliquaire Bakota était déjà présente dans l'exposition : exceptionnellement rare ce qui fait aujourd'hui sa cote exceptionnellement rare, ce qui fait sa cote élevée.

« L'Art indigène des colonies françaises et du Congo Belge » de 1923-24.

L'architecture fut aussi un genre de prédilection sur le continent. Le patrimoine architectural des palais des royaumes et de certaines villes de ce qu'il convenait d'appeler le « Soudan noir » témoigne d'une admirable combinaison de chefs d'œuvres architecturaux et décoratifs. Les célèbres métropoles de l'empire du Mali comme Tombouctou, Gao et Djenné prouvent l'existence d'un style proprement « soudanais » que l'on retrouve à travers l'influence de l'architecture islamique. Les palais des royaumes Mossi, Ashantis, Bénin et Bamiléké offrent des exemples d'œuvres architecturales très élaborées. Les peintures rupestres du Tassili, au Sahara, et celles du désert du Kalahari apportent, quant à elles, les témoignages d'un art pictural totalement indépendant et leur découverte a permis de mettre fin à une certaine polémique[9].

Les arts de la communication n'ont jamais été absents dans les sociétés africaines. Ainsi, de nombreuses cérémonies rituelles et des rassemblements populaires comportent un élément de théâtre, de communication et d'apaisement social. Aux danses et à la musique, se mêlent la plupart du temps, des exhibitions de masques et des chants poétiques dont le caractère rituel de l'événement est la source. C'est le cas du gèlèdè chez les Yoruba dont la manifestation est l'occasion de montrer leur vision du monde et surtout, leur stratégie de gestion sociale où doit primer l'harmonie. Nous en parlons ici parce que c'est celui que nous connaissons le mieux, mais il est loin d'être le seul dans l'univers africain qui recèle des sociétés de masque pour les initiations, etc.

Heaume Gèlèdé. Nigéria, culture yoruba. Bois, patine mate, traces de pigments, 37 x 18,5 x 32 cm. Paris, musée du quai Branly.

[9] Pendant longtemps, l'Occident a dénié à l'Afrique la capacité d'avoir de la peinture érigée au piédestal de la forme la plus élaborée de l'expression artistique en lien avec la philosophie qui en décrit la beauté. On parle alors de l'esthétique et toutes les sociétés sans écriture et donc, sans Histoire ne peuvent l'atteindre. La philosophie, à son tour, est le summum de la manifestation de l'évolution humaine. La découverte des peintures rupestres ont relativisé ces théories.

L'art reste donc une des expressions les plus hautes de la culture en Afrique et exprime la vie des peuples, leur manière d'être et leur vision du monde. Il symbolise la vie concrète de l'univers cosmique, mais n'en est pas une simple copie. La question de son esthétique est une question de vie et pas seulement de la beauté ni du divertissement. L'essentiel dans l'art africain est non la forme, mais ce qu'il représente et transmet comme message aux yeux des Africains et cela est important à souligner. C'est ce que semblent confirmer T.-P. Laburthe et R. Bureau lorsqu'ils écrivent, ceci. *« Ce qui est essentiel est le nom ou la fonction que l'on donne à l'objet, son sens, ce qu'il représente ; même faite de bois (matière la plus noble parce que vivante) une chose ne peut que désigner un être sans jamais s'identifier à lui. C'est pourquoi l'art africain est éminemment symbolique, bien que l'accent mis sur les symboles le rende en même temps expressionniste ».*

Malheureusement, la rencontre de l'art africain avec les populations d'autres cultures, animées de desseins pas assez clairs au départ l'a rendu dans un premier temps, méprisé puis, pendant des décennies, incompris. Méprisé parce que, dans la conquête matérielle du monde, l'Occident n'a rien épargné. Les hommes et leur culture sont passés à la trappe. L'esclavage a créé une rupture sans précédent dans la chaîne de continuité culturelle, même si aujourd'hui, nous ne sommes pas moins fiers de savoir que la culture noire a contribué à l'universel à travers la musique en Amérique du Nord et Centrale.

Plus tard, la colonisation a accentué la déchéance culturelle du continent. Il ne s'agit pas ici de refaire l'histoire, cela va être trop long, mais de rappeler que toutes les puissances colonisatrices, pour s'implanter, durent partout commencer par détruire la culture des Noirs. Les missions évangéliques ont précédé toutes les autres[10]. Collecte ou destruction des sculptures les plus significatives des communautés, suppression des statues, interdiction des rites sacrés, conversions des leaders d'opinion, désagrégation de l'ordre social millénaire font partie du même impérieux besoin de faire le vide culturel. Il s'agit subtilement, de remplacer par des fonctionnaires, simples rouages d'une machine technique, l'administration, les chefs traditionnels qui étaient le couronnement de l'édifice culturel. Les cours royales, mécènes naturels des artistes furent détruites et le cycle de la production s'arrêta dans bien des cas. Les convertis renoncent à leur tradition de représentation des dieux dans leurs maisons. Résultat, les commandes s'étiolent chez le sculpteur qui change d'activité. Considérée comme objet des fétiches, la sculpture dite traditionnelle se dénature, perd sa signification profonde. Elle s'en va en lambeaux avec la vision du monde africain, la sagesse, les langues et les religions. Les objets collectés ou volés rentrent dans la logique de cabinets de curiosité et puis la science s'en mêla. Ces sculptures, pour la plupart, deviennent objet de curiosité, incompris. Non

---

[10] Cf. Extrait de la causerie du ministre des colonies, M. Jules Renkin en 1920 avec les premiers missionnaires catholiques du Congo Belge, tiré du document en Annexe de : J. Mugaruka Ntabala, *L'impact de la relation d'aide sur le ministère pastoral dans une église locale*, Mémoire présenté à l'Université Libre des pays des Grands Lacs, Goma, 1995-1996.

seulement les scientifiques s'y consacrent sur place en Occident, mais également, des missions sur le terrain en Afrique se multiplient[11]. L'art africain est donc passé tour à tour de l'art nègre à primitif, de primitif à naïf, de naïf à premier[12]. Ce dernier terme suscite d'ailleurs, une autre polémique[13]. Les objets rassemblés vont passer des cabinets de curiosité aux musées ethnographique. La fonction de tels objets sera de fournir des données sur une façon de vivre surtout inférieure et d'éclairer les premières phases du développement de la civilisation que les Occidentaux ne pouvaient plus observer. Malgré le paradoxe évident de cette idée de base[14], elle va faire son chemin et entraîner, dans la seconde moitié du XIXème siècle, la création des musées ethnographiques. Là, les objets des peuples dits " primitifs" joueront le rôle de témoignage de cultures primitives que l'Europe "civilisée" leur assignait dans un but, à la fois politique et économique[15].

Les études se multiplient pour en connaître le sens jusqu'à cette nouvelle rencontre avec des artistes de la fin du XIXème siècle. En 1905[16], un véritable changement s'opère avec la découverte de la sculpture africaine par les artistes avant-gardistes de l'école de Paris tels que Vlaminck, Derain, Matisse, Picasso et Braque, etc., et les expressionnistes allemands dans leur mouvement artistique « die Brücke » dont Nolde, Kirchner, Heckel, Schmidt-Rottluff et bien d'autres. Pour les premiers, la sculpture africaine était devenue un support de révolte contre l'académisme, une réponse à leur recherche d'ordre formel et

[11] L'une des missions les plus tristement célèbres fut la mission "Dakar-Djibouti" conduite par Griaule et Leuzinger en 1931 qui collecta, mais aussi vola beaucoup d'œuvres dans les couvents. C'est la naissance de l'ethnologie moderne.

[12] Cf. à ce propos le remarquable article de J.L.Aka-Evy, « De l'art primitif à l'art premier », *Cahier d'études Africaines,* 1999.

[13] J.-C.Muller, « "Sous le Masque Africain, Quelques Faux Semblants" », *L'Art c'est l'Art*, Neuchâtel, 1999, a pu écrire ceci à la page 45 : « *Mais ce terme est polysémique ; il est dangereux et sournoisement piégé car il suggère, également par sa simple supériorité ordinale, la pureté originelle, la vraie authenticité et la grandeur indicible des commencements...il y a mieux : ces objets sont aussi actuellement catalogués comme « arts primordiaux », étiquette encore plus éloquente qui connote,...celle d'une suprématie absolue...* »

[14] Les Européens en abordant les côtes africaines ont bien constaté qu'il y avait une organisation sociale très avancée, qu'il existait des royaumes voire des empires. Donc, si c'était encore des peuples à l'aurore de l'humanité, il n'existerait au plus que ce que l'on nomme des sociétés à organisation lâche sans chefferies. Cf. à ce sujet : *l'Histoire Générale de l'Afrique* T1, Paris, 1980.

[15] J. Laude en 1968 faisait remarquer que : « *La fondation des musées d'ethnologie et le mouvement d'idées qui se créa en sa faveur répondaient à des besoins économiques et politiques, en même temps que, progressivement, se définissait une idéologie visant à interpréter les témoignages matériels rassemblés dans des musées dans un sens préalablement défini.* »

[16] J.L.Aka-Evy l'évoque en 1906, S. Vogel, en 1997, et J. Agathe, en 1975, p. 86, qui mentionne l'année 1912. Il faut cependant noter que la diversité des dates ne change rien à la réalité des faits.

pour les seconds, les expressionnistes allemands, une source exotique[17] d'inspiration, de soutien psychologique et émotionnel à leur tentative de redécouvrir les sources primordiales de l'art et de se les approprier.

Pendant ce temps sur le terrain, la répression de l'administration coloniale ne laissait aucune place à quelque expression originale que ce fût. Les artistes travaillant encore pour les cultes le font au sein des couvents donc, au secret. Les sources de commande, donc de survie des artistes étant asséchées, vont apparaître d'autres genres de production désignés plus tard d'art pour touristes ou arts populaires qu'il faut toutefois, distinguer de l'art contemporain. Des administrateurs coloniaux et plus tard des touristes indiquent aux artistes leur choix et parfois, la manière dont-ils doivent réaliser l'objet de leur désir. Des exemples sont notables un peu partout en Afrique. Au Kenya par exemple, au cours des années 1970, il existait trois centrales de sculpture contrôlées par une seule société qui utilisaient 900 sculpteurs "artisans". La société a conçu, à partir des traditions de sculpture, 178 motifs des plus demandés à l'extérieur et fait travailler les sculpteurs là-dessus et c'est ainsi que l'art africain était déjà victime du nouvel ordre mondial. Conclusion, l'essentiel de ce qui constitue la production africaine contemporaine, autrement dit les thèmes développés dans les arts, manquent souvent de pertinence et d'enracinement. Tout porte à croire en effet que les créateurs peignaient, sculptaient, pour restituer à un certain public occidental l'image que celui-ci se faisait de leurs peuples et assouvir son besoin d'évasion. Voici quelques images emblématiques de cet art pour touristes.

[17] Il faut remarquer comme l'a admirablement rappelé Franz Fanon, que l'« exotisme » est une des formes de simplification raciste. Il exclut toute forme de confrontation culturelle puisque face à une culture dynamique, changeante et épanouie, il y a une autre stagnante où l'on ne trouve que des choses, jamais de structures ou ainsi imaginé.

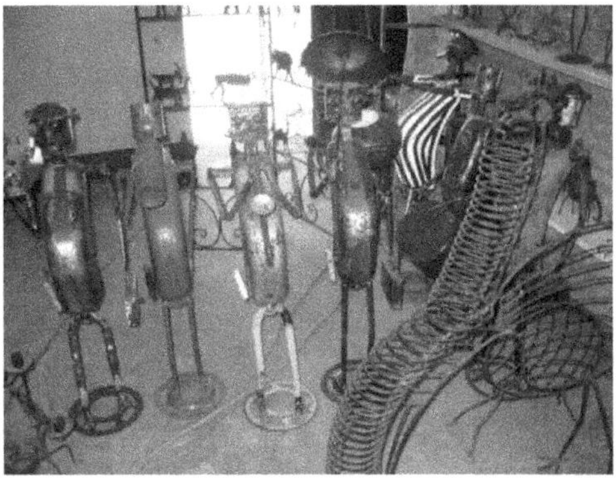

Ces trois photos illustrent ce que sont les arts pour touristes. Au début des années 1980, s'est développé ce qu'il convenait d'appeler Art de la récupération surtout en Afrique de l'Ouest. Quelques années plus tard, ils sont devenus des produits de l'arti- sanat au SIAO à Ouaga-dougou au Burkina-Fasso.

Au même moment que se développaient les arts pour touristes, se mettait en place une autre production inspirée, pour la plupart du temps, par des "mécènes" ou "amateurs d'art" européens. Autour des années 1920-1930, Thiry, fonctionnaire belge au Congo-Zaïre, remarque des jeunes qui réalisent des fresques pour décorer les murs des maisons. Attiré par ceci, il les interpelle et plus tard, leur fournit gouache, aquarelle et papier pour les encourager. Il s'agissait de deux vieux artistes, Lubaki et Djilatendo, ceux qu'on nommait les "imagiers congolais", précurseurs de la peinture contemporaine en Afrique Centrale.

En 1946, "le Hangar" de Pierre Romain Desfossés à Elisabethville accueille Pili Pili, Mwenze et Bela. En 1950, Pierre Lods à Brazzaville rassemble les peintres qui seront à l'origine de l'école de Poto Poto. On peut citer, Ossali, Ouassa, Zigoma, Iloki, Oloko, Bandila, Ondongo, Thango et Gotène.

Toujours au cours des années 1950 à Léopoldville, l'actuelle Kinshasa, le peintre Laurent Moonens rassemble le groupe du Stanley Pool. Maurice Alhadeff viendra par la suite lui succéder. Ils n'ont cependant pas fondé une école de peinture, mais ont toujours procuré les moyens matériels pour peindre à un grand nombre de peintres, au rang desquels on peut citer Thango. Léopold Sédar Senghor invitera d'ailleurs un peu plus tard, Pierre Lods à venir installer une pareille école à Dakar. D'autres ateliers sont créés, toujours à l'initiative "d'amateurs d'art" européens. Il s'agit de l'atelier de Tenguenegue au Zimbabwe, où Franck Mac Ewen a développé la pratique de la sculpture sur pierre ou encore à Oshogbo, au Nigeria, sous la houlette de Ulli et Georgina Beier.

La coïncidence est étonnante, voire effrayante. Au lendemain du dépouillement de la culture africaine de tous ses piliers de référents, comme par un heureux hasard, il se trouvait des hommes prêts à aider la jeune génération à pratiquer des arts et surtout, la peinture à un moment où, on pensait que ce n'était pas une pratique très connue sur le continent. Pire, le phénomène qui interpelle le plus, c'est la curieuse explosion de ce "mécénat" dans les redoutables foyers traditionnels de pratique artistique sur le continent. Le Congo-

Kinshasa, le Congo-Brazzaville, le Zimbabwe et le Nigeria n'avaient besoin d'aucun mécénat ou de découvreurs pour continuer la tradition séculaire de production, mais c'est justement là en ce moment, que les "mécènes" apparaissent et deviennent subitement utiles. C'est une situation importante qui devrait nous interpeller et surtout nous amener à analyser les nouveaux codes dans lesquels nous sommes tombés. Une chose est sûre, l'histoire ne commençait pas en ce moment[18]. Voici l'une des plus anciennes toiles de cette époque.

Djilatendo, R. Congo, scène de chasse, 1931.

Depuis, l'art pratiqué sur le continent s'est diversifié et surtout, à partir des années 1990, la production contemporaine a explosé malgré la polémique sur sa contemporanéité et de grands noms comme Chéri Samba, Bruly Bouabré, Malangatana, Tokoudagba dont les productions font une place à l'originalité africaine, sont connus sur le plan mondial. Il est difficile de faire une typologie de la production actuelle, tant cela va dans tous les sens et le maître mot, c'est vendre surtout, dans les réseaux des institutions internationales, car le marché en Afrique est très étroit. Du coup, la question de survie a pris le pas sur le génie créateur de l'artiste africain même si depuis un certain temps, une prise de conscience s'est opérée. Or tout ce qui est lié à l'art comme moyen de subsistance le dévalorise davantage lorsqu'il faut créer une œuvre d'art simplement pour se faire de l'argent. Mais lorsque la production est inspirée de la place qu'on doit lui faire sur le marché international, comment cet art peut-il faire face à la mondialisation ? Nous présentons ici quelques œuvres de la production contemporaine.

[18] Cf. J.L.Aka-Evy, *op. cit.*

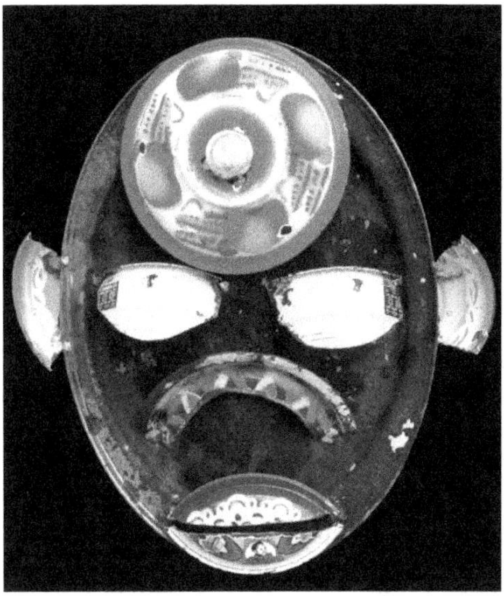

Dakpogan T., Bénin, 2005 Malangatana V., Mozambique, 1965

Twin Seven-Seven, la fête de l'igname, 59 x 151 cm, Nigeria, 1989.

Confrontée à de telles diversités de représentations encouragées par les différents réseaux idéologiques et financières, comment l'Afrique peut-elle faire face à la mondialisation ?

I. L'ART AFRICAIN FACE À LA MONDIALISATION

D'abord, il est une question à laquelle ici aussi, il faut répondre. Qu'est-ce la mondialisation ? Il ne s'agit pas de revenir sur toutes les théories fondant ce fait depuis des décennies. Néanmoins, il faut se rendre à l'évidence que c'est un concept postcolonial pour garder en l'état, les stratégies d'exploitation. Le monde contemporain est caractérisé par une tendance au nivellement culturel, conséquence de la dépendance économique ou politique des pays d'Afrique par rapport aux pays développés. Trois moyens sont essentiellement utilisés pour atteindre cet objectif.

D'abord, l'aide économique internationale tend, par le canal des anciennes stratégies, à vulgariser dans nos pays le modèle de production et de consommation surtout, occidental. Ensuite, le monopole des moyens d'information en plus de l'Internet détenu par les pays développés, étant la sphère d'influence au nivellement culturel. Il favorise l'exportation des systèmes d'éducation des pays développés aux dépens des cultures nationales. Enfin, le transport a totalement rapproché toutes les parties du monde qui est vraiment devenu un village. En 48h ou 72h, on peut atteindre n'importe laquelle des parties du monde et cela, donne l'impression d'être proche les uns des autres. C'est pour cela que Joseph Ki-Zerbo affirme à juste titre d'ailleurs, que : « *Du point de vue africain, la mondialisation est l'aboutissement logique du système capitaliste de production* ». Et il ajouta que face aux « mondialiseurs » que sont les États Unis, les Africains sont réduits à être des « mondialisés », des « figurants ». En effet, au début des années 1960, les Nations Unies sous la houlette des « grandes nations » ont inventé un nouveau concept, le droit d'ingérence pour continuer leur mission de civilisation des "bons sauvages". Cela signifie qu'elles ont le pouvoir au nom des « droits de l'homme » d'intervenir dans n'importe quel pays pour rétablir la paix, la sécurité pour les « populations » et surtout, la stabilité pour la sécurité des affaires. Le paradoxe est saisissant, par rapport à ce qu'elles même créent dans le monde, mais cela a marché et petit à petit, cela s'est mué en mondialisation.

Donc, le problème des cultures d'avenir est lié à celui de l'identité culturelle, propédeutique du véritable développement d'un peuple. L'identité culturelle d'un peuple, c'est le droit qu'il a de rester lui-même envers et contre toutes les formes d'assimilation et de cultures du monde contemporain. Comment sera-t-il possible d'avoir une identité commune africaine dans cet environnement qui semble caractériser par le sauve qui peut de chacun des États africains ? Comment avoir une caractéristique africaine, malgré les défis quotidiens et l'exaltation des singularités qu'avait méthodiquement renforcées les différentes sciences qui ont longtemps consacré des monographies à étudier chaque partie du continent et à en montrer les différences devenues quasiment habituelles pour nous-mêmes ? Le cas des études sur les pratiques esthétiques a fini par nous montrer cette intention finement organisée. Au début du XXème siècle, les études se concentraient sur des grands ensembles. On parlait alors du bassin congolais, ouest africain et est africain. Petit à petit, des chercheurs du monde entier, commencèrent à spécifier les études dans le but, disaient-ils, de mieux étudier les styles. Des pays qui avaient été découpés sur des bases arbitraires se retrouvent avec des populations qui ont développé des styles semblables à celui de leurs voisins de l'autre côté des frontières. Des exemples sont nombreux, mais on ne peut pas les citer tous ici. Cependant, on pourra noter le cas des Makondé en Tanzanie, au Mozambique et dans une certaine mesure au Zimbabwe et le cas des Yoruba au Nigeria, au Bénin et au Togo. Rien que pour l'Afrique de l'Ouest, qu'il faut reconnaitre approximatif vu la carte d'indication, le musée ethnographique de Berlin a consacré entre 1960 et 1969, trois ouvrages[19].

---

[19] Cf. K.Krieger, G.Kutscher, 1960, West-Afrikanische Masken et Krieger K., 1965 et 1969, West-Afrikanische Plastik I et II.

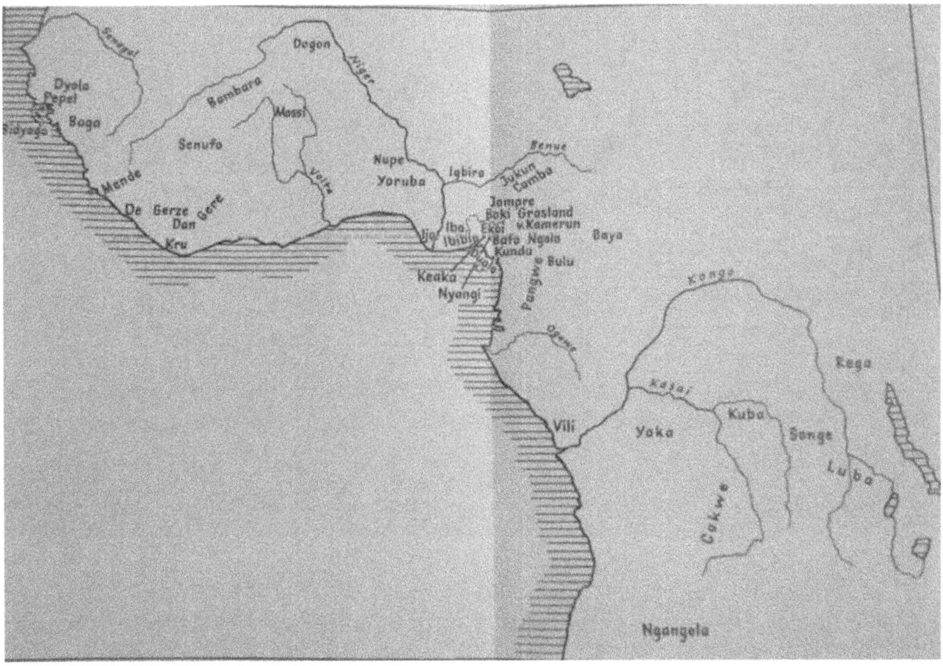

Voici une carte d'étude des masques en Afrique de l'Ouest en 1960, elle est totalement sommaire. On se rend compte que l'Afrique de l'Ouest est plus vaste que ce qui est admis aujourd'hui.

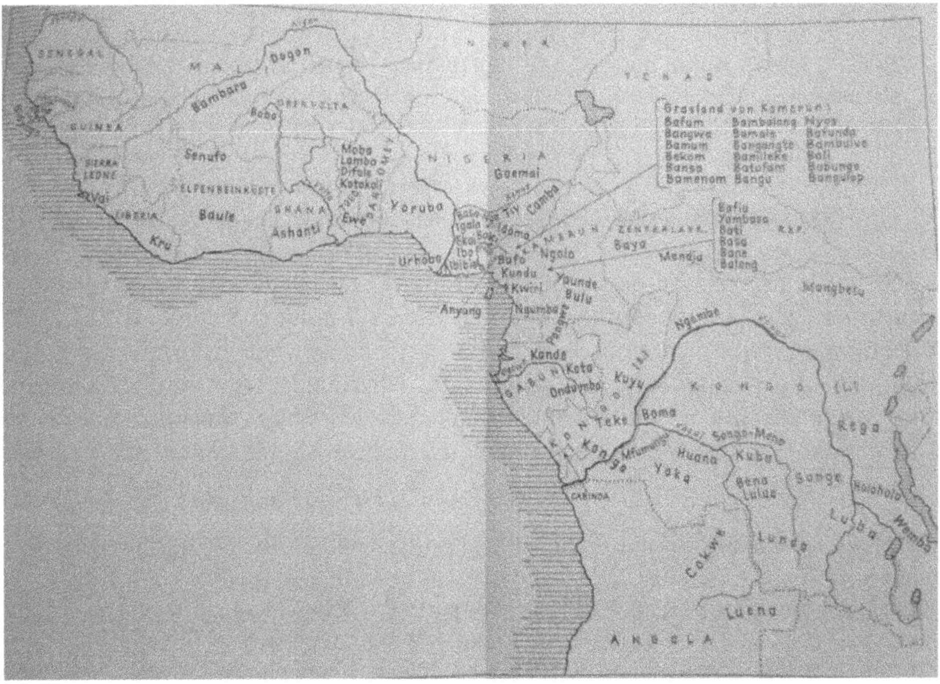

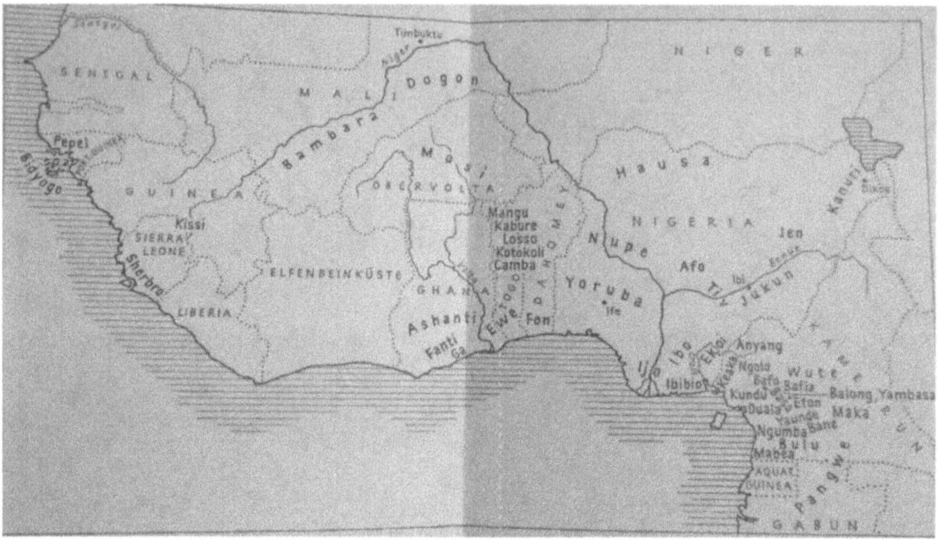

Voici deux autres cartes qui se complétent, l'une de 1965 et l'autre de 1969. Les détails des ethnies sont frappants. Les trois cartes sont extraites des livres : K. Krieger, G. Kutscher, *West-Afrikanische Masken*, 1960 et K. Krieger, *West-Afrikanische Plastik* I, 1965, et II, 1969.

L'exacerbation de ces singularités est incompatible avec la construction d'une identité africaine face à la mondialisation telle qu'elle existe ailleurs[20]. Il ne s'agit pas de se lancer dans des utopies irréalistes, mais de reprendre avec R. Boa Thiemele, en 2007 :

> Si C.A. Diop a milité pour un État fédéral dans lequel les langues négro-africaines seront le lien de communication privilégiée, c'est parce que pour lui l'histoire doit parvenir à réorienter l'évolution sociale et à éduquer les consciences. En somme il s'agit de créer une nouvelle personnalité africaine qui, libérée par la conscience historique, est convaincue de sa capacité **à créer, à innover** (souligné par nous) et à faire face à l'adversité sans subir les mutations fondamentales du monde.

Donc, la proposition de C. A. Diop reprise par Thiemele a pour but de reconstituer l'Histoire du continent, cette fois-ci, sur la longue durée. Il s'agira de remettre au centre des actions la formation de la conscience historique qui, à son tour, doit forger la nouvelle personnalité des Africains et les rendre aptes à faire face aux changements qui interviendront dans le monde. Cependant, cela ne suffira pas. C'est pour cela qu'il préconise que : « *En s'appuyant sur une his-*

[20] Malgré les guerres qui ont déchiré l'Europe pendant des siècles, les Européens ont compris qu'ils ne pouvaient individuellement faire face à la nouvelle configuration du monde à l'émergence duquel ils ont pris part. Il est fascinant de voir aujourd'hui comment, par le biais de la formation, dont le programme de mobilité "Erasmus" en quelques années, ils ont commencé à donner une image commune à leur continent. Il en est de même des grands projets communs.

toire commune et un avenir commun à construire, la conscience historique sera le fondement de l'identité culturelle ». C'est le cœur du travail à faire par les différents réseaux culturels, mais également par les hommes d'État pour fonder une identité africaine basée sur le retour au passé. C'est pour cela que W.E. Mbumua pense que pour les Africains, c'est un *impératif catégorique* d'intégrer dans notre propre culture sans nous renier, la rationalisation de nos modes de vie et de nos styles avec un esprit critique et aussi de notre dynamisme culturel aux contacts des autres. En cela, il rejoint C.A. Diop en proposant de revenir sur notre passé afin de mieux nous projeter dans l'avenir. Un retour en vue d'un saut de qualité, capable de redorer l'image ternie de l'Africain. Tout ceci pour dire que l'Afrique doit travailler pour sa renaissance ; comme beaucoup d'autres cultures, elle en a le droit, mais aussi les moyens[21]. Un exemple a déjà surgi au Sénégal avec l'ancien Président Abdoulaye Wade qui a fait sculpter un monument en bronze et cuivre dans la capitale sénégalaise dénommée "Renaissance Africaine". Malgré la polémique qui entoura sa réalisation, l'intention et la description de l'œuvre montrent l'image de l'Afrique qui pourrait être opposée à la mondialisation. Ce monument fait partie des grands projets d'Abdoulaye Wade, ancien Président du Sénégal, qui l'a souhaité « *dignité du continent* » : tout un programme ! Sa conception aurait été confiée à l'architecte sénégalais Pierre Goudiaby Atepa et l'œuvre aurait été dessinée par le Président lui-même. Ce qui justifierait les 35% de droits d'auteurs qu'il aurait détenus, mais elle aurait été initiée par l'artiste Ousmane Sow. Il s'agit de montrer au travers d'une famille dressée vers le ciel, l'homme portant son enfant sur son biceps et tenant sa femme par la taille, « *une Afrique sortant des entrailles de la terre, quittant l'obscurantisme pour aller vers la lumière* ».

---

[21] Tout le monde a entendu une fois parler de la Renaissance en Europe et elle fut surtout artistique, même si elle a plus tard contaminé les autres aspects de la vie. C'est d'ailleurs, à cette époque qu'est née, comme discipline scientifique, l'Histoire de l'Art avec Giorgio Vasari. Nous avons aussi en exemple l'ère Meiji au Japon et nous connaissons la suite.

Monument de la Renaissance africaine inaugurée à Dakar le 04 avril 2010.

Des efforts sont faits en ce moment également au Congo Brazzaville par le Gouvernement pour faire édifier des monuments symboliques dans tout le pays, mais surtout, à Brazzaville. Les monuments du septennat dont l'obélisque du millénaire est, à n'en point douter, une reprise en main du passé du pays pour forger la conscience historique congolaise, mais par-delà, la conscience historique africaine. Encore plus intéressant, cet obélisque est érigé non loin de l'école de peinture de Poto Poto -tout un symbole !- et les autorités, lors de son inauguration, comme le rapporte Greani, ont renforcé ce symbolisme en rapport avec l'Égypte : « *Par ce splendide ouvrage d'art, notre pays pose en réalité une belle passerelle entre les deux plus grands fleuves d'Afrique : le Nil et le Congo. Deux fleuves dont les limons si féconds ont abondamment enrichi la civilisation de notre monde* » soulignent *Les Dépêches de Brazzaville* dans leur parution du 01/07/2011.

Ce sont ces projets qui donnent à croire à l'ensemble des Africains qu'ils appartiennent à un même passé, à une même histoire vue sur la longue durée tel que le recommandait C.A. Diop qui permettront de faire face à la mondialisation sans renier leurs valeurs intrinsèques. Certes pour l'instant, il y a quelques difficultés à réaliser entièrement ces œuvres en Afrique avec uniquement des compétences africaines, mais c'est une question de temps et de détermination !

CONCLUSION

À l'issue de cette étude qui a permis de revisiter les questions de culture, d'identité culturelle africaine et surtout, de pratiques esthétiques sur le continent, nous nous sommes rendu compte que faire face à la mondialisation sans se renier reste un projet à réaliser.

La culture africaine semble en ce moment en crise parce que les Africains n'ont pas encore réussi à digérer tous ces changements qui leur sont tombés dessus ces derniers siècles. Ils sont embarqués, malgré eux, dans le tourbillon du nouvel ordre mondial. C'est ainsi que, remarque Cheikh Anta Diop, nous assistons à l'émergence d'une nouvelle conscience morale et spirituelle africaines portée par l'individualisme, la perte des liens sociaux et la recherche du bonheur matériel, toutes choses qui ruinent les efforts de construction d'une identité collective. Il faut pourtant comprendre que toutes les identités culturelles donc, celle africaine, sont structurées par l'histoire, sur le long terme. Une courte vue met en évidence les différences inconciliables entre les diverses entités d'une même culture. Mais une vision plus synthétique fait au contraire apparaître les facteurs de convergence. Nous l'avons largement évoqué dans nos analyses.

Quant aux pratiques esthétiques, leur évolution dépendait du chaos instauré par les multiples expériences qu'ont faites les cultures africaines. Les premiers contacts ont vidé le continent de ses meilleures pièces ou détruit tout ce qui pouvait continuer à susciter l'inspiration pour la production, les structures et les hommes. En remplacement, des mécènes sont curieusement et subitement apparus dans les foyers traditionnels de production et nous connaissons la suite. Un exemple à faire pâlir tous ceux qui connaissent bien le fonctionnement des institutions en Occident. Partis des masques africains, réalisés dans le bois, la terre cuite, le bronze, la pierre ou le cuivre qui, malgré toutes les polémiques, font la fierté du continent, nous en sommes arrivés aux masques en bidon, en plastique ou en émaille rouillé par le temps. Les arguments des artistes est de dire, « nous retournons à l'Occident les déchets qu'il nous a envoyés puisque ces masques sont justement achetés dans les collections en occident ». La créativité et l'innovation sont certainement salutaires, mais ce qu'ils n'ont peut-être pas perçu, c'est que cette production vendue à tout va n'est pas accompagnée d'un discours structuré et ce que l'histoire de l'art retiendra, c'est cela la production africaine à un moment donné. Certains ont commencé à l'identifier à l'Arte Povera apparue à un moment donné en Europe, d'abord dans les prisons où l'idée était que démunis, les gens font de l'art avec tout ce qui leur tombe sous la main. L'autre exemple effrayant souligné dans notre texte est celui de l'art d'aéroport. Censé être né au lendemain des indépendances, ce genre d'art a encore trouvé du grain à moudre au tournant des années 1980. Il était né au Bénin avec les frères Dakpogan, un genre de sculpture à base de fer forgé, réalisée avec plutôt des charpentes d'engins, des vélos ou des voitures, etc. Ils ont été encouragés par un certain réseau à aller dans ce sens et présentés dans des expositions à travers le monde. Quelques années plus tard, ces objets sont réalisés par des artisans dans tous les pays de l'Afrique de l'Ouest d'abord, et ensuite retrouvés dans le monde entier. Quel dommage !

Alors, comment l'Afrique fait-elle face à la mondialisation sans renier ses valeurs intrinsèques ? Nous avons suggéré d'aller dans le sens proposé par les Anthropologues et les Egyptologues, qui pensent qu'il faut retrouver le passé sans en garder les aspects sclérosés. L'art africain dit traditionnel a fini par rentrer à la fois, dans la logique scientifique et économique de l'Occident. Cela signifie qu'on lui a enfin retrouvé sa valeur. Mais, c'est en ce moment qu'en Afrique, nous avons entrepris de l'enterrer. Il s'agira d'y revenir, de retrouver enfin le droit à notre renaissance artistique. Il faut revisiter les anciens styles, les adapter à la vie contemporaine comme ont commencé, dans une certaine mesure à le faire, les sculpteurs makondé. Il faut aller beaucoup plus loin, à l'échelle continentale, avec de grands projets artistiques fédérateurs, comme c'est déjà le cas au Sénégal et, en ce moment, au Congo Brazzaville. Il faut aussi que ce soient les compétences africaines qui travaillent à cela, même s'il ne faut jamais entièrement fermer la porte aux extérieurs. Comme l'affirme une fois encore Joseph Ki-Zerbo, en 2003 et ce, à la page 173 : « *Le développement, c'est le passage de soi à soi-même à un niveau supérieur* ».

BIBLIOGRAPHIE

J. Amado, « Nous peuples de Métis », *Unesco, Le courrier*, Août-Septembre, 1977, pp. 18-20.

K. Asante, Molefi, *L'Afrocentricité.* Trad. Ama Mazama, Paris, Menaibuc, 2003.

J. Atangana, *Chemins d'Afrique*, Coll. « Point de vue », n°13, Yaoundé, Clé, 1973.

E. Bloch, *La philosophie de la Renaissance.* Trad. Pierre Kamnitzer, Paris, Payot, 1994.

R. Brague, *Europe, la voie romaine*, Paris, Folio/Essais, 1999.

Bwemba-Bong, *Quand l'Africain était l'or noir de l'Europe. L'Afrique : actrice ou victime de la « Traite des Noirs »,* 2 volumes, Paris, Menaibuc, 2005.

H. Carrier, *Lexique de la culture. Pour l'analyse culturelle et l'Inculturation*, Bruxelles, Desclée, 1992.

A.D. Cheikh, *Antériorité des civilisations nègres*, Paris, Présence Africaine, 1971.

A.D. Cheikh, *Civilisation ou barbarie, anthropologie sans complaisance*, Paris, Présence africaine, 1981.

A.D. Cheikh, *Civilisation ou barbarie*, Paris, Présence africaine, 1981.

A.D. Cheikh., *Nations nègres et culture. De l'antiquité nègre égyptienne aux problèmes culturels de l'Afrique Noire d'aujourd'hui*, troisième édition, 2 tomes, Paris, Présence africaine, 1954.

J. Delumeau, *La civilisation de la Renaissance*, Paris, Arthaud, 1974.

L. Diakhate *et al.*, « Le processus d'acculturation en Afrique Noire », *Présence africaine*, 4ème trimestre, 1965, pp. 68-81.

Dictionnaire de la civilisation africaine, Paris, Fernand Hazan, 1968.
L. Dollot, *Les relations culturelles internationales*, Coll. « QSJ. », Paris, PUF, 1968.
J. Do-Nascimento, et M-K. Mawawa, (dir.), *La renaissance africaine et sa prospective*, Paris, Paari, 2001.
G. Doue, *Cheikh Anta Diop, Théophile Obenga : combat pour la Re-naissance africaine*, Paris, l'Harmattan, coll. Etudes africaines, 2003.
R. Dumont, *L'Afrique noire est mal partie*, Paris, Seuil, 1962.
J.M. Ela, « Conscience historique et révolution africaine », *Hommage à Cheikh Anta Diop*. Présence africaine N° 149/150, 1989.
W. Fagg, *Merveilles de l'art Nigérian*, Paris, Chêne, 1963.
W. Fagg, *Sculptures africaines*, Paris, Hazan, 1965.
F. Fanon, *Peau Noire, Masques Blancs*, Paris, Maspero, 1962.
F. Galbiati, « Globalisation et mission à travers l'éducation », *Omnis Terra*, 2004,406 p.
R. Girault, *Identités et conscience européennes au XX e siècle*, Paris, Hachette, 1994.
I.B. Kaké, « Culture Africaine, identité culturelle, développement, dialogue des cultures », *Ethiopiques,* numéros 40-41, Revue trimestrielle de culture négro-africaine, nouvelle série - volume III n°1-2.1er trimestre 1985.
J. Ki-Zerbo, *A quand l'Afrique ?* Entretien avec René Holenstein, Suisse, Ed. de l'aube / Ed. d'en bas, 2003, 197 p.
P. Laburth-Tolra. et R.Bureau, *Initiation africaine, Supplément de philosophie et de sociologie à l'usage de l'Afrique noire*, Yaoundé, Clé, 1971.
A. Mazama, *L'impératif afrocentrique*, Paris, Menaibuc, 2003.
Mbengue, « Internet et enjeux culturels en Afrique », *Site Internet (AFRINET).*
W.E. Mbumua, *Démocratiser la culture*, Yaoundé, Clé, 1974.
- *Un certain humanisme*, Yaoundé, Clé, 1970.
E. Morin, *Pense l'Europe*, Paris, Folio/Actuel, 1999, pp. 147-148.
V.Y. Mudimbe, *L'Odeur du Père. Essai sur des limites de la science et de la vie en Afrique Noire*, Paris, Présence africaine, 1982.
M. Nouschi, *En quête d'Europe. Construction européenne et légitimité nationale*, Paris, Vuibert, 1994.
Th. Obenga, A.D. Cheikh, *Volney et le Sphinx*, Paris, Ed. Khepera/ Présence Africaine, 1996.
J.-P. Omotunde, *La traite négrière européenne : vérité et mensonges*, volume 3, Paris, Menaibuc, coll. Connaissance du monde nègre, 2004.
A. Peelman, *L'inculturation. L'Église et les cultures,* Paris, Desclée, 1998.
A. Peyrefitte, Du " Miracle" en économie. Leçons au Collège de France, Paris, Éditions Odile Jacob, 1995.
P. Poucouta, « Afrique, quelles alternatives à la modernisation ? », *Spiritus*, n° 166, mars 2002, pp. 40-53.
I.A. Sowa, *Introduction à la culture africaine*, Paris, Union générale d'éditions, 1977.

R. Tchibozo, « Le Gèlèdè, un argument de développement artistique sous régional : cas de la République du Bénin (Afrique de l'Ouest)», *IMO- IRIKISI,* Vol. 3 N°1 juillet 2011, p. 43 Tchibozo, *L'Art sculptural Idaatcha : de 1890 à 1938*, Mémoire de Maîtrise, UNB, 1994.

R. Tchibozo, *L'art et l'arbitraire : une étude de la réception de l'art africain contemporain en Occident : le cas allemand de 1950 à nos jours*, PhD, Humboldt Universität, Berlin, 2003.

M. Towa, « Le concept d'identité culturelle », *L'identité culturelle camerounaise*, Yaoundé, 1985.

R. Wassing, *African art, its background and tradition*, New-York, Abrams, 1968.

K. Watkins, « Identité culturelle », *Site Internet* (A*FRINET*). www.africamaat.com

F. Willet, *Ifè, une civilisation Africaine*, Suisse, trad. Ravaute, 1971.

F. Willet, *L'Art africain*, trad. de Tersarkissian L, Ed. Thamas and Hudson, 1990.

L. Yoram, « La notion de Renaissance africaine selon Thabo M'beki », J. Do-Nascimento et M.K. Mawawa (dir.), *La renaissance africaine et sa prospective*, Paris.

L'ÉGYPTIEN ANCIEN, FILS DES DEUX TERRES : UNE LEÇON IDENTITAIRE POUR UNE AFRIQUE SANS ETHNIES À LA LUMIÈRE DE L'ÈGYPTE PHARAONIQUE

Michel-Alain Mombo
Université Marien Ngouabi/ Congo

RÉSUMÉ

L'Égypte pharaonique, toute l'iconographie politico-religieuse le prouve, est un Double Pays. Elle doit ce nom à sa géographie qui fait de ce prestigieux empire antique une contrée composée de deux régions naturelles (la Haute et la Basse Égypte). Cette configuration confère à Pharaon le titre de  *nb t3wy* (Maître des Deux Terres). Tous les Égyptiens sont les fils des Deux Terres en dehors desquelles aucune vie n'est possible, même au-delà de la mort physique. Cette vision des choses exclut la notion d'ethnies et engendre un seul et unique être : l'Égyptien muni de son corps physique libre et complet. Il y a donc d'une part l'Égyptien et d'autre part l'étranger, celui qui n'est pas issu des Deux Terres. Ce dernier est mis dans la même catégorie que les prisonniers de guerre qui ne jouissent pas de la liberté qui émane des dieux d'Égypte. L'hiéroglyphe (déterminatif) ci-contre  sert à les caractériser. Il s'agit d'un homme à genou, les mains liées au dos. C'est le sort réservé aux captifs. Ainsi, cette contribution voudrait partir de la civilisation de l'Égypte pharaonique pour y extraire la leçon identitaire qui peut nous aider à bâtir une Afrique sans ethnies.

MOTS CLÉS

Égyptien ancien, Leçon identitaire, Ethnie, Égypte pharaonique, Afrique.

INTRODUCTION

Toute l'historiographie l'atteste[1], l'Égypte pharaonique s'est imposée, pendant plus de trois millénaires, comme une entité politique puissante et stable.

[1] Les auteurs ayant réfléchi et écrit sur les institutions pharaoniques sont nombreux. Il est impossible et même inutile de les mentionner dans une seule étude. Nous pouvons

Tous les habitants des rives de la vallée du Nil ont apporté chacun, en ce qui le concerne, leur contribution à l'édification d'une nation égyptienne forte et d'une civilisation riche. Ils sont tous Égyptiens, sans établir une quelconque classification par ordre d'importance, selon qu'on est de la Basse ou de la Haute Égypte.

En effet, cette bipartition de l'Égypte et les appellations (Haute Égypte et Basse Égypte) ne sont que la conséquence de l'orientation naturelle des eaux du Nil. Elles ne sont, nullement, la résultante de la domination ou de la supériorité d'une partie de la population sur une autre. Du nord au sud, de l'est à l'ouest, l'on est Égyptien, membre du troupeau de Rê[2], malgré l'origine disparate du peuple de la vallée du Nil. E. Drioton ne présente-t-il pas le peuplement de l'Égypte en ces termes ? :

> En réalité, le peuplement de l'Égypte s'est fait assez tardivement, au début de l'époque néolithique, par des groupes disparates et probablement sans liaison les uns avec les autres. (...). Il y avait parmi eux, en proportion variable selon les conjonctures, des protosémites, des berbères et même des gallas[3].

Mieux, le dieu Rê lui-même comprend deux formes qui se valent et présentent un caractère indissociable. Il s'agit de la forme diurne sous le nom de *Khépri*  *khpri* ou le soleil levant, et de la forme nocturne désignée par le vocable *Atoum* 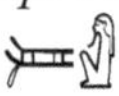 *tm*, le soleil vespéral (soleil couchant). Il s'agit-là des deux formes constitutives sans lesquelles le démiurge Rê cesserait d'être complet. Nous le constatons, ces formes ne s'excluent pas, mais se complètent pour manifester une personnalité divine unique : Rê. Tels sont l'Égypte et les Égyptiens, des entités uniques à l'image du pays – unique - depuis l'unification sous Narmer[4]. Une telle vision des choses réduit le poids de l'ethnie en tant que groupement social. Avec l'unification du royaume du nord et celui du sud, le roi d'Égypte est présenté comme le souverain qui *unit les Deux Terres*. Il est par conséquent le Seigneur du Double Pays, en égyptien  *nb t3wy*. Dès lors, le roi égyptien est appelé à ceindre une double couronne, symbole de sa souveraineté au nord et au sud du pays.

---

citer, à titre illustratif : R. A. Schwaller de Lubicz, *Le roi de la théocratie pharaonique*, Paris, Flammarion, 1961. // D. Valbelle, *La vie dans l'Égypte ancienne*, Paris, PUF, 1988. // A. Moret, *Du caractère religieux de la royauté pharaonique*, Paris, Editions Leroux, 1902.

[2] Cf. l'épisode de Khéops avec le magicien Djedi. Au roi qui lui demandait de couper la tête d'un prisonnier pour ensuite la recoller, Djedi répond qu'on ne peut faire pareille chose à un homme ; car d'où qu'il vienne, il est membre du troupeau de Rê. Dans : P. du Bouguet (traduction de), *Contes de la vallée du Nil*, Paris, Claude Chou, Editeur, 1968.

[3] E. Drioton, *L'Égypte pharaonique*, Paris, A. Colin, 1969, pp. 6-7.

[4] Narmer, environ 3000 av. J.-C., a unifié le pays égyptien en un seul royaume. Ceci a donné naissance à une seule entité géographique : l'Égypte. Son peuple a aussi une identité unique susceptible de conférer le droit de bénéficier des rites funéraires.

C'est en nous appuyant sur ces quelques indications, que nous pouvons trouver dans l'histoire de l'Égypte pharaonique la plus instructive des leçons susceptibles d'ouvrir des pistes de réflexion en vue d'une Afrique non pas sans ethnies, mais ayant brisé et dominé le cadre réducteur de l'ethnie. Vu sous cet angle, la thématique paraît intéressante et pertinente ; le champ à défricher demeure immense et complet, car les chercheurs ayant orienté leurs recherches dans cette direction n'existent pas, à l'étape actuelle de nos investigations[5]. Par contre, la documentation[6] existe sur l'origine[7] des anciens Égyptiens. Ainsi, partir de la réalité sociale de l'Égypte ancienne pour tenter de concevoir une Afrique sans ethnies, constitue l'objet de notre étude. Ceci nous conduira à apporter une réponse précise à la question principale suivante : parmi les facteurs handicapant le développement de l'Afrique figure l'accent trop prononcé mis sur l'ethnie. Peut-on s'inspirer des faits sociopolitiques de l'Égypte pharaonique pour aider l'Afrique à sortir du cadre étriqué de l'ethnie ? Cette question fondamentale appelle quelques questions subsidiaires. L'empire égyptien a connu un développement et un rayonnement radieux grâce à son unité humaine et linguistique : les Africains actuels peuvent-ils s'en servir comme modèle ? La plupart des recherches insistent sur l'origine disparate des anciens Égyptiens, mais ces derniers ont fini par former un État unifié et fort. Les Africains trop souvent prisonniers de la donne ethnique peuvent-ils aller au développement sans reléguer l'ethnie au second plan, pour ne voir que l'Homme ? À l'instar de l'empire égyptien unifié, comment effacer les barrières ethniques au profit du bonheur de l'être humain africain ?

L'approche pour mieux bâtir notre argumentation s'articule autour de deux grands axes. Le premier s'appuie sur des considérations générales relatives à l'unité multidimensionnelle de l'Égypte pharaonique. Le second axe propose des pistes de réflexion qui partent de l'Égypte pour accéder à une leçon identitaire susceptible d'aider l'Afrique d'aujourd'hui.

I. CONSIDÉRATIONS GÉNÉRALES SUR LE PAYS ÉGYPTIEN, LE PHARAON ET LES ÉGYPTIENS

Les spécialistes des sciences humaines se sont interrogés longtemps pour comprendre comment la riche civilisation de l'Égypte pharaonique a bien pu se

[5] Nous précisons qu'il s'agit de la thématique renvoyant à la détermination de s'inspirer des réalités sociopolitiques de l'Égypte pharaonique pour proposer une vision prônant une Afrique qui aura surpassé les contraintes ethniques.

[6] On ne discute plus aujourd'hui sur l'origine des anciens Égyptiens. Certains travaux peuvent nous y aider. Exemple : E. Drioton, *L'Égypte pharaonique*, Paris, A. Colin, 1969.

[7] Nous avons évité d'utiliser le terme race dans ce travail. Nous préférons le mot origine humaine des anciens Égyptiens. D'où étaient venus les anciens Égyptiens ? A quel groupement humain appartenaient-ils ? Les documents et les analyses pouvant aider à répondre à ces questions sont disponibles. Nous n'entendons pas insister sur ce point, car il n'est pas l'axe de notre étude.

développer dans un cadre géographique aussi austère. Cette réalité confère au pays égyptien, à pharaon et à son peuple une personnalité sacrée et éternelle.

A. Le pays égyptien : double-pays et biotope véritable

La civilisation de l'Égypte ancienne s'est développée, nous l'avons dit, dans un milieu naturel difficile à plus d'un titre. L'état de la vallée du Nil prise en étau entre deux déserts, laissait présager une espérance de vie courte, une grande dextérité en vue de tout régler dans le temps, une exploitation rigoureuse des quelques terres disponibles, une consommation parcimonieuse des ressources naturelles. Toutes ces considérations, on s'en doute, ont conduit les anciens Égyptiens à concevoir une approche particulière du binôme temps-espace[8], au point de croire, selon le témoignage d'Hérodote[9], que leur ciel, leur terre et leurs mœurs sont sans commune mesure avec ceux des autres peuples. Pour eux, il y a d'une part les Égyptiens, sans distinction de région ou de coloration ethnique ; et d'autre part, un peuple « vil ennemi »  *ḫfty bin*[10] situé hors d'Égypte.

Quant à l'espace, les anciens Égyptiens le voient avant tout sous le prisme des réalités de la vallée du Nil. Leur espace vital est soit  ou  *km.t* (*Kemet)*[11], soit  *T3wy*[12]. L'idéogramme  est le déterminatif[13] des noms de lieux habités. Convaincus du caractère indispensable de la vallée du Nil, ils pensent et croient qu'elle est le seul espace où tous les types de vies sont possibles[14], par opposition à la terre rouge du désert  [15]*dshr.t*, synonyme de lieu de mort associé à Seth. La biosphère égyptienne est donc fondamentalement différente et supérieure à celle des autres peuples[16]. Mieux, le temps de l'Égypte ne peut pas s'arrêter. La fin du monde au sens eschatologique de cette

---

[8] M.-A. Mombo, « Les croyances des anciens Égyptiens revisitées : une analyse du diptyque temps-espace dans l'Égypte pharaonique de 2778 à 1085 av. J.-C. », *Revue du Cames*, Sciences sociales et humaines, Nouvelle série B, vol. 016, N°14-2012 (1e semestre), p. 172.

[9] Hérodote, *Histoires*, Livre II, chap. XXXVII.

[10] À la fin de ce mot, on peut distinguer l'idéogramme représentant le moineau, oiseau de malheur dans les croyances des anciens Égyptiens.

[11] « La terre noire », une allusion à la partie fertile des terres de la vallée couvertes par les alluvions déposées par la crue annuelle du Nil.

[12] Ce mot renvoie à la division géographique de l'Égypte, un Double-pays comportant deux régions naturelles, la Haute Égypte et la Basse Égypte.

[13] Nous rappelons que dans la langue hiéroglyphique, le déterminatif est un signe pictographique placé à la fin d'un mot pour en préciser le sens.

[14] Les réalités de l'Égypte terrestre sont projetées dans l'au-delà qui devient « une copie améliorée de l'Égypte terrestre ».

[15] Dans la transcription hiéroglyphique complète de ce mot, l'on place souvent un idéogramme symbolisant une succession de collines.

[16] Cf. le témoignage d'Hérodote, *op. cit.*

expression, n'est pas envisagée, mais des menaces susceptibles d'y conduire existent, comme voudrait le montrer cet extrait du *Livre des Morts*, colloque entre Atoum et Osiris : *« (...) Toi, Osiris, tu es destiné à des millions de millions d'années, une durée de vie de millions d'années. Mais moi (Atoum), je détruirai tout ce que j'ai créé ; ce pays reviendra à l'état de Noun*[17]*, à l'état de flot, comme son premier état. Je suis ce qui restera, avec Osiris, quand je me serai transformé à nouveau en serpent*[18]*, que les hommes ne peuvent pas connaître, que les dieux ne peuvent pas voir. (...) »*[19].

Pour cette raison, nous pensons que chez les anciens Égyptiens, le temps et l'espace sont liés. Les deux notions ne doivent pas être appréhendées séparément, lorsqu'il s'agit d'une étude portant sur l'Égypte pharaonique. Dans l'imaginaire des anciens Égyptiens, le temps est ce qu'il est tant qu'il ne s'écoule que sur les terres parcourues par le Nil et éclairées par Rê. J. Leclant, allant dans le sens des travaux de J. Sainte-Fare Garnot, lève un coin du voile lorsqu'il écrit : *« Notons d'emblée que les Égyptiens n'ont en fait jamais distingué nettement les notions de temps et d'espace* (…) »[20].

Le double-pays, propriété privée des dieux, est le seul lieu où la dimension éternelle de la vie est possible. Il y a donc un lien entre la durée éternelle (*djet*, en égyptien), la Justice (Maât)[21], pharaon (l'Égypte) et l'ordre cosmique[22]. L'éternité ne peut pas se produire ailleurs. Seule la terre d'Égypte est habilitée à l'accueillir et l'abriter, parce qu'elle appartient aux dieux. Cette considération prouve que l'Égypte est le biotope véritable. Mieux, le salut éternel, au-delà de la mort physique, ne peut être possible que sur les rives du Nil. Nous comprenons les propos du roi Amenemhat 1er à son serviteur Sinouhé, exilé volontaire :

> Fais donc retour en Égypte ! Tu reverras le pays où tu as grandi, tu embrasseras le sol devant la grande porte à double battant, et te mêleras de nouveaux amis ! Aujourd'hui, en effet, tu as commencé le grand âge, et as laissé derrière toi la virilité. Pense donc au jour de l'enterrement et au passage à l'état de mort vénérable : on t'assignera une nuit dans la résine de pin, et des bandelettes comme tissées par les propres mains de Tayt[23] (…)[24].

---

[17] Le monde redeviendra ce qu'il était avant, un magma liquide.

[18] Allusion aux représentations d'Atoum en serpent.

[19] *Le Livre des Morts des anciens Égyptiens*, chap. 175, traduction de P. Barguet, Paris, éditions du Cerf, 1967, p. 261.

[20] J. Leclant, *Espace et temps, ordre et chaos dans l'Égypte pharaonique*, cf. www.gallica.bnf.fr/ark:/12148/

[21] W. Westendorf, « Ursprung und Wesen der Maat, der altägyptischenGöttin des Rechts, der Gerechtigkeit und der Weltordnung », *FestgabefürDr Walter Will*, Munich, 1966, pp. 201-225.

[22] S. Morenz, *La religion égyptienne*, Paris, Cerf, 1962, pp. 157-176.

[23] Evocation du processus de momification : le cadavre est immergé dans de la résine, puis enveloppé de bandelettes. Tayt est la déesse du tissage.

[24] *Contes de l'Égypte ancienne*, traduits de l'égyptien ancien par P. Grandet, Paris, éditions Khéops, 2005, p. 27.

Par conséquent, le double-pays est double parce qu'il abrite la vie sur terre et dans l'au-delà, mais aussi parce qu'il concilie lumière et ténèbres, mort et résurrection, Osiris (la riche végétation de la vallée du Nil) et Seth (la terre desséchée du désert).

En effet, la vie ne s'arrête pas, parce que les dieux qui l'ont conçue sont éternels. Toutefois, ces dieux sont les habitants de la maison Égypte qui a la même valeur géographique[25] que le cosmos. La dimension spatiotemporelle de l'Égypte est donc universelle. Pharaon est un souverain universel. L'Égypte est totale, parce qu'elle couvre tous les points cardinaux[26]. Elle tient une place exceptionnelle dans le monde de la lumière et de l'ordre qui s'oppose au monde inorganisé du chaos et des ténèbres[27]. Tout ceci confirme la vocation divine de l'Égypte en tant que  *rmt* (terre des hommes par excellence). Pharaon devient, *ipso facto*, un souverain universel, régnant sur tous les habitants du cosmos Égypte.

B. Pharaon : le  *nb-t3wy*

Dès l'époque thinite (3000-2778 av. J.-C.), le roi d'Égypte gouverne[28] et règne[29] au nom des dieux. Dans les *Textes des Pyramides*, pharaon est fils de  *Nwt (*Nout), le trône de  *gb* (Geb) et les terres de l'au-delà lui ont été confiés ; il préside à tout tel Horus après avoir reçu l'assentiment des dieux[30]. Son pouvoir s'étale sur tous les points cardinaux, mais aussi sur la terre et dans le ciel. Sur la terre, il est fils de Geb dont il occupe le trône ; dans le ciel, il est fils de la déesse Nout. Le pouvoir de pharaon va au-delà du monde fini[31].

Ce qui est plus important à retenir est que le roi d'Égypte est avant tout un monarque absolu. Il détient tous les pouvoirs (politique et religieux). Il est le garant de l'ordre et de l'unité du peuple et du territoire égyptiens. Si pharaon règne sur les Deux-terres, c'est parce qu'il jouit de l'intégrité de son corps ; car il est le souverain *'nḫ - wḏ3 - snb* (Vie – intégrité – santé). Certains égyptologues ont traduit *wḏ3* par le mot « santé ». Mais, les égyptologues[32] de l'Ecole Pratique des Hautes Etudes (EPHE) à Paris préfèrent parler « d'intégrité » du corps, car l'on peut avoir des dents en moins ou être manchot, tout en conservant sa santé physique. Pharaon a un corps physique complet et en bonne santé. Dans les *Textes des Pyramides*, le roi d'Égypte nous est présenté arrivant dans

---

[25] E. Otto, « Die Lehre von denbeidenLändern », *AnalectaOrientalia* 17, 1938, p. 10.
[26] C. De Wit, *Chronique d'Égypte*, XXXII, 63, 1957, pp. 35-39.
[27] S. Morenz, *op. cit.*, pp. 157-176.
[28] On gouverne, dans le présent, une population fixée dans une aire géographique donnée.
[29] Le roi d'Égypte règne pour l'éternité, car son pouvoir s'étend au-delà de l'Égypte terrestre. Il se poursuit dans la vie après la vie, au royaume des dieux. Ce règne se perpétue aussi à travers les bonnes œuvres laissées par le souverain.
[30] *Textes des Pyramides*, formule 7, § 5.
[31] L'Égypte terrestre et toutes les terres parcourues par Rê.
[32] Exemple : Pascal Vernus.

l'au-delà muni de ses trente deux dents bien blanches. Ayant fait l'unité de son propre corps, le roi peut assurer l'unité du pays égyptien et du peuple, après avoir fait taire les différences ethniques. Comme tout est uni et unique, alors dans toute l'Égypte, pharaon ne voit plus que des êtres humains ; il ne distingue plus l'Asiatique du Nubien, ou le Libyen de l'Ethiopien.

C. Les Égyptiens : des êtres humains

Les anciens Éyptiens utilisaient le même mot pour dire « Égyptien » et « être humain ». Au Moyen Empire (vers 2160-1785 av. J.-C.), les Égyptiens sont *rmṯ n Km.t* (les humains du pays de la terre noire). À la XVIIIe dynastie (vers 1580-1314 av. J.-C.), les Égyptiens se nomment eux-mêmes *rmṯ*, « les humains ». À la XXe dynastie (environ 1200-1085 av. J.-C., Nouvel Empire), les Égyptiens sont des *rmṯ n p3 t3* (les humains de cette terre). Toutes ces appellations, on s'en doute, placent les anciens Égyptiens hors du cadre réducteur de l'ethnie ; car ils ne voient pas l'Égyptien selon qu'il serait originaire d'Asie, de Nubie ou de Libye, mais seulement en tant qu'être humain. Quand on met l'accent sur la dimension humaine des êtres, l'ethnie cesse d'être l'aspect dominant.

Dès qu'une personne arrive en Égypte, dans un climat de paix et d'harmonie, et intègre les réalités de la civilisation de la vallée du Nil, il se place sous la protection de *R'* Rê. Par sa présence sur le sol égyptien, l'Homme s'humanise. La dimension ethnique s'efface au profit de la vocation cosmique de pharaon qui unit les peuples et les terres. Dans cette perspective, le *dng* (pygmée) venu divertir le jeune roi Pépi II (VIe dynastie, vers 2243-2263 av. J.-C.), est aussi considéré comme un être humain. En effet, la partie pictographique du mot pygmée en égyptien comprend deux signes l'oreille et le petit personnage debout en train d'esquisser des pas de danse. Il s'agit d'une part de l'oreille d'un animal, et d'autre part d'un être humain debout, libre et dans la joie. L'Égyptien, par ce biais, fait du pygmée un être complet du règne animal, alliant animalité et humanité. L'arrivée de ce danseur nain est attestée par l'historiographie :

> Mérenrê I, fils aîné de Pépi I, ne régna que cinq ou six ans. Ce fut lui qui, s'intéressant comme ses prédécesseurs des dynasties précédentes à l'extension de la puissance égyptienne en Nubie, envoya par trois fois le gouverneur d'Eléphantine, Harkhouf, explorer le long du Nil. (...). Harkhouf conduisit encore une quatrième expédition au début du règne de Pépi II. À son retour, il ramena un danseur nain à l'intention du jeune roi (...). Le monarque de huit ans en fut ravi (...)[33].

Quand la qualité d'être humain est reconnue en terre d'Égypte, les pratiques cruelles sont reléguées au second plan. C'est ce que nous apprennent les données du Papyrus Westcar conservé au British Museum à Londres. En effet, dans

---

[33] E. Drioton, *op. cit.*, pp. 69-70. Nous rappelons que Pépi II a eu le règne le plus long des dynasties égyptiennes et même de l'histoire : 94 ans.

ce papyrus nous lisons le récit du roi Khéops avec le magicien Djédi. Le roi avait entendu parler des prodiges du magicien, entre autres, la capacité de couper les têtes des animaux pour ensuite les recoller et les faire revivre. Il le fit venir au palais. Au roi qui lui demandait de couper la tête d'un prisonnier pour ensuite la recoller, Djedi répondit qu'on ne pouvait faire pareille chose à un être humain, membre du troupeau de Rê[34]. Les manipulations relatives à la décapitation des êtres vivants peuvent s'appliquer sur des animaux et non sur des êtres humains, quelle que soit leur coloration ethnique ou leur situation sociale.

Le récit du roi Khéops et du magicien Djedi nous instruit sur la conception que la civilisation de l'Égypte pharaonique avait de l'être humain, donc de l'Égyptien. Pharaon règne sur des humains, et non sur tel ou tel groupement social. Il a besoin de toutes les forces humaines pour impulser le développement, donc améliorer les conditions de vie des populations et accroître la grandeur de l'Égypte. Vue sous cet angle, l'ethnie serait pour le roi égyptien la négation de l'unité nationale ou territoriale. Par conséquent, pour former un tout humain cohérent et tourné vers le culte des dieux et la permanence de l'identité, seule la sphère humaine doit être visible et placée au-dessus de la façade ethnique. De même que sur la double couronne de pharaon la couleur blanche de la Haute Égypte masque le rouge de la Basse Égypte, de même la force de l'humanité ou de l'égyptianité doit l'emporter sur les limitations ethniques, pour que le développement religieux, économique et social soit possible.

II. DE L'ÉGYPTE PHARAONIQUE À L'AFRIQUE ACTUELLE : DES LEÇONS POUR BÂTIR DES NATIONS LIBÉRÉES DU POIDS ETHNIQUE

La présente analyse nous donne d'apprendre que ce n'est pas l'ethnie qui caractérise l'Égyptien ancien. Tous les habitants des rives du Nil sont des humains tout simplement. C'est en cela que la civilisation de l'Égypte pharaonique peut nous donner la plus instructive des leçons.

A. Toutes les terres éclairées par Rê sont humaines

Dans l'iconographie de l'Égypte ancienne, Rê est le démiurge par excellence. Toutes les autres divinités ne sont que des formes de sa manifestation. Pour concrétiser l'unité politique de l'Égypte au plan religieux, le démiurge devient Amon-Rê, l'union du dieu de Haute Égypte avec celui de la Basse Égypte. Ainsi, toute l'Égypte ancienne est dominée par l'idée d'unité. L'unité du démiurge qui fait de la religion égyptienne « un monothéisme à facettes »[35] ;

[34] Les données du Papyrus Westcar sont rapportées dans : G. Lefebvre (traduction de), *Romans et contes égyptiens de l'époque pharaonique*, Paris, Librairie d'Orient et d'Occident, 1982.

[35] Les Egyptologues sont unanimes pour dire que la religion égyptienne n'est pas un polythéisme au sens où il y aurait plusieurs démiurges, mais un monothéisme, car il

l'unité du peuple qui fait des Égyptiens des humains, sans la moindre indication sur l'origine des uns et des autres.

Nous le savons, l'Égypte pharaonique est multiethnique. Les Hyksôs ont régné sur l'Égypte pendant plus de deux siècles entre 1785 et 1580 av. J.-C. Ces Asiatiques ont certes ont été expulsés d'Égypte, mais cela a laissé des traces en ce sens qu'une partie d'eux est indubitablement restée au pays de pharaon. Mieux, appelés « bergers captifs », Flavius Josèphe présente les Hyksôs comme des ancêtres des Hébreux : *« L'habitude est prise depuis longtemps de ne pas parler des Hébreux sans considérer les Hyksôs. Inversement, il n'est pas d'ouvrages, ou d'article un peu étendu sur les Hyksôs où l'on ne fasse une place aux fils de Jacob ».*[36]

En effet, pour F. Josèphe, expulsés d'Égypte, les pasteurs (Hyksôs) ayant quitté Avaris, firent route dans le désert, avec leurs familles et leurs biens, et allèrent fonder Jérusalem[37]. S'appuyant sur ces hypothèses, beaucoup de savants modernes font encore de l'Exode une suite de l'expulsion des Hyksôs[38]. Nous appelons le départ des Hyksôs « *le premier exode d'Égypte* ».

Pour faire face aux Hyksôs, les rois égyptiens, cantonnés au sud (à Thèbes), se sont vus contraints de mettre sur pieds une armée de métier composée d'Égyptiens et de mercenaires essentiellement nubiens, les meilleurs archers de l'époque. Ces mercenaires se sont installés sur les rives du Nil où ils se sont mêlés à la population égyptienne. Leur présence a renforcé la dimension multiethnique de l'Égypte.

Au Nouvel Empire (1580-1085 av. J.-C.), le roi Thoutmosis III renforce une politique de domination déjà en vigueur, très timidement, sous le règne de ses prédécesseurs. Il s'agit de prendre en otage tous les nourrissons et jeunes enfants des royaumes vaincus, en les emmenant en Égypte où ils étaient appelés à bénéficier de l'éducation des pharaons. Des textes y relatifs ont été gravés sur des monuments datant du règne d'Aménophis III. Cela rendait les rois vaincus incapables d'attaquer l'Égypte au risque de voir périr leur progéniture.

Par ailleurs, l'historiographie nous apprend que le roi Aménophis IV (XVIIIe dynastie, vers 1580-1314 av. J.-C.) devenu Akhenaton, avait bâti dans le désert, loin du clergé thébain d'Amon, une nouvelle capitale, Tel Al Amarna ou Akhetaton (horizon d'Aton). Cette capitale a abrité un nombre impressionnant d'étrangers venus d'Asie. Ces Asiatiques ont été intégrés à la population égyptienne. Le clergé d'Aton comprenait un grand nombre de prêtres venus des contrées asiatiques sous domination de l'Égypte. À la fin du règne d'Akhenaton, le clergé d'Amon à Thèbes, pressé de retrouver sa légitimité mise à mal par la politique religieuse d'Akhenaton, contribue à l'expulsion de la po-

---

s'agit d'une religion dominée par un seul démiurge se manifestant sous plusieurs formes et sous plusieurs noms.

[36] F. Josèphe, *Contre Apion*, I, 83, 91-92. F. Josèphe s'appuie sur les écrits de l'historien et prêtre égyptien Manéthon pour qui Hyksôs signifie « rois pasteurs ».

[37] F. Josèphe, *op. cit.*, 89-90.

[38] P. Montet, *Le drame d'Avaris. Essai sur la pénétration des Sémites en Égypte*, Paris, Librairie Orientaliste Paul Geuthner, 1941, p. 7.

pulation de Tel Al Amarna d'Égypte. Ces prêtres et une partie importante de leurs descendants ont été installés de force dans le royaume de Judée, une colonie égyptienne. C'est, selon nous, « le second exode d'Égypte ». Toujours est-il que cette présence asiatique n'a pas été sans conséquence sur la configuration de la population égyptienne. Le métissage en sortit renforcé.

Tout ce qui précède témoigne de la dimension multiethnique de la population de l'Égypte ancienne. Toutefois, cela ne fut pas un obstacle à l'unité et au développement de la nation égyptienne. Pour l'Égyptien ancien, tout est coordonné par Rê, le soleil divinisé qui éclaire toutes les terres qu'il parcourt. Quelles que soient les tensions sociales que l'on pouvait enregistrer dans le territoire égyptien, l'unité du peuple fut sauvegardée, parce qu'elle était source de paix *H̱tp* et d'épanouissement. L'origine ethnique s'efface face à la nécessité de ne voir que l'homme égyptien présent sur les rives du Nil. Cette multiethnicité n'a pas gêné l'intégrité de l'Égypte, car elle ne l'a pas empêchée de déployer la puissance de pharaon bien au-delà des frontières d'Égypte, et les Égyptiens ne se considéraient pas comme des *citoyens ethniques*[39]. Ils se voyaient plutôt comme des descendants de Rê par Horus et pharaon, d'autant plus que le soleil brille dans le ciel au profit de tout le monde  *wbn r' m pt*.

C'est pourquoi, pour conserver l'unité de son territoire et de son peuple, le pouvoir pharaonique n'a pas jugé utile d'annexer les royaumes vaincus ou les territoires voisins. Ceux-ci ont gardé leur autonomie, mais sont devenus des sphères d'influence pour le roi d'Égypte. L'Égypte est une et sa bipartition n'est pas ethnique, elle n'est pas un frein au développement dans un pays préoccupé par l'élévation de l'homme au rang de la divinité.

B. Ni nordistes ni sudistes, mais des Égyptiens

La religion est le soubassement de la civilisation égyptienne. Elle prône d'abord l'unité du démiurge avant d'encourager l'unité de tous les habitants de la vallée du Nil. Cette double unité est le tremplin du développement humain, économique et social. L'Égyptien s'élève au niveau de la divinité pendant que son territoire et son économie épousent les mensurations du cosmos.

Comme nous pouvons le voir, c'est le pouvoir pharaonique qui impulse la cohésion sociale par laquelle les différences ethniques s'affaiblissent et cèdent la place à l'être humain qui finit par briser les chaînes de la prison du groupement social. Cette vision de l'État est un formidable exemple pour les pays africains actuels qui recherchent sans relâche les voies du développement sous toutes ses formes. Les ethnies en tant groupements sociaux, sont nombreuses et l'absence de cohésion en leur sein peut réellement constituer un frein au développement.

---

[39] Nous devons cette expression à D. Ngoïe Ngalla, *Le retour des ethnies. Quel État pour l'Afrique ?*, Pierrefitte Sur Seine, Editions Bajag-Meri, 2003, p. 7.

Le modèle sociopolitique initié par le pouvoir pharaonique devrait inspirer les concepteurs des États modernes d'Afrique, en les aidant à placer l'homme au-dessus de tout et à réduire la charge pondérale de l'ethnie. En effet, les rois d'Égypte l'avaient compris, il n'y a pas de développement sans un rôle primordial confié à l'être humain. L'homme, en tant qu'entité matérielle (le corps physique) et immatérielle (le ba, l'âme et le ka, l'esprit), est le principal conducteur de toutes les formes de vie sociale et économique. C'est pourquoi les anciens Égyptiens ont fait du corps physique de l'homme le premier support de la vie éternelle. D'où le développement de la technique de la momification qui consiste à conserver ce corps le plus longtemps possible. Ainsi, en observant de plus près le modèle égyptien, peut-on faire le lit à une Afrique sans ethnies ? L'exemple de l'Égypte pharaonique indique-t-il que l'enfermement dans le cadre étriqué de l'ethnie peut être évité et même dépassé ? Comment faire pour que la cohésion ethnique soit le tremplin susceptible de propulser l'Africain dans la logique de la cohésion nationale ?

III. À LA LUMIÈRE DE L'ÉGYPTE PHARAONIQUE, UNE AFRIQUE SANS ETHNIES EST-ELLE POSSIBLE ?

Pour aller au développement qui serait synonyme d'amélioration des conditions de vie des populations, l'Égypte pharaonique nous indique que l'Africain actuel peut renoncer à la primauté ethnique pour ne voir que l'homme avec qui il partage une portion de la planète terre. En voulant imiter le modèle occidental par le biais des parodies d'élections faussement démocratiques, l'Africain a desservi l'unité et le développement du continent. Dans cette perspective, le retour le modèle égyptien peut servir d'appui socio-humain. Dans nos États qui se cherchent (car nous ne sommes pas encore des nations), on adhère à un parti politique d'abord en tenant compte des intérêts de l'ethnie, ensuite de la gloire du parti, enfin de l'argent, le nouveau visage de l'ethnie. À cet effet, la donne historique propose que l'Afrique change l'orientation de son regard en se tournant vers l'Égypte pharaonique qui avait fait de l'unité religieuse, politique et sociale une obsession.

C'est pourquoi l'exemple de l'Égypte des pharaons suggère à l'Africain d'aujourd'hui de revoir sa façon de penser l'État. L'Égypte pharaonique nous apprend qu'un État fort c'est celui qui parvient à maintenir son unité territorial et la cohésion au sein de ces groupements sociaux. Pour prendre une image propre au sport, nous dirons que les Africains doivent jouer collectif. Cela n'est possible que si les différences ethniques sont comprises comme une richesse et non comme une arme pour démolir le groupement social qui ne serait pas le nôtre. Pour baliser le chemin du développement véritable en Afrique à l'image de l'Égypte ancienne, les données historiques prouvent qu'il est impérieux de généraliser la maxime enseignée au médecin : *Primum non nocere (d'abord, ne pas nuire)*.

Il nous faut aller dans le même sens que pharaon qui accorde les rites funéraires à tous les Égyptiens sans distinction de classe sociale, d'origine raciale ou ethnique. Le *Primum non nocere* nous oblige à voir exclusivement le côté positif de l'autre, surtout quand il n'est pas de notre coloration ethnique. C'est cela que les pères fondateurs de l'Afrique tels que J. Kenyatta, K. Nkrumah, J. Nyerere ont voulu nous apprendre lorsqu'ils disaient : *Africa must unite*. En effet, pour unir l'Afrique comme pharaon a uni les Deux-Terres, l'Africain doit voir avant tout l'homme et seulement l'homme. À partir de cet instant, il basculera dans la déconstruction de ses schémas de pensées qui ont tendance à l'enfermer dans l'imitation béate de tout ce qui vient de l'Occident et dans le repli identitaire nourri par le poids ethnique.

L'exemple de l'Égypte ancienne parait comme une réalité historique ayant pour mission de suggérer à l'Africain actuel de cesser de se déshumaniser chaque fois qu'il est en face de l'Européen ou d'un homme d'une autre ethnie. La construction et le développement de la nation africaine ne seront possible que si l'Africain assume pleinement son humanité, accepte les réalités socioculturelles de l'espace dans lequel il vit, en affirmant, à la suite des anciens Égyptiens, que tout homme vaut un autre homme. Tel est le schéma proposé aux Centrafricains par B. Boganda lorsqu'il disait : *Zo kue zo (tout homme est l'égal d'un autre homme*). Ceci est devenu la devise de la République centrafricaine. Cette devise a aussi pour mission de barrer la route au foudroiement de l'ethnie.

Pour y parvenir, le cas de l'Égypte pharaonique peut servir de support social, pour éviter que la force ethnique mal canalisée finisse par devenir le farouche ennemi du développement économique et social. Par l'enfermement dans l'ethnie, la nation, le cadre géographique qui devait accueillir ce développement, se désintègre et cesse d'être un espace unifié à l'instar des deux-terres unies par Narmer au début de la civilisation de l'Égypte ancienne. Tout indique donc que lorsque le *Zo kue zo* n'est pas respecté, l'Africain démolit les fondements de sa conscience et de son identité. Il retourne ainsi à l'âge de la pierre taillée. C'est ce qui se passe aujourd'hui en Centrafrique où l'Africain, pris dans l'étau de l'ethnie-religion, a perdu la mémoire et ne sait donc plus que tout homme vaut un autre homme.

CONCLUSION

« Ethnies, Nations et développement en Afrique », la thématique est incommensurable, avouons-le. Elle suscite d'innombrables questions et pistes de réflexion, à l'image des tables gigognes. Pharaon qui règne sur le double-pays et dans l'au-delà, avec l'appui du démiurge Rê, a façonné un État qui a inspiré crainte et tremblement à tous ses voisins pendant plus de trois millénaires. Il s'agit, en réalité, de la puissance d'un développement qui s'appuie sur la cohésion sociale, l'unité religieuse et politique. Pharaon l'avait bien compris, les ailes de la communauté culturelle sont trop larges et ne peuvent favoriser l'envol du dispositif du développement. Il faut donc briser les ailes de l'albatros ethnie pour les remplacer par celles de l'autruche qui ne vole pas, mais possède des pattes robustes et bien fixées au sol du développement. L'autruche est ainsi en équilibre et sa plume peut symboliser l'ordre dans le jugement d'Osiris[40].

Eu égard à tout ce qui précède, nous retenons que les Africains actuels sont condamnés à aller au large, pêcher en eau profonde, prendre plusieurs poissons, autrement dit rassembler toutes les ethnies avec un seul filet c'est-à-dire une nation unie et forte, sans que ce filet ne se déchire. L'homme est le bien le plus précieux. L'ethnie n'est que la référence sociale qui permet de définir ce bien. C'est l'homme qui conçoit les plans de développement. Les données historiques nous encouragent à reléguer l'ethnie au second plan et protéger le cerveau humain, l'outil qui produit le développement.

L'ethnie, la nation et le développement forment un triptyque insécable. La nation représente la face centrale de ce triptyque. Pour que les articulations du triptyque fonctionnent convenablement, l'ethnie ne doit pas écraser l'humanité. C'est le prix à payer pour atteindre le développement sous toutes ses formes. Quand l'Africain l'aura compris, il deviendra capable de voir l'ethnicité comme un vil ennemi  *ḫfty bin,* avec les mains bien liées dans le dos  .

SOURCES ET ÉLÉMENTS BIBLIOGRAPHIQUES SUCCINCTS

SOURCES

P. Barguet, *Le Livre des Morts des anciens Égyptiens*, Paris, Cerf, 1967.

P. Barguet, *Les Textes des Sarcophages égyptiens du Moyen Empire*, Paris, Cerf, 1986.

R. O. Faulkner, *The Ancient Egyptian Pyramid Texts*, Oxford, Clarendon Press, 1969.

Hérodote, *Histoires*, Livre II, chap. XXXVII, Lefebvre (traduction de), *Romans et contes égyptiens de l'époque pharaonique*, Paris, Librairie d'Orient et d'Occident, 1982.

BIBLIOGRAPHIE

Ouvrages généraux

E. Drioton, *L'Égypte pharaonique*, Paris, A. Colin, 1969.

P. Grandet (traduits par), *Contes de l'Égypte ancienne*, Paris, éditions Khéops, 2005.

F. Josèphe, *Contre Apion*, I, 83, 91-92.

J. Leclant, *Espace et temps, ordre et chaos dans l'Égypte pharaonique*, cf. www.gallica.bnf.fr/ark:/12148/ .

M.-A. Mombo, « Les croyances des anciens Égyptiens revisitées : une analyse du diptyque temps-espace dans l'Égypte pharaonique de 2778 à 1085 av.

[40] Lors de ce jugement, le cœur du défunt est placé sur le plateau gauche de la balance, tandis que la plume d'autruche est mise sur le plateau droit.

J.-C. », *Revue du Cames*, Sciences sociales et humaines, Nouvelle série B, vol. 016, N°14-2012 (1e semestre), pp. 172-184.

S. Morenz, *La religion égyptienne*, Paris, Cerf, 1962.

A. Moret, *Du caractère religieux de la royauté pharaonique*, Paris, Editions Leroux, 1902.

E. Otto, « Die Lehre von denbeidenLändern », *AnalectaOrientalia* 17, 1938.

R. A. Schwaller de Lubicz, *Le roi de la théocratie pharaonique*, Paris, Flammarion, 1961.

D. Valbelle, *La vie dans l'Égypte ancienne*, Paris, PUF, 1988.

W. Westendorf, « Ursprung und Wesen der Maat, der altägyptischenGöttin des Rechts, der Gerechtigkeit und der Weltordnung », *FestgabefürDr Walter Will*, Munich, 1966, p. 201-225.

C. De Wit, *Chronique d'Égypte*, XXXII, 63, 1957, pp. 35-39.

ÉGLISE PROTESTANTE ET PRATIQUES INITIATIQUES EN PAYS *KABIYÈ* À LA FIN DES ANNÉES QUARANTE

Odile Kuwèdaten Napala
Université de Kara/Togo

RÉSUMÉ

À la fin des années 1940, alors que l'Église protestante voit d'un mauvais œil, les coutumes du pays *kabiyè*, le pasteur missionnaire Jacques Delord y arrive et prend farouchement position en faveur de la participation des chrétiens aux rites initiatiques de leurs milieux en expliquant à ses coreligionnaires que *« ce sont leurs coutumes sociales qui ont fait des Kabiyè ce qu'ils sont ».*

MOTS CLÉS

Ethnie, kabiyè, Église, Togo, Religion, Coutumes.

INTRODUCTION

Le pays *kabiyè* est situé au Nord Togo entre le 9°25' et le 10° 10' de latitude nord d'une part, entre les méridiens 0° 50 est et 1° 30' est d'autre part. Jadis, il était caractérisé par un système politique décentralisé, renforcé par le rôle des classes d'âge qui déterminaient la place hiérarchique des hommes dans la société. On accédait aux différents degrés de l'activité sociale en passant d'une classe à une autre par le biais des initiations[1].

L'initiation est l'ensemble des cérémonies par lesquelles un individu est incorporé dans un groupe social ou religieux. Elle est toujours un *« processus destiné à réaliser psychologiquement le passage d'un état, réputé inférieur, de l'être à un état supérieur »*[2], d'un statut social à un autre : de l'enfant à

---

[1] N. L. Gayibor (dir), *Histoire des Togolais. Des origines à 1884*. Vol. 1, 1997, Presses de l'UB, Lomé, 1997, p.111.

[2] Bastide Roger dans l'Encyclopædia Universalis France, http://vadeker.net/corpus/initiation.html, 1999, consulté le 05 mai 2014 à 14h.

l'adolescent, de l'adolescent à l'adulte, de l'adulte au sage. C'est un « rite de passage » qui prend place dans tout un ensemble organisé.

Les rites initiatiques sont pratiqués au sein de certaines ethnies du Togo, comme en pays *kabiyè*, une société à forte tradition de classes d'âges.

L'évangélisation de cette localité commence véritablement à partir de 1926 par les catholiques. Ceux-ci sont suivis par les protestants à partir de 1937. Les missionnaires y arrivent avec un vaste projet de transformation de la société. Par conséquent, ils font table rase des coutumes et croyances existantes et accordent peu d'importance à la culture locale. Considérés comme primitifs et païens, ces rites initiatiques du peuple *kabiyè*, d'une valeur hautement symbolique, sont banalisés, rejetés et combattus. Très vite, les candidats au baptême sont contraints de faire un choix, et les premiers néophytes, obligés d'y renoncer, non sans conséquences.

C'est alors qu'arrive au Togo, en 1939, le pasteur Jacques Delord, missionnaire de la Société des missions évangéliques de Paris. Il prend contact avec le pays *kabiyè* en 1941 et finit par y être affecté en 1946. A la fin des années 1940, les questions en rapport avec les coutumes locales préoccupent et divisent les missionnaires. La majorité, des missionnaires protestants est pour l'interdiction de la pratique des rites initiatiques par les chrétiens. Leur point de vue sur les coutumes et la religion des peuples à évangéliser s'inscrit dans une tradition chrétienne de lutte contre le paganisme et l'idolâtrie, qui remonte au début du christianisme[3]. Mais le regard que porte le pasteur Jacques Delord sur les coutumes locales en général et sur les rites initiatiques en particulier est différent de celui de ses coreligionnaires et de son Église. Quelle a été sa perception et en quoi a-t-elle contribué à leur préservation ?

À partir des archives missionnaires, en particulier du fonds Delord[4], cette étude expose la vision que Jacques Delord a des rites initiatiques de l'ethnie *kabiyè* – en particulier de *kondona* - et la stratégie adoptée à la fin des années 1940 pour éviter une mise à l'écart des chrétiens par la communauté *kabiyè*. Pour ce faire, avant d'exposer le point de vue de l'Église protestante sur les rites initiatiques, une description de l'ethnie *kabiyè* et une explication des rites initiatiques puis du sens qu'ils revêtent pour la communauté *kabiyè* s'avère nécessaire dans un premier temps. Ensuite, on verra comment la prise en

---

[3] Lire B. Salvaing, *Les missionnaires à la rencontre de l'Afrique au XIXème siècle (Côte des esclaves et pays Yoruba, 1840-1891)*, Paris, L'Harmattan, 1994, 344 p.

[4] Les archives du DEFAP (Département évangélique français d'action apostolique) à Paris disposent d'un précieux fonds d'archives privées du pasteur Delord, missionnaire pionnier quasi exclusif du Nord- Togo, plus précisément du pays *kabiyè*. Il s'agit là d'un fonds unique, aux sujets variés et d'une extrême richesse renfermant des informations essentielles sur le processus de l'évangélisation protestante et catholique, les rivalités entre la mission catholique et la mission protestante, les réactions de la population face au rejet des coutumes et des cérémonies traditionnelles, les problèmes suscités par ce rejet, etc. Une partie de ces archives, notamment les documents iconographiques se trouvent aux archives d'Outre-mer à Aix-en-Provence.

compte de la culture des autochtones par Delord, a guidé son combat pour la préservation de ces coutumes.

I. LA PERCEPTION DES COUTUMES *KABIYÈ* PAR LES MISSIONNAIRES AVANT L'ARRIVÉE DU PASTEUR JACQUES DELORD

La société *kabiyè* est une société à classes d'âges, fortement marquée par les rites initiatiques ; une tradition remise en cause par le christianisme dans les années 1930.

A. Les *kabiyè* et les rites initiatiques

Les *Kabiyè* sont un peuple du Nord du Togo qui s'étend sur les préfectures actuelles de la Kozah et de la Binah. Ils sont principalement connus pour leur agriculture en terrasses dans les monts *kabiyè*. D'où le nom " paysans des pierres[5] " attribué à ce peuple de cultivateurs aux nombreuses traditions ancestrales liées aux rites initiatiques. Une des particularités de la société *kabiyè*, c'est sa division très prononcée en classes d'âges. Les cérémonies initiatiques en pays *kabiyè* permettent aux jeunes *Kabiyè* de passer de l'une à l'autre des classes d'âges.

On distingue six classes d'âges[6], avec deux initiations majeures pour le jeune homme : *éfatu* entre 17 et 18 ans et *kondotu* entre 20 et 25 ans. La jeune fille, quant, à elle est soumise à une seule initiation vers l'âge de 17 ans.

Efalu[7] est la première véritable étape de formation pour le garçon. Cette classe d'âge dure trois ans et met un terme à l'enfance. Au cours de cette initiation, le jeune *éfalu (le renouvelé)*, mange la viande du chien, lutte et fait la course de fond, d'où l'expression « classe physiologique » employée pour qualifier cette classe.[8] Après quoi, il intègre la classe des adultes. La lutte des évala qui a lieu en juillet en est la manifestation solennelle.

---

[5] Surnom qui leur a été donné en référence à leurs champs, construits en terrasses, soutenus par des murets de pierre qui évitent le ravinement des sols.

[6] Les *Kabiyè* passent en effet par des classes d'âges dans lesquelles les hommes entrent par des cérémonies initiatiques plus ou moins importantes : avant l'âge de 13 ans, le garçon est appelé *èwasiyè* (pl. *awasa*), c'est-à-dire l'être utile, et la fille, *bèlè* (pl. *bèla*). De 17 à 20 ans, le jeune garçon subit la première grande initiation et devient *èfalu* (pl. *éfala*), le renouvelé. Après trois années, *l'éfalu* devient *sangayiw*, (pl. *sangayin,*) qui signifie étymologiquement, le purifié. Cette classe ne comporte pas d'initiation. Mais après sa dernière lutte, le garçon chante avec ses camarades. Il devient alors *èsakpa*, (pl. *èsakpa*) puis *Kondo*, (pl. *kondona*) après la deuxième grande initiation ; *èkulu*, (pl. *akula*) qui signifie l'élevé, le haut ou bien « celui qui se dresse, se lève ». L.Frobenius, « Les Kabrè », *Le monde non chrétien* 59-60, juillet-décembre 1961, pp. 107-108.

[7] Ou éfalou.

[8] L.Frobenius, « Les Kabrè », *Le monde non chrétien*, juillet-décembre 1961, pp. 59-60, p. 107.

Photo 1 : Efalu (adolescent, 17-18 ans)

Source : DEFAP, Pays *kabiyè*, les classes d'âge.

Avant la deuxième grande initiation, *l'éfalu* passe deux étapes intermédiaires qui ne nécessitent pas de cérémonies particulières : il s'agit de *sankayitou* et *esakpatou.*

De par son importance et sa signification, *kondona* (l'initiation au *kondotou)* est la deuxième grande initiation du jeune *kabiyè*. Elle a lieu tous les cinq ans (*waah*[9]) en présence des prêtres (*tchotchona*) et donne accès au groupe des hommes adultes. Cette initiation est si importante qu'en pays *kabiyè*, la mesure du temps historique s'effectue par rapport au waah. Elle est l'affirmation de l'homme en pleine force de l'âge. Son objectif est de préparer le jeune *kabiyè* à rejoindre le rang des sages et à mener une vie de responsable au sein de sa société. La parure du Kondo à elle seule indique le poids de cette tradition dans le processus de socialisation du jeune homme *kabiyè* : sur la tête, un casque (avec sur les côtés des pattes retournées vers le haut et sur le sommet une sorte de crête pointue (*cilikah*, pl. : *cilikasi*)) ; à la main, une grosse cloche en fer, ou un gong ou une cymbale faite de deux disques (*Nkpandè*) ; le long du bras gauche, le bouclier de fer (*kpayiw*, pl. : *kpayin*) ; dans l'autre main, une puissante hache de fer (*coniyè*, pl. : *cona*) ; aux pieds, les grelots de fer (*sèlitu*) ; au bas du dos, une pièce en fer se déroulant en spirales (*kpaliw*, pl. : *kpalin.*) enfin, la pièce la plus importante est le collier de fer (*likpadè*, pl. : *likpala*, qui à lui seul, selon

[9] Pluriel, wasi. Waah (ou wa) est la période intermédiaire entre deux initiations des *kondona*, ainsi que l'année où les *kondona* (singulier kondo) sont initiés. *Kondo* est une contraction de *koo ndo* qui signifierait « viens tirer à l'arc ».

Frobénius, fait du kondo un kondo[10]. Pour le pasteur Delord, le port de l'anneau de fer au cou est l'insigne de sa classe[11].

L'initiation des kondona comporte plusieurs étapes dont deux essentielles : « *la veillée dans le bois sacré où autrefois, l'initié devait ramener un ennemi capturé lors de conflits précédents ; ensuite l'escalade d'une butte haute de 6 à 8 m en forme de cône aux parois abruptes...* »[12]. Elle comporte également des aspects purement religieux qui feront l'objet de polémique, tels que les sacrifices sanglants : l'oncle de kondo et le père sacrifient un poulet chacun sur l'autel des ancêtres ; plumes et sang de la victime sont répandus sur sa cloche. Aussi, la présence et le rôle des prêtres traditionnels à plusieurs étapes (traversée des sentiers rituels, montée dans les lieux saints et surtout lors de l'investiture des initiés) ont été jugés problématiques par les missionnaires.

Photo 2 : Kondona (jeunes hommes entre 22 et 27 ans)

Source : DEFAP, Pays *kabiyè*, les classes d'âge.

L'initiation au *kondotou* marque la fin des rites de passage des classes d'âge chez les *Kabiyè*. Durant les quatre ans que dure cette classe d'âge, le *kondo* doit faire preuve d'endurance et de courage. Il s'agit là d'une initiation civique et militaire. A partir de ce moment, il devient une référence et évolue vers la classe des sages : « *Après cinq ans, le Kondo devient ékoulou (ou égoulou) et servira de guide et de conseiller aux Kondona. Enfin il atteint le sommet de la hiérarchie sociale en accédant au rang de Soso ou sage.* »[13] C'est sur eux que la

[10] L.Frobenius, « Les Kabrè », *Le monde non chrétien* 59-60, juillet-décembre 1961, pp. 130-132.

[11] J. Delord, « L'initiation des *Kondona* au pays kabré », *Journal des missions évangéliques*, 1948, p. 83.

[12] N. L. Gayibor (dir), *Histoire des Togolais. Des origines à 1884*, Presses de l'UB, Lomé, vol. 1, 1997, p. 111.

[13] Ibid. p. 113.

société compte désormais pour les grands travaux et la défense de la cité contre l'ennemi.

Il apparaît donc que les rites initiatiques revêtent une importance capitale chez les *Kabiyè*. Ils constituent un moment fort dans l'éducation et la formation du jeune *kabiyè*. Ils permettent à celui-ci d'accéder aux différents niveaux de la société. Chaque classe d'âge implique des devoirs et des obligations mais aussi confère des droits.

L'Église protestante qui se lance dans l'évangélisation des *Kabiyè* à partir et 1937, jette un regard négatif sur ces traditions qui apparaissent pourtant comme l'un des fondements de la cohésion de la société *kabiyè*.

B. Le rejet des coutumes *kabiyè* par les missionnaires protestants

Tout comme dans la plupart des pays africains, la christianisation en pays *kabiyè* a fait naitre un conflit absolu entre les lois des Églises chrétiennes et les coutumes sociales, en particulier, celles en rapport avec les cérémonies initiatiques. Plusieurs auteurs, tels que J. Fralon et C. Garnier[14] ont déjà montré comment l'un des objectifs de l'œuvre missionnaire était "d'abolir" les coutumes africaines pour les remplacer par celles de l'Occident. Les rapports avec les missionnaires s'étant établis souvent sur fond d'ignorance de la religion traditionnelle et des coutumes locales, il en résulta des malentendus.

Un amalgame amena les missionnaires à ranger trop rapidement parmi les « fétichistes » certains chrétiens qui observent tout simplement les coutumes de leur communauté. Telle a été également l'attitude de l'Église protestante[15] en pays *kabiyè*.

Considérées comme païennes, de nombreuses coutumes sont rejetées ; elles ne peuvent entrer dans l'Église, car elles sont incompatibles avec le christianisme. Les croyances religieuses et les coutumes sociales formant un ensemble cohérent, les missionnaires entreprennent de les combattre. Selon les modèles de leur propre culture, ils jugent, arbitrairement quelles coutumes africaines sont compatibles avec la foi chrétienne et quelles autres doivent être maintenues à tout prix[16]. Les personnes devant se convertir au christianisme doivent

---

[14] Voir la dernière partie de l'ouvrage de J. Fralon, C. Garnier, *Le fétichisme en Afrique Noire*, Paris, Payot, 1950.

[15] La position de la Mission catholique au sujet des cérémonies d'initiation est encore plus radicale : elle est opposée à quelque tolérance que ce soit. D'après Delord, le père Brungard serait même allé jusqu'à demander à l'administrateur de la subdivision de Lama-Kara d'interdire toutes les coutumes, non seulement aux chrétiens, mais également à ceux qui étaient susceptibles de le devenir, et ce, dans tous les villages où s'était établie la mission catholique. DEFAP-Archives, Auteur présumé : J. Delord, Etude présentée à la 12ème conférence des Missionnaires, Lomé, 16 septembre 1948.

[16] J. Van Butselaar Africains, missionnaires et colonialistes : *les origines de l'Église ...* Parhttp://books.google.tg/books?id=ThT85nCMXhAC&pg=PA184&lpg=PA184&dq=missionnaires+et+culture+africaine&source=bl&ots=nDxKv8iIWd&sig=UwTvHEH5rBDYkZUGxaLened9s4E&hl=fr&sa=X&ei=pztkU5-

s'engager à ne plus jamais pratiquer ces coutumes « avilissantes »[17] que le missionnaire doit s'employer à faire disparaitre.

En fait, il faut dire que parfois, la plupart des missionnaires ne savaient pas trop le comportement à adopter devant les coutumes locales. Conscients de leurs lacunes en matière de connaissance des traditions, et conditionnés par leurs préjugés sur la culture des peuples à évangéliser, ils avaient cependant la conviction profonde qu'elles étaient mauvaises. Malgré les renseignements du pasteur Delord qui connaissait mieux que n'importe quel autre missionnaire de Paris le milieu *kabiyè* et ses traditions, le pasteur Daniel Pfender est resté longtemps sceptique devant certaines manifestations comme il l'explique lui-même :

> En novembre, j'ai pu assister à une grande fête de coutume (...) Ainsi j'ai pu approfondir un peu ma connaissance de la coutume. Je suis un peu troublé de voir combien de nos quelques rares chrétiens participent encore à ces fêtes. Je sais bien qu'il n'y a pas qu'ici, au sud c'est souvent le drame. D'après Delord je pensais que la plupart de ces coutumes étaient superficielles et innocentes ; j'en suis moins sûr maintenant... [18]

Le rejet des rites initiatiques *kabiyè* a été un choc pour les populations locales et a mis les néophytes dans un dilemme. Pour ceux-ci, se convertir équivaut ainsi à se mettre en marge de la communauté. En conséquence, beaucoup de jeunes attachés aux coutumes rejettent le christianisme. Aussi, de nombreux néophytes chrétiens hésitent à se laisser initier. Le changement exigé par les missionnaires et leurs catéchistes n'a pas toujours été accepté par les *Kabiyè* qui considérent que les coutumes locales ne peuvent être bannies de la culture locale.

Cependant, la position intransigeante de l'Église oblige beaucoup de néophytes à abandonner les coutumes *kabiyè*[19] afin d'être en règle. Très vite, alors que la tendance est au modernisme, certains convertis ont honte d'être associées aux pratiques jugées païennes, « fétichistes », arriérées, - par des catéchistes autochtones formés pendant des années et soutenus par les missionnaires français. Des gens n'hésitent pas à s'exclure eux-mêmes de la vie familiale, dans l'unique but de plaire aux missionnaires en faisant leur volonté[20]. Pour cela, ils ont été parfois mal perçus voire rejetés par les leurs. Les méthodes mission-

---

CG8asOM65gbAB&ved=0CD0Q6AEwAw#v=onepage&q=missionnaires%20et%20culture%20africaine&f=false

[17] Ch. Anezo, « Au milieu des ruines », *L'Écho des Missions Africaines de Lyon*, août 1923, n°8, p. 114.

[18] DEFAP/ AT 1959, Lettre de D. Pfender à M. Ch. Bonzon, Kuwdé, 14 février 1959.

[19] Lors d'une conférence en janvier 1942, le pasteur Delord évoque, le cas d'un nommé Salomon qui lui a confié qu'il ne souhaite, après sa mort, ni cérémonies païennes sur sa tombe, ni être enterré dans le carcan traditionnel. DEFAP-Togo-Delord, Journal, carnet I.

[20] Ainsi par exemple, le jeune *kabiyè* Kakakom qui désirait continuer ses études et devenir évangéliste chez les protestants à Atakpamé, refusa le mariage proposé par son père. Il était prêt à assumer une rupture d'avec lui s'il le fallait. DEFAP-Togo-Delord, Journal, carnet I.

naires ont visé à sortir l'individu du milieu ethnique où il vit en relâchant les liens qui l'attachent à ses coutumes[21].

En s'attaquant aussi bien aux croyances religieuses qu'à certaines coutumes telles que les rites initiatiques, la foi chrétienne transforma le cadre de la vie africaine. Le jugement d'une partie de la population *kabiyè* par rapport à l'attitude missionnaire envers leurs coutumes a été sévère[22].

L'arrivée du pasteur Jacques Delord en 1946 en tant que missionnaire permanent en pays *kabiyè* marque une étape importante dans les rapports entre l'Église protestante et les pratiques initiatiques *kabiyè*.

II. LA VISION AVANT-GARDISTE DU PASTEUR JACQUES DELORD

Jacques Delord est un missionnaire à l'esprit ouvert, qui a le souci de l'objectivité. Aussi, pour ne pas se laisser enfermer dans des considérations générales, fait-il des recherches sur les *Kabiyè* afin de définir une stratégie d'évangélisation appropriée à ce peuple. Il ne tarde pas à réaliser que les coutumes de ces populations comportent des valeurs à préserver.

A. Le respect des coutumes *kabiyè*

Jacques Delord arrive au Togo en 1939. Il est l'un des piliers de la Société des missions évangéliques de Paris au Togo sous la période coloniale française. Son premier contact avec des *kabiyè* a lieu lorsqu'il dirige l'école biblique d'Atakpamé.

En 1946, il s'installe à Koudè[23], non loin de Pagouda. Il passe quinze ans, en milieu *kabiyè*, parlant la langue et évangélisant les *Kabiyè*. Il a fait du pays *kabiyè* un terrain d'étude. Avec son arrivée, la mission protestante du Nord prend corps et s'implante véritablement, avec l'érection d'une station missionnaire placée sous sa direction. Convaincu de la nécessité et de l'intérêt des traductions bibliques, il s'engage alors dans un travail linguistique sur la langue *kabiyè*. Plus que cela, ce sont toutes les coutumes de l'ethnie *kabiyè* qui le passionnent. Conscient des conséquences néfastes de l'Occident sur les sociétés africaines[24], il veut protéger les coutumes *kabiyè* qui gardent encore leur attrait. Il leur consacre la majeure partie de son temps.

---

[21] C. Kinata, « Les administrateurs et les missionnaires face aux coutumes au Congo français », *Cahiers d'études africaines* [En ligne], 175 | 2004, mis en ligne le 15 septembre 2004, consulté le 04 juillet 2014. URL : http://etudesafricaines.revues.org/4744.

[22] Cf. article de Kuwèdaten Napala, à paraître, sur « La résistance « paganiste » face à l'invasion chrétienne en pays *kabiyè* ».

[23] Encore orthographié Kuwdè par J. Delord lui-même.

[24] *« Dire que la civilisation et le christianisme ont ébranlé en Afrique les bases de la société animiste traditionnelle est devenu un lieu commun. Le résultat en a été décevant : cela aussi tout le monde le sait »*, écrit-il. J. Delord, « « *Kondona* » chrétiens », *Journal des missions évangéliques,* 1951, p. 58.

Photo 1 : Le pasteur Jacques Delord

Source : DEFAP -Togo

Dès son arrivée, le pasteur Delord se démarque de la position de l'Église protestante et contrairement à ses coreligionnaires, prend la défense des coutumes. Afin de mieux comprendre la signification des rites initiatiques et leur importance pour la communauté *kabiyè*, il étudie les traditions locales. Dans une étude présentée en 1948 sur la « *Tradition et le christianisme* »[25], il remet en cause les méthodes missionnaires tendant à remplacer les coutumes traditionnelles par les pratiques chrétiennes.

En étudiant minutieusement les rites Kondona *kabiyè*, et leur sens profond, J. Delord en est arrivé à une conclusion :

> Les Kondona forment une classe, une société organisée, une coopérative de travail ; ils ont leurs chefs, leurs fêtes particulières ; ils sont à la disposition du village pour les travaux collectifs, soit publics, soit même privés, dans les cultures ou les constructions des particuliers. Par transitions successives, les classes d'âge Kondona permettent au garçon de passer de la vie familiale, relativement fermée, à la vie sociale. » [26] « Nous voyons, écrit-il, à travers toutes ces coutumes, combien la vie familiale et sociale forme un bloc qui régit jusqu'au comportement individuel et moral. On ne peut toucher un point, sans compromettre l'édifice. (...) Ainsi, il semble que le christianisme devrait se garder de trop toucher à toutes ces coutumes sociales qui ont fait des cabrais ce qu'ils sont : des hommes propres et travailleurs (...)[27].

[25] DEFAP/ AT 1948, J. Delord, Etude présentée à la 12ème conférence des Missionnaires, Lomé, 16 septembre 1948.

[26] DEFAP-Archives, Auteur présumé : J. Delord, Etude présentée à la 12ème conférence des Missionnaires, Lomé, 16 septembre 1948.

[27] DEFAP-Archives, Auteur présumé : J. Delord, Etude présentée à la 12ème conférence des Missionnaires, Lomé, 16 septembre 1948.

Il prend le temps de comprendre ces rites *kabiyè* et, après investigations, il apporte un contredit missionnaires et Européens qui prétendaient que la plupart des coutumes sont mauvaises : « *...Ces coutumes ne sont pas d'inspiration religieuse (donc païenne) d'après tout ce que j'ai pu voir. Mais ils forment un tout dans l'organisation sociale cabraise (kabiyè) qu'il serait dangereux de saper à l'aveuglette...* »[28].

Cette position du pasteur Delord a suscité, dès le départ, des inquiétudes chez les certains missionnaires protestants : celle de passer pour rétrograde en maintenant intégralement toutes les coutumes[29]. Comme on le voit, les missionnaires de Paris veillaient à ne pas être trop réformistes. Car les réformes peuvent produire l'effet inverse à celui attendu : l'éloignement des chrétiens qui ont épousé le modernisme religieux au point d'avoir une horreur de leurs pratiques antérieures.

Des recherches minutieuses et approfondies[30] des coutumes *kabiyè* ont permis au pasteur Delord de relever les points communs et les divergences entre les coutumes dans les diverses localités, ainsi que les inventions propres à chaque sous-groupe. Ainsi a-t-il conclu que les coutumes ne sont pas une tradition morte[31].

Afin d'encourager les chrétiens perturbés par les enseignements et les exigences de l'Église protestante, et pour amener ses fidèles à garder les traditions, le pasteur Delord adopte une stratégie qui consiste à encourager et accompagner les chrétiens déboussolés (qui ne savent plus si les coutumes sont bonnes ou mauvaises), à continuer à pratiquer les coutumes. Pour cela, il prend des mesures visant à maintenir, dans le giron de l'Église protestante, les élèves chrétiens désireux de se faire initier. En effet, loin de leur interdire la participa-

---

[28] DEFAP-Togo Delord, classeur n°5, bleu, L.A.M. (Lettres d'Action Missionnaire), 1er et 2ème séjours, 6 août 1943-19 décembre 1950, Rapport de tournée (18 juillet- 28 août 1945) et considérations diverses au sujet de la Mission du Seigneur en pays cabrais.
Dans une lettre en date du 30 novembre 1955, il explique : « Danses locales, lutteurs (....), ces coutumes ne sont pas des objets de spectacles ; il faut les voir chez elles, en leur temps et dans leur contexte. ». Par ailleurs, au sujet des relations matrimoniales, il écrit : « *il n'est pas utile de toucher aux règles des fiançailles et du mariage, telles qu'elles sont pratiquées encore aujourd'hui ; elles offrent pour le moment le maximum de moralité et de solidité* ». DEFAP-Togo-Delord, classeur n°7, bleu, L.A.M. (Lettres d'Action Missionnaire), 4ème et 5ème séjours, août 1955 à septembre 1959, Lettre du 30 novembre 1955.

[29] DEFAP-Archives, Auteur présumé : J. Delord, Etude présentée à la 12ème conférence des Missionnaires, Lomé, 16 septembre 1948.

[30] La description des parures, des décors, des acteurs en présence dans les cérémonies rituelles et de leurs rôles, le sens des mots, des gestes, tout a un sens pour le missionnaire Delord. On comprend davantage la quantité impressionnante de photos prises sur le pays *kabiyè*, ses habitants, ses traditions. Cela fait du pasteur Jacques Delord, en matière d'archives et de documents iconographiques sur le pays *kabiyè* durant la période coloniale et missionnaire, la référence par excellence.

[31] Fonds Delord : TOGO- Delord, classeur n°5-Bleu L.A.M. (Lettres d'action missionnaire) 1er et 2ème séjours ; 5 août 1943 – 19 décembre 1950.

tion notamment aux rites initiatiques *évala, kondona, akpéma,* le pasteur Delord recommande aux jeunes, les championnats traditionnels de lutte et donne congé aux écoliers pour qu'ils puissent y participer. Devant le scepticisme de certains, et la réticence de ceux qui diabolisent les rites initiatiques comme on le leur a enseigné, et pour la première fois en 1950, il les accompagne lui-même dans toutes les cérémonies de Kondona cette année-là, jusqu'à la montée dans les lieux saints (la montagne). Il est présent à presque toutes les étapes. Delord est même le parrain de nombreux chrétiens[32] et chrétiennes, lors de diverses cérémonies (mariage, fiançailles, kondona, etc.). Il conseille, rassure. Sa présence est acceptée par les prêtres religieux traditionnels. Il est souvent aidé par ses évangélistes natifs du milieu ; il discute avec les prêtres traditionnels en leur expliquant le bien fondé de la pratique des coutumes par les jeunes chrétiens et les avantages de cette nouvelle donne pour la société *kabiyè*. Au sujet du sens du rite *Kondona,* il essaie d'expliquer ce que, d'après lui, les Kabiyè sentent mais ne jugent pas utile de l'exprimer. : « *Les kondona forment la classe des corvées, et sont aussi l'armée active, qui doit répondre au premier appel. D'où cette sorte de respect mêlé de compassion qu'on leur témoigne. Il semble enfin qu'il y a une sorte de leçon morale : si tu veux être honoré (la butte-pour demain), il faut te soumettre et souffrir : nudité, vexations, joug, terre sur le dos, ne pas parler, être enfermé...* »

Les propos du pasteur B. Karma confirment l'intérêt accordé par Jacques Delord aux coutumes locales : « Il *étudie également l'homme kabiyè, ses coutumes et sa société pour connaitre ses besoins...Cela lui a permis d'insuffler à ses collaborateurs catéchistes, le comment transmettre valablement le message de Jésus-Christ au Kabiyè dans sa culture propre, surtout dans le respect total de ses traditions comme les initiations des classes d'âges qu'il a encouragées en leur donnant un sens chrétien.* »[33].

Cependant, la reconnaissance et le respect des coutumes *kabiyè* par le pasteur Delord ont eu des limites dans la mesure où il a exclu certaines étapes des cérémonies initiatiques faisant intervenir la religion traditionnelle, notamment les étapes en rapport avec les sacrifices sanglants. Ce rejet correspond à un début de « christianisation des rites initiatiques » *kabiyè* par l'Église protestante au Togo.

---

[32] Le pasteur Delord parraine un Kondo nommé Kayo. Ce jeune garçon converti au protestantisme avait été saisi pour son initiation mais il s'était enfui. Delord le ramène lui-même pour une cérémonie de *Wah* le 14 juin 1950, jouant ainsi le rôle de l'oncle absent de ce jeune homme. DEFAP, Fonds Delord : TOGO- Delord, classeur n°5-Bleu L.A.M. (Lettres d'action missionnaire) 1er et 2ème séjours ; 5 août 1943 – 19 décembre 1950.

[33] B.W. Karma, *Histoire de l'Église évangélique du Togo dans le pays kabiyè* (ouvrage inédit), Allocution 1992, 101 p.

B. Un signe avant-coureur de l'inculturation

Le missionnaire Jacques Delord tenait à ce que les chrétiens ne soient pas écartés des cérémonies initiatiques. Désireux d'amener ses chrétiens à prendre position au sujet des coutumes de leur pays, il initie, en mai 1949, des réflexions autour de la question des cérémonies initiatiques, en vue de préparer les rites *kondona* prévus pour 1950. Il rapporte que la discussion a été vive et les avis partagés : *« les uns étaient pour la suppression totale des coutumes, d'autres pour leur intégration totale dans la communauté chrétienne, et, entre ces extrêmes on aurait pu noter tous les degrés d'opinion »*[34]. En effet, les plus anciens ne veulent ne conserver qu'un minimum, c'est-à-dire juste ce qu'il faut pour qu'un jeune homme puisse se reconnaître appartenant à une classe (tels que le repas de famille, une bénédiction au temple) mais les jeunes, horrifiés par cette proposition, ont protesté : « *On nous croirait en deuil à nous voir nous cacher ainsi honteusement »*[35]. Un prêtre traditionnel convié au débat, se montra favorable à la participation des chrétiens aux coutumes avec leurs camarades, à condition qu'ils ne montent pas dans les lieux saints[36].

Après discussion, on s'est finalement mis d'accord sur le fait que : les jeunes chrétiens participent aux cérémonies ; qu'ils montent sur la montagne où se font les jeux, mais se mettent à l'écart quand les autres entreront dans les bois sacrés. Les catéchistes remplaceront de prêtres traditionnels et recevront les insignes de classe pour les transmettre à leurs chrétiens. Pour les *Kondona*, un maître célébrera un culte dans la case de réclusion du nouvel initié (*éfalu*) chrétien, en remplacement du sacrifice rituel. Pour ce qui est du mouton à sacrifier, les chrétiens se contenteront d'une bénédiction, *« loin des autels, au nom de Jésus, le seul médiateur* ». [37] Car, pour Jacques Delord, « *supprimer les coutumes est un geste stupide. Mais témoigner de sa foi au milieu des coutumes, voilà qui porte* ».[38]. En conséquence, pour les écoliers, l'autorisation à la participation des cérémonies est assortie d'une condition : ils doivent s'abstenir des sacrifices préliminaires. La cérémonie des *Akpema*[39] doit également se terminer dans un temple au lieu de s'achever dans un sanctuaire traditionnel.

Suite à ces décisions innovantes, au cours des initiations *kondona* de 1950, pour la première fois, les jeunes *kabiyè* sont montés dans les lieux saints, en

---

[34] J. Delord, « « *Kondona* » chrétiens », *Journal des missions évangéliques,* 1951, p. 58.
[35] Ibid. p. 59.
[36] L'intrusion dans les lieux sacrés de pratiques étrangères risquerait de mécontenter les esprits qui y résident. J. Delord, « *Kondona* » chrétiens », *Journal des missions évangéliques*, 1951, p. 59.
[37] J. Delord, « « *Kondona* » chrétiens », *Journal des missions évangéliques,* 1951, p. 63.
[38] L'initiation proprement dite de *kondona* impose au jeune de se dévêtir car, tout au long du parcours traditionnel, il y a certains lieux plus ou moins sacrés où l'usage de tout vêtement est interdit. J. Delord, « *Kondona* » chrétiens », *Journal des missions évangéliques,* 1951, p. 61.
[39] Rite d'initiation de la jeune fille en pays *kabiyè* qui détermine le passage de l'adolescence à la vie adulte.

culotte, au lieu d'être nus[40] comme leurs pairs. C'est ce que laisse entendre le passage suivant du pasteur Jacques Delord relatant le déroulement des cérémonies Kondona 1950 :

> Nous mangeons en vitesse et vers une heure nous nous mettons en route (...) Les Esakpa forment un groupe à part. (...) ils franchissent un pilon décoré en pyrogravure et coloré, avec un trou oblong pour passer la main. Parmi eux 5 de nos apprentis : Miyu, Lawsumasi, Somlaw, etc. Ils ont leurs caleçons et personne ne dit rien. (...) On entend toujours les « oooo » se faire écho à travers les bosquets et les mils. Puis les groupes commencent à s'agglomérer ; les pilons sont bataillons. Ils pénètrent serrés sous l'ombre d'un bosquet magnifique aux arbres majestueux. Et voilà Hulum qui débouche au col et mes gars viennent au devant de moi : « Que faisons-nous ? » - Essayer d'entrer. Si on vous chasse, vous verrez bien ; sinon, continuez ! » Nous sommes au centre des lieux sacrés : voici la 1ère butte, la plus importante, bien que peu élevée. Des cercles de pierres de tous côtés (« kooka »). Les grands prêtres s'occupent des derniers préparatifs autour de la butte, tandis que la foule bariolée s'étire et se renforce dans tous les replis des vallons et des collines ; un beau vacarme de fête très heureuse. Quelques groupes d'Esakpa arrivent enfin au lieu très saint. Hulum un des premiers et nos cinq culottes sont toujours du nombre... [41]

Comme on le voit, les chrétiens et les initiés ont redouté une opposition des prêtres traditionnels ; mais la cérémonie s'est déroulée sans incident. En effet, dès le lendemain matin de l'initiation, Jacques Delord qui a fait le tour de ses initiés chrétiens, apprend que, pour finir, ils sont tous montés sur la montagne, sauf un lépreux. « *Ils ont passé partout et nulle part les caleçons n'ont incommodé les prêtres.* »[42], écrit-il, rassuré. Une lettre envoyée à son épouse, le 07 août 1950, indique que sa présence a été nécessaire pour encourager les chrétiens qui se sont demandé s'il faut encore ou non participer aux cérémonies initiatiques kondona : « *Je pensais bien que je devais être au kabré*[43] *pour « wa ». Car nos gars hésitaient terriblement à se lancer au milieu de leurs camarades, jusqu'au dernier moment. Le matin encore, ils étaient indécis devant*

[40] L'initiation proprement dite de *kondona* impose au jeune de se dévêtir car, tout au long du parcours traditionnel, il y a certains lieux plus ou moins sacrés où l'usage de tout vêtement est interdit. J. Delord, « *Kondona* » chrétiens », *Journal des missions évangéliques,* 1951, p. 61.

[41] C'est nous qui soulignons. DEFAP-Togo Delord, classeur n°5, bleu, L.A.M. (Lettres d'Action Missionnaire), 1er et 2ème séjours, 6 août 1943-19 décembre 1950, Rapport de tournée (18 juillet- 28 août 1945) et considérations diverses au sujet de la Mission du Seigneur en pays cabrais.

[42] DEFAP-Togo Delord, classeur n°5, bleu, L.A.M. (Lettres d'Action Missionnaire), 1er et 2ème séjours, 6 août 1943-19 décembre 1950, Rapport de tournée (18 juillet- 28 août 1945) et considérations diverses au sujet de la Mission du Seigneur en pays cabrais.

[43] C'est ainsi que les missionnaires et les administrateurs appelaient, à l'époque, le pays *kabiyè.*

ma case. Ils y sont tous allés... et ce fut très beau. Ils en ont une joie formidable ! ... »[44]

Jacques Delord a encouragé, malgré lui, les chrétiens devenus pudiques à cause de la morale chrétienne, à participer aux cérémonies, en culotte au lieu de rester nu comme l'exige la coutume. En effet, sur cette question de la nudité, il n'a trouvé aucun inconvénient à ce que les chrétiens soit nus conformément à la tradition. Aussi s'est-il indigné que ses *« sacrés chrétiens qui, pour ne pas quitter leur culotte, se privent stupidement de si bons souvenirs »*[45].

Pour avoir une rétroaction des rites kondona tels qu'ils ont été vécus par les jeunes fidèles de l'Église protestante le pasteur Delord demanda les impressions de Bawubadi, un jeune initié chrétien. Il rapporte : « *Ce qui l'a frappé surtout, c'est le sentiment du retour aux sources. On leur fit traverser sur la montagne, la maison même d'où sont sortis les ancêtres. Malgré la fatigue, dit-il, on sentait l'honneur qui lui échoit* »[46].

En obtenant la participation des chrétiens à l'initiation des *kondona* avec les modifications évoquées plus haut, le pasteur Jacques Delord a fait bouger les coutumes en pays *kabiyè*. Au regard des changements qui ont été introduits dans le déroulement des cérémonies initiatiques, on peut dire que l'année 1950 marque le début de la « christianisation du rite Kondona » en pays *kabiyè*[47].

À l'issue des cérémonies, le pasteur Delord, plus que jamais favorable à une participation des chrétiens aux coutumes de leurs milieux, en particulier aux rites des *kondona* écrit : *« Dans tout ceci, aucun sacrifice, aucune prière, aucune invocation aux esprits ou aux ancêtres. C'est le retour aux sources de la famille, la soumission à la hiérarchie sociale et aux coutumes symbolisées par l'anneau de fer, le passage dans la classe des « Kondona », des hommes sur lesquels on peut compter pour maintenir le pays par le travail et par les armes »*[48].

Il faut signaler que les questions en rapport avec les coutumes locales ont divisé aussi les pasteurs togolais de l'Église protestante. Jeanne Junod[49]rapporte que le pasteur Elfried Kpostra[50] a été favorable à l'abandon des coutumes, con-

[44] DEFAP, Fonds Delord : TOGO- Delord, classeur n°5-Bleu L.A.M. (Lettres d'action missionnaire) 1er et 2ème séjours ; 5 août 1943 – 19 décembre 1950.

[45] DEFAP, Fonds Delord : TOGO- Delord, classeur n°5-Bleu L.A.M. (Lettres d'action missionnaire) 1er et 2ème séjours ; 5 août 1943 – 19 décembre 1950.

[46] DEFAP, Fonds Delord : TOGO- Delord, classeur n°5-Bleu L.A.M. (Lettres d'action missionnaire) 1er et 2ème séjours ; 5 août 1943 – 19 décembre 1950.

[47] Par la suite, *pour ne pas laisser disparaître les coutumes*, le clergé autochtone catholique de Lama-kara, (les pères Adjola et Bakpessi) décide de *« baptiser les coutumes »* en organisant, dix années plus tard, c'est-à-dire en 1960, la première sortie des chrétiennes Akpema (rites initiatiques de la jeune fille *kabiyè*) à Saoudè. Les prêtres ont réagi violemment, estimant que les chrétiens dénaturent les coutumes. Père Raphaël ADJOLA, entretien à Kara le 8 août 2006.

[48] J. Delord, « « *Kondona* » chrétiens », *Journal des missions évangéliques,* 1951, p. 58.

[49] Epouse du pasteur Junod, missionnaire au Togo.

[50] Pasteur protestant de l'Église éwé dans le Sud Togo.

trairement au pasteur Seth Nomenyon qui, trouvant que les missionnaires ont été trop absolus en prêchant l'Evangile, a semblé plus tolérant vis-à-vis de ces coutumes.[51]

Selon Jeanne Junod, le respect de la coutume peut être bénéfique à chaque citoyen, *« car toute une discipline est attachée à la coutume ancestrale et si l'un d'eux se risquait à désobéir, il ne serait pas mis en prison selon le code pénal mais parce que sa désobéissance mettrait en péril l'unité de sa communauté en lui faisant subir d'interminables cérémonies si effrayantes qu'il préfère ne pas succomber à la tentation et désobéir. C'est une adhésion à la tradition morale ».*[52]

Toutes ces questions qui viennent d'être évoquées ont été un grand point d'achoppement entre les chrétiens et les adeptes de la religion traditionnelle. Comment comprendre que les nouveaux convertis se mettent en marge des rites d'initiation si fondamentaux pour la reconnaissance et l'insertion de l'individu dans sa communauté ?

En tenant absolument à la participation des chrétiens aux cérémonies initiatiques, le pasteur Delord voulait préserver les coutumes afin de ne pas les laisser disparaitre. Pour certains garants des traditions, particulièrement les rigoristes et conservateurs, le pasteur dénature les coutumes traditionnelles.

CONCLUSION

Par ses nombreuses études sur les coutumes en général et sur le rite *kondona* en particulier, sa démarche explicative auprès des autorités religieuses et traditionnelles, son combat au sein de l'Église protestante pour permettre aux chrétiens de continuer à pratiquer certaines cérémonies, son incitation et son encouragement des chrétiens à suivre ces cérémonies, le missionnaire Jacques Delord a contribué à maintenir des jeunes chrétiens au sein de l'Église tout en ne les séparant pas de leur communauté. Son initiative a encouragé les Kabiyè à perpétuer les rites initiatiques au moment où tout était mis en œuvre pour les supprimer. C'est l'un des missionnaires qui a cherché à éviter la désintégration des chrétiens de leur milieu d'origine[53]. En cela, a il contribué au développement culturel en pays *kabiyè*. Le rôle du pasteur J. Delord dans la préservation des rites *initiatiques kabiyè* montre que, certains missionnaires, même peu nombreux, se sont efforcés de comprendre la culture africaine et de la préserver dans la mesure du possible, « *pour le bénéfice des peuples évangélisés* ». En imposant des éléments nouveaux pour les chrétiens *kabiyè* dans le déroulement

---

[51] J. Junod, *Échos d'une vie*, Estelle Ochsner, Paris, 2005, p. 47.

[52] J. Junod, *Échos d'une vie*, Estelle Ochsner, Paris, 2005, p. 47.

[53] D'après R. Cornevin, le travail du pasteur Delord en pays *kabiyè* se situe dans la grande lignée des missionnaires ethnologues dont les modèles sont chez les Allemands les pasteurs Spieth et Westermann, et chez les Français, le pasteur Maurice Leenhardt et le R.P. Aupiais, *Le monde non chrétien, 59-60, Juillet-décembre 1961, connaissance des Kabré depuis Frobénius,* p. 99.

des rites *kondona*, il a fait bouger les coutumes au sein de l'ethnie *kabiyè*. C'est que, pour le pasteur Delord, les rites initiatiques *kabiyè* comportent des valeurs sur lesquelles l'Église peut s'appuyer pour évangéliser les populations. Sa vision valorisante et avant-gardiste a contraint la mission protestante à changer son regard sur les coutumes *kabiyè* et donc, à les accepter, partiellement. Partiellement, en effet, car il faut signaler que, suite à l'initiative de Jacques Delord, le Conseil de presbytère de l'Église protestante a décidé d'être plus strict ; au grand désespoir de ce missionnaire défenseur des traditions *kabiyè*[54], qui n'a cependant pas arrêté son combat.

Il faut surtout souligner que l'initiative du pasteur protestant a fait école chez les catholiques qui, eux, ont accéléré le processus de christianisation des rites après le Concile Vatican II. Cependant, les contestations des prêtres religieux et des chefs traditionnels (qui jugent que « les chrétiens dénaturent les coutumes »), d'une part, le rejet par certains chrétiens des cérémonies initiatiques, d'autre part, ont amorcé un débat jamais achevé sur le sens réel de ces rites masculins et féminins christianisés chez les *Kabiyè*.

SOURCES ET BIBLIOGRAPHIE

SOURCES

Source orale

Père R.Adjola, prêtre diocésain, entretien à Kara le 8 août 2006.

Sources archivistiques

Archives du DEFAP, « Connaissance des Kabré depuis Frobénius », *Le monde non chrétien*, 59-60, Juillet-décembre 1961, pp. 93-99.

Ch. Anezo, « Au milieu des ruines », *L'Écho des Missions Africaines de Lyon,* août 1923, n° 8, pp. 114 -115.

J. Delord, « L'initiation des Kondona au pays kabré », *Journal des missions évangéliques*, 1948, pp.83-91.

DEFAP-Archives, Auteur présumé : J. Delord, Etude présentée à la 12ème conférence des Missionnaires, Lomé, 16 septembre 1948.

DEFAP/ AT 1948, J. Delord, Etude présentée à la 12ème conférence des Missionnaires, Lomé, 16 septembre 1948.

DEFAP-Togo-Delord, classeur n°5, bleu, L.A.M. (Lettres d'Action Missionnaire), 1er et 2ème séjours, 6 août 1943-19 décembre 1950, Rapport de tournée (18 juillet- 28 août 1945) et considérations diverses au sujet de la Mission du Seigneur en pays cabrais.

[54] DEFAP/ AT 1959, Lettre de Daniel Pfender à M. Ch. Bonzon, Kuwdé, 14 février 1959.

DEFAP-Togo-Delord, classeur n°7, bleu, L.A.M. (Lettres d'Action Missionnaire), 4ème et 5ème séjours, août 1955 à septembre 1959, Lettre du 30 novembre 1955.
DEFAP/ AT 1959, Lettre de Daniel Pfender à M. Ch. Bonzon, Kuwdé, 14 février 1959.
J. Delord, « « *Kondona* » chrétiens », *Journal des missions évangéliques,* 1951, pp. 58-63.
DEFAP/ AT 1959, Lettre de Daniel Pfender à M. Ch. Bonzon, Kuwdé, 14 février 1959.
DEFAP-Togo-Delord, Journal, carnet I.
Fonds Delord : Togo- Delord, classeur n°5-Bleu L.A.M. (Lettres d'action missionnaire) 1er et 2ème séjours ; 5 août 1943 – 19 décembre 1950.
L. Frobenius, « Les Kabrè », *Le monde non chrétien* 59-60, juillet-décembre 1961, pp. 130-132.
B.W. Karma, *Histoire de l'Église évangélique du Togo dans le pays kabiyè* (ouvrage inédit), Allocution 1992, 101p.

BIBLIOGRAPHIE

J. Junod, *Échos d'une vie*, Estelle Ochsner, Paris, 2005, 133 p.
N.L. Gayibor (dir), *Histoire des Togolais. Des origines à 1884*, Presses de l'UB, Lomé, Vol. 1, 1997, 443p.
B. Salvaing, *Les missionnaires à la rencontre de l'Afrique au XIXème siècle (Côte des esclaves et pays Yoruba, 1840-1891)*, Paris, L'Harmattan, 1994, 344 p.

Documents électroniques

Bastide Roger, dans l'Encyclopædia Universalis France (1999), http://vadeker.net/corpus/initiation.html, consulté le 05 mai 2014 à 14h.
Jan Van Butselaar, « Africains, missionnaires et colonialistes : les origines de l'Église » ...
Parhttp://books.google.tg/books?id=ThT85nCMXhAC&pg=PA184&lpg=PA184&dq=missionnaires+et+culture+africaine&source=bl&ots=nDxKv8iIWd&sig=UwTvHEH5rBDYkZUGxaLened9s4E&hl=fr&sa=X&ei=pztkU5-CG8asOM65gbAB&ved=0CD0Q6AEwAw#v=onepage&q=missionnaires%20et%20culture%20africaine&f=false.
C. Kinata, « Les administrateurs et les missionnaires face aux coutumes au Congo français », *Cahiers d'études africaines* [En ligne], 175 | 2004, mis en ligne le 15 septembre 2004, consulté le 04 juillet 2014. URL : http://etudesafricaines.revues.org/4744.

SÉANCE DE CLÔTURE

- Allocution
- Motions
- Recommandations
- Rapport Général

ALLOCUTION

Dieudonné Tsokini

Doyen de la Faculté des Lettres et des Sciences Humaines

- Madame et Messieurs les membres du comité d'organisation ;
- Chers collègues conférenciers ;
- Chers étudiants ;
- Mesdames, Messieurs.

Votre colloque qui se termine ce jour, après trois journées de travaux intenses, fructueux et fort enrichissants au regard de la pertinence des thèmes proposés, a été pour les enseignants-chercheurs des différentes Facultés impliquées dans ce colloque, non seulement un succès remarquable, mais surtout un mobile de renforcement des liens académiques et scientifiques entre nos Universités subsahariennes.

La signature, hier, de l'avenant relatif aux échanges entre les Facultés des Lettres et Sciences Humaines des Universités Omar Bongo de Libreville et Marien Ngouabi de Brazzaville, sous le regard bienveillant des Recteurs des deux institutions en est une illustration parfaite.

La diversité des communications présentées, la teneur des débats à travers l'importance des questionnements soulevés dans le sens de la réhabilitation historique de l'Afrique et de la contextualisation raisonnée des problématiques retenues par les uns et les autres dans leurs champs et domaines respectifs de recherche ont été, à entendre le rapporteur, à la hauteur des attentes du colloque.

Tout en réitérant les félicitations au comité d'organisation à qui j'adresse un satisfécit tout à fait mérité et aussi, souhaitant à nos hôtes, bon retour dans leurs Universités et familles respectives, au nom du Recteur empêché, le Professeur Armand MOYIKOUA, je déclare clos les travaux du colloque international de Brazzaville sur « ethnie, nation et développement en Afrique ».

Je vous remercie.

MOTIONS

- À Son Excellence Monsieur Denis Sassou Nguesso, Président de la République du Congo ;
- Au Gouvernement et au Peuple Congolais ;
- À Messieurs les Recteurs des Universités Marien Ngouabi (UMNG) et Omar Bongo (UOB)

À Son Excellence
Monsieur Denis Sassou Nguesso,
Président de la République du Congo

Nous, participants au Colloque International sur le thème « Ethnies, Nations et Développement en Afrique », tenons à exprimer à Son Excellence Denis Sassou Nguesso, Président de la République du Congo, notre déférente et profonde gratitude pour avoir permis à la communauté scientifique du continent et d'ailleurs de prendre part à cette rencontre de haut niveau et de revisiter ces notions en vue de donner à l'Afrique les outils d'un développement endogène.

Fait à Brazzaville, le 26 mai 2014

Au Gouvernement et au Peuple Congolais

Nous, participants au Colloque International sur le thème « Ethnies, Nations et Développement en Afrique » qui s'est tenu à Brazzaville (Congo) du 26 au 28 mai 2014, tenons à exprimer au Gouvernement et au peuple Congolais notre particulière gratitude pour l'hospitalité toute bantu dont nous avons bénéficié tout au long de notre séjour en terre brazzavilloise et pour toutes les commodités qui ont été gracieusement mises à notre disposition pour une participation optimale à cette rencontre scientifique.

Fait à Brazzaville, le 28 mai 2014

À Messieurs les Recteurs des Universités Marien Ngouabi (UMNG) et Omar Bongo (UOB), Pr Armand Moyikoua et Pr Marc-Louis Ropivia

Nous, participants au Colloque International sur le thème « Ethnies, Nations et Développement en Afrique » qui s'est tenu à Brazzaville (Congo), du 26 au 28 mai 2014, tenons à exprimer à Messieurs les Recteurs des Universités Marien Ngouabi (UMNG), Pr Armand Moyikoua, et Omar Bongo (UOB), Pr Marc-Louis Ropivia, l'expression de notre profonde gartitude pour avoir accompagné les initiateurs de cette manifestation colorée dans sa matérialisation.

Fait à Brazzaville, le 28 mai 2014

RAPPORT GÉNÉRAL

Université Marien Ngouabi de Brazzaville

Faculté des Lettres et Sciences Humaines
Laboratoire d'Anthropologie et d'Histoire

Université Omar Bongo de Libreville

Faculté des Lettres et Sciences Humaines
Centre de Recherches et d'Etudes
en Histoire et Archéologie

COLLOQUE INTERNATIONAL « ETHNIES, NATIONS ET DÉVELOPPEMENT EN AFRIQUE »

RAPPORT GÉNÉRAL

Les 26, 27 et 28 mai 2014, s'est tenu à Brazzaville, dans la salle de conférences de la Société Nationale des Pétroles du Congo, le Colloque International, co-organisé par les Universités Marien Ngouabi (Congo) et Omar Bongo (Gabon), sur le thème : « *Ethnies, Nations et Développement en Afrique* ».

Ce rapport qui en sanctionne les travaux, porte sur la cérémonie d'ouverture, les travaux en plénière et les débats. Il se termine par les recommandations des participants à l'endroit des autorités politiques et académiques africains, des universitaires et du Comité d'organisation du colloque.

CONTEXTE

À la suite du colloque tenu à Lomé du 27 au 29 mai 2013 sur le thème : « *Elections et violences politiques en Afrique noire, enjeux et défis : cas du Togo après 1990* », les historiens du Congo et du Gabon avaient pris date pour organiser, à Brazzaville, en 2014, un colloque consacré au thème « *Ethnie, Nations et Développement en Afrique* ». Il s'agissait d'examiner les causes historiques du sous-développement en Afrique, de repenser l'État africain pour dépasser sa situation de crise actuelle et d'embrayer un développement qui intègre les entités autonomes locales, ethniques ou régionales dans les domaines politique et économique. Mais aussi d'ouvrir des pistes de réflexion susceptibles de mettre en perspective un modèle de développement à partir des fondements endogènes.

Ce projet qui s'est concrétisé à travers la tenue des présentes Assises, a connu la participation des chercheurs des Universités, institutions de recherche et Ecoles Normales Supérieures d'Afrique centrale et occidentale ci-après : Marien Ngouabi (Congo), Omar Bongo, ENS et IRSH-CENAREST (Gabon), Lomé et Kara (Togo), Abidjan-Cocody (Côte d'Ivoire), Ouagadougou (Burkina Faso), Abomey-Calavi (Bénin), Yaoundé I et Ngaoundéré (Cameroun).

ORGANISATION

La présidence active du Colloque a été conduite par les Pr Scholastique Dianzinga, Hugues Mouckaga et Jean-François Owaye, sous l'égide des Pr Armand Moyikoua, Recteur de l'Université Marien Ngouabi et Marc-Louis Ropivia, Recteur de l'Université Omar Bongo, assistés du Pr Dieudonné Tsokini, Doyen de la Faculté des Lettres et Sciences Humaines de l'Université Marien Ngouabi et de Madame Monique Mavoungou Bouyou, Doyen de la Faculté des Lettres et Sciences Humaines de l'Université Omar Bongo, sous la coordination d'un comité scientifique confié aux Pr Théophile Obenga, Abraham Constant Ndinga Mbo, Alexis Mengue M'Oye, Kodjona Kadanga, Yvon-Norbert Gambeg et André-Wilson Ndombet.

CÉRÉMONIE D'OUVERTURE

La cérémonie d'ouverture, qui a été rehaussée par la présence du Ministre de l'Enseignement Supérieur du Congo, a enregistré les allocutions de Madame Scholastique Dianzinga, Présidente du Comité d'Organisation, de Monsieur le Recteur, le Pr Armand Moyikoua, de l'Université Marien Ngouabi, et de Monsieur le Ministre de l'Enseignement Supérieur du Congo, Pr Georges Moyen, qui a ouvert les travaux.

Intervenant en premier, Madame Scholastique Dianzinga a adressé un mot de bienvenue aux autorités présentes, notamment à Monsieur le Ministre de l'Enseignement Supérieur, au Conseiller du Président de la République du Congo à l'Education et à la Recherche scientifique, au Premier Conseiller de l'Ambassade du Gabon au Congo, à la Représentante de l'Unesco et aux Recteurs des Universités Marien Ngouabi et Omar Bongo, aux Doyens des Facultés des Lettres et Sciences Humaines de ces deus universités et au Représentant de la Société Nationale des Pétroles du Congo.

Dans son propos, elle a souligné le grand intérêt suscité par ce colloque et a remercié la Présidence de la République du Congo pour le soutien apporté au Comité d'Organisation, ainsi que le Ministre de l'Enseignement Supérieur du Congo pour son patronage. Elle a décerné une mention spéciale aux Recteurs des universités co-organisatrices pour tous les efforts consentis en vue de la tenue du colloque.

Monsieur le Recteur de l'Université Marien Ngouabi, le Pr Armand Moyikoua, dans son propos, a salué et souhaité une cordiale bienvenue à Brazzaville, à M. le Recteur de l'Université Omar Bongo et aux éminents chercheurs venus d'Afrique de l'Ouest et du Centre. Il a relevé, après l'organisation du Colloque sur Pierre Savorgnan de Brazza à Franceville en 2006, à l'initiative des Chefs d'État du Congo et du Gabon, la volonté renouvelée, à travers la tenue de ces Assises, d'une intensification de la coopération interuniversitaire entre les deux pays. Il a félicité le comité d'organisation pour le travail abattu.

Constatant la continuité dans l'effort de réflexion des Universitaires africains sur les maux qui minent le développement du continent, il a replacé le thème du colloque dans le contexte des mutations du continent depuis le début du XXe siècle, épaissi la thématique choisie et les objectifs poursuivis par le colloque. Il a souhaité que les échanges autour des communications soient une contribution hautement intellectuelle. Enfin, il a témoigné sa gratitude au Secrétariat du Gouvernement du Congo pour les nombreuses facilités offertes en vue de la tenue de ces Assises.

Pour finir, Monsieur le Ministre de l'Enseignement Supérieur, le Pr Gorges Moyen, s'est félicité de la présence du Recteur de l'Université Omar Bongo, du Doyen de la Faculté des Lettres et Sciences Humaines de l'Université Omar Bongo, et de Madame la Représentante de l'Unesco au Congo. Il s'est réjoui de l'heureuse initiative des deux Universités organisatrices de renforcer leurs capacités et de mutualiser leurs expériences. Il a souligné les principaux fondements de cette coopération, à savoir, une histoire commune et une volonté de mise en commun des intelligences des deux pays. Il a félicité l'Université Marien Ngouabi pour son dynamisme et a salué l'effervescence de la coopération interuniversitaire en Afrique, en général, et en Afrique centrale, en particulier. Il a précisé que le Gouvernement congolais restait attentif à la positive évolution du secteur de l'enseignement supérieur et du rôle fécond qu'il est appelé à jouer dans les processus de mise en œuvre de l'émergence du Congo parmi les nations développées.

Revenant sur le contexte du colloque, il a rappelé que l'Afrique est en proie à des crises sociopolitiques graves et où les problématiques identitaires diverses menacent la vie des nations. Ces considérations témoignent de l'actualité de la thématique choisie par le colloque. Il a saisi l'occasion pour formuler tous les espoirs découlant de ces échanges, desquels jailliront des connaissances nouvelles, à tout le moins des pistes de recherche et des approches novatrices. Car, a-t-il précisé, « *repenser le développement en l'Afrique, implique de soutenir le savoir qui déconstruit les erreurs épistémologiques aux relents d'ambition de domination ayant servi à caricaturer les réalités africaines* ». Pour finir, il a déclaré ouverts les travaux du colloque.

La cérémonie d'ouverture a été suivie de la leçon inaugurale prononcée par le Pr Marc-Louis Ropivia, Recteur de l'Université Omar Bongo (UOB). Dans sa communication titrée : « *Ethnies, nation et développement en Afrique centrale. Quels liens ?* », le Pr Marc-Louis Ropivia examine, successivement, la consubstantialité du lien entre la Nation et le Développement, le paradigme de développement africain pour le XXIe siècle, puis les modalités d'impulsion du développement africain à partir des sociétés traditionnelles et des patrimoines ancestraux. Ce, après avoir passé en revue les trois concepts en débat : « Ethnie », « Nation » et « Développement » en Afrique. L'orateur a indiqué que leur relation passe par une déconstruction et une reconstruction de ces concepts.

Trois questions lui ont servi de fil conducteur : comment les nations, *i. e.* les peuples, conçoivent et façonnent-elles leur développement ? Comment le développement en tant que phénomène de progrès social change-t-il le cours de l'évolution des Nations ou des Sociétés ? Si le développement a rapport à l'Ethnie ou à la nation, en d'autres termes, si le progrès est sous-tendu par l'affirmation de l'identité nationale ou sociale, existe-t-il des modes, des modèles ou des formes de développement produites ou singulièrement identifiées à des Ethnies ou à des Nations ?

Cette problématique qu'il a posée visait à montrer que l'Afrique, contrairement à d'autres continents, n'avait pas encore puisé suffisamment dans son immense patrimoine immatériel, les ressources et les valeurs indispensables à la fécondation de son développement endogène.

Selon lui, le développement n'est pas l'occidentalisation, mais l'accession de chaque société à sa propre modernité ; cela implique donc la modernisation de tous les domaines du patrimoine immatériel et matériel, sur lesquels les peuples africains, depuis des temps immémoriaux, ont exercé leur génie inventif.

Cela tient aussi au contexte mésologique qui permet d'annoncer l'axiome suivant : le développement est un phénomène de progrès social que chaque peuple, autrement dit chaque nation, peut se façonner ou adapter en fonction des conditions spécifiques de son environnement biophysique ou de son milieu naturel. Cette idée invite l'Afrique à répondre à une déterminante question : *la zone intertropicale africaine peut-elle être porteuse d'une forme originale de développement ? Si oui, comment mobiliser les ressources cognitives et environnementales spécifiques pour atteindre cet objectif ?*

Le Pr Marc-Louis Ropivia se penche en faveur du **modèle de bio-développement** qu'il présente comme alternatif, c'est-à-dire susceptible de conduire vers une forme d'**éco-développement**, qu'il appelle *développement mésologique* ou *topique* et dont le paradigme dominant est la **Tropicalité**. Ce principe devra tenir compte d'un second paradigme : la **Bantuité** qui permet de forger une identité nationale et une idéologie culturelle transnationale porteuses de valeurs de civilisation spécifiquement bantu et devant sous-tendre le bio-développement et la bio-industrialisation des États. A son sens, **l'articulation du triptyque *bantuité-pygméité-tropicalité* ne peut s'activer qu'à la condition que s'énonce une recherche opérative dans les domaines des savoirs et techniques des civilisations de l'Afrique tropicale et de l'ère culturelle bantu.**

COMMUNICATIONS ET DÉBATS

Ce colloque International a enregistré 39 communications réparties en trois panels : *Concepts et Ethnies* (Panel 1), *Ethnies Nations et États-Nations* (Panel 2), *Espace –Rencontre des peuples et développement* (Panel 3).

Journée du 26 mai 2014

PANEL 1 : CONCEPTS - STÉRÉOTYPES

Sept communications ont été présentées, en matinée, autour de trois sous-thèmes : définitions conceptuelles, ethnies et construction de la Nation, ethnies et stéréotypes.

S'agissant de la définition conceptuelle, le panel a enregistré une communication sur les origines des concepts « Ethnie » et « Nation ». Celles-ci sont même poussées dans la passé lointain, notamment dans la Grèce et la Rome Antiques où ces notions renvoyaient à une réalité à la fois territoriale, politique, culturelle et anthropologique. Le panel fait remarquer que depuis leur réapparition dans la littérature française, ces concepts se sont chargés d'une dimension péjorative. Il est aussi constaté que le comportement ethnique qui relève de l'affect est responsable de la dérive sociale des Nations africaines. Aussi, pour juguler cette dérive, est-il souhaitable que les États africains développent des stratégies de gestion pacifique de l'altérité et d'intégration de l'ethnie comme élément structurant du « vivre en commun » des Nations.

Il est souligné que la stéréotypie fondée sur les principes développés par l'anthropologie physique au XIXe siècle, notamment l'anthropométrie coloniale, la description caricaturale des cultures africaines, a eu un impact négatif sur la construction des imaginaires africains par les colonisateurs et sur la prise en compte, dans le rapport à l'Autre, des aspects positifs qui sous-tendent les principes de l'altérité. Le salut de l'Africain passera donc par la déconstruction objective de cet appareillage idéologique qui fait tant de mal à l'Afrique en entretenant maints facteurs dirimants au développement du continent.

La seconde partie de ce panel s'est poursuivie dans l'après-midi. Les communications ont insisté sur la place de l'ethnicité dans la pratique électorale et la sociologie politique de l'Afrique. Les cas d'étude ont porté sur l'action des fiefs électoraux, des prébendes et des partis à dimension ethnique, malgré leur interdiction par les législations nationales. De nombreux exemples ont montré que malgré l'encadrement légal des processus électoraux, l'ethnicité demeure une donnée récurrente qui gangrène la démocratie en Afrique.

Une partie des communications a questionné la corrélation entre « Ethnie », « État » et « Nation ». Les exemples du Congo, du Cameroun et du Gabon ont fait l'objet de communications.

Le panel a mis en exergue l'importance des mythes fondateurs dans la formation d'une Nation, mais aussi la prégnance de l'autochtonie dans la construction de l'État moderne en Afrique.

Le panel a conclu à l'inanité de l'antinomie, présentée comme formelle ou ontologique, entre « État » et « Ethnie » ; les deux réalités pouvant et devant coexister de manière harmonieuse.

Journée du 27 mai 2014

PANEL 2 : ETHNIES- NATIONS – ÉTAT-NATIONS

Les communications de ce panel ont démontré que la quête permanente de l'édification de la Nation et du développement en Afrique souffre du phénomène de l'ethnicité et ses corollaires. Les solutions envisagées (« dosage ethnique » au Togo, « géopolitique » au Gabon, « équilibre ethno-régional » au Bénin, « construction d'une conscience nationale » à travers les politiques mémorielles au Burkina Faso), n'ont donné, pour certaines d'entre elles, surtout celles dont la dimension est essentiellement politicienne, que des résultats limités. Les communications ont insisté sur la nécessité d'accélérer la marche vers la démocratisation des États qui sont devenus, pour certains, des « États-volcan ». Cette situation porte le risque d'embrasement de l'Afrique à moyen terme. L'expérience de la transition politique de 2009 au Gabon, avec le concept des 3C (Constitution-Concertation-Consensus) est jugée digne d'intérêt. De même, la communauté de langue a été retenue comme pouvant constituer un socle solide de l'unité de l'État moderne africain.

Le panel a mis en discussion certaines conclusions auxquelles est parvenue l'historiographie africaine. A titre d'exemple, la notion des « *pères de la Nation* » est jugée problématique voire prématurée dans la mesure où l'État africain est toujours en construction.

Les 09 communications de la deuxième partie du panel 2 organisée en après midi, se sont penchées sur les expressions plurielles du sous développement en Afrique et leurs conséquences, notamment le mal-être social.

L'étude des opinions publiques à travers la chanson populaire (cas du répertoire de Luambo Makiadi), a cerné des cas de marginalités en Afrique et de dérives autoritaires des dirigeants.

Le panel a démontré que l'ethnie en tant que réalité sociologique n'a intrinsèquement aucun effet dirimant sur le développement et l'intégration des États en Afrique. Les Diula de la Côte d'Ivoire sont pris en exemple pour montrer que l'histoire africaine a aussi favorisé la cohabitation pacifique entre les peuples ayant des cultures différentes. Une valorisation des mécanismes portés par les populations elles-mêmes peut aider au développement social du continent.

Les communications ont insisté sur la réalité de l'« Ethnie » pour la remettre en cause, car les critères de langue, de culture, de pratiques, montrent que sa profusion ethnique en Afrique, ne correspond nullement avec la réalité socio-historique des peuples africains. Par exemple, dans certains pays, des réflexions ont été menées et ont abouti à une nouvelle classification ethnique. Des propositions ont été faites en faveur de la révision à la baisse du nombre d'ethnies dans les États concernés.

Le panel a retenu l'idée d'une adaptation du concept « Ethnie » aux réalités sociologiques africaines. Il a été démontré que le reflexe d'appartenance à une unité ethnolinguistique dépendait du type d'organisation de la vie nationale et du fonctionnement des institutions étatiques. La déconstruction des imaginaires ethniques est nécessaire afin que l'Ethnie revête enfin un caractère plus constructif.

Pour le développement de l'Afrique et de chacune de ses déclinaisons sociologiques, -cas des femmes-, le panel a examiné, entre autres, la formule qui a fleuri au Congo : “seule la lutte libère”. Pour lui, il est nécessaire de trouver des mécanismes susceptibles de favoriser une meilleure implication des populations dans la construction nationale.

La prise en compte de l'immense patrimoine de l'Afrique dans les politiques publiques de développement, impose un travail en profondeur sur les atavismes sociopolitiques.

Journée du 28 mai 2014

PANEL 3 : ESPACE – RENCONTRES DES PEUPLES – DÉVELOPPEMENT

Les communications de ce panel ont examiné les rapports entre les phénomènes migratoires et le développement des États.

L'histoire des anciens Égyptiens est convoquée pour mettre en exergue les ressorts du « vivre ensemble » fondés sur la *théonomie*. Ces ressorts se retrouvent également dans la modernisation des traditions africaines dont l'importance n'est plus à démontrer.

Le panel a proposé la solution de l'inculturation. Il a rappelé l'histoire du protestantisme en pays kabiyé (nord- Togo) qui est un cas d'inculturation « réussie » à travers l'œuvre du pasteur Jacques Delord.

Pour le reste, le panel a adopté le concept du « développement capturé » pour expliquer le sous développement endémique de l'Afrique. Le panel a invoqué les insuffisances de la formation de l'État moderne, devenu paradoxalement un facteur de négation de « l'être social villageois » (individu) à travers la destruction du cadre référentiel de la mémorisation sociale du territoire. L'exemple des Kongo de la vallée du Niari avant le XXe siècle a apporté, à travers le repliement sur soi, une preuve complémentaire de cette hypothèse. Par exemple, la devise des Kongo était : « *travailler peu, manger peu et garder peu* ». L'Afrique a souffert et souffre encore de cette philosophie du « peu » qui n'a pas favorisé l'accumulation et le décollage économique de l'Afrique.

Le panel propose d'inverser les attitudes antiéconomiques des Africains en se référant, entre autres, à la civilisation *pygméïde* dans la perspective d'une économie environnementale propre à l'Afrique.

Les exemples de mobilisation des Africains en faveur du développement des territoires, au-delà des frontières, sont légion. Il importe de développer ces relations économiques interafricaines portées par l'histoire. Le panel s'est par exemple penché sur l'apport de la main-d'œuvre togolaise (Lomé et Aného) à la réalisation du Chemin de fer Congo-Océan et ses fondements économiques. Des recherches plus approfondies sur l'économie régionale coloniale sont encouragées.

Les peuples africains, à travers le cas des Téké, ont révélé des possibilités opératoires d'une industrie endogène propice au développement endogène du continent. De même, le recours à l'art africain offre au continent, des moyens de résister à l'étouffement dont il est victime de la part d'autres civilisations hégémoniques. L'art africain, en fécondant l'art occidental, est un exemple incontestable de la contribution de l'Afrique à la civilisation de l'Universel. Il peut servir à décomplexer les rapports Nord/sud.

Le panel, pour aller dans le sens d'une modernité africaine féconde, n'a pas hésité de s'appuyer sur certains apports du monde Egypto-pharaonique. Des exemples étudiés, il s'en dégage une possibilité de dépassement de l'écharde ethnique qui hypothèque le développement de tout l'homme africain. Par exemple, les Égyptiens anciens avaient su faire de l'unité territoriale, religieuse et politique, un canon de développement. Cette attitude qui met l'homme au centre du développement se retrouve dans la devise de l'un des pères des indépendances africaines, Barthélémy Boganda : « *Tout homme est égal à un homme* ».

RECOMMANDATIONS

Les participants, désireux de réécrire l'histoire africaine pour la rendre conforme à la réalité, conscients de l'importance de l'histoire dans la construction des nations et le développement des États africains, recommandent :

1) Aux Gouvernements africains

- L'amélioration des programmes d'enseignement nationaux pour tenir compte de tous les savoirs africains revus et corrigés ;
- La pérennisation de la coopération interuniversitaire en Afrique ;
- La création des conditions de la mobilité des enseignants-chercheurs et chercheurs en Afrique.

2) Aux responsables des Universités et chercheurs africains

- Le lancement par les Universités de programmes de recherche dans les domaines des savoirs et techniques de l'Afrique tropicale et de l'ère culturelle bantu ;
- La tenue à Libreville, en 2015, d'un colloque international sur « *La déportation et les déportés politiques en Afrique* ».

3) A la communauté universitaire et scientifique africaine

- Une démarche épistémologique sur l'idéologie africaine afin de proposer un modèle de développement endogène au monde tropical ;
- L'évaluation du modèle conçu à partir du triptyque *bantuité-pygméité-tropicalité.*

4) Aux membres du Comité d'Organisation du Colloque

- La publication des Actes du Colloque, de manière à rendre accessibles à tous leur contenu.

Fait à Brazzaville, le 28 mai 2014

Pour le Comité d'Organisation

Le Rapporteur Général
Jean-François **Owaye**
(Université Omar Bongo)

Le Rapporteur Général Adjoint
Alain Michel **Mombo**
(Université Marien Ngouabi)

L'Afrique
aux éditions L'Harmattan

Dernières parutions

SEXUALITÉ (LA) FÉMININE AFRICAINE EN MUTATION
L'exemple du Sénégal
Thiam Awa - Préface d'Amady Aly Dieng
Après *La parole aux négresses*, Awa Thiam aborde, dans ce nouvel ouvrage, la question de la reproduction sociale du côté des femmes, par le biais du marquage du corps, des scarifications, des mutilations sexuelles féminines, de l'habillement, de la coiffure, de la contraception, de l'avortement... et de la sexualité féminine.
(21.00 euros, 208 p.)
ISBN : 978-2-343-03998-5, ISBN EBOOK : 978-2-336-36494-0

SOUS-ESTIMATION DE SOI ET CONTRAINTES AU SUCCÈS
Un agenda d'action pour l'avancement africain
Mukendi Bruno T.
Cet ouvrage discute de la problématique de la sous-estimation de soi et de ses conséquences tant sur le plan de la vie privée que publique. Il examine ensuite des stratégies opérationnelles pour forger un mental de champion et réussir les projets de transformation socioéconomique. Il remet finalement en question les attitudes qui empêchent les Africains de répondre plus efficacement aux défis posés par la globalisation, la pauvreté, la marginalisation et le sous-développement persistant.
(Coll. Points de vue, 32.00 euros, 314 p.)
ISBN : 978-2-343-03314-3, ISBN EBOOK : 978-2-336-36529-9

QUE NE FERAIT-ON PAS POUR DU POGNON !
Essai
Abo Fodjo Kadjo
Que ne ferait-on pas pour du pognon ! est un pamphlet contre une société qui a fait de la quête d'argent un style de vie. Cet outil d'échanges semble aujourd'hui justifier à lui seul les crimes les plus crapuleux et toutes sortes de bassesses. Pour étayer cette thèse, l'auteur organise son essai autour de cinq thématiques : la vie, la dignité, la morale, le pouvoir et la religion. Il veut ainsi montrer que l'argent a corrompu la société jusque dans ses fondements.
(Coll. Harmattan Côte-d'Ivoire, 23.00 euros, 232 p.)
ISBN : 978-2-343-04343-2, ISBN EBOOK : 978-2-336-36652-4

MICRO-ENTREPRISES (LES) EN AFRIQUE DE L'OUEST
Ou le développement par la petite porte
Haïdara Hammou
En Afrique subsaharienne, le développement des micro-entreprises, qui constituent la norme des économies, comme base de croissance, de création de richesses et d'emplois décents, apparaît comme une alternative crédible de développement économique et social. Cela nécessite de sortir des sentiers battus dans les approches du développement et suppose une stratégie globale permettant de faire du secteur privé le vrai moteur de la croissance et du développement.
(Coll. Études africaines, 21.00 euros, 218 p.)
ISBN : 978-2-343-03851-3, ISBN EBOOK : 978-2-336-36814-6

TRANSITIONS DÉMOCRATIQUES EN AFRIQUE DE L'OUEST
Processus constitutionnels, société civile et institutions démocratiques
Sous la direction d'Augustin Loada et Jonathan Wheathey
Cet ouvrage est le fruit d'une recherche comparative portant sur les processus démocratiques en cours au Bénin, au Burkina Faso, au Mali, au Togo, au Niger, au Sénégal et au Ghana. Elle vise à comprendre pourquoi ces sept États d'Afrique de l'Ouest présentent autant de différences en termes de types de régimes alors qu'ils reposent sur des niveaux de développement socio-économique similaires ainsi que sur des processus d'ouverture démocratique et de changement constitutionnel comparables.
(Coll. Études africaines, 28.00 euros, 284 p.)
ISBN : 978-2-343-04865-9, ISBN EBOOK : 978-2-336-36696-8

COOPÉRATION CHINE-AFRIQUE
Impact sur les infrastructures du Cameroun
Tedié Joachim - Préface de Laurent Zang
L'auteur de cet ouvrage tente de mettre en relief les éléments d'une coopération Sud-Sud mutuellement bénéfique entre la Chine et l'Afrique sous le prisme des infrastructures. En s'intéressant de plus près aux facteurs et aux acteurs de la coopération entre la Chine et le Cameroun, sa conclusion semble être que leur dix ans de coopération dans le domaine des infrastructures ont été très fructueux et suscitent plein d'espérance pour l'avenir.
(Coll. Harmattan Cameroun, 19.50 euros, 196 p.)
ISBN : 978-2-343-05102-4, ISBN EBOOK : 978-2-336-36744-6

DE L'ANTÉRIORITÉ DES IDÉES ET INSTITUTIONS POLITIQUES DE L'AFRIQUE PRÉCOLONIALE
Les paradoxes sociopolitiques
Nkoyok Jacqueline
Cet ouvrage met en exergue la nécessité de la prise en compte de l'Afrique dans la fondation et l'évolution de la pensée politique contemporaine. Pour renforcer la citoyenneté africaine, il faut une capacité d'organisation qui associe les idées panafricanistes de la négritude rénovée, c'est-à-dire une négritude qui s'éloigne des approches de victimisation et qui se fonde sur des thèmes mobilisateurs.
(Coll. Harmattan Cameroun, 26.00 euros, 260 p.)
ISBN : 978-2-343-04475-0, ISBN EBOOK : 978-2-336-36708-8

COLONISATIONS ET SOCIÉTÉ CIVILE EN AFRIQUE
Kouassi Yao-Edmond - Préface d'Abou Karamoko
L'étude de l'Afrique a sans nul doute partie liée à la reconstruction entreprise par Habermas pour expliquer, par la métaphore de la colonisation du monde vécu, l'érosion de la culture, de la société et de la personnalité, les trois composantes cardinales du monde quotidien. Parce qu'une telle colonisation renvoie au modèle colonialiste historique et classique, le défi politique majeur pour l'Afrique est la décolonisation systémique. Pareille décolonisation est à organiser sur les cendres de la colonisation historique.
(Coll. Études africaines, 17.00 euros, 176 p.)
ISBN : 978-2-343-04787-4, ISBN EBOOK : 978-2-336-36559-6

L'AFRIQUE FACE AUX ACCORDS DE PARTENARIAT AVEC L'EUROPE
Mbita Joseph
Les Accords de Partenariat Économique (APE) initiés par l'Union Européenne tendent à reconduire le modèle de développement extraverti de l'Afrique, qui a montré toutes ses limites au cours des cinquante dernières années. L'auteur démontre que les théories économiques, le droit international, le bilan des précédents accords de coopération avec l'Occident et le plan à long terme d'intégration et de développement de l'Afrique sont défavorables à la signature par les pays africains des APE proposés par l'UE, considérés comme de « véritables marchés de dupe ».
(Coll. Harmattan Cameroun, 13.50 euros, 118 p.)
ISBN : 978-2-343-04055-4, ISBN EBOOK : 978-2-336-36560-2

AFRIQUE (L') DANS LA MONDIALISATION
Les défis de la participation, de la démocratie et de la gouvernance mondiale
Nkoyok Jacqueline
Dans le processus actuel de mondialisation des économies, l'indépendance socioéconomique, dans le contexte africain, est une renaissance, une reconstruction, qui nécessite un véritable plaidoyer et appelle un réajustement dans la structure de pensée des jeunes Africains. La souveraineté économique dont nous parlons doit être une construction émanant d'un peuple, d'un Etat ou d'un continent.
(Coll. Harmattan Cameroun, 23.00 euros, 234 p.)
ISBN : 978-2-343-04486-6, ISBN EBOOK : 978-2-336-36707-1

GESTION DURABLE DES EAUX PLUVIALES DANS LES VILLES AFRICAINES
Un enjeu de développement de masse
Dasylva Sylvestre
Voici une approche de gestion développante des eaux pluviales en milieu urbanisé. Par une intelligence de développement inclusif, ce concept innovant mise sur l'essor rapide des villes et le ruissellement généré pour impulser une dynamique socioéconomique durable de large échelle. Il s'agit d'un plaidoyer sur la nécessité de contextualiser les pratiques en les centrant sur des objectifs d'eau agricole, d'emploi des jeunes, de santé publique et de gouvernance partagée.
(36.00 euros, 354 p.)
ISBN : 978-2-343-05383-7, ISBN EBOOK : 978-2-336-36836-8

RATIONALITÉ (LA) DE LA MÉDECINE TRADITIONNELLE EN AFRIQUE
Mvone Ndong Simon-Pierre E.
L'objet de cet ouvrage est, non seulement d'entrevoir un dialogue entre la médecine moderniste, scientiste et technoscientifique avec la médecine traditionnelle et ses représentations, mais surtout de parvenir à l'élaboration d'une médecine interculturelle qui présente un système de santé incorporant : médecine moderne et médecine traditionnelle africaine (la phytothérapie).
(Coll. Études africaines, 20.00 euros, 206 p.)
ISBN : 978-2-343-05235-9, ISBN EBOOK : 978-2-336-36570-1

MÉDECINE TRADITIONNELLE ET MÉDECINE SCIENTIFIQUE
Pour une médecine interculturelle en Afrique
Mvone Ndong Simon-Pierre E.
Voici une confrontation entre une médecine occidentale scientifique et un ensemble de pratiques de soins dites médecine traditionnelle. Comment envisager un système de soins dans lequel collaborent deux traditions médicales, occidentales et africaines : quelles sont les conditions permettant d'établir une collaboration entre toutes ces pratiques soignantes pour avoir un système de soins qui tienne compte de l'histoire sociale et culturelle des peuples d'Afrique ?
(Coll. Études africaines, 20.00 euros, 196 p.)
ISBN : 978-2-343-05252-6, ISBN EBOOK : 978-2-336-36571-8

ZONES (LES) MONÉTAIRES D'AFRIQUE DE L'OUEST
Touré Manga Fodé
L'Afrique de l'Ouest comprend deux zones monétaires distinctes : la première de huit pays regroupés au sein de l'UEMOA, avec pour monnaie le franc CFA en parité avec l'euro, la seconde comporte six pays (République de Guinée, Nigeria, Sierra Leone, Ghana, Gambie, Liberia) autour d'un projet de création de monnaie commune : la zone monétaire d'Afrique de l'Ouest (ZMAO). Si les économies de l'UEMOA affichent une faible convergence macroéconomique et un faible niveau d'inflation, celles de la ZMAO, avec un taux d'inflation plus fort, ne convergent sans doute pas en raison de la position dominante du Nigéria.
(Coll. Harmattan Guinée, 30.00 euros, 292 p.)
ISBN : 978-2-343-04977-9, ISBN EBOOK : 978-2-336-36342-4

INTÉGRATION ET COOPÉRATION EN AFRIQUE
La difficile rencontre possible entre les théories et les faits
Mvelle Guy
Cet ouvrage examine l'intégration africaine à partir de théories générales élaborées dans le cadre de la construction européenne. L'auteur y expose les idées politiques et philosophiques purement africaines pouvant donner lieu à un début de théorisation et conclut que, malgré l'ingéniosité dont font preuve les Africains en matière d'intégration et de coopération, la nécessité d'une identité africaine s'impose, tout comme se pose le problème de la pensée africaine dans ce domaine.
(Coll. Harmattan Cameroun, 16.50 euros, 268 p.)
ISBN : 978-2-343-04766-9, ISBN EBOOK : 978-2-336-36290-8

ÉDUCATION À L'ENVIRONNEMENT EN AFRIQUE
Le rôle des médias
Edjangue Jean-Célestin
Où en est l'éducation à l'environnement en Afrique depuis le premier Sommet sur le développement durable à Stockholm, en 1972, et celui de Rio, en 1992 ? Le dynamisme démographique de l'Afrique et la venue de nouveaux consommateurs sur le marché imposent plusieurs défis au continent, à commencer par la maîtrise de la gestion des ordures ménagères. Mais le continent a-t-il les moyens de relever le défi de la préservation de la planète, qui passe nécessairement par l'éducation à l'environnement ?
(Coll. Harmattan Guinée, 17.00 euros, 166 p.)
ISBN : 978-2-343-03386-0, ISBN EBOOK : 978-2-336-36361-5

BAOBAB (LE) ET SON DOUBLE OU DEUX REGARDS SUR UN MÊME ARBRE
Louvel Roland
Le baobab ne laisse personne indifférent. Son profil atypique nourrit des sentiments d'autant plus contrastés que les cavités dont il se creuse abritent des génies, bons ou mauvais, qu'il s'agit de ménager. D'où l'ambivalence de cet arbre légendaire, très présent dans les mythes, les contes et la littérature. Souvent considéré comme une personne, le baobab exerce une fascination sur les hommes qui profitent de ses nombreux bienfaits tout en s'efforçant d'intégrer sa forte personnalité dans leurs imaginaires.
(13.50 euros, 124 p.)
ISBN : 978-2-343-05021-8, ISBN EBOOK : 978-2-336-36397-4

QUÊTE AFRICAINE DE L'ORDRE MONDIAL
Portée et limites des voies d'insertion au système international du monde bipolaire
Biyoya Makutu Kahandja Philippe - Préface de Kä Mana
Philippe Biyoya Makutu analyse ici la position du Congo et de l'Afrique dans le monde, depuis la guerre froide jusqu'aux structures de la mondialisation actuelle. Il fait entrer le lecteur dans l'univers d'une pensée géostratégique où le Congo, comme l'Afrique, est dévoilé comme enjeu crucial dans les rapports de force mondiaux entre les grandes puissances, les nations riches et les peuples ambitieux...
(Coll. Dossiers, Études et Documents, 35.00 euros, 340 p.)
ISBN : 978-2-343-04067-7, ISBN EBOOK : 978-2-336-36176-5

PROTECTION (LA) INTERNATIONALE DES DROITS DE L'HOMME DANS LES SITUATIONS DE CRISE EN AFRIQUE
Le droit à l'épreuve des faits
Thiaw Thiaca - Préface de Maître Sidiki Kaba
Plusieurs pays d'Afrique subsaharienne sont, depuis de nombreuses années, déchirés par des instabilités chroniques qui ont fait le lit de violations massives des droits de l'homme. Après une étude des facteurs de ces instabilités, l'ouvrage présente la physionomie des violations des droits fondamentaux des populations civiles. Dans un deuxième temps, il aborde la question des solutions pratiques, institutionnelles, juridiques que la communauté internationale met en œuvre.
(Coll. Études africaines, 44.00 euros, 442 p.)
ISBN : 978-2-296-99895-7, ISBN EBOOK : 978-2-336-36180-2

L'HARMATTAN ITALIA
Via Degli Artisti 15; 10124 Torino

L'HARMATTAN HONGRIE
Könyvesbolt ; Kossuth L. u. 14-16
1053 Budapest

L'HARMATTAN KINSHASA
185, avenue Nyangwe
Commune de Lingwala
Kinshasa, R.D. Congo
(00243) 998697603 ou (00243) 999229662

L'HARMATTAN CONGO
67, av. E. P. Lumumba
Bât. – Congo Pharmacie (Bib. Nat.)
BP2874 Brazzaville
harmattan.congo@yahoo.fr

L'HARMATTAN GUINÉE
Almamya Rue KA 028, en face
du restaurant Le Cèdre
OKB agency BP 3470 Conakry
(00224) 657 20 85 08 / 664 28 91 96
harmattanguinee@yahoo.fr

L'HARMATTAN MALI
Rue 73, Porte 536, Niamakoro,
Cité Unicef, Bamako
Tél. 00 (223) 20205724 / +(223) 76378082
poudiougopaul@yahoo.fr
pp.harmattan@gmail.com

L'HARMATTAN CAMEROUN
BP 11486
Face à la SNI, immeuble Don Bosco
Yaoundé
(00237) 99 76 61 66
harmattancam@yahoo.fr

L'HARMATTAN CÔTE D'IVOIRE
Résidence Karl / cité des arts
Abidjan-Cocody 03 BP 1588 Abidjan 03
(00225) 05 77 87 31
etien_nda@yahoo.fr

L'HARMATTAN BURKINA
Penou Achille Some
Ouagadougou
(+226) 70 26 88 27

L'HARMATTAN SÉNÉGAL
10 VDN en face Mermoz, après le pont de Fann
BP 45034 Dakar Fann
33 825 98 58 / 33 860 9858
senharmattan@gmail.com / senlibraire@gmail.com
www.harmattansenegal.com

L'HARMATTAN BÉNIN
ISOR-BENIN
01 BP 359 COTONOU-RP
Quartier Gbèdjromèdé,
Rue Agbélenco, Lot 1247 I
Tél : 00 229 21 32 53 79
christian_dablaka123@yahoo.fr

Achevé d'imprimer par Corlet Numérique - 14110 Condé-sur-Noireau
N° d'Imprimeur : 117934 - Dépôt légal : avril 2015 - *Imprimé en France*